（制度建设卷）

守护国土资源事业发展的生命线

——国土资源系统建立健全惩治和预防腐败体系建设工作回顾

（2008—2012）

王寿祥 主编

人民出版社

目　录

综合制度

土地管理制度

矿产资源管理制度

地方和有关单位制度

综合制度

关于印发国土资源管理系统全面推进依法行政规划（2006—2010年）的通知

国土资发〔2005〕241号

各省、自治区、直辖市国土资源厅（国土环境资源厅、国土资源局、国土资源和房屋管理局、房屋土地资源局），计划单列市国土资源行政主管部门，新疆生产建设兵团国土资源局，部机关各司局：

现将《国土资源管理系统全面推进依法行政规划（2006—2010年）》印发给你们，请结合本地区实际，认真贯彻执行。

《国土资源管理系统全面推进依法行政规划（2006—2010年）》（以下简称《规划》）明确了今后五年国土资源管理系统全面推进依法行政的指导思想和主要目标、主要任务和保障措施、实施步骤和进度安排等，是进一步全面推进依法行政的重要政策文件。地方各级国土资源管理部门、部机关各司局都要从立党为公、执政为民的高度，充分认识《规划》的重大意义，切实抓好《规划》的贯彻执行工作。各省、自治区、直辖市国土资源管理部门要按照《规划》的要求，制定年度依法行政计划，把《规划》确立的任务落到实处。部将定期组织对《规划》实施情况的检查。地方各级国土资源管理部门的法制工作机构要以高度的责任感和使命感，认真做好《规划》实施中的综合协调、督促指导和情况交流工作，成为本部门推进依法行政的参谋助手。

地方各级国土资源管理部门在贯彻执行《规划》中的有关情况和问题要及时报告国土资源部。

二〇〇五年十一月三十日

国土资源管理系统全面推进依法行政规划（2006—2010年）

为加强国土资源的保护和合理利用，全面履行国土资源管理职责，不断提高国土资源管理依法行政的水平，根据国务院《全面推进依法行政实施纲要》（以下简称《纲要》）和国土资源部《关于贯彻落实国务院全面推进依法行政实施纲要的实施意见》，结合国土资源管理系统推进依法行政的实际，制定本规划。

一、背　景

国土资源部自1998年组建以来，部党组始终高度重视依法行政，将依法行政作为关系国土资源管理改革与发展、具有全局意义的大事来抓。2000年，根据《国务院关于全面推进依法行政的决定》，部下发了《关于全面推进依法行政的实施意见》，明确了国土资源管理系统全面推进依法行政的主要目标、基本框架和实施步骤，依法行政工作全面启动。2003年，适应中国加入世界贸易组织的新形势和全面贯彻党的十六大精神的需要，在总结各地推进依法行政实践经验的基础上，部下发了《关于进一步推进依法行政的通知》，依法行政工作向纵深发展。2004年，《纲要》发布后，为保证其在国土资源管理系统全面、正确地实施，部又下发了《关于贯彻落实全面推进依法行政实施纲要的实施意见》，要求各级国土资源管理部门以提高国土资源管理的行政执法能力和严格管理为核心，全面提高依法行政水平。

几年来，国土资源管理依法行政工作取得了显著成效：

——国土资源法制建设逐步发展。与《土地管理法》和《矿产资源法》配套的国土资源管理法规、规章不断完善。坚持改革决策与立法决策相结合，注重以法律手段推进资源管理方式和资源利用方式的根本性转变，立法的民主化和科学化程度不断提高。

——现代公共行政程序基本建立。窗口办文、内部会审、政务公开、信息可查询、行政责任考核追究等具有国土资源管理特色、体现公开、公平、公正、效率和便民原则的依法行政制度，开始在规范国土资源管理行为、保护行政管理相对人合法权益等方面发挥重要作用。

——资源性资产的市场化配置有重要进展。经营性土地使用权的招标拍卖挂牌出让，已成为政府配置土地资源的重要方式。探矿权采矿权的市场化配置取得了明显进展。土地和矿业权市场逐步规范并有序发展。

——国土资源管理体制改革初见成效。按照国务院的部署，省以下国土资源管理体制改革稳步推进，国土资源管理的控制能力得到加强，省级耕地保护职责得到强化，工作关系进一步理顺。

——依法行政意识和水平明显提高。通过依法行政教育和实施国土资源管理系统十项为民措施和五条禁令，国土资源管理部门的领导和工作人员绝大多数能够依法履行法定职责，服务意识和执法水平明显提高。

但是，必须清醒地看到，全面推进依法行政的路程还很长，任务还很艰巨。新形势下国土资源管理职能和任务正发生着重大变化，国土资源管理部门推进依法行政面临的形势依然十分严峻。国土资源立法还不能适应市场经济发展和新形势、新任务的要求，难以全面有效地解决国土资源管理工作中存在的突出问题；有法不依、执法不严、违法不究的现象还比较突出；对行政权的监督约束机制不够健全，国土资源管理领域腐败案件时有发生；部分国土资源管理部门工作人员依法行政的观念还比较淡薄，依法行政的能力和水平有待进一步提高。这些问题在一定程度上损害了群众利益和国土资源管理部门的形象。

今后五年是我国发展的重要战略机遇期，只有紧紧抓住机遇，应对各种挑战，才能为后十年的顺利发展打下坚实基础。各级国土资源管理部门必须从“立党为公、执政为民”、全面建设小康社会的高度，充分认识在国土资源管理系统全面推进依法行政的必要性和紧迫性，立足科学发展，着力自主创新，完善体制机制，促进社会和谐，把国土资源管理事业不断推向前进。

二、指导思想和主要目标

（一）指导思想：以邓小平理论和“三个代表”重要思想为指导，全面落实科学发展观和依法治国的基本方略，认真贯彻《纲要》和党中央、国务院关于国土资源管理的一系列大政方针，坚持以人为本，切实保护公民、法人和其他组织的合法权益，坚持保护和合理利用国土资源的基本国策，积极参与宏观调控，转变国土资源管理职能，完善国土资源管理体制，创新国土资源管理方式，规范国土资源管理行为，不断提高国土资源对经济社会协调健康发展的保障能力。

（二）主要目标：按照《纲要》确定的建设法制政府的总体目标要求，规划期内国土资源管理系统全面推进依法行政的主要目标包括：

——协调统一、结构完善的国土资源管理法律法规框架体系基本建立。促进国土资源保护和合理利用、规范国土资源市场秩序、保护公民法人和其他组织财产权的国土资源法规、规章不断完善，制度建设质量明显提高；依法行政所必需的各项制度建设、配套措施基本健全。

——科学民主规范的国土资源行政决策机制和制度初步建立。集体决策、听证制度开始在国土资源管理决策中发挥重大作用，决策水平明显提高。国土资源管理基本做到公开透明、公平公正、高效便民、诚实守信。

——职权法定、行为规范、运转协调、廉洁高效的国土资源管理体制基本形成。省以下国土资源管理体制改革全面到位，国家土地督察制度基本建立。基层国土资源管理所机构、编制、职能和经费到位。

——法律、法规和规章得到全面、正确实施。公民、法人和其他组织的合法权益得到有效保护，国土资源政策、制度得到认真落实，国土资源违法案件得到有效查处，有法不依、执法不严、违法不究的问题得到有效纠正。

——对国土资源管理行为的监督制度和监督机制逐步完善，行政复议成为层级监督的重要手段。接受人大、政协、行政监察机关、审计机关以及人民群众、新闻媒体的社会监督机制和制度初步建立，行政监督效能明显提高。

——高效、便民、有利于国土资源管理的防范、化解社会矛盾的机制基本建立，防范和应对突发事件、有效化解社会矛盾的能力明显提高。土地和矿业权纠纷案件得到妥善调处，征地补偿安置争议解决机制进一步完善。

——各级国土资源管理部门工作人员特别是领导干部依法行政的观念和意识明显增强。依法行政参与宏观调控的能力、沟通协调推进工作的能力、清正廉洁自我约束的能力显著提高，尊重法律、崇尚法律、遵守法律的氛围基本形成。

三、主要任务

（一）完善国土资源立法，提高国土资源制度建设质量

1. 加强国土资源法规、规章的立法步伐。在深入研究社会主义市场经济条件下加强和改善国土资源管理、深化国土资源管理改革的前提下，积极推进土地征收征用、集体建设用地流转、不动产登记、土地收购储备、土地开发整理、矿山环境保护、矿产资源勘查市场准入、古生物化石保护、矿产资源储量管理等方面法规、规章的起草和制定工作，

不断完善国土资源法规规章框架体系。

2. 转变立法指导思想。按照建设和谐社会和法治国家的要求，从根本上改变立法中对行政机关重权力设定轻责任追究，对行政管理相对人重义务设定轻权利保护的现象，注意行政权力和公民权利的平衡，行政机关权力与责任、公民权利与义务的统一。认真总结立法和执法实践的经验和教训，研究探索妥善化解行政冲突，降低管理成本，改善行政管理方式的法律制度和措施。

3. 推进立法方式改革。大力推进开门立法、民主立法，扩大立法的公众参与程度。凡是关系广大人民群众切身利益的法律、法规、规章草案和规范性文件，都要公开向社会征求意见，尊重多数人的意愿，充分反映最广大人民的根本利益。广泛吸收专家参与立法。努力在起草阶段做到体察民情、反映民意、集中民智、服务民生、保护民权。

4. 切实提高立法质量。拟订法律、法规和规章草案，要严格依照《立法法》规定的立法权限和立法程序。要进一步加强立法的前期研究。法律、法规、规章和规范性文件的内容要具体、明确，具有可操作性。法律、法规、规章必须进行严格的技术论证和法律论证，确保准确性和科学性，不断提高立法质量。

5. 建立部门规章和规范性文件的定期清理制度。国土资源部、县级以上地方国土资源管理部门应当每两年对其发布的部门规章或者规范性文件进行一次全面清理，凡与法律、法规、规章矛盾的，应当及时废止或者修改。凡与国土资源管理实践不相适应的，必须及时调整，以确保国家法制统一和规章、规范性文件具有可操作性。

6. 建立和完善国土资源立法项目的计划管理制度。按照条件成熟、突出重点、统筹兼顾的原则，科学合理地确定立法项目。把握立法规律和立法时机，正确处理改革与立法的关系，做到立法决策与改革决策相统一，立法进程与改革进程相统一。2006 年，省级以上国土资源管理部门都要建立立法项目储备制度，对近期不能列入立法计划而又确属国土资源管理急需的立法项目，可以先行安排调研起草和试点，并作为立法储备项目。已进入立法储备项目库的立法项目应当优先列入下一年度的立法计划。

（二）健全科学民主决策机制，提高国土资源决策水平

1. 严格落实国土资源重大事项集体决策制度。2006 年，县级以上国土资源管理部门都应当明确本部门实行集体决策的事项范围、集体决策程序和办法等。其中编制或者修改土地利用总体规划和矿产资源规划草案；拟订土地利用年度计划草案；制定基准地价和协议出让最低价；确定土地使用权和探矿权采矿权出让底价、拍卖起叫价和挂牌起始价；对情节复杂或者重大违法行为给予较重的行政处罚等，必须纳入实行集体决策的事项范围。

2. 进一步完善内部会审制度。县级以上国土资源管理部门要在总结前几年会审制度实施经验和成效的基础上，针对会审制度存在的突出问题，进一步明确会审范围，规范会审程序，强化会审责任，提高会审效果。2006 年，县级以上国土资源管理部门都要完成本部门会审办法的制定或者修订工作，将建设项目用地预审、农用地转用和土地征收审查、国有土地使用权出让、划拨用地审批、临时用地审批、宅基地审批、探矿权采矿权审批、土地开发整理项目安排等事项纳入会审范围。

3. 全面落实国土资源听证制度。按照《国土资源听证规定》，县级以上国土资源管理部门在制定规章或者规范性文件，拟定或者修改基准地价，编制或者修改土地利用总体规划和矿产资源总体规划，拟定或者修改区域性征地补偿标准时，应当依职权组织听证；在拟定拟征地项目的补偿标准和安置方案，拟定非农业建设占用基本农田方案，作出较大数额罚款，责令停止违法勘查或者违法开采行为，吊销勘查许可证或者采矿许可证等行政处罚决定时，应当书面告知当事人有要求举行听证的权利。当事人要求听证的，应当依法组织听证。2006 年，国土资源听证制度要在国土资源管理系统全面建立和落实。

4. 建立重大决策合法性审查和专家咨询论证制度。县级以上国土资源管理部门应当尽快建立国土资源管理专家库，制定重大政策、安排重大国土资源项目及其他专业性强的决策事项，要组织专业机构或者专家进行合法性、必要性和可行性咨询论证。2008 年，重大行政决策合法性审查和专家咨询论证制度要基本建立和推行。

5. 探索建立国土资源决策评价制度。国土资源管理部门应当定期对规章、规范性文件或者其他行政决策执行情况和社会效果进行跟踪、调查和分析，公开调查评价结果，并针对其中存在的问题进行调整和完善。行政决策的社会评价结果应当纳入国土资源管理部门的依法行政考评体系和主要领导的政绩考核中去。对违法或不当的决策行为，要依法追究责任。2008 年，国土资源行政决策评价制度要基本建立和落实到位。

（三）转变国土资源管理职能，深化国土资源管理体制改革

1. 完善国土资源管理体制。在省以下国土资源管理体制改革全面到位的基础上，进一步强化国土资源部对省级国土资源管理部门的指导与监督，力争在 2006 年年底以前完成国家土地督察制度的建立与健全。县级以上国土资源管理部门要采取切实有效的措施，进一步加强基层国土资源所建设，力争实现基层国土所的机构、编制、职能和经费四到位。

2. 强化国土资源管理职能。适应国土资源管理面临的新形势和国土资源管理职能和任务的重大变化，积极探索适应国土资源参与宏观调控运行机制的建立，2008 年，初步形成信息采集准确迅速，信息分析客观全面，调控手段科学高效的宏观调控体系和工作机制，逐步提高国土资源参与宏观调控的能力。认真贯彻落实国务院《关于深化改革严格土地管理的决定》，进一步强化国土资源的保护与合理利用职能，始终把落实最严格的土地管理制度放在国土资源工作的首位，切实保护好耕地和战略性矿产资源。坚持走可持续发展的道路，创新集约利用国土资源的新机制，合理节约利用土地和矿产资源，逐步提高国土资源对经济社会发展的保障能力。

3. 提高国土资源的市场化配置程度。充分发挥市场配置资源的基础性作用，不断提高土地资源和矿产资源的有偿使用比例。到 2010 年，依法应当以有偿方式取得的国有土地使用权、新设矿业权的比例达到 100%；依法应当以招标拍卖挂牌方式配置国有土地使用权、新设矿业权的比例达到 100%。2006 年，县级以上国土资源管理部门都应当建立统一的土地或者矿业权有形市场。

（四）创新国土资源管理方式，推进国土资源政务公开

1. 规范国土资源行政许可行为。认真贯彻实施《中华人民共和国行政许可法》。各级国土资源管理部门保留的行政许可事项必须于法有据。对于保留和取消的行政许可事项必须向社会公告。实施行政许可要严格依照法定程序进行，强化服务观念，改进工作作风。县级以上国土资源管理部门应当制定和完善行政许可的操作规程，明确行政许可的实施机关、条件、程序和期限。对技术性较强的行政许可事项，要制定相应的技术规范和技术审查规程。2006 年，县级以上国土资源管理部门都应当编制行政许可手册，将有关行政许可的事项、依据、条件、数量、程序、期限以及需要提交的全部材料的目录、申请书示范文本汇编成册，并向社会公示。2006 年，省级以上国土资源管理部门要实现行政许可事项的网上办理，市、县国土资源管理部门也要积极推进。2008 年，县级以上国土资源管理要建立起行政许可的监督检查制度，从注重事前许可向更加注重事后监督指导转变，逐步实现国土资源的全程动态跟踪管理，提高国土资源管理效率和水平。

2. 大力推进国土资源政务公开。坚持严格依法、全面真实、及时便民的原则，不断扩大和丰富国土资源政务公开的对象、内容与形式。除涉及国家秘密和依法受到保护的商业秘密、个人隐私外，都要如实公开。对应该公开的事项，采用方便、快捷的方式及时公开。加强政务公开制度建设，严格按制度办事，保障政务公开规范运行。2006 年，县级以上国土资源管理部门都应当明确负责政务公开工作的部门和责任，建立起主动公开和依申请公开制度、政务公开评议制度、政务公开责任追究制度等。大力推进电子政务，逐步扩大网上查询、交费、办证、咨询、投诉、求助等服务项目的范围，为人民群众提供快捷、方便的服务。

（五）理顺国土资源执法监察体制，规范国土资源执法行为

1. 积极推进国土资源执法监察体制改革。按照严格执法，提高执法能力的要求，结合省以下国土资源管理体制改革，进一步强化国土资源部对省级国土资源管理部门的执法监督，逐步建立权责明确、行为规范、监督有效、保障有力的国土资源执法监察体制和机制。进一步明确执法监察职责。2006 年，要建立国土资源执法监察责任分级负责制度，明确部、省、市、县四级国土资源部门的执法监察权限和责任，切实解决有案不查，执法不严的问题。

2. 依法行使行政处罚权。依照有法必依、执法必严、违法必究和职权法定原则，严格按照法定权限和法定程序行使行政处罚权。要以保证行政管理相对人陈述申辩、听证、申请行政复议和提起行政诉讼以及防止行政权滥用为重点，规范国土资源行政执法行为。2006 年，国土资源行政处罚程序制度、国土资源违法案件立案标准制度、国土资源违法案件移送制度要全面建立。

3. 严格落实国土资源执法监察主体资格制度。国土资源行政处罚权依照国土资源管理法律法规的规定，必须由县级以上国土资源管理部门行使。作为事业单位管理的国土资源执法监察专业队伍行使国土资源行政处罚权的，应当依法授权或者依法履行委托手续。

（六）完善监督机制，强化对国土资源管理行为的监督

1. 加强国土资源行政复议工作。严格依照《行政复议法》和《国土资源行政复议规定》，受理、审理行政复议案件，使行政复议成为解决纠纷、化解矛盾、层级监督的重要手段。要建立健全行政复议机构，配备行政复议人员。要积极探索提高行政复议工作质量和效率的新机制。2006 年，省级以上国土资源管理部门应逐步建立起行政复议案件公开审查制度、行政复议案件建议书制度、不当行政行为的责任追究制度、行政复议责任追究制度以及行政复议赔偿和补偿制度等。

2. 接受人大、政协的监督和司法监督。2006 年，县级以上国土资源管理部门要建立议案、建议、提案办理责任制，对人大代表或政协委员的具有代表性的议案、建议、提案，应当在充分沟通、听取代表或委员意见的基础上认真答复，并定期进行总结、研究，发现问题及时解决。建立行政诉讼案件分析总结制度。对涉及国土资源管理行为的诉讼尤其是败诉案件进行归类、总结，不断完善管理制度，提高管理水平，减少争议的产生。

3. 强化国土资源的社会监督。2006 年，县级以上国土资源管理部门都要设立举报电话和举报信箱，并向社会公布。高度重视新闻舆论的监督，对新闻媒体反映的问题，要认真调查核实并依法及时处理。2006 年，对中央媒体曝光的重大国土资源违法案件调查率要达到 100%。各级国土资源管理部门要创造条件，建立良好的监督、反映渠道及沟通、意见采纳机制，使人民群众对国土资源管理工作的意见和建议能顺畅到达国土资源管理部门，并使合理化的建议能及时得到吸纳。

（七）建立国土资源应急机制，防范和化解国土资源纠纷

1. 建立地质灾害预警和应急机制。认真贯彻实施《地质灾害防治条例》，切实加强对地质灾害防治工作的领导。2006 年，地质灾害预警和应急机制要基本建立，监测、预测、预报、预警和应急反应体系要初步形成，应对突发地质灾害的快速反应能力要不断提高。继续开展地质灾害严重市、县地质灾害调查与区划工作，全面查清地质灾害隐患，建立起以当地政府领导为主，专业队伍提供技术指导和示范，县、乡、村三级责任制的群专结合、群测群防的地质灾害监测预警体系，最大限度避免人员伤亡和财产损失。

2. 依法妥善处理国土资源纠纷。对依法应当由国土资源管理部门调处的土地和矿业权纠纷，要严格按照法定权限和程序，遵循公开、公平、公正的原则及时予以处理，化解矛盾，维持正常的社会秩序，保护公民、法人和其他组织的合法权益。同时，积极探索建立高效便捷和成本低廉的土地权属争议和探矿权采矿权争议的防范、化解机制。

3. 切实做好国土资源信访工作。深入贯彻国务院《信访条例》，按照“属地管理、分级负责，谁主管、谁负责”的信访工作原则，严格落实信访工作责任制，及时、有效、就地解决群众信访问题，使国土资源信访工作真正走上依法有序的轨道。同时，要重视国土资源信访工作方式的改革与创新，根据经济社会发展形势和人民群众信访的要求，积极在信访工作体制、机制和工作形式上探索创新，以适应形势和任务的要求。

4. 加快建立征地补偿争议裁决制度。当前，因征地引发的社会矛盾突出，信访数量大。征地工作事关国家经济建设，涉及农民的切身利益和社会稳定，各级国土资源管理部门必须高度重视，切实加强征地管理，做好补偿安置工作。省级国土资源管理部门要加强与政府的沟通和协调，大胆尝试，积极探索，加快推进征地补偿争议裁决制度的建立，力争在 2006 年完成。

（八）加强国土资源干部队伍建设，提高依法行政能力

1. 建立法律法规定期学习和考核制度。从 2006 年开始，县级以上国土资源管理部门应当每年组织两次以上法律知识的培训和考核，对其工作人员宪法、法律和法规、依法行政的基本原则、主要内容等进行培训和考核，不断增强法律意识，提高法律素养，提高依法行政的能力和水平。大力推进教育、培训、考核和检查相结合的“四位一体”的教育培训方式。2006 年，领导干部学法和领导干部任职前法律知识考试制度要全面建立。

2. 建立依法行政奖励和惩罚制度。县级以上国土资源管理部门要根据本地区的实际，制定切合实际的国土资源管理依法行政考核指标体系，定期开展依法行政检查验收工作，并对在推进依法行政工作中取得显著成效的单位和个人给予表彰和奖励。从 2006 年开始，依法行政情况将作为考核地方各级国土资源管理部门领导工作的一项重要内容。上级国土资源管理部门每年要对下级国土资源管理部门的主要领导进行依法行政考核。对于考核不合格的，要按照干部任免权限，及时调整。

3. 推进执法责任制和评议考核制。县级以上地方国土资源管理部门要逐步推进执法责任制和评议考核制。根据法律法规赋予国土资源管理部门的职权，科学设定执法岗位，以职位为单元分解执法职责，细化执法标准。积极探索执法绩效评估机制。2009年，公开、公平、公正的国土资源行政执法评议考核体系要在国土资源管理系统全面建立。

4. 严格执行国土资源管理系统十项为民措施和五条禁令。要按照十项为民措施和五条禁令的要求，努力塑造国土资源管理部门的执法新形象，维护人民群众根本利益，自觉接受社会监督，实现依法、公开、公正、廉洁、便民、高效的执法目标。

四、实施步骤和进度安排

本规划自2006年起至2010年，分两个阶段进行：

——全面建设和实施阶段（2006—2008年）：主要是按照本规划确定的目标和任务，全面落实依法行政制度建设。

各省、自治区、直辖市国土资源管理部门要按照规划要求，切实抓好规划的宣传、学习和培训，制定年度依法行政计划，逐年落实各项制度。在规划实施期间，国土资源部将不定期地开展督导检查工作，并适时召开全国依法行政座谈会，及时总结交流推进依法行政的经验，大力推进本规划的全面落实，力争到2008年国土资源部建部十周年时，初步实现本规划确定的依法行政目标，使国土资源管理系统依法行政迈上一个新台阶。

——检查总结和巩固提高阶段（2009—2010年）：主要是对各省、自治区、直辖市国土资源管理部门贯彻实施本规划，推进依法行政的情况进行检查、考核和验收。

2009年上半年，国土资源部将在全国范围内组织一次依法行政预检。根据预检结果，对贯彻落实本规划滞后的省、自治区、直辖市提出整改措施，用半年的时间进行整改，确保本规划确定的各项工作目标得以实现。

2010年上半年，由各省、自治区、直辖市国土资源管理部门进行自查和总结，省级国土资源管理部门对市、县级国土资源管理部门落实本规划的情况进行考核验收；2010年下半年，国土资源部组织对全系统落实本规划的情况进行检查、考核和验收，检查主要采取部检查组抽查与各区互查相结合的方式。

抽检结束后，国土资源部将召开全国国土资源管理系统全面推进依法行政工作会议，总结全系统依法行政五年规划的实施情况和经验，对推进依法行政先进单位进行表彰，并针对规划实施中存在的问题和取得的主要成效，研究制定下一个五年规划。

五、保障措施

（一）加强领导，明确责任

依法行政涉及国土资源管理的方方面面，关系国土资源管理事业的健康发展和国土资源管理职责的正确履行，是一项全局性、长期性和根本性的任务。县级以上国土资源管理部门要切实加强对本部门贯彻落实依法行政五年规划的组织领导，落实推进依法行政的领导责任制。各部门主要领导是本部门推进依法行政的第一责任人，要亲自抓，负总责。要建立和完善依法行政领导机构，成立依法行政工作领导小组，落实相应的办事机构，组织和领导本部门及下级国土资源管理部门推进依法行政的各项工作，形成一级抓一级，层层抓落实的工作机制。要进一步明确各相关职能机构在推进依法行政中的具体职责，把规划确定的各项工作任务进行分解，落实到具体的工作部门，做到工作任务、责任部门和责任人“三落实”。县级以上国土资源部门要制定落实依法行政五年规划的年度计划和具体措施，并报上级国土资源管理部门备案。要按照规划确定的总体目标和具体实施要求，结合本地具体实际，有计划、有步骤、有重点地组织实施，保证规划确定的各项任务目标落到实处。

（二）强化督察，定期报告

上级国土资源管理部门要加强对下级国土资源管理部门落实依法行政规划，推进依法行政工作的督促、检查和指导，及时发现和解决规划实施过程中遇到的问题。从2006年开始，建立推进依法行政定期报告制度。下级国土资源管理部门每年年底前要向上一级国土资源管理部门专题报告本部门推进依法行政的进展情况、主要措施、取得成效、存在问题及下一年度推进依法行政的工作安排等基本情况。

（三）充分发挥法制工作机构在推进依法行政中的作用

各级国土资源管理部门的领导必须高度重视法制工作机构在推进依法行政中的作用，充分发挥法制工作机构在推进依法行政中的统筹规划和组织联络作用，使法制工作机构成为本部门推进依法行政的参谋、助手和法律顾问。县级以上国土资源管理部门要切实加强法制工作机构和队伍建设，切实保障和落实推进依法行政的工作经费，为依法行政五年规划的实施创造必要的条件。法制工作机构也要加强对国土资源管理工作中面临的热点、难点问题的研究，不断提高国土资源管理依法行政的水平。

关于转发《中央纪委驻国土资源部纪检组履行监督职责的实施办法》的通知

国土资党发〔2006〕22 号

中国地质调查局及部其他直属单位党组（委），部机关各司局：

《中央纪委驻国土资源部纪检组履行监督职责的实施办法》已经 9 月 15 日部党组会审议通过，现转发给你们，请遵照执行。

二〇〇六年九月二十二日

中央纪委驻国土资源部纪检组履行监督职责的实施办法

根据中央纪委《关于中共中央纪委派驻纪检组履行监督职责的意见》，为贯彻落实好相关规定，制定以下实施办法：

一、驻部纪检组织积极协助国土资源部党组建立健全规范部党组及其成员正确履行职责和形式权力、加强自我约束和互相监督的措施和制度。

二、驻部纪检组组长参加部党组会议和有关行政领导会议，对领导班子执行议事规则的情况进行监督，对有关问题负责任地提出意见或建议。

三、驻部纪检组按照有关规定对干部选拔任用工作进行监督。部人事教育司对拟提拔任用的部机关局、处级干部人选，直属单位局级干部人选，应在上会讨论前，以书面形式征求驻部纪检组意见。驻部纪检组应当按时以书面形式反馈意见，负责任地对有关干部遵纪守法、廉洁自律的情况予以说明。

四、驻部纪检组遵照中央纪委的有关规定，通过请部党组成员每年一次填写《执行廉洁自律规定情况登记表》，了解汇总其在用车、住房、出国（境）、休假、兼职、配偶子女从业和收受礼品登记等方面执行廉洁自律规定及个人家庭发生重大变化的情况。

五、驻部纪检组通过参加对党风廉政建设责任制考核等方式，了解部党组及其成员贯彻落实党风廉政建设责任制，抓分管范围内的党风廉政建设和反腐败工作的情况。实施对部机关各司局和直属单位的党风廉政建设和反腐败工作情况的监督检查。

驻部纪检组组长不定期地与部党组成员就贯彻执行党风廉政建设责任制、廉洁自律规定等方面的情况交换意见。

六、驻部纪检组派员参加部党组成员述职述廉会议，了解相关的民主评议或民主测评情况。

七、逐步减租派员参与民主生活会前征集对部党组及其成员意见的工作，参加部党组民主生活会，了解部党组及其成员制定和落实整改措施等情况。对部党组成员在民主生活会上所做的检查或说明，需要查明事实的，按照中央纪委规定的程序办理。

八、驻部纪检组严格按照中央纪委的规定和程序要求，办理涉及部党组及其成员的信访举报件。

九、驻部纪检组定期向中央纪委报告部党组及其成员贯彻落实党风廉政建设责任制的情况；部党组成员执行个人重大事项报告制度的情况；部党组成员述职述廉的情况；部党组成员执行廉洁自律规定的情况。

驻部纪检组在履行职责过程中，遇有下列情况，必须及时向中央纪委报告，并根据中央纪委的要求向部党组主要负责人通报：

（一）直接收到反映部党组及其成员违反党纪问题的信访举报；

（二）发现部党组及其成员严重违反有关制度、涉嫌违反党纪问题及其他非正常情况；

（三）驻部纪检组在履行监督职责中提出纠正意见，无正当理由不纠正的；

（四）中央纪委要求报告的其他事项。

十、驻部纪检组按规定向中央纪委报告发现的情况和问题时，可以提出以下建议：

（一）建议由中央纪委发函请部党组成员说明有关情况；

（二）建议由中央纪委领导同志或者由中央纪委委托部党组主要负责人与部党组成员进行谈话；

（三）建议对部党组成员违反党纪的问题进行初步核实。

十一、驻部纪检组根据工作需要，可以查阅部机关或直属单位的有关文件、资料，派员参加有关会议和活动，召开座谈会，与有关人员谈话，组织装箱检查或者专项调研等。

驻部纪检组需要采取上述方式开展工作，涉及重要事项的，一般事先与部党组主要负责人沟通，特殊情况事先报中央纪委批准。

关于印发《国家土地督察机构财务管理办法》的通知

国土资发〔2006〕302号

各派驻地方的国家土地督察局，国家土地总督察办公室：

为规范国家土地督察机构的财务行为，加强国家土地督察机构的财务管理，提高财政资金使用效益，特制定《国家土地督察机构财务管理办法》，现予以印发，请遵照执行。

二〇〇六年十二月十三日

国家土地督察机构财务管理办法

第一章　总　则

第一条　为了规范国家土地督察机构的财务行为，加强国家土地督察机构的财务管理，提高财政资金使用效益，特制定本办法。

第二条　国家土地督察机构是国土资源部所属行政预算单位，执行《行政单位财务规则》和《行政单位会计制度》。其中总督察办公室的财务关系纳入部机关，9个派驻局的财务关系归口部财务主管部门。

第三条　国家土地督察机构财务管理的基本原则是：贯彻执行国家有关法律、法规和财务规章制度；厉行节约，制止浪费；量入为出，保证重点，兼顾一般；注重资金使用效益。

第四条　国家土地督察机构财务管理的基本任务是：合理编制单位预算，统筹安排、节约使用各项资金，保障单位正常运转的资金需要；定期编制财务报告，如实反映预算执行情况，进行财务活动分析；建立、健全内部财务管理制度，对单位财务活动进行控制和监督；加强国有资产管理，确保国有资产安全完整。

第五条　国家土地督察机构的负责人对本单位的会计工作负责。

国家土地督察机构应当设置财务会计机构，配置具有会计从业资格的专职财会人员。

第二章　预算管理

第六条　国家土地督察机构要根据国务院规定的时限和财政部的要求编制本单位年度综合财务收支预算。预算要做到收支平衡，不得编制赤字预算。

第七条　预算由收入预算和支出预算组成。收入预算包括上年结转、当年财政拨款、行政单位预算外资金、其他收入等；支出预算包括基本支出预算和项目支出预算。

基本支出预算是为保障机构正常运转、完成日常工作任务而编制的年度基本支出计划，包括人员经费和日常共用经费两部分。

项目支出预算是为完成特定的行政工作任务，在基本支出预算之外编制的年度项目支出计划。

第八条　国家土地督察机构的预算按照“两上两下”的程序编制。

每年 8 月中旬，根据本单位人员机构情况和年度行政工作任务目标，编制本单位下一年度预算建议数报部，由部审核汇总报财政部（“一上”）。

每年 11 月上旬，部将财政部下达的预算控制数下达国家土地督察机构（“一下”）。

每年 11 月底前，国家土地督察机构将根据预算控制数编制的预算草案报部，由部汇总报财政部（“二上”）。

每年全国人大批准中央预算以后，部将财政部批复的预算下达各国家土地督察机构（“二下”）。

第九条　预算一经批复，原则上不得调整。因特殊情况确需调整的，必须提出预算调整的申请，按照规定的程序报经批准后执行。

预算调整申请包括调整的事项和原因、调整的必要性、调整的金额等。

第十条　国家土地督察机构年度预算结余资金要纳入单位预算管

理。结余资金分为基本支出结余和项目支出结余。

基本支出结余资金，可结转下年继续使用，主要用于零星增人增编等人员经费支出和日常公用经费支出，不得用于提高人员经费开支标准。

项目支出结余资金分为净结余资金和专项结余资金。对项目完成、终止或撤销形成的净结余资金，实行审批管理，国家土地督察机构应当提出项目结余资金安排使用申请报部，经财政部批准后动用；对项目当年已执行但尚未完成，或项目因故当年未执行需要推迟到下年执行而形成的专项结余资金，实行备案管理，使用时需报部备案。

第三章　经费支出与会计核算

第十一条　国家土地督察机构要按照批复的预算和国家关于行政机关的开支标准严格预算执行。不得擅自扩大开支范围、提高开支标准。

国家土地督察机构应根据专项资金使用管理的有关规定，加强对专项工作经费的管理，严格按照批准的用途专款专用，不得挪作他用。

第十二条　国家土地督察机构要严格遵守财经法纪、执行国家工资、津贴、补贴政策，不准以任何借口、任何名义、任何方式擅自新设津贴补贴项目或提高津贴补贴标准、扩大津贴补贴实施范围。

第十三条　国家土地督察机构要按照“后勤服务社会化”的要求，根据有关部门发布的实物费用定额，按照规范、优质、节约的原则，采取公开招标方式选择后勤服务承担单位。

第十四条　国家土地督察机构要按照财政部、中国人民银行、监察部、审计署《关于印发〈中央预算单位银行账户管理暂行办法〉的通知》（财库〔2002〕48号）的要求，开立、使用、管理银行账户。

第十五条　国家土地督察机构要根据《会计法》、《会计基础工作规范》、《行政单位财务规则》、《行政单位会计制度》的规定和政府收支分类改革的要求，按照财政部年度《政府预算收支科目》的支出经济分类科目设置会计账目，对本单位实际发生的各项经济业务进行会计核算，并及时提供合法、真实、准确、完整的会计信息。

第十六条 国家土地督察机构要建立、健全内部会计管理制度，包括内部会计管理体系、会计人员岗位责任制度、账务处理程序制度、内部牵制制度、稽核制度、原始记录管理制度、财产清查制度、财务收支审批制度和财务会计分析制度等。

第十七条 国家土地督察机构要定期编报本单位的财务会计报告，加强预算执行情况分析，积极推进会计电算化，加强会计档案管理。

第四章 国有资产管理

第十八条 国家土地督察机构要加强对占有、使用国有资产的监督管理，确保国有资产安全完整。国家土地督察机构的国有资产包括用国家财政性资金形成的资产、国家调拨给本单位的资产、国家调拨给本单位的资产、本单位按照国家规定组织收入形成的资产，以及接受捐赠和其他经法律确认为国家所有的资产。具体表现形式为固定资产、流动资产和无形资产等。

第十九条 国家土地督察机构的国有资产实行“国家所有，分级监管，单位占有、使用”的管理体制。

第二十条 国家土地督察机构国有资产管理的内容包括：资产配置、资产使用、资产处置、资产评估、产权界定、产权登记、资产清查、资产统计报告和监督检查等。

第二十一条 国家土地督察机构应当建立严格的国有资产管理责任制，将国有资产管理责任落实到人。各单位国有资产管理机构负责本单位国有资产的采购、验收、维护和保养等日常管理工作，负责本单位国有资产的账卡管理、清查登记、统计报告及日常监督检查，办理本单位国有资产的配置、处置、出租、出借等事项的报批手续，接受有关部门的指导和监督。

第二十二条 国家土地督察机构应按照规定的资产配备标准和报批手续，坚持“从实际需要出发，从严控制，合理配备”的原则，优化资源配置。

第二十三条 国家土地督察机构的资产配置应当按下列程序报批：

（一）单位资产管理部门会同财务部门审核本单位资产存量，提出拟购置资产的名目、数量，测算经费额度，经单位负责人审核同意后报部财务主管部门审核；

（二）部财务主管部门根据单位资产状况审核同意后报财政部审批；

（三）经财政部审批同意后，各单位可以将资产购置项目列入本单位年度部门预算，并在编制年度部门预算时将批复文件和相关材料一并报部财务主管部门，由部汇总上报财政部，作为审批部门预算的依据。

国家土地督察机构未经批准的资产购置项目，不得列入部门预算，也不得列入单位经费支出。

第二十四条 国家土地督察机构购置纳入政府采购范围的资产，应当依法实施政府采购。

第二十五条 国家土地督察机构拟将占有、使用的国有资产对外出租、出借的，必须事先经部财务主管部门审核后报财政部审批。未经批准，不得对外出租、出借。

第二十六条 国家土地督察机构涉及无偿转让、出售、置换、报损、报废等国有资产处置行为应当严格履行审批手续，由单位资产管理部门会同财务部门、技术部门审核鉴定，提出意见，按审批权限报送审批。未经批准不得处置。

国有资产处置的变价收入和残值收入，按照政府非税收入管理的规定，实行“收支两条线”管理。

第二十七条 国家土地督察机构设计拍卖、有偿转让、置换国有资产等资产评估机构进行评估。实行核准制和备案制的评估项目范围和权限按照国家有关规定执行。

第二十八条 国家土地督察机构占有国有资产产权登记、统计报告等其他事项按《行政单位国有资产管理暂行办法》（财政部第35号令）的规定执行。

第五章 政府采购

第二十九条 国家土地督察机构使用财政性资金和与之配套的单位自筹资金，采购属于国务院公布的政府集中采购目录、部门确定的部门集中采购目录或采购限额标准以上的货物、工程和服务时，必须按照《政府采购法》和其他法律、法规的规定进行采购。

国家土地督察机构进行工程项目政府采购时，要遵守《招标投标法》并符合所在地建筑市场的有关规定。

第三十条 政府采购组织形式分为政府集中采购、部门集中采购和单位自行采购。

第三十一条 国家土地督察机构要指定专人负责本单位政府采购的组织和实施工作。其主要职责是：严格执行各项政府采购规定；编制政府采购预算、编报政府采购的实施计划及有关资料并按程序报部财务主管部门；配合部财务主管部门做好部门集中采购工作；组织实施本单位自行采购工作；依法签订和履行政府采购合同；编报本单位政府采购信息统计报表。

第三十二条 国家土地督察机构要建立采购文件档案管埋制度，完整保存采购文件。采购文件的保存期限为从采购结束之日起至少保存十五年。

第三十三条 国家土地督察机构原则上要采购本国货物、工程和服务，优先采购节能产品。特殊情况需要采购非本国货物、工程和服务的，应当按规定报批。

第三十四条 根据财政部的规定，国家土地督察机构的政府采购文件或采购活动事项实行政府采购备案和审批管理。

国家土地督察机构制定的有关政府采购实施办法、年度追加的政府采购预算，已经批复的政府采购预算的变更、政府采购实施计划、经财政部批准采用公开招标以外采购方式的执行情况、政府采购项目的合同副本等需要报财政部备案。除特殊情况外，备案事项不需要财政部恢复即可实施。

国家土地督察机构因特殊情况对达到公开招标数额标准的采购项目需要采用公开招标以外的采购方式的、因特殊情况采购非本国货物、工程和服务的和采购直接支付项目采购合同的变更涉及支付金额的事项报财政部审批，经批准后才能实施。

第三十五条 国家土地督察机构要严格按照标准（或备案）的政府采购预算执行。

国家土地督察机构在编制下一财政年度部门预算时，应当将该财政年度政府采购项目及资金预算在政府采购预算表中编列，按规定程序报部。由部审核汇总后报财政部。部根据财政部的批复，将政府采购预算随同部门预算一同批复预算单位执行。

因年度追加预算需要政府采购的，要在预算批复后20个工作日内，及时编制政府采购预算报部。

年度预算执行中需要调整政府采购项目的，要按照规定的程序和要求，单独编制政府采购预算报部。

第三十六条 国家土地督察机构要按照批复（或备案）的政府采购预算，分别制定政府集中采购、部门集中采购实施计划。

单位分散采购的项目也应当制定分散采购实施计划。

第三十七条 未列入政府采购预算、未办理预算调整或补报手续的政府采购项目以及未编制政府采购实施计划的项目，不得实施采购。

第六章 国库集中支付

第三十八条 根据财政国库管理制度改革的有关规定，国家土地督察机构的财政性资金实行国库集中支付。

第三十九条 国家土地督察机构应按照规定的程序和要求，提出开设零余额账户的申请，由部汇总报财政部审批，并根据批复在确定的代理银行就近选择代理银行的营业机构开设零余额账户，同时办理预留印鉴手续，填写《中央基层预算单位预算资金拨款印鉴卡》报部和财政部备案。

国家土地督察机构零余额账户基本信息发生变化时，应及时按照规定的程序办理账户变更手续和预留印鉴变更手续。

第四十条 国家土地督察机构的财政资金国库集中支付方式分为财政直接支付和财政授权支付。财政资金的支付方式根据财政部年度财政资金支付方式和支付范围的划分原则确定。

国家土地督察机构编制内人员工资性支出原则上实行财政直接支付。

第四十一条 国家土地督察机构应根据批复的年度预算（或预算控制数）和项目进度，按照规定的时限和要求，科学编制用款计划。

用款计划分为基本支出用款和项目支出用款计划。基本支出用款计划按照年度均衡性原则编制，项目支出用款计划按照项目实施进度编制。

第四十二条 每年 11 月 25 日前报送下一年基本支出 1—5 月分月用款计划。4 月 25 日前报送基本支出 6—12 月分月用款计划。

项目支出用款计划的报送时间是：正式部门预算下达后报送第二季度的项目支出用款计划，5 月 25 日前报第三季度计划，8 月 25 日前报第四季度计划。

对于年度财政预算执行中发生追加、追减调整变化，预算单位在收到预算调整文件后，应及时补报用款计划。

第四十三条 国家土地督察机构应于每年 1 月 10 日以前，将上年本单位《财政国库管理制度实施单位年终预算结余资金申请核定表》报部，由部集中办理申报、确认手续。

国家土地督察机构财政拨款结余资金的申报、使用管理按照财政部

《关于印发〈中央部门财政拨款结余资金管理暂行规定〉的通知》（财预〔2005〕46号）规定的格式和程序进行。

第七章　附　则

第四十四条　各国家土地督察机构可根据本办法结合自身实际，制定本单位内部管理办法，并报部财务主管部门备案。

第四十五条　本办法由部财务主管部门负责解释。

关于印发《国土资源部干部监督工作联席会议制度》的通知

国土资党发〔2007〕5号

中国地质调查局党组，各直属单位党委（总支、支部），部机关各司局党支部：

现将《国土资源部干部监督工作联席会议制度》印发给你们，请监督实施。

二〇〇七年一月二十三日

国土资源部干部监督工作联席会议制度

为进一步加强干部监督工作，完善干部监督工作协调机制，增强组织人事、纪检、党委等部门的合力，根据中央纪委第二次会议强调的建立干部监督联席会议制度的要求，按照《党政领导干部选拔任用工作条例》、《中国共产党党内监督条例（试行）》的规定和中央《建立健全教育、制度、监督并重的惩治预防腐败体系实施纲要》及《中共国土资源部党组关于贯彻落实〈建立健全教育、制度、监督并重的惩治和预防腐败体系实施纲要〉的意见》，制定本制度。

一、指导思想

以邓小平理论和“三个代表”重要思想为指导，全面落实科学发展观，以《干部任用条例》为依据，研究干部监督工作中的新情况、新问题，提出解决的措施和建议，进一步加大干部监督工作力度，努力建设高素质的干部队伍。

二、主要内容

围绕干部监督工作，沟通信息，交流情况，研究问题，协调工作，提出加强干部监督工作的意见和建议。

1. 学习中央关于加强干部监督、廉洁从政教育、开展党风廉政建设和反腐败工作的文件、有关讲话和指示精神，研究提出贯彻落实的意见。

2. 协调对部机关及直属单位领导班子的考核、述职、述廉、民主生活会的指导、重大事项报告等有关工作。

3. 对干部监督工作信息进行分析，注意发现苗头性、倾向性、普遍性的问题，研究提出改进、预防和处理的意见；就干部监督工作各方面情况进行交流、沟通；研究工作中存在的突出问题，提出解决的意见和建议。

4. 研究对部机关及直属单位的政务、事务公开的监督工作。

5. 通报拟出台的有关干部监督工作的政策规定，听取意见。

6. 协调涉及多部门参加的工作。

7. 研究其他有关问题。

三、成员单位

联席会议成员单位由部人事教育司、机关党委、驻部纪检组监察局组成。上述单位主要负责同志为联席会议成员。

四、工作方式

联席会议原则上每半年召开一次，必要时可随时召开会议。会议的议题由联席会议成员单位提出，经联席会议召集单位协调后提交联席会议讨论。提交议题的单位要做好相关材料的准备工作。

五、组织协调

联席会议由人事教育司负责召集，人事教育司司长为召集人。联席会议成立办公室，承担联席会议日常工作。办公室设在人事教育司，主要负责协调确定联席会议的议题；组织联席会议的召开；做好会议记录并形成会议纪要；督促联席会议商定事项的落实；加强与成员单位的日常联系和信息沟通；承办联席会议交办的其他工作。

国土资源部党组关于贯彻落实《中共中央纪委关于严格禁止利用职务上的便利谋取不正当利益的若干规定》的实施意见

国土资党发〔2007〕25 号

中国地质调查局党组，在京直属单位党委（总支、支部），部机关各司局：

最近，中央纪委引发了《关于严格禁止利用职务上的便利谋取不正当利益的若干规定》（中纪发〔2007〕7 号）（以下简称《规定》），印发了《关于认真学习贯彻〈规定〉的通知》（中纪办发〔2007〕8 号）（以下简称《通知》）。为此，中央纪委专门召开贯彻实施《规定》会议，作出了具体部署。

《规定》是在新形势下加强党风廉政建设和反腐败斗争的重要文件，对贯彻中央纪委第七次全会精神，落实胡锦涛同志关于加强领导干部作风建设的重要讲话精神，规范党员干部在社会主义市场经济条件下廉洁从政行为，深入推进党员领导干部廉洁自律工作的开展具有重要意义。为贯彻落实《规定》，现制定以下实施意见：

一、认真组织学习，深刻认识贯彻落实《规定》的重要性。各级党组织要深刻认识中央纪委制定《规定》的重要意义，要把贯彻落实《规定》作为当前部机关和直属单位加强党风廉政建设和领导干部廉洁自律工作的一项重要任务，学习好、贯彻好、执行好。要深刻认识到《规定》的颁布实施，体现了教育、制度、监督并重的原则，体现了向党内早打招呼，早提醒，以利教育，促进自律，挽救干部的精神。各级党组织要采取有效措施，集中精力在近期内安排时间，组织全体党员干部，认真学习《规定》和《通知》，以及中央纪委领导同志的讲话精神。通过学习，使每一个党员干部了解、熟悉《规定》的内容和《通知》的要求，使大家统一思想，从讲政治的高度，充分认识《规定》的重要意义，全面领会其精神实质，增强贯彻执行《规定》的自觉性，不断巩固拒腐防变、清正廉洁的思想防线。

二、加强组织领导，按照《规定》的要求，做好相关工作。贯彻落实《规定》工作在部党组领导下，驻部纪检组、部直属机关党委（纪委）、人事教育司领导组成落实《规定》工作办公室，各单位党组织主要负责同志负责本单位的贯彻落实工作。各单位党委要按照《规定》的要求，结合实际，制定本单位贯彻《规定》的具体安排。

三、组织对照检查，做好清理纠正工作。各单位要把组织党员干部尤其是党员领导干部对照《规定》开展自查自纠，作为廉洁自律的重点内容和贯彻落实《规定》的关键环节，要按照中央纪委的部署和部党组要求，安排和组织好党员干部廉洁自律专题民主生活会，按《规定》列出的八种严禁权钱交易形式和认定这些违纪行为的界限，进行认真对照检查，切实保证民主生活会实效，防止走过场，不留死角。

党员干部尤其是党员领导干部，要按照《规定》的内容逐条对照检查，认真填写《国土资源部党员干部对照规定检查表》，有《规定》所列禁止行为的，向党组织主动说清问题。

各单位要全面理解和正确把握政策界限，对在规定发布后30日内主动向组织说清问题的，按《规定》的通知可考虑从宽处理；对在规定期限内主动向党组织说清的问题，要认真核查，坚决立即纠正。要认真排查信访举报和案件线索，对在规定期限内本人未向组织说清问题的，坚决从严查处，积极稳妥做好清理纠正工作。

四、搞好督促检查，保证贯彻《规定》工作的落实。各单位全体党员干部尤其是党政领导干部要进一步提高社会主义市场经济条件下深入开展反腐倡廉工作重要性和有效查处权钱交易行为必要性的认识，按《规定》的要求，在平时的工作和生活中严格执行《规定》，带头廉洁从政。各单位党组织要切实负起责任，经常督促检查。各单位要及时将本单位学习贯彻《规定》以及对照检查、清理纠正的情况于6月29日前写出书面报告。

贯彻落实好中央纪委的《规定》，搞好对照检查、清理纠正是一项时限性强的工作，各单位要抓紧进行，把贯彻实施《规定》与党风廉政建设和反腐败工作，与贯彻落实《建立健全教育、制度、监督并重的惩治和预防腐败体系实施纲要》，与治理商业贿赂专项工作相结合，扎实地做好《规定》的贯彻落实工作。

关于印发《国土资源部机关会议费管理暂行办法》的通知

国土资厅发〔2007〕101号

部机关各司局：

经部研究同意，现将《国土资源部机关会议费管理暂行办法》印发你们，请遵照执行。

二〇〇七年六月十八日

国土资源部机关会议费管理暂行办法

第一条 为加强部机关会议费管理，节约会议费开支，根据财政部和国管局的有关规定，结合机关实际情况，制定本暂行办法。

第二条 部机关召开的会议应遵循节俭、高效的原则。围绕国土资源管理中心工作确定会议主题，严格控制会议数量，提高会议质量和效率。

第三条 会议实行分类管理

一类会议是国务院批准的、以国务院名义召开的有关国土资源管理的工作会议；

二类会议是指部召开的，要求省、自治区、直辖市国土资源厅局长以及部直属机构负责人参加的会议；

三类会议是以部的名义召开、由部机关各司局主要承办的各类工作会议或专题业务会议。

第四条 会议实行分级审批

一类会议。经国务院批准后，会议接待、总务、经费预算及费用结算工作由国务院机关事务管理局负责。

二类会议。由部主管会议部门于每年 11 月底前将下一年度计划召开的二类会议报批文件（会议名称、主要内容、代表及工作人员数、所需经费）送财政部审核会签后，按程序报批。

三类会议。由机关各司局于每年 12 月底前将下一年度拟召开的会议计划报送部主管会议部门，主管部门根据部下一年工作要点，结合年度经费可能，经汇总协调并编制相应经费预算后，提交部长办公会议研究，确定下一年度的部机关会议计划。

第五条 会期

一类会议会期根据审批情况确定。

二类会议会期一般不得超过 3 天。

三类会议会期一般不得超过 2 天。

第六条 会议规模

一类会议与会人员根据审批情况确定。

二类会议与会人员原则上不超过 200 人（不含工作人员），工作人员不超过代表人数的 20%。

三类会议与会人员原则上不超过 150 人（不含工作人员），工作人员不超过代表人数的 15%。

第七条 会议地点

会议应尽量使用内部宾馆、招待所、会议室及车辆。确因特殊情况无法安排的，应到中央政府采购网公布的定点饭店召开。

第八条 会议费开支渠道

列入部机关年度会议计划的会议费用由部机关承担，承办部门不得擅自向有关单位和个人转嫁和摊派会议费用。财务部门有权拒绝报销各类不符合规定的会议费用。

第九条 会议费开支范围

会议费开支包括房租费（含会议室租金）、伙食费、交通费、办公用品费、文件印刷费、医药费等。

会议承办部门不得在会议费中开支劳务费、咨询费，不得在召开会议的宾馆或饭店套取现金挪作他用以及报销非会议相关票据，不准在会议中发放纪念品及与会议无关物品，不得以会议名义在宾馆或饭店私存公款。

第十条 会议费开支标准

根据（中央国家机关会议费管理办法）（国管财〔2006〕426 号）

的规定，会议费开支实行综合定额控制，各项费用之间可以调剂使用，在综合定额内据实报销。

一类会议综合定额 400 元 / 人天。

二类会议综合定额 300 元 / 人天。

三类会议综合定额 260 元 / 人天。

会议召开地代表原则上不安排住宿，工作人员除必须驻会外，不安排住宿。

第十一条 会议费结算及报销

会议费采取一会一结的办法。

会前，承办部门应持经过批准的会议计划文件和会议费支出预算表，经部机关财务部门审核后领取支票。

会后，承办部门应及时向承办会议的饭店核实和细化会议支出内容。会议承办人应按结算后的数额和支出清单填写会议决算表和报销单，经承办部门主管领导和办公厅主任审批后，到财务部门办理报账手续。会议费结算报账工作应在会议结束后 1 周内完成。

财务部门要严格按规定审核会议费开支，对不符合规定的超范围、超标准开支不予报销。

第十二条 从严控制未列入部机关会议计划的会议，确因工作需要召开的，会议承办部门需说明原因并编制会议预算，经部门主管领导和办公厅主任签批后，报主管部领导批准执行。

第十三条 因特殊原因导致会议费超过标准的，需报部主管领导批准后执行。

第十四条 本规定经部审议通过，自印发之日起施行。

关于印发《中共国土资源部党组关于加强司局级领导班子主要负责人监督的暂行办法》的通知

国土资党发〔2008〕31号

部机关各司局，中国地质调查局及部其他直属单位，各派驻地方的国家土地督察局：

现将《中共国土资源部党组关于加强司局级领导班子主要负责人监督的暂行办法》印发给你们，请认真贯彻执行。

二〇〇八年七月十八日

中共国土资源部党组关于加强司局级领导班子主要负责人监督的暂行办法

第一条 为促进司局级领导班子主要负责人认真履行职责，正确行使权力，自觉接受监督，根据《中国共产党章程》、《中国共产党党内监督条例（试行）》等有关规定，结合实际，制定本办法。

第二条 司局级领导班子主要负责人是指：部机关各司局、各派驻地方的土地督察局、各直属单位党政主要领导干部。

第三条 加强监督的主要内容是：遵守政治纪律情况，执行党中央、国务院和部党组决策部署及履行职责情况，贯彻落实科学发展观情况，执行民主集中制、选拔任用干部、落实党风廉政建设责任制及遵守廉洁自律各项规定等情况。

第四条 廉政谈话

（一）任职谈话。新提拔司局级领导班子主要负责人，由部党组主要负责同志进行任职谈话；驻部纪检组主要负责同志进行任前廉政谈话。明确提出贯彻民主集中制、落实党风廉政建设责任制和廉政勤政等有关方面的要求。

（二）任期谈话。部党组成员及人事部门，视情况不定期与司局级领导班子主要负责人谈话，了解掌握该单位贯彻落实部党组工作部署和决策的情况，领导班子成员廉政勤政情况及主要负责人思想作风、履行职责、工作效率、工作质量、抓班子、带队伍、改革创新等情况，有针对性地提出意见和要求。

（三）诫勉谈话。司局级领导班子主要负责人在政治思想、履行职责、工作作风、道德品质、廉政勤政等方面有群众反映发现苗头性问题的，经部党组书记同意后，可视不同情况，由分管部领导、纪律检查机关或人事部门负责人及时对其进行诫勉谈话，作书面记录。采取适当方式，对谈话对象改正的情况进行跟踪了解。

第五条 函询。对群众反映司局级领导班子主要负责人的问题，纪律检查机关或人事部门，认为需用书面形式对被反映者进行函询的，经部党组书记同意后进行函询。被函询者在收到函询 15 个工作日内，要据实作出书面回复。

第六条 巡视。按有关规定，对部机关各司局、各派驻地方的国家土地督察局、直属单位领导班子及成员进行巡视，加强对主要负责人的监督，及时发现问题，提出整改意见。

第七条 述职述廉。领导班子主要负责人在年度考核中，要按规定对本人履行职责、遵守廉洁自律规定、落实党风廉政建设责任制、存在的突出问题和改正措施等情况进行述职述廉。发现在述职述廉中隐瞒、回避重要问题，以及对存在的突出问题不认真改正、情节严重的给予组织处理。

第八条 考核测评。在年度考核中，对领导班子主要负责人的德能勤绩廉情况进行考核和民主测评。考核测评结果作为业绩评定、奖励惩处、选拔任用的重要依据。凡考核中确定不称职的，要及时给予组织处理。

第九条 党风廉政建设责任追究。领导班子主要负责人对班子内部和本单位的党风廉政建设负总责。对职责范围内的党风廉政建设工作不抓不管、以致风气不正、群众反映强烈的，对严重违纪违法问题不查处不报告的，对违反有关政策和规定选拔任用干部和用人失察造成严重后果的，要按照有关规定进行责任追究。

第十条 重要事项决定。凡涉及政策性、全局性的问题，干部推荐、任免和奖惩，重大项目立项，大额度资金使用、直属单位投资和内部收入分配制度等重要事项，要充分发扬民主，经领导班子集体研究决定。主要负责人要集思广益，认真考虑少数人的不同意见，必要时通过表决形成决议。对于应当集体讨论决定的事项而未经集体讨论，造成不良后果或重大损失的，要追究主要责任人的责任。

第十一条 开好民主生活会。领导班子主要负责人对民主生活会质量负责，并承担制定和落实领导班子整改措施的领导责任。主要负责人要在领导班子民主生活会上带头开展批评与自我批评，对自身在思想作风、工作作风和廉洁自律方面存在的问题、领导班子其他成员以及党员群众提出问题进行说明，接受领导班子内部的监督。

第十二条 报告个人有关事项。领导班子主要负责人要严格按照《关于党员领导干部报告个人有关事项的规定》内容，及时报告个人的有关事项。根据具体情况，必要时在领导班子内部、民主生活会和述职述廉时，对个人发生的有关事项进行说明。

第十三条 加强纪检监察监督。认真开展对领导班子主要负责人落实党内监督各项制度和执行党纪政纪情况的监督检查。完善落实党风廉政建设责任制的考核测评工作。了解掌握领导班子主要负责人遵守廉洁自律各项规定和个人有关事项报告等情况，及时发现和纠正存在的问题。对拟选拔任用干部人选进行廉政审查，以书面形式反馈意见。认真受理群众信访举报，调查核实反映的问题，严肃查处违纪违法案件。

第十四条 加强审计监督。按照有关规定，部财务部门对领导班子主要负责人进行任期内经济责任审计和离任审计。对单位预算编制和执行、重点项目预算、专项资金管理和使用，实行审计监督。审计结果作为干部任用和奖惩的重要依据之一。

第十五条 加强群众监督。领导班子主要负责人按照有关规定报告工作、述职述廉，要广泛听取群众意见，有群众参与并实施监督。要畅通民主监督渠道，健全群众参与述廉、评廉、考廉、用廉的监督机制。

第十六条 加强社会舆论监督。领导班子主要负责人要重视并自觉接受社会各界和新闻舆论的监督，认真听取社会各界的意见，推动和改进工作。

第十七条 坚持干部监督工作联席会议制度。人事教育司、财务司、直属机关党委、驻部监察局为成员单位，根据监督工作的内容确定召集单位，驻部纪检组监察局负责联席会议日常工作的组织协调。

本办法自印发之日起施行。

二〇〇八年七月二十二日

国土资源部党组关于全面落实党风廉政建设责任制切实加强反腐倡廉建设的意见

国土资党发〔2008〕47号

各省、自治区、直辖市国土资源厅（国土环境资源厅、国土资源局、国土资源和房屋管理局、房屋土地资源管理局），计划单列市国土资源行政主管部门，国家海洋局，国家测绘局，解放军土地管理局，新疆生产建设兵团国土资源局，各派驻地方的国家土地督察局，中国地质调查局及部其他直属单位，部机关各司局：

近日，胡锦涛总书记就落实党风廉政建设责任制作出重要指示，中央纪委等有关部门相继召开了“全国落实党风廉政建设责任制电视电话会议”和“全国纪检监察机关查办案件工作会议”，对严格执行党风廉政建设责任制，毫不松懈地抓好党风廉政建设和反腐败斗争进行了部署。为深入学习胡锦涛总书记重要指示，认真贯彻落实会议精神，结合国土资源系统实际，提出以下意见。

一、认真学习贯彻胡锦涛总书记重要指示精神，切实承担起党风廉政建设的政治责任

（一）进一步提高认识。胡锦涛总书记最近指出：党风廉政建设责

任制是深入推进党风廉政建设和反腐败斗争的一项基础性制度。认真贯彻党的十七大精神，毫不松懈地抓好党风廉政建设和反腐败斗争，严格执行党风廉政建设责任制，扎实推进惩治和预防腐败体系建设，进一步加大解决党风廉政建设方面突出问题的力度。党中央、国务院颁布《关于实行党风廉政建设责任制的规定》。10年来，这项制度对国土资源系统开展党风廉政建设和反腐败斗争发挥了重要作用，同时，还要清醒地看到当前在落实党风廉政建设责任制方面存在的问题：一些领导干部对"一岗双责"认识不足，抓反腐倡廉工作积极性主动性不强；党风廉政责任考核评价体系不够完善，考核结果与干部选拔任用挂钩不紧密；对党风廉政建设方面失职渎职行为追究力度不够，等等。各级国土资源管理部门要深入学习、准确把握胡锦涛总书记重要指示精神的重大意义和根本要求，进一步提高认识，把党风廉政建设责任制落到实处。

（二）切实加强领导。各级党委是反腐倡廉建设的责任主体，主要负责人对班子内部和分管范围内的反腐倡廉工作负总责。主要领导要认真履行职责，切实承担起党风廉政建设的政治责任，主动抓好党风廉政建设各项工作，做到重要工作亲自部署、重大问题亲自过问、重点环节亲自协调，切实管好班子、带好队伍。各级领导干部要严格执行党风廉政建设责任制，做到谁主管、谁负责，既要遵守廉洁从政各项规定，又要抓好分管范围内的党风廉政建设，加强对牵头工作的组织、督查和指导，为推进国土资源工作保障和促进科学发展提供有力保证。部机关司局和直属单位在年底总结工作时，要向部党组、纪检监察部门专题报告执行党风廉政建设责任制的情况。

二、抓住三个关键环节，切实提高落实党风廉政建设责任制的实效

针对当前落实党风廉政建设责任制存在的问题，围绕责任分解、责任考核、责任追究这三个关键环节，细化措施，规范程序，加强检查，

完善机制，不断增强党风廉政建设责任制的有效性。

（一）明确责任分解。按照中央关于反腐倡廉工作的总体部署，结合部门实际，认真研究确定国土资源系统党风廉政建设工作任务，并根据机关司局和直属单位职能和领导干部岗位职责，每年将任务和责任具体分解，明确工作目标和要求，真正做到业务管理工作与党风廉政建设相结合、同部署，逐级负责，确保任务和责任落实到位。

（二）认真组织考核。对部机关司局和直属单位领导班子及主要负责人执行责任制情况，进行年度考核和测评。纪检监察和人事部门共同研究制定考核方案，突出重点，明确要求。领导干部述职述廉时，要把本人落实责任制和廉洁自律情况作为重要内容，由群众民主测评，切实改进一些领导干部在述职中没有述“廉”、述“责”的问题，提高考核的针对性和有效性。充分发挥在部机关和直属单位开展巡视工作的积极作用，通过巡视了解掌握领导班子及主要负责人执行党风廉政建设责任制的情况。要把考核和巡视结果纳入领导班子和领导干部综合考核评价体系，作为干部业绩评定、选拔任用的重要依据。

（三）严肃责任追究。结合行政问责制度的实施，对在执行党风廉政建设责任制方面严重失职渎职的领导干部，不管是任现职的，还是调离、升迁的，都要予以追究。要综合运用纪律处分和组织处理两种手段严肃追究责任，加大组织处理力度，把不负责任导致重大问题发生的领导干部从领导岗位上调整下来，构成违纪违法的要严肃查处，收到“追究一人、教育一片”的效果。

三、加大惩处力度，把查办案件工作放在反腐倡廉建设更加重要的位置

当前，一些地方土地和矿产资源管理领域，官商勾结、权钱交易，违法违规审批问题仍然比较严重。要按照中央部署，认真核查群众举报的违纪违法问题线索，有力推进查办案件工作。

（一）加大查处违反科学发展观案件的力度。开展对加强和改善宏观调控、贯彻国土资源管理法规政策的监督检查，着力解决影响和制约科学发展的突出问题，加大对违规违法行为的查处力度。加强对党员干部特别是领导干部作风的监督检查，着力解决群众反映强烈的突出问题。对搞形式主义、官僚主义、弄虚作假、奢侈挥霍，造成恶劣影响和严重后果的，要坚决查处，严格追究责任。

（二）严肃查处土地和矿产资源管理领域和关键环节的违纪违法案件。以查办滥用职权、贪污贿赂、腐化堕落、失职渎职的案件为重点，查处领导干部违规违法收受财物、经商办企业、干预市场交易活动、公款出国（境）旅游等行为。查处非法批地、低价出让土地、违规审批项目或擅自变更规划谋取暴利的案件，在矿产开发中违法审批探矿权和采矿权，违法入股矿产开发的案件，在市场运作和项目管理中规避招标、虚假招标及违法转包的案件。

（三）注重查处国土资源管理工作中严重侵害群众利益的案件。认真贯彻落实党的十七届三中全会精神，坚决查处截流、挪用、贪污被征地农民补偿费等违纪违法案件。坚决纠正征地补偿标准不合理、补偿不到位、基本保障不落实等损害被征地农民利益的问题。

（四）继续查处土地出让、资源开发等领域的商业贿赂案件。继续做好商业贿赂举报线索的受理、转办及查处工作，及时发现、坚决打击商业贿赂行为，努力把各类违规违纪现象遏制在萌芽状态。

四、强化源头防治措施，扎实推进惩治和预防腐败体系建设

贯彻落实《建立健全惩治和预防腐败体系 2008—2012 年工作规划》，把改革的推动力、教育的说服力、制度的约束力、监督的制衡力、惩治的威慑力结合起来，增强惩治和预防腐败的综合效能。

（一）强化有效的措施监督。按照党风廉政建设责任制的要求，整

体推进教育、制度、监督、改革、纠风、惩处等各项任务。结合国土资源管理工作特点，继续落实好对重点部位环节加强监督的措施。严格执行国土资源法定行政许可、重大资金项目安排、规划计划等重大事项会审制度；推进国土资源政务大厅和网站建设，充分发挥网上申报审批和效能监察的作用；强化对大额资金使用监管，总结推行在国土资源部门实行财务管理信息预警系统的有效做法；从完善公开出让制度、强化行业信用管理、强化执法监察等方面，建立土地市场和矿业权市场诚信体系；继续在部机关和直属单位开展巡视，认真做好对直属单位主要领导干部的经济责任审计。

（二）拓展源头防治腐败工作。巩固和深化学习实践科学发展观活动的成果，以深化改革和制度创新为动力，以容易滋生腐败的管理环节为突破口，拓展源头防治腐败工作。在全面落实经营性用地、工业用地招标拍卖挂牌出让制度基础上，深化土地有偿使用制度改革；全面推进探矿权、采矿权有偿使用制度改革，加快矿业权市场建设。努力研究解决防治腐败的深层次问题，把反腐倡廉的要求寓于国土资源管理改革和重要政策措施之中。

国土资源部关于开展内部审计工作的通知

国土资发〔2008〕147 号

各派驻地方的国家土地督察局，中国地质调查局及部其他直属单位：

经部研究决定，从 2008 年开始，每两年对部直属单位开展一次内部审计监督，由部财务主管部门组织，部制定了《部直属单位内部审计工作方案》。现印发给你们，并就有关问题通知如下：

一、开展内部审计工作的目的在于促进各单位财务工作的规范化、制度化和科学化。各单位必须高度重视，进一步健全、完善内部财务管理制度，规范财务行为，不断提升财务管理的科学化水平。

二、各单位要按照部的统一部署和安排，积极配合部财务服务中心做好内部审计工作，如实地向审计组提供会计凭证、会计账簿等财务资料和相关材料，主动与审计组交流情况，听取审计组的意见和建议，及时纠正内部审计中发现的问题。

三、部财务服务中心要严格按照《国土资源部内部审计工作暂行规定》（国土资发〔2004〕74 号）的要求，依法组织实施内部审计工作，严格遵守内部审计职业规定，主动接受被审计单位的监督，实事求是、客观公正地反映并报告内部审计情况。

四、地调局、人力中心、部机关服务局等单位根据《部直属单位内部审计工作方案》的要求，负责安排并实施其所属单位的内部审计工作，每年 11 月底前向部全面报告内部审计工作情况和审计意见执行情况。

二〇〇八年七月九日

部直属单位内部审计工作方案

为落实第8次部长办公会议精神，切实加强对部直属单位的内部审计与财务监督，促进部直属单位财务工作的规范化、制度化和科学化，制定以下内部审计工作方案。

一、任务目标

通过对部直属单位预算执行情况和其他财务收支情况进行内部审计，及时发现并纠正违法违规行为，健全、完善相关财务管理制度，促进部直属单位财务工作的规范化、制度化和科学化。同时，形成每两年对部直属单位滚动审计一遍的工作机制。

二、组织形式

部直属单位的年度内部审计工作由财务主管部门组织，部财务服务中心具体实施。

地调局、人力中心、服务局负责其所属单位的内部审计工作，并确保每两年滚动审计一次。根据需要，财务服务中心可以延伸审计。

部财务服务中心的内部审计由部财务主管部门负责。

三、工作安排

部财务服务中心2008年对15个单位进行内部审计，其余单位的内部审计工作安排在2009年进行。部财务服务中心按照《国土资源部内部审计工作暂行规定》(国土资发〔2004〕74号）规定的时限和工作程序，及时向被审计单位送达内部审计通知书，组织开展内部审计工作。

今后，部财务服务中心根据部关于财务监督工作的统一部署，结合审计署年度预算执行审计的重点和工作安排，将“每两年对所属单位审计一遍”作为中心的正常工作，形成制度，有序推进。

四、主要内容

对部直属单位的内部审计的主要内容，包括单位基本情况、内部制度建设、预算编制与执行、专项资金使用管理、对外投资、资产管理、基建投资管理、债权债务管理和决算编报等方面。

（一）单位基本情况。包括：各单位人员编制与实有人数及财会人员队伍情况，资产、负债和净资产状况；具有独立法人资格的经济实体的经营情况；单位承担的主要职责及其任务完成情况等。

（二）内部制度建设。检查单位内部会计控制制度的建立与有效执行情况，重点检查单位各项重大经济活动是否实行民主决策制度及单位现行收入分配政策是否符合现行政策的相关规定。

（三）预算编制与执行情况。包括：预算编制的依据是否真实、合理，有无编制虚假预算套取财政资金的行为；单位全部收支是否纳入预算管理；是否严格按照批复执行预算，项目工作进度与预算执行进度是否协调；是否挤占、挪用项目经费；是否存在无预算、超预算的支出行为，有无虚列支出、在往来账列支其他费用和设置“小金库”等。

（四）专项资金使用管理情况。包括项目立项是否符合专项资金使用方向，项目预算编制和资金使用是否符合专项资金管理办法的规定，是否随意调整项目支出预算和工作内容，外协经费的拨付手续是否完备等。

（五）对外投资情况。包括单位内部经济关系和经济实体数量，对外投资决策程序是否完备，是否存在账外投资或利用所属企业转移财政专项资金的行为，投资收益是否纳入单位预算管理等。

（六）资产管理情况。包括单位资产购置是否按照预算批复执行，是否严格执行政府采购的有关规定，资产管理程序、手续是否完备，是否存在账外资产，是否严格按照规定的权限进行资产处置，资产产权变动是否履行相应的手续等。

（七）基建投资管理情况。包括基本建设项目立项是否按规定程序报经批准，自筹资金来源是否真实、合法，是否超建设规模和投资概算，是否按照规定办理项目竣工财务决算，交付使用财产移交手续是否完备等。

（八）债权债务管理情况。包括债权债务是否真实，债权追偿是否及时，债权债务的处理是否严格履行相关程序。

（九）决算编报情况。包括决算编报范围是否全面覆盖本单位全部经济活动，决算报表与账簿记录是否一致，有无虚列支出、隐瞒收入等行为。

五、审计结果

部财务服务中心在内部审计期间要及时向部报送分单位的内部审计报告，年度审计工作完成后形成内部审计工作报告报部。

地调局、人力中心和服务局每年 11 月底前向部全面报告所属归口单位的内部审计工作情况和审计意见执行情况。

审计过程中，如发现重大线索，应及时向部领导和部有关部门报告。

国土资源部关于开展清理和规范事业单位投资办企业工作的通知

国土资发〔2008〕206号

中国地质调查局及相关直属单位：

为加强国有资产的管理，规范事业单位投资办企业的行为，部决定开展清理和规范事业单位投资办企业工作（以下简称“清埋规范工作”）。现将《清理和规范事业单位投资办企业工作方案》（以下简称《方案》）印发给你们，并将有关事项通知如下：

一、提高认识，加强组织领导

部属事业单位投资开办的企业数量多、规模小、效益差、管理不尽规范，违规违纪行为时有发生。做好清理规范工作，对于加强反腐倡廉建设，深化事业单位管理，保障国有资产安全具有重要意义。各单位要从加强党风廉政建设和反腐倡廉的高度，从大局着眼，从实际出发，提高对清理规范工作的认识，切实加强组织领导，确保清理规范工作的顺利进行。

为加强此项工作的组织领导，部成立了清理规范工作领导小组，由部领导任组长，财务司、监察局、人事司、机关党委和中国地质调查局、财务服务中心为成员单位，下设办公室。各单位也要落实工作责任，组织实施好本单位的清理规范工作。

二、明确目标，务求实效

清理规范工作要坚持与事业单位改革发展同步的原则，积极稳妥，逐步深入规范。要按照事业单位性质分类，区别对待。要从理顺经济关系入手，建立监管机制，优化资源配置，提高国有资产使用效益。各单位要按照《方案》要求，认真自查清理本单位对外投资办企业情况，在此基础上分析情况，理清思路，制定切实可行的清理规范实施方案。各单位要实事求是，全面真实反映投资办企业情况，不得瞒报或漏报。部清理规范工作领导小组成员单位要加强对各单位的监督指导，确保达到预期目标。

三、工作要求

各单位要按照《方案》明确的工作范围、方法步骤和事件要求开展各阶段工作。

自查阶段各单位要以2008年9月30日为基础日进行自查。自查阶段结束后，各单位要在11月20日前报送本单位《国土资源部事业单位投资办企业情况调查表》（附件3）和《××单位投资办企业清理规范实施方案建议》。

清理规范阶段，各单位要按照部的指导意见对照检查，对所办企业提出清理和规范的具体方案和措施，12月30日前报部清理规范工作领导小组。

总结验收阶段，各单位对本单位清理规范工作进行总结，2009年1月31日前报部。部验收确认后通报相关情况。

附件：1. 部清理规范事业单位投资办企业工作领导小组成员单位及名单

2.《清理和规范事业单位投资办企业工作方案》

3. 国土资源部事业单位投资办企业情况调查表（略）

二〇〇八年十月十八日

附件 1

部清理规范事业单位投资办企业工作领导小组成员单位及名单

组长：王寿祥

成员：财务司　赖文生

监察局　卜善祥

人教司　李海兵

机关党委　李建勤

中国地质调查局　王学龙

财务服务中心　蔡培顺

办公室成员单位及名单

主任：赖文生

副主任：韩和平

　　　　王玉振

成员单位：财务司 2 人

　　　　　监察局 2 人

　　　　　人教司 1 人

　　　　　机关党委 1 人

　　　　　中国地质调查局 1 人

　　　　　财务服务中心 1 人

附件 2

清理和规范事业单位投资办企业工作方案

为落实部党组《关于 2008 年党风廉政建设和反腐倡廉工作的实施意见》（国土资党发〔2008〕13 号）和第 8 次部长办公会议的有关要求，按照部党组的要求，财务司商监察局、人事司、机关党委和财务服务中心，研究制定了《国土资源部清理和规范事业单位投资办企业工作方案》。具体内容如下：

一、组织领导

深刻认识清理和规范事业单位投资办企业工作的重要性和紧迫性，切实加强领导，保证清理和规范事业单位投资办企业工作（以下简称“清理规范工作”）顺利进行。部成立了由王寿祥同志任组长的清理规范工作领导小组。按照“党组统一领导，分管部领导各负其责，相关单位负责人负总责，办公室组织协调审核”的工作方式，抓好各项工作的落实。具体工作由办公室组织实施。各投资办企业的事业单位主要负责人负总责，认真组织实施好本单位的清理规范工作。

二、工作目标和主要内容

（一）全面摸清情况

部属事业单位所属的企业大部分是在上个世纪 90 年代初、中期兴办的第三产业，这些企业都进行了工商登记，取得了企业法人资格，大部分进行了国有资产产权登记，但也存在投资不实。管理混乱、产权不清、效益低下等问题。根据近几年审计署对我部预算执行情况的审计结果，上述问题特别是管理混乱问题必须从根本上加以解决。为扎实、有效地开展清理规范工作，在 2007 年资产清查的基础上，各单位再进行一次全面自查，摸清真实情况，并填报《国土资源部事业单位投资办企业情况调查表》。

（二）指导解决问题

在全面了解掌握情况的基础上，各出资单位要对企业现状进行全面认真分析和梳理，按照拟清理撤销和规范发展提出清理规范建议，报部清理规范工作领导小组。部清理规范工作领导小组在此基础上分类调研分析，依据相关法规政策指导解决兴办企业管理中的问题。

（三）完善管理制度

根据《事业单位国有资产管理暂行办法》（财政部令第 36 号）和《中央级事业单位国有资产管理暂行办法》（财教〔2008〕13 号）规定，各单位要结合实际情况，研究制定本单位加强国有资产管理和对外投资办企业的内部管理制度。跟踪了解《国土资源部国有资产管理暂行办法》相关政策规定的贯彻执行情况。

（四）建立监管机制

通过建立对出资人国有资产保值增值责任制、完善相关制度办法、资产管理信息平台对国有资产进行动态管理等手段建立科学、合理、有效的监管机制，确保出资有责任，运营有考核，监管有措施，投资有回报。

三、清理规范工作范围和基准日

（一）工作范围

部属各事业单位（包括执行单位财务和会计制度的事业单位、执行民间非盈利组织会计制度的社会团体和执行企业财务和会计制度的事业单位）投资兴办的各种组织形式的企业（包括独资企业、控股企业和参股企业）。

（二）工作基准日

调查摸底统一以2008年9月30日为基准日。

四、工作规范工作自2008年10月开始，2009年1月底结束。采取单位自查、内部审计抽查和部清理规范工作领导小组办公室专项调研相结合的方法进行

（一）自查阶段（10月27日—11月20日）

各单位在2007年事业单位资产清查的基础上，检查核实投资办企业的实际情况后，填报《国土资源部事业单位投资办企业情况调查表》，并按照要求对投资开办的企业分类分析，针对存在的问题，提出清理规范建议，报部清理规范工作领导小组。

（二）指导解决问题（11月21日—12月15日）

部清理规范工作领导小组办公室根据各单位自查情况进行分类调研，并根据国家有关法律、法规和政策规定，结合各单位实际，指导各单位研究解决问题。

（三）清理规范阶段（12月16日—31日）

各单位按照部明确的政策界限对照检查，确定企业的去留，同时要分类对清理撤销和规范发展企业分别提出具体方案和措施（特别是对拟清理撤销企业人财物的安置和处置必须要有切实可行的措施），报部清

理规范工作领导小组审定后，由单位具体实施。

（四）总结验收阶段（2009 年 1 月 1 日—31 日）

各单位对上述各阶段工作进行总结和初步验收并将清理规范工作结果报部清理规范工作领导小组，清理规范办公室对各单位的清理规范工作结果进行验收和确认，同时向部党组提交总结报告。

国土资源部办公厅关于启用国土资源部财务管理信息系统的通知

国土资厅发〔2008〕56号

各派驻地方的国家土地督察局，中国地质调查局及部其他直属事业单位：

为进一步深化项目预算管理和规范会计核算行为，加强部门财务管理与财务分析，增强财务运行的透明度，不断提高部门财务管理的科学化、规范化和现代化水平，经部研究决定，自2008年6月1日起正式启用国土资源部财务管理信息系统。现就有关事项通知如下：

一、高度重视，精心组织

建设财务管理信息系统，实现财务管理信息集成化管理是适应财政管理制度改革的客观要求，也是提升部门财务管理水平的重要手段。各单位负责同志务必高度重视，把财务管理信息系统建设作为规范内部管理，提高单位管理水平的大事来抓。

财务管理信息系统覆盖单位财务、资产、项目和工资等管理性工作。各单位必须统筹规划，明确职责分工，配备适应财务管理信息系统要求的相关人员，进一步转变工作方式，创新管理手段，确保财务管理信息系统各项管理功能的顺利实现。

二、积极推进，稳步实施

为保证财务管理信息系统的顺利推进与安全运行，部研究制定了《国土资源部财务管理信息系统工作规范(试行)》(见附件，以下简称《工作规范》)。各单位要根据《工作规范》的有关规定，结合本单位的实际情况，制定完善本单位的管理规范和操作规程，积极推进财务管理信息系统的建设与应用。

各单位要按照部的统一部署，及时做好财务管理信息系统各阶段工作。要按照部集中培训时明确的程序性规定，进一步规范系统的初始化设置，尽快启动系统日常应用。要积极配合部财务管理信息系统做好第二阶段的需要调研、系统设计、人员培训等各项工作，确保财务管理信息系统的稳步实施。

三、强化应用，发挥效益

建设财务管理信息系统，实现财务管理手段的现代化，将有利于促进各单位从繁杂的日常事务处理向注重管理和提高服务能力转变。各单位要充分利用财务管理信息系统的信息资源，加强经济活动分析，优化本单位的项目管理、预算管理，提高财政资金运行的安全性、规范性和有效性。

各单位要根据财务管理信息系统设定的预算控制、科目预警、重大经济活动决策程序提醒等管理要求，及时发现、纠正经济活动中的不规范行为，采取有针对性的措施，健全、完善单位内部控制制度，加强财务管理，不断提高财务管理水平。

四、各项具体要求

（一）各单位要按照网络安全管理的有关规定，优化配置财务管理信息系统必须的网络环境和硬件需求，尽量选择网通光纤、专线接入或者 ADSL 线路，接入带宽不小于 512Kbps/PC，配置计算机的主频应不小于 1.8GHz，内存不小于 1GB。

（二）各单位要在收到预算批复（包括年初预算和追加预算）的 15 日内，运用财务管理信息系统，编制年度项目支出预算落实方案，并报部备案。

（三）财务管理信息系统正式启用以后，有关财务管理的一些具体事务性工作将通过财务管理信息系统布置，财经法律法规、专项资金管理办法等制度办法也将在财务管理信息系统发布。各单位务必制定专人负责，定期登录财务管理信息系统，及时下载相关文件。

（四）随着财务管理制度改革的不断深化，财务管理信息系统应用过程中可能出现一些新的情况和问题。各单位要结合中心工作对财务管理的要求，不断创新管理方式，加强协调与沟通，及时反馈财务管理信息系统应用中存在的问题，以便部适时更新、优化财务管理信息系统各项功能。

国土资源部财务管理信息系统工作规范（试行）

第一章　总　则

第一条　为确保国土资源部财务管理信息系统的顺利运行，规范工作流程、明确责任，提高财务系统网络安全运行管理的科学化、规范化水平，根据《中华人民共和国会计法》和《会计电算化管理办法》的有关规定，制定本办法。

第二条　本办法适用于使用国土资源部财务管理信息系统的行政、事业单位和挂靠部管理的协会、学会及其内部独立核算的非法人单位。

第二章　组织机构和岗位设置

第三条　部财务主管部门负责国土资源部财务管理信息系统的管理。各单位财务部门对本单位财务管理信息系统安全运行负责。

第四条　各单位要建立财务管理信息系统领导小组，由单位主管财务的领导负责，财务、项目管理、工资管理和资产管理等部门参加，明确各部门工作职责。

第五条　部财务主管部门设一名系统级系统管理员，负责系统软件、数据库和系统软件的日常维护工作；负责系统软件数据的初始化、数据备份与恢复、系统运行错误的登记与排除工作；负责系统操作使用的组织与管理工作，分配操作人员权限，并设置操作使用人员的保密口令；建立系统软件运行档案，对软件的基本情况（版本、配置等）、升级、故障现象、故障产生原因、故障处理过程及处理结果等进行详细记录；负责财务网络安全系统软硬件管理。

第六条 各单位必须配置一名系统管理员，全面负责本单位的系统运行与维护，并配合部级系统管理员的工作。

第七条 各单位系统管理员必须熟悉业务，具备一定计算机应用基础知识，且有较强的组织管理能力。系统管理员配置、更换应报上级主管部门备案。

各单位系统管理员的主要职责是：

（一）负责本单位财务管理信息系统工作岗位的设定和权限分配。

（二）组织协调本单位会计核算和财务管理。

（三）负责本单位财务管理信息系统的内部控制，防止利用计算机进行舞弊。

（四）规范本单位的财务行为，制止不规范业务的发生。

（五）负责汇总系统使用中的问题，及时与上级系统管理员联系解决。

第八条 各单位系统操作员（普通财务人员、项目管理人员、资产管理人员、工资管理人员）负责本岗位业务操作，主要职责是：

（一）严格按照财务管理信息化建设的有关规定及财务管理信息系统软件使用手册进行操作，不越权操作、不违规操作。

（二）对所有以自己的用户名处理的业务负全面责任。

（三）所有业务处理，必须严格遵循相关的管理制度、工作规范、业务规范和部有关规定，不得违规违章处理。

（四）及时核对自己所属业务的账、表、证，确保财务信息的正确性。

（五）登录国土资源部财务管理信息系统后，若长时间不操作业务，应及时退出系统。

第三章 系统操作要求

第九条 运行财务管理信息系统的各单位必须及时处理会计事项，填制记账凭证，以保证部对各单位财务信息的实时汇总与分析。

第十条 系统生成的日志至少要保留一周以上的记录，任何人不得以任何理由删除日志。

第十一条 会计科目体系由部财务主管部门统一制定、下发，任何单位不得随意更改。

第十二条 各单位必须按照部规定的报表格式和时限及时报送财务报表和其他有关信息，并对其真实性、准确性、完整性负责。各单位可以依据需要自行设计、修改本单位日常管理需要的内部财务报表。

第十三条 各单位必须定期备份本单位财务管理信息系统的全部数据，但不得随意恢复系统数据。确需恢复系统数据的，必须将需要恢复数据的时限报告系统级系统管理员，经批准同意后方可根据授权恢复本单位批准期限内的有关数据。

第四章 系统维护与管理

第十四条 各单位负责本单位客户端的维护与管理。

第十五条 硬件设备的操作使用应严格执行设备操作管理规定，定期对有关设备进行保养，严谨违规违章操作，确保硬件设备的安全。

第十六条 未经系统级系统管理员同意或授权，各单位不得在财务管理系统上安装、拆卸软硬件，不得改变系统的运行环境。

第十七条 各单位应根据系统运行情况，及时删除系统垃圾及临时文件，经常整理硬盘。

第十八条 各单位应经常进行操作系统漏洞扫描，及时安装系统补丁。

第十九条 各单位应对设备定期除尘，防止设备老化。运行财务管理信息系统的办公室应有防火、防潮、防尘、防盗等设施或措施。

第五章 系统网络安全管理

第二十条 各单位要严格本单位用户及其权限的管理。在系统级系统管理员授权的范围内，各单位系统管理员可以进行本单位用户权限的设定和变更。

第二十一条 所有登陆国土资源部财务管理信息系统的财务人员的计算机必须设置登陆密码及账套密码，保证自己的密码不泄露，设置密码时应注意不要使用容易被破解的简单密码，如：生日、电话号码、姓名缩写、用户名等，并经常更换密码。

第二十二条 各单位系统操作员调离或岗位调整时，单位系统管理员应及时修改相关用户名、口令。同时应向部系统级管理员书面备案。由于口令管理不严或操作人员自己误操作造成账套数据丢失等后果责任自负。

第二十三条 用于财务管理信息系统的硬件和软件只有具备权限的操作人员才能上机操作使用。其他人员一律不允许上机。未经批准不得向他人提供查询或拷贝财务专网上的数据。

第二十四条 在计算机系统安全运行管理工作中，涉及计算机系统保密工作的，各单位要认真贯彻执行国家保密局的《计算机信息系统保密管理暂行规定》。

第二十五条 各单位要加强对VPN一体化网关的管理工作，严格按要求进行操作，不得泄露相关的联机数据资料。

第二十六条 各单位接入财务管理信息系统的计算机应加强信息安全管理，安装相应的杀毒软件做好安全防范工作，以保证财务信息系统的安全。

各单位应制定专人负责计算机病毒防范工作。对所有在用计算机应经常进行病毒检测，严防病毒通过网络传播，若发现病毒立即处理并报告。所有外来的和来历不明的介质在使用前应进行病毒检测，严禁在计算机上安装各种游戏软件。

第二十七条 财务网络使用者不得利用各种网络设备或软件技术从事用户账户及口令的侦听、盗用活动，以及对服务器的扫描端口等活动。财务网工作站及服务器等发生案件、以及遭到黑客攻击后，责任单位必须在二十四小时内向上级单位及公安机关报告，不得自行处置。

第二十八条 违反网络安全管理规定的行为一经查实，将视情给予相关单位和个人纪律处分；造成重大影响和损失的将向公安部门报告，由个人依法承担相关责任。

故意传播或制造计算机病毒，造成危害财务网络安全的，按《中华人民共和国计算机系统安全保护条例》规定处理。

第六章　附　则

第二十九条 各单位应依据本规范制定本单位相关的管理规范、操作流程，建立健全包括会计电算化岗位责任制、会计电算化操作管理制度、计算机硬软件和数据管理制度、电算化会计档案管理制度的会计电算化内部管理制度。

第三十条 部财务主管部门将定期对各单位财务管理信息系统应用情况进行监督检查。

第三十一条 本办法由部财务主管部门负责解释。

国土资源部办公厅关于印发《国土资源部组团出国（境）考察项目管理办法》的通知

国土资厅发〔2008〕57号

部机关各司局，中国地质调查局及部其他直属单位，各派驻地方的国家土地督察局：

《国土资源部组团出国（境）考察项目管理办法》已经部同意，现予印发，请遵照执行。

二〇〇八年五月九日

国土资源部组团出国（境）考察项目管理办法

为进一步加强和规范部机关及直属事业单位组团出国（境）考察项目（以下简称出国（境）考察项目）管理，提高国际合作成效，根据中央及部外事管理有关规定，制定本办法。

一、适用范围

部机关及直属事业单位组团出国（境）考察项目的管理适用本办法。

二、立项管理

对出国（境）考察项目的立项实施审查和管理。

（一）考察目的必须明确

考察目的应紧密结合部中心工作和本单位职能。项目报批时应说明出访目的和必要性，包括国内现状及与国外的差距、拟通过考察解决的主要问题等。对最近 3 年已有过相关考察，或者可通过其他途径达到本次考察目的的项目，不予批准。

（二）前期工作必须充分

项目报批之前应具备良好的前期工作基础，了解国内外相关情况，明确需求和对口访问单位，并就访问目的和会谈议题等与外方沟通达成一致。前期工作的主要成果或资料应作为附件同时上报。不具备前期工作基础的项目，不予或暂缓批准。

（三）预期成果必须明确

项目报批时应说明预期成果和后续应用推广措施。预期成果不明确、后续实施不可行、无法检查落实考察成果的项目，不予批准。

（四）人员行程必须合理

团组人员应少而精，人数原则不超过6人。可由较低级别人员完成的出访任务，不派高级别人员出访；可由专业人员完成的出访任务，不派非专业人员出访。一次出访国家（地区）原则上控制在2个以内。行程安排应与考察任务相符，合理紧凑，尽量压缩。出访1国，在外停留时间原则上不超过6天；出访2国，不超过10天；出访3国以上，不超过12天（均含旅途时间）。如有特殊情况，报批时应说明。

（五）出访次数实行量化管理

对出访次数实施严格的量化管理。司局级人员按照工作需要出访，原则上每年不超过一次。外事管理人员的出访活动应严格根据工作需要安排。

（六）经费预算必须符合规定

项目经费预算必须清晰明了，符合有关规定标准，严禁巧立名目，公费旅游。

（七）报送、审批各尽其责

项目报送单位应如实填写《出国（境）考察项目申报表》，提前3个月报部审批。部外事管理部门应按照有关外事规定，对报送项目认真审批，严格管理。项目报送和审批单位各尽其责。

三、成果管理

对考察成果实施统一汇总和管理。

（一）提交考察报告

考察项目执行完毕后1个月内，必须提交考察报告。对于不及时提交考察报告的单位，将削减其下一年出访计划备案项目和临时项目。

（二）组织成果交流

每年不定期组织各单位交流考察成果和经验，对应用成果和推广情况进行跟踪评估。每年年底汇编优秀考察报告报部领导审核后印发，适时安排部领导听取有关单位汇报优秀考察成果和应用推广情况。

四、其　他

（一）本办法自印发之日起施行。

（二）本办法由部外事管理部门负责解释。

中共国土资源部党组关于印发《派驻地方的国家土地督察局党组工作规则（试行）》的通知

国土资党发〔2009〕29号

各省、自治区、直辖市国土资源厅（国土环境资源厅、国土资源局、国土资源和房屋管理局、规划和国土资源管理局），副省级城市国土资源行政主管部门，国家海洋局，国家测绘局，解放军土地管理局，新疆生产建设兵团国土资源局，各派驻地方的国家土地督察局，中国地质调查局及部其他直属单位，部机关各司局：

《派驻地方的国家土地督察局党组工作规则（试行）》已经2009年6月11日第19次部党组会议讨论通过，现印发执行。

二〇〇九年六月二十日

派驻地方的国家土地督察局党组工作规则（试行）

第一章　总　则

第一条　为保证派驻地方的国家土地督察局（以下简称督察局）党组工作制度化、规范化，根据《中国共产党章程》和党内有关规定，结合督察局工作特点，制定本规则。

第二条　督察局党组必须坚持以马列主义、毛泽东思想、邓小平理论和“三个代表”重要思想为指导，贯彻落实科学发展观，解放思想、改革创新、保障和促进科学发展，对本单位实行政治、思想和组织领导，全心全意为人民服务。

第三条　督察局党组书记主持党组全面工作。党组成员根据党组决议，按照授权分管有关工作，行使相关职权。

第四条　督察局党组必须不断加强自身建设，努力提高政治鉴别能力、战略思维能力、工作推动能力、持续创新能力和自我提升能力。

第二章　党组设立

第五条　督察局党组的设立由国土资源部党组提出，经中央组织部同意后设立。党组名称为“中国共产党国家土地督察局 ×× 局党组”。

第六条　督察局党组一般由局级党员干部组成，成员 3 至 5 名，其中设党组书记一人，必要时可设副书记一人。党组成员一般应有五年以上党龄。

第七条 督察局党组组成人员的任免，由国土资源部党组决定。

第八条 督察局党组的日常工作，受国土资源部党组指导。

第三章 党组职责

第九条 督察局党组的职责：

（一）组织学习、贯彻落实党的路线、方针、政策和国务院的决定、指示，贯彻执行国土资源部党组的决议、指示，完成国土资源部党组部署的各项任务。

（二）讨论和决定本单位的重大问题。需要党组讨论和决定的重大问题，一般指本单位重要工作规划和工作部署、重要改革措施、重大建设项目、大额资金使用、重要人事任免和奖惩事项，以及有关群众利益的其他重要问题。

（三）坚持党管干部原则，按照干部管理权限和规定的程序，推荐、提名、任免和管理干部。督察局党组管理干部的范围和权限，由国土资源部党组确定。

（四）领导本单位的政治、思想、组织、作风和党风廉政建设。

（五）支持和督促行政领导正确、充分行使职权，完成本单位所担负的土地督察任务和其他工作任务。

（六）向国土资源部党组请示和报告工作。

（七）指导机关党组织的工作。

（八）完成国土资源部党组交办的其他工作。

第四章 组织原则

第十条 督察局党组及其成员要坚决贯彻执行国土资源部党组的各

项决定，如果对决定有不同意见或执行中出现新的情况，可如实向国土资源部党组反映，不得公开发表不同意见。在国土资源部党组未改变决定之前，必须坚决执行。

第十一条 督察局党组实行集体领导和个人分工责任相结合的制度。凡属党组职责范围内决定的问题，必须由集体讨论决定。任何个人或少数人无权决定重大问题。党组成员在集体讨论决定问题时，应畅所欲言，充分发表个人意见。党组成员个人对集体作出的决定如有不同意见，在坚决贯彻执行的同时，可以保留意见，也可以向上级组织报告或反映。

第十二条 党组决定重要问题，应充分酝酿讨论，然后进行表决。对于少数人的不同意见，应当认真考虑。如对重要问题发生争论，各方人数接近，除在紧急情况下必须按多数意见执行外，应当暂缓做出决定，进一步调查研究，交换意见，统一思想后再做决定。

第十三条 党组书记负责协调党组各成员的工作，带头执行民主集中制，充分发扬党内民主，善于集中正确意见，自觉接受其他成员的监督。党组其他成员应支持党组书记工作，接受党组书记对自己工作的检查、监督。每个党组成员必须自觉维护党组的团结和统一，切实保证党组各项决策的贯彻落实。

第十四条 党组成员对应该保密的会议内容和有关情况，必须严守秘密。不得泄露和扩散。

第十五条 党组集体研究决定的事项如有决策失误，党组集体承担责任。违背党组决定或在执行中因指挥不当造成工作失误的，由分管的党组成员承担责任。

第十六条 党组成员在调查研究、检查指导工作或参加其他活动时，所发表指导工作的意见必须符合党组集体决定的精神。

第五章　会议制度

第十七条　督察局党组的会议包括党组会议、党组民主生活会、党组理论学习中心组会议和党组务虚会议。

第十八条　党组会议：

（一）党组会议制度是党组履行职责，贯彻民主集中制原则，实行集体领导的一项重要制度。党组会议由党组成员参加，应有半数以上成员到会方能举行。讨论干部问题时，应有三分之二成员到会方能举行。

党组成员因故不能参加会议，应在会前请假，其意见可通过书面或者口头形式表达。

（二）党组会议由党组书记召集主持，也可由党组书记委托党组副书记（或党组成员）召集主持。

（三）党组会议议题由党组书记审定。党组会议召开时间和议题一般应提前 1—2 天通知各成员，会议材料一般应同时送达。

（四）党组会议可根据会议议题，由会议召集人制定有关人员列席。列席人员可对党组的决定、决议发表意见，没有表决权。

（五）党组会议表决时，赞成票超过应到会成员人数的半数为通过。未到会成员的口头或书面意见不得记入票数。

表决可根据讨论事项的不同内容，分别采取口头、举手、无记名投票或记名投票等形式。

会议决定多个事项的，应逐项表决。

推荐、提名干部人选和决定干部任免、奖惩，应逐个表决。

（六）党组会议决定的事项，由党组成员按分工分头落实或组织实施。落实情况应及时督促检查，并做好信息反馈。执行中如发现问题，要及时向党组报告，在党组未做出新的决定之前，按预案决定执行。

（七）党组会议应有专人记录。原始记录要按规定归档保存。党组会议内容可根据需要编发党组会议纪要。党组会议纪要由党组书记签发，也可由党组书记委托党组副书记（或党组成员）签发。

（八）对突发事件和紧急情况，来不及召开党组会议，或因人数不足无法召集会议，又必须尽快做出决定的，由党组书记应急处理，事后向党组会议报告。

第十九条 党组民主生活会：

（一）党组民主生活会原则上每年召开一次，会议主题根据国土资源部党组要求并结合本单位实际确定，列席会议人员由会议召集人确定。

（二）会议召开前，要广泛征求意见和建议，并转告出席会议人员或在会上通报。党组成员要认真准备，互相谈心，沟通情况，交换意见。

（三）党组民主生活会上，党组成员要认真开展批评与自我批评。因故缺席应提交书面发言，在会上代为宣读，列入会议记录。会后由主持人委托参加会议的其他同志将会议情况和评语意见转告缺席人。

（四）针对会议检查和反映出来的问题，要积极制定整改措施，切实加以解决。要在督察局机关通报会议情况和整改措施。

（五）党组民主生活会后按要求向国土资源部党组报送有关情况和材料。

第二十条 党组理论学习中心组会议每季度召开一次，结合形势需要和重点任务、热点问题，制定年度计划和相关专题。

第二十一条 党组务虚会每年召开一到两次，传达学习党中央重要会议精神，传达学习国土资源部党组重要决议、指示，讨论贯彻落实措施，研究解决土地督察工作重大问题的思路。

第六章 党风廉政建设和思想作风建设

第二十二条 督察局党组成员要按照建设学习型政党的要求，认真学习马列主义、毛泽东思想、邓小平理论和“三个代表”重要思想，深入学习实践科学发展观，用中国特色社会主义理论体系武装头脑，提高运用科学理论分析和解决实际问题的能力。

第二十三条 党组成员必须与党中央保持高度一致，坚持解放思想、实事求是，与时俱进、改革创新，讲真话，办实事，求实效。

第二十四条 党组要认真落实党风廉政建设责任制，明确一名党组成员具体负责纪检监察工作。党组书记要管好自己、带好班子，并对本单位的党风廉政建设工作全面负责。党组成员要廉洁自律，以身作则。

第二十五条 党组要切实加强党风廉政建设，认真贯彻落实领导干部廉洁自律各项规定，健全制度，强化监督。加强党风廉政教育，开展党的宗旨教育、社会主义核心价值体系教育和党性党风党纪教育，进一步提高党员干部拒腐防变的意识和能力。

第二十六条 党组成员要讲党性、重品行、做表率，廉洁奉公，忠于职守，艰苦奋斗，勤俭节约。

第二十七条 党组成员要深入基层，调查研究，密切联系群众。下基层要轻车简从，简化接待。

第二十八条 党组要集中精力议大事、抓大事，精简会议、文件，提高工作效率和质量。党组成员要减少事务性和应酬活动。

第七章 报告制度

第二十九条 督察局党组每年要向国土资源部党组报告党组工作总结和下年度工作计划。对国土资源部党组要求报告的有关事项，应按规定时间如实报告。遇到突发性重大问题应及时请示报告。

第三十条 以党组名义发送的文件，由党组书记或党组书记委托党组副书记（或党组成员）签发。

第八章　附　则

第三十一条　本规则由国土资源部党组负责解释。

第三十二条　本规则自下发之日起执行。

关于印发《中共国土资源部党组关于领导干部交流工作办法（试行）》的通知

国土资党发〔2009〕44号

各派驻地方的国家土地督察局，中国地质调查局及部其他直属单位，部机关各司局：

现将《中共国土资源部党组关于领导干部交流工作办法（试行）》印发给你们，请结合实际认真贯彻执行。执行中有何问题和建议，请及时向部人事司反馈。

二〇〇九年九月九日

中共国土资源部党组关于领导干部交流工作办法（试行）

第一章　总　则

第一条　推进部机关各司局、各派驻地方的国家土地督察局、部属事业单位之间，不同业务岗位之间，以及关键岗位的领导干部交流，提高领导干部的素质和能力，优化领导班子和干部队伍结构，根据《中华人民共和国公务员法》、《党政领导干部选拔任用工作条例》、《党政领导干部交流工作规定》和有关法律法规，制定本办法。

第二条　本办法适用于干部机关各职能司局、国家土地总督察办公室、机关党委、离退休干部局（以下简称部机关各司局）、各派驻地方的国家土地督察局（以下简称各督察局）担任司局级、处级领导职务的干部以及事业单位担任司局级领导职务的干部交流。

第三条　本办法所称的领导干部交流，是指按照干部管理权限，通过调任、转任、挂职锻炼对司局级、处级领导干部的工作岗位进行调整。调任、转任应当在规定的编制限额和职数内进行。

第二章　交流对象

第四条　交流的对象主要是下列人员：

（一）因工作需要交流的；

（二）需要通过交流锻炼提高领导能力的；

（三）在一个单位、部门或岗位工作时间较长的；

（四）按照规定需要回避的；

（五）其他原因需要交流的。

第五条 领导干部在同一职位特别是在行政审批、行政执法、资金分配、干部管理等岗位任职满三年的，可以交流；任职满五年的，应当交流；任职满八年的，必须交流。

第六条 有夫妻关系、直系血亲关系、三代以内旁系血亲以及近姻亲关系等亲属关系的，如双方在同一单位担任直接隶属于同一领导人员的职务，或有直接上下级领导关系的，其中一方必须交流；在其中一方担任领导职务的单位从事干部人事、纪检（监察）、审计、财务工作的，必须交流。

第七条 有以下情况之一的，可不交流或者暂缓交流：

（一）距退休年龄不满五年的（属于必须交流的对象，可区别不同情况对其工作进行调整）；

（二）因健康原因不宜交流的；

（三）因涉嫌违纪违法正在接受纪检监察或者司法机关审查尚未作出结论的；

（四）其他原因不适合交流的。

第三章 交流范围和方式

第八条 领导干部交流应当有计划地进行。

第九条 根据工作需要，部属事业单位处级以上领导干部符合公务员调任规定的，可以调到部机关、督察局任职。

第十条 经历单一、没有基层领导工作经历的正、副司局级后备干部，一般应当排除挂职锻炼两至三年。

第十一条 部机关副司局级领导职位除从符合提拔基本条件和资格

的优秀正处级领导干部中选拔任用外，应由各督察局、部属事业单位任职两年以上的副司局级领导干部转任或调任。

部机关正司局级领导职位除从符合提拔基本条件和资格的优秀副司局级领导干部中选拔任用外，应由各督察局、部属事业单位任职两年以上的正司局级主要领导干部转任或调任。

第四章　组织实施

第十二条　干部交流工作在部党组领导下按干部管理权限组织实施，人事司具体组织实施部机关、督察局处级以上领导干部和部属事业单位司局级领导干部的交流。

第十三条　干部交流工作一般按照下列程序办理：

（一）根据党组（党委）部署，人事部门拟定干部交流方案；

（二）征求干部调出、调入或挂职单位意见；

（三）党组（党委）集体研究决定交流干部人选；

（四）干部交流前，人事部门和分管领导应听取本人意见，做好思想政治工作；

（五）人事部门办理交流手续。

第十四条　部机关领导干部交流数量，每年原则上为同职级领导干部的百分之十左右；部署事业单位司局级领导干部每次交流的数量，一般不超过班子成员的三分之一。各督察局、部属事业单位的党、政正职一般不同时交流。干部交流按有关规定需作离任审计的，应当进行审计。

第五章　交流工作纪律

第十五条　干部交流必须严格执行以下纪律：

（一）部机关各司局、各督察局和部属事业单位必须执行部党组关于干部交流的决定。

（二）必须严格执行干部交流程序。

（三）干部应当服从交流决定。

（四）干部离任后，不得干预原单位的工作。

第十六条 实行干部交流工作责任追究制度。

第六章 保障措施

第十七条 建立干部交流激励机制。坚持干部交流与培养使用和后备干部队伍建设相结合，鼓励干部到艰苦边远地区、复杂环境、重点建设工程和基层经受锻炼。使在基层或困难单位工作并取得突出成绩的干部，应优先提拔使用。

第十八条 应关心爱护交流的干部，充分发挥他们的作用。干部调入、调出单位应当相互配合，帮助交流干部解决困难和问题，解除其后顾之忧。

部派出的挂职干部在挂职锻炼期间，由部统一办理人身意外伤害保险、每年报销一次家属探亲的往返路费并根据挂职所在地区不同类别给予适当生活补助。

第十九条 异地调任、转任的干部，其配偶、子女是否随调随迁，尊重本人意愿，按有关规定办理。

第二十条 应当跟踪了解交流干部的思想、工作情况，加强教育、管理和监督。

第七章 附 则

第二十一条 处级以上非领导职务干部交流参照本办法执行；部属事业单位参照本办法自行组织实施本单位处级以下干部交流并报人事司备案。

第二十二条 本办法由人事司组织实施并负责解释。

第二十三条 本办法自发布之日起实施。《中共国土资源部党组关于干部交流工作暂行办法》和《国土资源部机关公务员职位轮换（轮岗）暂行办法》同时废止。

关于印发《中共国土资源部党组巡视工作暂行办法》的通知

国土资党发〔2009〕52号

部机关各司局，各派驻地方的国家土地督察局，中国地质调查局及部其他直属单位：

依据《中国共产党巡视工作条例（试行）》，党组对《中共国土资源部党组巡视工作暂行办法》进行了修改。现将修改后的《中共国土资源部党组巡视工作暂行办法》印发给你们，请认真贯彻执行。

二〇〇九年十一月二十八日

中共国土资源部党组巡视工作暂行办法

一、指导思想和基本原则

第一条 为加强对国土资源部机关、国家土地督察机构和直属事业单位领导班子及成员的管理和监督，促进党风廉政建设和领导干部廉政勤政，保证党的路线方针政策和部党组各项决策部署的贯彻落实，依据《中国共产党章程》、《中国共产党党内监督条例（试行）》和《中国共产党巡视工作条例（试行）》，结合国土资源部实际，制定本办法。

第二条 巡视工作以邓小平理论、“三个代表”重要思想为指导，深入贯彻落实科学发展观，认真执行党要管党、从严治党的方针。在部党组的领导下，依靠被巡视单位的党组织，坚持实事求是、客观公正、发扬民主、依靠群众和廉洁高效的原则开展工作。

二、巡视对象和内容

第三条 巡视对象：

部机关各司局领导班子及成员；各派驻地方的国家土地督察局领导班子及成员；部直属单位领导班子及成员。

第四条 巡视的主要工作：

（一）贯彻执行党的路线方针政策和决议决定的情况；落实科学发展观，执行部党组决策和工作部署的情况。

（二）领导班子及成员思想作风、工作作风状况；执行民主集中制、重大项目立项、大额度资金使用等事项的民主决策情况；部直属单位投资的民主决策情况。

（三）落实党风廉政建设责任制和遵守廉洁自律各项规定的情况。

（四）执行《党政领导干部选拔任用工作条例》情况和选拔任用干部情况。

（五）基层组织建设、执行党内生活基本制度和干部职工队伍管理教育情况。

（六）部党组要求了解的其他事项。

三、巡视机构和人员

第五条 部党组设立巡视组，每组由4至6名人员组成。组长一般由正局级干部担任，副组长由副局级干部担任。巡视组人员由驻部纪检组监察局、人事司、直属机关党委选派和组织抽调。巡视组实行组长负责制，巡视工作人员实行回避制度。

第六条 为做好巡视工作的组织协调，设立巡视工作办公室（以下简称巡视办）。巡视办设在驻部纪检组监察局。人事司、直属机关党委指派专门人员组成。巡视办设主任1名、副主任3名，主要职责是：组织协调指导巡视工作；研究制定巡视工作方案和相关制度；负责综合汇总、督促检查、组织培训等工作。

第七条 巡视人员基本条件：

（一）政治坚定，同党中央保持高度一致，认真学习马克思列宁主义、毛泽东思想、邓小平理论和“三个代表”重要思想，深入贯彻落实科学发展观，坚决执行党的路线方针政策，具有履行职责所需的政治理论水平；

（二）坚持原则，依法办事，实事求是，公道正派，联系群众，清正廉洁，组织纪律性强，严守党的秘密；

（三）有强烈的事业心和责任感，思想敏锐，有一定的工作经验，熟悉党务政务和政策法规；

（四）有较强的调查研究和文字综合能力；

（五）身体健康，能胜任工作要求。

四、巡视方式和程序

第八条 根据巡视工作的主要内容和需要，采取例行巡视、专项巡视，对已巡视的单位视情况可进行再巡视，巡视时间根据实际情况确定。

第九条 巡视工作程序：

（一）由巡视办制定巡视工作方案，报部党组审批。

（二）开展巡视前，向分管被巡视单位的部领导报告，并征求意见；由部领导主持召开巡视工作动员会，对巡视组和被巡视单位提出要求。

（三）巡视组与驻部纪检组监察局、人事司、直属机关党委、审计等有关部门的负责同志沟通有关情况；巡视办书面通知被巡视单位，并协调安排巡视有关事宜。

（四）巡视组召开动员会，向被巡视单位领导班子成员和干部群众分别通报开展巡视工作的计划安排和要求，说明巡视目的、任务；听取被巡视单位的工作汇报。

（五）巡视组与被巡视单位领导班子成员和干部群众个别谈话、走访；调阅有关文件、会议记录等档案资料。

（六）巡视组根据需要参加被巡视单位领导班子等有关会议；被巡视单位在巡视期间召开一次专题民主生活会，巡视组成员列席参加，专题民主生活会的主题由巡视组和巡视办提出。

（七）巡视组在一定范围内组织民主测评、问卷调查。

（八）受理并接待巡视期间干部群众来信来访。对反映被巡视单位领导班子及成员涉嫌严重违纪违法问题；单位主要负责人违反民主集中制原则，严重影响工作和领导班子建设的问题；关系群众切身利益、干部群众反映强烈、影响改革发展稳定大局的重大事项和巡视组认为应当及时报告的其他事项，要及时报告。

（九）巡视结束后，巡视组向部党组提交巡视报告。

（十）巡视报告经部党组同意后，形成反馈意见，报分管部领导，由巡视组长向被巡视单位分层次反馈，巡视办派人参加。

（十一）被巡视单位在反馈意见后15—30日内报送整改措施，自整改措施报出之日起60—90日内报送整改落实情况。巡视办对整改情况进行检查。

（十二）巡视办将巡视结果和巡视整改情况提供纪检、人事部门和机关党委，作为领导班子及成员综合评价的重要依据，作为干部考核评价的重要依据，作为干部考核评价、选拔任用、奖励惩处和对干部进行调整、免职、降职等组织处理的重要依据。巡视结束后，巡视组及时将巡视工作的有关材料分类整理后移交巡视办归档。

五、巡视工作纪律

第十条 巡视组及成员不干预被巡视单位的工作，不承办案件，不隐瞒巡视中了解的重要情况，不处理被巡视单位的具体问题，在重大问题上不擅自表态。巡视工作人员有下列情形之一，给予责令书面检查、通报批评或者调整、免职等组织处理；构成违纪的，给予纪律处分。

（一）利用巡视工作的便利谋取私利或者为请托人谋取不正当利益的。

（二）不如实反映情况，隐瞒或者歪曲、捏造事实的。

（三）泄露、扩散巡视工作中掌握的情况的。

（四）违反廉洁自律和回避等有关规定的。

第十一条 巡视组对被巡视单位干部群众反映强烈、属于巡视工作职责范围内的重要问题，应当了解而没有了解，应当报告而没有报告的，按有关规定追究责任人的纪律责任。

第十二条 被巡视单位应自觉接受巡视监督，积极配合巡视组展开工作，按要求如实汇报情况，及时提供有关资料和必要的工作条件。被巡视单位及工作人员有以下情形之一的，对单位领导班子主要负责人和其他直接责任人员给予责令书面检查、通报批评或者调整、免职等处理；构成违纪的，给予纪律处分：

（一）隐瞒不报或者向巡视组提供虚假情况的。

（二）拒绝或者不按要求向巡视组提供相关文件材料的。

（三）无正当理由拒绝纠正存在的问题或者不按要求整改的。

（四）指使、暗示、强令有关单位或人员干扰、阻挠巡视工作和有打击报复行为的。

（五）有妨碍巡视工作的其他行为的。

第十三条 被巡视单位的干部群众发现巡视工作人员有违反廉洁自律各项规定和本办法第十条所列行为的，有权向巡视办或部领导反映。

本办法自印发之日起施行。

国土资源部关于印发《“小金库”治理整改落实工作方案》的通知

国土资发〔2009〕162号

各派驻地方的国家土地督察局，中国地质调查局及部其他直属单位，部机关各司局：

根据中共中央办公厅、国务院办公厅《关于深入开展“小金库”治理工作的意见》（中办发〔2009〕18号）和中共中央纪委、监察部、财政部、审计署《关于印发〈关于在党政机关和事业单位开展“小金库”专项治理工作的实施办法〉的通知》（中纪发〔2009〕7号）的要求和中央治理“小金库”工作领导小组的部署，部制定了《“小金库”治理整改落实工作方案》。现印发给你们，请按照《“小金库”治理整改落实工作方案》要求，扎实做好“小金库”治理整改落实阶段各项工作。

二〇〇九年十一月二十五日

“小金库”治理整改落实工作方案

根据中共中央办公厅、国务院办公厅《关于深入开展“小金库”治理工作的意见》（中办发〔2009〕18号）和中共中央纪委、监察部、财政部、审计署《关于印发〈关于在党政机关和事业单位开展“小金库”专项治理工作的实施办法〉的通知》（中纪发〔2009〕7号）的要求和中央治理“小金库”工作领导小组的部署，特制定我部“小金库”治理整改落实工作方案。

一、时间安排

从11月10日中央治理“小金库”工作领导小组办公室召开中央单位“小金库”治理整改落实布置会议起，至12月10日结束。

二、单位范围

我部部机关和所属事业单位全部纳入“小金库”治理整改落实阶段的单位范围。其中，中央治理“小金库”工作领导小组重点检查的单位属于此次整改落实的重点范围。

三、整改落实的内容

各单位要按照中央治理“小金库”工作的总体部署和《国土资源部关于开展“小金库”治理工作的通知》(国土资发〔2009〕59号)的安排，切实做好整改落实阶段的工作。

（一）及时纠正“小金库”治理自查自纠阶段发现的问题。属于各单位自查自纠阶段发现的问题，按照从轻处理的原则，由各单位自行纠正。该纳入单位账簿的，都应纳入单位账簿同意核算，严格预算管理；该收回的资金，必须及时收回，确保资金的安全完整。

（二）认真处理“小金库”治理重点检查阶段发现的问题。中央治理“小金库”工作重点检查组对我部部分单位进行了重点检查，近期将下达检查决定。各被检查单位要严格按照检查决定的要求，认真处理存在的问题。该追缴的资金，应及时收回并上缴部相关账户，由部集中上缴国库；该追究责任人员的，要按照干部管理权限和党纪政纪处分的有关规定严肃处理。

（三）扎实做好“小金库”专项治理回头看工作。要对照党中央、国务院关于深入开展“小金库”治理工作的意见和要求，扎实开展“小金库”专项治理回头看。看看“小金库”治理动员部署阶段政策界限是否讲清楚，看看“小金库”治理自查自纠是否彻底，看看“小金库”重点检查发现的问题是否及时处理、整改落实到位。自查自纠阶段“零申报”的单位更要做好回头看，要重点关注资产、会议费支出和发票的管理。

（四）研究建立防止“小金库”长效机制。各单位要深入剖析产生“小金库”的原因，健全机制、完善制度、深化改革、加强监管，更加注重日常监管、更加注重制度建设、更加注重改革创新，进一步规范财经管理和经济秩序，强化源头治理，研究建立防治“小金库”的长效机制。

四、具体要求

（一）各单位务必高度重视研究建立防治“小金库”的长效机制。自中共中央办公厅、国务院办公厅《关于深入开展“小金库”治理工作的意见》（中办发〔2009〕18号）印发以后，任何单位和个人不准设立任何形式的“小金库”。《意见》下发以后再设立“小金库”的，将对单位主要领导、分管领导和直接责任人员严肃处理，按照组织程序先予以免职，再依据党纪政纪和有关法律法规追究责任。

（二）为确保“小金库”治理工作回头看和整改落实阶段任务目标顺利实现，部党组“小金库”工作领导小组将组织人员对各单位进行督导。中央治理“小金库”工作领导小组将视各单位“小金库”治理工作回头看和整改落实情况，选择部分单位进行督导。

（三）各单位要认真总结本单位“小金库”专项治理工作，并于12月1日将书面总结报告部治理“小金库”工作领导小组办公室。书面总结报告要全面反映本单位“小金库”专项治理工作的开展情况，突出自查自纠和重点检查发现问题的整改落实情况，明确建立防治“小金库”长效机制的具体措施。

国土资源部关于印发《国家土地督察局主要负责人因工作过失回京向总督察深刻检查的若干规定》的通知

国土资发〔2009〕176号

各派驻地方的国家土地督察局：

为加强国家土地督察机构的作风的党风廉政建设，落实责任制，《国家土地督察局主要负责人因工作过失回京向总督察深刻检查的若干规定》已经部同意，现予印发。

二○○九年十二月十一日

国家土地督察局主要负责人因工作过失回京向总督察深刻检查的若干规定

为进一步严格落实督查工作责任制和党风廉政责任制，经国家土地总督察同意，对因工作失误、过错应负领导责任有下列情形之一的，有关督察局主要负责同志必须回京向国家土地总督察作出深刻检查：

一、沈阳、南京、武汉、济南、广州、成都、西安督察局驻地城市，一年内违法占用耕地面积占新增建设用地占用耕地总面积的比例达到15%以上（按年度卫片执法检查确定的违法比例数确定，下同）；北京、上海督察局驻地城市三分之一以上的区（见附件），一年内违法占用耕地面积占新增建设用地占用耕地总面积的比例达到15%以上，且对这些地方发生的重大土地违法案件未能及时发现、及时报告或督促整改不力的；

二、督查区域内三分之一以上的城市一年内违法占用耕地面积占新增建设用地占用耕地总面积的比例达到15%以上的；

三、督察局副局级以上干部1人、处级干部2人、科级及以下干部3人受到党纪政纪处分以及本局出现严重违法违纪案件造成恶劣影响并产生严重后果的；

四、违反财经纪律，未通过年度审计的；

五、部党组巡视组、驻部纪检组监察局发现重大违法违纪问题，经初步核查属实的。

有关督察局主要负责同志回京做出检查后，按照督察工作责任制和党风廉政责任制等规定应追究责任的，按有关规定处理。

本规定自印发之日起执行。

附件

北京、上海市辖区

北京市辖区（17个）

东城区、西城区、崇文区、宣武区、朝阳区、海淀区、丰台区、石景山区、门头沟区、房山区、通州区、顺义区、大兴区、昌平区、怀柔区、经济技术开发区。

不含密云县、延庆县。

上海市辖区（17个）

浦东新区、徐汇区、长宁区、普陀区、闸北区、虹口区、杨浦区、黄浦区、卢湾区、静安区、闵行区、宝山区、嘉定区、松江区、青浦区、金山区、奉贤区。

不含崇明县。

国土资源部办公厅关于严格控制一般性支出的通知

国土资厅发〔2009〕6号

各派驻地方的国家土地督察局，中国地质调查局及部其他直属单位，部机关各司局：

根据财政部《关于严格控制一般性支出切实做到“四个零增长”的通知》（财行〔2008〕575号），为切实落实有效国务院有关严格控制一般性支出，勤俭办一切事业，对公务购车用车、会议费、接待费、出国（境）经费等支出实行零增长的精神，控制行政性支出的增长，现就有关问题通知如下：

一、加强车辆定编和更新控制，严格控制公务购车用车经费支出。各单位的公务购车经费不得超出2009年预算安排，要执行车辆编制的有关规定，并对现有车辆进行核算，对于符合使用条件的车辆，应当尽可能延长使用期限，减少更新批次，降低购车支出。各单位要严格按照《国土资源部国有资产管理暂行办法》（国土资发〔2008〕148号）的规定进行车辆处置审批，不得擅自进行报废、转让处置、在预算执行过程中，各单位要加强车辆使用管理规定，严格执行统一保险、定点加油和维修制度，严禁公车私用，认真执行公务用车停驶的规定，切实控制和节省用车费用。

二、切实落实会议定点管理，严格控制会议经费支出。按照会议费零增长的要求，各单位要减少会议数量、控制会议规格、缩减会议规模、缩减会议时间、降低会议成本、减少会议费支出。按照财政部要求，从2009年起，将执行新的会议费开支标准，也将开始新一轮会议定点管理。各单位要对2008年执行会议定点管理情况进行自查，并在此基础上，制定完善管理办法，确保按照政府采购的会议定点饭店的协议价格进行结算。

三、加强公务接待管理，严格控制公务接待费支出。各单位要认真落实中办、国办《党政机关国内公务接待管理规定》(中办发〔2006〕33号)，采取措施加强公务接待活动的管理，减少公务接待次数，轻车简从，控制公车陪同数量和人数，提倡工作餐，严格用餐标准和陪餐人数，降低公务接待费用支出。要按照不高于2008年公务接待费实际支出总额制定并细化2009年单位公务接待支出预算。

四、落实出国（境）管理规定，严格控制出国（境）经费支出。各单位要继续贯彻落实党中央、国务院关于加强因公出国（境）管理工作的指示精神，认真执行办公厅《关于转发〈加强党政干部因公出国（境）经费管理暂行办法〉的通知》(国土资厅发〔2008〕132号)，根据经批准的2009年度出国经费审批与任务审批联动。要按照财政部、外交部《关于印发〈临时出国人员费用开支标准和管理办法〉的通知》(财行〔2001〕73号）和部《关于加强非贸易非经营性外汇人民币限额管理的通知》(国土资发〔2004〕194号)，认真执行各项费用开支标准，对因公出国（境）经费预算及用汇额度实行双向控制，实现因公出国（境）经费预算零增长。

各单位要切实按照科学发展观的要求，勤俭节约，采取有效措施切实控制公务购车、用车和会议费、公务接待、因公出国（境）支出，逐步实现控制行政支出过快增长的目标。

请各单位对2008年“四项费用”的执行情况认真进行总结并填列所附报表（略），于2009年1月20日前报部财务司。

二〇〇九年一月九日

国土资源部办公厅关于加强预算执行和压缩出国费用三项经费支出的通知

国土资厅发〔2009〕34号

各预算单位，部机关各司局：

为贯彻落实中央办公厅、国务院办公厅《关于党政机关厉行节约若干问题的通知》（中办发〔2009〕11号）精神，根据《财政部审计署关于压缩2009年出国费等三项经费预算支出的通知》（财预〔2009〕23号）等有关要求，现就加强预算执行管理、压缩出国费等三项经费支出的有关事项通知如下：

一、关于预算执行

（一）统一思想，提高认识。预算执行关系到党和国家当前各项方针政策的贯彻落实，关系到政府公共服务水平及财政管理水平的提升。各单位要进一步提高认识，把预算执行管理工作放在更加突出的位置，抓紧、抓细、抓实、抓好。

（二）明确责任，狠抓落实。各预算单位、部机关各司局一把手负责，建立预算执行责任制和推进工作、执行预算的协调机制。各单位要结合实际情况，建立健全预算执行管理制度，明确内部各职能部门、项目负责人、项目参与人的预算执行责任，落实责任主体。

（三）抓住重点，兼顾全面。对重点项目、重点支出必须提前做好周密、详尽的计划安排，严格预算执行，确保支出进度与时间同步。同时，也不能放松一般支出预算的执行。

（四）夯实基础，周密准备。要按照预算管理规定，提前做好2009年度预算实施方案的编制工作，将各项预算支出落实到事、落实到人，待预算批复后，在15日内将预算实施方案报部备案，如需提前执行2009年项目预算的，应提前编制项目预算实施方案报部备案。在编制项目预算实施方案的同时，做好预算实施的准备，包括工程建设准备、政府采购准备、野外施工准备，以及各种程序性工作准备等，周密考虑项目实施中可能发生的问题，做好预案，确保项目实施按计划进行。

（五）保障有力，确保安全。建立健全项目预算执行的保障和监督制约制度和措施，保证按计划开展工作、按预算使用资金，严格执行财务会计制度，确保资金安全。各预算单位要切实提高部财务管理信息系统应用水平，充分利用信息化优势，提高预算执行管理效率，有效控制预算支出。

（六）提前谋划，抓好执行。2009年全国人大常委会已批准在预算批复前，预拨一定比例的项目支出，为加强预算执行提供了较好的条件。但我部项目预算执行慢的一些因素仍不可忽视，各单位要提前谋划，尽早发现问题，努力克服困难，确保预算的顺利执行。监督各单位预算执行情况，继续实行上半年结束时通报一次，下半年每月通报一次。

二、关于压缩出国费等三项经费预算

（一）高度重视。各单位要认真学习贯彻中办发〔2009〕11号文件精神，对压缩出国费、公务购车及运行费、招待费支出要给予高度重视，正确对待，周密部署，抓好落实。

（二）摸清底数。要严格按照财预〔2009〕23号文件要求，做好三项经费支出摸底工作。三项经费的列支情况较为复杂，有的在基本支出中列支，有的在项目支出中列支，在不同的功能分类科目和经济分类科目中都有反应，各单位要对前三年支出情况进行认真清理，做到心中有数。

（三）务必抓出成效。各单位要在三项经费支出情况清理的基础上，严格按照有关文件要求进行压缩，做到不折不扣，不留死角。要按照财政部批复扣减后的预算严格控制三项经费支出。

二〇〇九年四月三日

国土资源部办公厅关于贯彻落实党政机关厉行节约若干问题的通知

国土资厅发〔2009〕59号

部机关各司局：

根据中纪委《关于采取有力措施认真贯彻落实厉行节约八项要求的通知》（中纪发〔2009〕11号）和国管局《关于印发〈中央国家机关贯彻落实中央办公厅国务院办公厅关于党政机关厉行节约若干问题的通知的措施〉的通知》（国管财〔2009〕159号）的文件要求，为把厉行节约八项要求落到实处，进一步推进部门各单位反腐倡廉和节约型机关建设工作，节约行政开支用于支援经济建设和改善民生，并实现部机关2009年公务接待费支出比上年降低10%、车辆购置运行费支出在近三年平均数基础上降低15%和电、油、水消耗指标比上年降低5%的目标，部将采取如下措施，确保厉行节约各项任务圆满完成。

一、建立健全工作机制，保证完成各项任务

（一）采取有力措施，严格落实责任分工。按照厉行节约八项要求具体内容，明确部机关厉行节约工作的责任分工，切实做到任务明确、目标明确、责任明确、时限明确。各项任务牵头部门负责研究提出工作

目标、重点、具体措施。配合部门分头落实工作计划和分配给本单位的任务，以及提出相关工作意见和建议。各方通力合作，确保各项任务的顺利完成。

二、严格差旅会议和国内公务接待管理

（二）切实压缩出差人次和天数。各部门要充分利用网络、电子邮件、电话、传真等现代化手段开展国土资源管理工作。取消一般性考察调研和学习交流等公务外出活动。确需出差，严格按程序审批并认真执行中央国家机关差旅费管理有关规定，按要求定点住宿、交费、不得向地方和其他单位转嫁费用。

（三）严格部机关会议计划管理，严格控制会议数量、地点、时间、规模和规格五要素。部机关要严格按照列入部会议计划的内容组织安排会议，确需召开的计划外会议坚决执行“一事一报”审批制度。充分采用电视电话、网络视频方式开会。除观摩会等确需现场召开的会议外，不到京外和旅游风景区开会。同城会议代表不住会。无外地代表的会议原则上在机关内部召开，不在外安排就餐和住宿。一般性工作会议不摆放花卉，不安排“茶歇”。要严格执行会议标准，会议费报销需附内部或定点饭店提供的费用原始明细单据。

（四）严格公务接待管理，改进接待方式。各部分要严格控制公务接待范围。用餐接待尽量安排在机关食堂，严格按标准实行工作餐，尽量减少陪餐人员。公务接待一般供应家常菜，工作日午间不饮酒，不得组织到营业性娱乐、健身场所活动，不得安排旅游项目。严禁用公款相互宴请，严禁接受地方部门、单位的公款宴请。

三、加强公务用车管理

（五）严格公务用车配备更新标准，压缩公务用车费用。严格执行

国家机关车辆配备更新标准。机关车队要认真执行公务用车油耗和运行费用统计报告制度，严格执行公务用车百公里耗油定额标准，建立单车耗油台账，实行耗油月统计、季评比通报制度，加大公务用车“定点加油、定点保险、定点维修”的管理检查力度。加强车辆维修保养，延长使用期限。

四、切实降低能源资源消耗

（六）认真贯彻落实《公共机构节能条例》，抓好节水节电工作。按照《公共机构节能条例》的要求，机关服务局具体负责定期对部机关及直属单位用能情况进行汇总。在2009年年底前，机关服务局要完成对部机关中央空调的节能改造。加强节水管理，杜绝跑冒滴漏。继续开展卫生洁具、食堂用水设施等节水改造。

五、严格执行政府集中采购制度

（七）加强政府采购工作。严格按照政府计划总采购目标的商品和项目组织政府采购工作。目标外项目优先委托采购中心采购。优先采购节能环保和自助创新产品。按要求申报政府采购计划，按财政部门批复的采购预算组织采购，切实提高财政资金使用效率。

六、加强机关运营费用支出管理

（八）推行公用经费限额管理制度。按照中央关于压缩经费支出的要求和财务部核减后的预算数，结合工作实际，对保障机关运行的差旅费、会议费、接待费、车辆购置运行费、能源资源费等部分功用经费支出项目进行指标分解控制，各有关部门负责人是各指标落实责任人。

（九）实行财务报销联签制。财务报销审批时，继续执行业务部门和财务部门的经办人、审核人和负责人分别签字确认制度，严格报销审核，加强监督制约。

（十）建立机关运行经费支出统计报告制度。办公厅在每季度结束后10日内，向部领导提交机关会议费、招待费、出国（境）费、车辆购置运行费执行情况季度报告，向国管局报送机关运行经费季度支出情况报表，以及按要求向其他机关报送有关情况和报表。定期统计机关运行经费支出金额和构成，分析各项支出的增减变动情况和绩效，增强机关运行经费支出监管的针对性和有效性。

七、加强监督检查

（十一）强化内部监督检查。办公厅、财务司、科技与国际合作司、人事司、机关党委、监察局以及机关服务局，要按照部机关八项要求的责任分工，分兵把口，做好各有关事项的监督检查，确保厉行节约各项措施的落实。

（十二）积极配合外部专项检查。中央纪委、监察部将于10月份对各单位的节约机制、制度以及压缩经费等情况进行专项检查，对违反规定的，要依据党纪政纪和有关法律法规，严肃追究主要领导、分管领导和直接责任人的责任。从第四季度开始，国管局也将会同有关部门对各单位厉行节约工作的措施落实和目标完成情况进行专项检查，并根据检查结果进行通报。各部门一定要从党和国家事业发展的全局出发，切实把思想和行动统一到中央的部署和要求上来，增强做好节约工作的责任感和紧迫感，加强领导，狠抓落实，下大决心、大力气，采取更有力的措施，确保各项任务目标的实现，以实实在在的成效来迎接厉行节约专项检查。

各派驻地方的国家土地督察局，中国地质调查局及部其他直属单位请参照此通知要求执行。

二〇〇九年六月二十九日

国土资源部办公厅关于印发《国土资源部机关公务接待工作暂行办法》的通知

国土资厅发〔2009〕90号

各省、自治区、直辖市国土资源厅（国土环境资源厅、国土资源局、国土资源和房屋管理局、规划和国土资源管理局），副省级城市国土资源行政主管部门，国家海洋局，国家测绘局，解放军土地管理局，新疆生产建设兵团国土资源局，各派驻地方的国家土地督察局，中国地质调查局及部其他直属单位，部机关各司局：

《国土资源部机关公务接待工作暂行办法》已经部领导同意，现印发给你们，请遵照执行。

二〇〇九年十一月二十八日

国土资源部机关公务接待工作暂行办法

为进一步规范部机关公务接待工作，提高服务质量和水平，确保公务活动取得实效，根据《党政机关国内公务接待管理规定》及《国土资源部工作规则》等规定，制定本办法。

一、本办法适用于部机关对省级党委、政府负责同志以及国土资源行政主管部门主要负责同志的工作接待活动。

二、公务接待坚持有利公务、简化礼仪、热情周到、规范有序、务实节俭、尊重少数民族风俗习惯的原则。

三、公务接待活动由部办公厅归口管理。部机关各司局、单位和个人收到相关公务接待信息后，应及时告知部办公厅部长办公室（部值班室）。

四、各省（区、市）、副省级城市党委、政府负责同志及省级国土资源行政主管部门主要负责同志拟来部会商工作的，负责联系协调的国土资源行政主管部门原则上应提前 7 个工作日函告部办公厅。

五、来函应当包括拟来部负责同志及随行人员的姓名、性别、民族、职务，新到任的省（区、市）、副省级城市党委、政府负责同志及省级国土资源行政主管部门主要负责同志应附简历等相关资料，拟商谈事项及相关资料、建议时间、联系人及联系方式。具体会上事项，请提前与部有关司局和单位沟通协商。需接、送站和安排住宿的，请提前告知航班（车次）和有关要求。

六、部办公厅收到来函后，要进一步了解拟商谈事项内容，并本着减少公务往来成本、提高工作效率的原则提出安排建议，能通过函电沟通解决的尽量通过函电解决。安排建议报部领导同意后，部办公厅要及时告知来函单位和部有关司局、单位，并组织协调抓好落实。相关司局和单位要认真做好材料准备，按时参加会谈等活动。

七、地方国土资源行政主管部门接到部办公厅正式通知后，应及时报告有关负责同志，并加强与部办公厅联系沟通，按照约定时间出席会商活动，共同做好相关服务工作。

八、有关部门、单位负责同志，市（地）级党委、政府主要负责同志拟来部会商工作的，参照上述规定执行。

九、各省（区、市）地勘局主要负责同志拟来部会商工作的，参照上述规定执行，业务接洽由部地质勘查司统一负责。

中共国土资源部党组关于进一步严格管理完善制度加强从源头上防治腐败工作的决定

国土资党发〔2010〕20号

各省、自治区、直辖市国土资源厅（国土环境资源厅、国土资源局、国土资源和房屋管理局、规划和国土资源管理局），副省级城市国土资源行政主管部门，国家海洋局，国家测绘局，解放军土地管理局，新疆生产建设兵团国土资源局，各派驻地方的国家土地督察局，中国地质调查局及部其他直属事业单位，部机关各司局：

为落实党中央、国务院关于党风廉政建设和反腐败工作的总体部署和要求，进一步推进国土资源系统反腐倡廉建设，确保实现用两到三年时间遏制住易发高发态势的目标，做出如下决定。

一、充分认识加强从源头上防治腐败工作的紧迫性

（一）当前国土资源系统反腐倡廉建设面临形势依然严峻。近年来，各级国土资源管理部门党风廉政建设和反腐败工作力度不断加大，取得了明显成效，总的形势是好的。但是，我们也要清醒地看到，土地管理部门和矿产资源开发是反腐倡廉建设的重点领域，国土资源管理部门拥有行政审批权、行政执法权、大额资金的管理和支配权等。在土地使用

权和矿业权审批、土地和矿业权交易市场建设、土地价格和矿业权价款评估、储量评审、地质灾害危险性评估、矿山地质环境影响评价、重大项目资金使用等重点部门和关键环节的管理还不规范，制度建设和执行还不到位，涉土涉矿腐败案件呈现出易发高发态势，有的地方连续发生腐败案件，特别是国土资源管理部门领导干部违纪违法案件，在社会上造成不良影响，严重影响国土资源管理部门的社会形象，损害了政府机关的公信力。

（二）切实增强国土资源管理部门反腐倡廉建设的政治责任感。各级国土资源管理部门要清醒认识到反腐败工作的长期性、艰巨性和复杂性，各级领导班子要站在国家经济社会发展的大局和国土资源事业发展全局的高度，本着对事业高度负责、对干部高度负责的精神，把党风廉政建设作为国土资源事业发展的生命线。国土资源行政权力监管的薄弱环节就是反腐倡廉工作的重点区位。各地要针对在土地矿业权审批、出让和大额资金管理等方面存在的薄弱环节和制度漏洞，在深入分析解剖近年来发生的大案要案，系统总结经验教训的基础上，进一步落实党风廉政建设和反腐败工作的思路、要求，突出重点。创新抓手，严格管理。完善制度，增强针对性和有效性。特别要在严格执行和健全完善国土资源管理重点部位和关键环节的制度上下工夫，加大改革创新力度，逐步形成内容科学、程序严密、配套完备、有效管用的国土资源管理制度体系，用制度管权、管事、管人，进一步加大从源头上防治腐败工作的力度，有效遏制腐败案件易发高发态势。

二、突出重点，严格管理，加强和完善制度建设

（三）严格执行土地使用权和矿业权审批制度。各级国土资源管理部门在审批中要严格实行接办分离、集体会审、限时办结、结果公告，在政务大厅统一对外接受报件和发布审批信息。进一步加大土地使用权、矿业权审批和出让信息公开的力度。农地转用和土地征用实行网上

申报和审查，严格执行会审制度。严格执行征地批钱程序，建立征地批后实施情况反馈制度，严禁拖欠、挪用和截留补偿费，维护被征地农民的合法权益。严格执行土地登记制度，规范登记发证行为。严格依法依规审批矿业权，必须按照规定的审批权限、程序和条件审批矿业权，严禁越权发证，严禁违规扩大协议出让范围，严禁化大为小，分割出让。认真开展探矿权采矿权出让审批制度执行情况专项清理工作，坚决纠正清理发现的突出问题。进一步加强矿业权审批制度建设，细化矿业权审批程序和标准，加强审批技术管理，明确审批权限和责任。

（四）着力推进土地和矿业权交易市场建设。各级国土资源管理部门必须严格执行国有建设用地使用权招标拍卖挂牌出让的制度，并统一纳入到土地有形市场公开交易。构建统一的市场信息平台，接受社会公众监督。严格执行基准地价定期更新和发布制度，现有基准地价公布三年以上的必须更新，并根据基准地价更新成果制动公布协议出让最低价标准。严格执行国有土地使用权出让集体决策制度，出让底价必须经过内部会审，集体决策，严格保密。招标拍卖挂牌和协议出让底价均不得低于出让地块所在级别基准地价的70%，严禁低于出让底价出让国有用地。建立和完善矿业权出让转让交易市场，严格执行探矿权采矿权出让制度和招标拍卖挂牌制度，严禁违规设置歧视性、排他性条件。各地要建立统一、规范、公开透明的矿业权交易市场，严格执行矿业权转让公示和矿业权出让转让市场交易制度。

（五）严格执行土地利用规划和计划。各级国土资源管理部门对经批准的土地利用总体规划，必须依法公告，接受公众监督。建立土地利用规划实施定期评估和修改机制，规划修改方案必须经过专家论证和听证，严禁擅自修改调整规划。建立健全监督检查制度，定期公布各地规划执行情况。加强和改进土地利用计划管理，完善计划编制下达方法，严格执行计划指标安排集体审议制度，保证计划管理的科学、合理和公正。

（六）切实加强土地供应管理和开发利用监管。各地在批准建设项目用地时，必须严格审查把关，凡列入《禁止用地项目目录》的项目，一律不得供地；凡列入《限制用地项目目录》的项目，不符合规定条件的一律不得供地、凡不符合《划拨用地目录》规定的项目，应当以有偿方式供地。严格按照土地利用总体规划、城乡规划确定的用途出让土地使用权。工业、商业、旅游、娱乐和商品住宅等经营性用地，以及土地供应计划公布后同一宗土地有两个或者两个以上意向用地者的，必须通过招标拍卖挂牌等公开竞争方式确定用地者。未依据控制性详细规划出具土地用途、容积率等规划条件的，不得出让国有建设用地使用权。各级国土资源管理部门要将土地供应和开发利用情况、闲置土地信息及时录入上传土地市场动态监测与管理系统，向社会公开，接受社会监督。要深入开展国有建设用地出让合同专项清理工作，对清理工作中发现的问题，依据政策法规分类处理，认真制定并落实整改措施。

（七）加强土地整治项目管理。严格执行土地整治项目及资金管理有关规定，规范项目立项、实施、验收和耕地占补平衡管理。严格执行土地整治项目立项专家评审论证制度和会审制度，提高项目立项的科学性和合理性；严格执行项目公告制度，公开土地整治规模、地类、权属、资金、新增耕地等情况，主动接受社会监督，增加项目的透明度，确保项目的真实性；坚持“谁验收、谁负责”的原则，严格按规定程序和要求开展项目验收；项目规划设计、工程施工要严格执行招投标的有关规定。省级国土资源管理部门要加强补充耕地指标转让的管理，做到统一、规范、透明。严禁企业和个人倒卖补充耕地指标。

（八）加强专项资金管理。各级国土资源管理部门要依法依规征收、使用、管理专项资金；细化项目预算编制，提高专项资金预算编制的科学性、准确性；严格项目预算执行，强化预算约束，严禁任何单位和个人截留、挤占、挪用、转移专项资金、加强专项资金拨付管理，严禁无合同、超进度拨付资金；规范专项资金的使用，重大资金使用实行集体研究和民主决策制度；建立健全专项资金监督管理责任制，主要领导对专项资金的监督管理负总责，分管领导、项目管理和财务管理部门各负其责。

（九）严格规范国土资源执法监管行为。严肃查处土地、矿产资源违法行为，严格执行《违反土地管理规定行为处分办法》（监察部　人力资源和社会保障部　国土资源部令第15号）。严禁利用手中的执法权，纵容默许涉土涉矿违法行为，压案不查、瞒案不报，以罚代法、批评了事、补办手续了事等行为。严禁不依法办事，随意裁量，为请托人减少罚款数额。严格遵守案件移送的相关规定。要严格督查，树立"敢于碰硬、不怕得罪人"的工作作风，强化对监督权行使的监督，严禁利用督察权谋取私利。

（十）加强对土地价格评估、矿业权价款评估和储量评审的行业监管。各级国土资源管理部门要加强对土地估价行业和矿业权评估行业的监管，明确和落实监管责任。全面梳理、完善和严格执行国土资源评估的各项管理规定，严格有关结果备案、年审检查等制度。促进国土资源评估市场诚信、自律、惩戒制度建设。

三、严肃查处违纪违法案件

（十一）各级国土资源管理部门要严肃查处十类重点涉土涉矿案件。严肃查处在土地使用权和矿业权审批过程中，非法批准、地价出让、擅自批准改变用地性质等行为；严肃查处规避招标拍卖挂牌规定，违规出让土地使用权和矿业权，或在招标拍卖挂牌出让中，故意泄露内幕信息，量身定做滥设前置条件等行为；严肃查处擅自修改调整土地利用规划、突破用地计划、改变用途等违规违法行为；严肃查处在土地调查、土地确权登记发证和勘查、采矿许可证发放中违规操作、弄虚作假，尤其是办理虚假证书，违规办理土地抵押登记的行为；严肃查处利用职权以指定或打招呼等形式插手土地整治项目的立项审查和评审、土地整理规划涉及业务、项目招投标以及资金拨付，从中收受贿赂或为特定关系人谋取私利的案件；严肃查处在占补平衡中弄虚作假，虚报耕地复垦数量和倒卖补充耕地“指标”的案件；严肃查处对土地和矿产资源违法案件瞒案不报、压案不查，滥用自由裁量权谋取私利的案件；严肃查处土地使用权、矿业权有偿出让、转让，储量评审和工程项目的评估中与中介机构、委托方互相串通，帮助关系人通过业务评审而贿赂，为公司介绍评估业务、提高评审资质，帮助关系人而受贿的案件；严肃查处在土地出让价款和矿产资源补偿费、矿业权价款的缴纳、管理中，擅自减免或缓缴出让价款和规费的以权谋私案件；严肃查处在专项资金使用监管过程中套取资金。设“账外账”、“小价款”、滥支乱花、贪污挪用的案件。

（十二）严格执行党纪政纪处理的各项规定。各级国土资源管理部门对上述十类重点违纪违法案件要做到有案必查、有责必究、不推诿、不回避。依规依法，快查快结。对于设计部门内部领导干部的案件，主要事实清楚的，先免职再查处；能公开处理的，公开处理；符合移送条件的，尽快移送有关部门。

在严厉惩处以上十类重点违纪违法案件的同时，各级国土资源管理部门要加强和完善查处制度，在案件的发现、制止、查处、移送各环节形成有效的制度和机制，认真落实国土资源执法、土地督察与纪检监察机关、检察机关的联合办案和案件移送制度。要进一步拓展案件发现渠道，重视从举报中排查案件线索，深挖违纪违法行为背后的腐败问题。在坚决惩治腐败分子的同时，要坚持教育与惩处相结合，以人为本，宽严相济，充分运用组织处理、纪律处分和法律制裁等手段，做到既要严格执行党纪政纪，又要注重教育和保护干部。要及时分析研究案件暴露出的管理上的薄弱环节和制度设计上的缺陷，充分发挥查办案件的治本功能。同时，要进一步强化教育和监督。以党性党风党纪教育为重点，加强对党员干部的理想信念教育和廉洁从政教育。认真落实领导干部问责制，进一步加强和规范巡视工作。要严格执行党员领导干部廉洁从政若干准则，严肃查处领导干部利用职权和职务上的影响谋取不正当利益等问题，促进各级领导干部廉洁从政。

各级国土资源管理部门党组织要切实落实党风廉政建设责任制，按本决定要求，狠抓落实，务求实效，以党风廉政建设和反腐败工作的新成效，为国土资源事业发展提供有力的政治保障。

二〇一〇年四月三十日

中共国土资源部党组关于印发《深化改革创新制度建立国土资源系统反腐倡廉工作长效机制实施方案》的通知

国土资党发〔2010〕37号

各省、自治区、直辖市国土资源厅（国土环境资源厅、国土资源局、国土资源和房屋管理局、规划和国土资源管理局），副省级城市国土资源行政主管部门，国家海洋局，国家测绘局，解放军土地管理局，新疆生产建设兵团国土资源局，各派驻地方的国家土地督察局，中国地质调查局及部其他直属单位，部机关各司局：

《深化改革创新制度建立国土资源系统反腐倡廉工作长效机制实施方案》已经部党组审议通过，现予印发，请遵照执行。

二〇一〇年八月三日

深化改革创新制度建立国土资源系统反腐倡廉工作长效机制实施方案

近年来，国土资源系统按照中央的总体要求，把党风廉政建设和反腐倡廉工作作为推进国土资源事业发展的政治保障，坚持把权力监管的薄弱环节作为党风廉政建设和反腐倡廉工作的重要区位，着力构建具有国土资源部门特点的惩防体系，党风廉政建设和反腐倡廉工作取得了积极成效。但是，社会上涉土涉矿领域腐败案件仍然呈易发高发、高位频发态势，严重损害了部门的公信力和社会形象，国土资源系统反腐倡廉工作环境更加复杂，任务更加艰巨，需要加大改革力度，完善和创新制度，强力推进反腐倡廉工作，为国土资源事业发展创造风清气正的良好环境。

为了贯彻中央纪委五次全会和国务院第三次廉政工作会议决策部署，落实国土资源部党风廉政工作会议精神，现就深化改革创新制度建立国土资源系统反腐倡廉工作长效机制，提出如下方案。

一、转变管理职能，发挥市场配置资源作用

（一）加快转变管理职能

深化审批制度改革。以土地和矿业权审批为重点，对不该管也管不好的职能，把权力和责任真正放下去，把服务和监管切实抓起来，稳步减少行政审批事项，把主要精力从忙于审批、项目安排中转移到加强制

度设计、宏观调控和市场监管上来。2010年年底前，完成对现有审批事项的梳理，制订土地和矿业权审批制度改革实施方案，明确目标任务和时间安排。（耕地司、开发司牵头）

加强事业单位和中介机构管理。加强对土地整治、土地估价、储量评审和矿业权评估机构的管理，严禁行政管理人员在从事生产经营的事业单位或中介机构交叉任职，切实做到政事分开、管办分离，加强领导干部在土地估价、矿业权评估等社会组织中的兼职管理。2010年年底前，部署完成国土资源系统行政管理人员在从事生产经营的事业单位或中介机构交叉任职情况的清理检查，研究制订领导干部社会组织兼职管理规定。（人事司、监察局牵头）

加强对职能转变的监督和检查。从2011年起，各级国土资源行政主管部门都要制定并公开年度职能转变的具体工作目标接受社会监督，省级国土资源行政主管部门要对下级部门职能转变的情况进行监督检查并纳入年度考核内容，每年年底前将相关情况报部备案。（法规司牵头）

（二）大力推进市场化进程

加强土地和矿业权市场建设。加大市场配置资源的力度，营造公开、公平、公正的交易环境，全面规范自由裁量权，各级国土资源行政主管部门通过市场配置资源的比率做到稳步提升，规范土地和矿业权转让市场，严厉打击规避法律、以权谋私行为。2010年年底前，系统总结上海等地经验，制订下发关于推动土地市场交易平台建设的意见；2011年6月底前，部署开展取消县级土地交易市场试点和煤炭矿业权审批权限授权省级国土资源行政主管部门试点。坚持和完善土地和矿业权招标、拍卖和挂牌制度。2010年8月底前，部署开展坚持和完善土地招标、拍卖和挂牌制度试点；2011年年底前，探矿权采矿权一律实行招标拍卖挂牌制度。（利用司、开发司牵头）

大力培育和规范土地和矿业权市场中介机构。确保中介机构的规范性、独立性和公正性，建立中介结构廉洁从业和诚信档案，加大中介机构和从业人员违法违规的责任追究力度。2010年年底前，研究制订土

地估价管理办法和矿业权评估行业管理办法。（利用司、储量司牵头）

（三）强化综合监管平台建设

加强综合监管平台建设和应用。各级国土资源行政主管部门都要逐步建立土地“批、供、用、补、查”综合监管平台，实现互通互联和信息共享，加大对土地监管的有效性。2010年年底前，研究制订综合监管平台建设、应用、管理等实施方案。（调控监测司、信息办牵头）

完善矿业权统一配号系统。公开矿业权出让信息，提供社会查询窗口，接受监督和质询。2010年年底前，实现矿业权审批部省协调联动和审批信息网上公开查询。（开发司、信息办牵头）

及时反馈热点焦点问题。针对社会广泛关注的土地、矿业权市场中的热点问题，迅速集成各地审批结果、供应计划、交易情况和违法案件等信息，每年年中和年末公开发布并接受社会监督。充分发挥12336国土资源违法举报电话作用，畅通违法线索举报渠道，加大对违法案件的查处力度。（利用司、开发司、执法局牵头）

二、创新管理制度，加大制度防腐力度

（四）提高制度设计的科学化、系统化水平

加强国土资源系统惩治和预防腐败制度的顶层设计。加大惩治制度的威慑力，强化预防制度的感染力，提高制度制定的科学性和有效性。每年滚动开展思想作风和党风廉政建设重大课题研究。（监察局牵头）

坚持实施后评估制度。动态进行制度的“立、改、废”，对惩治和预防腐败有效的制度要强推一批，对有效的经验和做法要通过总结提升催熟一批，针对苗头性、倾向性问题，要通过调查研究总结规律储备一批。完善专家和公众参与制度，提高制度的公信力，建立制度决策中有论证、执行中有监督、执行后有评价、决策失误有追究的全程制约机制。每年年底前，形成国土资源部规章和规范性文件实施绩效年度评估报告，并向社会公开。（法规司牵头）

（五）增强制度的约束力和执行力

提升制度执行力。坚持制度面前人人平等，各级国土资源领导干部要率先垂范，带头执行各项制度，形成大家订制度、制度管大家的良好氛围。认真总结依法行政2006—2010年规划实施情况，研究制订依法行政2011—2015年规划。（法规司牵头）

提高制度执行者素质。要敢于坚持原则，耐得住寂寞，顶得住压力，做执行制度的忠诚卫士，坚持和完善“执行力好班子”年度评选活动。（人事司牵头）

规范制度执行。严厉打击制度执行中的潜规则和人情化，重点治理在土地和矿业权审批、土地整治和矿产资源重大专项申报过程中打招呼、递条子行为，克服老乡情、同学情和朋友情对制度执行的干扰。2011年年底前，深入开展并全面完成工程领域突出问题专项治理。（监察局牵头）

（六）加强内部监督，规范权力运行

完善土地和矿业权审批集体会审制度。克服形式主义，真正发挥集体会审、集体把关的优势，坚持接办分离、网上报批，确保行政审批权力依法、公正、透明运行。（耕地司、开发司牵头）

规范执法监察行为。严格执法监督，加大对重点案件的挂牌督办力度，保障行政执法权的正确行使。2010年年底前，制订下发国土资源领域违规违法案件公开通报和挂牌督办办法。（执法局牵头）

强化干部人事选拔任用工作监督。严把干部提名、考察、讨论决定、交流等关口，加大选人用人违规失职的责任追究力度。（人事司牵头）

强化预算和财务审计监督。对大额资金管理、重大专项实施等重大经济活动实现在线全程监管，完善预算执行情况报告和通报制度，加强内部经济审计和离任审计制度。（财务司牵头）

三、加强队伍建设，提高反腐倡廉的自觉性

（七）强化干部教育培训

加强廉政勤政教育。把廉政勤政教育作为干部培训的必修内容，确保每季度不少于1次，通过请进来和走出去相结合、集中与分散相结合、平面媒体与网络媒体相结合等多种形式强化教育培训，同时加强培训效果的监督检查。（人事司牵头）

加大党风廉政正面宣传。每年在全系统树立一批先进典型，制作多种形式的宣传品，开展一场大型报告会，大力弘扬正气，树立国土资源管理新形象。（机关党委、宣教中心牵头）

加强党风廉政调查研究。总结国土资源领域案件的特点和规律，把握涉土涉矿腐败案件的风险点和关键环节，健全和完善国土资源领域权力运行预警机制和监控机制。2010年年底前，集中开展一次国土资源领域党风廉政建设专题调研活动。（监察局牵头）

（八）加大干部交流力度

建立关键岗位干部定期轮岗交流制度。按照"三年可以交流、五年必须交流"的原则，推进市、县国土资源行政主管部门主要负责人和管人、管钱、管项目等关键岗位干部的交流。2010年年底前，会同有关部门研究制订国土资源系统干部交流管理办法。（人事司牵头）

（九）落实反腐倡廉工作责任

落实党风廉政建设责任。把党风廉政建设责任层层分解，落实到人，对违法违纪案件上升较快的单位和部门，追究本单位、本部门主要负责人的领导责任。2010年年底前，会同有关部门研究制订相关责任追究办法。（监察局、人事司牵头）

加强党风廉政建设考核。2011年起，把违法违纪案件数量和行风评议名次作为硬性指标纳入领导干部考核内容，确保把行风评议的名次提上去，把违法违纪案件降下来。（人事司、监察局牵头）

中共国土资源部党组关于国土资源系统开展“两整治一改革”专项行动的通知

国土资党发〔2010〕45号

各省、自治区、直辖市国土资源厅（国土环境资源厅、国土资源局、国土资源和房屋管理局、规划和国土资源管理局），副省级城市国土资源行政主管部门，新疆生产建设兵团国土资源局，各派驻地方的国家土地督察局，中国地质调查局及部其他直属单位，部机关各司局：

近年来，各级国土资源部门高度重视反腐倡廉建设，认真贯彻落实中央一系列重大部署，坚持把党风廉政建设作为推进国土资源事业发展的政治保障和生命线，坚持把行政权力监管的薄弱环节作为党风廉政建设工作的重点区位，着力推进制度创新和源头防腐，积极规范权力运行，严肃查处腐败案件，党风廉政建设和反腐败工作取得积极成效，为国土资源事业改革发展提供了有力保障。同时也应该看到，随着工业化、城镇化、市场化快速发展，国土资源管理的法规制度改革滞后，资源供需矛盾日益突出，利益主体多元化、关联复杂化，市场配置机制还不够健全，监督管理制度还不够完善，对一些环节的权力运行还缺乏有效制约，涉地涉矿腐败案件易发多发，在社会上造成了恶劣的影响，损害了国土资源部门的形象和公信力，国土资源领域党风廉政建设和反腐败工作形势严峻、任务艰巨。

为贯彻落实深入开展国土资源领域腐败问题治理电视电话会议精神，加大对重点环节和关键部位腐败问题的治理力度，进一步推进国土资源系统反腐倡廉建设，部党组决定，从现在开始到明年年底，在国土资源系统开展“两整治一改革”专项行动，着力整治土地和矿业权交易市场存在的突出问题，着力整治干部队伍廉洁从政存在的突出问题，深化国土资源管理制度改革，切实纠正工作不落实、监管不到位的问题，严肃查处违纪违法案件，建立健全制度，有效遏制腐败案件易发多发的态势。

一、开展土地和矿业权交易市场专项整治

土地和矿业权交易市场整治的主要任务是，着力解决土地和矿业权出让中存在的突出问题，健全完善制度，强化监管措施，规范市场交易行为，切实解决土地和矿业权出让中的腐败问题，促进加快建立统一规范的土地和矿业权交易市场。

（一）进一步规范土地使用权交易市场。着力解决国有建设用地出让中，规避招拍挂，违反规定设置出让条件的问题；着力解决领导干部违反规定插手干预土地出让审批的问题；着力解决擅自调整修改土地出让条件的问题；着力解决土地储备、土地供应和土地出让信息不公开、不对称的问题。国有土地使用权出让必须进入有形交易市场，积极推进网上交易和网上监管；有条件的地方要将土地出让纳入政府公共资源交易平台。严格土地出让后监管，对土地使用权招标拍卖挂牌出让后，擅自调整修改土地出让条件的，必须重新招标拍卖挂牌出让。

（二）加快建立健全矿业权交易市场。深入治理矿业权交易市场存在的突出问题，重点解决矿业权出让公开竞争制度不健全、交易制度不完善、监管不到位和领导干部违规插手干预矿业权出让等问题。探矿权采矿权招拍挂必须进入有形交易市场，积极推进网上交易和网上监管，有条件的地方尽快将矿业权出让纳入政府公共资源交易平台。

（三）切实加强土地储备机构管理。土地储备机构必须与其下设或挂靠的从事土地开发相关业务的机构彻底脱钩，收购土地遴选价格评估机构应坚持公开、公正的选择方式，土地前期开发必须按规定通过招标方式选择工程实施单位。各地国土资源部门及所属企事业单位，不得直接从事土地一级市场开发。

各级国土资源部要抓紧研究提出完善制度和强化监管的具体措施和办法，切实解决土地和矿业权出让中的腐败问题，加快建立统一规范的土地和矿业权交易市场。

二、开展整纪纠风专项整治

整纪纠风的主要任务是，认真开展廉政风险点排查和自查自纠工作，全面查找国土资源管理中易发腐败问题的薄弱环节，坚决纠正干部队伍中存在的突出问题，严肃纪律，规范工作人员行为，查处违法违纪案件，针对存在的问题，制定防范和整改措施，进一步健全和完善制度，切实加强管理，促进干部廉洁从政，实现各地行风评议名次升上去，违纪违法案件数量降下来的阶段性目标。

（一）开展廉政风险点排查。针对国土资源系统现行制度、关键岗位、核心业务、重点部位和环节，全面排查管理漏洞和廉政风险点，制定具体防范措施。重点围绕土地和矿业权出让审批、土地整治、征地补偿、调查评价、执法监察等方面，堵漏补缺、建章立制。

（二）开展自查自纠。组织动员全系统干部依据廉洁从政若干准则，全面开展自查自纠，针对存在的问题制定整改措施，并切实落实到位。明确自查自纠的政策和时限，本着自纠从宽、被查从严的原则，对在规定的时限内主动纠正问题的，从轻处理；对存在问题又不主动自查自纠的，按照有关规定严肃处理。各级国土资源部门要结合工作实际，制定自查自纠实施方案，对自查自纠工作的时间进度、工作步骤和工作方式等作出具体安排。

（三）严肃处理不廉洁行为。结合国土资源管理实际，按照干部管理权限，国土资源系统工作人员有下列行为的，应先行停职或免职，并按有关规定和程序予以处理：一是在土地矿产审批中违反程序、弄虚作假的；二是违规操作、插手土地矿业权评估和出让的；三是利用工作之便，在项目安排、资金拨付等方面打招呼、协调运作，为自己和他人谋取私利的；四是在国土资源执法中，以案谋私、有案不查、瞒案不报、执法“放水”的；五是在项目实施和资金使用中违规操作、弄虚作假的。

（四）严肃查处违纪违法案件。重点查处十类违纪违法案件：一是在土地和矿业权出让审批中，非法批准、低价出让、擅自批准改变用地性质等行为；二是违规出让土地使用权和矿业权或在招标拍卖挂牌中，量身定做，滥设前置条件等行为；三是擅自修改调整土地利用规划等违规违法行为；四是在土地调查、土地确权登记发证和勘查、采矿许可证发放中违规操作、弄虚作假等行为；五是利用工作之便插手土地整治项目的立项、设计、招投标、资金使用和工程验收谋取私利等行为；六是虚报耕地复垦数量和倒卖补充耕地指标的行为；七是在执法监察中，滥用自由裁量权谋取私利的行为；八是土地使用权、矿业权有偿出让、转让、储量评审和工程项目的评估中与中介机构、委托方互相串通，索贿受贿行为；九是擅自减免或缓缴土地出让金和矿产资源规费的行为；十是套取专项资金、设“账外账”、“小金库”、滥支乱花、贪污挪用的行为。在严肃查办案件的同时，要进一步加强廉洁从政教育，部署开展地方和基层国土资源部门主要负责同志廉政教育机制整训，年底前作出计划安排，明年分批实施，2011 年内完成。

三、深化国土资源管理制度改革

深化国土资源管理制度改革的主要任务是，着力解决国土资源管理制度不完善，体制机制改革创新不到位，权力缺乏有效制约等问题，进一步转变管理职能，深化审批制度改革，建立权力制约机制，推行阳光行政，出台一批切实可行的规章制度，建立健全长效机制。

（一）坚持市场取向，坚定不移地转变管理职能。切实转变行政管理职能和资源配置方式，把不该管、管不了的事坚决交给地方、市场、社会和中介，加快从重微观向宏观、从重审批向重监管、从重项目安排向制度设计的转变，把权力和责任真正放下去，把服务和监管切实抓起来。要大力推进土地和矿业权配置的市场化进程，进一步压缩自由裁量权，制定下发关于推动土地、矿业权交易市场平台建设的意见，加快建立全国规则统一、程序科学、公开透明的土地和矿业权交易市场。加强对土地整理、土地估价、储量评审和矿业权评估机构的管理，严禁行政管理人员在经营性事业单位或中介机构交叉任职，切实做到政事分开、管办分离。制定土地估价管理办法和矿业权评估行业管理办法，建立中介机构廉洁从业和诚信档案，加大中介机构和从业人员违法违规的责任追究力度。各级国土资源管理部门要制定并公开年度职能转变的具体工作目标，职能转变情况纳入年度考核内容。

（二）突出关键环节，坚定不移地规范权力运行。加强行政资金管理、项目安排、干部人事制度等权力运行的重点部位和关键环节的监督，规范权力运行，从源头上预防腐败。要进一步推进土地和矿产审批制度改革，严格实行接办分离、网上报批、联网审查、集体会审、限时办结、结果公开，接受社会监督。要强化对行政执法权的监督，敢于碰硬，不怕得罪人，严格查处违法违规案件。要强化干部人事管理的监督，大力推进干部人事制度改革，特别是要商请地方进一步完善干部轮岗交流制度，对各级国土资源部门负责人和管预算、管项目、管执法、管人事等关键岗位的干部，要加大交流的力度。要加快建立财务电子监管系统，对大额资金管理、重大专项等实施在线全程监管，完善预算编制和执行情况报告和通报制度，并加强内部经济审计和离任经济审计制度。

（三）运用现代手段，坚定不移地推进政务公开。持续加强国土资源综合监管平台建设，进一步健全完善集遥感影像、监测变化信息、土地利用现状图于一体的全国国土资源利用“一张图”和土地“批、供、用、补、查”综合电子信息监管平台，实现建设用地全程动态网上监管，并大力完善矿业权统一配号系统，逐步将矿产资源勘查开采纳入遥感监测范围，充分利用“一张图”管地、管矿，健全完善“天上看、地上查、网上管”的国土资源综合监管体系，要坚定不移地推动国土资源系统政务信息公开，加大电子政务建设力度，针对社会广泛关注的土地、矿业权市场中的热点问题，迅速集成各地审批结果、供应计划、交易情况和违法案件等信息，公开发布并接受社会监督。

（四）严格责任追究，坚定不移地落实廉政规定。按照党风廉政责任制和行政问责的有关规定，对本单位、本部门腐败案件多发频发，造成严重后果和恶劣影响的，要对主要责任人实施问责。对在本地区行风评议中评价较差、排名靠后的，上一级国土资源部门党组（党委）要约谈单位主要负责人，被约谈单位党组（党委）要向上一级国土资源部门党组（党委）作出说明。对问题较多又不能及时整改纠正的，由国土资源部门会同纪检监察机关和组织部门，按照干部管理权限提出干部调整的意见和建议。

四、工作要求

各级国土资源部门要认真学习贯彻落实深入开展国土资源领域腐败问题治理工作电视电话会议精神，结合本部门本单位实际，制定“两整治一改革”的具体实施方案，采取切实有力的措施，扎扎实实抓好落实，确保取得实效。

（一）积极主动作为。要深刻认识开展“两整治一改革”工作的重要性，高度重视，加强领导，周密部署。主要领导要讲政治、讲大局，亲自部署，亲自过问，亲自协调，亲自督办。要旗帜鲜明，态度坚决，不能有丝毫懈怠，不能避重就轻，不能以各种理由和客观原因回避矛盾，搞形式主义。

（二）强化督促检查。要加强督促检查工作，掌握工作进度，督促工作落实，对工作重视不够、组织不力、行动迟缓、甚至敷衍塞责的，要追究责任。主要领导要结合当地的实际，针对工作的进度，组织开展经常化的督促检查，确保工作目标的实现。部党组决定，10月底，将组织开展“两整治一改革”工作情况检查。

（三）搞好协调联动。各级国土资源管理部门在“两整治一改革”中，要多向党委、政府汇报，加强与纪检、监察、检察机关的沟通联系、协调联动、积极配合逐步建立常态化的协调联络机制，形成齐抓共管的工作格局。要把“两整治一改革”工作纳入工程建设领域突出问题专项治理，与工程建设治理工作相结合整体推进，上下联动，形成合力。

（四）落实工作责任。各级国土资源部门要发挥主体作用，积极主动地开展工作，主要负责同志负总责，分管领导各负其责，具体工作要责任到人。国土资源部成立了领导小组，并抽调专门人员组成办公室，专司此项工作。各地国土资源部门也要建立相应的组织机构，抽调得力干部，组成专门工作班子。

（五）注重统筹谋划。要通过开展“两整治一改革”来解决问题、促进业务工作，做到两结合、两促进、两不误。要做到既要深入排查问题，敢于揭摆问题，不避短、不护短，认真整改、严肃查处；又要注意把握正确的舆论导向，大力宣传推广清正廉洁、依法行政的先进典型，鼓舞士气，弘扬正气，进一步促进业务工作的开展。在开展工作中遇到重大问题，要及时请示报告。

（六）领导机关带头。部机关以及省厅、市局机关，要在开展“两整治一改革”工作中走在前头，带头查找廉政风险点，带头制定防范措施，带头接受公众监督，带头整改突出问题，带头严格自律，充分发挥表率作用。要求基层做的，领导机关首先要做到；要求大家做的，领导干部首先要做到，以机关带系统，确保“两整治一改革”工作扎实开展，取得实效。

开展“两整治一改革”的各项任务，要在2011年年底前全部完成。

其中，廉政风险点排查和自查自纠及整改工作，于今年年底前完成，并提交总结报告。各单位工作进展情况和重大事项要及时报部。

附件：国土资源部党组关于国土资源系统开展“两整治一改革”专项行动领导小组及办公室组建方案

二〇一〇年九月三日

附件

国土资源部党组关于国土资源系统开展“两整治一改革”专项行动领导小组及办公室组建方案

一、领导小组

组　长：徐绍史　部党组书记、部长、国家土地总督察

副组长：贠小苏　部党组成员、副部长

　　　　王寿祥　部党组成员、中央纪委驻部纪检组长

成　员：汪　民　部党组成员、副部长

　　　　王世元　部党组成员、副部长

　　　　甘藏春　部党组成员、国家土地副总督察

　　　　冀文林　部党组成员、办公厅主任

　　　　胡存智　部党组成员、总规划师

二、领导小组办公室

主　任：冀文林（兼）

常务副主任：李玉华　博物馆副书记、副馆长

副主任：刘随臣　调控司司长

　　　　廖永林　土地利用司司长

刘连和　开发司司长

苏振林　驻部纪检组副组长（正局级）

侯海生　机关党委常务副书记

1. 综合组（集中办公）

组长：李玉华（兼）

成员：以工程领域专项治理组织机构为基础，充实办公室工作人员。

主要职责：负责综合协调工作，起草领导讲话稿及工作总结报告等综合性文件，编写简报；负责综合统计汇总，负责宣传报道工作；完成领导交办的工作。

2. 土地市场治理组（设在利用司）

组长：廖永林（兼）

成员：由利用司确定 3 人。

主要职责：负责拟定土地市场整治工作方案并组织实施；负责起草规范和完善土地交易市场的相关规程；了解掌握土地市场整治工作情况，及时汇总并向领导小组报告工作进展情况；提供简报素材；完成领导交办的工作。

3. 矿业权市场治理组（设在开发司）

组长：刘连和（兼）

成员：由开发司确定 3 人。

主要职责：负责拟定矿业权市场整治工作方案并组织实施；负责起草矿业权交易市场建设相关规程；了解掌握矿业权市场整治工作情况，及时汇总并向领导小组报告工作进展情况；提供简报素材；完成领导交办的工作。

4. 深化改革研究组（设在调控司）

组长：刘随臣（兼）

成员：由调控司确定 3 人。

主要职责：负责拟定深化体制机制改革创新，健全完善长效机制的工作方案并组织实施；了解掌握长效机制研究制定工作情况，及时汇总并向领导小组报告工作进展情况；提供简报素材；完成领导交办的工作。

5. 案件协查组（设在纪检组监察局）

组长：苏振林（兼）

成员：由纪检组监察局确定3人。

主要职责：协助有关部门查处违纪违法案件；负责组织廉政风险点排查工作；负责国土资源系统腐败问题治理督导检查工作；了解掌握相关工作情况，及时汇总并向领导小组报告工作进展情况；提供简报素材；完成领导交办的工作。

6. 机关组（设在机关党委）

组长：侯海生（兼）

成员：由机关党委确定4人。

主要职责：按照部"两整治一改革"领导小组的部署，拟定部直属机关实施方案，并组织实施；负责部机关开展"两整治一改革"相关的会议、活动的组织实施及领导讲话等文件的起草工作；组织部机关和直属单位开展廉政风险点排查和自查自纠工作；了解掌握部机关和直属单位"两整治一改革"工作进展情况，及时汇总分析，并向部领导小组报告；负责提供简报素材；完成领导交办的其他事项。

国土资源部关于2010年“小金库”专项治理有关事项的通知

国土资发〔2010〕106号

部机关各司局，各派驻地方的国家土地督察局，中国地质调查局及部其他直属单位，各挂靠管理的社会团体：

根据《中共中央办公厅国务院办公厅印发〈关于深入开展“小金库”治理工作的意见〉的通知》（中办发〔2009〕18号）精神，目前，中央纪委、监察部、民政部、财政部、审计署下发了《关于印发〈社会团体“小金库”专项治理实施办法〉的通知》（中纪发〔2010〕28号），中央纪委、监察部、财政部、审计署、国务院国资委下发了《关于印发〈国有及国有控股企业“小金库”专项治理实施办法〉的通知》（中纪发〔2010〕29号）。现转发给你们，并就有关事项通知如下：

一、高度重视“小金库”专项治理工作

按照中央治理“小金库”工作领导小组的部署，2009年，我部开展了“小金库”专项治理工作。根据《国土资源部关于开展“小金库”治理工作的通知》（国土资发〔2009〕59号）的要求，我部所有单位（包括挂靠管理的社会团体）开展了“小金库”自查自纠阶段，还是重点检

查阶段，都发现部分单位存在“小金库”，有的性质还相当严重。因此，各单位必须高度重视这次“小金库”专项治理工作，加强领导，精心组织，把各项工作落实到位。

二、专项治理的单位范围

（一）各挂靠我部管理的社会团体，要严格按照中纪发〔2010〕28号文件的要求，扎实地开展“小金库”专项治理工作。

（二）具有投资兴办企业的单位，要按照中纪发〔2010〕29号文件的要求，结合部开展对外投资兴办企业专项治理工作的有关要求，认真组织所属企业开展“小金库”专项治理工作。

（三）部机关各司局、各派驻地方的国家土地督察局、中国地质调查局及部其他直属单位，尤其是2009年“小金库”专项治理自查自纠“零申报”的单位，要按照国土资发〔2009〕59号文件和本通知的要求，认真开展“小金库”专项治理回头看工作。

三、准确把握“小金库”专项治理的主要内容和重点

行政机关、事业单位、社会团体和国有及国有控股企业，凡属于违反法律法规及其他有关规定，应列入而未列入符合规定的单位账簿的各项资金（含有价证券）及其形成的资产，均属于“小金库”，都应当纳入“小金库”专项治理范围。

中央纪委、监察部、财政部、审计署《关于印发〈关于在党政机关和事业单位开展“小金库”专项治理工作的实施办法〉的通知》（中纪发〔2009〕7号）、中纪发〔2010〕28号和中纪发〔2009〕29号等文件分别对行政机关和事业单位、社会团体和国有及国有控股企业“小金库”的表现形式作了具体说明。各单位必须准确把握“小金库”的各种表现形式，全面清理，重点检查，及时纠正。

部机关各司局、各派驻地方的国家土地督察局、中国地质调查局及部其他直属单位主要是开展“小金库”专项治理回头看。重点关注2009年“小金库”专项治理自查自纠是否全面，发现的问题是否已及时纠正，是否按照要求建立健全了防治“小金库”治理长效机制。

社会团体、国有及国有控股企业“小金库”治理的重点是2008年以来各项“小金库”资金的收支数额，以及2007年年底“小金库”滚存资金金额和形成的资产；设立“小金库”数额较大或情节严重的，应追溯到以前年度。

四、专项治理的处理原则

对“小金库”专项治理发现的问题，本着“依法依纪、宽严相济”的原则进行处理。

（一）对自查发现的问题从轻从宽处理。凡自查认真、纠正及时的，对责任单位可从轻、减轻或免于行政处罚，对有关责任人员可从轻、减轻或免于处分。对自查查出的“小金库”要如数转入符合规定的单位账簿，依法进行财务、税务等相关处理。

（二）对被查发现的“小金库”，除依法进行财务、税务等相关处理外，还要对责任单位和责任人员依法予以行政处罚，并依纪依法追究责任。

对设立“小金库”负有领导责任和直接责任人员中的共产党员，依照《设立“小金库”和使用“小金库”款项违纪行为适用〈中国共产党纪律处分条例〉若干问题的解释》严肃追究责任。对设立“小金库”负有责任的领导人员和其他直接责任人员中由国家行政机关任命的，依照《设立“小金库”和使用“小金库”款项违法违纪行为政纪处分暂行规定》严肃追究责任。对违反《社会团体登记管理条例》和《基金会管理条例》及相关规定的，依照登记管理机关处理处罚的有关程序和具体规定，依法给予处理处罚。对违反国有资产监督管理法律法规及相关规定的，由国有资产监督管理机构和相关主管部门依照有关规定作出处理处罚。

（三）对专项治理工作中走过场的单位，给予通报批评并责令整改；对问题严重的，要依据党纪政纪和有关法律法规追究责任。

（四）对在专项治理工作中弄虚作假、拒不纠正、销毁证据、突击花钱、打击报复举报人的，或重点检查中发现“小金库”数额巨大、情节特别严重的，将按照有关规定从重处理。涉嫌犯罪的，移交司法机关依法处理。

（五）对中办发〔2009〕18号文件下发以来再设立“小金库”的，将对主要领导、分管领导和直接责任人严肃处理，按照组织程序先予以免职，再依据党纪政纪和有关法律法规追究责任。

（六）对专项治理工作中发现的其他违反法律法规的问题，按国家有关法律法规进行处理。

五、时间安排

（一）部机关各司局、各派驻地方的国家土地督察局、中国地质调查局及部其他直属单位“小金库”专项治理回头看工作至2012年10月底基本结束，采取单位自查和部重点核查的方式进行。

（二）社会团体、国有及国有控股企业“小金库”专项治理工作至2010年年底基本结束，采取自查自纠和重点检查相结合的方式，分四个阶段进行。

1. 动员部署（截至7月底）

部机关各司局、各派驻地方的国家土地督察局、中国地质调查局及部其他直属单位、各社会团体要认真学习领会中央开展“小金库”专项治理工作的重要意义，要站在贯彻落实科学发展观和推进反腐倡廉建设的高度，把专项治理工作摆到重要的议事日程，加强对专项治理工作的领导，制定专项治理工作实施方案，做好内部宣传，确保全体工作人员熟知“小金库”的表现形式及其危害，以及“小金库”专项治理的原则要求。

2. 自查自纠（截至9月底）

部机关各司局、各派驻地方的国家土地督察局、中国地质调查局及部其他直属单位、各社会团体要按照中纪发〔2009〕7号、中纪发〔2010〕28号和中纪发〔2010〕29号等文件的要求，结合实际，细化专项治理实施方案，及时有效地开展“小金库”专项治理自查自纠工作，不走过场，不留死角，更不能存在侥幸心理。

社会团体、国有及国有控股企业自查面必须达到100%。自查自纠发现的问题，必须自觉纠正，把问题解决在自查自纠阶段。并于9月25日前，分别将自查自纠总结报告和附件1中的《社会团体和公募基金会“小金库”自查自纠情况报告表》（略）、附件2中的《国有及国有控股企业“小金库”自查自纠情况报告表》（略）报部治理“小金库”工作领导小组办公室。

部机关各司局、各派驻地方的国家土地督察局、中国地质调查局及部其他直属单位应于9月30日前将“小金库”专项治理回头看总结报告报部。

部将组织力量，对社会团体、国有及国有控股企业自查自纠情况进行抽查，对部分2009年“小金库”治理零申报的行政机关、事业单位进行重点核查。

3. 重点检查（截至11月底）

自查自纠工作结束以后，中央治理“小金库”工作领导小组将组成重点检查组对社会团体、国有及国有控股企业进行重点检查。

4. 整改落实（截至12月底）

重点检查发现的问题，中央治理“小金库”工作领导小组将下达处理决定，进行严肃处理。各被检查单位要按照处理决定的要求，制定切实有效地整改措施，扎实抓好整改落实工作，做到责任明确、整改及时、处理到位。在整改过程中，要强化源头治理，完善制度，建立健全防治“小金库”的长效机制。

二〇一〇年七月

国土资源部办公厅关于印发《国土资源部财务管理信息系统业务规范》的通知

国土资厅发〔2010〕6号

各派驻地方的国家土地督察局，中国地质调查局及部其他直属单位，各挂靠管理的社会团体：

为规范部财务管理信息系统业务工作，根据《中华人民共和国会计法》、《会计基础工作规范》和其他相关法律法规的有关规定，结合部门财务管理的实际，部研究制定了《国土资源部财务管理信息系统业务规范》。现印发给你们，请遵照执行。各单位执行过程中遇到的问题，请及时反馈给部财务司。

二〇一〇年一月十九日

国土资源部财务管理信息系统业务规范

第一章　总　则

第一条　为规范部财务管理信息系统业务工作，根据《中华人民共和国会计法》、《中华人民共和国预算法》、《行政范围国有资产管理暂行办法》、《事业单位国有资产管理暂行办法》、《会计基础工作规范》和其他相关法律法规的有关规定，结合部门财务管理的实际情况，制定本业务规范。

第二条　本规范适用于国土资源部所属行政、事业单位和挂靠部管理的社会团体（含学会、协会、基金会等）及其内部独立核算的非法人单位（以下简称“部属单位”）。

第三条　部属单位必须使用部财务管理信息系统开展项目预算管理、工资管理、固定资产管理和会计核算等工作，并遵循本规范。

第二章　系统平台

第四条　部财务管理信息系统平台由用户管理、法规维护和工作部署三部分构成。

第五条　部财务管理信息系统平台由部财务主管部门负责管理。

第六条　部属单位按照部设定、分配的用户名和各自的权限登录、使用部财务管理信息系统。用户第一次使用系统应更换密码，并妥善保管。

部属单位减少或变更用户信息时，应及时报部财务主管部门备案。新增用户时，用户信息设置的人员代码前三位必须为本单位财政预算代码，姓名采取实名制且最多为4个汉字。单位用户在同一会计年度内，人员代码与姓名固化，不得删除，姓名不得变更。

第七条 单位可以根据业务需要为用户分配角色。一个用户可以拥有一个或多个角色，一个角色也可以分配给一个或多个用户，但角色的分配必须符合内部会计控制的有关要求。单位系统管理员应根据本单位用户变动情况及时调整用户权限。

第八条 部财务主管部门定期在系统平台上发布财经法律法规和相关财务会计制度办法。部属单位可以根据需要下载、保存。

第九条 部财务主管部门通过系统平台布置有关财务管理工作。部属单位应指定专人每天登陆信息系统，按照规定的时限及时完成并反馈有关情况。凡通过系统平台布置的工作，部将及时在系统平台上通报有关情况。

第三章 项目预算

第十条 部属单位承担的项目必须纳入部财务管理信息系统进行项目预算管理，部属单位组织实施的项目应当纳入部财务管理信息系统进行项目预算管理。纳入部门预算管理的项目均应严格执行有关专项资金管理办法和《国土资源部项目支出预算管理办法》（国土资发〔2007〕322号）的有关规定。

第十一条 根据项目预算管理的职责分工，部属单位的项目和财务管理部门分别对项目预算管理子系统的相关业务负责。

第十二条 项目预算管理子系统设定的项目管理岗位包括：项目预算编制和项目预算审核。

第十三条 项目预算编制主要包括项目申报、项目预算实施方案编制、项目预算执行情况报告和项目成果报告评审验收、资料汇缴情况报告等工作，由单位项目管理部门负责；项目预算审核由单位财务管理部门负责。

第十四条 部属单位申报项目预算，必须严格遵守项目编码规则，完整、准确录入项目信息、申报文本和预算表。

第十五条 部组织对部属单位申报的项目预算进行审核凭证，经审核需要项目申报单位修改项目预算申报文本的，部及时反馈审核意见，申报单位应在 2 个工作日内按审核意见修改并重新上报。部属单位不得自行修改经部审核论证确定的项目预算申报文本。

第十六条 年度预算批复后，部属单位要按时编制项目预算实施方案报部备案。项目预算实施方案中的项目名称、编码及有关的项目信息、预算额度必须与批复的预算一致；部组织对项目预算实施方案进行审核。

项目预算实施方案是项目预算执行的依据。部属单位不得自行修改、调整已备案的项目预算实施方案；如因不可抗力等特殊情况确需调整的，应报部批准。

第十七条 部属单位项目申报文本和项目预算实施方案应分项目成套打印，单位主要负责人审核签章后存档备案。存档备查的纸质文档必须与部财务管理信息系统中的信息完全一致。

第十八条 部属单位申报项目预算、编制项目预算实施方案，对每个预算表中的每项支出内容都应细化编制，严格执行国家有关制度办法规定的开支范围和标准。

第十九条 部属单位应于每年 7 月 31 日前和次年 1 月 31 日前，分两次按项目编报项目进展上半年和年度工作报告。工作报告内容包括：项目工作进展、阶段性成果、存在的主要问题、下一步工作安排和项目预算执行情况等。完工项目还应同时报送项目成果报告评审验收情况、资料汇缴情况和项目经费使用情况总结报告。

第四章 预算控制

第二十条 部属单位必须按照部门预算管理的要求，建立预算控制机制，根据预算批复将上年结余和当年预算的全部收入在财务管理信息系统中设置预算控制数，实行预算控制与支出预警。

第二十一条 预算控制分为基本支出预算控制和项目支出预算控制。基本支出的预算控制按照支出经济分类科目细化；项目支出的预算控制按照项目和支出经济分类科目细化。

部下达预算的项目控制数与项目预算管理子系统上报的项目预算实施方案自动生成，其他来源的项目控制数由单位财务管理部门根据项目实际自行编制。

部属单位可以根据管理和业务需要，设置分部门、分费用类别的多种预算控制方案。

第二十二条 预算控制方案的编制应在收到部下达预算15个工作日内完成。年度预算发生调增、调减时，必须对预算控制方案进行调整。

第五章 工 资

第二十三条 根据工资管理的职责分工，部属单位的人事和财务管理部门分别对工资管理子系统的相关业务负责。

第二十四条 工资管理子系统设定的工资管理岗位包括：工资项目维护审核和工资发放。

第二十五条 工资项目维护审核主要包括单位工资项目维护、工资增减变动条横、日常考核与工资挂钩的扣款以及单位代扣代缴款项计算等。各单位扣款计算可根据本单位实际确定业务管理部门，个人所得税和住房公积金的代扣代缴工作由单位财务管理部门负责。

第二十六条 工资发放主要包括对应发工资和扣款项目的审核、编制工资发放表和工资条、形成银行代发工资文件和期末结账等。各单位可根据管理实际确定各项工作管理部门，但期末结账应由单位财务管理部门负责。

第二十七条 在国家出台事业单位收入分配制度改革方案以前，各单位工资性收入类别划分为国家规定的工资、国家规定的津补贴、改革性津补贴和其他津补贴四大类。各单位应将现行工资发放项目根据各自性质分别纳入各大类管理。

第二十八条 每月工资发放完毕，各单位及时结账。结账后本月工资数据不得调整。

第二十九条 每月工资发放后，单位财务管理部门要及时编制记账凭证，进行账务处理。

第六章 固定资产

第三十条 根据固定资产管理的职责分工，部署单位的实物资产管理部门和财务管理部门分别对固定资产管理子系统的相关业务负责。

第三十一条 固定资产管理子系统设定的资产管理岗位包括固定资产卡片登记和固定资产卡片审核。固定资产价值管理由本单位财务管理部门负责。

第三十二条 部属单位实物资产管理部门须按照国家标准《固定资产分类与代码》将本单位已经验收入库的固定资产名称、规格、型号。使用部门和责任人员等详细信息进行真实、完整的固定资产卡片登记。

固定资产的类别分为“土地、房屋与构筑物”、“通用设备”等十个门类，该分类与会计核算子系统设置的固定资产明细核算分类一致。每类固定资产的代码采用等长6位数字层次代码结构，登记到该类资产最底层资产名称。

第三十三条 部属单位全部固定资产均应落实资产使用部门和具体

责任人员。资产办理验收入库时暂不能落实具体责任人员的，以本单位实物资产管理部门为资产使用部门、以实物资产管理人员为具体责任人员；待固定资产出库确定资产使用部门和责任人员后，须进行固定资产使用变更登记。

第三十四条 部属单位按照有关规定处置固定资产时，须及时进行固定资产卡片变更登记。

第三十五条 部属单位固定资产卡片登记（含变更登记）后，本单位固定资产主管人员应及时进行审核。审核无误的固定资产卡片必须及时打印一式三份，实物资产管理人员和资产使用责任人签字后，分别由实物资产管理部门、实物资产管理人员和资产使用责任人保管，作为对账的依据。

第三十六条 部属单位固定资产增减变动时，单位财务管理部门要及时编制记账凭证，进行账务处理。

第三十七条 部属单位应建立实物资产定期盘点制度，并定期与本单位财务管理部门对账。

第七章 出 纳

第三十八条 部属单位必须使用部财务管理信息系统分别对本单位的经费账套和基建账套进行出纳业务管理，不得以会计核算子系统的现金、银行存款明细账代替出纳子系统的出纳日记账。

第三十九条 部属单位出纳人员必须严格遵守现金管理制度和银行结算制度的有关规定，根据单位收付款业务发生情况和业务流程登记现金日记账、银行存款日记账和零余额账户用款额度日记账。

第四十条 部属单位出纳人员必须按日盘点库存现金，填写库存现金盘点登记表，并与现金日记账账面余额核对。

第四十一条 库存现金盘点登记表应按月序时登记。登记内容包括盘点日期、本日收存、本日付出、本日库存、盘点实存、盘盈或短缺金额等。

盘点现金出现盘盈或短缺时，出纳人员应主动报告单位会计主管人员。单位会计主管人员应当进行复核，查找原因。经复核确认属于责任造成的，应及时向单位主管领导报告，并按照现金管理的有关规定作出处理。

第四十二条 部属单位必须建立支票领用登记制度，切实加强支票管理。出纳人员购买支票以后，在出纳管理系统逐一进行登记；签发支票后由领用人在支票登记本上签字登记；严禁出纳人员签发空白现金支票，原则上不得签发空白转账支票。

第四十三条 出纳人员必须定期进行银行存款对账，编制银行存款余额调节表。年度银行存款余额调节表作为部属单位银行存款账簿的重要组成部门，按照会计档案管理办法规定的期限进行保管。

对账采取手工核对的方式。具备自动对账条件的可利用采纳系统进行自动对账。

第四十四条 部属单位必须加强银行账户的管理，未经批准，任何单位不得擅自开立银行账户。出纳人员必须将本单位开立的所有银行账户在出纳系统进行逐一登记、分户核算。

第四十五条 部属单位会计主管人员必须加强对出纳系统的监督检查，定期核查出纳人员的有关账目，定期抽查出纳人员经管的现金和支票等银行票据，定期核对出纳账簿与会计账簿。

第八章 会计核算

第四十六条 部属单位必须严格按照有关财务、会计制度的规定，建立本单位会计核算账套。

一个单位只能设置一个经费账套。在财政部有关基本建设单位会计制度改革以前，部属单位应建立基建账套，按照有关规定，对本单位基本建设项目进行单独核算。

部属单位所属独立核算的企业法人以及使用《企业会计制度》且纳入企业决算编报范围的非法人事业单位，仍适用原会计核算方式。

第四十七条 部属单位应根据部统一设置的会计核算科目体系确定本单位适用的会计科目，可根据需要设置本单位明细核算会计科目，并保持会计科目体系的延续性、稳定性。但不得自行增加与部确定会计科目的同级会计科目。

第四十八条 部属单位必须按照部统一设置的核算项目进行相关会计科目的辅助核算，也可根据单位管理需要，设置其他辅助核算项目，进行明细辅助核算。

第四十九条 部属单位的会计凭证编制人员必须认真核算各项原始凭证，确保会计信息的合法性、真实性和准确性。

除结账和更正错误的记账凭证可不附原始凭证外，其他记账凭证必须附原始凭证。

第五十条 部属单位填制的记账凭证应连续编号，不得编制空白的记账凭证。

第五十一条 部属单位的会计凭证审核人员应认真审核连续编号的会计凭证，并根据单位会计工作流程做出相应处理。经审核无误的会计凭证应及时记账。

第五十二条 部属单位应当定期对会计账簿记录的有关数据与库存实物、货币资金、往来单位和个人进行核对，确保账证相符、账账相符、账实相符。

第五十三条 部属单位必须按照适用的财务、会计制度规定的期限按月或按年进行结账。结账之前必须确保本单位当期全部经济业务均已登记入账。

第五十四条 部属单位必须打印输出的会计档案包括：记账凭证、总分类账、明细分类账和日记账。

现金日记账和银行存款日记账必须每日登记并打印。各单位可根据账簿打印情况将计算机打印输出的活页账页装订成册。每天业务较少、不能满页打印的，可以按旬打印输出。

其他会计账簿可以根据实际情况和工作需要按季或按月、按年打印。

第九章 会计信息

第五十五条 部属单位应当建立财务管理信息系统会计档案管理制度和电子数据备份储存制度，明确专人负责管理。

第五十六条 部属单位必须按年度归集、管理部财务管理信息系统各类会计档案。包括磁性介质或光盘存储的电子会计数据以及打印输出的纸质记账凭证、会计账簿和会计报表。电子数据要做好防磁、防火、防潮和防尘工作，并定期检查、定期复制。

第五十七条 部属单位应按月备份、妥善保存本单位财务管理信息系统各子系统的电子数据。备份的电子数据应标明准确的备份时段和备份日期，并至少保存6个月。

第五十八条 部属单位因特殊原因恢复系统数据的，应将需要恢复数据的时段报告部系统管理员，由部系统管理员恢复。

第十章 附 则

第五十九条 本规范自印发之日起执行。

第六十条 本规范由部财务主管部门负责解释。

国土资源部办公厅关于印发《国土资源部关于进一步加强因公出国（境）管理办法》的通知

国土资厅发〔2010〕12号

部机关各司局，中国地质调查局，各派驻地方的国家土地督察局及部其他直属单位：

《国土资源部关于进一步加强因公出国（境）管理办法》已经部同意，现予印发，请遵照执行。

二〇一〇年二月二十日

国土资源部关于进一步加强因公出国（境）管理办法

为规范我部因公出国（境）管理工作，进一步发挥因公出国（境）对国土资源管理工作的支撑作用，提高国际合作成效，根据中央外事管理有关要求，制定本办法。

第一章　年度计划的制定

第一条　根据国家外交战略、外交工作部署和部中心任务，部每年9月制定发布下年度的因公出国（境）计划指南。

第二条　部因公出国（境）计划分为：重要团组出访计划、机关司局外事出访计划、出国培训计划和直属单位外事出访备案计划。

第三条　部机关各司局、各直属事业单位应于每年10月底前将次年出访事项报部外事管理部门，由外事管理部门编制部因公出国（境）计划，11月底形成次年部因公出国（境）计划，报部审定。其中，部级人员出访计划报外交部备案。

第四条　对因公出国（境）计划实行量化管理。

部领导每年因公出国（境）一般不超过一次，司局级及以下人员根据工作需要一年内可执行一次因公出国（境）任务。

第五条　因公出国（境）计划要明确项目名称、项目内容、在外停留时间、出访国别或地区、出访团组负责人、出访人数、经费预算安排等。

第六条 因公出国(境)计划经部批准后，要认真准备并严格执行。因境外条件变化，各单位可以在出国（境）团组总量不变的前提下进行调整，并在报批时说明。

第二章 出国（境）人员的确定

第七条 各单位对派出的出国（境）人员负有审查责任，在选派出国(境)人员时，要把政治条件放在首位，选派政治表现和思想道德好、业务能力强的人员。凡可由专业人员完成的任务，不得派非专业人员；凡可由较低级别人员完成的任务，不得派高级别人员出访。

离退休人员一般不再派遣出国（境）执行公务。

第八条 部机关各司局提出的出国(境)人员，涉及司局级人员的，提出司局要事先请示分管部领导同意，报送出访请示时予以说明；部同意安排的出访项目，需要有关司局级人员参加的，由部外事管理部门负责向有关部领导请示。

第九条 部直属单位组团出访，如确需请部机关人员参加的，要事先商本人所在司局负责人同意后，再正式报文审批，出访费用原则上由组团单位负担。

第十条 部机关及直属单位人员参加外部门组织的团组，需由组团单位向我部外事管理部门出具征求意见函、任务通知书，出访费用原则上由组团单位负担或人员所在部门自理。

第十一条 部或部机关司局、直属事业单位邀请其他部门人员参加我部组织的出访团组，由部外事管理部门同意向有关部门出具征求意见函、任务通知书，经部批准后，由部或组团单位同意安排实施。

第十二条 出国（境）执行公务，应配专（兼）职翻译，无专职翻译的访问团组，出访人员要具有相应的外语水平，不得聘请境外翻译人员。

第三章 审 批

第十三条 正、副部级领导干部（含非现职）因公出国（境），由部报国务院审批。国务院批准后，由部外事管理部门办理有关手续。

正、副司局级干部因公出国（境），由出国（境）人员所在单位报部外事部门审核后，由部外事管理部门报部领导审批。

正、副处级及以下人员因公出国（境），由出国（境）人员所在单位报部外事管理部门审批。

第十四条 出国（境）项目依据下列原则审批：

（一）执行双边或多边具体项目，经部批准的专项考察。

（二）出访团组人员应少而精，团组人数总数一般不超过6人，严禁拆分团组或组织“团外团”。如因特殊情况需超过规定人数，应在请示中说明情况。

（三）出访时间1国不超过6天，出访2国不超过10天，出访3国及以上不超过12天，离抵境当日计入在内外停留时间。如因特殊情况需超过规定天数，应在请示中说明情况。

（四）出访必须有外方业务对口部门或相应级别官员的邀请，邀请单位和邀请人应与出访人的职级身份相当。严禁通过中介机构联系或出具邀请函，不得接受海外华侨个人邀请，非侨务主管单位不得以侨务工作名义或应侨团邀请出访。不能利用我驻外使领馆和境外中资企业邀请的名义出访，特殊情况个案报批。

（五）组团出访，应由组团单位向部外事部门报送出访请示。出访请示中应写明出访人姓名、职务、出访任务、往返国家、邀请方、在外停留时间、代表团人员、经费预算安排及审批情况、是否列入本年度出访计划、所需费用是否列入本年度部门预算等。附件应有代表团成员详细名单、外国相应部门或相应级别官员的正式邀请函件，准确的中文译文、在外活动日程等。

第十五条 双跨团组依据下列原则审批：

（一）部根据工作需要统一组织跨地区、跨部门团组并按程序报批，无外事审批权的部直属单位不得下发通知组织跨地区、跨部门出国（境）团组。

（二）原则上仅限同一系统的地方省部门和单位人员参团，不得指定具体人选。

（三）除参加大型招商、展览活动和培训团组外、双跨团组人数和在外停留天数按因公出国（境）审批原则执行。

第十六条 出国（境）培训团组按照中央有关文件精神执行并同时满足下列条件：

（一）出国（境）培训团组计划列入我部出访计划管理体系。

（二）出国（境）培训团组在外听课、对外业务考察或交流实践应分别超过在外日程的三分之一，在外时间一般不少于 21 天，在 1 国内完成。人员总数控制在 25 人以内。特殊情况另行报批。

第四章 项目执行

第十七条 因公出(国）境项目获批后，项目执行单位应牵头组织，项目编写具体出访方案，部外事管理部门审核后执行。

第十八条 项目执行完毕，项目执行单位要认真总结，在回国后 1 个月内提交出访报告，并提交相应的落实方案。

外事管理部门对出访报告进行评估，建立完善出访成果共享机制。

第五章 出国（境）团组的管理

第十九条 各单位对派出团组要从严要求，要有明确的任务和实质内容，不能搞变相出国旅游，原则上不得同时分别组团出访同一国家或地区。

第二十条 要加强对出国(境) 团组、人员的管理和外事纪律教育。对于在申报、审批派出项目中弄虚作假、不按政策办事、造成严重后果的；对于在外期间不遵守外事纪律、违法乱纪、造成不良影响的单位和人员，要根据有关规定追究责任。

第二十一条 派出团组和人员在外期间要认真履行职责，保证完成任务。必须按照批准的方案执行，擅自改变预定的任务、时间、地点，应追究责任。

第二十二条 出访团组在外期间，实行团（组）长负责制。必要时，出访团组要建立临时党组织。出访团组在外期间要自觉接受我驻当地使、领馆的领导和监督，遇有重要问题及时报告。

第二十三条 部属各单位要严格执行外交部和我部有关出国（境）证照申办、管理的各种规定，出访人员要切实保管好护照等重要证件，防止丢失。回国后 7 日内将护照交外事管理部门同意保管。对护照申办过程中弄虚作假，不按规定办事的，对不按规定上交出国护照等证件的要按规定严肃处理。

严禁持普通护照出国执行公务。

第六章 出国经费的管理

第二十四条 因公出国（境）经费应纳入年度预算，实行预算审核制度。各单位财务部门要对外事部门因公出国（境）任务计划的经费预算先行审核，出访审批时由外事部门进行核准。凡未经财务部门审核并同意的因公出国（境）任务申请，外事部门不得批准。对于全部经费由外方资助的因公出国（境）申请，外事部门直接审核审批。

第二十五条 出访费由出访人员所在单位自理，临时出访团组及出国培训团组的费用支出标准按照财政部、国家外专局的有关费用支出标准和管理办法执行。

第二十六条 因公出国（境）项目批准并办理完有关签证手续后，

应按照外汇额度管理的有关规定及时到财务主管部门办理外汇额度的供汇和核汇手续。

第二十七条 财务部门严格根据经费预算和财政部制定的临时出国（境）人员费用开支标准及管理办法审核出国（境）费用。

出国（境）人员办理供汇手续时，应提供：因公出国（境）人员批件、外方邀请函、出国人员名单、在外活动行程（中文）、出国经费预算批复及有关情况说明等资料。

出国（境）人员报销时，应提供任务批件和护照等证件（包括签证、签注和出入境记录）复印件及费用明细单据。财务部门按照批准的人数、天数、路线、公务活动情况、经费预算等进行核销，不得核报与公务无关的开支和计划外发生的费用。

对违反外事财务制度的单位和人员，有关部门要按规定严肃查处。

第二十八条 凡由我部组团出访的出国（境）人员、我部人员参加单位组团出访的人员及由我部提供机票的来华人员，本着节约、经济、方便的原则，由部外事服务中心统一办理。

第七章 附 则

第二十九条 本办法自发布之日起施行。

第三十条 本办法由部外事管理部门负责解释。

国土资源部办公厅关于全面推行公务卡改革有关事项的通知

国土资厅发〔2010〕23号

各派驻地方的国家土地督察局，中国地质调查局及部其他直属单位，部机关有关司局：

根据中央单位公务卡改革的总体部署，我部机关和部分事业单位从2008年开始已进行了公务卡结算试点。按照财政部深化2010年公务卡改革的有关要求，我部所属单位2010年必须全面推行公务卡改革。为顺利推进我部所属单位公务卡改革，现将有关事项通知如下：

一、充分认识推行公务卡改革的重要意义

推行公务卡改革，驻部实现使用公务卡办理公务消费支出，是深化预算制度改革、加强公共财政管理的必然要求，是方便预算单位用款、提高财务管理水平的重要措施，是提高政府支出透明度、加强惩防体系建设的制度创新。公务卡改革对于推进银行征信体系建设，促进我国银行卡产业发展也具有重要意义。各单位要充分认识推进公务卡改革的重要意义，按照《财政部中国人民银行关于印发〈中央预算单位公务卡管理暂行办法〉》的通知（财库〔2007〕63号）的有关规定和各单位财务

管理实际情况，加强组织领导，精心部署安排，落实必要的人员、设备等基础保障，确保公务卡改革工作顺利实施。

二、公务卡改革的主要内容

公务卡是中央预算单位工作人员持有的，主要用于日常公务支出和财务报销业务的信用卡。

（一）公务卡的使用。

中央预算单位财政授权支付业务中原使用现金结算的公用经费支出，包括差旅费、会议费、招待费和5万元（以人民币为单位）以下的零星购买支出等，一般应当使用公务卡结算。中央预算单位应根据银行卡受理环境等情况，积极扩发公务卡使用范围，尽量减少现金支出。对于预算单位原使用支票结算的有关支出是否改为使用公务卡结算，可以由单位根据实际情况自行确定。

（二）公务卡的管理。

1. 发卡银行的确定。公务卡的发卡银行是指办理国库集中支付业务的代理银行。预算单位在财政部确定的代理银行范围内，自行选择本单位公务卡发卡银行，预算单位既可以选择本单位零余额账户开户银行作为发卡银行，也可以选择非本单位零余额账户开户银行的其他中央国库集中支出业务代理银行作为发卡银行。每个预算单位只能选择一家代理银行作为发卡银行。

2. 信用额度。公务卡的信用额度，由预算单位根据银行卡管理规定和业务需要，与发卡行协商设定。原则上每张公务卡的信用额度不超过5万元、不少于2万元。持卡人在规定的信用额度和免息还款期内先支付，后还款。

3. 日常管理。公务卡由各单位统一组织向发卡行申办。公务卡申办成功后，经预算单位确认核实，由发卡行将持卡人姓名和卡号等信息统一录入公务卡支持系统管理。预算单位在工作人员新增或调动、退休时，应及时组织办理公务卡的申领或停止使用等手续，并通知发卡行及时维护公务卡支持系统。现有工作人员涉及公务卡的相关信息变动时，应及时通知发卡行维护公务卡支持系统。

4. 财务报销管理。持卡人使用公务卡消费结算的各项公务支出，必须在发卡行规定的免息还款期内，到所在单位财务部门报销。因个人报销不及时造成的罚息、滞纳金等相关费用，由持卡人承担；因持卡人所在单位报销不及时造成的利息等费用，以及由此带来的对个人资信影响等责任，由单位承担。持卡人办理公务卡消费支出报销业务时，应当按照所在单位财务部门要求填写报销审批单，并附有财务报销凭证及公务卡消费凭证，按照单位规定的财务报销程序报请审批。

三、扎实做好公务卡改革各项准备工作

2012 年全面推进公务卡改革，时间紧、任务重。各单位要按照财库〔2007〕63 号文件的有关要求，扎实做好公务卡改革各项准备工作，确保自 2010 年 7 月 1 日起全面实行公务卡结算改革。为此，要积极推进以下工作：

（一）做好内部宣传与业务培训工作。4 月下旬，部将举办公务卡改革业务培训，各单位要指派负责公务卡业务的专人积极参加培训，并采取多种方式，做好本单位内部的宣传培训工作，确保本单位每一名工作人员都熟悉公务卡改革的有关内容、公务卡的使用方法以及公务卡管理的有关要求。

（二）按照财政部规定的代理银行确定原则，尽快确定本单位公务卡代理银行，签订代理协议。

（三）尽快为本单位符合条件的人员集中办理公务卡，做好启用公务卡的各项准备。

（四）根据本单位财务管理的实际，研究制定公务卡财务报销程序规定等公务卡内部管理办法。

四、其他有关事项

（一）对于应当由实有资金账户报销的公务消费支出，持卡人通过公务卡支付结算的，报销业务可采用双向转账财务 POS 办理，以方便财务管理和持卡人工作需要。即：中央预算部门可以布设与实有资金账户相连的双向转账财务 POS，办理相应的单位卡。报销时，对于应通过零余额账户开支的支出，按照公务卡制度规定，通过公务卡支持系统审核后办理报销手续；对于应通过实有资金账户开支的支出，不再通过公务卡支持系统办理，而应按照原有财务规定审核无误后，通过双向转账财务 POS 将资金从单位卡直接划至个人公务卡账户。

（二）对于报销工作量大、情况复杂的单位，可以结合本部门财务管理需要，设置公务卡支出辅助账、增设有关过渡会计科目、建立内部管理规程，以进一步加强财务管理。

（三）严禁预算单位将非本单位工作人员纳入公务卡管理范围、违规办理公务卡报销业务或查询、泄露本单位公务卡持卡人的私人交易信息；严禁持卡人违规使用公务卡、恶意透支、拖欠还款或将非公务支出用于公务报销；严禁发卡行对外泄露与公务卡支出有关的各种数据资料。违反规定的，追究单位负责人和直接责任人的行政责任，情节严重涉嫌犯罪的，移交司法机关，依法追究刑事责任。单位公务卡改革过程中出现的问题，请及时反馈部财务司。

国土资源部办公厅关于印发《国土资源部2010年工程建设领域突出问题专项治理工作要点》的通知

国土资厅发〔2010〕31号

各省、自治区、直辖市国土资源厅（国土环境资源厅、国土资源局、国土资源和房屋管理局、规划和国土资源管理局），副省级城市国土资源行政主管部门，新疆生产建设兵团国土资源局，各派驻地方的国家土地督察局，部机关各司局：

现将《国土资源部2010年工程建设领域突出问题专项治理工作要点》印发给你们，请结合实际，认真贯彻落实。

二〇一〇年四月十九日

国土资源部2010年工程建设领域突出问题专项治理工作要点

2010年工程建设领域突出问题专项治理工作总的要求是：认真贯彻第十七届中央纪委第五次全会和国务院第三次廉政工作会议精神，按照中央工程治理领导小组的部署和要求，在全面排查的基础上，以治理非法批地批矿、低价出让土地等问题为重点，完善国有土地使用权市场公开交易制度，加快推进探矿权采矿权出让市场化进程，强化综合信息监管平台建设，加大查办案件工作力度，狠抓各项工作落实，力争取得明显阶段性成效。

一、扎实做好排查工作

（一）继续搞好自查自纠。在开展国有建设用地使用权出让合同和探矿权采矿权出让审批制度执行情况专项清理的同时，重点对2008年以来政府投资和使用国有资金规模以上建设项目中的土地、矿业权审批出让情况进行全面检查。各省（区、市）国土资源管理部门和部机关负有审批、监管职能的部门，要对自身履行审批、核准、备案、监管等职责的情况进行自查。要综合运用建立项目台账、填报统计表等措施，逐个项目、逐个环节摸清底数，分级分类统计分析，把问题查深、查透，对存在的问题及时纠正和处理。4月底前，各省（区、市）国土资源管理部门和部机关有自查任务的司局，向部工程治理领导小组提交自查自纠情况报告，自查任务较重的地区和部门可延长至5月底。为做好中央检查组4月初开始检查的前期准备工作，3月20日前，向中央工程治理领导小组报送排查工作阶段性总结报告。（责任单位：地政一组、地政二组、矿政组、综合组）

（二）组织重点抽查。在自查自纠的同时，各省（区、市）国土资源管理部门组织力量对重点项目、民生工程、投诉较多的项目和“零问题”、“零案件”地区及单位进行重点抽查。抽查的覆盖面原则上不少于自查项目总数的20%。对不认真进行自查自纠的，要责令补课，并视情况严肃问责。部工程治理领导小组对各地自查自纠情况组织检查组进行监督检查，并选择3—5个重大建设项目，开展“解剖麻雀”式的检查，剖析共性问题，研究治理对策，推动面上工作。4月底前，检查组提交重点抽查情况报告。（责任单位：督导组、地政一组、地政二组、矿政组、综合组、执法监察局）

（三）搞好分类处理。针对排查中发现的问题，明确政策界限，统一标准，做出分类处理。按照中办发〔2009〕27号文件精神，对主动认识和纠正问题的，可以从轻、减轻或免予处分；对拒不自查、掩盖问题或弄虚作假的，要严肃处理。对一般程序性违规问题，要以批评教育、吸取教训、督促整改为主，但造成严重后果的必须追究责任；对违法违纪、以权谋私的腐败问题，必须从严处理。对工程治理工作开展以来，边查边犯、顶风违纪的，要从严处理，决不姑息。排查工作中发现涉嫌犯罪线索，要移送司法机关。对政策界限不清、标准难以把握的一些重要问题要及时反映，研究提出意见和建议。5月底前，形成分类处理情况报告。（责任单位：督导组、地政一组、地政二组、矿政组、执法监察局）

二、积极推进土地、矿业权交易市场和综合监管平台建设

（四）加快推进土地和矿业权交易市场改革。会同中央纪委、监察部总结推广上海市土地交易市场建设的做法，探索完善“科技＋制度”规范土地使用权和矿业权公开交易制度，针对在土地使用权出让中规避招拍挂、滥设前置性条件、违规批准减免缓缴土地出让金和违规发放土地使用权证书等突出问题提出具体的措施办法；加快推进矿业权出让市场化进程，健全矿业权出让有形市场，培育和显化矿业权转让市场，提出建立健全矿业权有形市场促进矿业权规范交易的具体意见。（责任单位：地政一组、地政二组、矿政组）

（五）加快土地使用权、矿业权综合监管平台建设。大力推进在线上报实时数据和自动上图入库工作，完善土地“批、供、用、补、查”信息监管系统，强化土地市场动态监测监管，扩大矿产资源勘查开采遥感监测重点矿区覆盖范围，形成完善的国土资源监管平台，努力实现以图管地、以图管矿，真正做到“天上看得清、地上查得实、网上管得住”。进一步完善财务管理信息系统，对大额资金支付、对外投资等重点业务实施在线实时监管。（责任单位：综合组、信息办、地政一组、地政二组、矿政组、财务司）

（六）加大信息公开力度。按照中央专项治理工作领导小组的统一部署和制定的标准规范，推进工程建设领域土地和矿业权出让审批的信息公开及诚信体系建设。依托政府门户网站，建立“工程建设领域信息公开专栏”，实现工程建设领域项目信息和信用信息的互联互通，初步形成覆盖全国所有省份的共用共享机制。（责任单位：综合组、信息办、地政一组、地政二组、矿政组）

三、治理土地、矿产资源未报即用、违法审批等问题

（七）清理未报即用违法用地问题。按照国土资源部、监察部《关于严肃查处未报即用违法用地的通知》，对2007年10月至2009年10月发现的违法用地问题进行清查。5月20日前，会同监察部向国务院提交整改情况专题报告，提出加强土地管理的对策、建议。（责任单位：总督办、执法局）

（八）进一步做好国有建设用地使用权出让合同和探矿权采矿权出让审批制度执行情况的专项清理工作。7月底前，向中央工程治理工作领导小组提交2009年12月31日前签订的国有建设用地出让合同和核发划拨决定书的所有建设项目土地供应及开发利用情况专项清理工作报告。10月底前，对土地出让的历史遗留问题提出政策性处理意见，印发各地贯彻执行；完成2006年以来探矿权采矿权出让审批制度执行情况的清查和整改工作，并向中央工程治理工作领导小组提交专题报告。（责任单位：地政一组、地政二组、矿政组）

（九）加强政府投资项目用地审批监管。严格履行审批职责，使政府投资项目用地符合国家相关政策，符合土地管理要求。查处项目用地决策中未批先建、违法审批等行为，并形成查处情况分析报告。（责任单位：地政二组、地政一组、督导组、规划司、执法监察局）

（十）配合有关部门对房地产开发项目改变土地用途的情况进行全面检查。对2009年4月1日至12月31日领取规划许可证涉及改变土地用途的所有房地产项目，逐一清理检查，并配合有关部门作出相应处理。（责任单位：地政一组、地政二组）

（十一）进一步完善土地、矿产资源管理制度。年内，基本完成新一轮土地利用总体规划修编工作。9月底前，完成《土地估价管理办法》、《矿产资源规划管理办法》、《国土资源行政处罚办法》起草工作。（责任单位：规划司、法规司、地政一组、矿政组、执法监察局）

四、严肃查处违法违纪案件

（十二）严格执行办案工作有关制度。按照中央专项治理工作领导小组《关于加大查处工程建设领域违纪违法案件力度的通知》要求，落实办案责任制、重点案件挂牌督办制度和查办案件情况月报告制度。认真贯彻执行中央纪委、监察部《党员领导干部违反规定插手干预工程建设领域行为适用〈中国共产党纪律处分条例〉若干问题解释》和《党员领导干部违反规定插手干预工程建设领域行为政纪处分规定》。加强对工程建设领域违纪违法案件剖析，查找制度和管理上的漏洞，提出有效治理的意见及建议。（责任单位：督导组、执法监察局）

（十三）严肃查处违法违纪案件。严肃查处土地和矿业权出让审批过程中，官商勾结、内外串通、索赔受贿案件；严肃查处土地和矿业权出让过程中，违反招拍挂规定，徇私舞弊、行贿受贿案件；严肃查处工业用地招拍挂中，滥设前置条件，搞量身定做、暗箱操作，借机受贿谋私案件；严肃查处擅自修改调整规划、改变土地用途，违反社会公平，扰乱市场秩序，牟取非法暴利案件；严肃查处土地调查、土地确权发证、土地权属变更和采矿权许可证发放中，违规操作、弄虚作假案件；严肃查处土地整理复垦工程项目招标不规范、监管不力，失职渎职，造成国有资产流失案件；严肃查处对土地、矿产资源违法违纪案件瞒案不报、压案不查和滥用自由裁量权从中谋取私利案件；严肃查处土地和矿业权有偿出让、转让和储量评审及工程项目评估中，与中介机构、委托方相互串通，弄虚作假案件；严肃查处在土地出让金和矿产资源补偿费收缴管理中，擅自减免或缓缴出让金和规费，以权谋私案件；严肃查处专项资金使用监管失控，套取资金，设“账外账”、“小金库”和滥支乱花、贪污挪用案件。（责任单位：督导组、执法监察局）

（十四）健全办案协调机制。完善案件线索通报、移送、协查机制，集中查办一批大案要案，适时向社会公布一批典型案件。（责任单位：

执法监察局、督导组）

五、切实加强组织领导

（十五）认真履行职责。进一步提高思想认识，增强做好工程治理工作的责任感和使命感，本着对国土资源事业高度负责的精神，以更加坚决的态度，更加有力的措施，进一步落实工作责任，推动工程治理工作深入开展。要在前一段工作的基础上，进一步突出重点，力争在治理土地和矿产资源未报即用、违法审批等突出问题和建立健全统一规范的土地和矿业权市场、查办案件等方面取得突破。

（十六）坚持改革创新。进一步拓宽工作思路，把工程治理工作放在惩治和预防腐败体系建设的全局中来把握，深化改革，创新制度，在建立健全长效机制上下功夫。要加强对土地和矿业权审批出让制度的清理、评估和完善，坚持边查、边纠、边建，从业务管理的薄弱环节中查找漏洞，从体制机制中查找原因，提出管用的、过硬的措施。要把工程治理工作与加强作风建设、转变政府职能、提高执行能力结合起来，加快构建保障和促进科学发展新机制，通过深化改革，增强从源头上防治腐败工作的综合效果。要坚持原则，敢于碰硬，不怕得罪人，以专项治理工作的成效，促进国土资源管理改革与发展。

（十七）加强统筹协调。注重把握专项治理的工作特点，整合力量，统筹推进，发挥好牵头部门的作用。要加强组织协调、政策指导和督促检查，及时掌握工作动态，加强工作情况反映和交流，工作中遇到的重大问题，要及时向上级领导小组请示汇报。部机关有关司局要加强协作配合，相互支持，多沟通、多协商，积极主动、认真负责、优质高效地做好有关工作。对涉及政策性的问题，要深入调查研究，及时提出意见和建议。

（十八）狠抓工作落实。深入实际、深入基层了解掌握工作进展情况，特别要注意发现和解决影响工作落实的深层次问题，提出有针对性的治理办法。每一项工作都要抓深抓细，做到有部署、有检查，对工作薄弱的地区和部门要加强工作指导和督促检查，及时研究解决工作中遇到的问题，不断提高工作质量和水平，努力取得工程治理工作的新成效。

附件：国土资源部2010年工程建设领域突出问题专项治理工作任务分解表

附件

国土资源部2010年工程建设领域突出问题专项治理工作任务分解表

<table>
<tr><th>工作任务</th><th>主要内容</th><th>预期成果</th><th>完成时限</th><th>责任单位</th><th>备注</th></tr>
<tr><td rowspan="5">一、扎实做好排查工作</td><td rowspan="2">1. 继续搞好自查自纠。重点对2008年建设项目中土地、矿业权审批出让情况进行全面检查。同时，对自身履行审批、核准、备案、监管等职责的情况进行自查，对存在的问题及时纠正和处理。</td><td>自查自纠情况报告</td><td>4月30日</td><td>地政一组、地政二组、矿政组</td><td></td></tr>
<tr><td>排查工作阶段性总结报告</td><td>3月20日</td><td>综合组</td><td></td></tr>
<tr><td>2. 组织重点抽查。抽查的覆盖面原则上不少于自查项目总数的20%。部工程治理领导小组对各地自查自纠情况组织检查组进行监督检查，并选择3—5个重大建设项目，开展“解剖麻雀”式的检查。</td><td>重点抽查情况报告</td><td>4月30日</td><td>督导组、地政一组、地政二组、矿政组、综合组、执法监察局</td><td></td></tr>
<tr><td rowspan="2">3. 搞好分类处理。针对排查中发现的问题，明确政策界限，统一标准，做出分类处理。对政策界限不清、标准难以把握的一些重要问题及时研究提出意见和建议。</td><td>分类处理情况报告</td><td>5月30日</td><td>督导组、执法监察局</td><td></td></tr>
<tr><td>关于排查工作中政策界限不清、标准难以把握问题的处理建议</td><td>5月30日</td><td>地政一组、地政二组、矿政组</td><td></td></tr>
<tr><td rowspan="2">二、积极推进土地、矿业权交易市场和综合监管平台建设</td><td rowspan="2">1. 加快推进土地和矿业权交易市场改革。完善土地使用权市场公开交易制度，加快推进探矿权采矿权市场化进程。</td><td>针对土地交易市场存在的突出问题提出具体的措施方法</td><td>12月30日</td><td>地政一组、地政二组</td><td></td></tr>
<tr><td>建立健全矿业权有形市场促进矿业权规范交易的意见</td><td>12月30日</td><td>矿政组</td><td></td></tr>
</table>

<table>
<tr><th>工作任务</th><th>主要内容</th><th>预期成果</th><th>完成时限</th><th>责任单位</th><th>备注</th></tr>
<tr><td rowspan="3"></td><td>2. 加快土地和矿业权综合监管平台建设。</td><td>综合监管平台建设进一步完善</td><td>12 月 30 日</td><td>综合组、信息办、地政一组、地政二组、矿政组</td><td></td></tr>
<tr><td>3. 进一步完善财务管理信息系统。</td><td>强化对大额资金支付、对外投资等重点业务实施在线实时监管力度</td><td>实时</td><td>财务司</td><td></td></tr>
<tr><td>4. 加大信息公开力度。依托政府门户网站，建立“工程建设领域信息公开专栏”，实现工程建设领域项目信息和信用信息的互联互通，初步形成覆盖全国所有省份的共用共享机制。</td><td>建立“工程建设领域信息公开专栏”和互联互通、共用共享机制</td><td>12 月 30 日</td><td>综合组、信息办、地政一组、地政二组、矿政组</td><td></td></tr>
<tr><td rowspan="7">三、治理土地、矿产资源未报即用、违法审批等问题</td><td>1. 清理未报即用违法用地问题。对 2007 年 10 月至 2009 年 10 月违法用地问题进行清查。5 月 20 日前，会同监察部向国务院提交整改情况专题报告，提出加强土地管理的对策、建议。</td><td>关于未报即用违法用地问题整改情况的报告</td><td>5 月 20 日</td><td>总督办、执法监察局</td><td></td></tr>
<tr><td rowspan="3">2. 进一步做好两个专项清理工作。7 月底前，向中央工程治理工作领导小组提交 2009 年 12 月 31 日前土地供应及开发利用情况专项清理工作报告。10 月底前，对土地出让的历史遗留问题提出政策性处理意见；完成 2006 年以来探矿权采矿权出让审批制度执行情况的清查和整改工作，并向中央工程治理工作领导小组提交专题报告。</td><td>2009 年 12 月 31 日前土地供应及开发利用情况专项清理工作报告</td><td>7 月 30 日</td><td>地政一组</td><td></td></tr>
<tr><td>对土地出让的历史遗留问题处理意见</td><td>10 月 30 日</td><td>地政一组</td><td></td></tr>
<tr><td>2006 年以来探矿权采矿权出让审批制度执行情况清查和整改的情况报告</td><td>10 月 30 日</td><td>矿政组</td><td></td></tr>
<tr><td rowspan="3">3. 加强政府投资项目用地审批监管。严格履行审批职责，使政府投资项目用地符合国家相关政策，符合土地管理要求。查处项目决策中未批先建、违法审批等行为。</td><td>项目用地预审符合国家相关政策和土地管理要求</td><td>按规定时限</td><td>规划司</td><td></td></tr>
<tr><td>土地征收、农转用审批符合国家相关政策和土地管理要求</td><td></td><td>地政二组</td><td></td></tr>
<tr><td>未批先建、违法审批行为查处情况报告</td><td>12 月 30 日</td><td>督导组、执法监察局</td><td></td></tr>
</table>

工作任务	主要内容	预期成果	完成时限	责任单位	备注
	4. 配合有关部门对房地产开发项目改变土地用途的情况进行全面检查。对2009年4月1日至12月31日领取规划许可证改变土地用途的所有房地产项目，逐一清理检查，作出相应处理。	配合有关部门对清理出来的问题作出相应处理	12月30日	地政一组、地政二组	
	5. 进一步完善土地、矿产资源管理制度。年内，基本完成新一轮土地利用总体规划修编工作。9月底前，完成《土地估价管理办法》、《矿产资源规划管理办法》、《国土资源行政处罚办法》起草工作。	基本完成新一轮土地利用总体规划修编工作	12月30日	规划司	
		完成《土地估价管理办法》起草工作	9月30日	地政一组、法规司	
		完成《矿产资源规划管理办法》起草工作	9月30日	规划司、法规司	
		完成《国土资源行政处罚办法》起草工作	9月30日	执法监察局、法规司	
四、严肃查处违法违纪案件	1. 严格执行办案工作有关制度。落实办案责任制、重点案件挂牌督办制度和查办案件情况月报告制度。加强案件剖析，查找制度和管理上的漏洞，提出有效治理的意见及建议。	办案责任制、重点案件挂牌督办制度和查办案件情况月报告制度切实落实	按规定时限	督导组、执法监察局	
		针对制度和管理的漏洞，加强有效治理的意见及建议	12月30日	督导组、执法监察局	
	2. 严肃查处违法违纪案件。	查处一批违法违纪案件	12月30日	督导组、执法监察局	
	3. 健全办案协调机制。完善案件线索通报、移送、协查机制，集中查办一批大案要案，适时向社会公布一批典型案件。	向社会公布一批典型案件	适时	执法监察局、督导组	

国土资源部办公厅关于进一步做好清理规范事业单位投资办企业工作的通知

国土资厅发〔2010〕44号

中国地质调查局及部其他直属单位：

为落实部党组《关于2008年党风廉政建设和反腐倡廉工作的实施意见》（国土资党发〔2008〕13号），部从2008年10月开始，部署开展了清理规范事业单位投资办企业专项工作。经过各单位的认真清理，部清理规范事业单位投资办企业专项工作已基本完成，取得阶段性成果。部清理规范事业单位投资办企业工作领导小组办公室对两年来的工作进行了总结，向部党组提交了专题报告。现将相关情况进行通报，并就进一步做好清理规范事业单位投资办企业工作的有关要求通知如下：

一、部党组高度重视，专项工作进展顺利

我部所属事业单位投资兴办的企业大部分产生于上世纪90年代初期和中期，在当时历史条件下，这些企业能够按照相关规范依法经营，并在安置富余人员、增加单位收入等方面发挥了一定的作用。但随着各方面形势的变化，这些企业的生产经营面临一些困难，也暴露出许多问题。部党组对此高度重视，针对新形势下各类企业出现的新情况、新问

题，要求及时对部属事业单位投资办的企业进行专项清理和规范，并把这项工作纳入2008年党风廉政建设和反腐倡廉工作中，作为部的重点目标任务之一。为加强对专项工作的组织领导，部成立了由部领导王寿祥同志为组长、各主要职能司局参加的领导小组。徐绍史部长十分重视，明确指示要扎扎实实抓出成效，王世元副部长、王寿祥组长也多次听取情况汇报并作出重要指示。各单位领导高度重视，认真加强组织领导，采取了许多扎实有效的措施，从而保证了清理规范工作的顺利进行。

二、清理规范工作的初步成果

2008年10月专项清理规范事业单位投资办企业时，部所属单位共涉及41家出资单位、156个企业、出资额33547万元。经过本次清理规范工作，至2010年5月共保留30个出资单位的57个企业，出资额17544万元（详见附表1），共撤销99个企业（含近两年已批复撤销企业33个，详见附表2、3）。

通过开展清理规范事业单位投资办企业工作，摸清了部属事业单位近二十年所办企业的管理经营情况，进一步明晰了产权关系，为今后加强部属事业单位国有资产管理工作奠定了一个较好的基础，取得了阶段性成效。

三、下一步工作要求

为进一步贯彻落实部清理规范企业专项工作的总体要求和部领导的指示，各单位应重点做好以下工作：

（一）各单位的领导班子要继续跟踪落实本单位清理规范工作，明确职责，一抓到底。对近两年部已批复撤销的企业，出资单位要尽快履行必要的程序，完善相关手续；对在清理规范工作中拟撤销的企业（项目），出资单位要在2010年9月底前完成报批程序，并确保不遗留问题。

（二）要严格规范管理保留企业。各出资单位要按照现代企业制度的目标要求，建立国有资产保值增值责任制、完善相关管理制度办法，建立科学、合理、有效的监管机制，确保出资有责任，运营有考核，监管有措施，投资有回报。请各出资单位根据本单位企业情况，按上述要求形成本单位管理对外投资（企业）的具体办法和相关制度，于2010年10月底前报部。

（三）公开相关信息。部将于近期对在清理规范期间拟撤销的企业和拟保留的企业，在国土资源部政府网站上公开相关信息（15个工作日），包括法人代表、资产债务、经营状况等基本信息，请社会公众监督。各出资单位也要在一定范围公开所办企业的相关信息，听取广大干部职工意见，接受群众监督。

今后，各事业单位均不得以各种名义擅自对外投资、设立企业。对保留的企业要严格管理，并根据实际情况定期进行清理规范。清理规范事业单位投资办企业专项工作结束后，各单位应将该项工作转入常态化，依法依规进行管理。

附表：1. 国土资源部事业单位投资办企业情况（拟保留企业明细表）（略）

2. 国土资源部事业单位投资办企业情况（已撤销企业明细表）（略）

3. 国土资源部事业单位投资办企业情况（拟撤销企业明细表）（略）

国土资源部办公厅关于印发《开展"两整治一改革"专项行动工作任务及责任分工》的通知

国土资厅发〔2010〕50号

各省、自治区、直辖市国土资源厅（国土环境资源厅、国土资源局、国土资源和房屋管理局、规划和国土资源管理局），副省级城市国土资源行政主管部门，解放军土地管理局，新疆生产建设兵团国土资源局，各派驻地方的国家土地督察局，中国地质调查局及部其他直属单位，部机关各司局：

为贯彻落实部党组关于开展"两整治一改革"专项行动的部署和要求，现将《开展"两整治一改革"专项行动工作任务及责任分工》印发给你们。牵头司局级责任单位要认真履行职责，按照责任分工，结合所承担的任务做好调研、汇总、分析，制定工作方案，提出解决问题的意见或建议。

各级国土资源管理部门、各派驻地方国家土地督察局及直属事业单位，要按照部党组"两整治一改革"的部署和要求，明确责任，采取措施，认真抓好落实。工作中要注重调查研究，对发现的新情况、新问题，及时与部机关有关司局加强联系沟通，重要情况要及时报部。

二〇一〇年九月十日

开展“两整治一改革”专项行动工作任务及责任分工

为贯彻落实部党组《关于国土资源系统开展“两整治一改革”专项行动的通知》（国土资党发〔2010〕45号）的部署和要求，现就主要工作及责任做如下分工。分工两个以上责任单位的，排在第一位的为牵头单位。

一、总体要求和工作目标

（一）总体要求

国土资源系统开展“两整治一改革”专项行动，是推进国土资源领域腐败问题治理工作的重要举措；是促进国土资源系统廉洁从政和队伍建设的迫切需要；是推动国土资源管理制度改革和事业发展的重要契机。这项工作涉及全局，是一项重要的政治任务，也是当前工作的重中之重。各级国土资源部门领导，一定要从思想上充分认识抓好“两整治一改革”的重要意义。

开展“两整治一改革”专项行动，要坚持刹风整纪、标本兼治，着力整治干部队伍廉洁从政存在的突出问题，着力整治土地和矿权交易市场存在的突出问题，深入推进土地和矿业权审批制度改革。各级国土资源部门要把国土资源领域腐败问题治理工作与工程建设领域突出问题专项治理工作相结合，与构建国土资源系统惩防体系建设相结合，与深入推进国土资源系统党风廉政建设和反腐败工作相结合，形成合力，整体推进，务求实效。

（二）工作目标

经过“两整治一改革”专项治理行动，国土资源系统党风廉政建设存在的突出问题得到有效治理；土地和矿业权交易市场得到健全和规范；腐败案件易发多发的态势得到遏制；国土资源系统干部队伍廉洁从政素质得到提高；国土资源系统反腐倡廉建设取得新成效。

二、开展土地和矿业权交易市场专项整治

目标：

针对土地和矿业权出让审批中存在的突出问题，提出解决问题、完善制度和强化监管的措施，切实解决土地和矿业权出让中的腐败问题，促进加快建立统一规范的土地和矿业权交易市场。

任务：

（一）规范土地使用权交易市场。

着力解决国有建设用地出让中规避招拍挂、违反规定设置出让条件的问题；着力解决领导干部违反规定插手干预土地出让审批的问题；着力解决擅自调整修改土地出让条件的问题；着力解决土地储备、土地供应和土地出让信息不公开不到位问题。国有土地使用权出让必须进入有形交易市场，积极推进土地使用权出让网上交易和监管，有条件的地方要将土地出让纳入政府公共资源交易平台。土地使用权招标拍卖挂牌出让后，擅自调整修改土地出让条件的，必须重新招标拍卖挂牌出让。2010 年 9 月底前，提出规范土地使用权交易市场的实施方案，并组织实施；2011 年 3 月底前，提出解决问题、完善制度和强化监管的措施及办法。（责任单位：利用司）

（二）建立健全矿业权有形市场。

重点解决矿业权出让公开竞争制度不健全、交易制度不完善、监管

不到位和领导干部违反规定插手干预矿业权出让审批等问题。矿业权招标拍卖挂牌出让必须进入有形交易市场，积极推进矿业权出让网上交易和监管，有条件的地方尽快将矿业权出让纳入政府公共资源交易平台。2010年9月底前，提出建立健全矿业权有形市场的实施意见，并组织实施；2011年3月底前提出解决问题、完善制度和强化监管的措施及办法。（责任单位：开发司）

（三）切实加强土地储备机构管理。

2011年3月底前，土地储备机构必须与其下属和挂靠的从事土地开发相关业务的机构彻底脱钩。收购土地遴选价格评估机构应坚持公开、公正的选择方式，土地前期开发必须按规定通过招标方式选择工程实施单位。各地国土资源部门及所属企事业单位，不得直接从事土地一级市场开发。2011年10月底前完成清理和规范工作，并提交工作情况总结报告。（责任单位：利用司）

三、开展整纪纠风专项整治

目标：

认真全面地开展廉政风险点排查和自查自纠工作，查找国土资源管理中易发腐败问题的制度漏洞和薄弱环节，切实纠正干部队伍中存在的突出问题，工作人员行为得到规范，违纪违法案件得到查处，并针对存在的问题，制定了防范和整改措施，进一步健全和完善制度，强化管理，促进干部廉洁从政。

任务：

（一）开展廉政风险点排查和自查自纠。针对国土资源系统现行制度、关键岗位、核心业务、重点部位和环节，全面排查制度漏洞和廉政风险点。重点围绕土地和矿业权审批、出让、土地整治、征地补偿、调查评价、执法监察、干部选拔任用等方面，建章立制、堵漏补缺；组织动员全系统干部对照中国共产党党员廉洁从政若干准则，以行使土地审核审批、土地出让、矿业权审批和出让、项目管理等部门作为重点，认真开展自查自纠，针对存在的问题制定整改措施，并切实落实到位。积极采取适当方式，加强督促检查工作。2010年12月底前，完成风险点排查和自查自纠工作，并对工作情况进行认真分析总结，提交总结报告。（责任单位：驻部纪检组监察局、机关党委）

（二）严肃处理不廉洁行为。按照干部管理权限，国土资源系统工作人员凡有“五项”规定行为的，应先行免职或停职，并按有关规定和程序予以处理。（责任单位：驻部纪检组监察局、人事司、机关党委纪委）

（三）严肃查处违纪违法案件。重点查处土地和矿业权出让审批中，非法批准、低价出让、擅自批准改变用地性质，违规出让土地使用权和矿业权或在招标拍卖挂牌中，量身定做，滥设前置条件，擅自修改调整土地利用规划等十类违纪违法案件，认真总结分析案件发生的特点和规律，建立健全案件线索移送和案件协查机制。（责任单位：驻部纪检组监察局、机关党委纪委）

（四）进一步加强廉洁从政教育。部署开展地方和基层国土资源部门主要责任同志廉政教育集中整训，12月底前作出计划安排，明年分批实施，2011年内完成。（责任单位：人事司、驻部纪检组监察局）

四、深化国土资源管理制度改革

目标：

按照把权力和责任放下去，把服务和监管抓起来的总体要求，针对廉政风险点排查和自查自纠梳理出来的问题，以重点部位和关键环节的权力制约为重点，推进深化改革，使决策、执行、监督三分离的内部制约机制得到健全。强力推行一批制度、努力催熟一批制度、积极储备一批制度，基本形成防治腐败的长效机制。

任务：

（一）深化审批制度改革。进一步加快转变管理职能，以土地和矿业权审批为重点，减少行政审批事项，把主要精力从忙于审批、项目安排中转移到加强制度设计、宏观调控和市场监管与服务上来。土地和矿产审批严格实行接办分离、网上报批、联网审查、集体会审、限时办结、结果公开，接受社会监督。2010 年 12 月底前，完成对现有审批事项的梳理，制定土地和矿业权审批制度改革实施方案。（责任单位：规划司、利用司、耕地司、开发司）

（二）大力推进政务信息公开。持续加强国土资源综合监管平台建设，健全完善集遥感影像、监测变化信息、土地利用现状图于一体的综合电子信息监管平台，实现建设用地全程动态网上监管，完善矿业权统一配号系统，逐步将矿产资源勘查开采纳入遥感监测范围。加大电子政务建设力度，从 2011 年起实现迅速集成各地土地和矿业权审批出让结果、供应计划、交易情况和违法案件等信息，并公开发布接受社会监督。2011 年 12 月底前，研究制定综合电子信息监管平台建设、应用、管理实施方案。（责任单位：信息办、耕地司、利用司、开发司、地籍司、调控司）

（三）加强对事业单位和评估机构的管理。加强对土地整理、土地评估、储量评审和矿业权评估机构的管理，严禁行政管理人员在经营性事业单位或中介机构交叉任职，切实做到政事分开、管办分离。2010 年 12 月底前，完成国土资源系统行政管理人员交叉任职情况的清理，研究制定领导干部在社会组织中兼职的管理规定；制定土地估价管理办法和矿业权评估行业管理办法；建立中介机构廉洁从业和诚信档案，加大中介机构和从业人员违规违法的责任追究力度。（责任单位：人事司、利用司、耕地司、储量司）

（四）强化行政执法监督。敢于碰硬，不怕得罪人，严格查处违规违法案件。2010 年 12 月底前，研究制定国土资源领域违规违法案件公开通报和挂牌督办实施办法、国土资源行政处罚办法。（责任单位：执法局）

（五）加强对职能转变的监督和考核。从2011年起，各级国土资源管理部门要制定并公开年度职能转变的具体工作目标，职能转变的情况纳入年度考核内容。（责任单位：法规司、人事司）

（六）加快建立财务电子监管系统。从2011年起，对大额资金管理、重大专项资金执行情况等实行在线全程监管。完善预算编制的执行情况报告和通报制度，加强内部审计监督和经济责任审计。（责任单位：财务司）

（七）大力推进人事制度改革。

进一步完善干部轮岗交流制度，对各级国土资源部门负责人和管预算、管项目、管执法、管人事等关键岗位的干部，加大交流力度。12月底前，由省级国土资源部门制定本地区国土资源系统领导干部和关键岗位干部交流管理办法。（责任单位：人事司）

（八）严格党风廉政责任追究。对本单位、本部门腐败案件多发频发，造成严重后果和恶劣影响的，对主要责任人实施问责。对在本地区行风评议中评价较差、排名靠后的，上一级国土资源部门党组（党委）约谈单位主要负责人，被约谈单位党组（党委）要向上一级国土资源部门党组（党委）作出说明。对问题较多又不能及时整改的，由国土资源部门会同纪检监察机关和组织部门，按照干部管理权限提出干部调整的意见和建议。加大党风廉政正面宣传力度，逐步在全系统树立一批先进典型。（责任单位：人事司、驻部纪检组监察局）

五、加强统筹协调和监督检查

目标：

按照部党组的总体部署和要求，建立健全工作机构，开展有效的组织协调和监督检查。抓好正反两方面典型的宣传，营造“两整治一改革”工作的良好氛围。组织开展工作经验交流，指导面上工作，发挥领导机关带头作用，推动各项工作取得实效。

任务：

（一）加强组织协调。成立工作领导小组，并抽调专门人员组成办公室；加强与纪检监察、检察机关的沟通联系、协调联动，建立协调联络机制，形成工作合力。（责任单位：驻部纪检组监察局、专项治理办）

（二）加强督促检查。按照部领导小组的部署和要求，督促工作落实，及时掌握工作进度，综合分析和反映报告工作进展情况；适时总结交流“两整治一改革”好的做法及经验，指导面上的工作。10月底，将组织开展“两整治一改革”工作情况检查。（责任单位：专项治理办）

（三）加强舆论宣传。注重把握正确的舆论导向，大力宣传清正廉洁、依法行政的先进典型，鼓舞士气，弘扬正气，进一步促进业务工作的发展，为推进“两整治一改革”工作营造良好的氛围。（责任单位：办公室、宣教中心、报社）

（四）领导机关带头。部局机关要在“两整治一改革”工作中走在前头，带头查找廉政风险点，带头制定防范措施，带头接受公众监督，带头整改突出问题，带头严格自律，充分发挥表率作用。要求基层做的，领导机关首先要做到；要求大家做的，领导干部首先要做到，以机关带系统，确保“两整治一改革”工作扎实开展，取得实效。（责任单位：机关党委、人事司）

国土资源部办公厅关于印发《关于进一步加强和规范对违反国土资源管理法律法规行为报告工作的意见》的通知

国土资厅发〔2010〕58号

各省、自治区、直辖市国土资源厅（国土环境资源厅、国土资源局、国土资源和房屋管理局、规划和国土资源管理局），副省级城市国土资源行政主管部门，解放军土地管理局，新疆生产建设兵团国土资源局，各派驻地方的国家土地督察局，中国地质调查局及部其他直属单位，部机关各司局：

《关于进一步加强和规范对违反国土资源管理法律法规行为报告工作的意见》已经部长办公会审议通过，现予印发，请遵照执行。

二〇一〇年十一月十一日

关于进一步加强和规范对违反国土资源管理法律法规行为报告工作的意见

为进一步加强和规范对违反国土资源管理法律法规行为（以下简称“违法行为”）的报告工作，及时制止和查处违法行为，提高执法监察效能，维护国土资源管理秩序，现对违法行为报告工作提出如下条件。

一、总体要求

对违法行为的报告工作是制止和查处违法行为的重要环节和有效措施，也是地方各级国土资源行政主管部门的重要职责。地方各级国土资源行政主管部门要高度重视，进一步提高认识，完善零报告制度和定期报告制度，改进专项报告制度，明确和落实责任，确保工作落实到位。

二、进一步完善零报告制度和定期报告制度

县（市、区）国土资源行政主管部门的巡查人员和国土资源管理所的巡查人员，要按照《国土资源执法监察巡查工作规范（试行）》（国土资发〔2009〕127 号）的规定，在每次巡查任务结束后，无论是否发现违法行为，均应向本级国土资源行政主管部门和国土资源管理所报告巡查结果，录入巡查信息系统实时上报并做好相关工作。

地方各级国土资源行政主管部门要按照《关于进一步做好有关数据

报备工作的通知》（国土资厅发〔2008〕40号）等文件的规定，将违法案件查处数据录入案件查处信息系统实时上报，定期向上一级国土资源主管部门报告本辖区违法行为的总体情况，分析、研判违法形势，提出对策和建议。定期报告分为季度报告和年度报告，季度报告应当在下一季度首月的5日前报送，年度报告应当在下一年度的1月15日前报送。定期报告须经本级国土资源行政主管部门负责人签字并加盖本部门印章。

三、切实改进专项报告制度

（一）专项报告的情形

地方各级国土资源行政主管部门各类形式举报和发现的违法行为，应当核实并按照有关规定及时予以制止；符合立案条件的，应当及时立案查处。对于制止无效、查处无法实施的违法行为和案件，应当及时立案查处。对于制止无效、查处无法实施的违法行为和案件，应当专项报告。专项报告必须以依法履行对违法行为的发现、制止和查处职责为前提。

（二）专项报告的对象、时限和内容

县级及县级以上国土资源行政主管部门，应当自制止无效、查处无法实施的情形出现之日起3日内，向本级人民政府和上一级国土资源行政主管部门专项报告，视情况抄送本级人民政府监察机关和其他有关部门。

对于因违法用地行为可能引发地质灾害、造成重大经济损失、重大环境污染和社会不稳定因素以及一些重大项目违法用地的，应当自发现之时，向本级人民政府和上一级国土资源行政主管部门专项报告，视情况抄送其他有关部门。

专项报告采取书面形式，经本级国土资源行政主管部门负责人签字并加盖本部门印章；情况紧急的，经本级国土资源行政主管部门负责人

同意后可采用电话等方式口头报告，但要在3日内补交书面报告。专项报告包括以下主要内容：违法行为的基本情况、已采取的措施、制止查处中遇到的困难、存在的问题以及相关建议。

（三）接到专项报告后的处置

上级国土资源行政主管部门接到下级国土资源行政主管部门的专项报告后，应当及时协调当地人民政府或者会同有关部门，采取措施，及时制止和查处违法行为。同时，对违法行为的制止、查处情况随时进行跟踪、了解。

省（区、市）国土资源行政主管部门对下级国土资源行政主管部门专项报告的违法行为，仍然制止无效、查处无法实施的，应当向省(区、市）人民政府和国土资源部专项报告。其中属于违反土地管理法律法规行为的，同时报告派驻地方的国家土地督察局。

上级国土资源行政主管部门对下级国土资源行政主管部门专项报告的违法行为，可以采取挂牌督办、直接查处或者会同有关部门查处等方式进行查处。派驻地方的国家土地督察局对省级国土资源主管部门专项报告的土地违法行为，可以依照有关规定采取督察措施。

四、严格落实责任追究

对不按规定报告的，国土资源行政主管部门应负相关责任。上级国土资源行政主管部门可以约谈下级国土资源行政主管部门的主要负责人，指出问题，限期改正，并按照有关规定追究相关人员的责任。已经切实依法履行制止、查处职责，并按规定报告但仍然制止无效、查处无法实施的，视为履行了监管责任，国土资源行政主管部门相关人员原则上不应承担相关责任。

上级国土资源行政主管部门接到下级国土资源行政主管部门的报告后，未及时采取措施处置的，上级国土资源行政主管部门应负相关责任。其上级国土资源行政主管部门可以约谈该国土资源行政主管部门的主要责任人，指出问题，限期改正，并按照有关规定追究相关人员的责任。

对地方人民政府接到本级国土资源行政主管部门的报告后，对违法行为不制止、不组织查处、隐瞒不报、压案不查的，上级国土资源行政主管部门应会同有关部门，按照《关于实行党政领导干部问责的暂行规定》(监察部、人力资源和社会保障部、国土资源部令第 15 号）有关规定，追究政府负有责任的领导人员和直接责任人员的责任。

地方各级国土资源行政主管部门可以依据本意见，结合本地实际，制定具体的实施意见。实施中的情况和问题，由省（区、市）国土资源行政主管部门报部。

中共国土资源部直属机关委员会关于加强部直属机关廉政文化建设的通知

国土资机党发〔2010〕11号

国家海洋局、国家测绘局、中国地质调查局直属机关党委，部其他在京直属单位党委（总支、支部），部机关各司局党支部，各派驻地方的国家土地督察机构机关党组织：

近日，中央纪委、中央宣传部、监察部、文化部、广电总局、新闻出版总署等六部委联合下发了《关于加强廉政文化建设的意见》（以下简称《意见》），对在新形势下加强廉政文化建设作出了全面部署，提出了明确要求。为贯彻《意见》，切实加强部直属机关廉政文化建设，现通知如下：

一、充分认识加强廉政文化建设的重要性和紧迫性

廉政文化建设以培育“为民、务实、清廉”的价值理念为根本，在反腐倡廉建设中处于基础性地位。加强廉政文化建设，是巩固和扩大学习实践科学发展观活动成果、构建保障和促进科学发展新机制的迫切需要，是建设社会主义核心价值体系的重要内容，是深入推进党风廉政建设和反腐败斗争的战略举措，是按照“高标准、严要求、快节奏”要求，

建设一支有理想、有能力、有追求，想干事、会干事、不出事的国土资源干部队伍的重要保证。

当前，国土资源管理正进入深化改革的关键阶段，各项任务十分繁重。国土资源部是履行资源管理、行政执法职能的重要部门，党员干部面临着腐蚀与反腐蚀的严峻考验。与之相比，廉政文化建设相对滞后。一方面，惩治和预防腐败体系赖以有效运行的廉政文化基础和良好环境尚未完全形成，影响了惩防体系整体功能的发挥；另一方面，由于受腐朽落后文化的侵蚀和不良社会风气的影响，少数党员干部理想信念动摇、思想道德滑坡、价值观念扭曲，自律不严，甚至铤而走险，走上违法犯罪道路，严重损害了国土资源部门干部队伍的整体形象。因此，大力加强廉政文化建设，加快形成有利于反腐倡廉建设的思想观念和文化氛围，显得尤为重要和紧迫。

二、廉政文化建设的主要目标和任务

（一）主要目标。力争在2012年前，建立以科学的廉政理论为统领，以丰富多彩的廉政文化活动为载体，以健全的廉政制度为基础，具有鲜明时代特征、显著部门特色的廉政文化体系，为促进国土资源部门反腐倡廉建设提供思想保证和文化支撑。

一是领导干部“秉公用权、廉洁从政”的价值理念进一步牢固树立；

二是干部职工“廉荣贪耻”、“诚信高尚”、“廉洁幸福”的道德观念进一步深入人心；

三是以“坚持高标准、严要求、快节奏，拒绝贪腐、抵制庸俗、敢于碰硬不怕得罪人”为主要特点的国土部门廉洁文化进一步形成；

四是党员干部和职工的精神文化生活日益丰富，反腐倡廉的社会环境和舆论氛围进一步改善。

（二）主要任务。利用文化能够塑造、影响、改变人的内心的特点和优势，充分发挥廉政文化在防腐反腐中的教育、熏陶、渗透、感染、激励、导向、塑造、约束作用，将文化建设与反腐倡廉建设有机地融合，切实发挥廉政文化建设在反腐倡廉建设中的基础性、根本性作用。紧密结合干部职工的思想和工作实际，坚持“四个围绕”，有重点、有步骤地扎实推进国土资源部门廉政文化建设。

一是围绕干部职工的思想状况和动向，发挥文化的感染、熏陶作用，大力开展廉政文化教育，培育和弘扬廉洁价值理念，筑牢防腐反腐的思想基础；

二是围绕国土资源部门特点和职责履行，突出行政审批、行政执法等重要环节，发挥文化的渗透、融合作用，广泛开展廉政文化创建活动，构建具有鲜明时代特征、显著部门特色的廉政文化体系；

三是围绕中心工作和阶段性任务，有针对性地确定廉政文化的重点和内涵，发挥文化的制约、影响作用，按照建立健全教育、制度、监督并重的惩治和预防腐败体系的总体部署和阶段性要求，以廉政文化建设促进反腐倡廉各项工作；

四是围绕树行风、扬正气，发挥文化的导向和激励作用，着力营造风清气正、勤政廉政的良好氛围，从根本上提高干部群众的精神境界和精神追求，切实增强防腐、反腐能力。

三、突出重点，扎实推进廉政文化建设各项工作

（一）深入开展反腐倡廉教育。以党员领导干部为重点，以加强党性、党风、党纪教育为核心，扎实开展中国特色社会主义理论体系教育和廉洁从政、廉洁从业教育。把从政道德建设放在更加突出的位置，教育领导干部时刻牢记宗旨，切实做到为民、务实、清廉，讲党性、重品行、做表率，自觉遵守廉洁自律若干规定。深入贯彻落实《公民道德实施纲要》，把培育廉洁价值理念与社会公德、职业道德、家庭美德、个人品德教育有机结合起来，引导干部职工加强道德修养，自觉遵守公民道德准则。加强干部职工职业道德和职业纪律教育，把廉洁知识和诚信

要求纳入干部培训和考核内容。

利用电视教育片、廉政专题辅导报告、组织参观反腐倡廉成果展等对党员干部进行廉政教育；编辑、出版廉政图书资料，作为党员干部廉政教育的教材。开展示范教育，大力宣传秉公用权、廉洁从政的先进典型，充分发挥典型的引导作用。深化警示教育，深刻剖析违纪违法案件发生的原因，做到警钟长鸣、引以为戒。

（二）广泛开展廉政文化创建活动。把廉政文化创建活动同群众性精神文明创建活动结合起来，突出先进思想和廉政文化内涵，强化道德教化功能，引导广大干部职工在参与中自觉增强廉洁意识。

结合创建学习型、服务型机关和“创建学习型支部、争做知识型党员”活动，将廉政文化融入机关文化建设和学习型党组织建设中，使党员干部在文化熏陶中增强廉洁自律意识。把反腐倡廉教育纳入部党校和干部培训教学计划，作为干部教育培训的必修课程，实现反腐倡廉教育“进教材、进课堂、进头脑”。各单位党政主要负责人要定期讲廉政党课。积极推行廉政承诺制度。将廉政文化建设与政务公开有机结合起来，加大从源头上、制度上防治腐败的力度。

结合创建文明家庭，积极开展家庭助廉活动，倡导清廉家风。树立廉洁高尚、廉洁幸福的理念。大力弘扬以廉立身、以廉治家、以廉教子的优秀文化传统，把廉洁教育融入家庭日常生活，增强党员干部家属的纪律意识，筑牢“家庭反腐墙”，为增强党员干部及其家庭成员抵御腐败的能力创造良好的家庭环境。

（三）加强廉政文化宣传，营造良好的舆论氛围。充分利用报刊、网络等媒体覆盖面广、受众关注度高的特点，加强对党风廉政建设进展、成效、经验和正反两方面典型的报道。在国土资源报、中国矿业报、地质勘查导报等开设有关专栏，增强反腐倡廉宣传的声势和效果。在国土资源部门户网站和部内网开设廉政专栏，准确发布权威信息，及时回应社会关注、关切的国土资源领域反腐倡廉热点问题，推动健康向上的反腐倡廉网络文化建设。整合廉政文化资源。充分利用国土资源报社、宣教中心、人力中心、出版社、博物馆等文化和宣传教育阵地的作用，通过征文、知识竞赛、编写廉政文化通俗读本等各种形式，提高廉政文化活动的开放度和群众参与度，营造浓厚的廉政文化氛围。

（四）加强对廉政文化建设的实践总结和理论研究。深入基层调查研究，加强司局之间、单位之间的学习交流，认真总结各司局、各单位在廉政文化建设中创造的新鲜经验和有效做法，充分发挥典型的示范效应，以点带面，推动全局。积极探索廉政文化建设的新举措、新对策，在增强工作的前瞻性、主动性、针对性、实效性上下功夫。注重与党校、行政学院、干部学院、社科研究机构等部门的联系与合作，加强对廉政文化建设的研究，探索国土资源部门廉政文化的特点规律和发展趋势，积极进行理论创新，以科学的廉政文化理论指导廉政文化建设新的实践。

2010 年，部直属机关各级党组织要根据部党组党风廉政建设和反腐败工作的实施意见和任务分工，重点围绕学习贯彻《中国共产党党员领导干部廉洁从政若干准则》（以下简称《廉政准则》），开展以“思廉、学廉、践廉、尚廉、促廉”为主题的廉政文化活动，促进廉洁从政。要加强岗位廉政教育，深化警示教育。二季度，机关党委将利用“国土资源学习大讲堂”，召开全系统视频会，邀请有关专家就学习贯彻《廉政准则》及预防国土资源领域渎职犯罪进行专题辅导讲座。各司局、各单位要按照部直属机关纪委年度工作安排的部署，以支部为单位，开展一次以学习贯彻《廉政准则》为主要内容的专题民主生活会，切实增强党员干部廉洁从政、拒腐防腐的意识和能力。要结合部开展的读书活动，向干部职工推荐优秀廉政文化读物，着力营造机关廉政文化氛围，切实提高广大党员干部自觉遵守《廉政准则》的自觉性，切实做到依法行政、廉洁从政。

四、加强领导，狠抓落实

（一）高度重视，明确责任。各级党组织要高度重视，切实加强领导，把廉政文化建设纳入反腐倡廉建设总格局，同其他各项工作同部署、同检查、同考核。各级纪委和纪检干部要全力以赴，做好具体的组织协调工作。各级工、青、妇等团组织在加强廉政文化建设中担负着重要责任，要结合国土资源中心工作和本单位实际，发挥各自优势，密切配合，大力开展廉政文化创建活动，形成推进廉政文化建设的合力。

（二）加大投入，健全保障机制。各单位要加强对廉政文化建设的投入，在人力、物力、财力上提供保障，努力形成廉政文化建设的良性运行机制。把廉政文化建设经费列入各级财政预算及党员教育经费支出，并逐步加大支持力度。对优秀廉政文化创建活动、项目及优秀廉政文化作品要进行奖励。

（三）开拓创新，狠抓工作落实。各级党组织要增强责任感和自觉性，把廉政文化建设列入工作计划，把任务分解到处室，落实到人头。要结合本司局、本单位实际，创造性地开展廉政文化活动，不断探索、总结、推广加强廉政文化建设的好做法、好经验。要加强监督检查，对认识不到位、工作不到位、责任不到位的部门和单位，强化督导，限期改进。将加强廉政文化建设、开展廉政文化活动情况纳入党风廉政建设责任制和作风建设评议考核范围，作为评价领导班子和领导干部工作实绩以及创建文明单位的重要内容，确保廉政文化建设各项工作任务落到实处。

各直属单位要按照此通知精神，对今年的廉政文化创建活动作出安排。有关情况和信息，请及时报机关党委。

二〇一〇年三月二十五日

中共国土资源部党组关于印发《中共国土资源部党组关于竞争性选拔领导干部的暂行办法》的通知

国土资党发〔2011〕50号

中国地质调查局及部其他直属单位，各派驻地方的国家土地督察局，部机关各司局：

《中共国土资源部党组关于竞争性选拔领导干部的暂行办法》已经部党组审定，现予印发，请认真贯彻执行。

二〇一一年九月十四日

中共国土资源部党组关于竞争性选拔领导干部的暂行办法

第一章　总　则

第一条　为深入贯彻实施《2010—2020 年深化干部人事制度改革规划纲要》，规范竞争性选拔任用领导干部工作，提高选人用人的公信度和满意度，为构建保障和促进科学发展的国土资源管理新机制提供组织和人才保障，根据《中华人民共和国公务员法》、《党政领导干部选拔任用工作条例》、《党政机关竞争上岗工作暂行办法》等有关法律、法规和规定，结合国土资源部实际，制定本办法。

第二条　本办法适用于竞争性选拔部机关各职能司局、国家土地总督察办公室、离退休干部局（以下简称部机关各司局）和各派驻地方的国家土地督察局（以下简称各督察局）局级、正处级领导职位拟任人选，部直属事业单位局级领导职位拟任人选，援藏、援疆、援青等由中组部统一选派的按有关规定可以先提任后派出的挂职锻炼干部人选。

按照有关规定或因工作特殊需要等原因，经党组部研究决定不实行竞争性选拔的职位，不列入竞争性选拔的范围。

竞争性选拔必须在规定的编制和领导职数限额内进行。

第三条　竞争性选拔局级领导干部，原则上也在部机关。督察局、中国地质调查局及部其他直属单位范围内进行，也可在国土资源系统范围内或面向社会进行；竞争性选拔正处级领导干部，原则上在本司局

（督察局）范围内进行，也可扩大到部机关、督察局、直属事业单位范围内进行。

第四条 竞争性选拔局级领导干部，一般应当经过制定方案、自我推荐与资格审查、民主测评与民主推荐、陈述、考察、讨论决定和任职等程序。

竞争性选拔正局级领导干部，可根据实际情况确定是否组织陈述。

第五条 竞争性选拔正处级领导干部，一般应当经过制定方案、自我推荐与资格审查、民主测评、陈述、考察、讨论决定和任职等程序。

民主测评与陈述的操作顺序，可根据实际情况确定。

第六条 竞争性选拔领导干部坚持民主、公开、竞争、择优选择。坚持选拔任用与交流相结合，坚持个人意愿与组织安排相结合。

第二章 制定方案、自我推荐与资格审查

第七条 开展竞争性选拔领导干部工作应制定实施方案。实施方案内容包括指导原则、竞争职位、任职条件、选拔范围、方法程序、时间安排、组织领导和几率要求等。

第八条 竞争性选拔局级领导干部实施方案由人事司提出，报部党组审定；竞争性选拔正处级领导干部实施方案由职位所在司局（督察局）提出，报人事司审核。

实施方案要在确定的选拔范围内公布。

第九条 报名参加竞争性选拔，除必须具备《党政领导干部选拔任用条例》规定的基本条件外，还应具备以下资格：

（一）竞争正局级领导职位的，应为副局级干部，且任副局级职务两年以上；竞争副局级领导职位的，应为正处级干部，且任正处级职务三年以上；竞争正处级领导职位的，应为调研员或副处级干部，副处级干部应任副处级职务 2 年以上。

（二）竞争部机关、督察局正局级领导职位的，一般应当具有两年

以上基层领导工作经历或基层挂职锻炼经历；竞争部机关、督察局副局级领导职位的，一般应当具有两年以上基层工作经历或基层挂职锻炼经历。

（三）一般应当具有在下一级两个以上职位任职的经历。

（四）竞争部机关、督察局局级领导职位的事业单位干部和《公务员调任规定（试行）》施行后调任的公务员，需具备公务员法及其配套法规规定的晋升至拟任职务累计所需最低工作年限。

（五）应当经过党校、行政院校或者组织（人事）部门认可的其他培训机构五年内累计三个月以上的培训，确因特殊情况在提任前未达到培训要求的，应当在提任后一年内完成培训，仍未完成的要延长试用期。

（六）职位要求的其他资格条件。

第十条 具备任职资格条件的干部进行自我推荐。自荐可只报一个志愿，也可兼报其他志愿；自荐时应填写是否服从组织安排，所在单位出具意见。

自荐过程中，适时公布各职位自荐情况，允许自荐人员在规定时间内调整所报职位。局级领导职位自荐人员少于 3 人，正处级领导职位自荐人员少于 2 人的职位，不列入本次竞争性选拔范围，允许自荐该职位人员改报其他职位。

第十一条 按照竞争性选拔实施方案规定的条件，开展自荐人员资格审查工作。竞争性选拔局级领导干部资格审查由人事司负责，竞争性选拔正处级领导干部资格审查由职位所在司局（督察局）负责。

资格审查结果要在实施方案确定的范围内公布。

第三章 民主测评与民主推荐

第十二条 竞争性选拔局级领导干部，须进行民主测评和民主推荐。

民主测评在自荐干部所在单位进行。

民主推荐包括干部大会投票推荐、空缺职位所在单位干部会议投票推荐、正局级领导干部个别谈话推荐等。会议投票推荐结果施行分类加权计票。

正局级领导干部个别谈话推荐只适用于竞争性选拔正局级领导干部。

第十三条 竞争性选拔正处级领导干部，职位自荐人员多于5人的，须进行民主测评。

民主测评在自荐干部所在单位进行。

第十四条 自荐干部所在单位民主测评。民主测评内容包括德、能、勤、绩、廉，分别按30分、20分、10分、30分、10分计分，满分为100分，同时对是否同意自荐干部提拔使用进行测评。参加民主测评人员须达到本单位应参加测评人员总数的80%以上。民主测评得分达到80分以上，或民主测评同意票率达到70%以上的，方可进行民主推荐。

第十五条 干部大会投票推荐。干部大会由部领导、部机关和督察局全体局级干部、地调局及其所属事业单位和部其他直属事业单位领导班子成员参加，将进入民主推荐的自荐干部名册和干部情况简表发全体参会人员，每名参会人员按照不超过竞争职位数量等额推荐拟提任建议人选，并说明推荐理由。竞争性选拔部机关局级干部和督察局、直属事业单位正局级干部时，参会人员扩大到部机关处长。

第十六条 空缺职位所在单位干部会议投票推荐。分别到空缺职位所在单位召开民主推荐会，将进入民主推荐的自荐干部名册和干部情况简表发全体参会人员，每名参会人员对本单位每个空缺职位推荐拟提任建议人选2名，其中至少1名人选为本单位以外的干部。

第十七条 正局级领导干部个别谈话推荐。与部机关司局、督察局、直属事业单位的党政主要负责同志分别进行个别谈话，每人按照不超过竞争职位数量等额推荐拟提任建议人选，并说明推荐理由。

第四章 陈 述

第十八条 竞争性选拔局级领导干部，根据民主推荐和近三年考核量化积分结果，按照每个职位 1 ∶ 5 的差额比例（不足 5 人的全部进入陈述）确定陈述人选，并在实施方案确定的范围内公告。

量化积分按民主推荐和近三年考核结果分别占 55 分和 45 分计算，满分 100 分。干部大会推荐占 45 分，空缺职位所在单位推荐占 10 分；近三年考核结果每一年占 15 分，以本人考核得分与单位同层次人员考核最高得分之比为权重（对于未全面实行量化计分的年度，所有报名者当年考核得分均按优秀 15 分、职称 13 分计分）。

第十九条 竞争性选拔正处级领导干部，职位自荐人员多于 5 人，根据民主测评和近三年考核量化计分结果，按照每个职位 1 ∶ 5 的差额比例（不足 5 人的全部进入陈述）确定陈述人选，并在实施方案确定的范围内公告。量化计分按民主测评得分和近三年考核结果分别占 40 分和 60 分计算，满分 100 分。近三年考核结果每一年占 20 分，以本人考核得分与本单位同层次人员考核最高得分之比为权重（对于未全面实行量化计分的年度，所有报名者但年度考核得分均按优秀 20 分、职称 18 分计分）

第二十条 陈述主要测试陈述人选自我认知能力、逻辑思维能力、临场应变能力、语言表达能力和岗位适应能力等综合素质。

第二十一条 对陈述人选从两个角度、采取不同方式进行评价。一是评议组评价，二是测评组测评。

评议组由人事司、空缺职位所在单位负责同志、空缺职位业务相关负责同志 7—9 人组成。竞争性选拔局级领导干部由分管部领导任组长，竞争性选拔正处级领导干部由人事司负责同志任组长。评议组评价实行量化计分，满分 100 分。

测评组按照知情度、关联度和广泛性、代表性原则，由相关单位干部代表组成。竞争性选拔局级领导干部，由选拔范围内所有单位的干部代表组成测评组；竞争性选拔正处级领导干部，在本司局（督察局）范围内进行的，由本司局（督察局）全体人员组成测评组，扩大范围进行的，由职位所在司局（督察局）和陈述人员所在司局（督察局）的干部代表组成测评组。测评组测评实行量化计分，满分为100分。

陈述成绩按评议组评分占70%、测评组评分占30%计算。陈述前应安排备考室，陈述人员进行一定时间的准备。

第五章　考　察

第二十二条　考察对象按每个职位1 ∶ 2的差额比例确定。

竞争性选拔局级领导干部，由部党组根据陈述人选综合成绩研究确定考察对象，在实施方案确定的范围内公告。

综合成绩按陈述成绩和民主测评结果分别占90分和10分计算。自荐干部所在单位民主测评采取二次平均法计分，用公示表示为：民主测评得分 = 个人原始分 × 部机关（督察局、事业单位）全体测评对象平均分 / 本单位测评对象平均分。

第二十三条　竞争性选拔正处级干部，按照陈述人选陈述成绩，由人事司商相关司局（督察局）确定考察对象，在实施方案确定的范围内公告。

第二十四条　考察工作由人事司组织，主要采取谈话考察的方式进行，考察组在对谈话考察情况进行综合分析基础上，形成考察材料。

第六章　讨论决定和任职

第二十五条　竞争性选拔局级领导干部，由人事司根据考察对象德才表现和职位匹配程度，综合考虑后备干部、挂职锻炼、表彰奖励等因素，研究提出拟任人选建议。

竞争性选拔正处级领导干部，由人事司商相关司局（督查局），根据考察对象德才表现和职位匹配程度，综合考虑后备干部、挂职锻炼、表彰奖励等因素，研究提出拟任人选建议。

第二十六条 竞争性选拔局级领导干部，由部党组根据民主测评、民主推荐、陈述、考察情况及拟任人选建议，研究决定每个职位的拟任人选，在本司局（督察局）范围内公示。

研究决定拟任人选前，需征求驻部纪检组监察局、直属机关纪委意见。

公示时间为7个工作日，公示结果不影响任职的，履行任职程序。

第二十七条 对参加局级职位竞争性选拔，经过考察符合任用条件但未能任用的，如符合后备干部条件，经部党组研究决定，可以纳入局级后备干部队伍培养；如所竞争的同意职位在一年内出现空缺的，可以作为该职位的考察对象。

第七章　纪律和监督

第二十八条 竞争性选拔领导干部工作必须严格执行《党政领导干部选拔任用工作条例》、《中共国土资源部党组关于领导干部选拔任用工作办法（试行）》和《中共国土资源部党组关于贯彻落实干部选拔任用工作四项监督制度的实施办法》等有关规定。

工作人员要确保竞争性选拔工作公开、公平、公正，严格执行竞争性选拔工作实施方案，严格遵守保密纪律，不准泄露自我推荐、民主测评、民主推荐、陈述、考察和讨论决定情况等。对工作人员在竞争性选拔工作中的违纪行为，按照有关规定予以组织处理或者纪律处分。

参与竞争人员不准弄虚作假及搞拉票等活动，一经发现并核实无误的，取消竞争资格；情节严重的，按照有关规定予以组织处理或者纪律处分。

第二十九条 竞争性选拔领导干部工作实行全过程记实，由驻部纪检组监察局，直属机关纪委进行全过程监督。

第八章 附 则

第三十条 中国地质调查局党组管理的领导干部竞争性选拔办法由中国地质调查局党组参照本办法制定。

第三十一条 本办法由人事司负责解释。

第三十二条 本办法自发布之日起施行。《国土资源部机关领导干部竞争上岗办法》同时废止。

中共国土资源部党组关于印发《国土资源部所属单位党政主要领导干部经济责任审计规定》的通知

国土资党发〔2011〕63号

中国地质调查局及部其他直属单位，各派驻地方的国家土地督察局，部机关各司局：

根据《中共中央办公厅、国务院办公厅关于印发〈党政主要领导干部和国有企业领导人员经济责任审计规定〉的通知》（中办发〔2010〕32号）精神，结合我部所属单位实际和开展内部经济责任审计工作需要，制定了《国土资源部所属单位党政主要领导干部经济责任审计规定》，现印发给你们，请遵照执行。

二〇一一年十一月二十八日

国土资源部所属单位党政主要领导干部经济责任审计规定

第一章 总 则

第一条 为健全和完善经济责任审计制度，加强对国土资源部所属单位主要领导干部的管理监督，推进党风廉政建设，根据中共中央办公厅、国务院办公厅印发的《党政主要领导干部和国有企业领导人员经济责任审计规定》（中办发〔2010〕32号），制定本规定。

第二条 国土资源部所属单位党政主要领导干部经济责任审计的对象是以下单位履行经济责任的主要领导干部或主持工作一年以上的副职领导干部；上级领导干部兼任正职领导干部，且不实际履行经济责任时，实际负责单位常务工作的副职领导干部：

（一）各派驻地方的国家土地督察局；

（二）中国地质调查局所属单位；

（三）部直属单位；

（四）部管理的社团组织；

（五）部所属单位及部管理的社团组织出资兴办的具有独立法人资格的各类组织。

第三条 本规定所称的经济责任，是指领导干部在任职期间，因其所任职务依法对本单位的财务收支以及有关经济活动应当履行的职责与义务。

第四条 领导干部履行经济责任的情况，应当依法接受审计监督。

根据干部管理监督的需要，可以在领导干部任职期间进行任中经济责任审计，也可以在领导干部不再担任所任职务时进行离任经济责任审计。

第五条 领导干部经济责任审计依照干部管理权限组织实施。

被审计领导干部由国土资源部党组负责管理的，由部人事部门提出审计计划建议，报部党组同意后，由部审计机构实施审计。

被审计领导干部由中国地质调查局党组负责管理的，由局人事部门提出审计计划建议，报局党组同意后，由局审计机构实施审计。

其他领导干部的经济责任审计，由职务任命机构负责，委托审计机构实施审计。

第六条 审计机构依法独立实施经济责任审计，任何组织和个人不得拒绝、阻碍、干涉，不得打击报复审计人员。

第七条 审计机构和审计人员对经济责任审计工作中知悉的国家秘密、商业秘密等，负有保密义务。

第八条 经济责任审计所需工作经费纳入部门预算管理。

第二章 审计内容

第九条 经济责任审计以领导干部守法、守纪、守规、尽责情况为重点，以领导干部任职期间本单位预算执行、财务收支以及有关经济活动的真实、合法和效益为基础，严格依法界定审计内容。

第十条 部所属行政机关和事业单位领导干部经济责任审计的主要内容是：本单位预算执行与其他财务收支的真实、合法和效益等情况；国有资产的管理与使用情况；重要投资项目的建设和管理情况；重要经济事项管理制度的建立和执行情况；对下属单位财务收支以及有关经济活动的管理和监督情况。

第十一条 部所属企业领导干部经济责任审计的主要内容是：本企

业财务收支的真实、合法和效益情况；有关内部控制制度的建立和执行情况；履行国有资产出资人经济管理和监督职责情况。

第十二条 审计过程中应当关注领导干部在履行经济责任过程中的下列情况：遵守有关经济法律法规、贯彻执行党和国家有关经济工作的方针政策和决策部署情况；贯彻执行部党组重大经济决策情况；与领导干部履行经济责任有关的管理、决策等活动的经济效益、社会效益和环境效益情况；廉洁自律情况等。

第十三条 单位主要领导干部由上级领导干部兼任，且实际履行经济责任的，对其审计内容仅限于该领导干部兼任职务应当履行的经济责任。

第三章 审计实施

第十四条 人事部门向被审计领导干部所在单位下达经济责任审计通知，同时将审计通知抄送审计机构，由审计机构组织实施审计。

第十五条 审计机构根据被审计领导干部所在单位的实际情况，组成审计组。

第十六条 审计机构实施经济责任审计前3日，向被审计领导干部及其所在单位或原任职单位（以下简称所在单位）送达审计通知。遇有特殊情况，审计机构可以直接持审计通知书实施经济责任审计。

第十七条 审计机构实施经济责任审计时，应当召开由审计组主要成员、被审计领导干部及其所在单位有关人员参加的会议，安排审计工作有关事项。

审计机构实施经济责任审计，应当在被审计领导干部所在单位进行审计公示。

第十八条 被审计领导干部及其所在单位应当提供下列有关资料：

（一）财务收支的相关资料；

（二）工作计划、工作总结、会议记录、会议纪要、经济合同、考核检查结果、业务档案等材料；

（三）被审计领导干部履行经济责任情况的述职报告；

（四）其他有关资料。

第十九条 被审计领导干部及其所在单位应当对所提供资料的真实性、完整性负责，并作出书面承诺。

第二十条 审计机构履行经济责任审计职责时，可以提请部属相关部门和单位予以协助，部属相关部门和单位应当予以配合。

第二十一条 审计组实施审计后，应当将审计组的审计报告书面征求被审计领导干部及其所在单位的意见。

被审计领导干部及其所在单位应当自接到审计报告和被审计领导干部及其所在单位的书面意见进行审议后，出具经济责任审计报告。

第二十二条 审计机构对审计组的审计报告和被审计领导干部及其所在单位的书面意见进行审议后，出具经济责任审计报告。

第二十三条 审计机构应将经济责任审计报告报送委托审计的人事部门，并报送相应的财务主管部门、纪检监察部门；同时将经济责任审计报告送达被审计领导干部及其所在单位。

第二十四条 被审计领导干部所在单位存在违反国家规定的财务收支行为，依法应当给予处理、处罚的，由审计机构在职权范围内按规定作出审计决定。

审计机构在经济责任审计中发现的应当由其他部门处理的问题，按规定移送有关部门。

第二十五条 被审计领导干部对审计机构出具的经济责任审计报告有异议的，可以自收到审计报告之日起30日内向审计机构申诉，审计机构应当自收到申诉之日起30日内作出复查决定。

被审计领导干部对复查决定有异议的，可以自收到复查决定之日起30日内向人事部门申请复核。人事部门自收到复核申请之日起60日内会同财务主管部门作出复核决定，所作出的复核决定为最终决定。

第二十六条 审计机构根据审计情况，提出经济责任审计结果报告。

人事部门征询财务主管部门、纪检监察部门意见后，将经济责任审计结果报告等结论性文书报部党组。

第四章 审计评价与结果运用

第二十七条 审计机构应当根据审计查证或者认定的事实，依照法律法规、国家有关规定和政策，以及责任制考核目标和行业标准等，在职责范围内，对被审计领导干部履行经济责任情况作出客观公正、实事求是的评价。审计评价应当与审计内容相统一，评价结论应当由充分的审计证据支持。

第二十八条 审计机构对被审计领导干部履行经济责任过程中存在问题所应当承担的直接责任、主管责任、领导责任，应当区别不同情况作出界定。

第二十九条 本规定所称直接责任，是指领导干部对履行经济责任过程中的下列行为应当承担的责任：

（一）直接违反法律法规、国家有关规定、部有关规定和单位内部管理规定的行为；

（二）授意、指使、强令、纵容、包庇下属人员违反法律法规、国家有关规定、部有关规定和单位内部管理规定的行为；

（三）未经民主决策、相关会议讨论而直接决定、批准、组织实施重大经济事项，并造成重大经济损失浪费、国有资产（资金、资源）流失等严重后果的行为；

（四）主持相关会议讨论或者以其他方式研究，但是在多数人不同意的情况下直接决定、批准、组织实施重大经济事项，由于决策不当或者决策失误造成重大经济损失浪费、国有资产（资金、资源）流失等严重后果的行为；

（五）其他应当承担直接责任的行为。

第三十条 本规定所称主管责任，是指领导干部对履行经济责任过程中的下列行为应当承担的责任：

（一）除直接责任外，领导干部对其直接分管的工作不履行或者不正确履行经济责任的行为；

（二）主持相关会议讨论或者以其他方式研究，并且在大多数人同意的情况下决定、批准、组织实施重大经济事项，由于决策不当或者决策失误造成重大经济损失浪费、国有资产（资金、资源）流失等严重后果的行为。

第三十一条 本规定所称领导责任，是指除直接责任和主管责任外，领导干部对其不履行或者不正确履行经济责任的其他行为应当承担的责任。

第三十二条 建立健全经济责任审计情况通报，审计整改以及责任追究等结果运用制度，逐步探索和推行经济责任审计结果公告制度。

第三十三条 人事部门根据领导干部管理监督相关要求，运用经济责任审计结果，将其作为考核、任免、奖惩领导干部的重要依据。

经济责任审计结果报告归入被审计领导干部本人档案。

第五章 附 则

第三十四条 部所属单位及部管理的社团组织应当对其出资兴办具有独立法人资格的各类组织的领导干部，参照本规定或自行制定经济责任审计办法，进行经济责任审计。

第三十五条 本规定由部人事司负责解释。

第三十六条 本规定自印发之日起施行，原《国土资源部直属事业单位法定代表人任期责任审计暂行办法》同时废止。

中共国土资源部党组关于印发《国土资源部绩效管理试点办法》、《国土资源部绩效管理试点实施细则》和《国土资源部干部年度考核暂行办法》的通知

国土资党发〔2011〕67号

中国地质调查局及部其他直属单位，各派驻地方的国家土地督察局，部机关各司局：

《国土资源部绩效管理试点办法》、《国土资源部绩效管理试点实施细则》和《国土资源部干部年度考核暂行办法》已经部党组审定，现予印发，请认真贯彻执行。

二〇一一年十二月七日

国土资源部绩效管理试点办法

第一章　总　则

第一条　为贯彻落实党中央、国务院关于加快实行政府绩效管理制度的部署，根据监察部《关于开展政府绩效管理试点工作的意见》（监发〔2011〕6号）的要求，结合国土资源部实际，制定本办法。

第二条　绩效管理以保证党中央、国务院以及部党组重大决策部署落实为基点，以加强效能建设、增强执行力和公信力为核心，以“简便易行，全员参与，自治化管理”为方向，构建科学的绩效计划、评估、运用和改进机制，调动激发干部职工工作积极性和能动性，推动国土资源事业又好又快发展。

第三条　绩效管理遵循以下原则：

（一）实绩导向、过程控制；

（二）正面激励、自我管理；

（三）实事求是、公正透明；

（四）突出重点、逐步完善。

第四条　绩效管理工作在部党组领导下，由绩效管理试点工作领导小组（以下简称领导小组）组织实施。领导小组由部长、党组书记、国家土地总督察任组长，有关部领导任副组长，办公厅、总督察办、法规司、财务司、人事司、机关党委、驻部纪检组监察局（以下简称成员单位）主要负责同志为成员。成立领导小组办公室（以下简称绩效办），设在人事司，人事司主要负责同志兼任绩效办主任。

第五条 本办法适用于部机关各职能司局、总督察办、机关党委、离退休干部局（以下简称机关司局），各派驻地方的国家土地督察局（以下简称督察局），各直属事业单位（以下简称事业单位）。（上述统称各单位）

第二章 绩效管理内容

第六条 绩效管理主要包括职责履行、依法行政（依法办事）、领导班子建设等三个方面主体内容，创优与创新、违规与违纪作为附加内容。

第七条 职责履行主要包括各单位完成重点工作任务和履行其他法定职责等方面的情况。

第八条 依法行政（依法办事）主要包括机关司局、督察局（事业单位）在提高制度建设质量、规范行政（办事）行为、提升监督水平等方面的情况。

第九条 领导班子建设主要包括各单位学习型、活力型、和谐型、创新型、廉洁型“五型”领导班子建设、干部队伍建设、作风建设和党风廉政建设等方面的情况。

第十条 创优与创新主要包括获得重要表彰奖励、主动采取改革改进措施推进工作并取得成效等方面的情况。

第十一条 违规与违纪主要包括因违反法律法规和党纪政纪规定被追究责任等方面的情况。

第三章 绩效目标设定与分解

第十二条 各单位根据党中央、国务院以及部党组的重大决策部署、部年度重点工作和“三定方案”规定的法定职责等，按照本办法以及相关规定和要求，制定本单位职责履行、依法行政（依法办事）和领导班子建设年度具体目标任务，并按照绩效办统一要求和格式，编制《年度绩效目标任务书》(以下简称《任务书》）和《年度绩效指标量化表》(以下简称《量化表》)。

第十三条 各单位《任务书》和《量化表》经一定程序审定后，由分管部领导与单位主要负责人签署。签署后的《任务书》和《量化表》作为绩效管理的主要依据和载体。

第十四条 各单位应按照签署的《任务书》、《量化表》内容和要求，进一步分解细化绩效目标，逐级落实到所属部门和责任人，保证年度绩效目标任务的全面完成。

第十五条 年度绩效目标一经确定，原则上不作调整。因特殊原因确需调整的，须报领导小组审定同意后方可调整。

第四章 绩效实施与评估

第十六条 绩效办组织实施年度评估和督促检查，促进绩效目标任务全面落实。运用现代信息技术，建立绩效管理信息系统，不断提高工作效率和水平。各单位应建立绩效管理动态分析机制，及时发现、解决绩效目标任务实施过程中出现的问题。

第十七条 年度评估主要由过程管理和年终评估组成，评估结果按百分制计。创新与创优、违规与违纪评估按照规定标准直接进行加分、减分，并计入年度绩效评估结果。

过程管理是对各单位年度绩效目标实现过程的动态评估，年终评估是对各单位年度绩效目标完成情况的全面评估。

绩效办组织对各单位的各项得分情况进行汇总分析，提出年度评估结果建议，经领导小组审核后报部党组审定。

第十八条 年度评估结果按得分划分为优秀、良好、达标、不达标四个档次。优秀档次得分应在 90 分（含）以上，并以机关司局、督察局、事业单位为单元，分别按 30% 比例掌握；良好档次为得分在 80 分（含）以上、未进入优秀档次的；达标档次为得分在 60 分（含）至 80 分的；不达标档次为得分在 60 分以下的。

第十九条 年度评估结果由分管部领导或委托人事司以适当形式向各单位反馈。各单位对评估结果如有异议，可向驻部纪检组监察局书面提出复核申请。

第五章 绩效结果运用与改进

第二十条 年度评估结果作为加强和改进领导班子建设，以及领导干部选拔任用、培训教育、管理监督、激励约束和单位评先评优等的重要依据。

第二十一条 年度评估结果即为各单位领导班子年度考核结果，并与所在单位局级干部个人年度考核结果适当挂钩。

年度评估为优秀档次的单位，予以通报表彰。其中机关司局、督察局年度评估为优秀档次的，适当增加所在单位处级以下公务员年度考核优秀等次名额。

第二十二条 各单位要对绩效目标完成情况、年度评估以及督促检查中发现的问题进行认真分析，总结绩效管理成效和经验，分析存在的问题，研究落实改进措施，形成持续改进工作的良性机制。各单位的绩效管理改进意见要书面上报领导小组，作为下一年度绩效评估的依据。

第六章 组织机构职责

第二十三条 领导小组主要职责是：

（一）组织协调和指导绩效管理工作；

（二）组织拟定完善绩效管理规章制度；

（三）审核年度绩效评估结果及其运用建议；

（四）审定绩效管理申诉的复核意见；

（五）研究和协调解决绩效管理工作中的重大问题。

领导小组各成员单位按照职责分工，承担绩效管理有关工作。建立成员单位联席会议制度，会商解决绩效管理相关问题。

第二十四条 绩效办主要职责是：

（一）组织起草绩效管理规章制度；

（二）指导各单位《任务书》和《量化表》的编制并组织进行审核；

（三）承担绩效管理具体工作的组织协调和督促检查；

（四）负责绩效管理宣传培训、信息统计和分析；

（五）组织进行过程管理和年终评估工作，提出评估结果及运用建议；

（六）组织开展绩效管理重大问题调研和绩效管理信息系统建设；

（七）完成领导小组交办的其他工作。

第二十五条 各单位是组织实施绩效管理的主体，行政主要负责人是第一责任人。

各单位应当明确一名分管负责人具体负责本单位绩效管理工作，确定专门处室（部门）负责组织实施，并安排专（兼）职人员承担日常工作。

第七章 附 则

第二十六条 各单位应根据本办法，制定对所属部门、部门对所属工作人员的具体绩效管理制度，绩效办应加强工作指导和督促检查，共同推动绩效管理全覆盖。

第二十七条 各单位在绩效评估工作中，提交的数据和报告应当客观真实，不得弄虚作假。否则，一经查实，予以通报批评，该单位年度评估不得评为优秀或良好档次。

第二十八条 中国地质调查局及其所属单位绩效管理工作，由中国地质调查局参照本办法制定相关办法报部备案后自行组织实施。

国土资源部绩效管理试点实施细则

第一章　总　则

第一条　为规范绩效管理工作，根据《国土资源部绩效管理试点办法》，制定本细则。

第二条　强化绩效生成机制，建立部绩效管理信息系统，实现绩效管理目标设定、进程监控、结果生成全过程信息化。

第三条　根据各单位的性质和特点，绩效管理对象分为三类：A类为机关司局，B类为督察局，C类为事业单位。

第二章　绩效指标内容

第四条　职责履行、依法行政（依法办事）、领导班子建设等内容的绩效指标分二级设置。一级指标内容由部统一规定，二级指标内容由各单位根据本细则规定分解细化，编制《任务书》和《量化表》，具体要求见附件中的《绩效管理指标体系》。

第五条　职责履行一级指标由"重点工作任务"和"其他法定职责"两项构成，共50分。

各单位根据本细则规定对年度重点工作进行分解细化，形成本单位职责履行的年度绩效目标任务，作为二级指标具体内容，并根据各项二级指标的重要性和难易程度进行指标赋分，设定评分标准。职责履行的二级指标原则上不得少于15项，每项赋分原则上最高不超过5分，最低不低于1分。

第六条 依法行政一级指标由“提高制度建设质量”、“规范行政行为”和“提升监督水平”等三项构成，适用于A类、B类单位，共20分。

依法办事的一级指标由“提高制度建设质量”、“规范办事行为”和“提升监督水平”等三项构成，适用于C类单位，共20分。

各单位根据本细则规定分解细化形成本单位依法行政（依法办事）的年度绩效目标任务，作为二级指标具体内容，进行指标赋分，设定评分标准，每项赋分原则上最高不超过3分，最低不低于1分。

第七条 领导班子建设一级指标由“思想政治建设”、“能力建设”、“科学民主决策”、“干部队伍建设”、“作风建设”和“党风廉政建设”等六项构成，共30分。

各单位根据本细则规定分解细化形成本单位领导班子建设的年度绩效目标任务，作为二级指标具体内容，进行指标赋分，设定评分标准，每项赋分原则上最高不超过3分，最低不低于1分。

第三章　绩效目标审核、分解与调整

第八条 各单位制定的《任务书》和《量化表》，经绩效办初审、公示、成员单位联席会议审议、领导小组审定后，由分管部领导与单位主要负责人签署。其中B类单位《任务书》和《量化表》，先由总督察办统一审查后，再提交绩效办进行初审。

《任务书》和《量化表》的起草、签署和下达，原则上在当年3月底前完成。文本一式三份，分管部领导、本单位、绩效办各保存一份。

第九条 各单位应按照签署的《任务书》、《量化表》内容和要求，把年度绩效目标进一步分解细化到单位所属部门和责任人，明确其进度计划、完成时限、工作质量、预期效果等要求，建立和完善绩效管理工作机制，保证年度绩效目标任务的全面完成。

第十条 年度绩效目标出现以下两种特殊情况可以调整：

（一）党中央、国务院以及部党组临时部署重点工作；

（二）因重大客观原因造成原绩效目标无法正常实施的。

各单位需要调整年度绩效目标的，须在当年10月31日前提出书面申请并说明理由，报领导小组审定同意后方可调整。10月31日以后，发生突发事件对绩效目标实现产生重大影响的情况，可在年终评估前以书面报告形式向领导小组作出说明。

调整后的年度绩效目标应重新进行指标赋分，并设定评分标准。

第四章 过程管理

第十一条 过程管理包括目标设定评估、重点工作进程评估和履职效能评估。

第十二条 目标设定评估是指对各单位《任务书》和《量化表》中年度绩效目标制定和上报情况的评估，由绩效办组织进行，采取倒扣分的方式，扣分总和不超过100分。评估结果提交成员单位联席会议审核，形成目标设定评估扣分。具体标准如下：

1.《任务书》和《量化表》中二级指标规定列入的项目，如没有列入，每项扣5分；

2.《量化表》中各项二级指标确定的分值不合理的，每项扣5分；

3.《任务书》和《量化表》不按时上报的，扣10分。

计分方法如下：

目标设定评估分数=100分－目标设定评估扣分。

第十三条 重点工作进程评估是指对各单位职责履行绩效目标中重点工作任务完成情况的动态评估。

A类单位依据《任务书》和《量化表》中的“重点工作任务”所列的二级指标内容以及上级临时安排的重点工作，分解形成月度重点工作计划并报办公厅，由办公厅会同绩效办制定具体评估标准，每月评估一次。

B、C类单位《任务书》和《量化表》中所列各项年度重点工作任务的完成情况，分别由总督察办、绩效办会同有关单位进行评估，年中进行一次。

第十四条 履职效能评估是指对各单位职责履行绩效目标任务实施过程的效率效能情况的评估，由办公厅、总督察办、财务司分别会同绩效办制定具体评估标准，采取倒扣分的方式进行，每季度评估一次。单项年度扣分总额不超过此项指标赋分值，扣分总和不超过100分。具体内容如下：

（一）A类单位

1. 重要事项通报规定执行情况（10分）；

2. 督查事项办理情况（30分）；

3. 公文计划执行及起草公文返回修改情况（10分）；

4. 宣传和政务信息提交情况（20分）；

5. 会议、调研、检查计划执行情况（30分）。

（二）B、C类单位

1. 财务管理情况（50分）；

2. 宣传和信息情况（20分）；

3. 档案管理情况（10分）；

4. 保密工作情况（10分）；

5. 安全生产、综合治理情况（10分）。

办公厅负责对A类和C类单位进行履职效能评估，总督察办负责对B类单位进行履职效能评估。其中，B类和C类单位中财务管理情况由财务司负责进行履职效能评估。评估结果分别于当季结束后5个工作日内提交绩效办进行汇总，形成履职效能评估扣分。计分方法如下：

履职效能评估分数=100分－履职效能评估扣分。

第五章　年终评估

第十五条　年终评估工作在领导小组领导下，由绩效办制定工作方案组织开展。成立若干评估小组，每个评估小组由3至5人组成，评估小组组长由成员单位司局级负责同志担任，成员从相关单位抽调组成。

年终评估采取基础评价、领导评价、群众测评和外部测评等方式进行。

第十六条　各单位依据《任务书》和《量化表》，对绩效管理情况进行自我评估，形成年度绩效管理报告，报送绩效办。报告内容应当包括各项绩效目标任务完成情况、取得的成效和经验、存在的主要问题和绩效目标未能实现的原因分析、改进措施及自评分数等。

第十七条　基础评价由评估小组依据《任务书》和《量化表》对各单位年度绩效目标任务完成情况及效果进行评价。评估小组在各单位自我评估的基础上逐项进行复核评估，形成评价分数，并向绩效办提交书面评价报告。

第十八条　领导评价由部长、党组书记、国家土地总督察和分管部领导分别对各单位和所分管单位年度绩效管理目标任务完成的总体情况进行评价，其中部长、党组书记、国家土地总督察占60%权重；分管部领导占40%权重。

第十九条　群众测评由所在单位的干部职工或代表对各单位年度绩效目标任务完成的总体情况进行测评。

各单位年度绩效管理报告应在本单位公示5个工作日。在此基础上，评估小组组织所在单位的干部职工或代表根据《绩效管理群众测评表》的具体内容和要求进行测评。

第二十条　外部测评由相关评价主体分别对各单位绩效管理总体情况进行测评。各外部测评主体按照绩效办以正式函件发送的《绩效管理外部测评表》及相关要求对照填写，于7个工作日内将测评结果书面反馈绩效办。

第六章 年度评估

第二十一条 创优与创新评估由创优奖励和创新奖励构成，采取加分方式，加分项目只限列入《任务书》和《量化表》中的内容。一年内同项内容获得多次加分条件的，按最高等级加分，不重复计算。创优奖励和创新奖励加分分别不得超过5分，总计不得超过10分。

（一）创优奖励标准

1. 获得党中央、国务院表彰的集体奖项的单位一次加5分，获得个人奖项的所在单位一次加3分。

2. 获得《关于公布行政等系统中央单位评比达标表彰活动保留项目的通告》或《关于公布党群等系统中央单位评比达标表彰活动保留项目的通告》中的表彰奖励的，对主要完成单位一次加3分；以单位名义获得的，一次加2分；以内设机构名义获得的，一次加1.5分；获得个人奖项的所在单位一次加1分。

3. 获得国土资源部表彰奖励的集体奖项的单位，一次加1.5分；以内设处室名义获得的，一次加0.5分；获得个人奖项的所在单位，一次加0.5分。

4. 获得“国土资源部绩效管理标兵单位荣誉称号”的单位一次加2分。

表彰奖励若有奖励等级的，只计算前三等，一等奖按以上标准得满分，二等奖、三等奖分别按满分的80%和60%计分。因表彰奖励颁发较晚，未能列入当年加分的，可延续至次年作为加分依据。

（二）创新奖励标准

完成的工作有特色、有创新、有成效，受到中央领导同志批示提出表扬、表彰的，一次加5分；获得部领导肯定性批示的，一次加1分；在党中央、国务院全国性会议作经验交流介绍的，一次加2分；在中央和国家机关各部委全国性会议作经验交流介绍的，一次加 1.5 分；在部相关会议作经验交流介绍的，一次加1分；被中央主流媒体宣传报道的，一次加 0.5 分。

（三）评估程序

评估小组对各单位创优奖励和创新奖励加分情况进行评估，确定加分分数，于次年 1 月 20 日前提交绩效办汇总。

第二十二条 违规与违纪评估采取减分方式，总计不超过 10 分。

（一）违规违纪减分标准

1. 发生违法案件被追究刑事责任的，一次减 10 分，该单位年度评估不得评为良好及以上档次。

2. 发生违规违纪情况受到责任追究的，一次减 5 分，该单位年度评估不得评为优秀档次。

3. 发生信访举报，经查属实，或发生其他违纪行为，情节较轻，构不成党纪、政纪处分的，一次减 3 分。

被处分人员有工作岗位变动的，对其主要错误事实发生时所在单位给予相应减分。

（二）评估程序

驻部纪检组监察局会同直属机关纪委对各单位违反法律法规和党纪政纪规定被追究责任的情况进行评估，确定减分分数，于次年 1 月 20 日前提交绩效办汇总。

第二十三条 年度评估主要由过程管理和年终评估组成，分别占 40% 和 60% 权重。评估结果按百分制计。计分方法如下：

年度评估总分 =（目标设定评估分数 ×20%+ 重点工作进程评估分数 ×50%+ 履职效能评估分数 ×30%）×40%+（基础评价分数 ×40%+ 领导评价分数 ×30%+ 群众测评分数 ×20%+ 外部测评分数 ×10%）×60%+ 创优与创新加分 − 违规与失职减分。

第七章　绩效结果运用与改进

第二十四条　绩效办根据各单位年度绩效管理总体情况和年度评估结果形成反馈意见，由分管部领导或委托人事司以适当形式向各单位反馈。

各单位对评估结果如有异议，在收到评估结果之日起5个工作日内，可向驻部纪检组监察局书面提出复核申请。驻部纪检组监察局应当在收到复核申请5个工作日内作出是否受理的决定，不予受理的，需向复核申请单位说明理由；予以受理的，应组织开展相关调查，并在15个工作日内将调查结果报领导小组复核决定。

第二十五条　年度评估结果为优秀的单位，授予“国土资源部绩效管理先进单位”荣誉称号，其主要负责人年度考核评定为优秀等次。连续3年为优秀等次的，授予“国土资源部绩效管理标兵单位”荣誉称号，在下年度绩效评估中予以加分奖励。

年度评估结果为良好的单位，其主要负责人年度考核具有被评定为优秀等次的资格。

年度评估结果为达标的单位，其主要负责人年度考核原则上不得评定为优秀等次。

年度评估结果为不达标的单位，其主要负责人年度考核不得评定为优秀等次，并应向领导小组提交书面报告，由分管部领导或委托人事司对领导班子进行诫勉谈话。必要时，对领导班子作相应调整。

年度评估结果为达标等次但排在末位（以机关司局、督察局、事业单位为单元分别排序）的单位，由分管部领导或委托人事司对其主要负责人进行提醒谈话。

第二十六条　各单位根据反馈意见，重点针对本单位绩效管理中存在的问题和困难，提出改进措施和意见，形成绩效管理改进报告，于15个工作日内上报领导小组，作为下一年度绩效评估的依据。

国土资源部干部年度考核暂行办法

第一章　总　则

第一条　为深入贯彻落实科学发展观，加快构建保障和促进科学发展新机制，进一步改进和完善干部考核工作，根据《中华人民共和国公务员法》、《党政领导干部选拔任用工作条例》、《关于建立促进科学发展的党政领导班子和领导干部考核评价机制的意见》、《党政领导班子和领导干部年度考核办法（试行）》、《公务员考核规定（试行）》和有关规定，制定本办法。

第二条　本办法适用于对部机关各职能司局、国家土地总督察办公室、机关党委、离退休干部局公务员，各派驻地方的国家土地督察局公务员，以及部直属事业单位局级干部的考核。

第三条　考核工作按照有利于促进科学发展，有利于提升干部综合素质，坚持德才兼备、以德为先，注重实绩、群众公认，客观公正、简便易行的原则，实行领导与群众相结合、平时与定期相结合、定性与定量相结合，按照规定的权限、条件、标准和程序执行。

第四条　考核工作在部党组领导下，由考核委员会具体组织实施。考核委员会由党组书记、部长、国家土地总督察任主任，分管人事工作的副部长和驻部纪检组组长任副主任，办公厅、国家土地总督察办公室、财务司、人事司、机关党委、驻部纪检组监察局主要负责人任成员。考核委员会办公室（以下简称考核办）设在人事司。

第二章　考核内容与方式

第五条　干部年度考核，以其职位职责和所承担的工作任务为基本依据，全面考核德、能、勤、绩、廉，重点考核工作实绩。

第六条　干部年度考核采取总结述职，主管领导综合评分和本单位干部民主测评的方式，与年度绩效评估同步部署实施。

根据岗位职责不同，将各司局（督察局、事业单位）年度绩效评估结果按不同权重分别与主要负责人、其他领导班子成员及其他局级干部考核结果直接挂钩。

部机关各司局（督察局）处级以下干部的考核，应以日常工作完成情况为基本依据，由各司局（督察局）成立考核小组，按照部印发的年度考核实施方案组织进行。

第三章　考核程序

第七条　局级干部年度考核按照下列程序进行：

（一）工作总结。各司局（督察局、事业单位）领导班子和局级干部应在充分征求干部群众意见的基础上，根据年度考核内容及要求，撰写领导班子年度工作总结，经领导班子集体审定；局级干部个人撰写述职报告，经主要负责人审阅。领导班子年度工作总结和局级干部述职报告应采取适当方式提前在本司局（督察局、事业单位）全体干部范围内进行公示。

（二）述职测评。召开本司局（督察局、事业单位）全体干部或干部代表参加的会议，主管领导参加，考核委员会派人参加并组织开展民主测评。会议由主要负责人主持并作领导班子年度工作总结和个人述职报告，其他局级干部作个人述职报告或书面述职。在总结述职的基础上，开展年度考核测评。

部机关各司局局级干部由主管领导进行综合评分，本司局干部进行民主测评。

督察局、事业单位主要负责人由主管领导进行综合评分，其他局级干部由主要负责人逐人进行综合评分（直属事业单位党政分设的，由党政主要负责人分别逐人进行综合评分）；本督察局（事业单位）全体干部或干部代表进行民主测评。

（三）确定考核结果。考核办根据各单位年度绩效评估结果和局级干部考核得分，综合分析提出局级干部年度考核结果建议，经部考核委员会审核后提交部党组审定。对拟定为优秀等次的，由部考核委员会办公室征求驻部纪检组监察局意见，并在一定范围内公示，公示时间为5个工作日。

第八条 部机关各司局（督察局）处级以下公务员的年度考核总结述职、民主测评，由各司局（督察局）考核小组组织进行。

第九条 年度考核结果分为优秀、称职、基本称职和不称职四个等次，以干部年度考核得分为基本依据。局级干部年度考核得分按单位年度绩效评估结果、领导综合评分、群众民主测评分别占不同比例加权汇总，主要负责人考核得分按分别占70%、20%、10%加权汇总，其他领导班子成员考核得分按分别占60%、20%、20%加权汇总，其他局级干部考核得分按分别占50%、30%、20%加权汇总。

处级干部年度考核得分按领导综合评分、群众民主测评分别占30%、70%加权汇总。

单位年度绩效评估被评定为优秀档次的，主要负责人年度考核评定为优秀等次；单位年度绩效评估结果为90分以上的，其主要负责人具有被评定为优秀等次的资格。

个人考核得分90分以上的，具有被评定为优秀等次的资格；70分以上的，具有被评定为称职等次的资格；60至69分之间的，评定为基本称职等次；59分及以下的，评定为不称职等次。

考核期内，被考核司局（督察局、事业单位）在党风廉政建设、干部选拔任用、保密、财务管理、综合治理、安全生产等方面出现重大问题并经查实的，负主要责任和直接责任的领导班子成员不得评定为优秀。督察局发生《国家土地督察局主要负责人因工作失误回京向总督察深刻检查的若干规定》规定情形的，主要负责人年度考核结果不得评定为优秀。

第十条 处级以下公务员年度考核优秀等次人数，一般掌握在本司局（督察局）参加年度考核处级以下公务员总人数的15%以内。

考核办根据各司局（督察局）年度绩效评估结果，按照优秀等次人数最高不超过20%的比例，提出增加处级以下公务员优秀等次名额分配建议，经考核委员会审核后执行。

各司局（督察局）根据考核委员会确定的名额，提出处级以下干部年度考核结果建议，经领导班子集体研究后报考核委员会审定。对拟定为优秀等次的，由考核办征求驻部纪检组监察局意见，并在一定范围内进行公示。

第四章 考核结果的反馈和使用

第十一条 局级干部年度考核结果，由主管领导或委托人事司，与年度绩效评估结果一并进行反馈。主要负责人的年度考核结果直接向本人进行反馈；其他局级干部的年度考核结果，可通过主要负责人进行反馈，也可分别向本人进行反馈。

各单位应当根据反馈的考核意见，结合领导班子民主生活会，认真总结经验，开展批评与自我批评，提出整改措施。

部机关各司局（督察局）负责对处级以下干部年度考核结果进行反馈。

第十二条 年度考核结果和绩效评估结果共同作为加强领导班子建设和干部选拔任用、培养教育、管理监督和激励约束的重要依据。

第十三条 年度考核结果的使用。

（一）对在年度考核民主测评中基本称职和不称职合计得票率超过三分之一、经组织考核认定为不胜任现职岗位的局级干部，应当进行诫勉谈话或者组织调整。

（二）对在年度考核民主测评中不称职得票率超过三分之一、经组织考核认定为不称职的局级干部，视具体情况分别作出免职、责令辞职、降职等组织处理。

（三）领导干部除上述情形及部机关各司局（督察局）处级以下干部年度考核结果的使用，按照国家和部有关规定办理。

第十四条 部机关各司局（督察局）公务员填写《公务员年度考核登记表》，部直属事业单位领导干部填写《事业单位领导干部年度考核登记表》，存入干部个人档案。

第五章 附 则

第十五条 中国地质调查局所属事业单位领导班子和领导干部的考核办法由地调局另行制定。

第十六条 本办法由人事司负责解释。

第十七条 本办法自印发之日起施行，《国土资源部机关公务员考核暂行办法》、《派驻地方的国家土地督察局领导班子和领导干部考核办法（试行）》、《国土资源部直属事业单位领导班子和领导干部考核办法（试行）》同时废止。

国土资源部关于进一步推进依法行政实现国土资源管理法治化的意见

国土资发〔2011〕186号

各省、自治区、直辖市及副省级城市国土资源主管部门，新疆生产建设兵团国土资源局，解放军土地管理局，国家海洋局，国家测绘地理信息局，中国地质调查局及部其他直属单位，各派驻地方的国家土地督察局，部机关各司局：

为贯彻落实依法治国基本方略，做好新形势下的国土资源管理依法行政工作，实现国土资源管理法治化，根据《国务院关于加强法治政府建设的意见》(国发〔2010〕33号)，提出以下意见。

一、进一步强化依法行政意识和能力

1. 进一步推进国土资源管理依法行政的重要性和紧迫性。国土资源部党组始终高度重视依法行政工作，把依法行政作为建部兴业的重要举措，作为关系国土资源改革与发展、具有全局意义的大事来抓。近年来，在全系统的共同努力下，具有国土资源特色的依法行政制度框架体系初步形成，国土资源法律体系基本建立，全系统领导干部依法行政意识能力大幅提升，行政权力运行日益规范，执法监督不断强化，国土资源管理依法行政取得明显成效。

当前，工业化、城镇化和农业现代化的同步快速推进，经济社会发展对资源的需求量不断增长，资源供需矛盾已经成为制约经济发展的重大问题，土地和矿产资源作为重要的生产资料，稀缺性和不可再生性更加凸显。资源配置不仅关系到公平正义原则的实现，也关系到社会主义市场经济体制的建立，还关系到国土资源领域的党风廉政建设。国土资源不但关系国家粮食安全、经济安全，更关系国家社会安全。面对复杂的形势，必须把依法行政纳入国土资源管理工作全局当中来谋划，在保障发展中不断完善国土资源管理制度体系，来提高服务和监管的水平；在保护资源中充分发挥国土资源管理制度的管控作用，来提高资源利用的效率；在维护国土资源管理秩序当中树立国土资源管理法治权威，来遏制违法违规的势头；在保障群众的权益中彰显国土资源执法的良好形象，来提高国土资源管理的公信力。

2. 进一步推进国土资源管理依法行政的指导思想和目标。进一步推进国土资源管理依法行政必须以邓小平理论和“三个代表”重要思想为指导，深入贯彻落实科学发展观，解放思想，改革创新，全面贯彻落实《国务院关于加强法治政府建设的意见》，以实现国土资源管理法治化为目标，健全决策程序，规范行政行为，强化行政监督，继续推进依法科学民主决策，不断深化行政审批制度改革，加快推进财政预算资金分配使用管理改革，推动保障和促进科学发展新机制的形成，促进经济社会全面协调可持续发展。

3. 提升国土资源管理系统工作人员特别是领导干部的依法行政意识和能力。领导干部依法行政意识和能力的提升，直接影响国土资源管理系统推进依法行政的成效。各级国土资源主管部门要高度重视国土资源工作人员特别是领导干部的依法行政意识和能力的培养，树立法治理念、弘扬法治精神、培育法治文化。国土资源工作人员特别是领导干部要深入学习宪法、深入学习社会主义法律体系，充分掌握应知应会的法律知识，增强学法、遵法、守法、用法的观念。深入学习《行政强制法》、《行政许可法》等重要行政法律，使全系统干部熟悉行政程序，提高尊重程序、遵守程序、运用程序的自觉性。完善国土资源领导干部集体学法、法制讲座学法等制度；积极开展法律知识培训工作，把法律法规学习课程纳入全系统各类培训中，建立干部任职前法律培训和考试制度，建立国土资源法律法规知识题库，切实提高运用法治思维和法律手段解决国土资源管理中突出问题和矛盾的能力；定期进行对国土资源工作人员特别是领导干部推进依法行政工作的考核，重视选拔任用依法行政意识强、善于用法律手段解决问题、推动国土资源管理法治化的优秀干部。

4. 健全推进依法行政的领导体制和机制。各级国土资源主管部门要建立由主要负责人牵头、法制机构组织、各业务机构承担的依法行政体制。每年至少听取两次依法行政工作汇报，及时掌握和解决存在的突出问题，研究部署下一阶段工作和任务，必须保障依法行政工作经费。建立依法行政工作考核机制，将考核结果作为领导班子和领导干部综合考核评价的重要内容。

5. 转变国土资源管理职能。各级国土资源主管部门要依法履行经济调节、市场监管、社会管理、公共服务等职能。凡是公民、法人和其他组织能够自行管理或市场竞争机制能够自行调节的、行业组织或者中介机构通过自律能够解决的事项，不要通过行政管理方式解决，从而确保政府职能不缺位、不越位、不错位。要按照建设法治政府的要求，不断创新行政管理方式。科学合理划分审批权限，不断减少行政审批事项，提高行政管理效能。

二、推进依法科学民主决策

6. 健全国土资源决策程序。各级国土资源主管部门要加强行政决策程序建设，健全国土资源重大事项集体决策制度，完善内部会审制度和听证制度，落实重大决策合法性审查和专家咨询论证制度，引入竞争性项目社会评审机制，提高决策效力，推进决策科学化、民主化、法治化。重大事项应当集体讨论决策的，个人不得擅自决策。要把公众参与、专家论证、风险评估、合法性审查和集体讨论决策作为重大决策的必经程序。作出行政决策前，要广泛听取、充分吸收各方意见，意见采纳情况及其理由要以适当形式反馈或者公布。重大决策事项要经部门常务会议或者领导班子集体讨论决定的，必须在会前或者讨论前交由法制工作机构进行合法性审查，未经合法性审查或者审查未通过的，不能提交会议讨论、作出决策。

7. 建立国土资源行政决策风险评估机制。凡涉及人民群众切身利益、影响面广、容易引起社会不稳定问题的国土资源管理重大项目、重大改革措施、重大资金分配使用、重大政策文件出台等决策事项，都要进行合理性、可行性和安全性评估，重点对资源环境承载力、资源节约集约利用和资源利用可持续、社会稳定、廉政风险等方面进行评估，了解政策的预期效果、对公众的影响以及风险成本等，制定相应的化解处置预案。建立专家论证、公众参与、专业机构测评相结合的国土资源行政决策风险评估工作制度，建立调查论证、会商分析、综合研判的国土资源重大决策风险化解机制。风险评估结果应作为国土资源行政决策的重要依据。

8. 全面落实国土资源听证制度。依照法律法规规定应当组织听证的必须按照公正、公平、公开、便民的原则组织听证。规范听证程序，严格按照法定时限和程序组织听证，听证参加人要有广泛的代表性，利益相关人必须占大多数。强化听证效力，对涉及相对人重大利益的，多数听证代表持反对意见的，决策要慎重，要认真组织研究听证意见，不予采纳的要说明理由，并及时向上级汇报听证情况及意见采纳情况，将听证结果作为决策的备查材料。县级以上国土资源主管部门除依法应当组织听证的以外，对涉及相对人直接利益的土地整治规划、城乡建设用地增减挂钩、矿区整合等重大事项，也要逐步推行听证。

9. 完善国土资源法律法规体系。制定国土资源管理规章和规范性文件要严格遵守法定权限和程序，积极完善公众参与的制度和机制。国土资源部门规章和规范性文件，除依法需要保密及应急性的事项外，应当采取听证会、座谈会、互联网等多种方式向社会公众公开征求意见，并以适当方式反馈意见采纳情况。要积极开展国土资源法律法规体系框架的统筹研究，实行项目储备。加强项目计划管理，强化进度管控，实行中期通报和年终总结制度。建立将成熟的规范性文件及时上升为规章的机制。要及时将国土资源管理改革的成功经验上升为制度措施，加强重点领域和关键环节的立法，提高立法质量，完善国土资源法律体系。

10. 建立规章和规范性文件“实时清理、自动更新”机制。法规清理是对国土资源管理水平的直接检验和评估。县级以上国土资源主管部门要根据立法机关的要求，认真开展法规清理工作，建立主动清理、定期清理和专项清理相结合的清理工作机制。清理工作结束后，应当将清理结果以部门规章、规范性文件等适当形式通过报刊、网站等媒介及时向社会公布。起草新的法规、规章草案和规范性文件时，要对已经发布的相关文件进行梳理，研究新文件与以往文件的逻辑关系，提出对以往文件的处理意见，实现“实时清理”。探索建立法规编纂工作制度。将现行有效的规章和继续有效的规范性文件汇编成册，作为国土资源管理工作的法定文本。建立国土资源法律法规数据库，将涉及国土资源管理的法律、行政法规、规范性文件纳入数据库，并进行适时更新。

11. 加强规范性文件管理。各级国土资源主管部门要严格按照法定权限和程序制定规范性文件，规范性文件不得创设行政许可、行政强制、行政处罚、行政审批等事项，不得违法作出限制公民、法人、其他组织权利和增设义务的决定。科学管理规范性文件发文计划，重要的规范性文件要公开征求意见。建立规范性文件有效期制度，新出台的规范性文件必须规定有效期，一般不得超过 5 年。建立规范性文件备案制度，县级以上地方国土资源主管部门应当在规范性文件发布后一个月内报上一级国土资源主管部门备案。探索建立规范性文件统一登记、统一编号、统一发布的“三统一”制度。完善规范性文件合法性审查制度，新出台的规范性文件必须由法制工作机构对文件的合法性、合理性、可行性进行审查，需要会议讨论审议的，应在会前由法制工作机构进行合法性审查，对于超越法定权限，设定行政许可和行政审批事项，增设公民、法人和其他组织义务的，不予审查通过。经审查通过的规范性文件，部门负责同志方可签署。规范法律、行政法规和规章应用解释工作，积极配合立法机关解释活动，建立行政管理相对人、专家学者、社会中介机构等多渠道解释事项收集制度，做好对规章的立法解释、对法律法规适用的行政解释和对国土资源管理工作的指导性意见等三类解释工作，并由法制工作机构按照专门类别统一解释、统一编号、定期发布。

12. 推进规章和规范性文件后评估制度。落实《国土资源部规章和规范性文件后评估办法》，全面建立规章和规范性文件后评估制度，评估结果要作为国土资源立法和制定政策的重要依据。各级国土资源管理部门应当对经济社会发展影响较大、群众反映强烈的规章和规范性文件的制度设计、实施效果、立法质量、存在问题等进行全面评估。对直接关系人民群众切身利益或对经济社会发展有较大影响、群众反映强烈的规章实施满 2 年的，必须进行评估。评估绩效报告应作为修改或者废止规章、完善配套制度和改进行政执法工作的主要依据，要向社会公开发布。要根据评估结果确定下一年度的发文计划，科学推进规章和规范性文件的“立、改、废”。

三、深化行政审批制度改革

13. 深化行政审批制度改革的总体要求。要进一步减少行政审批事项，下放审批权限，规范审批程序，提高审批效率，逐步推广审批集中和批、管分离，推动行政审批工作的精细化、标准化。强化国土资源主管部门的市场监管和公共服务职能，着力解决“重审批轻监管”等问题。进一步发挥市场配置资源的主体作用，切实转变行政管理职能和资源配置方式。加快建立全国规则统一、程序科学、公开透明的土地资源有形交易市场。

14. 规范建设用地使用权和矿业权交易行为。进一步完善建设用地使用权招标拍卖挂牌制度，逐步扩大范围、规范程序。推进招标拍卖挂牌方式出让建设用地使用权和新设矿业权，深化土地和矿业权审批制度改革，严格实行审批接办分离、网上报批、联网审查、集体会审、限时办结、结果公开，接受社会监督。深入治理土地交易过程中串标、设定限制条件和门槛、商业关联交易等违法违规问题，解决矿业权出让公开竞争制度不健全、交易制度不完善、监管不到位等问题。积极推进建设用地使用权和矿业权网上交易和网上监管，建立矿业权交易制度，依法规范交易活动。进一步加大土地出让后的监管力度，建设用地出让后，必须依法管控，不得擅自调整修改容积率指标等土地出让条件，依法改变土地用途和调整容积率指标的，应依法按照市场价格补缴土地出让价款。强化土地和矿业权市场动态监测监管，完善和深化土地“批、供、用、补、查”信息监管系统。

15. 大力推进政务公开。加大国土资源政府信息公开力度，坚持以公开为原则、不公开为例外，确定公开事项，制定公开目录，设立公开标准。及时公开规章制度和规范性文件，每年公布现行有效的规章和继续有效的规范性文件目录，未公开的规章和规范性文件不得作为行政执法依据；重点公开国土资源主管部门财政预算、重大建设项目批准和实施、规划计划执行情况、重要业务进展情况、重要统计数据及具有重大社会影响和需广大公众参与的政府信息；全面公开办事依据、条件、要求、过程和结果。充分利用电子政务系统和门户网站提高公共查询服务水平，提供土地登记资料、地质资料和行政审批结果等信息资料的公开查询，建立国土资源便民统一查询平台系统，实现国土资源信息查询的互联互通，促进国土资源信息资料查询的集群化产业化发展。建立健全信息公开的监督和保障机制，针对政府信息公开范围、公开内容、公开方式、公开时间等定期开展评议考核。

16. 加强资源市场中介机构管理。积极引导资源市场中介机构健康发展，鼓励中介机构为国土资源技术业务提供支撑。加强对行业协会以及土地整理、土地估价、储量评审和矿业权评估等中介机构的管理，严格行业资质、加强行业建设、规范行业行为，应当由行业协会承担的必须交由其承担。尽快制定资源市场中介机构管理的法规规章，规范业务范围、从业人员资格、资金管理等。加快制定土地估价管理办法和矿业权评估行业管理办法，建立中介机构廉洁从业和诚信档案，加大中介机构和从业人员违法违规的责任追究力度。严禁各级国土资源主管部门工作人员在经营性事业单位或中介机构交叉任职，切实做好政企分开、管办分离。

四、推进财政预算资金分配使用管理改革

17. 规范财政预算资金的分配。各级预算单位要依法科学合理地编制预算，努力提高资金使用效率。严格按照程序编制预算，重大预算项目必须提交集体讨论、民主决策。专项资金的分配必须公正公开、依据充分、用途明确，严格按照规定编制预算细化方案，如需调整预算项目及经费必须报经有关部门核批。

18. 提高财政预算资金使用效率。严格按照预算法及现行有关财务制度使用各类预算资金，保证项目顺利实施，合理使用资金，努力提高效率。探索建立资金特别是重大专项财政预算资金使用效益评价机制，研究制定重大专项资金使用效率考核指标体系和具体标准，推进项目绩效考核。建立资金分配和使用奖惩制度，将财政预算资金使用考核评估结果与今后预算资金的分配相挂钩。

19. 加强财政预算资金的分配使用监管。加强对土地整治、中低产田改造、基本农田保护、地质找矿、矿山环境治理、资源节约利用、境外勘查开采、地质灾害防治、科技项目等方面的资金使用监督。对新增建设用地的土地有偿使用费、探矿权和采矿权价款、矿产资源补偿费等

专项收入安排的财政专项资金和部门预算执行情况，要进一步加强审计。进一步完善内部财务审计、领导干部人员经济责任审计和离任审计制度，积极推进行政问责制，严肃追究各类财经违法行为，促进国土资源反腐倡廉建设。各级国土资源主管部门要支持配合审计、监察等部门依法独立行使监督权。

五、规范执法行为

20. 完善执法程序。建立健全立案、回避、调查取证、告知、审查、送达等执法程序，加强程序制度建设。严格依照执法程序办事，按行政强制法、行政处罚法等规定，依法应当回避、告知、听证的，必须履行有关程序。规范执法裁量权行使，建立国土资源行政裁量权基准制度，合理细化自由裁量权情形、科学量化自由裁量权权限，制定自由裁量权适用范围和规则，严格限制裁量权的行使。加强执法程序监督，作出行政处罚或行政强制前，必须由法制部门对其是否存在程序瑕疵进行审核。

21. 提高执法能力。各级国土资源主管部门要“敢于碰硬，不怕得罪人”，做到严格执法、规范执法、公正执法、文明执法，切实保障当事人合法权益，坚持程序和实体并重。加强国土资源执法队伍建设，严格执法人员资格管理，全面提高执法人员素质。改进和创新执法方式，坚持管理和服务并重、处置和疏导结合，实现法律效果与社会效果的统一。运用高科技手段执法，探索违法线索网上举报、执法流程网上管理，提高执法效率和规范化水平。

22. 规范查处行为。根据法律法规规定的“立、改、废”情况，及时对执法依据进行调整和梳理，制定国土资源违规违法行为立案查处标准，并及时向社会公开立案标准和执法依据。通过12336国土资源违法线索举报热线、来信来访等方式多渠道收集违法线索。国土资源违规违法案件查处必须做到事实清楚、证据确凿、定性准确、处理恰当、手续完备、适用法律法规正确、符合法定程序和法定职责权限，查处过程要公开透明，对重大、特别重大或者群众反映强烈、社会影响力大的案件要及时向社会通报查处过程和结果。

23. 健全社会矛盾纠纷调解机制。各级国土资源主管部门要充分发挥行政机关在化解社会矛盾纠纷中的作用，引导群众通过行政复议、司法诉讼、仲裁等渠道化解矛盾纠纷。建立健全征地补偿标准争议裁决机制，对征地补偿标准争议要先行协调，协调不成的，依法进行裁决。注重运用调解、和解等方式解决纠纷，完善国土资源行政调解制度，科学界定调解范围，规范调解程序。要主动排查国土资源管理工作中的矛盾纠纷隐患，对国土资源管理过程中涉及人数较多、影响较大、可能影响社会稳定的矛盾纠纷，要主动进行调解。

24. 强化行政复议在解决矛盾纠纷中的作用。充分发挥行政复议在解决矛盾纠纷中的作用和内部管理的层级监督作用，强化内部纠错机制。要及时依法公正作出复议决定，各级国土资源主管部门要严格执行行政复议决定，对拒不履行或者无正当理由拖延履行的，要依法严肃追究有关人员的责任。加强行政复议信息化建设，逐步实现复议决定的全国查询。探索开展相对集中的行政复议审理工作，强化行政复议委员会职责，完善工作机制，健全工作制度。完善行政应诉制度，积极配合人民法院的行政审判活动，建立行政机关负责人出庭应诉制度和行政诉讼旁听制度。

25. 严格国土资源行政问责。严格国土资源行政问责，坚持有错必纠、有责必问。对因有令不行、有禁不止、行政不作为、失职渎职、违法行政等行为，导致发生重大责任事故、事件或者严重违法行政案件的，要严肃追究有关领导的责任，督促和约束国土资源主管部门及其工作人员严格依法行使权力、履行职责。进一步完善国土资源行政执法评议考核制度，分解执法职责，细化执法标准。注重群众和舆论监督，认真做好国土资源行政应诉工作，严格行政问责。

六、加强监督和组织保障

26. 正确处理依法行政和改革创新的关系。依法行政需要不断改革创新，只有改革创新才能更好地推进依法行政，才能为依法行政提供不竭动力。依法行政为改革创新提供有效的制度保障，改革创新必须坚持依法行政，必须以依法行政为前提，不能突破现行政策法律规定。国土资源管理改革创新必须先行试点，储备政策制度。批准试点要严格按照有关规定，确保局部试点、封闭运行、规范管理、依法推进、结果可控，未经批准不得擅自开展试点或扩大试点范围。要在调查研究基础上不断调整试点方案和政策，校正试点偏差。在试点基础上取得的好的经验和做法要及时上升为政策法律，确保试点工作在依法行政基础上规范运行。

27. 加强依法行政督促检查。加强对推进依法行政工作的督促指导、监督检查和舆论宣传，定期对本单位推进依法行政工作进行考核，将依法行政要求纳入绩效管理指标体系，并将评估结果作为目标责任制考核的依据。建立依法行政定期检查制度，由省级国土资源主管部门组织对本省内的依法行政工作进行检查；每五年由国土资源部组织对全国的国土资源依法行政工作进行检查并通报检查结果。严格实行国土资源依法行政报告制度，每年应对依法行政工作进行总结，将总结情况向上级主管部门汇报。建立依法行政表彰批评机制，加强宣传依法行政工作典型经验。对推进依法行政工作的先进单位给予在重大资金项目安排、差别化土地利用政策、重大试点改革、建设用地指标等方面的政策支持，对个人可优先选拔任用并在年度考核、创先评优等活动中予以倾斜；要重视提拔使用依法行政意识强、善于用法律手段解决问题、推动国土资源管理法治化的优秀干部；对依法行政工作不力的单位要予以通报批评、减少建设用地指标、取消评优资格。

28. 建立健全国土资源法制机构和队伍建设。进一步加强市、县级国土资源主管部门法制机构和队伍建设，在地市级国土资源主管部门必须单独设立国土资源法制机构并配备必要的专业工作人员。加大国土资源法制干部的培养、使用和交流力度，不断增强干部法律意识、提高法律素养、提升依法行政能力和水平，要重视提拔政治素质高、法律素养好、工作能力强的法制干部。

29. 加强基层国土资源主管部门的建设。各级国土资源主管部门要结合五年规划实施情况，制定依法行政的年度工作计划与检查考核标准，每年定期开展依法行政检查和调研，开拓思路、创新方法。加强基层国土资源所的建设，强化职能定位，提高干部意识，抓紧落实和解决人员、编制、经费、设施等问题。

30. 建立健全“制度 + 科技”的工作机制。探索运用科技手段完善反腐倡廉建设协调机制，形成多方联动、上下互动的反腐倡廉工作格局。进一步加强国土资源信息化建设，健全完善全国土地利用“一张图”和土地“批、供、用、补、查”综合电子信息监管平台，将矿产资源勘查开采纳入遥感监测范围，利用“一张图”管地、管矿，健全完善“天上看、地上查、网上管”的国土资源综合监管体系。各级国土资源主管部门办公局域网都要把所有的监管内容定制到运行软件中，并在此基础上坚持系统信息公开。积极建立健全规则统一、程序科学、公开透明的土地和矿业权交易平台，变分散交易为集中交易，统一信息发布、交易规则和运作监管；推进行政审批标准化管理，坚持接办分离，网上报批、网上公布，建设统一的网上审批平台和电子监察系统。

各级国土资源主管部门要认真贯彻落实本意见，根据《国务院关于加强法治政府建设的意见》（国发〔2010〕33 号）精神，研究本地区今后一个时期加强国土资源管理依法行政工作的总体规划，明确工作任务、具体措施、完成时限和责任主体，确定重点、扎实推进、锐意进取，积极推进社会主义法治政府建设。

从发文之日起，本意见的有效期为 10 年。

二〇一一年十一月十八日

国土资源部办公厅关于印发《国土资源领域违法违规案件公开通报和挂牌督办办法》的通知

国土资厅发〔2011〕4号

各省、自治区、直辖市国土资源厅（国土环境资源厅、国土资源局、国土资源和房屋管理局、规划和国土资源管理局），解放军土地管理局，新疆生产建设兵团国土资源局，各派驻地方的国家土地督察局，中国地质调查局及部其他直属单位，部机关各司局：

《国土资源领域违法违规案件公开通报和挂牌督办办法》已经部领导批准，现予印发，请遵照执行。

二〇一一年一月十四日

国土资源领域违法违规案件公开通报和挂牌督办办法

第一条 为加大对国土资源领域违法违规案件的查办力度，推进依法行政、政务公开，强化执法监管，有效遏制国土资源领域违法违规行为，切实维护国土资源管理秩序，依据《中华人民共和国土地管理法》、《中华人民共和国矿产资源法》的有关规定，制定本办法。

第二条 本办法所称公开通报，是指国土资源部将部直接查处、挂牌督办或其他方式督促地方国土资源主管部门查处到位的重大、典型国土资源领域违法违规案情和处理结果向社会公开通告，并接受社会监督的一种行政措施。

本办法所称挂牌督办，是指国土资源部对重大、典型国土资源领域违法违规的办理提出明确要求，公开督促省级国土资源主管部门限期办理，并向社会公开办理结果，接受社会监督的一种行政措施。

第三条 符合下列条件之一的国土资源领域违法违规案件，可以挂牌督办：

（一）严重违反国家产业政策和土地供应法律法规的；

（二）公众反映强烈、影响社会稳定的；

（三）给国家、人民群众利益造成重大损害的；

（四）造成耕地大量毁坏，或者造成矿产资源严重破坏的；

（五）隐瞒不报、压案不查、久查不决、屡查屡犯的；

（六）其他需要挂牌督办的。

国土资源部挂牌督办的案件，经依规依法处理到位后，应当公开通报。

国土资源部、地方国土资源主管部门查处的符合上述条件（一）、（二）、（三）之一的案件，经依规依法处理到位后，可以公开通报。

第四条 国土资源部从12336举报电话、举报信件、举报电子邮件、领导批办、媒体反映和其他形式举报、司局业务工作中发现、地方国土资源主管部门上报、派驻地方的国家土地督察局上报等多种渠道，获取案件或案件线索。

第五条 相关业务司局发现案件或案件线索并认为应当公开通报或挂牌督办时，填写《建议公开通报的案件情况表》、《建议挂牌督办的案件线索情况表》并附相关材料，提交执法监察局。执法监察局对多种渠道获取的案件或案件线索进行筛选、核查，会同相关业务司局审核，提出拟公开通报和挂牌督办案件的建议，提交部长办公会议审议决定。

第六条 部将拟公开通报和挂牌督办的案件有关情况函告相关省级国土资源主管部门，请其对拟公开通报案件的违法违规主体、违法违规实施、处理情况等进行审核；对挂牌督办案件的违法违规主体、违法违规事实等进行审核。审核意见经省级国土资源主管部门加盖本部门印章、报告省级人民政府主管领导后报部。对于公开通报案件，审核意见应同时附行政处罚决定书及执行记录、党纪政纪处分决定书等相关法律文书。

对于省级国土资源主管部门提出的异议，部执法监察局审核提出意见，报部长办公会议决定。

第七条 国土资源部通过召开新闻发布会或其他方式，将公开通报和挂牌督办的案件向社会公开。公开的内容包括公开通报案件的违法违规事实和处理结果、挂牌督办案件的基本情况和《国土资源领域违法违规案件挂牌督办通知书》等。

第八条 《国土资源领域违法违规案件挂牌督办通知书》应包括下列内容：

（一）案件名称；

（二）违法违规主体和主要违法违规事实；

（三）督办要求；

（四）办结时限；

（五）联系人。

《国土资源领域违法违规案件挂牌督办通知书》于向社会公开当日向省级国土资源主管部门下达，并抄送监察部和相关省级人民政府办公厅、监察厅及派驻地方的国家土地督察局。

第九条 公开通报或挂牌督办案件向社会公开后，省级国土资源主管部门应及时向本省级人民政府分管领导报告。对于挂牌督办案件，按有关规定配合或会同有关部门进行调查处理，定期向国土资源部报告进展情况。调查处理意见于向社会公开之日起45日内报国土资源部，经国土资源部同意后，由省级国土资源主管部门负责督促落实，经国土资源部同意后，由省级国土资源主管部门负责督促落实，落实情况报国土资源部。

根据案件查处情况，国土资源部可以督促省级国土资源主管部门，国家土地督察局可以督促省级人民政府分别按照下列要求办理国土资源领域违法违规案件：

（一）责令停止国土资源领域违法违规行为；

（二）责令限期查处国土资源领域违法违规行为；

（三）责令履行国土资源管理法定义务；

（四）将违法违规主体违法情况记入国土资源诚信记录；

（五）对国土资源领域违法违规案件实施行政处罚；

（六）对有关责任人员建议追究党纪政纪责任；

（七）对涉嫌构成犯罪的，建议移送司法机关依法追究刑事责任。必要时，国土资源部可以派员进行现场督办。

第十条 挂牌督办案件的办结时限应当根据案件具体情况确定，一般不超过60日。重大或复杂案件，由省级国土资源主管部门向国土资源部提出书面申请，经批准后，可以适当延长办结时限，并在国土资源部门户网站上向社会公开。

第十一条 挂牌督办期间，国土资源部根据案件和社会影响程度，可以采取或要求相关的国土资源主管部门采取以下措施：

（一）暂缓受理、办理与本案有关的国土资源审批、登记事项；

（二）建议相关部门暂缓受理、办理与本案有关的审批、登记等事项；国家土地总督察根据案件和社会影响程度，可以约谈地方人民政府主要负责人或其他负责人。

第十二条 执法监察局对挂牌督办处理到位的案件落实情况进行审核后，报部领导批准，在国土资源部门户网站上向社会公开。

第十三条 省级国土资源主管部门未按时将挂牌督办案件依法依规处理到位，且未书面申请延长办理期限的，国土资源部可以对该案件进行直接办理，同时对该省级国土资源主管部门进行通报批评。

省级国土资源主管部门对拟公开通报的案件审核不严，造成严重后果的，对挂牌督办的案件相互推诿、办理不力或者弄虚作假的，国土资源部依法依规建议有关纪检监察机关追究相关人员责任。

第十四条 本办法适用于国土资源部公开通报和挂牌督办国土资源领域违法违规案件。

国土资源部商请检察机关、国务院其他有关部门实施联合公开通报和挂牌督办国土资源领域违法违规案件，可参照本办法执行。

地方各级国土资源主管部门实施公开通报和挂牌督办国土资源领域违法违规案件，可参照本办法执行。

第十五条 本办法自发布之日起实施。

国土资源部办公厅关于印发《国土资源部机关和土地督察局领导干部社会组织兼职管理办法》的通知

国土资厅发〔2011〕10号

部机关各司局，各派驻地方的国家土地督察局，中国地质调查局及部其他直属单位：

《国土资源部机关和土地督察局领导干部社会组织兼职管理办法》已经部研究通过，现予印发，请认真贯彻执行。

二〇一一年一月三十一日

国土资源部机关和土地督察局
领导干部社会组织兼职管理办法

第一条 为进一步加强对国土资源部机关和各驻派地方的国家土地督察局（以下简称部机关和土地督察局）处级以上干部兼任社会组织领导职务的管理，依据国务院办公厅《转发民政部关于清理整顿社会团体意见的通知》（国办发〔1997〕11号），中共中央办公厅、国务院办公厅《关于党政机关领导干部不兼任社会团体领导职务的通知》（中办发〔1998〕17号），《社会团体登记管理条例》（国务院令第250号），《基金会管理条例》（国务院令第400号）等有关规定，制定本办法。

第二条 本办法中社会组织是指业务主管单位为国土资源部的社会团体、基金会和其他社会团体、基金会、民办非企业单位，其领导职务是指社会组织的会长（理事长、主席）、副会长（副理事长、副主席）、秘书长、分会会长（主任委员）、副会长（副主任委员）。

第三条 部机关和土地督察局在职处级以上领导干部，原则上不得兼任社会组织（包括境外社会组织）领导职务。

第四条 部机关和土地督察局领导干部因特殊情况确需兼任社会组织领导职务的，须遵照以下规定执行：

（一）兼任要求。确因工作需要，领导干部本人又无其他兼职，且所兼任的领导职务与本职业务工作相关；兼任社会组织秘书长以上职务的应身体健康、能够坚持正常工作，任期一般不超过两届；领导干部不得同时兼任两个及两个以上社会组织的法定代表人。

（二）申报程序。因特殊情况，确需部机关领导干部兼任社团组织领导职务的，社会组织须事先书面报送部人事司，由人事司征求相关业务司局意见提出人选，并征得本人同意，按干部管理权限履行审批手续进行书面答复同意后，再按社会组织章程履行任职程序；部机关和土地督察局领导干部直接收到社会组织兼任领导职务邀请并认为有必要兼职的，须事先由所在司局报送人事司，由人事司按照干部管理权限履行审批手续后再兼任社会组织领导职务。

（三）申报材料。部机关和土地督察局领导干部报请兼任社会组织领导职务，需提交以下情况说明：

1. 社会组织的性质、任务和成立时间，批准社会组织成立的部门和业务主管部门。

2. 领导干部现任或原任职务、兼职的理由、是否兼任法定代表人、是否已在其他社会组织兼职。

3. 如领导干部现已兼任社会组织领导职务并需要续任的，需说明领导干部本人已兼职的时间和人气；如领导干部属新任社会组织会长（理事长）职务，需说明原任会长（理事长）不再兼任的原因。

4. 拟兼职社会组织领导职务的领导干部须填写《机关处级以上干部兼任社会团体领导职务审批表》一式三份，并附社会组织现任领导干部名单一式三份，社会组织章程和社会组织登记证书副本复印件各一份。

第五条 部机关和土地督察局领导干部已在社会组织有兼职（包括兼任社会组织非领导职务）的，不再批准兼任其他社会组织职务。确需兼任的，应先辞去已兼任的社会组织职务，并填写《机关处级以上干部兼任社会团体非领导职务备案表》，履行审批或备案手续。

第六条 兼任社会组织领导职务的部机关和土地督察局领导干部，要严格遵守社会组织章程和规定，认真履行领导岗位职责，不得领取社会组织的任何报酬。

第七条 部直属事业单位领导干部兼任社会组织领导职务参照本办

法执行。

第八条 本办法由国土资源部人事司负责解释。

第九条 本办法自公布之日起开始实行。

国土资源部办公厅关于进一步加强 12336 国土资源违法举报工作的通知

国土资厅发〔2011〕16 号

各省、自治区、直辖市国土资源厅（国土环境资源厅、国土资源局、国土资源和房屋管理局、规划和国土资源管理局），新疆生产建设兵团国土资源局：

12336 国土资源违法举报电话开通以来，在发现和受理违法违规线索、积极化解矛盾、严格国土资源执法、维护群众权益等方面取得明显成效，推动了国土资源领域违法违规行为“早发现、早报告、早处置”机制的建立完善。为进一步规范 12336 国土资源违法举报工作，持续推进国土资源执法监察信息平台建设，做到举报必接、违法必查，努力破解违法违规行为“发现难、制止难、查处难”问题，现就有关事项通知如下：

一、加强组织领导，确保 12336 国土资源违法举报电话畅通

（一）提高认识，保障有力。各级国土资源主管部门要高度重视，进一步增强责任感和紧迫感，充分发挥 12336 国土资源违法举报工作在

创新执法监察发现机制、维护群众合法权益和国土资源管理秩序等方面的重要作用。主要领导要亲自抓，主管领导要具体落实，相关职能机构要分工协作、齐抓共管，保证12336国土资源违法举报工作必需的装备、场地，安排专项经费，确定专人负责、专人接听；要加强与电信运营部门的沟通协调，及时排查问题，消除“盲区”，确保持续畅通。

（二）明确职责，发挥合力。各级国土资源执法监察部门负责做好12336国土资源违法举报工作的统筹、指导、协调，各级12336处理中心按分级负责原则，负责电话接听、记录、汇总、分析、提出初步处理意见、归档、研判等工作。部、省级国土资源执法监察部门和12336处理中心要加强规范、指导和培训，建立健全规章制度，抓好检查落实，开展年度考核，对违法违规线索处理到位、核查反馈及时的地区进行表彰，对违法违规线索数量大、核查反馈率低的地区开展督导整改。省级国土资源主管部门要对本辖区内违法违规线索核查、处理、反馈工作负总责。市、县级国土资源主管部门要及时做好违法违规线索统计汇总等工作，向上级国土资源主管部门及时提交违法违规线索核查报告。

二、建立健全制度，规范违法举报工作

（三）夯实基础，创新机制。市、县是12336举报工作第一线，要采取措施，切实提高市、县级12336国土资源违法举报工作的硬件装备水平和举报电话利用效率。部、省级国土资源执法监察部门和12336处理中心，指导市、县将违法违规线索核查、处理与日常巡查工作有机结合，合理调配人力、物力，对违法违规行为做到“早发现、早报告、早处置”。开展以违法违规行为信息报送、查处监察、情况反馈、汇总分析、信息保密等制度建设为主的“全流程建设”，提高12336国土资源违法举报工作的科学化、规范化程度。各级国土资源主管部门要建立快速反应和分类处理机制，及时制止情节严重、正在发生、可能危及社会稳定等方面的违法违规行为。对重大线索，部、省级国土资源主管部门

要挂牌督办或直查；对一般线索，省、市、县级国土资源主管部门要及时核查、处理和反馈。

（四）科技支撑，加强联动。加强信息化建设，做到方案设计统一、程序规范、传输便捷，为12336国土资源违法举报工作高效规范运行提供技术支撑。部负责制定信息化建设总体方案，在全面评估《国土资源违法线索管理信息系统》运行情况的基础上，抓好整体布局设计和数据资源整合，逐步做到部、省、市、县四级国土资源违法违规线索管理信息系统互联互通，并与全国“一张图”和国土资源综合信息监管平台互联互通。各级国土资源主管部门要积极推动违法举报相关工作网上运行和远程数据交换，提高信息化管理水平和服务能力，加大信息共享，减少重复举报，实现网上查询，提升违法违规线索核查、处理和反馈效率。

（五）强化监督，提高效率。各级国土资源主管部门要对12336国土资源违法举报工作开展监督检查，严格按时核查、处理和反馈。对一般线索，部12336处理中心应当在受理之日起3个工作日内，通过信息系统转至省级国土资源主管部门处理；省级国土资源主管部门收到转（交）办线索并进行审查后，应在5个工作日内转至市、县级国土资源主管部门处理。市、县级国土资源主管部门收到转（交）办线索后应及时组织核查，并在30日内上报调查处理结果。省级国土资源主管部门应当在3个月内将反馈信息录入信息系统。各级国土资源主管部门要对转（交）办线索加强督办，下级国土资源主管部门自查的，必须严格按要求制作、保存详细的电话接听记录、案件核查材料，上级国土资源主管部门将不定时抽查。对到期未反馈、经督促后仍不上报的，予以通报。对由于工作失误造成矛盾激化、后果严重的，应依法依纪追究相关人员的责任。

三、加强分析研判，服务国土资源管理工作

（六）定期分析，掌握动态。及时开展12336违法举报情况数据统计和综合分析。市、县级12336处理中心要按月、季度、半年、全年，向同级国土资源主管部门和上级国土资源主管部门提交违法违规线索统计表和分析报告，重要情况要及时向同级和上级国土资源主管部门作专项报告；省级12336处理中心要按月、季度、半年、全年形成违法违规线索统计表和分析报告，每月5日前经省级国土资源主管部门审核后报部；部按季度向国土资源管理系统或社会通报违法违规线索受理情况。

（七）深入研究，提出建议。各级国土资源执法监察部门和12336处理中心要针对违法举报反映的问题，查找国土资源管理制度设计中存在的不足和问题，深入研究，分析原因，向同级和上级国土资源主管部门提出改进国土资源管理、提升执法监管效能的意见和建议。针对12336举报电话反映的可能危及群众安全和社会稳定的苗头性、倾向性违法问题，各级国土资源主管部门要研究制定应急预案，及时予以解决。

四、开展宣传培训，提升违法举报工作水平

（八）加大宣传，打造品牌。各级国土资源主管部门要通过广播、电视、报刊等媒体广泛宣传12336举报电话，定期向社会通报违法违规线索处理情况，定期公开通报和挂牌督办违法案件，扩大12336举报电话的影响。要定期组织开展学习交流活动，宣传推广各地的好做法、好经验，做到相互促进、共同提高。

（九）开展培训，建强队伍。各级国土资源主管部门要对12336国土资源违法举报工作人员定期组织培训和调研学习活动，熟知国土资源管理法律法规，强化相关知识储备，了解政策实施情况，提高工作的针

对性和有效性。要对举报电话接听人员加强思想政治教育，做到细心、耐心、热心接听各类举报，正确处理违法线索。要安排国土资源主管部门的同志接听 12336 举报电话，倾听群众呼声，了解基层实情，推动国土资源管理工作上新台阶。

2011年国土资源系统开展“两整治一改革”专项行动工作要点

国土资厅发〔2011〕17号

2011年国土资源系统“两整治一改革”工作总的要求是：认真贯彻第十七届中央纪委第六次全会和国务院第四次廉政工作会议精神，按照造就一支廉洁从政、严格要求、严明纪律的干部队伍，敢于碰硬，不怕得罪人，严格执法和监管的要求，进一步深化廉政风险点排查和自查自纠工作，探索建立适应国土资源管理特点的廉政风险防控体系，加大对土地和矿业权审批、供应及市场交易突出问题治理力度，大力推进土地和矿业权出让网上交易和监管，进一步规范市场交易行为，持续推进国土资源管理制度改革，严肃查处违纪违法案件，把“两整治一改革”有力推向深入，努力取得专项治理工作的新成效。

一、进一步深化廉政风险点排查和自查自纠工作

（一）认真进行廉政风险点排查和自查自纠情况的专题分析。采取召开专题会、民主生活会等方式，对排查出的廉政风险点和制定的防控措施，认真进行全面梳理和再审视、再完善。围绕规范权力运行，以工作流程为点，工作岗位为点，审视和分析廉政风险点找得准不准、全不

全、实不实，防控措施是否有针对性和可操作性，并结合2010年行风政风评议情况和案件情况进行认真分析，进一步深化和完善廉政风险防控措施。同时，按照自查自纠工作的要求，对照廉政准则和部党组“五项禁令”，深入查找思想、工作、作风等方面不适应、不符合的问题，主动整改。各地各单位深化完善廉政风险点排查和自查自纠工作专题分析情况，于2月底前报部“两整治一改革”领导小组办公室。（责任单位：专项办、机关党委）

（二）持续推进廉政风险防控体系建设。围绕规范权力运行，健全和完善适应国土资源管理特点的廉政风险防控体系，研究制定国土资源部门廉政风险防控体系指导意见，进一步完善对核心业务、关键岗位、重点环节权力运行制约监督的有效措施和办法；运用科技手段推进廉政风险防控管理，进一步健全和完善国土资源综合监管平台；完善财务管理信息系统，实现对部直属单位大额资金、重大专项资金运行的在线监管；完善预算编制的执行情况报告和通报制度，强化内部审计监督，加强部直属单位主要领导干部的经济责任审计和离任审计。（责任单位：利用司、开发司、耕地司、专项办、信息办、机关党委、财务司、人事司、驻部纪检组监察局）

（三）深入开展廉洁从政宣传教育。采取多种方式大力宣传廉洁从政的先进典型和“两整治一改革”工作好的经验做法，用身边的事教育身边人，运用正反两方面的典型，教育广大干部职工牢固树立正确的人生观和价值观，进一步增强廉洁从政意识和廉政风险防范意识，自觉遵守各项廉政规定。组织开展市、县国土资源部门主要负责人廉政教育集中整训。（责任单位：机关党委、人事司、驻部纪检组监察局、专项办）

二、进一步加大对土地和矿业权市场突出问题的整治力度

（四）积极推进土地和矿业权出让网上交易和监管。总结推广各地

土地和矿业权出让网上交易和监管的经验做法，建立统一的网上交易和监管的网络系统、基本制度和技术规程。10月底前，地（市）级以上土地和矿业权交易市场建成并运行网上交易和网上监管系统。已经实行土地和矿业权网上交易和监管的，按照有关要求进一步完善提高。土地和矿业权交易机构要主动接受纪检监察机关监督，建立网上监督系统。（责任单位：利用司、开发司、专项办、信息办）

（五）开展土地招拍挂制度执行情况的清理检查。对2007年至2010年土地招拍挂制度执行情况进行全面清理，重点清理和查纠规避招拍挂、违反规定设置土地出让条件、领导干部违反规定插手干预土地使用权出让审批、擅自调整修改土地出让条件、土地储备和土地供应、土地出让信息不公开不对称；房地产用地超面积出让、捆绑出让、“毛地”出让、住宅用地容积率小于1，出让主体不合法、擅自改变保障性住房用地性质等突出问题，提出加强监管的措施和办法，改进和完善土地招拍挂制度和操作程序。8月底前，各地各单位将清理检查情况报部“两整治一改革”领导小组办公室。（责任单位：利用司、专项办）

（六）严肃查纠矿业权审批出让制度执行中存在的突出问题。在开展矿业权审批出让制度执行情况专项清理的基础上，对清理出的问题逐个项目、逐个问题落实整改措施。加大对突出问题的查纠力度，着力整治应当通过招拍挂出让矿业权而采取协议等方式出让；采取泄露交易信息、进行不公正评估等手段帮助请托人获取矿业权；领导干部违反规定插手干预矿业权出让审批；滥用自由裁量权，擅自决定缓交、减免资源补偿费；为不具备资质条件的申请人违规办理、颁发相关许可证书，以及矿业权出让公开竞争制度不健全、交易制度不完善、监管不到位等突出问题。10月底前，各地各单位将查纠整改情况报部“两整治一改革”领导小组办公室。（责任单位：开发司、专项办）

（七）进一步强化土地例行督察和执法监管。加强对土地审批、征转、出让、开发利用、抵押融资全过程例行督察和执法监管，深入分析涉土涉矿领域存在的突出问题，会同有关部门研究提出治理意见和建议；进一步规范土地征收行为，加强土地征收补偿安置落实的监管；土地使用权招标拍卖挂牌出让后，擅自调整修改土地出让条件的，重新招标拍卖挂牌出让；研究制定矿业权交易规则，规范矿业权交易机构交易范围、方式和程序，明确登记受理、信息发布、协调成交、交易签约等环节的规则与流程。各地要结合实际，制定和完善矿业权有形市场管理实施办法和矿业权交易细则。（责任单位：总督办、利用司、耕地司、开发司、执法监察局）

三、深化国土资源管理制度改革

（八）深化行政审批制度改革。进一步加快转变管理职能，以土地和矿业权审批改革为重点，开展城市批次用地审批制度和矿业权审批制度改革试点；针对重点建设项目进一步研究改进措施，提高单独选址项目用地审批效率；加快推进征地制度改革，探索缩小征地范围的途径和方式，完善征地补偿机制；进一步完善矿业权管理，规范矿业权协议出让，开展矿业权出让方式改革试点。加强对职能转变的监督考核，各级国土资源部门要制定并公开职能转变的具体工作目标，职能转变的情况纳入年度考核内容。（责任单位：调控司、规划司、耕地司、利用司、开发司、人事司）

（九）健全完善评估机构和土地储备机构管理制度。加强对土地整治、土地估价、储量评审、矿业权评估机构的管理，完善评估机构管理制度和信用记录制度，研究制定土地估价管理办法和加强矿业权评估行业管理的规定；建立评估机构准入退出机制、失信惩戒机制，加大对评估机构和从业人员违规违法的责任追究力度，规范评估行为。行政管理人员不得在经营性事业单位或中介机构交叉任职，切实做到政事分开、管办分离。加强土地储备机构管理，3 月底前，各地各单位完成土地储备机构与其下属和挂靠的从事土地开发相关业务的机构彻底脱钩工作；收购土地遴选价格评估机构应坚持公开、公正的选择方式，土地前期开发必须按规定通过招标方式选择工程实施单位；严格执行各地国土资源部门及所属企事业单位不得直接从事土地一级市场开发的规定。（责任单位：利用司、法规司、耕地司、储量司、人事司）

（十）进一步加强土地整治管理工作。加强土地整治项目监管，严格实行土地整治项目验收终身责任制；耕地占补平衡需要异地补充的，必须报经省级国土资源行政主管部门批准；耕地开垦费收缴与补充耕地项目资金必须纳入财政专户管理，实行收支两条线；各级土地整治管理机构不得从事项目实施、施工等经营活动，不得开办土地整治开发企业。（责任单位：耕地司）

（十一）进一步强化党风廉政建设责任。各级领导干部要把落实党风廉政建设责任制作为一项重要任务，全面履行自身职责。要对照《关于实行党风廉政建设责任制的规定》分析查找本单位、本部门在党风廉政建设方面存在的突出问题，采取有效措施加以解决；要加强对贯彻执行党风廉政建设责任制情况的监督检查，做到责任明确、考核到位、追究有力。对本单位、本部门腐败案件多发易发，造成严重后果和恶劣影响的，要对有关责任人实施问责。（责任单位：驻部纪检组监察局、人事司）

四、严肃查处违纪违法案件

（十二）加大查处违纪违法案件的力度。重点查处失职渎职侵权违法犯罪案件，查处土地和矿业权出让审批中，非法批准、低价出让、擅自批准改变用地性质，违规出让土地使用权和矿业权或在招标拍卖挂牌中量身定做、滥设前置条件，擅自修改调整土地利用规划等违纪违法案件。建立健全案件线索移送和案件协查机制。（责任单位：驻部纪检组监察局、机关纪委）

（十三）加强对违纪违法案件特点和规律的研究。选择典型案例进行深入剖析，研究违纪违法案件发生的特点和规律，分析原因，发挥查办案件的治本功能。同时，运用典型案例大力开展以案说法和警示教育，进一步增强广大干部职工廉洁自律、遵纪守法的自觉性。(责任单位：驻部纪检组监察局、机关纪委)

五、切实加强组织领导和督促检查

(十四) 进一步加大工作力度，狠抓各项任务落实。各地各单位要把“两整治一改革”工作作为今年国土资源工作的重点任务来抓，进一步加强组织领导，明确任务分工，落实工作责任。要根据工作进展情况适时开展督促检查，确保工作落到实处。对工作抓得不紧、落实不够、问题较多又不能及时整改的，按照有关规定实施问责。要加强沟通协调，对工作中遇到的重大问题及时向部请示报告。部机关有关司局要积极主动、认真负责地做好有关工作。(责任单位：各有关司局及责任单位)

(十五) 认真做好检查验收和总结工作。要注重总结经验，不断深化提高对国土资源领域反腐倡廉工作特点和规律的认识，提高工作水平。6月底，分区片召开各地“两整治一改革”领导小组办公室主任汇报会。10月中旬开始，组织开展工作情况检查和成果验收工作。11月底前，各有关司局和责任单位对所负责的工作，分别向部“两整治一改革”领导小组提交专题报告。各地各单位“两整治一改革”工作总结，请于11月底前报部“两整治一改革”领导小组办公室。年底前，部“两整治一改革”领导小组办公室对专项治理工作情况进行全面总结。(责任单位：各有关司局及责任单位)

二〇一一年二月

国土资源部办公厅关于进一步加强财务管理信息系统应用管理有关问题的通知

国土资厅发〔2011〕24号

各派驻地方的国家土地督察局，中国地质调查局及所属单位，部其他直属单位，挂靠管理的社会团体，部办公厅：

为贯彻落实徐绍史部长关于“充分发挥财务管理信息系统功能，加强财务日常监管”的批示精神，部对财务管理信息系统进行了优化，进一步强化了所属单位资金运行在线监管功能。新开发的系统自2011年1月1日起正式启用，现就有关事项通知如下：

一、高度重视财务管理信息系统的应用管理

部领导高度重视财务管理信息系统的应用管理。部党组年度党风廉政建设和反腐败工作实施意见以及当前正在开展的“两整治一改革”的廉政专项行动，把“积极推行财务管理信息系统的运行”作为惩防体系建设的一项重要内容，将“利用财务管理信息系统加强对大额资金实时监管”作为一项重要措施，以加强重点部位和关键环节的监管。为规范财务管理信息系统的应用管理，部先后印发了《国土资源部办公厅关于启用国土资源部财务管理信息系统的通知》（国土资厅发〔2010〕6号），

建立了包括管理职责、组织机构和岗位设置、操作要求、运行维护以及网络安全管理的财务管理信息工作规范，明确了项目管理、预算控制、固定资产、工资、会计核算等财务管理信息系统业务规范。

各单位领导要高度重视财务管理信息系统的应用管理，不仅要把加强财务管理信息系统的应用当做加强财务管理的一个重要内容，更要把综合运用财务管理信息系统工作规范和业务规范的要求，结合本单位的实际，制定具体的管理办法，明确职责分工，切实加强财务管理信息系统的应用管理。

二、全面推进财务管理信息系统的应用管理

财务管理信息系统业务处理涵盖了项目预算、固定资产、工资管理、预算管理、会计核算、资金监管和资金收付审批等经济活动，资金收付子系统要求业务经办人员扫描业务审批批件及相关原始凭证。优化升级后的财务管理信息系统应用不仅涉及单位财务、人事、科研、资产、内部审计、纪检监察等管理部门和相关业务处室，更与单位全体在职员工的工作紧密相关。

各单位要进一步加强组织领导，成立财务管理系统工作领导小组，由单位分管财务工作的领导负责，协调财务、项目，资产、工资和业务处室，同步落实好各自工作，明确分工、落实责任，共同推进财务管理信息系统的应用管理。各单位要制定一名系统管理员，全面负责本单位财务管理信息系统的运行维护，健全完善安全管理制度体系，科学分配系统操作权限，合理设定工作岗位，强化信息安全管理。

各单位要进一步加强财务管理信息系统的综合应用。要在全面运用财务管理信息系统的基础上，组织单位内部审计、纪检监察部门运用财务管理信息系统加强日常财务监管，将财务监督的关口前移，防范财务风险。要进一步发掘财务管理信息系统的各项管理功能，充分利用财务管理信息系统资源，加强经济活动分析，最大限度地为领导决策提供数

据支持与信息服务。

财务管理信息系统的稳定运行与维护，离不开单位网络管理部门的支持与配合。各单位要根据业务需要，合理配置网络资源，有条件的单位可为财务管理信息系统分配一定的网络流量或设立专网，优化网络配置和网关切换，保证财务管理信息系统的网络畅通，提高运行效率。同时切实加强财务管理信息系统的安全管理，健全完善安全保密制度，定期进行网络设备病毒检测，确保财务管理信息系统的安全运行。

三、资金收付子系统应用的几项具体要求

（一）关于适用范围。各单位涉及资金收付的全部经济活动都必须在资金收付子系统进行业务处理。业务经办人员登陆部预先设置的系统账户，分别填制“借款申请单”或“费用报销单”，提交财务部门。财务部门会计主管人员根据领导审定的业务单据签署审批意见填制会计凭证，稽核人员对会计人员填制的会计凭证进行审核，审核无误后提交出纳人员；出纳人员根据稽核无误的会计凭证登记出纳日记账。

单位各类收入、发放工资、支付银行手续费以及支付包括医药费在内的离退休人员各项费用支出等无需经过业务人员环节，直接由单位财务部门填制并审核会计凭证、登记出纳日记账。

（二）关于原始凭证扫描的要求。除上述各类收入、发放工资、支付银行手续费以及支付与离退休人员有关的费用等经济业务外，其余涉及资金申请与费用报销的经济业务都必须扫描相关的原始凭证。同时，业务人员应扫描包括领导审批意见在内的批件。

（三）关于电子附件的要求。存储的原始凭证扫描图片文件应为JPG格式，分辨率要求不低于960×640。每张会计凭证的原始凭证尽量存储为1个电子附件。

（四）关于扫描设备配置。各单位可根据单位规模和业务量大小自行配置扫描仪等扫描设备或高拍仪等照相设备。

国土资源部办公厅关于印发《关于2011年深化国土资源改革重点工作的意见》的通知

国土资厅发〔2011〕26号

各省、自治区、直辖市国土资源厅（国土环境资源厅、国土资源局、国土资源和房屋管理局、规划和国土资源管理局），副省级城市国土资源行政主管部门，国家海洋局，国家测绘局，解放军土地管理局，新疆生产建设兵团国土资源局，各派驻地方的国家土地督察局，中国地质调查局及部其他直属单位，部机关各司局：

《关于2011年深化国土资源改革重点工作的意见》已经部审查通过，现予印发，请遵照执行。

二〇一一年四月二十八日

关于2011年深化国土资源改革重点工作的意见

今年是“十二五”开局之年。为破解“两难”问题，确保“十二五”末基本建立国土资源管理新机制，结合当前国土资源改革发展形势，现就2011年深化国土资源改革重点工作提出以下意见：

一、总体思路和基本要求

（一）总体思路。以《土地管理法》、《矿产资源法》修改思路为指导，以加快构建保障和促进科学发展新机制为目标，坚持解放思想，深化改革创新，加强综合分析研究，明确改革重点任务，落实改革措施和责任，扎实推进，务求实效，确保国土资源管理在“十二五”开好局、起好步。

（二）基本要求。坚持市场化改革的方向和原则，搞清问题及原因，理清思路，提出可操作措施；坚持体制机制改革为基础，在制度建设和配套政策上下功夫；坚持转变管理职能和方式，合理放权，强化监管；坚持统筹协调监督，确保改革方案及时审批、实施见效。

二、继续推进审批制度改革

（三）改革城市建设用地申报制度。在继续严格控制城市新增建设用地规模基础上，从缩短审批周期加强监管出发，改革用地申报审批制度，简化程序报件，制定加强监管制度，改革意见4月上旬报部审定后实施。（耕地司牵头）

（四）改革单独选址建设项目用地审批。针对重点建设项目、东北、西北等寒冷地区施工期短和重大线性工程、核电站、矿业用地、水库等建设项目的实际情况，制定实行精细化、差别化管理政策，缩短时间，提高预审和审批效率。改革意见5月底前报部审定后实施。（耕地司、规划司负责）

（五）推进矿业权审批制度改革。组织开展矿业权出让方式改革试点，试点方案6月底前报部审定后实施。组织实施黑龙江、陕西、贵州三省煤炭矿业权审批制度改革，3月底前印发三省2011年煤炭矿业权年度投放计划。（开发司牵头）

三、规范推进农村土地管理制度改革

（六）稳妥推进农村集体土地产权制度改革。按照产权明晰、权能明确、权益保障、流转顺畅、分配合理的原则，深化集体土地产权制度改革，明晰所有权主体、行使代表以及使用权权能等相关内容。研究报告8月底前提交。抓紧部署试点工作，制定土地统一登记试点方案，5月底前提交。研究制定全国土地登记信息查询监管网络化系统建设方案，7月底前提交。（地籍司牵头）

（七）推进征地制度改革。制定征地制度改革试点方案，完善征地补偿安置机制，试点方案4月底前批复。（耕地司牵头）

（八）有序推进农村集体建设用地流转试点。加强农村集体建设用地和宅基地管理，有序推进集体经营性建设用地流转试点，6月底前形成《农村集体经营性建设用地流转试点指导意见》报部。适应城镇化发展，深入研究农民进城后农村土地退出和利用机制，研究报告8月底前报部。开展利用集体土地建设租赁住房的试点探索。（利用司、调控司

负责）

四、健全完善耕地保护制度

（九）探索完善耕地保护补偿机制。总结成都、佛山等地耕地保护补偿工作的经验，从经济发达地区、综合改革试验区、签署部省合作协议的省份，选择部分地区开展耕地保护补偿试点，研究探索激励性补偿机制，试点方案4月底前报部审定。与土地整治建立的基本农田保护区相结合，探索建立永久基本农田保护制度及保护地块落地、入网、上图及实时监管系统，6月底前提交保护制度方案（或试点方案），12月底前初步完成监管系统开发。（耕地司牵头）

（十）完善耕地占补平衡制度。进一步研究探索补充耕地多元化运作方式和确保占补落实的监管措施，10月份提出意见报部；研究提出耕地后备资源严重匮乏省份国家重大工程建设项目耕地占补平衡国家统筹的政策和实施方案，4月底前报国务院审批。（耕地司牵头）

（十一）完善新增建设用地土地有偿使用费资金使用管理办法。会同有关部门研究完善新增建设用地土地有偿使用费资金使用管理办法，调整资金支出范围，完善资金分配管理、预算调整和使用等规定，6月底前报部。（财务司牵头）

五、健全完善资源节约制度

（十二）推进节约用地制度和机制建设。深入总结广东“三旧改造”和各试点地区节约用地经验，初步形成政策措施，按照统筹城乡和区域发展并区分不同行业的原则研究起草关于建立健全最严格节约集约用地制度的意见，4月上旬报部。研究制定全面完成行业（产业）项目建设用地标准编制及2011年工作计划，继续抓紧会同有关行业主管部门研究出台行业（产业）项目建设用地标准，工作计划5月底前报部。（利

用司牵头）

（十三）推进矿产资源综合利用。组织制定重要矿产资源综合利用“三率”标准，工作方案6月底前报部审定后实施。积极推进绿色矿山和资源节约与综合利用基地建设，开展试点示范，建立健全激励和约束机制，试点方案4月中旬前报部审定后实施。（储量司、规划司负责）

六、深化资源有偿使用制度改革

（十四）深入推进土地有偿使用制度改革。扩大有偿使用范围，开展经营性基础设施用地有偿使用具体政策研究，积极推进出台新修订的划拨用地目录，4月底前报部。有序开展采矿用地改革试点，及时总结试点经验，完善相关制度，选定有条件的部分省份开展采矿用地改革试点，试点方案4月中旬前报部。（利用司牵头）

（十五）健全完善土地市场。制定完善招拍挂供地政策方案，4月上旬报部。积极推进网上交易和监管，工作意见5月底前报部审定。深入研究城乡统一建设用地市场建设意见，研究报告10月底前报部。（利用司牵头）

（十六）积极推进矿产资源有偿使用和矿业权有偿取得制度改革。配合资源税改革，进一步理顺中央与地方矿产资源补偿费、矿业权价款、使用费的收益分配关系，研究完善探矿权人年度勘查投入最低标准的政策措施。（财务司牵头）

（十七）推进矿业权出让制度改革。围绕地质找矿新机制落地和找矿突破战略行动实施，制定矿业两权设置、出让和规范矿业权管理的办法，4月底前报部审定后实施。建立健全矿业权有形市场，推进矿业权出让转让进场公开，4月底前开发并运行矿业权有形市场出让转让信息公示网络化监管及系统。开展风险勘查资本市场建设研究，研究报告10月底前报部。积极推进油气矿业权竞争性出让试点和制度建设，试点方案3月底前报部审定后实施。（开发司、勘查司负责）

七、健全完善宏观调控机制

（十八）研究总量控制、供需双向调节、差别化管理调控机制的思路和框架。5月底前形成研究报告，6月底前提出试点方案报部审定。开展战略性新兴产业和旅游业等用地调研，6月底前形成调研报告。（调控司牵头）

（十九）完善规划计划管理制度。根据第二次全国土地调查成果审定，适时研究制定加快土地利用总体规划修编及相关问题解决办法，及时报部。落实国家宏观调控要求，完善土地利用计划差别化管理的政策措施。探索建立矿产资源规划实施年度计划制度，组织江苏、湖北、山西、云南、贵州五省开展矿产资源规划实施年度计划试点，总结完善规划实施管理制度和矿产资源开发宏观调控措施，试点方案6月底前报部审定后实施。（规划司牵头）

八、全面推进地质找矿新机制

（二十）完善找矿突破战略行动方案，3月底前报部审定后实施。围绕找矿突破战略行动，积极做好相关配套政策研究，完善国家财政地质勘查资金投入体制和项目管理机制，研究地质找矿成果及收益分配和找矿风险分担机制，进一步完善鼓励社会资本投入地质矿产勘查的各项政策。探索建立地质找矿奖励机制，及时制定出台配套政策工作意见，确保新机制和找矿突破战略行动顺利开展，4月底前报部。（勘查司牵头）

九、加强公益性地质队伍建设

（二十一）按照“整体规划、急需先建、先易后难、逐步推进”的原则，建精建强中央公益性地质调查队伍。根据与中编办、财政部、科

技部等部门沟通情况，制定完善加强中央地勘队伍组建总体方案，4月底前报批。（人事司牵头）

十、明确工作要求

（二十二）加强组织领导。对于重大改革事项，建立由部领导牵头的专项工作小组和专家咨询论证制度，强化科学、民主决策。加强对各地改革探索情况的跟踪调研，总结在应对重大自然灾害和国际金融危机等特殊时期以及国家综合改革试验区中推出的应急措施和特殊政策，提出政策建议。（调控司牵头）

（二十三）强化统筹协调。会同有关部门，积极开展国家综合改革试验区、农村改革试验区等各类试验区国土资源管理制度配套改革，做好相关协调联络工作，规范有序推进改革试点。认真落实天津滨海新区土地管理制度改革专项方案，做好总结、提升和示范推广工作。积极推进部省协议签署，认真组织开展协议评估工作。（调控司、规划司负责）

（二十四）创造宽松环境。要营造有利于改革顺利推进的社会环境，大力宣传改革成功经验和先进典型，适时组织举办国土资源改革论坛，交流改革成果和实践经验。（办公厅、调控司负责）

改革创新始终是提高国土资源管理工作水平、服务经济社会发展的不竭动力，要高度重视，大力推进。各牵头和负责司局要切实负起责任，明确进度安排和任务分工，扎实推进工作，确保取得实效。相关司局和单位要结合自身职能，积极配合做好有关工作。调控和监测司要不断完善工作机制，会同办公厅切实加强对国土资源改革工作的综合协调，督促检查各项改革进展和落实情况，及时向部报告。

国土资源部办公厅关于印发《公务用车问题专项治理工作实施方案》和《清理和规范庆典、研讨会、论坛活动工作实施方案》的通知

国土资厅发〔2011〕32号

部机关各司局，各派驻地方的国家土地督察局，中国地质调查局及部其他直属单位，各有关社会团体、基金会：

现将《公务用车专项治理工作实施方案》、《清理和规范庆典、研讨会、论坛活动工作实施方案》印发给你们，请认真贯彻执行。

附件：1. 公务用车问题专项治理工作实施方案

2. 清理和规范庆典、研讨会、论坛活动工作实施方案

3. 国土资源部两项专项治理工作领导小组及办公室成员名单

二〇一一年五月十八日

附件 1

公务用车问题专项治理工作实施方案

国土资源部专项治理工作领导小组

加强和规范公务用车配备使用管理，对于进一步贯彻落实中央关于履行节约的要求，加强和改进党政机关和领导干部作风建设，促进领导干部廉洁从政，密切党群干群关系，具有重要意义，中共中央办公厅、国务院办公厅印发了《关于开展党政机关公务用车问题专项治理工作的实施意见》的通知（厅字〔2011〕6 号）（以下简称《实施意见》）。近年来，我部按照中央要求，采取措施，狠抓落实，在加强和规范公务用车配备使用管理方面取得了积极成效。但在日常运行与管理过程中也还存在着一些管理不严、公车私用等突出问题，为切实解决这些问题，根据《中共中央办公厅、国务院办公厅关于印发〈党政机关公务用车配备使用管理办法〉的通知》（中办发〔2011〕2 号）和《中共中央办公厅、国务院办公厅关于印发〈省部级干部公务用车配备使用管理办法〉的通知》（厅字〔2011〕1 号）（以下简称两个《办法》），现就我部开展公务用车问题专项治理工作提出以下实施方案。

一、专项治理工作的总体要求和基本原则

（一）总体要求

全面贯彻党的十七大和十七届三中、四中、五中全会和中央纪委

十七届六次全会、国务院第四次廉政工作会议精神，以邓小平理论和“三个代表”重要思想为指导，深入贯彻落实科学发展观，认真落实党政机关和领导干部公务用车配备使用管理规定，着力解决突出问题、加强规范管理、建立健全制度，进一步提高公务用车配备使用管理的规范化制度化水平。

（二）基本原则

1. 坚持分级负责、齐抓共管。按照分级管理的要求，明确工作职责，健全工作机制，建立公务用车问题专项治理工作责任制，一级抓一级、层层抓落实。

2. 坚持总量控制、规范管理。严格编制核定、严格预算管理、严格配备标准，从严控制公务用车数量和经费规模，加强和规范公务用车配备使用管理。

3. 坚持积极稳妥、注重实效。立足实际，着眼大局，积极主动开展工作；严格把握政策界限，实事求是处理问题，确保取得实实在在的效果。

4. 坚持标本兼治、纠建并举。在清理纠正违纪违规问题的基础上，注重治本和制度建设，着力构建公务用车配备使用管理长效机制。

二、专项治理工作的范围和内容

（一）专项治理工作范围

此次专项治理工作的范围包括以下单位：部机关及直属事业单位，各派驻地方的国家土地督察局，中国地质调查局及所属事业单位，各有关社会团体。

专项治理公务用车是指用于履行公务的机动车辆，分为部级干部专车、一般公务用车和执法执勤用车。

（二）专项治理工作内容

1. 超编制配备使用公务用车，是指违反中央公务用车编制规定，超额配备使用、未经审批配备使用、不在编制内配备使用公务用车。

2. 超标准配备使用公务用车，是指超出中央公务用车排气量或价格等标准配备使用公务用车。

3. 违反规定换车、借车，是指擅自采取折旧变卖、转送下属单位、提前报废等方式处理能够正常使用的公务用车，利用职权以各种名义借用、调用、换用下属单位、企事业单位或其他服务管理对象的车辆。

4. 摊派款项购车，是指向下属单位、企事业单位或其他服务管理对象摊派款项购买车辆，或擅自接受下属单位、企事业单位或其他服务管理对象赠送的车辆，以及摊派、转嫁车辆运行费用。

5. 豪华装饰公务用车，是指增加公务用车高档配置或豪华内饰。

6. 公车私用，是指将公务用车用于婚丧喜庆、探亲访友、度假休闲、接送亲友、学习驾驶等非公务活动。

三、专项治理工作的步骤和方法

此次专项治理工作从本实施方案下发之日起至2011年年底基本结束，共分为以下四个阶段。

（一）动员部署（截至5月中下旬）

部成立公务用车问题专项治理工作领导小组，领导小组下设办公室。各单位要建立工作机制，制定工作措施，主要负责人要对本单位的专项治理工作负总责，亲自抓，分管领导要负直接责任，具体抓。要明确联络员、联系方式，并报部公务用车问题专项治理工作领导小组办公室。召开动员会议，作出工作部署，提出工作任务、措施和时限。

（二）清理纠正（5月至9月）各单位根据本实施方案要求，重点抓好3个环节

1. 登记自查（截至5月底）。各单位对公务用车进行登记，填报《一般公务用车配备使用情况登记表》，配备了执法执勤用车的单位要同时填报《执法执勤用车配备使用情况登记表》；将登记情况在本单位进行公示，时间不少于7日；登记自查面必须达到100%；对发现的违规问题要提出整改意见。各单位主要负责人对登记自查情况负责。登记表于5月31日前报部公务用车问题专项治理工作领导小组办公室。

部公务用车问题专项治理工作领导小组办公室负责对省部级干部专车配备使用情况进行登记自查，于5月31日前将《省部级干部专车配备使用情况登记表》报中央公务用车问题专项治理工作领导小组办公室。

部公务用车问题专项治理工作领导小组办公室将对各单位公务用车情况进行统计摸底，并于6月30日前将《公务用车配备使用情况汇总统计表》、《党政机关所属事业单位公务用车配备情况汇总统计表》报中央公务用车问题专项治理工作领导小组办公室。

2. 审查核实（截至6月底）。部公务用车问题专项治理工作领导小组办公室组织力量，对登记上报情况进行核实汇总，对发现和认定的违规问题提出初步处理意见。

3. 纠正处理（截至9月底）。各单位按照有关政策规定，对违规问题自行作出处理，并将结果以书面形式于10月20日前报部公务用车问题专项治理工作领导小组办公室。

部公务用车问题专项治理工作领导小组办公室于10月30日前将汇总后的《公务用车问题专项治理工作情况统计表》报中央公务用车问题专项治理工作领导小组办公室。

（三）重点检查（10月至11月）部公务用车问题专项治理工作领导小组办公室

组织专项检查组，对各单位进行重点检查，检查面不少于30%；检查的重点内容是工作要求落实情况、编制核定和配备标准情况、登记自查情况、纠正处理情况等。对检查中发现的问题，及时督促整改。

部公务用车、问题专项治理工作领导小组办公室于12月15日前将《公务用车问题重点检查工作情况统计表》报中央公务用车问题专项治理工作领导小组办公室。

（四）建章立制（截至12月底）

建立健全规章制度，重点建立和落实以下制度：一是编制管理制度。在审查核实工作结束前，根据两个《办法》精神，从实际出发，按照不突破原有编制和配备标准的要求，明确新的编制和配备标准，重新核定车辆编制总数，并报上一级公务用车主管部门备案。二是购置审批制度。建立和完善公务用车审批和公示工作机制，进一步明确购置审批的工作程序、职责分工、公示办法、违规责任等，力求做到规范有序、公开透明、共同监管。三是经费预算管理制度。严格公务用车购置和运行经费预算管理，认真落实在财务上单独列项和单车费用定额核算制度。四是日常管理制度。全面推行公务用车保险、维修、加油政府集中采购制度和定点保险、定点维修、定点加油制度；严格落实公务用车使用登记和公示制度、回单位停放制度和节假日封存制度；建立公务用车配备更新和使用情况统计报告制度，逐步建立公务用车管理信息系统。五是执法执勤用车管理规定。各有关单位按要求制定执法执勤用车配备使用管理的具体办法。

各单位应于12月15日前以书面形式将制度建设及整改治理情况工作总结报部公务用车问题专项治理工作领导小组办公室，部公务用车问题专项治理工作领导小组办公室将对我部公务用车问题专项治理工作进行认真总结，形成专题工作报告，于12月31日前报中央公务用车问题专项治理工作领导小组办公室。

四、专项治理工作的有关政策

（一）违规车辆的认定。依据两个《办法》和《中共中央办公厅、国务院办公厅关于党政机关汽车配备和使用管理的规定》（中办发〔1994〕14号）、《中共中央办公厅、国务院办公厅关于调整党政机关汽车配备使用标准的通知》（厅字〔1999〕5号）以及各部门的相关文件认定违规车辆。

对超编制配备使用的公务用车（以下简称超编车）的认定，原则上按原有编制标准；没有编制标准的，按新编制标准。单位公务用车总量超过编制数的，按配置时间顺序确认超编车。对超标准配备使用的公务用车（以下简称超标车）的认定，两个《办法》下发之前购置的车辆，依据原有配备标准；两个《办法》下发之后购置的车辆，依据新配备标准。各单位配备标准依照中央规定执行。

（二）违规车辆的处理。本着厉行节约、避免浪费的原则进行。如属于一般公务用车和执法执勤用车的超标车，能调剂使用的，优先调剂使用；不能调剂使用、实际价值又高于新配备价格标准的，一般按照有关规定公开拍卖；继续使用的，必须符合新编制要求，报国管局批准、中央纪委备案。对违反规定换车、借车的，须报部公务用车问题专项治理工作领导小组办公室批准后换回、退回。执法执勤用车有编制和配备标准的，按照此次专项治理工作的规定和要求纠正处理；没有编制和配备标准的，在登记自查的基础上，依据新的编制和配备标准纠正处理。严禁擅自处理违规车辆。

（三）越野车的管理。党政机关原则上不配备越野车（含 SUV 车型）。确因地理环境和工作性质特殊的，可以适当配备国产越野车，但须严格审批程序，纳入车辆编制，实行集中管理，不得作为领导干部固定用车。要制定和完善越野车配备使用具体办法，严格落实相关制度，认真纠正存在问题。

（四）下拨和赠送车辆的管理。对上级下拨车辆和下拨专项资金所购车辆，以及接受赠送车辆，纳入单位车辆编制管理；不符合有关规定的，按照此次专项治理工作的规定和要求纠正处理。

（五）有关责任人的处理。要区别情况、体现政策。对主动自查、及时纠正的，依据有关规定从宽从轻处理；对隐瞒不报、不及时纠正的，严肃处理；对两个《办法》下发之后的违纪违规行为，从严从重处理。

（六）严禁借机更换公务用车。凡是提拔、交流的干部，必须优先使用单位现有车辆，严禁占用其他单位车辆，严禁违规新购置车辆。在《实施意见》下发之日起至各单位重新核定编制和配备标准前，原则上暂停新购置车辆；确需购置的，须报上一级公务用车主管部门批准，并报上一级纪检监察机关备案。现有车辆数超过新编制标准的，一律不准新增、更换车辆，逐步达到新编制要求。

五、专项治理工作要求

（一）加强组织领导。此次专项治理工作在部党组的领导下进行。部公务用车问题专项治理工作领导小组由办公厅、国家土地总督察办公室、财务司、科技与国际合作司、人事司、机关党委、驻部纪检组监察局、中国地质调查局和机关服务局等单位参加，负责指导和协调部机关及直属事业单位公务用车问题专项治理工作，研究制定我部的治理工作措施，协调解决有关重要问题。领导小组办公室设在办公厅，负责日常组织协调工作。

（二）严格落实责任。各单位主要负责人要对本单位公务用车问题专项治理工作负总责。各级公务用车问题专项治理工作领导小组及其成员单位和有关职能部门要切实履行职责，认真研究部署，明确任务分工，提出工作措施，形成工作合力。其中，地调局负责局机关及所属事业单位的公务用车清理汇总，总督察办负责督察机构的公务用车清理汇总，并制定和完善执法执勤车辆管理的具体办法，部机关服务局负责部机关及直属单位、学术团体的公务用车清理汇总工作。要精心谋划、精心组织、精心实施，确保专项治理工作顺利开展。要加强对公务用车配备使用管理规定执行情况的监督检查，严肃查处违纪违规行为。对在专项治理工作中敷衍塞责、走过场的，要责令整改；对弄虚作假、造成不良影响的，要按照党风廉政建设责任制的规定，严肃追究有关领导的责任。

（三）强化督促指导。部公务用车问题专项治理工作领导小组及其办公室要认真研究有关政策规定，及时做好政策咨询答复工作；明确相关工作要求，建立完善工作机制；加强宣传教育，正确引导舆论，营造良好氛围。在专项治理工作各个阶段，要派出督导组，及时发现和纠正问题，确保工作不走过场、不留死角；要注意掌握工作动态，加强沟通交流，及时汇总情况；要注意总结好的经验和做法，以点带面，指导工作。要认真受理信访举报，严肃查处典型案件，发挥警示教育作用，推动专项治理工作深入开展。要把开展专项治理工作与推进公务用车制度改革相衔接，在清理规范的基础上探索完善相关制度，为今后公务用车制度改革创造有利条件。

附件 2

清理和规范庆典、研讨会、论坛活动工作实施方案

国土资源部专项治理工作领导小组

根据中共中央办公厅、国务院办公厅《关于开展清理和规范庆典、研讨会、论坛活动工作的实施意见》（厅字〔2011〕5 号）的要求，结合部的工作实际，现就部机关各司局，各派驻地方的国家土地督察局，中国地质调查局及其直属单位，部其他直属单位，部各有关社会团体、基金会（以下简称部属各单位）开展清理和规范庆典、研讨会、论坛活动工作，制定如下实施方案。

一、总体要求

以邓小平理论和“三个代表”重要思想为指导，深入贯彻落实科学发展观，从落实中央以人为本、执政为民的要求，密切党同人民群众血肉联系，发扬艰苦奋斗优良传统，推动国土资源系统改进工作作风、提高工作效能的高度，充分认识开展清理和规范庆典、研讨会、论坛活动工作的重要意义，按照“全面清理、分级负责、严格审核、统一规范”的原则，坚持清理与规范并举、治标与治本结合，以部属各单位为重点，进一步健全控制和规范庆典、研讨会、论坛活动的长效机制，切实把清理和规范工作抓紧抓好抓出成效，努力实现活动数量大幅减少、举

办行为逐步规范、行政成本负担明显减轻的目标。

二、范围和内容

（一）清理和规范工作的范围。包括部属各单位举办或参与的各类庆典、研讨会、论坛活动。

国家法定节日的庆典活动，面向国土资源系统举办的业务研讨和学术交流活动，不列入清理和规范范围。

（二）清理和规范工作的内容。举办庆典、研讨会、论坛活动应符合国家有关法律法规及国土资源系统有关文件规定，做到依据明确、规模适度、数量适当、经费合规。凡不符合规定的，坚决予以撤销；确需举办的，一定要按规定程序履行审批手续，并严格按照规定要求实施，不得突破。

1. 坚决撤销不符合规定的庆典、研讨会、论坛活动。主要包括：要求地方政府和国土资源系统基层单位出钱出物出工或以各种名目乱收费、摊派、拉赞助的活动；以营利为目的或违反有关经济工作纪律和财经制度的活动；事业单位、社会团体以国土资源主管部门名义举办的活动；其他违反党风廉政建设有关规定的活动。

2. 严把审批关，主要是严格庆典活动审批程序。部属各单位举办的庆典活动，须按照程序，报部办公厅报请部领导审批同意后方可举办。原则上，严格控制举办部属各单位成立和建制变更的纪念性庆典，严格控制部属各单位举办或参与经贸类庆典、工程奠基和竣工典礼，确需举办或参与的，须按程序报部办公厅报请部领导审批同意。

3. 严把数量关，切实控制研讨会、论坛活动数量。部属各单位举办的研讨会、论坛活动须纳入部年度会议计划，按照程序报批。不得在风景名胜区举办或变相举办公款旅游性质的研讨会、论坛活动；不得举办与收费挂钩的品牌推介、成果发布、论文发表等研讨会、论坛活动；不得异地举办或组织各种“轮流做东”联谊性的研讨会、论坛活动。

4. 严把经费关，切实控制庆典、研讨会、论坛活动规模和开支。确需举办的庆典、研讨会、论坛活动，须按照有关规定从严控制活动的参与范围、参加人数、活动期限、接待标准，所需经费纳入部属各单位的预算管理，列入公示范围，接受审计监督；举办活动，所需经费由举办单位承担，不得向下级单位和企业转嫁费用。

5. 严把领导出席关，切实规范处级以上领导干部（含离退休领导干部）出席庆典、研讨会、论坛活动。原则上，领导干部不得出席与本职工作无关的活动。

部举办活动，邀请党和国家领导人出席的，须由部按程序报请上级部门审批；部主要负责同志出席活动，须向国务院分管领导同志报告；分管部领导出席活动，须报部主要负责同志（或主持工作的部领导）批准；部属各单位负责同志出席活动，须报分管部领导和部主要负责同志（或主持工作的部领导）批准。未经批准，不得出席活动，不得在活动中挂名挂职、发贺信贺电、题词、剪彩等。

部属各单位负责同志特别是部机关司局负责同志和部直属单位的主要负责同志外出调研、出差期间，如受邀出席有关庆典、研讨会、论坛活动的，须在《部机关司局负责同志和直属单位主要负责同志外出审批表》中注明，并附上邀请单位的邀请函或通知，报请分管部领导审批同意；部机关各司局主要负责同志须报请部主要负责同志（或主持工作的部领导）审批同意，方可参加。部属各单位负责同志出席活动期间，不得发表与法律法规及部有关政策规定相抵触的言论，发言内容涉及重大事项或敏感内容的，须按程序报批。

部属各单位处级干部参加庆典、研讨会、论坛活动的，参照上述规定和要求执行。

部属各单位举办活动，不得以任何名义向出席活动的领导干部送礼金、礼品、昂贵纪念品和各种有价证券、支付凭证。要从严控制部属人员出席庆典、研讨会、论坛活动的宣传报道。

6. 举办涉外论坛按照《中共中央办公厅、国务院办公厅关于从严控制在华举办各类涉外论坛的通知》（中办发〔2010〕10号）的要求执行。

三、方法和步骤

按照中央办公厅、国务院办公厅《关于开展清理和规范庆典、研讨会、论坛活动工作的实施意见》的通知要求和确定的进度安排，部清理和规范工作从2011年4月开始，12月底结束，分5个阶段进行。

（一）成立专项治理工作机构（4月）

1. 成立部专项治理工作领导小组，由有关部领导担任组长，办公厅、国家土地总督察办公室、财务司、科技与国际合作司、人事司、机关党委、驻部纪检组监察局、中国地质调查局、机关服务局负责同志为成员，专门负责清理规范庆典、研讨会、论坛活动专项治理工作的组织领导、统筹协调、政策指导和监督检查等。

2. 领导小组办公室设在办公厅，由担任领导小组成员的办公厅负责同志兼任办公室主任。办公室具体承担清理规范庆典、研讨会、论坛活动专项治理的日常组织协调工作。

（二）动员部署（5月）

5月上中旬，召开国土资源部清理和规范庆典、研讨会、论坛活动专项治理动员部署会，部属各单位主要负责同志、分管负责同志及相关人员参加，进行广泛动员和具体部署，统一思想认识，明确工作的总体要求及达到的目标、范围内容、方法步骤和工作措施，扎实稳步推进清理和规范工作。

（三）自查自纠和审核备案（5月至7月）

5月上旬至5月31日前，部属各单位按照要求和部统一部署，对2011年举办和拟举办的庆典、研讨会、论坛活动开展审核清理和自查自纠。审核清理后，将有关清理和规范情况和《国土资源部清理和规范庆典、研讨会、论坛活动统计表》（附表）书面报部专项治理工作领导小组办公室汇总，经部专项治理工作领导小组审核、汇总后报全国清理和规范工作领导小组备案。其中，地调局负责局机关及所属单位有关清理和规范情况的审核、汇总，总督察办负责国家土地督察机构有关清理和规范情况的审核、汇总。

（四）监督检查（5月至9月）

为确保清理和规范工作取得实效，根据清理和规范工作开展情况，部专项治理工作领导小组和办公室，采取全面检查与重点督查相结合的方式，对部属各单位，特别是工作进展迟缓、效果不明显或问题较多的单位开展重点督导，对审核清理不严、自查自纠不认真的单位给予严肃处理。

（五）总结评估（10月至12月）

12月15日前，部属各单位将各自的清理和规范工作总结报部专项治理工作领导小组办公室。领导小组办公室对部清理和规范工作进行分析和总结，工作总结经部专项治理工作领导小组审核后，报送全国清理和规范工作领导小组。

四、工作措施

（一）加强组织领导。部属各单位要高度重视，按照“谁主管谁负责、谁审批谁监管”的要求，统一思想，强化责任，周密部署，精心组织实施，严格清理规范，狠抓工作落实，特别是主要负责同志要亲自抓、一抓到底，要建立健全工作机构和工作机制，要明确专人专项负责，做到审核严格、清理规范、程序合法合规，切实达到活动数量大幅减少、举办行为逐步规范、行政负担明显减少的目标。其中，地调局负责局机关及所属事业单位的庆典、研讨会和论坛活动的清理和规范工作，总督察办负责国家土地督察机构的清理和规范工作。请各单位于5月29日前，将本单位的清理和规范组织机构名单和工作职责、分工报部专项治理工作领导小组办公室。

（二）严查违规行为。对有令不行、有禁不止，搞“上有政策、下有对策”和顶风违纪违规的，发现一起坚决查处一起，视情节轻重，依照有关规定分别给予批评教育、组织处理或者纪律处分，对涉嫌违法犯罪的，依法移送司法机关追究其法律责任。

（三）加强制度建设。结合清理和规范工作的开展，认真总结成功经验和好的做法，针对工作中存在的突出问题，深入查找原因，结合实际研究制定具体措施，做到既抓紧解决当前存在的问题，又要通过深化改革和建立健全制度并加以完善，巩固和扩大治理成果，逐步形成防止同类问题反复发生的长效机制。

（四）做好宣传工作。部专项治理工作领导小组办公室具体统筹协调宣传工作，充分发挥新闻媒体的监督作用，注重抓好正反两方面的典型，营造良好氛围，引导广大干部群众积极支持和有序参与专项治理工作，有力推动部清理和规范工作的健康深入开展。

附表：国土资源部清理和规范庆典、研讨会、论坛活动统计表（略）

附件 3

国土资源部两项专项治理工作领导小组成员名单

组　长：王世元　党组成员、副部长

　　　　王寿祥　党组成员、中央纪委驻部纪检组组长

成　员：孙家海　办公厅副主任

　　　　纪东义　国家土地总督察办公室副主任

　　　　韩和平　财务司副司长

　　　　孙宝亮　科技与国际合作司副司长

　　　　于永腾　人事司副司长

　　　　丁志如　直属机关纪委副书记

　　　　苏振林　驻部纪检组副组长

　　　　钟自然　中国地质调查局副局长

　　　　王殿琦　机关服务局局长

领导小组办公室设在办公厅，办公室主任由领导小组成员、办公厅副主任孙家海兼任。

国土资源部两项专项治理工作领导小组办公室成员名单

主　任：孙家海　办公厅副主任

副主任：夏俊办　办公厅副巡视员

　　　　韩和平　财务司副司长

　　　　孙宝亮　科技与国际合作司副司长

　　　　苏振林　驻部纪检组副组长

　　　　张　连　中国地质调查局巡视员、办公室副主任

　　　　陈志刚　机关服务局副局长

成　员：吴前清　办公厅部长办公室（部值班室）副主任

　　　　李　伟　办公厅行政财务处副处长

　　　　石　磊　国家土地总督察办公室机构管理处处长

　　　　叶海洋　财务司预算处处长

　　　　杨学军　科技与国际合作司外事综合处处长

　　　　王　丽　中国地质调查局综合处处长

　　　　苏云华　机关服务局财务资产经营处副处长

国土资源系统“两整治一改革”工作检查评估实施方案

国土资厅发〔2011〕49号

为认真做好国土资源系统“两整治一改革”检查评估和总结工作，根据《中共国土资源部党组关于国土资源系统开展“两整治一改革”专项行动的通知》（国土资党发〔2010〕45号）、《中共国土资源部党组关于建立健全国土资源管理廉政风险防控机制的指导意见》（国土资党发〔2011〕19号）的要求，制定如下实施方案：

一、目的和意义

深入开展“两整治一改革”专项行动是部党组进一步推进国土资源系统反腐倡廉建设和国土资源改革与发展的重大举措。全面检查评估“两整治一改革”工作开展以来取得的专项治理成果、制度建设成果、理论研究成果，有利于深入总结专项行动工作的成功经验和有效做法，不断深化对国土资源领域反腐倡廉工作特点和规律的认识，实现部党组提出的“两整治一改革”目标任务，把国土资源系统党风廉政建设和反腐败工作进一步引向深入。

二、检查评估的范围和内容

（一）检查评估的范围

检查评估的范围是各省（区、市）、新疆生产建设兵团国土资源管理部门，各派驻地方的国家土地督察机构，中国地质调查局及部其他直属单位，部机关各司局。

对部机关、各派驻地方的国家土地督察机构和中国地质调查局及其他直属单位廉政专项行动的检查评估工作，按照“两整治一改革”检查评估的统一部署和要求，由部直属机关党委研究提出具体安排，并组织实施。

（二）检查评估的主要内容

重点围绕“两整治一改革”专项行动开展以来，取得的专项治理成果、制度建设成果、理论研究成果进行检查。在总结工作成果和经验的同时，检查分析存在的薄弱环节和问题。

1. 专项治理成果。重点是土地和矿业权交易市场专项整治、整纪纠风专项整治各项工作任务的落实情况和取得成效。主要包括：廉政风险点排查和自查自纠工作情况；土地和矿业权出让实行网上交易和监管的情况；土地招拍挂制度和矿业权审批出让制度的执行情况；土地储备机构与下属和挂靠从事土地开发相关业务机构的脱钩情况；重大项目实施和资金使用管理情况；查处违纪违法案件和对土地督察、执法监察中发现问题的整改情况；干部交流轮岗和廉洁从政集中整训情况；培育和树立先进典型的情况；行风政风评议名次升上去和违纪违法案件数量降下来的情况。

2. 制度建设成果。重点是廉政风险防控机制的建设情况。主要包括：国土资源市场配置机制、国土资源管理创新机制、行政权力监督制约机制、廉政风险预警防控机制、廉政风险教育机制、责任追究机制等六个方面具体制度措施建立健全的情况。同时，是否做到廉政风险防控管理全覆盖、责任明确，制度便于执行、管理便于落实、手段切实有效。建立健全的制度是否切实执行和落实，对廉政风险6个方面33项重点内容的防控管理是否取得了实实在在的效果。

3. 理论研究成果。重点是形成指导本地区、本单位当前和今后一个时期反腐倡廉工作的专题研究成果。主要包括："两整治一改革"工作取得的成功经验和有效做法，对国土资源系统反腐倡廉特点和规律的研究认识等。

三、检查评估的时间和方法

（一）各地各单位自查（9月1日至10月20日）

各地各单位围绕检查评估的重点内容和要求，认真开展落实情况的自查工作。各省（区、市）国土资源管理部门在开展本级自查的同时，组织对所属单位工作情况进行全面检查评估。

各地各单位在自查的基础上，全面总结"两整治一改革"工作情况，形成"两整治一改革"工作情况总结报告，连同《国土资源系统"两整治一改革"工作情况统计表》（均含电子版），于10月20日前报部"两整治一改革"领导小组办公室。

（二）部检查评估（10月21日至11月5日）

部"两整治一改革"领导小组抽调各地国土资源厅（局）、驻部纪检组监察局和部"两整治一改革"办公室负责同志及有关人员组成检查组，对各地国土资源部门"两整治一改革"工作情况以交叉检查的方式进行检查评估。检查组在听取各地国土资源部门"两整治一改革"领导小组全面工作汇报的基础上，采取召开座谈会、查阅工作资料、征求有关方面意见、深入基层实地检查等方式，按照检查评估评分标准进行检查评估。检查评估工作结束后，检查组向部党组提交专题报告，并将检查情况向被检查单位反馈书面意见。被检查单位要对检查组提出的整改意见，认真组织整改落实，于11月30日前将整改情况书面报部"两整治一改革”领导小组办公室。部召开检查评估情况汇报会，根据检查评估情况和存在问题的整改情况，研究确定检查评估结果，并适时予以通报。

（三）全面总结（11月6日至30日）

部“两整治一改革”领导小组办公室对各地各单位的总结报告和检查组的检查评估意见进行全面梳理、归纳和汇总分析，起草《国土资源系统开展“两整治一改革”专项行动工作情况的报告》，经部党组审定后报国土资源领域腐败问题治理工作协调小组。

四、工作要求

（一）加强组织领导

检查评估工作在部“两整治一改革”领导小组的领导下进行，各地各单位党组（党委）要把检查评估和总结工作作为巩固和提高“两整治一改革”工作成果的重要环节，切实加强领导，制定检查评估实施方案，精心组织、周密部署，把检查评估和总结工作抓实、抓好，按时完成各项任务。

（二）认真做好总结

要着重抓好专项治理成果、制度建设成果、理论研究成果的总结，系统梳理概括具有国土资源管理特点的反腐倡廉建设经验和做法，全面反映“两整治一改革”专项行动开展的特点、特色，抓好正反两个方面的典型，深化对反腐倡廉工作特点和规律的认识，形成对当前和今后一个时期反腐倡廉工作具有指导意义的理论成果，提出进一步深化党风廉政建设和反腐败工作的意见和建议，不断提高党风廉政建设和反腐败工作的能力和水平。

（三）切实抓好整改

各地各单位要在认真总结经验的同时，对检查中发现的工作薄弱的环节和部位加强整改，切实解决好突出问题；对工作薄弱的部门和单位加大督促检查力度，切实把工作搞上去；对土地例行督察和执法监察中发现的问题，要抓紧采取措施进行处理和纠正。

（四）严格检查、严格标准

要按照部党组的部署和要求，认真负责地开展检查评估和总结工作。检查组要坚持检查评估标准和要求，深入基层、深入实际了解掌握各地各单位工作开展情况，对各地“两整治一改革”工作作出客观、准确的评估。要严肃检查评估纪律，防止弄虚作假和走过场。

附件：1. 国土资源系统“两整治一改革”工作检查评估评分表（略）

2. 国土资源系统“两整治一改革”工作情况统计表（略）

国土资源部关于进一步推进公务卡改革有关事项的通知

国土资函〔2011〕956号

中国地质调查局及所属单位，部其他直属单位，各派驻地方的国家土地督察局，部机关各司局：

2008年以来，我部机关和所属单位按照中央单位公务卡改革的总体部署，全面推进了公务卡结算改革，公务卡发卡范围和结算金额不断加大，公务卡"减少现金支付，规范公务支出"的作用逐渐显现。但是，公务卡使用范围偏窄、使用率不高的问题依然存在，"有卡不用"的现象较为普遍。近日，财政部发布了公务卡强制结算目录，从2012年1月1日起在所有中央预算单位实施。为进一步加强我部公务卡管理，现就有关事项通知如下：

一、高度重视公务卡的使用管理

截至2011年11月底，我部46家单位办理了公务卡，累计发卡4175张，公务卡结算金额近5000万元。这与各单位的重视和广大干部职工的大力支持密不可分。部机关、经研院、国家土地督察上海局、博物馆和地调局机关、广州海洋局、遥感中心、发展中心、青岛海洋所、地科院物化探所等单位，发卡数量和公务卡结算情况较好（详见附件1）。但是，个别单位对推进公务卡结算改革的认识存在偏差，少数单位至今未办理公务卡，有的单位虽然办理了公务卡但没有开卡使用。这些问题的存在，一定程度上影响了我部公务卡结算改革的整体进程。各单位要高度重视，统一思想，提高认识，完善公务卡使用管理办法，尽快启动、大力推进公务卡结算改革。

二、严格执行公务卡强制结算目录

从2012年1月1日起，我部机关和所属各单位必须严格执行《财政部关于实施中央预算单位公务卡强制结算目录的通知》（财库〔2011〕160号）中规定的16项公务卡强制结算目录。（详见附件2、附件3）

凡属强制结算目录规定的公务支出项目，都应按规定使用公务卡决算，原则上不再使用现金结算。原使用转账方式结算的，可继续使用转账方式。各单位可根据单位实际，进一步扩大公务卡强制结算目录范围。

各单位在不具备刷卡条件的场所发生的单笔消费200元以下的公务支出，按规定支付给个人的支出，以及签证费、快递费、过桥过路费、出租车费等目前只能使用现金结算的支出，可暂不使用公务卡结算。除此之外，因特殊情形确实不能使用公务卡结算的，应事先报经单位财务部门批准，报销时应提供不能使用公务卡结算的证明材料。

三、其他有关要求

（一）制定实施细则。各单位应按照公务卡结算改革的有关要求，结合单位财务管理的实际情况，制定公务卡强制结算目录实施细则，明确不能使用公务卡结算情况下的财务审批程序和报销手续，并于2012年1月31日前报部备案。

（二）加强宣传培训。各单位要继续加强公务卡结算改革知识的宣传培训，进一步规范公务卡强制结算目录中各结算项目的具体内容，使单位财务人员和工作人员熟练掌握公务卡的使用管理办法、财务报销程序及相关政策规定，顺利实施公务卡强制结算目录。

（三）加强沟通协调。各单位要加强与代理银行的沟通协调，妥善解决本单位公务卡使用管理中存在的问题。实施公务卡强制结算目录过程中出现的新情况、新问题，请及时向部财务司反映。

附件：1. 国土资源部所属单位公务卡使用情况表（略）

2. 国土资源部公务卡强制结算目录

3. 财政部关于实施中央预算单位公务卡强制结算目录的通知

二〇一一年十二月二十九日

附件 2

国土资源部公务卡强制结算目录

序号	公务卡结算项目	备注
01	办公费	指单位购买按财务会计制度规定不符合固定资产确认标准的日常办公用品、书报杂志等支出。
02	印刷费	指单位的印刷费支出。
03	咨询费	指单位咨询方面的支出。
04	手续费	指单位支付的手续费支出。
05	水电费	指单位支付的水电费支出。
06	邮电费	指单位开支的电话费、电报费、传真费、网络通讯费等支出。
07	物业管理费	指单位开支的办公用房、职工及离退休人员宿舍等的物业管理费，包括综合治理、绿化、卫生等方面的支出。
08	差旅费	指单位工作人员因出差支付的住宿费、购买机票支出等。
09	维修（护）费	指单位日常开支的固定资产（不包括车船等交通工具）修理和维护费用，网络信息系统运行与维护费用。
10	租赁费	指租赁办公用房、宿舍、专用通讯网以及其他设备等方面的费用。
11	会议费	指会议中按规定开支的房租费、伙食补助费以及文件资料的印刷费、会议场地租用费等。
12	培训费	指各类培训支出。

序号	公务卡结算项目	备注
13	公务接待费	指单位规定开支的各类公务接待（含外宾接待费用）。
14	专用材料费	指单位购买日常专用材料的支出。具体包括药品及医疗耗材，农用材料，兽医用品，实验室用品，专用服装，消耗性体育用品，专用工具和仪器，艺术部门专用材料和用品，广播电视台发射台发射机的电力、材料等方面的支出。
15	公务用车运行维护费	指公务用车的燃料费、维修费、保险费等支出。
16	其他交通费用	指单位除公务用车运行维护费以外的其他交通费用。如飞机、船舶等的燃料费、维修费、保险费等。

附件3

财政部关于实施中央预算单位公务卡强制结算目录的通知

财库〔2011〕160号

党中央有关部门，国务院各部委、各直属机构，武警部队，新疆生产建设兵团，全国人大常委会办公厅，全国政协办公厅，高法院，高检院，有关人民团体：

为加强和规范公务支出管理，进一步推进公务卡制度改革，扩大公务卡使用范围，切实减少公务支出中的现金提取和使用，根据《财政部中国人民银行关于印发〈中央预算单位公务卡管理暂行办法〉的通知》（财库〔2007〕63号）等有关规定，决定在中央预算单位实施公务卡强制结算目录。现就有关事项通知如下：

一、充分认识实施公务卡强制结算目录的必要性

公务卡制度改革自2007年推行以来，改革覆盖面迅速扩大，公务卡发卡量快速增长，对减少预算单位现金支付结算、规范公务支出的政策效应逐步显现。但同时也存在公务卡使用范围偏窄、使用率不高的问题，“有卡不用”现象较为普遍。建立公务卡强制结算目录，严格规定预算单位公务支出中必须使用公务卡结算的项目，有利于提高公务卡使用率，充分发挥公务卡制度优势，进一步加强和规范公务支出管理。各

部门各单位要从党风廉政建设和源头预防腐败的高度，切实提高对实施公务卡强制结算目录必要性和重要性的认识，认真抓好落实工作。

二、严格执行公务卡强制结算目录

（一）所有实行公务卡制度改革的中央预算单位，都应严格执行中央预算单位公务卡强制结算目录。

（二）凡目录规定的公务支出项目，应按规定使用公务卡结算，原则上不再使用现金结算。原使用转账方式结算的，可继续使用转账方式。

（三）下列情况可暂不使用公务卡结算：

1. 在县级以下（不包括县级）地区发生的公务支出；

2. 在县级及县级以上地区不具备刷卡条件的场所发生的单笔消费在200元以下的公务支出；

3. 按规定支付给个人的支出；

4. 签证费、快递费、过桥过路费、出租车费用等目前只能使用现金结算的支出。

除上述情况外，因特殊情形确实不能使用公务卡结算的，应报经单位财务部门批准。

三、有关工作要求

（一）制定具体细则。各部门应尽快制定本部门实施公务卡强制结算目录的管理办法，并于2011年12月31日前报财政部备案。各部门要加强对所属预算单位的指导，要求各单位制定相应的实施细则，重点明确不能使用公务卡结算情况下的财务审批程序和报销手续。各部门各单位应从严控制不使用公务卡结算的支出事项，必要时报销申请人应提供不能使用公务卡结算的证明材料。

（二）加强培训宣传。各部门各单位要加强公务卡管理政策培训，使单位财务人员和工作人员熟练掌握公务卡强制结算目录。同时要加强宣传，在本部门本单位形成良好的主动用卡、自觉用卡氛围。

（三）加大改革力度。各部门要于2012年年底前将公务卡制度改革推进到所有基层预算单位，并督促基层预算单位严格执行公务卡强制结算目录。

本通知自2012年1月1日起实施。

二〇一一年十一月二十五日

国土资源部关于印发《关于防治"小金库"长效机制建设的指导意见》的通知

国土资函〔2011〕1010号

中国地质调查局及部其他直属单位，各派驻地方的国家土地督察局，部机关各司局，各挂靠管理的社会团体：

为进一步巩固"小金库"专项治理成果，促进"小金库"治理工作常态化，根据中央治理"小金库"工作领导小组《关于印发〈2011年"小金库"治理工作实施方案〉的通知》（中治金〔2011〕2号）要求，部治理"小金库"工作领导小组办公室制定了《关于防治"小金库"长效机制建设的指导意见》。现印发给你们，请按照指导意见完善相关制度办法，加大制度执行力，确保"小金库"治理工作制度化、规范化、常态化。

二〇一一年十二月三十日

关于防治“小金库”长效机制建设的指导意见

为进一步巩固“小金库”专项治理成果，促进防治“小金库”长效机制建设，结合“小金库”专项治理发现的问题，提出我部机关和所属单位“小金库”长效机制建设的指导意见。

一、加强教育，提高思想认识

坚持教育在先、防范在前，加强防治“小金库”法律法规宣传教育。通过“小金库”典型案例的教育，增强严格遵守财经法纪、坚决抵制“小金库”的自觉性，建立健全教育防范机制。

（一）加强反腐倡廉教育。从党风廉政建设和预防腐败体系建设的高度，加强法律法规学习和反腐倡廉教育，将“小金库”防治工作纳入本单位年度党风廉政建设目标任务，把财务管理纳入党风廉政建设考核的重要内容，加大宣传力度，增强抵制“小金库”的自觉性。

（二）加强财政法纪教育。通过领导班子集体学习、专题讲座、岗位培训等多种形式，加大《会计法》、《预算法》等财经法律法规的宣传力度，定期组织财经法律知识的学习培训，增强单位领导、部门负责人和广大干部职工的法律意识和风险意识。

（三）开展警示教育。组织开展“小金库”防治专题培训，充分认识“小金库”的表现形式及其危害，准确把握“小金库”问题处理的政策界限。通过分析解剖“小金库”典型案例，开展警示教育，警钟长鸣，将"小金库"防治工作常态化，形成防治"小金库"良好工作环境。

二、完善制度，强化约束机制

针对"小金库"专项治理中发现的突出问题，查找内部管理中的薄弱环节和漏洞，建立健全内部控制制度，切实提高制度的执行力和约束力。

（一）建立完善收支管理制度。编制年度综合财务收支计划，防止经济活动游离于财务监管之外，确保各项收支出纳入单位预、决算管理。取得的各项收入应及时足额存入相应银行账户，纳入单位法定账簿核算，不得在往来科目中列收列支。行政性收费、国有资产处置收入应及时足额上缴国库，实行"收支两条线"管理。推进公务卡结算，减少现金支付。

（二）建立完善货币资金管理制度。规范银行账户的开设、使用和管理，严禁出租、出借银行账户。明确现金使用范围和结算起点，规范现金管理，严禁公款私存，严禁"白条"抵库。明确货币资金管理岗位职责，定期进行货币资金清查盘点。加强银行预留印鉴及票据管理，严禁一人保管支付款项所需的全部印章。大额或重要货币资金支付业务，应实行集体决策和审批制度。

（三）健全完善财务报销制度。合理确保财务报销审批权限，实行各项经费开支"一支笔"审核与稽查，确保原始凭证内容齐全、印章规范，确保经济业务真实、合法，防止利用虚假支出设立"小金库"问题。规范费用报销流程，全面应用财务管理信息系统网上报销审批系统。探索建立财务报销内部公开制度。

（四）健全完善重点支出管理制度。加强公务接待"三公"经费管理，防止以公务接待为名在定点酒店办理预付款消费卡。加强会议费管理，完善会议审批制度，逐步实行会议费统一结算制度，防止以会议费名义报销与会议无关的支出或利用会议设立"小金库"。加强外协经费管理，规范拨款程序，强化跟踪检查，严禁在写作单位报销各项开支，防止利用外协经费设立“小金库”。加强评审费、劳务费管理，严格开支标准，规范付款程序，逐步实行评审费、劳务费银行卡结算制度，防止利用虚假劳务设立“小金库”。

（五）健全完善项目经费管理制度。加强项目立项、预算编制与执行、组织实施、质量检查与成果管理等全过程管理，促进项目执行与财务管理的衔接。加强项目合同管理，确保项目收支全部纳入预、决算管理。严格项目经费使用范围和支出标准，强化项目预算执行，硬化项目预算约束。加强结题项目管理，及时做好项目清算，严禁项目结题不结账。加强项目成果管理，防止利用项目成果投资私设“小金库”。

（六）健全完善国有资产管理制度。明确资产管理岗位职责，实行资产验收入库和使用登记制度，定期进行资产清查盘点，防止形成账外资产。加强资产处置和出租、出借管理，规范处置和出租、出借程序，加强收益管理，防止利用资产处置和出租、出借收入设立“小金库”。加强土地使用权、著作权、商标权等无形资产的管理，防止利用无形资产私设“小金库”。

（七）建立完善工会经费管理制度。规范工会账户管理，防止利用工会账户转移资金设立“小金库”。严格工会经费计提比例，规范工会经费的使用单位和开支标准，防止提高计提比例转移资金设立“小金库”。规范工会财务管理，不得以任何名义利用工会账户代管其他单位无关资金。

三、深化改革，构建保障机制

从深化单位内部管理制度改革入手，解决当前困扰财务管理的突出问题，积极推进财政支出绩效管理，从根本上防止“小金库”问题的发生。

（一）深化财务管理制度改革，从源头上切断“小金库”的资金来源。要克服“重预算、轻管理”的传统观念，牢固树立预算绩效管理意识，明确预算绩效目标，不断提高预算编制的科学化和精细化水平。要全面加强财务收支管理，杜绝任何形式谋取小团体利益的行为。要全面加强财务收支管理，杜绝任何形式谋取小团体利益的行为，强化财务管理与监督，不断提高财政资金使用效益。要积极营造依法理财、规范理财的工作环境，理顺工作机制，明确工作目标，加强业务与财务管理部门的配合，形成防治“小金库”的工作合力。

（二）深化收入分配制度改革，从根本上消除私设“小金库”的动机。要根据单位性质和管理特点，深化单位内部收入分配制度改革，逐步建立符合单位实际、体现岗位绩效和分级管理的收入分配制度，形成完善的收入水平形成机制、动态调整机制和有效激励机制。

四、强化监督，落实长效机制

从加强监督管理和依法惩治违法行为两方面入手，通过明确职责分工、强化问责机制、鼓励全员参与，建立完善的防治“小金库”长效机制。

（一）完善监督机制。深入贯彻落实《中国共产党党内监督条例》，完善党内监督机制，加强对领导干部权力监督，特别是“一把手”的监督。要完善行政监督机制，强化各级纪检监察部门对“小金库”违法违纪行为的监督，加大对“小金库”问题的处理处罚力度。要完善群众监督机制，落实“小金库”举报奖励制度，加大举报核查力度，加强对举报人的保护，鼓励全员参与“小金库”专项治理。通过党内监督、行政监督和群众监督，形成对“小金库”问题的高压态势。

（二）创新监督方式。完善以预、决算公开为主要内容的单位财务公开制度，不断扩大公开范围，细化公开内容，提高单位财务运行的透明度。完善内部监督制度，加强内部会计监督，强化财务运行的透明度。完善内部监督制度，加强内部会计监督，强化内部审计与纪检监察，探索重大项目社会审计监督方式。完善财务日常监督工作机制，充分发挥部财务管理信息系统功能，加强财务管理全程日常监管，实行大额资金、重要经济业务实时动态监管。

（三）落实责任追究制度。贯彻落实《设立“小金库”和使用“小金库”款项违纪行为适用〈中国共产党纪律处分条例〉若干问题的解释》和《设立“小金库”和使用“小金库”违法违纪行为政纪处分暂行规定》精神，完善“小金库”违法案件移送制度和“小金库”违法行为责任追究制度，强化对“小金库”问题相关责任人员处罚力度，并依据《关于党政领导干部问责的暂行规定》落实有关领导干部的问责制度。

中央纪委驻国土资源部纪检组关于做好两项法规贯彻实施工作的通知

国土资纪〔2011〕7号

部机关各司局，各派驻地方的国家土地督察局，中国地质调查局及其他直属单位：

2010年5月，中央办公厅、国务院办公厅印发了《关于领导干部报告个人有关事项的规定》（以下简称《报告有关事项规定》）和《关于对配偶子女均已移居国（境）外的国家工作人员加强管理的暂行规定》（以下简称《移居管理规定》）。12月，中央纪委、中央组织部印发了《关于进一步做好两项法规贯彻实施工作的意见》（以下简称《意见》），对在全国范围内实施两项法规作出统一部署。为做好我部2011年1月首次集中报告个人有关事项和报告配偶子女均已移居国（境）外有关情况工作，切实抓好两项法规贯彻实施，现将《意见》转发你们，并就有关事项通知如下：

一、关于适用范围和报告内容

适用《报告有关事项规定》的干部包括部机关各司局、土地督察局、中国地质调查局副处级以上（含副处级，下同）干部，部其他直属单位及中国地质调查局直属单位相当于副处级以上的干部。适用《移居管理规定》的干部包括上述单位所有国家工作人员。

各单位在贯彻实施《报告有关事项规定》时，应严格按照《意见》所明确的需要重点把握的几个问题，严格要求领导干部按照《报告有关事项规定》确定的报告内容报告个人有关事项，领导干部应当依照《意见》明确的填写说明要求，认真进行填报。

二、关于报告材料的受理

对领导干部个人有关事项报告材料，按照干部管理权限由相应的组织（人事）部门负责受理：

（一）中管干部向中央组织部报告，所填写的《领导干部个人有关事项报告表（一）（二）》由人事司统一转报中央组织部。

（二）部机关各司局、土地督察局副处级以上干部，向人事司报告。

部机关各司局副处级以上干部的报告材料，由本人填写后密封在信封上签名交人事司；土地督察局副处级以上干部的报告材料，由其所在督察局主要负责人审签后，本人将报告材料密封并在信封上签名，局办公室统一收齐后转交人事司。

（三）中共地质调查局县处级副职以上干部及局直属单位相当于县处级副职以上干部报告个人有关事项，由中国地质调查局组织实施。

（四）部党组管理的直属单位领导干部向人事司报告，其他相当于县处级副职以上干部向本单位人事部门报告。

直属单位领导干部的报告材料，由其所在单位主要负责人审签后，本人将报告材料密封并在信封上签名，各单位人事部门统一收齐后转交人事司。

（五）适用《移居管理规定》的国家工作人员，应填写《配偶子女均已移居国（境）外的国家工作人员有关情况报告表》，已报告过的有关情况发生变化时，应当在事后30日内填写《配偶子女均已移居国（境）

外的国家工作人员有关情况变动报告表》，上述材料由本人密封并在信封上签名后，按照干部管理权限直接报告相应的组织（人事）部门，也可以通过所在单位人事部门转交。

三、有关要求

（一）各单位要在前一阶段学习宣传的基础上，进一步提高认识，统一思想，按照部党组的要求，切实加强组织领导，把两项法规贯彻实施工作抓紧抓好。

（二）各单位要高度重视党员领导干部报告个人有关事项工作，人事部门要精心组织，周密安排，确保报告工作顺利进行。要明确责任人员，按照规定组织并督促领导干部和国家工作人员按时报告；有特殊情况不能如期报告的，待特殊情况消除后，应当适时补报。

（三）各单位要按照《意见》要求，严格把握，认真做好报告材料的调查核实，查阅和保管、转交等工作。人事、纪检部门从事相关工作的人员，要熟知法规制度的基本要求，及时答复有关问题和请示；对属于法规的解释问题，要及时向人事司、纪检组监察局报告。由人事司、纪检组监察局向中央纪委、中央组织部、监察部请示后，按照答复意见办理。

（四）各单位领导干部和人事、纪检部门从事相关工作的人员要严格遵守宣传纪律，不得擅自就贯彻实施工作公开发表文章或者接收采访。违反宣传纪律的，要视情节轻重，给予批评教育、组织处理，构成违纪的，要给予纪律处分。

（五）各单位应于 2011 年 1 月组织开展领导干部报告个人有关事项工作，人事部门将领导干部报告个人有关事项的材料统一收齐后，于 2011 年 2 月 15 日前，分别转交人事司干部一处、干部二处、督察干部管理处（以下简称“有关干部处”）。

首次集中报告工作结束后，领导干部发生《报告有关事项规定》第三条所列事项的，应当在事后30日内填写《领导干部个人有关事项报告表（一）》，按报告材料的受理要求报人事司有关干部处。

适用《移居管理规定》的领导干部有关材料，按照干部管理权限应报人事司，于2011年1月31日前直接报人事司有关干部处，也可以通过所在单位人事部门转交。

各单位要对两项法规制度学习宣传贯彻情况进行全面总结，特别要注意了解出现的新情况新问题，总结好经验好做法，形成书面报告，于2011年2月15日前一并报人事司有关干部处。

二〇一一年一月二十日

关于加强和改进部直属机关纪检组织建设的意见

国土资党发〔2012〕44 号

国家海洋局，国家测绘地理信息局，各派驻地方的国家土地督察局，中国地质调查局及部其他直属单位，部机关各司局：

为贯彻落实党的十八大关于全面提高党的建设科学化水平的总体要求和中共中央办公厅、国务院办公厅《关于加强和改进中央和国家机关纪检监察组织建设的意见》（中办发〔2012〕10 号，以下简称《意见》）精神，深入推进部直属机关党风廉政建设和反腐败工作，按照中央国家机关工委贯彻落实《意见》（国工发〔2012〕12 号）的要求，结合部直属机关实际，现就加强和改进部直属机关纪检组织建设提出如下意见。

一、认真学习贯彻党的十八大精神，充分认识加强和改进部直属机关纪检组织建设的重要性和必要性

（一）进一步增强推进党风廉政建设和反腐败斗争的责任感和使命感。党的十八大鲜明提出要“坚定不移反对腐败，永葆共产党人清正廉洁的政治本色”，为当前和今后一个时期党风廉政建设和反腐败斗争指明了方向，对全面提高党的建设科学化水平提出了新的更高要求。党的

十八大报告和中央纪委向党的十八大的工作报告强调，建设一支忠诚可靠、服务人民、刚正不阿、秉公执纪的纪检监察干部队伍，是新形势下开展党风廉政建设和反腐败斗争的重要组织保证。部直属机关各级党组织、纪检组织和广大纪检干部要从加强自身建设、认真履行职责出发，按照中央和部党组的要求，认真学习贯彻党的十八大精神，学深学透党的十八大对党风廉政建设和反腐败斗争提出的新要求，深刻认识反腐败斗争极端重要性和紧迫性，切实增强推进党风廉政建设和反腐败斗争的责任感和使命感。

（二）进一步夯实部直属机关反腐倡廉建设的组织基础。部直属机关处于国土资源管理工作的重要位置，担负着从宏观上管理国家土地和矿产资源的重要职责，对全系统有着重要影响和示范作用，认真贯彻落实党的十八大精神和《意见》精神，进一步加强部直属机关纪检组织建设和反腐倡廉建设尤为重要和紧迫。各单位要按照中央的要求，认真贯彻落实党风廉政建设责任制，加强对纪检组织建设的领导，把贯彻落实党的十八大精神和《意见》要求与贯彻落实《中国共产党党和国家机关基层组织工作条例》结合起来，充分认识加强和改进纪检组织建设的重要性和必要性，采取有力措施，进一步建立健全纪检组织机构，配备纪检工作力量，推动反腐倡廉建设各项工作的落实，为中央重大决策部署的贯彻落实和部中心工作的完成提供坚强有力的保证。

二、健全规范纪检组织机构设置，进一步增强工作力量

（三）健全规范直属机关纪检组织设置。采取切实措施加强部直属机关纪检组织建设，加强上级纪检组织对下级纪检组织的领导，形成全面覆盖、上下贯通、左右衔接的组织体系。进一步明确基层纪检组织设置要求，凡是设立党委的单位必须设立纪委，党的总支委员会和支部委员会都必须设立纪检委员；不设委员会的党支部，必须明确1名党员干

部负责纪检工作。

（四）健全规范纪检组织办事机构设置。各派驻地方的国家土地督察局要根据队伍规模和督察区域工作职能任务的要求，切实加强党的建设、队伍建设和纪检监察工作，进一步明确党组书记负责党建和队伍建设工作，纪检组长负责纪检监察工作，在局办公室增挂纪检监察室（或党办）的牌子，在人员编制允许的情况下，配备1—2名专（兼）职党务和纪检监察干部，具体承担纪检监察和党务日常工作。设有纪委且党员人数较多的部直属单位，纪委应设立办事机构并配备专职干部。没有设立纪委的单位，应在相应机构中明确专人负责纪检日常工作。

三、建立完善纪检工作机制，进一步优化工作环境

（五）建立完善工作制度。部直属机关各级纪检组织要按照《意见》的要求，明确职责任务，健全运行机制，完善工作规则，充分发挥职能作用，进一步加大教育、制度、监督、改革、纠风、惩治的工作力度，推进党风廉政建设和反腐败工作的深入开展。要进一步明确纪委委员和纪检委员的职责任务，完善日常工作机制，支持委员履行职责，充分发挥委员作用。

（六）建立完善协调机制。部机关纪委要根据工作职责和部直属机关实际，加强与驻部纪检组监察局的沟通协调，主动接受其工作指导，特别是在机关党风廉政宣传教育、案件查办、党内监督、信访举报和审议报批司局级干部党纪处罚等方面，建立健全分工明确、协调配合、运行顺畅的工作机制。各级纪检组织要进一步创新工作机制，规范工作程序，与各有关部门（处室）加强协调配合，充分发挥各部门的积极性，形成工作合力。

四、切实加强纪检班子建设，进一步发挥组织领导作用

（七）加强思想政治建设。各级党组织和纪检组织要把加强思想政治建设放在领导班子建设的首位，自觉用中国特色社会主义理论体系武装头脑、指导实践、推动工作。要讲政治、讲党性、讲大局、讲原则，不断增强政治敏锐性和政治鉴别力，在重大问题上旗帜鲜明、立场坚定，在关键时刻和重大事件中经得起考验，在思想上政治上行动上与党中央保持高度一致。要进一步提高政治素质和理论水平，坚持理论联系实际，把学习理论同研究解决反腐倡廉建设的突出问题结合起来，不断推进理论创新、实践创新和制度创新，进一步提高反腐倡廉建设科学化水平。

（八）选好配好领导班子。坚持德才兼备、以德为先的标准，选拔政治过硬、原则性强、公道正派、领导工作能力较强的同志充实到纪检组织领导岗位上来。部机关纪委书记应当由机关党委副书记担任。部直属单位设纪委的，纪委书记按本单位领导副职配备。党员人数较多的单位，可根据工作需要配备纪委副书记，按单位内设机构正职配备。纪委书记的首要职责是做好纪检工作，可以参与领导班子分工，分管与纪检业务相近的或没有直接利害冲突的工作，并把主要精力放在纪检工作上，要对纪检组织工作负总责。

五、着力加强纪检干部队伍建设，进一步提升工作能力和水平

（九）优化纪检干部队伍结构。按照政治坚强、公正廉洁、纪律严明、业务精通、作风优良的要求，配备纪检干部。严把入口关，拓宽选人用人渠道，严格用人标准和程序，不断增强纪检干部队伍的创造力、

凝聚力和战斗力。注重面向基层选调熟悉经济、金融、法律、审计、网络信息等专业的人才特别是年轻干部充实纪检干部队伍，进一步优化纪检干部队伍年龄、知识和专业结构。

（十）提高纪检干部队伍素质。按照“做党的忠诚卫士，当群众的贴心人”的要求，建设纪检干部队伍。要抓住能力建设这个关键，结合深入学习贯彻党的十八大精神活动，大力营造和形成崇尚学习、善于研究、学以致用的浓厚氛围，努力建设学习型纪检组织。坚持全员培训和分级管理的原则，加大各级纪检干部的培训力度，整合培训资源，丰富培训内容，创新培训形式，定期安排纪检干部到有关培训机构培训，通过对新进纪检干部的岗前培训和在职纪检干部的继续教育，提高纪检干部的综合素质和能力。

（十一）健全交流激励机制。建立和完善纪检干部与其他业务部门干部的轮岗交流制度，将各级纪检干部纳入本单位干部交流计划。专门从事纪检工作的纪委书记、副书记任满一届的一般应当交流，有计划地选派优秀纪检干部到基层挂职锻炼。坚持以人为本，重视、关心、爱护纪检干部，在学习、工作、生活和成长等方面创造好的条件。

（十二）建立和完善科学考评机制。把握基层纪检工作的特点和规律，建立科学规范的绩效考评体系，研究制定科学的考核内容、考核标准和考核方法，加强对基层纪检组织和纪检干部的考核，探索建立部直属单位和派驻地方国家土地督察局纪检组织负责人年度述职制度，将纪检工作考核结果纳入部的绩效考核体系中。在此基础上，完善奖惩激励机制，加大对纪检干部的培养和使用力度，充分调动基层纪检干部积极性，促进纪检工作的有效开展。

国土资源部关于进一步加强基层国土资源部门管理促进干部廉洁从政的通知

国土资发〔2012〕84 号

各省、自治区、直辖市及副省级城市国土资源主管部门，新疆生产建设兵团国土资源局，中国地质调查局及部其他直属单位，各派驻地方的国家土地督察局，部机关各司局：

基层国土资源部门尤其是县级国土资源部门和国土资源所，直接面向基层、服务群众，是国土资源事业发展的基础，在国土资源管理中具有十分重要的地位和作用。长期以来，各地高度重视加强基层国土资源管理工作，基层国土资源部门全面履行职责，锐意进取，为国土资源事业改革发展提供了重要保障。但也要看到，当前基层国土资源部门管理相对薄弱，涉土涉矿违纪违法案件仍易发多发，进一步规范管理、完善制度、促进干部廉洁从政的任务仍然十分繁重。

为深入贯彻落实十七届中央纪委第七次全会精神和中央纪委最近关于加强基层党风廉政建设的部署，促进基层国土资源部门和干部依法行政，提高公信力，维护群众权益，保障国土资源事业健康发展，现就进一步加强基层国土资源部门管理、促进干部廉洁从政的有关工作通知如下。

一、开展新一轮廉洁从政教育培训

在2011年国土资源部对全国市级国土资源部门主要负责人集中整训的基础上，今年的培训工作要重心下移，各地要开展新一轮廉洁从政教育培训。要着眼于解决实际问题，以依法行政、廉洁自律和预防职务犯罪培训为主，重点学习国土资源法律法规、廉政准则和本单位廉政风险防控各项规定和制度。通过培训，促使广大党员干部强化依法行政、廉洁从政意识，对照查找工作中的薄弱环节和漏洞，全面规范行政行为。

省级国土资源部门负责培训市级国土资源部门领导班子成员和县级国土资源部门主要负责人，市级国土资源部门负责培训县级国土资源部门领导班子成员和国土资源所长，县级国土资源部门负责本部门全员培训。各级国土资源部门要制定具体培训方案，分级负责，分批进行，确保全员覆盖。各单位主要负责人要亲自动员并亲授一堂廉政教育课。

二、开展廉政风险防控机制落实情况检查

各地要深入贯彻落实国土资源部党组《关于建立健全国土资源管理廉政风险防控机制的指导意见》，加快构建国土资源市场配置、管理创新、行政权力监督制约、廉政风险预警、教育培训和责任追究等六大防控机制，将防控机制建设纳入动态管理，不断深化管理、完善制度。各级国土资源部门要对廉政风险防控机制建设和落实情况进行一次全面检查，检查结果在本系统通报并逐级上报。

今年6月起，国土资源部将组织检查组赴各地进行检查，对每个省级国土资源部门抽查3个市级部门，对每个市级国土资源部门抽查一个县级部门和一个国土资源所。检查结果向全系统通报。

三、强化项目管理和经费使用监管

各地要严格执行项目经费管理办法等有关规定，不断健全完善制度。进一步明确项目资金监管的重点，防止截留、挤占、贪污和骗取项目经费，防止违反规定改变项目经费使用范围和投向，防止违反项目资金分配、拨付和项目立项审批程序。进一步加强对外协项目管理、现金和备用金管理、项目结题验收、项目设备购置管理等项目管理和经费使用关键环节的监管。推进项目资金公示、公告制，借助信息化手段，今年要实现预算管理、财务管理和项目资金管理的全流程公开，以公开促监管。各地要结合实际，对项目管理和经费使用监管情况开展专项检查。

四、加大干部轮岗交流力度

今年，各级国土资源部门要按照国土资源部党组提出的“三年可以交流、五年应当交流、八年必须交流”的要求，加大干部轮岗交流力度。对市、县国土资源部门领导班子成员特别是主要负责人，土地和矿业权审核审批、登记发证、项目管理、执法监察等重要岗位干部，要作为轮岗交流的重点；对国土资源所工作人员，也要结合实际，定期进行轮岗交流。

省级国土资源部门要对本系统落实干部轮岗交流制度的情况进行全面检查。对于应交流未交流的干部，原则上今年要组织交流到位；对未能按要求轮岗交流的，所在组织必须向上一级国土资源部门作出说明。

五、加快电子政务和监管平台建设

各地要在加强制度建设的基础上，着力推进市、县两级国土资源部门加快建立融业务、政务公开和窗口审批于一体的电子政务平台，科学分解和规范各项管理任务，明确每个工作环节的标准和时限，实现网上运行。在电子政务平台每个岗位或环节中，嵌入廉政监管内容，加强岗位廉政风险在线防控，实现受理、审核、批准、办结全程在线监管。

六、大力规范干部廉洁从政行为

各级国土资源部门领导干部要严格执行《中央纪委关于严格禁止利用职务上的便利谋取不正当利益的若干规定》、《中国共产党党员领导干部廉洁从政若干准则》等有关规定。各级国土资源部门每年要对干部私自从事土地和矿产资源开发经营、土地整治、土地和矿业权评估等经营活动行为组织一次清理。对干部直系亲属从事上述经营活动进行摸底、登记。对在清理、摸底、登记中发现的违纪违法问题，要依纪依法严肃处理。

各地要严肃查处“十类”重点涉土涉矿案件。特别是对于国土资源部门工作人员在征地拆迁和矿产资源开发中损害群众利益、利用职权谋取不正当利益的，一律先行免职并依纪依法严肃处理。要认真执行案件直报制度，按月逐级报告违纪违法案件情况。省级国土资源部门要将案件直报任务逐级部署到县、乡一级，并加强督促检查，确保全面、及时、准确上报。

七、着力推进基层部门规范化建设

加强国土资源所基本建设。按照国土资源所规范化建设的要求，各级国土资源部门要积极创造条件，依靠地方党委政府，着力解决国土资源所编制、经费、设备等突出问题，消除“自收自支”。上级国土资源部门要积极协调公安、检察等有关部门，切实保护基层国土资源部门干部在执法中的人身安全，制定防范措施。

加强基层国土资源部门纪检监察队伍建设。县级国土资源部门要设立纪检监察机构，配备纪检监察干部，国土资源所要设立纪检监察员。

八、严格执行党风廉政责任制规定

各级国土资源部门要认真落实党风廉政责任制，各级领导干部要认真履行“一岗双责”。严格落实“三重一大”集体决策制度，坚持集体会审制度，推行主要负责人不直接分管人事、财务和末位表态的做法。建立主要负责人个人重大事项向上一级国土资源部门报告制度，主动接受上级监督。

对发生违纪违法案件的国土资源部门，取消当年度单位评优资格和主要负责人评优资格，上一级国土资源部门要约谈单位主要负责人。对违纪违法案件多发频发，造成严重后果或恶劣影响的，上一级国土资源部门要严格按照干部问责规定，对单位相关责任人实施问责。

九、切实加强组织领导

省级国土资源部门要加强对基层党风廉政建设工作的组织领导，统一部署，制定具体实施方案，明确各级国土资源部门的工作责任。省级国土资源部门要适时评选表彰一批“党风廉政建设先进县局”和“先进国土所”。国土资源部也将表彰一批全国国土资源系统党风廉政建设先进基层单位。

各地要对加强基层国土资源部门管理、促进干部廉洁从政工作强化督促检查。今年年底前，省级国土资源部门要就落实本通知情况向国土资源部作出报告。

二〇一二年五月二十七日

国土资源部办公厅关于进一步加强项目经费管理廉政风险防控工作的通知

国土资厅发〔2012〕29号

中国地质调查局及部其他直属单位，各派驻地方的国家土地督察局，部机关各司局：

为巩固深化“两整治一改革”和机关廉政专项行动成果，进一步规范和加强项目经费监督管理，构建和完善项目经费管理廉政风险防控体系，保障和促进国土资源事业改革和发展，针对项目经费管理存在的突出问题和廉政风险，根据部的相关规定，结合部直属机关实际，现就进一步加强项目经费管理廉政风险防控工作通知如下。

一、充分认识项目经费管理廉政风险防控的重要意义

各司局、各单位特别是承担项目的司局和单位，要强化项目经费监管重要性的认识，切实增强廉政风险防范意识和责任意识，进一步加强项目经费管理廉政风险防控工作。

（一）进一步强化项目经费管理廉政风险防范意识。随着社会经济快速发展，国土资源管理工作地位和作用日益凸显，国家和社会资金投入不断加大，部属各单位特别是事业单位承担的各类项目逐年增加，成

为经费收支的主要部分，促进了国土资源管理工作和单位发展。但是，由于廉政风险防范意识不强、监管不到位、制度还有漏洞，致使一些单位项目经费管理违纪违法现象时有发生，成为腐败行为容易滋生的薄弱环节，严重影响项目经费安全运行和项目建设效益的发挥，影响单位的健康发展。各单位领导班子特别是“一把手”要进一步增强廉政风险防范意识，充分认识到加强项目经费管理廉政风险防控工作关系到干部职工的切身利益，关系到单位改革、稳定和发展大局，关系到国土资源部门的社会形象。

（二）进一步树立项目经费管理廉政风险防控责任意识。部党组明确提出加强项目经费监管是党风廉政建设的重要内容，必须引起高度重视。各单位领导班子特别是“一把手”要按照部党组的要求，从加强党风廉政建设、积极构建惩防体系的高度，充分认识到强化项目经费监管既是依法理财、提高项目经费使用效益的现实需要，也是建立完善廉政风险防控机制的必然要求；既是提升部属单位服务支撑国土资源管理工作水平、构建保障和促进科学发展新机制的重要举措，也是促进单位改革和发展的重要步骤。要进一步树立廉政风险防控责任意识，切实履行职责，采取有效措施，逐步建立和不断完善责任明确、制度健全、全程防控、跟踪问责的项目经费管理廉政风险防控机制。

二、切实加强项目经费管理廉政风险防控工作

各司局、各单位特别是承担项目的司局和单位，要采取切实可行的措施，围绕重点部位和关键环节，从建立完善制度入手，强化制度执行力，进一步加强项目经费管理廉政风险全程防控。

（一）明确项目经费管理廉政风险防控的范围和重点。各单位承担的财政拨款预算项目和自行组织的横向项目全部纳入廉政风险全程防控的范围。项目承担单位与项目立项论证、组织实施、经费审批和使用管理相关的全部人员为廉政风险全程防控的重点。

（二）全面开展项目经费管理廉政风险点动态排查。各单位要进一步巩固深化“两整治一改革”和机关廉政专项行动成果，结合内部制度“立、改、废”的实际情况，全面开展项目经费管理廉政风险点排查与梳理，检查评估各项监管制度落实情况和执行效果，健全完善内部防控制度，从源头上加强廉政风险防范。

（三）强化重点部位和关键环节的廉政风险防控。各单位要采取切实有效措施，强化对项目立项、组织实施、经费管理、资金使用和成果验收等重点部位和关键环节的廉政风险防范。

（四）健全完善专家评审制度。各单位要根据工作性质和项目特点，择优遴选技术、经济专家，建立项目经费管理专家库，健全完善专家评审制度，实化项目立项绩效目标，优化项目技术路线，防范项目立项不实引起的廉政风险。

（五）加强项目组织实施管理。各单位要严格按照批复的项目预算，及时落实项目实施方案，坚持公平、公开、公正的原则，优选项目协作单位，加强项目合同管理，跟踪监督项目实施进度，防范项目实施外协合同管理的廉政风险。

（六）加强项目经费审批的管理与监督。各单位要建立并严格执行“三重一大”事项集体讨论决策制度，明确项目经费管理相关职责、任务分工及审批权限，规范项目经费审批程序，定期检查、评估审批监督制度执行情况，防范项目经费审批的廉政风险。

（七）加强项目资金使用的内部监督。各单位要进一步充实内部会计监督力量，加大项目经费财务报销原始票据的审核力度，严格执行公务卡强制结算目录，规范劳务费和评审费的发放与申领程序，从严控制“三公经费”和会议费，防范项目资金使用的廉政风险。

（八）大力推进财务实时在线监管。各单位全部经济活动均要在部财务管理信息系统上运行，健全完善财务管理信息系统工作规范和业务规范实施细则，单位领导要定期检查本单位信息系统应用情况，内部审计和纪检监察部门要充分发挥财务管理信息系统监管功能，加强对单位内部经济运行情况的实时在线监管。

（九）坚持实施内部审计监督。各单位要按照部统一部署，积极配合做好内部审计相关工作，切实整改纠正内部审计发现的问题，逐步完善内部审计岗位设置，充实内部审计力量，加强项目经费内部审计监督。

（十）探索开展项目经费巡视检查。将项目经费管理和资金使用情况纳入部党组对部属单位巡视的重要工作内容，并不定期派出专项工作巡视组，对项目资金数额较大的单位进行巡视检查，全面检查单位及其负责人在贯彻项目资金管理制度、建立内部监管机制、执行项目预算等方面的情况。

（十一）着力推进项目经费管理信息公开。各单位要认真贯彻部党组党风廉政建设和反腐败工作实施意见，深化改革和制度创新，充分运用“制度＋科技”手段，着力推进项目立项论证、资金安排、工作进度和项目成果等项目信息公开，积极尝试公开单位项目计划与年度预算、“三公经费”支出、职工劳务报酬等财务信息，以公开促监管，形成全员参与、互相监督、互相制约的监管机制。

三、建立完善项目经费廉政风险防控责任机制

各司局、各单位要从加强监督管理和查处违纪违法行为两个方面入手，通过明确内控责任、落实共同监管责任、强化责任追究机制，进一步建立完善项目经费管理廉政风险防控长效机制。

（一）建立完善项目经费监管内部责任制度。各单位领导班子是项目经费监管的责任主体，单位主要负责人是项目经费监管的第一责任人。要按照集体领导分工负责的原则，明确分管财务、项目等工作的领导的责任，落实项目、财务、人事、纪检监察等相关部门及项目负责人、项目工作人员在项目经费监管中的责任分工，健全完善项目经费管理监督制约机制。

（二）落实项目经费监管共同责任。部相关司局要从各自的职责出发，共同加强对各单位项目经费的监督管理。财务司要加强业务指导和教育培训，健全完善相关制度，创新财务监督方式，加大内部审计监督力度，强化财务管理信息系统日常监管。部直属机关纪委要将各单位项目经费管理廉政风险防控情况，作为党风廉政建设责任制考核的重要内容。财务服务中心要加强项目经费管理和使用情况专项审计，并形成制度纳入日常工作。部绩效办要将项目经费监管情况作为各单位绩效考核的重要内容。部巡视办公室要将各单位项目经费监管情况纳入巡视内容。

（三）严格项目经费监管责任奖励和追究制度。对项目经费管理和使用情况好的单位和个人，给予通报表彰和奖励，并在资金分配、项目安排及干部任用上给予倾斜。严格落实项目经费监管责任制，对出现违法违纪的单位和个人，实行“一票否决”，取消年度评先奖优的资格，并依法依规作出严肃处理。

二〇一二年五月二十五日

国土资源部办公厅关于规范和加强行政事业单位财务制度建设的通知

国土资厅发〔2012〕40号

中国地质调查局及部其他直属事业单位，各派驻地方的国家土地督察局，部办公厅：

近日，财政部重新修订印发了《事业单位财务规则》(以下简称《规则》)，并对学习贯彻《规则》做了布置，要求以《规则》颁布为契机，全面推进事业单位科学化精细化管理，全面检查所属事业单位财务制度建设，完善事业单位内部财务制度管理办法。近年来，我部所属事业单位都分别制定了不少制度办法，对加强单位财务工作、规范财务行为起到了积极促进作用。为进一步规范和加强部属行政事业单位内部财务制度建设，现将有关事项通知如下：

一、认真学习贯彻《规则》等相关制度

行政事业单位内部财务管理制度是国家财务管理制度体系的重要组成部分，也是单位财务管理的基本依据和行为规范。建立健全内部财务管理制度是实现依法理财的重要保证，是单位健康细化的要求，加强财务制度建设，把建立健全内部财务管理制度列入重要议事日程，高度重

视，精心组织，狠抓落实，保证各项经济活动、财务活动有法可依、有章可循。近期，随着新《规则》的修订和颁布，有关《行政单位财务规则》、《行政事业单位内部控制规范》、《事业单位会计准则》、《事业单位会计制度》、《科学事业单位财务制度》及《基本建设财务规则》等一系列财务规章，财务部将陆续修订并出台。各单位要以此为契机，认真组织学习和培训，结合本单位工作实际，通过建立健全各项内部财务制度把国家财经政策和制度规定落到实处。

二、按照《规则》的要求规范单位制度建设

各单位制定内部财务管理制度必须以国家财经法规、制度规定以及部门财务管理工作要求为依据，结合单位实际和自身特点，并考虑经济活动的规模、复杂程度和管理模式等因素，形成内部控制的财务制度体系。主要制度包括以下几个方面：

（一）单位财务机构职责和财务会计岗位职责规定；

（二）财务预算编制、执行等环节的责任制度；

（三）经费支出审批方式、权限、程序、责任和相关控制措施；

（四）国有资产的配置、使用、处置程序、管理责任的规范；

（五）现金、银行存款等货币资金以及相关的票据、预留印鉴的管理制度；

（六）其他相关制度。基本建设项目财务管理、政府采购管理、业务合同管理、内部财务监督及审计管理制度。

三、以《规则》的精神完善内部财务管理制度

各单位负责同志要高度重视内部制度的创新和完善，加强对财务工作的领导。今年内要对本单位现有的内部财务管理制度进行一次全面梳理和评估，建立起单位内控制度的“立、改、废”。对于应建未建的，

要及时修改和完善；对现有制度不能满足或不适应管理需要的，要及时修改和完善；对与国家财经法律法规、制度办法和部门要求相悖的，要坚决废止。今后，部属各行政单位制定的内部财务制度和办法应明确有效期限。一是要对实施的效益进行定期检查和评估，评估至少两年一次。二是要实行向部财务主管部门备案制，凡新制定或修订的财务制度，应于印发后15日内报部财务主管部门备案。三是要将各单位财务制度建设和备案情况，作为部财务工作考核的重要内容，各单位务必于2012年12月31日前报部财务司备案。

国土资源部办公厅关于印发《国土资源部行政事业单位财务工作考核办法（试行）》的通知

国土资厅发〔2012〕44号

中国地质调查局及部其他直属事业单位，各派驻地方的国家土地督察局，部办公厅：

为加强直属单位财务管理工作的考核，全面提升财务工作水平和能力，更好地发挥财务部门在国土资源事业发展中的服务和保障作用，为财务履职效能评估提供支撑和依据，部研究制定了《国土资源部行政事业单位财务工作考核办法（试行）》和《财务工作考核评分细则（试行）》（以下简称《办法》、《细则》），现印发给你们，请遵照执行。

各单位考评材料请于每年1月15日前报送，纸质和电子件一式一份（盘）。执行中遇到的情况请及时与部财务司财务处联系。

附件：1. 国土资源部行政事业单位财务工作考核办法（试行）

2. 国土资源部行政事业单位财务工作考核评分细则（试行）

3. 评分表（略）

二〇一二年七月十日

附件 1

国土资源部行政事业单位财务工作考核办法（试行）

第一章　总　则

第一条　为进一步加强部直属行政事业单位财务管理，促进依法行政、依法理财理念的进一步深化，总结财务管理工作经验，全面提高财务工作水平，更好发挥财务部门在国土资源事业发展中的重要作用，根据财务工作的相关要求，制定本办法。

第二条　本办法适用于部各直属行政事业单位。部财务主管部门负责组织考核，每年组织考核 1 次。

第三条　部财务主管部门成立财务工作考核小组（以下简称“考核小组”），负责考核的组织实施、沟通协调等各项管理工作，对各单位进行考核并确定考核结果。考核结果作为年度财务履职效能评估的基础和依据。

第四条　考核工作遵循以下原则：

（一）充分体现各单位贯彻落实国家财经政策的情况；

（二）充分体现各单位落实执行部财务管理工作要求；

（三）充分体现公开、量化和共同参与的原则。

第五条　部财务主管部门应定期对各单位财务工作考核情况进行全面检查、专项检查或抽查。

第二章 考核范围、形式及程序

第六条 考核范围具体包括：部机关（办公厅）和派驻地方的9个国家土地督察局，中国地质调查局（以下简称地调局）及部其他直属事业单位。地调局所属单位的考核工作，由地调局根据部的统一部署并结合地调局工作特点负责组织实施，并将考核结果报部备案。

第七条 为体现公开和共同参与的原则，考核工作采取单位自行考核评分、征求相关业务司局对实施单位意见与考核小组综合评分相结合的形式进行。

第八条 各单位根据本单位财务工作情况，按照本办法规定和《财务工作考核评分细则》（简称《细则》），先进行自行考核，并在规定时限内上报考核材料和评分表及相关说明、证明材料，每年1月15日前提交部财务主管部门。

第九条 部财务主管部门成立的考核小组按照规定的考核内容及评分标准，依据单位提交的材料和所掌握的财务工作情况，对各单位财务工作进行综合考核，并确定考核结果。考核结果以《国土资源部通报》形式进行通报。

第三章 考核内容与评分标准

第十条 考核内容主要为：

（一）机构、岗位建立健全；

（二）制度建设与执行；

（三）预算管理与执行；

（四）国有资产管理；

（五）财务会计基础工作；

（六）财务监督与审计；

（七）财务管理创新；

（八）对部重点业务工作的预算和资金保障支撑作用等其他方面。

第十一条 评分应充分体现单位财务工作的基本要求，充分体现财务主管部门的管理需要，充分体现评分内容的细化和量化的原则。

第十二条 评分基本分值实行百分制，同时根据财务管理创新情况和其他有关因素情况增设10分加分。机构岗位建立健全5分，制度建设与执行15分，预算管理与执行30分，国有资产管理15分，财务会计基础管理25分，财务监督与审计10分，财务管理创新加分5分，其他加分因素5分。

第十三条 机构岗位建立健全方面主要考核：机构设置、岗位设置和人员配备等情况，占5分。

第十四条 制度建设与执行方面主要考核：财务工作基本制度建立和健全情况、制度的备案和执行情况，占15分。

第十五条 预算管理与执行方面主要考核：预算管理、政府采购、预算绩效管理以及预算执行等情况，占30分。

第十六条 国有资产管理方面主要考核：国有资产日常管理工作的规范性（包括资产配置、使用、处置、评估、清查、产权管理等）；严格履行对外投资、出租出借、资产处置审批程序，报送的相关材料真实、有效、完整、国有资产保值增值；国有资产统计报表编报等情况，占15分。

第十七条 财务会计基础工作方面主要考核：财务管理工作行文的规范性，各类财务决算、计划、信息的编报情况，银行账户管理及会计基础工作等情况，占25分。

第十八条 财务监督与审计方面主要考核：单位内部财务监督、控制；部门内部审计监督、检查情况以及外部审计监督、专项检查等情况，占10分。

第十九条 财务管理创新方面主要考核：建立新机制、新制度、新举措、新手段提升财务管理工作水平、效率和效果等情况，占5分。

第二十条 其他加分方面主要考核：各单位财务部门或者工作人员获得的各项表彰、荣誉，对部重点业务工作在预算安排和资金使用方面的保障和支撑作用，以及对部财务管理工作的支撑、支持等情况，占5分。

第二十一条 总分根据自评分数和考核小组综合评分加权计算，自评分和考核小组评分分别占30%和70%。被考核单位没有按照规定时间和要求报送考核材料的，在总分基础上扣减5—10分。

第四章 附 则

第二十二条 挂靠部管理的各学会、协会、联合会等社团组织可参照本办法对财务工作进行考核。

第二十三条 在考核过程中或发现以前年度被考核单位弄虚作假的，当期评分值为零。

第二十四条 本办法由部财务主管部门负责解释，自印发之日起施行。

附件 2

国土资源部行政事业单位
财务工作考核评分细则（试行）

根据《国土资源部行政事业单位财务工作考核办法》的有关规定和评分原则，为被考核单位自评和考核小组综合评定合理、量化打分，特制订评分细则。总分 110 分，其中基本分为 100 分，加分 10 分。在考核年度内，对于完全符合评分要点要求的，在分值范围内给满分，不完全符合评分要点要求的，在其分值范围内酌情减分，完全不符合评分要点要求的，不得分。除加分因素外，每项指标扣至零分。

一、机构、岗位建立健全（共 5 分）

（一）机构设置 2 分。其中：独立设置财务会计机构，机构负责人按照单位“三定”足额配备 1 分；财务机构和岗位职责明确，按照定编人员到位 1 分。

（二）岗位设置齐全、合规 2 分。其中：岗位齐全 1 分，包括会计核算（制定、记账）、会计复核（稽核）、出纳、国有资产管理、会计档案管理；岗位设置合规，符合内部控制的有关规定 1 分。

（三）财务机构会计人员持证上岗，并按照规定参加会计人员继续教育或相关培训 1 分。

二、制度建设与执行（共15分）

（一）基本财务管理制度建立健全并及时备案5分。主要包括单位财务机构职责和会计岗位职责规定、财务预算编制与执行、国有资产管理、货币资金管理等方面的制度办法或责任规范4分，并按照要求及时备案1分。

（二）各项制度落实执行有力5分。制定的制度、办法有效，针对性和操作性强2分；坚持按制度规定办事，并建立责任机制2分；建立了定期评价制度，及时修订完善相关制度办法1分。

（三）建立重大经济事项、大额资金支出等财务管理工作专家论证、集体决策机制5分。

三、预算管理与执行（共30分）

（一）预算编报（12分）

1. 报送及时2分。按规定时限和部门预算“二上二下”的要求编报预算2分。

2. 编报全面2分。预算反映内容完整，全面覆盖本单位的经济活动及相关业务工作情况1分；编报的预算能突出反映单位中心工作，充分保障工作需要1分。

3. 数据准确2分。预算中数字真实、准确，逻辑关系、勾稽关系正确1分；无错报、漏报1分。

4. 编报规范2分。预算报送手续齐全规范，符合规定格式1分；编报说明全面、具体、清楚1分。

5. 项目预算4分。项目预算申报符合要求和有关规定，申报的项目进行了充分的可行性论证1分；项目预算真实、合理，并按照要求细化1分；按时编报项目预算落实方案，细化预算支出内容2分。

（二）政府采购管理（4分）

1. 编报规范2分。按规定和要求编报、补报政府采购预算1分；及时编报政府采购计划、政府采购信息统计1分。

2. 采购合法2分。按照规定的组织方式和采购方式实施政府采购2分。

（三）预算绩效管理（4分）

1. 程序到位2分。预算支出经充分论证，绩效目标科学、合理、具体、明确1分；预算按照绩效目标实施，并实行过程控制和考核，预算支出结果经验收，成果按规定交付使用1分。

2. 绩效考核2分。按规定编报项目绩效目标、绩效报告，内容真实完整，数据正确，科学合理1分；绩效评价结果有效1分。

（四）预算执行（10分）

1. 预算执行6分。6月底预算执行率达到部平均水平2分；12月底预算执行率达到部平均水平的4分。

2.“三公经费”支出预算执行情况4分。年度公务用车购置及运行维护费支出没有超过预算控制数1分；按规定编报因公出国经费预算(部门预算)，按要求实行出国任务与经费联动审批1分；年度公费出国(境)费支出没有超过预算控制数1分；年度公务接待费支出没有超过预算控制数1分。

四、国有资产管理（共15分）

（一）国有资产日常管理（8分）

1. 国有资产管理规范3分。资产配置、处置、使用、评估、清查、产权管理能严格按照相关规定进行3分。

2. 国有资产处置、评估等事项上报的材料真实、有效、准确、完整2分。

3. 国有资产账实相符3分。及时、定期进行资产清查盘点2分；资产账实、账账、账表相符 1 分。

（二）对外投资、出租出借情况（3 分）

对外投资、出租出借经过充分论证并经单位集体讨论通过 1 分；符合相关法律、法规并按照规定履行审批程序 1 分；申请对外投资、出租出借上报的材料真实、有效、准确、完整并实现保值增值 1 分。

（三）国有资产配置计划管理及统计报告（4 分）

1. 国有资产配置计划 2 分。按照有关要求和规定时间编报国有资产配置计划，计划编制合理、准确 1 分；严格按照批准的资产配置计划编报相应年度部门预算中涉及新增资产的预算 1 分。

2. 国有资产统计报告 2 分。按照有关要求和规定时间编报年度国有资产统计报告 1 分；内容完整、数字准确、分析到位 1 分。

五、财务会计基础工作（共 25 分）

（一）行文情况（2 分）

行文规范，请示、报告事项叙述清楚，语言简练、重点明确，附件资料真实、完整、齐全，无退文情况 2 分。

（二）部门决算等财务决算编报情况（10 分）

1. 报送及时 2 分。按照规定时间和要求编报部门决算、住房改革支出决算、固定资产投资决算、基建项目竣工财务决算和企业决算 2 分。

2. 编报全面 2 分。决算反映内容完整，全面覆盖本单位的经济活动及相关业务工作情况 2 分。

3. 数据准确 2 分。决算中的数字真实、准确，逻辑关系、勾稽关系正确，无错报、漏报 2 分。

4. 编报规范 2 分。决算编报程序规范，手续齐全，符合规定格式 1 分；编报说明全面、具体、清楚 1 分。

5. 决算分析 2 分。按照规定内容编写部门决算财务分析报告，内容详实，分析合情合理 1 分；有问题、有措施、有建议 1 分。

（三）其他各类财务信息统计编报情况（5 分）

能够按照要求及时、完整、准确编报各种财务指标、计划、信息统计等报表，数据关系正确。其中：财政拨款结余资金情况报表 1 分；国库制度改革范围划分与支付方式建议表 1 分；基本支出用款计划、项目支出用款计划 1 分；年终财政拨款结余资金申报核定表 1 分；其他临时性信息统计报表 1 分。

（四）银行账户管理（3 分）

按照规定程序开立、变更各类银行账户，并按规定使用 1 分；按照银行账户年检的规定和时间要求进行年检，并及时向部备案，无漏报或错报银行账户情况 1 分；国库零余额账户资金使用规范，科目间、项目间无相互挪用、挤占，提取现金符合相关规定 1 分。

（五）会计核算基础工作（5 分）

按照规定设置会计账簿，岗位职责履行程序完整、手续齐全 1 分；会计核算规范，摘要简练清楚 1 分；及时在财务信息系统进行账务处理 1 分；会计凭证、会计账簿、会计报表及其他会计资料真实完整，管理规范 1 分；会计人员调动工作或离职按规定履行交接手续，会计档案管理合规，没有发生毁损、灭失 1 分。

六、财务监督与审计（共 10 分）

（一）单位内部审计（2 分）

根据工作需要设置内审岗位 1 分；定期开展了内部审计 1 分。

（二）部门内部审计（3 分）

没有收到部内部审计执行机构口头建议纠正有关问题的建议 1 分；没有收到内部审计执行机构建议纠正有关问题的文件 1 分；没有收到部财务主管部门建议纠正有关问题的内部审计意见 1 分。

（三）外部审计与专项检查（5分）

审计署关于部门年度预算执行情况审计报告或其他有关监督检查部门的相关报告中没有本单位相关问题1分；建议纠正函件中没有本范围相关问题1分；审计决定或其他形式的决定中没有本单位相关问题1分；在审计署或其他有关部门各种形式的监督检查中没有涉及移交或案件的问题2分。

七、加分因素（共10分）

（一）财务管理创新（5分）

1. 管理制度创新1分。针对财务管理工作的新情况、新问题，制定了能够解决实际问题、切实可行有效的制度、办法。

2. 管理措施创新2分。如在单位内部实行了财务公开，特别是预决算公开、“三公”经费预决算公开工作或其他方面的创新。

3. 工作手段创新2分。如全面使用了部财务管理信息系统；充分利用信息化或其他创新管埋手段加强财务管理的情况。

（二）其他（5分）

根据下列因素予以适当加分：财务部门或其工作人员获得本单位或上级部门的表彰、荣誉1分；落实并执行部财务管理部门部署的有关重点工作有力1分；对部财务工作提出重要建设性意见并被部财务管理部门采纳或为部财务管理部门提供重要支持、支撑1分；积极落实部重点业务工作对预算的需求并提供资金保障2分。

八、需要提供的相关证明材料

（一）财务会计人员持证上岗并按照规定参加会计人员继续教育或相关培训证明；

（二）制度办法的备案证明；

（三）银行账户年检后向部备案的证明；

（四）财务部门或其工作人员获得表彰的证明；

（五）对部重点业务工作在预算安排和资金保障方面的支撑作用的说明及主管业务司局的评价意见；

（六）其他需要提供的相关证明。

国土资源部办公厅关于印发《〈国土资源部关于进一步推进依法行政实现国土资源管理法治化的意见〉任务分解方案（2011—2015年）》的通知

国土资厅发〔2012〕68号

各省、自治区、直辖市及副省级城市国土资源主管部门，新疆生产建设兵团国土资源局，国家海洋局，国家测绘地理信息局，中国地质调查局及部其他直属单位，各派驻地方的国家土地督察局，部机关各司局：

为贯彻落实依法治国基本方略，做好新形势下的国土资源管理依法行政工作，实现国土资源管理法治化，部印发了《国土资源部关于进一步推进依法行政实现国土资源管理法治化的意见》（国土资发〔2011〕186号，以下简称《意见》）。为抓好《意见》的贯彻落实，切实做好2011—2015年的阶段性工作，进一步突出具体任务，落实责任司局，明确完成时限，部研究制定了《〈国土资源部关于进一步推进依法行政实现国土资源管理法治化的意见〉任务分解方案（2011—2015年）》（以下简称《方案》），现印发给你们，并提出以下要求：

一、切实加强组织领导。各责任司局及有关直属单位要切实加强组织领导，围绕《方案》的具体任务，明确分工，责任到人，并进一步加强对地方各级国土资源主管部门的指导。地方各级国土资源主管部门要加强协调配合、上下联动，制定具体的实施方案和落实措施。部在进行依法行政检查时，将把《方案》规定的具体任务，作为重要的检查指标。

二、认真抓好贯彻落实。请各责任司局及有关直属单位严格按照《方案》的要求和分工，规范有序地开展相关工作，并按期完成。对于《意见》中有规定而《方案》中未明确提出的内容，作为长期任务目标，由各责任司局及有关直属单位根据自身职能和工作实际，认真研究制定阶段落实方案，循序推进，在《意见》有效期限内完成。

三、逐步强化绩效考核。自2013年起，部开始将《方案》的具体内容纳入部绩效管理评估指标体系，评估结果将作为目标责任制考核的依据，《意见》的其他内容也将逐步与绩效工作挂钩。请各司局、各单位严格根据《方案》内容制作绩效考核“一书一表”。每一个考核年度末，部依法行政工作领导小组办公室将根据下一年度的工作重点对部机关各司局、各派驻地方的国家土地督察局以及部直属事业单位的依法行政（依法办事）工作提出明确要求，并配合绩效办对各司局、各单位绩效考核“一书一表”中依法行政部分的指标设定进行监督评价。

二〇一二年十二月三十一日

《国土资源部关于进一步推进依法行政实现国土资源管理法治化的意见》任务分解方案（2011—2015年）

2011年至2015年是国务院加快法治政府建设的重要时期，也是贯彻落实《国土资源部关于进一步推进依法行政实现国土资源管理法治化的意见》的关键阶段。国土资源部机关各司局和有关事业单位要围绕中心、服务大局，增强依法行政的主动性和积极性，严格落实分工，精心组织实施，切实增强实效，确保尽快实现国土资源管理法治化，加快法治政府建设进程。

一、进一步强化依法行政意识和能力

1. 不定期组织部直属机关党员干部集体学法，利用国土资源学习大讲堂平台举办法制讲座（机关党委牵头，法规司配合，长期开展）。积极开展法律知识培训，把法律法规学习课程纳入全系统各类培训中（人事司牵头，人力中心配合，长期开展）。建立干部任职前法律培训考试制度和国土资源法律法规知识题库，选取试点，指导地方先行先试，切实提高国土资源管理系统工作人员运用法治思维和法律手段解决国土资源管理中突出问题和矛盾的能力（人事司牵头，法规司、人力中心配合，2014年12月底前完成）。定期进行对国土资源工作人员特别是领导干部推进依法行政工作的考核（法规司、人事司分别负责，驻部纪检组监察局参与，长期开展）。

二、推进依法科学民主决策

2. 建立专家论证、公众参与、专业机构测评相结合的国土资源行政决策风险评估工作制度，建立调查论证、会商分析、综合研判的国土资源重大决策风险化解机制（法规司牵头，法律中心配合，2014 年 12 月底前完成）。

3. 实行“开门立法、民主立法”，国土资源部门规章和规范性文件，除依法需要保密及应急性事项外，应当采取互联网等多种方式向社会公众公开征求意见，并以适当方式反馈意见采纳情况。加强重点领域和关键环节的立法，提高立法质量，及时将国土资源管理改革的成功经验上升为制度措施。建立将成熟的规范性文件及时上升为规章的机制（法规司牵头，相关司局配合，长期开展）。

4. 建立规章和规范性文件“实时清理、自动更新”机制。探索建立法规编纂工作制度，将现行有效的规章和继续有效的规范性文件汇编成册，作为国土资源管理工作的法定文本（法规司牵头，法律中心配合，2012 年 12 月底前完成）。建立国土资源法律法规数据库，将涉及国土资源管理的法律、行政法规、规范性文件纳入数据库，并进行适时更新（法律中心负责，长期开展）。

5. 科学管理规范性文件发文计划，完善规范性文件合法性审查制度，进一步细化实化合法性审查的程序（办公厅负责程序运转，法规司负责实质审查，2012 年 12 月底前完成）。规范法律、行政法规和规章适用解释工作，做好对规章的立法解释、对法律法规适用的行政解释和对国土资源管理工作的指导性意见等三类解释工作（法规司牵头，相关司局配合，2013 年 12 月底前完成）。

6. 全面建立规章和规范性文件后评估制度，评估结果要作为修改或者废止规章、完善配套制度和改进行政执法工作的重要依据，并定期向社会公开发布评估绩效报告（法规司牵头，相关司局、法律中心配合，2014 年 12 月底前完成）。

三、深化行政审批制度改革

7. 推进招标拍卖挂牌方式出让建设用地使用权和新设矿业权，深化土地和矿业权审批制度改革，严格实行审批接办分离、网上报批、联网审查、集体会审、限时办结、结果公开，接受社会监督（耕地司、利用司、勘查司、开发司分别负责，专项办、驻部纪检组监察局参与，有关事业单位配合，2013 年 12 月底前完成）

8. 深入治理土地交易过程中串标、设定限制条件和门槛、商业关联交易等违法违规问题，解决矿业权出让公开竞争制度不健全、交易制度不完善、监管不到位等问题（专项办牵头，驻部纪检组监察局参与，相关司局配合，2013 年 12 月底前完成）。强化土地和矿业权市场动态监测监管，完善和深化国土资源综合信息监管平台（利用司、开发司分别负责，信息中心配合，长期开展）。

9. 指导地方进一步加大土地出让后的监管力度，建设用地出让后，必须依法管控，不得擅自调整修改容积率指标等土地出让条件，依法改变土地用途和调整容积率指标的，应依法按照市场价格补缴土地出让价款（利用司负责，2013 年 12 月底前完成）。

10. 及时公开规章制度和规范性文件，每年公布现行有效的规章和继续有效的规范性文件目录，未公开的规章和规范性文件不得作为行政执法依据（法规司牵头，相关司局配合，长期开展）；重点公开国土资源主管部门财政预算、重要统计数据及具有重大社会影响和需广大公众参与的政府信息等（财务司、调控司等有关司局分别负责，长期开展）。充分利用电子政务系统和门户网站提高公共查询服务水平，提供行政审批结果等信息资料的公开查询，并指导地方开展土地登记资料和地质资料的公开查询（办公厅牵头，驻部纪检组监察局参与，地籍司、储量司、信息中心、政务大厅等配合，2013 年 12 月底前完成）。建立健全信息公开的监督和保障机制，针对政府信息公开范围、公开内容、公开方式、公开时间等定期开展评议考核（办公厅牵头，驻部纪检组监察局参与，信息中心配合，2013 年 5 月底前完成）。

11. 加强资源市场中介机构管理，加快制定土地估价管理办法（法规司牵头，利用司配合，2012 年 12 月底前完成）。加强对行业协会以及土地整理、土地估价、储量评审和矿业权评估等机构的管理，严格行业资质、加强行业建设、规范行业行为，应当由行业协会承担的必须交由其承担（利用司、耕地司、储量司、勘查司分别负责，有关事业单位配合，2014 年 12 月底前完成）。

四、推进财政预算资金分配使用管理改革

12. 规范财政预算资金的分配，严格按照程序编制预算，重大预算项目必须提交集体讨论、民主决策。专项资金的分配必须公正公开、依据充分、用途明确（财务司牵头，相关司局配合，长期开展）。

13. 提高财政预算资金使用效率，探索建立资金特别是重大专项财政预算资金使用效益评价机制，研究制定重大专项资金使用效率考核指标体系和具体标准，推进项目绩效考核。建立资金分配和使用奖惩制度，将财政预算资金使用考核评估结果与今后预算资金的分配相挂钩（财务司牵头，驻部纪检组监察局配合，2013 年 12 月底前完成）。

14. 加强对土地整治、中低产田改造、基本农田保护、地质找矿、矿山环境治理、资源节约利用、境外勘查开采、地质灾害防治、科技项目等方面的资金使用监督，对新增建设用地的土地有偿使用费、探矿权和采矿权价款、矿产资源补偿费等专项收入安排的财政专项资金和部门预算执行情况，要进一步加强审计。进一步完善内部财务审计、领导干部人员经济责任审计和离任审计制度，积极推进行政问责制，严肃追究各类财经违法行为（财务司、人事司分别负责，驻部纪检组监察局参与，

财务中心配合，长期开展）。

五、规范执法行为

15. 规范执法裁量权行使，细化国土资源行政裁量权标准（法规司牵头，相关司局配合，长期开展）。加强执法程序监督，指导地方在作出行政处罚或行政强制前，必须由法制部门对其是否存在程序瑕疵进行审核（办公厅、法规司分别负责，执法局配合，长期开展）。

16. 运用高科技手段执法，探索违法线索网上举报、执法流程网上管理，提高执法效率和规范化水平（执法局牵头，驻部纪检组监察局参与，法律中心配合，2013 年 12 月底前完成）。

17. 根据法律法规规章的立、改、废情况，及时对执法依据进行调整和梳理，制定国土资源违规违法行为立案查处标准，并及时向社会公开立案标准和执法依据（执法局牵头，法规司配合，2013 年 12 月底前完成）。对重大、特别重大或者群众反映强烈、社会影响力大的案件要及时向社会通报查处过程和结果(执法局牵头，驻部纪检组监察局参与，长期开展）。

18. 强化行政复议在解决矛盾纠纷中的作用。监督各级国土资源主管部门执行行政复议决定情况，对拒不履行或者无正当理由拖延履行的，要依法严肃追究有关人员的责任（法规司牵头，人事司、驻部纪检组监察局、法律中心配合，长期开展）。探索开展相对集中的行政复议审理工作，强化行政复议委员会职责，完善工作机制，健全工作制度，指导地方建立行政机关负责人出庭应诉制度和行政诉讼旁听制度（法规司牵头，法律中心配合，2012 年 12 月底前完成）。

六、加强监督和组织保障

19. 正确处理依法行政和改革创新的关系，尽快出台规范试点工作的政策文件（调控司牵头，相关司局配合，2013 年 12 月底前完成）。批准试点要严格按照有关规定，并在调查研究基础上不断调整试点方案和政策，将试点取得的好经验和做法及时上升为政策法律，确保试点工作在依法行政基础上规范运行（调控司牵头，相关司局配合，长期开展）。

20. 定期对推进依法行政工作进行考核，将依法行政要求纳入绩效管理评估指标体系，并将评估结果作为目标责任制考核的依据(法规司、人事司分别负责，驻部纪检组监察局参与，长期开展)。建立依法行政定期检查制度，每五年开展一次系统检查，由国土资源部组织对全国的国土资源依法行政工作进行检查并通报检查结果期间进行中期检查督导和表彰(法规司牵头，办公厅、总督察办、人事司、驻部纪检组监察局、信息中心、法律中心配合，2015 年 12 月底前完成)。每年定期开展依法行政检查和调研，开拓思路、创新方法（法规司负责，长期开展）。加强宣传依法行政工作典型经验（国土资源报社、宣教中心、矿业报社分别负责，长期开展）。

21. 对推进依法行政工作的先进单位在重大资金项目安排、差别化土地利用政策、重大试点改革、建设用地指标等方面的政策给予支持，对个人可优先选拔任用并在年度考核、创先评优等活动中予以倾斜（法规司牵头，规划司、财务司、利用司、调控司、人事司、机关党委配合，长期开展）。要重视提拔任用依法行政意识强、善于用法律手段解决问题、推动国土资源管理法治化的优秀干部（人事司负责，长期开展）。对依法行政工作不力的单位要予以通报批评、减少建设用地指标、取消评优资格（法规司牵头，规划司、人事司配合，长期开展）。

22. 指导地方加大对国土资源法制干部的培养、使用和交流力度，不断增强干部法律意识、提高法律素养、提升依法行政能力和水平（人事司负责，长期开展）。

23. 探索运用科技手段完善反腐倡廉建设协调机制，形成多方联动、上下互动的反腐倡廉工作格局(驻部纪检组监察局、机关党委分别负责，相关司局配合，长期开展)。进一步加强国土资源信息化建设，健全完善全国土地利用“一张图”和土地“批、供、用、补、查”综合电子信息监管平台（信息办、信息中心牵头，相关司局、地调局、规划院等配合，长期开展)。

财政部　国土资源部关于印发《新增建设用地土地有偿使用费资金使用管理办法》的通知

财建〔2012〕151号

各省、自治区、直辖市、计划单列市财政厅（局），国土资源厅（局），新疆生产建设兵团财务局，国土资源局：

为促进新增建设用地有偿使用费的科学、合理、有效使用，加强和规范资金使用管理，提高资金使用效益，财政部、国土资源部对2008年制定的《中央分成新增建设用地土地有偿使用费资金使用管理办法》进行了修订。现将修订后的《新增建设用地土地有偿使用费资金使用管理办法》印发给你们，请遵照执行。

二〇一二年四月十二日

新增建设用地土地有偿使用费资金使用管理办法

第一章　总　则

第一条　为了规范新增建设用地土地有偿使用费(以下简称新增费)使用管理，提高资金使用效益，根据《中华人民共和国预算法》、《中华人民共和国土地管理法》和国家有关法律法规的规定，制定本办法。

第二条　本办法适用于中央分成和地方留用新增费的使用管理。

第三条　新增费纳入政府性基金预算管理，专款专用，任何单位和个人不得截留、挤占或挪用。

第四条　鼓励以土地整治项目为平台，统筹安排新增费、用于农业土地开发的土地出让收入、耕地开垦费、土地复垦费和其他涉农资金。充分发挥资金整体效益。

第二章　使用范围

第五条　新增费专项用于土地整治支出及其他相关支出。土地整治支出包括基本农田建设支出、土地整理支出、耕地开发支出。其他相关支出包括基本农田保护支出、土地整治管理支出和财政部商国土资源部确定的其他支出。

第六条　基本农田建设支出，是指为促进基本农田综合生产能力提高，建设适应现代农业发展条件的旱涝保收、高产稳产高标准基本农田，对基本农田进行综合整治发生的支出。

第七条 土地整理支出，是指为了增加耕地面积，提高耕地综合生产能力，对基本农田保护区以外的农村土地进行田、水、路、林、村综合整治发生的支出；对生产建设活动和自然灾害损毁的土地，采取整治措施，使其达到可供利用状态所发生的支出；为提高节约集约用地水平而进行的农村建设用地整理支出；项目区内为改善农村生产条件而进行的道路、电力、水源、输排水（含排洪、排碱）等基础设施、农田防护措施和未开展土地整治工作而进行的拆迁补偿等支出。

第八条 耕地开发支出，是指在保护和改善生态环境的前提下，以增加耕地面积为主要目的，对滩涂、盐碱地、荒草地、裸地、空闲地等宜农未利用土地进行适度开发，使之达到可利用状态所发生的支出。

第九条 土地整治按照项目进行管理，具体要求按国家有关土地整治项目管理的规定执行。土地整治内容包括土地平整工程、灌溉与排水工程、田间道路工程、农田防护与生态环境保持工程等。

有条件的地方，依据土地整治规划，可通过"以补促建"的形式，稳步推进以农村集体经济组织和农民为主体开展的土地整治。具体管理办法由省级国土资源管理、财政部门制定。

第十条 土地整治项目支出包括：工程施工费、设备费、其他费用和不可预见费。其他费用包括前期工作费、工程监理费、竣工验收费、业务管理费和拆迁补偿费。

支出标准按照《土地开发整理项目预算定额标准》（财综〔2011〕128 号）的规定执行，预算定额标准中没有规定的，可参照当地相关工程建设的预算定额标准执行。《土地开发整理项目预算定额标准》未涉及的其他项目建设内容，省级财政、国土资源部门可结合各地实际情况，制定省级补充定额标准，报财政部、国土资源部备案。

第十一条 基本农田保护支出，是指确保基本农田面积不减少、质量有提高、用途不改变所发生的支出。具体包括基本农田利用现状、权属调查及成果维护支出；基本农田规定和调整、动态监管支出；基本农田保护标识、标志的设立支出等。

第十二条 土地整治管理支出，是指为开展土地整治管理工作所发生的支出。具体包括耕地后备资源调查、土地整治规划编制、耕地质量等级评价与检测、信息化建设、前期选址、立项报批和审核论证支出；项目实施和资金使用的监督检查、绩效考评支出；项目竣工后的新增耕地核查、后续管护、提高耕地质量等级支出等。

第十三条 新增费不得用于下列支出：

（一）项目区外不直接与项目相配套的道路工程、灌溉与排水工程、电力工程和村庄改造等基础设施建设工程支出。

（二）与项目实施无关的车辆、机械等设备购置；农业生产用具、设备等不属于项目规划设计需要的设备购置支出。

（三）办公场所扩建、发放奖金津贴、补充工作经费、平衡公共预算。

（四）对外投资，赞助和捐赠支出；支付的滞纳金、罚款、违约金、赔偿金以及项目实施无关的其他支出。

第十四条 为土地整治项目配套的灌溉与排水工程按规定需有关部门批准的，应按规定程序报批准后实施。

第三章 预算管理

第十五条 新增费预算草案编制遵循以收定支、专款专用、收支平衡、结余结转下年使用的原则。

第十六条 中央分成新增费支出预算分为中央本级支出预算和对地方转移制度预算两部分。

中央本级支出预算草案由国土资源部按照规定编制，报财政部审核。中央本级支出预算中对由国土资源部直属单位承担的新增费支出，列入部门预算；对已确定支出项目但尚未明确承担单位的，可暂列部门本级支出；对因特殊情况暂时无法细化到具体支出项目和承担单位的，可暂列待编预算，不列入部门预算。

对由地方承担的新增费支出项目，列入对地方转移支付预算。

第十七条 地方国土资源管理部门应当按照规定编制年度地方留成的新增费收支预算草案，报同级财政部门审核。

第十八条 新增费的资金支付按照财政国库管理制度有关规定执行，并按规定填列《政府收支分类科目》相关科目。

第十九条 新增费资金使用单位要严格按照批准下达的预算，合理安排使用资金，不得扩大支出范围，提高开支标准；不得用于本办法规定外的新增费支出范围以外的其他支出。

第二十条 新增费资金使用单位要按照国家有关财务会计制度的规定，做好新增费资金核算工作，及时办理年度结算和财务决算。

第二十一条 新增费结转和结余资金的管理按照财政拨款结转和结余资金管理的有关规定执行。

第四章 中央对地方新增费转移支付预算管理

第二十二条 中央对地方新增费转移制度支出采取因素法、项目法或因素法与项目法相结合的方式分配。具体分配方式由财政部商国土资源部确定。

第二十三条 因素法分配新增费，由财政部会同国土资源部综合考虑各省（含自治区、直辖市、计划单列市、新疆兵团，下同）基本农田面积、灌溉水田面积和实际补充耕地面积等因素确定资金分配方案，重点支持中西部地区和粮食主产区、产粮大县。

分配因素的调整，由财政部商国土资源部确定。

第二十四条 项目法分配新增费，支持范围主要包括整体推进农村整治示范建设项目、土地整治重大工程项目、一般土地整治项目。

整体推进农村土地整治示范建设项目是指以农田整治整村连片推进

为重点，以有效统筹各类涉农资金共同投入为手段的土地整治项目。项目预算由财政部、国土资源部与示范省份通过签订示范协议确定。

土地整治重大工程项目是指以落实土地整治规划确定的重点区域内大规模耕地整理、大面积节水增地、大幅度提高高产稳产基本农田比重为目的的土地整治项目。项目预算由财政部、国土资源部组织专家通过实地考察、论证后确定。

一般土地整治项目是指与国务院批准实施的各类区域发展规划相配套的土地整治项目、灾毁地复垦项目以及其他与土地开发利用有关的项目。项目预算由财政部商国土资源部确定。

第二十五条 中央按因素法分配的新增费和地方留成新增费要结合国家级或省级重点工程项目统筹使用，发挥新增费的规模效益。

第五章 监督检查

第二十六条 各级财政、国土资源管理部门负责对新增费项目实施情况和资金使用情况的监督检查，确保新增费专款专用，切实提高新增费使用管理效率。

第二十七条 各级财政、国土资源管理部门要建立健全新增费使用管理的绩效评价制度，逐步完善绩效考评工作，并将新增费资金的分配与绩效考评结果相挂钩。

第二十八条 新增费使用单位要自觉接受财政、审计等部门的监督检查，及时提供相关资料。

第二十九条 对违反本办法规定使用新增费的行为，依照《财政违法行为处罚处分条例》(国务院令第 427 号）及有关法律法规予以处理。

第六章 附 则

第三十条 省级财政、国土资源管理部门可根据本办法的规定，结合本地实际，制定新增费使用管理的具体使用办法。

第三十一条 本办法自印发之日起实施。此前有关规定与本办法不一致的，以本办法规定为准。《财政部 国土资源部关于印发〈中央分成新增建设用地新增资金使用管理办法〉的通知》(财建〔2008〕157 号)同时废止。

中央纪委驻国土资源部纪律检查组 中共国土资源部直属机关党委 关于建立健全国土资源部领导干部廉洁从政信息系统的暂行办法（试行）

国土资纪〔2012〕15号

第一条 为进一步建立健全领导干部监督管理机制，加强对领导干部执行廉洁自律各项规定的监督管理，促进领导干部廉洁从政，根据《中国共产党党员领导干部廉洁从政若干准则》、《中国共产党党内监督条例（试行）》等有关规定，结合国土资源部门反腐倡廉工作实际，制定本办法。

第二条 本办法领导干部是指国土资源部机关、各派驻地方的国家土地督察局及部各直属单位处级（含处级）以上干部。

第三条 领导干部廉洁从政信息系统（简称廉政信息）的建立和管理工作由纪检监察部门或党组织负责，组织、人事、审计等有关部门应积极配合。

第四条 建立健全领导干部廉洁从政信息工作，按照干部管理权限，实行分级负责管理原则。驻部纪检组监察局负责司局级干部的廉政信息，部直属机关党委（纪委）负责部机关处级干部（含副处级）的廉政信息，各派驻地方的国家土地督察局及部直属单位党委（纪委）负责本单位处级干部（含副处级）的廉政信息。重点岗位和部门人员廉政信息是否建立由各单位根据情况研究确定。

第五条 廉政信息的建立和管理要做到规范、完整、真实、安全，严格执行《保密法》的有关规定。

第六条 廉政信息是记载领导干部遵守党纪法规和廉洁从政等方面有关情况，是教育、考核、评议、选任干部等工作的重要参考依据。

第七条 廉政信息的主要内容

领导干部廉政信息反映的是处以上干部贯彻落实党的路线、方针、政策，遵守法律、法规，执行党风廉政建设各项纪律规定等方面的党风廉政状况，具体包括以下方面：

（一）根据中共中央办公厅、国务院办公厅《关于领导干部报告个人有关事项的规定》报告的有关内容情况；

（二）《国土资源部机关干部有关事项报告表》报告的有关情况，以及个人认为需要报告的其他事项；

（三）巡视及有关考核中对领导干部的廉洁从政等方面测评结果和评价；

（四）签订党风廉政建设责任书等情况；

（五）领导干部的经济责任审计情况；

（六）廉政谈话记录、个人书面廉政承诺、个人述廉考廉等情况；

（七）诫勉谈话记录，领导干部对有关重要廉政问题的解释、说明；

（八）执行廉洁自律各项规定自查情况，登记上交礼品、礼金、有价证券、支付凭证情况，以及廉政监督卡的反馈情况；

（九）出国（境）情况；

（十）信访反映领导干部廉洁自律等方面问题的核查结果；

（十一）受到问责及责任追究的组织处理，党纪政纪处分和追究刑事责任情况；

（十二）受廉政建设方面的表彰及各类奖励情况；

（十三）个人填报的领导干部廉政信息基本情况；

（十四）领导干部其他廉洁从政情况。

第八条 廉政信息的填报、归集和管理

（一）领导干部廉政信息纸质和电子资料同步建立，内容及时补充，动态管理，逐步实现网络功能的开发应用；

（二）领导干部要本着实事求是、认真负责的态度，如实填报有关廉政信息材料，确保客观真实；

（三）廉政信息实行联系人制度，各单位应明确专人负责。

（四）领导干部廉政信息按人归集入档；

（五）利用廉政信息提供领导干部本人有关廉政情况，须经建立单位主要负责同志审核同意；

（六）组织、人事、审计部门，每年应及时整理送交涉及的领导干部廉政信息材料；

（七）领导干部每年 2 月底前应填报上年度廉政信息有关材料；

（八）建立单位应将领导干部的廉政信息材料及时登记，发现未填报的，需通知领导干部本人及时补报；

（九）领导干部工作变动或职务调整，按照干部管理权限，廉政信息材料应当随之转交；

（十）领导干部退休后，廉政信息材料应继续保管 1 年以上；

（十一）纪检监察部门定期对廉政信息进行综合或专题分析；

（十二）廉政信息材料的归入、销毁应经建立单位主要负责同志审核同意。

第九条 廉政信息管理的纪律要求

（一）查阅查询领导干部廉政信息，须履行登记审核手续，经建立单位主要领导签字同意；

（二）领导干部个人如申请查阅本人廉政信息，需经建立单位主要负责同志批准；

（三）严禁泄露廉政信息任何内容，严禁涂改、抽换信息材料；

（四）不得擅自归入和私自销毁廉政信息材料；

（五）廉政信息纸质材料和电子资料应专柜专机保存，严格遵守保密规定；

（六）违反本办法和有关保密要求的，严肃追究有关人员的责任。

第十条 廉政信息的利用

（一）为各级党组织掌握领导干部廉政动态提供情况；

（二）为有关部门干部选拔任用及评先奖优等提供有关廉政情况；

（三）为各级党组织、纪检监察部门研究部署党风廉政建设工作提供决策参考。

第十一条 各省、自治区、直辖市国土资源厅，副省级城市国土资源行政主管部门，新疆生产建设兵团国土资源局可以根据各地情况参照本办法实施。

第十二条 本办法自印发之日起施行，由驻部纪检组监察局和部直属机关纪委负责解释。

二〇一二年十一月十八日

附件

廉　政　信　息

单　位：____________________

职　务：____________________

姓　名：____________________

填表时间　　　　年　月　日

中央纪委驻国土资源部纪检组
中共国土资源部直属机关党委

领导干部个人基本信息情况表

<table>
<tr><td>姓名</td><td></td><td>性别</td><td></td><td rowspan="3">照片</td></tr>
<tr><td>出生日期</td><td></td><td>民族</td><td></td></tr>
<tr><td>政治面貌</td><td></td><td>文化程度</td><td></td></tr>
<tr><td>籍贯</td><td colspan="4"></td></tr>
<tr><td>参加工作时间</td><td colspan="4"></td></tr>
<tr><td>入党时间</td><td colspan="4"></td></tr>
<tr><td>毕业学校及专业</td><td colspan="4"></td></tr>
<tr><td>所在单位现任职务</td><td colspan="4"></td></tr>
<tr><td>任职时间</td><td colspan="4"></td></tr>
<tr><td>身份证号码</td><td colspan="4"></td></tr>
<tr><td>现家庭住址</td><td colspan="4"></td></tr>
</table>

本人签名：__________　　　　单位（盖章）：__________

领导干部廉政信息情况表

<table>
<tr><td rowspan="11">有关廉政信息情况</td><td rowspan="5">奖惩情况</td><td rowspan="5">奖励包括：立功、嘉奖、先进工作者、优秀党员、优秀公务员等；
处分包括：受到的党纪、政纪处分。</td><td colspan="3">时间
（2010—2012 年）</td><td colspan="9">内容</td></tr>
<tr><td colspan="3"></td><td colspan="9"></td></tr>
<tr><td colspan="3"></td><td colspan="9"></td></tr>
<tr><td colspan="3"></td><td colspan="9"></td></tr>
<tr><td colspan="3"></td><td colspan="9"></td></tr>
<tr><td rowspan="2">廉洁自律情况</td><td rowspan="2">登记上交礼品、礼金等情况</td><td colspan="3">无</td><td colspan="3">礼品卡</td><td colspan="3">有价证券</td><td colspan="3">礼金</td></tr>
<tr><td colspan="3"></td><td colspan="3"></td><td colspan="3"></td><td colspan="3"></td></tr>
<tr><td rowspan="4">应当报告事项</td><td rowspan="4">本人出国（境）情况</td><td colspan="3">时间
（2012 年）</td><td colspan="4">地点</td><td colspan="5">事由（因公、因私）</td></tr>
<tr><td colspan="3"></td><td colspan="4"></td><td colspan="5"></td></tr>
<tr><td colspan="3"></td><td colspan="4"></td><td colspan="5"></td></tr>
<tr><td colspan="3"></td><td colspan="4"></td><td colspan="5"></td></tr>
</table>

<table>
<tr><td rowspan="8"></td><td rowspan="8"></td><td rowspan="6">本人及亲属（配偶、子女、直系亲属）从事或参与国土资源（土地、矿产）营利性活动情况</td><td rowspan="2">当事人</td><td colspan="3">资源性质</td><td colspan="4">公司业务性质</td></tr>
<tr><td>无</td><td>土地</td><td>矿产</td><td>无</td><td>咨询</td><td>评估</td><td>开采开发</td></tr>
<tr><td>本人</td><td></td><td></td><td></td><td></td><td></td><td></td><td></td></tr>
<tr><td>配偶</td><td></td><td></td><td></td><td></td><td></td><td></td><td></td></tr>
<tr><td>子女</td><td></td><td></td><td></td><td></td><td></td><td></td><td></td></tr>
<tr><td>直系亲属</td><td></td><td></td><td></td><td></td><td></td><td></td><td></td></tr>
<tr><td>其他应报告的有关事项</td><td colspan="8"></td></tr>
</table>

填表说明

一、表内所列项目，一律由本人实事求是地填写。

二、表内项目本人没有内容填写的，可写“无”；要求有选择性填写的，请在格内划“√”；书写时一律用黑墨水笔或毛笔，字迹要端正、清楚。

三、表内的年、月、日和数字一律用阿拉伯数字。

四、此表填好后，盖单位印章。

土地管理制度

关于印发《查处土地违法行为立案标准》的通知

国土资发〔2005〕176号

各省、自治区、直辖市国土资源厅（国土环境资源厅、国土资源局、国土资源和房屋管理局、房屋土地资源管理局、规划和国土资源局），计划单列市国土资源行政主管部门，解放军土地管理局，新疆生产建设兵团国土资源局：

为贯彻落实《国务院关于深化改革严格土地管理的决定》（国发〔2004〕28号）精神，强化土地执法检查，规范土地执法行为，依法维护土地管理秩序，根据《中华人民共和国土地管理法》、《中华人民共和国城市房地产管理法》等法律法规的规定，结合各级国土资源管理部门办理土地违法案件的实际情况，部制定了《查处土地违法行为立案标准》，现予印发，请遵照执行。

二〇〇五年八月三十一日

查处土地违法行为立案标准

违反《中华人民共和国土地管理法》、《中华人民共和国城市房地产管理法》等土地管理法律、法规和规章的规定，有下列各类违法行为之一，依法应当给予行政处罚或行政处分的，应及时予以立案。但是违法行为轻微并及时纠正，没有造成危害后果的，或者法律、法规和规章未规定法律责任的，不予立案。

一、非法转让土地类

（一）未经批准，非法转让、出租、抵押以划拨方式取得的国有土地使用权的；

（二）不符合法律规定的条件，非法转让以出让方式取得的国有土地使用权的；

（三）将农民集体所有的土地的使用权非法出让、转让或者出租用于非农业建设的；

（四）不符合法律规定的条件，擅自转让房地产开发项目的；

（五）以转让房屋（包括其他建筑物、构筑物），或者以土地与他人联建房屋分配实物、利润，或者以土地出资入股、联营与他人共同进行经营活动，或者以置换土地等形式，非法转让土地使用权的；

（六）买卖或者以其他形式非法转让土地的。

二、非法占地类

（一）未经批准或者采取欺骗手段骗取批准，非法占用土地的；

（二）农村村民未经批准或者采取欺骗手段骗取批准，非法占用土地建住宅的；

（三）超过批准的数量占用土地的；

（四）依法收回非法批准、使用的土地，有关当事人拒不归还的；

（五）依法收回国有土地使用权，当事人拒不交出土地的；

（六）临时使用土地期满，拒不归还土地的；

（七）不按照批准的用途使用土地的；

（八）不按照批准的用地位置和范围占用土地的；

（九）在土地利用总体规划确定的禁止开垦区内进行开垦，经责令限期改正，逾期不改正的；

（十）在临时使用的土地上修建永久性建筑物、构筑物的；

（十一）在土地利用总体规划制定前已建的不符合土地利用总体规划确定的用途的建筑物、构筑物，重建、扩建的。

三、破坏耕地类

（一）占用耕地建窑、建坟，破坏种植条件的；

（二）未经批准，擅自在耕地上建房、挖砂、采石、采矿、取土等，破坏种植条件的；

（三）非法占用基本农田建窑、建房、建坟、挖砂、采石、采矿、取土、堆放固体废弃物或者从事其他活动破坏基本农田，毁坏种植条件的；

（四）拒不履行土地复垦义务，经责令限期改正，逾期不改正的；

（五）建设项目施工和地质勘查临时占用耕地的土地使用者，自临时用地期满之日起1年以上未恢复种植条件的；

（六）因开发土地造成土地荒漠化、盐渍化的。

四、非法批地类

（一）无权批准征收、使用土地的单位或者个人非法批准占用土地的；

（二）超越批准权限非法批准占用土地的；

（三）没有农用地转用计划指标或者超过农用地转用计划指标，擅自批准农用地转用的；

（四）规避法定审批权限，将单个建设项目用地拆分审批的；

（五）不按照土地利用总体规划确定的用途批准用地的；

（六）违反法律规定的程序批准占用、征收土地的；

（七）核准或者批准建设项目前，未经预审或者预审未通过，擅自批准农用地转用、土地征收或者办理供地手续的；

（八）非法批准不符合条件的临时用地的；

（九）应当以出让方式供地，而采用划拨方式供地的；

（十）应当以招标、拍卖、挂牌方式出让国有土地使用权，而采用协议方式出让的；

（十一）在以招标、拍卖、挂牌方式出让国有土地使用权过程中，弄虚作假的；

（十二）不按照法定的程序，出让国有土地使用权的；

（十三）擅自批准出让或者擅自出让土地使用权用于房地产开发的；

（十四）低于按国家规定所确定的最低价，协议出让国有土地使用权的；

（十五）依法应当给予土地违法行为行政处罚或者行政处分，而未依法给予行政处罚或者行政处分，补办建设用地手续的；

（十六）对涉嫌违法使用的土地或者存在争议的土地，已经接到举报，或者正在调查，或者上级机关已经要求调查处理，仍予办理审批、登记或颁发土地证书等手续的；

（十七）未按国家规定的标准足额缴纳新增建设用地土地有偿使用费，擅自下发农用地转用或土地征收批准文件的。

五、其他类型的土地违法行为

（一）依法应当将耕地划入基本农田保护区而不划入，经责令限期改正而拒不改正的；

（二）破坏或者擅自改变基本农田保护区标志的；

（三）依法应当对土地违法行为给予行政处罚或者行政处分，而不予行政处罚或者行政处分、提出行政处分建议的；

（四）土地行政主管部门的工作人员，没有法律、法规的依据，擅自同意减少、免除、缓交土地使用权出让金等滥用职权的；

（五）土地行政主管部门的工作人员，不依照土地管理的规定，办理土地登记、颁发土地证书，或者在土地调查、建设用地报批中，虚报、瞒报、伪造数据以及擅自更改土地权属、地类和面积等滥用职权的。

六、依法应当予以立案的其他土地违法行为

国土资源部关于印发《招标拍卖挂牌出让国有土地使用权规范（试行）》和《协议出让国有土地使用权规范（试行）》的通知

国土资发〔2006〕114 号

各省、自治区、直辖市国土资源厅（国土环境资源厅、国土资源局、国土资源和房屋管理局、房屋土地资源管理局），计划单列市国土资源行政主管部门，解放军土地管理局，新疆生产建设兵团国土资源局：

为完善国有土地使用权出让制度，规范国有土地使用权出让程序，根据中共中央办公厅、国务院办公厅《印发〈中央纪委关于落实（建立健全教育、制度、监督并重的惩治和预防腐败体系实施纲要）2007 年底前工作要点〉的通知》（中办厅字〔2005〕14 号）要求，部研究制订了《招标拍卖挂牌出让国有土地使用权规范》（试行）和《协议出让国有土地使用权规范》（试行）。现予印发，自 2006 年 8 月 1 日起试行。

请各地将试行中的情况、经验和问题，及时报部土地利用管理司。

二〇〇六年五月三十一日

招标拍卖挂牌出让国有土地使用权规范
（试行）

前　言

为完善国有土地使用权出让制度，规范国有土地使用权招标拍卖挂牌出让行为，统一程序和标准，优化土地资源配置，推进土地市场建设，根据《中华人民共和国土地管理法》、《中华人民共和国城市房地产管理法》、《中华人民共和国城镇国有土地使用权出让和转让暂行条例》、《招标拍卖挂牌出让国有土地使用权规定》等规定，制定本规范。

本规范的附录B为招标拍卖挂牌出让公告应当使用的文本格式，附录A、附录C、附录D、附录E、附录F、附录G、附录H、附录I、附录J为招标拍卖挂牌出让活动中所需其他文本的示范格式。

本规范由国土资源部负责解释。

1　适用范围

在中华人民共和国境内以招标、拍卖或者挂牌方式出让国有土地使用权，适用本规范；以招标、拍卖或者挂牌方式租赁国有土地使用权、出让国有土地他项权利，参照本规范执行。

以招标、拍卖或者挂牌方式转让国有土地使用权，以及依法以招标、拍卖或者挂牌方式流转农民集体建设用地使用权，可参照本规范执行。

2 引用的标准和文件

下列标准和文件所包含的条文，通过在本规范中引用而构成本规范的条文。本规范颁布时，所示版本均为有效。使用本规范的各方应使用下列各标准和文件的最新版本。

GB / T18508—2001《城镇土地估价规程》

国土资发〔2000〕303 号《国有土地使用权出让合同示范文本》

国土资发〔2001〕255 号《全国土地分类》

国土资发〔2004〕232 号《工业建设项目用地控制指标》

3 依据

（1）《中华人民共和国土地管理法》

（2）《中华人民共和国城市房地产管理法》

（3）《中华人民共和国城市规划法》

（4）《中华人民共和国行政许可法》

（5）《中华人民共和国合同法》

（6）《中华人民共和国城镇国有土地使用权出让和转让暂行条例》

（7）《建立健全教育、制度、监督并重的惩治和预防腐败体系实施纲要》（中发〔2005〕3 号）

（8）《国务院关于加强国有土地资产管理的通知》（国发〔2001〕15 号）

（9）《国务院关于深化改革严格土地管理的决定》（国发〔2004〕28 号）

（10）《中共中央纪委监察部关于领导干部利用职权违反规定干预和插手建设工程招投标、经营性土地使用权出让、房地产开发与经营等市场经济活动，为个人和亲友谋取私利的处理规定》（中纪发〔2004〕3 号）

（11）《招标拍卖挂牌出让国有土地使用权规定》（国土资源部令第 11 号）

4 总 则

4.1 招标拍卖挂牌出让国有土地使用权内涵

本规范所称招标出让国有土地使用权，是指市、县国土资源管理部门发布招标公告或者发出投标邀请书，邀请特定或者不特定的法人、自然人和其他组织参加国有土地使用权投标，根据投标结果确定土地使用者的行为。

本规范所称拍卖出让国有土地使用权，是指市、县国土资源管理部门发布拍卖公告，由竞买人在指定时间、地点进行公开竞价，根据出价结果确定土地使用者的行为。

本规范所称挂牌出让国有土地使用权，是指市、县国土资源管理部门发布挂牌公告，按公告规定的期限将拟出让宗地的交易条件在指定的土地交易场所挂牌公布，接受竞买人的报价申请并更新挂牌价格，根据挂牌期限截止时的出价结果或现场竞价结果确定土地使用者的行为。

4.2　招标拍卖挂牌出让国有土地使用权原则

（1）公开、公平、公正；

（2）诚实信用。

4.3　招标拍卖挂牌出让国有土地使用权范围

（1）供应商业、旅游、娱乐和商品住宅等各类经营性用地以及有竞争要求的工业用地；

（2）其他土地供地计划公布后同一宗地有两个或者两个以上意向用地者的；

（3）划拨土地使用权改变用途，《国有土地划拨决定书》或法律、法规、行政规定等明确应当收回土地使用权，实行招标拍卖挂牌出让的；

（4）划拨土地使用权转让，《国有土地划拨决定书》或法律、法规、行政规定等明确应当收回土地使用权，实行招标拍卖挂牌出让的；

（5）出让土地使用权改变用途，《国有土地使用权出让合同》约定或法律、法规、行政规定等明确应当收回土地使用权，实行招标拍卖挂牌出让的；

（6）法律、法规、行政规定明确应当招标拍卖挂牌出让的其他情形。

4.4　招标拍卖挂牌出让国有土地使用权组织实施

4.4.1　实施主体

国有土地使用权招标拍卖挂牌出让由市、县国土资源管理部门组织实施。

4.4.2 组织方式

市、县国土资源管理部门实施招标拍卖挂牌出让国有土地使用权活动，可以根据实际情况选择以下方式：

（1）市、县国土资源管理部门自行办理；

（2）市、县国土资源管理部门指定或授权下属事业单位具体承办；

（3）市、县国土资源管理部门委托具有相应资质的交易代理中介机构承办。

4.4.3 协调决策机构

国有土地使用权出让实行集体决策。市、县国土资源管理部门根据实际情况，可以成立国有土地使用权出让协调决策机构，负责协调解决出让中的相关问题，集体确定有关事项。

4.4.4 土地招标拍卖挂牌主持人

国有土地使用权招标拍卖挂牌出让活动，应当由符合国土资源部确定的土地招标拍卖挂牌主持人条件并取得资格的人员主持进行。

4.4.5 招标拍卖挂牌出让程序

（1）公布出让计划，确定供地方式；

（2）编制、确定出让方案；

（3）地价评估，确定出让底价；

（4）编制出让文件；

（5）发布出让公告；

（6）申请和资格审查；

（7）招标拍卖挂牌活动实施；

（8）签订出让合同，公布出让结果；

（9）核发《建设用地批准书》，交付土地；

（10）办理土地登记；

（11）资料归档。

4.5　地方补充规定

地方可对本规范做出补充规定或实施细则，并报上一级国土资源管理部门备案。

5　公布出让计划，确定供地方式

5.1　市、县国土资源管理部门应当将经批准的国有土地使用权出让计划向社会公布。有条件的地方可以根据供地进度安排，分阶段将国有土地使用权出让计划细化落实到地段、地块，并将相关信息及时向社会公布。国有土地使用权出让计划以及细化的地段、地块信息应当同时在中国土地市场网（www.landchina.com）上公布。

5.2　市、县国土资源管理部门公布国有土地使用权出让计划、细化的地段、地块信息，应当同时明确用地者申请用地的途径和方式，公开接受用地申请。

5.3　需要使用土地的单位和个人（以下简称意向用地者）应当根据公布的国有土地使用权出让计划、细化的地段、地块信息以及自身用地需求，向市、县国土资源管理部门提出用地申请。

5.4　用地预申请

为充分了解市场需求情况，科学合理安排供地规模和进度，有条件的地方，可以建立用地预申请制度。单位和个人对列入招标拍卖挂牌出让计划内的具体地块有使用意向的，可以提出用地预申请，并承诺愿意支付的土地价格。市、县国土资源管理部门认为其承诺的土地价格和条件可以接受的，应当根据土地出让计划和土地市场情况，适时组织实施招标拍卖挂牌出让活动，并通知提出该宗地用地预申请的单位或个人参加。提出用地预申请的单位、个人，应当参加该宗地竞投或竞买，且报价不得低于其承诺的土地价格。

5.5　根据意向用地者申请情况，符合 4.3 规定条件的土地使用权出让，应当采取招标拍卖挂牌方式。对不能确定是否符合 4.3 规定条件的具体宗地，可由国有土地使用权出让协调决策机构集体认定。

对具有综合目标或特定社会、公益建设条件、开发建设要求较高、仅有少数单位和个人可能有受让意向的土地使用权出让，可以采取招标方式，按照综合条件最佳者得的原则确定受让人；其他的土地使用权出让，应当采取招标、拍卖或挂牌方式，按照价高者得的原则确定受让人。

采用招标方式出让国有土地使用权的，应当采取公开招标方式。对土地使用者有严格的限制和特别要求的，可以采用邀请招标方式。

6 编制、确定出让方案

6.1 编制招标拍卖挂牌出让方案

市、县国土资源管理部门应当会同城市规划管理等有关部门，依据国有土地使用权出让计划、城市规划等，编制国有土地使用权招标拍卖挂牌出让方案。

国有土地使用权招标拍卖挂牌出让方案应当包括：拟出让地块的具体位置、四至、用途、面积、年限、土地使用条件、供地时间、供地方式、建设时间等。属于综合用地的，应明确各类具体用途、所占面积及其各自的出让年限。对于各用途不动产之间可以分割，最终使用者为不同单位、个人的，应当按照综合用地所包含的具体土地用途分别确定出让年期；对于多种用途很难分割、最终使用者唯一的，也可以统一按照综合用地最高出让年限50年确定出让年期。

6.2 招标拍卖挂牌出让方案报批

国有土地使用权招标拍卖挂牌出让方案应按规定报市、县人民政府批准。

7 地价评估，确定出让底价

7.1 地价评估

市、县国土资源管理部门应当根据拟出让地块的条件和土地市场情况，依据《城镇土地估价规程》，组织对拟出让地块的正常土地市场价格进行评估。

地价评估由市、县国土资源管理部门或其所属事业单位组织进行，根据需要也可以委托具有土地估价资质的土地或不动产评估机构进行。

7.2　确定底价

有底价出让的，市、县国土资源管理部门或国有土地使用权出让协调决策机构应当根据土地估价结果、产业政策和土地市场情况等，集体决策，综合确定出让底价和投标、竞买保证金。招标出让的，应当同时确定标底；拍卖和挂牌出让的，应当同时确定起叫价、起始价等。

标底、底价确定后，在出让活动结束之前应当保密，任何单位和个人不得泄露。

8　编制出让文件

市、县国土资源管理部门应当根据经批准的招标拍卖挂牌出让方案，组织编制国有土地使用权招标拍卖挂牌出让文件。

8.1　招标出让文件应当包括

（1）招标出让公告或投标邀请书

（2）招标出让须知

（3）标书

（4）投标申请书

（5）宗地界址图

（6）宗地规划指标要求

（7）中标通知书

（8）国有土地使用权出让合同

（9）其他相关文件

8.2　拍卖出让文件应当包括

（1）拍卖出让公告

（2）拍卖出让须知

（3）竞买申请书

（4）宗地界址图

（5）宗地规划指标要求

（6）成交确认书

（7）国有土地使用权出让合同

(8) 其他相关文件

8.3 挂牌出让文件应当包括

(1) 挂牌出让公告

(2) 挂牌出让须知

(3) 竞买申请书

(4) 挂牌竞买报价单

(5) 宗地界址图

(6) 宗地规划指标要求

(7) 成交确认书

(8) 国有土地使用权出让合同

(9) 其他相关文件

9 发布出让公告

9.1 发布公告

国有土地使用权招标拍卖挂牌出让公告应当由市、县国土资源管理部门发布。出让公告应当通过中国土地市场网和当地土地有形市场发布，也可同时通过报刊、电视台等媒体公开发布。

出让公告应当至少在招标拍卖挂牌活动开始前20日发布，以首次发布的时间为起始日。

经批准的出让方案已明确招标、拍卖、挂牌具体方式的，应当发布具体的“国有土地使用权招标出让公告”、“国有土地使用权拍卖出让公告”或“国有土地使用权挂牌出让公告”；经批准的出让方案未明确招标、拍卖、挂牌具体方式的，可以发布“国有土地使用权公开出让公告”，发布公开出让公告的，应当明确根据申请截止时的申请情况确定具体的招标、拍卖或挂牌方式。

出让公告可以是单宗地的公告，也可以是多宗地的联合公告。

9.2 公告内容

9.2.1 招标出让公告应当包括以下内容：

(1) 出让人的名称、地址、联系电话等，授权或指定下属事业单位以及委托代理机构进行招标的，还应注明其机构的名称、地址和联系电话等；

（2）招标地块的位置、面积、用途、开发程度、规划指标要求、土地使用年限和建设时间等；

（3）投标人的资格要求及申请取得投标资格的办法；

（4）获取招标文件的时间、地点及方式；

（5）招标活动实施时间、地点，投标期限、地点和方式等；

（6）确定中标人的标准和方法；

（7）支付投标保证金的数额、方式和期限；

（8）其他需要公告的事项。

9.2.2　拍卖出让公告应当包括以下内容：

（1）出让人的名称、地址、联系电话等，授权或指定下属事业单位以及委托代理机构进行拍卖的，还应注明其名称、地址和联系电话等；

（2）拍卖地块的位置、面积、用途、开发程度、规划指标要求、土地使用年限和建设时间等；

（3）竞买人的资格要求及申请取得竞买资格的办法；

（4）获取拍卖文件的时间、地点及方式；

（5）拍卖会的地点、时间和竞价方式；

（6）支付竞买保证金的数额、方式和期限；

（7）其他需要公告的事项。

9.2.3　挂牌出让公告应当包括以下内容：

（1）出让人的名称、地址、联系电话等，授权或指定下属事业单位以及委托代理机构进行挂牌的，还应注明其机构名称、地址和联系电话等；

（2）挂牌地块的位置、面积、用途、开发程度、规划指标要求、土地使用年限和建设时间等；

（3）竞买人的资格要求及申请取得竞买资格的办法；

（4）获取挂牌文件的时间、地点及方式；

（5）挂牌地点和起止时间；

（6）支付竞买保证金的数额、方式和期限；

（7）其他需要公告的事项。

9.3 公告调整

公告期间，出让公告内容发生变化的，市、县国土资源管理部门应当按原公告发布渠道及时发布补充公告。涉及土地使用条件变更等影响土地价格的重大变动，补充公告发布时间距招标拍卖挂牌活动开始时间少于20日的，招标拍卖挂牌活动相应顺延。

发布补充公告的，市、县国土资源管理部门应当书面通知已报名的申请人。

10 申请和资格审查

10.1 申请人

国有土地使用权招标拍卖挂牌出让的申请人，可以是中华人民共和国境内外的法人、自然人和其他组织，但法律法规对申请人另有限制的除外。

申请人可以单独申请，也可以联合申请。

10.2 申请

申请人应在公告规定期限内交纳出让公告规定的投标、竞买保证金，并根据申请人类型，持相应文件向出让人提出竞买、竞投申请：

（1）法人申请的，应提交下列文件：

①申请书；

②法人单位有效证明文件；

③法定代表人的有效身份证明文件；

④申请人委托他人办理的，应提交授权委托书及委托代理人的有效身份证明文件；

⑤保证金交纳凭证；

⑥招标拍卖挂牌文件规定需要提交的其他文件。

（2）自然人申请的，应提交下列文件：

①申请书；

②申请人有效身份证明文件；

③申请人委托他人办理的，应提交授权委托书及委托代理人的身份证明文件；

④保证金交纳凭证；

⑤招标拍卖挂牌文件规定需要提交的其他文件。

（3）其他组织申请的，应提交下列文件：

①申请书；

②表明该组织合法存在的文件或有效证明；

③表明该组织负责人身份的有效证明文件；

④申请人委托他人办理的，应提交授权委托书及委托代理人的身份证明文件；

⑤保证金交纳凭证；

⑥招标拍卖挂牌文件规定需要提交的其他文件。

（4）境外申请人申请的，应提交下列文件：

①申请书；

②境外法人、自然人、其他组织的有效身份证明文件；

③申请人委托他人办理的，应提交授权委托书及委托代理人的有效身份证明文件；

④保证金交纳凭证；

⑤招标拍卖挂牌文件规定需要提交的其他文件。

上述文件中，申请书必须用中文书写，其他文件可以使用其他语言，但必须附中文译本，所有文件的解释以中文译本为准。

（5）联合申请的，应提交下列文件：

①联合申请各方共同签署的申请书；

②联合申请各方的有效身份证明文件；

③联合竞买、竞投协议，协议要规定联合各方的权利、义务，包括联合各方的出资比例，并明确签订《国有土地使用权出让合同》时的受让人；

④申请人委托他人办理的，应提交授权委托书及委托代理人的有效身份证明文件；

⑤保证金交纳凭证；

⑥招标拍卖挂牌文件规定需要提交的其他文件。

（6）申请人竞得土地后，拟成立新公司进行开发建设的，应在申请书中明确新公司的出资构成、成立时间等内容。出让人可以根据招标拍卖挂牌出让结果，先与竞得人签订《国有土地使用权出让合同》，在竞得人按约定办理完新公司注册登记手续后，再与新公司签订《国有土地使用权出让合同变更协议》；也可按约定直接与新公司签订《国有土地使用权出让合同》。

10.3 受理申请及资格审查

出让人应当对出让公告规定的时间内收到的申请进行审查。

经审查，有下列情形之一的，为无效申请：

（1）申请人不具备竞买资格的；

（2）未按规定交纳保证金的；

（3）申请文件不齐全或不符合规定的；

（4）委托他人代理但委托文件不齐全或不符合规定的；

（5）法律法规规定的其他情形。

经审查，符合规定条件的，应当确认申请人的投标或竞买资格，并通知其参加招标拍卖挂牌活动。采用招标或拍卖方式的，取得投标或竞买资格者不得少于3个。

10.4 出让人应当对申请人的情况进行保密

10.5 申请人对招标拍卖挂牌文件有疑问的，可以书面或者口头方式向出让人咨询，出让人应当为申请人咨询以及查询出让地块有关情况提供便利。根据需要，出让人可以组织申请人对拟出让地块进行现场踏勘。

11 招标拍卖挂牌活动实施——招标

11.1 投标

市、县国土资源管理部门应当按照出让公告规定的时间、地点组织招标投标活动。投标活动应当由土地招标拍卖挂牌主持人主持进行。

投标开始前，招标主持人应当现场组织开启标箱，检查标箱情况后加封。

投标人应当在规定的时间将标书及其他文件送达指定的投标地点，经招标人登记后，将标书投入标箱。

招标公告允许邮寄投标文件的，投标人可以邮寄，但以招标人在投标截止时间前收到的方为有效。招标人登记后，负责在投标截止时间前将标书投入标箱。

投标人投标后，不可撤回投标文件，并对投标文件和有关书面承诺承担责任。投标人可以对已提交的投标文件进行补充说明，但应在招标文件要求提交投标文件的截止时间前书面通知招标人并将补充文件送达至投标地点。

11.2　开标

招标人按照招标出让公告规定的时间、地点开标，邀请所有投标人参加。开标应当由土地招标拍卖挂牌主持人主持进行。招标主持人邀请投标人或其推选的代表检查标箱的密封情况，当众开启标箱。

标箱开启后，招标主持人应当组织逐一检查标箱内的投标文件，经确认无误后，由工作人员当众拆封，宣读投标人名称、投标价格和投标文件的其他主要内容。

开标过程应当记录。

11.3　评标

按照价高者得的原则确定中标人的，可以不成立评标小组。按照综合条件最佳者得的原则确定中标人的，招标人应当成立评标小组进行评标。

11.3.1　评标小组由出让人、有关专家组成，成员人数为 5 人以上的单数。有条件的地方，可建立土地评标专家库，每次评标前随机从专家库中抽取评标小组专家成员。

11.3.2　招标人应当采取必要的措施，保证评标在严格保密的情况下进行。

11.3.3 评标小组可以要求投标人对投标文件中含义不明确的内容做出必要的澄清或者说明，但澄清或者说明不得超出投标文件的范围或者改变投标文件的实质性内容。

11.3.4 评标小组对投标文件进行有效性审查。有下列情形之一的，为无效投标文件：

（1）投标文件未密封的；

（2）投标文件未加盖投标人印鉴，也未经法定代表人签署的；

（3）投标文件不齐备、内容不全或不符合规定的；

（4）投标人对同一个标的有两个或两个以上报价的；

（5）委托投标但委托文件不齐全或不符合规定的；

（6）评标小组认为投标文件无效的其他情形。

11.3.5 评标要求

评标小组应当按照招标文件确定的评标标准和方法，对投标文件进行综合评分，根据综合评分结果确定中标候选人。

评标小组应当根据评标结果，按照综合评分高低确定中标候选人排序，但低于底价或标底者除外。同时有两个或两个以上申请人的综合评分相同的，按报价高低排名，报价也相同的，可以由综合评分相同的申请人通过现场竞价确定排名顺序。投标人的投标价均低于底价或投标条件均不能够满足标底要求的，投标活动终止。

11.4 定标

招标人应当根据评标小组推荐的中标候选人确定中标人。招标人也可以授权评标小组直接确定中标人。

按照价高者得的原则确定中标人的，由招标主持人根据开标结果，直接宣布报价最高且不低于底价者为中标人。有两个或两个以上申请人的报价相同且同为最高报价的，可以由相同报价的申请人在限定时间内再行报价，或者采取现场竞价方式确定中标人。

11.5 发出《中标通知书》

确定中标人后，招标人应当向中标人发出《中标通知书》，并同时将中标结果通知其他投标人。

《中标通知书》应包括招标人与中标人的名称，出让标的，成交时间、地点、价款，以及双方签订《国有土地使用权出让合同》的时间、地点等内容。

《中标通知书》对招标人和中标人具有法律效力，招标人改变中标结果，或者中标人不按约定签订《国有土地使用权出让合同》、放弃中标宗地的，应当承担法律责任。

12　招标拍卖挂牌活动实施——拍卖

12.1　市、县国土资源管理部门应当按照出让公告规定的时间、地点组织拍卖活动。拍卖活动应当由土地招标拍卖挂牌主持人主持进行。

12.2　拍卖会按下列程序进行：

（1）拍卖主持人宣布拍卖会开始。

（2）拍卖主持人宣布竞买人到场情况。设有底价的，出让人应当现场将密封的拍卖底价交给拍卖主持人，拍卖主持人现场开启密封件。

（3）拍卖主持人介绍拍卖地块的位置、面积、用途、使用年限、规划指标要求、建设时间等。

（4）拍卖主持人宣布竞价规则；拍卖主持人宣布拍卖宗地的起叫价、增价规则和增价幅度，并明确提示是否设有底价。在拍卖过程中，拍卖主持人可根据现场情况调整增价幅度。

（5）拍卖主持人报出起叫价，宣布竞价开始。

（6）竞买人举牌应价或者报价。

（7）拍卖主持人确认该竞买人应价或者报价后继续竞价。

（8）拍卖主持人连续三次宣布同一应价或报价而没有人再应价或出价，且该价格不低于底价的，拍卖主持人落槌表示拍卖成交，拍卖主持人宣布最高应价者为竞得人。成交结果对拍卖人、竞得人和出让人均具有法律效力。最高应价或报价低于底价的，拍卖主持人宣布拍卖终止。

12.3　签订《成交确认书》

确定竞得人后，拍卖人与竞得人当场签订《成交确认书》。拍卖人或竞得人不按规定签订《成交确认书》的，应当承担法律责任。竞得人拒绝签订《成交确认书》也不能对抗拍卖成交结果的法律效力。

《成交确认书》应包括拍卖人与竞得人的名称，出让标的，成交时间、地点、价款，以及双方签订《国有土地使用权出让合同》的时间、地点等内容。

《成交确认书》对拍卖人和竞得人具有法律效力，拍卖人改变拍卖结果的，或者竞得人不按约定签订《国有土地使用权出让合同》、放弃竞得宗地的，应当承担法律责任。

拍卖过程应当制作拍卖笔录。

13 招标拍卖挂牌活动实施——挂牌

市、县国土资源管理部门应当按照出让公告规定的时间、地点组织挂牌活动。挂牌活动应当由土地招标拍卖挂牌主持人主持进行。

13.1 公布挂牌信息

在挂牌公告规定的挂牌起始日，挂牌人将挂牌宗地的位置、面积、用途、使用年期、规划指标要求、起始价、增价规则及增价幅度等，在挂牌公告规定的土地交易地点挂牌公布。挂牌时间不得少于10个工作日。

13.2 竞买人报价

符合条件的竞买人应当填写报价单报价。有条件的地方，可以采用计算机系统报价。

竞买人报价有下列情形之一的，为无效报价：

（1）报价单未在挂牌期限内收到的；

（2）不按规定填写报价单的；

（3）报价单填写人与竞买申请文件不符的；

（4）报价不符合报价规则的；

（5）报价不符合挂牌文件规定的其他情形。

13.3 确认报价

挂牌主持人确认该报价后，更新显示挂牌价格，继续接受新的报价。有两个或两个以上竞买人报价相同的，先提交报价单者为该挂牌价格的出价人。

13.4 挂牌截止

挂牌截止应当由挂牌主持人主持确定。设有底价的，出让人应当在挂牌截止前将密封的挂牌底价交给挂牌主持人，挂牌主持人现场打开密封件。在公告规定的挂牌截止时间，竞买人应当出席挂牌现场，挂牌主持人宣布最高报价及其报价者，并询问竞买人是否愿意继续竞价。

13.4.1 挂牌主持人连续三次报出最高挂牌价格，没有竞买人表示愿意继续竞价的，挂牌主持人宣布挂牌活动结束，并按下列规定确定挂牌结果：

（1）最高挂牌价格不低于底价的，挂牌主持人宣布挂牌出让成交，最高挂牌价格的出价人为竞得人；

（2）最高挂牌价格低于底价的，挂牌主持人宣布挂牌出让不成交。

13.4.2 有竞买人表示愿意继续竞价的，即属于挂牌截止时有两个或两个以上竞买人要求报价的情形，挂牌主持人应当宣布挂牌出让转入现场竞价，并宣布现场竞价的时间和地点，通过现场竞价确定竞得人。

13.5 现场竞价

现场竞价应当由土地招标拍卖挂牌主持人主持进行，取得该宗地挂牌竞买资格的竞买人均可参加现场竞价。现场竞价按下列程序举行：

（1）挂牌主持人应当宣布现场竞价的起始价、竞价规则和增价幅度，并宣布现场竞价开始。现场竞价的起始价为挂牌活动截止时的最高报价增加一个加价幅度后的价格。

（2）参加现场竞价的竞买人按照竞价规则应价或报价。

（3）挂牌主持人确认该竞买人应价或者报价后继续竞价。

（4）挂牌主持人连续三次宣布同一应价或报价而没有人再应价或出价，且该价格不低于底价的，挂牌主持人落槌表示现场竞价成交，宣布最高应价或报价者为竞得人。成交结果对竞得人和出让人均具有法律效力。最高应价或报价低于底价的，挂牌主持人宣布现场竞价终止。

在现场竞价中无人参加竞买或无人应价或出价的，以挂牌截止时出价最高者为竞得人，但低于挂牌出让底价者除外。

13.6 签订《成交确认书》

确定竞得人后，挂牌人与竞得人当场签订《成交确认书》。挂牌人或竞得人不按规定签订《成交确认书》的，应当承担法律责任。竞得人拒绝签订《成交确认书》也不能对抗挂牌成交结果的法律效力。

《成交确认书》应包括挂牌人与竞得人的名称，出让标的，成交时间、地点、价款，以及双方签订《国有土地使用权出让合同》的时间、地点等内容。

《成交确认书》对挂牌人和竞得人具有法律效力，挂牌人改变挂牌结果的，或者竞得人不按规定签订《国有土地使用权出让合同》、放弃竞得宗地的，应当承担法律责任。

挂牌过程应当制作挂牌笔录。

14 签订出让合同，公布出让结果

14.1 签订《国有土地使用权出让合同》

招标拍卖挂牌出让活动结束后，中标人、竞得人应按照《中标通知书》或《成交确认书》的约定，与出让人签订《国有土地使用权出让合同》。

14.2 中标人、竞得人支付的投标、竞买保证金

在中标或竞得后转作受让地块的定金。其他投标人、竞买人交纳的投标、竞买保证金，出让人应在招标拍卖挂牌活动结束后5个工作日内予以退还，不计利息。

14.3 公布出让结果

招标拍卖挂牌活动结束后10个工作日内，出让人应当将招标拍卖挂牌出让结果通过中国土地市场网以及土地有形市场等指定场所向社会公布。

公布出让结果应当包括土地位置、面积、用途、开发程度、土地级别、容积率、出让年限、供地方式、受让人、成交价格和成交时间等

内容。

出让人公布出让结果，不得向受让人收取费用。

15　核发《建设用地批准书》，交付土地

市、县国土资源管理部门向受让人核发《建设用地批准书》，并按照《国有土地使用权出让合同》、《建设用地批准书》确定的时间和条件将出让土地交付给受让人。

16　办理土地登记

受让人按照《国有土地使用权出让合同》约定付清全部国有土地使用权出让金，依法申请办理土地登记，领取《国有土地使用证》，取得国有土地使用权。

17　资料归档

出让手续全部办结后，市、县国土资源管理部门应当对宗地出让过程中的用地申请、审批、招标拍卖挂牌活动、签订合同等各环节相关资料、文件进行整理，并按规定归档。应归档的宗地出让资料包括：

（1）申请人的申请材料；

（2）宗地条件及相关资料；

（3）宗地评估资料；

（4）宗地出让底价及集体决策记录；

（5）宗地招标拍卖挂牌出让方案；

（6）宗地出让方案批复文件；

（7）招标拍卖挂牌出让文件；

（8）招标拍卖挂牌活动实施过程的记录资料；

（9）《中标通知书》或《成交确认书》；

（10）《国有土地使用权出让合同》及出让结果公布资料；

（11）其他应归档的材料。

附录：略

协议出让国有土地使用权规范（试行）

前　言

为完善国有土地使用权出让制度，规范国有土地使用权协议出让行为，统一程度和标准，加强国有土地资产管理，推进土地市场建设，根据《中华人民共和国土地管理法》、《中华人民共和国城市房地产管理法》、《中华人民共和国城镇国有土地使用权出让和转让暂行条例》、《协议出让国有土地使用权规定》等规定，制定本规范。

本规范的附录A、附录B为协议出让活动中所需文本示范格式。

本规范由国土资源部提出并归口。

本规范起草单位：国土资源部土地利用管理司，国土资源部土地整理中心，辽宁省国土资源厅，黑龙江省国土资源厅，江苏省国土资源厅。

本规范主要起草人员：廖永林、冷宏志、岳晓武、雷爱先、高永、谢量雄、吴迪、宋玉波、牟傲风、叶卫东、钟松钇、林立淼、申亮、陈梅英、周旭、沈飞、张昉。

本规范参加起草人员（以姓氏笔画为序）：于世专、马尚、王薇、车长志、邓岳方、叶元蓬、叶东、任钊洪、关文荣、刘显祺、刘祥元、刘瑞平、朱育德、闫洪溪、严政、吴永高、吴海洋、张万中、张英奇、李延荣、李晓娟、李晓斌、束克欣、杨玉芳、杨江正、肖建军、陈永真、陈国庆、林君衡、罗演广、祝军、胡立兵、胡红兵、赵春华、郝吉虎、高志云、徐建设、涂高坤、秦水龙、钱友根、梁红、黄文波、韩建国、韩洪伟、靳薇、潘洪嵩、魏成、魏莉华。

本规范由国土资源部负责解释。

1 适用范围

在中华人民共和国境内以协议方式出让国有土地使用权，适用本规范；以协议方式租赁国有土地使用权、出让国有土地他项权利，参照本规范执行。

2 引用的标准和文件

下列标准和文件所包含的条文，通过在本规范中引用而构成本规范的条文。本规范颁布时，所示版本均为有效。使用本规范的各方应使用下列各标准和文件的最新版本。

GB/T18508—2001《城镇土地估价规程》

国土资发〔2000〕303号《国有土地使用权出让合同示范文本》

国土资发〔2001〕255号《全国土地分类》

国土资发〔2004〕232号《工业建设项目用地控制指标》

3 依据

(1)《中华人民共和国土地管理法》；

(2)《中华人民共和国城市房地产管理法》；

(3)《中华人民共和国城市规划法》；

(4)《中华人民共和国行政许可法》；

(5)《中华人民共和国合同法》；

(6)《中华人民共和国城镇国有土地使用权出让和转让暂行条例》；

(7)《建立健全教育、制度、监督并重的惩治和预防腐败体系实施纲要》(中发〔2005〕3号)；

(8)《国务院关于加强国有土地资产管理的通知》(国发〔2001〕15号)；

(9)《国务院关于深化改革严格土地管理的决定》(国发〔2004〕28号)；

（10）《协议出让国有土地使用权规定》（国土资源部令第21号）。

4 总则

4.1 协议出让国有土地使用权内涵

本规范所称协议出让国有土地使用权，是指市、县国土资源管理部门以协议方式将国有土地使用权在一定年限内出让给土地使用者，由土地使用者支付土地使用权出让金的行为。

4.2 协议出让国有土地使用权原则

（1）公开、公平、公正；

（2）诚实信用。

4.3 协议出让国有土地使用权范围

出让国有土地使用权，除依照法律、法规和规章的规定应当采用招标、拍卖或者挂牌方式外，方可采取协议方式，主要包括以下情况：

（1）供应商业、旅游、娱乐和商品住宅等各类经营性用地以外用途的土地，其供地计划公布后同一宗地只有一个意向用地者的；

（2）原划拨、承租土地使用权人申请办理协议出让，经依法批准，可以采取协议方式，但《国有土地划拨决定书》、《国有土地租赁合同》、法律、法规、行政规定等明确应当收回土地使用权重新公开出让的除外；

（3）划拨土地使用权转让申请办理协议出让，经依法批准，可以采取协议方式，但《国有土地划拨决定书》、法律、法规、行政规定等明确应当收回土地使用权重新公开出让的除外；

（4）出让土地使用权人申请续期，经审查准予续期的，可以采用协议方式；

（5）法律、法规、行政规定明确可以协议出让的其他情形。

4.4 协议出让国有土地使用权组织管理

国有土地使用权协议出让由市、县国土资源管理部门组织实施。

国有土地使用权出让实行集体决策。市、县国土资源管理部门可根据实际情况成立国有土地使用权出让协调决策机构，负责协调解决出让中的相关问题，集体确定有关事项。

4.5 协议出让价格争议裁决

对于经营性基础设施、矿业开采等具有独占性和排他性的用地，应当建立协议出让价格争议裁决机制。此类用地协议出让过程中，意向用地者与出让方在出让价格方面有争议难以达成一致，意向用地者认为出让方提出的出让价格明显高于土地市场价格的，可提请出让方的上一级国土资源管理部门进行出让价格争议裁决。

4.6 地方补充规定

地方可对本规范做出补充规定或实施细则，并报上一级国土资源管理部门备案。

5 供地环节的协议出让

5.1 供地环节协议出让国有土地使用权的一般程序

（1）公开出让信息，接受用地申请，确定供地方式；

（2）编制协议出让方案；

（3）地价评估，确定底价；

（4）协议出让方案、底价报批；

（5）协商，签订意向书；

（6）公示；

（7）签订出让合同，公布出让结果；

（8）核发《建设用地批准书》，交付土地；

（9）办理土地登记；

（10）资料归档。

5.2 公开出让信息，接受用地申请，确定供地方式

5.2.1 市、县国土资源管理部门应当将经批准的国有土地使用权出让计划向社会公布。有条件的地方可以根据供地进度安排，分阶段将国有土地使用权出让计划细化落实到地段、地块，并将相关信息及时向社会公布。国有土地使用权出让计划以及细化的地段、地块信息应当同时通过中国土地市场网（www.1andchina.com）公布。

5.2.2 市、县国土资源管理部门公布国有土地使用权出让计划、细化的地段、地块信息，应当同时明确用地者申请用地的途径和方式，公开接受用地申请。

5.2.3 需要使用土地的单位和个人（以下简称意向用地者）应当根据公布的国有土地使用权出让计划，细化的地段、地块信息以及自身用地需求，向市、县国土资源管理部门提出用地申请。

5.2.4 在规定时间内，同一地块只有一个意向用地者的，市、县国土资源管理部门方可采取协议方式出让，但属于商业、旅游、娱乐和商品住宅等经营性用地除外。对不能确定是否符合协议出让范围的具体宗地，可由国有土地使用权出让协调决策机构集体认定。

5.3 编制协议出让方案

市、县国土资源管理部门应当会同规划等部门，依据国有土地使用权出让计划、城市规划和意向用地者申请的用地类型、规模等，编制国有土地使用权协议出让方案。

协议出让方案应当包括：拟出让地块的位置、四至、用途、面积、年限、土地使用条件、供地时间、供地方式等。

5.4 地价评估，确定底价

5.4.1 地价评估

市、县国土资源管理部门应当根据拟出让地块的条件和土地市场情况，按照《城镇土地估价规程》，组织对拟出让地块的正常土地市场价格进行评估。

地价评估由市、县国土资源管理部门或其所属事业单位组织进行，根据需要也可以委托具有土地估价资质的土地或不动产评估机构进行评估。

5.4.2 确定底价

市、县国土资源管理部门或国有土地使用权出让协调决策机构应当根据土地估价结果、产业政策和土地市场情况等，集体决策，综合确定协议出让底价。

协议出让底价不得低于拟出让地块所在区域的协议出让最低价。

出让底价确定后，在出让活动结束之前应当保密，任何单位和个人不得泄露。

5.5 协议出让方案、底价报批

市、县国土资源管理部门应当按规定将协议出让方案、底价报有批准权的人民政府批准。

5.6 协商，签订意向书

市、县国土资源管理部门依据经批准的协议出让方案和底价，与意向用地者就土地出让价格等进行充分协商、谈判。协商谈判时，国土资源管理部门参加谈判的代表应当不少于 2 人。

双方协商、谈判达成一致，并且议定的出让价格不低于底价的，市、县国土资源管理部门应当与意向用地者签订《国有土地使用权出让意向书》。

5.7 公示

5.7.1 《国有土地使用权出让意向书》签订后，市、县国土资源管理部门将意向出让地块的位置、用途、面积、出让年限、土地使用条件、意向用地者、拟出让价格等内容在当地土地有形市场等指定场所以及中国土地市场网进行公示，并注明意见反馈途径和方式。公示时间不得少于 5 日。

5.7.2 公示期间，有异议且经市、县国土资源管理部门审查发现确实存在违反法律法规行为的，协议出让程序终止。

5.8 签订出让合同，公布出让结果

公示期满，无异议或虽有异议但经市、县国土资源管理部门审查没有发现存在违反法律法规行为的，市、县国土资源管理部门应当按照《国有土地使用权出让意向书》约定，与意向用地者签订《国有土地使用权出让合同》。

《国有土地使用权出让合同》签订后 7 日内，市、县国土资源管理部门将协议出让结果通过中国土地市场网以及土地有形市场等指定场所向社会公布，接受社会监督。

公布出让结果应当包括土地位置、面积、用途、开发程度、土地级别、容积率、出让年限、供地方式、受让人、成交价格和成交时间等内容。

5.9　核发《建设用地批准书》，交付土地

市、县国土资源管理部门向受让人核发《建设用地批准书》，并按照《国有土地使用权出让合同》、《建设用地批准书》约定的时间和条件将出让土地交付给受让人。

5.10　办理土地登记

受让人按照《国有土地使用权出让合同》约定付清全部国有土地使用权出让金，依法申请办理土地登记手续，领取《国有土地使用证》，取得土地使用权。

5.11　资料归档

协议出让手续全部办结后，市、县国土资源管理部门应当对宗地出让过程中的出让信息公布、用地申请、审批、谈判、公示、签订合同等各环节相关资料、文件进行整理，并按规定归档。应归档的宗地出让资料包括：

（1）用地申请材料；

（2）宗地条件、宗地规划指标要求；

（3）宗地评估报告；

（4）宗地出让底价及集体决策记录；

（5）协议出让方案；

（6）出让方案批复文件；

（7）谈判记录；

（8）《协议出让意向书》；

（9）协议出让公示资料；

（10）《国有土地使用权出让合同》；

（11）协议出让结果公告资料；

（12）核发建设用地批准书与交付土地的相关资料；

(13) 其他应归档的材料。

6 原划拨、承租土地使用权人申请办理协议出让

6.1 原划拨、承租土地使用权人申请办理协议出让的，分别按下列情形处理：

(1) 不需要改变原土地用途等土地使用条件，且符合规划的，报经市、县人民政府批准后，可以采取协议出让手续；

(2) 经规划管理部门同意可以改变土地用途等土地使用条件的，报经市、县人民政府批准，可以办理协议出让手续，但《国有土地划拨决定书》、《国有土地租赁合同》、法律、法规、行政规定等明确应当收回划拨土地使用权公开出让的除外。

6.2 申请与受理

6.2.1 原划拨、承租土地使用权拟申请办理出让手续的，应由原土地使用权人持下列有关材料，向市、县国土资源管理部门提出申请：

(1) 申请书；

(2)《国有土地使用证》、《国有土地划拨决定书》或《国有土地租赁合同》；

(3) 地上建筑物、构筑物及其他附着物的产权证明；

(4) 原土地使用权人有效身份证明文件；

(5) 改变用途的应当提交规划管理部门的批准文件；

(6) 法律、法规、行政规定明确应提交的其他相关材料。

6.2.2 市、县国土资源管理部门接到申请后，应当对申请人提交的申请材料进行初审，决定是否受理。

6.3 审查，确定协议出让方案

6.3.1 审查

市、县国土资源管理部门受理申请后，应当依据相关规定对申请人提交的申请材料进行审查，并就申请地块的土地用途等征询规划管理部门意见。经审查，申请地块用途符合规划，并且符合办理协议出让手续条件的，市、县国土资源管理部门应当组织地价评估，确定应缴纳的土地出让金额，拟订协议出让方案。

6.3.2　地价评估

市、县国土资源管理部门应当组织对申请地块的出让土地使用权市场价格和划拨土地使用权权益价格或承租土地使用权市场价格进行评估，估价基准期日为拟出让时点。改变土地用途等土地使用条件的，出让土地使用权价格应当按照新的土地使用条件评估。

6.3.3　核定出让金额，拟订出让方案

市、县国土资源管理部门或国有土地使用权出让协调决策机构应当根据土地估价结果、产业政策和土地市场情况等，集体决策、综合确定协议出让金额，并拟订协议出让方案。

6.3.3.1　申请人应缴纳土地使用权出让金额分别按下列公式核定：

（1）不改变用途等土地使用条件的

应缴纳的土地使用权出让金额＝拟出让时的出让土地使用权市场价格－拟出让时的划拨土地使用权权益价格或承租土地使用权市场价格。

（2）改变用途等土地使用条件的

应缴纳的土地使用权出让金额＝拟出让时的新土地使用条件下出让土地使用权市场价格－拟出让时的原土地使用条件下划拨土地使用权权益价格或承租土地使用权市场价格。

6.3.3.2　协议出让方案应当包括：拟办理出让手续的地块位置、四至、用途、面积、年限、拟出让时间和应缴纳的出让金额等。

6.4　出让方案报批

市、县国土资源管理部门应当按照规定，将协议出让方案报市、县人民政府审批。

6.5　签订出让合同，公布出让结果

市、县人民政府批准后，国土资源管理部门应当按照批准的协议出让方案，依法收回原土地使用权人的《国有土地划拨决定书》或解除《国有土地租赁合同》，注销土地登记，收回原土地证书，并与申请人签订《国有土地使用权出让合同》。

《国有土地使用权出让合同》签订后，市、县国土资源管理部门应当按照5.8的规定公布协议出让结果。

6.6 办理土地登记

按5.10规定办理。

6.7 资料归档

协议出让手续全部办结后，市、县国土资源管理部门应当对宗地出让过程中的用地申请、审批、签订合同等各环节相关资料、文件进行整理，并按规定归档。应归档的宗地出让资料包括：

（1）申请人的申请材料；

（2）宗地条件及相关资料；

（3）土地评估资料；

（4）出让金额确定资料；

（5）协议出让方案；

（6）出让方案批复文件；

（7）《国有土地使用权出让合同》；

（8）协议出让公告资料；

（9）其他应归档的材料。

7 划拨土地使用权转让中的协议出让

7.1 划拨土地使用权申请转让，经市、县人民政府批准，可以由受让人办理协议出让，但《国有土地划拨决定书》、法律、法规、行政规定等明确应当收回划拨土地使用权重新公开出让的除外。

7.2 申请与受理

7.2.1 原土地使用权人应当持下列有关材料，向市、县国土资源管理部门提出划拨土地使用权转让申请：

（1）申请书；

（2）《国有土地使用证》、《国有土地划拨决定书》；

（3）地上建筑物、构筑物及其他附着物的产权证明；

（4）原土地使用权人有效身份证明文件；

（5）共有房地产，应提供共有人书面同意的意见；

（6）法律、法规、行政规定明确应提交的其他相关材料。

7.2.2　市、县国土资源管理部门接到申请后，应当对申请人提交的申请材料进行初审，决定是否受理。

7.3　审查，确定协议出让方案

7.3.1　审查

市、县国土资源管理部门受理申请后，应当依据相关规定对申请人提交的申请材料进行审查，并就申请地块的土地用途等征询规划管理部门意见。经审查，申请地块用途符合规划，并且符合办理协议出让手续条件的，市、县国土资源管理部门应当组织地价评估，确定应缴纳的土地出让金额，拟订协议出让方案。

7.3.2　地价评估

市、县国土资源管理部门应当组织对申请转让地块的出让土地使用权市场价格和划拨土地使用权权益价格进行评估，估价基准期日为拟出让时点。

7.3.3　核定出让金额，拟订出让方案

市、县国土资源管理部门或国有土地使用权出让协调决策机构应当根据土地估价结果、产业政策和土地市场情况等，集体决策、综合确定办理出让手续时应缴纳土地使用权出让金额，并拟订协议出让方案。

7.3.3.1　应缴纳土地使用权出让金额应当按下式核定：

（1）转让后不改变用途等土地使用条件的

应缴纳的土地使用权出让金额 = 拟出让时的出让土地使用权市场价格 − 拟出让时的划拨土地使用权权益价格。

（2）转让后改变用途等土地使用条件的

应缴纳的土地使用权出让金额 = 拟出让时的新土地使用条件下出让土地使用权市场价格 − 拟出让时的原土地使用条件下划拨土地使用权权益价格。

7.3.3.2　协议出让方案应当包括：拟办理出让手续的地块位置、四至、用途、面积、年限、土地使用条件、拟出让时间和出让时应缴纳的出让金额等。

7.4 出让方案报批

市、县国土资源管理部门应当按照规定，将协议出让方案报市、县人民政府审批。

7.5 公开交易

协议出让方案批准后，市、县国土资源管理部门应向申请人发出《划拨土地使用权准予转让通知书》。

《划拨土地使用权准予转让通知书》应当包括准予转让的标的、原土地使用权人、转让确定受让人的要求、受让人的权利、义务、应缴纳的土地出让金等。

取得《划拨土地使用权准予转让通知书》的申请人，应当将拟转让的土地使用权在土地有形市场等场所公开交易，确定受让人和成交价款。

7.6 签订出让合同，公布出让结果

通过公开交易确定受让方和成交价款后，转让人应当与受让人签订转让合同，约定双方的权利和义务，明确划拨土地使用权转让价款。

受让人应在达成交易后10日内，持转让合同、原《国有土地使用证》、《划拨土地使用权准予转让通知书》、转让方和受让方的身份证明材料等，向市、县国土资源管理部门申请办理土地出让手续。

市、县国土资源管理部门应当按照批准的协议出让方案、公开交易情况等，依法收回原土地使用权人的《国有土地划拨决定书》，注销土地登记，收回原土地证书，与受让方签订《国有土地使用权出让合同》。

市、县国土资源管理部门应当按照5.8有关规定公布协议出让结果。

7.7 办理土地登记

按5.10规定办理。

7.8 资料归档

出让手续办结后，市、县国土资源管理部门应当对宗地出让过程中的用地申请、审批、交易、签订合同等各环节相关资料、文件进行整理，并按规定归档。应归档的宗地出让资料包括：

（1）申请人的申请材料；

（2）宗地条件及相关资料；

（3）土地评估资料；

（4）出让金额确定资料；

（5）协议出让方案；

（6）出让方案批复文件；

（7）《划拨土地使用权准予转让通知书》等相关资料；

（8）公开交易资料及转让合同等资料；

（9）《国有土地使用权出让合同》；

（10）协议出让公告资料；

（11）其他应归档的材料。

8 出让土地改变用途等土地

使用条件的处理

出让土地申请改变用途等土地使用条件，经出让方和规划管理部门同意，原土地使用权人可以与市、县国土资源管理部门签订《国有土地使用权出让合同变更协议》或重新签订《国有土地使用权出让合同》，调整国有土地使用权出让金，但《国有土地使用权出让合同》、法律、法规、行政规定等明确应当收回土地使用权重新公开出让的除外。原土地使用权人应当按照国有土地使用权出让合同变更协议或重新签订的国有土地使用权出让合同约定，及时补缴土地使用权出让金额，并按规定办理土地登记。

调整国有土地使用权出让金额应当根据批准改变用途等土地使用条件时的土地市场价格水平，按下式确定：

应当补缴的土地出让金额＝批准改变时的新土地使用条件下土地使用权市场价格－批准改变时原土地使用条件下剩余年期土地使用权市场价格。

附录：略

国土资源部关于加快推进征地补偿安置争议协调裁决制度的通知

国土资发〔2006〕133号

各省、自治区、直辖市国土资源厅（国土环境资源厅、国土资源局、国土资源和房屋管理局、房屋土地资源管理局）：

全国推行征地补偿安置争议协调裁决制度座谈会之后，按照部的统一部署，各地采取有效措施，积极推进征地补偿安置争议协调裁决制度建设，取得了一定进展。但是，一些地方对推行征地补偿安置争议协调裁决制度还存在着畏难情绪，思想认识不到位，工作缺乏主动性，协调裁决制度建设尚未在全国取得突破性进展。为进一步统一思想、提高认识，加快推进征地补偿安置争议协调裁决制度，及时化解因征地补偿安置引发的矛盾和纠纷，切实维护社会稳定，现就有关事项通知如下：

一、充分认识推行征地补偿安置争议协调裁决制度的紧迫性和重要性

推行征地补偿安置争议协调裁决制度，是构建社会主义和谐社会的客观需要。当前，我国正处在“发展机遇期”与“矛盾凸显期”，各种矛盾和纠纷纷繁复杂，突出多变。尤其是随着工业化、城市化进程的加

快，因征地补偿安置引发的矛盾和纠纷日益突出，已成为人民群众日益关心的社会热点问题。一些地方由于征地补偿安置争议协调裁决制度不落实，致使许多因征地补偿引发的矛盾和纠纷得不到及时处理，部分地方甚至发生了群体性事件，影响了社会的稳定。全面推行征地补偿安置争议协调裁决制度，是建立和完善有效的群众利益诉求机制和权益保障机制的重要手段，对于引导被征地的农村集体经济组织和农民通过法定渠道化解征地矛盾，解决征地纠纷，切实维护社会稳定具有重要意义。

推行征地补偿安置争议协调裁决制度，是实施土地管理法规、完善征地程序的客观需要。征地补偿安置争议协调裁决制度，是《中华人民共和国土地管理法实施条例》为解决征地补偿安置争议确立的专门制度。2004 年《国务院关于深化改革严格土地管理的决定》(国发〔2004〕28 号)又提出了“加快建立和完善征地补偿安置争议的协调和裁决机制，维护被征地农民和用地者的合法权益”。当前，随着农民对征地补偿的日益关注和补偿标准的不断提高，在实施征地中发生的矛盾、纠纷和冲突不断增加，迫切需要启动征地补偿安置争议协调裁决程序，来解决矛盾，化解纠纷，这对于保证土地管理法规的顺利实施、完善征地程序、切实强化国土资源管理部门在实施征地中的社会管理和公共服务职能具有重要意义。

推行征地补偿安置争议协调裁决制度，是有效化解征地实施中矛盾和纠纷的有效途径。在市、县政府实施征地过程中，一旦发生纠纷，迫切需要上级政府进行协调和裁决，尽快解决矛盾，避免旷日持久的诉讼、上访，甚至激化矛盾，形成群体事件。湖南、重庆和安徽等省(市)推行征地补偿安置争议协调裁决制度的试点，已经在化解征地纠纷、维护社会稳定，规范政府行为、完善征地程序，普及法律法规、保护被征地农民合法权益等方面取得了良好效果。国务院领导对试点取得的成效给予了高度评价，对国土资源部全面推进这项工作给予了充分肯定。推行征地补偿安置争议协调裁决制度，是法规有要求，现实有需要，实践有经验，应当加快进行。

二、全面把握征地补偿安置争议协调裁决制度的基本内容

征地补偿安置争议协调裁决制度，是一项具有自身特点、专门针对征地补偿安置争议设立的纠纷解决制度，必须坚持政府主导、公众参与、重在协调的原则。各地在制定地方性的征地补偿安置争议协调裁决办法的过程中，要注意全面把握征地补偿安置争议协调裁决制度的基本内容：

（一）必须准确定位。协调裁决的范围是针对被征地农民与实施征地的市、县政府在补偿安置方面的争议。协调裁决不对经依法批准的征地合法性进行审查，不代替行政复议和诉讼。协调裁决的范围主要有：对市、县人民政府批准的征地补偿安置方案有异议的；对适用征地补偿安置方案涉及的对被征土地地类、人均耕地面积、被征土地前三年平均年产值的认定有异议的；实行区片综合地价计算征地补偿费的地区，对区片综合地价的适用标准和计算有异议的。

（二）必须兼顾合法性与合理性。协调要以土地管理法律、法规、规章和国家、省级人民政府有关政策为依据，主要是对市、县人民政府确定的征地补偿安置方案和实施过程进行合法性审查，同时兼顾合理性审查。合理性审查的标准是保证被征地农民原有生活水平不降低、长远生计有保障。各地要在对被征地农民原有生活水平调查、统计的基础上，逐步引入中立的中介组织对被征地土地进行评估，进一步量化合理性审查的标准。

（三）必须规范协调和裁决的程序。在程序设定上，首先必须贯彻协调前置、重在协调的原则，即当事人应当先向拟定征地补偿安置方案的市、县人民政府的上一级人民政府申请协调。未经协调的案件，不能进行裁决。裁决机关受理裁决案件后，也要先行组织协调。经协调达不成一致意见的，依法作出裁决决定。协调意见书经双方当事人签字同意

后，即发生法律效力。其次要体现便民、高效和公开的原则。裁决机关接受裁决申请的方式要多种多样，传真、电子邮件等形式都应当允许；协调和裁决都必须要有明确的时限要求，防止裁决案件久拖不决；协调和裁决的程序、过程和结果都要公开透明。

（四）必须建立灵活多样的协调裁决机制。各地要结合本地区的实际情况，大胆探索，按照居中协调和裁决的要求，积极探索灵活多样、符合本地区特点、有利于化解征地补偿安置纠纷的协调裁决机制。要借鉴国务院《信访条例》确立的政府主导、社会参与、有利于迅速解决纠纷的工作机制，在协调裁决工作中组织相关社会团体、法律援助机构、相关专业人员、社会志愿者等共同参与，综合运用咨询、教育、协商、调解、听证等方法，依法、及时处理征地补偿安置争议。

（五）必须依法告知当事人诉权。当事人对裁决机关作出的裁决决定不服的，可以在法定期限内依照《中华人民共和国行政复议法》和《中华人民共和国行政诉讼法》的有关规定申请行政复议或者提起行政诉讼。裁决决定中应当告知当事人诉权。

三、切实加强对推行征地补偿安置争议协调裁决制度的组织领导

明确职责任务，加强组织领导。各级国土资源管理部门要切实加强对推行征地补偿安置争议协调裁决制度的领导，从思想上高度重视，要把推行征地补偿安置争议协调裁决制度作为一项重要的政治任务，摆上重要的议事日程，专题研究部署，明确职责任务，主要负责同志负总责，分管领导亲自抓，建立健全领导责任制。要积极与当地政府沟通协调，争取政府的支持，尽快确立起分工明确、相互配合、规范运作、权责一致的工作机制。部决定将推行征地补偿安置争议协调裁决制度作为“完善体制、提高素质”活动的一项重要内容，作为考核省级国土资源管理部门主要领导执政能力和依法行政水平的重要指标。

采取有效措施，实现四个到位。征地补偿安置争议协调裁决制度涉及面广，问题复杂，推行这项制度，需要耗费大量的人力、物力和财力。各地要采取切实有效的措施，努力实现机构、人员、经费、责任四到位。省、自治区、直辖市国土资源管理部门在机构编制比较紧张的情况下，要按照转变国土资源管理方式，强化国土资源管理职能的要求，通过内部调剂，为协调裁决机构增加编制，充实人员。同时，各地也可根据当地的实际情况，通过协调裁决委员会制来落实裁决机构，即由分管法制工作的领导牵头，聘请部分人大代表、政协委员、国土资源监察专员、政府有关部门的领导和工作人员、土地估价师和律师等作为协调裁决员，对协调裁决案件提出处理意见。

加强监督检查，确保年底到位。各地要按照本通知的要求，切实做好推行征地补偿安置争议协调裁决制度的各项工作，确保2006年年底前，征地补偿安置争议协调裁决制度在全国省级国土资源管理部门全面到位。部将加大监督检查工作的力度，对全国各省级国土资源管理部门推行裁决制度的进行全面检查，要以是否出台裁决办法、是否落实裁决机构和人员、是否依法受理和办理裁决案件作为裁决制度是否到位的重要标志。

总结交流情况，推广先进经验。2007年，部将召开全国推行征地补偿安置争议协调裁决制度经验交流会，总结、交流各地推行征地补偿安置争议协调裁决制度中所取得的好的经验和做法，认真研究解决存在的问题，不断完善制度建设，使征地补偿安置争议协调裁决制度成为化解征地矛盾的有效途径。

加快推行征地补偿安置争议协调裁决制度，事关社会主义和谐社会建设，事关社会稳定，事关广大农民的切身利益，意义十分重大，任务相当艰巨。各级国土资源管理部门要以坚定不移的决心和众志成城的信心，勇于担当，勇于实践，确保征地补偿安置争议协调裁决制度全面到位。

二〇〇六年六月二十一日

关于落实工业用地招标拍卖挂牌出让制度有关问题的通知

国土资发〔2007〕78号

各省、自治区、直辖市国土资源厅（国土环境资源厅、国土资源局、国土资源和房屋管理局、房屋土地资源管理局）、监察厅（局），新疆生产建设兵团国土资源局、监察局：

为贯彻《国务院关于加强土地调控有关问题的通知》（国发〔2006〕31号，下称国务院31号文件），落实工业用地招标拍卖挂牌出让制度，现就有关问题通知如下。

一、统一思想，提高对实行工业用地招标拍卖挂牌出让制度重要性的认识

国务院31号文件明确要求："工业用地必须采用招标拍卖挂牌方式出让。"实行工业用地招标拍卖挂牌出让制度，对于加强宏观调控，严把土地"闸门"，有效控制土地供应总量；对于遏制工业用地压价竞争、低成本过度扩张，实现国有资产保值增值；对于建立完善土地市场机制，更大程度地发挥市场配置资源的基础性作用，不断提高土地利用效率；对于节约集约用地，优化土地利用结构，促进经济增长方式的转变

和产业结构的优化升级；对于从源头上防治土地出让领域的腐败行为，加强党风廉政建设，都具有十分重要的作用。各级国土资源管理部门、监察机关必须统一思想，提高认识，密切配合，加大工作力度，共同落实好工业用地招标拍卖挂牌出让制度。

二、明确范围，坚定不移地推进工业用地招标拍卖挂牌出让

（一）政府供应工业用地，必须采取招标拍卖挂牌方式公开出让或租赁，必须严格执行《招标拍卖挂牌出让国有土地使用权规定》和《招标拍卖挂牌出让国有土地使用权规范》规定的程序和方法。

（二）国务院31号文件下发前，市、县人民政府已经签订工业项目投资协议，确定了供地范围和价格，所涉及的土地已办理完农用地转用和土地征收审批手续的，可以继续采取协议方式出让或租赁，但必须按照《协议出让国有土地使用权规范》的有关规定，将意向出让、租赁地块的位置、用途、土地使用条件、意向用地者和土地价格等信息向社会公示后，抓紧签订土地出让或租赁合同，并在2007年6月30日前签订完毕。不符合上述条件或者超过上述期限的，应按规定采用招标拍卖挂牌方式出让或租赁。

（三）原划拨土地使用权人申请办理土地出让或改变土地用途的，按照土地管理的法律法规办理。

三、适应工业项目用地特点，有针对性地组织实施工业用地招标拍卖挂牌出让工作

市、县国土资源管理部门要根据工业项目用地的特点，采取有针对性的措施，大力推进本地区的工业用地招标拍卖挂牌出让工作，应当注意把握以下关键环节。

（一）做好工业用地招标拍卖挂牌出让与农用地转用、土地征收审批的衔接。工业用地出让涉及农用地转用和土地征收的，应当先行办理农用地转用和土地征收审批手续，再依法采取招标拍卖挂牌方式确定土地使用权人。

（二）建立健全土地储备制度，做好工业用地的前期开发，为招标拍卖挂牌出让创造条件。

（三）建立用地预申请制度，及时了解工业用地的需求情况，科学合理安排工业用地出让的规模、结构、布局、进度和宗地规模、产业类别、土地使用条件等，保证工业用地招标拍卖挂牌制度的有效落实。

（四）依据土地利用总体规划、城市规划、国家产业政策，以及拟出让地块周边产业布局情况等，进一步细化拟出让工业用地的地类和产业类型，科学合理地确定拟出让工业用地的地块面积、具体用途、土地使用条件、产业类型、生产技术要求等内容。出让方案中确定的产业类型、用地标准和用地规模等，应当符合《建设项目用地预审管理办法》和《工业项目建设用地控制指标（试行）》的有关要求。

（五）根据土地估价结果、产业政策和土地市场情况等，集体决策，综合确定出让底价。出让底价不得低于国家公布的最低价标准。

（六）工业用地出让文件中，应当明确拟出让地块的投资强度要求、产业类型、具体地类等内容。

（七）采取灵活的方式，合理确定工业项目的用地面积。既可以确定出让地块面积后招标拍卖挂牌出让，也可以先不确定出让地块的具体面积，招标拍卖挂牌中通过竞单位面积地价的方式确定土地使用者，然后再根据工业项目的类别、规模、土地使用标准等合理确定出让地块的具体面积。

（八）与竞得人签订《成交确认书》或向中标人发放《中标通知书》后，应当向竞得人、中标人核发建设项目用地预审批准文件。

（九）要根据《国有土地使用权出让合同》和《国有土地使用权出让合同补充协议》示范文本，完善工业用地出让合同，明确约定工业项目的投资强度要求、产业要求、具体地类等内容。加强合同管理，督促用地者严格按照合同约定的条件开发利用土地。

四、强化执法监察，促进工业用地招标拍卖挂牌出让制度的全面落实

（一）省级国土资源管理部门要加强对本地区工业用地招标拍卖挂牌出让的政策指导，及时研究工作中的困难和问题，全面掌握工作进展情况，总结推广有效做法和经验。省级监察机关要把对落实工业用地招标拍卖挂牌出让制度的监督检查作为一项重要任务和日常工作，定期作出安排部署并组织实施，保证执法监察工作的效果。

各级监察机关要认真履行职责，注意发现案件线索，严肃查处工业用地出让中的违纪违法案件。对工业用地出让规避招标拍卖挂牌、仍采取协议出让和划拨的；对工业项目通过计划立项、规划定点先行确定土地使用者的；对工业用地以招标拍卖挂牌方式出让后擅自调整土地用途、容积率等规划条件；对不按规定及时准确地在中国土地市场网公开发布国有土地使用权出让公告和出让结果等信息等违法违规行为，要认真纠正和查处。领导干部以任何形式违反规定干预和插手工业用地招标拍卖挂牌出让，特别是在工业用地出让中不经招标拍卖挂牌程序继续搞个人审批的，要坚决予以查处。对有关地方和部门瞒案不报、压案不查的，要严肃处理，并追究有关责任人的责任。

（二）强化对工业用地招标拍卖挂牌出让工作的监督。监察部、国土资源部决定，2007 年在全国开展工业用地招标拍卖挂牌出让工作专项执法监察。执法监察的重点是，全面推行并严格执行工业用地招标拍卖挂牌出让制度情况，全面执行《招标拍卖挂牌出让国有土地使用权规范》和《协议出让国有土地使用权规范》情况。

地方各级监察机关、国土资源管理部门要根据《工业用地招标拍卖挂牌出让情况执法监察工作方案》（详见附件）的要求，密切配合，共

同制订工作方案，统一组织，协调行动，共同做好工业用地招标拍卖挂牌出让执法监察工作。市、县国土资源部门要会同监察机关，对国务院31号文件下发以来的工业用地出让情况逐宗自查，发现问题要及时纠正、处理。各省、自治区、直辖市监察机关、国土资源管理部门要采取全面检查和重点抽查相结合的方法，加大监督检查力度。各省、自治区、直辖市执法监察情况，要在2007年10月底前报送监察部和国土资源部。监察部、国土资源部将根据各地的工作情况，适时组织联合检查。

附件：工业用地招标拍卖挂牌出让情况执法监察工作方案

二〇〇七年四月四日

附件

工业用地招标拍卖挂牌出让情况执法监察工作方案

为贯彻《国务院关于加强土地调控有关问题的通知》(国发〔2006〕31号，以下简称国务院31号文件)，认真落实工业用地招标拍卖挂牌出让制度，监察部、国土资源部决定，今年在全国开展工业用地招标拍卖挂牌出让情况执法监察。

一、指导思想和目标

认真贯彻中央纪委全会和国务院廉政工作会议精神，根据国务院31号文件的要求，集中一年时间，在全国范围内开展工业用地招标拍卖挂牌出让情况执法监察。通过执法监察，全面推行并严格执行工业用地招标拍卖挂牌出让制度，全面执行《招标拍卖挂牌出让国有土地使用权出让规范》和《协议出让国有土地使用权出让规范》，实现工业用地出让全部进入市场，以招标拍卖挂牌方式交易，领导干部在工业用地出让中违规干预甚至以权谋私等违纪违法行为得到及时、严肃地查处，有效遏制土地交易中的腐败行为。

二、范围和内容

（一）执法监察的范围：2006年国务院31号文件下发以来，各地工业用地招标拍卖挂牌出让情况。

（二）执法监察的主要内容包括：

1. 地方各级人民政府和国土资源管理部门建立和完善工业用地招标拍卖挂牌出让制度情况。

2. 地方各级人民政府和国土资源管理部门执行《招标拍卖挂牌出让国有土地使用权出让规范》和《协议出让国有土地使用权出让规范》的情况。重点是：是否按规定公开土地出让信息，特别是是否按规定将土地面积、用途、土地使用条件、价款及出让结果等信息在中国土地市场网上公开；是否存在操作程序和操作行为不规范的问题。

3. 纠正工业用地出让中存在问题的情况。一是工业用地出让中是否存在规避招标拍卖挂牌出让、仍采取协议方式出让的问题；工业用地出让涉及农用地转用和土地征收的，是否存在农用地转用和土地征收审批时确定用地单位的问题。二是工业用地出让中是否存在假招标、假拍卖、假挂牌等弄虚作假、徇私舞弊等问题，是否存在领导干部违规干预和插手工业用地招标拍卖挂牌出让问题。

三、方法和步骤

本次执法监察分为自查整改、重点检查和联合检查三个阶段。

（一）自查整改。本执法监察工作方案下发后，各地要结合实际，制定具体实施方案，周密安排此项工作。本《通知》下发至8月底前，市、县监察机关和国土资源管理部门要按照方案的要求，对国务院31号文件下发以来，本地区工业用地出让情况逐宗进行检查，发现问题要立即督促整改。

（二）重点检查。9月至10月，各省（区、市）监察厅（局）、国土资源厅（局）对市、县开展工业用地招标拍卖挂牌出让情况执法监察工作进行重点检查。各省（区、市）要将执法监察工作情况形成书面报告，于10月底前分别报监察部和国土资源部。

（三）联合检查。监察部、国土资源部将适时对各地工业用地出让情况进行联合检查。

关于印发《全国土地执法百日行动查处纠正工作的若干处理意见》的通知

国土资发〔2007〕283号

各省、自治区、直辖市国土资源厅（国土环境资源厅、国土资源局、国土资源和房屋管理局、房屋土地资源管理局），计划单列市国土资源行政主管部门，新疆生产建设兵团国土资源局，各派驻地方的国家土地督察局：

为做好全国土地执法百日行动清理出的违规违法用地查处纠正工作，部研究制定了《全国土地执法百日行动查处纠正工作的若干处理意见》。现印发给你们，请认真贯彻执行。

二〇〇七年十一月二十九日

全国土地执法百日行动查处纠正工作的若干处理意见

全国土地执法百日行动（以下简称“百日行动”）开展以来，各地按照部署，积极开展清理查处工作，并正在抓紧进行纠正和整改。为指导各地做好工作，现提出查处纠正工作的若干处理意见：

一、总体要求

各地要严格按照国家土地管理法律法规，《国务院关于深化改革严格土地管理的决定》（国发〔2004〕28号）、《国务院关于加强土地调控有关问题的通知》（国发〔2006〕31号）有关规定，围绕百日行动确定的“以租代征、擅自将农用地转为建设用地”（简称“以租代征”），“违反土地利用总体规划扩大工业用地规模”（简称“违规新设与扩区”）和“未批先用”等三项重点任务，查明违规违法用地情况，分析原因，明确责任主体；本着依法依规、区别情况、从严处理的原则，既查处事，又查处人，查处要到位，整改要落实；要在严格依法查处后，才能对符合有关政策的必须用地予以补办用地手续。各地要攻坚克难，迅速行动，狠抓查处和整改，确保百日行动取得实效。

二、对“以租代征”和“违规新设与扩区”行为的处理

（一）对自查中发现的以出租、承租或承包等方式违法占用农民集体土地建设工业厂房、商业或旅游设施等，违规新设或擅自扩大开发区规模涉及的违法用地，市、县国土资源部门要责令停工；对圈而未用的，要复耕或恢复原用途，交还原农村集体经济组织耕种，严禁搁荒闲置。

（二）对不符合土地利用总体规划的建设项目，原则上其建（构）筑物要依法由县级以上国土资源部门责令限期拆除，并向社会公告，不得补办用地审批手续。

依法应予限期拆除，逾期尚未拆除的，项目所在市、县国土资源部门应申请人民法院强制执行，并列出清单，向社会公告项目违规违法用地情况；同时通报发展改革、工商、税务、银行、证监等有关部门。

依法应予限期拆除，但属于用地符合国务院批准的城市规划确定的2010年用地规模；确需建设且有重大影响的城市基础设施项目；用地符合经部确定的规划修编试点城市并已经部批复规划修编大纲的项目，经省级国土资源部门审查后向社会公告，待土地利用总体规划修编后，再依法处理。审查与公告情况由省级国土资源部门报部备案。

（三）对虽符合土地利用总体规划，但属于禁止用地目录和限制用地目录中不符合供地条件的建设项目用地，要依法给予行政处罚，没收地上建（构）筑物，不得补办用地审批手续。

（四）擅自扩大或新设开发区的，一律按有关规定予以撤销或核减，一律不得以开发区的名义供地。对开发区的违规违法用地依法处理后，省级国土资源部门应列出擅自扩大或新设开发区名单，通报省级发展改革部门或有关部门处理，并报部备案。

（五）对符合土地利用总体规划、国家产业政策和土地供应政策的

建设项目确需补办用地手续的，在行政处罚及有关责任人依法处理到位后，可以按照有关规定补办用地审批手续。涉及占用农用地的，要依法办理农用地转用手续；需要征收农民集体土地的，要依法办理土地征收手续。

三、对“未批先用”行为的处理

（一）各地要核实项目用地是否符合土地利用总体规划、通过预审和立项、符合供地政策、属于国家和省级重点项目等情况，查明违法用地原因和责任主体，并追究相关责任人的责任，区别情况，给予责令停工、拆除或没收建（构）筑物、罚款，以及查处到位后按规定补办用地审批手续等处理。

（二）应报和已报国务院审批的单独选址建设用地未批先用情况，此前各地国土资源部门已进行清理，应按要求及时提出整体性处理意见，经省级人民政府同意后报部。各省级国土资源部门要按照整体性处理意见，逐项对违规违法用地做出处理，并将查处结果报部。逐项查处结果可以分批或一次汇总报送，也可以与整体性处理意见一并报送。建设项目用地未报批先用查处结果经部审查同意后，方可补办用地审批手续。

（三）对应报国务院批准城市建设用地，地方人民政府批准城市、村庄和集镇建设用地，省级人民政府批准单位选址建设用地的“未批先用”行为，各省（自治区、直辖市）国土资源部门也要按前款处理要求提出整体性处理意见，经省级人民政府同意后报部，部审核同意后落实。

四、重点整改地区和重大典型案件整改和查处

（一）百日行动确定的重点整改地区，由省级国土资源部门负责组

织整改，派驻地方的国家土地督察局进行督察。省级国土资源部门于12月25日前，将整改情况报经有关派驻地方的国家土地督察局审核后报部。省确定的重点整改地区，由省级国土资源部门组织开展整改，于12月25日前将整改情况报有关派驻地方的国家土地督察局。

（二）百日行动确定的重大典型案件，由相关省级国土资源部门组织调查，部跟踪督办。各地要将有关调查和处理意见于12月25日前报部，经审核同意后抓紧落实，并将落实情况报部。各省（自治区、直辖市）确定的重大典型案件，由省级国土资源部门协调调查，依法查处，并将调查处理情况报部有关派驻地方的国家土地督察局。

（三）省级国土资源部门要全面负责重点整改地区和重大典型案件的整改和查处工作。凡百日行动确定的重点整改地区和重大典型案件，要首先作为省级重点整改地区和重大典型案件，确保整改和查处到位。国土资源部门做出处罚或处置后，还要积极跟进后续处理，配合监察、司法部门及其他有关部门做好整改和查处落实工作。应及时向当地人民政府报告整改和查处工作情况，确保重点整改地区和重大典型案件整改和查处到位。派驻地方的国家土地督察局要加强督查。

百日行动确定的重点整改地区整改不力的，由国家土地总督察依照有关规定责令限期整改，整改期间暂停被责令限期整改地区的农用地转用和土地征收的受理和审批。对重大典型案件查处不到位的，有关派驻地方的国家土地督察局要通报有关省级人民政府。仍不能落实的，国家土地总督察将向监察部通报有关情况。

五、对补办用地审批手续的要求

（一）补办用地审批手续必须严格按照现行的土地审批有关规定履行报批程序，组织报批材料。必须保质保量落实耕地占补平衡，足额落实征地补偿费用，认真落实社会保障措施，确保对补办手续的用地管理到位。

（二）补办用地审批手续，必须占用用地计划指标。用地计划指标首先要在国家下达的当年计划中安排；当年计划安排不了的，可在本省（自治区、直辖市）今年节余的用地计划指标中安排解决；仍安排不了的，在2010年前国家下达的年度用地计划指标中先行分期安排。准备使用节余或今后用地计划指标的，由省级国土资源部门提出用地指标安排意见，报经部审核同意后实施。

（三）补办用地审批手续时，要根据国发国土〔2004〕28号、国发〔2006〕31号文件等有关规定，按照补办时征地补偿费、新增建设用地土地有偿使用费和地价等新的标准，计算和缴纳有关土地规费。

六、处理工作有关要求

（一）处理完成标准。各地要在摸清情况、查清底数，圈定土地违规违法重点整改地区、重大典型案件基础上，严肃认真完成对违规违法用地的处理工作。处理完成的标准如下：

1. 涉及申请人民法院强制拆除的，做出处罚的机关已向法院提出申请；涉及有关责任人处分的，已将有关案件和处分建议移交纪检监察部门；涉嫌犯罪的，已移送有关司法机关；

2. 依法应予限期拆除，逾期尚未拆除的，市、县已向社会进行了公告，并通报了有关部门；

3. 擅自扩大或新设开发区的，已通报省级发展改革部门或有关部门并报部备案；

4. 补办用地审批手续的，用地计划指标安排意见和“未批先用”整体处理意见，已经部同意实施；

5. 对“以租代征”和“违规新设与扩区”行为符合暂缓处理条件的，依照本处理意见，已经省级国土资源部门审查后向社会公告，并报部备案。

百日行动查处违规违法案件，国土资源部门做出处罚或处置后，要在地方人民政府组织领导下，积极争取有关部门的支持和配合，做好后续工作。上级国土资源部门要加强对下级的督促检查，抓好落实。各派驻地方的国家土地督察局，要督促有关地方人民政府分别按案件的不同情况，逐案处理落实到位。

（二）处理时限。各地清查出的土地违规违法案件，国土资源部门要在2007年12月25日前处理完成，有关处理情况要统计在百日行动违规违法处理情况统计汇总表中上报。

此次百日行动，按部署和要求主要是针对当前土地执法方面存在的突出问题，以查处“以租代征”等三类行为为重点。对其他没有列入查处范围的违规违法用地，各地也要依法依规严肃查处，落实最严格的土地管理制度，保证国家土地管理法律法规的贯彻执行，确保中央土地调控政策的有效实施。

本处理意见适用于百日行动中主动自查清理的，以“以租代征”为重点的违规违法用地行为的处理。对不主动自查或弄虚作假、隐瞒不报、压案不查的，已经发现将依法从重处理。本处理意见执行中的有关问题，由百日行动领导小组办公室负责解释。

违反土地管理规定行为处分办法

第一条 为了加强土地管理，惩处违反土地管理规定的行为，根据《中华人民共和国土地管理法》、《中华人民共和国行政监察法》、《中华人民共和国公务员法》、《行政机关公务员处分条例》及其他有关法律、行政法规，制定本办法。

第二条 有违反土地管理规定行为的单位，其负有责任的领导人员和直接责任人员，以及有违反土地管理规定行为的个人，应当承担纪律责任，属于下列人员的（以下统称有关责任人员），由任免机关或者监察机关按照管理权限依法给予处分：

（一）行政机关公务员；

（二）法律、法规授权的具有公共事务管理职能的事业单位中经批准参照《中华人民共和国公务员法》管理的工作人员；

（三）行政机关依法委托的组织中除工勤人员以外的工作人员；

（四）企业、事业单位中由行政机关任命的人员。

法律、行政法规、国务院决定和国务院监察机关、国务院人力资源和社会保障部门制定的处分规章对违反土地管理规定行为的处分另有规定的，从其规定。

第三条 有下列行为之一的，对县级以上地方人民政府主要领导人员和其他负有责任的领导人员，给予警告或者记过处分；情节较重的，给予记大过或者降级处分；情节严重的，给予撤职处分：

（一）土地管理秩序混乱，致使一年度内本行政区域违法占用耕地面积占新增建设用地占用耕地总面积的比例达到15%以上或者虽然未达到15%，但造成恶劣影响或者其他严重后果的；

（二）发生土地违法案件造成严重后果的；

（三）对违反土地管理规定行为不制止、不组织查处的；

（四）对违反土地管理规定行为隐瞒不报、压案不查的。

第四条 行政机关在土地审批和供应过程中不执行或者违反国家土地调控政策，有下列行为之一的，对有关责任人员，给予记大过处分；情节较重的，给予降级或者撤职处分；情节严重的，给予开除处分：

（一）对国务院明确要求暂停土地审批仍不停止审批的；

（二）对国务院明确禁止供地的项目提供建设用地的。

第五条 行政机关及其公务员违反土地管理规定，滥用职权，非法批准征收、占用土地的，对有关责任人员，给予记过或者记大过处分；情节较重的，给予降级或者撤职处分；情节严重的，给予开除处分。

有前款规定行为，且有徇私舞弊情节的，从重处分。

第六条 行政机关及其公务员有下列行为之一的，对有关责任人员，给予记过或者记大过处分；情节较重的，给予降级或者撤职处分；情节严重的，给予开除处分：

（一）不按照土地利用总体规划确定的用途批准用地的；

（二）通过调整土地利用总体规划，擅自改变基本农田位置，规避建设占用基本农田由国务院审批规定的；

（三）没有土地利用计划指标擅自批准用地的；

（四）没有新增建设占用农用地计划指标擅自批准农用地转用的；

（五）批准以“以租代征”等方式擅自占用农用地进行非农业建设的。

第七条 行政机关及其公务员有下列行为之一的，对有关责任人员，给予警告或者记过处分；情节较重的，给予记大过或者降级处分；情节严重的，给予撤职处分：

（一）违反法定条件，进行土地登记、颁发或者更换土地证书的；

（二）明知建设项目用地涉嫌违反土地管理规定，尚未依法处理，仍为其办理用地审批、颁发土地证书的；

（三）在未按照国家规定的标准足额收缴新增建设用地土地有偿使用费前，下发用地批准文件的；

（四）对符合规定的建设用地申请或者土地登记申请，无正当理由不予受理或者超过规定期限未予办理的；

（五）违反法定程序批准征收、占用土地的。

第八条 行政机关及其公务员违反土地管理规定，滥用职权，非法低价或者无偿出让国有建设用地使用权的，对有关责任人员，给予记过或者记大过处分；情节较重的，给予降级或者撤职处分；情节严重的，给予开除处分。

有前款规定行为，且有徇私舞弊情节的，从重处分。

第九条 行政机关及其公务员在国有建设用地使用权出让中，有下列行为之一的，对有关责任人员，给予警告或者记过处分；情节较重的，给予记大过或者降级处分；情节严重的，给予撤职处分：

（一）应当采取出让方式而采用划拨方式或者应当招标拍卖挂牌出让而协议出让国有建设用地使用权的；

（二）在国有建设用地使用权招标拍卖挂牌出让中，采取与投标人、竞买人恶意串通，故意设置不合理的条件限制或者排斥潜在的投标人、竞买人等方式，操纵中标人、竞得人的确定或者出让结果的；

（三）违反规定减免或者变相减免国有建设用地使用权出让金的；

（四）国有建设用地使用权出让合同签订后，擅自批准调整土地用途、容积率等土地使用条件的；

（五）其他违反规定出让国有建设用地使用权的行为。

第十条 未经批准或者采取欺骗手段骗取批准，非法占用土地的，对有关责任人员，给予警告、记过或者记大过处分；情节较重的，给予降级或者撤职处分；情节严重的，给予开除处分。

第十一条 买卖或者以其他形式非法转让土地的，对有关责任人员，给予警告、记过或者记大过处分；情节较重的，给予降级或者撤职处分；情节严重的，给予开除处分。

第十二条 行政机关侵占、截留、挪用被征收土地单位的征地补偿费用和其他有关费用的，对有关责任人员，给予记大过处分；情节较重的，给予降级或者撤职处分；情节严重的，给予开除处分。

第十三条 行政机关在征收土地过程中，有下列行为之一的，对有关责任人员，给予警告或者记过处分；情节较重的，给予记大过或者降级处分；情节严重的，给予撤职处分：

（一）批准低于法定标准的征地补偿方案的；

（二）未按规定落实社会保障费用而批准征地的；

（三）未按期足额支付征地补偿费用的。

第十四条 县级以上地方人民政府未按期缴纳新增建设用地土地有偿使用费的，责令限期缴纳；逾期仍不缴纳的，对有关责任人员，给予记大过处分；情节较重的，给予降级或者撤职处分；情节严重的，给予开除处分。

第十五条 行政机关及其公务员在办理农用地转用或者土地征收申报、报批等过程中，有谎报、瞒报用地位置、地类、面积等弄虚作假行为，造成不良后果的，对有关责任人员，给予记过或者记大过处分；情节较重的，给予降级或者撤职处分；情节严重的，给予开除处分。

第十六条 国土资源行政主管部门及其工作人员有下列行为之一的，对有关责任人员，给予记过或者记大过处分；情节较重的，给予降级或者撤职处分；情节严重的，给予开除处分：

（一）对违反土地管理规定行为按规定应报告而不报告的；

（二）对违反土地管理规定行为不制止、不依法查处的；

（三）在土地供应过程中，因严重不负责任，致使国家利益遭受损失的。

第十七条 有下列情形之一的，应当从重处分：

（一）致使土地遭受严重破坏的；

（二）造成财产严重损失的；

（三）影响群众生产、生活，造成恶劣影响或者其他严重后果的。

第十八条 有下列情形之一的，应当从轻处分：

（一）主动交代违反土地管理规定行为的；

（二）保持或者恢复土地原貌的；

（三）主动纠正违反土地管理规定行为，积极落实有关部门整改意见的；

（四）主动退还违法违纪所得或者侵占、挪用的征地补偿安置费等有关费用的；

（五）检举他人重大违反土地管理规定行为，经查证属实的。

主动交代违反土地管理规定行为，并主动采取措施有效避免或者挽回损失的，应当减轻处分。

第十九条 任免机关、监察机关和国土资源行政主管部门建立案件移送制度。

任免机关、监察机关查处的土地违法违纪案件，依法应当由国土资源行政主管部门给予行政处罚的，应当将有关案件材料移送国土资源行政主管部门。国土资源行政主管部门应当依法及时查处，并将处理结果书面告知任免机关、监察机关。

国土资源行政主管部门查处的土地违法案件，依法应当给予处分，且本部门无权处理的，应当在作出行政处罚决定或者其他处理决定后10日内将有关案件材料移送任免机关或者监察机关。任免机关或者监察机关应当依法及时查处，并将处理结果书面告知国土资源行政主管部门。

第二十条 任免机关、监察机关和国土资源行政主管部门移送案件时要做到事实清楚、证据齐全、程序合法、手续完备。

移送的案件材料应当包括以下内容：

（一）本单位有关领导或者主管单位同意移送的意见；

（二）案件的来源及立案材料；

（三）案件调查报告；

（四）有关证据材料；

（五）其他需要移送的材料。

第二十一条 任免机关、监察机关或者国土资源行政主管部门应当移送而不移送案件的，由其上一级机关责令其移送。

第二十二条 有违反土地管理规定行为，应当给予党纪处分的，移送党的纪律检查机关处理；涉嫌犯罪的，移送司法机关依法追究刑事责任。

第二十三条 本办法由监察部、人力资源和社会保障部、国土资源部负责解释。

第二十四条 本办法自2008年6月1日起施行。

二〇〇八年五月九日

国土资源部关于建立健全土地执法监管长效机制的通知

国土资发〔2008〕173 号

各省、自治区、直辖市国土资源厅（国土环境资源厅、国土资源局、国土资源和房屋管理局、房屋土地资源管理局），计划单列市国土资源行政主管部门，解放军土地管理局，新疆生产建设兵团国土资源局，各派驻地方的国家土地督察局，中国地质调查局及部其他直属单位，部机关各司局：

近年来，各级国土资源行政主管部门认真贯彻落实土地管理法律法规和国家宏观调控政策，采取有效措施，不断加大土地执法力度，取得了明显成效。但土地执法监管还存在许多薄弱环节，土地违法违规问题仍然比较突出，土地管理和土地执法所面临的形势依然严峻。为有效防范和遏制各类土地违法违规行为，建立健全土地执法监管长效机制，现就有关事项通知如下：

一、健全对外公示和内部制约机制

创新土地执法观念，改变重事后查处轻事前防范的做法，在土地管理的各个环节，实行“全员监管”、“全程监管”。各级国土资源行政主管部门内部土地管理的各个机构都要依法行政，切实履行好自身职责，在土地管理的各个环节严格把关，从源头上防范土地违法违规行为的发生。

（一）建立健全公示制度

建立土地利用总体规划公示制度。土地利用总体规划经依法批准后，各级国土资源行政主管部门要在一周内向社会公告，主动接受社会监督。修改土地利用总体规划经依法批准后，县级国土资源行政主管部门要及时将修改内容通过报刊、广播、电视和网络等媒体向社会公开。

健全土地划拨、出让结果公示制度。市、县国土资源行政主管部门要将划拨、出让的每一宗土地的土地使用权人及土地用途、位置、面积、价款等信息及时在土地有形市场、中国土地市场网或者指定的场所、媒介向社会公布。

市、县国土资源行政主管部门要建立建设项目用地批准文件公示制度。除保密建设项目外，要求建设单位在建设施工地竖立或悬挂公示牌，将用地批准文件予以公示，并加强监督检查。

（二）进一步完善内部监督制约机制

各级国土资源行政主管部门要进一步完善和落实内部会审和重大事项集体决策制度，形成有效的内部监督制约机制。要进一步明确会审和集体决策范围和内容，规范会审和集体决策程序，强化会审和集体决策责任，提高会审和集体决策效果。

建设项目用地预审、农用地转用和土地征收审批、划拨用地审批、临时用地审批等事项都要纳入会审范围。执法监察机构必须作为会审单位参与会审，对有违法行为的项目实行“一票否决”。参与会审的各内部机构人员要对会审意见签字负责。编制或者修改土地利用总体规划、拟订土地利用年度计划草案、制定基准地价和协议出让最低价、确定土地使用权出让底价、拍卖起叫价和挂牌起始价、对情节复杂或者重大违法行为给予较重的行政处罚等事项都要纳入实行集体决策的范围。参与集体决策的人员要对集体决策的结果签字负责。

（三）建立土地审批权责统一的责任追究制度

地方各级国土资源行政主管部门要对上报的农用地转用、土地征收等审批事项涉及的用地是否符合规划、是否超计划、是否未批先用以及耕地占补平衡、基本农田补划、补偿安置情况的真实性和合法性负责。建立一把手负总责，分管领导、承办人员负具体责任的工作责任制。上级国土资源行政主管部门要加强对下级国土资源行政主管部门的监督，发现审核把关不严，甚至故意隐瞒真实情况的，或者在违法用地尚未依法处理前，报请办理用地审批手续或颁发土地证书的，必须追究有关人员的责任。

二、完善土地违法行为发现和查处机制

进一步完善土地执法监察工作机制，通过“天上看、地上查、网上管”的有机结合，做到及时发现、及时报告、及时制止、及时处理，有效遏制土地违法行为。

（一）完善土地违法行为发现机制

完善卫片执法检查制度。部每年将制作全国卫星遥感影像图，结合年度变更调查和图斑，组织开展一次全国性的卫片执法检查，地方可运用卫星遥感监测技术开展土地执法季度、半年或重点检查，进一步发挥科技手段在发现土地违法行为方面的重要作用。增强执法检查现势性。同时，进一步加强监测成果和检查成果的分析应用工作。

进一步落实土地执法监察动态巡查责任制。地方各级国土资源行政主管部门要进一步明确和细化各自的巡查责任，并严格纵向监督。进一步完善土地执法监察动态巡查责任目标考核体系，量化考核标准，严格落实巡查责任。市、县国土资源行政主管部门要根据当地土地利用和土地违法的形势和特点，合理划分巡查区域，有针对性地确定巡查频率和巡查重点并落实责任人，及时发现土地违法行为。

建立健全乡（镇）、村执法监察信息员、协管员制度，完善社会监

督机制。县级国土资源行政主管部门要积极采取措施，加强乡（镇）国土所建设，落实人员、经费和工作装备，健全完善土地执法监察责任制度，构建“横向到边、纵向到底”的执法监察网络。

建立网络信息监管制度。结合土地审批、供应、使用和监管业务系统和数据库，形成统一的信息监管平台，实现业务机构与执法监察机构的信息共享。通过对实时获取的各类监管信息进行网络化的统一管理和在线应用，进行动态监管，及时查处。

建立多渠道违法信息统一登记和查询分析制度。地方各级国土资源行政主管部门都要设立举报电话和举报信箱，并向社会公布。同时要整合各类举报信息资源，进一步拓宽违法行为的发现渠道。要确定专门机构和人员统一负责违法信息的登记和查询分析工作，通过新闻媒体披露、群众信访举报、网络查询等多种渠道，及时发现土地违法行为。

（二）完善土地违法行为报告机制

进一步明确报告的内容、程序和时限。地方各级国土资源行政主管部门要在发现土地违法行为的第一时间采取有效措施及时予以制止，对因受到阻力和干扰等原因而难以制止的土地违法行为以及带有苗头性、倾向性的土地违法违规问题，必须在发现之日起 3 个工作日内向本级政府和上级国土资源行政主管部门报告。对本地区的土地违法态势、土地违法数据要定期进行统计分析并及时向本级政府和上级国土资源行政主管部门报告。

（三）完善土地违法行为查处工作机制

进一步完善案件督办制度。对不按照上级国土资源行政主管部门的要求及时查处交办案件的，要通过责令当面汇报、派员实地督办、在一定范围内书面通报督办和在新闻媒体上披露公开挂牌督办等方式进行督办。

进一步完善土地违法公开曝光制度。将典型违法案件曝光工作制度化、定期化，市、县国土资源行政主管部门至少每半年向社会公开曝光一批典型违法案件。

建立土地违法记录通报公示制度。将发生两次以上违法行为或违法行为性质恶劣、后果严重的单位或个人列入“土地违法记录单”，通过金融业统一征信平台向当地金融机构通报，并向社会公示。

三、建立部门联动和协作监管机制

强化与土地违法案件查处相关部门的协作配合，落实土地执法监管共同责任，切实提高土地执法监管执行力。

（一）建立土地违法案件查处部门协作配合机制

各级国土资源行政主管部门要积极主动地争取人民法院、人民检察院、公安机关、监察机关的支持配合，加强协作，确保土地违法案件查处到位。

建立联席会议工作制度。定期召开联席会议，通报案件查处工作情况、研究土地违法形势、协调解决工作配合上存在的重大问题、制定预防和查处土地违法的措施。

建立信息情况通报制度。每季度书面交换有关土地违法案件查处方面的信息。有条件的地方，逐步实现信息联网共享，即时交换信息。

建立案件调查相互协助配合制度。国土资源行政主管部门查办土地违法案件，可邀请同级人民检察院、公安机关、监察机关派员参加案件讨论；必要时，可邀请有关单位提前介入或与有关单位联合组成调查组，按照各自职权开展调查工作。

建立案件移送工作制度。地方各级国土资源行政主管部门要与同级人民检察院、公安机关、监察机关建立案件移送工作制度，进一步细化移送程序，规范案件移送工作。查处的土地违法案件，依法应当给予处分，且本部门无权处理的，及时向监察机关提出处分建议；涉嫌犯罪，依法应当追究刑事责任的，及时向人民检察院、公安机关移送。

（二）建立土地违法行为部门联动遏制机制

地方各级国土资源行政主管部门要积极争取当地党委、政府支持，由政府按照《国务院办公厅关于严格执行有关农村集体建设用地法律和政策的通知》（国办发〔2007〕71号）和《国务院关于促进节约集约用地的通知》（国发〔2008〕3号）的有关要求下发文件，组织协调发展改革、规划、建设、房管、电力、市政、银行、工商等部门，建立相关工作制度，落实工作责任，形成执法合力，共同遏制违法占地建设行为。切实做到对未取得合法用地手续的建设项目，不办理项目审批、核准，不办理建设规划许可，不发放施工许可证，不通电、通水、通气，不受理土地登记申请，不办理房屋所有权登记，不发放贷款，不办理企业注册登记；建设项目没有国土资源行政主管部门的检查核验意见，或者检查核验不合格的，不通过竣工验收。

市、县国土资源行政主管部门要及时将建设用地审批的有关信息告知相关部门。对通过群众举报、动态巡查等方式发现的土地违法行为，要及时通知相关部门。发现相关部门仍为违法用地单位或个人办理项目审批或核准、建设规划许可、房屋所有权登记、企业注册登记、竣工验收等手续，发放施工许可证，通电、通水、通气，发放贷款的，要及时向本级政府和上级国土资源行政主管部门报告。

（三）建立土地执法监察机构与国家土地督察机构协作配合机制

国家土地督察机构对在审核、巡查工作中发现的重大土地违法行为，及时报总督察办公室，由总督察办公室及时通报部执法监察局，由部执法监察局按已有工作机制转办、交办、督办或直接查办。部执法监察局应将立案查处土地违法案件情况及时通报国家土地督察机构。部执法监察局在查办土地违法案件过程中，发现某一地区土地违法问题比较突出，或者存在政府主导、纵容、默许的严重土地违法违规行为，及时通报总督察办公室，安排由派驻地方的国家土地督察局负责督促整改。

四、完善约束和激励机制

（一）健全和落实案件查处责任制

建立一把手负总责，分管领导、办案机构负责人和承办人员分级负责的案件查处工作责任制。地方各级国土资源行政主管部门一把手是案件查处工作的第一责任人。要把案件查处工作纳入国土资源管理的考核内容，并作为评价国土资源行政主管部门及其领导干部工作业绩的重要指标和依据。要建立案件查处工作月统计、季分析、半年小结和年总结制度，并及时将统计、分析、总结情况上报上级国土资源行政主管部门。上级国土资源行政主管部门要通过定期或不定期检查对下级国土资源行政主管部门案件查处工作进行指导和监督。通过检查发现案件查处工作不力、违规违法问题严重、土地管理秩序混乱的，上级国土资源行政主管部门要与有关下级国土资源行政主管部门的主要负责人进行诫勉谈话，指出问题，限期改正。

完善土地执法责任追究制度。对行政区域内有土地管理秩序混乱，致使一个年度内本行政区域违法占用耕地面积达到新增建设用地占用耕地总面积15%或虽未达到15%，但造成恶劣影响或其他严重后果；发生土地违法案件造成严重后果；对违反土地管理规定行为不制止、不组织查处；对违反土地管理规定行为隐瞒不报、压案不查等情形的，要严格按照《违反土地管理规定行为处分办法》（监察部、人力资源和社会保障部、国土资源部部令第15号），积极配合监察机关追究政府主要领导人员和其他负有责任的领导人员的责任。国土资源行政主管部门及其工作人员不依法履行工作职责，明知建设项目用地涉嫌违反土地管理规定，尚未依法处理，仍为其办理用地审批、颁发土地证书；对发现的土地违法行为按规定应报告而不报告或不及时报告；对土地违法行为不依法查处，应当给予行政处罚而不给予行政处罚的，要严肃追究有关人员的责任。严格落实《国土资源执法监察错案责任追究制度》（国土资发

〔2000〕431号），对因故意或重大过失，致使案件处理错误，给案件当事人的合法权益造成损害或者造成不良社会影响的，要坚决追究有关人员的责任。

（二）建立和完善土地执法保障机制

完善执法监察工作保障机制。各级国土资源行政主管部门要高度重视执法监察机构和队伍建设，建立和完善土地执法先进定期评优奖励制度，采取多种方式对执法先进地区、单位或个人给予表彰。要将执法监察工作经费纳入年度财政预算，并予以充分保障。努力改善执法监察机构和队伍的工作条件，在执法监察所必须的硬件设施建设资金投入方面要给予倾斜，为执法监察队伍配备必需的执法监察专用车辆以及通讯工具等有关办案设备。各省级国土资源行政主管部门应积极向省级政府争取，按特岗人员为市、县国土资源行政主管部门执法监察工作人员办理人身保险和意外伤害保险。

各级国土资源行政主管部门要充分认识当前严格土地管理、加强土地执法监管的重要性，根据本通知要求，并结合各地实际情况，尽快完善相关工作制度，努力建立国土资源行政主管部门内部各相关工作机构都参与执法的"全员监管"、对土地管理各个工作环节都进行监管的"全程监管"、与系统外各相关部门密切协作的"联动监管"的土地执法监管新机制。同时，要进一步强化严格执法，坚持原则，敢于碰硬，既查事又查人，切实做到对土地违法行为"防范在先、发现及时、制止有效、查处到位"，确保最严格的土地管理制度落到实处，为实现经济社会又好又快发展服务。

二〇〇八年九月五日

国土资源部关于印发《土地市场和矿业权市场诚信体系建设实施方案》的通知

国土资发〔2008〕228号

各省、自治区、直辖市国土资源厅（国土资源环境厅、国土资源局、国土资源和房屋管理局、房屋土地资源管理局），计划单列市国土资源行政主管部门，新疆生产建设兵团国土资源局，中国地质调查局及部其他直属单位，部机关各司局，中国矿业联合会，中国土地估价师协会，中国矿业权评估师协会：

为贯彻落实中央治理商业贿赂领导小组《关于在治理商业贿赂专项工作中推进市场诚信体系建设的意见》（中治贿发〔2008〕2号）等文件精神，全面推进土地市场和矿业权市场诚信体系建设，部制定了《土地市场和矿业权市场诚信体系建设实施方案》，现予印发，请遵照执行。

二〇〇八年十一月十四日

土地市场和矿业权市场诚信体系建设实施方案

为贯彻落实中央治理商业贿赂领导小组《关于在治理商业贿赂专项工作中推进市场诚信体系建设的意见》（中治贿发〔2008〕2号）等文件精神，全面推进土地市场和矿业权市场诚信体系建设，制定本方案。

一、工作目标

以科学发展观为统领，以培育土地使用权人、矿业权人、土地及矿业权评估机构及职业人员、地质勘查单位等良好信用为重点，与推行政务公开和电子政务、土地使用权和矿业权招标拍卖挂牌制度相结合，力争在2010年前后，初步形成以信用档案为基础、信用等级为标准、惩戒和激励为手段的国土资源市场诚信体系及运行机制。

二、主要任务

总体要求是，推进公开公平公正的土地和矿业权市场制度建设，强化对市场交易行为的监管，推动土地和矿业权评估行业职业服务标准化，健全优化相关行业诚信档案和行业信息系统，营造崇尚市场诚信的良好风气。具体如下：

（一）推行行政行为公开公正，促进市场诚信体系建设

认真贯彻落实《政府信息公开条例》、《未来五年反腐败工作规划》、《关于社会信用体系建设的若干意见》。深化改革，“阳光”行政。土地市场方面，要进一步严格招标拍卖挂牌程序和土地出让合同实施监管，全面落实土地出让、划拨结果公示制度，带头履行合同，维护公平竞争，塑造诚信政府形象。当前要特别重视贯彻十七届三中全会精神，加强对农村集体建设用地流转的监管。矿业权市场方面，全面准确贯彻落实矿业权分类出让管理制度，建立省级政府重点矿产开发项目协议出让矿业权的设立审批程序，严格控制并规范管理协议出让的范围和数量；加强信息化建设，推行采矿权统一配号制度；在矿产资源开发整合中遵守政府依法诚信原则，维护矿业权人合法权益。依法加强对中介机构和行业的监管，严格地质勘查市场准入机制。制定《土地评估管理办法》、《地质勘查单位信用等级评价管理办法》，发挥部门户网、协会网和行业报刊网站的公示阵地作用，及时披露、发布相关信息。

（二）建立市场诚信记录，夯实诚信体系建设基础

在土地及矿业权出让中，依托“金土工程”等现有信息平台，建立土地使用权人、矿业权人、地质勘查单位依法公平获得土地使用权、矿业权和地质勘查资质以及依法履行合同的信用档案。建立土地和矿业权评估中介机构的信用档案。充分发挥土地、矿业权评估行业协会的作用，定期对评估机构、执业人员以及评估报告等成果进行跟踪管理，强化基础信息记录和信用档案管理。建立评估行业信息公开机制，及时发布评估机构执业情况历史记录等信息。

（三）加强管理，建立失信惩戒和守信激励制度

研究制定土地和矿业权市场、地质勘查单位信用等级评价方法、标准，以及诚信等级升降的激励与惩戒具体措施。在此基础上，根据市场诚信记录，将土地、矿业权及地质勘查等相关管理工作与诚信等级相挂钩，在土地、矿业权市场及地质勘查行业中，建立实施失信“黑名单”制度，根据诚信等级，在出让、评估、资质管理，以及贷款融资、税费征收等政策中予以差别化管理。

（四）适时组织开展市场诚信主体宣传活动

加强全系统工作的组织、引导、监督和经验推广交流。以构建诚信政府和评估市场为核心，以国土资源部门为主导，以评估行业协会和评估评审机构及估价、评估师为主力，以互联网、国土资源报以及相关期刊媒体为平台，侧重正面典型案例宣讲为先导，组织开展不同层面、形式多样、内容丰富多彩的部门和行业诚信宣传教育活动，不断强化和提高国土资源管理机关和行业协会的诚实守信、自觉抵制和反对商业贿赂的意识，营造奉公守法、诚信执业的良好氛围和社会风尚。

三、组织方式

土地市场和矿业权市场诚信体系建设是整个市场诚信体系建设的有机组成部门。部将组织部机关及相关直属事业单位全面落实，同时加强对全国国土资源系统的指导。各级国土资源部门积极配合当地政府建设市场诚信体系，组织当地土地、矿业权评估行业协会、评估队伍以及地质勘查行业推进工作。引入公众参与和传媒监督机制，加强督促检查，及时总结经验教训和提出改进意见，确保按期完成上述任务，取得预期成效。

四、任务分工

本方案涉及的土地市场诚信体系建设任务，由部土地利用司负责落实，中国土地估价师协会等配合；矿业权市场诚信体系建设任务，由部矿产开发管理司负责落实，地质勘查司、矿产资源储量司、储量评审中心、中国矿业联合会、中国矿业权评估师协会等配合；构建地质勘查行业诚信体系，由地质勘查司牵头，中国矿业联合会等配合；部信息中心提供相关技术支持；国土资源报社为宣传主体；部治理商业贿赂办公室负责相关的组织协调工作，驻部纪检组监察局负责指导监督。

各省级国土资源行政主管部门在当地党委、政府的统一领导部署下，根据本方案，制定符合本地实际的具体方案，全面推进土地市场和矿业权市场诚信体系建设。

国土资源部监察部关于进一步落实工业用地出让制度的通知

国土资发〔2009〕101号

各省、自治区、直辖市国土资源厅（国土环境资源厅、国土资源局、国土资源和房屋管理局、规划和国土资源管理局），监察厅（局），副省级城市国土资源行政主管部门、监察局，新疆生产建设兵团国土资源局、监察局，各派驻地方的国家土地督察局：

针对当前国内经济形势和工业用地供应中存在的突出问题，为落实党中央、国务院关于保增长、扩内需、促进经济平稳较快发展的重大决策，更大程度地发挥土地政策调控作用，现就进一步完善工业用地出让制度通知如下。

一、明确政策，合理选择工业用地招标拍卖挂牌出让方式

工业项目行业门类多，对产业政策、环保标准、产业布局结构和生产技术水平要求高。各地要在坚持工业用地招标拍卖挂牌出让制度的基础上，充分考虑工业用地的特点，合理选择出让方式，进一步细化政策措施。

（一）各地要严格执行工业用地招标拍卖挂牌制度，凡属于农用地转用和土地征收审批后由政府供应的工业用地，政府收回、收购国有土地使用权后重新供应的工业用地，必须采取招标拍卖挂牌方式公开确定土地价格和土地使用权人。

（二）各市、县国土资源行政主管部门应当依据年度土地利用计划、国家产业政策、土地供应政策、本地供应政策、本地区社会经济发展目标、土地市场状况和土地供应潜力等，科学编制土地出让计划，明确工业用地的供应规模、功能布局和供应时序，经批准的出让计划要及时向社会公布。各地要支持中小企业发展，经批准的出让计划要及时向社会公布。各地要支持中小企业发展，在土地出让计划中要安排一定比例的土地用于中小企业开发利用，特别是建设多层标准厂房。

（三）为充分了解工业用地需求，合理安排出让进度和出让规模，各地要大力推进工业用地预申请制度，加快制定工业用地预申请政策措施和操作程序。对列入市、县土地出让计划的工业用地，要及时将具备出让条件地块的位置、面积、产业要求、使用年限、土地使用条件（功能分区）等信息向社会发布，接受用地申请。单位和个人对拟出让的地块有使用意向，所承诺支付的土地价格和土地使用条件符合规定的，市、县国土资源行政主管部门应适时组织挂牌或拍卖出让活动。

（四）各地在工业用地出让中，应依据供地政策、土地用途、规划限制等具体因素，选择适宜的出让方式。对具有综合目标或特定社会、公益建设条件，土地用途受严格限制、仅有少数单位或个人可能有受让意向的工业用地，可以采取招标方式，按照综合条件最佳者得的原则确定受让人。也可以设定专项条件，采取挂牌、拍卖方式，按照价高者得的原则确定受让人。

采用上述方式出让工业用地的，必须严格审核把关，在签定出让合同前必须按规定时间将供地审批结果向社会公示，公示时间不少于10个工作日；供地后必须加强监管，改变用地条件的，要收回土地，追究责任。

（五）分期建设的工业项目，市、县国土资源行政主管部门可以通过竞单位面积地价的方式确定招标拍卖挂牌竞得人（中标人），一次签订国有土地使用权出让合同，支付土地出让价款，再按照土地使用标准分期供地。自出让合同签订之日起两年内，办理完供地手续。分期建设的工业项目，不得改变土地用途，不得兴建职工住房。改变土地用途用于商业、旅游、娱乐、商业住宅等经营性用途的，一律收回土地使用权重新招标拍卖挂牌出让。

二、严格限定协议范围，规范工业用地协议出让

各地要规范执行《招标拍卖挂牌出让国有建设用地使用权规定》（国土资源部令第 39 号）和《招标拍卖挂牌出让国有土地使用权规范》（国土资发〔2006〕114 号），严格落实工业用地招标拍卖挂牌出让制度。依法不属于招标拍卖挂牌出让范围的工业用地，方可按照《协议出让国有土地使用权规范》（国土资发〔2006〕114 号）规定的程序，办理协议出让。

（一）由于城市规划调整、经济形势发生变化、企业转型等原因，土地使用权人已依法取得的国有划拨工业用地补办出让、国有承租工业用地补办出让，符合规划并经依法批准，可以采取协议方式。

（二）政府实施城市规划进行旧城区改建，需要搬迁的工业项目符合国家产业政策的，经市、县国土资源行政主管部门审核并报市、县人民政府批准，收回原国有土地使用权，以协议出让或租赁方式为原土地使用权人重新安排用地。拟安置的工业项目用地应符合土地利用总体规划布局和城市规划功能分区要求，尽可能在确定的工业集中区安排工业用地。

（三）采矿、采石、采砂、盐田等地面生产和尾矿堆放用地，鼓励采取租赁，也可协议方式出让。各地可在不高于法律规定的工业用地最高出让年限内，结合探矿权、采矿权出让年限，灵活明确采矿用地租赁

和出让年限。

三、明确约定工业用地出让各方的权利义务，加强合同履约管理

（一）工业用地出让合同中要明确约定土地的交付时间、建设项目的开竣工时间。出让方应按照合同约定及时提供土地，督促用地者按期开工建设。受让人因非主观原因未按期开工、竣工的，应提前30日向出让人提出延建申请，经出让人同意，项目开竣工延期不得超过一年。

（二）工业用地出让期限内，受让人在符合规划、不改变土地用途的前提下增加容积率的，经核准，不再增收土地价款；需要改变土地用途的，必须取得出让人和市、县人民政府城市规划行政主管部门的同意，与出让人签订出让合同变更协议或者重新签订出让合同，由受让人按照批准改变时原土地使用条件下剩余年期土地使用权市场价格的差额补缴出让金。出让合同或法律、法规、行政规定等明确改变土地用途应收回土地的，应当收回土地使用权，以招标拍卖挂牌方式重新出让。

四、强化执法监察，严格执行工业用地出让制度

（一）省级国土资源行政主管部门要继续严格落实《物权法》、《国务院关于加强土地调控有关问题的通知》（国发〔2006〕31号）和《国土资源部监察部关于落实工业用地招标拍卖挂牌制度有关问题的通知》（国土资发〔2007〕78号）等法律政策，结合当前经济形势和土地市场供求状况，积极研究解决本地区工业用地出让中的新情况、新问题，及时总结推广工业用地出让中的好做法、好经验，加大政策指导力度。省级监察机关要把落实工业用地出让制度的监督检查作为一项日常工作，定期做出安排部署并组织实施，保证执法监察工作的效果。

（二）各级监察机关、国土资源行政主管部门要认真履行职责，严

肃查处工业用地出让和转让中的违纪违法案件。对于应当采取出让而采用划拨方式或者应当招标拍卖挂牌出让而协议出让工业用地的；对低于国家规定的工业用地出让最低价标准出让工业用地的；对工业用地出让合同签订后，擅自批准调整土地用途的；对不符合转让条件违规转让工业用地的；对不按规定及时准确地在中国土地市场网和指定的场所、媒介发布工业用地出让公告和出让结果等信息的违法违规行为，要认真纠正和查处。特别对领导干部以任何形式违反规定干预和插手工业用地招标拍卖挂牌出让的，要坚决予以查处。对领导干部在工业用地出让中违规违法造成重大损失或恶劣影响的，要实行问责。对于一些地方以扩大内需、促进经济增长为名，在工业用地出让中违反供地政策、用地标准和国家产业政策，搭车用地、借机圈地的，要严肃处理。

地方各级国土资源行政主管部门、监察机关要结合工程建设领域突出问题专项治理工作，按照本《通知》要求，密切配合，认真做好工业用地出让工作，健全完善工业用地出让制度。监察部、国土资源部将根据各地的工作情况，适时组织联合检查。

二○○九年八月十日

国土资源部办公厅关于印发《国有建设用地使用权出让合同专项清理工作方案》和《探矿权采矿权出让审批制度执行情况专项清理工作方案》的通知

国土资厅发〔2009〕86号

各省、自治区、直辖市国土资源厅（国土环境资源厅、国土资源局、国土资源和房屋管理局、规划和国土资源管理局），副省级城市国土资源行政主管部门，新疆生产建设兵团国土资源局，各派驻地方的国家土地督察局：

为贯彻落实中共中央办公厅、国务院办公厅《关于开展工程建设领域突出问题专项治理工作的意见》（中办发〔2009〕27号）、中央专项治理工作领导小组《关于印发〈规范土地使用权矿业权审批和出让行为指导意见〉的通知》（中治工发〔2009〕5号）和《关于印发〈关于组织开展工程建设领域突出问题排查工作的意见〉的通知》（中治工发〔2009〕12号）精神，做好工程建设领域突出问题排查工作，经部专项治理工作领导小组同意，现将《国有建设用地使用权出让合同专项清理工作方案》和《探矿权采矿权出让审批制度执行情况专项清理工作方案》印发你们，请结合实际，认真贯彻执行。

二〇〇九年十一月二十日

国有建设用地使用权出让合同专项清理工作方案

为贯彻落实中央治理工程建设领域突出问题工作领导小组《关于印发〈规范土地使用权矿业权审批和出让行为指导意见〉（中办发〔2009〕27号）的通知》（中治工发〔2009〕5号），加强国有建设用地使用权出让合同监管，规范国有土地出让行为，建立健全统一规范的土地要素市场，经研究决定，在全国开展国有建设用地使用权出让合同专项清理工作（以下简称“专项清理”）。

一、专项清理的工作目标和重点

（一）工作目标。通过开展专项清理，全面了解和掌握国有土地使用权出让合同及划拨决定书签订及履行的总体情况；查处并纠正出让合同和划拨决定书履行中存在的违法违规行为；严肃查处土地出让和划拨中的腐败问题；督促地方政府和有关部门建立健全国有土地供后开发利用监管制度，切实保证政府供应的土地及时开发利用。

（二）专项清理重点。本次重点清理商品住宅用地出让合同履行情况；廉租住房、经济适用住房等保障性住房用地的划拨决定书履行情况；闲置土地情况。

二、专项清理的范围和具体内容

专项清理的范围是：2009年9月30日前签订国有出让合同和核发划拨决定书的所有建设项目。清理重点是：2006年12月31日前签订出让合同和划拨决定书的建设项目，在2009年9月30日时尚未竣工的情况；2007年1月1日至2009年9月30日签订出让合同和划拨决定书的建设项目，在2009年9月30日时尚未开工的情况。具体内容包括：

（一）出让合同签订及履行情况

1. 出让合同签订情况。国土资源行政主管部门是否按国土资源部（原国家土地管理局）、国家工商行政管理总局1994年、2000年、2006年及2008年发布的国有土地使用权出让合同示范文本的要求，规范签订相应时间的出让合同。

2. 出让合同履行情况。国土资源行政主管部门与受让人签订的出让合同中，是否明确约定出让面积、土地用途、出让价款、违约责任等内容。2000年10月31日至2006年7月1日期间签订的出让合同，是否明确了建设项目开工时间；2006年7月1日后签订的出让合同中，是否明确了建设项目开竣工时间。

3. 出让合同未履行情况。主要是指已签订出让合同的建设项目未开工或未竣工的情形，主要包括2006年12月31日前已签订出让合同的建设项目，在2009年9月30日时尚未开工和尚未竣工的情形；2007年1月1日至2009年9月30日已签订出让合同的建设项目，在2009年9月30日前尚未开工和尚未竣工的情形。

（二）划拨决定书核发及履行情况

1. 划拨决定书核发情况。国土资源行政主管部门是否按国土资源部1999年4月发布的《国有土地划拨决定书》和2008年4月修订发布的《国有建设用地划拨决定书》规定的内容和要求，规范核发相应时间的划拨决定书。

2. 划拨决定书履行情况。用地单位是否按照划拨决定书规定的土地用途使用土地，是否履行了规定的义务，是否按照规定的开竣工时间按期完成建设。主要包括：已核发划拨决定书的总数、土地总面积，已竣工项目的总数、土地总面积。

3. 划拨决定书未履行情况。主要是指已核发划拨决定书的建设项目未开工或未竣工的情形。主要包括 2006 年 12 月 31 日前已核发划拨决定书的建设项目在 2009 年 9 月 30 日时尚未开工和尚未竣工的情形；2007 年 1 月 1 日至 2009 年 9 月 30 日已核发划拨决定书的建设项目，在 2009 年 9 月 30 日时尚未开工和尚未竣工的情形。

（三）出让合同与划拨决定书录入土地市场动态监测与监管系统情况

主要包括 2007 年 1 月 1 日至 2009 年 9 月 30 日签订出让合同和核发划拨决定书的建设项目，是否按《国土资源部关于部署运行土地市场动态监测与监管系统的通知》（国土资发〔2008〕284 号）要求，在土地市场动态监测与监管系统录入建设项目开工、竣工和闲置等相关数据，或已录入数据中建设项目开工、竣工和闲置情况是否进行更新的情形。

（四）工业用地预申请制度落实情况

主要是指各地是否按照《国土资源部监察部关于进一步落实工业用地出让制度的通知》（国土资发〔2009〕101 号）要求，建立健全工业用地预申请制度，明确了操作程序。

三、专项清理的方法和步骤

专项清理工作采取自清自纠、逐级抽查相结合的方法，分五个步骤进行。

（一）动员部署。本通知下发后，各地国土资源部门要抓紧向本级政府报告，提请本地区治理工程建设领域突出问题工作领导小组加强组织领导、明确具体要求。要结合本地区实际情况，研究制定实施方案，对专项清理作出具体安排。

（二）自清自纠。各地按照本方案确定的范围、内容和要求进行清理，并分别填报附表一至附表五。对清理中存在的不规范问题，各地要及时纠正和处理。尚未建立工业用地预申请制度的，各地要结合本地实际积极推进，制度不完善的，要进一步健全完善。

各市、县要将出让和划拨宗地的清理情况及时形成电子文档，上报国土资源部和省（区、市）国土资源厅（局）。其中，2007 年 1 月 1 日至 2009 年 9 月 30 日的土地供应和开发利用情况，应按照土地市场动态监测与监管系统的要求填报。2006 年 12 月 31 日前的土地供应和开发利用情况，按附表一和附表二的要求清理登记后，于 2010 年 3 月 31 日前上报，数据通过土地市场动态监测与监管系统中的“出让合同专项清理模块”录入。2006 年 12 月 31 日前签订的出让合同和划拨决定书，按附表一和附表二设置的指标填写。

（三）重点抽查。国土资源部、监察部、财政部、审计署将组成联合检查组，对部分省（区、市）自清自纠情况进行重点抽查。省、市（地）两级要提前组织力量对所辖区域内自清自纠情况进行抽查。

（四）总结报告。自清自纠工作结束后，各省（区、市）国土资源部门要对出让合同和划拨决定书清理情况、土地闲置情况、工业用地预申请制度建设情况进行系统总结，对存在问题进行分类分析，认真查找原因，研究提出有针对性的处理意见和建议，形成清理工作情况报告并汇总填报附表三、附表四、附表五，于 2010 年 7 月 31 日前上报国土资源部。

（五）制定遗留问题处理政策。对本次出让合同专项清理中发现的不规范问题，各地在自清自纠中已经纠正和处理完毕后，要上报本地区治理工程建设领域突出问题工作领导小组，以后不再重复处理。对于历史形成难以处理的突出问题和特殊问题，国土资源部、监察部、财政部、审计署将根据国家法律政策规定，明确历史遗留问题处理意见，于

2010年10月31日前上报中央治理工程建设领域突出问题工作领导小组办公室审定后，形成历史遗留问题处理政策下发各地执行。

四、专项清理的有关要求

（一）加强组织领导，搞好协调配合。此次专项清理在中央和各省（区、市）治理工程建设领域突出问题工作领导小组领导下，国土资源、监察、财政、审计部门共同组织开展。各地有关部门要加强组织领导，对工作中遇到的重大问题，要共同研究处理；发现重大典型案件，要联合进行查处。

（二）加强监督检查，及时跟踪指导。国土资源部、监察部、财政部、审计署将根据各地工作进展，分批对全国部分省（区、市）专项清理情况进行抽查，发现并纠正存在的问题。各省（区、市）国土资源部门要注意掌握各地工作进度，及时开展督查督办，指导和推动工作顺利开展。省、市（地）两级应当组织力量对所辖区域内自清自纠情况进行抽查。对组织领导不得力、清理工作不彻底、整改纠正不到位的地方，要实施重点检查，跟踪督促落实。

（三）认真整改纠正，严肃责任追究。各地要严格执行法律法规，准确把握政策界限，认真负责地组织实施专项清理，防止出现弄虚作假等行为；对发现的问题，要及时上报各地治理工程建设领域突出问题工作领导小组，认真制定并落实整改措施，坚决予以纠正。要及时梳理和发现案件线索，严肃查处违法违纪案件；要依法依纪追究有关责任人员的纪律责任，涉嫌犯罪的要移送司法机关处理。

附件：1. 宗地出让合同履行情况登记表（略）

2. 宗地划拨决定书履行情况登记表（略）

3. 出让合同履行情况汇总表（略）

4. 划拨决定书履行情况汇总表（略）

5. 出让合同和划拨决定书履行情况总表（略）

探矿权采矿权出让审批制度执行情况专项清理工作方案

为贯彻落实中央治理工程建设领域突出问题工作领导小组《关于印发〈规范土地使用权矿业权审批和出让行为指导意见〉的通知》(中治工发〔2009〕5号),加强探矿权采矿权出让监管,规范探矿权采矿权出让审批行为,经研究决定,在全国开展探矿权采矿权出让审批制度执行情况专项清理工作(以下简称专项清理工作)。

一、工作目标

认真贯彻执行《矿产资源法》及有关行政法规,坚持依法行政,进一步规范探矿权采矿权出让审批行为,深化探矿权采矿权有偿使用制度改革。通过专项清理,要全面了解和掌握各地探矿权采矿权出让审批情况,总结有效做法和经验,纠正存在的突出问题,查处探矿权采矿权出让审批中的违纪违法案件;督促地方政府和有关部门建立健全制度规定,规范探矿权采矿权出让审批行为,加强矿业权管理。

二、主要任务

(一)认真贯彻落实国土资源部《关于印发〈探矿权采矿权招标拍卖挂牌管理办法(试行)〉的通知》(国土资发〔2003〕197号)、《关于进一步规范矿业权出让管理的通知》（国土资发〔2006〕12号）及《关于规范勘查许可证采矿许可证权限有关问题的通知》（国土资发〔2005〕200号）等文件精神，全面清理各地出台的探矿权采矿权出让审批办法等规范性文件。

（二）在已开展2006年至2009年4月探矿权采矿权招标拍卖挂牌出让制度执行情况专项清理工作的基础上，继续对2009年4月至12月探矿权采矿权招标拍卖挂牌出让制度执行情况进行专项清理，重点对2006年以来探矿权采矿权新立、转让、变更、延续、保留等审批环节中各个项目的审批要件、审批程序、审批权限、价款处置情况进行专项清理，分别填写《探矿权采矿权出让情况统计表》（见附表1）和《探矿权采矿权审批情况统计表》（见附表2）。

（三）全面总结各地在探矿权采矿权出让审批中的主要做法和取得的成效。

（四）查找各地在探矿权采矿权出让审批工作中存在的问题，剖析问题产生的原因，进行自查自纠。

（五）梳理探矿权、采矿权出让审批工作中的案件线索，查处违法违规问题，并填报《违法违规案件查处情况统计表》（见附表3）。

（六）对各地专项清理工作进行重点监督检查。针对存在的突出问题和典型案例，认真进行分析研究，提出下一步改进工作的对策措施，建立健全管理制度。

三、工作安排

全国专项清理工作分四个阶段进行。

（一）安排部署阶段（2009年9月至12月）。2009年9月底前制定专项清理工作方案，明确工作任务和具体安排；2009年12月底前各省、自治区、直辖市国土资源行政主管部门结合本行政区域实际，会同同级监察机关制定实施方案，对专项清查工作进行动员部署。

（二）专项清理阶段(2009 年 12 月至 2010 年 3 月)。各省、自治区、直辖市完成 2009 年 4 月至 12 月探矿权采矿权招标拍卖挂牌出让制度执行情况和 2006 年以来探矿权采矿权出让审批情况的专项清理工作，并认真撰写专题报告和填报探矿权采矿权出让审批情况统计表。

（三）监督检查阶段（2010 年 3 月至 5 月）。各省、自治区、直辖市国土资源行政主管部门对本行政区域内专项清理工作进展情况开展监督检查。国土资源部会同监察部等有关部门对部分省、自治区、直辖市专项清理工作情况进行重点检查。

（四）督促整改阶段(2010 年 5 月至 2010 年 10 月)。各省、自治区、直辖市国土资源行政主管部门针对专项清理中发现的问题，制定整改措施，落实整改责任，纠正违规出让、越权审批探矿权采矿权行为，撰写整改工作专题报告。

四、有关要求

（一）加强组织领导，认真制定方案。地方各级国土资源行政主管部门要高度重视，将开展专项清理工作作为当前国土资源管理、执法监察工作的重点，列入议事日程；及时提请地方各级党委、政府加强领导，精心组织，结合实际，制定切实可行的实施方案，作出动员部署；组织专门力量和人员对探矿权采矿权出让审批情况进行清理和排查，确保专项清理工作取得实效。

（二）加强沟通协调，建立联动机制。各省级国土资源行政主管部门要主动加强与有关部门联系和政策措施沟通，建立探矿权采矿权出让审批协调联动机制。凡省级人民政府及国土资源行政主管部门出台探矿权采矿权出让审批方面的规范性文件之前，应事先征求国土资源部有关司局的意见。

（三）做好统计分析，按时报送报告。各省、自治区、直辖市国土资源行政主管部门要于 2010 年 3 月 31 日前，向国土资源部报送探矿权采矿权审批出让制度执行情况专题报告和附表。专题报告应包括探矿权采矿权审批出让的基本情况、主要做法、专项清理中发现的问题及整改情况、违法违纪案件查处情况、下一步推进工作的措施和建议。

（四）认真进行整改，查处违规案件。各地要严格执行法律法规，准确把握政策界限，认真做好自查自纠和整改工作；对发现的问题，要认真制定并落实整改措施、各级国土资源行政主管部门要及时梳理和发现案件线索，严肃查处违规出让审批探矿权采矿权的案件，依法追究有关人员责任。对涉嫌犯罪的，要移送司法机关处理。各省、自治区、直辖市国土资源行政主管部门要于 2010 年 10 月底前向国土资源部报送整改工作专题报告。

附件：1. 探矿权采矿权出让情况统计表（略）

2. 探矿权采矿权审批情况统计表（略）

3. 违法违规案件查处情况统计表（略）

关于进一步加强和改进国家和省级重点项目建设用地服务和监管的通知

国土资发〔2010〕87号

各省、自治区、直辖市国土资源、发展改革、工业和信息化、监察、环境保护、住房城乡建设、交通运输、水利（水务）主管部门，能源行业管理部门，各铁路局，水利部各领域管理机构，新疆生产建设兵团国土资源局，各派驻地方的国家土地督察局：

近年来，各地认真贯彻落实科学发展观，积极推进国家重点项目（国务院或国务院投资主管部门审批、核准的项目）和省级重点项目（省级人民政府或省级人民政府投资主管部门确定的项目）建设，保护耕地、节约用地和依法用地意识明显增强，为国民经济和社会发展，特别是在2009年扩大内需促进经济平稳较快发展中做出了重大贡献。但是，在有关土地执法检查中，发现部分地区的重点项目依然存在未报即用、未批先用、耕地占补平衡不落实、损害被征地农民合法权益等问题。为进一步加强和改进重点项目用地服务和监管工作，现就有关要求通知如下：

一、进一步提高依法用地意识

重点项目对扩大内需、加强基础设施建设、调整产业结构、带动区域经济发展、促进发展方式转变和改善民生，具有十分重要的作用，同时也受到社会各界和人民群众的广泛关注。重点项目用地行为是否依法依规，对地方其他建设项目的用地行为和土地市场秩序具有很强的导向和示范作用。重点项目建设用地面积大，用地报批工作量大、任务重。各行业主管部门要主动做好用地报批的协调和指导，保障重点项目建设顺利推进。重点项目建设单位要高度重视用地报批工作，树立依法用地意识，严格规范用地行为。

二、改进重点项目建设用地服务

地方各级国土资源主管部门要积极为重点项目提供用地服务和保障。新一轮土地利用总体规划修编和年度土地利用计划要优先保障重点项目用地需求。已通过用地预审并经有关部门审批、核准的重点项目，要提前介入，尽快开展用地报批前期工作，研究解决用地中存在的问题，按规定时限组织用地报批；对于急需开工建设的控制性工程，在确保被用地单位和被征地农民得到依法合理补偿的前提下，帮助申请办理先行用地手续。要优先安排已纳入补充耕地储备库的耕地用于重点项目占补平衡，保障重点项目用地顺利报批。

国土资源主管部门要与建设单位的主管部门研究和完善重点项目建设用地报批工作。完善网上办事系统，加强电子监管，建立重点项目用地审批快速通道，专窗受理、专人服务、专门标识，实行限时审批。加快推进并联审批制度，缩短重点项目审批周期；涉及需要相关部门提出审查意见的，要积极协调建立限时办结制度，必要时可建议当地政府协调解决。

三、加强行业指导和监管

各行业主管部门要加强对建设单位用地行为的监管，督促建设单位依法用地；要制订和落实行业发展政策，鼓励建设项目节约用地；对于违反国家相关规定和产业政策占用土地的项目，不予核准或者审批。在项目建议书、可行性研究等前期工作中，要将征地补偿安置费用、耕地开垦费以及按规定应缴纳的新增建设用地土地有偿使用费等费用纳入建设成本，足额列入投资概算。在动工建设前，要督促建设单位及时办理用地审批手续。在建设过程中，要监督建设单位按照批准的用途、面积、位置和范围使用土地。对建设单位违法违规用地行为，要及时督促纠正。建设单位要及时办理项目用地报批手续，落实各项经费预算。在用地报批中遇到困难，要及时向国土资源主管部门和有关部门反映。未依法办理用地手续的，一律不得开工建设。

四、严格执法监察和国家土地督察

国土资源执法监察机构要加大巡查力度，对重点项目违法用地做到早发现、早制止，并及时报告本级政府和上级国土资源主管部门。省级国土资源主管部门要定期汇总并向国土资源部和省级人民政府报告，同时抄报各派驻地方的国家土地督察局。对已发生的重点项目违法用地，国土资源主管部门要依法做出行政处罚，有关部门要严肃追究建设单位有关人员的责任。对建设单位非法占用土地、征地补偿安置不落实即强行占用土地、欠缴耕地开垦费等费用的，要依法处理，对直接负责的主管人员和其他直接责任人员，依法追究政纪责任；构成犯罪的，要依法追究刑事责任。对地方政府主要领导人员和其他负有责任的领导人员，符合问责条件的要坚决实施问责。对典型的违法用地案件，国土资源部和省级国土资源主管部门要进行挂牌督办。经批准补办用地手续时，应当依法依规进行征地补偿和收取有关规费。

各派驻地方的国家土地督察局要加强对重点项目建设用地的监督检查。对重点项目违法问题要向有关省（区、市）人民政府通报，督促其在规定期限内纠正整改。逾期整改不到位的，要向有关省（区、市）人民政府发出整改意见书，要求省级国土资源主管部门暂停受理重点项目所在地区的建设项目用地报件。违法用地情节和后果严重的，要报请国家土地总督察发出限期整改通知书。限期整改期间，暂停该省(区、市)或者重点项目所在市、县的农用地转用和土地征收的受理和审批。

五、建立信息公开制度和部门协调联动机制

国土资源主管部门要会同有关部门将非涉密的重点项目清单通过网站等媒体分期分批向社会公布。重点项目用地批准后，要及时通过部门网站、当地报刊等媒体将项目用地的批准机关和批准的用地位置、用地范围（四至)、土地面积、土地用途、供地方式等信息公开。办理供地手续后，市、县国土资源主管部门要加强对项目用地开发利用情况的跟踪管理，并定期公告项目单位履行用地合同和开发利用情况。对重点项目违法用地情况和查处结果要向社会公布，对典型违法用地案件要公开曝光，接受社会监督。

国土资源主管部门与发展改革、工业和信息化、监察、环境保护、住房城乡建设、交通运输、铁道、水利、能源等部门要加强协调联动和相互沟通，定期召开联席会议，通报重点项目建设立项、规划选址、规划许可、用地供需形势、环境影响评价、新上重点项目安排、动态监管、违法用地及整改查处等情况，研究解决项目建设中的用地问题，共同改进和加强重点项目建设用地服务和监管工作。探索建立建设单位用地信用等级库，对其承担的重点项目用地情况定期进行评价，建立“违法用地项目清单”，向投资、环保、行业主管等部门通报，建议在投资安排、建设项目环评、建设项目招投标等方面予以限制。

二〇一〇年六月九日

国土资源部关于进一步做好征地管理工作的通知

国土资发〔2010〕96号

各省、自治区、直辖市国土资源厅（国土环境资源厅、国土资源局、国土资源和房屋管理局、规划和国土资源管理局），新疆生产建设兵团国土资源局：

为贯彻落实党中央、国务院关于做好征地工作的一系列指示精神，以及日前国务院办公厅《关于进一步严格征地拆迁管理工作切实维护群众合法权益的紧急通知》（国办发明电〔2010〕15号，以下简称《紧急通知》）有关规定和要求，切实加强和改进征地管理，确保被征地农民原有生活水平不降低，长远生计有保障，现就有关事项通知如下：

一、推进征地补偿新标准实施，确保补偿费用落实到位

（一）全面实行征地统一年产值标准和区片综合地价。制定征地统一年产值标准和区片综合地价是完善征地补偿机制、实现同地同价的重要举措，也是提高征地补偿标准、维护农民权益的必然要求，各类建设征收农村集体土地都必须严格执行。对于新上建设项目，在用地预审时

就要严格把关，确保项目按照公布实施的征地统一年产值标准和区片综合地价核算征地补偿费用，足额列入概算。建设用地位于同一年产值或区片综合地价区域的，征地补偿水平应基本保持一致，做到征地补偿同地同价。

各地应建立征地补偿标准动态调整机制，根据经济发展水平、当地人均收入增长幅度等情况，每2至3年对征地补偿标准进行调整，逐步提高征地补偿水平。目前实施的征地补偿标准已超过规定年限的省份，应按此要求尽快调整修订。未及时调整的，不予通过用地审查。

（二）探索完善征地补偿款预存制度。为防止拖欠征地补偿款，确保补偿费用及时足额到位，各地应探索和完善征地补偿款预存制度。在市县组织用地报批时，根据征地规模与补偿标准，测算征地补偿费用，由申请用地单位提前缴纳预存征地补偿款；对于城市建设用地和以出让方式供地的单独选址建设项目用地，由当地政府预存征地补偿款。用地经依法批准后，根据批准情况对预存的征地补偿款及时核算，多退少补。

省级国土资源部门应结合本省（区、市）实际情况，会同有关部门，建立健全征地补偿款预存的有关规章制度，并在用地审查报批时审核把关。

（三）合理分配征地补偿费。实行征地统一年产值标准和区片综合地价后，省级国土资源部门要会同有关部门，按照征地补偿主要用于被征地农民的原则，结合近年来征地实施情况，制定完善征地补偿费分配办法，报省级政府批准后执行。

征地批后实施时，市县国土资源部门要按照确定的征地补偿安置方案，及时足额支付补偿安置费用；应支付给被征地农民的，要直接支付给农民个人，防止和及时纠正截留、挪用征地补偿安置费的问题。

二、采取多元安置途径，保障被征地农民生产生活

（四）优先进行农业安置。各地应结合当地实际，因地制宜，采取多种有效的征地安置方式。在一些通过土地整治增加了耕地以及农村集体经济组织预留机动地较多的农村地区，征地时应优先采取农业安置方式，将新增耕地或机动地安排给被征地农民，使其拥有一定面积的耕作土地，维持基本的生产条件和收入来源。

（五）规范留地安置。在土地利用总体规划确定的城镇建设用地范围内实施征地，可结合本地实际采取留地安置方式，但要加强引导和管理。留用地应安排在城镇建设用地范围内，并征为国有；涉及农用地转用的，要纳入年度土地利用计划，防止因留地安置扩大城市建设用地规模；留用地开发要符合城市建设规划和有关规定要求。实行留用地安置的地区，当地政府应制定严格的管理办法，确保留用地的安排规范有序，开发利用科学合理。

（六）推进被征地农民社会保障资金的落实。将被征地农民纳入社会保障，是解决被征地农民长远生计的有效途径。各级国土资源部门要在当地政府的统一领导下，配合有关部门，积极推进被征地农民社会保障制度建设。当前，解决被征地农民社保问题的关键在于落实社保资金，本着“谁用地、谁承担”的原则，鼓励各地结合征地补偿安置积极拓展社保资金渠道。各地在用地审查报批中，要对被征地农民社保资金落实情况严格把关，切实推进被征地农民社会保障资金的落实。

实行新型农村社会养老保险试点的地区，要做好被征地农民社会保障与新农保制度的衔接工作。被征地农民纳入新农保的，还应落实被征地农民的社会保障，不得以新农保代替被征地农民社会保障。

三、做好征地中农民住房拆迁补偿安置工作，解决好被征地农民居住问题

（七）切实做好征地涉及的拆迁补偿安置工作。各地要高度重视征地中农民住房拆迁工作，按照《紧急通知》规定要求切实加强管理。农民住房拆迁补偿安置涉及土地、规划、建设、户籍、民政管理等多方面，同时也关系到社会治安、环境整治以及民俗民风等社会问题，市县国土资源部门应在当地政府的统一组织领导和部署下，配合相关部门，建立协调机制，制订办法，共同做好拆迁工作。要严格执行相关法律法规和政策规定，履行有关程序，做到先安置后拆迁，坚决制止和纠正违法违规强制拆迁行为。

（八）住房拆迁要进行合理补偿安置。征地中拆迁农民住房应给予合理补偿，并因地制宜采取多元化安置方式，妥善解决好被拆迁农户居住问题。在城市远郊和农村地区，主要采取迁建安置方式，重新安排宅基地建房。拆迁补偿既要考虑被拆迁的房屋，还要考虑被征收的宅基地。房屋拆迁按建筑重置成本补偿，宅基地征收按当地规定的征地标准补偿。

在城乡结合部和城中村，原则上不再单独安排宅基地建房，主要采取货币或实物补偿的方式，由被拆迁农户自行选购房屋或政府提供的安置房。被拆迁农户所得的拆迁补偿以及政府补贴等补偿总和，应能保障其选购合理居住水平的房屋。

（九）统筹规划有序推进征地拆迁。在城乡结合部和城中村，当地政府应根据城市发展需要，合理预测一段时期内征地涉及的农民住房拆迁安置规模，统筹规划，对拆迁安置用地和建造安置住房提前作出安排，有序组织拆迁工作。安置房建设要符合城市发展规划，防止出现“重复拆迁”。在城市远郊和农村地区，实行迁建安置应在村庄和集镇建设用地范围内安排迁建用地，优先利用空闲地和闲置宅基地。纳入拆并

范围的村庄，迁建安置应向规划的居民点集中。有条件的地方应结合新农村或中心村建设，统筹安排被拆迁农户的安置住房。

四、规范征地程序，提高征地工作透明度

（十）认真做好用地报批前告知、确认、听证工作。征地工作事关农民切身利益，征收农民土地要确保农民的知情权、参与权、申诉权和监督权。市县国土资源部门要严格按照有关规定，征地报批前认真履行程序，充分听取农民意见。征地告知要切实落实到村组和农户，结合村务信息公开，采取广播、在村务公开栏和其他明显位置公告等方式，多形式、多途径告知征收土地方案。被征地农民有异议并提出听证的，当地国土资源部门应及时组织听证，听取被征地农民意见。对于群众提出的合理要求，必须妥善予以解决。

（十一）简化征地批后实施程序。为缩短征地批后实施时间，征地报批前履行了告知、确认和听证程序并完成土地权属、地类、面积、地上附着物和青苗等确认以及补偿登记的，可在征地报批的同时拟订征地补偿安置方案。征地批准后，征收土地公告和征地补偿安置方案公告可同步进行。公告中群众再次提出意见的，要认真做好政策宣传解释和群众思想疏导工作，得到群众的理解和支持，不得强行征地。

五、切实履行职责，加强征地管理

（十二）强化市县政府征地实施主体职责。依照法律规定，市县政府是征地组织实施的主体，对确定征地补偿标准、拆迁补偿安置、补偿费用及时足额支付到位、组织被征地农民就业培训、将被征地农民纳入社会保障等负总责。国土资源部门应在政府的统一组织领导下，认真履行部门职责，确保征地工作依法规范有序地进行。

（十三）落实征地批后实施反馈制度。建设用地批准后（其中国务

院批准的城市建设用地，在省级政府审核同意农用地转用和土地征收实施方案后）6 个月内，市县国土资源部门应将征地批后实施完成情况，包括实施征地范围和规模、履行征地批后程序、征地补偿费用到位、被征地农民安置及社会保障落实等情况，通过在线报送系统及时报送省级国土资源部门和国土资源部。省级国土资源部门要督促、指导市县做好报送工作，检查核实报送信息，及时纠正不报送、迟报送及报送错误等问题。各级国土资源部门要充分运用报送信息，及时掌握、分析征地批后实施情况，加强用地批后监管，确保按批准要求实施征地。

二〇一〇年六月二十六日

国土资源部关于印发《城乡建设用地增减挂钩试点和农村土地整治清理检查工作方案》的通知

国土资发〔2011〕22号

各省、自治区、直辖市国土资源厅（国土环境资源厅、国土资源局、国土资源和房屋管理局、规划和国土资源管理局），计划单列市国土资源行政主管部门，新疆生产建设兵团国土资源局：

为了贯彻落实《国务院关于严格规范城乡建设用地增减挂钩试点切实做好农村土地整治工作的通知》（国发〔2010〕47号）精神，切实做好城乡建设用地增减挂钩试点和农村土地整治清理和检查工作，我部会同有关部门研究制定了《城乡建设用地增减挂钩试点和农村土地整治清理检查工作方案》，并经国务院批准。国务院领导明确批示“此项工作十分重要。要严格清理检查、严肃处理纠正、完善规章制度，加强监督管理。务求实效，不走过场。”各省（区、市）国土资源主管部门要坚决贯彻国务院领导重要批示，根据清理检查工作方案安排，认真做好清理检查工作，务求取得实效，确保增减挂钩试点和农村土地整治健康有序进行。

二〇一一年二月十二日

城乡建设用地增减挂钩试点和农村土地整治清理检查工作方案

为了贯彻落实《国务院关于严格规范城乡建设用地增减挂钩试点切实做好农村土地整治工作的通知》（国发〔2010〕47号）精神，国土资源部会同中农办、发展改革委、财政部、环境保护部、农业部、住房城乡建设部、国研室，就认真开展城乡建设用地增减挂钩试点（以下简称增减挂钩试点）和农村土地整治清理和检查制定工作方案。

一、总体要求

全面清理检查2006年以来各地开展增减挂钩试点和农村土地整治工作，以及以各种名义擅自开展建设用地置换等情况，对存在的问题全民梳理，按照增减挂钩试点要求，严肃纠正规范；认真总结相关工作经验，完善规章制度，加强监督管理；深入研究体制机制等深层次问题，提出解决问题的措施，推进改革创新。同时，加强信息化建设，强化国土资源全国“一张图”动态监管，确保增减挂钩试点和农村土地整治工作规范、健康、有序开展。

二、主要任务和工作目标

（一）对增减挂钩试点开展清理检查。对国土资源部批准的增减挂钩试点，按照发现问题和总结经验并重的原则，从挂周转指标管理、项目区设置、项目区审批、拆旧复耕及耕地质量、安置建新、收益分配、权属调整、尊重农民权益等方面进行全面清查和总结规范。对存在的问题逐一排查到位，重点对片面追求建设用地指标、不顾条件大拆大建、强迫农民上楼、不合理分配资金等行为进行严肃整改；对不符合要求的地方性文件予以修改或废止；对规范的做法和典型经验进行总结提升；对增减挂钩的现实和长远作用及综合性操作办法进行探索研究，并制定和落实进一步加强增减挂钩试点监管的措施。

（二）对增减挂钩试点外开展的建设用地置换进行清理检查。对在国土资源部批准的增减挂钩试点之外，各地在推进农村新居建设、危房改造和小康示范村建设等工作中，开展城乡建设用地置换、调整使用的行为进行全面清理检查。摸清试点以外以各种名义开展的城乡建设用地置换、调整使用的情况，对不符合国发〔2010〕47 号文件规定，涉及建设用地置换、复垦土地周转等的地方政策文件和相关规定一律予以废止；对继续在试点外进行建设用地置换和复垦土地周转的，一律停止实施，进行整顿规范。

（三）对农村土地整治的清理检查。对农村土地整治中涉及建设用地整治的情况进行全面清理检查，重点摸清农村建设用地整治节约土地留用分配、使用和资金管理以及确权登记发证等情况，对不符合国发〔2010〕47 号文件精神的地方政策文件进行修改或废止。同时，认真总结农村土地整治工作中的典型经验和好的做法，研究制定做好农村土地整治的办法和措施。

三、工作安排

清理检查工作分三个阶段进行。

（一）自查清理阶段（2 月 20 日至 3 月 31 日）。地方各级国土资源主管部门在当地政府领导下，会同有关部门，依据国发〔2010〕47 号文件规定，组织开展本行政区域内增减挂钩试点和农村土地整治工作情况的自查清理。在自查清理基础上，将增减挂钩试点项目区和农村土地整治项目上图入库，纳入“一张图”管理。省级国土资源部门要按照统一要求将全省（区、市）自查清理结果汇总在线上报国土资源部，同时抄送派驻地方的国家土地督察局。汇总要求见附件 1、2、3（略）。

（二）检查纠正阶段（4 月 1 日至 4 月 30 日）。针对自查清理出的问题，国土资源部会同有关部门，按照严格规范、分类处理的原则，制定纠正整改的政策意见，下发各省（区、市）；省级国土资源主管部门会同有关部门，按照纠正整改的政策意见制定方案，组织纠正整改，完善相关制度措施。省级国土资源管理部门将整改情况形成报告，经省级人民政府同意后报国土资源部，同时抄送派驻地方的国家土地督察局。

（三）抽查总结阶段（5 月 1 日至 5 月 30 日）。国土资源部会同有关部门组成检查组，在各地自查自纠的基础上进行抽查。对自查清理和纠正整改工作不力的，督促限期整改。国土资源部对清理检查工作进行全面总结，提出进一步加强监管和深化改革的政策措施，并向国务院作出专报。

四、工作措施

（一）统一组织，加强领导。国土资源部会同中农办、发展改革委、财政部、环境保护部、农业部、住房城乡建设部、国研室组织清理检查工作。国土资源部成立清理检查工作办公室，负责清理检查的具体组织工作。地方各级国土资源管理部门要高度重视本次清理检查工作，按照工作方案的要求，统一部署，成立专门工作班子，建立相关工作机制，逐级动员分解落实工作任务和目标，做好本行政区域内的清理检查工作，务求取得实效。

（二）统筹兼顾，协同配合。国土资源部和各有关部门加强沟通，协调配合。地方各级国土资源管理部门要及时向当地单位、政府汇报，会同有关部门，按照工作方案的要求，积极开展相关工作；对清理检查中发现的重大问题，特别是涉及国土资源部门难以解决的问题，要主动做好与有关部门的沟通协调，向当地党委、政府提出建议，积极争取支持解决。对清查整改和好的增减挂钩试点经验，要通过报纸、网络宣传公示，正确引导社会舆论，加强媒体、社会公众监督，保证清理检查全面、真实、可靠。

（三）全面清理，认真整改。地方各级国土资源主管部门要在全面清查、明确问题的基础上，区分不同情况，分类提出纠正和整改意见。对未按要求进行自查清理和整改不到位的，要限期整改，限期整改期间暂停下达挂钩周转指标。完善制度，规范管理。各级国土资源主管部门要通过清理检查工作，认真总结经验，针对存在的问题，及时完善制度，确保规范执行。对尚未建立相关制度的，要限期建立；对制度不落实、管理不到位的，要研究落实的强化措施；要按照国发〔2010〕47号文件和增减挂钩试点管理有关规定，进一步规范工作内容和程序，完善项目区管理制度和收益分配机制，严格监管，确保增减挂钩试点和农村土地整治健康有序进行。

国土资源部关于坚持和完善土地招标拍卖挂牌出让制度的意见

国土资发〔2011〕63号

各省、自治区、直辖市国土资源厅（国土环境资源厅、国土资源局、国土资源和房屋管理局、规划和国土资源管理局），副省级城市国土资源主管部门，新疆生产建设兵团国土资源局：

去年以来，各地按照中央和部关于房地产市场调控政策要求，在坚持土地招标拍卖挂牌（以下简称招拍挂）制度基础上，积极探索创新城市住房用地出让政策，促进地价房价合理调整，取得了积极成效。为进一步落实《国务院办公厅关于进一步做好房地产市场调控工作有关问题的通知》（国办发〔2011〕1号）的要求，完善招拍挂的供地政策，加强土地出让政策在房地产市场调控中的积极作用，现提出以下意见。

一、正确把握土地招拍挂出让政策的调控作用

国有土地使用权招拍挂出让制度是市场配置国有经营性建设用地的基本制度。他充分体现了公开公平公正竞争和诚实信用的市场基本原则，建立了反映市场供求关系、资源稀缺程度、环境损害成本的价格形成机制，完全符合社会主义市场经济体制的基本方向。坚持国有经营性

建设用地招拍挂出让制度和在房地产市场运行正常条件下按“价高者得”原则取得土地，符合市场优化配置土地的基本原则，符合法律政策要求，同时在抑制行政权力干预市场，从源头上防治土地出让领域中发挥了重要作用。

当前，部分城市商品住房价格居高不下，户型结构和保障性安居工程用地布局不合理，少数规划的商品住房优质地块和二三线城市商品住房土地出让存在着地价非理性上涨的可能。为进一步落实中央关于房地产市场调控各项政策和工作要求，积极主动发挥招拍挂出让土地政策的稳定市场、优化结构、促进地价房价合理调整、保障住房用地的作用，当前和今后一个时期，各级国土资源主管部门必须从完善土地市场机制、健全土地宏观调控体系、实施节约优化战略的基本要求出发，以“保民生、促稳定”为重点，坚持土地招拍挂出让基本制度，创新和完善有效实现中央调控政策要求的土地出让政策和措施，主动解决商品住房建设项日工地、开发利用和监管中出现的新情况、新问题，实现土地经济效益与社会综合效益的统一、市场配置与宏观调控的统一，促进城市房地产市场健康发展。

二、完善住房用地招拍挂计划公示制度

市、县在向社会公布年度住房用地出让计划的基础上，建立计划出让地开发建设的宗地条件公布机制，根据出让进度安排，进一步细化拟出让地块、地段的规划和土地使用条件，定期向社会发布细化的商品住房和保障性安居工程各类房屋建设用地信息，同时明确意向用地者申请用地的途径和方式，公开接受用地申请。单位和个人对列入出让计划的具体地块有使用意向并提出符合规定的申请后，应及时组织实施土地招拍挂出让。公示保障性安居工程项目划拨用地时，一并向社会公示申请用地单位，接受社会监督。

三、调整完善土地招拍挂出让政策

各地要根据当地土地市场、住房建设发展阶段，对需要出让的宗地，选择恰当的土地出让方式和政策，落实政府促进土地合理布局，节约集约利用，有效合理调整地价房价，保障民生，稳定市场预期的目标。

（一）限定房价或地价，以挂牌或拍卖方式出让政策性住房用地

以“限房价、竞地价”方式出让土地使用权的，市、县国土资源主管部门在土地出让前，会同住房建设、物价、规划行政主管部门，按相关政策规定确定住房销售条件，根据拟出让宗地所在区域商品住房销售价格水平，合理确定拟出让宗地的控制性房屋销售价格上限和住房套型面积标准，以此作为土地使用权转让的约束性条件，一并纳入土地出让方案，报经政府批准后，以挂牌、拍卖方式公开出让土地使用权，符合条件、承诺地价最高且不低于底价的为土地使用权竞得人。出让成交后，竞得人接受的宗地控制性房屋销售价格、成交价格、土地使用权转让条件及违约处罚条款等，均应在成交确认书和出让合同中明确。

以“限地价、竞房价”方式出让土地使用权的，市、县国土资源主管部门应在土地出让前，根据拟出让宗地的征地拆迁安置补偿费、土地前期开发成本、同一区域基准地价和市场地价水平、土地使用权出让条件、房屋销售价格和政府确定的房价控制目标等因素，综合确定拟出让宗地的出让价格，同时应确定房价的最高控制价（应低于同区域、同条件商品房市场价），一并纳入土地出让方案，报经政府批准后，以挂牌、拍卖方式公开出让土地使用权，按照承诺销售房价最低者（开发商售房时的最高售价）确定为土地竞得人。招拍挂成交后，竞得人承诺的销售房价、成交地价、土地使用权转让条件及违约处罚条款等，均应在成交确认书和出让合同中明确。

（二）限定配建保障性住房建设面积，以挂牌或拍卖方式出让商品住房用地

以“商品住房用地中配建保障性住房”方式出让土地使用权的，市、县国土资源主管部门应会同住房建设、规划、房屋管理和住房保障等部门确定拟出让宗地配建廉租房、经济适用房等保障性住房的面积、套数、建设进度、政府收回条件、回购价格及土地面积分摊办法等，纳入出让方案，经政府批准后，写入出让公告及文件，组织实施挂牌、拍卖。土地出让成交后，成交价款和竞得人承诺配建的保障性住房事项一并写入成交确认书和出让合同。

（三）对土地开发利用条件和出让地价进行综合评定，以招标方式确定土地使用权人

以“土地利用综合条件最佳”为标准出让土地使用权，市、县国土资源主管部门应依据规划条件和土地使用标准按照宗地所在区域条件、政府对开发建设的要求，制定土地出让方案和评标标准，在依法确定土地出让开发利用的因素作为评标条件，合理确定各因素权重，会同有关部门制定标书，依法依纪，发布公告，组织招标投。经综合评标，以土地利用综合条件最佳确定土地使用者，确定中标人后，应向社会公示并将上述土地开发利用条件写入中标通知书和出让合同。

四、大力推进土地使用权出让网上运行

出让国有建设用地使用权涉及的出让公告、出让文件、竞买人资格、成交结果等，都应在部门户网站和各地国土资源主管部门的网上公开发布。积极推行国有经营性建设用地网上挂牌出让方式。市、县国土资源主管部门可以通过网上发布出让公告信息，明确土地开发利用、竞买人资格和违约处罚等条件，组织网上报价竞价并确定竞得人。网上挂牌出让成交后，市、县国土资源主管部门要按照国有土地招拍挂出让规范，及时与竞得人签订纸质件的成交确认书和出让合同。对竞得人需要

进行相关资料审查的，建立网上成交后的审查制度，发现受让人存在违法违规行为或不具有竞买资格时，挂牌出让不成交，应重新组织出让，并对违规者进行处罚。

五、完善土地招拍挂出让合同

市、县国土资源主管部门要依据现行土地管理法律政策，对附加各类开发建设销售条件的政策性商品住房用地的出让，增加出让合同条款，完善出让合同内容，严格供后监管。政策性商品住房出让成交后，竞得人或中标人应当按照成交确认书或中标通知书的要求，按时与国土资源主管部门签订出让合同。建房套数、套型、面积比例、容积率、项目开竣工时间、销售对象条件、房屋销售价格上限、受让人承诺的销售房价、土地转让条件、配建要求等规划、建设、土地使用条件以及相应的违约责任，应当在土地出让合同或住房建设和销售合同中明确。

为保证政策性商品住房用地及时开发利用，市、县国土资源主管部门可以在出让合同中明确约定不得改变用途和性质、不得擅自提高或降低规定的建设标准、保障性住房先行建设和先行交付、不得违规转让土地使用权等内容，对违反规定或约定的，可在出让合同中增加“收回土地使用权并依法追究责任”等相关内容。

各地应当加强对政策性商品住房用地出让合同履行情况的监督检查，对违反合同约定的，应会同有关部门依法处罚，追究违约责任。

各省级国土资源主管部门要切实加强对市、县住房供地政策制度和组织实施工作的指导和监管，及时发现和解决出现的问题。也可按照本意见，探索其他用途土地出让方式和土地出让各环节的制度创新，进一步完善国有土地使用权招拍挂出让制度，保障和促进中央关于房地产市场调控政策的落实。

二○一一年五月十一日

矿产资源管理制度

关于进一步规范矿业权出让管理的通知

国土资发〔2006〕12 号

各省、自治区、直辖市国土资源厅（国土环境资源厅、国土资源局、国土资源和房屋管理局、房屋土地资源管理局），新疆生产建设兵团国土资源局：

2003 年部下发《探矿权采矿权招标拍卖挂牌管理办法（试行）》（国土资发〔2003〕197 号）以来，全国矿业权市场建设取得了积极进展。依据矿产资源法律法规，按照《国务院关于全面整顿和规范矿产资源开发秩序的通知》（国发〔2005〕28 号）的要求，为了进一步规范矿业权出让管理，现就完善探矿权采矿权招标拍卖挂牌管理办法的有关事项补充通知如下。

一、矿业权的分类及出让方式

按照颁发勘查许可证、采矿权许可证的法定权限，矿业权出让由县级以上人民政府国土资源主管部门负责，依法办理。

（一）属于《矿产勘查开采分类目录》（以下简称《分类目录》）规定的第一类矿产的勘查，并在矿产勘查工作空白区或虽进行过矿产勘查但未获可供进一步勘查矿产地的区域内，以申请在先即先申请者先依法登记的方式出让探矿权。

（二）属于下列情形的，以招标拍卖挂牌方式出让探矿权。

1.《分类目录》规定的第二类矿产；

2.《分类目录》规定的第一类矿产，已进行过矿产勘查工作并获可供进一步勘查的矿产地或以往采矿活动显示存在可供进一步勘查的矿产地。

（三）属于下列情形的，不再设探矿权，而以招标拍卖挂牌方式直接出让采矿权。

1.《分类目录》规定的第三类矿产；

2.《分类目录》规定的第一类、第二类矿产，探矿权灭失、但矿产勘查工作程度已达到详查（含）以上程度并符合开采设计要求的矿产地；

3.《分类目录》规定的第一类、第二类矿产，采矿权灭失或以往有过采矿活动，经核实存在可供开采矿产储量或有经济价值矿产资源的矿产地。

（四）石油、天然气、煤成（层）气、铀、钍矿产资源的勘查开采，按照现行规定进行管理并逐步完善。

（五）以招标拍卖挂牌方式出让探矿权采矿权有下列情形之一的，经批准允许以协议方式出让。

1. 国务院批准的重点矿产资源开发项目和为国务院批准的重点建设项目提供配套资源的矿产地；

2. 已设采矿权需要整合或利用原有生产系统扩大勘查开采范围的毗邻区域；

3. 经省（区、市）人民政府同意，并正式行文报国土资源部批准的大型矿产资源开发项目；

4. 国家出资为危机矿产寻找接替资源的找矿项目。

协议出让探矿权采矿权，必须通过集体会审，从严掌握。协议出让的探矿权采矿权价款不得低于类似条件下的市场价。

（六）有下列情形之一的，应以招标的方式出让探矿权采矿权。

1. 根据法律法规、国家政策规定可以新设探矿权采矿权的环境敏感地区和未达到国家规定的环境标准的地区；

2. 共伴生组分多、综合开发利用技术水平要求高的矿产地；

3. 矿产资源规划规定的其他情形。

二、其他规定

（一）探矿权人申请其勘查区块范围内的采矿权，符合规定的，应依法予以批准，切实保护探矿权人的合法权益。

（二）国土资源主管部门在受理矿业权申请时，如果对同一区域同时出现探矿权申请和采矿权申请，经审查符合采矿权设置条件的，应依照本通知的规定设置采矿权。

（三）各省（区、市）国土资源主管部门要对本行政区内已开展过矿产勘查或采矿活动、不再符合本通知中规定的以申请在线方式出让探矿权的矿产地进行清理、公告，报国土资源部备案。

（四）各省（区、市）国土资源主管部门可结合本地区情况，根据当地矿产勘查的深度、地质构造条件等因素，对矿业权出让方式作适当调整，制定具体管理办法，并报部备案。其他特殊情况需要另作专门规定的，报国土资源部批准后执行。

（五）原《探矿权采矿权招标拍卖挂牌管理办法（试行）》中第七条、第八条、第九条规定的内容，以本通知的规定为准。各省（区、市）国土资源主管部门要按照本通知规定的要求，对以往各种相关规定进行全面清理。

国土资源部关于实行全国采矿权统一配号的通知

国土资发〔2008〕292号

各省、自治区、直辖市国土资源厅（国土环境资源厅、国土资源局、国土资源和房屋管理局、规划和国土资源管理局）：

为进一步提高采矿权管理的科学化水平，完善矿业权信息系统建设，推进应用信息化手段加强矿业权管理，按照《关于加强矿业权管理信息化建设工作的通知》（国土资发〔2007〕137号）的要求，在全面实行全国探矿权统一配号的基础上，自2008年6月1日起，部确定江苏、浙江、山东和云南4省国土资源厅（四川省因遭受地震灾害，试点工作暂停，增加江苏省为试点省）开展了全国采矿权统一配号试点工作。4个试点省经过近半年的努力，采矿权统一配号试点工作取得了明显成效，截至2008年12月3日，共计统一配号采矿权1503个，工作进展顺利，为在全国实施采矿权统一配号积累了宝贵的经验。2008年11月25日至27日，部在北京专门举办了培训班，对统一配号工作进行了培训和交流。目前实施全国采矿权统一配号工作时机已经成熟，部决定，在全国范围内实行采矿权统一配号。现就有关事项通知如下：

一、采矿许可证号编码规则

新的采矿许可证证号在原13位的基础上调整为23位，为永久证号，编码规则如下：

采矿许可证配号方案

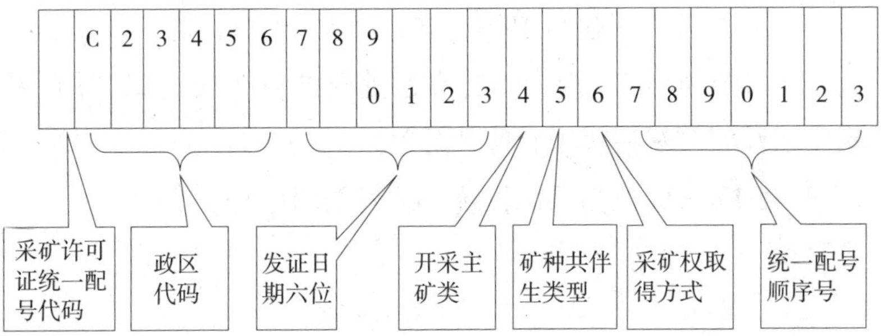

各号位定义说明：

（一）第1位为全国统一采矿权配号代码：C。

（二）第2至7为行政区号国标代码，部代码为100000，各级发证机关按其省(区、市)、市(地)、县(市、区）级别分别使用相应的代码。

（三）第8—13位为发证（首次发证或换证日期）年月：8—11位为年、12、13位为月。

（四）第14位为矿类代码（见表1）。

表1　矿类代码分类

代码	矿类
1	能源矿产
2	黑色金属矿产
3	有色金属矿产
4	贵金属、铂族金属矿产

代码	矿类
5	稀有稀土及分散元素矿产
6	非金属矿产
7	建材类矿产
8	水气矿产

（五）第15位为矿种共伴生类型：单一矿种为1，有共伴生矿种的为2。

（六）第16位为采矿权取得方式：探转采为1，协议（含延续转有偿）为2，招拍挂为3（尚未进行有偿处置的采矿权取2，并在采矿许可证副本上注明“采矿权未有偿处置”）。

（七）第17—23位为采矿权统一配号的顺序号。

二、配号条件

（一）数据符合规范的填写要求

登记管理机关对采矿权申请依照法定程序审查批准后，在发证前须向配号系统提交规范填写的采矿权申请登记书内容，配号系统自动检查数据，并向数据合格的采矿权申请发送配号数据。

其中，采矿权新立项目提交数据为采矿权申请登记书全部内容；采矿权变更项目提交数据为采矿权变更申请登记书全部内容，如果为转让而发生名称变更的，还需同时提交采矿权转让申请登记书内容；采矿权延续项目提交数据为采矿权延续申请登记书全部内容；采矿权注销项目提交数据为采矿权注销申请登记书全部内容。

（二）权限符合法律法规及文件要求

1. 发证权限。

符合《矿产资源开采登记管理办法》（中华人民共和国国务院令第241号）和《关于规范勘查许可证采矿许可证权限有关问题的通知》（国土资发〔2005〕200号）规定的发证权限。

市县级人民政府国土资源行政主管部门发证权限按照省（区、市）人民代表大会常务委员会制定的办法管理。

2. 出让方式。

符合《关于进一步规范矿业权出让管理的通知》（国土资发〔2006〕12号）规定的采矿权出让要求。

3. 其他要求。

符合部按照产业政策作出的某一时期内有关的政策要求。

三、配号流程

配号操作流程如图1所示。

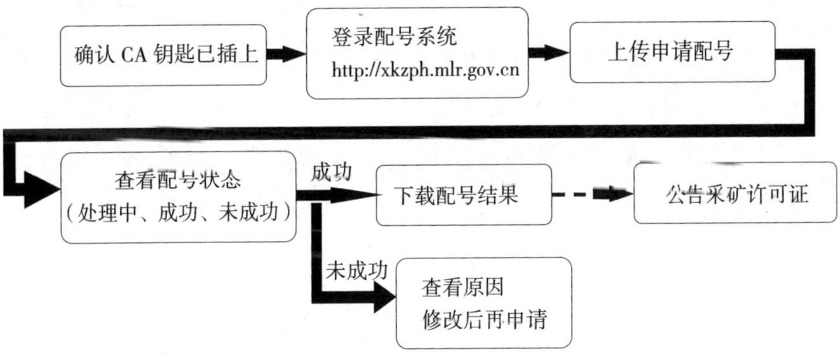

图1　采矿权统一配号流程

各级采矿权登记管理机关操作权限的区别在于：

（一）上级登记管理机关可以查看下级登记管理机关从处理中到已公告的全部申请项目信息。

（二）下级登记管理机关可以查看（下载）上级登记管理机关在本行政区域内已公告设置的采矿权项目。

（三）省级登记管理机关依据本省的有关规定，对本辖区市、县级登记管理机关发证配号条件进行设置和管理。市县级登记管理机关的申请配号项目通过省级登记管理部门审核后，向配号系统申请配号。省级登记管理机关可实时掌控全省（区、市）已设置和正在设置的采矿权情况，实时查看本级和下级申请配号信息，实时获取部在本行政区内设置采矿权信息，实现对全省（区、市）采矿权登记信息的实时统计。

四、几点说明

（一）自2009年1月1日起，所有采矿权新立、变更、延续等申请项目，采矿权登记管理机关在准予登记后，必须通过采矿权统一配号系统(以下简称配号系统）提交登记数据，获取统一配发的采矿许可证号。凡未通过统一配号系统配号颁发的采矿许可证视为无效。

采矿权注销申请在采矿权登记管理机关审查批准后，需通过互联网向配号系统提交采矿权注销数据。采矿许可证号为永久证号，采矿许可证注销后，证号随之废止不再启用。

（二）已取得统一配号的采矿权，在办理变更、延续等手续并经批准后，采矿登记管理机关仍须将有关登记信息上报配号系统进行确认备案。

（三）已取得统一配号的采矿权，在办理采矿权分立时，其中一个沿用原采矿许可证号，其余配发新证号；办理多个采矿权合并的，按照部、省（区、市)、市、县发证机关的顺序取采矿许可证号作为合并后的证号，同级机关颁发的采矿许可证取登记时间和在前的采矿许可证证号作为合并后的采矿许可证证号。

（四）采矿权登记管理机关在获得配号系统配发的采矿许可证证号后，应及时进行确认和公告。30天内未确认和公告的配号，系统将自动进行公告。

（五）各省（区、市）可通过配号系统实时查询、下载国土资源部在本省（区、市）区域内设置的采矿权基本信息。

（六）为尽快推进全国采矿许可证号的统一，要求在2009年底前完成对所有采矿许可证号的更新工作，更新程序按照采矿权管理信息系统中采矿权变更登记操作，变更内容为“采矿权统一配号”。各省级采矿登记管理机关要组织好对本省（区、市）辖区内采矿许可证证号的更新工作，简化更新程序，原则上采矿权人凭原采矿许可证原件即可即时办理更新证号手续。

（七）采矿权统一配号系统的网址是：http://www.xkzph.mlr.gov.cn。

五、相关工作要求

（一）各省（区、市）于2008年12月底前，提交核实整理后的全省（区、市）采矿权登记数据库，作为实施采矿权统一配号的底数。具体要求见《关于加强矿业权管理信息化建设工作的通知》（国土资发〔2007〕137号）和《关于矿业权数据核实整理工作有关问题的通知》（国土资厅发〔2007〕169号）。

（二）省级国土资源管理部门信息中心负责对本省（区、市）各级登记管理机关统一配号的应用技术支持。

（三）使用自主开发采矿权审批系统的，按照统一配号要求自行完成系统改造。

实行采矿权统一配号工作涉及面广，情况复杂，各省（区、市）国土资源主管部门要高度重视，认真组织实施。工作中遇到问题及时报部。

国土资源部关于进一部规范探矿权管理有关问题的通知

国土资发〔2009〕200 号

各省、自治区、直辖市国土资源厅（国土环境资源厅、国土资源局、国土资源和房屋管理局、规划和国土资源管理局）：

为进一步完善探矿权管理，规范探矿权市场秩序，维护探矿权人的合法权益，促进矿产资源勘查健康有序发展，依据《中华人民共和国矿产资源法》、《矿产资源勘查区块登记管理办法》等相关法律法规的有关规定，现就进一步规范探矿权管理有关事宜通知如下：

一、规范矿产资源勘查准入

（一）申请新立、延续、合并、分立探矿权，变更勘查矿种，编制勘查实施方案，必须符合矿产资源规划、地质勘查规划、探矿权设置方案，符合国家产业政策，以及矿产资源勘查开发整合工作的相关要求。

（二）探矿权申请人的资金能力必须与申请的勘查矿种、勘查面积和勘查工作阶段相适应，以提供的银行资金证明或是有企业的年度项目计划为依据，不得低于项目勘查实施方案安排的第一年勘查年度资金投入额，同时不得低于申请项目勘查实施方案安排的总资金的 1/3。

探矿权人申请新立探矿权时，应将本次申请的、以往申请的和已经取得探矿权的全部勘查项目所需的资金累计计算，并提供相应的资金证明。

（三）探矿权申请人应是企业法人或事业单位法人。本通知下发之前，探矿权人不具备法人资格的，应当依法办理成为企业法人或事业单位法人后，方可再申请办理探矿权延续、保留和变更等手续。探矿权申请人不具备地质勘查资质的，应依法委托具有相应地质勘查资质的勘查单位编制勘查实施方案并开展地质勘查工作。探矿权人和勘查单位均不得对勘查项目进行转包。

（四）探矿权申请人提交的勘查实施方案，应符合地质勘查规程、规范和标准，勘查资金投入不得低于法定勘查投入标准。省级以上申请管理机关应组织专家对探矿权申请人提交的勘查实施方案进行审查。

登记管理机关可依法以行政合同方式与探矿权人就勘查工作法规规定及相关事宜作出约定，进一步明确双方的责任、权利与义务，对勘查实施方案的实施实行合同管理。探矿权人应按照勘查实施方案进行勘查施工，需要对勘查实施方案进行调整的，应及时向登记管理机关备案。调整工作量缩减 1/3 以上的，省级以上等级管理机关组织专家进行审查并作出是否予以备案的决定。

勘查实施方案的编制、审查、合同文本及相关管理要求另行规定。

二、完善探矿权新立、延续（保留）审批管理

（五）探矿权申请人依法按“申请在先”方式申请探矿权的，登记管理机关应在受理申请时，同时将其申请的区块范围、勘查矿种等信息上网登记，依法保护申请人的“在先权”。申请未予批准的，“在先权”自行撤销。

（六）新立探矿权的勘查区块面积一般不得小于一个单位区块。申请勘查区域与他人采矿区域之间应保持合理间距，无法根据地质条件确

定间距的，应不少于100米。

（七）从事地质检查工作的，应向登记管理机关备案，领取地质调查证。跨省级行政区开展地质调查的项目，向国土资源部备案，其他地质调查项目向所在地省级国土资源行政主管部门备案。地质调查项目不具有排他性。

国家出资从事区域性矿产地质调查的地区，由省级国土资源行政主管部门或承担国家地质工作的地质调查机构向国土资源部提交备案申请，经国土资源部同意备案并向社会公告后，暂停受理新的探矿权申请。

（八）新立探矿权有效期为3年，每延续一次时间最长为2年，并应提高符合规范要求的地质勘查工作阶段。确需延长本勘查阶段时间的，省级以上登记管理机关应组织进行专家论证，并进行审查，可再准予一次本勘查阶段的延续，但应缩减勘查面积，每次缩减的勘查面积不得低于首次勘查许可证载明勘查面积的25%。

本通知下发前已设立的探矿权，可允许在同一勘查阶段延续一次。

（九）探矿权人申请探矿权延续、保留或注销，应当在法律规定的期限内，依法提出申请。未按时提交或年度检查不合格的，登记管理机关不得批准其延续、保留申请。申请探矿权保留的，需提交经评审备案的地质报告。

因不可抗力或政府有关部门的原因，致使探矿权不能按期延续，或者需要继续延长保留期的，提供能够说明原因的相关证明文件后，准予延续、保留。

三、加强探矿权转让变更审批管理

（十）以申请在先、招标、拍卖、挂牌方式取得的探矿权，探矿权人申请探矿权转让的，应持有探矿权满2年，或持有探矿权满1年且提交经评审备案的普查以上工作程度的地质报告，或经原登记管理机关组织审查并证实在勘查作业区内新发现可供进一步勘查或开采的矿产资源。

以协议方式取得矿业权的，5 年内不得转让。特殊情况确需转让的，按协议出让审批程序另行报批。

转让国家出资勘查形成矿产地探矿权的，按照财政部、国土资源部《关于深化探矿权采矿权有偿取得制度改革有关问题的通知》（财建〔2006〕694 号）和财政部、国土资源部《关于探矿权采矿权有偿取得制度改革有关的补充通知》（财建〔2008〕22 号）等相关规定处置。

探矿权转让经批准后，探矿权受让人同时一并办理变更登记手续。

（十一）探矿权人申请扩大勘查范围的，比照新立探矿权程序进行审查。以招标、拍卖、挂牌和协议出让方式取得低风险类矿产勘查的探矿权人，不得申请扩大勘查范围。根据规划及矿业权设置方案需要调整扩大范围的，按照协议出让方式进行申请和审批。协议出让的探矿权价款不得低于类似条件下的市场价。

（十二）探矿权人申请变更勘查矿种，应提交勘查过程中新发现矿种的地质勘查报告。

由低风险类矿种变更为高风险类矿种的，或在低风险类矿种之间变更的，可以依法申请办理变更登记手续。

由高风险类矿种变更为低风险类矿种的，原则上不允许变更，确系勘查过程中新发现的，由省级以上登记管理机关组织的专家论证和社会公示后，可允许变更反差矿种，但需评估补交探矿权价款。

变更勘查矿种若涉及国家限制或禁止勘查开采等其他规定的，依照其规定。

铀矿探矿权人原则上不得申请变更勘查矿种。勘查过程中发现其他矿种的，应进行综合勘查，并向登记管理机关提交相应的勘查报告，其探矿权按照国家有关规定处置。

（十三）探矿权人变更勘查单位的，应提交探矿权人与勘查单位签订的勘查合同，勘查单位必须符合规定的资质条件。

（十四）探矿权人申请探矿权分立的，勘查项目应达到普查以上工作程度，省级以上登记管理机关应组织专家对其分立方案进行论证，审查及论证通过的，经登记管理机关同意后，准予变更登记。

四、强化探矿权监督管理

（十五）国土资源部对全国审批登记颁发的勘查许可证实行统一配号，未按统一配号编号的，颁发的勘查许可证无效。但是，石油、天然气、煤层气勘查许可证单独编号。

（十六）地方各级国土资源行政主管部门应当加强对探矿权人勘查行为的监督管理，依法查处相关违法违规行为。加强对探矿权人勘查施工情况的监督检查，督促其按照批准的勘查施工方案进行施工，向勘查项目所在地的市、县级国土资源行政主管部门报告勘查开始施工、停工和结束工作情况；加强对探矿权人勘查活动的年度检查。对探矿权人自勘查许可证有效期起6个月内未提交开工报告的，视为未开工；预期未提交年检资料的，视为年检不合格，对勘查活动的违法违规行为，依法予以查处。

（十七）对探矿权人不按规定办理变更或者注销登记手续的，国土资源行政主管部门应责令限期改正，逾期仍不改正的，按照《矿产资源勘查区块登记管理办法》相关规定，吊销其勘查许可证。被吊销勘查许可证的，自吊销之日起6个月内不得申请新的探矿权，且取消其参与探矿权招标、拍卖、挂牌活动的资格。

五、其　他

（十八）探矿权人丢失勘查许可证，应在原登记管理机关指定的报刊上刊登遗失声明，30日后到原登记管理机关申请办理勘查许可证补领手续。

（十九）本通知中所称“高风险类”、“低风险类”矿种，分别是指《关于进一步规范矿业权出让管理的通知》（国土资发〔2006〕12号）中规定的“第一类”、“第二类”矿产。

进一步规范探矿权管理，对加快矿产资源勘查进程、推进矿业权市场建设具有十分重要的意义。各级国土资源行政主管部门要认真贯彻落实矿产资源勘查管理相关规定，进一步加强对矿产勘查的管理，不断提升探矿权管理水平，促进提高矿产资源保障能力。

国土资源部关于开展煤炭矿业权审批管理改革试点的通知

国土资发〔2010〕143号

黑龙江、贵州、陕西省国土资源厅：

为进一步加强煤炭矿业权宏观调控，转变管理职能，依据《矿产资源勘查区块登记管理办法》和《矿产资源开采登记管理办法》及有关规定，部决定在你省进行煤炭矿业权审批管理改革试点。现就试点工作有关规定通知如下：

一、实行有计划的投放煤炭矿业权的制度。遵循加强国家对煤炭矿业权出让宏观调控，优化勘查开采布局的总体要求，请你厅依据国民经济和社会发展规划、矿产资源规划和国家产业政策，结合煤炭、煤层气资源勘查开发状况和煤炭供需形势，要求编制全省煤炭矿业权年度投放计划（附件1），于每年9月底前将编制的下一年度投放计划报部批准后实施。在实施本年度矿业权投放计划过程中，因特殊原因需要调整投放计划的，由你厅提出调整申请，报部批准后实施。按照《关于进一步加强煤炭资源勘查开采管理的通知》（国土资发〔2006〕13号）规定，列入年度投放计划的煤炭矿业权应符合已经部批准或备案的矿业权设置方案。矿业权设置方案和投放计划的范围与实有天然气矿业权重叠的，应提出处理意见。

二、部全面授权你厅审批登记煤炭矿业权。请你厅严格依据批准的煤炭矿业权投放计划审批出让矿业权。原属于部审批登记的，部依据批准的年度投放计划，授权你厅审批，由你厅依法进行受理和审查，报部备案后，通过矿业权统一配号系统进行配号，由你厅颁发勘查许可证或划定矿区范围、颁发采矿许可证。为保证试点工作的顺利开展，部信息中心对矿业权统一配号系统的试点省配号权限、配号流程等内容进行调整，并使系统能够实时汇总试点省煤炭矿业权审批登记情况。

三、严格煤炭探矿权采矿权出让管理。以协议方式出让煤炭探矿权、采矿权的，按《关于进一步规范矿业权出让管理的通知》（国土资发〔2006〕12号）规定办理，应报部批准的，经部批准后，你厅方可受理；以招标拍卖挂牌方式出让煤炭探矿权、采矿权的，由你厅组织实施。新立煤炭探矿权按《国土资源部关于继续暂停受理煤炭探矿权申请的通知》（国土资发〔2009〕28号）规定执行。

四、授权审批新立项目试行报部备案制度。请你厅按下列要求向部提交探矿权采矿权项目申请审查意见责任表及项目基本情况报告（附件2）等备案资料。

（一）以协议方式出让，应报部批准的，提交允许协议方式出让批准文件；

（二）以招标拍卖挂牌方式出让的，应提交成交确认书；

（三）国家财政专项和地质勘查基金申请煤炭探矿权的，应提交项目计划下达文件、资金预算下达文件；

（四）煤炭探矿权转采矿权划定矿区范围的，应提交勘查许可证和地质资料汇交凭证复印件；申请办理采矿许可证的，应提交划定矿区范围批复复印件。

五、授权审批延续类项目。本通知下发前，在部登记发证的你省煤炭探矿权、采矿权项目，由你厅办理延续、保留、变更、转让、注销审批登记。煤炭探矿权采矿权保留、变更、转让审批，你厅审查同意后，将审查意见表及项目基本情况报告报部备案后，颁发勘查许可证、采矿许可证。

六、相关要件审批（备案）。试点期间，你厅颁发煤炭勘查许可证、采矿许可证涉及应由部进行的储量评审、储量登记、矿业权评估、矿业权价款处置、矿山地质环境保护与治理恢复方案和土地复垦方案等审批（备案）要件，仍按其他主管部门规定执行。你厅应按照规定严格要件审查，不得降低审批要件标准，对原需要委托评审或咨询论证的矿产资源开发利用方案、储量评审、矿山地质环境保护与治理恢复方案和土地复垦方案等，仍按原渠道委托评审或咨询论证。你厅应将大型及以上规模的储量评审备案情况按每半年报部。部相关司局要加强业务指导，确保煤炭矿业权审批工作质量，保证试点工作顺利推进。

七、认真落实煤炭和煤层气综合勘查开采的相关规定。试点工作要严格执行《关于加强煤炭和煤层气资源综合勘查开采管理的通知》（国土资发〔2007〕96号）关于煤层气、煤炭资源进行综合勘查、评价和储量认定的规定。要统筹安排煤炭与煤层气开发，优先保障煤炭工业发展，促进煤层气产业发展。对煤层中吨煤瓦斯含量高于规定标准，设置煤炭开采权时，根据煤炭开采布局和开采时序的安排，对近期不开采煤炭并经论证具备煤层气地面开发条件的，以采气为主，先设置煤层气采矿权。对近期急需开采煤炭的，由申请人统一编制煤炭和煤层气开发利用方案，进行井下先抽后采。

八、试点工作要严格执行财政部和我部深化探矿权采矿权有偿取得制度改革的有关规定，确保国家权益的实现。

九、本通知自下发之日起实行，以往关于煤炭探矿权、采矿权审批管理与本通知不一致的，以本通知为准。你厅对部授权审批办法的煤炭勘查许可证、采矿许可证权限不得再行向下授权。

请你厅加强领导，认真组织，精心制定试点工作方案，并报部备案；在试点工作过程中，要定期进行分析总结，加强经验交流，进展情况及时向部报告。部将根据试点工作进展情况，决定是否全面推进煤炭矿业权审批管理改革。

国土资源部关于建立健全矿业权有形市场的通知

国土资发〔2010〕145 号

各省、自治区、直辖市国土资源厅（国土环境资源厅、国土资源局、国土资源和房屋管理局、规划和国土资源管理局）：

为推进与社会主义市场经济相适应的矿业权市场体系建设，进一步规范矿业权出让转让行为，确保矿业权市场交易公开、公平、公正，依据《矿产资源法》及其配套法规和中央办公厅、国务院办公厅《关于开展工程建设领域突出问题专项治理工作的意见》（中办发〔2009〕27 号），现就建立和完善矿业权有形市场有关事项通知如下。

一、充分认识建立健全矿业权有形市场的重要性和紧迫性

推进矿业权有形市场建设，以公开促规范、以规范求公正、以公正树公信，是加强矿业权出让转让管理、建立党风廉政建设长效机制的重要举措，有利于实行阳光行政，推进矿业权管理的规范化；有利于维护国家权益和矿业权人合法权益，规范矿业权市场秩序；有利于提高矿业权管理水平，加强廉政建设。

近年来，部分省（区、市）在矿业权有形市场建设方面进行了有益的探索，建立了矿业权交易机构，制定了配套的规章制度和管理办法，促进了矿业权市场健康有序发展。但还存在一些亟待完善和规范的问题，有的省（区、市）还没有建立矿业权有形市场，矿业权出让转让行为不够规范，矿业权属纠纷时有发生；一些已建的矿业权有形市场还存在体制不顺、规则不一、监管不严等方面的问题；权力寻租现象在有的地方仍然存在，甚至导致腐败行为的发生。各省（区、市）国土资源行政主管部门要充分认识加强矿业权有形市场建设的重要性，增强紧迫感，切实加大推进矿业权有形市场建设的力度。

二、加快建立和完善矿业权有形市场

（一）各省（区、市）国土资源行政主管部门应加快矿业权交易机构建设步伐。省级国土资源行政主管部门应加快矿业权交易机构，市级矿业权交易机构的建立由各省（区、市）国土资源行政主管部门根据当地实际情况自行决定，县级原则上不建立矿业权交易机构。已经建立交易机构的，要完善市场功能，健全交易制度；尚未建立交易机构的，要完善市场情况，采取新建、在已有事业单位增加职能或利用土地有形市场、政府建立的产权或公共资源交易平台等方式加快土地有形市场、政府建立的产权或公共资源交易平台等方式加快建设矿业权有形市场。

（二）矿业权交易机构受国土资源行政主管部门和矿业权人的委托进行矿业权出让转让等相关的交易活动。矿业权交易机构应配备一定数量的地质、采矿、法律、经济等相关专业人员，具备固定交易场所、办理交易事务、确认交易结果、公示交易行为和提供信息服务等基本功能。

（三）矿业权交易机构承担矿业权出让转让交易工作，可收取一定的交易服务费，具体收费标准由省级国土资源行政主管部门商同级价格主管部门制定。

三、推进矿业权出让转让进场公开

（一）以招标拍卖挂牌方式出让矿业权的，国土资源行政主管部门委托交易机构，承办编制出让文件、发布公告、组织实施招标拍卖挂牌、确认结果等具体工作。出让公告中应对拟出让的矿业权作出风险提示、明确竞买人（投标人）的准入条件等。

交易机构应在交易机构大厅、同级国土资源部门和国土资源部门户网站上公示交易结果，公示无异议的方可办理登记手续。公示的主要内容应包括：中标人或竞得人的名称、注册地址，成交时间、地点，中标或竞得的勘查区块、开采范围的简要情况，矿业权成交价及缴纳时间、方式，办理矿业权登记所需的资料和要求，申请办理矿业权登记的时限等。

（二）以申请在先方式出让探矿权、探矿权转采矿权（含划定矿区范围申请和采矿权登记申请）和以协议方式出让矿业权（协议出让采矿权的含划定矿区范围申请和采矿权登记申请）的，国土资源行政主管部门受理申请后，应在政务大厅和门户网站上公开，设立交易机构的还应在交易机构大厅中公开。公开的主要内容应包括申请人的名称、申请矿业权的取得方式、申请的矿业权范围（含坐标、面积）及地理位置、勘查开采矿种、开采规模等。

（三）委托交易机构寻找受让方和自行寻找受让方的矿业权转让一律在交易机构中进行公开交易，转让人和受让人在交易机构的见证下进场签订转让合同。转让合同签订后，矿业权转让人受让人的主要事项应在交易机构大厅，同级国土资源部门和国土资源部门户网站上进行公示，公示无异议的方可办理登记手续。

公示的主要内容应包括：矿业权转让人、受让人的名称，法定代表人、注册地址、转让矿业权许可证号、发证机关、有效期限、地理位置、坐标、面积、资源储量情况，转让价格、转让方式等。

（四）矿业权出让转让交易应当按照审批管理权限，在依法设立的同级矿业权交易机构或国土资源行政主管部门委托的矿业权交易机构中进行。矿业权交易必须在矿业权交易机构中进行。

国土资源招标拍卖挂牌出让矿业权的，由部委托省级国土资源行政主管部门在省级矿业权交易机构组织实施、确定主体并公示；需到国土资源部办理转让审批手续等，由矿业权人到矿业权所在地的省级矿业权交易机构进行公示。公示无异议的方可到国土资源部办理登记手续。

（五）公示期不少于10个工作日。对公示和公开期间反馈的有异议的意见和信息，应及时组织调查核实，依法予以处理。

国家规定不宜公开的矿种，按照有关规定执行。

四、强化对矿业权有形市场的指导和监督

（一）国土资源部负责指导全国矿业权有形市场的监督管理，对机构建设、公开公示程序和内容、制定交易规则等提出指导意见，完善并监督执行各项交易规则。省级国土资源行政主管部门负责制定矿业权有形市场管理实施办法。省级（含）以下国土资源行政主管部门是同级矿业权交易机构的主管部门，负责监督矿业权交易的过程和结果，查处违反交易规则的行为。

（二）上级国土资源行政主管部门负责监督下级国土资源行政主管部门的矿业权交易活动，上级矿业权交易机构对下级矿业权交易机构提供业务指导。矿业权交易机构接受纪检监察机关监督，建立网上监督系统。

（三）推进矿业权交易统一监管平台建设，以国土资源综合监管平台建设为基础，利用全国矿业权统一配号系统和国土资源部门户网站，获取和集成国家、省、市、县四级矿业权交易信息，实现对全国矿业权市场信息的统一监管，公开发布和提供信息服务；推行矿业权网上出让。

五、落实矿业权有形市场建设的保障措施

各省级国土资源行政主管部门要高度重视，切实加强领导，积极创造条件，加快矿业权有形市场的建设步伐，在机构性质、工作职能、人员编制和工作费用等方面与相关部门做好协调，落实好机构、人员和经费，做好行政、事业等单位在运行和管理中的工作衔接，推动矿业权有形市场的建立和完善。要注意对矿业权有形市场的宣传；要公开交易规则、程序、收费标准等，接受社会监督；要进行交易风险提示，引导矿业权人树立正确的风险意识，保障矿业权市场健康发展。

各省级国土资源行政主管部门要于2011年3月底前建立省级矿业权交易机构并投入运行。已建立矿业权交易机构的，要进行探索创新，完善市场功能、交易规则和程序、公示公开的内容及相关制度。各省级国土资源行政主管部门可根据本通知，结合本地实际，制定具体的实施办法，实施中的情况和问题及时汇总报部。

二〇一〇年九月十四日

国土资源部办公厅关于印发《矿产资源节约与综合利用专项评审办法》的通知

国土资厅发〔2010〕70号

部机关有关司局，有关直属事业单位：

为规范矿产资源节约与综合利用专项评审工作，根据《国土资源部关于印发〈矿产资源节约与综合利用专项工作管理办法〉的通知》（国土资发〔2010〕122号），部制定了《矿产资源节约与综合利用专项评审办法》，现印发给你们，请遵照执行。

二〇一〇年十二月二十八日

矿产资源节约与综合利用专项评审办法

第一章　总　则

第一条　为了规范矿产资源节约与综合利用专项（以下简称“专项”）的评审工作，保证评审工作的质量，实现公平公正，依据《矿产资源节约与综合利用专项工作管理办法》，制定本办法。

第二条　本办法适用于部组织实施的矿产资源节约与综合利用“以奖代补”和示范工程项目的评审工作。评审工作中涉及财政部职责的，由部协调处理。

第三条　评审的基本原则：

（一）贯彻落实科学发展观，围绕国民经济和社会发展的需要，促进矿产资源节约与综合利用，提高矿产资源对经济社会可持续发展的保障能力。

（二）以绩论奖，推进科技进步，提高管理水平，激励矿山企业采用先进技术、先进工艺，完善管理制度，不断提高矿产资源节约与综合利用水平。

（三）示范引导，推广先进适用技术，促进矿产资源领域循环经济发展。

（四）按照客观、公平、公正的要求，严格按照评审程序和评审标准，独立提出评审意见。

（五）坚持专家评审与政府部门监管相结合、组织实施单位的合规性审查与专家的业务评审相结合、省级国土资源行政主管部门组织的初审与部组织的终审相结合。

第四条 专项评审工作设立评审委员会和监审委员会。

评审委员会由部储量司、规划司、财务司、经研院等单位有关负责同志组成，主任由储量司主要负责同志担任。主要职责是负责专项评审工作和评审后的管理。评审工作主要审核合规性审查结果、评审计划、专家评审结果，审定入库专家和评审专家人选及评审委员会组成人员。

监审委员会由国土资源部纪检监察部门和相关司局人员组成，主任由纪检监察部门负责同志担任，负责整个评审工作的监督。

第五条 评审工作采取回避制度，评审专家不得评审本单位(公司、集团公司、所属公司）的申报材料，参加同一申请单位评审和实地核查工作的专家原则上不能重复。组织实施单位要按回避制度的规定，拟定评审工作计划和随机抽取评审专家。

第二章 专家管理

第六条 国土资源部负责建立评审专家库。实施单位负责专家库的具体管理工作。

第七条 入库专家应符合下列条件：

（一）坚持原则，作风正派，认真负责，廉洁公正。

（二）从事油气、煤炭、黑色金属、有色金属、放射性矿产、化工矿产、非金属矿产等领域的地质、采矿、选矿、综合利用和矿产经济等专业性工作。

（三）在本专业有较深造诣，熟悉本专业国内外的技术情况，具有一定的知名度和权威性，一般应具有高级专业技术职称。

（四）愿意从事专项评审工作，且身体健康、能胜任审查工作。

第八条 专家入选程序：

（一）部组织各省（区、市）国土资源行政主管部门和相关行业协会、科研单位、大专院校、矿山企业进行推荐。

（二）专家所在单位或推荐单位组织专家填写“矿产资源节约与综合利用评审专家推荐表”和单位推荐意见。

（三）实施单位初审汇总后报评审委员会。

（四）评审委员会审定后纳入专家库管理。

第九条 专家按照能源、金属和非金属矿产等领域的矿产地质、采矿（油）、选矿、综合利用和矿产经济等专业分类，实行动态管理，及时筛选、补充、更新专家。

示范工程可根据工作需要对专家分类进行细分。

第十条 评审专家在评审工作中应遵守以下要求：

（一）按照规定的评审程序、标准和要求，独立、客观、公正、科学地对申报材料进行评审和计分。

（二）发现与被评审单位存在利害关系或有其他可能影响评审工作的情形，主动向评审专家组长申请回避。

（三）严格遵守保密要求，不得泄露申报材料和清单、评审专家名单，不得擅自披露评审结果、其他评审专家的意见，不得复制保留或向他人扩散评审资料。

第三章 评审程序及评审内容

第十一条 组织实施单位汇总申报材料，对申报材料进行合规性审查，对通过合规性审查的材料进行分类，将审查结果和评审工作计划报评审委员会。

第十二条 申报材料的合规性审查，主要审查下列材料是否齐全、有效。

（一）申报正文。中央有关部门、中央企业、省级财政部门和国土资源部门向财政部、国土资源部报送的正式文件和专项资金申请汇总表，报送单位盖章方可有效。

（二）申报附件。

1. 按照申报专项资金必须具备的 7 方面基本条件进行审查。

2. 申请奖励资金的，应有矿山企业申报的申请表、收入增量计算表和申请报告。

3. 申请示范工程的，应有矿山企业申报的基本情况表、可行性研究报告。

（三）其他必备材料。

1. 矿山所在地省级国土资源部门、财政部门组织的专家评审意见。

2. 中央企业申报的，要附矿山企业为中央企业全资子公司或控股公司（控股股份占 50% 以上）的证明材料和矿山所在地省级国土资源行政主管部门出具的审核意见。

第十三条 每次专项评审时成立专家委员会。"以奖代补"和示范工程的评审分别设立专家委员会，各设主任 1 名。专家委员会由各评审专家组的组长组成，负责评审过程的统筹协调，审议专家评审结果。

根据专项申报情况，专家委员会设立若干个专家评审组。每个专家评审组的专家数量不少于 7 人，专家人选按分类从专家库中随机抽取确定。专家组应包括从事相关领域的矿产地质、采矿（油）、选矿和矿产经济等方面的专家，并指定一名专家组长。

第十四条 每项申报材料（项目）由专家组长指定一名技术主审专家和一名经济主审专家（每个主审专家可负责多个项目），各主审专家对负责审查的材料进行详细阅读和认真审查，由技术主审专家提出不低于 150 字的初步审查意见，经济主审专家提出不低于 100 字的初步审查意见。

第十五条 专家组长组织会审，集中讨论本组每项申报材料。由技术主审专家和经济主审专家介绍所主审材料的主要内容和初步审查意见，其他参审专家充分讨论。主审专家根据专家讨论情况提出专家组评审意见。需要现场核查的在评审意见中应予明确。

各评审专家根据评审内容和评分标准进行打分。

第十六条 示范工程的立项论证需经过答辩程序。申请单位代表介绍项目的基本情况，评审专家质询，申请单位代表答复，评审专家会上完成打分并提出专家组评审意见。

第十七条 评审委员会对组织实施单位报送的专家评审结果进行审核，并经报部领导审定后，向社会公示。

第十八条 评审通过的获得一类奖励以上的，或根据专家评审意见需要核查的矿山企业，经评审委员会研究确定核查的矿山企业名单后，由实施单位组织专家进行实地核查。

第十九条 组织实施单位根据专项申报、评审情况、专家评审意见、实地核查意见和公示情况，对评审工作进行总结，并将评审结果和有关材料报送评审委员会。

第二十条 “以奖代补”评审的主要内容：

（一）指标合理性审查。开采回采率、选矿回收率和综合利用率考核标准选取是否合理；实际的开采回采率、选矿回收率和综合利用率计算结果是否符合矿山实际；前三年度完成的用于提高“三率”的投资（技改）项目投资是否符合实际。

（二）技术先进性审查。矿山采选技术和综合利用技术对提高矿产资源的合理开发利用是否先进、可行，推广价值如何。

（三）投入产出数据审查。重点审查前三年因提高“三率”而增加的矿产品收入和投资计算的可靠性，如申报材料计算错误专家需进行重新计算。

（四）经济效益审查。矿产资源节约与综合利用收入增量和用于提高“三率”的项目投资取得的经济效益是否显著。

（五）社会效益审查。矿产资源合理开发和综合利用取得社会效益情况，对环境保护、安全生产和促进当地经济发展等是否具有重要意义，其产品对满足经济社会发展的需求是否具有重要作用。

（六）履行义务情况审查。矿山企业矿产资源合理开发利用管理制度是否健全，机构设置和技术力量是否满足工作需要，储量台账是否规范、完整，相关税费是否依法缴纳，矿产资源开发利用年度检查是否合格。

第二十一条 示范工程评审内容主要包括：

（一）立项的必要性。是否符合矿产资源规划支持的重点及方向，是否属于矿产资源规划确定的重点工程，是否符合国家相关产业政策等。

（二）技术方案可行性。技术方法是否先进适用，是否具有规模效应，是否可大幅度提高资源利用水平，是否符合矿产资源节约与综合利用鼓励、限制、淘汰技术目录的有关要求等。

（三）已有工作基础。示范工程有关工作是否已纳入矿山企业发展规划，是否能确保资源综合利用工作得到及时有效开展。实施单位在相关领域和专业是否具有较强的技术优势和创新能力，是否具备必备的人才条件、技术装备和组织管理能力等。

（四）经费预算及资金匹配能力。预算编制是否科学、完整、合理，项目支出是否符合专项资金管理办法的相关规定，是否具有较强的资金筹措能力和落实配套资金等。

（五）工程实施的经济和社会效益。示范工程实施是否具有良好的经济效益与社会效益。预期示范效果、推广价值是否显著等。

第四章　评审计分与排序

第二十二条 专项评审采取评分制，满分为100分，具体格式和要求见附件1、附件2。专家组各专家评分去掉最高分和最低分后的平均值作为申报矿山的总得分。总得分高于60分的获得参加排队资格。

第二十三条 矿山企业奖励等级根据综合评价指标排序确定。

综合评价指标是指：矿山企业前三年度因“三率”高于规定标准而增加的矿产品的销售收入（简称“增量收入”）和用于矿产资源节约与综合利用项目直接投资金额（简称“直接投资”）两项指标的综合计算

结果。计算公式为：

$$P=(\triangle F+I)\times\lambda$$

式中：P—综合评价指标（单位：万元）。

⊿F—矿山企业前三年度因“三率”指标高于规定标准而增加的矿产品的销售收入（单位：万元）。

I—矿山企业前三年度完成的用于提高“三率”并取得显著成效的项目直接投资额（单位：万元）。

λ—专家评判系数（专家组确定的最终得分除以100）。

根据矿产资源急缺程度，可适时对不同矿种根据上述公式计算结果进行调整。

第二十四条 示范工程论证优先考虑下列因素：

（一）纳入矿产资源规划、国家紧缺矿产资源和能源矿产的综合利用示范工程，以及国家重要矿产资源基地、资源型城市和矿业经济区的示范工程。

（二）技术先进适用、有市场、有竞争力、效益好、示范效应显著和已经完成前期准备工作当年可以开工的示范工程。

（三）具备建设绿色矿山条件的示范工程。

（四）大宗难利用矿产资源综合利用技术应用示范工程。

第五章 监督管理

第二十五条 监审委员会负责评审工作的监督，监督内容主要包括：

（一）组织实施单位的评审组织实施工作是否符合有关程序和规定要求。

（二）评审专家是否按有关评审程序和规定进行评审，是否遵循回避和保密规定，是否做到客观公正。

（三）评审工作人员是否干扰评审专家的评审，是否徇私舞弊，是否遵守保密规定。

（四）负责评审结果公示期间社会对评审结果异议情况的调查处理。

第二十六条 在评审或核查过程中发现专家存在徇私舞弊、不按规定进行评审的，由监审委员会研究确定取消该专家的资格。评审结果无效，由组织实施单位重新组织评审。

第二十七条 参加评审的所有工作人员，要严格遵守评审工作的规定和要求，对项目的评审过程、相关资料、技术等信息保密，保护申请人和其他参加评审专家的权益。

第六章 附 则

第二十八条 本办法由国土资源部负责解释。

第二十九条 本《办法》自发布之日起施行。

关于进一步完善采矿权登记管理有关问题的通知

国土资发〔2011〕14号

各省、自治区、直辖市国土资源厅（国土环境资源厅、国土资源局、国土资源和房屋管理局、规划和国土资源管理局），新疆生产建设兵团国土资源局：

为进一步完善采矿权登记管理，规范采矿权市场秩序，维护采矿权人的合法权益，促进矿产资源合理开发利用，依据《中华人民共和国矿产资源法》、《矿产资源开采登记管理办法》和《探矿权采矿权转让管理办法》等相关法律法规规定，现就进一步完善矿产资源开采登记管理(石油、天然气和煤层气除外）的有关问题通知如下：

一、规范划定矿区范围管理

（一）划定矿区范围是指登记管理机关对划定矿区范围申请人提出的可供开采矿产资源范围及拟设开采工程分布范围的立体空间区域，依法审查批准的行政行为。划定矿区范围的批准文件是申请人开展采矿登记各项准备工作的依据。

登记管理机关原则上应根据可供开采矿产资源范围审批划定矿区范

围。拟设开采工程分布范围超出探矿权范围的，经登记管理机关组织专家论证通过后，方可批准申请划定矿区范围。

（二）划定矿区范围依据的矿产资源储量的勘查程度，应符合现行规程规范要求，大中型煤矿应达到勘探程度；非煤矿山、小型煤矿原则上应达到勘探程度；简单矿床应达到详查程度并符合开采设计要求；《关于进一步规范矿业权出让管理的通知》（国土资发〔2006〕12号）中规定的第三类矿产应达到矿山建设要求的地质工作程度，具体要求由各省（区、市）国土资源主管部门另行规定。

（三）划定矿区范围必须符合矿产资源规划和矿业权设置方案。国家规划矿区内矿业权设置方案未经批准的，原则上不受理新立矿业权申请；国家规划矿区内探矿权人持其探矿权申请采矿权，申请范围与矿产资源规划和矿业权设置方案不符的，原则上应调整到与矿产资源规划和矿业权设置方案一致后申请划定矿区范围。

涉及矿产资源规划和矿业权设置方案调整的，登记管理机关应发布公告，调整期间暂停受理相关矿区的新立矿业权的业务。

（四）申请划定矿区范围的，除《国土资源部行政审批事项办事指南》和《关于调整探矿权采矿权申请资料有关问题的公告》等有关规定的要件外，还应符合以下要求：

1. 探矿权人申请划定矿区范围的，应出具经年检合格的勘查许可证。

2. 以协议方式出让的，凭登记管理机关同意以协议方式出让采矿权的文件，编制资源储量核实报告，经评审、备案后，凭相关文件申请划定矿区范围。

3. 按矿产资源开发整合要求设立或变更采矿权的，申请人可凭依照规定批准的矿产资源整合方案，申请办理矿区范围的资源储量核实、评审、备案；凭评审备案文件申请划定矿区范围。

（五）申请划定的矿区范围与周边毗邻的采矿权应按设计规范的规定保留安全间距。

（六）已设采矿权利用原有生产系统申请扩大矿区范围的，应符合国家产业政策、矿产资源规划和矿业权设置方案。扩区范围的地质工作程度应满足设立采矿权的要求；不能满足的，应申请探矿权。

满足设立采矿权要求的，申请人应在完成资源储量评审后，申请划定矿区范围；依据划定矿区范围批准文件，申请资源储量备案；涉及采矿权价款的，应按规定完成价款评估。采矿权扩区范围原则上限于原采矿权深部及周边零星分散且不宜单独另设采矿权的资源。

应申请探矿权的，第一类矿产的勘查空白区，按新立探矿权办理；其他勘查区，原则上按周边及深部不宜单独另设探矿权、采矿权的范围办理。

（七）需超过上一条规定扩大矿区范围的，登记管理机关应按照矿产资源规划和矿业权设置方案，重新设立矿业权，原采矿权人可以参与竞争。需按协议方式出让的，按《关于进一步规范矿业权出让管理的通知》（国土资发〔2006〕12 号）等规定的省级人民政府正式行文报国土资源部批准的程序和条件办理。

（八）矿区范围内涉及多个矿种的，采矿权申请人应按储量评审报告审定的主矿种申请划定矿区范围，并对共伴生资源综合利用，对共伴生资源综合利用有限制性规定的，按有关规定办理。

（九）探矿权人在取得划定矿区范围批复后，需要变更划定矿区范围批复持有人的，应在办理完成探矿权转让变更手续后，由探矿权受让人凭转让变更后的勘查许可证，申请办理划定矿区范围持有人的变更手续。

通过招标拍卖挂牌等竞争方式取得划定矿区范围批复的，竞得人需要变更划定矿区范围持有人的，经登记管理机关审查并经公示无异议后，可以变更划定矿区范围持有主体。

以协议出让方式划定的矿区范围，除根据企业经营需要设立全资子公司外，不得变更持有人。

（十）探矿权人在取得划定矿区范围批复后至取得采矿权前，探矿权有效期届满，可按有关规定申请办理探矿权保留。

（十一）探矿权人拟以部分勘查区块申请采矿权的，应在全区地质工作程度达到详查以上并申请探矿权分立后，按规定申请划定矿区范围。

（十二）非企业自身原因导致无法在规定期限内申请采矿登记的，申请人凭相关证明材料，在划定矿区范围预留期届满30日前，申请延续划定矿区范围预留期。延续期限每次不得超过原预留期限。

二、进一步规范采矿权新立、延续和审批管理

（十三）申请采矿权应具有独立企业法人资格，企业注册资本应不少于经审定的矿产资源开发利用方案测算的矿山建设投资总额的百分之三十，外商投资企业申请限制类矿种采矿权的，应出具有关部门的项目核准文件。

申请人在取得采矿许可证后，必须具备其他有关法定条件后方可实施开采作业。

采矿权人应当严格按照经审查批准的相关要件实施开采作业，接受相关部门的监督管理。

（十四）除同属一个矿业权人的情形外，矿业权在垂直投影范围内原则上不得重叠。涉及和石油、天然气等特定矿种的矿业权重叠的，应当签署互不影响，确保安全生产的协议后，办理采矿许可证。

（十五）探矿权人申请采矿许可证的，探矿权人在提出采矿登记申请时，应同时向登记管理机关提交探矿权注销申请，登记管理机关在批准采矿权新立时，同时注销该探矿权。勘查登记与采矿登记不属于同一登记机关的，采矿权新立一经批准，探矿权人应向原勘查登记管理机关提交探矿权注销申请，并凭探矿权注销通知（证明）领取采矿许可证。

（十六）采矿许可证剩余有效期不足一年的，负责采矿权年检的国土资源主管部门可以根据当地政府的有关社会服务要求，提醒告知采矿

权延续事项。采矿许可证剩余有效期不足三个月的，登记管理机关应在本级或上级机关的门户网站上滚动提示采矿权延续事项。

采矿权人在采矿许可证有效期届满前无法完成延续要件准备的，应向登记管理机关书面说明原因，登记管理机关可以在原采矿许可证上加注有效期顺延三个月。

（十七）因新增审批要件（要求）造成无法按正常规定办理采矿权延续的，登记管理机关可根据实际需要顺延 1 至 2 年，并在采矿许可证副本上注明其原因和要求。

（十八）采矿权人申请采矿权延续登记，应出具经年检合格的采矿许可证，属《矿产资源开采登记管理办法》附录所列的矿种大中型资源储量规模的，凭近三年经评审备案的资源储量报告确定剩余查明资源储量；其余的可根据需要凭当年或上一年度经审查合格的矿山储量年报作为剩余查明资源储量的依据。采矿许可证延续的期限应与矿区范围内剩余的可开采利用的查明资源储量相适应，但不得超过国家规定的最长有效期限。采矿权延续申请批准后，其有效期应始于延续采矿许可证原有效期截止之日。

三、严格采矿权转让、变更条件和审批管理

（十九）转让采矿权受让人应具备本通知第十三条规定的采矿权申请人条件，并承继该采矿权的权利、义务。

（二十）采矿权转让涉及管理权限调整的，原登记管理机关完成转让审批并提出转报意见后，由调整后的登记管理机关办理采矿权变更登记。

（二十一）国有矿山企业申请转让采矿权的，应当获得其上级主管部门或单位的同意。

（二十二）有下列情形之一的采矿权不得转让：

1. 采矿权部分转让的；

2. 被纳入矿产资源开发整合方案的采矿权向非整合主体转让的；

3. 按国家产业政策属于关闭矿山的；

4. 按国家有关规定属于禁止开采区域的；

5. 采矿权抵押备案期内未经抵押权人同意的；

6. 采矿权处于国土资源行政主管部门立案查处、法院查封、扣押或公安、税务、检察机关等通知立案查处状态的。

除母公司与全资子公司之间的采矿权转让外，以协议出让方式取得的采矿权投产未满5年不得转让，确需转让的按原协议出让程序办理。

（二十三）采矿权原则上不得分立，因开采条件变化等特殊原因确需分立的，应符合矿产资源规划和矿业权设置方案，或由省级以上登记管理机关组织专家对分立方案进行论证，论证通过并公示无异议的，经登记管理机关同意后，准予变更登记。

（二十四）人民法院将采矿权拍卖或裁定给他人，受让人应依法申请变更登记。申请变更登记的受让人应具备本通知第十三条规定的资质条件，登记管理机关凭生效的判决文件，依法予以办理采矿权变更登记。

（二十五）除《矿产资源开采登记管理办法》第15条规定的情形外，凡增加或减少主要开采矿种的、变更生产规模的、变更矿山名称的，采矿权人应当在采矿许可证有效期内，向登记管理机关申请变更登记。

申请变更主要开采矿种的，应提交相关的储量评审备案文件，并根据需要提交经审查批准的矿产资源开发利用方案、环境影响评价报告和矿山安全生产监管部门的审查意见。由高风险矿种变更为低风险矿种的，还应缴纳矿业权价款；变更为国家实行开采总量控制矿种的，还应符合国家有关宏观调控的规定和开采总量控制要求，并需经专家论证通过、公示无异议。

申请扩大生产规模的，应提交经审查批准的矿产资源开发利用方案、环境影响评价报告及矿山安全生产监管部门的审查意见；申请变更矿山名称的，应提交相关的依据性文件。

煤炭采矿权人申请扩大生产规模的，还应当提交有关行业管理部门核定生产能力的文件；实行开采总量控制的矿种申请扩大生产，规模的，还应符合开采总量控制指标的有关规定。

（二十六）除法律法规规定或特定情形外，采矿权转让人和受让人应同时提交转让和变更申请，登记管理机关应同时办理转让审批和变更登记。

（二十七）采矿许可证剩余有效期不足四个月，采矿权人申请转让、变更的，受让人应同时向登记管理机关申请办理延续登记。

四、规范采矿权抵押备案、注销条件

（二十八）采矿权人申请抵押备案的，应向登记管理机关提交以下资料：

1. 抵押备案申请书；

2. 抵押合同；

3. 贷款合同；

4. 采矿权有偿取得（处置）凭证；

5. 采矿许可证（复印件）等相关要件。

到原登记管理机关办理备案手续，符合规定的，登记管理机关向抵押双方出具备案证明。

（二十九）登记管理机关予以备案的采矿权抵押申请，应具备以下条件：

1. 矿业权价款已按规定缴清；

2. 采矿权权属无争议；

3. 采矿权未被法定机关扣压、查封；

4. 采矿权抵押期没有超过采矿许可证有效期；

5. 采矿权未处于抵押备案状态或债权人间就受偿关系达成协议。

（三十）符合抵押备案条件的，登记管理机关出具抵押备案的通知，通知内容包括：抵押期限、采矿权转让和抵押实现的条件及抵押备案解除的条件等相关事项；并就抵押双方对标的物价值认定自行承担全部责任、采矿权人因违反矿产资源法律法规受罚后果自负等予以告知。

（三十一）采矿权抵押合同解除后20个工作日内，采矿权人应持抵押双方签署的抵押备案解除申请书及原备案文件到原抵押备案机关申请抵押备案解除。

（三十二）采矿权人具有下列情形之一的，经公告、并已送达采矿许可证注销通知期满60个工作日后仍不申请办理注销的，原登记管理机关可以直接注销采矿许可证。

1. 县级以上人民政府因安全生产问题决定关闭且企业法人不再存续的；

2. 企业法人主体资格灭失并且没有合法权利义务承继主体的；

3. 法律法规规定的其他需要直接注销的情形。

五、其他有关规定

（三十三）外商投资开采矿产资源的，应符合外商投资产业指导目录的有关规定，依照对内资企业发证的权限颁发采矿许可证。

（三十四）采矿许可证遗失或损毁的，采矿权人应及时在采矿登记机关所在地的主流媒体上刊登遗失声明满30日后，持补领申请书及遗失声明登载物原件到原登记管理机关申请补办采矿许可证。

采矿许可证被损坏的，采矿权人应携带能被鉴别为原采矿权许可证的残留件到登记管理机关申请补办采矿许可证。

登记管理机关补办的采矿许可证登记内容应与原证一致，并应注明补领时间。

（三十五）采矿权人可以在采矿许可证有效期内依法回收利用其尾矿资源和采矿废石，无需另行办理采矿登记；形成尾矿资源和采矿废石的采矿权已经灭失的，登记管理机关应在保障安全和保护环境的前提下，按新立采矿权的程序出让尾矿资源采矿权。

（三十六）在划定矿区范围、采矿权新立、延续、转让和变更等过程中涉及采矿权有偿处置的，应按《关于深化探矿权采矿权有偿取得制度改革有关问题的通知》等有关规定执行。

（三十七）申请人到登记管理机关办理登记手续的，应出具企业法人执照、法定代表人证明和本人身份证等原件，经核实无误后，方可将复印件作为申报要件；委托他人办理的，被委托人应出具企业法定代表人的书面委托书和本人身份证。

（三十八）登记管理机关接收采矿权登记申请资料后应出具回执。

需要申请人补正资料的，登记管理机关应书面通知申请人限期补充或者修改。采矿权申请人应在规定的期限内提交补正的资料。

补正资料及听证、鉴定、专家评审、向有关管理机关函调等所需时间不计入审批期限。

（三十九）采矿权申请人对其提供的申请材料的真实性负责；通过隐瞒有关情况、提供虚假材料或者拒绝提供反映其活动情况真实材料等不正当手段骗取采矿登记的，一经发现依据有关规定处理；构成犯罪的，移交司法机关依法追究责任。

（四十）各省（区、市）国土资源主管部门可根据实际情况，制定具体实施办法，并报部备案。对《关于进一步规范矿业权出让管理的通知》（国土资发〔2006〕12 号）规定的第三类矿产，可根据实际情况适当简化采矿登记申报要件要求。

各级国土资源主管部门要按照本通知的要求，进一步规范和加强采矿登记工作的管理。国土资源部和地方各级国土资源主管部门以往规定与本通知不一致的，以本通知为准。各地在执行中如有问题请及时报部。

国土资源部关于加强矿业权评估行业管理的通知

国土资发〔2011〕40号

各省、自治区、直辖市国土资源厅（国土环境资源厅、国土资源局、国土资源和房屋管理局、规划和国土资源管理局），中国矿业权评估师协会：

为加强矿业权评估行业管理，进一步规范矿业权价款评估工作，依据矿产资源管理法律法规，按照《中共国土资源部党组关于印发深化改革创新制度建立国土资源系统反腐倡廉工作长效机制实施方案的通知》（国土资党发〔2010〕37号）要求，现就有关事项通知如下：

一、切实提高对加强矿业权评估行业管理重要意义的认识

改革开放以来，随着我国矿业权有偿取得制度的建立，矿业权价款评估应运而生，在各级国土资源主管部门和行业协会、评估机构、评估师的共同努力下，矿业权评估事业不断发展壮大，并在推进矿业权市场建设中发挥了重要作用。但矿业权价款评估是一项全新的工作，实践中还需要进一步完善和规范管理。目前存在的主要问题是：矿业权评

估理论有待进一步深化，对矿业权价款评估工作的重要意义及其概念、内涵和作用认识不足；建立全国统一的矿业权价款评估市场仍然存在较大难度；矿业权评估业务受不正当干扰的现象仍然存在；行业公信力不强、诚信自律管理制度尚不健全；少数评估机构和评估师行为不规范、素质不高；省级国土资源主管部门监督管理职能不明确，作用未能充分发挥。

为有效解决上述问题，推动矿业权评估事业的健康发展，各级国土资源主管部门要从深化社会主义市场经济体制改革、规范矿政管理、维护国家利益和矿业权人合法权益的高度，提高对做好矿业权评估行业管理工作重要性的认识、切实加强领导、完善制度、理顺关系、明确职责、加强监督管理，通过对矿业权评估行业管理的不断规范和完善，促进矿业权市场的建设。

二、准确把握矿业权价款评估工作的地位和作用

各级国土资源主管部门应进一步统一认识，准确把握矿业权价款评估工作的地位和作用。矿业权价款评估是具有矿业权评估师执业资格的人员和矿业权评估资质的机构给予委托关系，对约定矿业权的价款进行评价、估算，并通过评估报告的形式提供咨询意见的市场服务行为。根据矿产资源法律法规，凡属于国家出资勘查形成的矿产地均应进行矿业权价款评估，矿业权申请人要缴纳矿业权价款。矿业权评估机构以其公信力参与矿业权价款评估，矿业权价款评估结论是确定矿业权价款的重要参考依据。矿业权管理机关是规定收取矿业权价款的重要参考依据。矿业权管理机关在按规定收取矿业权价款时，应参考矿业权价款结论，合理确定矿业权价款。

三、理顺关系，明确职责

做好矿业权评估行业管理是国土资源主管部门和矿业权评估行业协会的一项重要职责。各级国土资源主管部门要严格按照国家有关资产评估的政策、要求，认真执行国土资源部关于矿业权评估的有关制度，切实加强矿业权评估监督管理。

（一）省级国土资源主管部门监督管理的主要任务是：

1. 宣传贯彻国家有关资产评估的政策、规定，严格执行国土资源部矿业权评估有关文件要求；

2. 履行矿业权评估活动属地化管理职责，对矿业权评估机构和评估师的评估活动进行监督管理；

3. 对部负责备案的矿业权评估项目开展情况进行备案，协助部了解矿业权价款评估项目有关情况。

省级以下国土资源主管部门要按照矿业权审批权限，严格执行部矿业权评估管理有关规定，做好本级出让矿业权的价款评估管理工作。

（二）中国矿业权评估师协会要在国土资源部指导下，严格按照协会章程，切实采取措施，加强业务建设和行业自律。主要任务是：

1. 开展矿业权评估理论方法研究，制定并完善中国矿业权评估准则体系；

2. 编制并组织实施矿业权评估行业发展规划；

3. 制定矿业权评估行业自律规范，开展行业自律监督检查，惩戒违反行业自律规范的行为；

4. 负责矿业权评估机构和评估师执业资质资格管理，健全完善准入、退出机制；

5. 组织开展矿业权评估从业人员业务培训与交流等。

四、切实强化国土资源主管部门对矿业权评估行业的监督管理

（一）实行矿业权评估活动监督属地化管理。各级国土资源主管部门要认真执行国土资源部关于矿业权评估工作的各项制度和办法，重点加强对矿业权评估机构和评估师执业行为的监督管理。对矿业权评估机构和评估师执业行为监督管理总的原则是实行矿业权评估活动属地化管理。属于本级国土资源主管部门出让矿业权开展的矿业权价款评估活动，由本级国土资源主管部门负责监督管理。省（区、市）国土资源主管部门要将当年矿业权价款评估报告中主要参数表于年底报国土资源部。

（二）建立评估活动备案制度。凡承担国土资源部出让矿业权价款评估的机构，自取得项目评估任务并到现场开展评估活动起一个月内必须持矿业权评估机构资质和业务合同复印件到当地省（区、市）国土资源主管部门进行备案，评估项目现场工作完成后及时向备案部门报告工作情况。省（区、市）国土资源主管部门每年要将矿业权评估活动备案情况汇总报国土资源部，并可以根据情况，组织对矿业权评估活动进行调查了解，对上级交办的和社会反映矿业权评估存在违法、违规行为的要依法调查，并将调查结果报国土资源部处理。

五、进一步规范矿业权价款评估管理和评估机构及评估师的执业行为

进一步规范矿业权价款评估管理和评估机构及评估师的执业行为是落实部“两整治一改革”预防和治理矿业权评估领域腐败行为发生的一项重要措施。

（一）进一步规范矿业权价款评估管理。各级国土资源主管部门要

认真执行部已下发文件的要求，在出让矿业权价款评估选择矿业权评估机构时，严格按照公开、公平、公正的原则，一律采用摇号等公开的方式确定，不得设置没有部文件依据的矿业权评估机构和评估师的准入条件，选择结果通过媒体公示；评估报告合规性审查通过后，要将评估报告有关内容及合同在媒体公示。

（二）进一步规范评估机构和评估师的执业行为。矿业权评估机构及评估师在执业时，要严格执行矿业权评估管理办法、矿业权评估执业自律管理等相关规定，严格履行评估合同，认真开展实地调查，尽职、尽责地开展评估活动。矿业权评估机构及评估师不准利用职务之便，索取、收受合同规定以外的酬金或其他财务等不正当利益；不准与利益相关人串通，出具虚假或有重大差错或遗漏的评估报告。

（三）建立评估合同履约考核制度。矿业权评估机构要严格执行合同约定的时限条款，凡申请延期的，原则上延长一次，时间不超过10个工作日。由于矿业权评估机构自身的原因，逾期还不能完成的，国土资源主管部门要给予警告并在网上公告，自公告之日起取消其半年内参加摇号报名资格。中国矿业权评估师协会根据国土资源主管部门的公告将有关情况记录在矿业权评估机构的诚信档案，对情节严重的不得通过年检。

六、切实加强矿业权评估机构及评估师资质、资格管理

（一）建立、健全评估机构准入、退出机制。评估机构资质和评估师资格管理是矿业权评估行业健康发展的重要保证。中国矿业权评估师协会要按照国土资源部要求，严格执行《矿业权评估管理办法（试行）》（国土资发〔2008〕174号）、《矿业权评估师执业资格制度暂行规定》（人发〔2000〕82号）、《矿业权评估机构资质管理暂行办法》（矿评协字〔2007〕8号）和《中国矿业权评估师协会自律管理规定》（矿评协

发〔2008〕5号），按照矿业权评估行业发展规划，综合考虑市场规模，控制发展矿业权评估机构的数量。严格按照有关规定，建立评估机构准入退出机制。对评估机构评估业务人员等发生变化，已不具备国土资发〔2008〕174号文件等第十八条规定的条件；连续两年未开展评估业务或连续两年未通过年检；违反本通知第五条规定“两不准”要求，经查证属实的，应取消其资质。

（二）加强矿业权评估师执业注册管理。凡未在中国矿业权评估师协会进行执业注册的矿业权评估师，签署的矿业权评估报告不具法律效力。矿业权评估师在评估活动中违反本通知第五条“两不准”要求，经查证属实的，一律注销注册，吊销矿业权评估师资格证书。

七、完善制度，落实矿业权评估行业健康发展、提高行业公信力的重要任务，中国矿业权评估师协会是矿业权评估行业自律管理的责任单位，要在国土资源部指导监督下做好矿业权评估行业自律管理工作

（一）认真将行业自律规定落到实处。要认真履行矿评协发〔2008〕5号等相关规定，督促矿业权评估机构、矿业权评估师和从业人员在执业中遵守国家法律、法规与行业规范，恪守“独立、客观、公正”原则，维护委托人和相关人合法权益。

（二）进一步完善矿业权评估准则体系。根据矿业权市场建设和矿业权出让方式的新情况、新要求，组织开展矿业权评估理论方法研究，进一步完善矿业权评估准则体系，不断满足矿政管理和矿业权市场发展的需要。

（三）建立健全行业内部自我约束、自我纠错机制。要认真组织开展矿业权评估机构年检，并将年检情况向国土资源部报告后向社会公告；对各评估机构的评估工作质量进行检查，不断提高评估工作水平；

进一步完善矿业权评估机构和矿业权评估师诚信档案管理制度，做好矿业权评估机构和矿业权评估师诚信档案的建设、管理和维护工作，矿业权评估机构和矿业权评估师的基本信息、诚信档案等情况应向社会公开。

（四）进一步做好宣传、培训工作和服务工作。要主动接受社会监督，收集社会对矿业权评估工作的评议、意见和建议等有关信息，定期在全行业通报。加强对矿业权评估工作的宣传，积极回应社会、媒体有关矿业权评估工作的评论，取得社会对矿业权评估工作的理解和支持。加大对矿业权管理相关制度和自律管理规定的培训，牢固树立依法依规从业的思想意识，做到警钟长鸣。

各省（市、区）国土资源主管部门和中国矿业权评估师协会要根据本通知要求，从落实行业监督管理和行业自律管理的职责入手，结合实际情况，进一步细化管理措施，加强行政监督，强化行业管理，改进工作方法，提升矿业权评估行业监督管理水平。各省（市、区）国土资源主管部门和中国矿业权评估师协会每年三月将上年度矿业权评估行业监督管理情况进行总结，形成报告后报国土资源部。在落实本通知过程中遇到的问题，要及时向部报告。

矿业权转让等其他咨询评估活动的管理比照上述原则办理。各省（区、县）国土资源主管部门可按上述原则制定具体管理办法。

从发文之日起，本通知的有效期为八年。

国土资源部关于印发《矿业权交易规则（试行）》的通知

国土资发〔2011〕242号

各省、自治区、直辖市国土资源主管部门：

为规范各地矿业权交易机构和矿业权人的交易行为，促进矿业权市场健康发展，现将《矿业权交易规则（试行）》印发给你们，请遵照执行。

二〇一一年十二月三十一日

矿业权交易规则（试行）

第一章　总　则

第一条　为规范矿业权交易机构和矿业权人交易行为，确保矿业权市场交易公开、公平、公正，维护国家权益和矿业权人合法权益，根据《中华人民共和国矿产资源法》等相关规定及国土资源部对矿业权有形市场建设的有关要求，制定本规则。

第二条　本规则所称矿业权是指探矿权和采矿权，矿业权交易是指县级以上人民政府国土资源主管部门（以下简称国土资源主管部门）出让矿业权和矿业权人转让矿业权的行为。

矿业权出让是指国土资源主管部门根据矿业权审批权限和矿产资源规划及矿业权设置方案，以招标、拍卖、挂牌、探矿权转采矿权、协议等方式依法向采矿权申请人授予采矿权的行为。

矿业权转让是指矿业权人将矿业权依法转移给他人的行为。

第三条　矿业权交易适用本规则。

第四条　矿业权交易主体是指依法参加矿业权交易的出让人、转让人、受让人、投标人、竞买人、中标人和竞得人。矿业权交易主体资质应符合法律、法规的有关规定。

出让人是指国土资源主管部门。转让人是指已拥有合法矿业权的矿业权人。受让人是指符合探矿权、采矿权申请条件或受让条件的、具有独立承担民事责任的法人。

以招标方式出让、转让的，参与投标各方为投标人，中标方为中标人；以拍卖和挂牌方式出让、转让的，参与竞拍和竞买各方均为竞买人，竞得方为竞得人。

第五条 矿业权交易机构是指依法设立，并属国土资源主管部门管理或经国土资源主管部门委托的，为矿业权出让、转让提供交易服务的事业单位法人或企业法人。

矿业权交易机构应当具有固定的交易场所、完善的交易管理制度、相应的设备和专业技术人员，并在上一级国土资源主管部门备案。

矿业权交易机构可委托具有相应资质的交易代理中介机构完成具体的招标、拍卖程序工作。

第六条 矿业权交易机构应按照本规则组织矿业权交易，公开交易服务指南、交易程序、交易流程、格式文书等，自觉接受国土资源主管部门的监督，加强自律管理，维护市场秩序，保证矿业权交易活动的正常进行。

第七条 矿业权出让转让应按照审批管理权限，在依法设立的同级矿业权交易机构或国土资源主管部门委托的矿业权交易机构中进行。

国土资源部招标拍卖挂牌出让矿业权的和须到国土资源部办理矿业权转让审批手续的，由部委托省级人民政府国土资源主管部门在省级矿业权交易机构中组织实施、鉴证、公示。

第八条 矿业权出让交易必须在矿业权交易机构提供的固定交易场所或矿业权交易机构提供的互联网交易平台上进行，矿业权转让必须在矿业权交易机构提供交易场所或矿业权交易机构提供的互联网络交易平台上鉴证和公示。

第九条 以招标、拍卖、挂牌方式出让矿业权的，矿业权交易机构按照国土资源主管部门下达的委托书组织。

以招标、拍卖、挂牌方式转让矿业权的，转让人与矿业权交易机构签订委托合同，由矿业权交易机构组织交易。委托合同应包括下列内容：

（一）转让人和矿业权交易机构的名称、场所；

（二）委托服务事项及要求；

（三）服务费用；

（四）违约责任；

（五）纠纷解决方式；

（六）需要约定的其他事项。

第二章 公告与登记

第十条 矿业权交易机构依据出让人、转让人提供的相关材料发布出让、转让公告，编制招标拍卖挂牌的相关文件。

第十一条 矿业权交易机构应在下列平台同时发布公告：

（一）国土资源部门户网站（矿业权出让转让公示公开系统）；

（二）同级国土资源主管部门门户网站；

（三）在矿业权交易机构交易大厅或互联网络交易平台；

（四）有必要采取的其他方式。

第十二条 出让、转让公告应包括以下内容：

（一）出让人、转让人和矿业权交易机构的名称、场所；

（二）出让、转让矿业权的简要情况，包括项目名称、地理位置、拐点坐标、采矿权的开采标高、面积、矿种、资源储量（勘查工作）情况、出让年限或勘查许可证（采矿许可证）有效期等；

（三）投标人或竞买人的资质条件；

（四）出让、转让方式及交易的时间、地点；

（五）获取招标、拍卖、挂牌文件的途径和申请登记的起止时间及方式；

（六）确定受让人的标准和方法；

（七）交易保证金的缴纳和处置；

（八）风险提示；

（九）对交易矿业权存有异议的提示；

（十）需要公告的其他内容。

第十三条 以招标方式出让、转让矿业权的，应在投标截止日 30 日前发布公告。

以拍卖、挂牌方式出让、转让矿业权的，应在公开拍卖日或挂牌起始日 20 日前发布公告。

第十四条 矿业权交易机构应按公告载明的时间、地点、方式，接受竞买人或投标人的书面申请；竞买人或投标人应提供其符合矿业权受让人的书面申请；竞买人或投标人应提供其符合矿业权受让人主体资质的有效证明材料，并对其真实性和合法性负责。

矿业权受让人资质证明材料应包括：企业法人营业执照或事业单位法人证书、法定代表人身份证明以及按规定应当提供的其他材料。

第十五条 经矿业权交易机构审核符合受让人资质条件的竞买人或投标人，按照交易公告缴纳交易保证金后，经矿业权交易机构书面确认后取得交易资格。

第三章 交易形式及流程

第十六条 矿业权交易机构应按公告确定的时间、地点组织交易，并书面通知出让人、转让人和取得交易资格的竞买人或投标人参加。

第十七条 招标、拍卖出让或转让矿业权的，每宗标的的投标人或竞买人不得少于三人。少于三人的，出让人或转让人应按照相关规定停止拍卖或重新组织或选择其他方式交易。

第十八条 招标、拍卖、挂牌等竞争方式出让或转让矿业权的，招标标底、拍卖或挂牌底价、起始价由出让人、转让人按国家有关规定确定。

招标标底、拍卖和挂牌底价在交易活动结束前须保密且不得变更。

无底价拍卖的，应在竞价开始前予以说明；无底价挂牌的，应在挂牌起始日予以说明。

第十九条 投标人应在投标截止时间之前，将投标文件密封送达矿业权交易机构，矿业权交易机构当场签收保存，在开标前不得开启；投标截止时间之后送达的，矿业权交易机构应当拒收。

在投标截止时间之前，投标人可以补充、修改但不得撤回投标文件，补充、修改的内容作为投标文件的组成部分。

第二十条 开标时，由出让人、转让人、投标人检查投标文件的密封情况，当众拆封，由矿业权交易机构工作人员宣读投标人名称、投标价格和投标文件的主要内容。

矿业权交易机构按照有关规定组建评标委员会，按招标公告确定的评标标准和方法，择优确定中标人。

第二十一条 拍卖会依照下列程序组织竞价：

（一）拍卖主持人点算竞买人；

（二）拍卖主持人介绍拍卖标的简要情况；

（三）拍卖主持人宣布拍卖规则和注意事项，说明本次拍卖有无底价设置；

（四）拍卖主持人报出起始价；

（五）竞买人应价；

（六）拍卖主持人宣布拍卖交易结果。

第二十二条 挂牌期间，矿业权交易机构应在挂牌起始日公布挂牌起始价、增价规则、挂牌时间等；竞买人在挂牌时间内填写报价单报价，报价相同的，最先报价为有效报价；矿业权交易机构确认有效报价后，更新挂牌价。

在挂牌期限截止前30分钟仍有竞买人要求报价的，矿业权交易机构应以当时的挂牌价为起始价进行现场竞价或网上限时竞价。

挂牌时间不得少于10个工作日。

第二十三条 拍卖会竞价结束、挂牌期限届满，矿业权交易机构依照下列规定确定是否成交：

（一）有底价的，不低于底价的最高报价者为竞得人；无底价的，不低于起始价的最高报价者为竞得人。

（二）无人报价或竞买人报价低于起始价的，不成交。

第四章　确认及中止、终止

第二十四条　招标成交的，矿业权交易机构应通知中标人在接到通知之日起 5 个工作日内签订成交确认书；拍卖、挂牌成交的，应当场签订成交确认书。

第二十五条　成交确认书应包括下列基本内容：

（一）出让人或转让人和中标人或竞得人及矿业权交易机构的名称、场所；

（二）出让、转让的矿业权名称、交易方式；

（三）成交时间、地点和成交价格；

（四）出让人或转让人和中标人或竞得人对交易过程和交易结果的确认；

（五）矿业权出让（转让）合同的签订时间；

（六）交易保证金的处置办法；

（七）需要约定的其他内容。

第二十六条　矿业权交易机构应在招标、拍卖、挂牌工作结束后，5 个工作日内通知未中标、竞买人办理交易保证金退还手续。退还的交易保证金不计利息。

第二十七条　出让人或转让人与受让人应根据成交确认书签订矿业权出让（转让）合同。矿业权出让（转让）合同应包括下列内容：

（一）出让人或转让人、受让人和矿业权交易机构的名称、场所、法定代表人；

（二）出让、转让矿业权的简要情况，包括地理位置、范围、面积，地质勘查工作程度、资源开发利用和矿山环境保护以及土地复垦要求等；

（三）出让矿业权的年限或转让矿业权的许可证号、发证机关、有效期限；

（四）成交价格、付款方式或权益实现方式等；

（五）申请办理矿业权登记手续的时限及要求；

（六）争议解决方式及违约责任；

（七）需要约定的其他内容。

第二十八条 矿业权交易过程中，存在下列情形之一的，矿业权交易行为中止；矿业权交易行为中止的原因消除后，应及时恢复矿业权交易。

（一）公示公开期间出让、转让的矿业权权属争议尚未解决；

（二）交易主体有矿产资源违法行为，尚未处理，或者矿产资源违法行为的行政处罚尚未执行完毕；

（三）因不可抗力应当中止矿业权交易的其他情形。

第二十九条 矿业权交易过程中，出现以下情形之一的，矿业权交易行为终止。

（一）交易主体提出终止交易；

（二）因不可抗力应当终止矿业权交易；

（三）法律法规规定的其他情形。

第三十条 交易主体需要中止、终止或恢复矿业权交易的，应向矿业权交易机构出具书面意见。

矿业权交易机构提出中止、终止或恢复矿业权交易，出让矿业权的，需经主管或委托的国土资源主管部门核实同意，并出具书面意见；转让矿业权的，需经转让委托人同意，并出具书面意见。

矿业权交易机构应及时发布中止、终止或恢复交易的公告。

第五章　公示公开

第三十一条　招标、拍卖挂牌方式出让矿业权的，应公示的主要内容包括：

（一）中标人或竞得人的名称、场所；

（二）成交时间、地点；

（三）中标或竞得的勘查区块、面积、开采范围的简要情况；

（四）矿业权成交价及缴纳时间、方式；

（五）申请办理矿业权登记的时限；

（六）对公示内容提出异议的方式及途径；

（七）应当公示的其他内容。

第三十二条　申请在先、探矿权转采矿权（含划定矿区范围申请和采矿权登记申请）、以协议方式出让矿业权（协议出让采矿权的含划定矿区范围申请和采矿权登记申请）的，在国土资源主管部门正式受理后，将相关信息直接进场公开。应公开的主要内容包括：

（一）申请人名称；

（二）项目名称或矿山名称；

（三）申请矿业权的取得方式；

（四）申请矿业权的范围（含坐标、采矿权的开采标高、面积）及地理位置；

（五）勘查开采矿种、开采规模；

（六）应当公开的其他内容。

第三十三条　矿业权转让应公示的主要内容包括：

（一）转让人名称、法定代表人、场所；

（二）项目名称或矿山名称；

（三）受让人名称、法定代表人、场所；

（四）转让矿业权许可证号、发证机关、有效期限；

（五）转让矿业权的矿区（勘查区）地理位置、坐标、采矿权的开采标高、面积、勘查成果情况、资源储量情况；

（六）转让价格、转让方式；

（七）对公示内容提出异议的方式及途径；

（八）应当公示的其他内容。

第三十四条 转让人、受让人通过矿业权交易机构协商议价或自行达成协议的，须在矿业权交易机构见证下签订矿业权转让合同，转让人受让人主要事项公示无异议的，矿业权交易机构应在5个工作日内出具鉴证文书。

鉴证文书应包括以下内容：

（一）转让的矿业权项目名称或矿山名称，矿业权许可证号，转让人、受让人名称；

（二）签订交易合同的时间、地点；

（三）需要注明的其他内容。

第三十五条 矿业权交易机构应在矿业权交易合同签订之日起5个工作日内，同时在国土资源门户网站（矿业权出让转让公示公开系统）、同级国土资源主管部门门户网站、矿业权交易机构交易大厅或互联网交易平台公示交易结果和相关情况，公示期不少于10个工作日；有必要采取的其他公示方式，公示期也不少于10个工作日。

第三十六条 矿业权交易机构据其性质依照所在地价格主管部门批准的收费标准收取交易服务费，收费标准应予以公开。矿业权转让鉴证、公示收费要与提供的服务相匹配，并确定合理的下限和上限。

第三十七条 矿业权交易成交相关信息公示无异议的，中标人或竞得人履行相关手续后，持成交确认书、矿业权出让（转让）合同及其他所需相关材料，向有审批权限的国土资源主管部门申请办理矿业权登记手续。协议转让矿业权的转让人、受让人履行相关手续后，转让人、受让人持交易鉴证文书、转让合同及其他所需相关材料，向有审批权限的国土资源主管部门申请办理转让审批变更登记手续。

国土资源部委托省级人民政府国土资源主管部门在省级矿业权交易机构实施交易的，中标人或竞得人、转让人、受让人还需持省级人民政府国土资源主管部门对出让转让交易结果的认定材料，方可办理登记手续。

第六章　交易监管

第三十八条　国土资源主管部门应对不同性质的矿业权交易机构分类加强指导和监督，建立矿业权交易年度工作报告和通报制度。省级以下(含）人民政府国土资源主管部门是同级矿业权交易机构的主管部门，负责对矿业权交易的监督管理，并对重大矿业权交易活动加强事前指导和全程实时监控。上级国土资源主管部门负责监督下级国土资源主管部门的矿业权交易活动。上级矿业权交易机构对下级矿业权交易机构提供业务指导。

第三十九条　矿业权交易机构应对每一宗矿业权交易建立档案，收集、整理自接受委托至交易结束全过程产生的相关文书并分类登记造册。

第七章　法律责任及争议处理

第四十条　矿业权交易过程中，转让人、受让人有违法、违规行为的，由国土资源主管部门依法予以处理；造成经济损失的，由责任人承担经济赔偿责任。情节严重、构成犯罪的，移交司法机关处理。

第四十一条　中标人或竞得人存在合同双方约定的违约行为时，中标或竞得结果无效，所缴纳的交易保证金不予退还。

第四十二条　矿业权交易过程中，矿业权交易机构及其工作人员有违法、违规行为的，由国土资源主管部门依法予以处理；造成经济损失的，应承担经济赔偿责任；情节严重、构成犯罪的，移交司法机关处理。

第四十三条 交易过程中发生争议的，合同有约定的，按合同执行；合同未约定的，由争议当事人协商解决，协商不成的，可向有关仲裁机关申请仲裁或依法向人民法院起诉。

第八章 附 则

第四十四条 矿业权交易活动中涉及到的所有费用，均以人民币计价和结算。

第四十五条 油气和国家规定不宜公开矿种的矿业权交易不适用本规则。

本规则发布前，国土资源部以往有关矿业权交易的规定与本规则不一致的，以本规则为准；省级人民政府国土资源主管部门制定的有关规范矿业权交易的文件与本规则不一致的，按照本规则执行。

省级人民政府国土资源主管部门应结合本地实际制定交易实施细则，并报国土资源部备案。

国土资源部将对矿业权交易有关规定及时进行清理。

第四十六条 本规则自 2012 年 3 月 1 日起实行，有效期五年，由国土资源部负责解释。

国土资源部办公厅关于做好矿业权有形市场出让转让信息公示公开有关工作的通知

国土资厅发〔2011〕19号

各省、自治区、直辖市国土资源厅（国土环境资源厅、国土资源局、国土资源和房屋管理局、规划和国土资源管理局）：

为落实《国土资源部关于建立健全矿业权有形市场的通知》（国土资发〔2010〕145号，以下简称145号文）的有关要求，现对做好矿业权有形市场出让转让信息公示公开有关工作通知如下：

一、启动矿业权出让转让公示公开系统

根据145号文有关矿业权出让转让公示公开的要求，部开发了“全国矿业权出让转让公示公开系统”（以下简称公示系统），该系统面向各级国土资源行政主管部门，根据矿业权出让转让审批权限，按照“谁发证、谁发布”的原则运行操作。

（一）以招标拍卖挂牌方式出让矿业权的，除按有关规定进行公告公示外，还需由国土资源行政主管部门通过公示系统发布出让公告及交易结果公示信息。

（二）以申请在先方式出让探矿权、探矿权转采矿权（含划定矿区范围申请和采矿权登记申请）和以协议方式出让矿业权（协议出让采矿权的含划定矿区范围申请和采矿权登记申请）的，国土资源行政主管部门受理申请后，需通过公示系统公开有关出让信息。

（三）矿业权转让的，转让人和受让人在交易机构的鉴证下进场签订转让合同后，国土资源行政主管部门需将矿业权转让人和受让人的主要事项通过公示系统发布公示信息。

（四）国土资源部招标拍卖挂牌出让矿业权的，由部委托省级国土资源行政主管部门通过公示系统发布公告及交易结果公示信息。需到国土资源部办理转让审批手续的，转让人和受让人一律在矿业权所在省（区、市）的省级交易机构见证下进场签订转让合同，并由省级国土资源行政主管部门将矿业权转让人和受让人的主要事项通过公示系统发布公示信息。

通过公示系统发布的信息，将自动在国土资源部门户网站上同步发布。为便于管理，公示系统的运行将与统一配号系统进行整合，通过CA密钥认证后方可发布信息。

二、矿业权出让转让公示公开的主要内容

（一）以招标拍卖挂牌方式出让矿业权的，出让公告的基本信息应包括：项目名称、地理位置、拐点坐标、开采标高、面积、矿种、资源储量情况、准入条件及风险提示等。出让结果公示基本信息应包括：中标人或竞得人的名称、注册地址，成交时间、地点、中标或竞得的勘查区块、面积、开采范围的简要情况，矿业权成交价及缴纳时间、方式，申请办理矿业权登记的时限等。

（二）以申请在先方式出让探矿权、探矿权转采矿权（含划定矿区范围申请和采矿权登记申请）和以协议方式出让矿业权（协议出让采矿权的含划定矿区范围申请和采矿权登记申请）的，国土资源行政主管部

门受理申请后，应公开的主要内容包括：申请人的名称、项目名称（矿山名称）、申请矿业权的取得方式、申请的矿业权范围（含坐标、开采标高、面积）及地理位置、勘查开采矿种、开采规模等。

（三）申请转让矿业权的，矿业权转让人受让人的主要事项公示内容应包括：矿业权转让人的名称、项目名称（矿山名称）、受让人的名称，法定代表人、注册地址、转让矿业权许可证号、发证机关、有效期限、矿区(勘查区）地理位置、坐标、开采标高、面积、勘察成果情况、资源储量情况，转让价格、转让方式等。

（四）矿业权出让转让公示公开内容中还应包括对公示公开内容提出异议的方式及途径。

三、实行公示公开信息与统一配号系统的关联

为推进矿业权交易统一监管平台建设，强化对矿业权市场信息的统一监管、公开发布和信息服务，部对全国矿业权统一配号系统进行了升级改造，将信息公示公开作为矿业权统一配号的前置条件。自2011年4月1日起，新的矿业权出让、转让申请，必须通过公示系统进行公示公开，统一配号时将自动关联公示系统进行信息核对，未按145号文规定在公示系统进行公示公开，或公示公开内容与登记信息不一致的，配号系统则不予配号。

各省级国土资源行政主管部门要尽快组织对本省（区、市）2011年4月1日前已受理，且2011年4月1日后完成审批配号手续的矿业权出让、转让申请项目进行清理，并于2011年4月10日前将清理后的项目清单报国土资源部，未列入清单的矿业权出让、转让申请项目必须按照本通知要求，进行信息公示公开。

四、相关工作要求

（一）做好矿业权出让转让信息公示公开前的准备工作。各级国土资源行政主管部门要加强对公示公开内容和操作程序的宣传落实，及时完善相应的管理应用系统；同时结合实际，制定信息公开的具体操作程序，完善本省（区、市）国土资源门户网站功能，确保公开信息在交易机构大厅、本省（区、市）国土资源门户网站和公示系统保持同步。

（二）加强对各类矿业权交易机构的管理。鉴于承担矿业权出让转让公示公开的交易机构性质不尽相同，各级国土资源行政主管部门要按类别有针对性地加强对同级交易机构的指导、监督，确保进入公示系统信息的规范性、准确性。

（三）强化各级管理部门对矿业权出让转让信息公示公开的责任。各级国土资源行政主管部门要建立发布信息内容的审核制度，确保发布信息符合法律法规规定。省级国土资源行政主管部门要加强对市县级国土资源行政主管部门出让转让信息发布的监督管理。对于授权或委托进行公示公开工作的，国土资源行政主管部门要在公示公告信息中注明。发现违规发布信息或发布虚假出让公示公告信息的，将依法依规严肃处理。

（四）加强组织领导与协调。部拟于 3 月份就公示系统的运行应用对省级相关人员进行培训，同时公示系统开始试运行。各省级国土资源行政主管部门要高度重视，统筹协调，明确人员和任务分工，按要求及时进行工作部署。系统使用中发现的问题及改进的意见和建议及时报部。

本通知所指矿业权为非油气矿业权，涉及保密要求的，按照有关规定执行。

国土资源部办公厅关于印发《矿业权出让网上交易试点工作方案》的通知

国土资厅函〔2011〕1031号

各省、自治区、直辖市国土资源主管部门：

为深入学习贯彻中央领导关于国土资源工作的重要讲话精神，进一步落实“两整治一改革”专项行动确定的积极推进矿业权出让网上交易（以下简称网上出让）的任务目标，根据各地相关工作开展情况，部决定在辽宁、福建、湖南、贵州、宁夏等5省（区）开展网上出让试点。其他省（区、市）可根据本地区实际情况，结合部办公厅《关于加快推进建立地（市）级矿业权交易机构的通知》（国土资厅发〔2011〕42号）的要求，比照部对5省（区）试点工作的部署自行组织开展。现将《矿业权出让网上交易试点工作方案》印发你们，请遵照执行。

请各省（区、市）认真研究制定细化本地试点实施方案，5个试点省（区）实施方案以及其他各省（区、市）确定的试点单位名单应于2011年11月30日前向部备案。同时，地（市）级试点方案应报各省（区、市）国土资源主管部门备案。各地试点进展情况要及时报部。

二〇一一年十一月十五日

矿业权出让网上交易试点工作方案

一、总体目标要求

推行矿业权网上出让是部“两整治一改革”专项行动的明确要求和重点内容，是进一步提高矿业权管理工作信息化、科学化水平的要求，是规范市场交易行为，降低交易成本、加强廉政建设的重要举措。推进矿业权网上交易出让工作，要充分尊重矿业权市场建设的客观规律，做好与现行法律法规的衔接。通过开展试点，积极探索网上出让全过程、各层级“看得见、摸得着、管得住”的出让和监管方式，探索研究网上出让的使用范围、技术方法、工作流程、交易规则以及安保措施等各个环节的具体实施细节和制度规范，总结实践经验和教训，为全面推行矿业权网上出让积累经验。

二、试点范围

（一）根据各地网上出让工作推进的进展情况，部决定在辽宁、福建、湖南、贵州、宁夏等5省（区）进行矿业权网上出让试点。其中湖南省在省、市两级全面开展矿业权网上出让试点。宁夏回族自治区开展省级网上出让试点。辽宁、福建、贵州3省，除开展省级试点外，还要按照部办公厅《关于加快推进建立地（市）级矿业权交易机构的通知》（国土资厅发〔2011〕42号）的要求，选择有条件的地（市）开展试点。

（二）其他省（区、市）可根据本地区实际情况，结合国土资厅发〔2011〕42 号文件要求，自行组织开展矿业权网上出让试点。

三、试点内容主要包括

（一）研究矿业权网上拍卖或挂牌出让的可能性，确定网上出让的适用矿种范围。

（二）制定网上出让的操作规程和技术规范，选择或研发适合的交易软件。

（三）制定网上出让规则。

（四）建立网络运行安全和交易风险防范机制。研究建立于银行、公安等部门联合工作机制，探索解决资金安全、网络安全和交易过程意外事故处理等问题的风险防控措施。

（五）建立网上出让监管机制。

（六）湖南省和宁夏回族自治区，在已有网上出让的基础上，还应进一步在网上转让交易和矿业权申请网上申报方面进行研究和尝试。

四、有关要求

（一）网上出让试点期限暂定为 1 年，至 2012 年 12 月 1 日结束。

（二）部确定的省级矿业权网上出让试点省（区）应制定试点工作实施方案。请于 2011 年 11 月 30 日前将 5 省（区）省级试点工作实施方案和其他各省（区、市）确定的试点单位名单报国土资源部。

（三）各省（区、市）要认真组织做好试点工作，发现和研究解决新情况新问题，及时将试点工作情况报部。部对试点工作进行跟踪指导，并对各地试点工作适时进行通报。

（四）各省（区、市）要在试点期限结束后，尽快开展试点工作总结，形成总结报告。总结报告要针对试点内容，认真总结成功的经验和失败的教训，要结合实际案例，认真分析研究全面推行矿业权网上出让可操作性的思路和方法。部选择的省级试点和各省（区、市）汇总后的地（市）级试点总结报告均于2012年12月10日前报部。

国土资源部关于严格控制和规范矿业权协议出让管理有关问题的通知

国土资发〔2012〕80号

各省、自治区、直辖市国土资源主管部门，中国地质调查局，武警黄金指挥部，部其他直属单位：

为深入贯彻落实中央关于开展工程建设领域突出问题专项治理工作精神，坚决遏制矿业领域腐败现象易发多发势头，各级国土资源主管部门必须坚持依法依规采取招标拍卖挂牌等市场竞争方式公开出让矿业权的原则，从严控制协议出让范围，严格执行矿业权出让的审批权限和程序，逐步减少协议出让数量，积极推进矿业权市场建设。现就严格控制和规范矿业权协议出让，完善矿业权管理制度的有关事项通知如下：

一、从严控制协议出让

（一）勘查、开采项目出资人已经确定，并经矿业权协议出让审批机关集体会审、属于下列五种情形之一的，准许以协议方式出让探矿权、采矿权：

1. 国务院批准的重点矿产资源开发项目和为国务院批准的重点建设项目提供配套资源的矿产地；

2. 省级人民政府批准的储量规模为大中型的矿产资源开发项目；

3. 为列入国家专项的老矿山(危机矿山）寻找接替资源的找矿项目；

4. 已设采矿权需要整合或利用原有生产系统扩大勘查开采范围的毗邻区域；

5. 已设探矿权需要整合或因整体勘查扩大勘查范围涉及周边零星资源的。

（二）协议出让探矿权、采矿权，应当符合矿产资源规划和矿业权设置方案。矿产资源规划和矿业权设置方案未经批准或者备案，不得批准探矿权、采矿权协议出让申请。

（三）申请以协议方式出让探矿权，应当提交省级以上国土资源主管部门出具的地质勘查达到普查以上程度、已完成价款处置的证明材料。

属于下列情形之一的、经批准以协议方式出让探矿权的，可以先依法申办勘查许可证，达到普查以上程度后再按规定进行价款处置并提交前款规定的证明材料：

1. 在本通知下发前国家已出资勘查但未形成矿产地的区块，地质勘查未达到普查以上工作程度的；

2. 属低风险类矿种的探矿权人申请扩大勘查范围或者采矿权人申请在其深部、毗邻区域进行勘查，地质勘查未达到普查以上工作程度的。

二、严格执行协议出让批准权限及程序

（四）探矿权、采矿权协议出让实行国土资源部和省级国土资源主管部门两级审批。

（五）《矿产资源勘查区块登记管理办法》和《矿产资源开采登记管理办法》附录中所列 34 个重要矿种探矿权、采矿权的协议出让，由国土资源部审批。

（六）《矿产资源勘查区块登记管理办法》和《矿产资源开采登记管

理办法》附录中所列34个重要矿种以外其他矿种探矿权、采矿权的协议出让，由省级国土资源主管部门审批。

国土资源部授权省级国土资源主管部门负责勘查、采矿登记的探矿权、采矿权，因矿业权整合或者扩大勘查开采范围需要协议出让的，由省级国土资源主管部门审批。

省级国土资源主管部门应当制定具体管理办法，报国土资源部备案后实施。

（七）国土资源部和省级国土资源主管部门分别依照本通知规定的审批权限，对协议出让申请进行审查，对符合条件的出具批准文件。

（八）国土资源主管部门在批准协议出让探矿权、采矿权前，应当将拟批准的勘查开采项目及项目出资人名称、协议出让申请理由等基本情况，在“全国矿业权出让转让公示公开系统”进行为期不少于7个工作日的公示。经公示无异议方予批准。

（九）矿业权协议出让申请批准后，矿业权申请人持协议出让批准文件，依法向登记管理机关申办矿业权登记。

三、严格规范协议出让申请

（十）下列两种情形，由项目出资人根据协议出让审批权限向国土资源部或者省级国土资源主管部门提出协议出让申请：

1. 国务院批准的重点矿产资源开发项目和为国务院批准的重点建设项目提供配套资源的矿产地，由项目出资人或者采矿权人持有关批准文件提出申请；

2. 为列入国家专项的老矿山（危机矿山）寻找接替资源的找矿项目，由采矿权人凭财政部下达的项目预算通知或者国土资源部下达的项目计划通知提出申请。

异地实施危机矿山接替资源找矿项目的，采矿权人还应提交项目所在地省级人民政府出具的批准文件或者书面意见。

（十一）省级人民政府批准的储量规模为大中型的矿产资源开发项目，依本通知规定由国土资源部审批的，由省级人民政府向国土资源部行文，提出协议出让申请。

省级人民政府向国土资源部行文的主要内容包括：协议出让的依据，不宜招标拍卖挂牌出让的理由，拟协议出让矿业权的勘查开采项目名称、项目出资人、拟设勘查区块或者开采区的范围、坐标、面积、勘查程度、资源储量、开发利用情况，是否符合矿业权设置方案等。

（十二）已设采矿权需要整合或者利用原有生产系统扩大勘查开采范围的毗邻区域、采矿许可证原由国土资源部颁发的，由采矿权人持省级国土资源主管部门出具的书面意见，向国土资源部提出协议出让申请；其他情况由采矿权人向省级国土资源主管部门提出协议出让申请。

（十三）已设探矿权需要整合或因整体勘查扩大勘查范围涉及周边零星资源的，若所扩范围超过现有勘查区块面积25%以上（含）且经省级或以上国土资源主管部门组织专家论证不宜单独另设探矿权，由探矿权人向原登记管理机关提出协议出让申请；所扩范围不足现有勘查区块面积25%的，由探矿权人直接向原登记管理机关申办扩大变更登记。

四、其他规定

（十四）石油、天然气、煤成（层）气、页岩气和放射性矿产的探矿权、采矿权协议出让管理办法由国土资源部另行制定。

（十五）《关于进一步规范矿业权出让管理的通知》（国土资发〔2006〕12号）和《国土资源部关于进一步完善矿业权管理促进整装勘查的通知》（国土资发〔2011〕55号）中关于矿业权协议出让的管理规定，凡与本通知不符的，以本通知为准。

（十六）本通知自印发之日起施行，有效期五年。

地方和有关单位制度

中共北京市国土资源局党组关于加强风险防控完善“三重一大”决策制度的实施办法

京国土党组〔2011〕8号

为进一步规范市国土资源局领导班子“三重一大”（重大决策、重要干部任免、重大项目安排和大额度资金的使用）决策制度，加强局领导班子决策“三重一大”事项的风险防控和监督管理，根据《中国共产党党内监督条例（试行）》、《中共北京市委北京市人民政府印发〈关于在全市推进廉政风险防范管理工作的意见〉的通知》（京发〔2008〕26号）和《中共北京市委办公厅北京市人民政府办公厅印发〈关于加强风险防控完善区县局级领导班子“三重一大”决策制度的意见〉的通知》（京办发〔2010〕20号），结合本局实际，制定本实施办法。

一、“三重一大”事项决策原则和主体

（一）局领导班子决策“三重一大”事项，遵循依法决策、科学决策、风险决策、集体决策、民主决策的原则。

依法决策。决策内容和程序必须符合国家和北京市法律、法规、规章的规定，符合党内法规制度的规定，符合国土资源部和市人民政府规

范性文件的规定。

科学决策。决策必须切合北京市经济社会发展和国土资源事业的实际，符合国土资源的基础理论、行业规律和管理规律，兼顾国家和公民个人及社会各群体的利益，并具有前瞻性、系统性、协调性。

风险决策。决策必须充分考虑实施后有可能产生的不良作用和后果，深入分析利弊关系，审慎优化决策方案，认真确定预期风险防控对策。

集体决策。坚持民主集中制，落实集体领导和个人分工负责相结合的制度，凡属“三重一大”事项，都应经局领导班子会集体讨论，通过会议形式作出决策，遇重大突发事件和紧急情况时，分管的班子成员个人可以相机处置，但事后必须及时报告。

民主决策。决策应当广泛征求意见，视决策事项的性质和内容，分别听取局机关、直属单位、各分局、各相关政府部门或专家咨询委员会的意见。涉及重大民生事项，应当听取相关部门和公众意见。

（二）本局“三重一大”事项决策主体是局领导班子，决策形式是局党组会议和局长办公会议。

局党组会议由局党组书记、副书记和党组成员组成，其他局领导班子成员、驻局监察处处长列席，议题相关部门主要负责人分段列席。

局长办公会议由局长、副局长、纪检组长、总规划师、副巡视员、局办公室主任组成，局研究室主任、局法制处处长、驻局监察处处长列席，其他需要参加会议的人员由会议主持人确定。

两种会议议题的区分，由《中共北京市国土资源局党组工作规则》、《北京市国土资源局工作规则》规定。

（三）本局“三重一大”事项决策辅助主体是局机关各处室、土地管理专家咨询委员会、矿业管理专家咨询委员会、法律专家咨询委员会，决策辅助形式是局务会议、局长专题会议、专家咨询委员会会议、公众听证会。

局务会议由局长、副局长、纪检组长、总规划师、副巡视员、各分局局长、局机关各处(室) 处长(主任)、局直属各单位主要负责人组成。“三重一大”事项决策过程中，部分议题应当提交局务会议审议，提交议题范围由《北京市国土资源局工作规则》规定。

局长专题会议由局领导班子成员主持召开，按照分工，研究、协调分管工作涉及“三重一大”事项的决策前期工作和决策执行工作。

局机关各处室在各自职能范围内，对“三重一大”事项决策的提出、调研、论证、形成方案，承担具体工作并发挥参谋作用。

土地管理专家咨询委员会、矿业管理专家咨询委员会对“三重一大”事项相关决策提供专业理论和技术咨询意见；法律专家咨询委员会对“三重一大”事项决策和执行中的重大复杂涉法问题提供法律咨询意见。

依法依规需要听证的“三重一大”事项，决策过程中举行公众听证会，广泛征求和认真听取公众的意见建议，并吸收其合理成分修正决策方案。

二、“三重一大”事项主要内容

（一）重大决策。主要包括以下内容：

1. 贯彻落实党的路线方针政策和市委、市人民政府及国土资源部的重大决策、重要工作部署的意见和措施；本市国土资源管理的长期发展规划和目标及年度工作计划、总结，依法行政工作规划和年度计划；参与全市宏观经济调控涉及国土资源部门的相关调控政策和措施。

2. 加强全系统党的思想、组织、制度、作风建设和反腐倡廉建设方面的重要规划、意见和实施方案等。

3. 本市土地权属政策的制定及完善；本市耕地保护、基本农田保护和土地用途管制的监督管理办法的制定及完善；本市政府土地储备管理相关政策法规及土地收购储备计划的制订。

4. 本市土地利用总体规划、年度计划以及土地供应计划的编制、修订。

5. 本市土地供应政策的拟定和土地使用权出让基准价格的确定；对土地价格评审、中介机构监管的指导性意见；年度土地利用变更调查成果的确认。

6. 本市矿产资源开发、利用和保护的规划及有关监督管理办法的制订。

7. 落实市政府折子工程等重大专项工作的安排部署。

8. 对本市重大土地、矿产违法违规行为的处理意见。

9. 本市国土资源管理工作的地方性法规、规章草案的拟定。

10. 局机关、各分局及局属各单位的机构、人员编制的调整。

11. 向市委、市政府、国土资源部上报的全市国土资源工作情况报告、重要请示。

12. 涉及内部安全稳定和干部职工切身利益的事项。

13. 其他涉及全局性或行业性的重要事项。

（二）重要干部任免。主要包括以下内容：

1. 全系统正副处级干部选拔任用和管理的制度建设。

2. 全系统正副处级干部的任免、交流、考核等。

3. 接收安置军队转业干部。

4. 对局系统公务员、参公单位人员及事业单位人员招聘录用工作的监督管理。

5. 其他有关干部队伍建设的重要事项。

（三）重大项目安排。主要包括以下内容：

1. 局本级基础设施建设和基本建设项目投资；各分局重大基础建设项目。

2. 本局有关业务建设的重大项目，大宗办公设备采购和固定资产购置项目。

3. 局系统的土地使用权变更（转让）、国有资产和资源处置。

4. 地籍调查、规划设计、批后监管、课题研究和局信息系统运维、物业管理等重大招商项目、科研项目及对外投资、外包服务项目。

5. 其他重大项目安排。

（四）大额度资金的使用。主要包括以下内容：

1. 本局年度财政预算，预算、决算的调整。

2. 本局专项经费的使用管理和监督。

（1）专项经费包括：一是办公楼维修改造、工作场所租用等基本建设经费；二是按市委市政府、国土部要求需开展的土地调查评价、矿产资源勘查等专项工作经费；三是各职能处室围绕局年度中心工作需开展的调研、考察类专项工作经费；四是涉及局长期发展规划和建设的信息类改造项目经费；五是年中追加的对口支援等其他需临时开展的大额专项经费；六是其他专项经费。

（2）专项经费大额度资金的数额为5万元以上；数额不足5万元但项目重要的专项经费，列入大额度资金管理范围。

3. 局机关数额5万元以上的大额办公经费（固定支出除外）的使用管理和监督。

4. 本局银行信贷资金事项：贷款银行的确定、银行授信额度的确定、贷款资金使用计划、贷款资金还款计划、抵押物和资本金的确认、大额资金的支付等。

5. 局系统大额度资金的使用管理中，重要规章制度制订、发现发生问题的查处、整改等事项。

三、“三重一大”事项决策程序

（一）提出阶段。

1.“三重一大”事项决策提出的根据：

（1）市委、市政府、国土资源部文件要求；

（2）市委、市政府、国土资源部领导指示；

（3）本局法定职能职责；

（4）本局政务运行、队伍建设的实际需要。

2.“三重一大”事项决策提出的初始启动：

（1）局主要领导提出，交职能处室启动；

（2）局分管领导提出，报局主要领导同意后，交职能处室启动；

（3）局机关职能处室提出，经分管局领导审核，报局主要领导同意后启动；

（4）分局、直属事业单位需要请示局领导班子决策的，报局机关相关职能处室审查，由职能处室按第（3）项规定办理。

（二）酝酿阶段。

1. 充分征求意见。决策“三重一大”事项，要广泛调研，充分征求各方面意见建议。

（1）按照决策事项的性质和具体内容，由分管局领导根据上级有关要求和本局工作实际，提出调研论证和办理的意见，局机关相关职能处室根据分管局领导批示，分工专人组织调查研究。对涉及局内相关业务部门参与配合的决策事项，由牵头的业务处室分别征求相关业务部门的意见建议；对需要征求相关委办局等政府部门意见建议的决策事项，由局办公室负责牵头联系，分别征求相关政府部门的意见建议。牵头部门征求的意见建议和汇总分析的情况，经分管局领导同意后，报局主要领导审议。

（2）对基准地价评审、国土资源科技工作发展规划、国土资源科技成果运用等专业技术性较强的事项，承办部门应组织专家咨询委员会进行专家提议、技术咨询、决策评估和综合论证，调研论证情况经分管局领导同意后，报局主要领导审议。

（3）对与人民群众利益密切相关的国土资源事项，承办部门应在一定社会范围内依申请组织听证，广泛征求意见，对社会反映强烈的事项要及时报分管局领导和局主要领导审议。

（4）选拔任用干部要严格执行《党政领导干部选拔任用工作条例》，对确定的考察对象，人事处要提前一周时间征求纪检组监察处意见，纪检组监察处要认真核实有无影响考察对象提拔使用的问题并及时反馈人事处，人事处应将干部考察和征求意见的情况及时向局主要领导报告。

(5) 对需进行民主协商或听取人大、政协、民主党派、群众团体意见建议的，承办部门应报分管局领导组织协商和听取意见建议，并报局主要领导审议。

2. 适当进行酝酿。决策“三重一大”事项前，班子成员可通过适当形式进行酝酿：对内容涉及多个部门的，由涉及主要内容的分管局领导或责成相关部门事先做好与其他部门的沟通协调；班子成员之间可进行必要的沟通；未协调或经协调仍存在较大分歧的，不得提交局领导班子会议讨论。局主要领导可视情征求班子其他成员的意见，但不得作出决定或影响集体决策。

3. 按照程序提议。提请会议决策“三重一大”事项，经分管局领导同意后，至少应提前 3 个工作日报局主要领导确定。根据决策事项的性质和内容，需上党组会研究决定的事项，由局党组书记确定会议时间、议题；需上局长办公会议和局务会议研究决定的事项，由局长确定会议时间、议题。除遇重大突发事件和紧急情况外，不得临时动议。

4. 做好相关准备。决策事项涉及的牵头职能部门协调局办公室安排会务，一般应至少在领导班子会议召开前 2 个工作日，将会议通知、议题及有关材料送达参会人员，保证其有足够时间了解相关情况。会议材料上应标明“会议使用 · 会后收回”，会后由牵头职能部门收回会议使用材料。

5. 酝酿阶段上述程序为普通程序，特殊情况下确需简化操作实施的，须报局主要领导批准，并应一事一报。

（三）决策阶段。

1. 保证出席人数。领导班子决策“三重一大”事项，必须有三分之二以上成员出席，方能召开有关会议。纪检部门主要负责人缺席的，有关会议原则上不得决策“三重一大”事项。

2. 充分发表意见。审议决策“三重一大”事项时，应安排分管局领导或相关部门介绍、说明情况，并留出足够时间进行讨论。对有关决策建议，有表决权的参会成员应逐个表态；因故未到会的，可书面表达意见。会议主持人应在参会成员充分发表意见的基础上，最后汇总发表意见。

3. 逐项作出决策。对多个“三重一大”事项，会议应逐一表决。表决时，必须经应到会成员半数以上同意，方可形成决定；发现有重大问题尚不清楚的，应暂缓决策；分歧较大的，可请求市委、市人民政府裁决。表决应按照少数服从多数的原则，根据不同议题内容，分别采取口头、举手、无记名投票等方式进行。

4. 组织列席旁听。局领导班子决策“三重一大”事项，可视情况组织党代表、人大代表、政协委员、社会监督员、相关职能部门人员或服务对象等列席相关议题。列席人员可就议题发表意见，但不参加表决。

5. 制发会议纪要。决策“三重一大”事项的会议，应制作会议纪要，经会议主持人审签后，印发局领导班子成员和有关部门。局党组会议纪要由局人事处承办，局长办公会议纪要由局办公室承办。会议讨论情况应全面如实记录，并与会议文件一并存档备查。

（四）执行阶段。

1. 及时组织传达。局领导班子作出“三重一大”事项决策后，由分管局领导及时向相关单位、部门人员传达。涉密事项、敏感事项根据会议主持人要求传达。传达时不得泄露酝酿、决策讨论过程。

2. 分工组织落实。经局领导班子决定的“三重一大”事项，局领导班子成员按职责分工组织实施；遇有职责分工交叉的，应明确一名班子成员牵头。没有时间节点的，应立即予以落实；明确时间节点的，应按时予以完成。

3. 严格执行决策。局领导班子成员和局机关任何个人不得擅自改变集体决策。个人对决策有不同意见的可以保留，也可按组织程序向上级主管部门反映；但在未作出新的决策前，应无条件执行。如在执行过程中发生新的情况，需改变原来决策，须经局领导班子集体复议，作出新的决策，并按新的决策执行。

4. 加强督查督办。健全完善决策督办督查制度，对局党组会议决策的“三重一大”事项，由人事处指定专人进行全程跟踪督办；对局长办公会议决策的“三重一大”事项，由局办公室指定专人进行全程跟踪督办。落实及督办的情况要及时向局领导班子和局主要领导报告。

四、决策“三重一大”事项风险防控措施及要求

（一）细化实施细则，规范决策程序。

1. 健全完善局党政议事规则和工作规则，合理细化工作流程，规范局领导班子及主要负责人的决策权限、决策内容。

2. 设立土地管理专家咨询委员会、矿业管理专家咨询委员会、法律专家咨询委员会，建立专家咨询制度。其中，土地管理专家咨询委员会、矿业管理专家咨询委员会，由局研究室协调联络，法律专家咨询委员会由局法制处协调联络。

3. 修订完善项目管理制度。

4. 修改完善资金使用制度，合理确定部门负责人、分管业务局领导、分管财务局领导的资金支出审批权限和程序，与集体决策大额度资金使用程序相衔接。

（二）针对决策风险，落实防控措施。

1. 针对决策阶段不符合三分之二以上成员出席的法定人数要求，或纪检部门主要负责人缺席的情况下，随意决策“三重一大”事项的决策风险，采取以下防控措施：一是局党政主要领导统筹协调好领导班子成员的外出学习、考察、会议等活动，保证会议出席人数符合法定要求；二是紧急特殊情况下，纪检部门主要负责人因故不能出席决策“三重一大”会议时，可委托纪检部门其他领导代表其发表书面意见，并留存资料备查；三是相关职能部门（局人事处或局办公室）在会议召开时及时清点应到、实到参会人数，并报告是否符合法定人数要求，对不符合法定人数要求的，及时提醒会议主持人并做好参会人员情况记录。

2. 针对决策阶段随意简化程序，未经征求意见、调查研究、适当酝酿等环节，搞临时动议的风险，采取以下防控措施：一是决策事项未经征求意见、调查研究、酝酿环节的，不得提交上会；二是决策会议中未听取分管局领导或相关职能部门对需表决事项的征求意见、调查研究等相关情况的说明，不得研究表决该事项；三是决策会议中未经参会人员讨论的事项，不得进入表决程序；四是局纪检组按有关规定对“三重一大”决策程序运行情况实施经常性监督检查。

3. 针对违反民主集中制原则，超越权限，个人代替集体决定“三重一大”事项，搞少数人或个人说了算的风险，采取以下防控措施：一是严格执行局党政议事规则和工作规则，不得以领导圈阅等形式代替领导班子集体讨论决定。二是凡属局“三重一大”事项，必须经局领导班子集体研究，并由局领导班子成员逐一表决，未超过应到会议半数以上人员同意的，不得作出决策。

4. 针对领导班子成员违反廉洁自律有关规定为相关请托人说情，隐瞒事实，影响集体决策客观公正性的决策风险，采取以下防控措施：一是加强《中国共产党党员领导干部廉洁从政若干准则》宣传教育，把廉洁从政作为局党组理论中心组学习、民主生活会和领导干部述职述廉的重要内容，定期组织学习和对照检查；二是领导班子成员根据工作职责，查找廉政风险点，制定风险防控措施，签订《廉政承诺》并在局内网公布，接受群众监督；三是领导班子成员对决策事项有应当回避情形的，本人必须回避；四是通过举报电话、举报邮箱、来信来访等形式，按照干部管理权限，及时受理并调查核实相关部门和领导班子成员违规为请托人说情等问题举报。对发现确有违规为请托人说情的，暂缓决策或重新作出决策。

5. 针对决策执行阶段擅自改变集体决策或变相不执行集体决策的风险，采取以下防控措施：一是局党政主要领导明确指令决策事项的责任分工、完成时限、目标要求；二是建立决策执行情况报告制度，负责牵头落实决策事项的领导班子成员，要适时向领导班子集体报告执行决策的有关工作方案、工作进展、完成情况等，对不符合决策要求的，局领导班子要及时提出整改意见；三是把执行集体决策的情况作为党风廉政建设责任制检查的重要内容，加强监督检查。

（三）公开权力运行，扩大民主范围。

对“三重一大”事项的决策、执行和风险防控情况，除依法应当保密的事项外，通过以下方式进行公开并主动接受监督：

1. 会议方式。按照党内监督有关制度要求，局党政主要领导每年定期通过会议方式，向广大党员干部通报和报告“三重一大”决策事项有关情况。

2. 会议纪要方式。相关职能部门将“三重一大”决策事项的会议时间、议程及决策结果、责任分工等内容，在3个工作日内以书面形式向相关单位和部门公开决策情况。

3. 局内网方式。相关职能部门及时将“三重一大”决策事项的主要内容、局领导班子廉政风险防范措施、班子成员的《廉政承诺》，干部选拔任用的条件、程序、结果等内容，通过局内网向全系统公开。

4. 社会听证方式。对拟订或修改基准地价、编制或修改土地利用总体规划和矿产资源规划、拟订或修改区域性征地补偿标准以及依法应听证的其他事项，相关职能部门要依职权或依申请组织听证，接受群众监督。

（四）实施监督检查，严格责任追究。

1. 纪检组监察处、人事处要将“三重一大”事项的风险防控情况作为局领导班子成员职责绩效考核、民主生活会、述职述廉的重要内容，加强监督检查。驻局纪检组要把局领导班子落实“三重一大”决策事项风险防控的情况，作为监督报告的一项重要内容定期向市纪委进行专题报告。

2. 按照“谁决策、谁负责”的原则，建立健全重大决策失误责任追究制度。对领导班子成员个人决定“三重一大”事项、拒不执行或擅自改变集体决策，以及执行决策不力或错误执行决策并造成严重损失的，依据《中国共产党纪律处分条例》和《行政机关公务员处分条例》等规定，根据干部管理权限，由驻局纪检组提出追究相关领导责任的意见建议；对领导班子决策失误或涉嫌违纪违法的，应在查明情况、分清责任的基础上，分别追究相关责任人的责任。

五、附　则

1. 局机关各处室根据职能分工，组织修订本办法中确定的相关制度程序和实施细则，并负责协调落实。

2. 各分局、局属事业单位决策本单位“三重一大”事项，参照本实施办法执行，并进一步细化有关事项，制订本单位的具体实施办法，报局纪检组、局办公室、局人事处备案。

3. 本办法自 2011 年 2 月 18 日起施行，并报市纪委、市委组织部、市监察局备案。

北京市国土资源局重大项目安排和大额度资金使用相关问题的规定

京国土财〔2012〕392号

根据《关于印发中共北京市国土资源局党组关于加强风险防控完善“三重一大”决策制度的实施办法的通知》（京国土党组〔2011〕8号）要求，我局重大项目安排和大额度资金的使用应遵循依法决策、科学决策、风险决策、集体决策、民主决策的原则，通过报经局党组会议或局长办公会审议通过的决策形式，实现风险防范。为有效落实上述管理规定，结合全局系统资金量大、资金来源渠道多、资金支出情况复杂多样的实际，特对涉及资金管理的重大项目安排和大额度资金的使用规定如下：

一、重大项目安排和大额度资金的使用管理总体原则

重大项目安排和大额度资金的使用管理，在充分考虑风险防范的前提下，兼顾资金使用效率，实行“严格管控、分类管理，分级审批”的原则，坚持按照审批程序确定预算项目、支付使用资金。

二、重大项目安排和大额度资金的使用管理额度及审批

按照资金来源，分为市级财政预算资金、中央预算资金、借贷及其他土地储备专项资金、其他资金，实行分类管理。

（一）市级财政预算资金安排的支出项目

局属各单位严格按照北京市财政局规定的流程及管理原则编报年度预算，除基本支出及经常性项目支出外，预算金额在200万元（含）—500万元以内的项目立项，须经局长专题会批准；500万元及以上金额的项目立项，须报局党组会议或局长办公会审议通过。预算批准后，原则上不得调整。确需进行项目调整的，视同新立项目重新审定立项。

年初预算批复及年中追加预算项目资金的落实情况，应及时在局长办公会上通报，并按照市局机关资金支付审批要求支付资金。基本支出及经常性项目支出（固定支出），按照职能由责任部门申请，分管领导批准，财务部门审核后执行。一般性预算项目支出，一次性支出5万元以内的，由业务部门申请、财务部门审核批准；超过5万元但不超过50万元的，由业务部门申请，会签财务部门确认资金后，报请分管局领导审批后执行；50万元—200万元（不含），须同时报主管财务的局领导审批；200万元—500万元（不含），须同时报请局长审批；500万元以上，须报局党组会议或局长办公会审议通过后支付。属于政府采购项目的，应履行政府采购程序。

预算执行过程中，涉及“三公”经费（公车管理、公务出国（境）、公务招待）、大型庆典及需乘坐飞机的差旅费、会议费、大型设备购置费等需要严格控制的支出，分管领导审批后，须报请主管财务局领导及以上审批层级批准后执行。短时间内多次按审批临界点申请支付资金，存在规避审批层级的，经财务部门提出，可提高审批层级。

上述审批原则适用于列入市级财政预算批复的事业收入、经营收入

安排的支出。市级财政安排的土地储备基金及成本返还列入借贷及其他土地储备专项资金管理范畴。

（二）中央预算资金安排的支出项目

按照中央预算编报要求，业务部门及财务部门共同组织好中央预算的编报工作，属于局系统落实并执行的项目立项，须经局长专题会以上级别的会议通过后方可报出。因中央项目资金上报金额与预算落实资金额度差异较大，编报前无法预测项目资金规模的，具体上会金额及上会级次，由业务部门和财务部门根据预算项目上报情况，报请分管局领导及主管财务的局领导审批后确定；编报预算前，能够预测或按给定金额上报预算，200 万元（含）—500 万元以内的项目立项，须经局长专题会批准；500 万元及以上金额的项目立项，须报局党组会议或局长办公会审议通过。

中央预算资金安排的预算项目批复情况，应及时在局党组会议或局长办公会上通报。预算执行支付审批，参照市级预算资金支付审批原则；属于因素法切块未落实到具体项目的资金分配，须报请局党组会议或局长办公会通过后执行。

中央定向安排资金的项目立项、资金落实及管理情况，应及时在局党组会议或局长办公会上通报。转移支付资金一次性支付 200 万元（含）—500 万元以内，须经主管财务的局长批准；500 万元（含）—1000 万元以内，报请局长审批；1000 万元及以上的，须报局党组会议或局长办公会审议通过后支付。调整、撤销项目及其他非正常使用情况，处理意见须报请局长办公会审核批准后执行。

（三）借贷及其他土地储备专项资金

年度土地储备计划、土地储备资金收支项目预算及其调整、土地储备融资计划等须经局长办公会通过后方可报出。土地储备资金的融资方式及其落实情况，贷款银行的遴选及授信额度落实情况，应及时在局长办公会上通报。

土地储备成本返还资金的二次分配、同一单位不同开户银行间资金调动，应按照财政要求报请上级财务部门或财政部门批准后执行。

土地储备专项资金的具体支付及审批、贷款账户管理，由储备机构按照相关规定自行制定管理办法报请市局批准后执行。

（四）其他资金

1. 临时垫付资金。未列入年初预算，年中追加预算暂未落实但确需提前垫付资金，100万元以内的，分管财务局领导审批；100万元（含）—500万元以内的，须同时报经局长审批；500万元及以上，须经局党组会议或局长办公会审议通过后执行。

2. 自有资金开支。使用自有资金用于财政部门不予安排的资金支出，如对口支援捐助、大型活动等，超过30万元，须经局主要领导批准，超过100万元须报请办公会审批后执行，

3. 突发事件、紧急救助等确实无法事前批准资金、无预算安排的临时性紧急工作，应于事后及时通报资金使用情况，经办公会审核后申请预算追加或使用自有资金。

4. 按照市局《关于对非市级财政拨付资金实行预算管理的通知》（京国土财〔2012〕289号）的通知要求，各单位要及时将非财政性资金的使用计划，依据资金性质上报市局备案或审批管理。对局属单位上报需审批的预算，参照市级财政预算资金管理。

5. 市科委、市经济信息化委等其他部门安排的资金使用，由相关主责部门制定资金支付管理办法，并经分管局领导审批后，报市局财务部门备案。

三、其他特殊情况资金使用的审批

以下情况需经局主要领导集体研究，或报经局党组或局长办公会审批后执行。

（一）突破预算、突破支出标准或已通过集体决定事项的再次调整事项。预算执行过程中产生疑义或相关管理部门意见产生分歧的事项。

（二）达到政府采购标准，不履行相关程序的直接委托项目。

（三）对外委托项目未达到目标要求仍需支付资金的。

（四）房产、设备出租出借，租赁合同的审定。

（五）领导或财务部门认为需要集体决策的其他事项。

四、各区县分局可依据本规定并结合单位情况自行修定重大项目安排和大额度资金使用额度审批的权限，并报市局监察、审计及财务部门备案

五、本规定自印发之日起执行

关于对重点部门和关键岗位人员加强监督管理的意见

津国土房党纪检组〔2008〕3号

为进一步加强对重点部门关键岗位人员的监督管理，注重从源头上做好预防工作，保障全局在廉政建设上不出问题。按照“标本兼治、综合治理、惩防并举、注重预防”和“既要搞好反腐败，又要注意保护好干部”的要求，特制定对重点部门关键岗位人员加强监督管理的意见。

第一条 实行重点部门关键岗位人员情况登记制度。上述人员主要是指：具有审批职能的部门负责人和具有审批权限的岗位人员；直接接件、办件，尤其是自由裁量权较大的岗位工作人员；具有行政执法权和处罚权的岗位工作人员；负责人、财、物管理的人员；具有独立经营的科级以下单位或经济实体行政主要负责人。局纪委监察室和各单位每年年初要对本范围内人员的基本情况进行登记、核实或更新，变动要及时向局纪委监察室备案。

第二条 建立重点部门关键岗位人员廉政档案。各单位党组织要结合自身的实际，对重点部门关键岗位人员建立廉政档案，廉政档案主要包括本人基本情况、执行廉洁自律有关情况、礼金礼品登记上交情况、廉政谈话及整改意见情况、信访举报情况等内容；廉政档案按局纪委监察室统一规定的格式和要求填报。

第三条 建立廉政谈话制度。谈话可采取定期和不定期相结合，集体谈话和个别谈话相结合的办法进行。各单位每年至少安排一至两次集体廉政谈话。集体谈话主要以各单位党组织为主，局纪委监察室视情况随时派员参加。各单位要将每次廉政谈话的情况及时记录在局纪委统一下发的《国土房管系统纪检监察工作资料》中。

第四条 实行轮岗交流制度。轮岗交流是加强队伍建设、提高队伍素质、工作能力和管理水平，调动干部工作积极性的一项基本工作制度，也是保护干部的重要渠道。各单位党组织要按照局党委的统一要求，结合单位实际，建立重点部门关键岗位人员定期轮岗交流制度，有计划、有重点的对重点部门关键岗位人员进行轮岗交流。

第五条 建立自查自纠、述廉和民主评议制度。各单位要结合半年和年终个人工作总结，由重点部门关键岗位人员以书面形式对自身廉政情况进行自查，同时采取不同形式，在其服务和管理的范围内以座谈、问卷等形式进行廉政情况评议，并及时反馈，把“自我保健”与“组织保健”结合起来。

第六条 加强对重点部门关键岗位人员教育。针对重点部门关键岗位人员的工作特殊性，各单位要及时了解和掌握他们的思想情况、现实表现和廉政情况，对带有倾向性的问题和群众反映强烈的问题，要紧密结合“普遍性、提示性、警示性和挽救性”四种教育方式，及时进行有针对性的教育，把一些不廉洁的倾向和苗头消灭在萌芽状态，同时也要理直气壮地宣传表扬好的典型。

第七条 加大对重点部门关键岗位人员提职廉政把关。对确定为后备人选，特别是重点部门关键岗位人员被确定为后备人选的，各单位党组织要全面了解和掌握他们的廉政情况，并将廉政情况及时充实到廉政档案中，注意加强与组织、纪检部门的工作联系，建立跟踪考察工作机制，对拟提职的干部做出的廉政鉴定，要以对同志负责任的态度实事求是、客观公正，防止形式主义，防止干部“带病”提拔。

关于落实天津市市委《〈实施办法〉分工方案》的推动方案

津国土房党纪检组〔2009〕6号

按照津惩防办〔2009〕2号关于落实《〈工作规划〉实施办法》牵头单位、协办单位工作责任的规定，针对我局承担的两项牵头、九项配合工作任务制定如下推动方案。

一、任务分工

1. 两项牵头工作

一是规范土地征收和使用权出让制度。科学编制全市土地利用总体规划，完善集体建设用地管理。贯彻落实我市《关于进一步规范农村征地工作的意见》和《关于进一步规范城市房屋拆迁安置工作的意见》，建立科学合理的补偿标准体系，创新征地补偿安置工作机制。加强经营性土地交易市场管理，强化各环节有效监管。完善全市统一的土地市场运行规则，减少土地交易过程和关键岗位人员的自由裁量权。深化土地有偿使用制度和探矿权、采矿权有偿使用制度改革。

分管领导：董建军、段宝森、周国忠、张凤和

牵头部门：资源处、规划处、利用处、地矿处、拆迁办

牵头人：张志强、唐连蒙、解承祥、岳玉贵、林国斌

二是严肃查处征收征用土地和矿产资源开发中的违纪违法行为。

分管领导：周国忠

牵头部门：法监处、执法总队

牵头人：冀思珍

2. 九项配合工作

一是加强对贯彻落实科学发展观情况的监督检查。围绕加强和改善宏观调控、转变经济发展方式、增强自主创新能力、提高发展质量和效益、加强节能减排和生态环境保护、节约集约利用土地、保障和改善民生、建设社会主义新农村等重大政策措施情况开展监督检查。

牵头单位：市纪委

配合部门：资源处、利用处、住保处、住保办

二是治理领导干部违反规定插手市场交易活动。

牵头单位：市纪委

配合部门：纪检监察室

三是治理领导干部在住房上以权谋私等问题。

牵头单位：市纪委

配合部门：纪检监察室

四是支持公安、财政、土地、建设、环保等职能部门依法开展监督。

牵头单位：市纪委

配合部门：法监处

五是推进村务公开。

牵头单位：市民政局

配合部门：资源处

六是深化社会体制改革。扩大公共服务，完善社会管理。加强住房改革和建设，进一步健全社会保障体系，努力使全体人民更多享受发展成果。

牵头单位：市政府办公厅

配合部门：住保处、住保办

七是完善国有金融资产、行政事业性资产和自然资源资产监管机制。

牵头单位：市财政局

配合部门：资源处、利用处、财务处

八是完善全市工程建设招标投标和监督管理工作机制。

牵头单位：市建委

配合部门：房地产市场处

九是严肃查处违反政治纪律的案件。严肃查处规避招标、虚假招标及违法转包分包和非法批地、低价出让土地、违规审批房地产开发项目或擅自变更规划获取利益的案件。

牵头单位：市纪委

配合部门：纪检监察室

二、目标措施

1. 规范征地程序。严格落实征地补偿安置各项政策，对未列入城市总体规划、土地利用总体规划修编方案和土地利用年度计划、征地手续不全的项目，不批准征地。

2. 坚持经营性土地集中交易。建立出让地块信息定期发布制度，将达到“净地”条件拟出让地块的相关数据向社会公布。建立公开的网上报价网上交易系统，强化土地交易各环节监管，规范关键岗位人员行为，保障土地交易市场的公开、公平、公正、透明。

3. 科学编制全市土地利用总体规划，构建土地可持续利用体系和土地规划实施保障体系。完善规划管理信息系统，强化动态监管。制定考核体系和标准，确保土地利用总体规划目标的实现。

4. 对探矿权采矿权出让范围、管理权限、出让方式等进行规范。全市所有新立矿业权实现有偿出让；固体矿产和矿泉水的矿业权全部实现有偿延续；制定地热矿业权有偿延续政策，深化探矿权采矿权有偿使用制度改革。

5. 健全执法巡查机制，完善“早发现、早报告、早制止”的工作制度。加强与各区县和市有关部门的联合、联动，落实共同责任制度。加大违法案件查处力度，全市土地违法案件发生率每年有明显降低，查处率逐年提高。

6. 进一步健全和完善住房保障体系，落实住房保障发展规划，创新住房保障制度。完善廉租房、经济租赁房、经济适用房制度，推出限价商品房、租赁型经济适用房，努力让更多中低收入群众享受发展成果。

7. 继续推进治理商业贿赂工作的自查自纠和专项治理。坚决纠正不正当交易行为，针对土地和房屋两个市场交易、管理审批等方面查找出的易发生问题的环节，制定措施严加防范。加强诚信体系建设，建立不良行为记录制度，规范市场竞争行为。

8. 进一步落实行风建设责任制，坚持和完善民主评议政风行风制度，办好政风行风热线。认真做好信访工作，及时解决群众的合理诉求。健全防治不正之风的长效机制。

三、具体要求

1. 按照任务分工，各牵头（配合）部门和单位是落实任务的责任主体，担负着领导本部门本单位惩防体系建设的责任。主要负责人对本部门本单位落实分工任务负总责，领导班子其他成员根据分工抓好职责范围内的工作。做到同其他业务工作一起部署、一起落实、一起检查、一起考核。

2. 各部门各单位要结合部门实际，制定落实的具体措施，对所承担的任务提出工作计划并认真抓好落实。责任分工排第一的为牵头单位，其他为协办单位。要紧密配合、相互支持、形成合力，推动各项工作任务圆满完成。

3. 纪检监察部门要切实履行行政监督职责，按照分工的要求，抓好组织协调工作，督促相关部门抓好工作落实。组织人事部门要把落实情况列入对领导班子和领导干部考核评议范围，宣传部门做好动态反映和典型宣传工作。

4. 各牵头（配合）部门和单位要加强定期协调沟通，及时通报工作进度情况，针对工作中的问题及时分析研究，提出解决的办法，确保各项任务的完成。

中共河北省国土资源厅党组关于贯彻落实《建立健全惩治和预防腐败体系 2008—2012 年工作规划》的实施细则

冀国土资党发〔2008〕40 号

为认真贯彻落实中共中央《建立健全惩治和预防腐败体系 2008—2012 年工作规划》（以下简称《工作规划》）和中共河北省委关于印发《贯彻落实中共中央〈建立健全惩治和预防腐败体系 2008—2012 工作规划〉的实施办法》（以下简称《实施办法》），扎实推进我省国土资源系统惩治和预防腐败体系建设，制定本实施细则。

一、指导思想、工作原则和主要目标

（一）指导思想。以邓小平理论和“三个代表”重要思想为指导，深入贯彻落实科学发展观，全面坚持标本兼治、综合治理、惩防并举、注重预防的方针，紧密结合我省国土资源系统实际情况，把反腐倡廉建设放在更加突出的位置，以建设性的思路、举措和方法，保证中央《工作规划》和省委《实施办法》提出的各项任务的落实，扎实推进具有河北国土资源特色的惩治和预防腐败体系建设，努力提高“保护资源、保障发展、维护权益、服务社会”水平，为全省国土资源各项事业的健康发展提供有力保证。

（二）工作原则。认真贯彻落实中央和省委关于“围绕中心、服务大局，改革创新、开拓进取，惩防并举、重在建设，统筹推进、综合治理，突出重点、分类指导”的基本要求，在工作实践中要注意把握以下几点：

1. 站在服务全省经济社会发展全局的高度谋划和落实体系建设各项任务。要把反腐倡廉建设贯穿于全省国土资源事业发展的各个领域，体现在党的建设的各个方面，做到既推动惩治和预防腐败体系的逐步完善，又发挥好服务经济和保障发展的作用。

2. 把解放思想作为推动一切工作的“总阀门”。注重用发展的思路和改革的办法，及时研究解决国土资源领域出现的新情况新问题，探索新途径，推进反腐倡廉建设深入开展。

3. 坚持惩治和预防两手抓、两手都要硬。在坚决惩治腐败的同时，更加注重治本，更加注重预防，更加注重制度建设，不断加大预防腐败工作力度。

4. 坚持突出重点、分类指导、整体推进。要立足当前，着眼长远，科学规划，既要全面贯彻中央和省委部署的各项任务，又要突出工作重点，增强国土资源系统惩治和预防腐败体系建设的科学性、系统性、前瞻性。

（三）主要目标。经过5年的扎实工作，建成具有河北国土资源系统特色的惩治和预防腐败体系基本框架，在坚决惩治腐败的同时，预防腐败力度进一步加大，各级领导干部廉洁自律依法行政的意识普遍提高，腐败现象进一步得到遏制，政风行风建设工作不断迈上新台阶，行政权力公开透明运行工作逐步规范，土地、矿产、海域使用权审批出让、专项资金管理等制度进一步规范，广大干部群众对国土资源部门反腐倡廉工作的满意度有新的提高。

二、加强反腐倡廉教育

（一）深入开展三个方面的反腐倡廉教育。要以各级领导干部为重点，把党风廉政教育融入整个国土资源管理的各项具体工作之中，切实提高各级干部贯彻落实科学发展观的自觉性。1. 深入开展理想信念和廉洁从政教育。要把反腐倡廉教育纳入各级各类干部业务培训的重要内容，省厅和各市、县（市、区）局党组（党委），要深入学习贯彻中国特色社会主义理论体系，加强理想信念和反腐倡廉教育，打牢廉洁从政的思想政治基础。各级党组（党委）理论学习中心组，要把反腐倡廉理论作为学习的重要内容，每年专题学习不少于两次，党政主要负责人每年至少讲一次党课，纪检组（纪委）主要负责人每年做一次反腐倡廉形势报告。2. 加强党的作风和纪律教育。要定期组织开展党风党纪专题教育，使各级领导干部自觉遵守党的政治纪律、组织纪律、经济工作纪律和群众工作纪律，讲党性、重品行、做表率。要切实加强机关作风建设，着力解决党员干部特别是领导干部在作风方面存在的突出问题，自觉做到为民、务实、清廉，牢记“两个务必”，弘扬八个方面的良好风气。坚决制止奢侈浪费现象，精简会议文件，加强公务用车管理，规范公务接待行为。3. 继续深化“三项教育活动”。一是深入开展正面典型示范教育。评选表彰勤廉兼优先进典型，加大先进典型的宣传力度。二是深入开展反面典型警示教育。省厅和各市、县（市、区）局每年召开一次警示教育大会，充分运用违纪违法人员现身说法、参观警示教育基地、观看警示教育专题片等形式，切实做到警钟长鸣。三是深入开展党纪政纪条规教育。对新提拔的领导干部，在任职一年内进行系统的廉洁从政党纪政纪条规培训，对拟提拔的党员领导干部，认真执行上级关于党纪政纪法规考试的有关规定。

（二）健全反腐倡廉教育工作机制。各级纪检监察机构和机关党委、人事等部门，要抓好党员干部的反腐倡廉教育培训工作，各级国土资源部门组织的业务培训班，要安排廉政教育的内容。由驻厅纪检组牵头，按照中央和省关于加强领导干部反腐倡廉教育的要求，组织制定《全省国土资源系统反腐倡廉教育培训工作规划》，并逐步完善培训设施，落实培训经费，健全各级领导干部反腐倡廉教育培训机制，充分发挥教育在惩治和预防腐败体系中的基础作用。

（三）加强反腐倡廉宣传工作。要充分发挥报刊、杂志、网络媒体等各类传播载体的作用，形成宣教合力。各级国土资源部门开办的网站、杂志、简报等宣教媒体，都要开办反腐倡廉专栏或专题节目，深入宣传党的反腐倡廉理论、方针政策、基本经验和工作成果，充分反映我省国土资源系统反腐倡廉建设的新思路、新举措、好典型、好经验，及时宣传报道反腐倡廉建设的先进典型。要完善反腐倡廉新闻发布制度，及时向社会发布国土资源领域反腐倡廉建设的重要工作情况。要加强社会宣传工作，积极通过中央和地方新闻媒体及时反映我省国土资源系统反腐倡廉建设的进展与成效。要加强反腐倡廉网络文化建设和管理，积极开展反腐倡廉网上宣传和热点问题引导，提高网上舆论应对能力。要大张旗鼓地宣传表彰先进典型，在全系统培育形成一批廉洁勤政的先进集体和先进个人。认真组织开展丰富多采的廉政文化创建活动，扩大覆盖面，增强影响力，促进“以廉为荣、以贪为耻”社会风尚的形成。

三、健全反腐倡廉制度

（一）进一步健全党内民主集中制。认真落实中央和省委关于加强各级党组织民主集中制建设的要求，进一步健全各级国土资源部门党组（党委）工作制度和工作机制，充分发挥党组（党委）对重大问题的决策作用，健全各级党组（党委）分工负责制，完善集体领导与个人分工负责相结合的制度。健全和落实上级党组（党委）、纪检组（纪委）派人参加下级党组（党委）民主生活会制度。

（二）进一步健全党内监督制度。要认真贯彻《党章》、《党内监督条例》、《党员权力保障条例》，健全党内监督制度。继续抓好领导干部述职述廉、诫勉谈话和函询制度，做好重要事项的党内询问和质询工作，严格执行党员领导干部报告个人有关事项的规定。要加强巡视工作，制定对设区市局领导班子巡视的工作计划，加强巡视成果运用，将巡视结果作为评价考核任用干部的重要依据。加大对下一级党政领导班子和领导干部特别是主要负责人进行监督的力度，加强上级党组(党委)和纪检组（纪委）对下级领导班子及其成员的监督，健全上级党组（党委）对下级领导班子及其成员的经常性考察和定期考核机制。

（三）及时研究完善并落实好各项反腐倡廉工作制度。按照实际、实用、实效的原则，及时对现行的反腐倡廉制度进行清理规范，不符合法律法规要求和政策规定的，及时废止或修订，实现制度建设的与时俱进。要加大反腐倡廉法规制度的执行力度，每年组织力量对法规制度落实情况进行督促检查，对违反法规制度的行为要进行责任追究，确保法规制度的严肃性。

四、强化对各项权力运行的监督制约

（一）加强对领导班子、领导干部执行政治纪律和中央、省委、省政府重大决策部署情况的监督检查。加强对遵守党的政治纪律情况的监督。维护党章和其他党内法规，维护中央权威和党的集中统一，始终同以胡锦涛同志为总书记的党中央保持高度一致。加强对贯彻落实科学发展观情况的监督，坚决贯彻执行省委、省政府和厅党组的重大决策部署，加大监督检查力度，坚决纠正有令不行、有禁不止的现象，确保中央和省委、省政府关于土地宏观调控、整顿规范矿产资源开发秩序等方面政策措施的全面贯彻落实，切实防止和纠正违背科学发展观要求的行为。

（二）加强对落实领导干部廉洁自律规定情况的监督。继续治理领导干部违反规定收送现金、有价证券、支付凭证和收受干股，违规插手土地、矿产、海域使用权审批出让活动。把领导干部配偶、子女经商办企业情况及对身边工作人员的教育管理情况列入述职述廉内容。落实省纪委《关于对领导干部大操大办婚丧喜庆和借机敛财进行集中整治的通知》，严肃查处典型案件，完善事前、事后“双报告”制度。

（三）加强对行政权力运行全过程的监督。1. 深化行政权力公开透明运行工作。要着力深化行政权力公开透明运行，在今年年底实现市、县（市、区）局行政权力公开透明运行的基础上，力争用 2—3 年时间，实现国土资源所全覆盖。加快构建满足国土资源管理和社会服务需求的电子政务系统和运行机制，加强政务大厅和门户网站建设，强化地质资料、建设用地和地籍档案等社会查询服务工作，突出抓好社会服务。在厅机关实行“处务会议纪要”制度，进一步完善工作制度和运行机制，推动处（室、局）工作的制度化、规范化。2. 加强行政许可事项办理情况的效能监督检查。把每项行政许可事项的办理情况都纳入监督检查范围。重点抓住行政许可事项办理的许可时限、工作质量、收费依据以及许可范围、设定条件等，对行政许可事项的所有环节和步骤，实施全程监督。实行月查月公开通报制度，注重检查结果公开和责任追究。3. 进一步完善覆盖权力运行全过程的监督制约机制。今年下半年着手研究建立权力运行前的风险评估和防范机制、权力行使中的程序化和公开透明运行机制、权力运行后的绩效评估和责任追究机制，在抓好试点的基础上全面推进。

（四）加强对重要领域权力行使的监督。1. 加强对干部人事权行使的监督。完善干部选拔任用过程中推荐、提名、考察考核、讨论决定等各个环节的监督办法，建立干部录用、调动、推荐、考察、任用、奖惩责任追究制度，对选人用人失察失误的，予以责任追究。落实省委组织部《关于进一步规范对拟提拔干部征求纪检、监察机关意见的通知》（冀组通字〔2006〕1 号），对所有拟提拔任职的干部人选，人事部门在考察期间和在提交党组（党委）会议讨论决定之前，要按规定要求征求同级纪检监察机构的意见，纪检监察机构要及时按要求反馈意见，并充分利用干部监督举报途径，做好反映有关干部选拔任用问题的调查核实工作。2. 深化专项资金综合治理。对土地开发整理、矿山环境治理、资源勘查、测绘等重点领域的资金项目，深入开展专项治理。制定完善项目立项、资金分配、物资采购、资产处置的监督管理办法，加大专项资金综合治理力度，堵塞资金审批、拨付、使用等环节的漏洞，确保专项资金安全规范使用。要加强审计监督，对重点专项资金和重大投资项目开展跟踪审计，进一步加大对机关、事业单位主要领导干部的经济责任审计力度，注重审计结果运用，加大对发现问题的整改查处力度，严肃查处专项资金使用管理中的违纪违法案件。3. 加强对国土资源规划调整审核、农用地转用、土地征用审核、国企改制土地资产处置总体方案核准、国企改制以作价出资和授权经营方式处置土地资产审批、土地开发整理项目入库审批、探矿权审批、采矿权审批、海域使用权审批的监督，对违纪违法问题及时调查处理。

（五）完善监督制约机制。要强化法制监督，认真执行行政执法过错责任追究办法，加强对自由裁量权行使的监督和制约。充分发挥行政监察的职能作用，积极开展执法监察、廉政监察和效能监察，严肃查处违反政纪案件。认真贯彻执行《政府信息公开条例》，积极推行社会听证、专家咨询等制度。加强群众信访工作，畅通信访渠道，落实市、县（市、区）局领导干部接待群众来访制度，强化国土资源所信访工作责任制，及时处理信访问题。要建立健全决策权、执行权、监督权既相互制约又相互协调的权力结构，形成结构合理、配置科学、程序严密、制约有效的权力运行机制。要充分发挥各类监督主体的作用，切实形成监督合力，增强监督实效。

五、深化国土资源管理体制机制制度改革

（一）规范土地征收和使用权出让制度。积极推进征地制度改革，规范征地程序，完善征地补偿和安置办法。全面落实经营性土地使用权

招拍挂制度，建立和有效落实工业用地使用权招拍挂制度，规范国有建设用地使用权出让程序，严格控制划拨用地和协议出让土地范围。2008年，全部实行划拨和协议出让土地公示制度、土地供应信息发布制度。

（二）深化矿产资源有偿使用制度改革。严格执行探矿权、采矿权招标拍卖和挂牌出让制度，完善招拍挂出让程序，按照有关规定严格协议出让矿业权管理。要规范矿政管理制度，抓紧制定出台《河北省矿产资源管理办法》，努力在完善制度上下功夫。

（三）大力推进矿产资源整合。要严格标准，规范操作，加快推进，确保2008年基本完成全省矿产资源整合任务。要加快第二轮省级矿产资源规划修编步伐，尽快启动市、县级规划修编，强化规划实施管理，从源头上防止出现新的散乱。全面实行探矿权、采矿权设置方案制度，严格设置方案的编制、审查、审批程序，保证探矿权、采矿权设置方案的质量。

（四）加快海域管理制度改革。尽快出台河北省海域使用申请审批管理办法、建设项目用海预审管理办法、海域使用权招标拍卖管理办法，推进海域管理和有偿使用制度规范化，着力构建比较完善的海域收储、招标拍卖、宗海基价评估体系等海域使用市场管理机制。

六、坚决纠正损害群众利益的不正之风

（一）加大纠风工作力度。坚持把群众根本利益放在首位，着力解决群众关心的热点难点问题。要继续搞好阳光热线、听证质询、咨询服务等活动，对群众反映的问题及时查处，及时解决答复。要积极推进政风行风建设，创新民主评议工作，按照省委对民主评议行风提出的新要求，建立有效的民主评议行风结果运用机制，将评议结果及时向社会公开，切实提高评议工作科学化水平和透明度。

（二）健全防治不正之风的长效机制。要按照中央和省委“管行业必须管行风”的要求，落实行风建设责任制。要认真研究政风行风建设

的长效机制，落实好动态考核和评议措施，改进评议结果统计方法，真正体现“群众说好才算好”的原则。要推动民主评议活动向基层延伸，将国土资源所纳入评议范围，严格按照厅党组关于加强国土资源所规范化建设的要求，全面提高基层工作人员依法行政、保护资源、保障发展、维护权益、服务社会的能力。

七、保持惩治腐败的强劲势头

（一）明确查处违纪违法案件重点。以查处发生在领导机关和领导干部中违反政治纪律、滥用职权、贪污贿赂、腐化堕落、失职渎职的案件为重点，严肃查处官商勾结、权钱交易和严重侵害群众利益的案件，利用行政执法权、行政审批权、干部人事权索贿受贿、徇私舞弊的案件。严肃查处土地、矿产、海域使用权出让中规避招拍挂或虚假招拍挂的案件，非法批地、低价出让土地或擅自变更规划获取利益的案件，违法审批探矿权、采矿权和违法入股矿产开发的案件，隐匿、侵占、转移国有资产的案件。要深入开展治理商业贿赂工作，针对商业贿赂易发多发环节，认真研究解决问题的治本之策，紧紧围绕“土地出让、矿业权出让、项目发包、土地和矿业权评估”这四个重点领域，加强治理商业贿赂的调查研究和政策指导，建立健全防止和制裁商业贿赂的制度体系，形成长效机制。

（二）严格依纪依法办案。要严格履行办案程序，对任何组织和个人的违纪违法行为，都必须依纪依法处理。要坚持严肃执纪、公正执法、文明办案，不断提高办案质量。要做到事实清楚、证据确凿、定性准确、处理恰当、手续完备、程序合法。要坚持惩前毖后、治病救人，正确运用政策和策略，做到宽严相济、区别对待。要坚持惩治腐败和保护党员干部权利并重，加强对新形势下办案工作特点和规律研究，综合运用法律、纪律、经济处罚、组织处理、限制从业资格等方式和手段，严格区分违纪与违法界限，正确把握政策和策略，不断增加办案科技含量，切实提高执纪执法水平。要严格按照法律法规规定的职责、权限和程序采取办案措施，真正做到严格、公正、文明执纪执法。要强化执纪办案的内部监督制约机制，严格办案纪律，加强查办案件工作的管理和监督，保障涉案人员的合法权益，严防以案谋私。

（三）充分发挥查处案件的治本功能。认真落实一案“双报告、双建议”制度，完善案件通报制度。针对案件中暴露出的问题，及时查找体制、机制、制度方面存在的薄弱环节，提出改进意见和建议，建章立制，堵塞漏洞，将查办案件向警示教育、健全制度、加强管理延伸，实现查处案件的政治效果、社会效果、法纪效果相统一。

（四）健全查处案件的工作机制。按照厅党组《关于建立查办违纪违法案件协调联动机制的暂行办法》，抓好对全省国土资源系统内部办案工作的组织、协调和指导。要完善信访举报工作信息的沟通机制，加强对纠风、审计、专项检查、执法监察、信访举报、干部考察考核等工作与查办案件工作的协调，扩大案件线索来源。要充分发挥国土资源系统纪检监察队伍的作用，定期培训办案工作人员，整合办案工作力量，对大案要案，实施统一指挥，集中力量，协调办案，形成惩治腐败的整体合力。

八、切实加强组织领导

（一）明确责任主体。各级党组（党委）是反腐倡廉建设的责任主体，担负着全面领导惩治和预防腐败体系建设的政治责任。要坚持党组（党委）统一领导，纪检监察机关组织协调，其他部门各负其责，把贯彻落实中央《工作规划》和省委《实施办法》列入各级党组（党委）重要议事日程，同各项业务工作一起部署、一起落实、一起检查、一起考核奖惩。要严格执行党风廉政建设责任制，党组（党委）书记负总责，领导班子其他成员根据分工抓好职责范围内的工作，实行“一岗双责”齐抓共管。各级纪检监察机构要认真履行职责，充分发挥组织协调作用，协助党组（党委）抓好任务分解、监督检查和落实。

（二）落实工作任务。全系统各级各单位都要认真按照中央《工作规划》、省委《实施办法》和厅党组《实施细则》要求，明确各项工作任务的牵头单位和协办单位，实行严格的责任制。要制定具体的推进方案，把工作任务逐项落实到单位和责任人，提出完成标准、措施和时限要求。要科学安排各项任务，确定阶段性和年度目标，认真抓好落实。要抓住重点和难点问题，加强惩治和预防腐败体系建设的研究和协调指导，集中力量取得突破，推动各项工作开展。

（三）健全工作机制。各级纪检监察机构要会同有关部门加强对任务承办单位工作进展情况的督促、检查和指导。厅巡视办要把贯彻落实中央《工作规划》、省委《实施办法》和厅党组《实施细则》情况作为巡视工作的重要内容。要建立评估机制，每年年初对上一年度各项任务完成情况进行评估，将评估结果列入对领导班子和领导干部的考核评价范围，作为奖惩的重要依据。建立责任追究机制，对责任不落实，措施不得力的，要严肃追究有关人员的责任。建立保障机制，在人员、经费等方面给予保证，确保各项任务的落实。

河北省国土资源厅关于进一步加强全省国土资源所规范化建设的指导意见

冀国土资发〔2010〕13号

各设区市国土资源局，各县（市）国土资源局，厅机关各处室局，厅直属事业单位：

近年来，全省各级国土资源部门在国土资源所规范化建设方面做了大量工作，特别是在规章制度、基础设施和干部队伍建设等方面，已经取得了显著成效，较好地实现了“重心下移、关口前移”。但存在的困难和问题还不少，要充分发挥出国土资源所的“前沿阵地”作用，需要进一步加强领导，加大力度，夯实工作基础。按照国土资源部《关于加强乡（镇）国土资源所建设的指导意见》（国土资发〔2010〕24号）文件精神，结合我省实际，现提出如下意见：

一、加强国土资源所规范化建设的主要工作目标

国土资源所是联系千家万户，宣传和贯彻执行国土资源政策法规的重要窗口，其工作好坏直接关系到全省国土资源系统各项任务的完成，直接影响国土资源部门在人民群众中的形象。各市、县（市）国土资源局一定要做到目标明确，领导有力。当前的主要工作目标：一是下大力

建设一支“依法行政、廉洁高效、作风优良、纪律严明”的高素质基层干部队伍；二是进一步理顺关系，健全机构，不断改善工作条件，确保国土资源所有独立的办公场所、必备的办公设备和用于执法巡查的车辆，切实解决基层所工作经费和设备不足问题，积极推进国土资源管理信息化建设；三是创建“优质服务窗口”。要健全工作机制，确保服务水平明显提高，政策法规宣传更加深入，执法巡查和违法案件查处、信访矛盾纠纷调处能力增强，干部群众满意度提高，尽快实现“机构设置规范化、设施配套标准化、管理工作制度化、人员素质优良化”的建设目标。

二、进一步规范全省国土资源所的机构设置

省政府关于国土资源管理体制改革的《实施意见》（冀政〔2004〕129号文件）、省编办《关于市以下国土资源管理体制改革有关机构编制问题的通知》（省编办〔2004〕156号文件）都明确规定，全省国土资源所的机构和人员编制由乡镇政府管理上收到县（市）人民政府管理，为县（市）国土资源局的派出机构，2—3个乡（镇）设置一个国土资源所，全省共设置802个所，并明确了各市国土资源所的设置数额。

经过近几年的努力，全省大多数国土资源所已经实现了垂直管理，并按要求设置了“中心所”。但仍有少数地方尚未实行垂直管理，个别地方尚未按要求设置国土资源所。省编办关于机构设置的文件是国土资源所履行职责的法定依据，各市、县（市）国土资源局要认真落实。目前尚未实行垂直管理或没有按照省关于“中心所”要求进行设置的市、县（市），要加大工作力度，在2010年上半年全部实现垂直管理，并按照省编办分配各设区市的国土资源所数额完成机构设置。各市局于2010年6月底将所辖各县（市）国土资源所设置名单上报省厅备案。

三、理顺全省国土资源所的人员编制和经费

省编办（冀机编办〔2004〕156号）文件规定，“核定全省国土资源所编制5764名”，“人员经费列入财政预算，确保国土资源所工作的正常运转”。

从全省统计情况看，大多数市（县）较好地落实了国土资源所的人员编制和经费问题，但少数市（县、区）落实得还不够好。各有关市、县（市）局要加大工作力度，人员编制和经费没有落实到位的，要由市局主要领导负责协调，积极争取当地县（市）党委、政府和有关部门的支持，在2010年落实好人员编制问题，并将经费列入财政预算，以确保国土资源所工作正常运转，避免乱收费、乱罚款问题发生。鉴于有些地方国土资源所人员超编，各县（市）局要在维持现有人员稳定，逐步消化超编人员的同时，把“不准国土资源所超编进人”作为一条纪律，进行严格控制。确因工作需要调进的特殊专业人才，重新核定国土资源所编制后，要按照凡进必考的原则，严把进人关。

四、加大国土资源所硬件建设投入

近几年，省厅和各市、县（市）局多方筹措资金，加大了规范化建设投入力度，不少地方国土资源所的基础设施和办公条件得到了明显改善，全省建成了一批高标准的规范化国土资源所，这些所都有一个服务大厅、信访接待室、学习阅览室（会议室）、档案室，有工作人员办公室、宿舍、职工食堂等，各所人员能够按照流程图和管理制度开展工作。但目前不少国土资源所的办公用房还非常简陋，没有适应工作需要的执法巡查车辆和电脑、打印机、照相机等设备。各市、县（市）局要按照省厅和市、县三级分担的原则，进一步加大国土资源所硬件建设投入力度，争取用2至3年时间，初步完成全省国土资源所的硬件建设，

并有计划有步骤地为国土资源所配备执法巡查车辆。

五、调整国土资源所的工作职能

根据近年来行政审批制度改革和工作运行的实际情况，按照“重心下移、关口前移”的总体要求，对国土资源所的工作职能做如下调整：

1. 宣传和贯彻执行土地、矿产、海洋、测绘等法律法规、方针政策；

2. 做好国土资源动态巡查工作，协助县（市、区）局执法监察机构开展执法监察；

3. 承担有关信访接待，配合做好乡镇、村和个人等国土资源权属纠纷的核实调处工作；

4. 协助上级主管部门依法履行土地、矿产、海洋、测绘行政管理职能。参与征地、农用地转用、用地报批及矿产资源勘查、开采的监督管理和海域有偿使用等相关工作。承担农村宅基地及乡镇企业用地审核的前期工作；

5. 做好土地、矿产、海洋基础性统计等工作；

6. 承办上级交办的其他工作。

国土资源所要正确履行工作职能。一是完善工作机制。全面推行岗位责任制、服务承诺制、政务公示制、限时办结制、失职追究制等工作制度，做到各项职能履行到位、主动服务群众措施到位、政策宣传力度到位、执法巡查跟踪到位、违法案件查处到位，实现以制度管人管事。二是做好信访和矛盾纠纷调处工作。认真热情地接待上访群众，做到不推诿，不拖延，查清事实，解决到位，维护社会稳定。三是严格动态执法巡查制度。进一步健全执法监察信息员、协管员制度，延伸执法监察触角，形成“横向到边、纵向到底”的执法监察网络，早发现、早制止、早处理，把各种矛盾纠纷解决在萌芽状态，切实减少违法案件的发生。

六、强化国土资源所干部的学习和培训

各市、县（市）国土资源局要把加强国土资源所干部的学习培训作为规范化建设的重要内容。一是实行分级分期培训。省厅负责编制国土资源所干部的中长期培训规划和培训教材，将培训对象、内容、经费、要求等列入培训规划。省厅主要培训市、县（市）局主管领导和部分示范所所长，为市、县（市）局培训师资队伍；市局负责培训县（市）局有关人员和国土资源所所长；县（市）局负责国土资源所干部的全员培训。二是明确培训重点。把提高依法行政、廉洁从政、维护权益、保护资源、保障发展的工作能力水平作为重点。经过培训的工作人员发《培训合格证书》，实行持证上岗。三是严格学习制度。做到周有固定学习日，月有总结考核，形成良好的学习氛围。有条件的地方可以采取“走出去、请进来”的办法，到外地进行学习、参观、培训。要鼓励工作人员参加各类相关的学历教育，采取多种途径提高人员素质。四是加强廉政教育。严格遵守《廉政准则》、省委“十个严禁”、国土资源部“五条禁令”，树立廉洁勤政、诚信务实的新形象。

七、切实加强对国土资源所规范化建设的领导

各市、县（市）国土资源局党组（党委）要切实加强领导。一是要高度重视。把国土资源所规范化建设纳入国土资源管理事业发展的总体规划，对国土资源所建设中存在的困难和问题，要及时研究解决，做到有目标、有措施、有检查、有落实。二是加大协调力度。主动向当地党委、政府汇报国土资源所的工作和建设情况，积极争取当地党委、政府对国土资源所规范化建设的支持。三是严格考核奖惩。要积极开展创先评优活动，加强对平时工作的监督检查和年终考核结果的综合运用，对做出显著成绩的国土资源所及工作人员，要给予表彰奖励。获得省级

“先进国土资源所”称号的，省厅予以表彰奖励。“先进国土资源所”不搞终身制，如发生违纪违法问题，将撤销其“先进国土资源所”称号。四是创新干部管理机制。各市、县（市）局要建立完善干部交流、培养和使用机制，积极推进县（市）局和国土资源所工作人员之间的交流轮岗机制，推荐优秀干部到地方党政领导岗位任职，拓宽国土资源系统干部培养使用渠道，调动基层干部的工作积极性。

山西省人民政府办公厅
关于转发省国土资源厅山西省矿业存量
土地整合利用指导意见的通知

晋政办发〔2011〕72号

为创新矿业用地管理模式，推动关闭矿山企业存量土地的整合利用，促进节约集约和合理利用土地，加快产业升级和转型发展，根据省人民政府和国土资源部签署的《关于创新矿业用地管理机制合作协议》的有关要求，现就我省开展矿业用地存量土地整合利用工作提出如下指导意见。

一、指导思想和基本原则

（一）指导思想

矿业存量土地整合利用要以部省合作协议为指导，以保护耕地、保障土地所有者权益为出发点，通过整合利用关闭矿山、废弃工矿存量土地，促进节约集约用地，有效解决整合保留矿山企业升级改造用地的需求，促进土地合理开发利用，优化矿业用地布局。

（二）基本原则

1. 规划引导、依法合规。矿业存量土地整合利用要依照国家土地管理法律法规和政策，符合当地土地利用总体规划和土地整治专项规划。

2. 封闭运行、总量平衡。按照“封闭运行、总量平衡、定期考核、到期归还”的要求，将关闭矿山、废弃工矿拟整理复垦的建设用地（以下简称“复垦区”）与整合保留矿山企业需要新增的建设用地（以下简称“建设区”）组成项目区，做到项目区内建设用地总量不增加、耕地数量不减少、质量有提高。

3. 维护权益、共同促进。矿业存量土地整合利用应当遵循合法、自愿、有偿的原则，处理好国家、地方、企业、农村集体经济组织和农民之间的利益关系。在保障矿山企业用地需求的同时，要有效调动地方人民政府的积极性，切实保护农民的合法权益。凡是涉及农村集体土地的，必须履行告知、听证和发布公告的程序，充分听取农村基层组织和农民的意见，未征得农村集体经济组织和农民的同意，不得以任何方式开展工作。

二、责任分工

各地人民政府负责本行政区域内矿业存量土地整合利用工作的领导和组织协调。县级人民政府负责组织本行政区内矿业存量土地整合利用方案的编制，并组件报批。市级人民政府负责对县级人民政府上报的项目实施方案提出审查意见，并报省国土资源厅。

省国土资源部门负责编制省级土地整治规划，负责向国土资源部提出矿业用地整合利用周转指标的申请，负责政策指导、规模调控、项目方案审查、下达周转指标，实施监督检查，组织复垦验收，并将通过评审的项目方案上报国土资源部。

市级国土资源部门负责编制市级土地整治规划、汇总本行政区内的矿业用地复垦规模、政策指导、规模调控、存量土地整合利用实施等工作的协调和监督检查。

县级国土资源管理部门负责编制本行政区内土地整治规划，在县级人民政府领导下，与企业共同编制项目实施方案，负责项目踏勘、政策指导、组织协调、监督检查及矿业存量土地整合利用的具体实施。

各有关部门要根据规定的职责划分，明确职责，加强协调配合，形成矿业存量土地整合利用工作的合力。

三、实施步骤

（一）项目申报

有用地需求且自愿进行矿业存量土地整合利用的矿山企业，向所在地县级人民政府提出用地申请。县级人民政府根据本行政区域专项调查情况和申请用地矿山企业的具体情况，组织国土资源部门和用地企业共同编制《县域矿业存量土地整合利用实施方案》，确定项目区地块组成和矿业用地整合利用周转指标需求量，并提出申请报告，经市级人民政府审核后报省国土资源厅。

1. 县域矿业存量土地整合利用实施方案应包括的主要内容：

（1）用地矿山企业基本情况，包括生产规模、投资规模、扩建计划和用地计划等；

（2）用地矿山企业的土地利用现状，复垦区和建设区的范围、四至、地类、权属、面积等情况；

（3）建设区总体规划，复垦区土地整理复垦规划；

（4）矿业存量土地整合利用工作进度计划安排；

（5）矿业用地整合利用周转指标需求量以及指标的使用和归还计划。

2. 项目申报应提交的主要资料：

（1）县级人民政府的申请报告（含县及其各项目区申请的矿业用地整合利用周转指标数）；

（2）项目区实施方案文本；

（3）项目区 1 ∶ 10000 比例土地利用现状图；

(4) 项目区含复垦区和建设区土地勘测定界成果图；

(5) 项目区的地籍资料文件；

(6) 复垦区的复垦方案；

(7) 建设区的平面布置图；

(8) 项目区矿山企业和农村集体经济组织对项目区实施规划的书面意见；

(9) 县级人民政府确保企业复垦资金投入、按时完成并按期归还矿业用地整合利用周转指标的承诺函；

(10) 设区市人民政府的初审意见。

3. 省国土资源厅接到设区市人民政府审核同意的《县域矿业存量土地整合利用实施方案》和申请报告后，应组织相关专家进行实地踏勘和评审论证。经审查符合条件的，报经省人民政府同意后报国土资源部审批。

4. 矿业存量土地整合利用工作以县域为单位。确有必要的，经省国土资源厅审核报经省人民政府批准，可以在设区的市范围内进行。

（二）用地报批

1. 建设区须进行土地征收的，按申报建设用地规定程序和要求办理。涉及新增建设用地的，附经批准的《矿业存量土地整合利用实施方案》，使用“矿业用地整合利用周转指标”进行区位调整，以建设用地申报，按占用规模整体审批。

2. 征地补偿应根据占地实际类别，按省人民政府规定的统一年产值标准补偿。县级人民政府与被占地农村集体经济组织签订补偿协议。征收的国有土地，应按规定以协议出让方式向矿山企业供地。

3. 建设区土地征收，必须符合土地利用总体规划，由土地所在地县级人民政府组织申报材料并按征地程序上报。省国土资源厅收到征地报件后，根据土地管理法律法规及有关规定要求，依据土地利用总体规划和本指导意见，对拟征收土地的规模、区位、用途、征地补偿进行总体审查，报省人民政府审批。

（三）组织复垦

1. 矿业存量土地整合利用工作要在县级人民政府统一组织领导下进行，由县级国土资源管理部门按照土地开发整理复垦项目的有关规定，具体落实复垦方案。

2. 县级人民政府协调监督矿山企业及时足额筹措复垦资金，并将复垦资金纳入企业成本，专户列支，专款专用。

3. 各级国土资源行政主管部门应当建立矿山企业矿业存量土地整合利用管理台账，对建设区和复垦区土地进行专项统计。

4. 复垦区新增的农用地面积不得少于建设区占用的农用地面积，耕地面积不能减少。复垦期原则上不得超过两年。

5. 复垦项目竣工后，县级人民政府应及时组织自查。自查合格后，经市国土资源部门审查同意后报省国土资源部门进行项目区验收。

6. 复垦区验收合格后，县级国土资源部门要及时进行土地变更登记，完善地籍资料，归档备查。

四、工作要求

（一）切实加强领导

矿业存量土地整合利用工作头绪多，政策性强，涉及多方利益，各地人民政府务必高度重视，强化领导。要成立领导机构，由政府分管领导任组长，国土、规划、农业等部门为成员单位，明确职责分工，共同推动此项工作有序开展。

（二）认真履行职责

各级国土资源部门要畅通绿色通道，积极主动服务。要严格按照矿业用地整合利用实施方案的各项要求，深入细致地抓好项目具体实施；要全面及时提交申请资料，提高报地、批地效率；要协调好各方面的关系，切实保护农民的合法土地权益；要强化项目实施动态监管，督促复垦资金及时足额到位，保质保量完成复垦项目，及时归还矿业用地复垦利用周转指标。

（三）建立健全制度

各级国土资源部门要建立定期检查和调研、督导制度，及时研究解决工作中的矛盾和问题。围绕矿业存量土地整合利用中各个环节，制定相应的管理制度和技术操作规程，保障此项工作依法规范运行。市、县两级国土资源管理部门要加强对复垦项目的督导检查，每年年底向上级国土资源部门书面报告复垦项目实施进展情况；省国土资源厅要根据县域实施方案，对复垦项目区实施情况组织不定期评估。对连续两次评估未达到要求的，不再审批下达矿业用地整合利用周转指标。

山西省人民政府办公厅关于做好城乡建设用地增减挂钩试点工作的通知

晋政办发〔2011〕11号

各市、县人民政府，省人民政府各委、厅，各直属机构：

国土资源部于2010年9月批准我省为城乡建设用地增减挂钩试点省。为搞好我省城乡建设用地增减挂钩试点工作，缓解土地供需矛盾，推进节约集约用地，促进城乡统筹发展，根据《国务院关于严格规范城乡建设用地增减挂钩试点切实做好农村土地整治工作的通知》（国发〔2010〕47号）及国土资源部《城乡建设用地增减挂钩试点管理办法》精神，结合我省实际，经省人民政府同意，现就做好我省城乡建设用地增减挂钩试点工作（以下简称挂钩试点工作）通知如下：

一、挂钩试点工作的范围和原则

（一）挂钩试点工作范围

各地人民政府要先行开展农村建设用地潜力调查摸底工作。根据调查摸底情况，具备开展挂钩试点工作条件的县（市、区），可逐级向省人民政府提出申请，经省人民政府同意后，方可列入挂钩试点范围。未经批准不得擅自开展试点或扩大试点范围；严禁在试点之外，以各种名义开展城乡建设用地调整和使用；严禁擅自开展建设用地置换、复垦土地周转等“搭车”行为。

（二）挂钩试点工作原则

以保护耕地、保障农民土地权益为出发点，以改善农村生产、生活条件，统筹城乡发展为目标，以优化用地结构和节约集约为重点，具体遵循以下原则：

1. 规划引导，控制规模。科学编制土地利用总体规划和土地整治专项规划，加强与城镇体系规划及村镇规划的衔接，强化土地利用总体规划对建设用地总量和布局的控制和引导，合理安排增减挂钩试点的规模、布局和时序，统筹安排农民新居、城镇发展等土地整治活动，合理设置建新、拆旧项目区，确保项目区内建设用地总量有减少、布局更合理、耕地面积有增加、质量有提高，实现以城带乡、以工补农，城乡统筹发展。试点工作必须符合土地利用总体规划和土地整治规划，严禁突破挂钩周转指标规模设立挂钩项目区，严禁项目区跨县级行政区域设置，严禁循环使用周转指标。

2. 先易后难，统筹安排。试点区域的选择要在调查摸底的基础上，选择有一定资金保障能力的乡（镇）和拆迁难度小的地区先行开展试点，试点单位应根据自身的条件，因地制宜、量力而行、先易后难、循序渐进。

3. 自愿合法，维护权益。挂钩试点项目区的设立和实施要尊重农民意愿并考虑农民的实际承受能力，防止不顾条件的大拆大建、盲目推进。严禁在农村地区盲目建高楼、强迫农民住高楼。开展挂钩试点工作，必须举行听证、论证，充分听取当地农村基层组织和农民的意见。涉及土地调整互换使用的，未征得农村集体组织和农民同意，不得强行开展挂钩试点工作。必须按照明晰产权、维护权益的原则，合理分配土地调整使用中的增值收益。要明确受益主体，规范收益用途，确保所获土地增值收益及时全部返还农村，用于支持农业发展和改善农民生产生活条件，防止农村和农民利益受到侵害。

二、挂钩试点项目的申报和审批程序

（一）项目申报

列入挂钩试点工作的县（市、区），应按照挂钩试点工作的原则，依据土地利用总体规划、城市总体规划、村庄和集镇建设规划和土地整治规划等，选定项目区并确认“四至”、地类和土地权属等基本情况，组织编制项目区实施规划。由县（市、区）人民政府提出项目区立项申请，经市人民政府审查同意后，报省国土资源厅审批。

项目区申报应提交以下材料：

1. 县（市、区）人民政府申请（含申请的挂钩周转指标数）；

2. 项目区实施规划文本、图件；

3. 项目区农村集体经济组织对项目区实施规划的书面意见、听证会纪要和被拆房人同意搬迁的意见；

4. 县（市、区）人民政府确保资金投入、按时完成并按期归还挂钩周转指标的承诺函；

5. 设区市人民政府的初审意见。

（二）项目审批

省国土资源厅收到申请材料后，应组织专家进行实地踏勘和论证，审查同意的，下达批复文件，并分别报省人民政府和国土资源部备案。

三、挂钩试点项目的实施管理

（一）县（市、区）人民政府应根据已批准的项目区实施规划，组织有关部门和项目区所在乡（镇）人民政府，筹措资金，组织实施，并在规定的时间内实施到位，项目区涉及拆迁安置补偿的，必须按规定做好拆迁安置补偿工作。

（二）挂钩试点项目区实施过程中，拆旧地块要优先复垦为耕地，其土地复垦要按照土地开发整理复垦项目的有关规定执行。

（三）建新地块要优先满足拆旧区的居民安置用地，并预留必要的农村基础设施和发展用地，节余的指标，经批准可少量调剂给城镇和工业项目使用。

（四）建新地块须办理征收手续的，按规定的程序和要求办理审批手续，涉及农用地转为建设用地的，对项目区实施规划和建新拆旧进行整体审批，直接与拆旧地块的建设用地置换，不再另行办理农用地转用手续。

（五）建新地块需要征收为国有土地的，可按批次以建设用地报批，按省人民政府规定的统一年产值标准进行补偿；属于经营性用地的，必须征收为国有土地，并按规定实行招标拍卖挂牌方式供地。

（六）建新地块土地征收，必须符合土地利用总体规划，原则上应一次性申报，由项目区所在县（市、区）人民政府组织申报材料并按征地程序申报。省国土资源厅收到征地申报文件后，根据土地管理法律法规和有关规定，依据土地利用总体规划和挂钩项目区实施规划，对拟征收土地的规模、区位、用途、征地补偿安置进行总体审查，形成审查报告，呈报有批准权的政府审批。

（七）项目区所在市、县（市、区）国土资源管理部门要加强对项目区实施的监督检查，每年年底向上级国土资源主管部门书面报告项目区实施进展情况，省国土资源厅根据项目区年度实施方案，不定期对项目区实施情况组织评估。对连续两次评估达不到要求的，经报省人民政府批准后，取消试点县（市、区）资格，撤销试点项目区。

（八）项目区拆旧地块土地复垦项目竣工后，县（市、区）人民政府应及时组织自查。自查合格的，经市国土资源管理部门审查同意后，报省国土资源厅进行项目区验收。

（九）项目区验收合格后，县（市、区）国土资源管理部门要及时进行土地变更登记，并对项目区有关资料归档备查。

（十）验收确认的拆旧地块土地复垦项目新增耕地指标，用于归还挂钩周转指标，归还的耕地面积不得少于下达的挂钩周转指标。各试点县（市、区）国土资源管理部门应建立挂钩周转指标使用台账，做到动态管理，并定期向省、市国土资源管理部门报告周转指标使用及归还情况。

（十一）省国土资源厅要定期向省人民政府报告挂钩项目实施情况和周转指标使用、归还情况。

四、做好挂钩工作的组织与协调

（一）开展城乡建设用地增减挂钩试点工作，对于推进土地节约集约利用，促进城乡统筹发展，具有重要意义。各地人民政府要高度重视挂钩试点工作，加强领导，明确责任，精心组织，落实措施，确保此项工作顺利推进。挂钩项目区所在县（市、区）要成立由政府主要负责人牵头、有关部门参加的组织领导机构，协调实施中的重大问题，制定相关政策。

（二）设区市国土资源管理部门要做好试点县（市、区）挂钩项目的初审和监督检查工作。省国土资源厅要加强对挂钩试点工作的统一管理，对挂钩试点项目进行严格审核和验收，要加强与国土资源部的沟通与协调，并积极指导各地开展好挂钩试点工作。

二〇一一年二月二十一日

内蒙古自治区国土资源厅关于实行领导干部廉洁自律承诺书制度的通知

内国土资党发〔2009〕8号

各盟市国土资源局，各直属事业单位，厅机关各处室（局）：

为了进一步增强全区国土资源系统党员领导干部的政治意识、大局意识、责任意识和廉洁自律意识，发挥好示范带头作用，扎实推进全区国土资源系统惩治和预防腐败体系建设，厅党组决定在处级领导干部中实行年度廉洁自律承诺书制度。现将有关事项通知如下：

一、签订《内蒙古自治区国土资源厅领导干部廉洁自律承诺书》(以下简称承诺书）的对象为各盟市国土资源局和各直属事业单位领导班子成员、厅机关各处室（局）主要负责人。

二、驻厅纪检组监察室统一制作年度《承诺书》并确定承诺内容。各单位可以复制使用，可结合本单位本部门实际情况增加承诺内容，并填于“附加内容”内。

三、《承诺书》每年签订一次，一式三份，本人保存一份，所在单位党组织和驻厅纪检组监察室各保管一份。承诺内容在一定范围进行公示，接受职工群众监督。

四、签订《承诺书》一律采用蓝色或黑色钢笔、签字笔填写，字迹工整、清晰。“承诺人签名”、“附加内容”必须由本人填写。

五、《承诺书》每年年初签订。践诺考评工作由驻厅纪检组监察室组织实施，考评结果进入领导干部廉政档案。

六、各单位各部门务于2009年3月10日前完成《承诺书》的签订。

内蒙古自治区国土资源厅
关于加强行政效能监察工作的
实施意见

内国土资发〔2009〕70号

各盟市国土资源局，厅属各事业单位，厅机关各处室：

为不断健全完善勤政廉洁、务实高效的国土资源行政运行体系，全面提升依法行政能力和服务水平，改进工作作风，提高工作效率，确保政令畅通，推动科学发展，特制定加强行政效能监察工作实施意见。

一、指导思想

以邓小平理论和“三个代表”重要思想为指导，严格按照《中华人民共和国行政监察法》等相关法律法规的规定，紧紧围绕保增长、保民生、保稳定这一中心工作任务，扎实推进行政效能监察工作，努力构建保障和促进科学发展新机制，促进厅各项重大决策和决定的贯彻落实，保证《国土资源行政审批事项工作规则（试行)》(内国土资发〔2009〕29号）的严格执行，为自治区国土资源事业的健康发展提供坚强有力的保障。

二、目标任务

通过开展行政效能监察工作，加强勤政廉政建设，扎实推进管理体制改革，不断完善监督制约机制，力求在四个方面实现新的突破：

（一）机关管理体制和运行机制要有明显改善，依法行政水平全面提升，服务理念不断更新，各项管理措施落实到位，基本实现制度化、规范化、法治化。

（二）工作人员能够自觉遵守并严格执行国家的法律法规，严格依照法定权限、程序、标准和工作时限管理行政事务，扎实履行岗位职责，保持政令畅通。

（三）适应自治区经济社会平稳较快发展的需要，全面提升国土资源综合管理水平和保障能力，形成“零障碍、低成本、高效率”的政务环境。

（四）建立健全各级领导责任制，进一步完善岗位责任、首问负责、限时办结、服务承诺等制度体系，全面树立为民、务实、清廉的国土资源部门形象。

三、主要内容

重点围绕行政审批、行政执法、制度落实、政务公开、优质服务、勤政廉政六个方面进行行政效能监察。

（一）履行职责情况。围绕厅的重要工作部署和各单位各部门完成年度工作目标任务情况，监督检查领导班子和领导干部是否认真履行职责，有无不作为、消极应付、失职渎职等行为；对群众集中反映的本单位本部门工作中存在的重大问题是否能够及时解决等。在厅机关重点针对《国土资源行政审批事项工作规则（试行）》的落实情况进行监督检查。

（二）改进服务情况。围绕转变工作职能，增强服务意识，提高服务水平，监督检查政务公开是否实行，公开的内容和方式是否符合有关规定；电子政务和行政审批方式有无改进，是否制定和落实了集中受理、“一个窗口对外”等各种便民措施，审批监督机制是否健全、群众投诉渠道是否建立和畅通；首问负责制、服务承诺制、责任追究制、效能投诉制等制度是否健全和落实等。

（三）工作作风情况。围绕加强政风行风建设的各项要求，监督检查各单位各部门有无具体得力的措施和办法，是否存在官僚主义、形式主义和弄虚作假现象；领导班子和领导干部在协调、督促、指导工作中是否存在以会议落实会议，以文件落实文件等现象；领导干部是否经常深入基层调查研究，协调解决实际问题；工作人员是否遵守工作纪律，有无随意缺岗、不到岗等不良现象。

（四）工作效率情况。围绕提高工作效率和行政效能建设，监督检查各单位各部门是否建立了高效快捷的工作运转机制，有无办事拖拉、推诿扯皮现象；有无建立和落实限时办结制，对上级组织和领导交办的事项是否按进度、时限、质量要求予以完成，行政审批效率有无提高，审批程序是否符合相关法律法规规定，以及在工作效率方面有无服务对象、相关部门的信访举报和投诉等。

（五）直属事业单位。要紧紧围绕“三重一大”制度的落实和领导人员廉洁自律“七项规定”的执行情况，重点监督检查执行国家法律法规和落实厅各项工作部署的情况。看是否合理利用人、财、物等资源，创造最佳经济效益和社会效益；是否依照国家授予的权限行使管理权；是否存在违反财经纪律，私设“小金库”，滥发奖金、补助等问题。通过开展效能监察，坚决纠正违法经营、失职渎职、滥用权力，以及管理不善、损失浪费、造成国有资产流失等问题。

四、实施步骤

（一）学习提高。各单位各部门要结合深入学习实践科学发展观活动，认真组织干部职工学习行政效能监察方面的法律法规和相关知识，提高思想认识，增强参与行政效能监察活动的自觉性和主动性。加强宣传和信息沟通，为开展行政效能监察工作提供良好氛围和舆论环境。

（二）自查自纠。认真查找本单位本部门和个人在执行政策、履行职责、工作效率和服务态度等方面存在的问题和不足，按照有关规定自查自纠。对问题严重且影响较大的要公开处理；对有错误但不构成违法违纪的干部要进行诫免谈话，限期改正；对群众反映比较集中的突出问题，要采取重点督办等综合措施，努力把问题解决在萌芽状态。

（三）监督检查。按照分级负责的原则，针对行政效能监察所确定的内容，建立监督机制。驻厅纪检组监察室负责组织对各盟市国土资源局、厅属事业单位和厅机关各处室（局）的监督检查，各盟市国土资源局要加强对所属旗（县、区）国土资源局的行政效能监察工作。在监督检查工作中，要坚持多措并举，采取专项检查、综合检查、挂牌督办、派驻督察员、明察暗访等方式进行，必要时组织单位与单位、部门与部门间的互查互检。

（四）总结考评。采取自查自评、民主测评、组织考核相结合的方法进行。各单位各部门每年要在 11 月 25 日前对行政效能监察情况进行全面总结并形成文字材料报驻厅纪检组监察室。在年度考核中，各级领导班子和领导干部要把行政效能建设情况作为述职述廉的一项重要内容，重点汇报行政决策、行政执行、行政实施情况，以及行政效能监察中取得的成效和存在的问题，提出深化行政效能建设的建议。考评结果作为年度评先评优和使用干部的重要依据之一。

五、工作要求

（一）加强领导，认真组织。各单位各部门要切实加强对行政效能监察工作的领导，把行政效能监察工作纳入总体工作部署。成立相应的组织机构，形成一级抓一级、层层抓落实的工作格局，主要领导同志要对此项工作负总责，并承担领导责任。各单位的纪检监察机构要负责具体工作的组织实施，确保行政效能监察工作的顺利进行。

（二）积极协调，密切配合。行政效能监察工作，政策性强，涉及面广，各级纪检监察部门要充分发挥职能作用，加强与相关职能部门的协作配合，充分发挥各自优势，真正形成分工负责、密切配合、齐抓共管的局面和合力。被检查单位和部门要如实提供情况，实事求是反映行政效能建设方面的成效和存在的问题，自觉接受监督检查。

（三）突出重点，注重实效。行政效能建设是政风行风建设的重要内容，行政效能监察是确保效能建设取得实效的重要手段。各单位各部门要结合自身的职能特点和工作实际，注重从发挥职能作用和提高办事效率入手，全面进行自查自纠，敢于揭露存在问题，认真落实整改，健全内部制度，堵塞管理中存在的漏洞，完善内部制约机制，确保行政效能监察工作取得实效，以最高的工作效率、最大的工作力度支持自治区经济社会的平稳较快发展。

辽宁省国土资源厅
关于实行国有建设用地使用权
网上交易的通知

辽国土资发〔2010〕164号

各市国土资源（规划和国土资源、国土资源和房屋）局，监察局：

为规范土地交易行为，完善土地市场运行机制，维护公开、公平、公正的国有建设用地使用权交易秩序，促进廉政建设，经研究决定，在我省实行国有建设用地使用权网上交易，现就有关问题通知如下：

一、加强组织领导。采用现代信息技术手段，实行国有建设用地使用权网上交易，是土地供应体系和土地交易方式改革的重大举措，是健全土地要素市场体系的重要措施，对完善土地市场运行机制、规范土地交易行为、增强反腐倡廉实效有着十分重要和深远的意义。各地要高度重视网上交易国有建设用地使用权的建设，切实加强领导，采取积极主动措施，全力推进当地国有建设用地使用权网上交易建设工作。

二、完善制度建设。各市要根据当地情况抓紧制定国有建设用地使用权网上交易规则，成立由监察部门牵头的国有建设用地使用权网上交易监管机构，建立国有建设用地网上交易全程监管办法。

三、总体要求。全省按照行政区划共建设14个市级国有建设用地使用权出让网上交易平台，市辖县（市）应在网上交易的国有建设用地使用权均应在市级平台进行出让公告，并通过市级交易平台确定用地者，交易前期储备开发、出让方案制定、底价制定等环节以及成交确认书的签订、合同的签订、合同履约监管等环节仍由县（市）级国土资源部门完成。

四、网上交易实施范围。法律法规规定应以招标拍卖挂牌方式配置的国有建设用地使用权，均应实行网上交易。网上交易的国有建设用地使用权应实行净地出让，国有建设用地使用权网上交易前，应妥善处理土地的产权、安置补偿等法律经济关系，完成必要的前期开发，形成建设用地条件。严禁未经拆迁安置补偿、收回国有土地使用权等程序而直接供应土地，发放建设用地批准文件。

五、时间要求。各市要按照《辽宁省国有建设用地使用权网上交易系统总体建设方案》（见附件）要求有序推进，沈阳、大连、抚顺等3市应在今年年底前运行网上交易平台，其他11市的网上交易系统应在2011年6月底前正式开通运行。

六、实施主体。市级国土资源部门为网上交易国有建设用地使用权建设的实施主体，应按照《辽宁省国有建设用地使用权网上交易系统总体建设方案》要求的技术标准建立网上交易平台。网上交易平台、交易场地以及相关建设所需资金报经市政府批准，由土地出让收入中支出。市级国土资源部门要主动与网上交易所涉及的规划、财政、审计、监察、安全、公安、金融管理等多个部门沟通协调，争取支持，形成合力。

七、定期巡查。省监察厅、省国土厅将组成国有建设用地使用权网上交易巡检组，定期对各地网上交易系统建设、应用等情况进行检查，对未按要求建设以及应用网上交易系统的，将严肃追究相关人员责任，对应网上交易国有建设用地使用权而未实行网上交易的，按“违反规定出让国有建设用地使用权”追究相关人员责任。

附件：辽宁省国有建设用地使用权网上交易系统总体建设方案（略）

辽宁省国土资源厅
关于严格控制和规范矿业权协议
出让管理有关问题的通知

辽国土资发〔2012〕246号

各市国土资源（规划和国土资源、国土资源和房屋）局，绥中、昌图县国土资源局：

为认真贯彻《国土资源部关于严格控制和规范矿业权协议出让管理有关问题的通知》(国土资发〔2012〕80号)，进一步规范我省矿业权协议出让管理工作，结合我省实际，现将严格控制和规范矿业权协议出让管理有关问题通知如下：

一、严格控制协议出让的范围

（一）经矿业权审批委员会集体会审、属于下列情形之一的，准许以协议出让方式出让矿业权：

1. 国务院批准的重点矿产资源开发项目和为国务院批准的重点建设项目提供配套资源的矿产地；

2. 省级人民政府批准的储量规模为大中型的矿产资源开发项目；

3. 为列入国家专项的老矿山(危机矿山）寻找接替资源的找矿项目；

4. 已设采矿权需要整合或利用原有生产系统扩大勘查、开采范围的毗邻区域；

5. 已设探矿权需要整合或因整体勘查扩大勘查范围涉及周边零星资源的。

二、严格审查协议出让的条件

（二）协议出让矿业权，应当符合矿产资源规划和矿业权设置方案。矿产资源规划和矿业权设置方案未经批准或备案，不得批准矿业权协议出让申请。

（三）已设采矿权利用原有生产系统申请扩大矿区范围，扩区范围的高风险类、低风险类矿种的地质勘查工作程度满足设立采矿权要求的，经批准协议出让给采矿权扩界申请人，进行采矿权扩界。

（四）采矿权人申请扩区范围的高风险类、低风险类矿种地质勘查工作程度不能满足设立采矿权要求的，应设立探矿权。

经批准机关组织专家论证，扩界申请人申请范围的高风险类、低风险类矿种的地质勘查工作程度不能满足设立采矿权要求，且不宜单独另设探矿权的，经批准，以协议方式出让给采矿权扩界申请人。

（五）采矿权人申请利用原有生产系统扩大毗邻区域无风险类矿种矿区范围的，经批准可以进行采矿权扩界。

（六）已设探矿权需要整合或因整体勘查扩大勘查范围涉及周边零星资源的，若所扩范围超过现有勘查区块面积25%以上（含本数），且经省级国土资源主管部门组织专家论证不宜单独另设探矿权，并出具论证意见，由探矿权人向原登记管理机关提出协议出让申请。

所扩范围不足现有勘查区块面积25%的，由探矿权人直接向原登记管理机关申办扩大变更登记。若探矿权现有勘查区块面积在10平方公里及以上的，按照第一款程序办理。

三、严格执行协议出让的批准权限

（七）探矿权、采矿权协议出让实行国土资源部和省级国土资源主管部门两级审批。省级国土资源主管部门负责以下协议出让审批：

1.《矿产资源勘查区块登记管理办法》和《矿产资源开采登记管理办法》附录中所列34个重要矿种以外其他矿种探矿权、采矿权协议出让的；

2. 国土资源部授权省级国土资源主管部门负责勘查、采矿登记的探矿权、采矿权，因矿业权整合或者扩大勘查开采范围需要协议出让的；

3. 协议方式取得省级及以下国土资源主管部门登记的探矿权、采矿权，因特殊情况5年内确需转让的。

四、严格履行协议出让的程序

（八）协议出让的申请

1. 下列两种情形，由项目出资人根据协议出让审批权限向国土资源部或者省级国土资源主管部门提出协议出让申请：

(1) 国务院批准的重点矿产资源开发项目和为国务院批准的重点建设项目提供配套资源的矿产地，由项目出资人或者采矿权申请人持有关批准文件提出申请；

(2) 为列入国家专项的老矿山（危机矿山）寻找接替资源的找矿项目，由采矿权人凭财政部下达的项目预算通知或者国土资源部下达的项目计划通知提出申请。

异地实施危机矿山接替资源找矿项目的，采矿权人还应提交项目所在地省级人民政府出具的批准文件或者书面意见。

2. 省级人民政府批准的储量规模为大中型的矿产资源开发项目，依照审批权限由国土资源部审批的，由省级人民政府行文；由省级国土资源主管部门审批的，由市级人民政府向省级人民政府正式行文，提出协议出让申请。行文主要内容应包括：协议出让的依据，不宜招标拍卖挂牌出让的理由，拟协议出让矿业权的勘查开采项目名称、项目出资人、拟设勘查区块或者开采区的范围、坐标、面积、勘查程度、资源储量、开发利用情况，是否符合矿业权设置方案等。

3. 已设采矿权需要整合或利用原有生产系统扩大勘查开采范围的毗邻区域、采矿许可证原由国土资源部颁发的，由采矿权人持省级国土资源主管部门出具的书面意见，向国土资源部提出协议出让申请；采矿许可证原由省级及以下国土资源主管部门颁发的，由采矿权人持市级国土资源主管部门正式行文（行文内容比照市级人民政府行文内容），向省级国土资源主管部门提出协议出让申请。

4. 协议出让探矿权及已设探矿权需要整合或因整体勘查扩大勘查范围涉及周边零星资源、勘查许可证原由国土资源部颁发的，由探矿权人持省级国土资源主管部门出具的书面意见，向国土资源部提出协议出让申请；原勘查许可证由省级国土资源主管部门颁发的，由市级国土资源主管部门正式行文（行文内容比照市级人民政府行文内容），向省级国土资源主管部门提出协议出让申请。

（九）协议出让的批准

1. 专家论证

省级国土资源主管部门收到矿业权人或者矿业权申请人协议出让申请，及市级国土资源主管部门正式行文同意协议出让的意见后，根据本通知第二条第（四）项第二款及第（六）项规定需要专家论证的，应当组织专家进行论证，并形成论证意见。

2. 会审和信息公示

由省级国土资源主管部门批准的协议出让矿业权，需经省级国土资源矿业权审批委员会对协议出让条件、专家论证意见及市级国土资源主管部门出具的正式行文意见等是否符合要求进行集体会审。

会审通过后，省级国土资源主管部门应当将拟批准的勘查开采项目及项目出资人名称、协议出让申请理由等基本情况，在“全国矿业权出让转让公示公开系统”进行为期不少于7个工作日信息公示。

3. 批准和登记申请

经信息公示无异议，省级国土资源主管部门形成批准文件，由矿业权人或者矿业权申请人持批准文件，依法向登记管理机关申办矿业权登记。

五、严格规范协议出让的要求

（十）价款处置

1. 高风险、低风险类矿种。申请以协议方式出让探矿权，应当提交省级及以上国土资源主管部门出具的地质勘查达到普查以上程度、已完成价款处置的证明材料。

属于下列情形之一、经批准以协议方式出让探矿权的，可以先依法申办勘查许可证，达到普查以上程度后再按规定进行价款处置并提交前款规定的证明材料：

（1）在本通知下发前国家已出资勘查但未形成矿产地的区块，地质勘查未达到普查以上工作程度的；

（2）属高风险类、低风险类矿种的探矿权人申请扩大勘查范围或者采矿权人申请在其深部、毗邻区域进行勘查，地质勘查未达到普查以上工作程度的。

2. 无风险类矿种。协议出让无风险类矿种应当缴纳采矿权价款。

（十一）对本通知第二条第（四）项第二款规定情形同意协议出让的，原采矿权应当与协议出让的探矿权统一处置，不得单独转让采矿权或者探矿权，转让后的探矿权人和采矿权人应当为同一主体。

六、其他规定

（十二）《关于进一步规范探矿权采矿权审批登记管理有关事宜的通知》(辽国土资发〔2010〕162 号)、《关于规范矿业权管理有关事宜的通知》(辽国土资发〔2010〕12 号）等文件中关于矿业权协议出让的管理规定，凡与本通知不符的，以本通知为准。

（十三）本通知中所称高风险、低风险、无风险类矿种，按照《关于进一步规范矿业权出让管理的通知》(国土资发〔2006〕12 号）第一类、第二类、第三类矿产划分标准对应。

（十四）本通知自发布之日起施行。

吉林省国土资源系统
廉政风险防范管理实施细则（试行）

吉国土资党组发〔2010〕50号

第一章　总　则

第一条　为深入贯彻落实《吉林省建立健全惩治和预防腐败体系2008—2012年实施办法》和《吉林省国土资源厅建立健全惩治和预防腐败体系2008—2012年工作细则》，强化反腐倡廉预防工作，按照国土资源部和省纪委总体工作部署，结合全省国土资源系统反腐倡廉工作实际，依据《中国共产党党内监督条例》，制定本细则。

第二条　全省国土资源系统廉政风险防范管理，是通过查找、评估风险点，对存在或潜在的廉政风险实行前期预防、中期监控、后期处置机制，实施计划、执行、考核、修正的循环管理过程。防范的是廉政风险，管理的是防范工作。

第三条　廉政风险防范管理具有三项主要功能：

（一）预警功能。通过建立一系列规则，规范权力运行，从事前、事中和事后三个阶段，对权力运行实施预警，及时化解廉政风险，铲除滋生腐败的土壤和条件。

（二）监督功能。通过建立严密的监督网络，整合监督资源，形成监督合力。同时对权力目录、工作流程、风险点和防范措施等全部公开，使权力运行主动接受监督。

（三）保护干部功能。针对存在或潜在的风险点，通过前期预防、中期监控、后期处置，在党员干部出现腐败苗头、尚未构成违纪时，及时预警，将红灯亮在越轨前，保护干部不犯错误或少犯错误。

第四条 全省国土资源系统廉政风险防范管理的指导思想是：以邓小平理论和“三个代表”重要思想为指导，深入贯彻落实科学发展观，坚持“标本兼治、综合治理、惩防并举、注重预防”的方针，落实“更加注重治本、更加注重预防、更加注重制度建设”的要求，以规范权力运行为核心，强化教育、监督和惩戒，突出预警和纠偏，为国土资源管理改革健康发展提供坚实的纪律保障。

第五条 全省国土资源系统廉政风险防范管理的工作目标是：以土地和矿业权审批、土地和矿业权出让、土地收购储备、土地开发整理、地质环境恢复治理、地质灾害防治、行政执法、登记发证、评估评审及重要物资采购、干部选拔任用、重大项目建设、大额度资金管理和使用等为重点，完善“一岗双责、全面覆盖、重点防控、责任到位”的监督体系；建立教育在先、约束在先、纠错在先的预防、预警机制，有效遏制腐败问题的发生，实现源头治腐的规范化、科学化和制度化。

第六条 全省国土资源系统廉政风险防范管理的基本原则是：

（一）风险点查找实事求是原则。

（二）风险等级科学评估原则。

（三）防范措施有效适用原则。

（四）风险监控突出重点原则。

（五）防范管理务求实效原则。

（六）考核评价奖惩分明原则。

第二章　廉政风险和廉政风险点

第七条　廉政风险是指因教育、制度、监督不到位及外部环境等因素影响，在履行职能和生活等方面存在或潜在的可能发生不廉洁、失职、渎职等行为或正在演化成腐败问题的风险。主要分为岗位职责、业务流程、体制机制、外部环境等四方面风险。

第八条　廉政风险具有客观性、损失性和不确定性。客观性是指任何岗位都有职责，有职责就存在廉政风险；损失性是指风险一旦发生，就会对本人、对事业、对社会产生不良影响；不确定性是指风险不是必然发生，可以通过预防措施加以避免，或者通过努力降到最低程度。

第九条　廉政风险点是指履行职能和生活中，在岗位职责、业务流程、体制机制、外部环境等方面，可能发生廉政风险的部位和环节。按照权力的重要性、使用频率、涉及资金额度以及危害程度等，将廉政风险点划分为三级：A 级风险点（高风险级别）、B 级风险点（比较高风险级别）和 C 级风险点（一般风险级别）。

第十条　廉政风险点查找，应分为单位和个人两方面进行。

（一）单位风险点查找流程：

1. 各单位根据承担的工作职能，梳理权力目录。

2. 完善工作流程图。

3. 对照廉政要求，对工作流程的每个节点在体制机制、制度建设等方面，查找存在或潜在的廉政风险点并自评风险点等级（直属事业单位应由领导班子集体研究讨论）。

4. 由各单位主要负责人签字确认后，报主管厅（局）领导把关并签字确认。

5. 报厅（局）领导小组办公室。

6. 厅(局）领导小组办公室组织相关人员进行审查、修正、确认后，报厅（局）领导小组审定。

7. 公示、备案。

（二）个人风险点查找流程：

1. 根据岗位职责及以往履行职能和执行制度等情况，对照廉政要求，查找工作和生活中存在或潜在的廉政风险点并自评风险点等级。

2. 报主管领导把关并签字确认。

3. 报厅（局）领导小组办公室备案。

第三章 廉政风险防范

第十一条 廉政风险防范，应绘制廉政风险防范流程图，在防范中按照前期预防、中期监控、后期处置的步骤进行。

第十二条 前期预防，是指针对查找出的廉政风险点，采取各种预警措施，防止廉政风险发生。

（一）规范权力运行。

1. 加强权力制衡。

（1）建立决策权、执行权、监督权既相互协调又相互制约的分权运行机制，对许可审批、登记发证、行政处罚、行政收费等关键部位、关键环节和关键人员，在岗位设置上要做到互不相容。

（2）推行“一把手”五不直接管（不直接管人事、不直接管财务、不直接管物资采购、不直接管工程招标、不直接管土地矿业权审批出让），健全正职有限用权、副职分管、纪检监管、集体领导、民主决策的权力结构。

2. 完善制度建设。

（1）根据国土资源管理改革发展和党风廉政建设面临的新形势、新任务，强化规章制度的“立、改、废”。

（2）强化制度的执行力，构建用制度管权、按制度办事、靠制度管人的工作机制。

3. 深化行政审批制度改革。

（1）运用信息化技术，实行网上审批和远程报批，严格按审批程序办事。

（2）正确行使清理后并公开的各项行政权力，限制自由裁量。

（3）不断加强行政审批的制度化、规范化、标准化建设，完善工作流程，规范审批表单，健全办事规则，提高工作效率。

（二）制定防范措施。应遵循以下原则：

1. 一一对应原则。针对查找出来的风险点，认真分析可能发生风险的诱因，有几个诱因，就要制定几条防范措施。

2. 依据充分原则。对工作流程的每个节点，都要将所依据的法律法规、内部规章制度详细列出，为处理行政事务提供充分的法律和制度支撑。

3. 实事求是原则。制定的防范措施一定要有可操作性，杜绝空话、套话，严禁避重就轻。

（三）实行廉政承诺，逐级签订党风廉政建设责任书。

（四）认真开展教育、培训。

1. 完善教育、培训制度，明确教育、培训重点，创新教育、培训方式。

2. 建立教育、培训台账，内容包括计划安排、实施的时间、地点、内容、主持人、参加人员、讨论发言、阶段总结等。

（五）开展谈话活动。

1. 各单位主要负责人及纪检监察人员，要根据工作实际，及时、经常对重点岗位人员进行谈话，并做好记录。

2. 采取个别或集体廉政谈话的形式，及时掌握干部职工的思想、工作、生活动态，帮助其解决实际困难，将各类问题化解在萌芽状态。

（六）定期召开民主生活会。

1. 有计划、有记录。

2. 开展批评与自我批评，揭摆存在的问题，防微杜渐。

（七）强化政务公开。按照政务公开工作要求，将应公开的事项全部及时公开，增强透明度，实行阳光行政，主动接受监督。

（八）定期述职述廉，进行自查自纠，并将述职述廉情况装入廉政档案。

第十三条 中期监控，是指对前期预防各项措施的落实情况进行监督、控制，确保廉政风险防范工作取得实效。

（一）监控主体。

A级风险点，由厅（局）主要领导及驻厅监察室（纪检监察部门）重点监控。

B级风险点，由分管厅（局）领导和机关党委、人事处（科）等重点监控。

C级风险点，由各处（科）室、各单位领导进行监控。

（二）突出监控重点。把涉及决策权、行政审批权、行政执法权、干部管理权、财务管理权、物资采购权的重点岗位和环节列为重点防控对象，由监控主体对工作流程实施全程监督。

（三）落实监控责任。对每个风险点，都要明确具体监控责任人，并将其明确标注在廉政风险防范流程图中，实行“反腐问责制”。

（四）完善监控方式。

1. 落实重大决策、重要情况和党员领导干部个人有关事项报告和党内情况通报制度，严格执行诫勉谈话、函询、质询、罢免或撤换等制度，定期进行干部轮岗交流。

2. 加强电子监察系统建设，纪检监察部门对重要部位和重点岗位实施实时监督监控，对发现的问题进行询问并及时处置。

3. 整纪纠风。强化对软环境和政风行风建设的明察暗访，凡在明察暗访中发现问题被通报或曝光的，取消年度评优资格；凡在各级政府民主评议中出现问题、影响上级机关名次的，追究有关单位主要领导及分管领导责任并对直接责任人进行组织处理。

4. 开展民主测评。

（1）由下级机关对上级机关中层以上干部和重要部位、重点岗位工作人员进行民主测评。省厅干部由全省各市、县局全体领导班子成员进行评议；市级局由辖区内各县级局中层以上干部进行评议；县级局由辖区内全体干部职工进行评议。

（2）测评分为满意、基本满意、不满意三个档次。

（3）满意票数超过测评总票数 80% 的，在评优时优先考虑；不满意票数超过测评总票数 30% 的，进行警告并取消年度评优资格；不满意票数超过测评总票数 40% 的，调离原工作岗位或进行其他组织处理。

（4）组织民主测评，须严格遵守有关保密规定。测评结果报各级纪检监察部门备案并装入个人廉政档案。

5. 组织对各级国土资源部门的内部财务审计，及时发现并纠正各类资金管理和使用中存在的问题。

6. 健全社会监督机制。

（1）协调各级纪检监察机关、审计和司法部门，完善共同监管机制。

（2）聘请社会监督员，完善融公开、投诉、听证、评议为一体的群众监督体系。

7. 设立举报电话、举报箱，通过软环境、政风行风热线直播节目、行政投诉、信访举报等渠道，对廉政风险进行信息监测，及时发现苗头性、倾向性问题并采取处置措施。

第十四条 后期处置，是针对中期监控发现的各类廉政风险，视情节轻重，按照干部管理权限，及时采取有效措施，纠正存在问题，防止和避免其发展成违纪违法行为。主要采取警示提醒、诫勉纠错和责令整改等方法进行。

（一）警示提醒。立足于强化组织对干部职工的主动教育和监督，本着有则改之、无则加勉的原则，对群众有反映、可能出现违纪违法行为的干部职工，进行警示提醒和教育。

1. 对下列情况应进行警示提醒：

（1）群众有举报和反映的。

(2) 不按照规定落实防范措施，情节轻微的。

(3) 民主测评中不满意率达到 30% 以上的。

(4) 其他组织认为有必要提醒的。

2. 警示提醒主要按照以下方式实施：

(1) 信访约谈。根据群众信访举报，对思想、工作、生活、作风等方面存在一般性问题的干部职工，在保密程序的基础上进行约谈，要求其对组织需要了解、核实的问题如实作出回答或说明，并提供有关证明材料。

(2) 发询问函。针对未按照规定落实廉政风险防范措施的干部职工发出询问函，要求其在规定时间内作出说明或提出整改措施。

(3) 重点提醒。针对干部职工民主测评反映出的问题，或在有可能出现廉政风险的重要关口，如面临职务变动、岗位调整、婚丧嫁娶、子女升学、乔迁新居、出国考察等，以提醒书或面谈的方式进行重点提醒。

(二) 诫勉纠错。立足于帮助和督促干部职工及时发现自身存在的廉政风险，纠正失误和偏差，避免其错误行为继续发展。

1. 对下列情况应进行诫勉纠错：

(1) 警示提醒后仍未改正的。

(2) 未认真履行“一岗双责”或履职不到位的。

(3) 未严格执行“三重一大”等相关制度的。

(4) 有失职、渎职、不作为或者滥用职权行为，但尚未造成损失的。

(5) 执行方针、政策和法律法规过程中出现苗头性、倾向性偏差的。

2. 诫勉纠错主要按照以下方式实施：

(1) 告诫劝勉。对警示提醒后仍未改正的、未认真履行“一岗双责”或履职不到位的，进行诫勉谈话，指出存在的问题和不足，对其今后工作提出要求。

（2）纠正偏差。对在执行方针、政策、决定中出现苗头性、倾向性错误的干部职工，通过书面通知或面谈等方式，告知其存在的问题，要求其纠正错误倾向，终止错误行为。

3. 诫勉纠错期限应执行以下规定：

（1）诫勉纠错期限应根据诫勉纠错对象存在问题的轻重程度确定，最长不得超过1个月。

（2）监控主体应在发现廉政风险后，2个工作日内报厅（局）领导小组办公室。

（3）厅（局）领导小组办公室应在接到报告后，3个工作日内对存在问题的干部职工进行诫勉。

（4）诫勉纠错对象应在接受诫勉后，立即纠正错误行为，并在5个工作日内书面进行情况说明、分析产生问题原因、制定整改措施，上报厅（局）领导小组办公室。

（5）厅（局）领导小组办公室应在接到纠错对象整改措施后，负责监督检查其纠错落实情况，在10个工作日内，将相关情况报厅（局）领导小组并备案。

（三）责令整改。立足于保护和挽救，对存在错误行为，构成轻微违规违纪，但可以不予处分的干部职工，通过限期整改和强制履行，避免腐败问题发生。

1. 对下列情况应责令整改：

（1）诫勉纠错后仍未改正的。

（2）对管辖范围内发生的不正之风或违纪违法案件负有责任，但可不予纪律处分的。

（3）具有《中国共产党纪律处分条例》、《行政机关公务员处分条例》、《中国共产党党员领导干部廉洁从政若干准则》、《党政领导干部问责实施办法》等反腐倡廉制度中所列举的违纪行为，但情节显著轻微，不构成纪律处分，或者情节轻微，可不予处分的。

2. 责令整改主要按照以下方式实施：

（1）限期整改。对已实施错误行为，构成轻微违规违纪，但可不予处分的，指出存在的问题及其危害，要求其在规定期限内及时改正。

（2）强制履行。对诫勉纠错仍未改正的，或对管辖范围内发生违纪违法案件负有责任、但可不予处分的，进行批评教育，剖析其错误根源，强制其认真履行职责，并进行跟踪督导。

3. 责令整改期限应执行以下规定：

（1）责令整改期限应根据责令整改对象存在问题的轻重程度确定，最长不得超过 2 个月。

（2）监控主体应在发现廉政风险后，1 个工作日内报厅（局）领导小组办公室。

（3）厅（局）领导小组办公室应在接到报告后，立即强制终止该违纪行为，并在 1 个工作日内报厅（局）领导小组。

（4）厅（局）领导小组应在接到报告后，2 个工作日内作出责令整改决定并通知厅（局）领导小组办公室实施。

（5）厅（局）领导小组办公室接到厅（局）领导小组责令整改决定后，应在 3 个工作日制定责令整改方案，并书面向违纪人员送达责令整改通知。

（6）责令整改对象应在接到通知后，在厅（局）领导小组办公室督导下，认真剖析产生问题的原因，举一反三进行自查自纠，对错误事实进行书面说明，制定整改措施并认真落实，对错误行为按要求做出深刻检查，并在 15 个工作日内，将书面说明、整改措施和检查上报厅（局）领导小组办公室。

（7）厅（局）领导小组办公室应在督导违纪人员限期整改后，20 个工作日内，对其整改落实情况和整改效果进行复查，在复查后 5 个工作日内，将相关情况报厅（局）领导小组并备案。

第四章 廉政风险防范管理实施

第十五条 廉政风险防范管理，主要按照计划、执行、考核、修正四个阶段实施。

第十六条 计划。

（一）结合年度国土资源管理主要工作目标和反腐倡廉任务要求，适时补充查找风险点，完善防范措施。

（二）按照风险点内容，厅（局）领导小组办公室提出防范、监控和处置工作要点，报厅（局）领导小组审定。

（三）制定廉政风险防范管理工作方案，经厅（局）领导小组审定后，印发执行并报上级机关备案。

工作方案内容主要包括：

1. 工作目标。

2. 工作任务（能量化的要量化）。

3. 工作责任。

4. 工作要求。

（四）实施廉政承诺，逐级签订党风廉政建设责任书。

第十七条 执行。

（一）按照工作方案，制定阶段落实措施并严格施行。

（二）对各类廉政风险点进行前期预防、中期监控和后期处置。

（三）不定期对执行情况进行督察，每季度进行工作小结，每半年召开辖区工作调度会，对存在的共性问题进行通报、整改，对个性问题进行分类指导。

（四）加强调研，及时提出建设性的意见和建议。

第十八条 考核。

（一）考核分两种方式进行，即日常考评和年终考核，由厅（局）领导小组办公室组织完成。

（二）根据工作方案，制定年度考核总体方案，量化各项考核指标，明确日常考评方法。

（三）每年第四季度，制定年终考核工作方案，明确考核方式方法、结果运用、奖惩措施，提出考核要求。

（四）每年年底前完成考核，向厅（局）领导小组提交考核报告，提出结果运用和奖惩建议，经厅（局）领导小组审定后实施，并装入廉政档案。

第十九条 修正。

（一）根据调研、考核情况，对廉政风险防范内容、方式方法等工作机制、制度进行修正，使其更适应国土资源反腐倡廉实际，更具有可操作性。

（二）根据工作重点任务变化和工作人员调动情况，及时修正廉政风险点。

（三）修正廉政风险点等级，原则上每三年修订一次，也可以根据上级机关工作要求随时修订。

第五章　组织领导和工作职责

第二十条 在厅党组的领导下，成立吉林省国土资源厅廉政风险防范管理领导小组，由厅主要领导担任组长，驻厅纪检组长任副组长，其他厅领导为成员，对全省国土资源系统廉政风险防范管理工作实施统一组织领导。

组长对全省国土资源系统廉政风险防范工作负总责，是第一责任人。应做到“四个亲自”，即重要工作亲自部署、重大问题亲自过问、重点环节亲自协调、重要案件亲自督办。

副组长对全省国土资源系统廉政风险防范工作专门负责，领导“领导小组办公室”认真开展工作。

领导小组成员要落实“一岗双责”，应带头查找廉政风险点，带头制定和落实防范措施。同时应加强管理，对分管处室、单位查找的风险点、制定的防范措施和防范管理工作负责。

各级国土资源部门都要成立相应的组织领导机构，组织领导本单位、本辖区的廉政风险防范管理工作。

第二十一条 领导小组职责是：

（一）对廉政风险防范管理工作作出总体部署和阶段安排，对工作开展情况进行监督检查和考核评价。

（二）对前期预防、中期监控、后期处置等工作机制和各项制度进行审定。

（三）督促各级国土资源部门按照计划、执行、考核、修正四个环节，认真开展廉政风险防范管理工作。

（四）对廉政风险防范管理工作开展情况进行调研，及时总结经验、发现问题，剖析原因、改进工作，树立典型、追究责任，表彰优秀、惩处后进。

（五）向上级机关报告工作。

第二十二条 厅领导小组下设办公室，厅办公室、法规处、行政审批办公室、财务处、人事处、机关党委和驻厅监察室为成员单位，具体负责组织、协调和实施全省国土资源系统廉政风险防范管理的日常工作。

第二十三条 厅领导小组办公室职责是：

（一）按照上级机关和厅领导小组要求，制定、实施、修订全省国土资源系统廉政风险防范管理实施细则。

（二）根据国土资源管理重点工作和反腐倡廉建设任务要求，制定廉政风险防范工作方案并组织实施。

（三）对各级国土资源部门廉政风险防范管理工作进行督察。

（四）制定廉政风险防范管理工作考核评价办法，组织对各级国土资源部门廉政风险防范管理工作的考核并向厅领导小组提出意见和建议。

（五）开展调研，对廉政风险防范管理机制进行修正、完善。

（六）不定期组织召开廉政风险防范管理工作会议，及时向领导小组报告情况，并按照领导小组会议有关要求抓好工作落实。

（七）建立健全日常工作制度，加强与各级纪检监察、检察、审计机关的协调联系，及时收集整理上报廉政风险防范管理工作的信息和有关情况。

第二十四条 厅领导小组办公室职责分工如下：

（一）厅办公室

1. 做好廉政风险防范管理宣传工作。

2. 协调相关处室和单位，尽快完成电子监察系统建设和系统完善工作。

3. 协调厅法规处、行政审批办公室，做好政务公开工作。

4. 配合驻厅监察室做好廉政考核评价工作。

（二）厅法规处、行政审批办公室

1. 负责廉政风险点和防范措施的汇总、审查工作。

2. 协调相关处室完善反腐倡廉机制和廉政风险防范管理各项制度建设并督察执行。

3. 协调驻厅监察室制定廉政风险防范工作方案。

4. 对行政审批和行政执法的法律法规适用情况及程序的合法性进行审核，提出建设性的意见和建议，对存在严重问题的，报驻厅监察室把关。

5. 配合厅办公室做好政务公开工作。

（三）厅财务处

1. 负责对项目拨款和大额度资金管理和使用进行监控。

2. 每年应有计划地在全省国土资源系统组织内部审计，将审计计划、实施情况、发现的问题报驻厅监察室备案，并对发现的问题提出后期处置建议。

3. 商驻厅监察室做好审计问题的后期处置工作。

（四）厅人事处

1. 做好本级和督察各级国土资源部门干部选拔任用工作。

2. 完善各项纪律规定并监督执行，负责工作纪律、政风、行风和干部队伍建设工作。

3. 组织开展干部轮岗交流。

4. 协调驻厅监察室组织开展反腐倡廉培训工作。

5. 根据厅领导小组决定，做好后期处置工作。

（五）厅机关党委

1. 负责党风廉政建设和惩防体系建设、软环境建设工作。

2. 协调驻厅监察室做好反腐倡廉教育工作。

3. 组织开展民主测评。

4. 组织召开民主生活会。

5. 负责督促、指导厅机关处室开展好廉政风险防范各项工作。

6. 组织开展廉政承诺，签订党风廉政建设责任书。

7. 根据厅领导小组决定，做好后期处置工作。

（六）驻厅监察室

1. 组织制定和修订《吉林省国土资源系统廉政风险防范管理实施细则》。

2. 协调监督建立健全廉政风险防范管理各项工作制度。

3. 按照风险点内容，提出防范工作要点，报厅领导小组审定。

4. 参与制定廉政风险防范工作方案。

5. 制定廉政考核评价办法。

6. 负责协调、督促、指导各市（州），（长白山）国土资源局和厅直属事业单位开展好廉政风险防范各项工作。

7. 协助厅机关党委协调省软办做好软环境建设工作。

8. 协助厅人事处协调省纠风办做好政风、行风建设工作。

9. 督促全省国土资源系统开展好政风、行风和软环境建设工作。

10. 协调监督开展廉政承诺，签订党风廉政建设责任书。

11. 开展调研，及时调度工作情况。

12. 列席厅党组会和厅长办公会，对各项重大决策进行全程监控，提出建设性的意见和建议。

13. 配合厅人事处做好干部选拔任用工作，参加市级局纪委书记选拔任用的全程工作。

14. 提出思路，配合厅办公室尽快完成电子监察系统建设和系统完善工作。

15. 对发现的问题进行核实，全体干部职工须配合驻厅监察室的咨询、询问和提供相关资料。

16. 提出后期处置建议，经厅领导小组审定后，组织实施。

17. 协调各级纪检监察机关、检察机关和审计等部门，完善共同监管机制。

18. 组织廉政考核，在全系统组织开展述廉活动。

19. 建立干部廉政档案。按照干部管理权限，建立厅机关处级及以下公务员和各市级局、厅直属事业单位副处级以上干部廉政档案。档案内容主要包括：

（1）党员干部的岗位职责、职务任免、廉政风险界定情况。

（2）信访举报、组织处理、纪律处分情况。

（3）个人应申报的相关事项及变更情况。

（4）本人及配偶收入，配偶、子女从业情况。

（5）廉政承诺和述廉报告。

（6）其他需要记录的情况。

20. 及时编发《吉林省国土资源党风廉政建设简报》。

第六章　管理制度

第二十五条　建立健全会议制度。原则上，领导小组会议和领导小组办公室会议分别每半年或每季度召开一次，也可根据工作需要随时召开，会议内容根据需要确定。

第二十六条 建立信息制度。各级国土资源部门要及时向上级机关领导小组办公室报送廉政风险防范管理信息，报送工作情况报告。

第二十七条 建立报告和通报制度。领导小组办公室要向领导小组报告工作开展情况，并将相关工作情况、存在的问题、经验教训、工作要求等，在全省国土资源系统通报。

第二十八条 建立奖惩制度。对考核结果为“优秀”的单位和部门及时给予表彰。对考核结果为“不合格”的单位和部门，以书面形式下达整改通知，限期整改，并提出警告，取消年度评优资格。连续两年不合格的，由上级机关派驻工作组帮助整改。

第二十九条 建立责任追究制度。对因风险点查得不准、防范措施不到位、防范工作不落实等导致发生违纪违法问题的单位，依据相关规定，追究主管领导和有关人员的责任；发生严重违纪违法案件的，除严肃惩处违纪违法人员外，要按照干部管理权限，追究负有失职、失察责任的直接领导和主要领导的责任。

第七章 附 则

第三十条 本细则由驻厅监察室负责解释，自发布之日起实行。

吉林省国土资源厅
行政审批监督检查暂行办法

吉国土资发〔2012〕14号

第一条 为了进一步加强行政审批项目管理，规范行政审批行为，提高依法行政意识和行政审批效率，促进网上审批工作，及时纠正和查处行政审批工作中的违法违纪行为，根据有关法律、法规规定，结合我厅实际，制定本办法。

第二条 本办法所称的行政审批主要包括省国土资源厅审批的土地管理、矿产管理方面的审批项目以及应由省国土资源厅审核后报上级有关部门审批的行政审批项目。

第三条 本办法监督检查的对象为省国土资源厅参与行政审批工作的处室、单位及有关人员。

第四条 省厅所有行政审批项目必须遵循以下原则及程序：窗口受理、网上接件、业务处室初审、组织集体会审（含网上会审）、业务处室审核、主管领导审阅、主要领导签发。驻厅监察室负责对项目审批进行监控。

第五条 所有行政审批项目都必须严格执行国家法律、法规和省厅制定的相关规章制度。坚持公开、公正、效能的原则，不得以任何形式变更行政审批的范围、种类，设置前置性审批事项，增设违反规定的其他条件。

第六条 对行政审批的监督检查由驻厅监察室负责。监督检查采取定期检查和不定期抽查的方式进行。驻厅监察室重点对会审情况及程序进行监督，也可以通过受理信访举报、群众投诉、上级转办、发放监督卡以及召开管理相对人座谈会等形式进行监督。

第七条 行政审批监督检查的范围。

（一）所有行政审批项目是否按有关规定进行审查、履行审批程序并作出行政决定。

（二）行政审批事项是否在承诺期内办结，尤其是网上审批是否在规定时限、规定流程程序要求下办结。

（三）因工作疏忽或弄虚作假，使受审资料丢失或失实。

（四）在行政审批过程中是否有推诿拖延、故意刁难，利用职权勒索、“吃、拿、卡、要”和接受商业贿赂行为。

（五）在行政审批过程中有其他违纪、违规行为的。

第八条 行政审批的责任区分。

（一）行政审批实行责任追究制。行政审批机关主要负责人为第一责任人，主管领导为主要负责人，承办处室领导为次要负责人，承办人为直接责任人。

（二）行政审批实行集体责任制。以会审方式审批中出现审批过错的，会审主办处室（人员）负主要责任，参加会审处室（人员）负相关责任；会审主持人违反有关规定造成错误决定的，由会审主持人承担直接责任。

（三）行政审批实行环节责任追究制。会审审批每个环节承办人即为责任人，任何环节出现差错造成审批过错的，均应追究该环节责任人的责任。

1. 承办人呈报的审批资料失实或适用法规规章或规范性文件不当，造成审批过错的，由承办人承担责任；

2. 承办处室负责人明知承办人申报的审批材料有错误而不做纠正，

造成审批过错的，承办人和承办处室负责人都要承担责任；

3. 承办处室负责人、承办人因接受吃请、礼品、礼金等商业贿赂行为而造成审批过错的，要追究违纪责任；

4. 承办处室及参与审批处室无正当理由，无故拖延时间，不按规定时限办结申报审批项目的要追究责任；

5. 在会审过程中，因参加会审处室人员过错造成错误审批的由该会审处室承办人承担责任。

第九条 行政审批过错责任追究。

（一）行政审批过错分为主要责任、次要责任，根据其情节轻重和危害程度给予以下处理：批评教育、责令检查、取消评优、通报批评、组织处理、行政处分、经济赔偿、法律责任。

（二）有下列情形之一的，应从重追究过错责任人责任：

1. 因谋取私利、徇私枉法造成审批过错的；

2. 屡次发生审批过错的；

3. 引起行政复议或行政诉讼败诉的；

4. 其他应从重追究责任的。

（三）有下列情形之一的，过错责任人可以从轻或免予处理：

1. 由于轻微过失造成审批过错的；

2. 自觉纠正审批过错，积极挽回影响、损失的；

3. 情节轻微，尚未造成严重后果的；

4. 其他可以从轻、减轻或者免予处理的。

（四）有下列情形之一的，可不追究审批过错责任：

1. 因法律、法规、规章规定不一致而实施具体行政行为的；

2. 所依据的规范性文件与法律、法规相抵触的；

3. 法律、法规、规章规定免予追究行政审批人员责任的。

（五）行政审批过错责任人有违法违纪行为应依照《行政机关公务员处分条例》有关规定给予处分。

（六）被追究行政审批过错责任人，不服追究过错责任决定的，可以按《中华人民共和国公务员法》和《行政机关公务员处分条例》的有关规定进行申诉和控告。

第十条 本暂行办法自下发之日起执行。

黑龙江省国土资源厅《执行规范权力运行制度监督检查办法》（试行）

黑土资党发〔2010〕49号

第一条 为保障省国土资源厅机关依法行使职权，防止、纠正违法和不正当执法行为及以权谋私行为的发生，规范权力运行，提高行政效能，根据《中华人民共和国行政许可法》、《中华人民共国行政监察法》、《黑龙江省关于进一步加强规范权力运行制度建设的意见》（黑办发〔2009〕30号）等有关法律法规，结合本厅实际，制定本办法。

第二条 本办法适用于省国土资源厅行权处室及其工作人员。

第三条 监督检查的范围

（一）有关执法工作的规范性文件及制度、措施的合法性；

（二）行政审批事项的审批依据、程序合法性和办结的时效性；

（三）行政处罚程序的合法性、自由裁量权行使的合理性、处罚执行的及时性、办结的时效性；

（四）行政复议和行政诉讼案件程序合规性、结果的公正性；

（五）规范权力运行制度公开公示情况及制度规定的行权过程应公开公示的环节；

（六）行政许可一次性告知及其他便民服务措施落实情况；

（七）行权的廉洁性；

（八）配套制度执行情况；

（九）规范权力运行制度所涉及的其他情况。

第四条 监督检查的方式：

（一）各行权处室建立行权案卷，对行权全过程记录在案，全部责任人签字，每季度向驻厅监察室送交行权案卷电子版备查；

（二）设立申诉举报电话，指派专人受理。省国土资源厅申诉举报电话：0451—55603036，由驻厅纪检监察部门指派专人接听、登记、受理；

（三）驻厅纪检监察机构每半年对制度执行情况进行一次全面监督检查；

（四）聘请执法监督员。省国土资源厅在党政机关、社会团体、知名人士和国土资源厅机关离退休人员中聘请执法监督员，采取定期召开座谈会和单独提意见、建议的方式，对规范权力运行制度执行情况进行监督检查；

（五）省国土资源厅各行权处室对本处制度执行情况以处务会通报、案卷检查、个别提醒等方式进行经常性的自检自查；

（六）接受上级纪检监察部门对省国土资源厅行权处室规范权力运行制度执行情况的监督检查；

（七）主动接受人大、政协的监督检查；

（八）接受新闻媒体的监督检查；

（九）接受来自其他方面的监督检查。

第五条 监督检查的组织领导。规范权力运行制度的监督检查在厅党组的统一领导下，党组每年统一组织全面检查不少于1次，各行权处室每季度的自检自查，由各处长负责组织实施；驻厅纪检监察机构的监督检查，由党组书记组织实施，每半年1次；接受人大、政协的监督检查，由各处处长领导下组织实施；对申诉举报的违法违纪案件，聘请执法监督员反映的情况，以及媒体曝光的问题，依照有关职责权限，分部门负责组织、协调和指导本厅的监督检查工作。

第六条 监督检查采取的措施：

（一）调阅行权档案（案卷）及有关材料；

（二）要求有关行权处室或承办人就监督检查中涉及的问题作出解释和说明；

（三）深入机关处室工作现场，或采取召开座谈会、回访相对人等措施监督检查。

第七条 对在省国土资源厅行权处室规范权力运行制度执行监督检查中发现的不合法、不适当的行为，依照《省国土资源厅行政过错责任追究制度》进行责任追究；对严格执行规范权力运行制度成绩突出的，给予表扬或者建议表彰。

第八条 省国土资源厅在收到上级主管部门及纪检监察部门对规范权力运行制度监督检查的处理决定后，应当在30个工作日内执行，并向作出处理决定的部门报告执行情况。

第九条 省国土资源厅各行权处室对上级主管部门、纪检监察部门、人大、政协等机关，在规范权力运行制度监督检查中发现的问题，以及媒体曝光的问题，要进行认真调查，提出整改意见，并在15个工作日内给予答复。

第十条 本办法由黑龙江省国土资源厅负责解释。

第十一条 本办法自发布之日起试行。

二○一○年八月十日

黑龙江省国土资源厅行政问责制度

黑国土资纪发〔2012〕6号

为促进机关工作人员依法履行职责，提高行政效能，根据《中华人民共和国行政监察法》、《中华人民共和国公务员法》等法律、法规的规定，制定省国土资源厅行政问责制度。

第一条 行政问责适用范围

省厅所属工作部门和市（地）、绥芬河市、抚远县、厅派驻机构、县(市）国土资源局及其所属工作部门中从事公务的工作人员，不履行、违法履行、不当履行职责，损害公共利益和行政相对人合法权益，或者造成不良社会影响的，依照本制度予以行政问责。

第二条 全系统行政问责工作，在厅党组统一领导下开展。各单位应成立行政问责机构，负责对干部管理权限内的本单位领导干部以及其他工作人员行政问责的具体工作。

第三条 行政问责的主要内容

（一）各级国土资源部门领导干部违反规定决策，或者决策失误，有下列情形之一的，应当予以问责：

1. 依法应当决策而不作出决策或者不及时决策，造成重大损失或者不良社会影响的；

2. 超越法定权限进行决策，造成重大损失或者不良社会影响的；

3. 未按规定程序进行决策，损害公共利益和行政相对人合法权益的；

4. 作出的决策与法律、法规、规章、政策和上级的决定、命令相抵触，损害公共利益和行政相对人合法权益的；

5. 发现决策错误、失误或者失当，不及时纠正、改正或者调整，造成重大损失或者不良社会影响的；

6. 其他违反规定决策或者决策失误的情形。

（二）各级国土资源部门领导干部和其他工作人员不作为、乱作为、慢作为，有下列情形之一的，应当予以问责：

1. 不贯彻执行法律、法规、规章、政策和上级的指示、决定、命令，拖延不办、顶着不办，有令不行的；

2. 对上级机关确定的工作目标、交办的事项未能在规定时限内完成，贻误工作、影响效率，造成不良影响和严重后果的；

3. 对来电、来访接待不认真，不执行首问制，办理不及时、不落实的，造成不良影响的；

4. 对职责范围内应当办理的事项，未执行限时办结制等工作制度，推诿不办理或拖延办理，损害行政相对人合法权益的；

5. 对应由几个部门共同办理的事项，主办部门不主动牵头协调，协办部门不积极支持配合，致使工作延误的；

6. 对影响经济发展环境、损害公共利益和行政相对人合法权益等违法行为不制止、不查处，监管不力的；

7. 对群众的合理诉求能解决而不及时解决或者解决不力的；

8. 未履行监管职责，或在职责范围内监管不力，发生重大事故、事件的；

9. 对突发性、群体性事件应对不力，处置失当，导致事态恶化的；

10. 瞒报、谎报、迟报、漏报公共突发事件、重大责任事故或者其他重要情况的；

11. 违反保密和文件管理规定，致使涉密文件资料丢失或其他机密泄露的；

12. 超越法定权限和违反法定程序实施行政行为，野蛮执法、随意执法的；

13. 刁难、粗暴对待行政相对人，或因言行不文明而与行政相对人发生冲突的；

14. 工作人员被基层单位或群众投诉服务态度差、行政不作为、慢作为、乱作为，经查证属实的；

15. 工作人员因未正确履行职责，在行政复议和行政诉讼中败诉的；

16. 违反工作纪律，工作懈怠、纪律涣散，在工作期间从事与工作无关的活动，造成不良影响的；

17. 违反规定，采取打招呼、批条子、授意、指定、强令等方式，影响和干预市场经济活动的；

18. 未严格遵守廉洁从政和廉洁自律各项规定，有接受或索要服务对象宴请、礼物、现金、有价证券等吃拿卡要行为，或者要求行政相对人接受有偿服务、购买指定商品以及承担其他非法定义务的；

19. 截留、滞留、挤占或者挪用财政专项资金和政府代管资金的；

20. 其他不作为、乱作为、慢作为的情形。

（三）行政机关内部管理和监督不力，有下列情形之一的，应当对行政机关相关领导干部及工作人员予以问责：

1. 办事效率低下，服务质量差，或者对群众反映的本行政机关工作中存在的问题不及时改进，造成不良社会影响的；

2. 对内部管理出现的问题放任不管，对本行政机关的违法违纪行为隐瞒、包庇、袒护、纵容的；

3. 授意、指使、纵容本行政机关工作人员阻挠、干预、对抗监督检查或者案件查处，或者对办案人、投诉人、检举人、控告人打击报复的；

4. 其他内部管理和监督不力的情形。

第四条 除本规定第七条、第八条、第九条、第十条规定的行政问责情形外，法律、法规、规章对行政机关工作人员行政问责情形另有规定的，按照有关法律、法规、规章的规定执行。

第五条 下列情形可以作为行政问责的主要线索：

1. 上级机关的指示、批示；
2. 上级或者同级人大、政府开展执法监督检查中提出的问责建议；
3. 司法、审计等部门在履行工作职责中提出的问责建议；
4. 公民、法人和其他组织的检举、控告、投诉；
5. 新闻媒体的曝光；
6. 工作检查和考核评估结果；
7. 其他有关途径。

第六条 行政问责的方式：

1. 责令限期整改；
2. 责令作出书面检查；
3. 责令公开道歉；
4. 通报批评；
5. 诫勉谈话；
6. 停职检查；
7. 调离工作岗位；
8. 引咎辞职；
9. 责令辞职；
10. 降职或者免职；
11. 法律、法规、规章规定的其他问责方式。

本条前款规定的行政问责方式可以单独适用，也可以合并适用。

第七条 各单位行政问责机构，发现本单位工作人员有行政问责情形的，可以向本单位负责人提出问责建议，经本单位负责人批准后启动行政问责程序；单位负责人发现本单位工作人员有行政问责情形的，可以直接决定启动行政问责程序。

第八条 各单位行政问责机构根据本单位负责人的指示，开展调查工作。调查终结，行政问责机构应当形成书面调查报告并提出拟处理意见，提交本单位领导集体讨论后，作出给予行政问责、免予行政问责或者不予行政问责的决定。

对于事实清楚、不需要进行调查的，行政问责决定机关可以直接作出行政问责决定。

第九条 行政问责决定机关应当自作出行政问责决定之日起三日内将行政问责决定书送达被问责人员。

第十条 被问责人员同时违反政纪应当给予行政处分的，由监察机关或者有关机关依照相关规定处理；违反党纪的，移送纪律检查机关处理；涉嫌犯罪的，移送司法机关处理。

第十一条 被问责人员对行政问责决定不服的，可以自收到行政问责决定书之日起三十日内向作出行政问责决定的机关申请复核；对复核决定不服的，可以自收到复核决定书之日起十五日内向作出复核决定机关的上一级机关提出申诉；也可以不经复核，自收到行政问责决定书之日起三十日内直接提出申诉。

第十二条 复核受理机关应当自受理复核申请之日起三十日内作出书面复核决定并送达申请人。

申诉受理机关应当自受理申诉之日起六十日内作出申诉处理决定书并送达申请人和原行政问责决定机关；案情复杂的，可以适当延长，但延长时间不得超过三十日。

复核、申诉期间原行政问责决定不停止执行。

第十三条 受理复核、申诉的机关审核后，应当按照下列规定作出处理：

（一）原行政问责决定正确的，维持原行政问责决定；

（二）原行政问责决定所列事实不存在，或者事实不清楚，证据不足的，撤销原行政问责决定；

（三）原行政问责决定违反规定程序，影响公正处理的，由原行政问责决定机关重新调查处理；

（四）原行政问责决定事实清楚，对问责行为的情节认定有误或者适用法律、法规错误的，可以直接变更行政问责方式。

第十四条 被问责人员受到错误问责的，作出行政问责决定的机关应当及时纠正；造成名誉损失的，应当在公布行政问责决定的范围内恢复名誉、消除影响。

第十五条 本制度从印发之日起执行。

上海市规划和国土资源管理局关于规范公务员离职后从业行为的实施意见

沪规土资党〔2011〕3号

为规范本市公务员离职后的从业行为，不断加强公务员队伍管理，促进公务员队伍的廉政建设，就贯彻沪委办发〔2009〕37号文转发的《关于规范本市公务员离职后从业行为的若干规定》（以下简称《规定》）通知要求，提出实施意见如下：

一、本市规划国土资源系统公务员离职后，原系领导成员的公务员在离职三年内，其他公务员在离职二年内，必须严格遵守《规定》。

二、公务员离职（包括正常离职和非正常离职）时，本单位人事部门应履行离职谈话义务，告知本市规范公务员离职后从业行为的规定，离职公务员应在局《离职公务员从业行为廉洁事项谈话告知书》和《公务员离职后从业行为廉洁责任承诺书》上签字。

三、公务员离职后从事经商办企业活动的，应在一个月内向原单位干部人事部门登记备案，填写局《公务员离职从业/任职登记备案表》。

四、公务员离职后如有违反《规定》的行为，按照干部管理权限，由单位干部人事部门先予告诫当事人及时纠正。逾期不纠正的，由干部人事部门或纪检部门根据相关党纪政纪进行处理。

五、单位退休干部管理部门要对《规定》精神予以大力宣传，履行对离职公务员执行规定情况的日常教育和管理职责，及时提醒和纠正违反规定的行为，并定期把相关信息报送至干部人事部门和纪检监察部门。

六、对于机关部门在履行职能中违反《规定》精神的，局纪检监察部门按照党风廉政建设责任制规定实施追究。

七、局属参公单位按照本意见执行。

八、本意见今后如遇国家法律或上级主管部门规定变化调整，按新精神执行。

附件：1.《上海市规划国土资源局离职公务员从业行为廉洁事项谈话告知书》

2.《上海市规划国土资源局公务员离职后从业行为廉洁责任承诺书》

3.《上海市规划国土资源局公务员离职从事经商办企业登记备案表》（略）

附件 1

上海市规划国土资源局离职公务员从业行为廉洁事项谈话告知书

______同志：

为规范本市公务员离职后的从业行为，不断加强公务员队伍管理，促进公务员队伍的廉政建设，根据沪委办发〔2009〕37 号转发的《关于规范本市公务员离职后从业行为的若干规定》通知要求，按照干部管理权限，在对您进行离职谈话时，明确告知《规定》的主要内容：

公务员在离职后的两年内（局党政领导班子成员离职后的三年内）禁止违反规定经商办企业和禁止利用本人原有职权或者地位形成的便利条件，从事可能与公共利益发生冲突的活动，具体做到：

1. 不到原工作业务直接相关的企业、社会中介机构等营利性组织任职；

2. 不在原工作业务直接相关的企业、社会中介机构等营利性组织投资入股；

3. 不从事、代理与原工作业务直接相关的有偿中介活动；

4. 不从事、代理与原工作业务直接相关的其他营利性活动；

5. 不接受、索取原管理和服务对象提供的财物；

6. 不到原管理和服务对象的企业、中介机构任职或投资入股；

7. 不到原任职单位打招呼、托关系，为他人谋取不正当利益；

8. 不从事其他可能与公共利益发生冲突的行为；

9. 在申请提前退休、申请辞去公职或正常退休时，主动向单位组织说明离职原因和去向；离职后一定年限从事经商办企业活动的，主动向原单位纪检监察和组织人事部门登记备案；

10. 如有违反上述规定行为，单位或组织将根据《中华人民共和国公务员法》、《中国共产党党员领导干部廉洁从政若干准则(试行)》和《中国共产党纪律处分条例》等法律法规，作出纪律处分或组织处理。

特此告知。

离职谈话部门：上海市规划国土资源局组织人事处

告知人签字：　　　　　　　　　　年　　月　　日

受告知人签字：　　　　　　　　　年　　月　　日

附件 2

上海市规划国土资源管理局
公务员离职后从业行为廉洁责任承诺书

本人郑重承诺，在离职两年内（原系单位领导成员的公务员在离职三年内）遵守本市公务员离职后从业行为的规定，接受组织和群众监督，自愿遵守以下廉政责任承诺条款。

1. 不到原工作业务直接相关的企业、社会中介机构等营利性组织任职。

2. 不在原工作业务直接相关的企业、社会中介机构等营利性组织投资入股。

3. 不从事、代理与原工作业务直接相关的有偿中介活动。

4. 不从事、代理与原工作业务直接相关的其他营利性活动。

5. 不接受、索取原管理和服务对象提供的财物。

6. 不到原管理和服务对象的企业、中介机构任职或投资入股。

7. 不到原任职单位打招呼、托关系，为他人谋取不正当利益。

8. 不从事其他可能与公共利益发生冲突的行为。

9. 如有违反上述承诺之行为，愿接受组织依纪依规作出的纪律处分或组织处理。

承诺人：　　　　　　　　　　　　　　　　　年　　月　　日

上海市规划和国土资源管理局关于对局系统各单位及其工作人员收受的礼金礼券购物卡实行上交登记管理的办法

沪规土资党纪发〔2012〕2号

为进一步规范礼金礼券购物卡上交登记管理工作，根据《中国共产党党员领导干部廉洁从政若干准则》、市纪委办公厅《关于对党政机关及其工作人员收受的礼金礼券购物卡实行上交登记管理的办法》（沪纪办〔2011〕61号）等文件精神，制定本办法。

第一条 局系统各单位及其工作人员必须严格遵守中央和本市有关规定，不得违规收送可能影响公正执行公务的礼金礼券购物卡。因各种原因未能拒收的礼金礼券购物卡，应当依照本办法实行上交登记，规范登记程序，健全管理制度，切实加强上交登记管理工作。

第二条 局系统各单位应指定专门部门（以下称登记管理部门）、专门人员（以下称登记管理人员）负责礼金礼券购物卡的收交、登记、保管和处理工作。

受礼人在收到礼金礼券购物卡后，自收受之日起（在外地收受的，自回所在单位之日起）一个月内，应向本单位登记管理部门主动上交所收受的礼金礼券购物卡。登记管理人员受理后应填写《礼金礼券购物卡上交凭证》，一式两份，一份单位记账，一份向受礼人出具。

第三条 局系统各单位应对本单位工作人员上交的礼金礼券购物卡实行集中管理，设立专柜严格保管，做到手续完备、账目清楚、账物相符。

第四条 收交的礼金，一律上缴财政，其中各类外币经国家指定外汇兑换点兑换为人民币后上缴财政。收交的各类礼券、购物卡，可按照规定予以拍卖或委托有关部门兑现，拍卖或兑现所得上缴财政；因有效期等原因，不宜拍卖或兑现的，经本单位领导批准可用于扶贫帮困、慰问和捐赠等活动。

第五条 对礼金礼券购物卡的处理，由登记管理部门依照有关规定提出处理意见，填写《礼金礼券购物卡处理审批表》报本单位领导审批，经批准后办理移交手续，并填写《礼金礼券购物卡登记册》。

各单位应定期汇总礼金礼券购物卡上交登记管理情况，于每年11月中旬报局纪检监察部门备案。

第六条 各级纪检监察部门要切实加强对礼金礼券购物卡上交登记管理情况的监督检查，督促各单位严格规范上交登记管理工作，并将礼金礼券购物卡上交登记管理情况纳入每年党风廉政建设责任制的检查考核内容。

第七条 本办法适用的范围和对象：局机关、局属事业单位，以及上述单位的工作人员。国有及国有控股企业，参照本办法执行。

第八条 各单位可以根据本办法，结合本单位、本部门实际制定具体实施细则。

第九条 本办法由局纪检组、监察室负责解释。

第十条 本办法自发布之日起实施。

附件：1. 礼金礼券购物卡上交凭证（式样）（略）

2. 礼金礼券购物卡处理审批表（式样）（略）

3. 礼金礼券购物卡登记册（式样）（略）

江苏省国土资源厅
重大违法违纪案件报告制度

苏国土资发〔2010〕2号

第一条 为加强反腐败工作，预防职务犯罪，加大违法违纪案件的查处力度，及时掌握重要案件情况，增强案发单位廉政意识，发挥典型案件的警示教育作用，更好地推动国土资源管理事业的发展，根据中纪委、省纪委的有关要求，建立国土资源系统重大违法违纪案件报告制度。

第二条 重大案件是指本单位工作人员涉嫌违法违纪被地方纪检监察机关实行“双规”或司法机关立案侦查的案件。

第三条 重大案件必须在案发三日内及时上报省厅及驻厅纪检组监察室。

第四条 在保密的前提下可先行电话报告，后及时填写重大违法违纪案件报告表（见附件），以书面或传真等方式上报。

第五条 报告内容：

1. 案情及立案调查的原因；

2. 涉案人员的年龄、性别、职务；

3. 案件查处的机关和调查的方式（“双规”或刑事侦查等）。

第六条 重要案情随时上报。案发单位在案件调查过程中必须主动与当地纪检、司法机关配合、沟通，随时了解案件调查的进展情况，重要情况要及时向省厅及驻厅纪检组上报。

第七条 重大案件调查处理或判决生效后，所在单位应在30日内形成案情专题报告，上报驻厅纪检组。内容包括：简要案情特点、原因剖析、教训及整改措施等。

第八条 驻厅纪检组加强对报告工作的监督检查。对有案不报或不真实报告案件情况的，进行批评教育，或追究责任人责任，并视情节严重程度在一定范围内通报批评。

附件

重大违法违纪案件报告表

案发单位			
案件性质		案发时间	
涉案人姓名		职务	
出生年月		性别	
调查机关		调查方式	
简要案情			

上报单位（盖章）：　　　　　　　　　　上报时间：

江苏省党政领导干部违反土地管理规定行为责任追究暂行办法

苏纪发〔2010〕10号

第一条 为严格土地管理，增强党政领导干部依法用地观念，强化责任意识，严肃追究党政领导干部违反土地管理规定行为的责任，根据《中华人民共和国土地管理法》、《中华人民共和国行政监察法》、《中华人民共和国公务员法》以及《中国共产党纪律处分条例》、《行政机关公务员处分条例》、《关于实行党政领导干部问责的暂行规定》、《违反土地管理规定行为处分办法》等有关规定，结合本省实际，制定本办法。

第二条 本办法适用于本省行政区域内市、县（市、区）、乡（镇）党委、政府，省、市、县（市、区）党政机关工作部门及其依法设立的派出机构，县级以上地方党委、政府依法设立的派出机构以及其他依法行使行政职能的组织中的党政领导干部，因不履行或者不正确履行法定职责，致使土地管理秩序混乱，造成严重后果的情形。

前款所称不履行法定职责，包括拒绝、放弃、推诿、不完全履行；不正确履行法定职责，包括无合法依据以及不依照规定的程序、权限和时限履行职责的情形。

第三条 责任追究坚持实事求是、权责统一，教育与惩戒相结合的原则。

第四条 违反土地管理规定行为同时需要追究纪律责任的，依照有关规定给予党政纪处分；涉嫌犯罪的，移送司法机关依法处理。不得用本办法所规定的责任追究代替党政纪处分或者刑事处罚。

第五条 市、县（市、区）、乡（镇）党委、政府，县级以上地方党委、政府依法设立的派出机构以及其他依法行使行政职能的组织，有下列情形之一的，对党政主要领导及负有责任的领导干部实行责任追究：

（一）土地管理秩序混乱，致使一年度内本行政区域违法占用耕地面积占新增建设用地占用耕地总面积的比例达到 15% 以上或者虽然未达到 15%，但造成恶劣影响或者其他严重后果的；

（二）以文件、会议纪要等形式出台违反土地管理法律法规规章的政策、规定、决定等，致使本地区土地管理秩序混乱，造成恶劣影响的；

（三）因组织领导不力，对违法用地未能及时有效制止，造成违法用地既成事实的，或者妨碍、干预违法案件查处工作，造成严重后果的；

（四）不履行耕地保护职责，致使本行政区域耕地保护目标年度考核不合格，或者基本农田遭到严重破坏的；

（五）违反征地补偿有关规定，擅自降低征地补偿标准，或者征地补偿不落实，侵占、截留、挪用征地补偿款，或者先保后征、即征即保工作不到位，社会保障费用不落实，影响社会稳定的；

（六）应当实行责任追究的其他情形。

第六条 各级国土资源行政主管部门不履行或者不正确履行法定职责，有下列情形之一的，对其主要领导及负有责任的领导干部实行责任追究：

（一）土地管理秩序混乱，致使一年度内本行政区域违法占用耕地面积占新增建设用地占用耕地总面积的比例达到 15% 以上或者虽然未达到 15%，但造成恶劣影响或者其他严重后果的；

（二）对违反土地管理规定的行为，未能在省级国土资源行政主管部门规定期限内发现、制止、查处，并报告同级人民政府或者上一级国土资源管理部门的；

（三）不认真履行本部门耕地保护责任，致使本级行政区域耕地保护目标年度考核不合格，或者基本农田遭到严重破坏的；

（四）在履行职责过程中，采取欺骗手段骗取规划调整、建设用地审批的；

（五）明知建设项目用地违法，仍然办理该项目土地登记申请的；

（六）应当实行责任追究的其他情形。

第七条 各有关部门应建立执法监管共同责任机制。建设项目未依法履行用地审批等相应手续，发展改革部门为其办理项目审批、核准手续，规划部门为其办理建设规划许可，建设部门为其发放施工许可证，电力和市政公用企业为其通水、通电、通气，房产部门为其办理房屋所有权登记手续，工商部门为其办理工商登记，为违法用地提供便利条件的，应当依照本办法实行责任追究。

第八条 人力资源和社会保障、国土资源等部门违反有关规定，报送审批《被征地农民保障实施方案》、《被征地农民基本生活保障情况审核表》的，依照本办法实行责任追究。

第九条 责任追究的方式主要为：

（一）责令作出书面检查；

（二）责令公开道歉；

（三）通报批评；

（四）停职检查；

（五）引咎辞职；

（六）责令辞职；

（七）免职。

前款规定的方式，可以单处或并处。

第十条 县级以上党委、政府或者纪检监察机关、组织人事部门、国土资源行政主管部门通过下列途径，发现本级党委、政府工作部门或者下级党委、政府及其工作部门有本办法第五、六、七、八条规定情形之一的，应当启动责任追究程序：

（一）公民、法人或者其他组织提出的附有证据材料的举报、控告并经调查属实；

（二）新闻媒体曝光并经查实；

（三）人大代表、政协委员提出的议案、提案并已查实；

（四）司法机关的司法建议；

（五）工作检查、干部考核、巡视工作结果；

（六）上级党委、政府或者纪检监察机关、组织人事部门、国土资源行政主管部门提出的责任追究要求。

第十一条 对党政领导干部违反土地管理规定行为实行责任追究，应当按照干部管理权限进行。责任追究机关可以根据纪检监察机关、组织人事部门和国土资源行政主管部门提出的建议作出责任追究决定。对于事实清楚、不需要进行责任追究调查的，责任追究机关可以直接作出责任追究决定。国土资源行政主管部门在查处土地违法违规案件中，认为应当实行责任追究但本部门无权处理的，应向纪检监察机关或者组织人事部门提出责任追究的建议。纪检监察机关、组织人事部门按照干部管理权限履行相关职责。

第十二条 责任追究程序启动后，应当在30日内完成。情况复杂的，经决定启动责任追究程序机关批准可以延长15日。责任追究决定作出后15日内，应当按照干部管理权限，将责任追究决定送有关部门备案。

第十三条 被责任追究的党政领导干部对责任追究决定不服的，可以自接到责任追究决定之日起15日内，向责任追究机关提出书面申诉。责任追究机关应当在接到书面申诉后30日内作出申诉处理决定。申诉处理决定应当以书面形式告知申诉人及其所在单位。申诉期间，不停止责任追究决定的执行。

第十四条 被责任追究的党政领导干部，取消其个人及所在单位本年度评优、评先资格；引咎辞职、责令辞职、免职的党政领导干部，一年内不得重新担任与其原职务相当的领导职务；一年后如果重新担任与其原任职务相当的领导职务，除应当按照干部管理权限履行审批手续外，还应当征求上一级党委组织部门的意见。

第十五条 党委、政府及其工作部门的党政领导干部在接受责任追究调查的同时，应当主动配合并采取积极措施，纠正违法违规行为，尽量挽回损失，减少不良影响，其配合调查及整改情况作为从重或者从轻责任追究的重要依据。

第十六条 本办法由中共江苏省纪律检查委员会、江苏省委组织部、江苏省监察厅、江苏省人力资源和社会保障厅、江苏省国土资源厅负责解释。

本办法自公布之日起施行。

浙江省国土资源系统建立健全惩治和预防腐败体系 2008—2012 年工作细则

浙土资党〔2008〕15 号

为深入贯彻落实中央《建立健全惩治和预防腐败体系 2008—2012 年工作规划》和省委《浙江省建立健全惩治和预防腐败体系 2008—2012 年工作实施办法》，进一步推进全省国土资源系统惩防体系建设，结合实际，特制定本工作细则。

一、总体要求和工作目标

（一）总体要求

建立健全惩治和预防腐败体系，必须高举中国特色社会主义伟大旗帜，深入贯彻落实科学发展观，紧紧围绕国土资源管理工作改革和发展的实际，坚持反腐倡廉方针，坚持以规范和制约权力为核心，以容易滋生腐败的重要领域、关键岗位、关键环节为重点，以深化改革和制度创新为动力，以落实党风廉政建设责任制为保证，把贯彻落实中央、省委关于反腐倡廉决策部署与国土资源系统反腐倡廉实际结合起来，把抓好厅机关反腐倡廉建设与加强全系统反腐倡廉建设结合起来，把完成当前任务与实现五年总体目标结合起来，突出重点，整体推进，狠抓落实，务求实效，为促进保护资源、保障发展、节约集约、维权维稳各项工作提供强有力的保证。

（二）工作目标

《工作细则》是今后五年推进全省国土资源系统惩治和预防腐败体系建设的总体部署。经过扎实工作，建立健全拒腐防变教育长效机制、反腐倡廉制度体系和权力运行监控机制，国土资源市场体系建设得到完善，党风政风行风明显改进，依法行政能力不断提高，腐败现象易发多发的势头进一步得到有效遏制，具有我省国土资源系统特点的惩防体系基本建立。

二、加强宣传教育，形成拒腐防变教育长效机制

（一）工作要求

坚持以加强领导干部党风廉政教育为重点，以深入开展理想信念、宗旨观念、权力观、党的作风、党纪政纪、廉洁从政教育为主要内容，以开展主题教育活动和推进廉政文化建设为载体，增强反腐倡廉教育的针对性和有效性，使广大党员干部的拒腐防变的能力进一步提高，反腐倡廉教育长效机制、工作格局和思想舆论氛围基本形成。

（二）任务措施

1. 深化领导干部党风廉政教育。加强理想信念、廉洁从政和党风党纪教育，筑牢廉洁从政的思想政治基础。制定《加强全省国土资源系统领导干部反腐倡廉教育的实施意见》。完善党委（组）理论中心组学习制度，定期安排反腐倡廉理论学习。健全领导干部讲党课制度，党政主要负责人要讲一次廉政党课。认真开展学习实践科学发展观活动。深化领导干部“读书修德、以德律己”和“读文思廉”活动。组织开展党员领导干部“讲党性、重品行、做表率”和党风党纪专题教育活动。

2. 加强反腐倡廉宣传教育。把反腐倡廉宣传教育纳入全省国土资源系统宣传教育总体部署，制定反腐倡廉宣传教育年度计划。各级党组织

统筹安排反腐倡廉宣传教育工作，丰富“三会一课”内容，创新示范教育、警示教育、岗位廉政教育和主题教育形式。每年集中一段时间，在全系统开展以党纪政纪法规为主要内容的警示教育专题活动。继续抓好干部任职、岗位培训中的廉政课程教育。组织编写国土资源部门领导干部廉洁从政先进典型宣传材料和国土资源领域典型案件警示教育材料。完善反腐倡廉宣传教育工作联席会议制度。

3. 推进廉政文化建设。围绕建设社会主义核心价值观，结合社会公德、职业道德、家庭美德、个人品德教育和法制教育，开展具有国土资源系统特色的廉政文化创建活动。总结和推广国土资源廉政文化建设的先进经验和做法，制定国土资源系统廉政文化建设的实施意见。积极推进廉政文化进机关、进家庭等活动，在省、市、县（市、区）局网站上开设反腐倡廉专栏。开展“廉洁国土”文艺会演、书画展、演讲比赛、廉政征文、廉政短信等活动，培育和实施“廉政文化精品工程”。

三、注重制度建设，完善反腐倡廉制度体系

（一）工作要求

坚持把反腐倡廉建设作为国土资源管理制度机制建设的重要内容，贯穿于国土资源管理各项业务工作的始终，融入规范公务人员从政行为之中，建立健全具有国土资源特色的反腐倡廉制度体系，建立健全国土资源管理规章制度，规范行政权力运行，改进国土资源管理，形成用制度管人、用制度管事、用制度管权，使权力在阳光下运行，从源头上预防腐败的发生。

（二）任务措施

1. 建立健全反腐倡廉制度。健全党内民主制度，坚持民主集中制，建立和完善重要情况反映、通报和重大决策征求意见制度，修订《省国土资源厅党组工作规则》和《省国土资源厅工作规则》。建立和试行重大事项集体决策、集体会审和票决制。完善决策后的评价制度和决策责

任追究制度，建立决策失误的纠错改正机制。认真落实和完善领导干部民主生活会、述职述廉、任职和诫勉谈话以及个人重大事项报告等党内监督制度。完善和规范党员干部廉政从政行为，制订国土资源系统领导干部廉洁从政若干准则，修订国土资源厅机关工作人员在公务活动中收受礼品、劳务费实行登记制度的实施办法，严格执行领导干部配偶、子女个人从业规定，规范领导干部兼职以及离职和退休后从业行为。探索建立廉情预警机制和廉政评价办法。落实和完善党风廉政建设责任制，修订《省国土资源厅党风廉政建设责任制实施细则》。

2. 建立健全国土资源管理规章制度。修订和完善《浙江省土地管理法实施办法》和《浙江省矿产资源管理条例》。建立和完善建设用地、矿业权的审批和监管办法。落实和完善浙江省国土资源系统依法行政实施意见。修改和完善《浙江省土地登记办法》、《浙江省建设项目用地预审办法》，制定《浙江省土地利用计划管理办法》、《土地开发复垦整理工作责任追究暂行规定》、《浙江省地质勘查专项资金管理暂行办法》、《矿产资源补偿费征收管理办法》、《浙江省地质环境项目管理办法》，修改和完善《浙江省地质灾害防治专项资金项目管理暂行办法》、《矿产资源储量评审监督管理办法》。修订省国土资源厅经费使用、审批管理办法。制订《浙江省土地、矿产资源违法案件和重大信访事项集体会审制度》、《行政执法处罚办法》，认真落实《违反土地管理规定行为处分办法》，建立健全土地和矿产资源执法监管长效机制，构建保障和促进科学发展的国土资源管理制度体系。

四、强化监督制约，促进权力规范运行

（一）工作要求

紧紧抓住容易滋生腐败的关键领域、关键岗位和关键环节，围绕行政审批权、行政执法权和大额资金管理支配权的行使，加强权力运行监督制约制度机制建设，积极探索权力监督的有效途径和方法，建立健全

决策权、执行权、监督权既相互制约又相互协调的权力结构和运行机制，对领导班子和领导干部的监督得到有效加强，行政权力公开运行工作得到全面推进，保证权力正确行使。

（二）任务措施

1. 加强对领导干部特别是各级领导班子主要负责人的监督。加强对遵守党的政治纪律的监督，确保党的路线方针政策贯彻执行，确保党的十七大精神的全面贯彻落实。加强对贯彻落实科学发展观、落实保护保障、促进节约集约利用资源、维权维稳等重要政策和改革措施情况的监督。加强对民主集中制执行情况的监督，重点对“重大决策、重要干部任免、重大项目安排和大额资金使用由领导班子集体作出决定”的情况进行监督，研究制定执行“三重一大”的实施办法。加强对落实领导干部廉洁自律规定情况的监督，重点治理领导干部违反规定收送现金、有价证券、支付凭证，违反规定插手土地和矿业权市场交易等问题。加强对机关中层干部的教育、监督和管理，建立健全机关处、科（室）务会议和集体会审制度，研究制定省国土资源厅机关中层干部监督管理暂行规定。

2. 加强对重要领域、关键岗位和关键环节权力行使的监督。加强对党政主要负责人的监督，建立和完善“一把手”不直接分管财务、工程项目、政府采购的制度，规范“一把手”的权力和行为。加强对土地、矿业权行政审批的监督，土地利用总体规划审批和调整、年度土地计划指标分配、折抵指标调剂使用、农用地转用和土地征收征用、具体项目供地、划拨和协议出让土地，矿产资源总体规划审批和调整、矿业权审批和转让、规费收缴和减免，土地使用权、矿业权发证和确权，土地、矿产资源违法违规案件处置等，必须严格执行集体决策和集体会审制度。加强对工程建设项目的监督，凡涉及国土资源管理领域的造地改田、建筑工程、矿产勘查、环境资源调查、地质测绘、矿山生态环境治理、地质灾害防治、信息化建设等工程项目，都必须按照规定实行招投标，并建立健全工程项目方案专家组论证、项目公示、项目预算审计、项目验收等制度。加强对行政执法的监督，明确规范省、市、县国土资源局的执法职责，建立健全行政执法责任制、公示制、评议考核和过错责任追究制，强化行政复议监督，不断规范行政权力和行政程序，加强对自由裁量权运行的监督和制约。加强对干部人事权的监督，完善选拔任用监督机制。加强对财务管理和大额度资金使用情况的监督，严格执行财务“收支两条线”和政府采购制度，加强专项资金监管，严格绩效评价。实行行政问责制，以各单位主要负责人为重点，把土地和矿业权审批、行政执法、大额度资金管理、工程项目等纳入行政问责制范围。

3. 探索拓展监督有效途径和方法。认真贯彻落实党内监督条例，加强监督制度和机制建设，修改和完善国土资源系统六项监督制度实施办法。开展巡视督察工作，制定并实施《浙江省国土资源系统巡视督察工作暂行办法》。组织开展机关处、科（室）民主评议和绩效考评工作，建立和完善依法行政、廉洁从政和工作绩效考核机制。加强与人大、政协的联系，广泛听取人大代表、政协委员的意见和建议，认真落实议案和提案办理责任制，强化办理结果的督查。建立和完善效能与行风监督员制度。健全信访举报制度，设立举报电话、举报箱，畅通举报渠道。完善政务信息发布制度，通过办事服务窗口、政务公开栏、听证会、咨询会、通报会、新闻媒体发布会等及时公布政务信息，接受群众的咨询和监督。深化领导干部经济责任审计。充分发挥行政监察的职能作用，每年选择行政监察若干课题，积极开展廉政监察、执法监察和效能监察。

五、推进改革创新，从源头上防止腐败行为

（一）工作要求

加大深化改革力度，积极推进惩治和预防腐败体系建设各项工作创新。深化审批制度改革，推进依法行政和提高办事效率。推进土地、矿业权有偿使用制度改革，建立健全国土资源市场体系。加快征地制度改

革进程，建立和完善维护被征地农民合法权益的长效机制。完善干部人事制度改革，基本形成干部选拔任用的科学机制。

（二）任务措施

1. 深化审批制度改革。积极推进国土资源行政审批制度改革和配套制度建设。进一步清理、规范和减少行政审批事项，简化审批事项和环节，提高办事效率。健全政务公开制度，组织实施政务信息公开条例，推进权力公开运行工作，落实和完善省厅行政权力公开运行工作实施办法。加强电子政务建设，建立完善省、市、县(市、区）三级建设用地、矿业权联网审批，实行远程报批和实时监察。加强和改进土地、矿产资源利用规划和计划的管理措施，加强和改进土地、矿业权出让审批办法，完善建设用地审查报批管理工作规定和采矿权、探矿权审批工作规定。加强批后监管，建立健全土地、矿产批后的协调机制和监管机制，明确批后监管的主体及责任，规范国有建设用地使用权出让合同监管，实施以土地出让合同为主要内容的项目用地复核验收制度。研究制定采矿权转让管理实施办法、矿山年检实施办法。

2. 完善国土资源市场体系建设。全面落实和完善经营性用地、工业用地招标拍卖挂牌出让制度，严格实施工业用地最低价标准。进一步扩大土地有偿使用范围，细化划拨使用对象，严格界定公益性用地和经营性用地，研究制定《基础设施和社会事业用地实行有偿使用实施意见》、《浙江省国有建设用地使用交易管理办法》，完善土地价格形成机制。健全土地划拨、出让结果公示制度。深化探矿权、采矿权有偿使用制度改革，全面实行探矿权、采矿权有偿取得制度。除国家规定以外，全面实行和不断完善探矿权、采矿权招标拍卖挂牌出让制度。严格执行矿产资源补偿费和采矿权出让金征收政策。加强土地、矿业权评估机构和储量评审机构的监管和行业自律，定期对中介机构及其出具的评估报告进行抽查和评议，并向社会公开。

3. 深化征地制度改革。健全征地程序，规范征地行为，严格执行农用地转用征收报批前的“告知”、“确认”、“听证”程序，维护被征地农民知情权、参与权和监督权。完善征地补偿机制，拓展征地安置途径，出台《浙江省征地补偿和被征地农民基本生活保障办法》，建立征地补偿标准调整机制，扩大区片综合价和被征地农民基本生活保障制度的覆盖范围，严格落实征地补偿安置各项政策。进一步健全征地补偿标准争议协调裁决制度，疏通被征地农民诉求渠道。

4. 深化干部人事制度改革。健全干部选拔任用制度，规范干部任用提名办法，完善差额推荐、公开选拔、竞争上岗、差额考察等办法，研究完善《浙江省国土资源系统干部人事管理实施办法》。建立健全后备干部选拔管理和挂职锻炼、培养的具体规定。建立推荐用人失察责任追究制度、考察考核失察责任追究制度和人事任免党委（组）会集体票决制。完善干部考核评价体系，建立浙江省国土资源系统领导干部综合考核评价实施办法。建立健全干部定期交流、轮岗制度，实行对有审批职能和人、财、物管理重点岗位人员的轮岗制度。

六、深化作风建设，纠正损害群众利益的不正之风

（一）工作要求

坚持以深入开展专项治理为重点，建立健全纠建并举的防止损害群众利益的长效机制。以“抓作风建设，促创业创新”为主题，切实加强国土资源部门各级机关和领导干部的作风建设。以开展“基层国土资源所规范化建设活动”为抓手，切实加强基层国土资源所党风廉政建设。

（二）任务措施

1. 纠正损害群众利益的不正之风。每年确定工作重点，开展专项检查，严肃查处在征地、矿产资源开发过程中损害群众利益的违法违规违纪行为。从严控制新增建设用地规模。健全完善征地管理政策措施，严格执行征地统一年产值标准和区片综合地价的规定。认真落实征用土地公告、补偿安置方案公告及征地补偿登记制度，防止征地补偿费被截留、克扣或挪用。完善征地补偿安置争议协调裁决工作，保护公民、法

人和其他组织的合法权益，保障和监督行政机关依法行使职权。开展查处矿产资源开发中严重影响群众生产和生活行为的专项检查。完善矿山生态环境治理备用金制度。加大执法监察力度，依法查处各类国土资源违法违规案件。

2. 加强机关和领导干部作风建设。以“抓作风建设、促创业创新”为主题，在全系统认真开展“作风建设”系列活动，切实解决干部在作风建设方面存在的突出问题。建立健全作风建设长效机制，认真落实省厅《关于进一步加强和改进机关作风建设的意见》。规范公务接待和出国（境）管理，加强公务用车管理，制定《省国土资源厅因公出国（境）审批管理办法》。深化效能建设，提高机关工作效率，改进服务质量，规范行政行为。加强对行政执法的监督，严肃查处不认真、不及时履行职责和拒不履行职责等行为。参加“政风行风热线”活动，发挥效能与行风监督员的作用，有计划地组织开展明查暗访，认真做好效能投诉查处工作。

3. 强化国土资源所党风廉政建设。继续贯彻落实省厅《关于加强基层国土资源所党风廉政建设实施意见》，健全基层国土资源所议事规则和集体会审制度，完善政务事务公开、民主监督、岗位责任制、廉政谈话、信访谈话和述勤述廉等制度，完善日常管理制度和工作机制。创建“规范化国土资源所”活动，制定《浙江省基层国土资源所规范化建设实施意见》。深入开展国土资源所行风评议、创建“群众满意站所”和“三服务一满意”等活动。落实行风建设责任制，着力解决基层国土资源所工作人员执法不公、行政不作为、吃拿卡要、刁难群众和工作效率低下等问题，推进国土资源所政风行风建设。

七、坚决查处腐败，保持惩治腐败的强劲势头

（一）工作要求

以查处领导干部滥用职权、贪污贿赂、腐败堕落、失职渎职案件为

重点，加大对官商勾结、权钱交易和严重损害群众利益案件的查处力度，坚决查处土地、矿产违法违规案件背后的腐败问题，进一步完善查处违纪违法案件机制，提高有效突破案件的能力，查处案件治本功能得到有效发挥。

（二）任务措施

1. 坚决查处违纪违法案件。严肃查处利用审批权、发证权、执法权、人事权索贿受贿、徇私舞弊的案件，严肃查处违反土地规划、非法批地、低价出让土地或擅自变更规划获取利益的案件，严肃查处违规审批探矿权和采矿权、参与矿产开发的案件，严肃查处滥用执法权谋私、规避招标、虚假指标获取利益的案件，严肃查处执法不公、办人情案、办关系案以及严重失职、渎职等案件。深入治理以查处土地出让、资源开发、矿业权出让、土地和矿业权评估、项目发包为重点的商业贿赂工作，推进自查自纠工作，建立健全防治商业贿赂的长效机制。

2. 发挥查处案件的综合效应。严格依法依纪办案，提高办案工作的能力。完善查处案件的组织协调机制，加强与其他执法执纪部门的协调配合。重视发挥信访举报主渠道作用，进一步拓宽案源，完善案件线索统一管理。综合运用纪律处分和组织处理手段，加大组织处理工作力度。认真落实“一案两报告”制度，加强案件剖析，针对案件中暴露出来的问题，及时查找机制制度上存在的薄弱环节，完善制度、建章立制、堵塞漏洞。以查促教、以查促管、以查促建，发挥查办案件的治本作用。

八、切实抓好《工作细则》的贯彻落实

（一）加强领导

国土资源部门各级党委（党组）是反腐倡廉建设的责任主体，担负着全面领导本单位惩治和预防腐败体系建设的政治责任。要切实加强领导，把贯彻落实《工作细则》作为一项政治任务，列入重要的议事日程。

各单位要建立以党委(组)主要负责人为组长的构建惩防体系领导小组，坚持党委会定期听取构建惩防体系工作汇报制度，研究解决重大问题，并将构建惩防体系建设工作，同各项业务工作一起部署、一起检查、一起落实。

（二）明确责任

各单位要严格执行党风廉政建设责任制。党政主要领导负总责，领导班子其他成员要根据分工抓好分管范围内的工作。各级纪检监察部门要加强组织协调，协助党委（组）抓好《工作细则》各项任务的分解和落实。各级国土资源部门要结合实际，制定贯彻落实《工作细则》的具体措施，提出近期、中期和远期工作计划，并将责任分解到人，认真抓好落实。各责任处（室、局）之间要密切合作，相互支持，形成合力，推进工作任务的顺利完成。

（三）强化督查

加强对《工作细则》落实情况的监督检查，每年对各单位工作进展情况开展检查，通过督促自查、重点抽查、专项检查等形式，查找问题，认真整改，总结经验，推动工作落实。完善科学的责任考核评价标准，把贯彻落实《工作细则》情况纳入党风廉政建设责任制和各级领导班子、领导干部考核、评价、巡视范围，作为工作实绩评定和干部奖惩的重要内容，严格责任考核，强化责任追究。建立工作报告制度，各单位要定期分析《工作细则》落实过程中的新情况和新问题，积极研究对策措施，按照要求及时报告贯彻落实情况。各级纪检监察部门要加强督促检查，确保《工作细则》确定的各项任务落到实处。

关于印发《浙江省矿业权交易管理暂行办法》的通知

浙土资发〔2011〕18号

各市、县（市、区）国土资源局，省矿业权交易中心：

为推进矿业权有形市场建设，规范矿业权交易行为，根据国土资源部《关于建立健全矿业权有形市场的通知》（国土资发〔2010〕145号）要求，《浙江省矿业权交易管理暂行办法》已经厅长办公会议审议通过，现予印发，自四月一日起实施。

各地在贯彻执行中有什么问题请及时报告省厅。

二〇一一年三月三十一日

浙江省矿业权交易管理暂行办法

第一章　总　则

第一条　为规范全省矿业权交易行为，根据《中华人民共和国矿产资源法》等法律、法规和有关政策，结合我省实际，制定本办法。

第二条　本省行政区域内的矿业权交易活动，适用本办法。

第三条　本办法所称矿业权包括探矿权和采矿权。矿业权交易分为矿业权出让和矿业权转让。矿业权出让包括招标、拍卖、挂牌和协议等方式。

第四条　矿业权交易应当遵循公正、公平、公开、诚信、便民等原则。

第五条　本省行政区域内的矿业权交易活动，统一在国土资源部门设立的矿业权交易机构进行。

第六条　省级和设区市国土资源部门设立矿业权交易机构，县级国土资源部门不设立矿业权交易机构。

第七条　省级矿业权交易机构负责办理省国土资源厅登记发证的矿业权、国土资源部登记发证并委托我省出让的矿业权的出让事务和矿业权转让交易等业务。

设区市矿业权交易机构负责办理市本级和所属县（市）国土资源部门登记发证的矿业权出让交易事务。

第八条　矿业权交易机构的主要职责：

（一）建立对社会公开的矿业权交易平台；

（二）受国土资源部门的委托，组织办理矿业权招标、拍卖、挂牌和协议出让事项；

（三）受矿业权人委托，办理矿业权转让交易业务；

（四）进行矿业权交易信息的公告、公示，提供矿业权交易技术服务与咨询；

（五）承办国土资源部门交办的其他有关事项。

第二章　矿业权出让

第九条　矿业权招标、拍卖、挂牌出让按照下列程序办理：

（一）委托。根据批准的矿业权出让实施方案，矿业权登记管理机关委托矿业权交易机构办理矿业权出让交易，并提供相关基础资料。

（二）出让文件编制与公告。矿业权交易机构按委托方的要求编制矿业权出让文件，在网站及媒体发布矿业权出让公告。

（三）报名。按照公告及报名条件等规定接受竞买人报名，对竞买人进行资格审查，收取保证金。

（四）交易。实施矿业权招标、拍卖或挂牌，确定矿业权受让人。

（五）签订成交确认书。矿业权交易机构与委托人、受让人签订《矿业权交易成交确认书》。

（六）公示。在矿业权交易机构大厅、网站和国土资源部门门户网站公示矿业权交易结果。

（七）签订出让合同。成交结果公示无异议的，委托人与受让人签订《矿业权出让合同》。

（八）登记发证。受让人持《矿业权交易成交确认书》和《矿业权出让合同》，以及登记所必需的资料到登记管理机关办理矿业权登记手续。

第十条　矿业权协议出让按照下列程序办理：

（一）委托。根据批准的矿业权出让实施方案，矿业权登记管理机关委托矿业权交易机构办理矿业权协议出让交易，并提供相关资料。

（二）资格审查。矿业权交易机构对协议受让人的资格和拟出让矿业权的相关资料进行审查。

（三）公示。在矿业权交易机构大厅、网站和国土资源部门门户网站公示矿业权协议出让方案的主要内容。

（四）签订成交确认书。公示无异议的，矿业权交易机构与委托人、受让人签订《矿业权交易成交确认书》。

（五）签订出让合同。委托人与受让人签订《矿业权出让合同》。

（六）登记发证。受让人持《矿业权交易成交确认书》和《矿业权出让合同》，以及登记所必需的资料至登记管理机关办理矿业权登记手续。

第三章　矿业权转让

第十一条　矿业权转让统一在省级矿业权交易机构交易。矿业权转让人应向省级矿业权交易机构出具委托书，并提供矿业权所在地国土资源部门依法出具的相关证明资料。

第十二条　委托省级矿业权交易机构寻找受让方的矿业权转让交易按照下列程序办理：

（一）委托与审查。矿业权人持拟转让矿业权的相关资料，到省级矿业权交易机构办理矿业权转让委托手续。省级矿业权交易机构对委托人提供的资料进行合法性审查，签订《委托代理协议书》。

（二）转让文件编制与公告。省级矿业权交易机构根据《委托代理协议书》的要求，编制转让文件，并在网站及媒体发布矿业权转让公告。

（三）报名。在规定的时间里接受竞买人报名，对竞买人进行资格审查。

（四）交易。实施招标、拍卖、挂牌或协议转让，确定矿业权受让人，并签订《矿业权交易成交确认书》。

（五）公示。省级矿业权交易机构在交易机构大厅、网站和省国土资源厅门户网站公示交易结果。

（六）签订转让合同。公示无异议的，交易双方签订《矿业权转让合同》。

（七）审批登记。交易双方持《矿业权交易成交确认书》、《矿业权转让合同》，以及审批、登记所必需的资料到具审批权限的国土资源部门办理矿业权转让审批和变更登记手续。

第十三条 矿业权转让交易各方意向明确的按照下列程序办理：

（一）审查。省级矿业权交易机构对收到的矿业权转让人、意向受让人的资格材料和拟转让矿业权的相关资料进行审查。

（二）公示。省级矿业权交易机构在交易机构大厅、网站和省国土资源厅门户网站公示矿业权转让的主要内容。

（三）签订成交确认书。公示无异议的，矿业权交易机构与转让人、受让人签订《矿业权交易成交确认书》。

（四）签订转让合同。矿业权转让人与受让人签订《矿业权转让合同》。

（五）审批登记。交易双方持《矿业权交易成交确认书》、《矿业权转让合同》，以及审批、登记所必需的资料到具审批权限的国土资源部门办理矿业权转让审批手续和变更登记手续。

第四章　矿业权审批公示

第十四条 依法以申请在先方式申请探矿权的，登记管理机关受理后，委托省级矿业权交易机构在交易大厅、网站和省国土资源厅门户网站上公示。公示无异议的，登记管理机关给予办理探矿权审批登记手续。

第十五条 依法申请探矿权转采矿权的，登记管理机关受理后，委托矿业权交易机构在交易大厅、网站和国土资源部门门户网站上公示。公示无异议的，登记管理机关给予办理采矿权审批登记手续。

第五章　监督管理

第十六条　省国土资源厅负责全省矿业权交易活动的监督管理工作。

省、市国土资源部门是同级矿业权交易机构的主管部门，指导和监督矿业权交易活动。

第十七条　矿业权交易活动和交易信息全程公开，按规定进行公示、公告，受理查询和咨询，接受社会监督。

第十八条　矿业权交易机构及其工作人员不得作为转让方、受让方参与矿业权交易活动；不得在矿业权交易双方持有股份。

第十九条　参与矿业权交易的企业、单位和个人不得采取欺诈、胁迫、隐瞒信息、伪造资料、恶意串通等手段，妨碍公平交易。如有上述情形发生，取消其交易资格。对扰乱矿业权交易秩序，情节严重、构成犯罪的，移送司法机关依法追究刑事责任。

第二十条　矿业权交易机构的工作人员在矿业权交易过程中滥用职权、徇私舞弊的，按照规定给予党纪政纪处分，调离原工作岗位；情节严重、涉嫌犯罪的，移送司法机关依法追究刑事责任。

第六章　附　则

第二十一条　各设区市国土资源部门可根据本办法制定工作细则。

第二十二条　本办法自实施之日起，有效期为五年。

安徽省国土资源系统
正职领导干部监督管理暂行办法

皖国土资党组〔2010〕17号

第一条 为切实加强对全省国土资源系统正职领导干部的监督，促进党风廉政建设，依据《中国共产党党内监督条例（试行）》、《建立健全教育、制度、监督并重的惩治和预防腐败体系实施纲要》、《中华人民共和国公务员法》等规定，结合我省实际，制定本办法。

第二条 本办法所称正职领导干部，是指市、县（市、区）国土资源局党政主要负责人。

第三条 监督的主要内容：

（一）贯彻执行党的路线、方针、政策和国家的法律法规情况；

（二）贯彻落实民主集中制情况；

（三）执行领导干部廉洁自律各项规定情况；

（四）执行党风廉政建设责任制情况；

（五）贯彻落实《党政领导干部选拔任用工作条例》情况；

（六）加强和改进领导干部作风建设情况。

第四条 重大事项必须集体研究，实行末位表态。重大决策、干部任免、重大项目安排和大额资金使用，必须集体研究，正职领导干部在议事决策时实行末位表态，不得擅自改变集体研究决定的事项。

第五条 以下事项必须提交党组（党委）集体决策：

（一）贯彻落实各级党委、政府和上级主管部门的决策和部署；

（二）领导班子建设；

（三）党风廉政建设；

（四）干部任免、调动、考核、奖惩等有关事项；

（五）需要提交党组（党委）集体决策的其他事项。

第六条 以下事项必须提交办公会议集体决策：

（一）代起草的地方性法规、规章、规范性文件和制定的规范性文件；

（二）土地利用总体规划、矿产资源总体规划、测绘管理总体规划、国土资源管理改革方案和重要管理制度；

（三）部门预算和年度预算调整；

（四）重大项目立项、重大财务开支、大额资金使用、零星采购项目审定；

（五）行政事业性收费、政府基金专项收入减、缓、免；

（六）重大建设项目立项；

（七）土地使用权出让、土地资产处置方案；

（八）采矿权出让方案；

（九）矿山地质环境治理、土地开发复垦整理项目立项；

（十）重大国土资源违法案件处理；

（十一）决定重大行政复议案件和资源权属争议案件审理意见；

（十二）需要提交办公会议集体决策的其他事项。

第七条 原则上不直接分管干部人事工作。干部人事工作由一名领导班子成员分管。正职要切实履行对单位干部人事工作的监督职责。

第八条 原则上不直接分管财务工作。财务工作由一名领导班子成员分管，限定分管财务工作的领导一定数额的财务审批权。超过规定数额的开支必须经领导班子集体研究决定，由分管财务工作的领导审批。正职要切实履行对单位财务工作的监督职责。

第九条 收受现金、购物卡、有价证券、贵重物品登记。严禁收受与行使职权有关系的单位和个人的现金、购物卡、有价证券和贵重物品。收后已经退回或无法退回的，已上缴廉政账户或组织的，应当到本单位纪检监察部门登记，纪检监察部门负责将登记和处理情况向上级纪检监察部门报告。

第十条 外出活动严格请销假。离开本地去外地进行公务活动或办理私事时，应向地方政府分管领导和上级组织报告，同时告知本单位纪检组长，返回本地后销假。

第十一条 个人重大事项报告。按照有关规定，及时向上级组织人事部门报告以下事项：

（一）本人的婚姻状况；

（二）本人持有因私出国（境）证件的情况；

（三）本人因私出国（境）的情况；

（四）子女与外国人、港澳台居民通婚及出国（境）留学的情况；

（五）配偶、子女出国（境）定居及有关情况；

（六）配偶、共同生活的子女（指同财共居的子女）私人在国（境）内外经商办企业的情况；

（七）配偶、共同生活的子女担任外国公司驻华、港澳台公司驻境内分支机构主管人员的情况；

（八）本人、配偶、共同生活的子女营建、买卖、出租私房和参加集资建房，以及买卖小汽车的情况；

（九）本人近亲属（父母、配偶及其父母、子女）婚丧等事宜办理的情况；

（十）本人、配偶及子女继承遗产、接受大额赠与、大额中奖（单笔价值5万元以上）的情况；

（十一）配偶、子女被司法机关追究刑事责任的情况。

第十二条 任职回避。有夫妻关系、直系血亲关系、三代以内旁系血亲关系以及近姻亲关系的，不得在同一机关、直属事业单位、县(市、区）国土资源局担任直接上下级领导关系的职务，也不得在同一机关从事组织人事、纪检监察、审计、财务工作。

第十三条 交流轮岗。在同一单位任职达到 5 年以上的，应当交流轮岗。特殊情况，由上级党组织决定提前或延长交流轮岗时间。

第十四条 专题述廉、廉政测评、廉政报告。每年进行一次专题述廉，开展廉政测评，书面向上级党组织报告本人廉洁自律和落实党风廉政建设责任制情况。

第十五条 廉政法规测试。每两年组织一次廉政法规测试，测试成绩入廉政档案。

第十六条 严格党风廉政建设责任追究。认真履行党风廉政建设"第一责任人"的职责，切实履行好"一岗双责"。每半年对本单位党风廉政建设和反腐败工作进行一次专题分析、研究，解决存在的问题。对班子成员发生重大违法违纪问题，承担领导责任。

第十七条 开展巡视工作。在对领导班子和领导干部开展巡视中，重点巡视正职履行职责和廉洁从政情况。

第十八条 坚持廉政谈话。党组（党委）视情况安排廉政谈话，任职前必须进行廉政谈话，谈话情况入廉政档案。

第十九条 经济责任审计。在同一职位连续任职三年以上的，地方审计部门没有进行审计的，由上级组织人事部门委托审计机关进行任期经济责任审计；调任、转任、免职、辞职、退休前进行离任经济责任审计。审计中发现问题的，责令限期整改，对整改情况追踪问效。情节严重涉嫌违纪违法的，移送执纪执法机关处理。

第二十条 上级组织人事、纪检监察部门负责本办法的组织实施，并开展监督检查。

第二十一条 本办法自发文之日起施行。

中共安徽省国土资源厅党组关于认真贯彻执行干部任职回避制度有关问题的通知

皖国土资党组〔2011〕119号

各市国土资源局，厅属各单位，厅机关各处室：

为进一步加强全省国土资源系统领导班子和干部队伍建设，强化管理与监督，促进党风廉政建设，推进国土资源管理事业科学发展，现就认真贯彻执行干部任职回避制度有关问题通知如下。

一、调查摸底

各单位要按照干部管理权限，组织本单位及所属单位副科级以上领导干部填写《干部任职回避报告表》，调查摸底干部任职回避情况。《干部任职回避报告表》的填写范围：与填报人有夫妻关系、直系血亲关系、三代以内旁系血亲关系以及近姻亲关系，在同一单位（含所属单位）任职的。今后，各单位新选拔任用副科以上领导干部要及时填报《干部任职回避报告表》，按干部管理权限，报上一级组织人事部门。

二、开展回避交流

凡有本《通知》第一款所列关系的干部应当回避交流。其中，对在同一单位担任双方直接隶属于同一领导人员的或者有上下级领导关系的干部必须回避交流。单位组织人事部门在调查摸底和征求干部个人意见的基础上，按干部管理权限，提出干部任职回避交流意见，提交单位党组（党委）作出决定。回避人员职务层次不同的，一般由职务层次较低的一方回避；职务层次相当的，根据工作需要和实际情况决定其中一方回避。按照干部管理权限，本级难以安排的，报请上一级国土资源管理部门协调解决。

三、有关要求

1. 各级领导干部要本着实事求是、认真负责的态度填写《干部任职回避报告表》。有需要回避的情况而未填写的，一经发现，视情况对当事人进行组织函询、约谈或诫勉谈话。

2. 报告表填写完毕后，经本单位主要负责人签字后，按干部管理权限上报。厅系统处级干部（省测绘局正处级干部）表格由各单位统一收集后于 9 月底前报送厅政治部。表格电子版可在厅网站下载中心下载。

3. 各单位党组（党委）要充分认识严格贯彻执行干部任职回避工作制度的重要意义，切实加强组织领导，认真研究制定本单位干部任职回避交流具体方案，同时做好宣传思想工作。各单位应在 11 月 15 日前将干部任职回避交流实施情况书面报告送厅政治部。今后，各单位在选拔任用干部时，要综合考虑干部任职回避问题，涉及回避的，应当进行交流任职。

附件：干部任职回避报告表（略）

福建省国土资源厅
关于印发《福建省国土资源行政处罚裁量权执行标准（试行）》的通知

闽国土资文〔2011〕81号

各市、县（区）国土资源局，平潭综合实验区环境与国土资源局，厅机关各处（室）：

现将《福建省国土资源行政处罚裁量权执行标准（试行）》印发给你们，请遵照执行。执行中有何意见和建议，请直接与省厅政策法规处联系。

未列入本自由裁量权标准的国土资源行政处罚按照相关法律法规和规章的规定执行。2011年3月1日后颁布实施的法律法规和规章涉及国土资源行政处罚的，其裁量标准另行制定。

本裁量标准试行时间自2011年5月1日起至2012年5月1日止。试行期间，各地应及时向省厅反馈意见并可根据本裁量标准作进一步细化规定。

福建省国土资源行政处罚裁量权执行标准（试行）

序号	违法行为	处罚依据	违法情节		裁量标准	
1	非法转让土地	1.《中华人民共和国土地管理法》第七十三条“买卖或者以其他形式非法转让土地的，由县级以上人民政府土地行政主管部门没收违法所得；对违反土地利用总体规划擅自将农用地改为建设用地的，限期拆除在非法转让的土地上新建的建筑物和其他设施，恢复土地原状，对符合土地利用总体规划的，没收在非法转让的土地上新建的建筑物和其他设施；可以并处罚款；对直接负责的主管人员和其他直接责任人员，依法给予行政处分；构成犯罪的，依法追究刑事责任。” 2.《中华人民共和国土地管理法实施条例》第三十八条“依照《土地管理法》第七十三条的规定处以罚款的，罚款额为非法所得的百分之五十以下。”	轻微	违法行为轻微并及时自行纠正，未造成危害后果。	可不予处罚。	
			一般	1.违法所得在20万元以下； 2.涉及耕地5亩以下，其他土地10亩以下。	没收违法所得；没收或限期拆除新建的建筑物和其他设施。	可并处违法所得10%以上30%以下罚款。
			严重	1.违法所得在20万元以上； 2.涉及耕地5亩以上，其他土地10亩以上； 3.涉及基本农田。		可并处违法所得30%以上50%以下罚款。
2	擅自将农民集体所有土地使用权非法出让、转让、出租用于非农业建设	1.《中华人民共和国土地管理法》第八十一条“擅自将农民集体所有的土地的使用权出让、转让或者出租用于非农业建设的，由县级以上人民政府土地行政主管部门责令限期改正，没收违法所得，并处罚款。” 2.《中华人民共和国土地管理法实施条例》第三十九条“依照《土地管理法》第八十一条的规定处以罚款的，罚款额为非法所得的百分之五以上百分之二十以下。”	轻微	违法行为轻微，经责令立即停止并及时自行纠正，未造成危害后果。	可不予处罚。	
			一般	1.违法所得在20万元以下； 2.涉及耕地5亩以下，其他土地10亩以下。	责令限期改正，没收违法所得。	并处非法所得的10%以上15%以下罚款。
			严重	1.违法所得在20万元以上； 2.涉及耕地5亩以上，其他土地10亩以上； 3.涉及基本农田。		并处非法所得15%以上20%以下罚款。

<table>
<tr><th>序号</th><th>违法行为</th><th>处罚依据</th><th colspan="2">违法情节</th><th colspan="2">裁量标准</th></tr>
<tr><td rowspan="3">3</td><td rowspan="3">非法占用土地</td><td rowspan="3">1.《中华人民共和国土地管理法》第七十六条“未经批准或者采取欺骗手段骗取批准，非法占用土地的，由县级以上人民政府土地行政主管部门责令退还非法占用的土地；对违反土地利用总体规划擅自将农用地改为建设用地的，限期拆除在非法占用的土地上新建的建筑物和其他设施，恢复土地原状，对符合土地利用总体规划的，没收在非法占用的土地上新建的建筑物和其他设施，可以并处罚款；对非法占用土地单位的直接负责的主管人员和其他直接责任人员，依法给予行政处分；构成犯罪的，依法追究刑事责任。超过批准的数量占用土地，多占的土地以非法占用土地论处。”
2.《中华人民共和国土地管理法实施条例》第四十二条“依照《土地管理法》第七十六条的规定处以罚款的，罚款额为非法占用土地每平方米30元以下。”
3.《基本农田保护条例》第三十条第一款第（一）、（二）项“违反本条例规定，有下列行为之一的，依照《中华人民共和国土地管理法》和《中华人民共和国土地管理法实施条例》的有关规定，从重给予处罚：
（一）未经批准或者采取欺骗手段骗取批准，非法占用基本农田的；
（二）超过批准数量，非法占用基本农田的。</td><td>轻微</td><td>违法行为轻微，经责令立即停止并及时自行纠正违法行为，未造成危害后果。</td><td colspan="2">可不予处罚。</td></tr>
<tr><td>一般</td><td>1. 基础设施建设；
2. 占用未利用地；
3. 符合土地利用总体规划。</td><td>没收在非法占用土地上新建的建筑物和其他设施。</td><td>可并处非法占用土地每平方米10元以上20元以下罚款。</td></tr>
<tr><td>严重</td><td>不符合土地利用总体规划。</td><td>限期拆除在非法占用土地上新建的建筑物、其他设施，恢复土地原状。</td><td>并处以非法占用土地每平方米20元以上30元以下罚款。</td></tr>
<tr><td rowspan="2">4</td><td rowspan="2">依法收回国有土地使用权，当事人拒不交出土地、临时使用土地期满，拒不归还土地、不按照批准的用途使用土地</td><td rowspan="2">1.《中华人民共和国土地管理法》第八十条“依法收回国有土地使用权当事人拒不交出土地的，临时使用土地期满拒不归还的，或者不按照批准的用途使用国有土地的，由县级以上人民政府土地行政主管部门责令交还土地，处以罚款。”
2.《中华人民共和国土地管理法实施条例》第四十三条“依照《土地管理法》第八十条的规定处以罚款的，罚款额为非法占用土地每平方米10元以上30元以下。”</td><td>一般</td><td>涉及土地5亩以下。</td><td rowspan="2">责令交还土地。</td><td>并处每平方米20元以上25元以下罚款。</td></tr>
<tr><td>严重</td><td>涉及土地5亩以上。</td><td>并处每平方米25元以上30元以下罚款。</td></tr>
</table>

<table>
<tr><th>序号</th><th>违法行为</th><th>处罚依据</th><th colspan="2">违法情节</th><th colspan="2">裁量标准</th></tr>
<tr><td rowspan="3">5</td><td rowspan="3">破坏耕地</td><td rowspan="3">1.《中华人民共和国土地管理法》第七十四条“违反本法规定，占用耕地建窑、建坟或者擅自在耕地上建房、挖砂、采石、采矿、取土等，破坏种植条件的，或者因开发土地造成土地荒漠化、盐渍化的由县级以上人民政府土地行政主管部门责令限期改正或者治理，可以并处罚款；构成犯罪的，依法追究刑事责任。”
2.《中华人民共和国土地管理法实施条例》第四十条“依照《土地管理法》第七十四条的规定处以罚款的，罚款额为耕地开垦费的2倍以下。”</td><td>轻微</td><td>违法行为轻微，经责令立即停止并及时自行纠正，未造成危害后果。</td><td colspan="2">可不予处罚。</td></tr>
<tr><td>一般</td><td>1. 涉及耕地2亩以下；
2. 因开发土地造成土地荒漠化、盐渍化。</td><td rowspan="2">责令改正或者治理。</td><td>可以并处耕地开垦费1倍以上1.5倍以下罚款。</td></tr>
<tr><td>严重</td><td>涉及耕地2亩以上。</td><td>可以并处耕地开垦费1.5倍以上2倍以下罚款。</td></tr>
<tr><td rowspan="3">6</td><td rowspan="3">非法占用基本农田建房、建窑、建坟、挖砂、采矿、取土、堆放固体废弃物或者从事其他活动破坏基本农田，毁坏种植条件</td><td rowspan="3">1.《基本农田保护条例》第三十三条“违反本条例规定，占用基本农田建窑、建房、建坟、挖砂、采石、采矿、取土、堆放固体废弃物或者从事其他活动破坏基本农田，毁坏种植条件的，由县级以上人民政府土地行政主管部门责令改正或者治理，恢复原种植条件，处占用基本农田的耕地开垦费1倍以上2倍以下的罚款；构成犯罪的，依法追究刑事责任。”
2.《福建省基本农田保护条例》第二十七条“违反本条例规定，改变基本农田地形地貌，破坏种植条件，构成犯罪的，依法追究刑事责任；尚不构成犯罪的，由县级以上地方人民政府土地行政主管部门区别下列不同情形给予处罚。”</td><td>轻微</td><td>违法行为轻微，经责令立即停止并及时自行纠正，未造成危害后果。</td><td colspan="2">可不予处罚。</td></tr>
<tr><td>一般</td><td>涉及基本农田0.5亩以下。</td><td rowspan="2">责令改正或者治理，限期恢复原种植条件。</td><td>并处占用基本农田的耕地开垦费1倍以上1.5倍以下罚款。</td></tr>
<tr><td>严重</td><td>涉及基本农田0.5亩以上。</td><td>并处占用基本农田的耕地开垦费1.5倍以上2倍以下罚款。</td></tr>
<tr><td rowspan="3">7</td><td rowspan="3">拒不履行土地复垦义务</td><td rowspan="3">1.《中华人民共和国土地管理法》第七十五条“违反本法规定，拒不履行土地复垦义务的，由县级以上人民政府土地行政主管部门责令限期改正；逾期不改正的，责令缴纳复垦费，专项用于土地复垦，可以处以罚款。”
2.《中华人民共和国土地管理法实施条例》第四十一条“依照《土地管理法》第七十五条的规定处以罚款的，罚款额为土地复垦费的2倍以下。”</td><td>轻微</td><td>自行履行土地复垦，并经验收合格。</td><td colspan="2">可不予处罚。</td></tr>
<tr><td>一般</td><td>应复垦土地面积5亩以下，并经责令逾期不改正。</td><td rowspan="2">责令限期改正，责令缴纳复垦费。</td><td>可处土地复垦费1倍以上1.5倍以下罚款。</td></tr>
<tr><td>严重</td><td>应复垦土地面积5亩以上，并经责令逾期不改正。</td><td>可处土地复垦费1.5倍以上2倍以下罚款。</td></tr>
</table>

<table>
<tr><th>序号</th><th>违法行为</th><th>处罚依据</th><th colspan="2">违法情节</th><th colspan="2">裁量标准</th></tr>
<tr><td rowspan="4">8</td><td rowspan="4">未取得勘查许可证擅自进行勘查工作的，超越批准的勘查区块范围进行勘查工作</td><td rowspan="4">《矿产资源勘查区块登记管理办法》第二十六条“违反本办法规定，未取得勘查许可证擅自进行勘查工作的，超越批准的勘查区块范围进行勘查工作的，由县级以上人民政府负责地质矿产管理工作的部门按照国务院地质矿产主管部门规定的权限，责令停止违法行为，予以警告，可以并处10万元以下的罚款。”</td><td>轻微</td><td>违法行为轻微，经责令立即停止违法行为，未造成危害后果。</td><td rowspan="4">责令停止违法行为，予以警告。</td><td>可免予罚款。</td></tr>
<tr><td>一般</td><td>已取得勘查证，超越批准的勘查区块范围进行勘查，经责令立即停止违法行为。</td><td>可以并处1万元以上3万元以下罚款。</td></tr>
<tr><td>较重</td><td>未取得勘查许可证擅自进行勘查工作，经责令立即停止违法行为。</td><td>可以并处3万元以上8万元以下罚款。</td></tr>
<tr><td>严重</td><td>经责令拒不停止违法行为。</td><td>可以并处8万元以上10万元以下罚款。</td></tr>
<tr><td rowspan="3">9</td><td rowspan="3">未经批准，擅自边探边采</td><td rowspan="3">《矿产资源勘查区块登记管理办法》第二十七条“违反本办法规定，未经批准，擅自进行滚动勘探开发、边探边采或者试采的，由县级以上人民政府负责地质矿产管理工作的部门按照国务院地质矿产主管部门规定的权限，责令停止违法行为，予以警告，没收违法所得，可以并处10万元以下的罚款。”</td><td>轻微</td><td>违法行为轻微，经责令立即停止违法行为，未造成危害后果。</td><td rowspan="3">责令停止违法行为，予以警告，没收违法所得。</td><td>可免予罚款。</td></tr>
<tr><td>一般</td><td>经责令立即停止违法行为，且违法所得10万元以下的。</td><td>可并处1万元以上5万元以下罚款。</td></tr>
<tr><td>严重</td><td>1. 经责令立即停止违法行为，且违法所得10万元以上；
2. 经责令拒不停止违法行为。</td><td>可以并处5万元以上10万元以下罚款。</td></tr>
<tr><td rowspan="3">10</td><td rowspan="3">未完成最低勘查投入的</td><td rowspan="3">《矿产资源勘查区块登记管理办法》第二十九条“违反本办法规定，有下列行为之一的，由县级以上人民政府负责地质矿产管理工作的部门按照国务院地质矿产主管部门规定的权限，责令限期改正；逾期不改正的，处5万元以下的罚款；情节严重的，原发证机关可以吊销勘查许可证。……（二）未完成最低勘查投入的。”</td><td>轻微</td><td>经责令立即改正，在限期内足额投入。</td><td colspan="2">可不予处罚。</td></tr>
<tr><td>一般</td><td>经责令逾期不改正，未完成投入占最低勘查投入的50%以下。</td><td rowspan="2">责令限期改正。</td><td>处1万元以上3万元以下罚款。</td></tr>
<tr><td>严重</td><td>经责令逾期不改正，未完成投入占最低勘查投入的50%以上。</td><td>处3万元以上5万元以下罚款；可以吊销勘查许可证。</td></tr>
</table>

<table>
<tr><th>序号</th><th>违法行为</th><th>处罚依据</th><th colspan="2">违法情节</th><th colspan="2">裁量标准</th></tr>
<tr><td rowspan="3">11</td><td rowspan="3">已经领取勘查许可证的勘查项目，满6个月未开始施工，或者施工后无故停止勘查工作满6个月的</td><td rowspan="3">《矿产资源勘查区块登记管理办法》第二十九条“违反本办法规定，有下列行为之一的，由县级以上人民政府负责地质矿产管理工作的部门按照国务院地质矿产主管部门规定的权限，责令限期改正；逾期不改正的，处5万元以下的罚款；情节严重的，原发证机关可以吊销勘查许可证。……（三）已经领取勘查许可证的勘查项目，满6个月未开始施工，或者施工后无故停止勘查工作满6个月的。”</td><td>轻微</td><td>经责令在期限内自行改正。</td><td colspan="2">可不予处罚。</td></tr>
<tr><td>一般</td><td>经责令逾期不改正，未施工或停工满6个月以上12个月以下。</td><td rowspan="2">责令限期改正。</td><td>处5千元以上2万元以下罚款。</td></tr>
<tr><td>严重</td><td>经责令逾期不改正，未施工或停工满12个月以上。</td><td>处2万元以上5万元以下罚款。可以吊销勘查许可证。</td></tr>
<tr><td rowspan="3">12</td><td rowspan="3">非法开采矿产资源</td><td rowspan="3">1.《中华人民共和国矿产资源法》第三十九条“违反本法规定，未取得采矿许可证擅自采矿的，擅自进入国家规划矿区、对国民经济具有重要价值的矿区范围采矿的，擅自开采国家规定实行保护性开采的特定矿种的，责令停止开采、赔偿损失，没收采出的矿产品和违法所得，可以并处罚款；拒不停止开采，造成矿产资源破坏的，依照刑法第一百五十六条的规定对直接责任人员追究刑事责任。”
单位和个人进入他人依法设立的国有矿山企业和其他矿山企业矿区范围内采矿的，依照前款规定处罚。
2.《中华人民共和国矿产资源法实施细则》第四十二条第一款第（一）项“依照《矿产资源法》第三十九条、第四十条、第四十二条、第四十三条、第四十四条规定处以罚款的，分别按照下列规定执行：（一）未取得采矿许可证擅自采矿的，擅自进入国家规划矿区、对国民经济具有重要价值的矿区和他人矿区范围采矿的，擅自开采国家规定实行保护性开采的特定矿种，处以违法所得50%以下的罚款。”</td><td>轻微</td><td>违法行为轻微，经责令立即停止违法行为，未造成危害后果，没有采出矿产品和违法所得的。</td><td colspan="2">可不予处罚。</td></tr>
<tr><td>一般</td><td>经责令立即停止违法开采行为，采出矿产品和违法所得在2万元以下的。</td><td rowspan="2">责令停止开采，没收采出的矿产品和违法所得。</td><td>可并处违法所得10%以上20%以下罚款。</td></tr>
<tr><td>严重</td><td>1.经责令立即停止违法开采行为，采出矿产品和违法所得在2万元以上；
2.经责令，拒不改正的。</td><td>可并处违法所得20%以上50%以下罚款。</td></tr>
</table>

<table>
<tr><th>序号</th><th>违法行为</th><th>处罚依据</th><th colspan="2">违法情节</th><th colspan="2">裁量标准</th></tr>
<tr><td rowspan="4">13</td><td rowspan="4">超越批准的矿区范围采矿</td><td rowspan="4">1.《中华人民共和国矿产资源法》第四十条“超越批准的矿区范围采矿的，责令退回本矿区范围内开采、赔偿损失，没收越界开采的矿产品和违法所得，可以并处罚款；拒不退回本矿区范围内开采，造成矿产资源破坏的，吊销采矿许可证，依照刑法第一百五十六条的规定对直接责任人员追究刑事责任。”
2.《中华人民共和国矿产资源法实施细则》第四十二条第一款第（二）项“依照《矿产资源法》第三十九条、第四十条、第四十二条、第四十三条、第四十四条规定处以罚款的，分别按照下列规定执行：（二）超越批准的矿区范围采矿的，处以违法所得30%以下的罚款。”</td><td>轻微</td><td>违法行为轻微，经责令立即停止违法行为，未造成危害后果，没有采出矿产品和违法所得的。</td><td colspan="2">可不予处罚。</td></tr>
<tr><td>一般</td><td>经责令立即停止违法开采行为，采出矿产品和违法所得在2万元以下的。</td><td rowspan="3">责令退回本矿区范围内开采，没收越界开采的矿产品和违法所得。</td><td>可以并处违法所得10%以上20%以下罚款。</td></tr>
<tr><td>较重</td><td>经责令立即停止违法开采行为，采出矿产品和违法所得在2万元以上。</td><td>可以并处违法所得20%以上30%以下罚款。</td></tr>
<tr><td>严重</td><td>拒不退回本矿区范围内开采，造成矿产资源破坏的。</td><td>吊销采矿许可证。</td></tr>
<tr><td rowspan="4">14</td><td rowspan="4">破坏性采矿</td><td rowspan="4">1.《中华人民共和国矿产资源法》第四十四条“违反本法规定，采取破坏性的开采方法开采矿产资源的，处以罚款，可以吊销采矿许可证；造成矿产资源严重破坏的，依照刑法第一百五十六条的规定对直接责任人追究刑事责任。”
2.《中华人民共和国矿产资源法实施细则》第四十二条第一款第（六）项“依照《矿产资源法》第三十九条、第四十条、第四十二条、第四十三条、第四十四条规定处以罚款的，分别按照下列规定执行：（六）采取破坏性的开采方法开采矿产资源，造成矿产资源严重破坏的，处以相当于矿产资源损失价值百分之五十以下的罚款。”</td><td>轻微</td><td>经责令立即停止破坏性开采行为，未造成矿产资源损失的。</td><td rowspan="4">责令限期改正。</td><td>可不予处罚。</td></tr>
<tr><td>一般</td><td>经责令立即停止破坏性开采行为，经鉴定矿产资源损失价值在10万元以下。</td><td rowspan="2">并处相当于矿产资源损失价值10%以上25%以下罚款。
并处相当于矿产资源损失价值25%以上40%以下罚款。</td></tr>
<tr><td>较重</td><td>经责令立即停止破坏性开采行为，经鉴定矿产资源损失价值在10万元以上20万元以下的。</td></tr>
<tr><td>严重</td><td>1.经责令立即停止破坏性开采行为，经鉴定矿产资源损失价值在20万元以上或拒不停止破坏性开采行为；
2.经责令拒不停止开采行为。</td><td>并处相当于矿产资源损失价值40%以上50%以下罚款。吊销采矿许可证。</td></tr>
</table>

序号	违法行为	处罚依据	违法情节		裁量标准	
15	不依照《矿产资源开采登记管理办法》提交年度报告、拒绝接受监督检查或者弄虚作假	《矿产资源开采登记管理办法》第十八条“不依照本办法规定提交年度报告、拒绝接受监督检查或者弄虚作假的，由县级以上人民政府负责地质矿产管理工作的部门按照国务院地质矿产主管部门规定的权限，责令停止违法行为，予以警告，可以并处5万元以下的罚款；情节严重的，由原发证机关吊销采矿许可证。”	轻微	经责令停止违法行为，自行改正，未造成危害后果。	责令停止违法行为，予以警告。	可免予罚款。
			一般	1. 不依照本办法规定提交年度报告； 2. 拒绝接受监督检查、弄虚作假的。		可并处1万元以上3万元以下罚款。
			严重	拒不停止违法行为或造成危害后果的。		可并处3万元以上5万元以下罚款。吊销采矿许可证。
16	采矿权人不按正式批准的设计要求进行开采的	《福建省矿产资源监督管理办法》第二十八条“违反本办法规定，有下列行为造成矿产资源损失、破坏的，由县级以上人民政府地质矿产行政主管部门责令其限期改正，有违法所得的，处以违法所得3倍以下的罚款，但最高不得超过30000元；无违法所得的，处以10000元以下的罚款：(一) 不按正式批准的设计要求进行开采的。	轻微	初次违法，经责令改正后能立即改正，危害后果轻微的。	可不予处罚。	
			一般	经责令改正后能够改正但造成矿产资源一定程度破坏的。	责令限期改正。	处以1万元以下罚款。
			严重	严重违反正式批准的开采设计，造成矿产资源较严重破坏的。经两次以上责令报送仍拒不报送的。		处以1万元以上3万元以下罚款。
17	不依法备案、报告有关情况、拒绝接受监督检查或者弄虚作假的	《矿产资源勘查区块登记管理办法》第二十九条“违反本办法规定，有下列行为之一的，由县级以上人民政府负责地质矿产管理工作的部门按照国务院地质矿产主管部门规定的权限，责令限期改正；逾期不改正的，处5万元以下的罚款；情节严重的，原发证机关可以吊销勘查许可证：(一) 不按照本办法的规定备案、报告有关情况、拒绝接受监督检查或者弄虚作假的。”	轻微	经责令在期限内自行改正，未造成危害后果。	可不予处罚。	
			一般	经责令限期改正，在期限届满后60天内改正的。	责令限期改正。	并处3万元以下罚款。
			严重	经责令限期改正，在期限届满后60天内仍未改正的。		并处3万元以上5万元以下罚款。吊销采矿许可证(勘查许可证)。

序号	违法行为	处罚依据	违法情节		裁量标准	
18	采矿企业不进行综合开采、综合利用的	《福建省矿产资源监督管理办法》第二十八条“违反本办法规定，有下列行为造成矿产资源损失、破坏的，由县级以上人民政府地质矿产行政主管部门责令其限期改正，有违法所得的，处以违法所得3倍以下的罚款，但最高不得超过30000元；无违法所得的，处以10000元以下的罚款：(二）对经证实能够经济合理开采利用的共生、伴生矿产，不进行综合开采、综合利用的。”	轻微	经责令自行改正，未造成矿产资源损失。	可不予处罚。	
			一般	经责令自行改正，造成10万元以下矿产资源损失。	责令改正	处以1万元以下罚款。
			严重	经责令不改正，或造成10万元以上矿产资源损失。		处以1万元以上3万元以下罚款。
19	矿山企业无正当理由不制定三率考核指标或三率达不到阶段性要求的	《福建省矿产资源监督管理办法》第二十八条“违反本办法规定，有下列行为造成矿产资源损失、破坏的，由县级以上人民政府地质矿产行政主管部门责令其限期改正，有违法所得的，处以违法所得3倍以下的罚款，但最高不得超过30000元；无违法所得的，处以10000元以下的罚款：(三）矿山企业无正当理由不制定三率考核指标或三率达不到阶段性要求。”	轻微	经责令自行改正，未造成矿产资源损失。	责令改正。	可免予罚款。
			一般	经责令自行改正，造成10万元以下矿产资源损失。		处以1万元以下罚款。
			严重	经责令不改正，或造成10万元以上矿产资源损失。		处以1万元以上3万元以下罚款。
20	买卖、出租或者以其他形式转让矿产资源	1.《中华人民共和国矿产资源法》第四十二条第一款“买卖、出租或者以其他形式转让矿产资源的，没收违法所得，处以罚款。” 2.《中华人民共和国矿产资源法实施细则》第四十二条第一款第（三）项“依照《矿产资源法》第三十九条、第四十条、第四十二条、第四十三条、第四十四条规定处以罚款的，分别按照下列规定执行：(三）买卖、出租或者以其他形式转让矿产资源的，买卖、出租采矿权的，对卖方、出租方、出让方处以违法所得一倍以下的罚款。”	轻微	违法行为轻微并及时自行纠正违法行为，未造成危害后果，没有违法所得。	可不予处罚。	
			一般	违法所得5万元以下。	没收违法所得。	处违法所得10%以上30%以下罚款。
			较重	违法所得5万元以上40万元以下。		处违法所得30%以上70%以下罚款。
			严重	违法所得40万元以上。		处违法所得70%以上1倍以下罚款。

<table>
<tr><th>序号</th><th>违法行为</th><th>处罚依据</th><th colspan="2">违法情节</th><th colspan="2">裁量标准</th></tr>
<tr><td rowspan="4">21</td><td rowspan="4">未经批准，擅自转让探矿权、采矿权</td><td rowspan="4">1.《中华人民共和国矿产资源法实施细则》第四十二条第一款第（三）项“买卖、出租或者以其他形式转让矿产资源的，买卖、出租采矿权的，对卖方、出租方、出让方处以违法所得一倍以下的罚款。”
2.《探矿权采矿权转让管理办法》第十四条“未经审批管理机关批准，擅自转让探矿权、采矿权的，由登记管理机关责令改正，没收违法所得，处10万元以下的罚款；情节严重的，由原发证机关吊销勘查许可证、采矿许可证。”</td><td>轻微</td><td>违法行为轻微并及时自行纠正违法行为，未造成危害后果，没有违法所得。</td><td colspan="2">可不予处罚。</td></tr>
<tr><td>一般</td><td>经责令立即停止违法行为，违法所得10万元以下。</td><td rowspan="3">责令改正，没收违法所得。</td><td>处1万元以上3万元以下罚款。</td></tr>
<tr><td>较重</td><td>经责令立即停止违法行为，违法所得10万元以上30万元以下。</td><td>处3万元以上8万元以下罚款。</td></tr>
<tr><td>严重</td><td>经责令，立即停止违法行为，违法所得30万元以上或拒不停止违法行为。</td><td>处8万元以上10万元以下罚款。吊销勘查许可证、采矿许可证。</td></tr>
<tr><td rowspan="4">22</td><td rowspan="4">未取得地质勘查资质证书，擅自从事地质勘查活动</td><td rowspan="4">《地质勘查资质管理条例》第二十七条“未取得地质勘查资质证书，擅自从事地质勘查活动，或者地质勘查资质证书有效期届满，未依照本条例的规定办理延续手续，继续从事地质勘查活动的，由县级以上人民政府国土资源主管部门责令限期改正，处5万元以上20万元以下的罚款；有违法所得的，没收违法所得。”</td><td>轻微</td><td>违法行为轻微并及时自行纠正违法行为，未造成危害后果，没有违法所得。</td><td></td><td>可不予处罚。</td></tr>
<tr><td>一般</td><td>经责令立即停止违法行为，地质勘查活动中没有实施山地工程，或有分包项目行为，违法所得在20万元以下。</td><td rowspan="3">责令限期改正，没收违法所得。</td><td>处5元以上10万元以下罚款。</td></tr>
<tr><td>较重</td><td>经责令立即停止违法行为，地质勘查活动中没有实施大型山地工程；或有分包项目行为，违法所得在20万元以上50万元以下。</td><td>处10万元以上15万元以下罚款。</td></tr>
<tr><td>严重</td><td>经责令拒不停止违法行为；或经责令立即停止违法行为，但地质勘查活动中已实施大型山地工程；或存在分包项目行为，违法所得在50万元以上。</td><td>处15万元以上20万元以下罚款。</td></tr>
</table>

序号	违法行为	处罚依据	违法情节		裁量标准	
23	不按照地质勘查资质证书规定的资质类别或者资质等级从事地质勘查活动的	《地质勘查资质管理条例》第二十九条“地质勘查单位有下列行为之一的，由县级以上人民政府国土资源主管部门责令限期改正，处5万元以上20万元以下的罚款；有违法所得的，没收违法所得；逾期不改正的，由原审批机关吊销地质勘查资质证书。（一）不按照地质勘查资质证书规定的资质类别或者资质等级从事地质勘查活动的。”	轻微	经责令立即停止违法行为，未造成危害后果，没有违法所得。	责令限期改正；没收违法所得。	可免予罚款。
			一般	经责令在限期内改正的，违法所得在30万元以下。		处5万元以上10万元以下罚款。
			较重	经责令在限期内改正的，违法所得在30万元以上。		处10万元以上15万元以下罚款。
			严重	经责令逾期拒不改正的。		处15万元以上20万元以下罚款。吊销地质勘查资质证书。
24	出具虚假地质勘查报告	《地质勘查资质管理条例》第二十九条“地质勘查单位有下列行为之一的，由县级以上人民政府国土资源主管部门责令限期改正，处5万元以上20万元以下的罚款；有违法所得的，没收违法所得；逾期不改正的，由原审批机关吊销地质勘查资质证书。（二）出具虚假地质勘查报告的。”	轻微	经责令在限期内自行改正，未造成危害后果，没有违法所得。	责令限期改正；没收违法所得。	可免予罚款。
			一般	经责令在限期内改正的，违法所得30万元以下。		处5万元以上10万元以下罚款。
			较重	经责令在限期内改正的，违法所得30万元以上。		处10万元以上15万元以下罚款。
			严重	经责令逾期拒不改正的。		处15万元以上20万元以下罚款。吊销地质勘查资质证书。
25	转包其承担的地质勘查项目	《地质勘查资质管理条例》第二十九条“地质勘查单位有下列行为之一的，由县级以上人民政府国土资源主管部门责令限期改正，处5万元以上20万元以下的罚款；有违法所得的，没收违法所得；逾期不改正的，由原审批机关吊销地质勘查资质证书。（三）转包其承担的地质勘查项目。”	轻微	经责令在限期内自行改正，未造成危害后果，没有违法所得。	责令改正，没收违法所得。	可免予罚款。
			一般	经责令在限期内改正的，项目经费50万元以下。		处以5万元以上10万元以下罚款。
			较重	经责令在限期内改正的，项目经费在50万元以上或转包给无资质单位。		处10万元以上15万元以下罚款。
			严重	经责令逾期拒不改正的。		处15万元以上20万元以下罚款。吊销地质勘查资质证书。

<table>
<tr><th>序号</th><th>违法行为</th><th>处罚依据</th><th colspan="2">违法情节</th><th colspan="2">裁量标准</th></tr>
<tr><td rowspan="4">26</td><td rowspan="4">允许其他单位以本单位的名义从事地质勘查活动</td><td rowspan="4">《地质勘查资质管理条例》第二十九条“地质勘查单位有下列行为之一的，由县级以上人民政府国土资源主管部门责令限期改正，处5万元以上20万元以下的罚款；有违法所得的，没收违法所得；逾期不改正的，由原审批机关吊销地质勘查资质证书。（四）允许其他单位以本单位的名义从事地质勘查活动的。”</td><td>轻微</td><td>经责令在限期内自行改正，未造成危害后果，没有违法所得，有关单位未开展实质性地质勘查活动。</td><td rowspan="4">责令限期改正，没收违法所得。</td><td>可免予罚款。</td></tr>
<tr><td>一般</td><td>允许低级别资质单位挂名开展地质勘查活动，经责令在限期内改正的。</td><td>并处5万元以上10万元以下罚款。</td></tr>
<tr><td>较重</td><td>允许无资质单位挂名开展地质勘查活动，经责令在限期内改正的。</td><td>并处10万元以上15万元以下罚款。</td></tr>
<tr><td>严重</td><td>经责令逾期拒不改正的。</td><td>并处15万元以上20万元以下罚款。吊销地质勘查资质证书。</td></tr>
<tr><td rowspan="4">27</td><td rowspan="4">在委托方取得矿产资源勘查许可证、采矿许可证前，为其进行矿产地质勘查活动</td><td rowspan="4">《地质勘查资质管理条例》第二十九条“地质勘查单位有下列行为之一的，由县级以上人民政府国土资源主管部门责令限期改正，处5万元以上20万元以下的罚款；有违法所得的，没收违法所得；逾期不改正的，由原审批机关吊销地质勘查资质证书。（五）在委托方取得矿产资源勘查许可证、采矿许可证前，为其进行矿产地质勘查活动。”</td><td>轻微</td><td>经责令在限期内自行改正，未造成危害后果，没有违法所得，未开展踏勘以外的地质勘查活动。</td><td rowspan="4">责令限期改正，没收违法所得。</td><td>可免予罚款。</td></tr>
<tr><td>一般</td><td>经责令在限期内改正的，没有实施山地工程。</td><td>处5万元以上10万元以下的罚款。</td></tr>
<tr><td>较重</td><td>经责令在限期内改正的，已实施山地工程并造成资源破坏或较大影响。</td><td>处10万元以上15万元以下的罚款。</td></tr>
<tr><td>严重</td><td>经责令逾期拒不改正的。</td><td>处15万元以上20万元以下的罚款。吊销地质勘查资质证书。</td></tr>
</table>

<table>
<tr><th>序号</th><th>违法行为</th><th>处罚依据</th><th colspan="2">违法情节</th><th colspan="2">裁量标准</th></tr>
<tr><td rowspan="3">28</td><td rowspan="3">未按规定汇交地质资料</td><td rowspan="3">1.《地质资料管理条例》第二十条“未依照本条例规定的期限汇交地质资料的，由负责接收地质资料的地质矿产主管部门责令限期汇交；逾期不汇交的，处1万元以上5万元以下罚款，并予以通报，自发布通报之日起至逾期未汇交的资料全部汇交之日止，该汇交人不得申请新的探矿权、采矿权，不得承担国家出资的地质工作项目。”
2.《地质资料管理条例实施办法》第二十四条“未依照《地质资料管理条例》以及本办法规定的期限汇交地质资料的，由负责接收地质资料的国土资源行政主管部门发出限期汇交通知书，责令在60日内汇交。”</td><td>轻微</td><td>经责令在限期内主动汇交。</td><td rowspan="3">责令限期汇交。</td><td>可免予罚款。</td></tr>
<tr><td>一般</td><td>在责令限期届满后60日内汇交。</td><td>处1万元以上3万元以下罚款。</td></tr>
<tr><td>严重</td><td>在责令限期届满后60日以上不汇交。</td><td>处3万元以上5万元以下罚款。</td></tr>
<tr><td rowspan="3">29</td><td rowspan="3">未按照规定对地质灾害易发区内的建设工程进行地质灾害危险性评估的</td><td rowspan="3">《地质灾害防治条例》第四十一条“违反本条例规定，建设单位有下列行为之一的，由县级以上地方人民政府国土资源主管部门责令限期改正；逾期不改正的，责令停止生产、施工或者使用，处10万元以上50万元以下的罚款；构成犯罪的，依法追究刑事责任。（一）未按照规定对地质灾害易发区内的建设工程进行地质灾害危险性评估的。”</td><td>轻微</td><td>未造成危害后果，且经责令改正后在限期内主动改正。</td><td rowspan="3">责令限期改正。</td><td>可免予罚款。</td></tr>
<tr><td>一般</td><td>在责令限期届满后60日内改正。</td><td>责令停止生产、施工或者使用，处10万元以上30万元以下的罚款。</td></tr>
<tr><td>严重</td><td>在责令限期届满后60日以上改正或拒不改正的。</td><td>责令停止生产、施工或者使用，处30万元以上50万元以下的罚款，依法追究刑事责任。</td></tr>
</table>

福建省国土资源厅专家库管理办法

闽国土资文〔2011〕188号

第一条 为规范国土资源项目评审、论证、咨询、验收专家管理，确保专家公平、公正开展工作，提高国土资源管理水平，依据相关政策法规，制定本办法。

第二条 本办法适用于省国土资源厅专家库入库专家遴选、入库、使用、管理活动。

本厅及直属事业单位主办的国土资源项目需省内专家参与评审、论证、咨询、验收的，其专家应从专家库中产生。

第三条 专家库管理遵循“严格标准、分类管理、统一入库、动态更新、规范使用”的原则。

第四条 厅规划处负责专家库统一管理；相关处室按照本办法第五条规定负责相应类别专家的遴选、入库和动态管理；人事处、监察室负责专家库使用管理的检查监督。

第五条 入选专家库的专家应具备以下条件：

（一）从事相关专业领域工作满8年，具有高级职称或同等专业水平，或具有土地估价师、矿业权评估师、储量评估师等执业资格；

（二）能够认真、公正、诚实、廉洁地履行职责；

（三）年龄在70周岁以下，身体健康，能独立承担工作任务。

第六条 专家库按不同专业分类，分别建立子库，由相对应的处室管理。具体管理分工：政策法律类，由政法处管理；土地规划类，由规划处管理；矿产规划类，由规划处管理；经济评价类，由财务处管理；耕地开发保护类，由耕保处管理；农用地转用和土地征收类，由农转用处管理；地籍管理类，由地籍处管理；土地利用管理类，由土地利用处管理；矿产资源勘查管理类，由地勘处管理；矿产资源开发管理类，由矿管处管理；矿产资源储量管理类，由储量处管理；地质环境保护类，由地环处管理；地质灾害治理类，由地环处管理；执法监察类，由执法处管理；信息技术类，由信息中心管理。

第七条 专家子库入选专家，由管理处室按第四条的条件，在全省范围内组织推荐，并在审查合格后，报分管厅领导批准确定。

子库专家人数不少于15人，多则不限。各子库专家可以重复。

各子库确定后，管理处室应在十个工作日内交规划处汇总。

第八条 规划处应将专家库名单公示后统一入库，并报人事处、监察室备案。

第九条 管理处室应建立专家考核制度，对专家库实行动态管理，每两年集中调整一次。因特殊原因需个别调整的，由管理处室适时调整，并将调整情况报规划处备案。

第十条 国土资源项目需要邀请专家评审、论证、咨询、验收的，应当由项目的主办处室根据项目所涉及的专家类别、人数等需求，从专家库内随机抽取产生，并报监察室备案。

第十一条 专家参加国土资源项目评审、论证、咨询、验收等活动，应当认真履行职责，客观、公正地提出咨询评价意见，对所提出的咨询评价结论负责，并严格保守秘密。

第十二条 专家与被审查的项目存在利害关系，可能影响审查公正性的，应当主动提出回避。

被审查的机构或利害关系人提出回避申请，经主办处室审查符合回避条件的，应决定予以回避。

第十三条 专家有下列情形之一的，予以警告；情节严重的，取消其入库专家资格：

（一）不负责任，弄虚作假，或者不客观、公正履行审查职责的；

（二）与被审查的项目或机构存在利害关系，可能影响审查公正性，未主动提出回避的；

（三）泄露在审查过程中知悉的技术秘密、商业秘密以及其他不宜公开的信息的；

（四）收受他人财物或者接受宴请等其他好处的，影响客观、公正履行审查职责的；

（五）其他情节严重，应当予以警告或取消入库专家资格的。

第十四条 本办法自公布之日起施行。

江西省国土资源系统
实行领导干部谈话诫勉制度的规定
（试行）

赣国土资党发〔2008〕8号

第一条 为强化对党员领导干部的监督管理，促进领导干部廉洁自律，遏制和防范违纪现象的发生，根据《中国共产党党内监督条例（试行)》、《中华人民共和国行政监察法》及其他相关规定，结合本系统实际，制定本规定。

第二条 实行谈话诫勉制度，要坚持以邓小平理论和“三个代表”重要思想为指导，坚持党要管党、从严治党、从严治政的方针，坚持实事求是、监督关口前移的原则，立足教育，防微杜渐，帮助领导干部及时有效地纠正党风廉政建设和工作中存在的突出问题，促使领导干部不犯或少犯错误，不断增强领导干部廉政勤政的自觉性和拒腐防变能力。

第三条 谈话诫勉的对象一般是：信访举报、党风廉政建设责任制考核、行政执法监察或者其他渠道反映存在轻微违纪行为，一般不需给予纪律处分的各级领导干部。

第四条 各级国土资源部门党组（党委）、纪检组（纪委）发现本机关及直属单位领导干部在政治思想、履行职责、工作作风、道德品质、廉政勤政等方面出现苗头性问题，或可能存在轻微违纪行为但尚不足给予纪律处分的，应当对其进行谈话诫勉。

谈话诫勉在发现领导干部有以下情形之一时实行：

（一）存在可能酿成违纪的苗头性问题，需要进行帮助教育并引以为戒的；

（二）可能或存在轻微违纪和不廉洁行为但尚不足以立案查处的；

（三）民主测评不称职票超过三分之一或年终考核评定不称职的；

（四）信访或其他渠道反映意见问题相对集中，需要与领导干部本人核实并督促纠正的；

（五）其他需要实施谈话诫勉的情形。

第五条 谈话诫勉由各级国土资源部门党组（党委）、纪检组（纪委）或组织人事机构按照干部管理权限分级负责实施。上级党组（党委）、纪检组（纪委）认为需要，也可直接对下级管理的干部实施谈话。

对本级机关及直属单位中层正职和下级党政领导班子主要负责人的谈话诫勉，由同级和上级主管部门党组织主要领导或纪检组长（纪委书记）进行；对本级机关及直属单位中层副职和下级党政副职（含非领导职务）的谈话诫勉，由同级和上级主管部门分管干部人事工作的领导、纪检组长（纪委书记）进行。根据需要，可委托纪检组副组长（纪委副书记）、组织人事部门负责人对谈话诫勉对象进行谈话诫勉。

第六条 谈话诫勉对象、谈话诫勉内容以及负责谈话人员的确定，由纪检组（纪委）提出意见，报本级党组（党委）或纪检组（纪委）主要负责人同意后实施。

第七条 负责谈话的人员不得少于两人。

第八条 谈话诫勉一般应当包括以下内容：

（一）谈话人向谈话诫勉对象介绍存在和被反映的问题，提出谈话的有关要求；

（二）谈话诫勉对象就存在和被反映的问题作出解释、说明或者检讨，并提供有关材料；

（三）谈话人根据谈话诫勉对象的陈述和掌握的情况，对谈话诫勉对象提出要求；

（四）谈话诫勉对象对接受谈话诫勉以及对谈话人所提出的要求表明态度。

第九条 谈话诫勉时间、地点，应提前告诉谈话诫勉对象本人。谈话诫勉对象接到谈话诫勉通知后应当自觉接受谈话，不得借故推诿、拖延。

第十条 谈话人应当认真听取谈话诫勉对象的陈述和意见，对谈话诫勉对象提出的正当要求和正确意见，应当予以采纳；谈话诫勉对象要实事求是地回答谈话人提出的问题，必要时写出书面材料或提供有关材料，不得捏造或者隐瞒事实；谈话人不准向谈话诫勉对象泄露涉及举报人的相关信息。

第十一条 谈话人对谈话诫勉对象提出的谈话诫勉要求以及谈话诫勉对象的说明和表态，应当作书面记录，经谈话诫勉对象核实、签字后，一并连同写出的书面材料或提供的材料，交纪检部门或组织人事部门留存，但不装入本人人事档案。

第十二条 经谈话后认定谈话诫勉对象确有轻微违纪行为的，应当对谈话诫勉对象进行批评教育、要求限期改正；对思想、工作等方面存在不正之风或者苗头性问题的，应当进行告诫，要求谈话诫勉对象防微杜渐；所反映的问题不实的，应当给予解释和说明，对已给谈话诫勉对象造成不良影响的，在适当时间和场合予以澄清。

第十三条 谈话中发现谈话诫勉对象存在严重错误，需要进一步查实并追究纪律责任，或者谈话诫勉对象坚持错误，拒绝接受批评教育的，谈话人应当及时报告党组（党委）、纪检组（纪委）研究处理。

第十四条 谈话人认为确有必要，可通知被谈话人在接受谈话后一定时期内在所在单位的党委（党组）会上将谈话情况予以通报，对所涉及的问题进行解释、说明、检讨或者澄清；实施谈话诫勉的党委（党组）或者纪检组（纪委）认为必要，可以要求被谈话人在一定范围内对有关问题进行解释、说明、检讨或者澄清。

第十五条 谈话诫勉后，对确有问题的谈话诫勉对象，纪检或组织人事部门要继续加强教育、管理和监督，要求其定期书面报告纠正情况，以巩固谈话诫勉的成效。

第十六条 谈话诫勉应当及时进行。因未及时进行以至发生违纪问题的，要按照党风廉政建设责任制规定，追究有关责任人的责任。

第十七条 各市、县（市）国土资源局、矿管局对一般党员、干部进行谈话，可根据本规定制定办法。厅机关、各直属单位对一般党员、干部的谈话，由处（室）、单位负责人或党支部书记负责。

第十八条 本规定由驻厅纪检组、监察室负责解释。

第十九条 本规定自印发之日起施行。

江西省土地使用权和矿业权统一网上交易监督办法（试行）

赣府厅发〔2012〕4号

第一章　总　则

第一条　为规范土地使用权和矿业权网上交易活动，加强对土地使用权和矿业权网上交易监督管理，根据《中华人民共和国土地管理法》、《中华人民共和国矿产资源法》和《中华人民共和国行政监察法》等有关规定，结合本省实际，制定本办法。

第二条　本办法适用于全省行政区域内土地使用权和矿业权网上交易（以下简称网上交易）的监督。

第三条　本办法所称网上交易监督，是指县级以上政府（含县级，下同）及其国土资源、监察、工信、规划、财政、审计、公安等部门和人民银行依据各自职责，对网上交易及其相关活动依法依规进行监督。

第四条　监督部门履行下列主要职责：

（一）拟订或者参与拟订有关土地使用权和矿业权网上交易监督的配套制度；

（二）按照本办法规定的方式和程序进行监督，并对存在的问题提出整改建议，督促整改落实到位；

（三）对违法违规行为和涉及的有关责任单位、人员，依职权作出相应处理，或者向有关机关提出处理建议；

（四）法律、法规、规章规定应当履行的其他监督职责。

第五条 县级以上政府及其有关部门应本着依法依规、及时快捷、全面深入的原则，加强对网上交易及其相关活动的监督。

第二章 监督的主要内容及分工

第六条 国土资源行政主管部门对以下内容进行监督：

（一）出让的地块和矿业权是否合法；

（二）出让的地块是否净地出让，是否完成了出让方案的编制及审批等工作；

（三）出让方案是否合规；

（四）出让公告、出让结果是否及时、合规发布；

（五）是否及时办理了成交地块的交付工作；

（六）出让的矿业权是否按审批权限经国土资源行政主管部门批准；

（七）网上交易程序是否符合相关法律法规等规定；

（八）网上交易机构及相关工作人员是否依法依规履行职责；

（九）参与交易活动的中介机构及其工作人员是否依法依规履行职责；

（十）土地出让金、矿业权交易价款是否依法缴付；

（十一）其他需要监督的事项。

第七条 监察机关对下列内容进行监督：

（一）接受和办理网上交易项目的告知；

（二）对交易机构、有关行政主管部门及其工作人员履行职责和受理、处理涉及网上交易活动的举报投诉等情况实行监督；查处国家行政机关及其公务员和国家行政机关任命的其他人员在网上交易活动中的违纪违法行为；

（三）依托电子监察系统等对网上交易活动进行预警和纠错；

（四）法律、法规、规章规定应当履行的其他内容。

第八条 设区市、县（区）规划部门应当对网上交易出让公告所列规划条件是否符合规定进行监督。

第九条 财政部门对网上交易保证金账户的设立和管理、保证金的退付和缴库以及土地出让收入和矿业权价款缴库等进行监督。

省财政厅会同省工业和信息化委员会对网上交易系统的经费使用情况进行监督。

第十条 工业和信息化主管部门对下列内容进行监督：

（一）对网上交易系统的应用设计、系统构建、运行维护、技术保障、技术培训进行监督；

（二）负责对网上交易系统的系统安全、数字认证和系统运行效果进行监督及安全风险测评。

第十一条 审计部门对土地出让金和矿业权交易价款缴库、使用及管理情况进行审计监督。

第十二条 公安机关负责交易网络的安全监管，监督、检查、网上交易系统的安全等级保护工作，查处利用网上交易系统进行的和危害网上交易系统的违法犯罪案件。

第十三条 人民银行对网上交易保证金账户的开立、变更、撤销依法进行监督管理。

第三章 监督的方法与法律责任

第十四条 网上交易发生争议时，由国土资源行政主管部门组织交易机构按照下列规定进行协调处理：

（一）在交易机构和交易网上分别设立投诉信箱，接受投诉；

（二）受理网上交易过程中发生的属市场监管范围的争议，对不属于市场监管范围的争议，不予受理；

（三）对受理的反映网上交易中的违纪违规行为举报，组织进行调查取证，必要时可聘请与争议各方无利害关系的专家和组织参加调查取证；

（四）对受理的有争议的市场违纪违规投诉，在调查核实后，应及时作出处理，并将结果及时告知争议方；

（五）协调和处理其他争议事项。

第十五条 对网上交易过程中出现的下列行为，由国土资源行政主管部门单独或会同有关部门及时纠正，并依法进行调查处理：

（一）交易过程中发生违反操作程序和相关制度的；

（二）违反土地使用权和矿业权交易程序，造成重大损失和影响的；

（三）参与土地使用权和矿业权交易活动的公证人员、拍卖机构工作人员及竞买（投标）人违反交易活动纪律和人员行为守则的；

（四）其他违反有关网上交易监督管理规定的。

第十六条 交易机构和有关行政主管部门有下列情形之一的，由监察机关督促改正，并依照有关规定追究其责任：

（一）对其管理职责范围内的网上交易活动不认真履行监督管理职责的；

（二）对其管理职责范围内的违法违规行为不及时组织调查处理的；

（三）对交易机构提出的有关违法违规行为不及时组织调查处理的；

（四）其他违反有关网上交易监督管理规定的。

第十七条 负有网上交易监督管理职责的人员在工作中玩忽职守、滥用职权、泄露秘密、徇私舞弊、索贿受贿，尚不构成犯罪的，依法予以处分；构成犯罪的，依法追究刑事责任。

第十八条 参与网上交易的工作人员（含银行业金融机构工作人员）应自觉接受交易各方及社会监督，并承担相应的责任。

第四章　附　则

第十九条　本办法自发布之日起施行。

关于在全省各级国土资源机关内部设立廉政监察员的实施办法

驻鲁国土资纪发〔2010〕2号

第一条 为了及时了解和掌握党风廉政建设和反腐败工作情况，建立起畅通的纪检监察工作网络，延伸监督触角，坚持对各级党员干部从严管理，加大教育、监督力度，促进各级工作人员廉洁勤政，保障上级关于反腐倡廉建设重大部署的贯彻落实，不断取得新的成效。根据上级有关精神，在全省各级国土资源机关内部实行廉政监察员制度。

第二条 各级国土资源机关的处（科）室设立廉政监察员，廉政监察员由机关处（科）室副职兼任，由本机关纪检组、监察室负责业务指导。

第三条 廉政监察员的条件：

（一）具有较高的思想政治觉悟和政治理论水平，有大局观念，自觉与党中央保持高度一致；

（二）政治责任心强，热爱纪检监察工作，认真学习纪检监察业务，认真负责，有强烈的事业心和责任感；

（三）坚持原则，廉洁勤政，遵纪守法，作风优良，团结同志，联系群众，率先垂范；

（四）工作积极扎实，工作能力和业务水平比较高。

第四条 廉政监察员的职责：

（一）协助所在单位主要领导传达学习贯彻落实上级反腐倡廉精神，抓好本单位党风廉政建设和反腐败工作，严格政治纪律，落实责任制，确保各级党组（党委）决定、决议的贯彻执行。

（二）协助所在单位主要领导研究制定党风廉政建设有关制度和措施，监督国土资源法律法规的贯彻执行，抓好工作纪律、廉政纪律。

（三）协助所在单位主要领导抓好本单位反腐倡廉教育，了解掌握本单位人员思想动态，有的放矢地做好思想政治工作。

（四）配合纪检组监察室和机关党委做好来信来访工作，协助对涉及本单位有轻微违纪情节人员进行初查，对重大违纪违法问题及时向纪检组监察室报告。

（五）总结推广本单位党风廉政建设方面的经验、做法和先进典型，做好纪检监察有关材料、报表等统计报送工作。

（六）参加纪检组监察室组织的有关会议和教育培训活动。

（七）完成所在单位主要领导和纪检组监察室交办的其他反腐倡廉任务。

第五条 纪检组监察室原则上每季度召开一次廉政监察员会议。主要内容是，学习传达贯彻上级有关党风廉政建设会议和文件精神，分析反腐倡廉建设形势，研究具体落实措施；通报有关工作情况，组织业务培训及工作交流。

第六条 纪检组监察室根据工作需要，可以抽调廉政监察员参与对违纪违法案件的调查工作。

第七条 廉政监察员要认真履行工作职责，对因监督不力、不作为而导致所在单位发生严重违纪违法问题的，应实行责任追究。

第八条 纪检组监察室结合年度工作总结，对廉政监察员履行职责情况进行检查考核。组织人事部门在对廉政监察员进行考核、考察时，应当听取纪检组监察室的意见。

第九条 组织人事部门在考察干部时，应注意听取该干部所在单位廉政监察员的意见。

第十条 各单位主要领导要积极支持廉政监察员的工作，为他们履行职责创造良好的工作环境，充分发挥其作用。

第十一条 廉政监察员人选经厅（局）纪检组监察室研究，报党组（党委）同意。

第十二条 各直属事业单位可参照本办法，制定贯彻意见。

第十三条 本办法由驻厅纪检组监察室负责解释。

第十四条 本办法自发布之日起施行。

山东省土地整治工程廉政风险防控暂行办法

鲁国土资发〔2012〕117 号

第一条 为防范和化解土地整治工程领域廉政风险，推进土地整治工作制度创新和廉政风险预警，促进全省土地整治工作规范健康运行，依据《中华人民共和国土地管理法》、《山东省建立健全惩治和预防腐败体系 2008—2012 年实施办法》及其他相关法律法规，结合我省实际，制定本办法。

第二条 本办法适用于全省各级土地整治项目。同时，耕地占补平衡项目、增减挂钩项目和工矿废弃地复垦调整利用项目涉及的立项、审批、招投标与工程实施中的廉政风险防控参照本办法执行。

第三条 各级国土资源管理部门应坚持标本兼治、惩防并举、注重预防的方针，部署土地整治工程廉政风险防控工作，严格落实党风廉政建设责任制，并结合耕地保护目标责任，将土地整治廉政风险防控管理工作纳入绩效评价，加强检查考核，促进廉政风险防控工作有效实施。

第四条 各级国土资源管理部门应当定期开展土地整治工程廉政风险排查，系统分析土地整治工程中的廉政风险，制定针对性、操作性强的防范措施。

第五条 土地整治工程应当重点防范以下廉政风险：

（一）在项目立项、实地踏勘过程中，项目区申报材料与客观实际有出入，采取弄虚作假方式虚报项目等；利用项目审批管理权违规设卡、故意刁难、吃拿卡要等。

（二）在投资预（决）算审批（查）过程中，任意降低和提高审批（查）标准，不按规定程序和时限审批（查），违规指定、照顾特定关系人参与评审等。

（三）在土地整治项目可行性研究、测绘、规划设计与预算编制、招投标代理、施工监理等业务中，通过指定、授意、暗示等方式确定合同单位，安排亲属参与土地整治相关业务等；帮助、默许有关单位规避招投标或者虚假招投标，降低标准或者弄虚作假帮助不符合条件的单位参加招投标；工作人员与投标单位串通泄露标底等。

（四）在项目施工质量监管、工程量审核过程中，监管人员与监理单位、施工单位相互串通放松质量监管，降低建设标准和工程质量或者虚报工程量，未经批准擅自变更规划设计套取资金等。

（五）在项目竣工验收过程中，违规插手或者干预项目验收工作的；验收工作人员任意降低或者提高验收标准，不按规定程序和时限验收，弄虚作假帮助不合格项目通过验收等。

（六）在项目资金管理过程中，项目实施单位截留、挤占、挪用土地整治项目资金；有关工作人员不按规定程序拨付或者审核资金，对项目资金应付不付、应减不减，或者串通他人高估冒算骗取项目资金等。

第六条 省国土资源管理部门结合实际制定省级土地整治项目可行性研究、规划设计、项目建设质量、竣工验收操作规程，明确土地整治中土地平整、灌排设施、田间道路、村庄整治、农田与生态保护等工程的建设内容和建设标准。推行项目专家评估制度，明确项目申报要求、审批程序、实施程序和预期目标等各项工作要求，确保按制度批准项目、依规范实施项目、照标准评估评定项目。各级国土资源管理部门应当严格按照标准对土地整治项目进行规范化管理，推进土地整治规范化和标准化建设。

第七条 各级国土资源管理部门应当在互联网、报纸等新闻媒体全面、及时、准确地公开土地整治项目有关标准、项目建设信息、审批程序、审查标准、审查时限、审批进度等信息，方便公众查询，接受社会监督。土地整治项目承担单位应当在项目区树立项目建设公示牌，内容包括：项目建设位置、建设规模、投资预算、新增耕地面积、规划设计、施工单位、监理单位、建设工期、监督举报电话等。

第八条 各级国土资源管理部门应当积极探索建立土地整治项目审批电子政务系统，实行网上申报和审批。建立电子监察系统，对土地整治项目所有审批事项进行跟踪监督，及时提醒和纠正超时违规行为。

第九条 各级国土资源管理部门应当建立健全土地整治项目招标信息发布、资格审查、开标、评标、定标等招投标管理制度。土地整治项目必须实行公开招标或邀标的方式确定施工方、监理方和招标代理机构，招投标有关资料报省厅备案审核。项目招投标应邀请当地纪检监察部门和上级国土资源管理部门参与监管。试行土地整治项目网上招投标制度。

第十条 省级和市级国土资源管理部门应当加强对土地整治项目的监督和指导，定期组织检查督导。县级国土资源管理部门和所属土地整治事业单位应当严格执行项目规划设计和预算，加强施工质量监管。鼓励以多种形式让项目区农民群众参与施工、质量监管和规划实施情况监督。

第十一条 各级国土资源管理部门应当完善验收标准，健全工作程序，规范验收行为，按照“谁验收、谁负责”的原则，实行验收责任追究制。项目竣工验收必须进行工程审计和决算审计，未实施竣工决算审计的项目，不得通过竣工验收。

第十二条 加强土地整治项目合同管理。省级国土资源管理部门制定全省统一的项目合同文本，县级国土资源管理部门应当规范填写，并上报上级国土资源管理部门备案。市级国土资源管理部门应当定期检查所有项目合同文本，省国土资源管理部门每年组织抽查。对合同填写不规范或者不认真执行合同的责令限期整改，整改期间暂停项目审批。

第十三条 实行土地整治项目跟踪审计制度。各级国土资源管理部门适时邀请审计部门定期开展土地整治项目审计，及时发现和纠正挤占、挪用、截留项目资金以及虚列工程量、高估冒算等问题，规范资金使用，提高资金使用效益。

第十四条 各级国土资源管理部门应当加强对土地整治中介机构、投资评审机构从业资格（备案）管理，定期对中介机构进行绩效和诚信考评，禁止失信或者严重违法的中介机构从事土地整治业务。严禁与土地整治相关的行政管理部门、事业单位工作人员及其亲属在与土地整治相关的中介机构入股、任职或者以顾问等名义变相任职。

第十五条 各级国土资源管理部门要按照有关法规，对项目实施中的不正当行为予以纠正。如出现任何违规违纪现象，将追缴已下达项目资金。情节严重的，依法追究有关人员的党纪、政纪和法律责任；构成犯罪的，依法追究其刑事责任。

第十六条 市、县级国土资源管理部门应当根据本办法，结合当地实际制定实施细则。

第十七条 本办法自发布之日起施行。

河南省国土资源厅警示诫勉工作实施办法

豫国土资党文〔2008〕30号

第一条 为全面贯彻落实中央《关于建立健全教育、制度、监督并重的惩治和预防腐败体系实施纲要》，构建我省国土资源系统惩治和预防腐败体系，切实加强干部监督教育工作，根据《中国共产党党内监督条例(试行)》和《中华人民共和国行政监察法》的有关规定，制定本办法。

第二条 警示诫勉遵循"立足教育、着眼防范、关口前移"的原则，通过运用强制教育的手段，对超越思想道德防线、有轻微违规违纪行为、群众有较大反映的党员干部实行超前防范、动态监督，最大限度地教育、挽救、保护党员干部，增强广大党员干部廉洁从政的自觉性。

第三条 警示诫勉适应对象为全省国土资源系统的党员干部。警示诫勉工作按照干部管理权限分级进行，省厅负责厅机关、厅属事业单位党员干部和省厅任命的其他县处级干部，省辖市局、县（市、区）局分别负责各自管理的党员干部。

第四条 警示诫勉主要内容：

（一）警示提醒制度。对群众有举报反映，或干部在思想作风、工作作风、生活作风等方面有苗头性和倾向性问题的，组织要及时过问和提醒。警示提醒是一项教育监督措施，要立足于强化对党员干部的主动教育和监督，形成廉政预警机制。

（二）诫勉督导制度。对干部在国土资源管理工作中存在一般性问题的，组织要进行全程监督、帮助改正。诫勉督导是一种告诫措施，要立足于帮助和督促党员干部及时发现问题，有效纠正工作中的失误和偏差，形成动态监督机制。

（三）责令纠错制度。对经过调查初核或受理移送的问题，认定具有轻微违规违纪行为和一般性错误，可不给予纪律处分的干部，组织要责令其纠正错误。责令纠错是一种监督挽救措施，要立足于最大限度地挽救已经违纪但可以通过责令纠正、挽回损失和影响的干部，形成保护挽救机制。

第五条 有下列情形之一的，应当予以警示提醒：

（一）违背社会主义基本道德规范，群众反映较大的。

（二）工作作风浮漂，工作方法简单，影响干群关系，群众反映较大的。

（三）在领导干部德、能、勤、绩、廉民主测评中优秀率达不到参评人数三分之二以上的。

（四）履行党风廉政建设责任制工作不到位的。

（五）管辖部门或单位有不正之风问题的。

（六）不能发挥模范带头作用，言行举止与党员、干部身份要求不相一致，在群众中造成不良影响的。

（七）不认真履行岗位职责，效率不高，推诿扯皮，群众有意见的。

（八）其他需要警示提醒的情形。

第六条 有下列情形之一的，应当予以诫勉督导：

（一）对国土资源法律法规和上级党组织或机关的决定、命令贯彻执行不力的。

（二）国土资源管理和依法行政工作中出现偏差和失误的。

（三）工作中由于方式方法不当，造成负面影响，干部群众反映较多的。

（四）事业心和责任感不强，不能认真履行职责，对单位工作造成一定影响，群众意见较大的。

（五）执行国土资源政策和依法行政等工作中出现失误，情节轻微的。

（六）不适当的行政行为和组织行为，造成单位轻微违规违纪或在群众中造成不良影响的。

（七）行政审批、项目审定等过程中，有严重违犯程序或轻微违规行为，尚不构成违纪的。

（八）其他需要诫勉督导的情形。

第七条 有下列情形之一的，应当予以责令纠错：

（一）违反社会主义基本道德规范，造成一定事实后果，产生不良社会影响的。

（二）工作中不履行或不正确履行职责，给党、国家和人民利益以及公共财产造成一定损失的。

（三）所在部门或单位存在重大安全隐患、发生一般性责任事故或者整改不力的。

（四）组织人事工作中存在不正之风，且情节较轻的。

（五）履行党风廉政建设责任制不力，管辖范围内发生不正之风、损害群众利益等严重问题，造成一定后果的。

（六）廉洁自律测评中，不满意率高于三分之一，且有不廉洁行为的。

（七）对群众举报或反映的违纪违规问题经初核或了解属实，但错误行为较轻，尚不构成违纪的。

（八）已构成违纪，但情节较轻，认错态度较好，可不给予纪律处分的。

（九）警示提醒、诫勉督导中涉及的问题，经调查核实，有明显过错，需要责令纠错的。

（十）其他需要责令纠错的情形。

第八条 警示诫勉工作程序

（一）依据警示诫勉线索信息，确定警示诫勉对象和适用制度。

（二）向警示诫勉对象发出警示诫勉通知书或监察建议书，通知书同时抄送警示诫勉对象所在党组织。

（三）在通知要求的时间和地点，按照拟定的谈话提纲，向警示诫勉对象进行提醒告诫、告知督导或指出存在的问题、讲清错误危害、剖析错误根源、提出限期改正要求等。

（四）做好记录，归档备案。

第九条 工作要求

（一）警示诫勉谈话必须有 2 人以上参加，诫勉督导和责令纠错的谈话记录，须经本人签字。

（二）对诫勉督导对象和责令纠错对象要进行跟踪督查，适时回访，及时了解思想变化、工作表现和整改情况，其所在单位党组织应积极配合，认真帮教，并向上一级党组织及其纪检监察机构反馈情况。

（三）责令纠错对象在批评训示后 10 日内，应就责令纠错的问题写出书面检查，并提出整改措施，送交作出责令纠错的党组织及其纪检监察机构。

（四）责令纠错改正期为 3 个月，整改纠错效果不明显的可适当予以延长，但累计不超过 6 个月。改正期内能及时纠正错误，工作突出或有立功表现的，经本人申请，组织调查核实后，可提前解除责令纠错。

（五）改正期满，纠错对象应将整改纠错情况向党组织及其纪检监察机构书面报告并申请解除责令纠错。

（六）党组织及其纪检监察机构接到纠错报告和解除责令纠错申请后，应在 15 日内研究决定是否按期解除责令纠错，决定情况抄送纠错对象所在党组织。

第十条 责令纠错对象当年不得评为先进、优秀，一年内不得提拔；拒不接受责令纠错或延期后仍不纠正错误的，依纪立案查处。

第十一条 警示诫勉文书档案、相关资料存入个人廉政档案。

第十二条 警示诫勉工作的组织实施，按照党风廉政建设责任制规定和干部管理权限分级进行。在各级党组织的统一领导下，由同级人事教育部门和纪检监察机构负责具体实施。

（一）应给予警示提醒、诫勉督导、责令纠错的正处级领导干部，由厅党组书记负责，厅纪检组长协助实施。应给予警示提醒、诫勉督导、责令纠错的正处级非领导职务、副处级领导职务与非领导职务干部，由分管的厅领导（包片市局）负责，纪检监察室主任和人事教育处处长协助实施。

（二）应给予警示提醒、诫勉督导、责令纠错的厅机关、厅属事业单位科级（含科级）以下干部，由厅纪检监察室主任和人事教育处处长负责实施。

（三）应给予警示提醒、诫勉督导、责令纠错的省辖市局、县（市、区）局正科级领导干部，由省辖市局党组（党委）书记负责，纪检组长（纪委书记）协助实施。应给予警示提醒、诫勉督导、责令纠错的正科级非领导职务、副科级领导职务与非领导职务干部，由分管的省辖市局领导（包片县局）负责，省辖市局纪检监察室主任和人事科科长协助实施。

（四）凡各级领导实施的警示诫勉谈话，所有谈话内容由纪检监察部门做好记录，谈话记录每年年度考核时由厅纪检监察室进行检查。

第十三条 本办法由厅纪检监察室负责解释。

第十四条 省辖市局、县（市、区）局认真遵照执行。

第十五条 本办法从印发之日起施行。

河南省国土资源厅行政服务规则

豫国土资发〔2009〕71 号

为进一步规范国土资源行政执法行为，转变工作作风，提高办事效率，根据《行政许可法》、《土地管理法》和《矿产资源法》等有关法律法规，制定本规则。

一、受理事项

厅行政服务中心下设勘查登记、采矿登记、压矿审查、用地审查、财务收费、信息申请等窗口，统一受理厅法定职权范围内的行政许可、审批、审核、备案（确认）、规费征收及其他服务事项（见附件 1），并负责督办、接受咨询和查询等工作。

申请事项所需资料，依据有关法律法规规章确定。报件目录通过国土资源厅网站、厅行政服务中心办事指南等方式予以公示。申请前，申请人需要获知其他政务信息，按厅有关信息公开办法办理。

二、受理程序

（一）受理接件

厅行政服务中心工作人员接申请资料后，对依法不属厅职权范围内的申请事项，应当即时作出不予受理的决定，并告知申请人向有关行政机关申请。

对依法属厅职权范围内的申请事项，依照报件目录进行审查。申请资料齐全且符合法定形式的，应当场受理，不得拒收。申请资料不齐全或者不符合法定形式的，应当场或者五日内一次性告知申请人需要补正的全部内容；申请人补齐或更正资料后，予以受理。

接收申请资料时，开具加盖本厅受理专用印章的二联受理通知书，一联交申请人，作为换领办理结果的凭证；一联作为收件凭证随申请资料在厅内部运行。

（二）资料分发

对受理的电子申请文档，厅行政服务中心在1个工作日内，通过厅政务管理信息系统发主办处室；需要会审的，同时发会审处室以及矿业权涉及到的省辖市国土资源局（以下简称省辖市局）。

对受理的纸质申请材料，由主办处室明确专人及时到厅行政服务中心领取，并履行交接手续。

三、办理要求

办理申请事项的主办部门（主办处室）和协办部门（行政服务中心、会审处室和省辖市局），按以下要求办理：

（一）严格会审

1. 会审实行会签审查与会议审查两种形式。

2. 参与会审的处室及省辖市局（见附件2），应指定专人审查，并提出由负责人签字的会签审查意见。如因负责人或审查人出差、休假等原因无法办理的，应由负责人授权其他人员办理，以保证在规定的期限内办结。

3. 会签审查意见由会审处室及省辖市局，通过厅政务管理信息系统，直接向主办处室反馈。

4. 会签审查应明确提出同意或不同意的意见，不同意的按有关法律法规政策作出说明。

5. 会签审查意见一致的，由主办处室提出拟办意见，按照厅公文运行程序经办公室报厅领导审定、签发。

会签审查意见不一致的，视情由主办处室提议，报主管厅领导同意，实行会议审查。会议由主管厅领导或受其委托的人主持，有关会审处室及省辖市局参加。主办处室依据会议决定，按照法定程序和时限完成相关事务。

属重大申报项目的，视情由主办处室提议，报主管厅领导同意，实行会议审查。厅法规处、监察室列席会议。

6. 在会审过程中，除法律法规规章及规范性文件规定的情形发生变动，并经主管厅领导同意外，任何处室及省辖市局不得自行提高或降低有关标准，不得擅自要求增加或减少申报资料。

主办处室汇总会审意见后，认为申请资料的真实性或内容的完整性或相关数据的一致性、逻辑性等存在问题，需要申请人提供说明性材料或者勘误相关数据的，应当将所需说明事项以《补正意见书》形式提交给行政服务中心，由行政服务中心通知申请人。申请人应在10个工作日内补正相关材料；申请人逾期不补正，由主办处室提出处理意见，并与《补正意见书》一并归卷。该时间不计算在办理时限内。

7. 依照上述基本要求，许可、审批、审核等不同的业务，可根据需要，制定具体的会审细则。

（二）限期办结

1. 一经受理的申请事项，应分别在下列时限内予以办结：

减免矿产资源补偿费，报国务院、省政府批准的未确权的国有未利用土地开发审核，在60个工作日内办结；

新设、延续、保留、转让、变更探矿权，设立采矿权划定矿区范围，新设、延续、转让、变更采矿权，在40个工作日内办结；探矿权、采矿权的注销，在20个工作日内办结；

工程建设项目压覆矿产资源审查，矿产资源储量登记，土地登记，市、县级矿产资源规划（含专项规划）审批，市、县级土地利用总体规划审核，在30个工作日内办结；

建设用地预审在20个工作日内办结；

报国务院、省政府批准的建设用地审核，在15个工作日内办结，其中国家、省重点项目以及按规定急需办理的项目用地审核，在7个工作日内办结；

其他行政审批服务项目，在20个工作日内办结。

以上许可、审批和审查项目，如有特殊情况不能按时办结的，主办处室经厅领导批准，可以延长10个工作日，并将延长的理由告知申请人。对于行政许可类事项，在办理过程中依法需要听证、鉴定和专家评审的，所需时间不计算在办理时限内。

2. 在上述办结总时限中，各相关环节办理时限：

（1）行政服务中心传递电子申请文档的时限为1个工作日；

（2）按规定不需要会审的，其余时间由主办处室用于审查、拟订办理意见、呈报厅领导签批、办理厅领导的签批意见等事务。

按规定需要会审的，土地业务类的处室会签审查时限为3个工作日，其中国家、省重点项目以及按规定急需办理的项目用地的时限为2个工作日；矿产业务类的处室会签审查时限为10个工作日，省辖市局会签审查时限为15个工作日；其余时间由主办处室用于审查、汇总会审意见、拟订办理意见、呈报厅领导签批、办理厅领导的签批意见等事务。

3. 行政服务中心接到主办处室转来的办理结果后，应及时通知申请人领取，并履行相关领取手续。需要缴纳规费的，缴纳规费后领取。

对于行政许可类事项，凡作出不予行政许可书面决定的，应当在书面决定中说明理由，并告知申请人享有依法申请行政复议或者提起行政诉讼的权利。

四、监督管理

（一）加强监督

完善厅政务管理信息系统审批效能监察功能，对行政服务中心、会审处室及省辖市局、主办处室等不同的办理环节，分别依照相应的办理时限进行督办。对即将超期的，系统亮一盏黄灯予以提示；对已超期的，系统亮一盏红灯予以警告，同时由系统自动进行监督记录。

监督范围主要包括：勘查登记、采矿登记、建设用地预审、建设项目压覆矿产资源审批，以及报国务院、省政府批准前的建设用地审核等事项。

（二）定期通报

每月月初，行政服务中心根据厅政务管理信息系统的监督统计结果，对上一个月报件办结情况进行整理，由厅办公室予以通报，报厅领导并发厅各处室及相关省辖市局。

通报内容主要包括：已办结件数，其中超期办结的件数，超时的工作环节及其超时的件数。

五、责任追究

（一）厅工作人员在履行审批职责中出现过错的，按有关规定追究行政执法责任或给予行政处分的处理。

（二）厅法规处具体组织、实施行政执法责任追究工作。厅人教处、监察室按照干部管理权限，对依法应当给予行政处分的，提出处理意见，报厅党组决定。

（三）行政服务中心、会审处室、主办处室的负责人，以及参与会审的省辖市局分管业务的局领导，是本单位按期办结报件的第一责任人。年度总按时办结率作为责任人及其部门当年评优评先的依据之一。

附件 1

行政服务范围

（一）行政许可事项

1. 探矿权新设、延续、保留、转让、变更、注销审批登记；

2. 新设采矿权矿区范围划定、采矿权新设、延续、转让、变更、注销审批登记；

3. 建设项目用地预审（含报部前初审）；

4. 建设项目压覆矿产资源审查；

5. 地质灾害危险性评估单位资质和地质灾害治理工程勘查、设计、施工、监理单位资质审批；

6. 地质勘查单位资质认定。

（二）行政审批事项

1. 探矿权、采矿权使用费和价款分期缴纳及减免、矿产资源补偿费减（免）缴审批；

2. 矿产资源总体规划（含勘查开发保护、矿山环境保护等专项规划）审批；

3. 一次性开发 400 公顷以上未确定使用权的国有荒山、荒地、荒滩审批。

（三）行政审核事项

1. 报国务院、省政府批准的建设用地审核；

2. 报国务院、省政府批准的市、县级土地利用总体规划（含基本农田等专项规划）的审核。

（四）行政征收事项

1. 矿产资源勘查登记费、采矿登记费；

2. 探矿权采矿权使用费、价款；

3. 耕地开垦费、新增建设用地有偿使用费、土地出让金；

4. 矿产资源补偿费；

5. 土地登记费。

（五）备案（确认）事项

1. 采矿权人生产勘探方案；

2. 矿产资源开发利用方案备案；

3. 探矿权人变更勘查阶段、勘查施工单位、勘查施工方案（设计）；

4. 探矿权人进行探矿权合作、抵押；

5. 探矿权、采矿权价款评估结果备案；

6. 矿产资源储量评审结果备案；

7. 矿产资源储量登记；

8. 乡级规划修编；

9. 省辖市地质灾害规划备案。

（六）其他事项

1. 勘查许可证、采矿许可证遗失补办；
2. 国有企事业单位改革土地资产处置审核；
3. 科技成果鉴定申请；
4. 其他项目。

附件 2

会审业务及会审部门

（一）土地利用总体规划

主办处室：规划处

会审处室：耕保处、用地处、地籍处、利用处、环境处、法规处、科技处

（二）矿产资源规划

主办处室：规划处

会审处室：耕保处、开发处、储量处、环境处、勘查处、法规处、科技处

（三）勘查登记

1. 新设探矿权

主办处室：开发处

会审处室：规划处、勘查处、环境处、执法处、储量处（招拍挂项目）

会审市局：相关省辖市国土资源局

2. 探矿权延续

主办处室：开发处

会审处室：执法处、勘查处、环境处

会审市局：相关省辖市国土资源局

3. 探矿权保留

主办处室：开发处

会审处室：勘查处、环境处

4. 探矿权转让

主办处室：开发处

会审处室：执法处、勘查处

会审市局：相关省辖市国土资源局

5. 探矿权变更

（1）一般变更

主办处室：开发处

会审处室：勘查处

（2）变更勘查范围

a. 扩大范围

主办处室：开发处

会审处室：规划处、勘查处、储量处、环境处、执法处

b. 缩小范围

主办处室：开发处

会审处室：勘查处

（3）变更勘查工作对象（变更矿种）

主办处室：开发处

会审处室：规划处、勘查处、储量处（招拍挂项目）

会审市局：相关省辖市国土资源局

（四）采矿登记

1. 设立采矿权划定矿区范围

主办处室：开发处

会审处室：规划处、勘查处、环境处、执法处

会审市局：相关省辖市国土资源局

2. 新设采矿权

主办处室：开发处

会审处室：规划处、勘查处、储量处、环境处、执法处

3. 采矿权延续

主办处室：开发处

会审处室：规划处、勘查处、资源储量处、环境处、执法处

会审市局：相关省辖市国土资源局

4. 采矿权转让

主办处室：开发处

会审处室：规划处、勘查处、环境处、执法处

会审市局：相关省辖市国土资源局

5. 采矿权变更（矿区范围变更、开采主矿种变更、开采方式变更）

主办处室：开发处

会审处室：规划处、勘查处、储量处（矿区范围变更、开采主矿种变更）、环境处、执法处

会审市局：相关省辖市国土资源局

6. 采矿权注销

主办处室：开发处

会审处室：储量处、环境处

（五）矿产资源补偿费减免

主办处室：储量处

会审处室：财务处、开发处、监察室

（六）探矿权、采矿权价款分期缴纳

主办处室：开发处

会审处室：财务处、勘查处、监察室

（七）建设项目压覆矿产资源审查（批）

主办处室：储量处

会审处室：勘查处、开发处

（八）建设项目用地预审

主办处室：规划处

会审处室：用地处、耕保处、利用处、地籍处、储量处、环境处

（九）国务院或省政府批准的各类农用地转用、土地征收审查

1. 报国务院或省政府批准单独选址项目建设用地

主办处室：用地处

会审处室：规划处、耕保处、地籍处、利用处、执法处、储量处、环境处、信访办

2. 报国务院批准郑州市等7个省辖市城市批次建设用地

主办处室：用地处

会审处室：规划处、执法处

3. 报省政府批准城市（乡镇）分批次建设用地

主办处室：用地处

会审处室：规划处、耕保处、地籍处、利用处、执法处、信访办

4. 报省政府批准郑州市等7个省辖市实施城市批次用地方案

主办处室：用地处

会审处室：规划处、耕保处、地籍处、利用处、执法处、信访办

5. 报国土资源部批准先行用地

主办处室：用地处

会审处室：规划处、执法处

6. 报省国土资源厅批准先行用地

主办处室：用地处

会审处室：规划处、耕保处、地籍处、利用处、执法处、储量处、环境处、信访办

（十）报省政府批准的使用6公顷以上国有未利用土地的建设用地审查

主办处室：利用处

会审处室：规划处、耕保处、用地处、地籍处、储量处

（十一）一次性开发 400 公顷以上未确定使用权的国有荒山、荒地、荒滩

主办处室：耕保处

会审处室：规划处、地籍处、利用处、环境处

湖北省国土资源系统工作人员九个不准

鄂土资发〔2010〕42号

一、不准违反规定干预和插手土地使用权和矿业权出让、转让、行政执法、土地整治项目及其他国土资源建设工程项目的招投标等活动；

二、不准违反规定介绍或指定土地整治及其他国土资源建设工程项目设计、施工、监理单位；

三、不准利用职权和职务上的影响，在公务活动中接受管理和服务对象及其他与行使职权有关系的单位或个人的宴请和礼金、有价证券、支付凭证、礼品以及旅游、健身、娱乐等活动安排；

四、不准违反规定为本人或者他人谋取职位以及干预和插手下级单位干部选拔任用及人事调整工作；

五、不准违反公共财物管理和使用的规定，以任何名义和方式要求下属单位、服务对象报销或者支付应由个人负担的费用；

六、不准在公务活动中提供或者接受超过规定标准的接待，或者超过规定标准报销招待费、差旅费等相关费用；

七、不准违反规定在经济实体、社会团体等单位中兼职或兼职取酬，以及从事有偿中介活动，严禁以任何名义和形式入股办矿、经商、办企业；

八、不准违反规定为配偶、子女及其配偶、亲属及其他特定关系人谋取私利；

九、不准利用知悉或者掌握的国土资源管理内部信息谋取利益。

二〇一〇年七月十六日

湖北省国土资源厅关于规范全省矿业权出让转让公示公开工作的通知

鄂土资发〔2011〕27号

各市（州）、直管市、神农架林区国土资源局：

根据《国土资源部关于建立健全矿业权有形市场的通知》（国土资发〔2010〕145号）和《国土资源部办公厅关于做好矿业权有形市场出让转让信息公示公开有关工作的通知》（国土资厅发〔2011〕19号，以下简称《通知》）的要求，为保证全省矿业权出让转让公示公开工作顺利进行，现就有关事项通知如下：

一、自2011年4月1日起，矿业权出让转让有以下情形的，应在登记机关门户网站、省国土资源厅政务大厅和国土资源部门户网站上公示交易结果或公开相关信息，公示(公开）无异议的方可办理登记手续。市（州）、县（市）国土资源管理部门发证的，应同时在省国土资源厅门户网站公示交易结果或公开相关信息。

（一）全省各级国土资源管理部门以招标拍卖挂牌方式出让矿业权的；

（二）以申请在先方式出让探矿权、探矿权转采矿权（含划定矿区范围申请和采矿权登记申请）和以协议方式出让矿业权（协议出让采矿权的含划定矿区范围申请和采矿权登记申请）的；

(三) 矿业权人申请矿业权转让的。

二、以招标拍卖挂牌方式出让矿业权的，出让公告的基本信息应包括：申请人的名称、申请矿业的取得方式、项目名称、地理位置、拐点坐标、开采标高、面积、矿种、出让年限、资源储量情况、准入条件及风险提示等。出让结果公示基本信息应包括：中标人或竞得人的名称、注册地址，成交时间、地点，中标或竞得的勘查区块、面积、开采范围的简要情况，矿业权成交价及缴纳时间、方式，办理矿业权登记所需的资料和要求，申请办理矿业权登记的时限等。

以申请在先方式出让探矿权、探矿权转采矿权和以协议方式出让矿业权的，国土资源行政主管部门受理申请后，应分别在划定矿区范围和采矿权登记批准前，公开以下信息：申请人的名称、申请矿业权的取得方式、申请的矿业权范围(含坐标、面积) 及地理位置、勘查开采矿种、开采规模等。

申请转让矿业权的，矿业权转让审批机关应在批准转让前公示以下信息：矿业权转让人、受让人的名称，法定代表人、注册地址、转让矿业权许可证号、发证机关、有效期限、地理位置、坐标、面积、资源储量情况，转让价格、转让方式等。

三、凡需公示（公开）的出让转让信息的，由发布信息的国土资源部门在信息公示之日 5 日前，将公示（公开）文本上报国土资源部和省国土资源厅。

四、各市（州)、县（市）国土资源主管部门要建立提交发布信息内容的审核制度，对本部门发布信息的合法性及真实性负责。对于授权或委托进行公示（公开）工作的，国土资源行政主管部门要在公示公告信息中注明。

五、各市（州)、县（市）国土资源主管部门信息中心、政务大厅应按照《通知》要求，在 3 月底之前做好公示（公开）的软硬件准备工作，在门户网站上开设公示（公开）专栏，做好技术准备，确保与省厅门户网站公示（公开）信息同步。

中共湖南省国土资源厅党组关于贯彻落实《建立健全惩治和预防腐败体系2008—2012年工作规划》的实施意见

湘国土资党发〔2008〕31号

各市州国土资源局党组（党委），厅机关各处室局党支部（党总支），直属各单位党组织：

为全面贯彻落实中共中央关于《建立健全惩治和预防腐败体系2008—2012年工作规划》（以下简称《工作规划》），进一步加强预防腐败工作，根据省纪委关于《推进体制机制制度改革加强预防腐败工作的意见》要求，结合我省国土资源工作实际，现就贯彻落实《工作规划》提出如下实施意见：

一、指导思想和总体要求

（一）指导思想。坚持以邓小平理论、“三个代表”重要思想为指导，深入贯彻落实科学发展观和反腐倡廉战略方针，把思想和行动切实统一到党的十七大、第十七届中央纪委第二次全会的部署和《工作规划》上来，牢牢把握反腐倡廉建设的正确方向和基本要求，从我省国土资源系统反腐倡廉建设的实际需要出发，力争在有效预防腐败上取得新突破、积累新经验、收到新成效。

（二）总体要求。按照标本兼治、综合治理、惩防并举、注重预防的要求，通过强化教育，筑牢广大干部尤其是领导干部拒腐防变的思想道德防线，从根本上消除诱发腐败的思想动因。通过强化制度改革创新，有效规范权力结构和边界、权力运行规则和程序、权力义务和责任，把权力的授予、运行、制约纳入法制化、制度化轨道，从根本上堵塞滋生腐败的制度漏洞。通过强化监督制约，确保反腐倡廉各项法规制度和措施办法得到全面遵守、执行和贯彻落实，使各种腐败现象能够被及时发现及时纠正，有效控制或消灭在萌芽状态。切实把教育的说服力、制度的约束力、监督的制衡力、惩治的威慑力结合起来，将反腐倡廉建设贯穿于国土资源管理的各项业务之中，为国土资源事业又好又快发展提供强有力的保证。

二、积极推进反腐倡廉教育

（一）深入开展理想信念和科学发展观教育。大力推进中国特色社会主义理论体系的学习贯彻，教育和引导干部职工以科学发展观指导自己的思想和工作，坚定共产主义远大理想和中国特色社会主义共同理想，围绕社会主义核心价值体系建设，深入开展以树立正确权力观为重点的“勤政为民、科学发展”主题教育，从而牢固树立马克思主义的世界观、人生观、价值观，牢固树立正确的权力观、地位观、利益观和社会主义荣辱观。

（二）加强法制意识教育。坚持把加强法制教育作为反腐倡廉教育和提升干部队伍依法行政能力的重要一环，把国土资源法律法规和依法行政、廉洁奉公的法律意识作为法制教育的重点，通过专题讲座、法制培训班、警示教育课等教育形式，强化“为民、务实、清廉”的法制观念和纪律意识，切实提高依法行政水平。

（三）强化职业道德教育。以“保护资源、保障发展、维护权益、服务社会”为目标，全面开展“爱岗敬业、诚实守信、廉洁自律、依法行政”为主题的职业道德教育活动，进行职业道德明星评比，树立以廉为荣、以贪为耻的道德观念，内强素质，外树形象，不断推动国土资源事业发展。

（四）加强行风政风作风教育。进一步深化“完善体制、提高素质”活动，继续开展具有国土资源特色的文化建设，把“创建学习型、创新型、服务型、和谐型、廉洁型机关”作为行风政风作风教育的着力点，创新教育活动载体，营造民主团结、诚信友爱、充满活力的良好氛围，培养干部职工健康向上的生活情趣，不断增强学习意识、创新意识、效率意识、团结意识和廉洁意识，实现干部作风明显改进，服务能力明显增强，办事效率明显提高，发展环境明显优化。

（五）加强廉政文化建设。结合社会公德、家庭美德、个人品德教育和法制教育，创新廉政文化内容和传播手段，充分发挥廉政文化的熏陶、引导、渗透和支持功能，扩大覆盖面，增强影响力，积极倡导国土资源系统廉政新风。严格禁止收送“红包、礼金、礼品”行为，严格禁止在非统一受理“窗口”受理行政审批等事项，严格禁止省、市、县国土资源系统“迎来送往”现象，严格禁止用公款大吃大喝和工作日午餐用酒，严格禁止公务员违规经商办企业，严格禁止公务员利用职务上的便利为其亲友经营活动谋取利益，严格禁止参与用公款支付的高消费娱乐和健身活动，严格禁止在操办婚丧喜庆事宜中借机敛财行为。加强县乡基层国土资源部门反腐倡廉建设，构建自律机制和教育机制，开展文明国土资源所创建活动，筑牢基层国土资源部门的防腐大堤。

（六）健全反腐倡廉宣传教育制度。把反腐倡廉宣传教育和纪检监察工作培训纳入干部教育培训规划和年度计划，完善党组中心组理论学习制度，丰富“三会一课”内容，主要负责同志带头讲廉政党课每年不少于一次，在领导干部任职培训、岗位培训中开设廉政教育课程。深入宣传党的反腐倡廉理论、方针政策、基本经验和国土资源系统党风廉政建设的成果，宣传勤廉兼优的先进典型，曝光违纪违法的反面典型，做到以身边的人和事来教育人。严格执行反腐倡廉新闻宣传纪律，完善反腐倡廉新闻发布制度，积极做好网上宣传和热点问题的引导，在国土资源系统网上开辟专栏，每年将系统内的违纪违法人员和案件进行公布，并利用一些典型案例进行经常性的反腐倡廉宣传，积极营造良好的思想舆论氛围。

三、健全反腐倡廉规章制度

（一）建立和实施“行政一把手”监督制度，完善党组（党委）议事规则，落实集体领导和分工负责制，构建领导监督机制。认真落实《关于加强国土资源系统党风廉政建设的若干规定》，严格按照党组（党委）议事内容和集体领导、民主集中、个别酝酿、会议决定、少数服从多数的原则议事。严格执行集体领导和分工负责制度，凡属方针政策性大事、全局性或重要业务问题以及干部的推荐、任免和奖惩，由党组集体决定。重大事项和干部提拔表决事项，实行“行政一把手”末位表态制和票决制。建立健全领导分管、协管监督制约机制和合理分权制衡机制，推行领导干部分工定期交流制度，“行政一把手”不直接分管人事、项目、资金，但对分管领导进行监督。认真落实民主生活会制度，定期开展民主评议党员活动，上级党组要委派有关人员参加下一级党组织的民主生活会，鼓励党员、干部对重大问题提出意见和建议，积极开展批评和自我批评，充分发扬党内民主，认真剖析和解决好问题。

（二）实行“三重一大”通报制度和集体会审制度。对规划调整、用地年度计划和用地项目、土地征收征用、农用地转用、土地开发整理立项、探矿权、采矿权设置及审批、行政性收费减免、土地使用权和矿业权出让、征地安置补偿、对外投资和重大政府采购等重大事项决策、重要国土资源项目安排、重要干部任免以及大额资金的使用（省级为 5 万元以上、市级为 2 万元以上、县级为 1 万元以上），应当依法依规实行集体会审、集体决策，在内网公示并予以通报。集体会审由单位分管领导牵头，项目所涉及部门和纪检监察部门派人员参加，实行票决制，与会人员没有通过的不能形成决定，主持会议的分管领导必须坚持末位表态制。要建立工作档案，研究决定“三重一大”工作都要有会议记录，并经参加会议人员签字后存入档案。纪检监察部门要加强监督和责任追究，对应进行集体会审而未会审或会审不按规定程序进行而走过场的，要及时查清原因，重新组织会审，并依法依规追究相关责任。

（三）强化政务公开，推进电子政务制度。按照“以公开为原则，不公开为例外”的要求，强化政务公开工作，将机构设置、职能职责、办事程序、行政权利运行的依据、程序和结果、收费项目及其依据、标准、政策法规等，通过政府公报、政府网站、新闻发布会以及报刊、广播、电视等便于公众知晓的方式进行公开。严格实行“窗口受理、接审分离、封闭运行、限时办结”的电子政务制度，落实审批结果和重大事项公示、重要信息披露和听证制度，认真执行《电子政务行政效能督查制度》、《电子政务依法行政责任制度》、《电子政务服务承诺制度》，形成网上行政效能监督机制。强力推行无纸化办公和全省联网审批，2008年实现全省14个市州局和省厅电子政务全线联网，2009年实现省、市、县三级联网，在此基础上，全面实施网上报批审批。

（四）全面推行资源配置市场化制度。完善国土资源资产监管制度，用市场竞争机制配置资源，从源头遏制腐败。在土地资源配置方面，全面推行招标拍卖挂牌出让制度，做到除划拨土地外，100%实行有偿使用；各类有偿使用土地，100%进入有形市场交易；工业用地和其他经营性用地，100%实行招标、拍卖、挂牌出让。在矿产资源配置方面，所有矿业权实行有偿处置，新设矿业权100%实行招标、拍卖、挂牌出让。对土地开发整理项目、地质灾害及矿山地质环境治理工程等项目都要严格实行公开招投标制度，大力推进合理定价抽取法，防止暗箱操作，避免商业贿赂行为。大力推进网上招标拍卖挂牌出让制度，建立健全省、市、县三级国土资源网上交易系统，网上招拍挂项目数力争

2008年达到20%，2009年达到30%，2012年达到50%。

（五）健全行政效能建设制度。认真实施《行政许可法》和《湖南省行政程序规定》，严格按照法律规定，履行对申请人一次性告知等义务，并在法定期限内办结，对法律没有明确规定的，也要实现限时办结制度，力争到2012年在现有规定办理时间的基础上再压缩50%。进一步减少和规范行政审批，合理设置审批权限，简化报批程序，改进报批方式，健全岗位责任制、服务承诺制、首问责任制、限时办结制、效能告诫制、绩效考核制等行政效能制度。切实规范行政行为，提高行政效能，畅通办事渠道，开辟“绿色通道”。

（六）大力推进市场诚信体系建设，完善信用信息管理制度。加大对国土资源系统行政管理者、事业单位人员和管理相对人、中介机构及人员的监督管理，规范中介行为，建立土地使用权、矿业权评估委托、评审监督制度。建立健全土地、矿产、测绘、土地开发整理等市场准入和退出机制，把是否存在不正当交易行为尤其是行贿行为作为市场准入和退出的重要依据。实行“黑名单制度”，建立土地、矿产、测绘、土地开发整理投资开发商或工程、监理等公司违法违纪行为和违反诚信行为档案库，并建立全系统的电子信息数据库，与政府、纪检监察部门和执法部门联网，同时利用互联网将信用信息向全系统和社会公开披露，可供公众查询，形成有效守信与失信惩戒机制，促进社会中介机构独立、客观、公正执业。严格执行《湖南省国土资源厅防治商业贿赂行为暂行规定》、《湖南省土地开发整理项目管理办法》、《湖南省矿产资源储量报告评审质检办法（试行）》、《湖南省矿业权评估管理暂行办法》、《湖南省地质勘查单位信用信息管理办法（试行）》等，从严查处商业贿赂行为和不守信行为，建立终身责任追究制度，对事后发现问题的仍保留无限期追究时效。

（七）健全内部财务会计控制制度。严格执行内部会计控制制度、内部报告制度、预算控制制度、内审制度、授权批准控制制度等八项内控制度，年初预算等重要事项要上党组会议研究公布，年终决算等要上厅务会议公布。进一步规范财政资金分配，严格银行账户管理，加强财政资金集中统一管理，严禁系统各部门和直属单位违反法律法规开设银行账户和私设“小金库”，所有财政收入必须及时足额缴入财政，严禁列收列支和自收自支等违法违纪行为。系统各级纪检监察部门和财务部门要加强对财政资金管理和使用的监督，定期进行项目预算绩效考核，对重点专项资金和重大投资项目及单位内部资金运用、财务收支、资产管理等进行稽核审查，提高财政资金使用效率，确保国土资金安全运行。

（八）完善国土资源业务管理制度。严格执行国土资源各项法律法规政策，进一步完善国土资源管理的共同责任机制、调控监管机制、开源节流机制和公共服务机制。

1. 按照“严守底线、优化布局、城乡统筹、节约集约”的要求，严格落实耕地占补平衡制度，建立耕地开发整理复垦制度和土地开发整理项目责任制。规范土地征收和使用权出让制度，实行划拨用地、协议出让土地公示制度，认真落实《土地利用总体规划修改调整管理办法》、《土地利用年度计划管理办法》、《集体建设用地管理暂行办法》、《集体建设用地使用权流转暂行办法》和《建设用地批后监管暂行办法》，把工作重心转移到审批、监管并重上来，实行批后跟踪监管、供地备案审查制度和用地核查制度，健全土地利用动态监测体系，实现对批供管用的全程监督管理。推行城乡建设用地增减挂钩等制度，加强对节约集约用地政策执行情况的监督检查。

2. 按照被征地农民“生活水平不降低、长远生计有保障”的要求，完善征地补偿安置制度，严格执行征地程序和标准，做到征地、补偿、保障“三同步”，及时发布各地征地年产值标准，全面落实公告、听证制度，建立征地补偿安置调节专项资金制度和征地补偿安置争议裁决制度，完善被征地农民社会保障和劳动就业培训制度，切实维护被征地农民合法权益。

3. 按照“有序开发、规模开发、持续开发、和谐开发、绿色开发”

的要求，严格落实矿山年检制度，完善矿山动态巡查制度和矿业权评估委托、评审监督制度，健全矿山企业市场准入和退出机制，巩固整顿规范矿产资源开发秩序成果。

4. 按照“完善体制机制、加强基础测绘、提高服务能力、强化市场监管”的思路，进一步规范测绘行业从业资格、从业标准，建立测绘企业市场准入和退出机制，加强对测绘市场的监管力度。

（九）完善干部选拔任用、轮岗交流制度。严格执行《党政领导干部选拔任用工作条例》和《党政领导干部选拔任用工作监督检查办法(试行)》，坚持讨论任用重要干部实行无记名投票表决，完善公开选拔、竞争上岗、差额选举办法，完善干部考核评价体系，健全和推行领导干部任期、回避和交流制度，完善干部选拔任用、管理监督和责任追究机制。推行岗位轮换和交流制度，国土资源局内设机构主要负责人一般5年进行轮岗交流，因工作需要进行连任的，要作出说明并公示。建立系统纪检监察人员交流任职制度，纪检组长逐步实施系统内异地交流任职，培养“一专多能”复合型人才。

（十）严格执行红包礼金和有价证券上缴登记和管理制度，建立干部个人廉政档案。对上缴的红包礼金、有价证券等要统一登记账本，实行登记、保管和上缴钱账分管机制，互相监督，相互约束。对上缴的红包礼金及管理、处置情况每年在适当的范围内通报一次，防止在管理环节发生问题。干部廉政档案由纪检组监察室负责建档、管理，随干部职务、岗位变动及时调整或移交。档案材料要全面收集、严格审查，每年集中归档一次，做到安全保密。

（十一）严格落实党风廉政建设责任制。坚持党组统一领导，党政齐抓共管，纪检监察机构组织协调，部门各负其责的领导体制和工作机制。坚持党风廉政建设一把手负总责，建立健全一岗双责责任制，党政一把手同为本单位党风廉政建设责任人。党政分设的国土资源局党组书记不分管土地、矿产、测绘和财务等业务工作，集中精力抓思想政治工作、干部队伍建设和党风廉政建设。各单位党风廉政建设第一责任人年初必须与上一级主管部门签订党风廉政建设责任书，每年向班子成员报告2次以上落实责任制情况，并公布大额经费开支及领导干部个人重大事项报告执行情况。各级国土资源部门要把党风廉政建设列入党组重要议事日程和目标管理，与国土资源中心工作一并研究、一并部署、一并落实、一并考核，把党风廉政建设的各项任务融入国土资源管理的各项工作中，将集体领导与个人分工负责相结合，层层签订责任状，层层落实责任，形成纵向到底、横向到边的党风廉政建设责任体系。

四、构建反腐倡廉监督机制

（一）完善国土资源系统纪检监察管理体制。将现在的国土资源主管部门和地方政府双重管理的条块结合的矩阵制管理模式调整为国土资源主管部门统一管理模式。建立和完善纪检监察机构和人员配备机制。全省国土资源系统统一设置纪检监察机构，并充实力量，市州局配备人员不得少于3人，县市区局配备人员不少于2人。市州国土资源局纪检组长、副组长、监察室主任的任免和调配，由驻厅纪检组监察室、人事处考察，报厅党组决定。县市区局纪检组长、监察室主任的任免和调配，由市州局纪检组监察室和人事部门共同考察，在市州局党组决定前，报驻厅纪检组监察室、人事处备案。纪检组长为党内职务，行政职务为单位行政副职（即副局长），但不占单位领导职数，便于更为有效地开展工作。

（二）建立巡视制度。省国土资源厅分设5个巡视组，配备专职监察专员，巡视组组长由省厅党组任命。巡视组受厅党组委托，负责厅机关和直属单位、各市州、县市区局反腐倡廉建设情况的巡视和驻厅纪检组监察室交办的各项廉政检查、调查工作。

（三）建立健全兼职纪检监察员制度。在国土资源行政机关内设机构和派出机构设置兼职纪检监察员，兼职纪检监察员由内设机构或派出机构行政副职兼任，并由相应的各级国土资源行政机关任命。各单位依法制定相关工作规则和考核办法。兼职纪检监察员负责督促本单位党风廉政建设工作的落实，掌握情况，及时汇报，协助纪检监察部门做好监督工作。

（四）建立和实施严格的层级监督检查制度。对国土资源系统党风廉政建设和反腐败工作实行下管一级监督制度，采取“一听四查一评议”（即听汇报，查党组会议记录、集体会审记录、红包礼金登记、项目招拍挂档案，对存在的问题进行评议）的方式进行全面考核，加强对落实领导干部廉洁自律规定情况的监督，重点治理领导干部违反规定收受现金、有价证券、支付凭证和干股，违反规定插手土地和矿业权市场交易，以及在住房上以权谋私等问题。省国土资源厅纪检组对市州国土资源局、市州国土资源局纪检组对县市区国土资源局纪检监察工作分别实施监督管理和指导，对其党风廉政建设责任制进行考核评议，对其干部的使用提出建议。以各单位主要负责人为重点，实行行政问责制，把土地和矿业权审批、行政执法、大额度资金管理等纳入行政问责范围。同时主动接受人大、政协、司法、纪检监察、财政、审计等部门的监督，自觉接受新闻舆论等社会监督，确保行政权力公开透明，规范运行。

（五）大力推行述职述廉和谈话诫勉制度。健全领导干部述职述廉、诫勉谈话和函询制度，落实任职谈话和廉政谈话制度。纪检组长(书记)每年与本单位班子成员和处(科、室）负责人谈话一次，纪检组副组长、监察室主任对处（科、室）副职干部谈话一次。运用“教育＋强制”的办法，对有腐败苗头和轻微违纪违规人员，采取谈话和诫勉等方式实行超前监督。诫勉谈话内容应当记录，并由诫勉对象签字后归档，构建国土资源系统廉政建设的动态预警机制和纠错机制。

（六）完善干部提拔廉政评价机制。严格执行干部选拔任用前征求同级纪委意见并出具书面廉政材料的制度，坚持和完善强化预防、及时发现、严肃纠正，有效防范提名无序、考察失真和“带病提拔”的监督措施和机制。纪检监察机构要按照党组要求，抓好干部人事工作的全程监督，严格监督考核工作和考核对象，对提拔的干部与人事部门一起进行任职廉政谈话，防止选人用人不公和程序不到失察，防止干部“带病”上岗。

（七）建立反腐倡廉激励机制和纪检监察工作行政责任追究制度。设立国土资源卫士、反腐倡廉先进个人等奖项，用于表彰爱岗敬业、服务大局、促进发展、秉公执法、清正廉洁的单位和个人。重用、提拔、交流在廉政建设方面表现优异的干部，尤其是在纪检监察岗位工作5年以上，政治坚定、业务精通、廉洁自律的纪检监察人员，要提拔任用或交流到其他重要岗位，充分发挥纪检监察部门培养人才输送人才的作用。各级国土资源部门及其纪检监察机构对涉及本单位工作人员的群众举报或有关部门移交的案件，要认真负责地进行调查处理，对违法违纪案件要逐级将情况上报，并建立案件档案备查。对因故意或过失、不及时处理群众举报，违反组织原则向被查或被举报人泄露有关案情，有案不查、瞒案不报、玩忽职守、徇私枉法，造成严重后果或社会不良影响的，要依纪依法追究责任。

（八）健全完善执法监察机制。按照“防范在前，发现及时，制止有效，查处到位”的总要求，健全审批、监管与违法行为查处有机结合的工作机制，积极依法开展土地利用和矿产资源管理的监督，对执行土地和矿产资源规划、计划及行政审批的情况开展执法监察和效能监察，完善批后监管、动态巡查制度和国土资源特邀监察专员制度，建立联合办案机制、行政决策纠错机制、依法惩处机制和案件通报机制，完善行政执法责任制度和责任追究制度。

（九）建立以系统为主、地方为辅的纪检监察办案制度。国土资源系统涉及“两规”、“两指”的案件由厅纪检组监察室统一报经省纪委、监察厅批准后依法办理。系统内建立联合办案、协同办案、交叉办案和案件移送、信息交流等制度，定期交流案件办理情况、协调处理查办案件中的疑难问题，提高办案能力，使案件查办工作制度化、程序化、规范化，充分发挥查处案件的综合效应和治本功能，实现查处案件的政治效果、社会效果、法纪效果相统一。

（十）建立与纪检监察、司法机关的联席会议制度和联合办案制度。各级国土资源部门应与当地纪检监察部门、司法部门密切配合，建立线索移送、情况通报、案件协查、联合执法工作机制、查处土地矿产违法违规案件联席会议制度和联合办案制度。国土资源部门查案过程中发现涉及党员干部严重违法违纪的，应及时向纪检监察部门通报相关情况；纪检监察部门在查案中涉及国土资源业务范围的，也应及时将有关情况通报国土资源部门。根据办案工作需要，国土资源部门应主动与纪检监察部门联合查办案件，对党员干部违法违纪问题进行调查处理，形成打击合力，加大查办案件的惩处力度。

五、加强领导，狠抓落实

（一）加强组织领导。各级国土资源部门的党组是反腐倡廉建设的责任主体。系统各部门、各单位要切实加强领导，把《实施意见》的贯彻落实列入重要议事日程，严格按照党风廉政建设责任制的规定，由党组书记负总责，党组成员各尽其职，抓好预防腐败工作。

（二）加强组织协调。纪检组监察室要按照党组要求，抓好组织协调工作，督促和支持相关部门分工负责，狠抓落实，建立预防腐败工作部门责任制。

（三）强化监督检查。要加强对《实施意见》落实情况的监督检查，对工作进展情况开展专项检查，查找问题，认真整改，总结经验，推动工作。要把贯彻落实《实施意见》的情况列入对领导班子和领导干部考察、评价和巡视范围，作为工作实绩评定和干部奖惩的重要内容，严格责任考核，强化责任追究。

关于加快土地开发整理项目预防腐败机制建设的意见

湘国土资发〔2011〕32号

各市州纪委、检察院、监察局、国土资源局、预防腐败局：

为深入贯彻落实中共中央关于《建立健全教育、制度、监督并重的惩治和预防腐败体系实施纲要》和省委省政府关于《湖南省贯彻落实〈建立健全惩治和预防腐败体系2008—2012年工作规划〉的实施办法》、《关于推进体制机制制度改革和建设加强预防腐败工作的意见》的要求，保障和促进国土资源事业健康发展，现就加快我省土地开发整理项目预防腐败机制建设，提出如下意见。

一、总体要求

加快土地开发整理项目预防腐败机制建设，对于保障国家土地整理资金安全、高效运行，促进土地开发整理工作健康发展，遏制国土资源领域职务犯罪易发高发态势，具有十分重要的意义。必须坚持围绕中心、服务发展的原则，把构建腐败风险防控机制置于促进国土资源事业持续健康发展的大局之中，推进预防腐败工作与土地开发整理工作有机融合；坚持标本兼治、惩防并举的原则，一手抓惩治查处，一手抓教育防范，坚决堵住易发腐败问题的漏洞；坚持依法行政，协调配合的原则，着力强化内控机制，充分运用外部监督，形成内外协同、职责分明的共同防控体系，有效遏制土地开发整理领域腐败案件易发多发的态势。

二、查找关键环节的风险防控重点

（一）项目立项环节。重点防控擅自改变管理计划，不进行科学选址和专家评审，不征求群众意见，不进行集体决策等问题。

（二）工程招投标环节。重点防控串标、围标、卖标，以及招投标程序不规范、投标单位资格审查不严格等问题。

（三）工程施工环节。重点防控因行贿受贿、失职渎职导致监管缺位，造成材料低劣、工程不合格等问题，以及通过不正常手段改变项目设计，减少或扩大工程量，以赚取、套取资金，影响工程效果的问题。

（四）拆迁补偿环节。重点防控计划不周全、工作不到位、补偿标准不统一、资金分配不公开、损害群众利益的问题。

（五）资金使用环节。重点防控违反财经纪律和项目资金管理制度，超预算开支、不按程序审批、不按计划拨付款项，提前支取甚至套取、挪用、贪污项目资金等现象。

（六）项目验收环节。重点防控项目未完成计划建设任务、工程质量不合格、资金审计未通过而以行贿手段通过验收，以及不按照规定程序进行验收等问题。

三、完善风险防控管理制度

（一）建立廉政教育制度。通过廉政讲坛、案例研讨、服刑人员现身说法等多种形式，对项目管理方、参与方以及项目区群众进行法制教育，增强干部职工的廉政意识，引导参与单位遵纪守法，项目区群众依法依规参与项目建设与监督。

（二）实施工程合同双签制。国土资源部门在与施工单位、监理单位签订《施工合同》的同时，签订《廉政合同书》，约定双方的廉政建设责任，要求施工单位制作廉政公告牌，作出廉政承诺。廉政合同完成情况作为项目验收合格的条件和参与其他项目竞标时的重要审查内容。

（三）完善项目管理制度。一是加强项目立项管理。实行计划管理、专家评审、群众参与、集体决策相结合的立项审批制度。二是严格招投标管理。招投标活动严格执行《招投标法》，按照批准的招标方案执行。项目测绘、设计、监理和施工单位按规定应通过招投标方式确定的，必须进行招投标。施工单位招投标采取合理定价连续两轮抽取法确定，工程施工招标的标的不得低于下达的工程施工费的95%。主要设备、材料的采购要符合招投标和政府采购的相关规定。三是强化工程质量管理。实行工程质量终身负责制，对工程质量实行专人负责，将质量问题进行详细记录，归入工程质量责任档案，实行终身追责。严禁工程转包、卖标，项目管理方、监理方应加强工程施工管理，邀请群众代表对工程建设依法依规进行监督，督促施工单位按照设计的要求和施工规范的标准进行施工，进场的设备和材料必须经检验合格后方可使用，不合格的工程必须进行整改，不合格的设备和材料严禁使用。实行质量担保制，项目管理方与施工单位签订合同时明确质量担保责任，验收后仍应留5%的工程质量保证金（保修金），待质量保证（保修）期满后拨付。四是严格变更管理。项目参建各方不得擅自进行设计变更，确需变更的必须按照规定经批准后才能依据批准的变更设计进行施工，不得借变更之名降低建设标准、套取项目资金。五是严格财务管理。要严格按照财政预算管理和预算编制工作的有关要求，规范项目预算的编制和申报，确保项目预算的真实、科学和可行；强化预算执行的管理和监督检查，预算一经下达，不得随意自行调整，确需调整的，必须按批准渠道审批；项目资金必须做到专户储存、专账核算、专款专用；建立健全资金监督检查制度，对弄虚作假、截留、挪用和坐支项目资金等违法违纪行为，一经发现要采取果断措施予以制止和纠正，情节严重的要追究相关单位和责任人员的责任，构成犯罪的，移送司法机关依法追究刑事责任；建立健全项目实施单位内部稽核制度，并自觉接受财政、审计、纪检监察等部门的监督检查，确保资金使用效果。

（四）建立全面公示制度。建立项目公示制度，项目主管部门、承担单位、项目建设任务、规模、投资、规划设计、施工单位等要实行现场公示，项目验收后要通过媒体予以公布。建立项目管理公示平台和举报投诉受理平台，邀请群众代表全程参与，完善项目实施投诉举报受理制度。项目设计方案和建设的主要内容和标准、土地权属调整方案、招投标方案和中标结果以及中标单位资质、拆迁补偿方案和标准、项目验收和审计结果都必须按规定进行公示。

（五）实行项目建设队伍廉洁准入制。国土资源部门要严格审查竞标人资质、实力、信誉等级，并将审查结果送纪检监察和检察机关。纪检监察和检察机关协助开展竞标人资质与廉洁指数审查，制作行贿犯罪档案查询结果告知函及资质资格审查意见，以建议书形式，建议国土资源部门将存在围标、串标、非法挂靠、倒手转包和发生过重大工程质量问题，或有行贿犯罪记录的单位和个人（中介、监理、施工、材料等）清理出局。对于项目设计、招标代理、监理、施工等单位，由省土地开发整理机构实行行业备案管理。未经备案的单位不得承接项目相关业务，未经培训合格的监理人员和项目经理不得担任监理和项目经理职务。从事项目测绘、设计、监理、招标代理和施工的单位，承担项目相关业务的单位，应当按照有关技术标准、行业规范等规定以及合同约定开展工作。项目设计单位应按照设计规范进行项目设计。项目招标代理单位应依法依规开展招投标代理业务。项目施工单位应当按照项目设计和有关技术标准进行施工，项目经理必须常驻施工现场，对工程施工进行全程管理，对出现质量问题和验收不合格的工程，负责返修或返工，因违反项目设计、施工合同延误农时或造成其他损失的，依法负责赔偿。项目监理单位应对工程投资、质量和进度进行控制，承担监理责任。备案管理部门应完善行业机构考核制度，对专业机构的业务开展情况进行严格考核，实行优胜劣汰、动态管理。项目管理方与相关单位签订工作合同时，必须同时签订《廉政合同书》，廉政合同履行情况作为考核的重要依据。考核为优秀的单位应酌情予以奖励，被评为优秀的施工单位，在下一年度的项目投标中优先入围，直接获得第二轮抽取的资格。对考核不合格的单位和人员，按规定进行处罚，直至清理出局。

四、构建腐败风险防控共同责任机制

纪检监察、检察机关与国土资源部门要建立土地开发整理领域预防腐败联系协作工作机制，积极建立健全以下工作制度。

（一）联席会议制度。纪检监察、检察机关与国土资源部门建立联席会议制度，会议总召集人由国土资源部门主要负责人担任，召集人由各协作单位分管负责人担任。会议原则上每半年召开一次。特殊情况下，可应一方要求随时召开。联席会议主要任务是协调土地开发整理工作中预防腐败的有关事宜。

（二）信息交流制度。国土资源部门应当将重大工程建设、专项资金使用、土地管理、行政执法、预防工作措施、违法违纪案件查处等情况，向纪检监察、检察机关通报；纪检监察、检察机关应当将查办国土资源系统职务犯罪案件的情况，向国土资源部门通报。

（三）查办案件协调配合制度。对于在工作中发现或者收到群众举报的国土资源系统职务犯罪线索，国土资源部门应依照规定及时移送有管辖权的纪检监察、检察机关处理，并积极配合办案。纪检监察、检察机关依法查办国土资源系统案件时，应与发案单位沟通联系，注意维护发案单位的正常行政管理活动。

（四）行贿犯罪档案查询制度。国土资源部门在土地资源、矿产资源管理和招投标等重要工作中，应当及时向纪检监察、检察机关查询参与上述活动的相关单位或个人是否有行贿、受贿犯罪记录，对经查询有职务犯罪记录的单位或个人，应该按有关规定取消其参加上述活动的资格，并向有关管理部门报告查询及处理情况。

（五）督查追究制度。纪检监察、检察机关应当结合已经查办的国土资源系统职务犯罪案件，向发案单位提出有关预防建议，并抄送其上级领导机关。发案单位对建议要积极落实，并将落实情况和效果及时反馈纪检监察、检察机关，发案单位的领导机关对建议的落实要加强督促检查。对提出的建议未及时整改落实而导致严重后果的，将严肃追究有关责任人员的相关责任。

五、保障措施

（一）加强组织领导。市、县两级纪检监察、检察机关和国土资源部门应当成立土地开发整理工程建设防控腐败风险办公室（以下简称防控办）。办公室主任由国土资源局主管土地开发整理工作的副局长担任，副主任由纪检监察、检察机关预防部门负责人，市国土资源局监察室主任，财务科科长，土地开发整理中心主任担任，成员为纪检监察、检察机关预防部门和市州国土资源局耕保科、土地开发整理中心工作人员。由防控办具体指导土地开发整理项目专项预防工作。

（二）严肃工作纪律。纪检监察、检察机关和国土资源部门工作人员在项目实施管理和预防工作中必须严格做到“五不准”，即：不准利用职务之便到施工单位吃、拿、卡、要；不准向施工单位推销建筑材料；不准推荐介绍项目管理人员的配偶、子女及亲属承接或参与本项目的工程施工；不准占用涉及本项目的有关单位或个人的车辆、通讯工具和其他贵重物品；不准接受可能影响本项目实施管理的礼品馈赠、宴请等。违反“五不准”的，由纪检监察机关严肃查处。

（三）强化责任追究。防控办工作人员弄虚作假、徇私舞弊、影响建设和施工单位正常工作的，按干部管理权限，由各级纪检监察机关处理；构成犯罪的，依法追究其刑事责任。

广东省国土资源厅贯彻落实《省委惩防体系2008—2012年工作规划实施办法分工方案》实施意见

粤国土资党字〔2008〕190号

为贯彻落实《中共广东省委贯彻落实〈建立健全惩治和预防腐败体系2008—2012年工作规划〉实施办法分工方案》（粤委办〔2008〕131号，以下简称《分工方案》），根据广东省国土资源厅的实际，制定本实施意见。

一、加强领导　完善机构

为保证省委《实施办法》和《分工方案》的贯彻落实，决定调整充实广东省国土资源厅贯彻落实惩防体系工作规划领导小组和办事机构。

（一）领导小组成员

组长：厅党组书记、厅长招玉芳

副组长：厅党组成员，驻厅纪检组组长、监察专员叶伟龙

领导小组成员：张新民（党组成员、巡视员），黄德发、黄奕锋、涂高坤、杨俊波（党组成员、副厅长），杨林安（党组成员、总工程师），李师（党组成员、执法监察总队总队长），邢建江（党组成员、副巡视

员），张超群（副巡视员）

（二）办公室（简称“落实办”）成员

办公室主任：叶伟龙（兼）

办公室副主任：刘克斌

办公室成员：（略）

办公室的日常工作由驻厅监察室负责，机关处室各确定一名同志为联络员，参与有关具体的综合协调工作。

二、分解任务　制定措施

（一）责任分工

省委《分工方案》明确我厅承担三项牵头和二项协办任务（以下简称“三牵头二协办任务”），根据党风廉政建设“一岗双责”的要求和机关处室的工作职责，对落实“三牵头二协办任务”进行责任分工；厅党组成员、厅领导按分管工作各负其责，厅办公室协助总抓；驻厅监察室负责组织协调，督促检查。

（1）三项牵头任务

第一项：修订完善《广东省征用农村集体所有土地各项补偿费管理办法》和贯彻执行《土地管理法》实施办法。（《分工方案》第54项）

土地利用处牵头任务：修订完善《广东省征用农村集体所有土地各项补偿费管理办法》。规划与耕地保护处、地籍处、政策法规处、财务处协办。

政策法规处牵头任务：修订完善《广东省实施〈土地管理法〉办法》。规划与耕地保护处、土地利用处、地籍处、执法监察总队、财务处协办。

第二项：规范土地征收和使用权出让制度，建立健全各级政府节约集约用地考核评价和责任追究制度，保障和促进征地制度改革，加强农村集体土地征用拆迁管理监督，完善征地补偿和安置办法，全面落实被征地农民社会保障制度。深化土地有偿使用制度和探矿权、采矿权有偿使用制度改革，全面落实经营性用地和工业用地招标拍卖挂牌出让制度。(《分工方案》第 118 项)

土地利用处牵头任务：规范土地征收和使用权出让制度，建立健全各级政府节约集约用地考核评价制度，保障和促进征地制度改革，加强农村集体土地征用拆迁管理监督，完善征地补偿和安置办法，全面落实被征地农民社会保障制度，深化土地有偿使用制度改革，全面落实经营性用地和工业用地招标拍卖挂牌出让制度。规划与耕地保护处、地籍处、执法监察总队、政策法规处、财务处协办。

执法监察总队牵头任务：建立健全违反节约集约用地政策责任追究制度。规划与耕地保护处、土地利用处、地籍处、政策法规处、财务处、人事处、驻厅监察室协办。

地勘与环境处牵头任务：深化探矿权有偿使用制度改革。矿产资源管理处、政策法规处、财务处、驻厅监察室协办。

矿产资源管理处牵头任务：深化采矿权有偿使用制度改革。地勘与环境处、政策法规处、财务处、驻厅监察室协办。

第三项：严肃查处征收征用土地和矿产资源开发中的违纪违法行为。(《分工方案》第 138 项)

执法监察总队牵头，规划与耕地保护处、土地利用处、地籍处、矿产资源管理处、地勘与环境处、政策法规处、财务处、驻厅监察室协办。

(2) 二项协办任务

第一项：构建农村基层党风廉政建设信息公开平台，不断深化村务公开。(《分工方案》第 82 项)

厅党廉办协办。

第二项：深入治理商业贿赂。(《分工方案》第 142 项)

执法监察总队协办。

（二）制定落实牵头任务工作方案

牵头任务工作方案要明确总体目标、时间进度、质量要求、具体措施和责任人，此项工作由承担牵头任务的处室在征求协办处室、省直有关单位意见的基础上完成；于2009年2月上旬前向厅党组提交工作方案，工作方案于2月底前报省纪委、国土资源部党组、中纪委驻部纪检组监察局。

承担牵头任务的处室，负责组织专项检查和草拟书面报告工作情况稿。每年要对工作进展情况组织专项检查，不定期开展重点检查；每半年开展一次自查，定期分析落实过程中的新情况新问题，认真整改，总结经验，推动工作，并提交工作报告。

承担协办任务的处室，应主动配合牵头处室或其他省直牵头单位的工作，认真负责地提出意见建议。

（三）制定贯彻落实《分工方案》具体意见

根据《分工方案》的总体要求，结合我厅实际，制定《广东省国土资源厅贯彻落实省委〈建立健全惩治和预防腐败体系2008—2012年工作规划〉实施办法的具体意见》（以下简称《具体意见》）；此项工作由驻厅监察室会同有关处室，于2009年2月上旬前向厅党组提交送审稿，2月底前印发实施并报省纪委、国土资源部党组、驻部纪检组监察局。

三、提高认识　形成合力

我厅既是省委、省政府各项改革发展政策的参与制定者，也是《实施办法》各项任务的具体落实者。各单位要认真组织学习省委《实施办法》和《分工方案》，深刻领会其精神实质，充分认识贯彻落实《实施办法》的重大意义，以改革创新精神全面贯彻落实《实施办法》，以切实有效的措施确保《实施办法》落到实处。做到明确任务、明确责任、明确要求，确保各项任务的落实。

“三牵头二协办任务”是2008—2012年全省国土资源系统党风廉政

建设和反腐败的一项重要工作，各级党组织要将“三牵头二协办任务”列为党风廉政建设责任制的考核内容，各级领导干部要带头强化牵头意识，切实履行“一岗双责”，主要领导干部要履行第一责任人的职责、负总责，其他领导班子成员要主动把牵头工作任务纳入分管业务工作之中，与业务工作一起部署，同步推进。负责牵头工作的业务部门要按照各自的分工，认真履行职责，抓好组织实施，保证工作任务落到实处；纪检监察部门要切实履行组织协调职能，加强监督检查；其他部门要密切配合，主动参与，积极协办，形成各负其责、齐抓共管的整体合力，保证完成“三牵头二协办任务”各项工作并取得明显成效。

广东省国土资源厅关于进一步规范国土资源管理预防腐败行为的通知

粤国土资法规发〔2009〕526号

各地级以上市国土资源局（国土资源和房屋管理局、规划和国土资源委员会）：

韶关市国土资源局出现的“4.21”系列腐败案件以及个别地方国土资源管理部门在国土资源管理方面（组织管理、建设用地报批、供地和选聘评估机构、制度建设等）暴露出的问题，对全系统都是一个警醒。经组织深入剖析，为吸取教训，进一步规范国土资源管理、预防腐败行为，提出以下意见：

一、严格按照民主集中制原则，进一步完善班子民主决策机制，规范权力运行

按照“集体领导、民主集中、个别酝酿、会议决定”的原则，落实重大事项集体决策和人事任免票决制。重大事项集体决策，班子成员分工负责。权力运行应当公开透明。对审批过程和审批意见进行公开，强化监督机制，纪检监察机构要主动介入土地审批、矿业权审批以及测绘资质资格审批的过程监督。可以向社会聘请监督员对管理工作提出意

见，主动接受公众监督。

二、落实建设用地审批（审核）会审会制度

（一）建设用地报批必须经过政府建设用地审批（审核）会审会议通过。各地级以上市和县（市、区）、国土资源部门要积极建议同级人民政府严格执行省政府《关于建立土地管理共同责任制度的通知》（粤府〔2008〕100号），建立建设用地审批（审核）会审制度。用地会审工作由各地级以上市、县(市、区）人民政府分管领导牵头，国土资源、发展改革、建设、城乡规划、环保、劳动保障、林业、信访、监察部门为常设成员单位。

在用地报批阶段，凡拟报省人民政府和国务院审批的批次用地和单独选址用地，各地除按法定程序办理相关手续外，还应在上报前经本级政府建设用地审批（审核）会审会议通过。凡用地报批没有经过政府建设用地审批（审核）会审会议通过的，上级政府不得受理用地报批。

（二）划拨国有建设用地或出让国有土地使用权必须经过政府建设用地审批（审核）会审会议通过。在供地审批阶段，凡地级以上市、县（市、区）人民政府按照法定权限批准划拨国有建设用地或者出让国有土地使用权的，应先由城乡规划主管部门依据控制性详细规划对拟划拨的用地核发建设用地规划许可证，对拟出让的用地出具规划条件，再提交地级以上市、县(市、区）人民政府建设用地审批(审核）会议审议。

凡未经建设用地审批（审核）会审会议通过、未编制控制性详细规划的地块不得划拨国有建设用地或出让土地使用权。

三、加强土地储备开发管理

各地土地储备开发管理工作必须按照国土资源部、财政部、中国人民银行联合下发的《土地储备管理办法》（国土资发〔2007〕277号）

的有关规定执行。土地储备机构应为当地人民政府批准成立、具有独立法人资格、隶属于国土资源管理部门、统一承担本行政辖区内土地储备的事业单位，土地储备实行严格的计划管理，当地国土资源管理部门应会同相关部门编制年度土地储备计划，报同级人民政府批准，并报上级国土资源管理部门备案。

四、严格执行招标拍卖挂牌出让国有土地使用权制度

（一）以招标、拍卖或者挂牌方式出让国有土地使用权，必须严格执行国土资源部发布的《招标拍卖挂牌出让国有土地使用权规定》（国土资源部令第 11 号）和《招标拍卖挂牌出让国有土地使用权规范》。凡未依法办理土地征收和农转用的土地，在未完善土地征收和农转用手续前，各地不得供地、出让和办理土地使用权证。

（二）根据公平、公正、公开原则选取具有土地估价资质的机构进行出让评估，不得指定评估机构，防止地方保护和行业垄断。

1. 实行完全的市场竞争机制。土地使用权出让或转让中涉及评估需委托土地估价中介机构的，不得搞部门垄断和地区封锁，应遵循市场准入原则，只要是经注册取得执业资格（省内机构在其执业注册范围内，省外机构或省内机构的分公司经省土地估价师协会执业备案）的中介机构均可作为被委托机构。

2. 规范管理。为保证评估质量和实施有效的委托管理，可定期根据“公开招标、综合评分”的原则对符合条件的评估机构择优选择 3 家以上机构，综合评分指标可包含企业资质、注册资金、经营业绩、资信等级、执业水平等。委托业务应在入选机构中通过摇珠等随机抽取方式确定被委托机构。

3. 动态跟踪、加强监管。为保证“备选名单”和随机抽取的公平、合理，应对入选机构进行定期考核和加强执业监管，并建立信誉奖惩和退出机制，也应根据市场情况适时对委托机构的抽取规则进行检验完

善。为有效地规范市场秩序和完善监管制度，省土地估价师协会和市、县国土资源部门在执业资格、执业质量、职业道德、诚信水平等方面可建立信息交换和共享机制。

五、进一步推进矿业权市场建设，强化市场配置资源作用，规范出让行为

坚持以“公开、公平、公正”和透明的原则推进矿业权市场建设。培育和规范矿业权市场，凡是可以采取招标拍卖挂牌方式出让的矿业权，一律进行招标拍卖挂牌出让。各地国土资源部门要严格执行矿业权出让程序，对矿业权出让采取内部会审制度，加强对矿业权评估单位监督，严肃查处矿业权评估中违规违法行为。要严格按规定管理和使用矿业权出让各项费用，不得挪作他用。

六、建立健全业务审批、财务管理各项制度，落实问责制，从制度上防止腐败滋生

建立健全政治学习、业务审批、财务管理、廉政建设等各项管理制度，使各项工作、每个岗位都有章可循，有据可依。要针对各项业务的特点，依据有关法律法规的规定，制定机关内的规章制度，将责任落实到人，落实到岗位，并狠抓制度的贯彻落实。要深刻汲取高要市发生的截留挪用矿产资源补偿费违规案件教训，健全完善各项财务管理制度，杜绝类似案件发生。加强对制度的学习教育，维护制度的权威性，不断提高干部职工贯彻执行制度的自觉性和坚定性。发挥领导干部带头作用，领导干部带头学习制度、模范执行制度。建立经常性监督检查。采取定期检查和不定期检查相结合等方式，保证各项制度真正落到实处。加大对违反制度行为的查处力度，做到令行禁止、违者必究，严格落实问责制，真正使制度成为干部职工共同遵守的行为准则。

广西壮族自治区
土地整治专项资金管理办法

桂财建〔2010〕244号

第一章　总　则

第一条　为促进我区土地整治工作，管好用好土地整治专项资金，提高资金使用效益，根据《财政部　国土资源部　中国人民银行关于调整新增建设用地土地有偿使用费政策等问题的通知》（财综〔2006〕48号）、《财政部　国土资源部关于中央分成的新增建设用地土地有偿使用费分配使用及管理有关事项的通知》（财建〔2009〕286号）、《财政部　国土资源部关于印发〈用于农业土地开发的土地出让金使用管理办法〉的通知》（财建〔2004〕174号）及《自治区财政厅　国土资源厅　物价局关于调整耕地开垦费征收使用政策的通知》（桂财建〔2009〕254号）等规定精神，制定本办法。

第二条　土地整治专项资金（以下简称专项资金）来源：

（一）中央每年分配给我区和自治区留用的新增建设用地土地有偿使用费；

（二）自治区征收留用的耕地开垦费；

（三）自治区集中的用于农业土地开发的土地出让金；

（四）其他资金。

第三条 专项资金使用原则：统筹规划、突出重点；渠道不变、管理不乱；集中投入，各计其效。

第四条 专项资金使用范围：专项用于土地整理、土地开发。其中，对土地整治项目范围内容实施村庄整治的资金原则上不得超过工程施工费的15%。重点支持：

（一）基本农田保护区和整备区、粮食主产区、补充耕地潜力大的地区；

（二）自治区确定的土地开发整理重大工程区；

（三）城乡建设用地增减挂钩项目区土地整治项目。

第五条 土地整理是指采用工程、生物等措施，对田、水、路、林、村进行综合整治，增加有效耕地面积，提高土地质量和利用效率，改善农业基础设施、农民生产生活条件和生态环境的活动；土地开发是指在保护和改善生态环境、防止水土流失和土地荒漠化的前提下，采用工程、生物等措施，将宜农的未利用土地资源开发成耕地的活动。

第二章 专项资金申报和下达

第六条 土地整治项目实行计划管理。每年由自治区财政厅、国土资源厅根据土地整治专项规划，下达市、县专项资金项目申报指南，每个市申报项目不超过申报指南规定个数。

第七条 县级项目（含自治区财政直管试点县）申报自治区专项资金程序：由县级国土资源管理部门编制可研报告并组织初审，会同同级财政管理部门将申报材料上报市级国土资源管理部门和财政管理部门。

市级项目申报专项资金程序：由市国土资源部门编制可研报告和组织审查，并汇总县级项目，会同同级财政管理部门将申报材料上报自治区国土资源管理部门和财政管理部门。

第八条 建立自治区土地整治专项资金项目库。自治区国土资源管理部门根据土地利用总体规划和土地整治专项规划对市县上报的专项资金项目进行审核，将符合规划范围的项目列入专项资金项目库。

第九条 自治区国土资源管理部门会同自治区财政管理部门编制年度项目（资金）实施计划，并将项目资金预算列入自治区国土资源管理部门部门预算。

第十条 自治区财政管理部门会同自治区国土资源管理部门根据自治区人大审议通过的部门预算下达市县专项资金项目总预算。

第十一条 在自治区下达的专项资金预算额度内，由项目所在地市、县国土资源管理部门组织项目规划设计、施工图设计和项目预算；由项目所在地市、县财政部门负责预算评审，根据评审结果重新确定项目预算，并报自治区财政部门、国土资源管理部门备案。

选择具有代表性的项目作为自治区示范项目，由项目所在地的市、县国土资源管理部门组织规划设计、施工图设计和预算编制，由自治区国土资源管理部门组织审查；由自治区财政部门负责项目预算评审并下达项目预算资金。

第三章 预算编制和使用管理

第十二条 项目预算编制按照自治区财政厅、自治区国土资源厅制定的《关于印发广西壮族自治区土地开发整理项目预算编制暂行办法的通知》（桂财建〔2005〕147 号）规定执行。

第十三条 项目承担单位编制项目可行性研究报告、规划设计、项目预算等前期工作经费，由项目所在地财政部门按照不超过自治区下达专项资金总额的 3.5% 的比例预拨给项目承担单位。

第十四条 项目预算安排的支出，属于政府采购范围的，项目承担单位应按照《政府采购法》及有关规定编制政府采购预算并实施政府采购。

第十五条 项目预算一经批准下达，项目承担单位必须严格执行。

任何单位、个人不得擅自变更项目预算，不得超项目支出范围或超预算标准开支经费，不得开支与项目无关的其他支出，不得挪用专项资金。如确需变更项目预算的，必须按规定程序报同级财政部门批准后执行。

第十六条 对因建设规模、建设标准、建设内容超过自治区规定而造成项目经费超支的，超支部分一律由项目所在地自行解决，自治区不另给予追加。

第十七条 自治区财政管理部门会同国土资源管理部门负责确定专项资金年度投资方向和重点，审核自治区国土资源管理部门提出的年度专项资金总预算，确定项目预算编制原则，下达年度专项资金总预算，监督检查项目预算执行、专项资金管理、使用和政府采购事项等。负责自治区示范项目预算评审。

第十八条 自治区国土资源管理部门负责编制土地整治专项规划，建立土地整治项目库，编制土地整治年度项目实施计划，并负责自治区示范项目实施的监督检查。会同自治区财政管理部门确定专项资金年度投资方向和重点，监督检查项目预算执行、专项资金管理、使用和政府采购事项、项目竣工验收等。

第十九条 市、县财政管理部门负责本级专项资金项目预算评审和下达项目预算上限控制价，按规定审核和拨付资金，会同同级国土资源管理部门监督检查本市、县项目预算执行、专项资金管理、使用和政府采购事项等。

第二十条 市、县国土资源管理部门负责本级土地整治项目可研性研究报告编制、规划设计和施工图设计审批和专项资金核算报账工作，会同同级财政部门监督检查项目预算执行、专项资金管理、使用和政府采购事项、项目竣工验收等；市国土资源管理部门负责规划设计审批，项目组织实施等。

第二十一条 专项资金实行专款专用、专账核算、专项管理。县级项目资金实行县级审核报账制管理，审核报账制管理办法另行制定。

第二十二条 项目承担单位要按照国家有关财务会计制度的规定，

做好专项资金核算工作，项目竣工 3 个月内，要按规定编制项目竣工结算和财务决算，委托有资质的中介机构审计并出具审计报告，报同级财政部门审核批复，并据此作为办理相关资产交付的依据。

经竣工财务决算批复后的专项资金结余，由同级财政部门按本规定的支出范围安排使用。

第二十三条 土地整治专项资金项目形成的固定资产，由项目承担单位移交项目原土地权属所有的村委会（或农林场）统一管理。

第四章 监督管理和绩效评价

第二十四条 自治区财政部门会同自治区国土资源管理部门不定期对土地整治项目的工程进度、预算执行、资金使用等进行专项检查，建立奖惩机制。对严格执行项目预算、按规定使用资金、专项资金分配使用情况和项目信息系统备案及时，按计划完成或超额完成土地整治项目任务的，在专项资金安排上予以倾斜；对违规使用专项资金、项目工程进度慢、专项资金分配使用情况和项目信息系统备案不及时，以及未能按计划完成土地整治项目任务的，除按规定要求整改外，自治区财政部门、国土资源管理部门将相应核减该市、县当年或下一年度专项资金预算指标。

第二十五条 市、县财政部门、国土资源管理部门要加强对专项资金使用的监督检查，及时了解掌握资金到位、使用效果和工程建设进展情况，督促项目承担单位加强资金管理，发现问题及时纠正。

第二十六条 项目承担单位应主动接受财政、审计、国土资源管理等部门的监督检查，如实反映情况，及时提供所需资料。在项目施工过程中，应按月向市、县财政部门、国土资源管理部门报送项目预算执行、资金使用和项目实施有关情况，并对所报送资料、情况的真实性、可靠性负责。对重大事项，应建立即时报告制度。

第二十七条 对存在下列情况之一的，自治区财政部门、国土资源管理部门应当根据情况采取即期整改、通报批评、暂停或扣回已拨专项资金、核减或取消安排下一年专项资金额度等措施；违规、违纪的，依法依纪追究有关责任人员和领导的责任；构成犯罪的，移送司法机关依法处理：

（一）虚报项目骗取专项资金的；

（二）截留、挤占、挪用专项资金的；

（三）未按规定范围、用途安排专项资金，未按规定将专项资金落实到项目的；

（四）未按规定的开支范围和标准使用专项资金的；

（五）未及时拨付专项资金，影响项目建设进度的；

（六）擅自变更项目建设地点和规模、调整项目规划设计和预算的；

（七）未落实项目法人制度、公告制度、招投标制度、合同管理制度、监理制度，以及工程质量存在严重问题的；

（八）项目竣工后未按规定期限提出验收申请、未按要求组织编制项目竣工结算和财务决算的；

（九）其他违反有关法律法规和规章制度的。

第二十八条 项目竣工验收完成后，市级财政部门会同同级国土资源管理部门组织对项目支出进行绩效评价，并结合各项目资金的不同特点和要求，对项目绩效目标是否完成、项目成本控制是否合理、节约、项目质量是否达到设计标准和验收规范、项目的经济效益和社会效益是否体现等方面内容进行客观、公正的分析比较和综合评判。

项目支出绩效评价结果应报送自治区财政部门、国土资源管理部门。自治区财政部门、国土资源管理部门将根据评价结果抽取部分项目，具体组织或委托中介机构对项目支出绩效结果实施综合评价。

项目支出绩效评价结果作为改进预算管理和安排以后年度预算的重要依据。评价结果较好的，在以后项目立项、选择项目承担单位上予以倾斜；对评价结果未达到规定标准、资金损失浪费严重、发生重大责任事故、弄虚作假的，责令其限期整改，取消其下一年度项目的申报资格或相应减少其以后年度预算。

第五章 附 则

第二十九条 本办法由自治区财政厅、自治区国土资源厅负责解释。

第三十条 凡此前有关规定与本办法规定不一致的，一律以本办法规定为准。

第三十一条 本办法自发文之日起实行。

广西壮族自治区国土资源厅
行政审批制度“审管分离”改革实施方案

桂国土资发〔2012〕51号

根据《中华人民共和国行政许可法》和《广西壮族自治区政务服务管理办法》(自治区人民政府第67号令)，为进一步深化行政审批制度改革，提高行政审批效率，按照自治区党委、自治区人民政府进一步加强行政审批制度改革、优化发展环境的工作要求，我厅将进行行政审批制度改革，形成“集中一个部门审批、其他部门服务监管”的“审管分离”行政审批新体制。

一、指导思想

认真贯彻落实科学发展观，积极创新行政审批体制机制，实现行政审批职能与行政监管服务职能相对分离，着力建立规范、透明、高效、便民的行政审批服务平台。加快机关职能转变，加大政策研究和批后监管工作力度，提高决策水平，为全区经济社会又好又快发展提供优良的国土资源保障服务。

二、工作目标

以“一切为了群众、一切方便群众”为宗旨，以建设服务型政府为目标，实行“三集中、三到位、三公开”，即：厅行政审批职能向行政审批办公室集中、行政审批办公室向自治区政务服务中心集中、行政审批事项向电子政务平台集中；厅将行政审批职能授权到位、行政审批事项网上审批到位、行政审批事项在政务服务窗口办理到位；将行政审批事项标准公开、行政审批流程公开、行政审批时限公开。通过建立规范、高效、廉洁的“审管分离”工作模式，切实提高行政审批效率，强化批后实施监管，进一步提升审批与监管总体服务水平。

三、工作内容

行政审批事项“审管分离”就是将我厅进驻自治区政务服务中心的行政许可和非行政许可审批事项的审批职能集中到行政审批办公室，遵循公开、公平、公正、便民原则，严格落实首问负责制、限时办结制和责任追究制，提高行政审批效率，规范权力运行。原来承担行政审批事项审批职能的业务处室不再保留审批职能，主要负责政策研究、政策制定和批后监管等宏观管理工作，切实进一步提高全区国土资源管理水平。

（一）集中审批职能，强化行政监管。明确厅行政审批办公室为专门负责厅审批事务办理的内设机构，调整充实行政审批办公室的职能和人员，统一行使厅审批事项的行政许可、行政收费等行政审批职能。厅机关各业务处室不再办理行政审批事项，主要负责加强全区国土资源宏观管理和监督，对外主要是负责调查研究、政策制定、计划调配、日常监管、对下级国土资源管理部门进行业务指导等工作；对内主要负责为进驻自治区政务服务中心行政审批事项提供技术支持、决策建议等工作。

（二）一个窗口服务，方便群众办事。以打造“一条龙、一站式”服务模式为出发点，所有行政审批事项均由行政审批办公室按照行政审批事项的统一标准在自治区政务服务中心政务服务窗口受理，厅机关各业务处室不再受理行政审批事项，切实做到一个窗口对外、一个标准服务。

（三）依法充分授权，提高办事效率。进一步清理行政审批事项、归并审批职能、优化审批流程、精简审批环节、缩短审批时限。实行行政审批政务服务窗口“首席代表制”，除法律法规规定必须由厅领导签批的事项外，其他事项均由窗口“首席代表”现场审核办理。除实地检查、专家评审、集体会审等工作量大或专业性强的环节可由相关处室承担外，进驻自治区政务服务中心行政审批事项的受理、审核、审批、收费、制（证）件、发（证）件等环节由行政审批办公室办理，确保在承诺时限内办结。

（四）明确办理程序，严格规范运作。行政审批办公室办理行政审批事项应当实行标准化、程序化操作，严格按照法律法规和有关规定办理。申请事项不符合办理条件的，原则上不予办理。现行法律法规和有关规定未明确，特殊情况确需受理的，须经厅行政审批专题会议研究，再根据专题会议研究的处理意见办理。行政审批专题会议由分管厅领导召集。

四、工作方式

厅进驻自治区政务服务中心的行政审批事项，分别采取以下四种方式办理：

（一）当场办理。对办理条件、材料、程序等相对简单的事项，申请人按要求提供完整材料后，由行政审批办公室在自治区政务服务中心政务服务窗口即收即办，当场或当天办结。

（二）承诺办理。对办理条件、材料、程序等比较复杂，需查阅图纸，核对数据或需征求意见的事项，由政务服务窗口对申请材料进行初审后受理，行政审批办公室进行审查审核并按权限批准，在承诺的时限内办结出件。

（三）联合办理。对办理条件、材料、程序复杂，需要实地踏勘、专家评审（估）、组织听证等环节的，由政务服务窗口对申请材料进行初审后受理，并通知相关业务处室履行踏勘、评审（估）、听（鉴）证等程序，行政审批办公室综合踏勘、评审（估）、听（鉴）证情况进行审查审核并按权限批准。

（四）研究办理。申请办理的事项情况特殊，不符合受理条件又要求办理的，由行政审批办公室对相关理由进行审核后作为特殊事项予以收件，提请厅专题会议研究，行政审批办公室根据专题会议的研究处理意见进行办理或退件。

五、实施步骤

第一阶段：2012 年 6 月 30 日前。成立厅行政审批制度“审管分离”改革工作领导小组，草拟《实施方案》并报厅党组审定。（责任处室：厅行政审批办公室牵头，办公室、政策法规处、人事处、有审批职能相关处室配合）

第二阶段：2012 年 8 月 31 日前。修改制定并报批行政审批事项的审批标准、审批流程、审批时限，明确行政审批办公室岗位设置和人员配置方案，确定行政审批办公室办公场所和相应设备；行政审批办公室工作人员调配到位，开展业务培训，开始工作交接。具体分工如下：

1. 2012 年 7 月 30 日前，修改制定并报批行政审批事项的审批标准、审批流程、审批时限。（责任处室：政策法规处牵头，具有审批职能相关处室配合）

2. 2012 年 8 月 10 日前，明确行政审批办公室岗位设置和人员配置

方案。(责任处室：人事处牵头，具有审批职能相关处室配合)

3. 2012 年 8 月 20 日前，确定行政审批办公室办公场所，调配相应设备。(责任处室：办公室牵头，相关处室配合)

4. 2012 年 8 月 31 日前，行政审批办公室工作人员调配到位，开展业务培训，开始工作交接。(责任处室：人事处牵头，行政审批办公室及相关处室配合)

第三阶段：2012 年 9 月 30 日前。调整修改厅电子政务审批系统，与自治区监察厅、自治区政务服务中心管理办公室沟通对接，调整自治区电子监察系统涉及我厅的有关内容；按照新的审批制度进行审批工作预演；根据预演情况完善有关制度、流程、软件，优化人员配置；编印审批工作指南，实行行政审批“三公开”。具体分工如下：

1. 2012 年 9 月 10 日前，调整修改厅电子政务审批系统，与自治区监察厅、自治区政务服务中心管理办公室沟通对接，调整自治区电子监察系统涉及我厅的有关内容。(责任处室：厅信息中心牵头，政策法规处、行政审批办公室及相关处室配合)

2. 2012 年 9 月 20 日前，按照新的审批制度进行审批工作预演。(责任处室：行政审批办公室牵头，信息中心、政策法规处及相关处室配合)

3. 2012 年 9 月 30 日前，根据预演情况完善有关制度、流程、软件，优化人员配置。(责任处室：政策法规处、人事处牵头，信息中心、行政审批办公室及相关处室配合)

4. 2012 年 9 月 30 日前，编印审批工作指南，实行行政审批“三公开”(行政审批事项标准公开、行政审批流程公开、行政审批事项办理时限公开)。(责任处室：行政审批办公室牵头，政策法规处配合)

2012 年 10 月 1 日起，正式按照“审管分离”要求开展行政审批工作。

六、组织领导

为确保厅行政审批制度“审管分离”改革工作顺利推进，决定成立厅行政审批制度“审管分离”改革工作领导小组。领导小组人员组成情况如下：(略)

七、工作要求

(一) 统一认识、转变观念。行政审批制度“审管分离”改革，是我厅进一步解放思想，赶超跨越，切实完善体制机制、建设高效廉洁行政审批制度的重大举措，是加快职能转变、建设服务型机关的重要手段，是强化预防腐败、加强党风廉政建设的创新措施。各处室、单位要充分认识这项工作的重大意义，把思想统一到厅党组的决策部署上来，认真贯彻落实各项工作部署，确保顺利推进。各处室要切实转变观念，正确对待权力，勇于革思想的命、削手中的权，通过实施行政审批制度的改革，切实强化服务和监管，扎实推进国土资源管理职能转变。

(二) 合理分工、紧密配合。行政审批制度改革是一项系统性的创新工程，涉及面广、难度大，各处室、单位要主动参与，相互支持，密切配合，确保各项工作的落实。各业务处室要积极主动为行政审批制度改革提供有力的政策支持和业务支撑，会同行政审批办公室研究调整审批流程，精简审批环节，编制办事指南，积极参与审批信息系统运行保障和后台的业务支撑等工作，确保各类审批事项依法、规范、高效办理。对“审管分离”中出现的新情况、新问题，相关处室、单位要主动关心、积极研究，及时提出解决办法。

(三) 强化监管，阳光行政。实行行政审批层级管理和监督制度。即窗口工作人员对首席代表负责，首席代表对分管厅领导负责，分管厅领导对厅长负责。审批过程中实行上级对下级、后一审批环节对前一审批环节进行监督，做到一层审一层，一层监督一层，层层接受监督。行政审批工作人员要自觉接受法制监督、舆论监督和社会监督。厅政策法规处会同相关业务处室负责对厅行政审批工作的合法性和重大行政审批行为定期进行检查，依法进行监督，对检查中发现的问题及时反馈并督促纠正。驻厅监察室负责对行政审批效能建设情况总体情况进行监督，对行政审批实施过程中的违纪违规行为，严格依法依规进行处理。

海南省国土环境资源厅
行政审批事项监督管理暂行规定

琼土环资法字〔2002〕5号

第一条 为了加强行政审批工作的监督管理，保证我厅依法、高效、准确办理各行政审批事项，从源头上预防腐败，优化经济发展软环境，制订本规定。

第二条 本规定所称行政审批事项，是指根据法律、法规、规章赋予我厅的，并经省政府清理后准予保留的行政审批事项。

第三条 今后我厅如需增设新的行政审批事项，必须严格按照法律、法规、规章的规定，并报经省政府批准。对已经省政府公布取消的审批事项，不得再行审批。

第四条 办理各项行政审批事项适用本规定。但土地使用权和矿业权招标、拍卖、挂牌出让审批，按我厅相关规定执行。

第五条 实行行政审批“窗口式”办文制度。设立统一对外的办文窗口，提供一站式、一条龙服务，实行外部办事的所有来文从一个“窗口”进，办结后的所有文件从同一个“窗口”出。

第六条 建立科学的审批内部运行机制。所有行政审批事项均须明确审批的依据、具体承办处室、必需的材料要件、办结期限及严密的审批操作规则和操作程序等内容，并向社会公开。

第七条 对当事人提出的审批申请，应在规定的时限内作出受理或不予受理的决定。

对符合受理条件的审批申请，必须予以受理。对属受理范围但材料要件不完备的，应一次性告知当事人补齐后予以受理。

对当事人的审批申请不予受理的，应向当事人送达书面说明。因审批事项不属于我厅审批范围而不予受理的，应同时向当事人告知该审批事项的具体受理机关。

第八条 实行行政审批限时制度。

按照减少办事环节、简化审批手续、缩短办事时间、提高办事效率的要求，所有行政审批事项均须确定尽可能短的办结期限。行政审批事项有法定办结期限的，在法定期限内确定一个具体的办结期限；没有法定期限的，应在科学论证的前提下，确定一个合理的办结期限。

行政审批业务涉及多个处室环节的，应在总办结期限的前提下，确定每一环节办结的期限。

所有行政审批事项（包含每一审批环节）应在规定的办结期限内办结。如确有特殊原因，无法在规定期限内办结的，必须提前 3 个工作日报分管厅领导批准延期，并将情况书面告知当事人。但每一审批事项办结的延长期限不得超过 10 个工作日，每一审批环节办结的延长期限不得超过 3 个工作日。

第九条 行政审批人员必须忠于职守，秉公办事，文明执法，廉洁高效，遵纪守法，不得有下列行为：

（一）拒绝、放弃履行法定职责；

（二）滥用职权，侵犯公民、法人和其他组织的合法权利；

（三）贪污受贿，徇私枉法；

（四）利用职权为自己或他人谋私利；

（五）泄露国家秘密和工作秘密；

（六）其他违法违纪行为。

第十条 实行行政审批责任制度。行政审批人员必须履行审批的责任和义务，对作出的审批行为负责。

第十一条 实行行政审批科学决策制度。对重大的审批事项，根据不同情况，可在采取专家论证、社会听证、民意调查等方式的基础上作出审批决策。

第十二条 实行行政审批会审制度。对重大的审批事项和关键审批环节，应建立集体决策的运作机制。

第十三条 实施审批过程中，除法律法规规章或上级规范性文件规定应收取的费用以及有关证书的合理工本费外，不得非法收取任何费用或者谋取非法利益。

对涉及行政事业性收费的审批事项，必须严格执行“收支两条线”管理和非税收入的银行代收管理，从源头上遏制腐败行为。

第十四条 除法律、法规和规章规定必须具备一定业务技能方可申领行政审批证照的以外，不得强制实施培训。

第十五条 实行审务公开制度。全面推行政务公开，提高审批的透明度。除国家明确规定不宜公开的以外均应推行审务公开，包括审批的依据、内容、条件、程序、时限、收费标准、审批结果、审批纪律、举报电话等。

第十六条 实行行政审批回避制度。与行政审批申请人有利害关系的工作人员应当回避。

第十七条 实行行政审批与监管分离制度。成立厅行政审批监督管理领导小组，建立和完善行政审批监督管理制度，加强对行政审批的监督管理，及时查处和纠正违反行政审批管理规定的行为。

第十八条 我厅的行政审批行为应自觉接受上级行政机关，同级人大、政协、政府行政监察部门、法制部门，司法机关，新闻媒体以及自然人、法人或者其他组织的监督。对其提出的意见建议，应及时研究处理；对其对我厅行政审批人员违反行政审批管理规定的行为的投诉和检举，应及时调查处理。

第十九条 建立行政审批自我纠错机制。发现作出的行政审批决定错误的，应及时依法撤销原行政审批决定，并重新作出行政审批决定。

第二十条 建立行政审批过错限期改正机制。发现行政审批人员在行政审批中有错误行为的，应限期其改正。行政审批人员应在规定的期限内改正错误行为。

第二十一条 实行行政审批考核制度。对行政审批处室和行政审批人员的行政审批情况进行定期或者不定期考核，并将其纳入年度工作考核内容，作为行政审批人员年度考核评定等次的重要依据。

第二十二条 实行行政审批过错责任追究制度。在行政审批过程中，由于故意或过失，作出的审批决定违法或不当，给公民、法人或其他组织的合法权益造成损害，或者给我厅造成不良影响的，追究直接负责的主管人员和其他直接责任人员的责任。

第二十三条 违反行政审批管理规定、擅自设定或者实施的行政审批无效，对直接负责的主管人员和其他直接责任人员依法给予行政处分。因实施无效行政审批造成自然人、法人或者其他组织损失的，实施行政审批的人员应当依法承担赔偿责任。

第二十四条 违反行政审批管理规定，有下列情形之一的，对直接负责的主管人员和其他直接责任人员依法给予行政处分；构成犯罪的，移送司法机关追究刑事责任。

（一）符合法定审批条件，拒绝审批申请或者不予答复的；

（二）推诿或者无正当理由拖延审批时间，给自然人、法人或者其他组织造成损失的；

（三）逾期不改正错误审批行为的；

（四）借行政审批向当事人索取财物的；

（五）在行政审批工作中徇私舞弊或者有其他渎职、失职行为的。

第二十五条 违反行政审批规定，在行政审批工作中强制实施培训、非法收取费用或者谋取非法利益的，应责令改正，非法收取的费用退还当事人，并对直接负责的主管人员和其他直接责任人员依法给予行政处分。

第二十六条 有行政审批权的处室应当根据本规定制定具体的实施办法，报厅行政审批监督管理领导小组备案。

第二十七条 本规定自 2002 年 11 月 30 日起施行。

本规定施行前我厅设定的行政审批不符合本规定的，自本规定施行之日起停止执行。

海南省国土环境资源厅
政务督查督办与巡查工作办法

琼土环资纪字〔2012〕23号

第一条 为加强政务督查督办工作，进一步提高办事效能和工作质量，确保党令政令畅通，保障省委省政府、国土资源部、环境保护部以及厅党组重大决策部署有效落实，根据《海南省人民政府政务督查工作规则》等相关规定，结合我厅实际，制定本办法。

第二条 政务督查督办工作应当坚持“围绕中心、突出重点、实事求是、注重实效、一事一办”及“重要事项，重点督办；紧急事项，跟踪督办；一般事项，定期督办”的原则。

第三条 厅成立政务督查督办工作领导小组，负责组织、协调、推进、落实全系统政务督查督办工作。厅领导任领导小组组长，厅机关各处室主要负责人为领导小组成员。领导小组下设办公室，与厅纪检监察组合署办公。

第四条 省委省政府涉及我厅工作的任务分解、厅年度工作计划和阶段性工作、行政审批事项、公文办理等日常政务督查督办事项由厅办公室负责。

其他列入政务督查督办事项的督办与巡视工作由厅政务督查督办工作办公室负责，督办情况应交厅办公室汇总。

第五条 政务督查督办的主要内容包括：

（一）国土资源部、环境保护部的重大决策和工作部署；

（二）省委、省政府的重大决策和工作部署；

（三）厅党组的重大决策和工作部署；

（四）省领导、厅领导交办或明确批示进入督查督办程序的工作。

第六条 政务督查督办对象为各市、县、自治县国土环境资源局（国土资源局、环境保护局），厅机关各处室和直属各单位。各单位主要负责人为本单位政务督查督办工作的第一责任人。

第七条 政务督查督办可以采取下列方式进行：

（一）信息提示。按照督查督办事项办结时限要求，厅政务督查督办工作办公室应当提前3个工作日以发送信息的方式提示主办单位主要负责人或主办人；

（二）书面督办。由一个单位办理的督查督办事项，在规定完成期限2个工作日前，厅政务督查督办工作办公室应当向主办单位送达《督查督办通知书》；督查督办事项超过规定期限未完成的，厅政务督查督办工作办公室应当向主办单位或主办人送达《责令办结通知书》；

（三）会议督办。由多个单位联合办理的事项，在规定完成期限3个工作日前，厅政务督查督办工作办公室应当召集联合办理单位召开督办会议，形成督查督办会议纪要。

第八条 督办工作应当按下列程序进行：

（一）对列入督查督办的事项，厅政务督查督办工作办公室应及时提出拟办意见，细化量化任务，明确时间节点，报经政务督查督办领导小组审定。

（二）督查督办事项经厅政务督查督办领导小组审定后，厅政务督查督办工作办公室应进行登记编号，填写《督查督办受理单》，及时交给主办单位或主办人。

（三）厅政务督查督办工作办公室应对督查督办事项进行跟踪检查，及时了解办理情况，采取相应方式适时进行督查督办。

（四）主办单位或主办人对督查督办事项办结后，应及时将办理结果等有关材料报送厅政务督查督办工作办公室。

（五）厅政务督查督办工作办公室要对完成的督查督办事项进行审核，并填写《督查督办审核意见书》，反馈给主办单位。通过审核的，主办单位方可启动发文程序；未通过审核的，应当责令主办单位重新办理。

（六）督查督办事项办结后，厅政务督查督办工作办公室要将督查督办情况以及重要资料及时立卷归档，妥善管理。

第九条 经督办仍不能完成的督查督办事项，厅政务督查督办工作办公室应当组成巡查工作组，开展政务巡查工作。

第十条 政务巡查工作应当按下列程序进行：

（一）提前下发政务巡查工作通知，告知巡查时间、内容和方式，并要求巡查对象开展自查；

（二）巡查工作组以听取汇报、查阅资料、个别谈话及其他必要的检查方式进行实地检查；

（三）巡查工作组在巡查中，应当重点听取巡查对象未完成政务督查督办事项的理由和存在问题，并进行详细的记录；

（四）巡查工作结束前，巡查工作组将巡查工作的情况和问题与巡查对象的主要领导或领导班子交换意见，并形成初步处理意见；

（五）巡查工作组将巡查工作的情况、问题以及形成的初步意见形成书面报告后，报厅政务督查督办工作领导小组审定。

第十一条 厅政务督查督办工作领导小组应当对巡查报告进行审议，并按以下规定办理：

（一）对确实存在客观原因，未能按时完成督查督办事项的，应当责令在消除客观影响因素后5个工作日内完成；

（二）对因主办单位或主办人员原因，未能按时完成督查督办事项的，应当责令改正，并下达《责令限期整改通知书》。

第十二条 主办单位或主办人不能按照要求完成督查督办事项的，

主办单位应当提前 2 个工作日向厅政务督查督办工作办公室提交书面说明；经厅政务督查督办工作办公室批准，可以适当延长办理期限。

第十三条 主办单位或主办人经督办逾期仍未完成督办事项的，或者未按《责令限期整改通知书》的要求完成督查督办事项的，由厅政务督查督办工作办公室报请政务督查督办工作领导小组根据党纪政纪的有关规定，对主办单位负责人和主办人进行通报批评或行政处分。

第十四条 本办法由厅督查督办工作办公室负责解释。

第十五条 本办法自印发之日起施行。

关于加强矿山地质环境治理项目监督管理的通知

渝国土房管发〔2010〕85号

各区县国土资源局、国土房管局、各分局，各区县财政局：

我市矿产资源经多年开采，矿山地质环境问题比较严重，潜在安全隐患较突出，人民群众生命财产安全受到严重威胁。近十年来矿山地质环境治理工作日益受到国家和各级政府及有关部门的高度重视。自2003年起，中央财政补助我市矿山地质环境治理项目26个，补助资金14370万元。通过这些项目的实施，对消除矿山安全隐患、改善当地的矿山地质环境起到了积极的作用。为进一步加强我市矿山地质环境治理项目监督管理，根据《国土资源部关于加强矿山地质环境治理项目监督管理的通知》(国土资发〔2009〕197号）文件精神，保证项目顺利实施，现将有关事项通知如下：

一、加强组织领导，严格规范管理

各区县国土资源部门、财政主管部门要高度重视矿山地质环境治理工作，加强组织领导，严格执行《矿山地质环境保护规定》(国土资源部令第44号)，切实履行矿山地质环境保护职责，把这项工作与“五个重庆”建设有机结合，建立完善管理制度，切实加强治理项目的监督管理，确保治理工作规范有序开展。

（一）严格按照项目类型，明确治理责任主体

中央财政补助的矿山地质环境治理项目，凡矿山企业责任主体未灭失的，原则上由该矿山企业为项目业主，相应的配套资金由矿山企业匹配。凡矿山企业责任主体已灭失的，由所在地区县国土资源主管部门会同财政部门提出项目业主单位的建议，经请示区县政府后报市国土房管局批复，由区县政府落实相应的治理项目配套资金。

项目所在地国土资源主管部门要认真履行好组织、协调、监督和指导职责，确保项目按时完成。

（二）严格项目管理，认真抓好项目各阶段工作

从 2010 年 1 月 1 日起，国土资源部、财政部批准的年度矿山地质环境治理项目，其项目管理严格执行业主负责制、招投标制、工程监理制、合同管理制、质量竣工验收和责任追究制。工程质量实行终身负责制，项目业主及参建单位的法定代表人等有关人员按各自职责对经手的工程质量终身负责。

项目业主须依法委托具有资质的专业队伍按照技术要求和有关规定编制勘查设计书勘查报告、可研报告、初步设计及概算、施工图及预算，由项目所在区县（自治县）国土资源行政主管部门初步审查后，向市国土房管局提出审查申请，由市地质环境监测总站组织专家审查。审查合格的勘查报告、可研报告、初步设计及概算由市国土房管局批复。其中初步设计及概算（以下简称“实施方案”）以项目任务书形式批复，明确项目的目的任务、主要实物工作量、工期时限等。勘查设计书、施工图及预算经有资质的单位审查后报市地质环境监测总站认定和备案。

国土资源部、财政部年度矿山地质环境治理项目批准文件下发后，承担项目的区县国土资源主管部门要及时督促项目业主，于每年的 3 月中旬将实施方案报送市国土房管局审查。项目可研阶段勘查不能满足编制实施方案的项目，应进行详细勘查，并于每年的 2 月中旬和 3 月上旬分别将勘查设计书、详勘报告报市国土房管局审查。审查后的施工图及预算应于4月上旬报市地质环境监测总站备案。

项目任务书一经下达，区县（自治县）及项目业主不得擅自修改和调整。如遇特殊情况确需变更的，必须严格按照规定程序重新报批。

（三）严格执行项目管理各项规定，接受社会公众监督

矿山地质环境治理项目必须按照《招标投标法》规定组织实施，招标公告必须在市国土房管局公共信息网站上发布，接受社会监督。

参与矿山地质环境治理项目招投标单位应具有相应的地质灾害防治工程勘查、设计、施工、监理资质。工程涉及水利、绿化、土地整治等内容的，其设计、施工、监理单位应具有相应行业的资质。

2009年以前中央财政补助的治理项目，实施方案已通过审查的，必须在2010年3月底前完成招投标工作，4月份全面启动治理工作；2009年度中央财政补助的治理项目，务必在2010年5月底前完成招投标工作并启动治理工作。项目业主须按项目任务书确定的工期制定倒排时间表，区县国土资源主管部门要加大检查督促力度，确保项目按时完成。

（四）严格治理项目验收，确保治理工程质量

工程完成后，项目业主应及时向区县国土资源主管部门提出验收申请，经批准后，项目业主在区县相关部门监督下组织参建单位并聘请专家进行项目竣工质量验收。验收时，应提交以下资料：

1. 项目立项批准文件及任务书；
2. 经批准的项目设计文件；
3. 项目中标通知书及合同；
4. 工程参加单位相应的资质复印件；
5. 勘查总结报告、设计总结报告、工程监理总结报告；
6. 开工报告、施工日志、工程竣工图、施工总结报告；
7. 施工质量评定及验收评定表；
8. 重大质量事故处理资料；

9. 项目成果数据库（包括工程有关的影像图片资料）；

10. 工程进度付款凭证复印件及其汇总表，工程费用调整文件及其批准意见，工程决算及审计报告；

11. 承担单位对工程验收的意见；

12. 其他必须提供的有关文件（如项目治理前后的对比图片、影像资料等）。

项目通过质量验收后，由业主单位向区县国土资源主管部门申请，由区县国土资源主管部门、财政部门组织项目验收检查，市国土房管局将会同市财政局组织专家对项目组织管理情况、招投标情况、工程完成情况、项目验收程序、验收资料完整性等进行抽查。

已完成的治理项目，区县国土资源主管部门要督促项目业主在2010年4月底前按照要求完成项目验收工作。

（五）严格资金管理，确保专款专用

矿山地质环境治理项目，矿山企业作为项目业主，要按照项目建设要求，落实治理项目企业配套资金。各区县财政部门要严格按照相关规定，认真落实治理矿山企业责任主体已灭失的项目配套建设资金；加强项目资金的监督管理，严格财经纪律，按工程实施进度拨付项目资金，在工程竣工验收合格后按规定及时支付项目尾款，严禁以任何形式截留、挤占、挪用资金，确保治理项目资金专款专用和保证项目顺利实施。

二、加强监督检查，保证治理效果

（一）做好巡查抽查，掌握项目进度

各区县国土资源主管部门要每月巡查一次，督促业主单位严格按照项目设计、保证工程质量并在规定时间内完工。对检查发现存在资金挪用、工程质量达不到标准等违规行为的，应及时提出处理意见并限期整改。市国土房管局会同市财政局每年将不定期对矿山地质环境治理项目和资金使用情况进行检查，对项目管理制度不落实、工程进度滞后等将实行挂牌督办，限时整改；对项目迟迟未启动的、整改不到位的将收回中央财政补助资金，暂停中央财政的支持项目，并予以通报。对项目区域未设立公示牌，检查时项目经理、技术负责人及“五大员”（施工、质检、材料、预算、安全员）不在现场的参建单位，一律视为转包，将依照相关规定予以责任追究，并取消参建单位资格。

（二）定期报告进展，及时总结经验

项目业主应于每月底向所在地国土资源部门报告一次项目实施进展情况，区县国土资源主管部门应于每季度末向市国土房管局报告本辖区内矿山地质环境治理项目进展情况，每年 12 月底前，要将本辖区内矿山地质环境治理项目实施总体情况汇总上报市国土房管局，及时总结项目实施过程中的经验教训，确保项目按时顺利完成。

（三）结合本地实际，做好项目申报

各区县国土资源主管部门要高度重视，结合本地区矿山地质环境破坏情况，依据《重庆市矿山地质环境治理规划（2008—2015 年）》中确定的本辖区重点治理项目，积极主动推进项目申报工作，督促项目业主委托有地质灾害防治勘查和设计甲级资质的单位，在初步勘查的基础上，编制项目申报《可行性研究报告》及相关申报资料，并于每年 6 月 30 日前报市国土房管局审查后上报。

三、总结成果，加强宣传

矿山地质环境治理项目验收合格后，各项目业主单位应及时将成果资料汇交到市国土房管局备查。各区县国土资源主管部门要加大项目治理效果的宣传力度，通过出版图册，举办展览等形式，在电视、广播、报纸等媒体上对矿山地质环境治理项目取得的成效进行宣传，争取社会各界对矿山地质环境保护工作的理解和支持，为创建绿色矿山、改善生态环境作出积极贡献。

重庆市国土资源和房屋管理局关于实行农村土地整治项目审批会审制度的通知

渝国土房管发〔2011〕209号

各区县国土房管局、国土资源局、国土资源管理分局，市局相关处室，市农村土地整治中心：

为进一步规范国土整治行政审批行为，切实提高依法行政水平、行政管理效率和质量，确保重大行政行为公开、公平、公正，积极服务社会和广大人民群众，结合我局实际情况，经研究决定实行国土整治项目会审制度，具体通知如下：

一、会审事项和会审单位

市级农村土地整治项目入库、变更及区县级农村土地整治项目入库备案、变更实行会审，以市局耕保处负责人为组长，权籍处、规划处、财务处、纪检监察室为成员。

二、会审程序和工作方式

（一）审查。提请会审前，市农村土地整治中心负责对报批项目进行审查和分析，出具审查意见，准备会审资料和会审申请。会审日前三天，提交会审单位通过审查拟会审的项目基本情况清单及每个项目的相关审查资料，以备会审前初查。在会审日前，会审单位可根据需要抽查项目资料，若发现项目条件缺乏或者还需要做进一步补充、完善，将意见返回市农村土地整治中心，待条件成熟后再提交会审。

（二）会审。首先，市农村土地整治中心向会审单位介绍各项目基本情况、初审情况、修改情况，展示重要备案资料，提出处理意见和建议。会审单位对项目合法性、合规性、合理性发表意见和建议。最后，集体讨论，项目通过或不通过达成一致意见，形成会审结论并经会审单位全体签字认可。会审单位因故未能参加会审的，视同该单位同意会审结论。

（三）会审结果执行。通过会审的，根据集体决策意见按程序予以批准；未通过会审的，市农村土地整治中心将会审意见返回业主单位，待修改符合条件后再次提交会审；应会审未经会审的，不予受理。

三、会审时间

原则上，每七个工作日会审一次。具体时间由农村土地整治中心与市局耕保处商定后另行通知。

中共四川省国土资源厅委员会
关于印发廉政文化建设实施意见的通知

川国土资党委发〔2011〕12号

为了深入贯彻落实科学发展观、十七大精神和《建立健全教育、制度、监督并重的惩治和预防腐败体系实施纲要》，大力推进廉政文化建设，倡导“以廉为荣、以贪为耻”的良好风尚，根据中央纪委、中央宣传部、监察部、文化部、广电总局、新闻出版总署联合下发的《关于加强廉政文化建设的意见》和省委、省纪委的有关要求，现就我厅廉政文化建设提出如下意见：

一、指导思想

高举中国特色社会主义伟大旗帜，以邓小平理论、“三个代表”重要思想、十七大精神和科学发展观为指导，坚持社会主义核心价值体系，坚持社会主义先进文化前进方向，以“立党为公、执政为民”为核心，以“艰苦奋斗、廉洁奉公”为主题，以党员干部为重点，以文化教育活动为主要载体，以培育优良的党风政风、促进行风进一步好转为目标，突出思想教育，强化道德建设，整合文化资源，营造崇廉氛围，优化从政环境，为反腐倡廉提供强有力的文化支撑，从源头上防止腐败现象的滋生。

二、主要内容

（一）开展学习教育。一是开展理想信念教育，使直属机关党员干部牢固树立共产主义信仰，坚定建设中国特色社会主义的信念，夯实机关廉政文化建设的思想基础。二是开展从政道德教育，做到为政先修德、履职先做人，慎权慎独、自警自励，抵得住诱惑、守得住小节。三是开展党性党风教育，继承和发扬党的理论联系实际、密切联系群众、谦虚谨慎、不骄不躁和艰苦奋斗的优良传统和作风。四是开展法纪教育，使广大党员干部模范遵守党纪国法，经受住市场经济和改革开放的考验。

（二）广泛开展活动。积极利用各种文化资源及各类人才优势，通过观看电教片、红色电影、书画作品、英模巡讲、参观革命馆所的展览、创作和参观廉政文化作品、游览革命遗址、“三基地一窗口”考察、征集廉政格言等多种生动活泼的形式，让党员干部在喜闻乐见的活动中受到教育和启迪。要选择融思想性、艺术性、教育性于一体的先进典型事迹为主的教育素材，加强廉政意识教育。

（三）开展理论研讨。通过召开各种学习会、座谈会、研讨会、推进会、廉政文化作品交流等，加强对廉政文化建设前瞻性、战略性问题的系统研究，加强对廉政文化建设实践的理性思考，探索廉政文化建设的特点、规律和发展趋势，及时总结在廉政文化建设中的经验和有效做法，充分发挥典型的示范作用，以发展着的廉政文化理论指导廉政文化建设新的实践。

（四）落实廉政制度。要严格执行党员干部的各项廉政行为规范。加大首问责任制、责任追究制、按时办结制、民主集中制、领导干部双重组织生活制、重大事项报告制、财产申报制、党内两个目标管理考核评比制等有关廉政制度的检查落实工作力度，同时通过廉政文化建设的实践不断建立健全新的廉政制度，加强对权力的制约监督，把廉政文化理念上的柔性约束力和规章制度的刚性约束力相结合，促进从政行为按照法律制度的方向和标准实施，减少和消除腐败行为发生的条件和环境。

三、方法和措施

（一）把握重点。我厅直属机关的廉政文化建设，是系统廉政文化建设的重要组成部分。搞好这项工作对促进其他工作具有重要的示范作用。因此，厅机关要根据上级的要求，积极做好机关廉政文化建设的工作，开展具有本厅廉政文化特色的活动，进一步深化各项工作，让廉洁从政、依法行政成为全体机关工作人员的座右铭。

（二）突出主题。要紧紧围绕反腐倡廉主题来开展。进一步推进廉政文化建设，巩固学廉、思廉、崇廉的良好氛围，倡导求真务实、清正廉洁、不图虚名、勇于创新、敢于争先的时代风尚，树立以廉为荣、以贪为耻的思想观念。让反腐倡廉成为我们工作、生活、休闲、娱乐都不可缺少的行为准则。

（三）警示教育。经常组织党员干部开展警示教育，以案为鉴，警钟长鸣，认真贯彻落实好《实施纲要》，不断加强学习，加强“三观”改造和党性思想道德法律修养，牢固树立宗旨意识，强化自律意识，务必做到慎初、慎微、慎独、慎欲，筑牢反腐倡廉的思想防线，永葆共产党人本色，自觉维护共产党员和公务人员形象。

（四）创新载体。廉政文化建设要取得成效，必须在创新活动载体上下功夫。要紧紧贴近党员干部职工的工作、生活实际，用喜闻乐见的形式和载体，使廉政文化更容易让党员干部职工所接受。由此增进廉政文化的亲和力，不断焕发廉政文化的蓬勃生机。

四、加强领导

（一）提高认识。要充分认识加强廉政文化建设的重大意义，加大源头预防和治理腐败力度，以优良的党风政风带动行风建设，认真贯彻落实加强廉政文化建设的各项措施，进一步明确廉政文化建设的着眼点和落脚点，增强开展廉政文化建设的自觉性。

（二）建立机构。经厅党委研究决定，成立厅廉政文化建设领导小组。厅党委书记、厅长任组长，厅机关党委书记、厅纪委书记任副组长，厅党委办公室、人事处、机关党委办公室、纪检监察室主要负责人为成员，厅领导小组下设办公室在厅纪检监察室。做到责任有人负，工作有人做，活动有着落。

（三）加强领导。各单位和部门要把廉政文化建设作为党风廉政建设和文化建设的重要内容，纳入工作的整体安排，列入议事日程，明确责任部门，同部署、同检查、同考核，结合实际抓落实。领导干部要带头倡导、实践和传播廉政文化，为党员干部起到榜样和示范作用。

（四）改革创新。要不断探索和把握廉政文化建设的规律，既要坚持基本内涵，又要不断丰富和创新。既要力戒无丰富内容的形式，又要力戒无良好形式的内容，在内容与形式的良好结合上把廉政文化建设活动渗透到各项工作的全过程，力求在潜移默化、循序渐进中使党员干部职工受到廉政文化的教育和熏陶，不断取得廉政文化建设的新成效。

（五）宣传展示。大力宣传、积极传播廉政文化，营造崇尚廉洁、抵制腐败的良好舆论环境。积极组织优秀廉政文化作品的宣传和展演、展示工作。切实发挥厅内传媒在传播廉政文化中的作用，加大反腐倡廉建设宣传报道力度，办好廉政网页、专栏、手机信息等，准确对外发布信息，及时回应社会关注的反腐倡廉热点问题，推动健康向上的反腐倡廉网络文化建设。注重研究传播艺术，采用受众易于接受的方式，不断提高廉政文化传播能力。

四川省国土资源厅
关于进一步加强风险防范管理机制及惩防体系制度建设的意见

川国土资发〔2011〕26号

各市（州）国土资源局，厅机关各处（室、局），各直属单位：

按照廉政风险防范管理工作的总体要求，为全面贯彻落实中共中央关于《建立健全教育、制度、监督并重的惩治和预防腐败体系实施纲要》和《建立健全惩治和预防腐败体系2008—2012年工作规划》，进一步完善风险防范管理制度机制、深入推进我省国土资源系统惩治和预防腐败体系建设，不断提高反腐倡廉科学化、制度化、规范化水平，结合省委反腐倡廉工作的总体部署和国土资源领域腐败案件多发频发的严峻形势，围绕教育预防、制度规范、监督制约、查办惩戒和组织保障“五大机制”，全面加强制度建设，使制度贯穿于惩防体系的各个环节，充分发挥制度在惩防体系中的保障作用。现就进一步加强风险防范管理机制及惩防体系制度建设，提出如下意见。

一、指导思想

以邓小平理论和“三个代表”重要思想为指导，深入贯彻落实科学发展观，坚持标本兼治、综合治理、惩防并举、注重预防的方针，按照中央、省委及省纪委的工作部署和要求，以规范公共权力有效运行为重点，有针对性的制定和完善一批基础性、全局性的反腐倡廉制度，提高国土资源部门惩防体系制度建设水平，加快形成反腐倡廉制度体系框架，更好地促进全厅党风、政风和工作作风的全面优化，保证权力沿着制度化、法制化轨道运行。

二、工作任务

（一）建立和完善教育预防制度，做到反腐倡廉教育经常化、制度化。以加强对领导干部教育的制度建设为重点，不断创新和完善教育制度，扩大教育的覆盖面和影响力，做到教育工作经常化、制度化，增强教育的针对性、实效性，提高党员干部的廉洁勤政意识，筑牢思想道德防线。建立和完善以下制度：

1.《四川省国土资源厅惩治和预防腐败体系基本框架》（责任单位：纪检监察室）。

2.《四川省国土资源厅关于进一步加强和改进宣传思想工作的意见》（责任单位：办公室）。

3.《四川省国土资源厅党政主要负责人定期讲廉政党课制度》（责任单位：机关党委）。

4.《四川省国土资源厅关于加强廉政文化建设的实施意见》（责任单位：机关党委）。

（二）建立和完善权力约束制度，规范权力运行。以建立健全干部选拔任用和管理监督机制、深化行政审批制度改革、积极推进财政管理体制改革为重点，规范从政行为。建立和完善以下制度：

1.《四川省国土资源厅干部选拔任用工作记实制度（试行）》（责任单位：人事处）。

2.《四川省国土资源厅干部选拔任用工作有关事项受理审核制度（试

行)》(责任单位：人事处)。

3.《四川省国土资源厅党政领导班子正职履行干部选拔任用工作职责离任检查制度（试行)》(责任单位：人事处)。

4.《四川省国土资源厅关于进一步规范行政审批事项的意见》(责任单位：办公室)。

5.《四川省国土资源厅行政审批服务中心办事工作若干规定》(责任单位：办公室)。

6.《四川省国土资源厅国有土地储备运营财务管理暂行办法》(责任单位：财务处、利用处)。

7.《四川省国土资源厅政府采购实施办法》(责任单位：办公室)。

8.《四川省国土资源厅机关公务用车配备和使用管理的规定》(责任单位：办公室)。

9.《四川省国土资源厅行政事业单位资产管理办法》(责任单位：办公室及各直属单位)。

（三）建立和完善监督管理制度，防止权力失控、决策失误和行为失范。以加强党内监督、纪检监察部门监督、群众监督为重点，建立和完善监督制约机制。建立和完善以下制度：

1.《四川省国土资源厅廉政谈话、诫勉谈话、任前谈话和述职述廉规定》(责任单位：纪检监察室)。

2.《四川省国土资源厅行政过错责任追究制》(责任单位：纪检监察室)。

3.《四川省国土资源厅选拔任用工作“一报告两评议”制度（试行)》(责任单位：人事处)。

4.《四川省国土资源厅关于对政府重点投资项目实施监督的暂行规定》(责任单位：财务处)。

5.《四川省国土资源厅关于对招标投标活动实施监督的暂行办法》(责任单位：纪检监察室、财务处)。

6.《四川省国土资源厅财政资金运行监督办法》(责任单位：财务处、

审计处）。

7.《四川省国土资源厅关于对土地使用权和矿业权出让实施监督的暂行办法》（责任单位：土地利用处、矿管处、地勘处、纪检监察室）。

8.《四川省国土资源厅关于进一步推进政务公开的意见》（责任单位：办公室）。

9.《四川省国土资源厅关于聘请政风行风监督员的办法》（责任单位：办公室）。

10.《四川省国土资源厅领导干部因公出国（境）管理办法》（责任单位：对外合作与科技教育处）。

（四）建立和完善查办惩戒制度，加大惩治腐败的力度。以查办发生在领导机关和领导干部中滥用权力、谋取私利的违纪违法案件为重点，建立健全执纪执法机关相互协作配合、查办大案要案组织协调等制度，形成惩治腐败的整体合力，严厉惩处腐败分子。建立和完善以下制度：

1.《四川省国土资源厅行政效能投诉受理查处办法》（责任单位：纪检监察室）。

2.《四川省国土资源厅国土资源执法监察错案责任追究制度》（责任单位：执法局）。

3.《四川省国土资源厅国土资源领域违法违规案件公开通报和挂牌督办办法》（责任单位：执法局）。

4.《四川省国土资源厅征收征用土地损害群众利益行为的责任追究办法》（责任单位：建设用地管理处）。

（五）建立和完善组织保障制度，确保惩防体系建设任务的落实。建立和完善组织领导、监督检查、评价考核、责任追究等方面的保障制度，确保惩治和预防腐败体系构建工作取得实效。建立和完善以下制度：

1.《中共四川省国土资源厅委员会巡视工作暂行办法》（责任单位：纪检监察室）。

2.《四川省国土资源厅领导干部双重组织生活制度》（责任单位：机关党委）。

3.《四川省国土资源厅关于对领导班子和领导干部执行党风廉政建设责任制情况进行考核和责任追究的实施办法》（责任单位：纪检监察室）。

4.《四川省国土资源厅领导干部经济责任审计暂行办法》(责任单位：审计处)。

三、工作要求

一是要统一思想认识。加强惩防体系制度建设的工作是党风廉政建设的有机组成部分，党政主要领导是第一责任人，分管领导要具体抓，机关各部门要加强协调配合，形成条块结合、上下联动、齐抓共建的工作局面。

二是要突出防控重点。要根据不同层面的特点推进制度创新。机关处（室、局）要以规范和制约权力为核心、以党员领导干部为重点，着重围绕权力运行的重点部位和关键环节推进制度创新，抓好配套制度建设。各市（州）国土资源局、厅各直属单位要紧密结合实际，围绕腐败问题易发多发的环节和领域，围绕群众反映强烈的突出问题，研究制度改革，不断完善和创新制度。

三是要注重工作实效。制度建设创新必须在解决实际问题上下功夫，要把堵塞制度漏洞、促进制度落实、推动工作开展作为检验制度建设成效的重要标准。要注意研究新情况、发现新问题、总结新经验、探索新对策、创建新制度、形成新机制。各单位要将本部门开展惩防体系制度建设工作情况及时报厅纪检监察室。

四是要按时完成任务。上述制度务必在 2011 年 10 月 30 日前建立和完善。

贵州省国土资源厅
政务信息公开责任追究制度

黔国土资发〔2008〕147号

为全面贯彻实施《政府信息公开条例》的规定，严格执行我厅政务公开的相关规定，促进国土资源政务信息公开工作，特制定政务信息公开责任追究制度。

一、政务信息公开的责任关系

（一）国土资源政务信息依照《加强政务信息公开和对外公众信息网站建设的意见》（黔国土资发〔2006〕105号）规定，分别在厅办公局域网和厅对外公众信息网站上发布。

（二）厅的工作新闻、时政信息由厅办公室负责审查，并决定发布。

（三）国土资源管理的各项政务信息，实行主办处室编制、审查、发布责任制度。由厅机关各处室（局、中心）依照《加强政务信息公开和对外公众信息网站建设的意见》（黔国土资发〔2006〕105号）规定的职责执行。

（四）发布和维护政务信息，应当完整、及时、有效。

二、政务信息公开责任追究的内容

（一）政务信息公开不完整的情形

1. 法律法规、规范性文件、规章制度、政策依据不完整的；

2. 行政审批事项的办事依据、办事条件、程序、规则、报件目录公开不完整的；

3. 行政审批结果公开不完整的；

4. 对外公众信息网站设定的互动查询内容不齐全的；

5. 其他政务信息未按要求完整发布的。

（二）政务信息公开不及时的情形

1. 行政审批依据、条件、程序、规则、报件目录已经变更但对外公开栏目更新不及时的；

2. 行政审批结果公布不及时的；

3. 时政信息和工作新闻发布不及时的；

4. 其他政务信息未按时限要求发布的。

（三）政务信息公开发布错误的情形

1. 工作新闻和时政信息发布错误的；

2. 行政审批依据、条件、程序、规则、报件目录发布错误的；

3. 行政审批结果发布错误的；

4. 其他政务信息发布错误的。

三、责任认定和责任追究的标准

（一）政务信息公开责任认定

厅对政务信息公开的情况实行按月专项检查核实的方法进行监督检查，对出现政务信息发布不完整、不及时、信息错误等情况，分别通过厅办公局域网设置的月度“网上政务公开”考核栏目和“履行职责”考核栏目进行考核扣分，直接影响当事单位的月度考核成绩，实现责任追究。

（二）责任追究的标准

1. 有上述政务信息发布不完整情形的，每出现 1 项，对当事单位（处、室、局、中心）扣分 0.3 分；

2. 有上述政务信息发布、更新不及时情形的，每出现 1 项，对当事单位扣分 0.2 分；

3. 有政务信息发布错误的，每出现 1 项，对当事单位扣分 3 分；

4. 网站技术支持出现错误而影响政务信息公开的，每出现 1 项，对相关单位扣分 1 分；

5. 当月检查出 2 项以上政务信息公开不符合要求情形的，除按上述标准扣除当事单位“网上政务公开”分之外，另扣除该单位“履行职责”分 1 分。

四、责任追究的落实

月度检查监督形成的责任追究结果，在当月考核中给予落实兑现；一年中连续出现 2 个月或累计出现 3 个月被追究政务信息公开责任的单位，在年度目标考核中再扣减“政务公开”项目分数的二分之一。

贵州省国土资源厅关于厅机关工作人员领取评审费咨询费验收费的暂行规定

黔国土资发〔2012〕103号

厅机关各处（室、局、中心）：

为进一步规范国土资源各类评审费、咨询费和验收费的发放，加强厅机关工作人员领取相关费用的管理，根据有关规定，结合厅的实际，制定本规定。

一、本规定所指各类评审费、咨询费和验收费，是指由厅机关处室组织的关于国土资源规划编制、项目评估、设计审查、课题论证、竣工验收、工程招投标和政府采购评审、技术成果鉴定等，向专家和工作人员支付的费用。

二、厅机关处室组织的各类评审、咨询、验收工作，应严格控制费用发放范围。评审、咨询、验收工作所需的专家，原则上在厅机关建立的专家库中按规定名额随机抽取。邀请专家一般不超过7人。除主持评审活动的厅领导和主办处室负责人外，所需的工作人员，主办处室不得超过2人，协办处室不得超过1人。

三、厅机关处室组织的本规定“一”所指的各类活动，原则上应安排在法定工作日，在法定工作日内，厅机关工作人员无论以工作人员或专家身份参加的，都不得领取任何费用；确需在法定节假日参加的，可领取一定的费用，标准为：工作人员每人每半天400元，专家每人每半天1000元。

四、凡厅机关组织的评审活动，应提前一天在厅机关局域网上公布，内容为：项目名称、主持人、参加人员、开展工作的时间等。

五、凡属厅机关内部组织开展的工作研究、项目检查等，一律不得巧立名目设置或发放评审费、咨询费和验收费。违反本规定收受费用的，除追缴所得外，视情节轻重，给予党纪政纪处分。

六、驻厅监察室、厅财务处要加强监督，适时开展专项检查，发现问题及时纠正和查处，以确保本规定得到落实。

七、厅机关处室，要在评审等活动结束15天内，向驻厅监察室、厅财务处书面报告相关费用发放情况和登记表。

八、本规定从下达之日起执行。原黔国土资发〔2006〕29号停止执行。厅属各事业单位、全省市（州）国土资源局、开发区国土资源分局参照执行。

附表：1. 国土资源项目评审、验收工作登记表

2. 工作人员费用发放登记表

3. 评审专家费用发放登记表

附表 1

国土资源项目评审、验收工作登记表

主持人：　　　　　　活动时间：　年　月　日至　年　月　日

序号	项目名称	参加人数		支付费用（元）
		专家	工作人员	

承办处室负责人：　　　　　　填报时间：　年　月　日

附表 2

工作人员费用发放登记表

承办部门：

序号	姓名	参加评审活动的日期 （　　年　月　日至　　年　月　日）	共领费用次数	共领费用（元）

处室负责人：　　　　　　　　　　填报时间：　年　月　日

附表 3

评审专家费用发放登记表

承办部门：

序号	专家姓名	参加评审活动的日期 （　　年　月　日至　　年　月　日）	共领取费用次数	共领费用（元）

处室负责人：　　　　　　　　　　　　　　　　填报时间：　年　月　日

云南省国土资源厅关于印发《云南省国有建设用地使用权和探矿权、采矿权招标拍卖挂牌出让工作廉政建设规定（试行）》和《云南省土地整理复垦开发项目及资金管理工作廉政建设规定（试行）》的通知

云国土资党〔2009〕117号

省地调局，各州、市国土资源局，厅机关各处室、事业单位、农垦国土资源管理局：

现将《国有建设用地使用权和探矿权、采矿权招标拍卖挂牌出让工作廉政建设规定（试行）》和《云南省土地整理复垦开发项目及资金管理工作廉政建设规定（试行）》印发给你们，请各单位结合实际，认真遵照执行。

二〇〇九年十月六日

云南省国有建设用地使用权和探矿权、采矿权招标拍卖挂牌出让工作廉政建设规定（试行）

第一条 为了规范国有建设用地使用权和探矿权、采矿权招标拍卖挂牌出让工作，严格依法行政，促进廉政建设，防止违法违纪和腐败行为的发生，预防失职渎职犯罪，根据《中华人民共和国行政监察法》、《中华人民共和国土地管理法》、《中华人民共和国矿产资源法》、《招标拍卖挂牌出让国有建设用地使用权规定》、《探矿权采矿权招拍挂管理办法》、《云南省矿业权交易办法》、《中国共产党党员领导干部廉洁从政若干准则（试行）》和《国土资源部公务员廉洁从政行为暂行规定》等有关规定，制定本规定。

第二条 各级国土资源管理部门要切实加强对国有建设用地使用权和探矿权、采矿权招标拍卖挂牌出让工作的组织领导，通过加强作风建设，严格纪律，转变观念，增强服务意识，规范国有建设用地使用权和探矿权、采矿权招标拍卖挂牌出让行为。加强对国有建设用地使用权和探矿权、采矿权招标拍卖挂牌出让全过程的监督管理，建立责任追究制度，严格执行责任追究。

第三条 国有建设用地使用权和探矿权、采矿权招标拍卖挂牌出让工作要严格依照法定程序，坚持公开、公平、公正的原则。

国有建设用地使用权和探矿权、采矿权招标拍卖挂牌出让要通过云南省国土资源厅网站、土地有形市场或者指定的场所、媒介发布招标拍卖挂牌公告，明确招标拍卖挂牌的程序、办法和要求，并将招标拍卖挂牌出让后的中标价格、中标者向社会公开，接受社会各界的监督，严禁故意缩小公告的范围。

第四条 凡法律、法规、规章和政策规定必须以招标拍卖挂牌出让的国有建设用地使用权和探矿权、采矿权，都必须依法组织招标、拍卖或者挂牌出让，严禁规避招标拍卖挂牌出让的行为。

第五条 国有建设用地使用权招标拍卖挂牌出让工作由州市、县国土资源部门土地储备交易机构负责组织实施，并由土地招标拍卖挂牌主持人进行，也可委托具有相应资质的交易代理中介机构承办，其劳务费须经集体研究确定，严禁从中收受回扣或好处费。

探矿权、采矿权招标拍卖挂牌出让工作，按照颁发勘查许可证、采矿许可证的审批权限，由省或者州市两级国土资源部门管理的、依法设立的矿业权交易机构组织实施，其交易服务收费严格按《探矿权采矿权出让、转让交易服务费收费标准》执行。

同级监察机关或部门负责对国有建设用地使用权和探矿权、采矿权招标拍卖挂牌出让工作组织实施的过程，单位和个人的行为进行监督检查。

第六条 要严格按照国有建设用地使用权和探矿权、采矿权招标拍卖挂牌出让规范执行。招标拍卖挂牌出让结果公布前，要进行认真地复议、审核，严禁随意变更。

采用招标方式出让国有建设用地使用权和探矿权、采矿权过程中，评标委员会应当由相关处（科、股）室的工作人员和有关技术、经济方面的专家组成，成员人数为 5 人以上的单数。评标委员会专家名单的确认必须在监察部门的监督下从专家库中随机抽取，当场密封。评标委员会的专家及参与招标的工作人员，在开标、评标、决标的过程中都必须严格遵守评标纪律和保密规定。

第七条 国有建设用地使用权和探矿权、采矿权招标拍卖挂牌出让应当设定标底或底价，标底或者底价不得低于国家相关规定的最低价标准。

确定招标标底，拍卖和挂牌的起叫价、起始价、底价，投标、竞买保证金，应当实行集体决策，综合商定。

招标标底和拍卖挂牌的底价，在招标开标前和拍卖挂牌出让活动结束之前应当保密。

第八条 在组织实施国有建设用地使用权和探矿权、采矿权招标拍卖挂牌出让中，要严格按规定收缴费用，颁发土地使用证或矿业权许可证，不准随意改变收费标准或搭车收费、摊派费用。所收取的费用要严格按“收支两条线”规定进行管理和使用，不得挪作他用。

第九条 投标人或者竞买人以弄虚作假、串通压价、行贿等违法手段骗取中标或者竞得的，一经查实，中标或者竞得结果无效。

第十条 各级领导干部擅自决定以行政审批、协议出让等方式出让应当以招标拍卖挂牌方式出让的国有建设用地使用权和探矿权、采矿权，或以打招呼、批条子等形式干扰、阻碍国有建设用地使用权和探矿权、采矿权招标拍卖挂牌出让活动正常进行的，依法追究其行政纪律责任。

第十一条 负责国有建设用地使用权和探矿权、采矿权招标拍卖挂牌出让工作的国土资源管理部门工作人员，有下列行为之一的，依法追究负直接责任的主管人员和其他直接责任人员相应的行政纪律责任：

（一）采用行政审批、协议出让等方式出让应当以招标拍卖挂牌方式出让国有建设用地使用权和探矿权、采矿权的；

（二）泄露或者变相泄露国有建设用地使用权和探矿权、采矿权招标标底、拍卖挂牌底价或者其他有关应保密资料的；

（三）在国有建设用地使用权和探矿权、采矿权招标拍卖挂牌出让工作中，收受回扣、好处费等非法利益，利用职务或工作上的便利为本人或者亲友谋取不正当利益，收受投标方（竞买方）的现金、有价证券和支付凭证，占用投标方（竞买方）的车辆、通讯工具和收受、使用其他贵重物品，接受可能影响公正执行公务的礼品、馈赠、宴请、出国

(境)考察、国内旅游，参加用公款支付的高消费娱乐、健身活动等其他违反廉洁从政规定行为的；

(四)在国有建设用地使用权和探矿权、采矿权招标拍卖挂牌出让工作中，授意、提醒或暗示投标方、竞买方委托某一固定中介机构代行办理招拍挂相关事宜，并收受中介机构的现金、有价证券和支付凭证，报销应由本部门或个人支付的有关费用，在中介机构中兼任职务并领取报酬的；

(五)在国有建设用地使用权和探矿权、采矿权招标拍卖挂牌出让工作中玩忽职守、滥用职权、徇私舞弊，或者有其他违反法律法规和本规定的行为，应当追究行政纪律责任的。

第十二条 各级国土资源管理部门要加强对国有建设用地使用权和探矿权、采矿权招标拍卖挂牌出让的监督管理。纪检监察部门要强化监督、严格执纪，对违反国家有关法律、法规、部门规章以及本规定的行为，要追究有关责任人员和有关领导干部的责任。对违反《中国共产党领导干部廉洁从政若干准则》的不廉洁行为，要按《中国共产党纪律处分条例》的规定，给予党的纪律处分，或者给予相应的行政纪律处分，涉嫌犯罪的，移送司法机关依法处理。

第十三条 本规定由云南省国土资源厅负责解释。

第十四条 本规定自发布之日起施行。

云南省土地整理复垦开发项目及资金管理工作廉政建设规定（试行）

第一条　为了进一步加强和规范土地整理复垦开发项目（以下简称项目）及资金的管理，切实保证项目资金安全、合理、有效地使用，防止违法违纪和腐败行为的发生，预防失职渎职犯罪，根据党中央、国务院关于党风廉政建设有关规定和国土资源部《土地开发整理项目及资金管理工作廉政建设规定》，结合我省土地整理复垦开发工作实际，制定本规定。

第二条　各级国土资源管理部门要高度重视项目及资金管理，坚持以“项目管理”为龙头，“资金管理”为核心，“制度建设”为保障的原则，按照《云南省土地整理办法》（云政办发〔2009〕34号）、《云南省土地开发整理项目管理实施细则》的要求，加强领导，强化管理，严格监督，预防腐败。

第三条　项目管理坚持依法行政，按程序办事。项目的申报和立项，要坚持逐级上报，逐级排序，集体研究决定，严禁个人作出承诺。项目申报单位提供的申报材料必须真实可信，严禁申报材料弄虚作假。严禁项目申报单位采取不正当手段到主管部门拉关系、走门路、跑项目，坚决杜绝不正之风。

第四条　严格项目报送制度。项目报件必须由国土资源管理部门逐级统一报送，统一受理。项目的立项、计划和预算，必须坚持公开、公平、公正的原则，经过集体会审，并组织相关人员现场考察核准后，上报主管领导审核，经集体研究决定，坚决杜绝暗箱操作和不正当行为。

第五条 建立项目审查人责任制度。项目审查经办人员要按规定对项目申报材料进行认真审查，提出项目审查意见。严禁项目审查经办人员私自向申报单位通报审查情况、私自修改项目申报材料、对项目申报单位作任何违反规定的承诺。

第六条 强化项目可行性研究和规划设计工作。项目可行性研究编制单位和规划设计单位必须由申报单位委托在省国土资源厅备案的单位承担（编制和设计单位必须公示）。项目主管部门要责成编制和设计单位必须严格按项目编制和设计规范，深入实地现场踏勘后进行编制和设计，提高项目可行性研究和规划设计的质量和水平。

加强诚信体系建设，严格实行“黑名单制”的退出机制（此机制适应编制、设计单位，招标代理机构，监理和项目施工单位），严格规范从业单位的考核和管理。对编制和设计单位弄虚作假、采取欺骗手段，或者不深入实地现场踏勘、规划设计项目变更较大，情节轻微的，要进行警告；情节严重的，取消编制和设计单位备案和从业的资格。

认真做好项目的前置审计预算工作，加强和改进项目可行性研究和规划设计的评审工作，严格实行评审专家的回避制度。

第七条 加强项目招投标工作。对省级以上项目，项目承担单位要及时编制招投标方案，报省级土地开发整理机构审定，未履行此程序的，一律不准开展招投标工作。全省所有土地整理复垦开发项目必须面向社会进行公开招投标。项目的招投标必须由申报单位委托在省国土资源厅备案的招标代理机构承担（招标代理机构必须公示）。招标代理机构必须严格按照《招投标法》的规定组织实施项目的招投标工作。严禁招标代理机构与投标单位相互勾结，进行围标、串标；严禁个别领导和有关人员在招投标过程中打招呼，违规干预招投标工作。招标代理机构违规进行招投标，情节轻微的，要进行警告；情节严重的，将其列入黑名单，取消招标代理机构备案和从业的资格。

项目承担单位与中标的施工单位要订立项目施工合同和廉政合同，项目承担单位与监理单位也要签订监理合同和廉政合同，认真执行“双合同”制，规范廉政行为。廉政合同签订必须经县级监察机关鉴证。

第八条 项目主管部门不得授意、提示或暗示申报单位委托某一固定编制和设计单位或招标代理机构承担；不得收受编制和设计单位、招标代理机构的现金、有价证券和支付凭证，报销应由本部门或个人支付的有关费用；不得在编制和设计单位中参股或领取报酬。

第九条 切实加强项目实施的监督管理。项目实施前，项目承担单位要严格执行《云南省土地开发整理项目管理实施细则》的规定，对省级以上项目要及时编制项目实施方案，报省级土地开发整理机构审定，未履行此程序的，一律不准开工。

加强对项目中标施工单位的监督工作，对进场施工单位的工程项目经理、技术负责和施工管理人员、机械设备和监理单位人员逐一进行核对检查，严防借用资质或非法分包、转包等情形的发生。

项目实施过程中，要加强项目实施方案的贯彻落实，严禁项目承担单位与项目施工单位、监理单位相互勾结随意变更规划设计，虚报工程量，套取工程款；严禁施工单位采取不正当手段进行行贿等。对不讲诚信、施工质量差的施工单位和监理单位，情节轻微的，要进行警告；情节严重的，将其列入黑名单，取消从事项目施工和监理的资格。

第十条 严格项目验收工作。要重点加强工程中间验收的监督检查，做好事中监督，确保工程质量。完善竣工验收工作，项目建设完成后，由项目主管部门委托有关单位对项目的工程量进行复核。项目承担单位要认真做好项目的决算，并委托有资质的审计单位对资金进行审计核算，然后才能逐级进行项目的竣工验收工作。严禁简化竣工验收程序、违规验收项目。

第十一条 要完善财务管理机构，建立健全资金管理制度，加强对资金使用的监督检查。项目资金必须按规定的用途使用，专款专用，专项管理，单独核算。不准截留、挪用、坐支项目资金；不准设立“小金库”，乱支滥发或者变相集体私分；不准在项目资金中报销应属个人承担的费用。

第十二条 各级国土资源管理部门不得以土地整理复垦开发的名义，兴办与土地整理复垦开发有关的经济实体。具有土地整理复垦开发管理职能的事业单位，不能以任何名义参与项目的工程建设。

第十三条 严禁各级国土资源管理部门领导干部和项目管理部门干部的配偶、子女个人经营的公司，承担该领导干部管辖范围项目的工程建设。与项目及资金管理有关的部门、单位及有关责任人员不准利用职权或职务上的便利为自己或亲友谋取不正当利益。

第十四条 加强对项目实施和项目资金使用情况的监督检查。各级土地整理复垦开发的管理部门、财务部门、纪检监察部门，要定期或不定期地对项目管理部门和承担单位及有关责任人员履行职责情况、项目实施情况、项目资金使用和管理情况进行监督检查，发现弄虚作假、截留、挪用和坐支项目资金等违法违纪行为，要采取果断措施予以制止和纠正；情节严重的，追究单位和有关责任人员的经济、行政责任；涉嫌经济犯罪的，移送司法机关依法处理。

第十五条 各级国土资源管理部门，要加强监督，严格执纪。对项目及资金管理工作中出现的违反有关国家法律、法规、部门规章以及本规定的行为，要追究有关责任人员和有关领导干部的责任。对有关责任人员违反《中国共产党党员领导干部廉洁从政若干准则》的不廉洁行为，要按《中国共产党纪律处分条例》的规定，给予党的纪律处分，或者给予相应的行政纪律处分；涉嫌经济犯罪的，移送司法机关依法处理。

第十六条 本规定由云南省国土资源厅负责解释。

第十七条 本规定自发布之日起执行。

云南省国土资源厅党组关于进一步加强国土资源系统党风廉政建设的指导意见

云国土资党〔2012〕15号

省地质调查局，各州、市国土资源局，厅机关各处室、事业单位：

随着经济社会的快速发展，土地和矿产资源供需矛盾日益突出，利益关联日趋复杂，各种利益主体竞争激烈，国土资源系统仍处在腐败案件易发多发的时期，反腐倡廉建设形势依然严峻、任务依然艰巨。为进一步加强国土资源系统反腐倡廉建设，现提出如下指导意见。

一、建立健全领导机构和人员

为了加强国土资源系统的党风廉政建设，强化对干部的监督管理，厅党组决定，各州市县国土资源局党组书记、局长应对本单位及下属单位的党风廉政建设负总责，班子成员中必须明确一名领导分管和负责党风廉政建设工作，同时明确一名具体工作人员。州市县国土资源局分管领导和具体工作人员名单及联系方式，统一由各州市国土资源局汇总后上报厅纪检监察室。

二、建立健全国土资源管理廉政风险防控机制

全面落实好国土资源部党组关于推进国土资源管理廉政风险防控机制建设的指导性意见，进一步健全完善市场配置、管理创新、行政权力监督制约、廉政风险预警、廉政风险教育和责任追究等六个方面机制的建设，加快构建具有我省国土资源部门特点的惩治和预防腐败体系建设。要重点围绕土地和矿业权审批、土地和矿业权出让、土地和矿业权规划和计划、大额资金和项目管理、国土资源执法监察、干部选拔任用等六方面加强廉政风险防控管理。

三、建立健全领导干部廉政档案

为加强对领导干部执行廉洁自律各项规定的监督管理，促进领导干部廉洁从政，建立领导干部廉政档案工作，按照干部管理权限，实行分级负责制。厅纪检监察室负责厅机关处级干部（含非领导职务）的廉政档案工作，省地质调查局纪委负责局机关及各直属单位处级干部的廉政档案工作，各州市国土资源局负责局机关及直属事业单位、县市区国土资源局科级干部的廉政档案工作。

四、严格落实党风廉政建设责任制

认真贯彻落实《关于实行党风廉政建设责任制的规定》，各州市县国土资源局负责人要认真履行第一责任人的责任，带头执行廉洁自律有关规定，在反腐倡廉建设上做表率。班子其他成员要认真落实“一岗双责”，按照谁主管谁负责的要求，与业务工作一起部署、一起检查，一起落实、一起考核。要牢牢把握“责任分解、责任考核、责任追究”三个关键环节，强化责任考核和奖惩，把党风廉政建设责任制的落实情

况，作为干部综合考核评价、选拔任用、评先表彰的重要依据。对党风廉政建设任务落实好的要予以表彰奖励，对工作不到位，责任不落实，严重失职渎职的要严肃追究责任。凡是各州市和县市区国土资源局班子成员发生违法违纪案件的，在年终国土资源管理目标责任制和党风廉政建设责任制考核中，一律不得评为一等奖。

五、严格执行组织人事纪律

坚持“教育为主、预防为主、事前监督为主”原则，把反腐倡廉建设贯穿于干部队伍建设、教育培训、监督管理、选拔任用的全过程，有效防范腐败行为。进一步提高干部选拔任用工作的透明度，加强对干部选拔任用工作的监督。坚持民主、公开、竞争、择优，选准用好领导干部。严把干部选拔任用工作的资格核查关、选拔程序关、讨论决定关，进一步完善干部选拔任用机制，全面推行民主推荐、竞争上岗和公开遴选，加大国土资源系统干部交流轮岗力度，加强对干部选拔任用全过程的监督。严禁违反干部选拔任用规定推荐和确定考察人选；严禁隐瞒干部考察情况，更改伪造干部民主推荐、民主测评结果；严禁泄露民主推荐、民主测评、考察、酝酿、讨论决定情况；严禁对线索清楚、内容具体反映考察对象问题的举报，不进行调查核实或不如实报告；严禁在干部考察征求意见中，不如实反映考察对象廉洁情况，造成个别干部带“病”上岗等。

六、认真执行案件报告制度

建立快速反馈机制，认真执行案件报告制度，凡系统内工作人员发生违法违纪案件，被执纪执法部门追究党纪政纪、刑事责任的，要求各州市县国土资源局在第一时间及时报告厅党组和纪检组。对有案不及时报告，或隐瞒不报的，违法违纪案件上升较快的单位和部门，追究本单位、本部门主要负责人的领导责任，并对其进行问责。

七、加强财务管理和项目资金监督

坚持大额资金、重大事项集体决策制度。凡是预算编制、重大项目申请和执行、重要资产处置、重大资金使用等都必须经党组（党委）会集体决策执行。加强专项资金管理，切实提高资金使用效益。各项目资金必须专款专用、专户管理、专账核算，严禁挤占、截留、挪用项目资金的行为发生。各级国土资源部门应结合当前实施的“兴地睦边”农田整治、地质找矿、地质灾害防治等重点工作，加大对各类专项资金管理使用的监管力度，做到事前审核、事中监控、事后检查。严禁利用项目审批管理权违规设卡、故意刁难、吃拿卡要；严禁项目审查串通作假，不按规定进行招投标；严禁违规拨付项目资金、虚列项目开支，违规使用项目资金；严禁截留、挪用、坐支项目资金；严禁变相设立“小金库”，与项目承担单位串通一气，乱支滥发、变相开支项目资金；严禁违反规定程序、不按质量标准验收项目等。

加强国有资产管理，实现国有资产保值增值，坚决杜绝“小金库”问题的发生。严格控制因公出国（境）团组数量和规模，加强和规范公务用车配备使用管理，严格执行公务接待有关规定，从根本上控制“三公”经费规模。深化公务卡改革，提高公务卡使用效率，充分发挥公务卡制度优势，进一步加强和规范公务支出管理。

八、强化矿业权审批监督管理

全面推进矿业权审批制度改革，进一步健全完善矿产资源管理上下沟通、部门联动机制，全面推行矿业权审批逐级申报、联网审批。各级国土资源管理部门要按照以公开促规范、以规范求公正、以公正树公信的要求，及时制定相关工作制度和责任追究制度，切实提高审批效率和审批质量，增强服务能力和水平，确保矿业权报件按程序受理、按标准审查、按时限转办、按时效发证。严禁无故拖延、以权谋私，严禁不按规定乱办事以及有了规定不办事等失职渎职行为。

九、切实推进廉政文化建设

重视廉政文化阵地建设，组织开展以“廉洁国土”为主题的廉政文化创建活动，通过制作廉政格言警句、漫画悬挂在办公场所等有效形式，营造廉洁从政氛围。开展廉政文化创建活动，在全省国土资源系统干部职工中组织开展具有国土资源特色的自创廉政格言书法比赛、廉政文化汇报演出、廉政征文等活动，推进廉政文化进机关、进家庭。

中共西藏自治区国土资源厅党组贯彻落实《西藏自治区贯彻落实建立健全惩治和预防腐败体系2008—2012年工作规划的实施办法》的意见

藏国土资党〔2010〕71号

根据《西藏自治区贯彻落实〈建立健全惩治和预防腐败体系2008—2012年工作规划〉的实施办法》（以下简称实施办法）和西藏自治区贯彻落实《〈建立健全惩治和预防腐败体系2008—2012年工作规划〉实施办法的分工方案》（以下简称《分工方案》），结合实际，提出如下贯彻意见。

一、指导思想、总体要求和工作目标

（一）指导思想

高举中国特色社会主义伟大旗帜，以邓小平理论和“三个代表”重要思想为指导，深入贯彻落实科学发展观，坚持标本兼治、综合治理、惩防并举、注重预防的方针，把反腐倡廉建设放在更加突出的位置，加强以完善惩治和预防腐败体系为重点的反腐倡廉建设，紧密结合我区国土资源系统的思想建设、组织建设、作风建设、制度建设的实际，以改革创新精神扎实有效地推进惩治和预防腐败各项工作，为实现自治区纪委和国土资源部提出的各项任务，推动我区经济社会又好又快发展做出积极的贡献。

（二）总体要求

《实施办法》是我区今后五年推进惩治和预防腐败体系建设的指导性文件。贯彻落实《实施办法》，对于国土资源系统加强以完善惩防体系为重点的反腐倡廉建设，加强党的先进性建设和干部队伍建设，加快构建保障和促进科学发展新机制，推动国土资源管理改革和发展，具有十分重要的意义。

贯彻落实《分工方案》，要坚持区党委确定的指导思想、基本要求和工作目标，紧密结合国土资源管理工作实际，既要充分发挥本部门的职能作用，按照《分工方案》的要求，认真做好所承担的各项工作，又要全面部署，切实抓好本系统的反腐倡廉建设。既要体现国土资源部门深化改革、制度创新的精神，又要突出国土资源系统惩防体系建设的特色。要坚持把贯彻落实《分工方案》与区党委对反腐倡廉建设的阶段性部署结合起来，把完成当前任务与实现五年总体目标结合起来，突出重点，整体推进，狠抓落实，务求实效。

（三）工作目标

经过今后五年的扎实工作，全面完成区纪委明确国土资源厅牵头负责的各项任务，拒腐防变教育长效机制更加完善，反腐倡廉制度比较健全，权力运行监控机制基本形成，市场配置资源的基础性作用充分发挥，党风政风明显改进，腐败现象易发多发的势头进一步得到遏制，国土资源系统惩治和预防腐败体系初步建成。

二、推进反腐倡廉教育

（四）加强领导干部党风廉政教育

目标：各级领导干部中国特色社会主义理想信念更加坚定，法制观念和廉洁自律意识普遍增强，作风建设得到加强，拒腐防变的能力进一步提高。

要求：加强理想信念教育、廉洁从政教育、党的作风和纪律教育，教育和引导各级干部深入学习实践科学发展观，牢固树立马克思主义的世界观、人生观、价值观，牢固树立正确的权力观、地位观、利益观和社会主义荣辱观，勇于“革思想的命、削手中的权、去部门的利”。坚持正面示范教育和反面警示教育相结合，充分运用各种宣传教育手段，增强教育效果，切实把党风廉政教育引向深入。

任务：完善厅党组中心组理论学习制度，定期安排反腐倡廉理论学习，主要负责同志带头讲廉政党课。把反腐倡廉教育列入干部教育培训规划和计划，定期开展领导干部廉洁从政教育培训。在领导干部任职培训、岗位培训中开设廉政教育课程。组织开展党风党纪专题教育活动。

责任分工：机关党委、政工人事处、区测绘局、区地质环境监测总站、规划开发研究院、驻厅监察室

（五）加强反腐倡廉宣传教育

目标：反腐倡廉宣传教育格局更加完善，宣传教育的针对性、有效性进一步提高，国土资源厅系统反腐倡廉思想舆论氛围基本形成。

要求：各级党组织要统筹安排反腐倡廉宣传教育工作，丰富“三会一课”内容，创新示范教育、警示教育、岗位廉政教育和主题教育形式。充分发挥媒体作用，加大宣传力度，大力宣传国土资源系统党风廉政建设的成效。积极做好网上宣传和热点问题引导，注重人文关怀和心理疏导。

任务：制定国土资源反腐倡廉宣传教育年度计划。编写国土资源部

门领导干部廉洁从政先进典型宣传材料，宣传一批廉政勤政的先进基层单位和先进个人。编写国土资源领域典型案件警示教育材料。在国土资源网站、报刊等媒体开设反腐倡廉宣传教育专栏。

责任分工：驻厅纪检组监察室、机关党委、政工人事处、国土资源报驻厅记者站、信息中心、办公室、区测绘局、区地质环境监测总站、区规划开发研究院

（六）加强廉政文化建设

目标：廉政文化内容形式和传播手段得到进一步创新，形成具有国土资源系统特色的廉政文化。

要求：围绕建设社会主义核心价值体系，结合社会公德、职业道德、家庭美德、个人品德教育和法制教育，开展丰富多彩的廉政文化创建活动，充分发挥廉政文化的熏陶、引导、渗透和支持功能。廉政文化建设要贯穿于国土资源系统反腐倡廉建设全过程，扩大覆盖面，增强影响力。

任务：总结和推广国土资源系统廉政文化建设的先进经验和做法，制定国土资源系统廉政文化建设的实施意见。培育和创建一批“廉政文化精品工程”。

责任分工：机关党委、驻厅监察室、政工人事处、国土资源报驻厅记者站、信息中心、区测绘局、区地质环境监测总站、区规划开发研究院

三、健全反腐倡廉制度

（七）落实和完善反腐倡廉制度

目标：党内民主和党内监督制度得到全面落实，反腐倡廉制度得到进一步完善。

要求：认真落实和完善重要情况反映、通报和重大决策征求意见制度，落实领导干部民主生活会、述职述廉、任职和诫勉谈话等党内民主

和党内监督制度。严格执行党员领导干部个人重大事项报告等廉洁自律制度。通过落实完善反腐倡廉的各项制度，充分发挥制度在惩治和预防腐败中的保证作用。

任务：完善《国土资源厅党组工作规则》和《国土资源厅工作规则》。建立健全党内情况通报、情况反映、重大决策征求意见制度。修订国土资源厅关于实行党风廉政建设责任制的规定和国土资源厅领导干部廉洁从政若干准则。

责任分工：办公室、政工人事处、驻厅监察室、机关党委

（八）完善国土资源管理规章制度

目标：国土资源管理规章进一步健全，规章制度的规范和保障作用进一步显现。

要求：把廉政建设和反腐败的要求作为国土资源管理制度建设的重要内容，着力解决制度设计的缺位和不到位问题，通过制度创新，规范行政权力运行，改进国土资源管理。

任务：按照国土资源部修改完善的《土地管理法》和《矿产资源法》，确立适应我区社会主义市场经济要求的国土资源管理改革方向。规范和完善国土资源管理有关法规制度，构建保障和促进科学发展的国土资源管理制度体系。

责任分工：政策法规处、矿产资源开发管理处（地质勘查处）、耕地保护处（土地利用处）、地籍管理处

四、强化监督制约

（九）强化对领导班子和领导干部的监督

目标：对领导班子和领导干部的监督得到有效加强，领导干部依法行政和廉政勤政的能力进一步提高。

要求：加强对领导班子和领导干部遵守党的政治纪律的监督，确保党的十七大确定的重大理论观点、重大战略思想、重大工作部署的全面

贯彻落实；加强对贯彻落实科学发展观情况的监督，重点是落实节约集约利用土地、合理开发利用矿产资源等重大政策和改革措施情况的监督，防止和纠正违背科学发展观的行为；加强对执行民主集中制情况的监督，保证决策按议事规则和程序严格执行；加强对落实领导干部廉洁自律规定情况的监督，促进领导干部廉洁从政。

任务：制定并实施《中共西藏自治区国土资源厅党组关于加强处局级领导班子主要负责人监督的暂行办法》和《中共西藏自治区国土资源厅党组关于解放思想改革创新改进作风增强执行力的决定》。加强对落实领导干部廉洁自律规定情况的监督，重点治理领导干部违反规定收受现金、有价证券、支付凭证和收受干股，违反规定插手土地和矿业权市场交易，以及在住房上以权谋私等问题。以各单位主要负责人为重点，实行行政问责制，把土地和矿业权审批、行政执法、大额度资金管理等纳入行政问责范围。

责任分工：政工人事处、机关党委、办公室、驻厅纪检组监察室

（十）加强对重点环节和关键部位权力行使的监督

目标：行政权力公开运行工作得到全面推进，对干部人事权的监督得到有效加强，资金使用得到有效监管，初步形成对重点环节和关键部位权力行使的有效监督制约机制。

要求：加强对土地和矿产资源行政审批和行政执法权行使的监督，加强对干部人事权的监督，加强对项目资金的监管，规范和制约自由裁量权的行使。推行行政审批电子监察系统，实行接办分离、程序公开，保证行政权依法、公正、透明运行。

任务：积极依法开展土地利用和矿产资源管理的监督，对执行土地和矿产资源规划、计划和行政审批的情况开展执法监察和效能监察。继续对“小金库”进行专项清理。强化对重大决策、重要干部任免、重大项目安排和大额度资金使用的监督。推行财务公开，加强对预算编制执行、财务管理、会计核算的监督。开展对救灾资金和物资使用情况的监督检查。加强对直属单位资金使用情况的监管。建立干部监督工作联席

会议制度，完善干部选拔任用监督机制。贯彻落实政府信息公开条例，推进政务公开，加强厅政务大厅的门户网站建设。制定行政审批网上效能监察管理办法，实行行政审批电子监察。配合区纪委监察厅建立和完善土地和矿产领域预防腐败信息沟通机制。开展专题研究，探索建立决策权、执行权、监督权既相互制约又相互协调的权力结构和运行机制。

责任分工：驻厅纪检组监察室、政工人事处、财务审计处、办公室、信息中心

五、深化机制制度改革

（十一）继续深化审批制度改革

目标：审批制度改革进一步深化，加强监管，改进服务，国土资源管理方式进一步转变。

要求：改进国土资源管理方式，强化监管和服务，减少行政审批事项，简化审批程序，提高审批效率。实现网上申报和审批，严格执行一次告知和限时办结制度。

任务：研究提出进一步加强和改进土地利用规划和计划管理措施，出台建设项目用地审批改进办法和监管办法，制订终类用地报批会审办法。制定并实施进一步加强探矿权管理的办法和进一步加强采矿权管理的办法。对国土资源规章制度进行全面清理，加快推进规范性文件的“立、改、废”工作，继续推进“金土工程”，加快电子政务建设，实现各级国土资源部门网络互联互通和远程报批。

责任分工：规划处、耕地保护处（土地利用处）、矿产资源开发管理处（地质勘查处）、政策法规处、办公室、信息中心

（十二）加快征地制度改革进程

目标：征地制度进一步完善，被征地农民合法权益得到有效维护。

要求：严格落实征地补偿安置各项政策，拓宽征地安置途径，积极配合有关部门推进建立被征地农民社会保障制度。规范征地补偿拨付程

序，建立征地补偿费使用监管机制。继续推进征地制度改革，完善征地补偿标准，规范征地程序。

任务：完善征地补偿标准，逐步制订实施征地统一年产值标准和征地区片综合地价。推进实施征地补偿安置争议协调裁决制度，探索建立基层协管员、人民调解员制度。深化征地制度改革工作，配合有关部门建立和完善被征地农民社会保障长效机制，规范征地补偿费使用管理。

责任分工：耕地保护处（土地利用处）、办公室、政策法规处

（十三）推进国土资源市场体系建设

目标：土地、矿产资源市场体系进一步完善，市场配置资源的基础性作用进一步发挥。

要求：完善国土资源资产监管制度。规范土地使用权出让制度，进一步完善经营性用地招标拍卖挂牌出让制度，规范国有建设用地使用权出让程序，深化土地有偿使用制度改革。深化探矿权、采矿权有偿使用制度改革，逐步理顺资源开发利用分配关系，积极推进矿业权市场化进程，形成公开、公正、公平交易的市场环境。

任务：全面落实经营性用地、工业用地招标拍卖挂牌出让制度，严格实施工业用地最低价标准。按照国家修订的划拨用地目录和划拨建设用地使用权管理办法，逐步缩小划拨用地范围，初步实现除保障性住房建设用地、特殊性用地（军事用地）外的各类建设用地的有偿使用，充分发挥土地和矿业权市场信息平台的作用，加强对土地和矿业权市场的监管。认真落实国有土地使用权出让收入纳入基金预算管理。探索探矿权、采矿权出让政府宏观调控与市场配置相结合的新方法，完善矿产资源补偿费征收措施，强化矿产资源储量评审和矿业权评估管理，制定出台对评审、评估机构的监管办法。研究探索资源、资产、资本三位一体的国土资源综合调控制度与统一管理模式。

责任分工：土地利用处（耕地保护处）、地籍管理处、规划处、政策法规处、矿产资源开发管理处（地质勘查处）、矿产资源储量处、财务审计处、规划开发研究院

六、纠正损害群众利益的不正之风

（十四）坚决纠正征地中损害群众利益的问题

目标：征地中群众的合法权益得到有效保护，合理诉求依法得到及时解决。

要求：严格落实补偿安置政策，防止挪用、截留和拖欠农民补偿费问题的发生，进一步研究解决征地补偿中维护群众利益的办法和措施，切实解决在征地过程中群众反映强烈的问题。

任务：严肃查处征收征用土地中挪用、截留和拖欠农民补偿费等违法违纪问题。做好征地补偿安置争议协调裁决工作，保护公民、法人和其他组织的合法权益，保障和监督行政机关依法行使职权。配合有关部门推进村务公开，进一步拓展群众与国土资源管理部门沟通的渠道。及时掌握补偿安置落实中出现的新情况、新问题，研究提出政策措施。

责任分工：耕地保护处（土地利用处）、执法监察局、办公室

（十五）着力解决矿产资源开发中损害群众利益的问题

目标：矿产资源开发中损害群众利益的问题得到及时纠正，群众和矿业权人的合法权益得到有效保障。

要求：坚决纠正违规审批探矿权、采矿权侵害群众利益的问题，有效防止矿产开发中严重破坏环境、影响群众生产生活的行为。

任务：建立矿产资源开发管理部门、执法监察部门和纪检监察部门的信访联办制度。开展查处矿产资源开采中严重影响群众生产和生活行为的专项检查，严肃查处在矿产资源开发中违纪违法行为，对矿产资源中损害群众利益造成恶劣影响的领导干部，要会同地方政府追究相应的责任。建立全区矿山地质环境恢复保证金制度，积极开展矿山地质环境治理工作。

责任分工：矿产资源开发管理处（地质勘查处）、地质环境处、执法监察局、地质环境监测总站、驻厅监察室

七、保持惩处腐败的强劲势头

（十六）加大对违纪违法案件的查处力度

目标：查办违纪违法案件的机制进一步完善，有效突破查处案件的能力进一步提高，查办案件的治本功能得到有效发挥。

要求：要以查处滥用职权、贪污贿赂、腐化堕落、失职渎职的案件为重点，严肃查处非法批地、低价出让土地、擅自变更规划获取利益的案件，违法审批探矿权和采矿权、违法入股矿产开发的案件，以及滥用执法权谋私，规避招标、虚假招标获取利益等违纪违法案件。发挥查处案件的综合效应，实现查处案件的政治效果、社会效果、法纪效果相统一。

任务：会同相关部门开展《违反土地管理规定行为处分办法》落实情况的检查。重视发挥信访举报主渠道作用，进一步拓宽案源，建立健全土地和矿产资源违法案件的发现、查处和移送机制，坚决查处隐藏在违法案件背后的腐败问题。建立和完善“机构健全、分工明确、渠道畅通、运作规范”的办案协调机制，形成惩治腐败的整体合力。

责任分工：执法监察局、矿产资源开发管理处（地质勘查处）、驻厅监察室、机关党委、政工人事处

（十七）深入开展治理商业贿赂工作

目标：国土资源领域商业贿赂问题得到有效治理，治理商业贿赂的长效机制基本建立。

要求：以查处土地出让、资源开发、矿业权出让、土地和矿业权评估、项目发包等方面的商业贿赂案件为重点，继续开展治理商业贿赂工作。要严格把握政策，正确区分正常的商业交往与不正当交易行为的政策界限，要区分违纪违规行为与违法犯罪的界限。严厉惩处受贿行为和行贿行为。针对存在的问题，完善管理，健全制度，从源头上防治商业贿赂。

任务：继续推进自查自纠和专项治理。加强诚信体系建设，对存在行贿行为的单位，研究制定市场准入限制办法；把是否存在不正当交易行为尤其是行贿行为作为市场准入和退出的重要依据。提出防治商业贿赂长效机制的意见。

责任分工：厅治贿办、执法监察局、耕地保护处（土地利用处）、矿产资源开发管理处（地质勘查处）、驻厅监察室

八、切实抓好《意见》的贯彻落实

（十八）加强组织领导

厅党组是反腐倡廉建设的责任主体，担负着全面领导惩治和预防腐败体系建设的政治责任。要严格按照党风廉政建设责任制的规定，党组书记负总责，党组成员根据分工抓好职责范围内的工作。各部门、各单位要切实加强领导，把《意见》的贯彻落实列入重要议事日程，同各项业务工作一起部署、一起落实、一起检查、一起考核。纪检部门要切实履行党章赋予的职责，按照厅党组的要求，抓好组织协调工作，督促相关部门抓好工作落实。

（十九）落实工作责任制

完善惩治和预防腐败体系，关键是扎扎实实地抓好落实。各处室局、各单位要结合实际，制定贯彻落实《意见》的具体措施。《意见》中明确分工负责的单位，要对所承担的任务提出近期、中期、远期工作计划，将责任分解到人，认真抓好落实。责任分工中排第一位的为牵头单位，其他单位为协办单位。各牵头单位和协办单位要密切合作，相互支持，形成合力，推进工作任务的顺利完成。

（二十）强化监督检查

加强对《意见》落实情况的监督检查，每年要对工作进展情况开展专项检查，查找问题，认真整改，总结经验，推进工作。要把贯彻落实《意见》情况列入对领导班子和领导干部考核、评价范围，作为工作实

绩评定和干部奖惩的重要内容，严格责任考核，强化责任追究。

（二十一）实行报告制度

各处室局、各单位要及时报告贯彻落实《意见》的计划、进展情况、阶段性成果及存在的问题，由驻厅纪检组监察室汇总报告厅党组。要按照中央纪委的要求及时报告贯彻落实情况。要加强调查研究，定期分析《意见》落实过程中的新情况和新问题，积极研究对策措施，确保《意见》确定的各项任务落到实处。

中共西藏自治区国土资源厅党组关于贯彻落实干部选拔任用工作四项监督制度的实施办法

藏国土资党〔2010〕90号

第一章　总　则

第一条　为切实加强干部选拔任用工作监督，防止选人用人上的不正之风，提高选人用人公信度，根据《中国共产党党内监督条例（试行）》、《党政领导干部选拔任用工作条例》、《党政领导干部选拔任用工作监督检查办法（试行）》和中央组织部《关于认真贯彻实施干部选拔任用工作四项监督制度有关问题的通知》，结合我厅干部管理工作实际，制定本实施办法。

第二章　干部选拔任用工作记实

第二条　干部选拔任用工作记实，是指在选拔任用领导干部工作中，即时详实记录动议、推荐提名、考察、酝酿、讨论决定和备案任职等实际情况，形成完整的文书档案，真实客观反映干部选拔任用工作中各环节的运行情况和责任主体。

第三条 干部选拔任用工作记实适用于厅系统内的干部选拔任用工作进行记实。

第四条 干部选拔任用工作记实，坚持实事求是、客观公正、责任明确、及时全面、易行管用的原则。

第五条 干部选拔任用工作记实统一使用《西藏自治区国土资源厅领导干部选拔任用工作记实表》（以下简称《记实表》），实行一人一表、一事一记。

（一）动议环节。主要记录拟任人员的基本信息、拟任职务、职位空缺数等。

（二）推荐提名环节。分为民主推荐和竞争性选拔两种方式记实。

“民主推荐”主要记录民主推荐参加范围、人数、推荐得票和排名等情况；

“竞争性选拔”主要记录资格审查情况、笔试、面试或陈述及测评得分和排名等情况。

“考察对象建议”主要记录提名人选是否被列为考察对象。

（三）考察环节。主要记录考察组人员组成、考察谈话、民主测评及征求意见、考察对象干部档案审核等情况。

（四）酝酿环节。主要记录县处级领导职务拟任人选在厅党组成员中进行酝酿的情况，处级领导职务拟任人选征求分管厅领导意见的情况，拟任人选征求纪检监察部门意见的情况。

（五）讨论决定环节。主要记录会议研究的意见，拟任人选任前公示中有关问题反映的查核结论。

（六）备案任职环节。主要记录任前公示、报上级组织人事部门审批或备案、任职谈话与廉政谈话、履行任职手续等情况。

（七）试用期满考核环节。主要记录试用期满民主测评、考核、正式任职等情况。

（八）重要情况记实。出现以下情形的，作为干部选拔任用工作重要情况进行记录：

1. 民主推荐得票不高但被确定为考察对象的；

2. 在酝酿或讨论中，对拟任人选意见不一致或有重大分歧的；

3. 征求驻厅纪检组、监察室意见中有需要说明情况的；

4. 受组织处理或纪律处分，影响期满，重新任用的；

5.《党政领导干部选拔任用工作有关事项报告办法（试行）》规定要报告或征求有关部门意见的；

6. 其他重要情况应当记实的。

第六条 干部选拔任用工作记实应当表述准确、客观真实。对选任程序的记录，应当在履行完一个程序后，及时在《记实表》相应栏目中按要求详细记载时间、事由和结果等有关事项。

第七条 应当将《记实表》与干部选拔任用工作中形成的提名情况记录、民主推荐、干部考察、征求意见反馈、重要问题的调查及结论、任职文件等有关原始依据材料，由相关责任人及时收集整理，归入干部选拔任用文书档案。

第八条 执行干部选拔任用工作记实情况，作为干部选拔任用工作监督检查的一项重要内容。

第九条 实行干部选拔任用工作记实责任追究制度，对没有坚持干部选拔任用工作记实或未按规定全面如实记录的单位和人员，给予批评教育或者责令作出书面检查；情节较重或造成严重后果的，要严肃追究有关责任人的责任。

第十条 直属事业单位部分专业性较强的领导职务实行聘任制的，按照聘任程序进行记实。

第三章 干部选拔任用工作“一报告两评议”

第十一条 干部选拔任用工作“一报告两评议”是指厅属事业单位领导班子在一定范围内专题报告干部选拔任用工作，并接受对本单位干部选拔任用工作和新选拔任用干部的民主评议。

第十二条 “一报告两评议”每年开展一次，由本单位全体人员参加民主评议，一般与领导班子和领导干部年度考核结合进行。

第十三条 厅属事业单位主要负责同志代表本单位领导班子专题报告干部选拔任用工作。专题报告可作为单独的报告，也可作为领导班子工作报告的专项内容。报告一般包括下列内容：

（一）选拔任用干部的总体情况；

（二）贯彻执行党的干部路线方针政策的情况；

（三）创新选人用人措施和办法，建立健全干部选拔任用和监督机制的情况；

（四）整治用人上不正之风的情况（包括上年度评议整改措施落实情况）；

（五）存在的主要问题和改进的措施；

（六）其他需要报告的情况。

第十四条 参加民主评议人员采取无记名方式填写《干部选拔任用工作民主评议表》和《新选拔任用干部民主评议表》。新选拔任用干部民主评议的对象包括本年度内选拔任用且任现职半年以上的所有科级以上干部，任现职不满半年的，在下一年度进行评议。民主评议分为满意、基本满意、不满意和不了解四种情况。

第十五条 “一报告两评议”由厅政工人事处会同各厅属单位领导班子组织实施。各厅属单位应当提前将开展“一报告两评议”的具体安排报告厅政工人事处。民主评议表的收集、统计由厅政工人事处负责，各厅属单位配合做好有关工作。

厅政工人事处本年度已经对干部选拔任用工作进行过检查和民主评议的单位，经厅党组同意，可不再进行民主评议。

第十六条 “一报告两评议”结束后，厅政工人事处向各单位领导班子反馈民主评议结果。各单位应当对民主评议结果进行分析，研究提出加强和改进工作的措施。

第十七条 干部选拔任用工作民主评议满意和基本满意率明显偏

低、或满意度明显低于各单位平均满意度、或新选拔任用干部民主评议满意和基本满意率明显偏低的人数较多，干部群众对选人用人问题反映强烈的单位，经厅政工人事处考核报厅党组研究认定，按照规定追究有关责任人员的责任。

新选拔任用干部民主评议满意和基本满意率明显偏低的，各单位领导班子要进行分析，对其选拔任用情况作出说明，同时要与干部本人进行谈话提醒，并根据情况作进一步调查处理。必要时，由厅政工人事处直接进行调查处理。

第十八条 厅政工人事处对干部选拔任用工作民主评议满意和基本满意率明显偏低的，要深入相关单位了解情况，研究分析存在的问题和原因，在向厅党组报告年度“一报告两评议”情况的同时，一并作出说明。

第四章 干部选拔任用工作有关事项受理审核

第十九条 干部选拔任用工作有关事项受理审核是指对厅直属事业单位（以下简称报告单位）领导班子报告本单位按照干部管理权限选拔任用科级干部工作有关事项进行受理审核。

第二十条 报告单位按照干部管理权限，在科级干部选拔任用工作中有下列情形之一的，以书面形式报告厅党组，经批复同意后方可进行。

（一）在机构变动或者主要领导成员已经明确即将离任时确因工作需要提拔、调整干部的；

（二）越级提拔干部的；

（三）不经民主推荐，由组织推荐提名作为考察对象的；

（四）其他应当事先报批的事项。

第二十一条 报告单位按照干部管理权限，在科级干部选拔任用工作中有下列情形之一的，在做出决定前，应以书面形式向厅党组请示。

（一）破格提拔干部的；

（二）一批集中调整干部比例占同级别干部总数的 50% 以上的；

（三）单位领导的近亲属（指与领导干部有夫妻关系、直系血亲关系、三代以内旁系血亲以及近姻亲关系的人员）在领导干部所在单位内提拔任用的；

（四）领导干部因被问责受到组织处理或者纪律处分，影响期满拟重新任用的；

（五）超过任职年龄要继续留任的；

（六）其他需要报告的事项。

第二十二条 报告内容包括：

（一）提拔调整干部的原由；

（二）拟提拔调整对象个人情况；

（三）任用意向；

（四）职数配备；

（五）纪检监察部门对拟提拔调整对象的鉴定意见；

（六）其他需要说明的情况。

征求意见的函报，除以上报告内容外，还应随函附报拟提拔任用干部的《干部任免审批表》、考察材料等。所有提交的材料，均需加盖报告单位印章。

第二十三条 厅政工人事处具体负责受理干部选拔任用工作有关事项报告。

第二十四条 厅政工人事处对报告单位提交的有关事项报告和相关资料进行初步审核并提出办理意见，提交厅党组研究决定。

第二十五条 全面审核报告内容，并应重点注意以下事项：

（一）拟提任职务人员的任职资格；

（二）干部职数；

（三）纪检监察部门意见；

（四）群众反映情况。

第二十六条 厅政工人事处在有关审核事项意见分歧较大或者有重大问题不清楚的应缓议，待对有关情况调查了解清楚后，提交厅党组会议研究决定。

第二十七条 厅政工人事处在审核有关报告事项时，如认为该事项需要征询上级组织人事部门意见的，经厅党组同意，按照有关规定上报。

第二十八条 厅政工人事处对选拔任用工作有关事项报告的审核工作，应当自受理之日起15个工作日内完成并予以答复。未经答复，报告单位不得提交领导班子会议讨论决定相关任用事项。领导班子会议讨论研究有关干部任用时，应当如实报告厅党组的审批意见。

第五章 党政领导班子正职履行干部选拔任用工作职责离任检查

第二十九条 领导班子正职履行干部选拔任用工作职责离任检查是指直属事业单位领导班子正职因平级交流、到龄退休等原因即将离任时，厅对其任职期间履行干部选拔任用工作职责的情况进行检查（以下简称离任检查）。

对拟提拔使用的直属事业单位领导班子正职履行厅选拔任用工作职责的离任检查工作结合考察工作一并进行。

第三十条 即将离任的直属事业单位领导班子正职应以书面的形式向厅党组报告任职期间履行干部选拔任用工作职责的情况，内容包括：

（一）任职期间贯彻执行党的干部路线方针政策的情况；

（二）任职期间本单位选拔任用干部的情况；

（三）任职期间本单位用人风气的情况；

（四）任职期间遵守组织人事纪律情况，特别是离任前有无突击提拔调干部的情况；

（五）任职期间加强干部监督管理工作的情况；

（六）其他应当报告的情况。

第三十一条 厅政工人事处厅驻厅纪检部门组成检查组，组织召开即将离任的直属事业单位领导班子正职所在单位干部职工大会，对即将离任的直属事业单位领导班子正职在任职期间履行干部选拔任用工作职责情况和近期单位新任用的干部进行民主评议。民主评议票由检查组负责回收、统计。

参加评议的人员应包括本单位领导班子成员及全体干部职工。

第三十二条 检查组采取个别谈话的方式，全面了解即将离任的直属事业单位领导班子正职在任职期间履行干部选拔任用工作职责的情况。个别谈话范围一般包括即将离任直属事业单位领导班子正职所在单位的中层以上干部。

第三十三条 检查组按照规定查阅干部任免相关材料，包括领导班子集体研究干部任免事项的会议原始记录，《记实表》、干部民主推荐、考察、呈报等有关材料，以及调查处理群众反映有关问题的材料。

第二十四条 对于在新任用的干部民主评议中满意度明显偏低的干部，直属事业单位领导班子正职应当就其任用过程和情况作出书面说明。

第三十五条 离任检查期间设置群众举报电话，具体受理群众意见。对于在检查中发现的或群众举报的严重违反干部选拔任用相关规定的行为，检查组要认真调查核实。

第三十六条 检查组根据民主评议、个别谈话和群众举报调查情况，对即将离任的直属事业单位领导班子正职履行干部选拔任用工作职责的情况进行综合分析，写出专题报告，报厅党组审定。

第三十七条 专题报告经厅党组审定通过后，对干部选拔任用工作中不存在影响离任的干部，按照相关规定履行正常手续；对民主评议中履行干部选拔任用工作职责总体评价“满意”、“基本满意”两项比率合计不足三分之二，或者用人风气总体评价“满意”、“基本满意”两项比率合计不足三分之二的人员，采取相应的组织处理措施；因不正确履行职责导致用人失察失误、造成严重后果或者恶劣影响的，根据有关规定追究其责任，给予相应的组织处理或者纪律处分。

第三十八条 检查组成员要坚持公道正派、实事求是的原则，如实反映检查情况。对违反纪律的，要按有关规定追究责任。接受检查的直属事业单位领导班子正职所在单位，要如实报告本单位干部选拔任用工作的情况，提供有关材料。凡弄虚作假的，依据有关规定严肃处理。

第六章 附 则

第三十九条 厅系统处级非领导职务及厅属各事业单位科级干部选拔任用、公务员调任工作记实，参照本办法执行。

第四十条 本实施办法由厅政工人事处负责解释。

第四十一条 本实施办法自发布之日起施行。

附件：1. 西藏自治区国土资源厅领导干部选拔任用工作记实表（略）

2. 干部选拔任用工作民主评议表（适用厅属事业单位）（略）

3. 干部选拔任用工作民主评议表（适用厅机关各部门）（略）

4. 新选拔任用干部民主评议表（略）

中共陕西省国土资源厅党组巡视工作暂行办法

陕国土资党发〔2011〕29号

第一章　指导思想和原则

第一条　为加强对全省国土资源系统各级领导班子及成员的监督和管理，大力推进国土资源管理工作和党风廉政建设，依据中共中央《中国共产党巡视工作条例（试行）》、《中共陕西省委关于贯彻执行〈中国共产党巡视工作条例〉（试行）的实施办法》和《中共国土资源部党组巡视工作暂行办法》，结合全省国土资源系统实际，制定本办法。

第二条　巡视工作坚持以邓小平理论和“三个代表”重要思想为指导，深入贯彻落实科学发展观，认真执行党要管党，从严治党的方针，在厅党组的统一领导下，依靠被巡视单位的党组织，坚持实事求是、客观公正、发扬民主、走群众路线的原则，拓展监督渠道，完善监督机制，规范权力行使，切实加强各级领导班子及成员勤政廉政建设，促进国土资源管理事业健康发展。

第二章　巡视机构和职责

第三条　巡视工作的机构设置和工作职责。

（一）巡视工作在厅党组的统一领导下进行，驻厅纪检组具体负责；

（二）建立巡视工作联席会议制度。联席会议成员由厅领导和驻厅纪检监察室、人事处、机关党委等相关部门主要负责人组成。联席会议在厅党组领导下负责研究和部署巡视工作；

（三）巡视工作联席会议根据巡视工作年度计划和具体工作需要，组织巡视组开展巡视工作；

（四）巡视组实行组长负责制。由1名组长和2至3名成员组成，组长由厅党组指定，成员由驻厅纪检监察室、人事处、机关党委等相关部门人员组成，根据工作需要抽调有关处室人员参加。

第四条　巡视工作年度计划由纪检监察室提出，经巡视工作联席会议研究，报厅党组同意后实施。

第五条　根据具体工作需要，临时性的巡视安排，由纪检监察室提出，报厅党组同意后实施。

第六条　巡视工作以综合性巡视为主，根据工作需要也可开展专项巡视。

第三章　巡视对象和内容

第七条　巡视对象

（一）各市国土资源局、杨凌示范区国土资源局领导班子及成员；

（二）厅直属事业单位领导班子及成员；

（三）根据需要可向县（市、区）国土资源局延伸巡视。

第八条　巡视内容

（一）贯彻执行党的路线、方针、政策和决定的情况；落实科学发展观的情况；

（二）贯彻执行民主集中制的情况。重点了解领导班子及成员特别是主要负责人在重大决策、重要干部任免、重大项目安排和大额资金的使用上，坚持集体领导、民主集中、个别酝酿、会议决定原则的情况；

（三）贯彻执行《中国共产党党员领导干部廉洁从政若干准则》的情况。重点了解领导班子及成员在日常工作和生活中廉洁自律情况；

（四）落实党风廉政建设责任制的情况。重点了解领导班子及成员落实党风廉政建设责任制，实行“一岗双责”，抓党风廉政建设和反腐败工作的情况；落实领导干部个人重大事项报告、民主生活会、述职述廉、民主评议、诫勉谈话等制度的情况；

（五）选拔任用领导干部的情况。重点了解领导班子及成员贯彻执行《公务员法》、《党政领导干部选拔任用工作条例》的情况；落实干部群众对干部选拔任用的知情权、参与权、选择权和监督权的情况；特别要了解违反干部选拔任用工作条例的情况；

（六）省国土资源重要工作部署落实的情况。重点了解领导班子及成员执行国土资源法律法规的情况；坚持依法行政，依法办事，依法查处违法违规和各种损害人民群众利益的行为；

（七）接受反映被巡视单位领导班子及成员问题的来信、来访，负责了解群众信访反映有关人员的重要问题；

（八）厅党组要求巡视的其他事项。

第四章　巡视程序和方式

第九条　巡视程序

（一）制定巡视计划。由巡视组根据年度巡视计划或具体工作安排，制定巡视工作实施方案，经巡视工作联席会议研究商定，报厅党组批准后实施；

（二）了解有关情况。巡视组可通过多种形式，向有关部门了解被巡视单位领导班子及成员的情况；

（三）巡视组进驻被巡视单位前，一般应提前10个工作日将巡视组成员、巡视内容、巡视工作的有关要求等情况通知被巡视单位党组织和第一责任人。

第十条 巡视方式

（一）巡视动员。巡视组到达被巡视单位后，巡视组组长向被巡视单位主要负责人和班子成员通报巡视工作的有关事宜；召开被巡视单位机关全体干部和直属单位领导班子成员参加的巡视工作动员大会；

（二）巡视预告。巡视组到达被巡视单位前，委托被巡视单位向所在单位的干部群众发布巡视预告；巡视组责成被巡视单位按照要求，在办公地点适当位置设置意见箱，巡视组指定专人负责开启；

（三）民主测评。巡视工作动员后，巡视组采用无记名方式发放民主测评或问卷调查表，对被巡视单位的领导班子及成员进行民主测评或广泛征求干部群众对领导班子及成员的意见和建议；

（四）听取汇报。巡视组听取被巡视单位党组织近年来的工作情况汇报。根据工作需要，还可听取有关方面的专题汇报；

（五）个别谈话。巡视组采取个别谈话的方式，听取谈话对象对领导班子及成员的评价、意见和建议；

（六）调阅资料。调阅被巡视单位有关原始资料及其他资料。根据工作需要，可以复制有关资料；

（七）调研走访。巡视组可选择到被巡视单位的2—3个基层局（所）实地调研。巡视组要走访当地主管国土资源工作的党政领导、纪检监察、组织人事等有关部门以及服务对象，听取他们对被巡视单位班子及成员的评价和意见；

（八）组织座谈。分别召开机关干部群众、离退休干部、行风效能监督员参加的座谈会，广泛听取意见、建议；

（九）受理信访。巡视期间，对反映被巡视单位领导班子及成员问题的来信来访来电，进行初核调查。重要问题及时报告厅党组或驻厅纪检组；

（十）梳理情况。巡视期间，巡视组应采取碰头会、汇报会等形式，及时汇总、归纳、分析和梳理有关情况，初步形成对被巡视单位领导班子及成员的基本评价和对有关问题的处理意见及建议；

（十一）交换意见。巡视工作结束前，巡视组与被巡视单位主要负责人或领导班子沟通情况、交换意见；

（十二）巡视汇报。巡视工作结束后，巡视组要及时整理有关材料，形成巡视工作报告及其他专题报告，向厅党组汇报巡视工作的情况。

第五章　巡视成果运用

第十一条　要高度重视并充分运用好巡视成果。

（一）反馈意见。根据厅党组的意见，巡视组向被巡视单位反馈巡视情况及整改意见；

（二）廉政谈话。根据巡视情况，厅党组或驻厅纪检组对被巡视单位领导班子成员进行廉政谈话或诫勉谈话；

（三）检查整改。被巡视单位自收到巡视组的反馈意见30个工作日内向厅党组上报整改方案，自整改方案报出的60个工作日内上报整改落实情况。根据工作需要，巡视组可组织对被巡视单位整改落实情况的检查；

（四）信息交流。巡视工作结束后，巡视组应及时将发现的违纪违法案件线索，移交纪检监察部门处理；对被巡视单位主要领导及班子成员的基本评价和巡视意见，按人事管理权限移交人事部门，为考核领导班子和调整领导干部提供依据；对巡视中发现的其他问题，向厅党组汇报后，按照厅党组意见，转交相关处室阅处或承办，有关处室应将办理的情况向巡视组反馈或通报；

（五）资料归档。巡视组要及时整理巡视工作的有关资料，交相关部门统一归档。

第六章 巡视工作纪律

第十二条 巡视组及成员在巡视过程中要严格执行规定范围内的任务，不干预被巡视单位的正常工作，不查办案件，不处理具体问题，不作个人表态。巡视组成员有下列情形之一的，给予责令书面检查、通报批评或者调整、免职等组织处理；构成违纪的，给予纪律处分：

（一）利用巡视工作的便利谋取私利或者为请托人谋取不正当利益的；

（二）不如实反映情况，隐瞒或者歪曲、捏造事实的；

（三）泄露、扩散巡视工作秘密的；

（四）违反廉洁自律有关规定的。

第十三条 巡视组对被巡视单位干部群众反映强烈、属于工作职责范围内的重要问题，应当了解而没有了解，应当报告而没有报告的，按有关规定追究责任人的纪律责任。

第十四条 被巡视单位领导班子及成员应自觉接受巡视监督，积极配合巡视组开展工作，按要求如实汇报情况，及时提供有关资料和必要的工作条件。被巡视单位及工作人员有下列情形之一的，对单位领导班子主要负责人和其他直接责任人员给予责令书面检查、通报批评或者调整、免职等组织处理；构成违纪的，给予纪律处分：

（一）隐瞒不报或者向巡视组提供虚假情况的；

（二）拒绝或者不按要求向巡视组提供相关文件材料的；

（三）无正当理由拒绝纠正存在的问题或者不按要求整改的；

（四）指示、暗示、强令有关单位或人员干扰、阻挠巡视工作和有打击报复行为的；

（五）有其他妨碍巡视工作行为的。

第十五条 被巡视单位的干部群众发现巡视组成员有违反廉洁自律各项规定和本办法第十二条所列行为的，有权向厅领导或厅巡视办反映。

第十六条 本办法自印发之日起施行。

中共陕西省国土资源厅党组
关于违反廉政风险防控管理责任追究办法

陕国土资党发〔2011〕30号

第一条 为认真贯彻落实廉政风险防控管理和规范权力运行制度建设工作，促进厅党风廉政建设和惩防体系建设，认真查处违反廉政风险防控管理和规范权力运行制度的行为，提升廉政风险防控管理水平，强化权力运行岗位依法行政，根据《中华人民共和国行政机关公务员处分条例》、《中国共产党党内纪律处分条例》和国土资源部党组《关于建立健全国土资源管理廉政风险防控机制的指导意见》等有关法律法规、要求，结合厅工作实际，特制定本办法。

第二条 本办法所称的违反廉政风险防控管理责任追究，是指本厅对全省国土资源系统工作人员在行使公权和日常工作时，廉政风险防控管理不力和违反法定权限和程序，侵犯公民合法权益的行为，依纪依法追究其应承担的责任。

第三条 违反廉政风险防控管理责任追究应当坚持预防和惩处并举，教育与惩处相结合，实事求是、客观公正，治病救人、惩前毖后，权责一致、法纪面前人人平等的原则。

第四条 全省国土资源系统工作人员有下列情形之一的，应追究其责任：

（一）在规划和计划方面

1. 违反程序、放宽技术标准审查土地和矿产资源利用总体规划的修编和调整；

2. 擅自调整土地利用总体规划；

3. 土地利用年度计划的制定和分解过程不公开或未完全公开；

4. 在实施用地计划指标分配工作中违反程序、暗箱操作等。

（二）在土地和矿业权审核审批方面

1. 领导干部以打招呼、授意、暗示等形式插手干预土地和矿业权审核审批；

2. 程序和要件不符合规定、弄虚作假审核审批土地和矿业权；

3. 在未按规定收缴土地出让金、矿业权价款以及相关税费未依法缴纳的情况下，发放土地使用权证、勘查许可证、采矿许可证；

4. 规避政策规定或擅自批准改变土地性质和用途，违规确定供地方式；

5. 审核审批信息公开不及时、不具体、不全面；

6. 利用审核审批权吃拿卡要，谋取私利等。

（三）在土地和矿业权出让方面

1. 领导干部违反规定插手干预土地和矿业权出让；

2. 规避土地和矿业权招标拍卖挂牌出让制度，设置排他性条件，限制潜在竞买人；

3. 采用行政审批、协议出让等方式出让应当用招标拍卖挂牌方式出让经营性土地使用权和矿业权的；

4. 泄露或者变相泄露经营性土地使用权和矿业权招标标底、拍卖挂牌底价或者其他有关保密资料的；

5. 收受回扣、好处费等非法利益，利用职务或工作上的便利为本人或者亲友谋取不正当利益；

6. 对土地出让后经批准调整容积率等出让条件的，不及时足额补收或违规减免土地出让价款；

7. 授意或串通评估机构，对土地和矿业权价款进行虚假评估；

8. 违规办理虚假土地使用权证抵押融资或擅自将基础设施用地担保抵押；

9. 擅自批准减免或少交土地出让金、矿产资源补偿费、矿业权价款；

10. 违反规定指定或推荐中介机构从事土地和矿业权评估业务等。

（四）在土地收购储备方面

1. 违反集体决策原则，私自确定土地收储地块；

2. 在确定拆迁补偿价格、拆迁费用及拆迁工程实施单位时，以权谋私、吃拿卡要以获取不正当利益等。

（五）在土地整治方面

1. 在土地开发整理项目立项、审查中未按规定程序进行，审查不严；

2. 未按工程招投标程序确定施工单位，未签订《施工合同》、《廉政合同书》的；

3. 擅自改变设计，未按合同规定完成施工面积，以少充多，以次充优，弄虚作假的；

4. 未制定资金使用管理办法，超预算开支，不按程序审批，套取挪用、贪污资金等行为；

5. 在竣工验收中把关不严，审查不细，导致劣质工程通过验收的。

（六）在大额资金和项目管理方面

1. 利用项目审批管理权违规设卡、故意刁难、吃拿卡要；

2. 项目审查中串通作假；

3. 选择项目承担单位不按规定进行招投标；

4. 违规拨付项目资金，虚列项目开支；

5. 违规使用项目资金，未做到专项管理、专账核算，甚至截留、挪用、挤占项目资金；

6. 变相设立“小金库”，与项目承担单位串通一气，乱支滥发、变相开支项目资金；

7. 违反规定程序、不按合同规定质量标准验收项目等；

8. 不按政府采购或集体采购规定购置大宗公物。

（七）在国土资源执法监察方面

1. 在执法监察中瞒案不报、压案不查、泄露案情、弄虚作假；

2. 滥用自由裁量权，在查处土地和矿产资源违法案件中避重就轻；

3. 查案过程中违反程序，擅自同违法当事人私下接触，借机吃拿卡要等；

4. 对人民群众来信来访隐瞒不报，逾期处理，或处理不到位，群众合法权益受到损害。

（八）在干部选拔任用方面

1. 违反干部选拔任用规定推荐和确定考察人选；

2. 隐瞒干部考察情况，更改伪造干部民主推荐、民主测评结果；

3. 泄露民主推荐、民主测评、考察、酝酿、讨论决定情况；

4. 对线索清楚、内容具体反映考察对象问题的举报，不进行调查核实或不如实报告；

5. 在干部考察征求意见中，不按照规定征求纪检监察部门对拟任人选意见，不如实向党组（党委）反映纪检监察机关意见建议，不如实反映考察对象廉洁情况，造成个别干部带“病”上岗等。

（九）其他方面

1. 因工作作风不实，服务态度恶劣，不按规定程序办事等在社会造成极坏影响的；

2. 在受理、告知、审查、批准（决定）、执行等个人办理环节中违反制度、规定、程序，不履行或不正确履行职责，导致错误行权的，或不尽责，导致行权事项超越制度规定时限办结的；

3. 重大事项集体会商会议、调查、核查及审议等集体决策环节中违规违纪，导致决定失误的；

4. 因所作出的具体行政行为，经行政复议机关决定撤销、变更或者确认具体行政行为违法的；

5. 涉及多部门协办事项，不及时主动协调，相互推诿或拖延不办，或者本部门许可事项完成后不移交或拖延移交其他部门的；

6. 因所办理的事项，经上级机关监督检查、信访、举报或通过其他途径发现并依法确认或认定显失公正的；

7. 因其他过错而应当追究责任的。

第五条 凡系统工作人员能及时发现其过错，并能主动纠正，情节轻微，经过批评教育后改正的，可以免予追究责任。

第六条 责任追究的种类：

（一）责令检查；

（二）训戒谈话；

（二）通报批评；

（三）调整工作岗位；

（四）取消当年度评先评优资格；

（五）免除职务；

（六）行政处分、党纪处分；

（七）追究刑事责任。

第七条 责任追究的范围为全省国土资源系统党员干部职工。

第八条 厅惩防体系建设领导小组负责监督惩处的调查、认定、处理、上报等工作。

第九条 厅惩防体系建设领导小组应对可能发生的腐败问题实施及时预警，超前处置，避免廉政风险演化为违法违纪行为和腐败行为。

第十条 没有及时制定预警防范措施或防范措施不力，导致违纪违法行为发生的，除处理违纪违法人员外，按照干部管理权限，严肃追究主要领导人员和其他负有责任领导人员的责任。

第十一条 对违反廉政风险防范规定的工作人员，实行惩处，并追究责任人和分管领导的责任。

第十二条 对无故不参加廉洁从政教育的、对不落实学习计划、不记笔记、不写心得体会的在一定场合提出批评，并责令整改。

第十三条 对厅制定的各项制度，尤其是党风廉政建设方面的制度不落实，落实不到位的提出限期改正，情节严重的，年终单位、处(科)室不能评为先进，个人不能评为优秀。

第十四条 不落实“一岗双责”的，分管领导在班子会上做自我批评，处（科）在处（科）会上做检查，造成后果的追究责任。

第十五条 凡以口头、书面、电话等形式举报的问题，经查处属实的，视情节给予相应处理。

第十六条 对一般性的问题，够不上违法违纪，但有违法违纪苗头的，以谈话方式给予告诫，仍不改正的，给予相应的处理。

第十七条 对违纪人员的责任追究，由厅惩防体系建设领导小组提出处理意见，报厅党组会议研究决定。

第十八条 对违纪人员的处理决定，依照人事管理权限，报同级人事机构备案。对实名检举人和投诉人，还应告知其处理意见。

第十九条 科级（含副科级）以上有关责任人违反廉政风险防控管理和规范权力运行制度的，按照干部管理权限和《党政领导干部问责的暂行规定》，进行处理。

第二十条 全系统工作人员在廉政风险防控管理和规范权力运行过程中违法违纪涉嫌犯罪的，移送司法机关追究刑事责任。

第二十一条 本办法由驻厅纪检组、监察室负责解释，并负责执行情况的监督检查。

第二十二条 本制度自公布之日起执行。

甘肃省国土资源厅
关于切实加强国土资源反腐倡廉建设的若干规定（试行）

甘国土资党组发〔2009〕29号

第一章　总　则

第一条　为深入贯彻落实省委《建立健全惩治和预防腐败体系2008—2012年工作规划实施办法》，针对我省国土资源系统的特点和存在的突出问题，加强党员领导干部廉洁自律教育和监督管理，不断完善惩治和预防腐败体系建设，探索创新预防腐败新机制，特制定本规定。

第二条　本规定适用范围是全省国土资源系统各部门各单位及其所属工作人员，重点是各级党员领导干部。

第三条　全省各级国土资源部门的反腐倡廉建设实行行政首长负责制。系统内各级纪检监察机构在上级纪检监察机构和同级国土资源部门的领导下，负责本辖区内反腐倡廉建设的组织、协调、监督和检查。

第四条　反腐倡廉建设实行责任考核和责任追究制度。系统内每年逐级签订工作目标责任书中，必须包括反腐倡廉建设的内容一并考核，反腐倡廉实行“一票否决”，取消当年的评优评奖资格，问题严重的追究单位主要领导和分管领导的责任。

第二章　注重反腐倡廉建设教育

第五条　各单位党组（党委）要把反腐倡廉建设内容列入中心理论组年度学习计划，每年专题学习研讨反腐倡廉建设内容的中心组学习次数不少于 2 次。

第六条　各单位党政主要负责人要坚持会会强调廉政建设，时时提醒干部职工廉洁自律，结合实际，每年至少讲一次廉政党课或作一次反腐倡廉形势报告。

第七条　在领导干部任职培训、干部业务培训中开设廉政教育课程，课时不少于总课时的 10%，使党员领导干部、公务人员熟悉和掌握廉洁从政的基本要求。

第八条　有计划地组织开展干部廉政警示教育，实行领导干部任前廉政谈话、干部预警诫勉谈话制度，教育和提醒领导干部正确行使权力。

第三章　强化行政权力监督制约

第九条　加强对领导干部特别是各级领导班子主要负责人的监督，各级党组（党委）要建立并严格执行民主集中制规定，制定领导班子议事规则和民主决策制度，对决定涉及全局性的重要问题、干部推荐任免和人员调配、工程项目安排和各类国土资源项目申请审批、大额度资金使用、土地使用权出让和报批、探矿权采矿权审核报批、资质认证等重要事项，必须通过会议集体研究决定，并作好会议纪要。任何人不得以主管或分管的理由擅自对上述事项作出决定。

第十条　加强对国有土地出让、集体土地征用、探矿权采矿权审核审批等具有行政审批权部门、岗位的监督管理，严格行政审批程序，公开办事操作过程，规范工作人员行为，建立监督制约机制。必要时，纪检监察机构可向这些重点部门和关键岗位派驻廉政监督员。

第十一条 加强对土地和矿产储量价款评估、工程项目和资金分配使用、行政执法、人事等具有管理权、执法权和自由裁量权部门、岗位的监督管理，建立岗位工作人员廉洁自律行为规则，健全重要事项监督管理办法，完善专家论证评估机制。纪检监察机构要对某个重点工作、工程、项目派出廉政监督员驻点工作。

第十二条 建立重点部门、关键岗位工作人员廉洁从政保证制度，规定行政行为所应承担的责任，明确正确行使职权的保证条款，建立履行行政行为年度记录档案。

第十三条 实行重点部门、关键岗位工作人员问责制度，凡属以下行为中任何一种者，要视情节轻重追究责任或给予党纪政纪处理，构成犯罪的，移送司法机关追究刑事责任。

1. 不经法定程序，不按工作流程，擅自审核审批、签字同意或者授意经办人员办理审批事项；

2. 插手干预、阻挠、变更正常行政审批程序或审批决定，执意违反规定为请托人办事；

3. 由于违反规定和不当行政行为，或由于审核把关不严、工作疏漏等失职行为，造成重大工作失误、国有资产流失和财产损失、引发群体性上访事件或法律纠纷；

4. 有意隐瞒事实真相和资料、数据、信息等有关情况，骗取行政事项得以审核审批同意；

5. 利用职权有意拖延、阻碍甚至吃、拿、卡、要等，影响正常的行政审核审批。

第十四条 实行行政事项审批结果公示制度。所有土地征用和国有土地使用权出让、土地开发整理项目审批、探矿权采矿权审核审批、各类国土资源专项资金分配及收缴规费减免、领导干部提拔任用等，必须进行5—7天的公示，就工作人员在履行行政审批等事项过程中是否依法行政、是否违反廉洁自律规定、有无影响公正履行公务的问题等接受群众和社会各界的监督。

第四章　加强公职人员纪律约束

第十五条　发挥市场配置资源的基础性作用，规范市场交易行为，不准利用职权以各种形式干预和插手土地使用权出让、探矿权采矿权出让、项目工程招投标等审批事项和市场经济活动，不准内外串通、弄虚作假。

第十六条　严格遵守有关制度，不准擅自决定以行政审批、协议出让等方式出让应当以招拍挂方式出让的国有土地使用权和矿业权，不准干扰影响矿产资源储量核查和土地、矿产资源价款评估工作。

第十七条　推行“阳光行政”，实行公开透明，不准利用职权隐瞒必须公开的政务信息或限制政务公开，不准暗箱操作、在行使行政审批权中搞权钱交易。

第十八条　维护履行公务的公正性，不准本人及配偶、子女从事与本人工作职能或行使职权有关的经营性活动和有偿中介活动，不准违反规定“合作”开办公司或者进行其他“合作”投资经商办企业、从事有偿中介活动，严禁参与办矿、入股经营等行为。

第十九条　严格遵守工作人员廉洁自律规定，不准在公务活动中收受现金、有价证券和支付凭证，不准用公款报销应由个人负担的费用，不准借婚丧嫁娶之机收受财物，不准默许或授意配偶、子女打着自己的旗号以权谋私。

第二十条　除厅专家库成员及外请专家外，厅机关及事业单位工作人员参加各类评审、论证、验收工作，不准收取评审费、论证费和验收费等。不准以其他名义收受现金或有价证券。

第五章　采取有效预防腐败措施

第二十一条　严格执行部门预算、国库集中支付、政府采购、行政事业性收费收支两条线等财政制度，严格遵守财经纪律，严禁单位违规多头设立银行账户，严禁设立“小金库”。

第二十二条　领导干部在明确工作调离之时，停止审批一切财务和经济往来事项，不准转移单位资产或变更会计账簿，不准突击或变相发放钱物，不准突击提拔干部和调入人员。

第二十三条　开展领导干部经济责任审计工作。属于规定范围的领导干部必须进行在任审计和离任审计，对其所在部门、单位财务收支以及有关经济活动应负经济责任的履行情况进行审计监督。

第二十四条　实行内部审计制度。对土地开发整理项目、国土规划调查项目、地勘基金项目等专项资金使用管理以及工程建设费用、大额度经费开支等，进行抽样审计或全部跟踪审计。

第二十五条　实行干部定期轮岗交流制度。机关内在同一个岗位连续工作满三年的可以交流，满五年的应当交流，满八年的必须交流。重点部门和关键岗位的，满五年必须交流。

第二十六条　严格执行《党政领导干部选拔任用工作条例》规定，坚持任用干部的条件和工作程序，坚持干部公开选拔、群众推荐、竞争上岗、任前公示、民主评议等制度，推进干部人事制度改革，坚决反对干部选拔任用中的不正之风。

第二十七条　坚持“关口前移、超前防范”的原则，对超越思想道德防线、有轻微违规违纪行为、群众反映较大的党员干部，实行预警诫勉措施。具体按厅《预警诫勉办法》执行。

第二十八条　健全述职述廉、民主评议、信访举报制度，主动接受群众监督。任何组织、个人都有对公职人员违反廉政建设规定的行为提出申诉、控告和检举的权利，任何人不得压制和打击报复。

第六章　附　则

第二十九条　本规定没有涉及、而国家和省已作出的廉洁从政规定，各部门各单位及其所属工作人员也必须严格遵守。

第三十条　本规定自 2009 年 4 月 1 日起施行。

二〇〇九年四月一日

甘肃省国土资源厅党组
关于印发《甘肃省国土资源巡视工作暂行办法》的通知

甘国土资党发〔2012〕29号

各市（州）、甘肃矿区国土资源局，厅机关各处（室）、直属事业单位：

根据《中共甘肃省委巡视工作规定（试行）》和《中共国土资源部党组巡视工作暂行办法》，结合我省国土资源工作实际，厅研究制定了《甘肃省国土资源巡视工作暂行办法》，经厅党组会审议通过，现印发你们，请认真贯彻执行。

二〇一二年七月六日

甘肃省国土资源巡视工作暂行办法

第一条 为认真贯彻落实省委省政府和国土资源部各项决策部署，加强我省国土资源系统各级领导班子和队伍建设，全面推进党风廉政建设和廉政风险防控工作，根据《中共甘肃省委巡视工作规定（试行）》和《中共国土资源部党组巡视工作暂行办法》，结合我省国土资源工作实际，制定本办法。

第二条 坚持标本兼治，综合治理，惩防并举，注重预防的方针，以制约和监督权力运行为核心，以岗位风险防控为基础，以落实各项制度为重点，实事求是、客观公正、发扬民主、依靠群众开展巡视工作。

第三条 巡视范围：各市州国土资源局、厅机关各处室和直属事业单位。

第四条 巡视内容：

（一）贯彻落实《党员领导干部廉洁从政若干准则》、党风廉政建设责任制和廉政风险防控工作情况；

（二）贯彻执行省委、省政府和国土资源部重大决策以及厅党组工作部署情况；

（三）领导班子及成员思想作风、工作作风以及民主决策等情况；

（四）土地、矿产、地质灾害等行政审核审批；土地使用权、矿业权出让、项目实施、大额资金使用和执法监察等事项；

（五）执行《党政领导干部选拔任用工作条例》、选拔任用交流干部情况；

（六）基层党组织建设、执行党内生活基本制度和对干部职工队伍管理教育情况；

（七）厅党组交办的其他事项。

第五条 厅设立巡视工作领导小组，厅长任组长，分管干部工作的厅领导和驻厅纪检组长任副组长，负责巡视工作的组织领导。下设巡视工作办公室（以下简称巡视办），与驻厅纪检监察室合署办公。巡视办由驻厅纪检监察室、人事处、直属机关党委、审计处、财务处、执法监察局主要负责人参加，负责巡视工作日常业务和组织实施。

第六条 巡视办职责：

（一）承担厅党组确定的巡视工作任务；

（二）提交巡视工作计划和方案；

（三）负责巡视组的组织、协调和联络工作。每个巡视组由3至5人组成，人员从驻厅纪检组、厅人事处、审计处、直属机关党委、财务处、执法监察局和市（州）国土资源局纪检组等单位抽调组成，还可聘请符合条件的老同志参加；

（四）及时向厅党组请示、报告巡视工作过程中发现的重要情况和问题；

（五）负责巡视人员的学习培训，做好巡视组的服务保障；

（六）承办厅巡视领导小组交办的其他事项。

第七条 巡视人员的基本条件：

（一）坚决执行省委省政府和国土资源部的重大决策，具备较强的政治鉴别力，熟悉党务、政务工作和相关政策法规，有履行职责所需要的较高政策水平；

（二）依法办事，实事求是，公道正派，敢讲真话，廉洁自律，严守秘密；

（三）具备巡视工作相关业务知识，有一定的调查研究、分析判断能力和文字综合水平。

第八条 巡视方式：根据巡视工作内容和需要，采取例行巡视和专项巡视等方式。每个市州国土资源局的巡视时间一般掌握在10至15个工作日，也可根据实际情况由巡视领导小组确定。

第九条 巡视工作程序：

（一）拟定巡视工作方案。经厅党组研究同意后，巡视组针对被巡视单位的实际情况，制定具体巡视工作安排；

（二）巡视办向被巡视单位发出巡视通知，并协调安排巡视工作的相关事宜；

（三）开展巡视前，巡视组向分管被巡视单位的厅领导报告，并征求意见。巡视组向驻厅纪检组、人事处、审计处、财务处、执法监察局、信访办等相关业务处室了解被巡视单位的有关情况；

（四）巡视组召开进驻被巡视单位见面会，向被巡视单位职工通报开展巡视工作安排和要求，说明巡视目的、任务和方式；

（五）巡视组听取被巡视单位党组（党委）工作汇报，对被巡视单位领导班子及其成员进行民主测评；

（六）召开不同类型座谈会，与领导班子成员和干部职工个别谈话、查阅相关资料、组织民主测评和问卷调查；

（七）开展专项审计调查；

（八）受理并接待干部群众来信来访，公开巡视组电话；

（九）进行实地考察或暗访，必要时向市州、县（区）政府分管国土资源工作的领导或纪检监察部门征求意见；

（十）对反映被巡视单位领导班子及其成员的重要问题，报请厅党组同意后深入了解。

第十条 受厅党组委派，巡视组长可与被巡视领导班子成员进行廉政谈话或诫勉谈话。

第十一条 巡视工作结束后，巡视组写出巡视工作报告，巡视办审核后呈报厅党组。

第十二条 巡视工作报告包括：基本情况、被巡视单位领导班子及其成员工作情况、存在问题和不足、意见和建议。巡视工作报告要客观真实，内容翔实，情况具体，意见明确。

第十三条 巡视工作报告经厅党组同意后，形成反馈意见，由巡视办向被巡视单位及时反馈，提出整改建议和要求。

第十四条 被巡视单位在反馈意见后15至30个工作日内报告整改落实情况，巡视办对其整改情况跟踪督查。

第十五条 巡视工作纪律：

（一）巡视组人员不干涉被巡视单位正常工作，不承办案件，不处理被巡视单位的具体问题，重大问题上不擅自表态；

（二）坚持实事求是、客观公正。了解情况认真负责，深入细致，反映情况全面准确，不回避和掩盖矛盾；

（三）巡视组妥善保管巡视工作中形成的材料，不得泄露和扩散巡视工作情况，巡视过程中收到的信访举报材料，统一交巡视办保存。

（四）模范遵守廉洁自律的各项规定。

第十六条 巡视组对被巡视单位干部群众反应强烈、属于巡视工作职责范围内的重要问题，应当了解而没有了解，应当报告而没有报告的，按有关规定追究责任人的责任。

第十七条 被巡视单位应自觉接受巡视监督，积极主动地支持配合巡视组开展工作，按要求如实汇报情况，及时提供有关资料和必要的工作条件。

第十八条 被巡视单位及其工作人员隐瞒不报或向巡视组提供虚假情况的，无正当理由拒绝纠正存在的问题或不按要求整改的，指示、暗示有关单位或人员干扰、阻挠巡视工作和有打击报复行为的，巡视组请示厅党组同意，对被巡视单位主要领导和直接责任人责令书面检查、通报批评，构成违纪的给予纪律处分。

第十九条 本办法由省纪委驻省国土资源厅纪检组负责解释。

第二十条 本办法自发布之日起执行。

青海省国土资源厅
关于青海省土地开发整理项目管理暂行办法

青国土资土〔2008〕61号

第一章　总　则

第一条　为加强土地开发整理项目管理，根据《中华人民共和国土地管理法》、《青海省实施〈中华人民共和国土地管理法〉办法》等有关法律法规和规定，制定本办法。

第二条　本办法适用于新增建设用地土地有偿使用费安排的项目。

第三条　项目立项和组织实施应当遵循下列原则：

（一）科学、合理地进行土地开发整理，达到耕地数量、质量和生态保护协调统一的原则；

（二）增加有效耕地面积，确保全省耕地总量动态平衡与农业可持续发展的原则；

（三）符合土地利用总体规划和土地利用年度计划的原则；

（四）权利、义务和责任相统一的原则；

（五）公开、公平、公正的原则；

（六）简化程序、提高效率的原则。

第四条 省国土资源厅负责组织项目申报的审查、立项、实施监督和竣工验收；省土地开发整理机构负责土地开发整理项目的具体的技术性和事务性工作。

州（地、市）国土资源管理部门负责本行政区域项目选址踏勘、审核申报、项目实施管理的监督检查、协调和初验等相关工作。

县(市、区)国土资源管理部门负责项目的选址，组织可行性研究报告、规划设计、预算的申报以及项目实施监督管理、验收、成果管理等具体工作。

第五条 县(市、区)国土资源管理部门按照政企、政事分开的原则，成立相应的土地开发整理机构，作为项目承担单位，负责项目的具体实施工作。项目承担单位的管理和技术人员应该能够满足项目实施的需要。

第二章 项目申报、审查和年度项目

第六条 项目申报单位为县级国土资源管理部门。各县(市、区)国土资源管理部门根据本地区土地后备资源状况、土地利用总体规划、土地开发整理专项规划、土地利用计划等筛选土地开发整理项目，编制项目建议书，经州（地、市）国土资源管理部门审核同意后，统一于每年5月底前集中报省国土资源厅。

第七条 项目申报应符合下列条件：

（一）符合土地利用总体规划、土地开发整理规划、当地农业发展和农村建设规划。

（二）项目所在区位具有土地开发整理所必需的路、水、电等配套基础设施。

（三）建设规模：

土地开发项目和复垦项目。丘陵山区30公顷以上，项目相对集中连片，单片面积不少于7公顷，片块不超过5片；平原地区40公顷以上，项目相对集中连片，单片面积不少于7公顷，片块不超过5片。

土地整理项目。丘陵山区50公顷以上，项目相对集中连片，单片面积不少于10公顷，片块不超过5片；平原地区100公顷以上，项目相对集中连片，单片面积不少于14公顷，片块不超过5片。

项目净增耕地面积比例。土地开发净增耕地面积不低于项目规划设计面积的60%；土地复垦净增耕地面积不低于项目规划设计面积的40%；土地整理净增耕地面积不低于项目规划设计面积的10%；基本农田整理项目净增耕地面积不低于项目规划设计面积的3%。

(四)项目区土地无权属纠纷，经项目涉及地村民会议或村民代表会议三分之二以上成员或代表同意。

第八条 省国土资源厅对申报的土地开发整理项目，组织进行初步审查，对审查通过的项目组织省内有关专家进行现场踏勘，并根据现场踏勘情况编写踏勘报告报厅长办公会审定。对审定的项目，由省国土资源厅委托已登记备案的单位进行勘测和编制可行性研究报告。县级国土资源管理部门将编制的可行性研究报告经初步审查后，逐级上报省国土资源厅审查。审查通过的项目下达立项批复。

第九条 省国土资源厅根据年度投资计划，对立项批复的项目，根据项目的排序情况，委托已登记备案的单位编制项目规划设计和预算，并对申报的项目规划设计和预算，从土地开发整理项目专家库中抽取专家进行审查，审查通过的项目报厅项目实施领导小组审定。领导小组审定的项目集中报省级财政部门审核项目预算。

第十条 项目申报应具备下列材料：

（一）州（地、市）国土资源管理部门项目申请报告，其中涉及土地开发的应附有关批复文件。

（二）州（地、市）国土资源管理部门出具的项目符合土地利用总体规划（土地开发整理复垦专项规划）的审核意见和现场踏勘报告。

（三）项目可行性研究报告、项目取水许可同意书。

（四）项目总体规划图、项目区标准分幅土地利用现状图、项目实施前的土地权属状况以及项目实施后土地权属的调整方案。

（五）其他有关资料。

申报材料为文字图表材料4套。

第十一条 年度项目投资计划与预算下达按《青海省土地开发整理项目资金管理（暂行）办法》中的规定执行。

第三章 项目实施

第十二条 项目实施应实行项目法人、工程招投标、工程监理、公告和审计管理制度。项目实施应采取合同管理方式。由项目申报单位与项目承担单位签订实施合同，并按照合同规定严格管理。

第十三条 项目计划与预算下达后，县级国土资源管理部门应当提请当地政府成立项目实施领导小组，负责协调解决项目实施中的有关问题。项目承担单位组织实施项目，并对项目建设履行项目法人责任，对投资方负责。

第十四条 县级国土资源管理部门按照有关规定核实项目涉及土地的地类、面积、界址、权属及调整方案等，保证地类、面积准确，界址清楚，权属合法，权属调整方案等无争议，为施工创造条件。

第十五条 项目承担单位对项目实施进行现场全程管理，并做好下列实施准备工作：

（一）组织招标、设备和材料采购等咨询服务；

（二）组织工程招投标，签订工程承包合同；

（三）编制项目年度实施方案、项目建设进度计划和用款计划；

（四）建立工程工期、质量和资金使用管理等相关制度。

第十六条 项目实施方案的主要内容包括：项目建设目标和主要技术指标，组织实施机构的组建情况，招投标组织形式，工程进度和资金使用计划，质量标准和质量监督控制方案，财务、权属、档案管理制度等。

项目实施方案由县级国土资源管理部门审查批准。实施方案及相关文件报省国土资源厅备案。

第十七条 项目实施方案批准后，由项目承担单位组织制定项目的招投标方案，经项目县国土资源部门审查后，逐级报省国土资源管理部门审查、批准实施。

招投标方案的内容主要包括：项目名称、建设地点、建设工期、计划投资、建设规模、招标方式、公告日期、标段划分及各标段的投资额度、开标日期、组织形式、计划开竣工日期、项目工程筹建情况等。

项目招标实行分级管理。投资在800万元（含800万元）以上的项目由省土地开发整理机构负责项目的招标；投资在500万元—800万元（含500万元）的项目由州（地、市）土地开发整理机构负责项目的招标；投资在500万元以下的项目由县（市）土地开发整理机构负责项目的招标。项目招标工作完成后，移交项目承担单位实施。

项目的招标应委托已登记备案的招标代理机构办理招标事宜，并在省国土资源厅和州（地、市）国土资源管理部门的监督下进行。

第十八条 省国土资源厅会同项目承担单位委托具有相应资质的监理单位负责监理。项目工程监理单位负责工程质量、进度和资金使用的监理，并承担监理责任。

第十九条 项目承担单位应发布项目公告，接受群众和社会监督。项目公告内容包括：项目名称、建设位置、建设总规模、新增耕地面积、项目总投资、建设工期、土地权属状况、项目承担单位、项目施工单位、项目工程监理单位、项目设计单位等。

第二十条 项目承担单位完成项目实施准备后，提出项目开工申请报告，经项目所在县级国土资源管理部门审核同意后，项目开始施工。

第二十一条 工程开工后，项目承担单位要建立现场办公会制度，召集施工、工程监理、设计等单位协调解决施工过程中施工进度、工程质量、资金使用和项目规划设计执行中出现的问题。

第二十二条 项目施工单位按照项目规划设计、施工设计和施工技术标准进行施工。项目施工单位应当建立质量责任制，确定工程项目经理、技术负责人和施工管理负责人。

第二十三条 项目设计单位对项目实施中有关规划设计进行咨询、指导；规划设计需要变更的，应按有关要求进行修改。

第二十四条 在施工过程中，各有关单位要严格执行项目计划与支出预算和规划设计。确需变更规划设计的，按以下情形处理：

（一）不涉及项目建设位置、建设总规模、新增耕地面积和项目支出预算调整的，由项目承担单位研究解决；

（二）涉及项目建设位置、建设总规模、新增耕地面积或项目支出预算调整的，由项目承担单位报原批准机关批准。

第四章　项目管理与监督检查

第二十五条 省、州（地、市）国土资源管理部门应分别成立项目管理领导小组，加强对项目管理工作的领导，及时研究解决项目实施中的重大问题，协调各种工作关系。

第二十六条 各级国土资源管理部门应对项目实施情况、有关规章制度的建立和执行情况、项目计划和经费预算的执行情况、建设规模和投资范围的控制情况、廉政建设情况等进行日常监督和中期检查。

对于违反《财政违法行为处罚处分条例》、《土地开发整理项目及资金管理工作廉政建设规定》以及国家和省有关规定，弄虚作假、截留、挪用和挤占项目资金等违法违纪行为的，追究单位和有关人员的经济、行政责任，构成犯罪的依法追究其刑事责任。

第二十七条 县级国土资源管理部门每月开展一次项目实施情况检查，向州（地、市）国土资源管理部门报告项目实施情况。州（地、市）国土资源管理部门每季度开展一次项目实施情况检查，向省国土资源部门报告一次项目实施情况。涉及重大问题的，应及时报告。

第二十八条 项目竣工验收前，拨付的工程施工费不得超过合同价款的80%，项目竣工验收合格后拨付10%，其余10%作为保证金，待保修期满后拨付。工程进度款支付到60%时，项目承担单位必须申请省国土资源厅进行阶段性验收，未经阶段性验收或验收达不到进度和质量要求的，停止拨付工程款。

第二十九条 省国土资源厅对参与土地开发整理项目工作的单位建立认证备案、绩效考评和奖惩制度。未经省国土资源厅认证和备案的单位，不得参与土地开发整理项目。

第三十条 国土资源管理部门在履行监督检查时，被监督检查的单位应如实反映情况，提供有关资料，自觉接受监督检查。任何单位和个人对项目建设工程的质量事故、质量缺陷有权检举、控告、投诉。

第三十一条 工程竣工验收前，项目承担单位应按规定编制工程决算，并委托具备审计条件的中介机构或审计机关进行审计，出具审计报告。

第五章 项目验收及成果管理

第三十二条 项目竣工后，各级国土资源管理部门应及时组织验收。

项目验收内容包括：项目规划设计执行情况、项目计划任务完成情况、工程建设质量、资金使用情况、土地使用管理与工程管护措施、档案资料管理情况等。

第三十三条 项目验收按照国家和省有关土地开发整理项目竣工验收的规定执行，采取自下而上的方式进行。

项目验收包括标段验收、自查、初验和竣工验收，通过竣工验收的，颁发项目合格证书。

第三十四条 对验收不合格的项目，提出明确的整改意见，责令限期整改。整改后，进行重新验收。经验收后，仍不合格的，查明原因，依据有关规定进行处理，暂时取消项目所在县(市、区）申报项目资格。

第三十五条 项目承担单位以及各级国土资源管理部门应做好项目成果的档案管理工作，对相关文件和资料立卷归档，妥善保管。

第六章 附 则

第三十六条 本办法由省国土资源厅负责解释。

第三十七条 本办法自颁布之日起施行。此前有关规定与本办法不符的，以本办法为准。

青海省国土资源厅关于进一步规范矿业权申报、审批程序的通知

青国土资矿〔2008〕168号

为进一步规范矿业权管理工作，充分发挥州（地、市）、县级人民政府和当地国土资源部门管理职能，使矿业权管理工作更好地服务于当地经济社会和矿业经济发展，根据矿产资源相关法律法规和省政府有关要求，就进一步规范省级审批权限内的矿业权申报、审批程序有关问题通知如下。

一、新设探矿权申报程序

新设探矿权在省国土资源厅征求资源所在地州（地、市）国土资源局关于探矿权设置的意见时，州(地、市）国土资源局应提出相关意见，须报请同级政府同意后，及时将意见反馈省国土资源厅。

二、新设采矿权（以协议方式出让的采矿权和探矿权转采矿权）划定矿区范围申报程序

由采矿权申请人直接向资源所在地县级国土资源局提交划定矿区范

围申请材料。县、州两级国土资源局负责审查申请材料，分别提出相关意见，须报请同级政府同意后，逐级上报。

三、矿业权延续、变更、转让及矿业权人股东、股权变更备案申报程序

矿业权的延续、变更、转让及矿业权人股东、股权变更备案，均由矿业权人在勘查（采矿）许可证有效期届满的30日前直接向当地县级国土资源局提交申请及相关材料。县、州两级国土资源局要对矿业权人的相关申请事项进行审查，提出审查意见，并就矿业权权属情况、矿业权人法定义务履行情况等出具书面材料后，逐级上报。

四、市场方式出让矿业权的报批程序

应以市场方式出让矿业权的，可由县级或州级国土资源主管部门提出出让意见，须经同级政府同意后逐级上报，经省国土资源厅批准后，进行市场出让。对省国土资源厅确定的以市场方式出让矿业权的项目，在省厅征求州、县意见时，州、县国土资源局提出相关意见，须报请同级政府同意后，及时将意见逐级反馈省国土资源厅。竞得人可凭成交确认书，直接向省国土资源厅申请办理勘查登记手续或划定矿区范围手续。

五、有关要求

州（地、市）、县级国土资源管理部门要严格按照矿产资源有关法律法规、矿产资源规划、国家产业政策及国土资源部、省政府规范性文件等规定，认真做好矿业权申请资料的审查工作，新设矿业权要经局会审会集体研究，审查意见要加盖同级政府公章。对不具备申报条件、不

符合矿产资源开发规划、国家相关产业政策、资源综合利用政策等要求、申请范围内已设置矿业权的采矿权申请，要向申请人说明原因，退回申报材料；对可采用市场方式出让的矿业权申请，要按本通知要求及时上报；对矿业权的延续、变更、转让及矿业权人股东、股权变更备案申请，要结合日常的监督管理工作，对矿业权权属情况、探矿权人法定义务履行情况、采矿权人对矿山建设、资源开发利用情况、相关税费（采矿权价款、采矿权使用费、矿产资源补偿费、矿山环境恢复治理保证金）缴纳及矿山年检、年报等法定义务履行情况出具书面说明材料。

六、州（地、市）、县级审批权限内采矿权申报、审批程序，可参照本通知的有关规定执行

中共宁夏回族自治区国土资源厅党组关于加强对系统内各级领导班子主要负责人监督管理的暂行办法（试行）

宁国土资党发〔2009〕9号

为认真贯彻党中央关于《建立健全惩治和预防腐败体系2008—2012年工作规划》和自治区党委的《实施办法》，切实加强对系统内各级主要负责人的监督管理，进一步促进认真履行职责，正确行使权力，自觉接受监督，不断推进系统党风、政风、行风建设，依据《中国共产党章程》和《中国共产党党内监督条例（试行）》等有关规定，结合国土资源管理工作实际制定本办法（以下简称《办法》）。

一、监督管理对象

本《办法》所称的主要负责人，是指全区各级国土资源局、国土资源厅直属事业单位和厅机关各处（室）的党政主要负责同志。

二、监督管理内容

对各级党政主要负责人监督管理的主要内容是：贯彻落实科学发展

观情况；遵守党的政治纪律情况；执行党的大政方针政策、自治区和厅党组决策部署及履行职责情况；执行民主集中制原则情况；选拔任用干部和执行财经纪律情况；落实党风廉政建设责任制和遵守廉洁自律各项规定等方面的情况。

三、监督的方法和途径

（一）厅党组监督

1. 廉政谈话监督

任职谈话。对新提拔的各级党政主要负责人，由厅党组成员进行任职谈话；驻厅纪检组主要负责同志进行任前廉政谈话。明确提出贯彻民主集中制、落实党风廉政建设责任制和廉政勤政等有关方面的要求。

任期谈话。厅党组书记和驻厅纪检组每年与五市国土资源局主要负责人、每两年与县、市（区）国土资源局主要负责人进行一次廉政勤政谈话，了解掌握该单位贯彻落实厅党组工作部署和决策的情况，领导班子成员廉政勤政情况及主要负责人思想作风、履行职责、工作效率、工作质量、抓班子、带队伍、改革创新等情况，有针对性的提出意见和要求；厅党组成员依据工作分工，对管理的直属事业单位和机关处（室）主要负责人每年进行一次廉政谈话；五市国土资源局主要负责人每年与辖区县、市（区）国土资源局主要负责人进行一次廉政勤政谈话。

诫勉谈话。系统内各级主要负责人在政治思想、履行职责、工作作风、道德品质、勤政廉政等方面有群众反映、发现苗头性的问题，经厅党组同意，可视不同情况，由分管厅领导、驻厅纪检组或厅人教处负责人及时进行诫勉谈话，作书面记录。采取适当方式，对谈话对象改正的情况进行跟踪了解。

2. 函询监督

对群众反映各级主要负责人的信访问题，经驻厅纪检组初审，认为需用书面形式对被反映者进行函询的，经厅党组同意后进行函询。被函询者在收到函询15个工作日内，要据实作出书面回复。

3. 巡视监督

按照《宁夏国土资源系统巡视工作实施办法（试行）》的相关规定，对全区国土资源系统各级领导班子及成员进行巡视，五个大市和县、市（区）国土资源局每两年巡视一次，要特别加强对各级主要负责人的监督，及时发现问题，提出整改意见。

4. 审计监督

离任审计。各级“一把手”办理调任、转任、轮岗、免职、辞职、退休等事项前，由厅党组委托当地审计部门进行离任审计。

任中审计。任中审计每两年一次，对于经济活动量大、群众比较关注的热点部门，每年进行一次审计，必要时随时进行审计。要强化审计结果综合利用，推行“先审计、后离任”制度，建立各级“一把手”经济责任审计档案，及时将审计发现问题记入审计档案，并把审计结果作为考核、考察、奖惩和干部任免的重要依据。对审计中发现的问题，要视情节轻重分别作出相应处理，特别是对于招待费严重超标、私设“小金库”、挤占挪用专项经费等问题，严格按照国务院《财政违法行为处罚处分条例》的有关规定，视具体情况，对主要负责人进行警示训诫、诫勉谈话、任职调整直至给予党纪政纪处分，对于构成违法犯罪的，要移交司法机关，追究刑事责任。

5. 述职述廉监督

各级主要负责人在年度考核中，要按规定对本人履行职责、遵守廉洁自律规定、落实党风廉政建设责任制存在的突出问题和改正措施等情况进行述职述廉，接受民主测评。对于群众反映有突出问题和民主测评“不称职”票占三分之一以上的，由厅党组调查核实，对确有失职、渎职或不廉洁行为但尚未构成违法犯罪的，视情节轻重进行诫勉谈话、警示训诫直至降职、免职等组织处理；对问题严重，构成违法犯罪的，移交司法机关处理。

6. 个人重大事项报告监督

各级党政主要负责人要严格按照《关于党员领导干部报告个人有关事项的规定》内容，及时报告个人的有关事项。根据具体情况，必要时在班子内部、民主生活会和述职述廉时，对个人发生的有关事项进行说明。

7. 考核考评监督

厅党组每年对各级党政主要负责人的德、能、勤、绩、廉情况全面考核一次；驻厅纪检组对贯彻党风廉政建设责任制情况及领导干部作风建设情况每年进行一次全面考核，同时加强平时检查。考核测评结果作为业绩评定、奖励惩罚、选拔任用的重要依据。对在考核和检查中发现的一般性问题，反馈给本人，限期改正。对考核中确定为不称职的或群众意见较大、问题比较突出的，厅党组将及时给予组织处理。发现严重违纪问题的，由厅纪检组或当地纪检机关进行查处。对于抓班子带队伍不力、管理不严，造成下属违法乱纪的，对单位党政主要负责人按有关规定追究领导责任，视情节轻重予以诫勉谈话、待岗或降职处理。

8. 纪检监察监督

驻厅纪检组和监察室为厅党风廉政建设的职能和牵头部门。要认真开展对领导班子主要负责人落实党内各项制度和执行党纪政纪情况的监督检查。完善落实惩防体系和党风廉政建设责任制的考核考评工作。了解掌握领导班子主要负责人遵守廉洁自律各项规定和个人有关事项报告等情况，及时发现和纠正存在的问题。对拟选拔任用干部进行廉政审查，以书面形式反馈意见。认真受理群众信访举报，调查核实反映的问题，严肃查处违纪违法案件。

五市国土资源局在抓好自身建设的同时，要认真履行好对所属县、市（区）国土资源局主要负责人党风廉政方面的监督管理职能。

（二）领导班子内部监督

1. 落实民主集中制

各级主要负责人在领导班子中处于关键地位，肩负重要责任，同时也是领导班子中平等的一员，要坚持按照集体领导、民主集中、个别酝酿、会议决定的方针议事决策，坚决防止任何人凌驾于组织之上，坚决防止个人独断专行。各级党政主要负责人要模范执行民主集中制的规定，认真履行领导职责，主动做好团结协调工作，支持班子成员在各自职责范围内独立负责地开展工作。

2. 落实重大事项集体决策制度

凡属重大问题决策，必须经集体讨论作出决定。厅（局）党组（支部）会议、厅（局）务会议、厅（局）长办公会研究决定重大问题，严格按照《宁夏国土资源厅工作制度汇编》规定的议事规则讨论决定重大问题。集体决策时，要确保班子成员的出席率在70%以上，鼓励班子成员各抒己见，注意倾听不同意见，讨论和表决情况要记录在案并形成会议纪要。防止用会下交换意见、文件传阅画圈和个别征求意见等方式决定重大问题的现象，对于规定必经集体讨论决定的事项而未经集体讨论，纪检监察部门必须列席参加的会议而不让参加，不论是否造成不良后果或重大损失，都要追究主要负责人的责任。

（1）需提交党组（支部）集体决策的重大事项。

贯彻、执行党和国家的方针、政策，落实自治区党委、政府和上级主管部门的决定和部署；

党的建设、领导班子建设、党风廉政建设；

有关机构、人员岗位的设置和调整方案；

有关干部任免、调动、考核、奖惩等有关事项；

重大财务开支、大额资金使用、内部采购项目的审定（区厅、市、县局可分别制定资金标准）；

认为需要党组集体决定的其他事项。

党组（支部）会议，各级纪检书记（组长）必须参加。

（2）需提交厅（局）务会议集体决策的事项。

代起草的地方性法规草案、重要政策文件草案和由厅（局）制定下发的重要规范性文件；

厅(局) 总体工作规划、年度计划、重要改革方案和重要管理制度；

部门预算和年度预算调整；

重大基础设施建设项目立项；

自治区级土地利用总体规划、矿产资源总体规划的编制与修编成果；

全区土地利用年度计划分解下达方案；

土地资产处置；

探矿权、采矿权评估确认备案；

矿产资源勘查项目立项；

国土资源违法案件和信访案件处理；

决定重大行政复议案件和资源权属争议案件审理意见；

土地开发整理项目立项；

各项经费征收或减、缓、免；

建设项目用地预审；

农用地转用、土地征收审核；

开发国有未利用地审核；

探矿权、采矿权审批（含划定矿区范围、采矿权变更审批)；

探矿权、采矿权转让审批；

限采区内开山采石审核；

其他需提交厅（局）务会议集体决定的重大事项。

厅（局）务会议，各级纪检监察部门必须列席参加。

(3) 厅（局）长办公会决定的重大问题。

厅（局）长办公会由厅（局）长或受厅（局）长委托的副厅（局）长主持召开，主要研究提交党组（支部）和厅（局）务会决定的议题事项，讨论研究贯彻落实党组（支部）会和厅（局）务会决定的重大问题，一般不决定重大问题，各级纪检部门应列席参加。

3. 落实民主生活会制度

各级主要负责人要认真组织开好每年一度的民主生活会。认真开展批评与自我批评，开诚布公地谈心，带头剖析问题，虚心倾听意见，积极落实整改措施。会前要广泛征求意见，县、市（区）国土资源部门必须邀请当地纪委、组织部门和上级国土资源部门领导参加，五市国土资源局和厅直属事业单位要邀请区厅党组领导参加。召开领导班子民主生活会及整改措施的落实情况，要在一定范围内向干部群众通报，并按规定报厅党组。

4. 坚持同级纪检组的监督

各级纪检组要充分发挥监督职能，对各级主要负责人的权力运行实施有效监督，特别是要加强对人权和财权的监督。要协助主要负责人建立和完善有关规章制度，并对制度的落实情况进行监督检查，真正用制度管人、管钱、管事。各级纪检组要坚持向厅党组和驻厅纪检组请示汇报制度，对各级主要负责人在重要事项上有违反议事原则的，要立即提出改正建议。对各级主要负责人坚持错误决定，或发现有违纪问题的，纪检组有权进行初步核实，并直接向厅党组和驻厅纪检组报告。

（三）加强社会监督

1. 落实政务公开

坚持政务公开制度，凡不涉及保密的重大事项，原则上必须公开，做到阳光操作。认真落实政府和上级部门对政务公开内容、方式、时限的规定要求，方便群众监督。厅党组要加强对公开工作的监督检查，对公开不及时、内容不全面、群众不满意的，要进行通报批评；情节严重的，要追究各级主要负责人的责任。

2. 抓好信访监督

对群众来信来访反映各级主要负责人存在问题的，严格按照有关规定，由纪检部门及时进行调查。对反映情况不属实的，立即予以澄清；对反映情况属实、情节较轻的，经厅党组同意，由厅纪检组或厅人教处进行诫勉谈话；情节较重的，由厅纪检组会同当地纪检监察部门组织调查核实后，依据相关规定处理。

3. 加强舆论监督

各级国土资源部门要重视舆论宣传和支持舆论监督，充分发挥新闻媒体的舆论监督作用。在加强国土资源法律法规和自身工作宣传的同时，积极听取各方面的意见和建议，不断改进国土资源监管服务工作。

四、抓好正面典型引导

厅党组要在加强惩治和预防腐败体系建设的过程中，进一步加大正面典型培养、宣传、激励等项制度建设，及时总结宣扬党风廉政建设的各种先进经验和先进典型，大力开展各种争先创优活动，对各级主要负责人在党风廉政建设上作出突出贡献的，要予以奖励和重用，以正面典型引导树立正确的人生观、荣辱观和利益观，推进各级领导班子和干部队伍风气建设。

五、附　则

（一）本办法由驻厅纪检组负责解释。

（二）本办法自印发之日起实施。

宁夏回族自治区国土资源系统行政处罚自由裁量权参照执行标准（试行）

宁国土资发〔2011〕125号

土地领域

一、非法转让土地

法律依据：

1.《中华人民共和国土地管理法》第七十三条　买卖或者以其他形式非法转让土地的，由县级以上人民政府土地行政主管部门没收违法所得；对违反土地利用总体规划擅自将农用地改为建设用地的，限期拆除在非法转让的土地上新建的建筑物和其他设施，恢复土地原状，对符合土地利用总体规划的，没收在非法转让的土地上新建的建筑物和其他设施；可以并处罚款；对直接负责的主管人员和其他直接责任人员，依法给予行政处分；构成犯罪的，依法追究刑事责任。

2.《中华人民共和国土地管理法实施条例》第三十八条　依照《土地管理法》第七十三条的规定处以罚款的，罚款额为非法所得的百分之五十以下。

3.《中华人民共和国土地管理法实施条例》第三十九条　依照《土

地管理法》第八十一条的规定处以罚款的，罚款额为非法所得的百分之五以上百分之二十以下（第八十一条　擅自将农民集体所有土地的使用权出让、转让或者出租用于非农业建设的，由县级以上人民政府土地行政主管部门责令限期改正，没收违法所得，并处罚款）。

4.《宁夏回族自治区土地管理条例》第七十二条　有下列行为之一的，按照买卖或者以其他形式非法转让土地处罚：

（一）未经批准，擅自签订合同，出让、转让、出租、抵押土地使用权的；

（二）以联营、合作、合资等名义倒卖土地的；

（三）违反出让合同约定的条件，转让以出让方式取得土地使用权的；

（四）农村集体经济组织将国有土地或者将不属本集体经济组织集体所有的土地作为本集体经济组织所有的土地转让、出租、对外承包或者与他人联合举办企业的；

（五）其他买卖、非法转让土地的。

单位或者个人买卖或者以其他形式非法转让土地的，由县级以上人民政府土地行政主管部门没收违法所得；对违反土地利用总体规划擅自将农用地改为建设用地的，限期拆除在非法转让的土地上新建的建筑物和其他设施，恢复土地原状，对符合土地利用总体规划的，没收在非法转让的土地上新建的建筑物和其他设施；可并处违法所得百分之十以上百分之五十以下的罚款；对直接负责的主管人员和其他直接责任人员，依法给予行政处分；构成犯罪的，依法追究刑事责任。

农民集体所有的土地的使用权非法转让或者出租用于非农业建设的，责令限期改正，没收违法所得，并处以违法所得百分之五以上百分之二十以下的罚款。

5.《中华人民共和国城镇国有土地使用权出让和转让暂行条例》第四十六条　对未经批准擅自转让、出租、抵押划拨土地使用权的单位和个人，市、县人民政府土地管理部门应当没收其非法收入，并根据情节处以罚款。

6.《宁夏回族自治区城镇国有土地使用权出让和转让办法》第五十七条　违反本办法第二十八条、第四十九条、第五十条第一款规定，未经批准擅自转让土地使用权的，由县级以上人民政府土地管理部门没收非法所得，并根据情节处以非法所得30%至50%的罚款（第二十八条　土地使用权转让，是指土地使用者将土地使用权再转移的行为，包括出售、交换和赠与。土地使用权出租，是指土地使用者作为出租人将土地使用权或者土地使用权连同地上建筑物和其他附着物租赁给承租人使用，由承租人向出租人支付租金的行为。土地使用权抵押，是指土地使用者作为抵押人，将土地使用权或土地使用权连同地上建筑物和其他附着物作为抵押物，向抵押权人提供债务履行担保的行为；第四十九条　有下列情形之一的，其土地使用权及其地上建筑物、其他附着物不得转让、出租、抵押：（一）没有合法的土地使用证、房屋所有权证的；（二）权属有争议的；（三）违法占地建房尚未处理的；（四）土地在房屋拆迁封户公告范围内的；（五）法律、法规禁止转让、出租、抵押的其他情况；第五十条　转让划拨土地使用权及其地上建筑物、其他附着物，应当依照《实施办法》规定的建设用地审批权限报经有批准权的人民政府批准后，办理出让、转让手续，其程序是：（一）当事人须持申请书，附土地交易价格申报表、土地使用权证、房屋所有权证及资质证明，向所在地市、县人民政府土地管理部门提出申请。

细化标准：

1. 买卖或以其他形式非法转让农用地及其他土地

（1）非法转让基本农田不足10亩，或者非法转让基本农田以外的耕地不足30亩，或者其他土地不足100亩，处以非法所得10%以上25%以下的罚款；

（2）非法转让基本农田10亩以上不足30亩，或者非法转让基本农田以外的耕地30亩以上不足50亩，或者其他土地100亩以上不足500亩，处以非法所得25%以上40%以下的罚款；

（3）非法转让基本农田30亩以上，或者基本农田以外的耕地50亩以上，或者其他土地500亩以上，处以非法所得40%以上50%以下的罚款；

2. 非法转让或者出租农民集体所有土地用于非农业建设

（4）非法转让或者出租农民集体所有土地10亩以下用于非农业建设的，处以违法所得5%以上10%以下的罚款；

（5）非法转让或者出租农民集体所有土地10亩以上30亩以下用于非农业建设的，处以违法所得10%以上15%以下的罚款；

（6）非法转让或者出租农民集体所有土地30亩以上用于非农业建设的，处以违法所得15%以上20%以下的罚款；

3. 擅自转让城镇国有土地

（7）擅自转让城镇国有土地不足50亩的，处以非法所得30%以上35%以下的罚款；

（8）擅自转让城镇国有土地50亩以上不足100亩的，处以非法所得35%以上40%以下的罚款；

（9）擅自转让城镇国有土地100亩以上的，处以非法所得40%以上50%以下的罚款。

二、破坏种植条件

法律依据：

1.《中华人民共和国土地管理法》第七十四条　违反本法规定，占用耕地建窑、建坟或者擅自在耕地上建房、挖砂、采石、采矿、取土等，破坏种植条件的，或者因开发土地造成土地荒漠化、盐渍化的，由县级以上人民政府土地行政主管部门责令限期改正或者治理，可以并处罚款；构成犯罪的，依法追究刑事责任。

2.《中华人民共和国土地管理法实施条例》第四十条　依照《土地管理法》第七十四条的规定处以罚款的，罚款额为耕地开垦费的2倍以下。

3.《宁夏回族自治区土地管理条例》第七十条　违反本条例第

二十七条规定，破坏耕地种植条件的，或者因开发土地造成土地荒漠化、盐渍化的，由县级以上人民政府土地行政主管部门责令限期改正和治理，并可处以耕地开垦费标准 1 倍以上 2 倍以下罚款；构成犯罪的，依法追究刑事责任（禁止占用耕地建窑、建坟或者擅自在耕地上挖砂、采石、采矿、取土、建房或者建造其他建筑物、构筑物。禁止在基本农田保护区内挖塘养鱼和发展林果业；但是，发展枸杞、桑园、花木等特色经济作物的除外）。

4.《基本农田保护条例》第三十三条　违反本条例规定，占用基本农田建窑、建房、建坟、挖砂、采石、采矿、取土、堆放固体废弃物或者从事其他活动破坏基本农田，毁坏种植条件的，由县级以上人民政府土地行政主管部门责令改正或者治理，恢复原种植条件，处占用基本农田的耕地开垦费 1 倍以上 2 倍以下的罚款；构成犯罪的，依法追究刑事责任。

细化标准：

（1）破坏基本农田以外的耕地 5 亩以下，且无法恢复种植条件的，处以耕地开垦费 1 倍以下的罚款；

（2）破坏基本农田 5 亩以下，或者基本农田以外耕地 5 亩以上不足 10 亩，且无法恢复种植条件的，处以耕地开垦费 1 倍以上 1.5 倍以下的罚款；

（3）破坏基本农田 5 亩以上，或者基本农田以外耕地 10 亩以上，且无法恢复种植条件的，处以耕地开垦费 1.5 倍以上至 2 倍以下的罚款。

三、拒不履行土地复垦义务

法律依据：

1.《中华人民共和国土地管理法》第七十五条　违反本法规定，拒不履行土地复垦义务的，由县级以上人民政府土地行政主管部门责令限期改正；逾期不改正的，责令缴纳复垦费，专项用于土地复垦，可以处以罚款。

2.《中华人民共和国土地管理法实施条例》第四十一条　依照《土

地管理法》第七十五条的规定处以罚款的，罚款额为土地复垦费的2倍以下。

3.《中华人民共和国土地管理法实施条例》第四十四条　违反本条例第二十八条的规定，逾期不恢复种植条件的，由县级以上人民政府土地行政主管部门责令限期改正，可以处耕地复垦费2倍以下的罚款（第二十八条　建设项目施工和地质勘查需要临时占用耕地的，土地使用者应当自临时用地期满之日起1年内恢复种植条件）。

4.《宁夏回族自治区土地管理条例》第七十一条　违反本条例规定，拒不履行土地复垦义务的，由县级以上人民政府土地行政主管部门责令限期改正；逾期不改正的，责令缴纳复垦费，专项用于土地复垦，可处以复垦费标准1倍以上2倍以下罚款。

5.《宁夏回族自治区土地管理条例》第七十七条　违反本条例规定，在临时使用的土地上修建永久性建筑物的，由县级以上人民政府土地行政主管部门责令限期拆除；逾期不拆除的，由作出处罚决定的机关依法申请人民法院强制执行，费用由违法者承担。

临时使用土地期满，逾期不按照本条例规定恢复种植条件的，责令限期改正，可处以复垦费标准1倍以上2倍以下的罚款。

细化标准：

（1）逾期拒不履行土地复垦义务，恢复种植条件的，处以罚款；

（2）拒绝复垦的土地为其他土地的，每亩处以土地复垦费1倍的罚款；

（3）拒绝复垦的土地为基本农田以外的耕地的，每亩处以土地复垦费1倍以上1.5倍以下的罚款；

（4）拒绝复垦的土地为基本农田的，每亩处以土地复垦费1.5倍以上2倍以下的罚款。

四、非法占用土地

法律依据：

1.《中华人民共和国土地管理法》第七十六条　未经批准或者采取

欺骗手段骗取批准，非法占用土地的，由县级以上人民政府土地行政主管部门责令退还非法占用的土地，对违反土地利用总体规划擅自将农用地改为建设用地的，限期拆除在非法占用的土地上新建的建筑物和其他设施，恢复土地原状，对符合土地利用总体规划的，没收在非法占用的土地上新建的建筑物和其他设施，可以并处罚款；对非法占用土地单位的直接负责的主管人员和其他直接责任人员，依法给予行政处分；构成犯罪的，依法追究刑事责任。

2.《中华人民共和国土地管理法实施条例》第四十二条　依照《土地管理法》第七十六条的规定处以罚款的，罚款额为非法占用土地每平方米 30 元以下。

3.《宁夏回族自治区土地管理条例》第七十三条　有下列行为之一的，按照非法占用土地处罚：

（一）未经批准或者采取冒名顶替、谎报地类、化整为零等手段骗取批准占用土地的；

（二）超过批准用地数量或者不按照批准位置使用土地的；

（三）土地使用权被依法收回，拒不交还土地的；

（四）临时使用土地期满，逾期不归还又不办理续用手续的；

（五）其他非法占用土地的。

未经批准在划拨使用的土地上翻建、改建、扩建建筑物、构筑物的，以非法占用土地论处。

单位和个人非法占用土地的，由县级以上人民政府土地行政主管部门责令退还非法占用的土地，对违反土地利用总体规划擅自将农用地改为建设用地的，限期拆除在非法占用的土地上新建的建筑物和其他设施，恢复土地原状，对符合土地利用总体规划的，没收在非法占用的土地上新建的建筑物和其他设施；并可对非法占用的土地按基本农田每平方米 10 至 30 元，一般耕地、林地每平方米 5 至 20 元，其他土地每平方米 2 至 10 元处以罚款；对非法占用土地单位的直接负责的主管人员和其他直接责任人员，依法给予行政处分；构成犯罪的，依法追究刑事责任。

非法开垦或者在土地利用总体规划确定的禁止开垦区内开垦荒地、荒山、荒滩的，责令限期改正；逾期不改正的，依照前款的规定处罚。

农村村民非法占用土地建住宅或者建造其他建筑物、构筑物的，责令退还非法占用的土地，限期拆除在非法占用土地上新建的房屋或者其他建筑物、构筑物。

超过批准的数量占用土地，多占的土地以非法占用土地论处。

细化标准：

1. 非法占用的土地为其他土地

（1）占用其他土地100亩以下的，处以每平方米2至5元罚款；

（2）占用其他土地100亩以上不足500亩的，处以每平方米5至8元罚款；

（3）占用其他土地500亩以上的，处以每平方米8至10元罚款；

2. 非法占用的土地为一般耕地、林地

（4）占用一般耕地、林地30亩以下的，处以每平方米5至10元罚款；

（5）占用一般耕地、林地30亩以上50亩以下的，处以每平方米10至15元罚款；

（6）占用一般耕地、林地50亩以上的，处以每平方米15至20元罚款；

3. 非法占用的土地为基本农田

（7）占用基本农田5亩以下的，处以每平方米10至15元罚款；

（8）占用基本农田5亩以上30亩以下的，处以每平方米15至25元罚款；

（9）占用基本农田30亩以上的，处以每平方米25至30元罚款。

五、未按规定支付出让金

法律依据：

《中华人民共和国城市房地产管理法》第六十六条　违反本法第

三十九条第一款的规定转让土地使用权的，由县级以上人民政府土地管理部门没收违法所得，可以并处罚款（第三十九条　以出让方式取得土地使用权的，转让房地产时，应当符合下列条件：（一）按照出让合同约定已经支付全部土地使用权出让金，并取得土地使用权证书；）。

细化标准：

未按照出让合同约定支付土地使用权出让金，且未取得土地使用权证书的，并处罚款。

六、非法转让房地产

法律依据：

《中华人民共和国城市房地产管理法》第六十七条　违反本法第四十条第一款的规定转让房地产的，由县级以上人民政府土地管理部门责令缴纳土地使用权出让金，没收违法所得，可以并处罚款（第四十条　以划拨方式取得土地使用权的，转让房地产时，应当按照国务院规定，报有批准权的人民政府审批。有批准权的人民政府准予转让的，应当由受让方办理土地使用权出让手续，并依照国家有关规定缴纳土地使用权出让金）。

细化标准：

未经有批准权的人民政府批准转让，且未支付土地使用权出让金的，并处罚款。

七、不按用途使用国有土地

法律依据：

《宁夏回族自治区土地管理条例》第七十八条　不按照批准的用途使用国有土地的，由县级以上人民政府土地行政主管部门责令交还土地，处以每平方米5元以上30元以下的罚款。

细化标准：

（1）不按照批准的用途使用国有土地，占原批准使用面积20%以下，处以每平方米5至10元罚款；

（2）不按照批准的用途使用国有土地，占原批准使用面积20%以上50%以下，处以每平方米10至15元罚款；

(3) 不按照批准的用途使用国有土地，占原批准使用面积50%以上80%以下，处以每平方米15至20元罚款；

(4) 不按照批准的用途使用国有土地，占原批准使用面积80%以上，处以每平方米20至30元罚款。

八、破坏基本农田保护标志

法律依据：

《基本农田保护条例》第三十二条　违反本条例规定，破坏或者擅自改变基本农田保护区标志的，由县级以上地方人民政府土地行政主管部门或者农业行政主管部门责令恢复原状，可以处1000元以下罚款。

细化标准：

(1) 破坏或者擅自改变基本农田保护区标志2处以上的，且拒不恢复的，并处罚款；

(2) 每破坏或改变1处基本农田保护区标志的，处以200元罚款，罚款总额不得超过1000元。

九、未按合同规定开发、利用、经营土地

法律依据：

1.《中华人民共和国城镇国有土地使用权出让和转让暂行条例》第十七条　土地使用者应当按照土地使用权出让合同的规定和城市规划的要求，开发、利用、经营土地。

未按合同规定的期限和条件开发、利用土地的，市、县人民政府土地管理部门应当予以纠正，并根据情节可以给予警告、罚款直至无偿收回土地使用权的处罚。

2.《闲置土地处置办法》第四条　在城市规划区范围内，以出让等有偿使用方式取得土地使用权进行房地产开发的闲置土地，超过出让合同约定的动工开发日期满1年未动工开发的，可以征收相当于土地使用权出让金20%以下的土地闲置费；满2年未动工开发时，可以无偿收回土地使用权；但是，因不可抗力或者政府、政府有关部门的行为或者动工开发必需的前期工作造成动工开发迟延的除外。

细化标准：

(1) 超过出让合同约定的动工开发日期满1年未动工开发的闲置土地不足50亩的，征收相当于土地使用权出让金10%以下的土地闲置费；

(2) 超过出让合同约定的动工开发日期满1年未动工开发的闲置土地50亩以上不足100亩的，征收相当于土地使用权出让金10%至15%的土地闲置费；

(3) 超过出让合同约定的动工开发日期满1年未动工开发的闲置土地100亩以上的，征收相当于土地使用权出让金15%至20%的土地闲置费。

十、擅自转让房地产开发项目

法律依据：

《城市房地产开发经营管理条例》第三十八条　违反本条例规定，擅自转让房地产开发项目的，由县级以上人民政府负责土地管理工作的部门责令停止违法行为，没收违法所得，可以并处违法所得5倍以下的罚款。

细化标准：

(1) 擅自转让房地产开发项目违法所得500万元以下的，处以违法所得1倍以下罚款；

(2) 擅自转让房地产开发项目违法所得500万元以上1000万元以下的，处以违法所得1倍以上3倍以下罚款；

(3) 擅自转让房地产开发项目违法所得1000万元以上的，处以违法所得3倍以上5倍以下罚款。

地矿领域

一、擅自采矿违法行为

法律依据：

1.《中华人民共和国矿产资源法》第三十九条“违反本法规定，未取得采矿许可证擅自采矿的，擅自进入国家规划矿区、对国民经济具有重要价值的矿区范围采矿的，擅自开采国家规定实行保护性开采的特定矿种的，责令停止开采、赔偿损失，没收采出的矿产品和违法所得，可以并处罚款。

单位和个人进入他人依法设立的国有矿山企业和其他矿山企业矿区范围内采矿的，依照前款规定处罚。”

2.《中华人民共和国矿产资源法实施细则》第四十二条第一项“依照《矿产资源法》第三十九条、第四十条、第四十二条、第四十三条、第四十四条规定处以罚款的，分别按照下列规定执行：(一）未取得采矿许可证擅自采矿的，擅自进入国家规划矿区、对国民经济具有重要价值的矿区和他人矿区范围采矿的，擅自开采国家规定实行保护性开采的特定矿种的，处以违法所得50%以下的罚款。”

3.《宁夏回族自治区矿产资源管理条例》第四十八条第一款“未取得采矿许可证擅自进行采矿的，责令停止开采，没收采出的矿产品和违法所得，可以并处1万元至10万元的罚款。”

细化标准：

1. 实施擅自采矿违法行为，有违法所得的

（1）违法所得50万元以下的，处以违法所得20%以上30%以下的罚款；

（2）违法所得50万元以上100万元以下的，处以违法所得30%以上40%以下的罚款；

（3）违法所得100万元以上的，处以违法所得40%以上50%以下的罚款。

2. 实施擅自采矿违法行为，没有违法所得或需并处罚款的

（1）接受责令停止开采，配合没收采出的矿产品和违法所得的，处1万元以上5万元以下罚款；

（2）拒绝接受责令停止开采，拒不配合没收采出的矿产品和违法所

得的，处 5 万元以上 10 万元以下罚款。

二、越界采矿违法行为

法律依据：

1.《中华人民共和国矿产资源法》第四十条“超越批准的矿区范围采矿的，责令退回本矿区范围内开采、赔偿损失，没收越界开采的矿产品和违法所得，可以并处罚款；拒不退回本矿区范围内开采，造成矿产资源破坏的，吊销采矿许可证。”

2.《中华人民共和国矿产资源法实施细则》第四十二条第二项“依照《矿产资源法》第三十九条、第四十条、第四十二条、第四十三条、第四十四条规定处以罚款的，分别按照下列规定执行：（二）超越批准的矿区范围采矿的，处以违法所得 30% 以下的罚款。”

3.《宁夏回族自治区矿产资源管理条例》第四十八条第二款“超越批准的矿区范围采矿的，责令退回本矿区范围内开采，没收越界开采的矿产品和违法所得，可以并处 1 万元至 10 万元的罚款。”

细化标准：

1. 实施越界采矿违法行为，有违法所得的

（1）违法所得 50 万元以下的，处以违法所得 10% 以上 20% 以下的罚款；

（2）违法所得 50 万元以上的，处以违法所得 20% 以上 30% 以下的罚款。

2. 实施越界采矿违法行为，没有违法所得的或需并处罚款的

（1）接受责令退回本矿区范围内开采，配合没收越界开采的矿产品和违法所得的，处 1 万元以上 5 万元以下罚款；

（2）拒绝接受责令退回本矿区范围内开采，拒不配合没收越界开采的矿产品和违法所得的，处 5 万元以上 10 万元以下罚款。

三、倒卖、擅自转让探矿权、采矿权违法行为

法律依据：

1.《中华人民共和国矿产资源法》第四十二条第二款“违反本法第

六条的规定将探矿权、采矿权倒卖牟利的，吊销勘查许可证、采矿许可证，没收违法所得，处以罚款。”

2.《探矿权采矿权转让管理办法》第十四条“未经审批管理机关批准，擅自转让探矿权、采矿权的，由登记管理机关责令改正，没收违法所得，处10万元以下的罚款；情节严重的，由原发证机关吊销勘查许可证、采矿许可证。”

细化标准：

（1）违法所得100万元以下的，处以3万元以下的罚款；

（2）违法所得100万元以上200万元以下的，处以3万元以上7万元以下的罚款；

（3）违法所得200万元以上的，处以7万元以上10万元以下的罚款。

四、以承包等方式擅自将采矿权转给他人进行采矿的、擅自将矿山企业承包、租赁给他人开采矿产资源的违法行为

法律依据：

1.《探矿权采矿权转让管理办法》第十五条“违反本办法第三条第（二）项的规定，以承包等方式擅自将采矿权转给他人进行采矿的，由县级以上人民政府负责地质矿产管理工作的部门按照国务院地质矿产主管部门规定的权限，责令改正，没收违法所得，处10万元以下的罚款；情节严重的，由原发证机关吊销采矿许可证。”

2.《宁夏回族自治区矿产资源管理条例》第五十条“采矿权人未经批准，擅自发包其矿井的，责令改正，没收违法所得，并处以1万元至5万元的罚款；逾期不改正的，吊销采矿许可证。”

细化标准：

（1）违法所得100万元以下的，处以3万元以下的罚款；

（2）违法所得100万元以上200万元以下的，处以3万元以上7万元以下的罚款；

（3）违法所得200万元以上的，处以7万元以上10万元以下的罚款。

五、违法收购和销售国家统一收购的矿产品违法行为

法律依据：

1.《中华人民共和国矿产资源法》第四十三条“违反本法规定收购和销售国家统一收购的矿产品的，没收矿产品和违法所得，可以并处罚款。”

2.《中华人民共和国矿产资源法实施细则》第四十二条第五项“违反规定收购和销售国家统一收购的矿产品的，处以违法所得1倍以下的罚款。”

细化标准：

（1）首次违反规定收购和销售国家统一收购的矿产品并且数额在50万元以下的，没收矿产品和违法所得；

（2）违反规定收购和销售国家统一收购的矿产品达两次以上或虽是首次违反规定收购和销售国家统一收购的矿产品但数额在50万元以上的，没收矿产品和违法所得，并处违法所得1倍以下的罚款。

六、破坏性开采矿产资源违法行为

法律依据：

1.《中华人民共和国矿产资源法》第四十四条“违反本法规定，采取破坏性的开采方法开采矿产资源的，处以罚款，可以吊销采矿许可证。”

2.《中华人民共和国矿产资源法实施细则》第四十二条第六项“依照《矿产资源法》第三十九条、第四十条、第四十二条、第四十三条、第四十四条规定处以罚款的，分别按照下列规定执行：（六）采取破坏性的开采方法开采矿产资源，造成矿产资源严重破坏的，处以相当于矿产资源损失价值50%以下的罚款。”

3.《宁夏回族自治区矿产资源管理条例》第五十一条“采取破坏性开采方法开采矿产资源的，处以1万元至10万元的罚款，情节严重的，吊销采矿许可证。”

细化标准：

（1）造成矿产资源破坏价值30万元以下的，处以相当于矿产资源损失价值20%以下的罚款；

（2）造成矿产资源破坏价值30万元以上的，处以相当于矿产资源损失价值20%以上50%以下的罚款。

七、非法勘查矿产资源违法行为

法律依据：

1.《矿产资源勘查区块登记管理办法》第二十六条“违反本办法规定，未取得勘查许可证擅自进行勘查工作的，超越批准的勘查区块范围进行勘查工作的，由县级以上人民政府负责地质矿产管理工作的部门按照国务院地质矿产主管部门规定的权限，责令停止违法行为，予以警告，可以并处10万元以下的罚款。”

2.《宁夏回族自治区矿产资源管理条例》第四十四条“未取得勘查许可证擅自进行勘查或者超越批准的勘查作业区范围进行勘查的，责令停止违法行为，予以警告，可以并处1万元至10万元的罚款。”

3.《宁夏回族自治区矿产资源管理条例》第四十六条“擅自进入他人依法取得探矿权的勘查作业区进行勘查工作的，责令停止勘查活动，并处以1万元至5万元的罚款。”

细化标准：

（1）超越批准的勘查区块范围或擅自进入他人依法取得探矿权的勘查作业区进行勘查工作的，处以1万元以上5万元以下的罚款；

（2）未取得勘查许可证擅自进行勘查工作的，处以5万元以上10万元以下的罚款。

八、擅自进行滚动勘探开发、边探边采或者试采矿产资源违法行为

法律依据：

《矿产资源勘查区块登记管理办法》第二十七条“违反本办法规定，未经批准，擅自进行滚动勘探开发、边探边采或者试采的，由县级以上人民政府负责地质矿产管理工作的部门按照国务院地质矿产主管部门规定的权限，责令停止违法行为，予以警告，没收违法所得，可以并处10万元以下的罚款。”

细化标准：

（1）擅自进行滚动勘探开发、边探边采或者试采，没有违法所得的，处以5万元以下的罚款；

（2）擅自进行滚动勘探开发、边探边采或者试采，有违法所得的，处以5万元以上10万元以下的罚款。

九、擅自印制或者伪造、冒用勘查许可证违法行为

法律依据：

《矿产资源勘查区块登记管理办法》第二十八条“违反本办法规定，擅自印制或者伪造、冒用勘查许可证的，由县级以上人民政府负责地质矿产管理工作的部门按照国务院地质矿产主管部门规定的权限，没收违法所得，可以处10万元以下的罚款。”

细化标准：

（1）擅自印制或者伪造、冒用勘查许可证，没有违法所得的，处以5万元以下的罚款；

（2）擅自印制或者伪造、冒用勘查许可证，有违法所得的，处以5万元以上10万元以下的罚款。

十、不按规定完成最低勘查投入违法行为

法律依据：

1.《矿产资源勘查区块登记管理办法》第二十九条第二项、第三项“违反本办法规定，有下列行为之一的，由县级以上人民政府负责地质矿产管理工作的部门按照国务院地质矿产主管部门规定的权限，责令限期改正；逾期不改正的，处5万元以下的罚款：（二）未完成最低勘查投入的；（三）已经领取勘查许可证的勘查项目，满6个月未开始施工，或者施工后无故停止勘查工作满6个月的。”

2.《宁夏回族自治区矿产资源管理条例》第四十七条“探矿权人不按规定完成年度最低勘查投入的，责令限期完成；逾期不完成的，处以

1万元至5万元的罚款。”

细化标准：

（1）未完成最低勘查投入在50%以内或者领取勘查许可证开始施工后无故停止勘查工作满6个月的，罚款1万元至3万元；

（2）未完成最低勘查投入超过50%或者已经领取勘查许可证的勘查项目，满6个月未开始施工的，罚款3万元至5万元。

十一、不按矿产资源开采登记管理办法规定提交年度报告、拒绝接受检查或弄虚作假违法行为

法律依据：

1.《矿产资源开采登记管理办法》第十八条“不依照本办法规定提交年度报告、拒绝接受监督检查或者弄虚作假的，由县级以上人民政府负责地质矿产管理工作的部门按照国务院地质矿产主管部门规定的权限，责令停止违法行为，予以警告，可以并处5万元以下的罚款；情节严重的，由原发证机关吊销采矿许可证。”

2.《矿产资源勘查区块登记管理办法》第二十九条第一项“违反本办法规定，有下列行为之一的，由县级以上人民政府负责地质矿产管理工作的部门按照国务院地质矿产主管部门规定的权限，责令限期改正；逾期不改正的，处5万元以下的罚款；情节严重的，原发证机关可以吊销勘查许可证：（一）不按照本办法的规定备案、报告有关情况、拒绝接受监督检查或者弄虚作假的。”

细化标准：

（1）不依照规定提交年度报告或不按照规定备案的，处以3万元以下的罚款；

（2）拒绝接受监督检查或者弄虚作假的，处以3万元以上5万元以下的罚款。

十二、擅自印制或者伪造冒用采矿许可证违法行为

法律依据：

《矿产资源开采登记管理办法》第二十条“擅自印制或者伪造、冒用采矿许可证的，由县级以上人民政府负责地质矿产管理工作的部门按照国务院地质矿产主管部门规定的权限，没收违法所得，可以并处10万元以下的罚款。”

细化标准：

(1) 擅自印制或者伪造、冒用采矿许可证，没有违法所得的，处以5万元以下的罚款；

(2) 擅自印制或者伪造、冒用采矿许可证，有违法所得的，处以5万元以上10万元以下的罚款。

十三、采矿权人在规定期限内未足额缴纳矿产资源补偿费和滞纳金的违法行为

法律依据：

《矿产资源补偿费征收管理规定》第十四条“采矿权人在规定期限内未足额缴纳矿产资源补偿费的，由征收机关责令限期缴纳，并从滞纳之日起按日加收滞纳补偿费2%的滞纳金。采矿权人未按照前款规定缴纳矿产资源补偿费和滞纳金的，由征收机关处以应当缴纳的矿产资源补偿费3倍以下的罚款；情节严重的，由采矿许可证颁发机关吊销其采矿许可证。”

细化标准：

(1) 欠缴矿产资源补偿费占应缴纳矿产资源补偿费30%以下的，处以欠缴矿产资源补偿费1倍以下的罚款；

(2) 欠缴矿产资源补偿费占应缴纳矿产资源补偿费30%以上60%以下的，处以欠缴矿产资源补偿费1倍以上2倍以下的罚款；

(3) 欠缴矿产资源补偿费占应缴纳矿产资源补偿费60%以上的，处以欠缴矿产资源补偿费2倍以上3倍以下的罚款。

十四、采矿权人采取各种手段不缴或者少缴矿产资源补偿费的违法行为

法律依据：

《矿产资源补偿费征收管理规定》第十五条“采矿权人采取伪报矿种、

隐匿产量、销售数量，或者伪报销售价格、实际开采回采率等手段，不缴或者少缴矿产资源补偿费的，由征收机关追缴应当缴纳的矿产资源补偿费，并处以应当缴纳的矿产资源补偿费5倍以下的罚款；情节严重的，由采矿许可证颁发机关吊销其采矿许可证。”

细化标准：

（1）少缴矿产资源补偿费占应缴纳矿产资源补偿费 50% 以下的，处以少缴矿产资源补偿费 3 倍以下的罚款；

（2）少缴矿产资源补偿费占应缴纳矿产资源补偿费 50% 以上的，处以少缴矿产资源补偿费 3 倍以上 4 倍以下的罚款；

（3）不缴矿产资源补偿费的，处以应缴矿产资源补偿费 4 倍以上 5 倍以下的罚款。

十五、未按照规定的期限汇交地质资料或汇交不合格的地质资料逾期拒不按要求修改补充的违法行为

法律依据：

1.《地质资料管理条例》第二十条“未依照本条例规定的期限汇交地质资料的，由负责接收地质资料的地质矿产主管部门责令限期汇交；逾期不汇交的，处 1 万元以上 5 万元以下罚款，并予以通报，自发布通报之日起至逾期未汇交的资料全部汇交之日止，该汇交人不得申请新的探矿权、采矿权，不得承担国家出资的地质工作项目。”

2.《宁夏回族自治区矿产资源管理条例》第四十五条“在规定的期限内不汇交地质勘查成果档案资料的，责令改正，逾期不改正的，处以 2 千元至 1 万元的罚款。”

细化标准：

（1）汇交的地质资料经验收不合格，逾期拒不按要求修改补充的，处以 1 万元以上 3 万元以下罚款；

（2）逾期不汇交地质资料的，处以 3 万元以上 5 万元以下罚款。

十六、建设单位违规不对地质灾害易发区内的建设工程进行地质灾害危险性评估；配套的地质灾害治理工程未经验收或经验收不合格，主体工程即投入生产或使用违法行为

法律依据：

《地质灾害防治条例》第四十一条“违反本条例规定，建设单位有下列行为之一的，由县级以上地方人民政府国土资源主管部门责令限期改正；逾期不改正的，责令停止生产、施工或者使用，处 10 万元以上 50 万元以下的罚款；构成犯罪的，依法追究刑事责任：1. 未按照规定对地质灾害易发区内的建设工程进行地质灾害危险性评估的；2. 配套的地质灾害治理工程未经验收或者经验收不合格，主体工程即投入生产或者使用的。”

细化标准：

（1）地质灾害易发区内的小型建设工程未按照规定进行地质灾害危险性评估的，或者小型建设工程配套的地质灾害治理工程未经验收或者经验收不合格，主体工程即投入生产或者使用的，处以 10 万元以上 20 万元以下的罚款；

（2）地质灾害易发区内的中型建设工程未按照规定进行地质灾害危险性评估的，或者中型建设工程配套的地质灾害治理工程未经验收或者经验收不合格，主体工程即投入生产或者使用的，处以 20 万元以上 30 万元以下的罚款；

（3）地质灾害易发区内的大型以上建设工程未按照规定进行地质灾害危险性评估的，或者大型以上工程配套的地质灾害治理工程未经验收或者经验收不合格，主体工程即投入生产或者使用的，处以 30 万元以上 50 万元以下的罚款。

十七、不对工程建设等人为活动引发的地质灾害予以治理的违法行为

法律依据：

《地质灾害防治条例》第四十二条“违反本条例规定，对工程建设等人为活动引发的地质灾害不予治理的，由县级以上人民政府国土资源主管部门责令限期治理；逾期不治理或者治理不符合要求的，由责令限期治理的国土资源主管部门组织治理，所需费用由责任单位承担，处10万元以上50万元以下的罚款；给他人造成损失的，依法承担赔偿责任。”

细化标准：

（1）工程建设等人为活动引发的小型地质灾害的，处以10万元以上20万元以下的罚款；

（2）工程建设等人为活动引发的中型地质灾害的，处以20万元以上30万元以下的罚款；

（3）工程建设等人为活动引发的大型地质灾害或特大型地质灾害的，处以30万元以上50万元以下的罚款。

十八、在地质灾害危险区内违规从事可能引发地质灾害活动违法行为

法律依据：

《地质灾害防治条例》第四十三条“违反本条例规定，在地质灾害危险区内爆破、削坡、进行工程建设以及从事其他可能引发地质灾害活动的，由县级以上地方人民政府国土资源主管部门责令停止违法行为，对单位处5万元以上20万元以下的罚款，对个人处1万元以上5万元以下的罚款；构成犯罪的，依法追究刑事责任；给他人造成损失的，依法承担赔偿责任。”

细化标准：

（1）在地质灾害危险区内从事爆破、削坡、进行工程建设以及从事其他可能引发小型地质灾害活动的，对单位处以5万元以上10万元以下的罚款，对个人处以1万元以上2万元以下的罚款；

（2）在地质灾害危险区内从事爆破、削坡、进行工程建设以及从事其他可能引发中型地质灾害活动的，对单位处以10万元以上15万元以下的罚款，对个人处以2万元以上3万元以下的罚款；

(3) 在地质灾害危险区内从事爆破、削坡、进行工程建设以及从事其他可能引发大型地质灾害活动的，对单位处以15万元以上20万元以下的罚款，对个人处以3万元以上5万元以下的罚款。

十九、伪造、变造、买卖地质灾害危险性评估资质证书、地质灾害治理工程勘查、设计、施工和监理资质证书违法行为

法律依据：

《地质灾害防治条例》第四十五条“违反本条例规定，伪造、变造、买卖地质灾害危险性评估资质证书、地质灾害治理工程勘查、设计、施工和监理资质证书的，由省级以上人民政府国土资源主管部门收缴或者吊销其资质证书，没收违法所得，并处5万元以上10万元以下的罚款。”

细化标准：

(1) 伪造、变造、买卖地质灾害危险性评估资质证书、地质灾害治理工程勘查、设计、施工和监理资质证书，没有违法所得的，处以5万元以上7万元以下的罚款；

(2) 伪造、变造、买卖地质灾害危险性评估资质证书、地质灾害治理工程勘查、设计、施工和监理资质证书，有违法所得的，处以7万元以上10万元以下的罚款。

二十、侵占损毁损坏地质灾害监测设施或者地质灾害治理工程设施的违法行为

法律依据：

《地质灾害防治条例》第四十六条“违反本条例规定，侵占、损毁、损坏地质灾害监测设施或者地质灾害治理工程设施的，由县级以上地方人民政府国土资源主管部门责令停止违法行为，限期恢复原状或者采取补救措施，可以处5万元以下的罚款。”

细化标准：

(1) 侵占地质灾害监测设施的，处以1万元以下的罚款；

(2) 损毁、损坏地质灾害监测设施或者侵占地质灾害治理工程设施的，处以2万元以上3万元以下的罚款；

(3) 损毁、损坏地质灾害治理工程设施的，处以3万元以上5万元以下的罚款。

二十一、不按规定测绘矿山（井）采掘工程平面图或者井上井下工程对照图，或者不按规定报送图件违法行为

法律依据：

《宁夏回族自治区矿产资源管理条例》第五十二条“不按规定测绘矿山（井）采掘工程平面图或者井上井下工程对照图，或者不按规定报送图件的，予以警告，责令限期改正；逾期不改正的，处以5千元至2万元的罚款。”

细化标准：

(1) 测绘矿山（井）采掘工程平面图或者井上井下工程对照图，但未按规定报送图件的，处以5千元至1万元罚款；

(2) 不按规定测绘矿山（井）采掘工程平面图或者井上井下工程对照图的，处以1万元至2万元罚款。

测绘领域

一、未经批准，擅自建立相对独立的平面坐标系统

法律依据：

《中华人民共和国测绘法》第四十条第一项“违反本法规定，有下列行为之一的，给予警告，责令改正，可以并处十万元以下的罚款；对负有直接责任的主管人员和其他直接责任人员，依法给予行政处分：（一）未经批准，擅自建立相对独立的平面坐标系统的。”

细化标准：

(1) 未经批准，擅自建立相对独立的平面坐标系统，与国家坐标系统相联系，不属于重复建立的，责令限期补办审批手续。能够在限期内补办审批手续的，免予经济处罚；逾期拒不补办的，可以并处3万元以下的罚款；

(2) 未经批准，擅自建立相对独立的平面坐标系统，未与国家坐标系统相联系，不属于重复建立的，责令采取有效措施与国家坐标系统相联系，并限期补办审批手续，可以并处3万元以上5万元以下的罚款；

(3) 未经批准，擅自建立相对独立的平面坐标系统，与国家坐标系统相联系，属于重复建立的，责令停止建立，可以并处5万元以上8万元以下的罚款；

(4) 未经批准，擅自建立相对独立的平面坐标系统，未与国家坐标系统相联系，属于重复建立的，责令停止建立，可以并处8万元以上10万元以下的罚款。

二、建立地理信息系统，采用不符合国家标准的基础地理信息数据，或者实施基础测绘项目，不使用全国统一的测绘基准和测绘系统或者不执行国家规定的测绘技术规范和标准

法律依据：

1.《中华人民共和国测绘法》第四十条第二项“违反本法规定，有下列行为之一的，给予警告，责令改正，可以并处10万元以下的罚款；对负有直接责任的主管人员和其他直接责任人员，依法给予行政处分：(二) 建立地理信息系统，采用不符合国家标准的基础地理信息数据的。”

2.《基础测绘条例》第三十一条“违反本条例规定，实施基础测绘项目，不使用全国统一的测绘基准和测绘系统或者不执行国家规定的测绘技术规范和标准的，责令限期改正，给予警告，可以处10万元以下的罚款；对负有直接责任的主管人员和其他直接责任人员，依法给予处分。”

细化标准：

(1) 建立地理信息系统或实施基础测绘项目，在采用国家标准的基础地理信息数据和执行国家统一的测绘基准及技术规范过程中，部分要素未采用或执行国家标准的，责令改正，限期采取有效措施消除危害后果。能够在限期内按照要求办理的，免予经济处罚；逾期拒不按照要求办理的，可以并处 3 万元以下的罚款；

（2）建立地理信息系统或实施基础测绘项目，在采用国家标准的基础地理信息数据和执行国家统一的测绘基准及技术规范过程中，主要要素或大部分要素未采用或执行国家标准的，责令改正，限期采取有效措施消除危害后果，可以并处 3 万元以上 7 万元以下的罚款；

（3）建立地理信息系统或实施基础测绘项目，在采用国家标准的基础地理信息数据和执行国家统一的测绘基准及技术规范过程中，所有要素均未采用国家标准的，责令改正，限期采取有效措施消除危害后果，可以并处 7 万元以上 10 万元以下的罚款。

三、建立以地理信息数据为基础的信息系统，利用不符合国家标准的基础地理信息数据

法律依据：

《中华人民共和国测绘成果管理条例》第二十九条第一项“违反本条例规定，有下列行为之一的，由测绘行政主管部门或者其他有关部门依据职责责令改正，给予警告，可以处 10 万元以下的罚款，对直接负责的主管人员和其他直接责任人员，依法给予处分：(一) 建立以地理信息数据为基础的信息系统，利用不符合国家标准的基础地理信息数据的。”

细化标准：

（1）建立以地理信息数据为基础的信息系统，在其利用的基础地理信息数据中，有部分要素未采用国家标准的，责令改正，限期采取有效措施消除危害后果。能够在限期内按照要求办理的，免予经济处罚；逾期拒不按照要求办理的，可以并处 3 万元以下的罚款；

（2）建立以地理信息数据为基础的信息系统，在其利用的基础地理信息数据中，主要要素或大部分要素未采用国家标准的，责令改正，限期采取有效措施消除危害后果，可以并处 3 万元以上 7 万元以下的罚款；

（3）建立以地理信息数据为基础的信息系统，在其利用的基础地理信息数据中，所有要素均未采用国家标准的，责令改正，限期采取有效措施消除危害后果，可以并处7万元以上10万元以下的罚款。

四、未经批准，在测绘活动中擅自采用国际坐标系统

法律依据：

《中华人民共和国测绘法》第四十一条第一项“违反本法规定，有下列行为之一的，给予警告，责令改正，可以并处10万元以下的罚款；构成犯罪的，依法追究刑事责任；尚不够刑事处罚的，对负有直接责任的主管人员和其他直接责任人员，依法给予行政处分：(一）未经批准，在测绘活动中擅自采用国际坐标系统的。”

细化标准：

(1）未经批准，在测绘活动中擅自采用国际坐标系统，确有必要采用的，责令限期补办审批手续。能够在限期内补办审批手续的，免予经济处罚；逾期拒不补办的，可以并处1万元以下的罚款；

(2）未经批准，在测绘活动中擅自采用国际坐标系统，确无必要采用的，责令限期停止采用，能够在限期内停止采用的，可以并处1万元以上5万元以下的罚款；

(3）未经批准，在测绘活动中擅自采用国际坐标系统，确无必要采用的，责令限期停止采用，在限期内拒不停止采用的，可以并处5万元以上10万元以下的罚款。

五、擅自发布中华人民共和国领域和管辖的其他海域的重要地理信息数据，或者在对社会公众有影响的活动中使用未经依法公布的重要地理信息数据

法律依据：

1.《中华人民共和国测绘法》第四十一条第二项“违反本法规定，有下列行为之一的，给予警告，责令改正，可以并处10万元以下的罚款；构成犯罪的，依法追究刑事责任；尚不够刑事处罚的，对负有直接责任的主管人员和其他直接责任人员，依法给予行政处分：(二）擅自发布中华人民共和国领域和管辖的其他海域的重要地理信息数据的。”

2.《中华人民共和国测绘成果管理条例》第二十九条第二项、第三项“违反本条例规定，有下列行为之一的，由测绘行政主管部门或者其他有关部门依据职责责令改正，给予警告，可以处10万元以下的罚款；对直接负责的主管人员和其他直接责任人员，依法给予处分：(二）擅自公布重要地理信息数据的（三）；在对社会公众有影响的活动中使用未经依法公布的重要地理信息数据的。”

细化标准：

(1) 有上述违法行为，情节轻微或者对社会公众造成较小影响的，责令停止违法行为，限期采取有效措施在造成影响的范围内消除影响。能够在限期内按照要求办理的，免予经济处罚；逾期拒不按照要求办理的，可以并处3万元以下的罚款；

(2) 有上述违法行为，情节较重或者对社会公众造成较大影响的，责令停止违法行为，限期采取有效措施在造成影响的范围内消除影响，可以并处3万元以上7万元以下的罚款；

(3) 有上述违法行为，情节严重或者对社会公众造成重大影响的，责令停止违法行为，限期采取有效措施在造成影响的范围内消除影响，可以并处7万元以上10万元以下的罚款。

六、不汇交测绘成果资料

法律依据：

1.《中华人民共和国测绘法》第四十七条“违反本法规定，不汇交测绘成果资料的，责令限期汇交；逾期不汇交的，对测绘项目出资人处以重测所需费用1倍以上2倍以下的罚款；对承担国家投资的测绘项目的单位处1万元以上5万元以下的罚款，暂扣测绘资质证书，自暂扣测绘资质证书之日起六个月内仍不汇交测绘成果资料的，吊销测绘资质证书，并对负有直接责任的主管人员和其他直接责任人员依法给予行政处分。”

2.《宁夏回族自治区测绘管理条例》第三十九条“违反本条例第十八条规定，不汇交测绘成果资料的，责令限期汇交；逾期不汇交的，对测绘项目出资人处以重测所需费用1倍以上2倍以下的罚款；对承担国家投资的测绘项目的单位处 1 万元以上 5 万元以下的罚款，暂扣测绘资质证书，自暂扣测绘资质证书之日起六个月内仍不汇交测绘成果资料的，吊销测绘资质证书，并对负有直接责任的主管人员和其他直接责任人员依法给予行政处分。”

细化标准：

(1) 承担国家投资的测绘项目的单位逾期拒不汇交测绘成果资料，测绘项目金额在 10 万元以下的，处 1 万元以上 3 万元以下的罚款；

(2) 承担国家投资的测绘项目的单位逾期拒不汇交测绘成果资料，测绘项目金额在 10 万元以上的，处 3 万元以上 5 万元以下的罚款。

七、危害测量标志或基础测绘设施安全或者影响使用效能、侵占永久性测量标志或基础测绘设施用地、拒不支付永久性测量标志迁建费

法律依据：

1.《中华人民共和国测绘法》第五十条“违反本法规定，有下列行为之一的，给予警告，责令改正，可以并处五万元以下的罚款；造成损失的，依法承担赔偿责任；构成犯罪的，依法追究刑事责任；尚不够刑事处罚的，对负有直接责任的主管人员和其他直接责任人员，依法给予行政处分：(一) 损毁或者擅自移动永久性测量标志和正在使用中的临时性测量标志的；(二) 侵占永久性测量标志用地的；(三) 在永久性测量标志安全控制范围内从事危害测量标志安全和使用效能的活动的；(四) 在测量标志占地范围内，建设影响测量标志使用效能的建筑物的；(五) 擅自拆除永久性测量标志或者使永久性测量标志失去使用效能，或者拒绝支付迁建费用的；(六) 违反操作规程使用永久性测量标志，造成永久性测量标志毁损的。”

2.《中华人民共和国测量标志保护条例》第二十三条第二项、第三项“有本条例第二十二条禁止的行为之一，或者有下列行为之一的，由县级以上人民政府管理测绘工作的部门责令限期改正，给予警告，并可以根据情节处以 5 万元以下的罚款；对负有直接责任的主管人员和其他直接责任人员，依法给予行政处分；造成损失的，应当依法承担赔偿责任：…（二）工程建设单位未经批准擅自拆迁永久性测量标志或者使永久性测量标志失去使用效能的，或者拒绝按照国家有关规定支付迁建费用的；（三）违反测绘操作规程进行测绘，使永久性测量标志受到损坏的。”

3.《基础测绘条例》第三十二条“违反本条例规定，侵占、损毁、拆除或者擅自移动基础测绘设施的，责令限期改正，给予警告，可以并处5万元以下的罚款；造成损失的，依法承担赔偿责任；构成犯罪的，依法追究刑事责任；尚不构成犯罪的，对负有直接责任的主管人员和其他直接责任人员，依法给予行政处分。”

4.《宁夏回族自治区测绘管理条例》第四十一条“违反本条例规定，有下列行为之一的，给予警告，责令改正，可以并处5万元以下的罚款；造成损失的，依法承担赔偿责任；构成犯罪的，依法追究刑事责任；尚不构成犯罪的，对负有直接责任的主管人员和其他直接责任人员，依法给予行政处分：（一）损毁或者擅自移动永久性测量标志和正在使用中的临时性测量标志的；（二）侵占永久性测量标志用地的；（三）在永久性测量标志安全控制范围内从事危害测量标志安全和使用效能的活动的；（四）擅自拆除永久性测量标志或者使永久性测量标志失去使用效能，或者拒绝支付迁建费用的。”

细化标准：

（1）有上述违法行为之一，对测量标志或基础测绘设施安全和使用效能造成轻微影响的，责令停止违法行为，限期采取补救措施。能够在限期内按照要求整改的，免予经济处罚；逾期拒不按照要求整改的，可以并处1万元以下的罚款；

（2）有上述违法行为之一，造成永久性测量标志或基础测绘设施完全损毁或者失去使用效能，或者拒绝支付永久性测量标志迁建费用，属于国家等级以下永久性测量标志的，可以并处1万元以上3万元以下的罚款；

（3）有上述违法行为之一，造成永久性测量标志或基础测绘设施完全损毁或者失去使用效能，或者拒绝支付永久性测量标志迁建费用，属于国家等级以上永久性测量标志的，可以并处3万元以上5万元以下的罚款。

八、干扰或者阻挠测量标志建设单位依法使用土地或者在建筑物上建设永久性测量标志

法律依据：

《中华人民共和国测量标志保护条例》第二十三条第一项“有本条例第二十二条禁止的行为之一，或者有下列行为之一的，由县级以上人民政府管理测绘工作的部门责令限期改正，给予警告，并可以根据情节处以5万元以下的罚款；对负有直接责任的主管人员和其他直接责任人员，依法给予行政处分；造成损失的，应当依法承担赔偿责任：（一）干扰或者阻挠测量标志建设单位依法使用土地或者在建筑物上建设永久性测量标志的。”

细化标准：

（1）干扰或者阻挠测量标志建设单位依法使用土地或者在建筑物上建设永久性测量标志，情节轻微或者对建设永久性测量标志造成较小影响的，责令限期改正。能够在限期内改正的，免予经济处罚；逾期拒不改正的，可以并处1万元以下的罚款；

（2）干扰或者阻挠测量标志建设单位依法使用土地或者在建筑物上建设永久性测量标志，情节较重或者对建设永久性测量标志造成较大影响的，可以并处1万元以上3万元以下的罚款；

（3）干扰或者阻挠测量标志建设单位依法使用土地或者在建筑物上建设永久性测量标志，情节严重或者对建设永久性测量标志造成重大影响的，可以并处3万元以上5万元以下的罚款。

九、无证使用永久性测量标志并且拒绝监督和查询

法律依据：

《中华人民共和国测量标志保护条例》第二十三条第四项“有本条例第二十二条禁止的行为之一，或者有下列行为之一的，由县级以上人民政府管理测绘工作的部门责令限期改正，给予警告，并可以根据情节处以5万元以下的罚款；对负有直接责任的主管人员和其他直接责任人员，依法给予行政处分；造成损失的，应当依法承担赔偿责任：(四) 无证使用永久性测量标志并且拒绝县级以上人民政府管理测绘工作的部门监督和负责保管测量标志的单位和人员查询的。”

细化标准：

(1) 无证使用永久性测量标志并且拒绝负责保管测量标志的单位和人员查询，情节轻微的，责令改正。能够按照要求改正的，免予经济处罚；拒不按照要求改正的，可以并处1万元以下的罚款；

(2) 无证使用永久性测量标志并且拒绝县级以上人民政府管理测绘工作的部门监督和负责保管测量标志的单位和人员查询，情节较重的，可以并处1万元以上3万元以下的罚款；

(3) 无证使用永久性测量标志并且拒绝县级以上人民政府管理测绘工作的部门监督和负责保管测量标志的单位和人员查询，情节严重的，可以并处3万元以上5万元以下的罚款。

新疆维吾尔自治区国土资源厅关于进一步加强非煤炭矿产资源探矿权出让管理的暂行规定的通知

新政发〔2010〕91号

为了进一步规范非煤炭矿产资源探矿权管理，维护非煤炭矿产资源勘查正常秩序，保障国家和自治区能源资源需要，促进经济社会又好又快发展，制定本规定。

第一条 对国家出资的地质勘查项目探矿权，以协议委托或招标优选勘查项目设计的方式出让。

（一）对国家出资开展的基础地质调查项目，根据矿产资源勘查规划、年度资金投放计划和经济社会发展需求情况，确定年度项目安排计划，并以协议委托或招标优选调查项目设计的方式确定项目承担单位。1∶5万基础地质调查项目区域（含1∶5万航磁测量、物化探测量等）探矿权具有排他性。

（二）对国家出资开展的矿产地质勘查项目，根据基础地质调查成果，编制探矿权设置方案，考虑资金投放等情况，确定年度地质勘查项目计划，以协议委托或招标优选勘查设计的方式出让探矿权，由自治区地质勘查基金管理中心代表出资人办理地质调查证和勘查许可证。

第二条 对社会出资的地质勘查项目探矿权，以招标、拍卖、挂牌的方式公开出让。

（一）358项目重点勘查区以国家出资勘查为主，暂停设置社会出资探矿权；对已设立的探矿权，探矿权人在服从统一规划、统一部署、统一实施、统一调整的原则下，可以选择独自勘查、合作勘查或退出勘查方式，加速推进整装勘查。

（二）1∶5万基础地质调查区暂停出让探矿权，依据地质勘查成果，编制探矿权设置方案，建立地质勘查项目库，制定年度项目计划。对找矿效果好、潜力大、有望实现找矿重大突破的地质勘查项目，以协议委托或招标优选勘查设计的方式出让探矿权，由国家或自治区引进的大企业大集团出资进行整装勘查。其他地质勘查项目，以招标、拍卖、挂牌方式向社会公开出让探矿权。

（三）矿业权设置空白区，根据探矿权人申请，以招标、拍卖、挂牌方式出让探矿权。

（四）矿床内外部条件好、交通便利、社会需求大的二类非金属重要成矿区，根据自治区开发项目对资源的配套需求，建立重要非金属矿产勘查项目库，分年度批次安排地质勘查项目，由自治区地质勘查基金出资，委托勘查单位开展工作，完成普查或必要的详查后，以招标、拍卖、挂牌方式出让采矿权。

第三条 国家和自治区重点工程、重点项目所需配套矿产资源的探矿权，经自治区人民政府批准，可以协议方式出让。

第四条 探矿权出让底价确定。

（一）对国家出资项目完成后不再出资、拟向社会公开出让的探矿权，满足探矿权价款评估条件的，由自治区国土资源厅采取“摇珠”方式委托评估机构进行评估，以评估价确定出让底价。对不满足探矿权价款评估条件和1∶5万基础地质调查区内设置以招标、拍卖、挂牌方式出让的探矿权，出让底价为每平方千米4万元。

（二）矿业权设置空白区域的探矿权出让底价，其中一类矿产出让底价为每平方千米2万元，二类矿产出让底价每平方千米4万元。

（三）南疆三地州和阿尔金山区域探矿权出让底价，按上述标准的一半执行。

（四）一类矿产申请变更为二类矿产的，需按二类矿产出让底价补齐差价。

第五条 加强组织实施。

以协议委托或招标优选勘查设计的方式出让探矿权的，由自治区国土资源厅组织审查并报自治区资源管理委员会批准后实施；以招标、拍卖、挂牌方式出让探矿权的，委托地州市组织实施，自治区国土资源厅负责监督。出让金（自治区留成部分）由自治区与地州市按 4∶6 分成。

第六条 进一步建立健全矿业权有形市场。

研究制定加强矿业权招标、拍卖、挂牌出让管理有关规定，从制度上进一步规范矿业权公开出让行为。同时，加大对矿业权批后监管力度，依法查处“圈而不探”、非法转让矿业权等违法行为，营造良好的矿产资源勘查开发秩序。

第七条 本规定由自治区资源管理委员会办公室负责解释。

新疆维吾尔自治区煤炭资源有偿配置与勘查开发转化管理规定（暂行）

新政发〔2011〕85号

第一条 为了坚持走资源开发可持续、生态环境可持续的发展道路，在依法有序、统一规划、有偿使用、节约集约的前提下，科学合理地开发利用和有效保护煤炭资源，加快优势资源转换步伐，做到经济效益、社会效益、生态效益并重，保障国家和自治区能源资源需要，推进新疆科学跨越发展，根据《中华人民共和国矿产资源法》、《中华人民共和国煤炭法》、《新疆维吾尔自治区矿产资源管理条例》和有关法律、法规，结合自治区实际，特制定本规定。

第二条 本规定适用于自治区行政区域内煤炭资源有偿配置与勘查、开发转化活动。

第三条 本规定下列用语的含义：

有偿配置，是指依法实行探矿权、采矿权有偿取得制度。

煤炭资源国家所有权，是指地表或者地下的煤炭资源属于国家所有，不因其所依附的土地的所有权或者使用权的不同而改变。

煤炭矿业权，是煤炭探矿权、采矿权的合称。

煤炭探矿权，是指依法取得勘查许可证，并在勘查许可证载明的范围内勘查煤炭资源的权利；煤炭采矿权，是指依法取得采矿许可证，并在采矿许可证载明的范围内开采煤炭资源和获得所开采的煤炭的权利。

第四条 勘查、开发煤炭资源，应当坚持统一规划、合理布局、优化调配、整装勘查、合理开采、综合利用、有效保护的方针；建立以维护矿产资源国家所有权为核心的矿产资源管理新机制，推进依法、规范、科学、高效管理；加强项目实际投入监管，鼓励煤炭资源开发利用就地转化。

第五条 勘查、开发煤炭资源，应当以矿产资源总体规划为依据，实现煤炭资源开发利用总量调控、结构调整、布局优化、方式转变、效率提高的目标。

第六条 自治区矿产资源总体规划，由自治区国土资源主管部门组织编制，报国务院国土资源主管部门批准后，由自治区人民政府发布实施；各地州市、县（市）矿产资源总体规划，由本级国土资源主管部门组织编制，经本级人民政府（行政公署）审核，报自治区人民政府批准后实施。

第七条 申请开发利用煤炭资源的项目，必须符合国家和自治区经济社会发展总体规划、自治区煤炭产业发展规划和自治区相关产业发展政策，用于煤电、煤化工等项目的煤炭资源开发利用就地转化率必须达到60%以上。申请配置煤炭资源的企业，应当在自治区工商行政管理部门注册登记，取得营业执照。

审批程序和权限：

（一）企业应当编制项目整体方案，经项目所在地的州市人民政府、地区行政公署初审同意后，报自治区发展和改革主管部门审批。项目整体方案的主要内容应当包括：企业在疆发展总体规划、项目前期规划、项目可行性研究报告、对资源的需求、投资计划、自立项至达到生产能力的分年计划进度表和环境保护措施等。

（二）自治区发展和改革主管部门会同经信、国土资源、财政、环保、住房城乡建设、旅游、煤炭、水利、畜牧、林业等部门，对项目整体方案进行综合评审，提出评审意见。

（三）自治区国土资源主管部门对评审通过的项目，按照煤炭矿区总体规划及矿业权设置方案等，提出有偿配置煤炭资源勘查、开发区块的具体意见，提交自治区资源管理委员会审定后，由自治区国土资源主管部门办理探矿权、采矿权手续。

煤炭资源开发利用涉及生产建设兵团所属企业的，由生产建设兵团按照本规定统一审查后，报自治区人民政府审定。

第八条 煤炭探矿权、采矿权申请人在领取勘查许可证、采矿许可证前，应当依照法定条件、程序和期限缴纳探矿权、采矿权使用费和探矿权、采矿权价款。采矿权人还应当依法缴纳矿产资源补偿费和资源税。

第九条 煤炭资源勘查、开发应当坚持“以项目配资源”的原则和“注重项目实际投入和转化”的总体要求。企业开发利用煤炭资源的项目申请，须经自治区发展和改革主管部门会同有关部门审核批准。煤炭探矿权、采矿权原则上应当采取进场招标、拍卖、挂牌等公开方式有偿出让；经自治区人民政府批准，可以依法采取协议方式有偿出让。项目用煤也可以采取政府协调、市场化运作，直接供应原煤的方式解决，并实行合同约定、动态监管、项目跟踪、合理调配。

第十条 煤炭资源的开采，应当符合矿区总体规划和采矿权设置方案。一个井田原则上由一个主体开发建设。勘查区块与矿区总体规划和采矿权设置方案不一致的，应当按照矿区总体规划和采矿权设置方案进行调整。禁止大矿小开、占而不开、越界开采等行为。

第十一条 对已经批准的煤炭资源勘查区块和矿区范围，应当按照“清理、调整、优化、规范”的原则和下列规定，结合探矿权、采矿权设置方案，进行优化调整。

（一）自治区国土资源主管部门全面核查区域内煤炭探矿权、采矿权及煤炭资源勘查、开发利用情况；自治区发展和改革主管部门会同有关部门，对项目投资、建设进度和资源需求等情况进行核实，提出调整意见，经自治区人民政府审定后进行统一调整。

（二）凡未按项目进度计划和投资承诺实施勘查、开发和项目建设的，由自治区国土资源主管部门责令其在60日内整改；逾期未整改到位的，调减其勘查区块、矿区范围。

（三）对调整出的勘查区块、矿区范围，经自治区国土资源主管部门组织评估后，按照勘查、开发前期实际投入，由自治区人民政府或者取得该勘查区块、矿区范围的企业给予合理补偿。

（四）取得煤炭探矿权，经勘查达到开采程度并符合转化条件的，必须有国家或自治区发展和改革主管部门核准的开发利用转化项目，按照本规定第九条要求办理采矿登记手续。

煤炭资源所在地的州市人民政府、地区行政公署可以根据本条规定，向自治区人民政府提出调整建议。

第十二条 领取煤炭勘查许可证后，探矿权人在6个月内未开展勘查工作，或者已经开展勘查工作，但未完成自治区规定的最低勘查投入的，均按自动放弃探矿权处理，由自治区国土资源主管部门吊销其勘查许可证。

领取采矿许可证后，采矿权人在一年内未开工建设，按照自动放弃采矿权处理，由自治区国土资源主管部门吊销其采矿许可证；或者已经开工建设，但未完成年度投资计划的，由自治区经济和信息化主管部门责令其在60日内整改，逾期整改不到位的，按自动放弃采矿权处理，由自治区国土资源主管部门吊销其采矿许可证。

第十三条 煤炭探矿权、采矿权不得擅自转让；确需转让的，须经自治区人民政府批准，自治区国土资源主管部门方可办理有关手续。

擅自转让煤炭探矿权、采矿权的，由自治区国土资源主管部门依法吊销其勘查许可证、采矿许可证。

第十四条 在核准的非煤探矿权勘查区域内发现煤炭资源的，不得将非煤勘查矿种变更为煤炭；该区域内的煤炭资源，由自治区人民政府统一有偿出让。

违反本条规定，擅自勘查、开采煤炭资源的，按照法律、法规有关无证勘查、采矿的规定处置。

第十五条 煤炭资源勘查空白区，由国家或者自治区出资勘查，编制《矿区总体规划》及《矿业权设置方案》后，以有偿方式出让探矿权或者采矿权。

第十六条 勘查、开发煤炭资源，应当不占用或者限制占用耕地。

在饮用水水源保护区、自然保护区、风景名胜区、森林公园、国家地质公园及划定的重要河流、湖泊、水库源头保护区、调水水源地保护区、重要旅游区、基本农田和优质草场等区域内，不得勘查、开发煤炭资源。

在本条规定的限制或禁止勘查、开发区域内已经实施的煤炭资源勘查、开发项目，由自治区国土资源主管部门会同发展改革等有关部门提出调整意见，提交自治区资源管理委员会审定。

第十七条 在自治区行政区域内开采煤炭资源的企业，应当按照下列规定缴纳煤炭资源开发地方经济发展费。

（一）动力煤 15 元 / 吨。

（二）焦煤及配焦用煤 20 元 / 吨。

开采煤炭资源用于疆内煤电、煤化工等转化项目的，煤炭资源开发地方经济发展费按照上述收费标准的 40% 收取。

第十八条 凡以申请在先、协议出让方式取得煤炭采矿权的企业，在本规定第十七条规定收费标准的基础上，加收 5 元 / 吨。

煤炭资源开发地方经济发展费的 50% 返还资源所在地的州市、地区财政；其返还县（市）的比例，在不低于返还额度 50% 的基础上，由各地州市确定。

煤炭资源开发地方经济发展费的具体征收使用管理办法，由自治区财政主管部门会同国土资源、发展改革部门另行制定。征收标准应当根据煤炭资源开发利用和市场情况适时调整。

第十九条 本规定自发布之日起施行。自治区人民政府《关于进一步规范煤炭资源勘查开发管理的暂行规定》（新政发〔2010〕89 号）同时废止。

新疆生产建设兵团国土资源局
领导班子成员党风廉政建设责任制分解

兵国土资党组发〔2008〕23号

局党组书记、局长张新荣

责任范围：对兵团国土资源局及直属事业单位党风廉政建设负总责；对国土资源局领导班子的党风廉政建设负直接领导责任。

责任内容：负责研究、部署、监督检查国土资源局的党风廉政建设和反腐败工作。

分析研究和部署国土资源局党风廉政建设和反腐败工作。局党组每年专题研究党风廉政建设工作不少于2次，并对实施情况进行监督检查；

负责国土资源局领导班子党风廉政建设责任制的落实；负责对局领导班子成员廉洁自律的教育和监督；半年听取一次责任制贯彻情况汇报，发现问题及时纠正；

坚持民主生活会制度，带头开展批评与自我批评，及时发现问题和纠正问题；

负责分管部门和单位，即：办公室、人事处的党风廉政建设责任制的落实。每年就廉洁自律工作对分管部门和单位的领导进行一次警示谈话和监督检查，发现问题及时批评教育，并监督整改；

负责财务和资金的管理使用，实行“一支笔”签批和“收支两条线”制度；

坚持“集体领导、民主集中、个别酝酿、会议决定”的原则，负责主持对额度资金的使用、建设用地项目审批、土地资产处置、重大违法案件查处、行政复议处理决定、重大土地纠纷调处意见、矿产资源勘查、开发、保护项目等重大事项进行集体会审；干部选拔任用过程中的不正之风和违法违纪行为；

领导和协调重大违法违纪问题的查处，做到坚持原则，从严执法，违法必究；

负责兵团国土资源局及国土资源系统的纠风工作。定期检查指导本系统工作，不断推进行风进一步好转。

协办单位：办公室　人事处

协办人：上述部门和单位的负责人

局党组成员，副局长刘富超

责任范围：对地籍管理处、土地利用处、兵团国土资源地理信息数据中心等分管部门和单位的党风廉政建设负直接领导责任；对局党支部党风廉政建设负直接领导责任。

责任内容：负责研究部署、监督检查分管工作范围内有关部门和单位的党风廉政建设和反腐工作。

协助局党组主要领导研究部署、监督检查局党风廉政建设和反腐败工作；

负责落实分管部门和单位党风廉政建设责任制；

每年对分管部门和单位领导干部廉洁自律工作进行监督检查不得少于一次，警示谈话一次，发现问题及时批评教育，并监督整改；

领导和协调分工范围内发生的违法违纪案件的查处工作；

负责监督土地利用管理部门依法行政；监督检查国有土地使用权出让、工业用地招标拍卖挂牌等违法违规行为和国土资源信息化建设专项资金、党费的使用和管理情况，研究解决建设项目中存在的各种问题和不正之风。

协办单位：地籍管理处　土地利用处　地理信息数据中心

协办人：上述部门和单位的负责人

局党组成员、副局长牛珏

责任范围：对规划处（耕保处）、矿产管理处、土地整理储备中心、土地学会党风廉政建设负直接领导责任。

责任内容：负责研究部署、监督检查分管工作范围内有关部门和单位党风廉政建设和反腐工作。

协助局党组主要领导研究部署、监督检查局党风廉政建设和反腐败工作；

负责落实分管部门和单位党风廉政建设责任制；

每年对分管部门和单位领导干部廉洁自律工作监督检查不得少于一次，警示谈话一次，发现问题及时批评教育，并监督整改；

领导和协调分工范围内发生的违法违纪案件的查处工作；

负责监督分管部门依法行政工作；监督检查土地利用总体规划的执行情况，矿产资源补偿费项目资金、土地学会资金的使用和管理情况，研究解决分管工作中存在的各种问题和不正之风。

协办单位：规划处（耕保处）　矿产管理处　土地整理储备中心　土地学会

协办人：上述部门和单位的负责人

局党组成员、副局长谢兴松

责任范围：对政策法规处、执法监察局、土地确权勘界办公室、兵直222团分局党风廉政建设负直接领导责任。

责任内容：负责研究部署、监督检查分管工作范围内有关部门和单位党风廉政建设和反腐工作。

协助局党组主要领导研究部署、监督检查局党风廉政建设和反腐败工作；

负责落实分管部门和单位党风廉政建设责任制；

每年对分管部门和单位领导干部廉洁自律工作监督检查不得少于一次，警示谈话一次，发现问题及时批评教育，并监督整改；

领导和协调分工范围内发生的违法违纪案件的查处工作；

负责监督分管部门依法行政工作，对局机关各处室在依法行政过程中的政策、法律运用情况进行把关，负责全系统违法违规案件的预防和查处。研究解决分管工作中存在的各种问题和不正之风。

协办单位：政策法规处　执法监察局　土地确权勘界办公室

协办人：上述部门和单位的负责人

新疆生产建设兵团国土资源系统日常业务管理选取使用土地中介机构办法（试行）

兵国土资发〔2009〕318号

第一条 为了进一步规范国土资源管理日常业务工作中选取与使用土地评估、土地测绘、土地登记代理等土地中介机构，促进兵团国土资源系统工作人员廉洁从政和土地中介机构规范从业，结合兵团国土资源工作实际，制定本办法。

第二条 本办法所称土地中介机构是指具有合法的从业资格，在兵团范围内从事土地评估、土地测绘、土地登记代理等业务的企业法人。

第三条 各师国土资源局应当根据日常业务管理建立土地评估、土地测绘、土地登记代理等土地中介机构备选库。

第四条 具备条件的土地中介机构在师国土资源局规定的申请报名时限内，可以自愿向各师国土资源局提出书面申请，并提供从业资质、营业执照、人员情况等相关材料，经师国土资源局审查、公示通过后，方可进入土地中介机构备选库，并报兵团国土资源局备案。

第五条 具备下列条件的土地中介机构可以自愿向各师国土资源局申请。

（一）具有独立法人资格；

（二）经过注册，通过年检，有土地评估、土地测绘、土地登记代理相关有效资质和工作业绩；

（三）有固定的营业场所、办公设备和数量达标的专业技术人员；

（四）有完备的技术和质量管理制度；

（五）具有良好的从业经历，无违法违规现象发生。

第六条 本师范围内涉及土地评估、土地测绘、土地登记代理等业务，应从本师土地中介机构备选库中采取抽签方式随机选取土地中介机构。

第七条 进入师土地中介机构备选库的中介机构超过5家的，每年1月，各师国土资源局根据土地评估、土地测绘、土地登记代理等工作实际，采取抽签方式公开随机从土地中介机构备选库中选取适量的土地中介机构，以备使用。

具体开展土地评估、土地测绘、土地登记代理业务时，师国土资源局主持，由委托人从备用的土地中介机构中采取抽签方式随机选取。

进入备选库中的土地中介机构数量少于5家的，可直接从土地中介机构备选库中采取抽签方式随机选取。

被选中的同一家土地中介机构不能连续两次参与抽签。

第八条 拟使用的土地中介机构确定后，委托人应当开具委托书或签订合同书，委托该土地中介机构对某宗地进行土地评估、土地测绘、土地登记代理，任务完成后该土地中介机构凭委托书或合同书与委托人结算中介工作费用。

第九条 土地中介机构应当根据物价部门设定的收费标准以及委托项目的规模和难易程度，按照市场定价的原则收取工作费用。

第十条 兵团国土资源系统对土地中介机构备选库中被选用的土地中介机构实行考核制度。考核内容主要包括完成委托项目的效率、质量情况、是否违规私自转包、中介人员从业素质等。年度考核结果分为合格、基本合格、不合格三个等次。

年度考核由师国土资源局组织进行，并于次年1月份将考核结果报兵团国土资源局备案。

第十一条 按照有出有进、适当调整的原则，各师国土资源局应当每年调整土地中介机构备选库。年度考核为“合格”的土地中介机构下一年度可直接进入土地中介机构备选库；年度考核为“不合格”的土地中介机构下一年度不得进入土地中介机构备选库；年度考核为“基本合格”的土地中介机构下一年度应当重新申请。

被选中的土地中介机构年度内完成的成果质量出现两次较大问题的，取消其当年备用资格，考核时直接确定为“不合格”。

第十二条 兵团国土资源系统工作人员要严格遵守国土资源部颁布的“五条禁令”，不得以任何理由向委托人和下属单位、个人推荐或者变相推荐土地中介机构。国土资源部门工作人员与土地中介机构有亲属关系的，在选取使用、考核土地中介机构工作中必须公务回避。

第十三条 兵团国土资源局不定期对本办法执行情况进行检查。对违反本办法规定的工作人员，按照干部管理权限，分别由兵、师国土资源局对责任人予以诫勉谈话、通报批评；情节较重的依据相关规定予以处理。

第十四条 本办法与以往下发文件不一致的，以本办法为准。

第十五条 本办法由兵团国土资源局负责解释，自 2010 年 1 月 1 日起施行。

中共中国地质调查局党组关于印发《中共中国地质调查局党组巡视工作实施意见》的通知

中地调党发〔2010〕5号

各局属单位党委，局直属机关党委：

现将《中共中国地质调查局党组巡视工作实施意见》印发给你们，请认真贯彻执行。

二〇一〇年三月十八日

中共中国地质调查局党组
巡视工作实施意见

为规范对局机关部门领导、局属单位领导班子及成员的巡视工作，根据《中国共产党巡视工作条例（试行）》以及《中共国土资源部党组巡视工作暂行办法》，结合局系统实际，对开展巡视工作提出如下实施意见。

一、指导思想与基本原则

巡视工作以邓小平理论、“三个代表”重要思想为指导，深入贯彻落实科学发展观，坚持党要管党、从严治党的方针，在局党组的领导下，依靠被巡视单位的党组织，认真履行发现问题、查找不足、推动工作的职能，遵循实事求是、客观公正、发扬民主、依靠群众和廉洁高效的原则开展工作。

二、巡视对象与主要内容

巡视对象为局机关部门领导、局属单位领导班子及其成员。巡视的主要内容：

（一）贯彻执行党的路线方针政策以及贯彻落实中央和部、局党组重大决策情况；落实科学发展观，转变观念、理清思路、履行职责、促进发展情况。

（二）领导班子及成员思想作风、工作作风状况；领导班子执行民主集中制情况，特别是在重大问题决策、项目安排和大额资金使用等事项的决策情况；选拔任用干部情况。

（三）领导班子落实党风廉政建设责任制以及构建惩防体系情况；领导干部遵守廉洁自律各项规定情况。

（四）基层党组织建设、执行党内生活基本制度、对党员教育管理的情况。

（五）局党组要求了解的其他事项。

三、巡视工作组织

（一）对局属单位领导班子及成员的巡视，一般每 3 年开展 1 次。对局机关部门领导的巡视，由局党组根据具体情况确定。

（二）局党组设立巡视组，设组长、副组长。每组由 4 至 5 名成员组成，组长由局级干部担任。巡视组人员由局纪检组（监察审计室）、人事教育部、直属机关党委选派或在局属单位抽调。巡视组实行组长负责制。巡视工作人员实行公务回避制度。

（三）局纪检组（监察审计室）负责巡视工作的组织协调。主要工作任务是：研究提出巡视工作计划、方案以及相关制度；协调安排巡视工作有关事宜；负责巡视工作的督促检查、综合汇总和组织培训；向巡视组传达领导指示和向领导报告巡视中的重要情况；向局党组报告巡视工作情况；办理局领导交办的其他事项。

（四）巡视工作人员基本条件：

1. 政治坚定，同党中央保持高度一致，认真学习马克思列宁主义、毛泽东思想、邓小平理论和“三个代表”重要思想，深入贯彻落实科学发展观，坚决执行党的路线方针政策，具有履行职责所需的政治理论水平；

2. 坚持原则，依法办事，实事求是，公道正派，联系群众，清正廉洁，组织纪律性强，严守党的秘密；

3. 有强烈的事业心和责任感，思想敏锐，有一定的工作经验，熟悉党务政务和政策法规；

4. 有较强的调查研究和文字综合能力；

5. 身体健康，能胜任工作要求。

四、巡视工作程序

（一）纪检组（监察审计室）制定年度巡视工作方案，报局党组审定；召开巡视工作培训动员会。

（二）巡视工作开始前，巡视组向被巡视单位的联系局领导报告，并征求意见；向局纪检监察审计和人事部门了解被巡视部门领导、单位领导班子及其成员的有关情况。

（三）纪检组（监察审计室）提前10个工作日，将巡视工作安排书面通知被巡视部门和单位，并协调安排巡视组进驻有关事宜。

（四）巡视组召开动员会，向被巡视单位（部门）领导班子及成员和干部群众，分别通报开展巡视工作的计划安排和要求，说明巡视目的、任务；听取被巡视单位的工作汇报。被巡视单位联系局领导视情况参加。

（五）巡视组在一定范围内组织民主测评、问卷调查。

（六）巡视组与被巡视单位领导班子成员、中层干部和部分职工代表个别谈话，查阅有关文件、会议记录等资料。

（七）巡视组根据工作需要，列席被巡视单位有关重大事项决策会议。巡视期间，被巡视单位召开一次专题民主生活会，巡视组成员列席参加。

（八）被巡视单位提前向职工群众公告被巡视情况，设立巡视信箱，公布巡视组电话。巡视组受理反映被巡视部门、单位党政领导班子及其成员问题的来信、来电、来访等，对反映的重要问题可以进行深入了解。

（九）巡视工作结束后，巡视组将巡视工作情况向被巡视单位的联系局领导及局人事教育部反馈，并向局党组提交巡视报告。重要情况可以形成专报。

（十）纪检组（监察审计室）根据巡视组提交的巡视报告，提出处理意见，经主管局领导审批后报局党组决定。

（十一）巡视报告经局党组同意后，巡视组写出巡视反馈意见，经被巡视单位联系局领导审定后，由巡视组长及时向被巡视的部门和单位领导班子反馈并提出要求。被巡视单位联系局领导参加。巡视组反馈意见后，及时向纪检组（监察审计室）提交书面反馈意见情况报告。

（十二）被巡视部门、单位在收到反馈意见之日起 15 个工作日之内，向局党组报送整改方案，自整改方案报送之日起 30 个工作日内，向局党组报送已经整改情况报告，180 个工作日内，向局党组报送全部整改情况报告。

（十三）巡视组在反馈意见之日起 7 个工作日内，将巡视工作的有关材料分类整理后交局纪检组（监察审计室）归档。

（十四）纪检组（监察审计室）将巡视意见和巡视整改情况提供有关部门，作为干部考核评价、选拔任用、奖励惩处和对干部进行调整、免职、降职等组织处理的重要依据。

五、巡视工作要求与工作纪律

（一）局党组要加强对巡视工作的领导，及时解决巡视工作中遇到的重大问题。

（二）巡视组在巡视期间，不干预被巡视单位（部室）的正常工作，不承办案件，不处理被巡视单位的具体问题，对发现的问题不随意表态。

（三）巡视组要深入基层、深入实际，密切联系群众，加强调查研究，广泛听取意见，掌握真实情况。

（四）巡视组要坚持客观公正、实事求是的态度，正确分析评价被巡视单位的工作和领导班子及成员，及时请示报告工作中遇到的重要问题，如实地向局党组反映巡视情况。

（五）遵守廉洁自律有关规定，工作条件和就餐从简。

（六）严格保守工作秘密，妥善保管相关材料。

（七）巡视工作人员有下列情形的，根据情况给予责令书面检查、通报批评或者调整、免职等组织处理，构成违纪的，给予纪律处分：

1. 利用巡视工作的便利谋取私利或者为请托人谋取不正当利益的。

2. 如实反映情况，隐瞒或者歪曲、捏造事实的。

3. 泄露、扩散巡视工作中掌握的情况的。

4. 违反廉洁自律和回避等有关规定的。

（八）巡视组对被巡视单位干部群众反映强烈、属于巡视工作职责范围内的重要问题，应当了解而没有了解，应当报告而没有报告的，按有关规定追究责任人的纪律责任。

六、对被巡视单位要求

（一）要充分认识巡视工作对促进领导班子政治思想建设、党风廉政建设和各项工作的重要意义，积极配合巡视组开展工作，营造良好的巡视工作环境和提供工作条件。

（二）了解巡视工作的纪律要求，对巡视组及工作人员遵守工作纪律和廉洁自律的情况进行监督。

（三）重视巡视工作中发现的问题，积极进行整改并及时向局党组报告整改情况。

（四）被巡视单位及工作人员有下列情形之一的，对单位领导班子主要负责人和其他直接责任人给予责令书面检查、通报批评或者调离、免职等组织处理，构成违纪的，给予纪律处分：

1. 隐瞒不报或者向巡视组提供虚假情况的。

2. 拒绝或者不按要求向巡视组提供相关文件材料的。

3. 无正当理由拒绝纠正存在问题或者不按要求整改的。

4. 指示、暗示、强令有关单位或人员干扰、阻挠巡视工作和有打击报复行为的。

5. 有妨碍巡视工作的其他行为的。

（五）被巡视单位的干部群众，发现巡视组工作人员有违犯本实施意见第五部分第七款所列行为的，有权向局纪检组（监察审计室）及局领导反映，也可以依照有关规定直接向有关部门反映。

（工作部署卷）

守护国土资源事业发展的生命线

——国土资源系统建立健全惩治和预防腐败体系建设工作回顾

（2008—2012）

王寿祥 主编

人民出版社

2011 年 6 月，中共中央书记处书记、中央纪委副书记何勇，中央纪委副书记、监察部部长马馼，中央纪委常委、监察部副部长王伟，监察部副部长郝明金到国土资源部检查调研指导工作。（左第三排左三起郝明金、马馼、何勇、王伟，左第二排左二起国土资源部领导甘藏春、张少农、徐德明、徐绍史、贠小苏、汪民、王寿祥、胡存智）

2010 年 8 月，中央纪委副书记、监察部部长马馼（左三），监察部副部长屈万祥（右二），最高人民检察院副检察长邱学强（左二），国土资源部党组成员、副部长贠小苏（右一），国土资源部党组成员、中央纪委驻国土资源部纪检组组长王寿祥（左一）出席国土资源部深入开展国土资源领域腐败问题治理工作电视电话会议。

2011 年 3 月，国土资源部党组书记、部长、国家土地总督察徐绍史（左三），国土资源部党组成员、副部长贠小苏（右二），国土资源部党组成员、副部长汪民（左二），国土资源部党组成员、副部长王世元（右一），国土资源部党组成员、中央纪委驻国土资源部纪检组组长王寿祥（左一）出席全国国土资源系统党风廉政建设工作会议。

2010 年 12 月，国土资源部党组成员、国家土地副总督察甘藏春，国土资源部党组成员、副部长王世元，国土资源部党组书记、部长、国家土地总督察徐绍史，国土资源部党组成员、副部长贠小苏，中央纪委驻国土资源部纪检组组长王寿祥，国土资源部党组成员、总规划师胡存智（从左至右）出席国土资源部直属机关深入推进廉政专项行动会议。

2010 年 9 月，国土资源部党组成员冀文林，国土资源部党组成员、中央纪委驻国土资源部纪检组组长王寿祥，国土资源部党组书记、部长、国家土地总督察徐绍史，国土资源部党组成员、副部长贠小苏，中央纪委第四纪检监察室主任于春生等（从左至右）出席国土资源部机关深入开展廉政专项行动大会。

2012 年 12 月，国土资源部党组成员、副部长王世元，国土资源部党组成员、中央纪委驻国土资源部纪检组组长王寿祥向国土资源部机关干部传达中央纪委有关文件精神，部署部机关廉政专项工作。

国土资源部建立健全惩防体系建设和“两整治一改革”专项工作成果。

国土资源部建立健全惩治和预防腐败体系建设课题理论研究成果。

编委会名单

王彩玲　孟　轩　陈　伟　吕海峰　李咏梅

姚志禄　孟凡叶　徐兆谦　任思达　鹿爱莉

王仁财　杨　繁　朴　英　张国秀　吕　媛

刘　敏　王　婧　黄建春　杨德明　蒋晓峰

牟秀梅　冯其文　姜　琳　罗小民　崔振民

编辑组名单

组　长：苏振林

副组长：韩洪伟

成　员：王彩玲　陈　伟　鹿爱莉　王仁财

刘　敏　王　婧

惩治和预防腐败体系建设是国土资源事业发展的政治保障和生命线

国土资源是经济社会发展的重要物质基础，国土资源工作支撑各行各业，影响千秋万代。国土资源系统党风廉政建设是国土资源事业发展的政治保障和生命线，必须旗帜鲜明，态度坚决。推进党风廉政建设工作，既是各级国土资源部门的政治责任，更是国土资源事业发展的政治保障。

国土资源部门管理着土地、矿产等稀缺资源，有行政审批权、行政执法权、大额资金预算和支配权，面对的诱惑很大，环境非常复杂，是一个比较高危的行业。从管理内容上看，随着经济社会发展，国土资源管理面临着许多新情况、新问题，土地需求和供应矛盾不断凸显，农村土地管理制度改革和规范农村土地整治任务繁重，房地产土地供应和开发监管难度大，违规违法用地在局部地区还比较严重。从队伍状况上看，国土资源管理干部整体状况是好的，但是我们也要看到，我们的干部队伍也出了一些问题，案件依然易发多发，总体上看违法违纪问题发生在基层和中层比较突出，损害了国土资源系统干部队伍的形象，影响了国土资源部门的公信力。各级国土资源部门必须把党风廉政建设作为国土资源事业发展的生命线，把党风廉政建设放在更加突出的位置，以更加坚定的态度、更加有力的措施，坚持标本兼治、综合治理、惩防并举、注重预防的方针，进一步加大惩治腐败工作力度，着力推进反腐倡廉制度建设和体制机制创新，切实转变行政管理职能和资源配置方式，深入推进惩治和预防腐败体系建设，狠抓党风廉政建设各项工作的落实，切实以反腐倡廉建设新成效取信于民。

中央印发《建立健全惩治和预防腐败体系2008—2012年工作规划》以来，国土资源部党组高度重视，按照《工作规划》和《责任分工方案》的部署要求，制定印发贯彻落实《工作规划》的实施办法，明确具体任务，落实分工责任，以狠抓牵头负责任务为重点，整体推进教育、制度、监督、改革、纠风和惩处等各项工作的贯彻落实。按照中央关于惩防体系建设工作的部署要求，国土资源部党组始终坚持把惩治和预防腐败体系建设，作为推进国土资源管理改革发展的政治保障，认真部署，专题研究，狠抓各项任务的贯彻落实，国土资源部惩治和预防腐败体系建设工作呈现出稳步发展的良好局面。经过5年的努力，中央明确国土资源部承担负责的各项任务取得明显成效，国土资源系统拒腐防变教育长效机制更加完善，反腐倡廉制度体系更加健全，权力运行监控机制基本形成，违纪违法案件呈现出下降趋势，腐败现象易发多发的势头得到进一步遏制，以完善惩防体系为重点的反腐倡廉建设工作取得重要进展。

取得的成效主要有四个方面。第一，着力推进征地制度改革，规范土地征收工作取得新进展。组织开展了征地制度改革试点工作，严格规范征地程序，进一步拓宽征地补偿安置途径，切实维护群众合法权益。第二，着力推进国土资源有偿使用制度改革，土地和矿业权审批出让行为更加完善。加大了土地有偿使用制度改革力度，稳步推进矿业权审批出让制度改革，完善经营性用地和工业用地招标拍卖挂牌制度。第三，着力规范土地和矿业权市场交易行为，网上交易和监管取得重要进展。积极推进土地使用权和矿业权出让网上交易，加强对评估机构的监管，强化国土资源综合监管平台建设。第四，严肃查处了土地和矿产资源开发管理中的违法违纪行为，违法违规问题总体下降。加大土地和矿产卫片执法检查和监督力度，集中开展土地和矿产资源执法专项行动，健全国土资源行政执法监察体系等。

总结五年来国土资源系统惩治和预防腐败体系建设工作，主要有六个方面的体会：一是坚持把党风廉政建设作为国土资源事业发展的生命线，形成了新的工作格局；二是坚持把党风廉政建设与国土资源业务管理工作有机结合、深度交融，形成了科学的工作机制；三是坚持把权力监督的薄弱环节作为党风廉政建设的重点区位，形成了顺畅有效的监督路径；四是坚持运用“制度+科技”手段，提升了党风廉政建设的效能和水平；五是坚持把廉政风险防控作为一个重要抓手，找准了预防腐败的有效途径；六是坚持弘扬先进，严惩腐败，营造了比较好的党风廉政建设工作氛围。本书反映了国土资源系统惩治和预防腐败体系建设的工作成效和经验，对当前和今后国土资源系统深入推进惩治和预防腐败体系建设具有一定的指导作用。

王寿祥

2013 年 11 月 14 日

说　明

2005年，中共中央印发了《建立健全教育、制度、监督并重的惩治和预防腐败体系实施纲要》。2008年，中共中央颁布《建立健全惩治和预防腐败体系2008—2012年工作规划》。中共国土资源部党组按照中央的要求，对惩防体系建设进行了工作部署，印发了《关于贯彻落实〈建立健全惩治和预防腐败体系2008—2012年工作规划〉的实施办法》。几年来，按照标本兼治、综合治理、惩防并举、注重预防的方针，坚持科学谋划、专项治理，整体推进反腐倡廉教育、制度、监督、改革、纠风、惩治各项工作，强化体制机制和制度建设，着力构建具有国土资源部门特点的惩治和预防腐败体系，党风廉政建设和反腐败工作不断取得新成效，为推进国土资源事业发展发挥了重要的支撑和保障作用。

为深入推进《建立健全惩治和预防腐败体系2013—2017年工作规划》的贯彻落实，国土资源系统各地区各部门对贯彻落实《建立健全惩治和预防腐败体系2008—2012年工作规划》工作进行了回顾，全面总结近年来推进惩治和预防腐败体系建设工作的经验做法，中央纪委监察部驻国土资源部纪检组监察局对各有关单位的工作情况进行收集整理，编辑了《守护国土资源事业发展的生命线——国土资源系统建立健全惩治和预防腐败体系建设工作回顾（2008—2012）》。全书上中下共三册，上册主要收录了中央纪委和国土资源部党组对惩防体系建设的工作部署、工作总结，国土资源部党风廉政建设和反腐败工作的实施意见和任务分工，部领导关于推进党风廉政建设和反腐败工作以及惩治和预防腐败体系建设的重要讲话；中册选录了2008年以来国土资源部和各省区市国土资源厅局关于惩治和预防腐败体系建设的工作制度，中央《实施纲要》颁布后国土资源部出台的2005—2007年间的个别重要文件和制度；下册收录了国土资源研究单位的课题研究成果，31个省区市和新疆生产建设兵团国土资源厅局等单位贯彻落实《建立健全惩治和预防腐败体系2008—2012年工作规划》的实施办法和工作经验。该书比较全面客观地反映了近五年来国土资源系统惩治和预防腐败体系建设的工作情况。

由于时间仓促加之水平有限，成书时间较短，难免有疏漏或不足之处，尤其是对各地在实践中形成的经验和做法把握不一定全面、准确，欢迎提出意见，敬请批评指正。

本书编辑组

2013年11月

目　录

中纪委关于惩治和预防腐败体系的工作部署

部党组关于惩治和预防腐败体系建设工作的部署和实施

一、部党组关于惩治和预防腐败体系建设的工作部署

二、部党组惩治和预防腐败体系建设实施意见

三、部党组关于党风廉政建设和反腐败工作的任务分工

四、部党组惩治和预防腐败体系建设工作总结

部领导有关党风廉政建设和惩防体系建设的讲话

中纪委关于惩治和预防腐败体系的工作部署

中共中央关于印发《建立健全教育、制度、监督并重的惩治和预防腐败体系实施纲要》的通知

中发〔2005〕3号

各省、自治区、直辖市党委，中央各部委，国家机关各部委党组（党委），解放军各总部、各大单位党委，各人民团体党组：

现将《建立健全教育、制度、监督并重的惩治和预防腐败体系实施纲要》（以下简称《实施纲要》）印发给你们，请认真贯彻执行。

坚持标本兼治、综合治理、惩防并举、注重预防的方针，建立健全与社会主义市场经济体制相适应的教育、制度、监督并重的惩治和预防腐败体系，是党中央从完成经济社会发展的重大任务和巩固党的执政地位的全局出发，为做好新形势下反腐倡廉工作作出的重大战略决策。这是我们党对执政规律和反腐倡廉工作规律认识的进一步深化，是从源头上防治腐败的根本举措，对于提高党的执政能力、巩固党的执政地位，具有极其重要的意义。

《实施纲要》是当前和今后一个时期深入开展党风廉政建设和反腐败工作的指导性文件。各级党委和政府要从政治和全局的高度，深刻认识贯彻《实施纲要》的重要意义，深入学习，广泛宣传，坚决贯彻，把建立健全惩治和预防腐败体系的工作纳入经济社会发展的总体规划，认

真组织实施。要全面把握《实施纲要》的基本精神和主要内容，结合实际制定贯彻落实《实施纲要》的意见和办法。要认真开展监督检查，建立健全有效的工作机制，切实把反腐倡廉各项工作落到实处。

各地区各部门对贯彻执行《实施纲要》的意见和建议，请及时报告中央。

二〇〇五年一月三日

建立健全教育、制度、监督并重的惩治和预防腐败体系实施纲要

为深入贯彻落实党的十六大和十六届三中、四中全会精神，建立健全与社会主义市场经济体制相适应的教育、制度、监督并重的惩治和预防腐败体系（以下简称建立健全惩治和预防腐败体系），深入开展党风廉政建设和反腐败工作，制定本实施纲要。

一、建立健全惩治和预防腐败体系的重要性和紧迫性

（一）建立健全惩治和预防腐败体系是党中央在新形势下对反腐倡廉工作作出的重大战略决策。党风廉政建设和反腐败斗争关系党的生死存亡。党越是长期执政，反腐倡廉的任务越艰巨，越要坚定不移地反对腐败，越要提高拒腐防变和抵御风险的能力。执政55年来，党的三代中央领导集体高度重视党风廉政建设和反腐败工作，作出了一系列重大决策和部署，取得了明显成效。以胡锦涛同志为总书记的党中央科学总结反腐倡廉的经验，从加强党的执政能力建设的战略高度，坚持标本兼治、综合治理、惩防并举、注重预防的方针，提出建立健全惩治和预防腐败体系。这是我们党对执政规律和反腐倡廉工作规律认识的进一步深化，是在发展社会主义市场经济和对外开放条件下深入开展党风廉政建设和反腐败工作的新要求，是从源头上防治腐败的根本举措，对于提高

党的执政能力、巩固党的执政地位，具有十分重要的意义。

（二）建立健全惩治和预防腐败体系是一项紧迫而长期的任务。进入新世纪新阶段，国际形势发生了新的深刻变化，我国改革发展处在关键时期，党所处的执政环境发生了重大变化，反腐败工作体制、机制和工作方式还存在与新形势新任务不相适应的问题。腐败现象滋生蔓延的土壤和条件依然存在，腐败现象在一些领域易发多发，反腐败斗争的形势还比较严峻。一些地方、部门和单位的违纪违法案件不断发生，特别是少数高级干部的腐败案件造成了很坏的社会影响；形式主义、官僚主义作风，弄虚作假、铺张浪费现象仍然突出；损害群众利益的不正之风屡禁不止。从实践看，教育不扎实，制度不健全，监督不得力，仍然是腐败现象滋生蔓延的重要原因。我们既要增强反腐败斗争的紧迫感，又要充分认识其长期性、艰巨性和复杂性，树立长期作战的思想，抓紧建立健全惩治和预防腐败体系。

二、建立健全惩治和预防腐败体系必须坚持党反腐倡廉的基本经验

（三）坚持党反腐倡廉的基本经验。我们党始终把党风廉政建设和反腐败工作作为全党一项重大的政治任务来抓，改革开放特别是党的十三届四中全会以来，采取了一系列有力措施，初步探索出一条新的历史条件下有效开展反腐倡廉工作的路子，形成了江泽民反腐倡廉重要思想，积累了宝贵经验，必须在实践中长期坚持和发展。

——必须坚持中国共产党的领导，保证反对和防止腐败的正确方向。中国共产党是以马克思主义科学理论武装起来的、以全心全意为人民服务为宗旨的先进政党，是与腐败根本不相容的。只有坚持党的领导，才能确立和坚持正确的反腐败指导思想、基本原则和领导体制，才能有效地反对和防止腐败，维护社会政治稳定，促进经济社会全面发展。

——必须坚持指导思想上的与时俱进，用发展着的马克思主义指导党风廉政建设和反腐败工作的新实践。深入开展党风廉政建设和反腐败工作，必须坚持以马克思列宁主义、毛泽东思想、邓小平理论和“三个代表”重要思想为指导，适应形势任务的发展变化，解放思想、实事求是、与时俱进，积极探索党风廉政建设和反腐败工作的规律，不断丰富和发展党的反腐倡廉理论，推动反腐倡廉工作取得新成效。

——必须紧紧围绕发展这个党执政兴国的第一要务，为全面建设小康社会、加快推进社会主义现代化提供政治保证。发展是解决中国一切问题的关键。党风廉政建设和反腐败工作必须围绕发展，服务大局，研究解决妨碍改革发展稳定的突出问题，优化经济社会发展环境，促进社会主义物质文明、政治文明、精神文明协调发展。

——必须坚持立党为公、执政为民，切实纠正损害群众利益的不正之风。党风廉政建设的核心问题是密切党同人民群众的血肉联系。切实把实现好、维护好、发展好最广大人民的根本利益作为出发点和归宿，认真解决损害群众利益的突出问题，做到权为民所用、情为民所系、利为民所谋。

——必须坚持深化改革，创新体制机制制度，注重从源头上预防和解决腐败问题。要按照党要管党、从严治党的方针，坚持标本兼治、综合治理、惩防并举、注重预防。既要严肃党的纪律，坚决查办违纪违法案件，严厉惩处腐败分子；更要注重预防，通过深化改革、创新体制、加强教育、发展民主、健全法制、强化监督，把反腐败寓于各项重要政策和措施之中，用发展的思路和改革的办法防治腐败。

——必须坚持和完善反腐败领导体制和工作机制，形成反腐败斗争的整体合力。党委统一领导、党政齐抓共管、纪委组织协调、部门各负其责、依靠群众支持和参与的反腐败领导体制和工作机制，是深入开展反腐败斗争的组织保证。只要坚持反腐败领导体制和工作机制，认真贯彻党风廉政建设责任制，切实抓好各项任务的落实，就能巩固和发展全党动手反对和防止腐败的良好局面。

三、建立健全惩治和预防腐败体系的指导思想、主要目标和工作原则

（四）建立健全惩治和预防腐败体系的指导思想。坚持以马克思列宁主义、毛泽东思想、邓小平理论和“三个代表”重要思想为指导，紧紧围绕加强党的执政能力建设，紧紧围绕发展这个党执政兴国的第一要务，树立和落实科学发展观，坚持立党为公、执政为民，坚持科学执政、民主执政、依法执政，坚持为民、务实、清廉，坚持党要管党、从严治党，坚持标本兼治、综合治理、惩防并举、注重预防，建立健全教育、制度、监督并重的惩治和预防腐败体系，不断提高党的领导水平和拒腐防变能力。

（五）建立健全惩治和预防腐败体系的主要目标。到 2010 年，建成惩治和预防腐败体系基本框架。再经过一段时间的努力，建立起思想道德教育的长效机制、反腐倡廉的制度体系、权力运行的监控机制，建成完善的惩治和预防腐败体系。

（六）建立健全惩治和预防腐败体系的工作原则。(1) 坚持与完善社会主义市场经济体制、发展社会主义民主政治、建设社会主义先进文化、构建社会主义和谐社会相适应。要为完善社会主义市场经济体制，实现社会主义民主政治的制度化、规范化和程序化，发展社会主义先进文化、构建社会主义和谐社会提供保证。(2) 坚持教育、制度、监督并重。教育是基础，制度是保证，监督是关键。三者统一于惩治和预防腐败体系之中，相互促进，共同发挥作用。既要从严治标，更要着力治本，惩防并举，注重预防。(3) 坚持科学性、系统性、可行性相统一。理论与实际相结合，立足全党，着眼全局，总体规划，分阶段实施；注重科学合理、系统配套和可操作性，充分发挥惩治和预防腐败体系的整体效能。(4) 坚持继承与创新相结合。认真运用党反腐倡廉的基本经验，借鉴国外反腐败的有益做法，加强全局性、前瞻性问题的研究，解决新

问题，总结新经验，在继承中发展，在发展中创新。

四、加强反腐倡廉教育，筑牢拒腐防变的思想道德防线

（七）反腐倡廉教育要以领导干部为重点。要以树立马克思主义的世界观、人生观、价值观和正确的权力观、地位观、利益观为根本，以艰苦奋斗、廉洁奉公为主题，以更好地做到立党为公、执政为民为目标，坚持进行党的基本理论、基本路线、基本纲领和基本经验教育，进行理想信念和从政道德教育、党的优良传统和作风教育、党纪条规和国家法律法规教育。把反腐倡廉教育贯穿于领导干部的培养、选拔、管理、使用等各个方面，坚持教育与管理、自律与他律相结合，督促领导干部加强党性修养，廉洁自律，反对和防止腐化堕落，常修为政之德、常思贪欲之害、常怀律己之心，牢记“两个务必”，做到“八个坚持、八个反对”，自觉经受住发展社会主义市场经济和改革开放条件下长期执政的考验。

要把反腐倡廉理论作为各级党委理论学习中心组学习的重要内容，定期安排专题学习。把反腐倡廉教育纳入党校、行政学院和其他干部培训机构的教学计划，编写教材，保证课时。对新任职领导干部进行廉政培训。党政主要负责人定期讲廉政党课。中央纪委、中央组织部和中央宣传部要切实抓好对省部级领导干部的反腐倡廉教育工作。

（八）反腐倡廉教育要面向全党全社会。要把反腐倡廉教育纳入在全党开展的以实践“三个代表”重要思想为主要内容的保持共产党员先进性教育活动中。注重研究反腐倡廉教育的规律，使教育内容贴近党员干部的思想和工作实际。既善于依靠各级党组织进行灌输教育，又善于引导广大党员干部进行自我教育；既善于运用“三会一课”等传统教育手段，又善于运用信息技术等现代化手段开展教育。加强示范教育，充分发挥先进典型的引导作用。深化警示教育，深刻剖析违纪违法案件发

生的原因，分类分层次开展教育。每年集中一段时间开展反腐倡廉主题教育活动，把专题学习、群众评议与改进工作、解决实际问题结合起来。把反腐倡廉教育作为公务员培训的重要内容。

反腐倡廉教育要面向全社会，把思想教育、纪律教育与社会公德、职业道德、家庭美德教育和法制教育结合起来。大力加强廉政文化建设，积极推动廉政文化进社区、家庭、学校、企业和农村。社区组织要积极开展丰富多彩的廉政文化创建活动。妇联等人民团体要积极开展多种形式的家庭助廉教育活动。教育行政部门、学校和共青团组织要把廉洁教育作为青少年思想道德教育的重要内容，培养青少年正确的价值观念和高尚的道德情操。积极引导企业廉洁诚信、依法经营，开展农村廉政文化建设活动，增强全社会的反腐倡廉意识，形成以廉为荣、以贪为耻的良好社会风尚。

（九）完善反腐倡廉宣传教育工作格局，形成反腐倡廉教育的强大合力。要把反腐倡廉教育纳入党的宣传教育总体部署，完善宣传教育制度，健全工作机制，改进工作方法。纪检监察、组织人事、宣传思想等部门要做好经常性的反腐倡廉教育工作。坚持党管媒体的原则，坚持正面宣传为主，掌握反腐倡廉舆论工作的主动权。大力宣传我们党反对腐败的坚定决心、方针政策和取得的重大成果，引导广大干部群众正确看待反腐败斗争的形势。大力宣传各条战线立党为公、执政为民的先进典型，弘扬主旋律。建立健全新闻发布制度，适时通报反腐倡廉工作情况，加强对热点问题的引导。党报党刊、电视台、电台要开设廉政专栏或专题节目。加强反腐倡廉网络宣传教育，开设反腐倡廉网页、专栏，正确引导网上舆论。加强对互联网站反腐倡廉宣传教育的指导和管理。

五、加强反腐倡廉制度建设，充分发挥制度在惩治和预防腐败中的保证作用

（十）建立健全反腐倡廉基本制度。完善对权力制约和监督的制度。

坚持民主集中制这一党的根本组织制度，健全民主集中制的各项具体制度。建立和完善党内情况通报、情况反映、重大决策征求意见等制度，逐步推进党务公开。建立党的代表大会代表提案制度。积极探索党的代表大会闭会期间发挥代表作用的途径和形式，建立代表提议的处理和回复机制。扩大在市、县实行党代会常任制的试点。完善重大决策的规则和程序。完善领导干部民主生活会制度，提高民主生活会质量。制定落实党内监督条例的各项配套措施，建立和完善巡视制度。

完善反腐倡廉相关法律和规范国家工作人员从政行为的制度。加快廉政立法进程，研究制定反腐败方面的专门法律。修订和完善刑法、刑事诉讼法等相关法律制度。抓紧制定公务员法。探索制定公务员从政道德方面的法律法规。完善领导干部重大事项报告和收入申报制度。

完善对违纪违法行为的惩处制度。抓紧制定《中国共产党纪律处分条例》、《国家行政机关公务员行政处分条例》的配套规定和党纪政纪处分的相关制度，制定和完善对损害群众利益行为的责任追究办法。探索和完善辞职、辞退、免职、降职、降薪、任职限制等有关制度规定。完善违纪违法财物没收追缴责令退赔的规定。建立执法合作、司法协助、人员遣返、涉案资金返还等方面的反腐败国际合作机制。

完善反腐败领导体制、工作机制。抓紧制定纪委协助党委组织协调反腐败工作的规定。制定《关于实行党风廉政建设责任制的规定》的实施办法。改革和完善纪检监察体制和工作机制。

（十一）推进从源头上防治腐败的制度改革和创新。深化干部人事制度改革。积极推进干部人事工作的科学化、民主化、制度化进程，扩大党员和群众对干部选拔任用的知情权、参与权、选择权和监督权。继续推行和完善民主推荐、民主测评、差额考察、任前公示、公开选拔、竞争上岗、任职试用期等制度。规范和全面推行党的地方委员会全体会议无记名投票表决下一级党委、政府领导班子正职拟任人选和推荐人选制度。落实和完善党政领导干部辞职制度和任职回避、交流制度，实行党政领导干部职务任期制度，完善职务和职级相结合的制度。抓紧制定体现科学发展观和正确政绩观要求的干部实绩考核评价标准。完善党内选举制度，改进候选人提名方式，适当扩大差额推荐和差额选举的范围和比例。逐步扩大基层党组织领导班子成员直接选举的范围。进一步完善和规范党和国家机关工作人员工资和津贴、补贴制度。

深化行政审批制度改革，完善规范政府共同行为的有关制度。按照全面推进依法行政、建设法治政府的要求，进一步清理、取消和规范行政审批事项，加快转变政府职能，推进相关制度建设，完善审批方式，加强后续监管，建立科学合理的行政管理和监控机制。加快行政许可法的配套制度建设。完善行政执法责任制和评议考核制。制定行政效能投诉、行政过错责任追究办法。研究制定行政收费、行政强制和行政程序等方面的法律法规。规范并加强对社团、行业组织和社会中介组织的管理。完善国有资产管理体制和监管方式，健全法律法规和工作制度。推进垄断行业的改革，引入竞争机制，完善监管制度。健全政务公开、厂务公开、村务公开制度，制定规范电子政务的法律法规。

深化财政、金融和投资体制改革。进一步深化收支两条线管理改革，完善转移支付制度，全面推行部门预算、国库集中收付制度，完善预算法律，加快建立财政资金绩效评价体系，形成财政资金规范、安全、有效运行的机制。加快银行、证券、保险业的改革，建立健全现代金融企业制度、金融监管制度，确保资金运营安全。建立健全金融账户实名制、现金交易限制及反洗钱制度、征信管理制度。建立对大额资金外流有效监控的预警机制和金融信息共享制度。加强投资领域法规制度建设，建立和完善投资监管体系，改进并加强对政府投资的管理。

推进司法体制改革。制定和修改有关法律，完善司法机关的机构设置、职权划分和管理制度，形成权责明确、相互配合、相互制约、高效运行的司法体制，保障审判机关和检察机关依法独立公正地行使审判权和检察权。完善诉讼程序，完善人民陪审员制度，严格执行审判公开制度，保障公民、法人和其他组织的合法权益。完善执行工作机制。完善检察机关的法律监督职能，健全检务公开制度。健全司法工作规范和违法司法行为责任追究制度。

规范和完善工程建设招标投标、土地使用权出让、产权交易、政府采购等制度。修订城市规划法、建筑法和环境保护法等法律，完善城市规划许可制度和工程建设招标投标制度。严格市场准入退出制度，加快信用体系建设。修订土地管理的相关法律法规，加强土地出让制度建设，严格控制划拨用地和协议出让土地范围，逐步把工业用地纳入招标拍卖挂牌出让的范围。完善产权交易市场功能和各项监管制度，积极探索建立企业国有产权交易信息监测体系，促进市场竞价机制的形成。健全政府采购制度，完善管理职责与执行职责分离的政府采购管理体制。建立健全对房地产、市政公用等市场的监管制度。

（十二）提高制度建设的质量和水平，严格贯彻执行反腐倡廉各项制度。加强党对反腐倡廉法制建设的领导，善于使党的主张通过法定程序成为国家意志，从法律制度上保证反腐败政策措施的贯彻执行。根据经济社会发展和反腐败工作的实际，制定反腐倡廉法规制度建设总体规划和中长期计划。做到制度建设与反腐倡廉决策相统一，制度建设进程与反腐倡廉进程相适应，制度建设与从政道德建设相结合，党内制度建设与国家法制建设相协调。对现行反腐倡廉法规，已经过时的要及时废止，有明显缺陷的要适时修订完善，需要细化的要尽快制定实施细则，需要制定配套制度的要抓紧制定，实现制度建设的与时俱进。必须认真贯彻依法治国基本方略，把反腐倡廉法规制度的贯彻执行作为大事来抓，促使广大干部增强法律意识和法制观念，严格执行各项法规制度。更好地用制度和法律规范权力的运行、约束干部的从政行为。对反腐倡廉法规制度的落实情况要定期督促检查，加强责任追究，做到有法必依、执法必严、违法必究。

六、加强对权力运行的制约和监督，确保权力正确行使

（十三）加强对领导机关、领导干部特别是各级领导班子主要负责人的监督。要认真检查党的路线、方针、政策和决议的执行情况，监督民主集中制及领导班子议事规则落实情况，凡属重大决策、重要干部任免、重大项目安排和大额度资金的使用，必须由领导班子集体作出决定。认真执行集体领导和个人分工负责相结合的制度。加强对党员领导干部民主生活会的指导，督促领导班子成员认真开展批评与自我批评，针对自身存在的问题和党员、群众提出的意见进行整改，整改情况应在一定范围内公开。检查领导干部个人重大事项报告、述职述廉、民主评议、谈话诫勉、回复组织函询等制度的执行情况。切实加强巡视工作，健全机构，增强力量，综合运用巡视成果。全面实行纪检监察机关对派驻机构的统一管理，加强对驻在部门领导班子及其成员的经常性监督。逐步加大党委、人大、政府、政协之间的干部交流。对县级以上地方党政领导班子、行政执法机关、司法机关和管理人财物部门的主要负责人，实行定期交流。

（十四）加强对重点环节和重点部位权力行使的监督。加强对干部选拔任用工作的监督。着重检查党政领导干部选拔任用工作条例的执行情况，切实加强推荐、提名、考察考核、讨论决定等各个环节的监督。推荐干部要充分发扬民主，多数人不拥护的干部不能确定为考察对象。考察干部要全面深入了解德、能、勤、绩、廉的表现情况。任用干部必须如实记录拟任人选的推荐、考察、酝酿、讨论决定的情况，按规定进行表决。领导班子成员个人向党组织推荐领导干部人选，必须负责任地写出推荐材料并署名。对选人用人失察失误的，要依照有关规定予以追究。

加强对财政资金运行的监督。健全公共财政体制，规范财政资金分

配行为。监督检查部门预算、国库集中收付、政府采购和收支两条线管理的落实情况。完善预算编制、执行的制衡机制。强化部门内部制约机制，加强财政资金管理，提高财政资金使用效益。

加强对国有资产和金融的监管。健全国有资本投资决策和项目法人约束机制，实行重大投资项目论证制和重大投资决策失误追究制。完善国有企业法人治理结构，规范公司股东会、董事会、监事会和经营管理者的权责。加强对资本运营各个环节的监管，防止国有资产流失，维护职工合法权益。建立健全金融机构监管协调机制和内控机制，强化金融监管，有效防止金融领域违纪违法案件的发生。

（十五）充分发挥各监督主体的积极作用，提高监督的整体效能。综合运用多种监督形式，努力形成结构合理、配置科学、程序严密、制约有效的权力运行机制。

切实加强党内监督。严格执行党章，全面贯彻党内监督条例和党员权利保障条例。加强党的代表大会对党的委员会和纪律检查委员会、党的委员会对党委常务委员会、纪律检查委员会对党的委员会成员的监督。常委会要向全委会负责、报告工作并接受其监督。党委要加强对党内监督工作的领导，注重对下一级党组织及其领导班子特别是主要负责人进行监督。纪委要协助同级党委组织协调党内监督工作，组织开展对党内监督工作的督促检查，对党员领导干部履行职责和行使权力情况进行监督。拓宽党员参与党内事务的渠道，切实保障党员的知情权、参与权和监督权。大力发展党内民主，营造党内不同意见平等讨论的环境，为党内监督创造条件。

支持和保证人大监督。切实发挥人大及其常委会的依法监督作用。认真听取和审议有关工作报告。加强对行政法规、部门规章、地方性法规和地方政府规章的备案审查，维护法制统一。严格审查财政预算和执行、国民经济和社会发展计划。加强对司法工作的监督，防止执法不公、贪赃枉法行为的发生。加强执法检查、监督及人大代表视察工作。

支持和保证政府专门机关监督。强化行政监察职能，保证政令畅通，维护行政纪律，促进廉政建设，改善行政管理，提高行政效能。强化审计监督，逐步推行效益审计，突出对重点领域、重点部门、重点资金和领导干部经济责任的审计。依法实行审计公告制度。支持和保证监察、审计机关依法独立开展监督，对拒不执行监督决定的，要依法追究有关机关和责任人员的责任。

支持和保证司法监督。审判机关要依法审理行政案件，维护和监督行政机关依法行使行政职权。检察机关要依法加强对公安机关立案侦查活动、法院审判活动和判决生效后执行活动的监督。健全公安、审判、检察机关相互配合和制约的工作机制，加大惩治和预防职务犯罪力度。

支持和保证政协的民主监督。切实发挥人民政协通过提出建议和批评，对国家宪法、法律和法规的实施，重大方针政策的贯彻执行，国家机关及其工作人员工作的监督作用。充分发挥政协特邀监督员在反腐倡廉中的作用。各级党委和政府要认真倾听政协、民主党派和无党派人士的批评和建议，自觉接受监督。认真办理政协提案。

切实加强社会监督。依法保障人民群众对党和国家机关及其工作人员批评、建议、控告、检举等权利。发挥工会、共青团、妇联等人民团体的监督作用，扩大群众有序的政治参与，拓宽对施政行为的监督渠道，增强涉及群众切身利益的有关政策和工作的透明度。设立专用举报电话，提倡实名举报。建立健全受理群众举报违纪违法行为的工作机制，及时处理群众反映的问题。在党的领导下，充分发挥新闻媒体的舆论监督作用。各级党委和政府应当重视和支持舆论监督，听取意见，改进工作。新闻媒体要坚持党性原则，遵守新闻纪律和职业道德，把握舆论监督的正确导向，注重舆论监督的社会效果。

七、在惩治和预防腐败体系中充分发挥惩治的重要作用

（十六）惩治腐败，必须从严。惩治和预防，是反腐倡廉相辅相成、

互相促进的两个方面。惩治有力，才能增强教育的说服力、制度的约束力和监督的威慑力。要坚决查办违纪违法案件特别是大案要案。以查处发生在领导机关和领导干部中滥用权力、谋取私利的违纪违法案件为重点，严厉惩处腐败分子。严肃查处违反政治纪律的案件，严肃查处利用审批权、人事权、司法权违纪违法的案件，严肃查处贪污、受贿、行贿、挪用公款等违法案件，严肃查处失职渎职、严重损害国家利益的案件，严肃查处各种以权谋私、严重损害群众利益的案件。对顶风作案的要依纪依法从严惩处。对领导干部违反规定收钱送钱和买官卖官、参加赌博以及利用职权和职务影响为配偶、子女和身边工作人员谋取非法利益等不正之风和腐败现象，要采取有效措施认真解决。

（十七）严格依纪依法办案，提高执纪执法水平。坚持法律和纪律面前人人平等，对任何组织和个人的违纪违法行为，都必须依纪依法严肃处理。坚持实事求是，做到事实清楚、证据确凿、定性准确、处理恰当、手续完备、程序合法。坚持惩前毖后、治病救人。坚持惩治腐败与保护党员干部权利并重。执纪执法机关必须严格按照法定权限使用办案手段和措施，做到严格执法、公正执法、文明执法。正确运用政策和策略，体现宽严相济，区别对待。加强纪检、审判、检察、公安、监察、审计等执纪执法机关之间的协调配合，建立跨区域协作办案及追逃、追赃机制，完善相关程序，形成整体合力。综合运用法律、纪律、经济处罚、组织处理、限制从业资格等方式和手段，增强办案的政治、经济和社会效果，切实提高执纪执法水平。

（十八）重视和发挥查办案件的治本功能。针对案件中暴露出的问题，深入剖析，举一反三，查找体制机制制度方面的原因，建章立制，堵塞漏洞，逐步铲除腐败现象滋生蔓延的土壤。

八、加强领导，齐抓共管，把建立健全惩治和预防腐败体系的任务落到实处

（十九）各级党委（党组）要把建立健全惩治和预防腐败体系作为一项重要政治任务抓紧抓好。要把建立健全惩治和预防腐败体系纳入经济社会发展总体规划，列入党委和政府的重要议事日程，制定贯彻落实《实施纲要》的意见和办法。完善各级党委反腐败协调制度，定期召开会议，及时通报情况，研究协调重要问题。党委书记负总责，确定一名党委负责同志具体抓。

（二十）各级纪委要充分发挥组织协调作用。协助党委抓好建立健全惩治和预防腐败体系主要任务的分解和落实。制定切实可行的实施方案，作出周密部署。各级纪检监察机关对牵头负责的工作要认真组织实施。各地区各部门要按照职能分工，发挥优势，切实抓好各项任务的落实。

（二十一）形成有效的工作机制。建立责任机制，按照权责分明的原则，落实责任分工，明确工作规范。建立督查机制，定期检查，推动工作。建立奖惩机制，实行奖优罚劣。建立测评机制，搞好科学分析，使反腐败工作更有预见性。建立保障机制，在人员、经费等方面给予保证。通过建立健全惩治和预防腐败体系，深入开展党风廉政建设和反腐败工作，为全面推进中国特色社会主义伟大事业和党的建设新的伟大工程提供重要保证。

中共中央关于印发《建立健全惩治和预防腐败体系2008—2012年工作规划》的通知

中发〔2008〕9号

各省、自治区、直辖市党委，中央各部委，国家机关各部委党组（党委），解放军各总部、各大单位党委，各人民团体党组：

现将《建立健全惩治和预防腐败体系2008—2012年工作规划》（以下简称《工作规划》）印发给你们，请结合本地区本部门实际，认真贯彻执行。

加以完善惩治和预防腐败体系为重点的反腐倡廉建设，是我们党深刻总结反腐倡廉实践经验、准确把握我国现阶段反腐倡廉形势得出的科学结论，是从提高党的能力、保持和发展党的先进性全局的高度作出的重大决策，是发展中国特色社会主义、推进党的建设新的伟大工程的必然要求，对于实现党的十七大确定的各项任务、夺取全面建设小康社会新胜利，具有十分重要的意义。

《工作规划》是今后5年推进惩治和预防腐败体系建设的指导性文件。各级党委、政府要严格执行党风廉政建设责任制，把落实《工作规划》作为全面贯彻党的十七大精神、加强反腐倡廉建设的重要政治任务，列入议事日程，深入学习宣传，认真组织实施。各级纪委要加强组织协调和监督检查，协助党委抓好任务分解和落实。中央和国家机关各部门要充分发挥示范带头作用，认真做好所承担的各项工作。各地各部门要结合实际制定贯彻落实《工作规划》的实施办法，狠抓任务落实，务求取得实效。要把贯彻落实情况列入对领导班子和领导干部的考核评价范围，严格责任考核，强化责任追究。要健全工作机制，加强调查研究，实施有力指导，扎实推进惩治和预防腐败体系建设。

各地区各部门对贯彻实施《工作规划》的意见和建议，请及时报告中央。

二〇〇八年五月十三日

建立健全惩治和预防腐败体系 2008—2012年工作规划

为全面贯彻党的十七大精神，进一步落实建立健全惩治和预防腐败体系实施纲要，扎实推进惩治和预防腐败体系建设，制定本工作规划。

一、指导思想、基本要求和工作目标

坚决惩治和有效预防腐败，关系人心向背和党的生死存亡，是党必须始终抓好的重大政治任务。建立健全惩治和预防腐败体系实施纲要颁布以来，各级党委、政府按照中央的部署和要求，认真抓好惩治和预防腐败体系建设任务的落实，取得了明显成效。我国已进入改革发展关键阶段，党风廉政建设和反腐败斗争面临许多新情况新问题，形势仍然严峻，任务仍然艰巨。全党必须充分认识反腐败斗争的长期性、复杂性、艰巨性，以完善惩治和预防腐败体系为重点，坚定不移地推进反腐倡廉建设。

（一）指导思想

高举中国特色社会主义伟大旗帜，以邓小平理论和“三个代表”重要思想为指导，深入贯彻落实科学发展观，切实贯彻维护党章，以党的执政能力建设和先进性建设为主线，坚持党要管党、从严治党，全面坚持标本兼治、综合治理、惩防并举、注重预防的方针，把反腐倡廉建设放在更加突出的位置，紧密结合党的思想建设、组织建设、作风建设和制度建设，根据新的时代条件和面临的新形势新任务，以改革创新精神整体推进惩治和预防腐败体系建设各项工作，为实现党的十七大作出的重大决策和战略部署提供有力保证。

（二）基本要求

——坚持围绕中心、服务大局。与科学发展观的要求、中国特色社会主义事业总体布局、完善社会主义市场经济体制、发展社会主义民主政治和推进党的建设新的伟大工程相适应，紧紧围绕党和国家工作大局，把反腐倡廉建设贯穿于社会主义经济建设、政治建设、文化建设、社会建设各个领域，体现在党的建设各个方面，既发挥服务和促进作用，又推动惩治和预防腐败体系逐步完善。

——坚持改革创新、开拓进取。以改革创新的精神状态、思想作风和工作方法，认识和把握新形势下反腐倡廉建设的特点和规律，加强和改进惩治和预防腐败各项工作，总结新经验、研究新情况，创新工作思路，完善工作机制，破解工作难题，使反腐倡廉建设更加适应世情、国情、党情的发展变化，更加富有实际成效。

——坚持惩防并举、重在建设。以建设性的思路、举措和方法推进反腐倡廉建设，使惩治与预防、教育与监督、深化体制改革与完善法律制度有机结合，在坚决惩治腐败的同时，更加注重治本，更加注重预防，更加注重制度建设，做到惩治和预防两手抓、两手都要硬，形成有利于反腐倡廉建设的思想观念、文化氛围、体制条件、法制保证。

——坚持统筹推进、综合治理。把改革的推动力、教育的说服力、制度的约束力、监督的制衡力、惩治的威慑力结合起来，把惩治和预防腐败的阶段性任务与战略性目标结合起来，立足当前，着眼长远，整合各方面资源和力量，增强惩治和预防腐败体系建设的科学性、系统性、前瞻性。

——坚持突出重点、分类指导。紧紧抓住腐败现象易发多发的重要领域和关键环节，以领导干部为重点，以规范和制约权力为核心，紧密结合实际，区分不同情况，加强政策指导，探索有效途径，不断取得新进展。

（三）工作目标

经过今后5年的扎实工作，建成惩治和预防腐败体系基本框架，拒腐防变教育长效机制初步建立，反腐倡廉法规制度比较健全，权力运行监控机制基本形成，从源头上防治腐败的体制改革继续深化，党风政风明显改进，腐败现象进一步得到遏制，人民群众的满意度有新的提高。

二、推进反腐倡廉教育

（一）加强领导干部党风廉政教育

深入开展理想信念和廉洁从政教育。大力推进中国特色社会主义理论体系的学习贯彻，教育和引导各级领导干部深刻领会科学发展观的科学内涵、精神实质和根本要求，坚定共产主义远大理想和中国特色社会主义共同理想，牢固树立马克思主义的世界观、人生观、价值观，牢固树立正确的权力观、地位观、利益观和社会主义荣辱观；认真学习党的三代中央领导集体反腐倡廉重要思想和以胡锦涛同志为总书记的党中央关于反腐倡廉的重要论述，认真学习党章等党内法规和国家法律法规，加强党性修养和从政道德修养，增强法制观念和纪律意识，打牢廉洁从政的思想政治基础。制定《关于加强领导干部反腐倡廉教育的意见》。完善党委（党组）理论学习中心组学习制度，定期安排反腐倡廉理论学习。党政主要负责同志带头讲廉政党课。把反腐倡廉教育列入干部教育培训规划，纳入各级党校、行政学院及其他干部培训机构教学计划，定期举办领导干部廉洁从政教育专题培训班。在领导干部任职培训、干部在职岗位培训中开设廉政教育课程。

加强党的作风和纪律教育。中央纪委会同中央组织部、中央宣传部等部门组织开展党风党纪专题教育，教育和引导各级领导干部自觉遵守党的政治纪律、组织纪律、经济工作纪律和群众工作纪律，讲党性、重品行、作表率。切实改进领导干部和党政机关作风，着力解决一些领导干部在思想作风、学风、工作作风、领导作风和生活作风方面存在的突出问题，增强公仆意识，密切联系群众，做到为民、务实、清廉。继承党的光荣传统，牢记“两个务必”，弘扬八个方面的良好风气。发扬艰苦奋斗精神，大兴求真务实之风，讲实话、察实情、办实事、求实效，大力精简会议和文件，改进会风和文风。切实改进国有企业领导人员作风，纠正一些国有企业领导人员在国内外公务活动中奢侈浪费、违规公款消费、重大问题个人说了算以及对职工困难漠不关心等群众反映强烈的问题，形成依法经营、廉洁从业、民主管理的风尚。切实改进高等学校领导人员作风，提高民主决策和校务公开制度化、规范化水平。切实改进农村基层、街道社区干部作风，认真解决少数基层站所存在的干部吃拿卡要、刁难群众和工作效率低下等问题，做到廉洁奉公、勤政为民。

（二）加强面向全党全社会的反腐倡廉宣传教育

把反腐倡廉宣传教育纳入全党宣传教育总体部署，融入在全党开展的深入学习实践科学发展观活动之中。纪检监察、组织人事、宣传思想、文化教育、新闻出版、广播影视等部门要对反腐倡廉宣传教育作出年度工作安排。健全联席会议制度，完善反腐倡廉宣传教育工作格局。

落实《关于加强党员经常性教育的意见》。建设一批反腐倡廉教育基地，丰富“三会一课”内容，创新示范教育、警示教育、岗位廉政教育和主题教育形式，注重人文关怀和心理疏导，提高教育的针对性和有效性。

加大反腐倡廉宣传力度。深入宣传党的反腐倡廉理论、方针政策、基本经验和工作成果，宣传勤廉兼优的先进典型。党报党刊、电台电视台和重点新闻网站、政府网站继续办好反腐倡廉专栏、专题节目。完善反腐倡廉新闻发布制度。做好反腐倡廉对外宣传工作。严格执行反腐倡廉新闻宣传纪律。加强反腐倡廉网络文化建设和管理，开展反腐倡廉网上宣传和热点问题引导。积极营造良好的思想舆论氛围。

（三）加强廉政文化建设

按照推动社会主义文化大发展大繁荣的要求，在社会主义精神文明建设中，围绕建设社会主义核心价值体系，结合社会公德、职业道德、家庭美德、个人品德教育和法制教育，开展丰富多彩的廉政文化创建活动。制定《关于加强廉政文化建设的指导意见》。结合企业文化建设，深入开展依法经营、廉洁从业教育。充分利用农村党员干部现代远程教育系统，结合农村传统文化活动，加强农村廉政文化建设。按照《关于在大中小学全面开展廉洁教育的意见》，在学校德育教育中深入开展廉洁教育，丰富青少年思想道德实践活动。在家庭和社区中倡导清廉家风和文明风尚。引导社会组织及其从业人员增强依法执业、公正廉洁意识。发扬革命传统，挖掘中华优秀文化的丰厚资源，实施“廉政文化精品工程”。推动廉政文化内容形式和传播手段创新，扩大覆盖面，增强影响力，形成“以廉为荣、以贪为耻”的社会风尚。

三、健全反腐倡廉法规制度

（一）完善党内民主和党内监督制度

健全党内民主集中制的具体制度。完善党的地方各级全委会、常委会工作机制，修订《中国共产党地方委员会工作条例（试行）》。制定《中国共产党党组工作条例》。推行地方党委讨论决定重大问题和任用重要干部票决制。

健全党内民主制度。制定党代表大会代表任期制的具体实施办法，选择一些县（市、区）试行党代表大会常任制。制定《关于在党的地方和基层组织中实行党务公开的意见》，健全党内情况通报、情况反映、重大决策征求意见制度。改进候选人提名制度和选举方式，修订《中国共产党基层组织选举工作暂行条例》，推广基层党组织领导班子成员由党员和群众公开推荐与上级党组织推荐相结合的办法，逐步扩大基层党组织领导班子直接选举范围。

健全党内监督制度。建立健全中央政治局向中央委员会全体会议、地方各级党委常委会向委员会全体会议定期报告工作并接受监督的制度。在试点基础上，研究制定《地方党委委员、纪委委员提出罢免或撤换要求处理办法（试行）》。修订《中国共产党党员领导干部廉洁从政若干准则（试行）》和《国有企业领导人员廉洁从业若干规定（试行）》。

（二）完善违纪行为惩处制度

制定《中国共产党纪律处分条例》和《行政机关公务员处分条例》的配套规定。健全对党的机关、人大机关、政协机关、民主党派机关公务员的纪律处分规定，制定对事业单位工作人员和国有企业人员的纪律处分规定。制定在查处违纪案件中规范和加强组织处理工作的意见。

修订《中国共产党纪律检查机关控告申诉工作条例》。制定纪检监察机关依纪依法办案、规范办案工作的若干意见。制定国（境）外中资企业及其工作人员违纪违法案件调查处理办法。进一步规范纪检监察机关与检察机关相互移送案件工作。

（三）完善反腐败领导体制和工作机制的具体制度

修订《关于实行党风廉政建设责任制的规定》。制定《国有企业纪律检查工作条例》和关于实行农村基层党风廉政建设责任制的规定。

（四）加强反腐倡廉国家立法工作

建立健全防治腐败法律法规，提高反腐倡廉法制化水平。在国家立法中，充分体现反腐倡廉基本要求。适时将经过实践检验的反腐倡廉具体制度和有效做法上升为国家法律法规。在今后5年内有计划、分步骤地制定或修订一批法律、法规和条例。

四、强化监督制约

（一）加强对领导机关、领导干部特别是各级领导班子主要负责人的监督

加强对遵守党的政治纪律情况的监督。加大执行政治纪律力度，维护党章和其他党内法规，维护中央权威和党的集中统一，始终同以胡锦涛同志为总书记的党中央保持高度一致，确保党的路线方针政策贯彻执行，确保党的十七大确定的重大理论观点、重大战略思想、重大工作部署全面贯彻落实。

加强对贯彻落实科学发展观情况的监督。围绕加强和改善宏观调控、转变经济发展方式、增强自主创新能力、提高发展质量和效益、加强节能减排和生态环境保护、节约集约利用土地、保障和改善民生、建设社会主义新农村等重大政策和措施进行监督检查，防止和纠正违背科学发展观要求的行为。

加强对执行民主集中制情况的监督。认真开展对涉及全局性问题、重要干部推荐任免和奖惩等方面贯彻执行民主集中制情况的监督检查，保证党委全委会和常委会议事规则、决策程序的严格执行，反对和防止个人或少数人专断。

加强对落实领导干部廉洁自律规定情况的监督。重点治理领导干部违反规定收送现金、有价证券、支付凭证和收受干股，违反规定插手市场交易活动、利用职务上的便利获取内幕信息进行股票交易，以及在住房上以权谋私等问题。严格执行领导干部配偶、子女个人从业的有关规定。

加强上级党委和纪委对下级党委及其成员的监督，健全上级党委对下级党委常委的经常性考察和定期考核机制。加强常委会内部监督，主要负责人要自觉接受常委会成员的监督。加强同级纪委对常委会成员的监督。充分发挥党代表大会代表的作用，探索建立同级党代表大会代表、全委会对常委会工作进行评议监督制度。

加强巡视工作。制定《中国共产党巡视工作条例》。继续加强对省（区、市）的巡视。加强对金融机构、国有重要骨干企业、高等学校和国家重点工程项目的巡视。继续开展对中央和国家机关的巡视试点。各省（区、市）党委要认真开展对市（地、州、盟）的巡视，并延伸到县（市、区、旗），逐步开展对所属国有企业、高等学校和直属机关的巡视。中央和国家机关可结合实际开展对直属单位、派出（驻）机构的巡视。

加强纪检监察机关派驻机构统一管理。制定纪检监察机关派驻机构工作有关规定，完善管理体制和工作机制。加强对驻在部门领导班子及其成员的监督，协助驻在部门党组和行政领导班子落实党风廉政建设责任制和组织协调反腐倡廉工作。

（二）加强对重要领域和关键环节权力行使的监督

加强对干部人事权行使的监督。落实《党政领导干部选拔任用工作条例》和《党政领导干部选拔任用工作监督检查办法（试行）》。坚持和完善干部选拔任用前征求同级纪委意见的制度，坚持和完善强化预防、及时发现、严肃纠正的干部监督工作机制。发挥干部监督工作联席会议作用。加强对干部选拔任用全过程的监督，有效防范考察失真和干部“带病提拔”。严肃查处跑官要官、买官卖官等问题，坚决整治用人上的不正之风。

加强对司法权行使的监督。完善纪委和党委政法委、组织部等部门在对司法机关党组织和党员干部监督工作中的协作配合机制。重视人大对司法机关的监督。加强检察机关的法律监督。强化公安、检察、审判机关在刑事诉讼中的分工负责、互相配合和互相制约。强化司法机关内部监督和外部监督，坚决防止和纠正执法不严、司法不公的问题，维护社会公平正义。

加强对行政审批权和行政执法权行使的监督。认真实施《中华人民共和国行政许可法》、《中华人民共和国行政处罚法》等法律法规。推行行政审批电子监察系统。实行接办分离和程序公开，保证行政权力依法、公正、透明运行。

加强对财政资金和金融的监管。开展对部门预算、国库集中收付、政府采购、政府非税收入和“收支两条线”规定执行情况的监督检查，继续对“小金库”进行专项清理。强化对国有金融企业产权和上市金融企业股权交易的监督，规范上市金融企业股权激励制度。建立健全金融监管协调机制。健全金融企业内控机制，提升监事会和内审、稽核、合规、监察等监督机构的专业性和独立性，加强案件防控工作。

加强对国有资产的监管。充分发挥国有资产监督管理机构、政府职能部门和外派监事会的作用，加强对企业国有产权和上市公司国有股权交易、重大投资决策等事项的监管。加强对企业重组、改制、破产和国有资本运营各个环节的监管。加大对国（境）外国有资产监管力度。开展对国有企业重大决策、重大项目安排、大额度资金运作事项及重要人事任免等实行集体决策情况的监督检查。

（三）发挥各监督主体的作用

加强和改进党内监督。落实《中国共产党党内监督条例（试行）》。切实改进民主生活会的方式方法，增强党内政治生活的原则性，积极开展批评与自我批评，加强领导班子成员之间相互监督。坚持领导干部参加双重组织生活会制度，接受党员群众的监督。执行党员领导干部报告个人有关事项的规定，实施地方党委委员、纪委委员党内询问和质询办法，落实领导干部述职述廉、诫勉谈话和函询制度。推进党务公开，尊重党员主体地位，落实党员在党内监督中的责任和权利，营造党内民主讨论环境。认真贯彻《中国共产党党员权利保障条例》，切实保障党员批评、建议、检举等权利。建立健全党的纪检机关与组织部门有关情况通报制度。各级纪检监察机关及其工作人员要自觉接受党组织、党员和人民群众的监督。

支持和保证人大监督。实施《中华人民共和国各级人民代表大会常务委员会监督法》，通过听取和审议人民政府、人民法院、人民检察院的专项工作报告，审查和批准决算，听取和审议国民经济和社会发展计划、预算的执行情况报告和审计工作报告，组织执法检查，进行规范性文件备案审查等方式，加强人大对行政机关、审判机关、检察机关的监督。重视本级人大常委会统一安排的人大代表视察工作，认真办理人大代表议案和建议。

支持和保证政府专门机关监督。充分发挥行政监察职能作用，积极开展执法监察、廉政监察和效能监察。加强行政执法责任制落实情况的监督检查，推行政府绩效管理和行政问责制度。严肃查处违反政纪的案件。加强行政服务中心的建设和管理。落实地（厅）级及以下党政主要领导干部经济责任审计制度。试行省（部）级主要领导干部经济责任审计。加强对重点专项资金和重大投资项目的审计。依法公告审计结果，促进审计结果落实。支持公安、财政、土地、建设、环保等职能部门依法开展监督。

支持和保证司法监督。支持人民法院依法受理、审理和执行行政诉讼案件，监督和维护行政机关依法行政。支持人民检察院依法查办和预防职务犯罪，强化对刑事诉讼、民事审判活动和行政诉讼的法律监督。

支持和保证政协民主监督。把政治协商纳入决策程序，完善民主监督机制。支持政协运用会议、专题调研、委员视察、提案、反映社情民意信息等形式，对国家宪法和法律法规的实施、重大方针政策的贯彻执行、国家机关及其工作人员履行职责和廉政情况等进行监督。各级党委、政府要发挥政协、民主党派和无党派人士的监督作用，认真听取他们的批评和建议，定期通报情况，自觉接受监督。认真办理政协委员的提案和建议。

支持和保证群众监督。实施《中华人民共和国政府信息公开条例》，推进政府上网工程，深化政务公开，健全政府信息发布制度，推行社会听证、专家咨询等制度，增强决策透明度和公众参与度。推进厂务公开、村务公开和公共企事业单位办事公开。发挥工会、共青团、妇联等人民团体的监督作用。落实领导干部接待群众来访制度，健全信访举报工作机制，畅通信访渠道。依法保障人民群众的知情权、参与权、表达权、监督权。

加强和改进舆论监督。认真贯彻落实《关于进一步加强和改进舆论监督工作的意见》，重视和支持新闻媒体正确开展舆论监督。各级领导干部要正确对待舆论监督，增强接受舆论监督的自觉性，听取人民群众的意见和呼声，推动和改进工作。新闻媒体要坚持科学监督、依法监督和建设性监督，遵守职业道德，把握正确导向，注重社会效果。

发挥国家预防腐败机构的职能作用。加强对预防腐败工作的组织协调、综合规划和政策制定，对预防腐败的重要改革措施进行调查研究和分析论证。建立预防腐败信息共享机制和腐败风险预警机制。总结预防腐败工作的有效做法，提高预防腐败工作水平。

完善监督制约机制。建立健全决策权、执行权、监督权既相互制约又相互协调的权力结构和运行机制，切实把防治腐败的要求落实到权力结构和运行机制的各个环节，最大程度地减少权力“寻租”的机会。坚持党内监督与党外监督相结合，增强监督合力和实效。

五、深化体制机制制度改革

（一）推进干部人事和司法体制改革

完善干部选拔任用制度。坚持民主、公开、竞争、择优，形成干部选拔任用科学机制。规范干部任用提名制度，地方党委讨论任用重要干部推行无记名投票表决。完善公开选拔、竞争上岗、差额选举办法，着力解决民主推荐、民主测评及选举中的拉票贿选等问题，提高选人用人公信度。建立公务员正常退出机制，完善领导干部职务任期、回避和交流制度。完善干部考核评价体系，发挥考核结果在干部任用和监督管理中的作用。

优化司法职权配置。完善人民检察院对诉讼活动实行法律监督的程序、措施和范围。完善减刑、假释、保外就医、暂予监外执行、服刑地变更的条件和裁定程序。健全司法人员执法过错、违纪违法责任追究和领导干部失职责任追究等制度。健全涉法涉诉信访工作机制。改革完善司法管理制度和司法财政保障机制。积极推进审判公开、检务公开和警务公开。完善法律统一适用制度，规范司法人员自由裁量权行使，保证严格、公正、文明执法。

（二）推进行政管理和社会体制改革

贯彻落实《关于深化行政管理体制改革的意见》，加快推进政企分开、政资分开、政事分开、政府与市场中介组织分开。着力转变政府职能、理顺关系、优化结构、提高效能，建设服务政府、责任政府、法治政府和廉洁政府。

深化社会体制改革，扩大公共服务，完善社会管理。推进教育、卫生事业改革和发展，加强住房改革和建设，健全社会保障体系，努力使全体人民学有所教、劳有所得、病有所医、老有所养、住有所居。

（三）推进财税、金融和投资体制改革

深化预算管理制度改革，规范预算资金分配，完善和规范财政转移支付制度，逐步向社会公开预算内容和转移支付情况。完善国库集中收付运行机制，健全国库单一账户体系。深化“收支两条线”管理制度改革，建立健全政府非税收入管理体系。切实将国有土地使用权出让收入纳入基金预算管理。推进党政机关领导干部及国有企事业单位领导人员职务消费改革。完善行政事业单位国有资产监管制度，严格执行资产配置管理办法和配置标准。进一步改革完善机关事业单位工资收入分配制度，继续清理规范津贴补贴。积极稳妥地推进税制改革，完善个人所得税制度，强化税收调节。规范各项税收优惠政策，严格控制税收减免。深入推行办税公开，健全税收管理员制度。

完善金融企业公司治理，建立健全现代金融企业制度。健全支付监管体系，完善账户管理系统，依法落实金融账户实名制。完善反洗钱合作机制，逐步将特定非金融机构纳入统一的反洗钱监管体系，加强对大额资金和可疑交易资金的监测。完善防范和查处上市公司信息虚假披露和市场操纵等行为的制度。

制定《企业投资项目核准和备案管理条例》，规范企业投资核准制、备案制。健全政府投资项目决策机制，完善重大项目专家评议和论证制度、公示和责任追究制度。推行非经营性政府投资项目代建制。

（四）推进国有企业改革

深化国有企业公司制股份制改革。健全现代企业制度，完善公司法人治理结构。加强大型国有企业董事会建设，未设立董事会的企业逐步实行党委（党组）书记和总经理分设。推进国有企业监管体制改革。健全国有资本经营预算、企业经营业绩考核和企业重大决策失误追究等制度。建立健全国有企业及国有资本占控股地位、主导地位企业领导人员的经济责任审计制度。健全国有企业经营管理者薪酬制度和国有企业管理层投资持股制度，规范收入分配秩序。完善国有金融资产、行政事业性资产和自然资源资产监管制度，建立具有中国特色的国有企业监管体制。

（五）推进现代市场体系建设及相关改革

完善工程建设项目招标投标制度。实施严格的资格预审、招标公告发布、投标、评标定标以及评标专家管理制度和惩戒办法。健全工程建设项目招标投标行政监督机制。研究制定电子化招标投标办法。逐步构建统一的招标投标信息平台，实现信息资源公开、共享。

规范土地征收和使用权出让制度。推进征地制度改革，规范征地程序，完善征地补偿和安置办法。进一步完善经营性用地招标拍卖挂牌出让制度，规范国有建设用地使用权出让程序。深化土地有偿使用制度和探矿权、采矿权有偿使用制度改革。

推进产权交易市场建设。建立完善国有产权交易监管法规体系，实行企业国有产权进场交易。完善企业国有产权和上市公司国有股权交易监管措施，重点建设和推广使用信息监测系统，实现交易动态监管。加强产权交易行业自律组织建设。

深化政府采购制度改革。扩大政府采购范围和规模。严格实行“管采分离”，加强对政府采购各个环节的监管。研究建立统一的电子化政府采购系统。规范国有企业物资采购招标投标工作。

健全社会信用体系。完善行业信用记录。健全失信惩戒制度和守信激励制度。整合有关部门和行业信用信息资源，建立综合性数据库，逐步形成信用信息共享机制。

六、纠正损害群众利益的不正之风

（一）深入开展专项治理

重点解决物价、生态环境保护、食品药品质量、安全生产、征地拆迁等方面群众反映强烈的问题。加强对环境污染防治政策措施落实情况的监督检查，对不认真履行环保职责、严重损害群众环境权益的地方和单位，追究有关人员特别是领导干部的责任。健全食品药品安全监管制度，严肃处理重大质量安全事件。开展对安全生产法律法规执行情况的监督检查，进一步加大责任事故调查处理力度，坚决查处事故背后的失职渎职行为和腐败问题。严肃查处征收征用土地和矿产资源开发中的违纪违法行为。

（二）加大纠风工作力度

强化对社保基金、住房公积金和扶贫救灾专项资金的监管。认真治理公共服务行业侵害群众消费权益等问题。加强对社会中介组织、行业协会的监督管理，规范服务和收费行为。深化农村义务教育经费保障机制改革，确保各项政策的落实。加强医德医风建设，健全医疗卫生机构绩效评价制度，推行网上药品集中采购，严格医药和医疗器械价格监管。规范涉及农民负担的行政事业性收费管理，治理涉农乱收费。整顿农资市场秩序，坚决纠正和查处截留挪用、克扣政府支农惠农补贴款等损害农民利益的行为。查处侵害农民和进城务工人员利益问题。继续做好清理规范评比达标表彰工作，纠正举办节庆活动过多过滥等问题。

（三）健全防治不正之风的长效机制

落实行风建设责任制，坚持“管行业必须管行风”。各省（区、市）、市（地、州、盟）进一步完善民主评议政风行风等制度，办好政风行风热线，督促有关部门及时解决群众的合理诉求。

七、保持惩治腐败的强劲势头

（一）坚决查处违纪违法案件

旗帜鲜明地反对腐败，对任何腐败分子都必须依法严惩，决不姑息。以查处发生在领导机关和领导干部中滥用职权、贪污贿赂、腐化堕落、失职渎职的案件为重点，严肃查处官商勾结、权钱交易和严重侵害群众利益的案件，利用干部人事权、司法权、行政执法权、行政审批权索贿受贿、徇私舞弊的案件。严肃查处违反政治纪律的案件。严肃查处规避招标、虚假招标及违法转包分包的案件，非法批地、低价出让土地、违规审批房地产开发项目或擅自变更规划获取利益的案件，违法审批探矿权和采矿权、违法入股矿产开发的案件，金融领域违规授信、内幕交易、挪用保险资金、违规发放核销贷款和资产处置的案件，隐匿、侵占、转移国有资产的案件。严肃查处为黄赌毒等社会丑恶现象和黑恶势力充当“保护伞”的案件。严肃查处贿赂案件，既要惩处受贿行为，又要惩处行贿行为。

（二）深入开展治理商业贿赂工作

继续推进自查自纠和专项治理。坚决纠正不正当交易行为，规范交易活动。重点查处工程建设、土地出让、产权交易、医药购销、政府采购、资源开发和经销等领域以及银行信贷、证券期货、商业保险等方面的商业贿赂案件。严禁中资企业和其他取得收入的组织在国（境）外的商业贿赂行为，依法查处国（境）外经济组织在我国内地的商业贿赂行为。制定在治理商业贿赂专项工作中推进市场诚信体系建设的意见和建立健全防治商业贿赂长效机制的意见。建立和完善商业贿赂犯罪档案查询系统，把是否存在不正当交易行为尤其是行贿行为作为市场准入和退出的重要依据。

（三）提高执纪执法水平

坚持依纪依法办案。严格履行办案程序，按照规定权限正确使用办案措施。坚持严肃执纪、公正执法、文明办案，做到事实清楚、证据确凿、定性准确、处理恰当、手续完备、程序合法。司法机关依法履行批捕、起诉、审判职责，惩治各类职务犯罪和商业贿赂犯罪。加强出入境管理和经济侦查等相关工作。健全举报人和证人保护制度。对诬告陷害的，要严肃查处。为受到错告、诬告的同志澄清是非。加强对办案工作的监督管理。保障涉案人员的合法权益。

改进办案方式和手段。加强对新形势下办案工作特点和规律的研究，严格区分违纪与违法界限，正确把握政策和策略，综合运用法律、纪律、行政和经济处罚、组织处理等方式和手段，增加办案科技含量，提高办案能力和水平。

（四）健全查处案件的协调机制

加大查处案件的组织协调力度。由纪委书记担任同级党委反腐败协调小组组长，加强对重大案件的协调、指导和督办。加强纪检、审判、检察、公安、监察、审计等执纪执法机关的协作配合，完善跨区域协作办案及防逃、追逃、追赃机制，进一步形成惩治腐败的整体合力。

从我国实际出发，借鉴国外反腐败的有益做法，做好履行《联合国反腐败公约》的相关工作。建立健全国际执法合作、司法协助和涉案人员外逃预警、遣返、引渡，以及涉案资产追回等工作机制，加强反腐败国际合作和交流。

（五）发挥查处案件的综合效应

深入剖析案件中暴露出的问题，查找体制机制制度方面存在的薄弱环节，建章立制，堵塞漏洞。利用典型案件开展警示教育，总结教训，引以为戒。实现查处案件的政治效果、社会效果、法纪效果相统一。

八、切实抓好《工作规划》的贯彻落实

（一）加强组织领导

各级党委是反腐倡廉建设的责任主体，担负着全面领导惩治和预防腐败体系建设的政治责任。要切实加强领导，把贯彻落实《工作规划》作为一项政治任务，列入党委、政府重要议事日程，同经济社会发展工作一起部署、一起落实、一起检查。严格执行党风廉政建设责任制，党委（党组）书记负总责，领导班子其他成员根据分工抓好职责范围内的工作，实行党政齐抓共管。各级纪委要充分履行党章赋予的职责，协助党委抓好《工作规划》各项任务的分解和落实，制定实施方案，作出具体安排，健全工作机构，组织有关部门抓好工作落实。中央和国家机关各部门处在党和国家工作的重要位置，对贯彻落实《工作规划》负有重要责任，要在惩治和预防腐败体系建设中充分发挥示范带头作用。

（二）狠抓工作落实

完善惩治和预防腐败体系，关键是扎扎实实地抓好落实。各地区各部门要按照《工作规划》的总体要求和任务分解，明确惩治和预防腐败体系建设的牵头单位和协办单位，落实工作责任。各牵头单位和协办单位要密切配合，相互支持，形成合力，保证工作任务的完成。要抓住惩治和预防腐败体系建设中的重点难点问题，集中力量取得突破，以此推动面上工作。要加强调查研究，深入了解《工作规划》贯彻落实中的新情况新问题，提出推进反腐倡廉建设的新思路新举措，探索新途径新方法，不断提高工作水平，务求取得明显成效。

（三）开展监督检查

各省（区、市）、中央和国家机关惩治和预防腐败体系建设各牵头单位，每年要对工作进展情况进行专项检查，查找问题，认真整改，总结经验，推动工作，并提交工作报告。各地区各部门要把贯彻落实《工作规划》情况列入对领导班子和领导干部的考核评价范围，作为工作实

绩评定和干部奖惩的重要内容，严格责任考核，强化责任追究。中央纪委要会同有关部门加强督促检查，实施分类指导，确保《工作规划》确定的任务落到实处。

各地区各部门要根据《工作规划》，结合实际制定贯彻落实的实施办法。中国人民解放军和中国人民武装警察部队贯彻落实的实施办法，由中央军委参照本《工作规划》制定。

认真贯彻落实《工作规划》扎实推进惩治和预防腐败体系建设

——中央纪委副书记、惩治和预防腐败体系建设工作领导小组副组长李玉赋答记者问

今年5月13日，中央印发了《建立健全惩治和预防腐败体系2008—2012年工作规划》。5月23日，中央召开了全国电视电话会议和专门工作会议，中共中央政治局常委、中央纪委书记贺国强代表中央发表了重要讲话，对贯彻落实《工作规划》进行动员部署，中共中央书记处书记、中央纪委副书记何勇作总结讲话，对传达贯彻会议精神提出了明确要求。日前，记者就贯彻落实《工作规划》有关问题采访了中央纪委副书记、惩治和预防腐败体系建设工作领导小组副组长李玉赋。

问：颁布实施《工作规划》是反腐倡廉建设的一件大事，请你介绍一下制订的主要情况。

答：制订并实施《工作规划》是推进惩治和预防腐败体系建设的重要举措，党中央高度重视。2007年年底，胡锦涛同志主持召开中央政治局会议，专题研究部署党风廉政建设和反腐败工作，强调要抓紧制订并实施《工作规划》。中央政治局常委会和中央党的建设工作领导小组将制订并实施《工作规划》列入了2008年工作要点。

起草《工作规划》是中央纪委监察部的一项重要工作。党的十七大

前，时任中共中央政治局常委、中央纪委书记吴官正要求认真抓好《工作规划》的研究起草工作。十七大后，中共中央政治局常委、中央纪委书记贺国强和中共中央书记处书记、中央纪委副书记何勇对起草《工作规划》高度重视，多次召开会议进行专题研究，提出指导意见，亲自把关。中央纪委组织力量，抓紧起草工作，深入开展调研，认真总结经验，广泛征求意见，反复进行修改，形成了《工作规划》送审稿，报经中央政治局常委会议、中央政治局会议、中央党的建设工作领导小组审议通过后，以中央文件颁布实施。可以说，这个文件是全党智慧的结晶，是集思广益、各方面共同努力的结果。

《工作规划》以党的十七大精神为指导，按照建立健全惩治和预防腐败体系实施纲要的基本精神，根据形势和任务的发展变化，进一步明确了今后5年惩治和预防腐败体系建设的指导思想、基本要求和工作目标，作出了教育、制度、监督、改革、纠风、惩处六项工作整体推进的工作部署，提出了坚决惩治和有效预防腐败的相关措施，是推进惩治和预防腐败体系建设的指导性文件。

问：请你谈谈贯彻落实《工作规划》、扎实推进惩治和预防腐败体系建设有哪些重要意义？

答：加强以完善惩治和预防腐败体系为重点的反腐倡廉建设，是我们党深刻总结反腐倡廉实践经验、准确把握我国现阶段反腐倡廉形势得出的科学结论，是从提高党的执政能力、保持和发展党的先进性的全局高度作出的重大决策，是发展中国特色社会主义、推进党的建设新的伟大工程的必然要求，对于实现党的十七大确定的各项任务、夺取全面建设小康社会新胜利，具有十分重要的意义。贯彻落实《工作规划》、扎实推进惩治和预防腐败体系建设，是促进中国特色社会主义事业顺利发展的重要保证，对于贯彻落实党的十七大的重大决策和部署，在新的历史起点上全面建设小康社会具有重要作用；是全面推进党的建设新的伟大工程的内在要求，有利于促进党的思想建设、组织建设、作风建设和制度建设，使党始终成为中国特色社会主义事业的坚强领导核心；是新时期反腐倡廉建设的重点任务，惩治和预防腐败体系建设涵盖了党风廉政建设和反腐败斗争的主要工作，在反腐倡廉建设中居于全局性、战略性地位，贯彻落实《工作规划》，能有效推动党风廉政建设和反腐败斗争各项任务的落实，把反腐倡廉建设提高到一个新的更高水平。

问：《工作规划》作为一个指导性文件，想请你介绍一下，今后5年在推进惩治和预防腐败体系建设方面的总体思路是什么？

答：在指导思想上，《工作规划》强调要高举中国特色社会主义伟大旗帜，以邓小平理论和“三个代表”重要思想为指导，深入贯彻落实科学发展观，切实贯彻维护党章，以党的执政能力建设和先进性建设为主线，坚持党要管党、从严治党，全面坚持标本兼治、综合治理、惩防并举、注重预防的方针，把反腐倡廉建设放在更加突出的位置，紧密结合思想建设、组织建设、作风建设和制度建设，根据新的时代条件和面临的新形势新任务，以改革创新精神整体推进惩治和预防腐败体系建设各项工作，为实现党的十七大作出的重大决策和战略部署提供有力保证。

在基本要求上，《工作规划》强调必须坚持围绕中心、服务大局，与科学发展观的要求、中国特色社会主义事业总体布局、完善社会主义市场经济体制、发展社会主义民主政治和推进党的建设新的伟大工程相适应；坚持改革创新、开拓进取，以改革创新的精神状态、思想作风和工作方法，加强和改进惩治和预防腐败各项工作；坚持惩防并举、重在建设，在坚决惩治腐败的同时，更加注重治本，更加注重预防，更加注重制度建设，做到惩治和预防两手抓、两手都要硬；坚持统筹推进、综合治理，把改革的推动力、教育的说服力、制度的约束力、监督的制衡力、惩治的威慑力结合起来，把惩治和预防腐败的阶段性任务与战略性目标结合起来，整合各方面资源和力量，增强惩治和预防腐败体系建设的科学性、系统性、前瞻性；坚持突出重点、分类指导，紧紧抓住腐败现象易发多发的重要领域和关键环节，以领导干部为重点，以规范和制约权力为核心，认真分析原因，加强政策指导，探索有效途径，不断取得新进展。这五条基本要求，既是实践经验的总结，也是理论探索的成果；既是继承中的发展，又是发展中的创新；既是反腐倡廉建设必须遵循的客观规律，也是惩治和预防腐败体系建设的指导原则，必须在实践中长期坚持和发展。

在工作目标上，《工作规划》提出，经过今后5年的扎实工作，建成惩治和预防腐败体系基本框架，拒腐防变教育长效机制初步建立，反腐倡廉法规制度比较健全，权力运行监控机制基本形成，从源头上防治腐败的体制改革继续深化，党风政风明显改进，腐败现象进一步得到遏制，人民群众的满意度有新的提高。

问：《工作规划》内容丰富详实，能否简要介绍一下主要有哪些实体内容？

答：《工作规划》共分8个部分，64条，涉及150多项任务，着重对整体推进教育、制度、监督、改革、纠风、惩处六项工作进行了部署。一是推进反腐倡廉教育。重点抓好领导干部党风廉政教育，深入开展理想信念和廉洁从政、党的作风和纪律教育，加强面向全党全社会的反腐倡廉宣传教育，加强廉政文化建设，制定《关于加强廉政文化建设的指导意见》，开展丰富多彩的廉政文化创建活动。二是健全反腐倡廉法规制度。完善党内民主和党内监督制度，健全党内民主集中制的具体制度，完善违纪行为惩处制度、反腐倡廉领导体制和工作机制的具体制度，加强反腐倡廉国家立法工作，提高反腐倡廉法制化水平。三是强化监督制约，加强对领导机关、领导干部特别是各级领导班子主要负责人的监督，注重对遵守党的政治纪律、贯彻落实科学发展观、执行民主集中制、落实领导干部廉洁自律规定等情况的监督；加强对重要领域和关键环节权力行使的监督，注重对干部人事权、司法权、行政审批权和行政执法权的监督，加强对财政资金、金融和国有资产的监管；发挥各监督主体的作用，加强和改进党内监督，支持和保证人大监督、政府专门机关监督、司法监督、政协民主监督、群众监督和舆论监督，形成监督合力。四是推进干部人事和司法体制改革、行政管理和社会体制改革、财税、金融和投资体制改革、国有企业改革和现代市场体系建设及相关改革，不断从源头上铲除滋生腐败的土壤和条件。五是纠正损害群众利益的不正之风，深入开展专项治理，重点解决物价、生态环境保护、食品药品质量、安全生产、征地拆迁等方面群众反映强烈的问题；加大纠风工作力度，强化对社保基金、住房公积金和扶贫救灾专项资金的监管；健全防治不正之风的长效机制。六是保持惩治腐败的强劲势头，重点查处发生在领导机关和领导干部中滥用职权、贪污贿赂、腐化堕落、失职渎职的案件，严肃查处官商勾结、权钱交易和严重侵害群众利益等案件；深入开展治理商业贿赂工作，继续推进自查自纠、专项治理和长效机制建设；提高执纪执法水平，健全查处案件的协调机制，发挥查处案件的综合效应。

问：大家反映，《工作规划》特点比较鲜明，请你介绍一下主要表现在哪些方面？

答：《工作规划》充分体现了党的十七大精神，提出了坚决惩治和有效预防腐败的新思路、新举措，突出强调以改革创新的精神推进惩防体系建设工作，抓住了今后5年反腐倡廉建设的重点，具有以下几个主要特点：一是站位比较高，从党和国家工作大局的高度规划反腐倡廉工作；二是思考比较深，《工作规划》的内容政治性、政策性和专业性都比较强；三是重点比较突出，涵盖了反腐倡廉建设的主要工作；四是内容比较实，注重了系统性与可行性的统一；五是注意统筹兼顾，既考虑了各地区各部门提出的意见和建议，又从整体上进行把握和取舍，使《工作规划》紧紧围绕促进经济社会又好又快发展和推进反腐倡廉建设来颁布。

问：贯彻落实《工作规划》是一项繁重而艰巨的任务，请你谈一谈主要措施有哪些？

答：贯彻落实《工作规划》是全党必须抓好的一项政治任务。一要深入学习宣传，提高思想认识，把学习《工作规划》纳入党委理论学习中心组的学习内容，列入各级党校、行政学院和其他干部培训机构的教学计划。充分发挥广播、电视、报刊、网络等媒体的作用，加大宣传力度，形成贯彻落实《工作规划》的良好社会氛围。二要加强组织领导，落实工作责任。各级党委（党组）是反腐倡廉建设的责任主体，要切实担负起全面领导惩治和预防腐败体系建设的政治责任，坚持党委统一领导，党政齐抓共管。要严格执行党风廉政建设责任制，明确责任分工，强化责任考核，严格责任追究。党委（党组）书记负总责，领导班子其他成员抓好职责范围内的工作。各级纪委要把工作重点放在构建惩治和预防腐败体系上，放在抓好《工作规划》的贯彻落实上，组织协调有关部门积极参与，共同抓好落实，进一步巩固和发展全党抓反腐倡廉的良好局面。三要结合自身实际，细化分解任务。各省（区、市）、中央和国家机关各部门要结合实际制定贯彻落实《工作规划》的实施办法，搞好任务分解。各级党委、政府职能部门要充分发挥在贯彻落实《工作规划》中的重要作用，特别是中央和国家机关各部门要把《工作规划》提出的任务贯穿于制定经济、文化、社会发展政策的全过程，融入本部门本行业的业务工作中，与各项改革紧密结合，既要抓好任务分解方案的贯彻落实，又要抓好本部门本行业反腐倡廉建设工作。四要加强监督检查，推动工作落实。各地区各部门要把贯彻落实《工作规划》情况列入体现科学发展观和正确政绩观要求的领导班子和领导干部考核评价范围，作为工作实绩评定和干部奖惩的重要内容。中央纪委、中央组织部巡视组要把贯彻落实《工作规划》作为巡视工作的重要内容，各地区各部门巡视机构也要按照这个要求开展巡视工作。各省（区、市）纪委、中央和国家机关各牵头单位，每年要对工作进展情况进行专项检查，特别是要加强对重点部门贯彻落实《工作规划》情况的工作指导和督促检查，推动各项任务落到实处。

中共中央纪委关于印发《关于贯彻落实〈建立健全惩治和预防腐败体系2008—2012年工作规划〉的分工方案》的通知

中纪发〔2008〕20号

各省、自治区、直辖市纪委、监察厅（局），中央和国家机关各部委纪检组（纪委）、监察局，中央纪委各派驻纪检组，监察部各派驻监察局、监察专员办公室，中央直属机关纪工委，中央国家机关纪工委：

现将《关于贯彻落实〈建立健全惩治和预防腐败体系2008—2012年工作规划〉的分工方案》印发给你们，请结合实际认真贯彻执行。

二〇〇八年六月十九日

关于贯彻落实《建立健全惩治和预防腐败体系2008—2012年工作规划》的分工方案

（节选）

为贯彻落实中共中央印发的《建立健全惩治和预防腐败体系2008—2012年工作规划》（中发〔2008〕9号，以下简称《工作规划》），按照中央关于“抓好任务分解和落实”的要求，制定任务分工方案（列在最前的为牵头单位，其他为协办单位）。

一、推进反腐倡廉教育

（一）加强领导干部党风廉政教育

1. 大力推进中国特色社会主义理论体系的学习贯彻。学习党的三代中央领导集体反腐倡廉重要思想和以胡锦涛同志为总书记的党中央关于反腐倡廉重要论述，学习党章等党内法规和国家法律法规，加强党性修养和行政道德修养，增强法制观念和纪律意识，打牢廉洁从政的思想政治基础。

2. 制定《关于加强领导干部反腐倡廉教育的意见》。

3. 完善党委（党组）理论学习中心组学习制度，定期安排反腐倡廉理论学习。

4. 把反腐倡廉教育列入干部教育培训规划。

5. 把反腐倡廉教育纳入各级党校、行政学院及其他干部培训机构教学计划。在领导干部任职培训、干部在职岗位培训中开设廉政教育课程。

6. 开展党风党纪专题教育。党政主要负责同志带头讲廉政党课。建设一批反腐倡廉教育基地，丰富“三会一课”内容，创新示范教育、警示教育、岗位廉政教育和主题教育形式，提高教育的针对性和有效性。定期举办领导干部廉洁从政教育专题培训班。

7. 切实改进领导干部和党政机关作风，着力解决一些领导干部在思想作风、学风、工作作风、领导作风和生活作风方面存在的突出问题。

8. 大力精简会议和文件，改进会风和文风。

9. 切实改进国有企业领导人员作风，纠正一些国有企业领导人员在国内外公务活动中奢侈浪费、违规公款消费、重大问题个人说了算以及对职工困难漠不关心等群众反映强烈的问题，形成依法经营、廉洁从业、民主管理的风尚。

10. 切实改进高等学校领导人员作风，提高民主决策和校务公开制度化、规范化水平。

11. 切实改进农村基层干部作风。

12. 切实改进街道社区干部作风。

（二）加强面向全党全社会的反腐倡廉宣传教育

13. 把反腐倡廉宣传教育融入在全党开展的深入学习实践科学发展观活动之中。落实《关于加强党员经常性教育的意见》。

14. 把反腐倡廉宣传教育纳入全党宣传教育总体部署，纪检监察、组织人事、宣传思想、文化教育、新闻出版、广播影视等部门要对反腐倡廉宣传教育作出年度工作安排。深入宣传党的反腐倡廉理论、方针政策、基本经验和工作成果，宣传勤廉兼优的先进典型。党报党刊、电台电视台和重点新闻网站、政府网站继续办好反腐倡廉专栏、专题节目。严格执行反腐倡廉新闻宣传纪律。积极营造良好的思想舆论氛围。

15. 完善反腐倡廉新闻发布制度。

16. 做好反腐倡廉对外宣传工作。加强反腐倡廉网络文化建设和管理，开展反腐倡廉网上宣传和热点问题引导。

（三）加强廉政文化建设

17. 开展丰富多彩的廉政文化创建活动。制定《关于加强廉政文化建设的指导意见》。结合企业文化建设，深入开展依法经营、廉洁从业教育。充分利用农村党员干部现代远程教育系统，结合农村传统文化活动，加强农村廉政文化建设。按照《关于在大中小学全面开展廉洁教育的意见》，在学校德育教育中深入开展廉洁教育，丰富青少年思想道德实践活动。在家庭和社区中倡导清廉家风和文明风尚。引导社会组织及其从业人员增强依法执业、公正廉洁意识。

二、健全反腐倡廉法规制度

（一）完善党内民主和党内监督制度

1. 完善党的地方各级全委会、常委会工作机制，制定《中国共产党地方委员会工作条例（试行）》。制定《中国共产党党组工作条例》。推行地方党委讨论决定重大问题和任用重要干部票决制。

2. 制定党代表大会代表任期制的具体实施办法。

3. 制定《关于在党的地方和基层组织中实行党务公开的意见》，健全党内情况通报、情况反映、重大决策征求意见制度。

4. 选择一些县（市、区）试行党代表大会常任制。改进候选人提名制度和选举方式，修订《中国共产党基层组织选举工作暂行条例》，推广基层党组织领导班子成员由党员和群众公开推荐与上级党组织推荐相结合的办法，逐步扩大基层党组织领导班子直接选举范围。

5. 建立健全中央政治局向中央委员会全体会议、地方各级党委常委会向委员会全体会议定期报告工作并接受监督的制度。

6. 研究制定《地方党委委员、纪委委员提出罢免或撤换要求处理办法（试行）》。修订《中国共产党党员领导干部廉洁从政若干准则（试行）》

和《国有企业领导人员廉洁从业若干规定（试行）》。

（二）完善违纪行为惩处制度

7. 制定《中国共产党纪律处分条例》的配套规定。

8. 制定《行政机关公务员处分条例》的配套规定。

9. 健全对党的机关、人大机关、政协机关、民主党派机关公务员的纪律处分规定。

10. 制定对事业单位工作人员的纪律处分规定。

11. 制定对国有企业人员的纪律处分规定。

12. 制定在查处违纪案件中规范和加强组织处理工作的意见。

13. 修订《中国共产党纪律检查机关控告申诉工作条例》。制定纪检监察机关依纪依法办案、规范办案工作的若干意见。

14. 制定国（境）外中资企业及其工作人员违纪违法案件调查处理办法。

15. 进一步规范纪检监察机关与检察机关相互移送案件工作。

（三）完善反腐败领导体制和工作机制的具体制度

16. 修订《关于实行党风廉政建设责任制的规定》。

17. 制定关于实行农村基层党风廉政建设责任制的规定。

18. 制定《国有企业纪律检查工作条例》。

（四）加强反腐倡廉国家立法工作

19. 修订《中华人民共和国刑法》、《中华人民共和国刑事诉讼法》，完善惩治贪污贿赂等职务犯罪的法律规定。

20. 修订《中华人民共和国行政监察法》、《中华人民共和国预算法》、《中华人民共和国土地管理法》、《中华人民共和国城市房地产管理法》、《中华人民共和国反不正当竞争法》。制定《中华人民共和国行政收费管理法》、《中华人民共和国行政强制法》、《中华人民共和国国有资产法》。

21. 研究论证建立国家公职人员财产申报方面的法律制度。制定国家公职人员从政行为方面的法律法规。（国土资源部协助）

22. 健全公务员证券投资规定。进一步规范领导干部离职和退休后的从业行为。

23. 修订《中华人民共和国审计法实施条例》。制定《经济责任审计条例》、《中华人民共和国政府采购法实施条例》、《评估行业管理条例》。

24. 制定《政府投资条例》、《中华人民共和国招标投标法实施条例》。

25. 制定《财政资金支付条例》。

三、强化监督制约

（一）加强对领导机关、领导干部特别是各级领导班子主要负责人的监督

1. 加强对遵守党的政治纪律情况的监督，加大执行政治纪律力度，维护党章和其他党内法规，维护中央权威和党的集中统一，始终同以胡锦涛同志为总书记的党中央保持高度一致。

2. 加强对贯彻落实科学发展观情况的监督，围绕加强和改善宏观调控、转变经济发展方式、增强自主创新能力、提高发展质量和效益、加强节能减排和生态环境保护、节约集约利用土地、保障和改善民生、建设社会主义新农村等重大政策和改革措施进行监督检查，防止和纠正违背科学发展观要求的行为。（国土资源部协助）

3. 加强对执行民主集中制情况的监督，认真开展对涉及全局性问题、重要干部推荐任免和奖惩等方面贯彻执行民主集中制情况的监督检查，保证党委全委会和常委会议事规则、决策程序的严格执行，反对和防止个人或少数人专断。

4. 治理领导干部违反规定收送现金、有价证券、支付凭证和收受干股的问题。

5. 治理领导干部违反规定插手市场交易活动的问题。（国土资源部协助）

6. 治理领导干部利用职务上的便利获取内幕信息进行股票交易的问题。

7. 治理领导干部在住房上以权谋私的问题。

8. 严格执行领导干部配偶、子女从业的有关规定。

9. 加强上级党委和纪委对下级党委及其成员的监督，健全上级党委对下级党委常委的经常性考察和定期考核机制。加强常委会内部监督，主要负责人要自觉接受常委会成员的监督。加强同级纪委对常委会成员的监督。充分发挥党代表大会代表的作用，探索建立同级党代表大会代表、全委会对常委会工作进行评议监督制度。

10. 制定《中国共产党巡视工作条例》。加强对省（区、市）的巡视。加强对金融机构、国有重要骨干企业、高等学校和国家重点工程项目的巡视。继续开展对中央和国家机关的巡视试点。中央和国家机关可结合实际开展对直属单位、派出（驻）机构的巡视。

11. 各省（区、市）党委要认真开展对市（地、区、盟）的巡视，并延伸到县（市、区、旗），逐步开展对所属国有企业、高等学校和直属机关的巡视。

12. 加强纪检监察机关派驻机构统一管理。制定纪检监察机关派驻机构工作有关规定，完善管理体制和工作机制。加强对驻在部门领导班子及其成员的监督，协助驻在部门党组和行政领导班子落实党风廉政建设责任制和组织协调反腐倡廉工作。

（二）加强对重要领域和关键环节权力行使的监督

13. 加强对干部人事权行使的监督。落实《党政领导干部选拔任用条例》和《党政领导干部选拔任用工作监督检查办法（试行）》。坚持和完善干部选拔任用前征求同级纪委意见的制度，坚持和完善强化预防、及时发现、严肃纠正的干部选拔任用全过程的监督，有效防范考察失真和干部“带病提拔”。严肃查处跑官要官、买官卖官等问题，坚决整治用人上的不正之风。

14. 完善纪委和党委政法委、组织部等部门在对司法机关党组织和党员干部监督工作中的协作配合机制。

15. 重视人大对司法机关的监督。

16. 加强检察机关的法律监督。

17. 强化公安、检查、审判机关在刑事诉讼中的分工负责、互相配合和互相制约。强化司法机关内部监督和外部监督，坚决防止和纠正执法不严、司法不公的问题，维护社会公平正义。

18. 推行行政审批电子监察系统。实行接办分离和程序公开，保证行政权利依法、公正、透明运行。

19. 开展对部门预算、国库集中收付、政府采购、政府非税收入和“收支两条线”规定执行情况的监督检查，继续对“小金库”进行专项清理。

20. 强化对国有金融企业产权和上市金融企业股权交易的监督，规范上市金融企业股权激励制度。

21. 建立健全金融监管协调制度。健全金融企业内控机制，提升监事会和内审、稽核、合规、监察等监督机构的专业性和独立性，加强案件防控工作。

22. 加强对国有资产的监管。充分发挥国有资产监督管理机构、政府职能部门和外派监事会的作用，加强对企业国有产权和上市公司国有股权交易、重大投资决策等事项的监管。加强对企业重组、改制、破产和国有资本运营各个环节的监管。加大对国（境）外国有资产监管力度。开展对国有企业重大决策、重大项目安排、大额度资金运作事项及重要人事任免等实行集体决策情况的监督检查。

（三）发挥各监督主体的作用

23. 加强和改进党内监督。落实《中国共产党党内监督条例(试行)》。切实改进民主生活会的方式方法，增强党内政治生活的原则性，积极开展批评和自我批评，加强领导班子成员之间相互监督。坚持领导干部参加双重组织生活会制度，接受党员群众的监督。执行党员领导干部报告个人有关事项的规定，实施地方党委委员、纪委委员党内询问和质询办法，落实领导干部述职述廉、诫勉谈话和函询制度。推进党务公开，尊重党员主体地位，落实党员在党内监督中的责任和权利，营造党内民主讨论环境。认真贯彻《中国共产党党员权利和保障条例》，切实保障党员批评、建议、检举等权利。建立健全党的纪检机关与组织部门有关情况通报制度。各级纪检监察机关及其工作人员要自觉接受党组织、党员和人民群众的监督。

24. 实施《中华人民共和国各级人民代表大会常务委员会监督法》，加强人大对行政机关、审判机关、检察机关的监督。重视本级人大常委会统一安排的人大代表视察工作，认真办理人大代表议案和建议。

25. 充分发挥行政监察职能作用，积极开展执法监察、廉政监察和效能监察。加强行政执法责任制落实情况的监督检查，推行政府绩效管理和行政问责制度。严肃查处违反政纪的案件。加强行政服务中心的建设和管理。

26. 落实地（厅）级及以下党政主要领导干部经济责任审计制度。试行省（部）级主要领导干部经济责任审计。加强对重点专项资金和重大投资项目的审计。依法公告审计结果，促进审计结果落实。

27. 支持公安、财政、土地、建设、环保等职能部门依法开展监督（中央纪委、公安部、财政部、国土资源部、住房和城乡建设部、环境保护部等）。

28. 支持人民法院依法受理、审理和执行行政诉讼案件，监督和维护行政机关依法行政。

29. 支持人民检察院依法查办和预防职务犯罪，强化对刑事诉讼、民事审判活动和行政诉讼的法律监督。

30. 把政治协商纳入决策程序，完善民主监督机制。支持政协对国家宪法和法律法规的实施、重大方针政策的贯彻执行、国家机关及其工作人员履行职责和廉政情况等进行监督。各级党委、政府要发挥政协、民主党派和无党派人士的监督作用，认真听取他们的批评和建议，定期通报情况，自觉接受监督。认真办理政协委员的提案和建议。

31. 实施《中华人民共和国政府信息公开条例》，推进政府上网工程，深化政务公开，健全政府信息发布制度，推行社会听证、专家咨询等制度，增强决策透明度和公众参与度。推进公共企事业单位办事公开。

32. 推进厂务公开。

33. 推进村务公开。（国土资源部协助）

34. 落实领导干部接待群众来访制度，健全信访举报工作机制，畅通信访渠道。依法保障人民群众的知情权、参与权、表达权、监督权。发挥工会、共青团、妇联等人民团体的监督作用。

35. 加强和改进舆论监督。认真贯彻落实《关于进一步加强和改进舆论监督工作的意见》，重视和支持新闻媒体正确开展舆论监督。新闻媒体要坚持科学监督、依法监督和建设性监督，遵守职业道德，把握正确导向，注重社会效果。

36. 发挥国家预防腐败机构的职能作用。加强对预防腐败工作的组织协调、综合规划和政策制定，对预防腐败的重要改革措施进行调查研究和分析论证。建立预防腐败信息共享机制和腐败风险预警机制。总结预防腐败工作的有效做法，提高预防腐败工作水平。

37. 完善监督制约机制。建立健全决策权、执行权、监督权既相互制约又相互协调的权力结构和运行机制，切实把防治腐败的要求落实到权力结构和运行机制的各个环节，最大程度地减少权力“寻租”的机会。

38. 坚持党内监督与党外监督相结合，增强监督合力和实效。

四、深化体制机制制度改革

（一）推进干部人事和司法体制改革

1. 完善干部选拔任用制度。规范干部任用提名制度，地方党委讨论任用重要干部推行无记名投票表决。完善公开选拔、竞争上岗、差额选举办法，着力解决民主推荐、民主测评及选举中的拉票贿选等问题，提高选人用人公信度。建立公务员正常退出机制，完善领导干部职务任期、回避、交流制度。完善干部考核评价体系，发挥考核结果在干部任用和监督管理中的作用。

2. 完善人民检察院对诉讼活动实行法律监督的程序、措施和范围。积极推进检务公开。

3. 健全涉法涉诉信访工作机制。

4. 完善减刑、假释、保外就医、暂予监外执行、服刑地变更的条件和裁定程序。

5. 健全司法人员执法过错、违纪违法责任追究和领导干部失职责任追究等制度。

6. 改革完善司法管理制度和司法财政保障机制。

7. 积极推进审判公开。完善法律统一适用制度，规范司法人员自由裁量权行使。

8. 积极推进警务公开。

（二）推进行政管理和社会体制改革

9. 贯彻落实《关于深化行政管理体制改革的意见》，加快推进政企分开、政资分开、政事分开、政府与市场中介组织分开。着力转变政府职能、理顺关系、优化结构、提高效能，建设服务政府、责任政府、法制政府和廉洁政府。

10. 深化社会体制改革，扩大公共服务，完善社会管理。推进教育、卫生事业改革和发展，加强住房改革和建设，健全社会保障体系，努力使全体人民学有所教、劳有所得、病有所医、老有所养、住有所居。

（三）推进财税、金融和投资体制改革

11. 深化预算管理制度改革，规范预算资金分配，完善和规范财政转移支付制度，逐步向社会公开预算内容和转移支付情况。完善国库集中收付运行机制，健全国库单一账户体系。深化“收支两条线”管理制度改革，建立健全政府非税收入管理体系。切实将国有土地使用权出让收入纳入基金预算管理。推进党政机关领导干部及国有企事业单位领导人员职务消费改革。完善行政事业单位国有资产监管制度，严格执行资产配置管理办法和配置标准。

12. 进一步改革完善机关事业单位工资收入分配制度，继续清理规范津贴补贴。

13. 积极稳妥地推进税制改革，完善个人所得税制度，强化税收调节。规范各项税收优惠政策，严格控制税收减免。深入推行办税公开，健全税收管理员制度。

14. 完善金融企业公司治理，建立健全现代金融企业制度。健全支付监管体系，完善账户管理系统，依法落实金融账户实名制。完善反洗钱合作机制，逐步对大额资金和可疑交易资金的监测。

15. 完善防范和查处上市公司信息虚假披露和市场操纵等行为的制度。

16. 制定《企业投资项目核准和备案管理条例》，规范企业投资核准制、备案制。健全政府投资项目决策机制，完善重大项目专家评议和论证制度、公示和责任追究制度。推行非经营性政府投资项目代建制。

（四）推进国有企业改革

17. 健全现代企业制度，完善公司法人治理结构。加强大型国有企业董事会建设，未设立董事会的企业逐步实行党委（党组）书记和总经理分设。推进国有企业监管体制改革。健全国有资本经营预算、企业经营业绩考核和企业重大决策失误追究等制度。建立健全国有企业及国有资本占控股地位、主导地位企业领导人员的经济责任审计制度。健全国有企业经营管理者薪酬制度和国有企业管理层投资持股制度，规范收入分配秩序。

18. 完善国有金融资产、行政事业型资产和自然资源资产监管制度。（国土资源部协助）

19. 建立具有中国特色的国有企业监管体制。

（五）推进现代市场体系建设及相关改革

20. 完善工程建设项目招标投标制度。实施严格的资格预审、招标公告发布、投标、评审定标以及评标专家管理制度和惩戒办法。健全工程建设项目招标投标行政监督机制。研究制定电子化招标投标办法。逐步构建统一的招标投标信息平台，实现信息资源公开、共享。

21. 规范土地征收和使用权出让制度。推进征地制度改革，规范征地程序，完善征地补偿和安置办法。进一步完善经营性用地招标拍卖挂牌出让制度，规范国有建设用地使用权出让程序。深化土地有偿使用制度和探矿权、采矿权有偿使用制度改革。（国土资源部牵头）

22. 推进产权交易市场建设。建立完善国有产权交易监管法规体系，实行企业国有产权进场交易。完善企业国有产权和上市公司国有股权交易监管措施，重点建设和推广使用信息监测系统，实现交易动态监管。加强产权交易行业自律组织建设。

23. 深化政府采购制度改革。扩大政府采购范围和规模。严格实行“管采分离”，加强对政府采购各个环节的监管。研究建立统一的电子化政府采购系统。

24. 规范国有企业物资采购招标工作。

25. 健全社会信用体系。完善行业信用记录。健全失信惩戒制度和守信激励制度。整合有关部门和行业信用信息资源，建立综合性数据库，逐步形成信用信息共享机制。

五、纠正损害群众利益的不正之风

（一）深入开展专项治理

1. 解决物价方面群众反映强烈的问题。

2. 加强对环境污染防治政策措施落实情况的监督检查，对不认真履行环保职责、严重损害群众环境权益的地方和单位，追究有关人员特别是领导干部的责任。

3. 健全食品药品安全监管制度，严肃处理重大质量安全事件。

4. 开展对安全生产法律法规执行情况的监督检查，进一步加大责任事故调查处理力度，坚决查处事故背后的失职渎职行为和腐败问题。

5. 严肃查处征收征用土地和矿产资源开发中的违纪违法行为。（国土资源部牵头）

（二）加大纠风工作力度

6. 强化对社保基金的监管。

7. 强化对住房公积金的监管。

8. 强化对扶贫救灾专项资金的监管。

9. 认真治理公共服务行业侵害群众消费权益等问题。

10. 加强对社会中介组织、行业协会的监督管理，规范服务和收费行为。

11. 深化农村义务教育经费保障机制改革，确保各项政策的落实。

12. 加强医德医风建设，健全医疗卫生机构绩效评价制度，推行网上药品集中采购，严格医药和医疗器械价格监管。

13. 规范涉及农民负担的行政事业性收费管理，治理涉农乱收费。整顿农资市场秩序，坚决纠正和查处截留挪用、克扣中央支农惠农补贴款等损害农民利益的行为。

14. 查处侵害进城务工人员利益问题。

15. 继续做好清理规范评比达标表彰工作，纠正举办节庆活动过多过滥等问题。

（三）健全防治不正之风的长效机制

16. 落实行风建设责任制，坚持“管行业必须管行风”。进一步完善民主评议政风行风等制度，办好政风行风热线，督促有关部门及时解决群众的合理诉求。

六、保持惩治腐败的强劲势头

（一）坚决查处违纪违法案件

1. 以查处发生在领导机关和领导干部中滥用职权、贪污贿赂、腐化堕落、失职渎职的案件为重点，严肃查处官商勾结、权钱交易和严重侵害群众利益的案件，利用干部人事权、司法权、行政执法权、行政审批权索贿受贿、徇私舞弊的案件。严肃查处违反政治纪律的案件。严肃查处规避招标、虚假招标及违法转包分包的案件，非法批地、低价出让土地、违规审批房地产开发项目或擅自变更规划获取利益的案件，违法审批探矿权和采矿权、违法入股矿产开发的案件。严肃查处为黄赌毒等社会丑恶现象和黑恶势力充当“保护伞”的案件。严肃查处贿赂案件，既要惩处受贿行为，又要惩处行贿行为。（国土资源部协助）

（二）深入开展治理商业贿赂工作

2. 继续推进自查自纠和专项治理。坚决纠正不正当交易行为，规范交易活动。重点查处工程建设、土地出让、产权交易、医药购销、政府采购、资源开发和经销等领域以及银行信贷、证券期货、商业保险等方面的商业贿赂案件。严禁中资企业和其他取得收入的组织在国（境）外的商业贿赂行为，依法查处国（境）外经济组织在我国内地的商业贿赂行为。制定《关于在治理商业贿赂专项工作中推进市场诚信体系建设的意见》、《关于建立健全防治商业贿赂长效机制的意见》。建立和完善商业贿赂犯罪档案查询系统，把是否存在不正当交易行为尤其是行贿行为作为市场准入和退出的重要依据。（国土资源部协助）

（三）提高执纪执法水平

3. 坚持依纪依法办案。严格履行办案程序，按照规定权限正确使用办案措施。健全举报人和证人保护制度。对诬告陷害的，要严肃查处。为受到错告、诬告的同志澄清是非。加强办案方式和手段。正确把握政策和策略。保障涉案人员的合法权益。改进办案方式和手段。正确把握政策和策略，综合运用法律、纪律、行政和经济处罚、组织管理等方式和手段，增加办案科技含量，提高办案能力和水平。深入剖析案件中暴露出的问题，查找体制机制制度方面存在的薄弱环节，建章立制，堵塞漏洞。利用典型案件开展警示教育，总结教训，引以为戒。

4. 司法机关依法履行批捕、起诉、审判职责、惩治各类职务犯罪和商业贿赂犯罪。

5. 加强出入境管理和经济侦查等相关工作。

（四）健全查处案件的协调机制

6. 加大查处案件的组织协调力度。由纪委书记担任同级党委反腐败协调小组组长，加强对重大案件的协调、指导和督办。加强纪检、审判、检察、公安、监察、审计等执纪执法机关的协作配合，完善跨区域协作办案及防逃、追逃、追赃机制，进一步形成惩治腐败的整体合力。

7. 从我国实际出发，借鉴国外反腐败的有效做法，做好履行《联合国反腐败公约》的相关工作。

8. 建立健全国际执法合作、司法协助和涉案人员外逃预警、遣返、引渡，以及涉案资产追回等工作机制，加强反腐败国际合作和交流。

七、切实抓好《工作规划》的贯彻落实

1. 切实加强领导，把贯彻落实《工作规划》作为一项政治任务，列入党委、政府重要议事日程，同经济社会发展工作一起部署、一起落实、一起检查。严格执行党风廉政建设责任制，党委（党组）书记负总责，领导班子其他成员根据分工抓好职责范围内的工作，实行党政齐抓共管。

2. 协助党委（党组）抓好《工作规划》各项任务的分解和落实，制定实施方案，作出具体安排，健全工作机构，组织有关部门抓好工作落实。明确惩治和预防腐败体系建设的牵头单位和协办单位，落实工作责任。加强督促检查，实施分类指导，确保《工作规划》确定的任务落到实处。

3. 把贯彻落实《工作规划》情况列入对领导班子和领导干部的考核评价范围，作为工作实绩评定和干部奖惩的重要内容，严格责任考核，强化责任追究。

4. 各省（区、市）、中央和国家机关惩治和预防腐败体系建设各牵头单位，每年要对工作进展情况进行专项检查，并提交工作报告。结合实际制定贯彻落实《工作规划》的实施办法。

部党组关于惩治和预防腐败体系建设工作的部署和实施

一、部党组关于惩治和预防腐败体系建设的工作部署

关于印发《中共国土资源部党组关于贯彻落实惩治和预防腐败体系〈实施纲要〉任务的工作方案》的通知

国土资党发〔2005〕16号

各直属单位党组（党委、总支、支部），部机关各司局：

现将《中共国土资源部党组关于贯彻落实惩治和预防腐败体系〈实施纲要〉任务的工作方案》印发给你们，请认真抓紧落实。

二○○五年三月八日

中共国土资源部党组关于贯彻落实惩治和预防腐败体系《实施纲要》任务的工作方案

中央颁布了《建立健全教育、制度、监督并重的惩治和预防腐败体系实施纲要》（以下简称《实施纲要》），中央办公厅、国务院办公厅印发《中央纪委关于贯彻落实〈建立健全教育、制度、监督并重的惩治和预防腐败体系实施纲要〉的分工方案》的通知（中共中央办公厅厅字〔2005〕4号），明确了我部牵头负责的工作任务。为认真贯彻落实《实施纲要》及分工方案，结合实际，提出以下工作方案。

一、总体工作思路

认真贯彻落实中央颁布的《实施纲要》，要以邓小平理论和“三个代表”重要思想为指导，坚持不懈地抓好学习、宣传和教育，着眼全局，深刻认识建立健全惩防体系是中央在新形势下对反腐倡廉做出的重大战略决策，全面把握《实施纲要》的基本精神和主要内容，明确责任，抓好落实。

结合国土资源管理工作实际，以中央纪委明确我部的任务为重点，针对国土资源管理的特点，深入分析和查找容易诱发不廉洁行为和腐败现象的部位、环节及其成因，制定《国土资源系统惩治和预防腐败体系的实施细则》（以下简称《实施细则》），建立健全具有针对性和可操作性的制度规范和监督制约机制。

制定《实施细则》，要坚持惩防并举，注重从预防方面制定有效措施，坚持以深化改革、制度创新为核心，充分发挥制度建设在惩治和预防腐败中的保证作用。要做到“三个结合”，即与开展保持共产党员先进性教育相结合，与贯彻中央纪委第五次全会和国务院第三次廉政工作会议精神相结合，与落实国务院《全面推进依法行政实施纲要》、《关于深化改革严格土地管理的决定》相结合，进一步深化国土资源系统党风廉政和反腐败工作。

二、加强组织领导，明确工作责任

制定《实施细则》，坚持党风廉政建设的领导体制和工作机制，由部党组统一领导，有关业务司局各负其责，纪检监察部门组织协调。

制定《实施细则》的具体工作，在国土资源部党风廉政建设领导小组领导下进行，由领导小组办公室具体组织实施。领导小组办公室根据工作进展，适时向领导小组报告情况。根据中央纪委的任务分工，领导小组办公室将任务进行分解，由有关司局和单位完成。

各有关司局和单位，要把完成《实施细则》纳入到整体工作中，作为今年工作的一项重要任务，在实施中要与本部门业务工作紧密结合，一起研究安排，一起推动落实。主要领导为第一责任人，对责任范围内的任务负全责，落实具体工作人员，指定专人负责联系和及时反馈工作信息。

三、制定实施细则的任务分工

根据中央办公厅、国务院办公厅转发的中央纪委关于《实施纲要》的任务分工方案，我部牵头负责的工作是“修订土地管理的相关法律法规，加强土地出让制度建设，严格控制划拨用地和协议出让土地范围，逐步把工业用地纳入招标拍卖挂牌出让的范围”。同时，结合国土资源部实际，把土地和矿产审批出让、专项资金管理也作为《实施细则》的内容，列入工作任务。具体任务负责单位是：

（一）“修订土地管理的法律法规”，由法规司负责，相关司局和单位协助配合。

（二）“加强土地出让制度建设”，由利用司负责，相关司局和单位协助配合。

（三）“严格控制划拨用地和协议出让土地范围”，由利用司负责，相关司局和单位协助配合。

（四）“逐步把工业用地纳入招标拍卖挂牌出让的范围”，由利用司负责，相关司局和单位协助配合。

（五）“严格土地审批”，由耕保司负责，相关司局和单位协助配合。

（六）“探矿权、采矿权审批、出让”，由开发司、勘查司负责，相关司局和单位协助配合。

（七）“专项资金管理”，由财务司负责，相关司局和单位协助配合。

各负责司局根据任务分工和要求，提出协助配合的司局和单位，于4月底前研究制定出工作方案。部党风廉政建设领导小组负责协调，领导小组办公室负责汇总，并于6月底前初步形成《实施细则》基本框架。

四、搞好协调配合，强化督促检查

中央纪委明确的专项任务，是由我部牵头，会同全国人大常委会法工委、国务院法制办、国家发展改革委、财政部、监察部共同负责的。这项任务要在领导小组的统一协调下，确定人员主动做好与其他负责单位的联系和沟通，搞好协调配合，及时交换意见。部机关各有关司局和单位要认真履行职责，主动协助配合，形成工作合力，按时完成任务。

领导小组办公室要加强工作指导和协调，注重调查研究，收集交流工作情况，定期召开有关会议，研究有关问题，及时向部领导报告工作情况。纪检组监察局要积极履行职责，协助部党组抓好督促检查。

贯彻落实《实施纲要》是全党和全社会的一项重要任务，一定要从政治和全局的高度，按照中央确定的反腐倡廉战略方针和工作部署，坚持用改革的办法解决产生腐败现象的深层次问题，齐抓共管，切实保证工作任务的完成。

关于印发《中共国土资源部党组关于贯彻落实〈建立健全教育、制度、监督并重的惩治和预防腐败体系实施纲要〉意见的任务分解》的通知

国土资党发〔2005〕43号

各省、自治区、直辖市国土资源厅（国土资源环境厅、国土资源和房屋管理局、房屋土地资源管理局、规划和国土资源局）党组（党委），计划单列市国土资源行政主管部门党组（党委），国家海洋局，国家测绘局党组，新疆生产建设兵团国土资源局党委，各直属单位党委（党组、总支、支部），部机关各司局：

现将《中共国土资源部党组关于贯彻落实〈建立健全教育、制度、监督并重的惩治和预防腐败体系实施纲要〉意见的任务分解》印发你们，请认真抓好落实。

二〇〇五年十月八日

中共国土资源部党组关于贯彻落实《建立健全教育、制度、监督并重的惩治和预防腐败体系实施纲要》意见的任务分解

工作任务	项目分类	主要工作	牵头单位	配合单位	落实时间
一、构建国土资源反腐倡廉教育工作新格局	（一）加强对各级领导干部的反腐倡廉教育。	1. 进行党的优良传统和作风教育，党纪条规和国家法律法规教育。	机关党委	人教司、法规司、纪检组监察局	2005年起长期
		2. 把反腐倡廉理论学习作为中心组理论学习的重要内容，每年有重点地安排学习的具体内容。	机关党委	人教司	2005年起长期
		3. 各级领导班子主要领导每年至少讲授一次廉政内容的党课。	机关党委	纪检组	2006年起
		4. 把反腐倡廉教育贯穿于领导干部的培养、选拔、管理、使用等各个方面，纳入每年的干部培训和专题教育计划。	人教司	机关党委、纪检组监察局	2006年起
		5. 对新任职的领导干部进行廉政谈话。	纪检组	机关党委、人教司	2005年起
	（二）有效开展国土资源管理特色的反腐倡廉教育。	1. 开展法律法规和职业道德宣传教育。	法规司	人教司	2005年起长期
		2. 在新录用公务员初任培训中增加廉洁从政的教育内容。	人教司	监察局	2006年起
		3. 对党员加强严格遵守党章、认真履行党员权利和义务的教育，严格遵守“四大纪律、八项要求”的教育，按照国土资源部党员“十个走在前”的先进性具体要求，巩固和拓展保持党员先进性教育的成果，探索建立党员“长期受教育，永葆先进性”的长效机制。	机关党委	办公厅、纪检组监察局	2005年起长期
		4. 重点对党员领导干部进行权力观教育，开展先进典型示范教育；剖析典型案例，深化警示教育。	机关党委	纪检组监察局、人教司	2006年起

工作任务	项目分类	主要工作	牵头单位	配合单位	落实时间
		5.2005年起在全系统开展“完善体制、提高素质”活动，2006—2007年在国土资源管理系统培育、形成先进典型群体，评选并宣传一批勤政为民的先进基层所，一批优质服务“窗口”，一批廉洁从政的先进个人。	人教司	办公厅、纪检组监察局、宣教中心	2005年至2007年
	（三）形成反腐倡廉教育工作的整体合力。	1. 把反腐倡廉教育纳入宣传教育整体规划，结合加强政风行风建设、干部队伍建设、党员教育、干部培训的实际，每年确定教育的主题。	人教司	纪检组监察局、机关党委、宣教中心	2006年起长期
		2. 建立反腐倡廉教育工作联席会议制度。	纪检组监察局	机关党委、人教司、宣教中心	2006年起
		3. 发挥国土资源报刊、出版和网络管理等单位的职能优势，大力宣传国土资源管理系统反腐倡廉的举措和工作成效。	办公厅	机关党委、监察局、报社、出版社、信息中心	2005年起长期
二、充分发挥制度建设在构建惩防体系中的保证作用	（一）完善落实反腐倡廉基本制度的各项措施。	1. 各级党组织按照民主集中制的要求，健全重大决策征求意见等各项具体制度，落实和完善党内情况通报和报告、民主生活会等党内监督制度。	机关党委	纪检组监察局、人教司、有关司局	2005年起长期
		2. 落实年终考核、述职述廉、谈话和诫勉等制度。	人教司	纪检组监察局、机关党委	2005年起长期
		3. 认真执行党委和纪委负责人同下级党政主要负责人谈话制度。	人教司	纪检组监察局、机关党委	2006年起
		4. 认真执行领导干部重大事项报告和收入申报等廉洁自律的制度。	人教司	机关党委、纪检组监察局	2005年起长期
		5. 认真总结执行《党风廉政建设责任制》的情况，研究制定党风廉政建设工作量化标准和考核指标体系。	党风廉政建设领导小组办公室	纪检组监察局、人教司、机关纪委	2006年起
	（二）健全国土资源管理法规制度。	1. 深入贯彻实施《行政许可法》和《全面推进依法行政实施纲要》及配套制度，研究修改《土地管理法》和《矿产资源法》。进一步推进以政务公开和行政执法责任制为重点的依法行政制度建设。	法规司	有关司局	2005年至2007年
		2. 深入贯彻《国务院关于深化改革严格土地管理的决定》及配套制度，推进土地管理法规制度创新。进一步完善土地征收征用制度和集体建设用地流转制度，出台《土地征收征用条例》。	法规司	耕地司、利用司	2006年起
		3. 研究修订《国土资源信访规定》。	办公厅	法规司	2005年起
		4. 研究起草《征地补偿安置争议裁决办法》。	耕地司	法规司	2006年起
		5. 加快建立健全土地权利体系，推动土地确权立法，完善土地调查和登记制度，建立土地权属争议调处机制。	地籍司	法规司	2006年至2007年
		6. 完善划拨土地使用权管理，研究修订《划拨土地使用权管理办法》。	利用司	法规司	2006年至2007年
		7. 研究建立依法批准的建设用地项目公示制度。	法规司	规划司、利用司、耕地司	2005年至2006年

工作任务	项目分类	主要工作	牵头单位	配合单位	落实时间
		8. 规范土地开发整理项目的招投标，研究制定《土地开发整理项目招投标管理办法》等土地管理规范性制度。	耕地司	法规司、财务司、土地开发整理中心	2006年至2007年
		9. 完善矿产资源管理的政策法规，健全矿业权管理制度体系。2005年起，用两年左右的时间，以煤炭资源开发为重点，全面开展整顿和规范矿产资源开发秩序。	开发司	勘查司、法规司、监察局	2005年起
		10. 健全完善探矿权、采矿权有偿出让制度，修订、完善《探矿权采矿权招标拍卖挂牌管理规定（试行）》，规范矿业权出让和转让方式。	开发司	法规司、勘查司	2005年至2007年
		11. 强化国土资源执法监察，研究制订《土地监察规定》和《违反矿产资源行政处罚办法》，完善《土地违法案件查处办法》等。	执法局	法规司	2006年至2007年
	（三）深入贯彻落实源头防治腐败的改革制度。	1. 推进行政审批制度改革的配套制度建设，依法规范行政许可程序和行为，完善窗口办文制度，进一步提高行政效能，建立行政审批责任制度，细化审批岗位责任，实施分级负责及过错追究。	法规司	办公厅、监察局、有关司局	2005年至2007年
		2. 落实国土资源重大事项集体决策制度。	办公厅	机关党委、纪检组监察局及有关司局	2005年至2007年
		3. 建立健全群众参与、专家咨询和政府决策相结合的决策机制，健全规则和程序，全面落实《国土资源听证规定》，完善法定许可各项内部会审制度。	法规司	办公厅、有关司局	2005年至2007年
		4. 探索建立国土资源管理行政决策跟踪反馈和责任追究制度，严格执行行政执法责任制和执法过错追究制。	执法局	办公厅、法规司	2005年至2007年
		5. 全面推进各级国土资源电子政务建设，加快组织实施“金土工程”，实现各级国土资源管理网上政务信息公开，增强网上政务信息发布、基础信息提供、登记和审批业务受理、信息查询和反馈能力。	办公厅	信息中心、有关司局	2005年至2007年
		6. 全面推行部门预算、国库集中收付、政府采购等财政改革制度。行政事业性收费、政府性基金等实行收支两条线，纳入财政统一管理，严格实行收支脱钩。	财务司	办公厅	2005年至2007年
		7. 积极引入招投标等符合市场经济要求的运作方式，确定项目承担单位，推广项目公示制度。各类建设工程、设备等采购项目以及信息管理系统开发等专用服务项目，要严格执行政府采购和招投标的有关规定，规范运行程序。	财务司	办公厅、有关司局	2005年至2007年
		8. 继续落实和完善民主推荐、民主测评、差额考察、任前公示、公开选拔、竞争上岗、任职试用期等干部人事改革制度。	人教司	纪检组监察局、机关纪委	2005年至2007年

工作任务	项目分类	主要工作	牵头单位	配合单位	落实时间
三、加强对行政权力运行的制约和监督	（一）加强对国土资源管理机关、领导干部特别是各级领导班子主要负责人的监督。	1. 认真检查各级领导班子执行党的路线方针政策和决议的情况，监督执行领导班子集体领导和个人分工负责相结合制度及落实领导班子议事规则的情况。	纪检组	人教司、机关党委	2005 年起长期
		2. 加强对党员领导干部民主生活会的指导和监督，强化领导班子内部相互监督和自我约束。	人教司	机关党委、纪检组监察局	2005 年起
		3. 监督检查领导干部执行个人重大事项报告、述职述廉、回复组织函询等制度的情况。	人教司	纪检组监察局、机关党委	2005 年起
		4. 对领导干部的廉政承诺进行监督，细化对领导干部执行廉政制度的考核，并在年终考核测评中接受民主评议。	纪检组监察局	人教司、机关党委	2005 年至 2006 年
	（二）加强对重点环节和部位权力行使的监督。	1. 加强对土地审批出让行政权力运行的监督，依法规范“授权”“委托”其他单位和社会组织实施的行政许可事项。	法规司	耕地司、利用司	2005 年起
		2. 加强对矿业权评估确认审批出让行政权力的监督，依法规范“授权”“委托”其他单位和社会组织实施的行政许可事项。	储量司	开发司、勘查司	2005 年起
		3. 加强对专项资金管理权力运行的监督，完善财务管理制度。	财务司	纪检组监察局	2005 年起
		4. 严格执行土地利用总体规划，依照法定权限审批土地。	耕地司	规划司、利用司	2005 年起
		5. 执行矿产资源规划，以法定权限和程序审批矿业权。	开发司	勘查司、规划司	2005 年起
		6. 严格监督检查在土地征收征用中农民征地补偿费落实情况。	耕地司	监察局	2005 年起长期
		7. 加强对履行《公务员法》情况的检查。	人教司	纪检组监察局	2005 年起
		8. 对执行国土资源管理系统《行政为民措施》和《工作人员禁令》的情况开展监督检查。	部党风廉政建设领导小组办公室	办公厅、人教司、机关党委、纪检组监察局	2005 年起
		9. 对具有审批权和人、财、物管理岗位的人员，实行定期轮岗或交流。	人教司	有关司局、纪检组监察局	2005 年起
		10. 完善财务监督体系和内部制约机制。加强对预算资金、国有资产收益、经营服务性收入和大额资金支出、使用的监管。规范收费项目，严禁乱收费和设立“小金库”。	财务司	办公厅、监察局	2005 年起
		11. 定期开展对直属事业单位领导干部任期的经济责任审计。	人教司	财务司、财务服务中心	2005 年起
		12. 健全国土资源专项资金管理监督机制，加强国土资源专项资金管理和监督。	财务司	监察局、有关单位	2005 年起
		13. 加强对土地开发整理、地质调查、地质灾害防治、国土资源大调查等各类专项资金管理和监督。	财务司	监察局、有关单位	2005 年起
		14. 加强对执行项目工程招投标和政府采购制度的监督检查，实行重大项目责任制，定期开展项目预算绩效考评，试行考评结果与单位和责任人年度考核挂钩。	财务司	纪检组监察局、办公厅、人教司	2005 年起

工作任务	项目分类	主要工作	牵头单位	配合单位	落实时间
		15. 加强对干部选拔任用工作的监督。检查《党政干部选拔任用条例》的执行情况，建立干部监督工作联席会议制度。	人教司	纪检组监察局、机关党委	2005年起
		16. 对拟提拔任用的领导干部人选，在提交党组（党委）讨论决定前，要先听取纪检监察部门的意见。对选人用人失察失误的，依照有关规定予以责任追究。	人教司	纪检组监察局、机关党委	2005年起
	（三）充分发挥纪检监察机构监督的作用。	监督检查领导班子和领导干部遵守和维护党的纪律，领导干部履行职责、行使权力以及贯彻落实党风廉政建设责任制等情况。依法开展行政效能监察和专项执法监察。	纪检组监察局	机关党委、人教司	2005年起
	（四）充分发挥社会各方面监督的综合效应。	1. 认真研究、答复全国人大代表、政协委员的建议、提案。	办公厅	有关司局	2005年起
		2. 发挥特邀国土资源监察专员的监督作用。	执法局	办公厅	2005年起
		3. 完善人民群众与各级国土资源管理部门直接沟通的网络渠道，进一步做好咨询服务工作，接受社会各界的监督。	办公厅	信息中心、法律中心	2005年起
		4. 完善国土资源信访举报制度，依法保障人民群众批评、建议、控告、检举等权利。	办公厅	执法局	2005年起
		5. 自觉接受舆论监督，重视研究解决新闻媒体报道和“行风热线”反映的热点问题。	办公厅	执法局、纪检组监察局	2005年起
四、用改革的办法深化预防腐败工作	（一）推进国土资源市场配置的法规体系建设。	1. 进一步深入研究修订土地管理的相关法律法规工作，形成修订《土地管理法》的总体框架。	法规司	规划司、利用司、耕地司、地籍司	2005年至2006年
		2. 修订并出台《划拨用地目录》，推行经营性基础设施用地有偿使用，提出协议出让土地公示制度的实施意见。	利用司	法规司	2005年起
		3. 逐步实行工业用地招标拍卖挂牌出让，提出并试行工业用地招标拍卖挂牌出让的具体实施意见。	利用司	法规司	2006年至2007年
		4. 组织制定《招标拍卖挂牌出让国有土地使用权操作规范》和《协议出让国有土地使用权操作规范》。	利用司	法规司	2005年起
		5. 进一步推进征地制度改革试点工作。	耕地司	法规司	2005年至2007年
		6. 积极探索研究土地开发整理项目管理制度创新。	耕地司	土地开发整理中心	2005年至2007年
		7. 规范和完善矿业权市场建设，依法维护矿产资源勘查开发秩序。	开发司	勘查司、法规司等有关司	2005年至2007年
		8. 积极推进采用竞争方式出让矿业权，完善矿产资源有偿使用和探矿权、采矿权有偿取得制度。	开发司	勘查司、法规司等有关司	2005年至2007年
		9. 研究改革探矿权、采矿权管理措施。	开发司	法规司、勘查司等有关司	2005年至2007年

工作任务	项目分类	主要工作	牵头单位	配合单位	落实时间
		10. 建立国土资源市场监管和服务新体系。完善土地、矿产资源市场监管网络，建立健全市场信息发布系统和国土资源有形市场建设。	利用司、开发司	信息中心、有关司局	2005年至2007年
		11. 强化土地评估、矿业权评估等中介组织管理和行业自律。	利用司、储量司	办公厅	2005年至2007年
	（二）继续深化国土资源管理体制改革。	1. 加强省以下国土资源管理体制的基础建设，制定干部管理相关办法，理顺基层国土资源部门管理体制，推进改革措施全面到位。	人教司	法规司、办公厅	2005年至2007年
		2. 完善政策保障体系，深化地质勘查队伍（公益性）体制改革。	勘查司	地调局、有关司局	2005年至长期
		3. 建立国家土地督察制度，研究制定督察运行机制。	法规司	人教司、办公厅、执法局	2005年至2007年
五、发挥查处案件在构建惩防体系中的重要作用	（一）查处违纪违法案件的特点。	严肃查处违反政治纪律和组织人事纪律的案件；严肃查处滥用国土资源审批出让权、行政执法权，“以地谋私”、“以矿谋私”的案件；严肃查处国土资源管理中玩忽职守、失职渎职，严重损害国家利益和人民群众利益的案件；严肃查处贪赃枉法、行贿受贿和专项资金管理中违法违规的案件。	纪检组监察局	机关纪委、人教司	2005年起长期
	（二）不断提高执纪办案水平。	1. 依纪依法正确使用办案手段和措施，严格执行《中国共产党纪律处分条例》规定，正确把握政策。	纪检组监察局	机关纪委	2005年起
		2. 综合运用纪律处分和组织处理，加大组织处理力度。	纪检组监察局	人教司	2005年起
		3. 加强与其他执纪执法部门的协调配合，建立健全查办案件的协调机制。	纪检组监察局	办公厅、执法局、人教司	2005年起长期
	（三）发挥查办案件的治本功能。	建立“一案两报告制度”，既要有结案报告，还要提出有关整改的建议报告，有效推进治本工作。	纪检组监察局	机关纪委	2005年起
六、确保构建惩防体系的各项任务落到实处	（一）强化党风廉政建设的领导体制和工作机制。	1. 强化党政齐抓共管的领导体制，进一步完善领导责任制，把落实《具体意见》提出的各项任务纳入到国土资源管理工作总体要求，摆上重要议事日程。	办公厅	纪检组、机关党委	2005年起
		2. 提出每年工作的重点和任务，组织召开国土资源系统党风廉政建设工作会议，贯彻落实党中央和国务院关于反腐倡廉的工作部署。	纪检组监察局	办公厅、机关党委、人教司	2005年起
		3. 部党风廉政建设领导小组负责党风廉政建设日常工作的组织协调，研究解决部党组落实《实施纲要》具体意见所涉及的全局性问题。	纪检组监察局	办公厅、机关党委	2005年起
		4. 纪检监察机构要全面履行职能，发挥组织协调和监督检查的作用，积极协助部党组抓好党风廉政建设各项工作。	纪检组监察局	机关党委	2005年起
		5. 建立各负其责的责任机制。坚持“谁主管谁负责”，根据业务职能进行任务分解，各司局、单位主要领导对分解的任务负总责。	纪检组监察局	有关司局、相关单位	2005年起

工作任务	项目分类	主要工作	牵头单位	配合单位	落实时间
		6. 制定落实具体意见的措施，把牵头负责的任务与业务管理有机结合，统筹研究安排，明确进度、落实责任，与领导小组办公室建立工作联系。贯彻落实本意见的情况，列入年度工作总结和考核内容。	纪检组监察局	机关党委、有关司局	2005年起
	（二）建立党风廉政建设责任考评和奖励机制。	1. 把落实本意见和执行党风廉政建设责任制纳入领导班子和领导干部目标管理体系，作为考核测评各级领导班子及其成员的重要内容。	人教司	机关党委、纪检组监察局	2005年起
		2. 对省级国土资源管理部门领导班子加强指导，并建立评价档案。	人教司	办公厅、纪检组监察局	2005年起
		3. 结合年度考核，组织对各司局和直属单位领导班子及其成员开展党风廉政情况考核测评，考核结果向部党组报告。	纪检组监察局	人教司、机关党委	2005年起
		4. 省级国土资源管理部门要将地方政风、行风测评结果及时向国土资源部书面报告。	纪检组监察局	人教司、办公厅	2005年起
		5. 对被评为行风建设先进、在党风廉政建设中作出突出成绩的单位和个人给予表彰和奖励。	人教司	纪检组监察局、办公厅	2005年起
		6. 严格执行党风廉政责任追究，对落实反腐倡廉工作不力造成后果的，要追究责任。	纪检组监察局	机关党委、办公厅、人教司	2005年起

关于调整国土资源部党风廉政建设领导小组的通知

国土资党发〔2008〕12号

各省、自治区、直辖市国土资源厅（国土环境资源厅、国土资源局、国土资源和房屋管理局、房屋土地资源管理局）党组（党委），计划单列市国土资源行政主管部门党组（党委），国家海洋局党组，国家测绘局党组，解放军土地管理局，新疆生产建设兵团国土资源局党委，各派驻地方的国家土地督察局，中国地质调查局党组及部其他直属单位党委（党总支、党支部），部机关各司局：

党的十七大把反腐倡廉建设同党的思想建设、组织建设、作风建设、制度建设一起作为新时期加强党的自身建设的重要内容，对加强党风廉政建设和反腐败工作作出新部署，提出新要求。为适应新形势的需要，进一步加强对国土资源系统党风廉政建设和反腐败工作的领导，部党组决定对国土资源部党风廉政建设领导小组进行调整。

调整后的国土资源部党风廉政建设领导小组组成人员及职责如下：

组长：徐绍史　党组书记、部长、国家土地总督察

成员：鹿心社　党组成员、副部长、国家测绘局局长

贠小苏　党组成员、副部长

王世元　党组成员、副部长

王寿祥　党组成员、中央纪委驻部纪检组组长

孙志辉　党组成员、国家海洋局局长

甘藏春　党组成员、国家土地副总督察

王瑞生　党组成员、人事教育司司长

国土资源部党风廉政建设领导小组的主要职责是：对部机关和直属单位的党风廉政建设和反腐败工作实行统一领导；研究部署、指导协调国土资源系统党风廉政建设和反腐败工作，并对落实情况进行督促和检查；研究决定国土资源系统党风廉政建设的重大事项；承办部党组交办的其他工作。领导小组成员对所分管部门和单位的反腐倡廉建设负责，及时向部党风廉政建设领导小组汇报贯彻落实党中央、国务院及中央纪委关于党风廉政建设和反腐败工作部署的情况。

调整后的国土资源部党风廉政建设领导小组办公室组成人员及职责如下：

主任：王寿祥（兼）

成员：卜善祥　驻部纪检组副组长、监察局局长

李海兵　人事教育司副司长（正局级）

李建勤　直属机关党委常委副书记（正局级）

赖文生　财务司司长

国土资源部党风廉政建设领导小组办公室设在驻部纪检组、监察局。

国土资源部党风廉政建设领导小组办公室的主要职责是：负责组织部机关和直属单位开展党风廉政建设和反腐败日常工作；安排调研和检查，及时了解掌握国土资源系统党风廉政建设和反腐败工作的整体情况；向部党风廉政建设领导小组提出对在党风廉政建设和反腐败工作中成绩突出的单位和个人给予表彰、奖励，对发生严重违法违纪或瞒案不报、压案不查的单位负责人和责任人员进行责任追究的意见；协调对部机关和直属单位领导班子及其成员落实党风廉政建设责任制情况的考核工作；完成部党风廉政建设领导小组交办的其他工作。

二〇〇八年三月二十日

关于印发《中共国土资源部党组关于贯彻落实〈建立健全惩治和预防腐败体系2008—2012年工作规划〉的实施办法》的通知

国土资党发〔2008〕36号

各省、自治区、直辖市国土资源厅（国土资源环境厅、国土资源局、国土资源和房屋管理局、房屋土地资源管理局），计划单列市国土资源行政主管部门，国家海洋局，国家测绘局，解放军土地管理局，新疆生产建设兵团国土资源局，各派驻地方的国家土地督察局，中国地质调查局及其他直属单位，部机关各司局：

《中共国土资源部党组关于贯彻落实〈建立健全惩治和预防腐败体系2008—2012年工作规划〉的实施办法》已经第37次部党组会议审议通过，现印发给你们，请认真贯彻执行。

二〇〇八年八月十七日

中共国土资源部党组关于贯彻落实《建立健全惩治和预防腐败体系 2008—2012 年工作规划》的实施办法

根据中共中央颁布的《建立健全惩治和预防腐败体系 2008—2012 年工作规划》(以下简称《工作规划》)和中央纪委《关于贯彻落实〈工作规划〉的分工方案》，结合实际，制定本实施办法。

一、总体要求和工作目标

(一) 总体要求

《工作规划》是今后五年推进惩治和预防腐败体系建设的指导性文件。贯彻落实《工作规划》，对于国土资源系统加强以完善惩防体系为重点的反腐倡廉建设，加强党的先进性建设和干部队伍建设，加快构建保障和促进科学发展新机制，推动国土资源管理改革和发展，具有十分重要的意义。

贯彻落实《工作规划》，要坚持中央确定的指导思想、基本要求和工作目标，紧密结合国土资源管理工作实际，既要充分发挥本部门的职能作用，按照《工作规划》的要求，认真做好所承担的各项工作，又要全面部署，切实抓好本系统的反腐倡廉建设。既要体现国土资源部门深化改革、制度创新的精神，又要突出国土资源系统惩防体系建设的特色。要坚持把贯彻落实《工作规划》与中央对反腐倡廉建设的阶段性部署结合起来，把完成当前任务与实现五年总体目标结合起来，突出重点，整体推进，狠抓落实，务求实效。

（二）工作目标

经过今后五年的扎实工作，全面完成中央明确国土资源部牵头负责的各项任务，拒腐防变教育长效机制更加完善，反腐倡廉制度比较健全，权力运行监控机制基本形成，市场配置资源的基础性作用充分发挥，党风政风明显改进，腐败现象易发多发的势头进一步得到遏制，国土资源系统惩治和预防腐败体系初步建成。

二、推进反腐倡廉教育

（三）加强领导干部党风廉政教育

目标：各级领导干部中国特色社会主义理想信念更加坚定，法制观念和廉洁自律意识普遍增强，作风建设得到加强，拒腐防变的能力进一步提高。

要求：加强理想信念教育、廉洁从政教育、党的作风和纪律教育，教育和引导各级干部深入学习实践科学发展观，牢固树立马克思主义的世界观、人生观、价值观，牢固树立正确的权力观、地位观、利益观和社会主义荣辱观，勇于“革思想的命、削手中的权、去部门的利”。坚持正面示范教育和反面警示教育相结合，充分运用各种宣传教育手段，增强教育效果，切实把党风廉政教育引向深入。

任务：完善部党组中心组理论学习制度，定期安排反腐倡廉理论学习，主要负责同志带头讲廉政党课。把反腐倡廉教育列入干部教育培训规划和计划，定期开展领导干部廉洁从政教育培训。在领导干部任职培训、岗位培训中开设廉政教育课程。组织开展党风党纪专题教育活动。

责任分工：机关党委、人事司、驻部监察局、人力中心

（四）加强反腐倡廉宣传教育

目标：反腐倡廉宣传教育格局更加完善，宣传教育的针对性、有效性进一步提高，国土资源系统反腐倡廉思想舆论氛围基本形成。

要求：各级党组织要统筹安排反腐倡廉宣传教育工作，丰富“三会一课”内容，创新示范教育、警示教育、岗位廉政教育和主题教育形式。充分发挥媒体作用，加大宣传力度，大力宣传国土资源系统党风廉政建设的成效。积极做好网上宣传和热点问题引导，注重人文关怀和心理疏导。

任务：制定国土资源反腐倡廉宣传教育年度计划。编写国土资源部门领导干部廉洁从政先进典型宣传材料，宣传一批廉政勤政的先进基层单位和先进个人。编写国土资源领域典型案件警示教育材料。在国土资源部网站、报刊等媒体开设反腐倡廉宣传教育专栏。

责任分工：驻部纪检组监察局、机关党委、宣教中心、国土资源报社、信息中心、办公厅

（五）加强廉政文化建设

目标：廉政文化内容形式和传播手段得到进一步创新，形成具有国土资源系统特色的廉政文化。

要求：围绕建设社会主义核心价值体系，结合社会公德、职业道德、家庭美德、个人品德教育和法制教育，开展丰富多彩的廉政文化创建活动，充分发挥廉政文化的熏陶、引导、渗透和支持功能。廉政文化建设要贯穿于国土资源系统反腐倡廉建设全过程，扩大覆盖面，增强影响力。

任务：总结和推广国土资源系统廉政文化建设的先进经验和做法，制定国土资源系统廉政文化建设的实施意见。培育和创建一批“廉政文化精品工程”。

责任分工：机关党委、驻部监察局、宣教中心、国土资源报社、信息中心

三、健全反腐倡廉规章制度

（六）落实和完善反腐倡廉制度

目标：党内民主和党内监督制度得到全面落实，反腐倡廉制度得到进一步完善。

要求：认真落实和完善重要情况反映、通报和重大决策征求意见制度，落实领导干部民主生活会、述职述廉、任职和诫勉谈话等党内民主和党内监督制度。严格执行党员领导干部个人重大事项报告等廉洁自律制度。通过落实和完善反腐倡廉的各项制度，充分发挥制度在惩治和预防腐败中的保证作用。

任务：完善《国土资源部党组工作规则》和《国土资源部工作规则》。建立健全党内情况通报、情况反映、重大决策征求意见制度。修订国土资源部关于实行党风廉政建设责任制的规定和国土资源部领导干部廉洁从政若干准则。

责任分工：办公厅、驻部监察局、机关党委、人事司

（七）完善国土资源管理规章制度

目标：国土资源管理规章进一步健全，规章制度的规范和保障作用进一步显现。

要求：把廉政建设和反腐败的要求作为国土资源管理制度建设的重要内容，着力解决制度设计的缺位和不到位问题，通过制度创新，规范行政权力运行，改进国土资源管理。

任务：加快推进《土地管理法》、《矿产资源法》修改进程，确立适应社会主义市场经济要求的国土资源管理改革方向。规范和完善国土资源管理有关法规制度，构建保障和促进科学发展的国土资源管理制度体系。

责任分工：法规司、开发司、两法办、调控监测司

四、强化监督制约

（八）强化对领导班子和领导干部的监督

目标：对领导班子和领导干部的监督得到有效加强，领导干部依法行政和廉政勤政的能力进一步提高。

要求：加强对领导班子和领导干部遵守党的政治纪律的监督，确保党的十七大确定的重大理论观点、重大战略思想、重大工作部署的全面贯彻落实；加强对贯彻落实科学发展观情况，重点是落实节约集约利用土地、合理开发利用矿产资源等重大政策和改革措施情况的监督，防止和纠正违背科学发展观的行为；加强对执行民主集中制情况的监督，保证决策按议事规则和程序严格执行；加强对落实领导干部廉洁自律规定情况的监督，促进领导干部廉洁从政。

任务：制定并实施《中共国土资源部党组关于加强司局级领导班子主要负责人监督的暂行办法》、《中共国土资源部党组巡视工作暂行办法》和《中共国土资源部党组关于解放思想改革创新改进作风增强执行力的决定》。继续开展巡视工作。加强对落实领导干部廉洁自律规定情况的监督，重点治理领导干部违反规定收受现金、有价证券、支付凭证和收受干股，违反规定插手土地和矿业权市场交易，以及在住房上以权谋私等问题。以各单位主要负责人为重点，实行行政问责制，把土地和矿业权审批、行政执法、大额度资金管理等纳入行政问责范围。

责任分工：驻部纪检组监察局、人事司、机关党委、办公厅

（九）加强对重点环节和关键部位权力行使的监督

目标：行政权力公开运行工作得到全面推进，对干部人事权的监督得到有效加强，资金使用得到有效监管，初步形成对重点环节和关键部位权力行使的有效监督制约机制。

要求：加强对土地和矿产资源行政审批权和行政执法权行使的监督，加强对干部人事权的监督，加强对项目资金的监管，规范和制约自

由裁量权的行使。推行行政审批电子监察系统，实行接办分离、程序公开，保证行政权力依法、公正、透明运行。

任务：积极依法开展土地利用和矿产资源管理的监督，对执行土地和矿产资源规划、计划和行政审批的情况开展执法监察和效能监察。继续对“小金库”进行专项清理。强化对重大决策、重要干部任免、重大项目安排和大额度资金使用的监督。建立并运行部财务管理信息系统，加强对预算执行、财务管理、会计核算的监督。开展对救灾资金和物资使用情况的监督检查。加强直属单位资金使用情况的监管，开展整顿和规范直属单位投资办企业专项工作。建立干部监督工作联席会议制度，完善干部选拔任用监督机制。贯彻落实政府信息公开条例，推进政务公开，加强部政务大厅和门户网站建设。制定行政审批网上效能监察管理办法，实行行政审批电子监察。配合国家预防腐败局建立和完善土地和矿产领域预防腐败信息沟通机制。开展专题研究，探索建立决策权、执行权、监督权既相互制约又相互协调的权力结构和运行机制。

责任分工：驻部纪检组监察局、人事司、财务司、办公厅、信息中心、经研院

五、深化机制制度改革

（十）继续深化审批制度改革

目标：审批制度改革进一步深化，加强监管，改进服务，国土资源管理方式进一步转变。

要求：改进国土资源管理方式，强化监管和服务，减少行政审批事项，简化审批程序，提高审批效率。实现网上申报和审批，严格执行一次告知和限时办结制度。

任务：研究提出进一步加强和改进土地利用规划和计划的管理措施，出台建设项目用地审批改进办法和监管办法，修订《各类用地报批会审办法》。制定并实施进一步加强探矿权管理的办法和进一步加强采

矿权管理办法。对国土资源规章制度进行全面清理，加快推进规范性文件的“立、改、废”工作，继续推进“金土工程”，加快电子政务建设，实现各级国土资源部门网络互联互通和远程报批。

责任分工：规划司、耕地司、开发司、勘查司、法规司、办公厅、信息中心

（十一）加快征地制度改革进程

目标：征地制度进一步完善，被征地农民合法权益得到有效维护。

要求：严格落实征地补偿安置各项政策，拓宽征地安置途径，积极配合有关部门推进建立被征地农民社会保障制度。规范征地补偿费拨付程序，建立征地补偿费使用监管机制。继续推进征地制度改革，完善征地补偿标准，规范征地程序。

任务：完善征地补偿标准，指导地方实施征地统一年产值标准和征地区片综合地价。推进实施征地补偿安置争议协调裁决制度，探索建立基层协管员、人民调解员制度。深化征地制度改革工作，配合有关部门建立和完善被征地农民社会保障长效机制，规范征地补偿费使用管理。

责任分工：耕地司、办公厅、法律中心

（十二）推进国土资源市场体系建设

目标：土地、矿产资源市场体系进一步完善，市场配置资源的基础性作用进一步发挥。

要求：完善国土资源资产监管制度。规范土地使用权出让制度，进一步完善经营性用地招标拍卖挂牌出让制度，规范国有建设用地使用权出让程序，深化土地有偿使用制度改革。深化探矿权、采矿权有偿使用制度改革，逐步理顺资源开发利益分配关系，积极推进矿业权市场化进程，形成公开、公正、公平交易的市场环境。

任务：全面落实经营性用地、工业用地招标拍卖挂牌出让制度，严格实施工业用地最低价标准。修订划拨用地目录和划拨建设用地使用权管理办法，逐步缩小划拨用地范围，初步实现除保障性住房建设用地、军事用地和特殊性用地外的各类建设用地的有偿使用，充分发挥土地和

矿业权市场信息平台的作用，加强对土地和矿业权市场的监管。认真落实国有土地使用权出让收入纳入基金预算管理。积极推进探矿权、采矿权出让市场化，完善矿产资源补偿费和矿业权使用费征收政策。规范矿业权评估管理，制定出台对评估机构的监管办法。研究探索资源、资产、资本三位一体的国土资源综合调控制度与统一管理模式。

责任分工：利用司、规划司、耕地司、法规司、开发司、储量司、勘查司、财务司、经研院

六、纠正损害群众利益的不正之风

（十三）坚决纠正征地中损害群众利益的问题

目标：征地中群众的合法权益得到有效保护，合理诉求依法得到及时解决。

要求：严格落实补偿安置政策，防止挪用、截留和拖欠农民补偿费问题的发生，进一步研究解决征地补偿中维护群众利益的办法和措施，切实解决在征地过程中群众反映强烈的问题。

任务：严肃查处征收征用土地中挪用、截留和拖欠农民补偿费等违法违纪问题。做好征地补偿安置争议协调裁决工作，保护公民、法人和其他组织的合法权益，保障和监督行政机关依法行使职权。配合有关部门推进村务公开，进一步拓展群众与国土资源管理部门沟通的渠道。及时掌握补偿安置落实中出现的新情况、新问题，研究提出政策措施。

责任分工：耕地司、执法局、总督察办

（十四）着力解决矿产资源开发中损害群众利益的问题

目标：矿产资源开发中损害群众利益的问题得到及时纠正，群众和矿业权人的合法权益得到有效保障。

要求：坚决纠正违规审批探矿权、采矿权侵害群众利益的问题，有效防止矿产开发中严重破坏环境、影响群众生产生活的行为。

任务：建立矿产资源开发管理部门、执法监察部门和纪检监察部门

的信访联办制度。开展查处矿产资源开采中严重影响群众生产和生活行为的专项检查，严肃查处在矿产资源开发中的违纪违法行为，对矿产资源开发中损害群众利益造成恶劣影响的领导干部，要会同地方政府追究相应的责任。建立全国矿山地质环境恢复治理保证金制度。

责任分工：开发司、环境司、执法局、勘查司、驻部监察局

七、保持惩处腐败的强劲势头

（十五）加大对违纪违法案件的查处力度

目标：查办违纪违法案件的机制进一步完善，有效突破案件的能力进一步提高，查办案件的治本功能得到有效发挥。

要求：要以查处滥用职权、贪污贿赂、腐化堕落、失职渎职的案件为重点，严肃查处非法批地、低价出让土地、擅自变更规划获取利益的案件，违法审批探矿权和采矿权、违法入股矿产开发的案件，以及滥用执法权谋私，规避招标、虚假招标获取利益等违纪违法案件。发挥查处案件的综合效应，实现查处案件的政治效果、社会效果、法纪效果相统一。

任务：会同相关部门开展《违反土地管理规定行为处分办法》落实情况的检查。重视发挥信访举报主渠道作用，进一步拓宽案源，建立健全土地和矿产资源违法案件的发现、查处和移送机制，坚决查处隐藏在违法案件背后的腐败问题。建立和完善“机构健全、分工明确、渠道畅通、运作规范”的办案协调机制，形成惩治腐败的整体合力。

责任分工：执法局、总督察办、开发司、驻部监察局、机关党委

（十六）深入开展治理商业贿赂工作

目标：国土资源领域商业贿赂问题得到有效治理，治理商业贿赂的长效机制基本建立。

要求：以查处土地出让、资源开发、矿业权出让、土地和矿业权评估、项目发包等方面的商业贿赂案件为重点，继续开展治理商业贿赂工

作。要严格把握政策，正确区分正常的商业交往与不正当交易行为的政策界限，要区分违纪违规行为与违法犯罪的界限。严厉惩处受贿行为，要严厉惩处行贿行为。针对存在的问题，完善管理，健全制度，从源头上防治商业贿赂。

任务：继续推进自查自纠和专项治理。加强诚信体系建设，对存在行贿行为的单位，研究制定市场准入限制办法，把是否存在不正当交易行为尤其是行贿行为作为市场准入和退出的重要依据。提出防治商业贿赂长效机制的意见。

责任分工：治贿办、执法局、利用司、开发司、驻部监察局

八、切实抓好《实施办法》的贯彻落实

（十七）加强组织领导

部党组是反腐倡廉建设的责任主体，担负着全面领导惩治和预防腐败体系建设的政治责任。要严格按照党风廉政建设责任制的规定，党组书记负总责，党组成员根据分工抓好职责范围内的工作。各部门、各单位要切实加强领导，把《实施办法》的贯彻落实列入重要议事日程，同各项业务工作一起部署、一起落实、一起检查、一起考核。纪检部门要切实履行党章赋予的职责，按照部党组的要求，抓好组织协调工作，督促相关部门抓好工作落实。

（十八）落实工作责任制

完善惩治和预防腐败体系，关键是扎扎实实地抓好落实。各部门、各单位要结合实际，制定贯彻落实《实施办法》的具体措施。《实施办法》中明确分工负责的单位，要对所承担的任务提出近期、中期、远期工作计划，将责任分解到人，认真抓好落实。责任分工中排第一位的为牵头单位，其他单位为协办单位。各牵头单位和协办单位要密切合作，相互支持，形成合力，推进工作任务的顺利完成。

（十九）强化监督检查

加强对《实施办法》落实情况的监督检查，每年要对工作进展情况开展专项检查，查找问题，认真整改，总结经验，推动工作。要把贯彻落实《实施办法》情况列入对领导班子和领导干部考核、评价和巡视范围，作为工作实绩评定和干部奖惩的重要内容，严格责任考核，强化责任追究。

（二十）实行报告制度

各部门、各单位要及时报告贯彻落实《实施办法》的计划、进展情况、阶段性成果及存在的问题，由驻部纪检组监察局汇总报告部党组。要按照中央纪委的要求及时报告贯彻落实情况。要加强调查研究，定期分析《实施办法》落实过程中的新情况和新问题，积极研究对策措施，确保《实施办法》确定的各项任务落到实处。

二、部党组惩治和预防腐败体系建设实施意见

中共国土资源部党组关于2005年党风廉政建设和反腐败工作的实施意见

国土资党发〔2005〕14号

各省、自治区、直辖市国土资源厅（国土环境资源厅、国土资源和房屋管理局、房屋土地资源管理局、规划和国土资源局）党组（党委），计划单列市国土资源行政主管部门党组（党委），国家海洋局党组，国家测绘局党组，新疆生产建设兵团国土资源局党委，各直属单位党委（党组、总支、支部），部机关各司局：

2005年，国土资源系统党风廉政建设和反腐败工作总体要求是：深入学习贯彻党的十六大和十六届三中、四中全会精神，按照中央纪委第五次全会和国务院第三次廉政工作会议的部署，坚持标本兼治、综合治理、惩防并举、注重预防的反腐倡廉战略方针，抓紧建立健全教育、制度、监督并重的惩治和预防腐败体系。加强对土地和矿产资源审批、出让及专项资金管理等重点环节和部位的监督，为严格国土资源管理提供有力保障。

一、认真贯彻落实《实施纲要》，加大惩治和预防腐败工作的力度

中央颁布的《建立健全教育、制度、监督并重的惩治和预防腐败体系实施纲要》，是中央在总结历史经验、科学判断形势基础上作出的重大战略决策，是当前和今后一个时期深入开展党风廉政建设和反腐败工作的指导性文件。要把认真学习贯彻《实施纲要》作为一项重要的政治任务，抓好落实。

根据中央办公厅、国务院办公厅转发的中央纪委关于《实施纲要》的任务分工方案，由国土资源部牵头负责的“修订土地管理的相关法律法规，加强土地出让制度建设，严格控制划拨用地和协议出让土地范围，逐步把工业用地纳入招标拍卖挂牌出让的范围”的工作，我们要结合国土资源部实际，认真组织制定具体贯彻落实意见。要把贯彻落实《实施纲要》纳入到国土资源管理的整体工作格局中，同落实国务院《关于深化改革严格土地管理的决定》，实施严格国土资源管理的重大措施紧密结合起来，深入分析查找国土资源管理工作中容易诱发不廉洁行为和腐败现象的环节和部位，研究制定出惩治和预防的措施，具有针对性、有效性。各业务部门要按照职责分工，抓好落实，务求取得实效。各级纪检监察部门要积极协助部党组（党委），发挥好组织协调和督促检查作用。

二、深入开展反腐倡廉教育，促进领导干部廉洁从政

要深入学习胡锦涛总书记、温家宝总理在中央纪委第五次全会和国务院第三次廉政工作会议上的重要讲话，紧密结合保持共产党员先进性教育活动，认真贯彻中央对领导干部的各项要求，严格执行“四大纪律、

八项要求”，特别要严格遵守政治纪律、坚持四项基本原则，维护党的团结统一。

要深入开展从政道德教育、党的优良传统和作风教育。重点对领导干部以树立正确的权力观、地位观、利益观为主要内容，加强示范教育，深化警示教育，弘扬勤政为民、廉洁奉公的高尚道德情操，不断提高领导干部抵制腐败侵蚀的自觉性。认真开展以实践“三个代表”重要思想为主要内容的保持共产党员先进性教育活动，组织广大党员学习贯彻党章等党内法规和《“三个代表”重要思想反腐倡廉理论学习纲要》，坚定理想信念，发扬优良传统，切实解决党员和党组织在思想、组织、作风以及工作方面存在的突出问题。

严格执行领导干部廉洁从政的各项规定，在严肃执纪的同时，加大组织处理力度。对违反规定收送现金、有价证券和支付凭证的，按照组织程序一律免职，再依据规定处理。对“跑官要官”的，不能提拔重用，在重要岗位上的要予以调整，已得到提拔的要坚决撤下来；对“跑官要官”制止不力造成用人严重失察失误的，要严肃追究责任。放任、纵容配偶、子女及其配偶和身边工作人员利用领导干部职权和职务影响经商办企业或从事中介活动谋取非法利益的，要辞去现任职务或者由组织责令辞职，并按照规定给予纪律处分。利用婚丧嫁娶等事宜收钱敛财的，要严肃查处。参加赌博的，应予以免职，再依据规定处理；到国（境）外赌博的，要从严惩处。坚决制止以学习培训为名乱办班，以参观考察为名，组织或变相组织公费出国（境）和国内风景区旅游活动，违反规定者要严肃查处，对组织者一律按有关规定给予纪律处分，参加者一律费用自理。

三、维护被征地农民合法权益，坚决纠正损害群众利益的不正之风

贯彻落实国务院《关于深化改革严格土地管理的决定》，坚决纠正

损害群众利益的问题，按照温家宝总理重要批示，采取有力措施，完善政策，从严执法，巩固成果，防止反弹。维护被征地农民合法权益。

落实最严格的耕地保护制度，大力推进节约和集约用地，减少各类建设占用农用地，控制建设用地规模。

不断完善征地制度，严格规范并执行征地补偿标准。督促各地制订并公布统一年产值标准或征地区片综合地价。积极配合有关部门拓宽征地安置途径，落实安置责任。继续深化征地制度改革试点工作，逐步建立维护农民权益的长效机制。

健全并严格执行征地程序，征地要做到“四个必须”：必须严格执行土地利用总体规划和年度计划；必须充分征求被征地农民对补偿安置的意见；必须在征地补偿安置费用足额到位后才能动工用地；必须公开征地程序和补偿安置费用标准及使用管理情况。规范征地前期工作，确保被征地农民依法行使知情、确认和申请听证的权利；严格征地审查报批，严把补偿标准和安置途径审查关，保证被征地农民生活水平不降低，长远生计有保障；强化批后实施管理，严格执行征地公告制度，保证补偿费用及时足额到位，安置措施切实得到落实；加强征地批后核查工作，发现问题及时纠正。

继续深化土地市场治理整顿，落实严防“反弹”的各项措施。加强土地批租管理，不得违反规定下放土地审批权，严禁规避法定审批权限，将单个建设项目用地拆分审批。从严审核开发区，彻底解决清理出的问题。防止发生新的拖欠农民征地补偿安置费问题，对发生严重违规违法行为的严肃处理，并在限期整改期间暂停农用地转用和征地审批。大力开展土地法律法规宣传教育活动，继续保持查处土地违法违规案件的高压态势。

开展整顿和规范矿产资源开发程序工作，坚决制止矿产资源开发中滥采乱挖、严重浪费等违法行为。

重视群众信访工作，及时解决群众反映的突出问题，有效遏制群体性事件。对于群众反映的可能引发群体事件的苗头性问题，要全面梳理，重点督查督办。

严格执行国土资源系统《行政为民措施》和《工作人员禁令》，深入推进政风行风建设，树立基层站所依法行政、勤政为民的先进典型。要进一步转变观念、转变职能、转变作风。加强队伍素质建设，提高依法行政、参与宏观调控的能力、沟通协调、推进工作的能力，廉洁自律、自我约束的能力，以适应新形势、新任务的要求。

四、严肃查办违纪违法案件，保持惩治腐败工作力度

加大查办案件的力度，严厉惩处腐败行为，重点查办利用国土资源审批权、执法权和人事权等违法违纪案件。严肃查处领导干部违法批地、批矿，出让转让土地使用权、探矿权、采矿权的案件；国土资源管理中严重损害群众利益的案件；国土资源专项资金管理中违法违规的案件；违反领导干部廉洁自律规定，造成不良影响的案件。

严格依照规定程序办案，综合运用纪律处分和组织处理两种手段。要发挥查办案件的整体合力，加强与有关部门的沟通和配合，建立办案工作机制。要发挥查办案件在治本方面的建设性作用，对案件进行深入剖析，针对存在的薄弱环节，不断完善规章制度。

五、狠抓改革制度落实，深化从源头上预防和治理腐败各项工作

严格规范和管理土地市场，全面落实和完善经营性土地使用权出让制度。严格控制划拨用地和协议出让土地范围，强化对协议出让土地的监管，划拨土地要实行公示制度。在实现商业、旅游、娱乐、商品住宅四类用地以招标拍卖挂牌方式出让基础上，研究制订相应规定，逐步把有竞争性的工业用地纳入招标拍卖挂牌出让范围。进一步规范招标拍卖

挂牌出让程序和操作行为，实现土地出让信息及时、充分、准确的公开发布。加强对土地评估中介机构的管理和监督。继续会同有关部门，开展经营性土地使用权出让制度执法监察。

培育和规范矿业权市场建设，大力推进探矿权和采矿权招标拍卖挂牌出让，从源头上预防滋生腐败问题。

进一步清理和规范行政审批事项，设定的行政许可事项必须于法有据。严格规范备案、核准的范围和程序。推进国土资源行政审批配套制度建设，完善法定许可事项的内部会审制度，继续落实政务公开、窗口办文、行政责任考核追究等依法行政制度，建立以防为主，责字当头的管理和监控机制。实施对《行政许可法》执行情况的监督检查，对违法和不当的行政许可行为，要依法纠正并追究责任。

严格执行财经纪律，认真落实财政预算管理、国库集中收付、“收支两条线”、政府采购等制度规定，规范行政经费开支，完善财务监督体系和制约机制。加强对专项资金的监督管理，建立国土资源专项资金管理安全、有效机制，定期开展项目预算绩效考评。

以建立健全干部选拔任用管理监督机制为重点，进一步完善领导干部交流、竞争上岗、任职回避、经济责任审计等制度。切实加强对干部选拔任用各环节监督的制度建设。

各级党组织要切实加强领导，认真落实党风廉政建设责任制，明确任务和责任。各级纪检监察部门要全面履行职责，加强组织协调和监督检查，进一步推动国土资源系统党风廉政建设和反腐败工作深入发展。

二〇〇五年三月九日

中共国土资源部党组关于2006年党风廉政建设和反腐败工作的实施意见

国土资党发〔2006〕10号

各省、自治区、直辖市国土资源厅（国土环境资源厅、国土资源局、国土资源和房屋管理局、房屋土地资源管理局）党组（党委），计划单列市国土资源行政主管部门党组（党委），国家海洋局党组，国家测绘局党组，新疆生产建设兵团国土资源局党委，部各直属单位党委（党组、党支、支部），部机关各司局：

2006年国土资源系统党风廉政建设和反腐败工作，以邓小平理论和“三个代表”重要思想为指导，坚持以科学发展观为统领，深入贯彻十六届五中全会精神，按照中央纪委第六次全会和国务院第四次廉政工作会议的部署，认真学习胡锦涛总书记的重要讲话，把学习党章、遵守党章、维护党章作为一项重大任务抓紧抓好。紧紧围绕国土资源管理中心工作，在干部职工中深入进行社会主义荣辱观教育；结合深入开展“完善体制、提高素质”活动，加强惩治和预防腐败体系建设，整体推进教育、制度、监督、改革、惩处各项工作，保障国土资源管理事业健康发展。

一、全面贯彻落实党中央、国务院反腐倡廉部署，为国土资源管理工作提供有力保证

认真贯彻落实中央纪委第六次全会和国务院第四次廉政工作会议精神和胡锦涛总书记重要讲话，把推动全面贯彻落实科学发展观，作为党风廉政建设的重要内容，服务于国土资源管理工作大局。围绕十六届五中全会提出的加强宏观调控、建设社会主义新农村、转变经济增长方式、促进区域协调发展、增强自主创新能力、节约能源和保护环境等重大政策和改革措施的落实情况开展监督检查。在国土资源管理各项工作中，确保党和国家关于国土资源管理工作的重要政策、措施得到落实。要认真履行国土资源管理部门的职责，落实国土资源节约集约利用政策，继续严把土地闸门，严格耕地保护制度，提高矿产规模化、集约化水平，制止不符合国家产业政策、发展规划和市场准入标准的项目，配合有关部门纠正重复建设、浪费资源和破坏环境等严重违反科学发展观的行为。

认真执行党的政治纪律，自觉同党中央保持高度一致，保证政令畅通。认真贯彻“八个坚持、八个反对”和民主集中制的要求，树立正确的政绩观，促进行政管理决策科学化、民主化。大力弘扬艰苦奋斗、求真务实的作风，执行厉行节约的规定，坚决纠正讲排场、比阔气、奢侈浪费等不良风气。努力从思想、作风、纪律上为贯彻落实党的重大决策和部署提供有力保证。

二、深入开展反腐倡廉教育，促进领导干部廉洁从政

建立反腐倡廉教育工作联席会议制度，切实加强反腐倡廉教育。根据中央通知要求，组织深入学习党章活动，把握好结合点和切入点，与

反腐倡廉教育紧密结合，促使党员干部特别是领导干部坚定理想信念，牢固树立正确的权力观、地位观、利益观，把胡锦涛总书记关于树立“八个为荣、八个为耻”的社会主义荣辱观作为反腐倡廉教育的重要内容，切实做到为民、务实、清廉。进一步提高党员学习、遵守、贯彻、维护党章的自觉性和坚定性。积极采取措施，巩固党员先进性教育的成果，按照“品德好、有能力、会干事”和“十个走在前”的具体要求，建立保持党员先进性的长效机制。领导班子主要负责人要带头讲授廉洁从政内容的党课，教育党员以廉为荣，以贪为耻，做廉洁自律的表率。结合学习贯彻公务员法，加强对公务员廉洁从政的教育培训。继续以丰富多样、行之有效的廉政教育形式，开展具有国土资源管理特色的廉政文化活动，不断增强反腐倡廉教育的实效性。

党员领导干部要严格执行“四大纪律、八项要求”和廉洁从政各项规定，遵守《国土资源管理系统工作人员禁令》。按照中央要求，结合各单位实际，继续解决以各种名义公款旅游问题，纠正在革命传统和爱国主义教育活动中借机公款旅游的行为；继续纠正超标准超编制配备、使用小汽车和在住房上以权谋私的问题；继续严肃查处领导干部违反规定收送现金、有价证券、支付凭证和参加赌博等问题。严格执行《关于严肃纪律加强公务员工资管理的通知》，查处违反规定发放津贴补贴行为。

三、加强对权力运行的制约和监督，确保权力正确行使

认真贯彻执行党内监督条例，加强对国土资源管理机关和领导干部，特别是领导班子主要负责人的监督。认真检查领导班子执行党的路线方针政策和决议的情况；监督检查重大事项决策、重要干部任免、重大项目安排和大额度资金的使用由领导班子集体作出决定的情况；监督检查领导干部执行个人重大事项报告、述职述廉、诫勉谈话和函询等制

度的情况，有效防止权力失控、决策失误、行为失范。

继续加强对行政许可法、土地和矿产资源管理法律法规执行情况的监督检查，全面推进依法行政。加强对土地、矿业权审批管理等行政权力运行的制约和监督，加强对项目管理和专项资金使用的监督检查。建立行政审批、执法责任制，实施审批管理权力分解和内部制约，完善审批管理的配套制度，规范审批程序和行为，集体履行自由裁量权，制定行政学科监督办法。加强对土地评估和矿业权评估中介机构的监管。

四、加强政风行风建设，纠正损害群众利益的不正之风

继续保持纠正征地中损害农民利益不正之风的工作力度。全面落实《国务院关于深化改革严格土地管理的决定》，积极推进征地制度改革，促进耕地保护制度和被征地农民的合理补偿政策措施的实施。全面完成征地统一年产值标准和区片综合地价制定工作。推广征地补偿预存制度，建立征地补偿安置纠纷协调和裁决机制。认真落实《国土资源信访规定》，做好征地中突出问题的处理，严肃查处损害农民利益的违纪行为。

认真开展治理商业贿赂专项工作。按照中央部署，着力解决在土地出让和矿产资源开发管理中商业贿赂的问题。围绕土地出让、矿业权出让、资源开发、土地和矿业权评估、项目发包等方面，开展自查自纠，深入查找国土资源管理领域中易发商业贿赂的部位和环节，坚决纠正影响公平竞争的不正当交易行为；严肃查处商业贿赂的典型案件；积极探索建立国土资源管理中防治商业贿赂的有效措施和长效机制。

深入推进政风行风建设。继续严格执行国土资源系统《行政为民措施》，进一步树立政令畅通、执法严格、服务优质、廉政勤政的国土资源系统作风。结合深入开展“完善体制、提高素质”和各地开展的民主评议行风活动，加强国土资源管理队伍的作风建设，注重加强国土基层

所建设。在国土资源系统“创建先进”工作中，培育、形成先进典型群体，着手评选一批勤政为民的先进基层所，一批优质服务“窗口”，一批廉洁从政的先进个人。

五、坚决查办违纪违法案件，有效发挥治本作用

继续保持查办案件工作力度，坚决惩处腐败行为。以查办国土资源管理机关和领导干部中违反党纪政纪的案件为重点，严肃查办土地和矿产资源管理人员滥用审批权、执法权，谋取非法利益的案件；查办在土地和矿业权出让中违反招标拍卖挂牌出让规定，国土资源管理人员利用权力参与办矿等其他经营活动索贿受贿的案件；查办在国土资源项目资金管理中造成国有资产严重流失等违纪违法的案件；查办挥霍浪费公共财产、贪污贿赂、失职渎职等案件。

认真处理群众信访举报的问题，严格依纪依法办案，不断提高办案能力和工作水平。坚持教育与惩处相结合，注重发挥查办案件的治本作用。针对案件暴露的苗头性问题，查找管理上的薄弱环节，提出防治措施，督促改进工作。

六、深化改革和制度创新，深入推进治本抓源头工作

进一步完善国有土地使用权出让制度。发布实行《国有土地使用权招标拍卖挂牌出让规范》、《国有土地使用权协议出让规范》，切实规范土地出让操作程序。严格界定划拨用地范围，出台修订的《划拨用地目录》，研究修订《划拨土地使用权管理办法》。继续推行土地市场信息公开制度，提出划拨用地和协议出让土地实行公示制度的实施意见。加强协议出让土地使用权最低价格制度落实的监督检查。制定工业用地招标

拍卖挂牌出让实施意见，稳步推进经营性基础设施用地有偿使用。继续开展经营性土地出让制度的执法监察。

规范和完善矿业权市场建设。全面整顿和规范矿产资源开发秩序，加大矿产资源市场化配置的改革力度，积极推进探矿权、采矿权招标拍卖挂牌管理规定的落实。根据部关于进一步规范矿业权出让管理的规定，按照分类管理原则，符合条件的探矿权、采矿权，必须以招标拍卖挂牌的方式出让。

深入推行政务公开，切实加强依法行政。进一步减少和规范行政审批。坚持法定行政许可、重大资金项目安排、规划计划等重大事项实行会审制度。加快实施“金土工程”，完善政务信息网上公开制度。按照公开、便民、高效的原则，加快建立内容规范、形式完善、程序严密、机制健全的行政权力公开透明的运行体系。

严格执行财政改革的各项制度。加强对土地开发整理、地质调查、地质灾害防治、国土资源大调查等专项资金管理。建立国土资源项目立项和预算公示、公告制度，健全项目管理责任制，定期开展项目预算绩效考评，考评结果实行与单位和负责人年度考核挂钩。加强对政府采购工作的管理和监督。

建立干部监督工作联席会议制度。进一步加大干部轮岗、交流力度，完善对干部推荐提名、考察、酝酿、讨论决定等环节的监督措施，建立和完善干部选拔任用工作责任追究制度。抓好公务员法的贯彻实施工作。

各级党组织要加强对党风廉政建设的领导，切实落实党风廉政建设责任制，继续推进部党组《关于贯彻落实〈建立健全教育、制度、监督并重的惩治和预防腐败体系实施纲要〉的意见》的落实，扎实有效地完成好2006年党风廉政建设的各项任务。纪检监察部门要全面履行党章赋予的职责，适应新形势新任务的要求，不断提高做好纪检监察工作的能力和水平，为开创国土资源管理工作新局面提供保证。

二〇〇六年三月三十一日

中共国土资源部党组关于2007年党风廉政建设和反腐败工作的实施意见

国土资党发〔2007〕8号

各省、自治区、直辖市国土资源厅（国土环境资源厅、国土资源局、国土资源和房屋管理局、房屋土地资源管理局）党组（党委），计划单列市国土资源行政主管部门党组（党委），国家海洋局党组，国家测绘局党组，新疆生产建设兵团国土资源局党委，中国地质调查局及部其他直属单位党委（党组、党支、支部），部机关各司局：

2007年国土资源系统党风廉政建设和反腐败工作，以邓小平理论和“三个代表”重要思想为指导，全面落实科学发展观，贯彻落实中央纪委第七次全会和国务院第五次廉政工作会议精神，深入开展完善体制、提高素质工作，切实加强领导干部作风建设，围绕规范行政权力运行，拓展从源头上防治腐败工作领域，为加强国土资源管理提供有力保障。

一、加强监督检查，保障科学发展观在国土资源系统得到贯彻落实

全面贯彻落实科学发展观、促进构建社会主义和谐社会，是经济社

会发展的根本要求，也是党风廉政建设的重要任务。要围绕加强土地调控、矿产资源有偿使用和维护群众土地权益等一系列重大政策措施的落实情况，加强监督检查。坚决纠正违反基本农田保护政策、违反规划和产业政策、浪费资源等严重违背科学发展观的问题。坚决纠正土地征收征用和矿产资源开发中损害群众利益的行为。

加强作风建设，以良好的作风保障科学发展观在国土资源系统得到贯彻落实。按照胡锦涛总书记倡导八个方面良好风气的要求，切实加强领导干部作风建设，认真解决领导干部在思想作风、学风、工作作风、领导作风、生活作风方面的突出问题。坚决克服形式主义、官僚主义，改进会风和文风，精简会议和文件，严格控制评比达标表彰活动，严格执行会议、会务接待和差旅费管理有关规定。大力提倡勤俭节约、反对铺张浪费的风气，严禁用公款进行高消费娱乐等奢侈浪费行为，纠正以学习考察等名义公款旅游特别是出国（境）旅游的不正之风。加强监督检查，严格执行党风廉政建设责任制，对违反规定的，视情节予以组织处理或纪律处分。

二、加强思想道德教育和党纪国法教育，切实解决廉洁从政方面存在的突出问题

组织党员干部认真学习《江泽民文选》和中央关于反腐倡廉的重要指示。坚持社会主义核心价值体系用马克思主义中国化的最新成果武装头脑、指导实践，夯实党员干部廉洁从政的思想理论基础。继续深入开展党章和法纪学习教育、社会主义荣辱观教育、廉洁自律教育，筑牢拒腐防变的思想道德防线。深入开展国土资源特色的廉政文化创建活动。整合宣传教育资源，大力宣传国土资源系统反腐倡廉的重要举措和工作成效。

严格执行“四大纪律八项要求”和廉洁从政各项规定，遵守《国土资源管理系统工作人员禁令》。按照中央要求，结合各单位实际，切实

解决领导干部廉洁从政方面存在的突出问题。要坚决清理纠正领导干部利用职权和职务影响，在商品房买卖置换中以明显低于市场价格购置或以劣换优谋取不正当利益，以借为名占用他人住房、汽车，参与赌博或以变相赌博等形式收钱敛财，借委托他人投资证券或其他委托理财的名义为配偶、子女和其他亲友谋取不正当利益的问题，并视情节作出组织处理或纪律处分。加强对领导干部配偶、子女从业情况的监督检查，开展申报登记，纠正存在的问题。继续严肃查处领导干部违反规定收送现金、有价证券、支付凭证以及违反规定发放津贴补贴等问题，纠正超标准超编制配备、使用小汽车和多占住房等问题。

三、强化重点环节和重点部位的监督，规范权力的运行

以监督权力运行为重点，监督检查土地和矿业权审批中依法行政的情况；监督检查国土资源重大项目管理和资金使用情况；监督检查工程项目招投标、政府采购、收支两条线的执行情况；监督检查干部选拔任用、公务员招考录用政策的执行情况。同时，加强对《行政许可法》、《公务员法》的执行情况和部门预算、国库集中收付落实情况的监督检查。进一步完善政务公开工作机制，建好门户网站，推进政务信息网上公开，建立健全结构合理、配置科学、程序严密、制约有效的权力运行机制。

认真执行党内监督条例，完善监督机制，落实监督制度。切实加强对领导班子和领导干部，特别是主要负责人的监督。监督检查领导班子及其成员维护党的政治纪律，贯彻执行民主集中制，选拔任用领导干部，落实党风廉政建设责任制和廉政勤政的情况；监督检查领导干部执行民主生活会、述职述廉、诫勉谈话等制度的情况；监督检查领导干部的作风状况，及时发现和纠正领导干部作风方面的问题。严格执行党员领导干部报告个人有关事项的规定。继续加强对领导干部的经济责任审计。

四、加大查办案件力度，严厉惩治腐败行为

以查办领导干部违犯党纪政纪的案件为重点，继续查办滥用审批权、执法权、人事权谋取私利的案件。严厉查办非法批地、低价出让土地或擅自变更规划获取利益的案件，违规审批探矿权和采矿权、参与矿产开发的案件；查办土地出让、矿业权出让、土地和矿业权评估、项目发包中的商业贿赂案件；查办挥霍浪费公共财产、贪污贿赂、失职渎职造成国有资产严重流失及严重损害群众利益等案件。

要提高依纪依法办案的能力和水平，认真研究案件发生的新特点，拓展查办案件的治本功能，完善查办案件的组织协调机制。认真做好信访举报工作，妥善处理群众反映的问题。严格执行案件报告制度。

继续深入开展治理商业贿赂专项工作，在查处权钱交易案件的同时，要重在加强预防、重在落实制度、重在日常监管，探索建立防治商业贿赂的长效机制。

五、切实维护被征地农民的土地权益，深入推进政风建设

坚持纠建并举，在稳定、完善、落实政策上下功夫，切实抓好维护被征地农民土地权益的工作。认真执行土地规划计划，严格新增建设用地审查，落实保护耕地和征地补偿安置的责任制。严格落实各项政策措施，对不履行征地程序、补偿标准偏低、失地农民社会保障费用不落实的，不得批准征地。抓紧全面实行征地统一年产值标准和区片综合地价，完善征地补偿机制。加快推进征地补偿安置争议协调裁决制度，开展矛盾纠纷排查化解工作，妥善处理征地引发的信访突出问题，促使通过法定渠道解决征地矛盾和纠纷。切实加大对征地情况的监督检查，加大执法监察力度，开展对损害农民土地权益问题的集中整治，进一步解

决违法违规征占农民土地及征地补偿安置不到位问题。积极推进征地制度改革，建立维护农民土地权益长效机制。

深入开展完善体制、提高素质工作，继续推进国土资源系统政风建设。全面推进依法行政，围绕提高执法水平、行政效率和服务质量开展作风建设，切实解决存在的问题。在民主评议政风行风活动中，积极创建示范单位，落实《国土资源管理系统行政为民措施》，严格廉洁奉公的职业操守，建设一支廉政勤政的国土资源管理队伍。

六、深化改革和制度创新，拓展源头防治领域

以改革和制度建设为重点，认真落实《实施纲要》和中央确定的2007年年底前的工作任务。严格执行经营性土地和工业用地招拍挂出让制度，推进《全国工业用地出让最低价标准》落实，严格执行《协议出让国有土地使用权操作规范》和《招标拍卖挂牌出让国有土地使用权操作规范》，实行划拨用地和协议出让土地公示制度，深入推行土地市场信息公开制度。深入研究工业用地招拍挂出让中的问题，加快建设工业用地出让的市场机制。组织开展对工业用地招拍挂出让制度的执法监察。

全面实行探矿权、采矿权有偿取得制度，除国家规定以外，新设探矿权和采矿权，要以招拍挂等市场竞争方式出让。继续清理行政许可事项，完善审批运行机制。积极推进政务公开，加快国土资源部政务大厅建设，大力推进电子政务。严格国土资源专项资金管理，改革资金、项目分配办法，完善对政府采购工作的管理。全面落实干部人事制度改革的制度措施，健全干部监督工作的协调机制，提高领导干部述职述廉的考核质量。

2007年党风廉政建设和反腐败任务十分繁重，各级党组织要以高度的责任感和使命感担负起党风廉政建设的重任，以更优良的作风，更坚决的态度，更有力的措施，狠抓各项任务落实，不断取得新的成效。

二〇〇七年二月二十七日

中共国土资源部党组关于2008年党风廉政建设和反腐败工作的实施意见

国土资党发〔2008〕13号

各省、自治区、直辖市国土资源厅（国土环境资源厅、国土资源局、国土资源和房屋管理局、规划和国土资源管理局）党组（党委），计划单列市国土资源行政主管部门党组（党委），国家海洋局党组，国家测绘局党组，解放军土地管理局，新疆生产建设兵团国土资源局党委，各派驻地方的国家土地督察局，中国地质调查局党组及部其他直属单位党委（党支、支部），部机关各司局：

2008年国土资源系统党风廉政建设和反腐败工作的总体要求是，全面贯彻落实党的十七大精神，高举中国特色社会主义伟大旗帜，以邓小平理论和“三个代表”重要思想为指导，深入贯彻落实科学发展观，按照十七届中央纪委第二次全会和国务院廉政工作会议的部署，坚持反腐倡廉的战略方针，以推进惩治和预防腐败体系建设为重点，努力建设拒腐防变教育长效机制、反腐倡廉制度体系、权力运行监控机制，以改革创新为动力，促进构建科学发展新机制，为国土资源管理改革和发展提供有力保障。

一、认真开展国土资源管理重大决策执行情况的监督检查，促进构建保障科学发展的新机制

国土资源系统党风廉政建设和反腐败工作，要围绕党中央、国务院关于国土资源管理的重大决策部署开展。各级领导干部要在“深入学习实践科学发展观活动”试点工作中，增强贯彻落实科学发展观的自觉性和坚定性。积极参与宏观调控，建立保障科学发展的新机制，加强对国土资源管理法律法规和政策执行情况的监督检查，严格土地调控和监管，坚守18亿亩耕地红线，坚决刹住乱占滥用农用地之风。巩固整顿规范矿产资源开发秩序工作的成果，加大对矿产资源开发中违规违法行为的查处力度，促进矿产资源合理开发利用。

加强监督检查，促进依法依规用地。从严控制新增建设用地，严格审查新开工项目建设用地，坚决停止供应别墅类房地产开发项目用地，从严控制新设各类开发区，推进耕地保护目标责任制落实。加大保障性住房建设的土地供应，有效解决民生工程、新农村建设、重大基础设施建设等用地问题。修订并严格执行《违反土地管理规定行为处分办法》，坚决纠正和查处土地审批和供应中，违反耕地保护制度、不符合国家产业政策、土地利用总体规划和计划、不落实耕地占补平衡和征地补偿安置措施的问题。会同有关部门开展对土地和矿业权出让情况专项清理和检查，坚决纠正和查处违反土地和矿业权出让规定、规避招拍挂出让的行为。建立与司法机关和监察部门协调配合的办案机制，强化对违反宏观调控政策重大典型案件的查处力度。

二、深入开展反腐倡廉教育，加强领导干部廉洁自律和作风建设

巩固和发展先进性教育活动成果，把加强反腐倡廉教育和开展作风

建设紧密结合，以树立正确的权力观为重点，以廉洁从政为重要内容，切实加强理想信念、党风党纪和艰苦奋斗教育。切实改进干部队伍的思想作风、学风、工作作风、领导作风和生活作风，做到为民、务实、清廉。要创新教育方式，扎实开展先进典型示范教育和反面案例警示教育，增强教育的针对性和有效性。开展丰富多彩的廉政文化活动，努力营造以廉为荣、以贪为耻的氛围。以依法行政、效能建设、廉洁从政为重点内容，在全系统开展作风建设活动。大力提倡勤俭节约、艰苦奋斗作风，坚决反对和制止奢侈浪费。要纠正在国内外公务活动中奢侈浪费、公款高消费、重大问题不讨论、重要岗位干部任用不民主等群众反映强烈的不良风气。大力宣传尽职守责、勤政廉政先进典型，努力塑造国土资源系统党员干部的良好形象。

认真执行《关于严格禁止利用职务上的便利谋取不正当利益的若干规定》。根据中央纪委对领导干部廉洁从政方面的部署和要求，重点抓好以下工作：深入治理领导干部违反规定收送现金、有价证券、支付凭证和收受干股，以及以赌博和交易等形式收受财物、利用婚丧嫁娶等事宜收敛钱财等问题。严禁党员干部利用职务上的便利获取内幕信息进行股票交易。清理纠正领导干部在住房上以权谋私的问题，严禁领导干部超标准建房、多占住房、违规购买经济适用房，坚决处理领导干部违规违法收售房屋的问题。纠正和查处领导干部放任、纵容配偶、子女和身边工作人员利用其职权和职务影响经商办企业等问题。治理领导干部违规插手招标投标、土地出让、矿业权出让、产权交易、政府采购等市场交易活动谋取私利的问题。

认真开展“小金库”专项治理，加强对“小金库”自查自纠工作的督促检查，严肃查处违反各项廉洁自律规定的行为。认真落实中央关于加强因公出差（境）管理的有关要求，坚决制止公款出国（境）旅游。严格执行中央关于党政机关国内公务接待管理的有关规定。纠正超标准编制配备使用小汽车、违规新建和装修办公用房等行为。

三、进一步加强监督，促使领导干部正确行使权力

认真落实党内监督各项制度。加强对领导干部特别是主要领导干部的监督，加强对人财物管理使用、关键岗位的监督，不断完善制约和监督机制，提高监督的有效性。开展对党内监督条例实施情况的专项检查，严格执行述职述廉、诫勉谈话、函询和党员领导干部报告个人有关事项等制度。坚持民主集中制，加强党内生活的原则性，积极开展批评与自我批评，提高民主生活会的质量。

继续开展对部机关和直属单位的巡视工作。制定巡视工作暂行规定，研究制定对部机关司局和直属单位领导班子主要负责人的监督办法，强化对领导班子贯彻民主集中制、选拔任用干部、贯彻党风廉政建设责任制和廉政勤政情况的监督。对不抓不管、敷衍塞责，导致风气不正、违纪违法案件发生的，要按照党风廉政建设责任制的规定追究责任。

加强对权力的监督制约。强化对重大决策、重要干部任免、重大项目安排和大额度资金使用的监督。认真执行法定行政许可、重大资金项目安排、规划计划等重大事项会审制度。健全政务公开制度，加强部政务大厅和门户网站建设，实现网上申报和审批，着手制定行政审批网上效能监察管理办法。加强财务管理，特别是加强专项资金的使用和管理，开展整顿规范直属单位投资办企业专项工作，进一步规范和完善财务管理制度。加强对党政主要领导干部的经济责任审计。

四、继续做好纠风工作，维护被征地群众的利益

维护被征地群众的利益，是国土资源系统纠风工作的主要任务。继续做好纠风工作，要严格控制征地规模，严格农用地转用审批，严格禁止“以租代征”使用农村集体土地，严格落实征地补偿安置各项政策。

加强土地执法，严肃查处违规违法占用农民集体土地、侵犯农民土地合法权益的行为。加快实施征地补偿安置争议协调裁决制度，扎实做好农村土地信访和矛盾纠纷排查调处工作。深化征地制度改革试点，完善征地补偿标准，规范征地程序，建立征地补偿监管机制，严禁拖欠、截留、挪用征地补偿费。

认真执行国土资源系统行政为民“十项措施”和工作人员“五条禁令”。加强行政执法队伍的管理，坚决纠正利用行政执法权损害群众利益的不正之风。

五、保持查办案件的工作力度，坚决惩治腐败行为

重点查处在土地和矿产资源管理中以权谋私、贪污贿赂、滥用职权、失职渎职的案件。查处通过非法批地批矿，低价出让土地和矿业权或擅自变更规划获取利益的案件；查处土地、矿业权出让和评估、项目发包中的商业贿赂案件；查处规避和虚假招标、贪污挪用专项资金的案件；查处土地和矿产资源管理中失职渎职及严重损害群众利益的问题，加强责任追究。综合运用组织处理和纪律处分手段，加大组织处理工作力度。

加强和改进办案工作，健全查办案件的协调机制，严格依纪依法办案，确保办案质量。认真执行重大案件报告制度，各省级国土资源部门发生重大案件，必须及时向国土资源部党组报告。做好信访举报工作，加强综合分析，发挥查办案件在治本方面的作用。

深化治理商业贿赂工作，巩固自查自纠成果，把专项治理与构建惩防腐败体系相结合，防止和纠正国土资源管理工作中不正当交易行为，推进防治商业贿赂长效机制建设，增强源头上防治商业贿赂的实效。

六、构建惩治和预防腐败体系，扎实推进治本抓源头工作

构建惩治和预防腐败体系是国土资源系统反腐倡廉治本抓源头的重要措施，要以深化改革和制度创新为动力，积极推进这项工作。继续开展国土资源系统思想作风建设和党风廉政建设情况的调研，加强国土资源系统惩防体系建设课题研究，组织制定国土资源部落实中央《建立健全惩治和预防腐败体系2008—2012年工作规划》的实施意见。

加强对权力监督制约的制度建设。以健全行政权力公开运行机制为重点，完善土地和矿业权审批管理制度，加强行政执法管理制度建设。把行政不作为、乱作为和严重损害群众利益等行为作为问责重点，建立行政问责制和绩效管理制度，提升国土资源部门的执行力和公信力。

继续完善土地出让制度，提高市场配置土地资源的比重。全面落实经营性用地、工业用地招标拍卖挂牌出让制度，严格实施工业用地最低价标准，发挥低价机制对土地优化配置的积极作用。严格规范土地出让行为，实行划拨用地范围，探索对国家机关办公用地、交通能源水利等基础设施用地、城市基础设施及各类社会事业用地，实行有偿使用的办法。全面推进矿产资源有偿使用制度改革，落实探矿权、采矿权招标拍卖挂牌出让制度，积极推进矿业权市场建设。加强矿业权评估管理，完善矿业权评估制度，着力从源头上预防腐败。

二〇〇八年三月二十七日

中共国土资源部党组关于2009年党风廉政建设和反腐败工作的实施意见

国土资党发〔2009〕9号

各省、自治区、直辖市国土资源厅（国土环境资源厅、国土资源局、国土资源和房屋管理局、规划和国土资源管理局），计划单列市国土资源行政主管部门，国家海洋局，国家测绘局，解放军土地管理局，新疆生产建设兵团国土资源局，各派驻地方的国家土地督察局，中国地质调查局及部其他直属单位，部机关各司局：

2009年国土资源系统党风廉政建设反腐败工作要以邓小平理论和“三个代表”重要思想为指导，深入贯彻落实科学发展观，全面贯彻党的十七大和十七届三中全会精神，按照中央纪委第三次全会和国务院廉政会议的部署，坚持标本兼治、综合治理、惩防并举、注重预防的方针，以完善惩治和预防腐败体系为重点加强反腐倡廉建设，以改革创新精神抓好《工作规划》落实，严格执行党风廉政建设责任制，加强对重大决策部署落实情况的监督检查，着力解决党员干部在党性党风党纪方面存在的突出问题，以党风廉政建设的新成效，为国土资源事业发展提供有力保证。

一、积极履行监督检查职责，促进科学发展重大决策部署贯彻落实

各级国土资源管理部门要认真履行职责，保障和促进科学发展重大决策部署的贯彻落实。各级纪检监察部门要加强监督检查，建立落实科学发展观的纪律保障机制。

认真开展落实中央扩大内需促进经济增长政策措施的监督检查。积极主动服务与严格规范管理相结合，建立“快速通道”，加快新增中央投资项目建设用地审查，落实土地审批、供应和矿产资源保障，确保民生工程、基础设施、生态环境和灾后重建等重点建设项目的用地供应。加强对建设用地全程监管，严防高耗能、高污染、产能过剩和低水平重复建设的项目用地，保证土地供应符合中央规定的投向。对项目用地申报和审批过程中弄虚作假、欺上瞒下，把关不严、随意变通的，对贯彻落实中央政策措施不力、失职渎职造成严重后果的，要依据有关规定严肃处理并严格追究责任。

加强对耕地保护和节约用地政策规定执行情况的监督检查。执行最严格的耕地保护制度和节约用地制度，落实耕地保护目标责任制，坚决纠正破坏、浪费、闲置土地资源以及落实耕地保护政策中弄虚作假的问题。加强农村集体建设用地流转管理，严肃处理违反土地流转政策的行为。强化执法监察和土地督察，及时发现并有效制止各类土地违法行为，严格执行《违反土地管理规定行为处分办法》。

二、加强党员干部党性修养，树立和弘扬优良作风

加强党员干部作风建设是贯彻落实科学发展观的重要保证。按照胡锦涛总书记关于作风建设的总体要求，加强党性修养和作风建设，切实解决当前一些领导干部作风上存在的突出问题，努力在改进作风方面取

得新成效。

部机关和直属单位在全系统要起表率作用。一要顾全大局、令行禁止。增强大局意识、责任意识和忧患意识，遵守政治纪律、保证政令畅通，自觉维护中央大政方针和国土资源政策的严肃性。二要心系群众、服务人民。体察社情民意，倾听群众意见，在履行职责中着力保障和改善民生，切实解决好涉及群众利益的问题。三要真抓实干、务实求效。沉下身子深入基层调研，提出解决重要问题的实招、破解难题，使国土资源管理措施得到有效落实。四要勤俭节约、艰苦奋斗。勤俭办一切事业，有效落实公务购车用车、会议费、接待费和出国（境）经费支出零增长的要求，抵制铺张浪费之风。五要解放思想、改革创新。加快实施国土资源改革和制度创新，加强重大专题研究，把解决土地和矿产资源管理工作的难点、热点问题与转变职能、改进作风、增强执行力紧密结合，完善保障和促进科学发展新机制。

加强对党员干部作风状况的监督检查，及时发现、有效解决党性不强、作风不正、执纪不严等方面问题。积极推行党政领导干部问责制，严肃追究行政不作为、乱作为和严重损害国家利益的行为。认真落实党风廉政建设责任制，抓好责任分解、责任考核、责任追究，促使各级领导干部对党风廉政建设切实负起领导责任。

三、加强党风廉政教育，认真抓好领导干部廉洁自律工作

开展党的宗旨教育、社会主义核心价值体系教育和党性党风党纪教育，引导党员干部坚定理想信念，做到讲党性、重品行、做表率。深入开展示范教育、警示教育和岗位廉政教育，大力开展形式多样的廉政文化活动，进一步提高党员干部拒腐防变的意识和能力。要把反腐倡廉教育列入干部教育培训计划，同培养、选拔、管理、使用干部结合起来。

认真贯彻落实领导干部廉洁自律各项规定，严格禁止利用职务上的便利谋取不正当利益。根据中央纪委三次全会部署，重点抓好以下工作：(1) 严禁领导干部违反规定收送现金、有价证券、支付凭证和收受干股等行为。(2) 落实领导干部配偶和子女从业、投资入股、到国(境)外定居等规定和有关事项报告登记制度，严禁发生与公共利益冲突的行为。(3) 治理违规组织集资合作建房、超标准建房、在风景名胜或公园区建房等问题；纠正领导干部违反规定发放住房补贴、多占住房、以明显低于市场价格购置住房或以劣换优、以借为名占用住房等问题。(4) 严禁领导干部利用和操纵招商引资项目、资产重组项目，为本人或特定关系人谋取私利。(5) 严禁领导干部相互请托，违反规定为对方的特定关系人在就业、投资入股、经商办企业等方面提供便利，谋取不正当利益。

深入开展制止公款出国（境）旅游专项工作，从严控制出国（境）经费、团组数量和规模，从严控制在国（境）外停留时间。继续开展治理"小金库"和规范津贴补贴发放工作。严格控制新建楼堂馆所，纠正超预算超标准装修办公用房，超标准超编制配备使用小汽车的问题。

四、切实加强对领导干部监督，确保权力正确行使

强化监督是有效预防腐败的关键，要推进监督工作创新，把防治腐败的要求落实权力结构和运行机制的各个环节。切实加强对领导干部特别是领导班子主要负责人的监督，重点监督遵守政治纪律、贯彻科学发展观、执行民主集中制、落实党风廉政建设责任制和廉洁自律等情况。

认真落实党内监督条例加强对民主生活会、述职述廉、诫勉谈话和函询等制度执行情况的检查。严格执行党员领导干部报告个人有关事项的规定。继续做好对主要领导干部任期的经济责任审计。继续做好巡视工作，规范程序，提高质量，扩大范围，深入开展对机关司局、直属单

位和各派驻地方的国家土地督察局的巡视。把巡视监督与日常监督、干部任用相结合，注重巡视成果的运用。

落实对重点部位和环节有效监督的措施。强化对重大决策、重要干部任免、重大项目安排和大额度资金使用的监督。严格规范土地、探矿权和采矿权审批程序，执行国土资源法定行政许可、资金项目安排、规划计划等事项会审制度；推进门户网站建设，扩展政务大厅统一受理、限时办结、结果公开的审批事项范围，实行网上申报审批的效能监督；扩大民主推荐和公示范围，监督干部选拔任用全过程；继续开展清理规范事业单位投资办企业工作；规范专项资金收支管理，发挥财务管理信息系统的监督作用，开展预算单位经常性财务审计。

五、加强征地监管，切实维护被征地农民的合法权益

严格落实征地补偿安置各项政策，严把征地补偿安置审查关，对征地补偿偏低、没有按规定落实社会保障措施的，一律不予报批用地。依法合理确定补偿标准，指导各地切实做好征地统一年产值标准和区片综合地价的公布实施工作，防止随意改变或降低补偿标准，使补偿及时足额到位。认真做好征地报批前告知、确认和听证工作，维护被征地农民的知情权、参与权、监督权和申诉权。积极探索多元化安置途径，推进解决被征地农民就业、住房和社保等问题。建立健全维护被征地农民利益的长效机制。

认真治理征地中损害农民利益的问题。坚决纠正征地补偿标准不合理、补偿不到位、基本保障不落实等损害被征地农民利益的问题；严肃查处违规违法占用农村集体土地、非法占用基本农田，甚至强行侵占农民土地等违纪违法行为。

六、加大查办案件工作力度，发挥办案治本功能

以查办发生在国土资源管理部门和领导干部中的滥用职权、贪污贿赂、腐化堕落、失职渎职的案件为重点，严肃查处官商勾结、权钱交易的案件，利用行政审批权、执法权索贿受贿、徇私舞弊的案件。查处非法批地、低价出让土地或擅自变更规划获取非法利益的案件；查处违法审批探矿权和采矿权，违法入股矿产资源开发的案件；查处土地出让和资源开发领域的商业贿赂案件；查处领导干部违规违法收受财物、经商办企业、干预市场交易活动、公款出国（境）旅游等行为。

认真排查群众举报的案件线索，并做好核实工作。要注意把案件处理与教育挽救有机结合，既要严肃执行纪律，又要宽严相济，严格区分一般错误和违纪行为界限，保护干部的合法权益。要用典型案例教育警示干部自觉抵御诱惑；对案件暴露的漏洞健全制度规范；善于从案件中发现苗头性、倾向性问题，改进监督工作，切实发挥查办案件的治本功能。

七、深化改革创新，促进重点领域和关键环节的治本抓源头工作

完善惩治和预防腐败体系建设，切实抓好《工作规划》落实。以解放思想为先导、深化改革为动力、创新制度为保证，把规范权力运行、健全市场机制、强化监管惩处结合起来，深化治本抓源头工作。以修改《土地管理法》、《矿产资源法》为重点，完善增强资源宏观调控能力、落实耕地保护责任制、提高保障发展能力、规范国土资源开发利用秩序、保护群众合法权益的制度体系，建立市场配置资源新机制，着力土地和矿业权市场建设，认真治理土地管理和矿产资源开发领域的突出问题。

严格执行国有土地使用权招拍挂出让制度，逐步缩小划拨用地和协议出让范围，推进经营性基础设施用地有偿使用。建立城乡统一的建设用地市场，制定农村集体建设用地出让、转让管理制度。规范集体建设用地交易行为，对依法取得的农村集体经营性建设用地，在当地统一有形的土地市场上以公开、规范的方式出让转让。严格执行探矿权、采矿权出让规定，开展矿业权市场建设有关制度执行情况的检查，全面实行探矿权采矿权统一配套制度，规范矿业权转让行为。全面落实《土地市场和矿业权市场诚信体系建设实施方案》，建立健全国土资源市场诚信体系及运行机制。

二○○九年二月二十日

中共国土资源部党组关于2010年党风廉政建设和反腐败工作的实施意见

国土资党发〔2010〕1号

各省、自治区、直辖市国土资源厅（国土环境资源厅、国土资源局、国土资源和房屋管理局、规划和国土资源管理局），副省级城市国土资源行政主管部门，国家海洋局，国家测绘局，解放军土地管理局，新疆生产建设兵团国土资源局，各派驻地方的国家土地督察局，中国地质调查局及部其他直属单位，部机关各司局：

2010年国土资源系统党风廉政建设和反腐败工作要全面贯彻党的十七大和十七届三中、四中全会精神，按照中央纪委十七届五次全会和国务院廉政工作会议的部署，深入贯彻落实科学发展观，坚持标本兼治、综合治理、惩防并举、注重预防的方针，加强作风建设，加强以完善惩治和预防腐败体系为重点的反腐倡廉建设，严格执行党风廉政建设责任制，着力推进反腐倡廉制度建设，围绕中心、服务大局，开拓创新、狠抓落实，不断取得党风廉政建设和反腐败斗争新成效，为国土资源促进经济平稳较快发展提供有力保障。

一、全面贯彻落实十七届四中全会精神，加强对中央重大决策执行情况的监督检查

认真学习贯彻党的十七届四中全会精神，是当前和今后一个时期的重要政治任务。各级国土资源管理部门，要切实加强领导，组织党员干部深入学习四中全会文件，深刻领会精神实质。要按照党的四中全会和中央经济工作会议要求，认真执行《中共中央关于加强和改进新形势下党的建设的若干问题的决定》（中发〔2009〕9号），以构建保障和促进科学发展的国土资源新机制为主线，抓好各项任务的落实，更好地服务经济社会发展大局。国土资源系统各级纪检监察部门，要认真履行监督检查职责，建立健全纪律保障机制。

加强对中央有关国土资源管理重大决策部署执行情况的监督检查。各级国土资源管理部门要围绕加快经济发展方式转变和结构调整、保持经济平稳较快发展的首要任务，继续开展“双保”行动，切实保障中央和地方重大项目、民生项目用地需求，落实耕地保护共同责任制。全力做好保障和改善民生、规范和节约用地等工作的监督检查。重点加强城市房地产开发用地监管，确保保障性住房建设的土地供应。坚决纠正和严肃查处破坏、浪费、闲置土地资源以及在落实耕地保护政策中弄虚作假的问题。加强执法检查和重点督察，严格按照《违反土地管理行为处分办法》（监察部、人力资源和社会保障部、国土资源部令第15号）规定，坚决纠正有令不行、有禁不止行为，严肃查处违纪违规案件，确保中央重大决策措施的贯彻落实。

二、弘扬党的优良作风，切实加强作风建设

巩固和深化作风建设的成果，建立健全作风建设的各项制度和监管机制，把作风建设常态化。以领导班子、领导干部为重点，大兴密切联

系群众之风，着力解决脱离群众的不良风气。定期综合分析干部队伍思想作风状况，研究制定作风建设评议标准，开展干部定期接访。认真办好土地矿产法律服务热线，坚持领导干部定期接访，及时处理群众来信来访，充分发挥基层联系点的作用，保持同人民群众的密切联系。

坚持和完善民主生活会制度，把党性分析作为民主生活会的重要内容，认真开展批评与自我批评，坚决反对上下级和干部之间逢迎讨好，相互吹捧的庸俗作风，不断增强党内生活的原则性和实效性。继续整治文风会风，巩固整治成果，坚持运用信息化手段改进会议形式，严格控制会议数量、经费、规模，降低会议成本，提高会议效率。严格控制发文数量、范围，进一步提高办文质量。

继续保持艰苦奋斗的作风，坚持勤俭节约，反对铺张浪费，严格执行中央厉行节约的有关文件精神，着力抓好以下工作：(1) 继续严格控制出国(境) 团组数量和规模，完善管理制度，巩固专项工作成效。(2) 加强公务用车使用管理，严禁违反规定为领导干部配置用车。(3) 进一步规范公务接待制度，从严掌握接待标准，不得以参加会议、学习、培训、联谊活动等名义用公款请客送礼。(4) 从严控制楼堂馆所建设，严禁违反规定购建、装修办公用房。(5) 认真解决各种庆典、研讨会、论坛过多过滥的问题。对铺张浪费、奢靡享乐、挥霍公款的行为，要严肃处理。事业单位也要按照以上要求，制定相关制度，认真抓好落实。

三、坚持抓好党性党风党纪教育，严格执行廉洁自律各项规定

以党性党风党纪教育为重点，加强对党员干部特别是领导干部理想信念教育和廉洁从政教育，促使党员干部树立正确的世界观、人生观、价值观和权力观、地位观、利益观，有针对性地开展岗位廉政教育、警示教育和示范教育，增强反腐倡廉教育的针对性和有效性。认真落实《关于加强廉政文化建设的意见》(中纪发〔2009〕27 号)，组织开展国

土资源廉政文化活动。

认真执行中央颁布的《中国共产党党员领导干部廉洁从政若干准则》及其他相关规定。严禁领导干部利用职权和职务上的影响为本人或特定关系人谋取不正当利益；严禁领导干部违反规定为配偶、子女及其他特定人在就业、投资入股、经商办企业等方面谋取不正当利益；严禁违反规定私自从事营利性活动；严禁违反规定收送现金、有价证券、支付凭证；严禁大操大办婚丧喜庆事宜或借机敛财；严禁用公款或接受与行使职权有关系的单位和个人邀请进行高消费娱乐、健身活动。领导干部要按照中央有关要求，如实报告个人在住房、投资、配偶子女从业等方面的情况，严格落实党员领导干部报告个人有关事项制度。纠正领导干部在集资建房、低价购房、多占住房等方面的违纪违规行为。进一步规范领导干部离职或退休后的从业行为，不得违反规定在企业和各类学会、协会、基金会等单位领取报酬。加强学会、协会、基金会资金管理的监督。继续做好规范公务员津贴补贴工作。进一步巩固部机关和事业单位“小金库”专项治理的成果，坚决纠正和查处在财务管理中的违纪违规行为。

四、强化制约措施，加强重点部位和关键环节的监督

认真执行和不断完善各项监督制度，积极探索加强监督的有效途径和方法，加大监督制度的创新力度，加强对领导干部行使权力的监督，加强对重点岗位、关键环节全方位全过程的监督，增强监督的权威性和有效性。

严格执行领导干部述职述廉、诫勉谈话、函询、质询等党内监督制度，加强对党政主要领导干部的监督。凡属重大决策、重要干部任免、重大项目安排和大额度资金使用等重要问题，必须经集体讨论决定。认真落实中央关于实行党政领导干部问责的暂行规定和关于进一步从严管理干部的意见，健全干部选拔任用责任追究制度。坚持领导干部监督联

席会议制度和新任领导干部廉政谈话。认真贯彻中央巡视工作条例，进一步规范和加强巡视工作，继续开展对部机关司局、国家土地督察机构和事业单位的巡视工作，加强巡视成果运用。继续做好对直属单位主要领导干部任期经济责任审计。

加强对土地、矿业权审批等重要管理环节的监督，积极推行电子政务，进一步完善国土资源政务大厅和门户网站建设，实行网上审批、报件、查询电子化运行，推进阳光行政。继续开展对部直属预算单位的内部审计，积极推行财务管理信息系统的运行，加强预算管理，实时对大额度资金使用监管。

五、采取有力措施，认真开展工程建设领域突出问题的专项治理

认真贯彻落实中央《关于开展工程建设领域突出问题专项治理工作的意见》（中办发〔2009〕27号），按照《国土资源部关于开展工程建设领域突出问题专项治理工作方案》，把工程建设领域突出问题专项治理工作纳入健全惩治和预防腐败体系的总体布局，有效治理土地、矿业权审批出让等管理环节中的突出问题。

扎实推进以下工作取得成效。一是完善经营性用地和工业用地招标拍卖挂牌出让制度，严格签订协议出让范围，加强国有土地使用权出让合同监管，搞好工业用地预申请制度试点。二是科学编制、严格实施土地利用总体规划、矿产资源规划，严格土地用途管制，科学设置矿业权。三是严格土地使用权、矿业权出让审批和价格评估的监管，加强对征地审批和批后实施的监管。四是建立健全城乡统一规范的土地市场，加快建设矿业权要素市场，建立和完善土地“批、供、用、补、查”和矿业权管理的综合监管平台。

六、坚决纠正不正之风，切实维护被征地农民的合法权益

按照土地征收、流转的法规规定和中央“三农”政策的要求，积极做好被征地农民的补偿工作，切实维护农民的合法权益。推行征地补偿款预存制度，确保在用地报批前足额落实征地补偿安置费用。督促各地公布实施新的征地补偿标准，对补偿不落实、标准偏低、安置不到位、社会保障措施不落实以及存在群访问题的，一律不予通过用地审查。建立和完善土地征收协调监管机制，维护被征地农民的知情权、参与权和申诉权。在农村土地整治的各个环节要广泛征求和充分尊重农村集体组织和农民意愿，在土地调整和利用方式、旧房拆迁、新居建设以及土地收益等方面提供更多话语权、知情权和选择权，坚决禁止违背农民意愿搞大拆大建、强拆强建。

配合做好被征地农民社会保障工作，拓展多元化安置渠道，配合社会保障部门研究落实被征地农民社会保障资金的渠道和办法。积极研究新农保制度与被征地农民社会保障制度的衔接，使被征地农民的长远生计有保证。

七、坚决查处违纪违法案件，发挥查办案件的治本功能

严肃查办发生在国土资源管理部门和领导干部中滥用职权、贪污贿赂、腐化堕落、失职渎职的案件，严厉惩处利用审批权、执法权、督察权谋取非法利益的行为。严肃查办土地管理和矿产资源开发中官商勾结、权钱交易的案件；严肃查办市场运作和项目管理中规避招标、虚假招标等徇私舞弊的案件；严肃查办领导干部违规违法收受财物、经商办企业、干预市场交易活动、公款出国（境）旅游等案件；严肃查办国土

资源管理中的商业贿赂案件。

进一步完善查办案件的协调工作机制，健全办案工作的内部制约和监督机制，认真执行重大案件报告制度，坚持依法办案和安全文明办案的规定。定期总结查办案件工作，加强案情的综合分析，把案件处理与教育挽救有机结合。要有针对性地用典型案例教育警示干部，自觉抵御诱惑。针对案件暴露的管理漏洞，健全制度规范。善于从案件中发现苗头性、倾向性问题，进一步发挥办案工作的治本功能。

八、深化改革和制度创新，加快推进国土资源系统惩防体系建设

全面落实中央惩防体系建设《工作规划》，以制约和监督权力为核心，以加强制度建设为重点，把惩防体系建设融入反腐倡廉各项工作之中，积极探索以高新技术应用规范权力运行和防腐新机制，继续推进国土资源管理部门承担的各项任务取得新成效。

加大国土资源管理改革和制度创新力度。加快《土地管理法》、《矿产资源法》的修改论证，推进法律法规和规范性文件“立、改、废”，进一步健全国土资源管理法规制度体系。规范推进农村土地管理制度改革，加强探矿权、采矿权招拍挂出让制度建设，努力在治本抓源头方面取得新突破。定期开展惩防体系建设工作检查，将检查结果纳入领导班子和领导干部的考核评价范围，作为对干部选拔任用和奖惩的重要依据。深入党风廉政建设专题研究，认真总结推行国土资源系统廉政风险防控机制建设的经验做法，开展典型案例剖析，探索建立国土资源行政权力运行全过程监控体系，推进国土资源系统惩防体系基本框架建设。

二〇一〇年二月三日

中共国土资源部党组关于2011年党风廉政建设和反腐败工作的实施意见

国土资党发〔2011〕14号

各省、自治区、直辖市国土资源厅（国土环境资源厅、国土资源局、国土资源和房屋管理局、规划和国土资源管理局），副省级城市国土资源行政主管部门，国家海洋局，国家测绘局，解放军土地管理局，新疆生产建设兵团国土资源局，各派驻地方的国家土地督察局，中国地质调查局及其他在京直属单位，部机关各司局：

2011年国土资源系统党风廉政建设和反腐败工作要全面贯彻党的十七大和十七届三中、四中、五中全会精神，按照中央纪委十七届六次全会和国务院廉政工作会议的部署。深入贯彻落实科学发展观，坚持以人为本、执政为民的理念。坚持标本兼治、综合治理、惩防并举、注重预防的方针，严格执行党风廉政建设责任制，加强以完善惩治和预防腐败体系为重点的反腐倡廉建设，以国土资源领域突出问题专项治理为契机，深入开展"两整治一改革"专项治理，围绕中心、服务大局，突出重点、整体推进，开拓创新、狠抓落实，不断取得党风廉政建设和反腐败斗争新成效，为国土资源管理工作提供有力保障。

一、全面贯彻落实党的十七届五中全会精神，加强对中央有关国土资源管理重大决策部署执行情况的监督检查

认真学习贯彻党的十七届五中全会和“十二五”规划建议精神，是当前和今后一个时期的首要政治任务。各级国土资源管理部门，要切实加强领导，准确把握“十二五”规划建议的指导思想、总体思路、目标任务和重大举措，在推进国土资源管理各项工作中，进一步加强对中央有关国土资源管理重大决策部署执行情况的监督检查。要按照“十二五”规划、中央经济工作会议和农村工作会议的要求，紧紧围绕“十二五”时期国土资源管理的基本思路，扎实推进“双保”工程，提升节约集约用地水平，切实保障中央重大项目、保障和改善民生项目用地需求，提高用地审批效率，确保重点项目依法及时落地。对贯彻中央关于加强和改善宏观调控，做好资源节约、保护、规范管理用地、加强房地产开发用地调控、确保保障性住房建设的土地供应等工作的监督检查。强化执法监察，加强土地督察。坚持公开通报和挂牌督办一批违法案件，充分发挥部、省、市、县四级12336举报互联互通作用，及时发现和报告土地、矿产违法行为。严格执法监察和责任追究，坚决纠正有令不行、有禁不止行为，确保中央关于国土资源管理重大决策措施的贯彻落实。

二、扎实推进作风建设，抓好制止奢侈浪费各项工作

继续推进作风建设，进一步建立健全作风建设的各项制度和监管机制。各级国土资源管理部门领导班子、主要领导干部要率先垂范，大力弘扬密切联系群众的优良作风。及时处理群众来信来访。建立健全联系点交流制度，进一步发挥基层联系点的作用。认真办好土地矿产法律服务热线和土地矿产违法举报热线，及时掌握并着力解决人民群众关心的

国土资源热点难点问题。大力弘扬理论联系实际、求真务实的优良作风，深入开展调查研究，着重克服官僚主义、形式主义、弄虚作假、心浮气躁等问题。认真开展批评与自我批评，坚决反对党内生活庸俗化。要加强对领导干部作风建设情况的监督检查，全面系统的掌握干部队伍的思想作风状况，及时发现和纠正党员干部在思想作风、学风、工作作风、领导作风和生活作风方面的突出问题。

要继续保持艰苦奋斗的作风，坚持勤俭节约，反对铺张浪费，认真落实中央厉行节约的有关文件精神，着力抓好以下工作：(1) 巩固“小金库”专项治理成果，推动整改措施落到实处，建立健全防治“小金库”的长效机制。(2) 严格执行党政机关和领导干部公务用车配备使用管理办法，按照中央纪委部署开展公务用车专项治理，纠正违反规定超标超编配车、换车、借车、摊派款项购车、豪华装饰、公车私用等。(3) 完善因公出国（境）管理制度，建立健全禁止公款出国（境）旅游的长效机制。(4) 认真规范公务接待管理的规定，严格公务接待经费预算管理，不得以参加会议、学习、培训、联谊活动等名义用公款请客送礼。(5) 认真解决各种庆典、研讨会、论坛过多过滥的问题。要严格审批程序，加强经费监管，规范领导干部行为。未经批准，领导干部不得参与或举办庆典、研讨会、论坛等活动。对铺张浪费、挥霍公款的行为，要严肃处理。(6) 继续严格控制机关办公楼等楼堂馆所建设。事业单位也要按照以上要求，制定相关制度，认真抓好落实。

三、加强对党员干部的教育和监督，认真落实《廉政准则》各项规定

认真学习贯彻关于加强领导干部反腐倡廉教育的相关规定，以开展岗位廉政教育、示范教育和警示教育为重点，加强对党员干部特别是领导干部理想信念教育和党性党风党纪教育，培养党员干部廉洁从政的观念，促使党员干部树立正确的世界观、人生观、价值观和权力观、地位

观、利益观，增强反腐倡廉教育的针对性和有效性。认真组织开展具有国土资源特色的廉政文化活动，推进廉政文化建设。

认真贯彻执行党内监督条例，严格执行领导干部述职述廉、诫勉谈话、函询、质询等党内监督制度，加强对各级领导干部的监督。积极探索加强监督的长效机制，加大监督制度的创新力度，强化对重点岗位、关键环节的监督，增强监督的有效性和针对性。凡属重大决策、重要干部任免、重大项目安排和大额度资金使用等事项，必须坚持集体讨论决定。坚持领导干部监督联席会议制度和新任领导干部廉政谈话。进一步规范和加强巡视工作，继续开展对部机关司局、土地督察机构和事业单位的巡视监督。继续做好对直属单位主要领导干部任期经济责任审计，开展对部直属单位的内部审计，充分发挥财务管理信息系统的作用，加强预算管理，强化对大额度资金使用监管。加强学会、协会、基金会资金管理的监督，坚决纠正和查处在财务管理中的违规违纪行为。

严格执行《中国共产党党员领导干部廉洁从政若干准则》及其他有关规定。全面落实《关于领导干部报告个人有关事项的规定》和《关于对配偶子女均已移居国（境）外的国家工作人员加强管理的暂行规定》。领导干部要按规定主动、如实报告个人在住房、投资、配偶子女从业等方面的情况。认真治理领导干部违反规定多占住房，买卖经济适用房或租赁保障性住房，利用职务之便接受可能影响公正执行公务的旅游、健身、娱乐等活动安排，利用职权委托理财，利用内幕信息谋取不正当利益等行为。进一步落实中央关于领导干部离职或退休后的从业规定，不得违反规定在企业和各类学会、协会、基金会等单位领取报酬。

四、加大查处违纪违法案件力度，坚决惩治腐败行为

保持查办案件的强劲势头，严肃查办发生在国土资源管理部门和领导干部中以权谋私、腐化堕落、失职渎职的案件，尤其是贪污贿赂案件。严厉惩处利用审批权、执法权、督察权、项目管理权、大额资金支

配权谋取非法利益的行为。严肃查办土地管理和矿产资源开发中官商勾结、权钱交易和严重损害群众利益的案件；严肃查办土地及矿业权市场交易和项目管理中徇私舞弊的案件；严肃查办领导干部违规违法收受财物、经商办企业、干预市场交易活动、公款出国（境）旅游等案件；严肃查办国土资源管理中的商业贿赂案件；严肃查处违反组织纪律的行为。依据中央关于实行党政领导干部问责的暂行规定，对领导干部在工作中失职、失察造成恶劣影响的，要实施问责。加强和改进信访举报、案件审理和管理工作，认真执行重大案件报告制度，建立健全腐败案件及时揭露、发现和查处机制，完善查办案件的协调机制。加强案情综合分析，有针对性的用重点环节和岗位的典型案例教育警示干部。针对案件暴露的管理漏洞，健全制度规范。善于从案件中发现苗头性、倾向性问题，充分发挥办案工作的治本功能。

五、深入开展“两整治一改革”专项行动，推动工程建设领域突出问题的专项治理

按照中央关于开展工程建设领域突出问题专项治理工作的总体部署，以“两整治一改革”专项行动为重点，深入推进国土资源领域腐败问题治理工作，大力整治土地和矿业权市场以及党员干部廉洁从政方面存在的突出问题，探索建立适合国土资源管理特点的廉政风险点防控体系。一是严格执行国有建设用地使用权和矿业权出让制度，严肃惩治利用职权非法批地批矿、低价出让土地以及权钱交易等问题，规范征地拆迁行为，坚决制止违法违规强制拆迁。二是充分发挥市场配置资源的基础性作用，规范市场交易行为，积极推进土地使用权和矿业权出让网上交易和监管，加快建立统一规范的有形市场，着力解决土地和矿业权出让中存在的突出问题。三是在土地、矿产资源审批出让环节，出台国有划拨建设用地使用权管理、加强矿业权评估行业管理的办法和文件，研究出台土地估价管理办法和国土资源行政处罚办法。四是切实加强对土

地整理、土地估价和矿业权评估机构的管理，推进土地储备机构与其下属或挂靠的从事土地开发相关业务的机构彻底脱钩。五是要针对岗位职责、业务流程、制度机制等方面存在的漏洞和廉政风险点，制定规范权力运行的对策措施，建立健全廉政风险防控机制。

部机关要发挥带头作用，扎实开展以“两整治一改革”为重点的廉政专项行动。要切实做到带头查找廉政风险点、带头制定防范措施、带头接受公开监督、带头整改突出问题、带头严格自律。以机关廉政专项行动带动系统“两整治一改革”行动，促进国土资源领域腐败问题的治理。继续抓好廉政风险点排查与防控体系建设，进一步梳理排查出的问题和制度漏洞，建立健全统一规范的土地和矿产资源管理制度。

六、强化国土资源管理职责，坚决纠正损害群众利益的行为

以维护农民的合法权益为根本出发点，切实解决在农村土地承包、流转、占补平衡等环节损害农民利益的问题，坚决制止违法违规强制征地拆迁行为。加快建立科学完善的征地补偿机制，进一步做好征地管理工作，全面实施征地统一年产值标准和区片综合地价，落实征地补偿费用，拓展安置途径，推进被征地农民社会保障。规范征地程序，强化征地批后实施监管。在用地审查中，对未严格履行征地程序、补偿标准低、安置途径单一、社保资金不落实的，一律不得通过用地审查。建立和完善土地征收补偿安置协调裁决机制，维护被征地农民的知情权、参与权和申诉权。

加大各级国土资源管理部门政务公开的力度，主动倾听群众意见，畅通社情民意反映渠道，关注群众的实际困难和利益诉求，自觉接受群众监督。进一步加强对基层国土资源管理部门干部的管理和监督，深入开展民主评议基层国土所工作，教育和引导党员干部牢固树立遵纪守法、服务群众的意识。切实解决基层干部征地补偿安置方面存在的问

题，坚决纠正少数基层干部对群众疾苦漠不关心、对群众呼声置若罔闻的行为。严肃查处滥用职权、以权谋私等行为。对不履行或不正确履行职责，严重侵害群众利益的，要追究有关人员的责任。

七、深化改革和制度创新，加快推进国土资源系统惩防体系建设

全面落实中央《建立健全惩治和预防腐败体系2008—2012年工作规划》确定的各项任务，以规范和监督权力运行为核心，以深化改革和制度创新为重点，加强调查研究，理清工作思路，积极探索规范权力运行和预防腐败新机制，整体推进教育、制度、监督、改革、纠风、惩治等工作。

加大国土资源管理改革和制度创新力度。坚持惩防体系建设与业务工作相结合，加快重点领域和关键环节改革，推进国土资源系统廉政风险防控体系建设。继续推进国土资源审批制度改革，深化国土资源管理行政法规和规范性文件的“立、改、废”，提高国土资源配置的质量和效率。持续推进并逐步深化征地制度试点工作，探索缩小征地范围途径和方式，完善征地补偿安置机制。深入推进国有土地有偿使用制度改革。及时出台新修订的划拨用地目录，逐步扩大有偿用地范围。大力推进土地使用权、矿业权市场体系建设，坚持和完善土地招拍挂出让制度，规范和完善多种房地产用地出让模式，推动土地供应由“价高者得”的单一目标向完善市场、保障民生等多目标管理转变。推进矿业权出让制度改革，进一步完善矿业权管理，规范矿业权协议出让。组织开展土地审批制度、土地招拍挂出让制度、矿业权出让方式的改革试点，积极推广“制度＋科技”等预防腐败经验，探索建立国土资源行政权力运行全过程监控体系，努力在治本抓源头方面取得新突破。

二〇一一年三月八日

中共国土资源部党组关于2012年党风廉政建设和反腐败工作的实施意见

国土资党发〔2012〕8号

各省（区、市）、副省级城市国土资源行政主管部门，国家海洋局，国家测绘地理信息局，新疆生产建设兵团国土资源局，各派驻地方的国家土地督察局，中国地质调查局及部其他直属单位，部机关各司局：

2012年是国土资源系统深化改革、强化管理的重要一年，国土资源管理任务十分繁重，国土资源系统党风廉政建设和反腐败工作任务十分繁重。2012年工作的总体要求是：深入贯彻党的十七大和十七届三中、四中、五中、六中全会精神，高举中国特色社会主义伟大旗帜，以邓小平理论和“三个代表”重要思想为指导，深入贯彻落实科学发展观，紧紧围绕国土资源管理改革发展的中心任务，坚持标本兼治、综合治理、惩防并举、注重预防的方针，严明纪律，加强作风建设，巩固深化“两整治一改革”工作，着力解决突出问题，建立健全廉政风险防控机制，严肃查办违纪违法案件，深入推进具有国土资源部门特色的惩治和预防腐败体系建设，不断取得党风廉政建设和反腐败工作的新成效，为国土资源事业改革发展提供坚强政治保证。

一、严明党的纪律，加强监督检查，确保中央关于国土资源管理重大决策部署的贯彻落实

严格执行党的政治纪律。把严明党的政治纪律作为贯彻执行党风廉政建设责任制的重要内容，加强政治纪律教育，引导和督促党员干部坚定政治立场和政治方向，增强政治敏感性和政治鉴别力。做到在大是大非面前头脑清醒、坚持原则，在大风大浪面前立场坚定、态度鲜明，在关键时刻经得起考验，自觉同以胡锦涛同志为总书记的党中央在政治上思想上行动上保持高度一致，坚决维护党的团结统一。全系统纪检监察部门要加强对党的政治纪律执行情况的监督检查。各级领导干部要严格要求自己，切实担负起本部门严格执行政治纪律的领导责任。严格执行组织人事纪律，教育引导党员领导干部正确对待个人进退留转，自觉服从组织安排。加强对拟提拔干部的廉政考察，防止“带病上岗”、“带病提拔”。加强对干部选拔任用全过程的监督，严肃整治跑官要官、买官卖官、拉票贿选和突击提拔干部等问题。

围绕贯彻实施“十二五”规划和中央经济工作会议精神，进一步加强对中央关于国土资源管理重大决策部署执行情况的监督检查。紧扣“十二五”时期国土资源管理的基本思路，加大转变经济发展方式监督检查力度，重点开展对中央关于耕地保护和节约用地等政策措施落实情况的监督检查。开展对加强和改善宏观调控、保障性安居工程住房供地、土地和矿业权市场建设等政策落实情况的监督检查。进一步强化执法监察和土地督察，严格责任追究，严肃查处违法行为，坚决纠正有令不行、有禁不止行为，确保中央关于国土资源管理重大决策部署落到实处。

二、强化教育和监督，促进领导干部廉洁自律

要紧紧围绕社会主义核心价值体系，深入学习贯彻党章，认真开展理想信念教育、党性党风党纪教育和职业道德教育，把党风党纪教育作为国土资源干部教育培训的重要内容，促使党员干部树立正确的世界观、人生观、价值观和权力观、地位观、利益观。落实党的十七届六中全会精神，在全系统组织开展以“廉洁国土”为主题的廉政文化创建活动，制定创建活动的目标、任务、方法、步骤，推动廉政文化进机关、进基层、进家庭。大力加强政治品质和道德品行教育。深入开展示范教育、警示教育和岗位廉政教育，把培养廉洁价值理念贯穿于领导干部培养、选拔、管理和使用的全过程。加强国土资源管理反腐倡廉网络舆情的收集、研判、处置工作，发挥互联网等新兴媒体在促进反腐倡廉建设中的积极作用。大力挖掘和培育先进典型，充分发挥典型示范和引领作用，营造廉洁从政的良好氛围。

贯彻执行党内监督条例，加强对各级领导干部的监督。严格执行领导干部述职述廉、诫勉谈话、函询等制度。加强对“三重一大”的监督，凡属重大决策、重要干部任免、重大项目安排和大额度资金使用等事项，必须坚持集体讨论决定。加强对民主集中制执行情况的监督检查，提高民主生活会质量。强化对重点岗位和关键环节的监督。突出监督的重点，加强对预算管理的监督，加强对项目管理、资金使用的监督。加强对学会、协会、基金会资金管理的监督，坚决纠正和查处财务管理中的违规违纪行为。继续加强对党政主要领导干部的经济责任审计。深入推进巡视工作。开展执法监察、廉政监察、效能监察，进一步做好绩效管理工作。

深入治理党员领导干部在廉洁自律方面存在的突出问题，全面落实《中国共产党党员领导干部廉洁从政若干准则》。防止利益冲突。进一步整治领导干部违规收受礼金、有价证券、支付凭证、商业预付卡等问

题，治理违规建房或多占住房、买卖和出租经济适用房或廉租住房等保障性住房问题，治理违规放贷以及利用职权以委托理财等形式谋取不正当利益等问题。严禁参加可能影响公正执行公务或用公款支付的高消费活动。落实领导干部离职或退（离）休后从业有关规定。严格遵守公务员津贴补贴的有关规定。认真执行《关于领导干部报告个人有关事项的规定》和《关于对配偶子女均已移居国（境）外的国家工作人员加强管理的暂行规定》等制度。

三、深入开展专项治理，抓好作风建设，切实解决人民群众反映强烈的突出问题

认真落实中央关于工程建设领域突出问题专项治理工作部署，抓好国土资源领域资质资格审批、项目决策、招标投标、土地出让、矿产资源开发、资金管理等重点环节的治理。继续深化国土资源领域腐败问题专项治理工作，进一步推进国土资源管理改革，加强廉政风险防控管理，落实廉政风险防控责任。着力推进国土资源领域项目信息公开和诚信体系建设，建立健全防止利益冲突的规定，全面推行制度廉洁性审查。健全完善市场配置、管理创新、行政权力监督制约、廉政风险预警、廉政风险教育和责任追究等六大机制，推进廉政风险防控管理常态化。

要切实加强领导机关和领导干部作风建设。严格执行中央厉行节约的有关文件精神。认真落实中央关于加强和创新社会管理的要求，督促落实领导干部下基层调研、定期接访等制度。坚决克服官僚主义、形式主义、弄虚作假、心浮气躁等不良风气。认真治理庸懒散问题，严肃处理不作为、乱作为等行为。落实部党组“五项规定”，切实解决党员领导干部在思想作风、工作作风、生活作风等方面的突出问题。

坚决纠正损害群众利益的不正之风。继续深入治理征地拆迁、土地管理等方面的突出问题。严格执行征地拆迁有关规定，强化对征地拆迁

的监管，切实解决在征地拆迁中群众反映强烈的突出问题。严厉查处囤地圈地、违规用地、土地闲置浪费等行为。积极推进征地制度改革，加快相关法律法规修订工作，形成集体土地房屋拆迁补偿安置的法律约束和政策规范，建立和谐征地拆迁的长效机制。加强政风行风建设。

按照中央要求，着力做好以下专项工作：（一）深化庆典研讨会论坛过多过滥问题的专项治理，以严格审批程序和加强经费监管为重点，加强对举办节庆活动及社会组织举办研讨会论坛活动的管理，完善制度规定，坚决制止或取消增加基层负担、形式重于内容的活动。对经过批准举办的活动要严格控制规模，厉行节约。严格控制"三公"经费预算规模，从严控制楼堂馆所建设。（二）深化公务用车专项治理。完善和落实公务用车编制管理、购置审批、经费预算管理等制度，切实加强日常监管。规范执法用车的配备使用，加强对越野车配备使用的管理。抓好对违规车辆的纠正处理，坚决减少公务用车总量。积极稳妥推进公务用车制度改革。（三）继续贯彻落实因公出国（境）管理制度，建立健全禁止公款出国（境）旅游的长效机制。（四）巩固"小金库"专项治理成果，建立健全长效机制。

四、深化改革和制度创新，持续推进惩防体系建设

推进行政法规和规范性文件的"立、改、废"，深化国土资源行政审批制度改革，进一步清理、减少、调整和规范行政审批事项。抓好党的基层组织党务公开。进一步深化政务公开，认真执行政府信息公开条例，扩大行政决策和管理事务公开的领域和范围。着力推进国土资源管理项目信息公开和诚信体系建设。充分运用"制度＋科技"手段，深化土地和矿业权出让现代市场体系建设，加快推进土地和矿业权出让网上交易和监管。积极推进有条件的地方土地和矿业权交易进入统一规范的公共资源交易市场。加大反腐倡廉制度落实力度，建立健全制度执行监督和问责机制，提高制度执行力。

全面落实中央惩防体系建设工作规划明确国土资源部门的牵头任务。结合国土资源管理工作实际，围绕中央制定2013—2017年惩防体系工作规划开展调查研究，总结成功经验，注重国土资源管理制度设计和总体规划，为深入推进国土资源系统惩防体系建设打下基础。以制约和监督权力为核心，坚持把国土资源管理权力监管的薄弱环节作为惩治和预防腐败体系建设的重点区位，从源头上加大国土资源管理改革力度。加大反腐倡廉制度落实力度，建立健全制度执行监督和问责机制，提高制度执行力。加快构建具有国土资源部门特色的惩防体系建设。

五、坚决查处违纪违法案件，严肃党纪政纪

继续保持查办案件工作力度。重点查办发生在领导机关和领导干部中贪污贿赂、失职渎职的案件，严肃查办违反政治纪律和组织人事纪律的案件。以查处土地和矿产资源管理领域的案件为重点，严肃查办官商勾结、权钱交易和严重损害群众利益的案件。严厉惩处利用审批权、执法权、督察权、项目管理权、大额资金支配权谋取非法利益的行为。严肃查办土地及矿业权市场交易和项目管理中徇私舞弊的案件。严肃查办领导干部违规违法收受财物、经商办企业、干预市场交易活动、公款出国（境）旅游等案件。严肃查办国土资源管理中的商业贿赂案件。

进一步加强和改进信访举报工作，畅通举报渠道，完善保护证人、举报人的制度。加强案件审理和案件监督管理工作，提高依纪依法、安全文明办案水平。认真执行重大案件报告制度。加强案件统计分析，发挥查办案件的治本功能。规范党员领导干部违纪违法案件的信息发布和新闻报道，努力取得良好的政治效果、社会效果和法纪效果。

六、加强纪检监察队伍建设，提高工作能力和水平

全系统纪检监察部门要紧紧围绕社会主义核心价值体系建设，组织

纪检监察干部深入学习贯彻党的基本理论、基本路线、基本纲领、基本经验，自觉用中国特色社会主义理论体系特别是科学发展观武装头脑、指导实践、推动工作。加强以人为本、执政为民教育，督促纪检监察干部加强党性修养和作风养成，进一步坚定理想信念，增强政治意识、大局意识、责任意识、服务意识。

广大纪检监察干部要以更高的标准要求自己，认真履行好职责，严格遵守政治纪律、工作纪律、办案纪律、保密纪律和廉政纪律，自觉接受党组织、党员干部、人民群众和新闻舆论的监督。自觉做到对党和国家无限忠诚、对腐败分子和消极腐败现象坚决斗争、对广大干部和群众关心爱护、对自己和亲属严格要求。进一步增强抓好国土资源系统党风廉政建设的政治责任感和工作紧迫感，始终保持饱满的工作热情和昂扬的精神状态。以巩固和深化“两整治一改革”工作为重点，毫不放松地做好今年党风廉政建设的各项工作。

三、部党组关于党风廉政建设和反腐败工作的任务分工

关于报送中共国土资源部党组 2005 年党风廉政建设和反腐败任务分工的报告

国土资党发〔2005〕15 号

中共中央纪律检查委员会：

依据党中央、国务院关于 2005 年党风廉政建设和反腐败各项任务及要求，国土资源部党组进行了认真研究和部署，党组成员做了分工，具体任务已分解到部机关司局和有关直属单位。现将《中共国土资源部党组 2005 年党风廉政建设和反腐败任务分工》报上，请审示。

附件：中共国土资源部党组 2005 年党风廉政建设和反腐败任务分工

二〇〇五年三月九日

附件

中共国土资源部党组2005年
党风廉政建设和反腐败任务分工

依据中共中央、国务院《关于实行党风廉政建设责任制的规定》，按照中央纪委第五次全会、国务院第三次廉政工作会议部署的党风廉政建设和反腐败各项任务，结合工作实际，国土资源部2005年党风廉政建设和反腐败各项任务分工如下：

部领导和党组成员责任分工

孙文盛　党组书记、部长。对国土资源部的党风廉政建设负总责；对分管的人事教育司和联系的咨询研究中心、人力资源开发中心、中国地质学会、中国宝玉石协会的党风廉政建设负责。

李元　党组副书记、副部长。对分管的办公厅（研究室）、政策法规司、财务司、执法监察局、机关党委、离退休干部局、精神文明建设办公室、部党校和联系的财务服务中心、中国土地矿产法律事务中心（部土地争议调处事务中心）、中国矿业联合会的党风廉政建设负责。

鹿心社　党组成员、副部长。对分管的规划司、耕地保护司、国际合作与科技司和联系的信息中心、中国土地学会、中国土地估价师协会的党风廉政建设负责。

贠小苏　党组成员、副部长。对分管的地籍管理司、土地利用管理司、地质环境司和联系的地质出版社、大地出版社、中国自然辩证法研究会地学哲学委员会、中国老科技工作者协会国土资源分会、中国地质矿产经济学会的党风廉政建设负责。

汪民 党组成员、副部长。对分管的矿产开发管理司、矿产资源储量司、地质勘查司和联系的国土资源经济研究院、珠宝玉石首饰管理中心、矿产资源储量评审中心、油气资源战略研究中心、中国地质博物馆的党风廉政建设负责。

王寿祥 党组成员、中央纪委驻部纪检组组长。协助部党组、行政领导班子抓好国土资源部党风廉政建设工作。对分管的驻部纪检组、监察局的党风廉政建设负责。

王曙光 党组成员、国家海洋局局长。对国家海洋局系统的党风廉政建设负总责。

陈邦柱 党组成员、国家测绘局局长。对国家测绘局系统的党风廉政建设负总责。

孟宪来 党组成员、中国地质调查局局长。对中国地质调查局系统的党风廉政建设负总责。

王世元 党组成员、办公厅主任。对办公厅（研究室）、分管的机关服务局和联系的中国国土资源报社、宣传教育中心的党风廉政建设负责。

各司局和有关单位具体任务

一、维护党的纪律，促进领导干部廉洁从政工作

（一）各级党组织和党员干部要严格遵守“四大纪律八项要求”，特别是严格遵守党的政治纪律和组织纪律，并作为领导干部民主生活会对照检查和干部考核、选拔任用的重要内容和依据。严肃纠正和查处违反“四项纪律八项要求”的行为。

负责单位：人事教育司、驻部纪检组、监察局、机关纪委

（二）严格执行领导干部廉洁从政各项规定，加大执纪力度，切实

解决党风政风方面存在的突出问题。

1. 严肃查处收送现金、有价证券和支付凭证的问题。对违反规定的领导干部，一律先免职，再依据规定处理。

负责单位：驻部纪检组、监察局、人事教育司、机关纪委

2. 严肃查处"跑官要官"的问题。对"跑官要官"的不能提拔重用，在重要岗位上的要予以调整，已得到提拔的要坚决撤下来；对"跑官要官"制止不力造成用人严重失察失误的，要严肃追究责任。

负责单位：人事教育司、驻部纪检组、监察局、机关纪委

3. 认真治理领导干部放任、纵容配偶、子女及其配偶和身边工作人员利用领导干部职权和职务上的影响经商办企业或从事中介活动谋取非法利益的问题。违反规定的领导干部要辞去现任职务或者由组织责令辞职，并按照规定给予纪律处分。

负责单位：驻部纪检组、监察局、人事教育司、机关纪委

4. 严肃查处领导干部利用婚丧嫁娶等事宜收钱敛财的问题。

负责单位：驻部纪检组、监察局、人事教育司、机关纪委

5. 严肃查处党员干部参加赌博的问题。对违反规定参加赌博的，一律先免职，再依据规定处理；到国（境）外赌博的，要从严惩处。

负责单位：驻部纪检组、监察局、人事教育司、国际合作和科技司、机关纪委

二、纠正损害群众利益的不正之风工作

（一）巩固治理整顿各类开发区成果，加强监督检查，防止反弹。

负责单位：执法监察局、驻部纪检组、监察局

（二）健全并严格执行征地程序，加强土地批租管理，不得违反规定下放土地审批权，严禁规避法定审批权限将单个建设项目用地拆分审批。

负责单位：耕地保护司、土地利用管理司、驻部纪检组、监察局

（三）配合有关部门完善征地补偿和对失地农民的安置办法，对征收农民集体所有土地补偿费管理使用情况开展监督检查。

负责单位：耕地保护司、驻部纪检组、监察局

（四）严格执行城乡规划，控制建设用地规模。

负责单位：规划司、耕地保护司、土地利用管理司、地籍管理司

（五）严禁部机关各司局及直属单位乱办班、乱收费、乱发证，严禁借办班组织国内外旅游，违反规定的，要追究有关责任人的责任。

负责单位：人事教育司、驻部纪检组、监察局、机关纪委

三、查办违反党纪政纪案件和信访工作

部机关及系统违纪案件的查办工作，按干部管理权限和职责各负其责。

（一）查办机关和直属单位司（局）级干部违反党纪、政绩的案件。

负责单位：驻部纪检组、监察局、机关纪委、人事教育司

（二）查办部机关和直属单位处级以下干部违反党纪政绩的案件。

负责单位：机关纪委、人事教育司

（三）进一步做好征地问题信访工作，认真处理群众来信来访，妥善处理群体性事件。

负责单位：办公厅、机关服务局

四、深化改革，推进治本抓源头工作

（一）深化干部人事制度改革。完善领导干部交流、任职回避、经济责任审计等制度、严格执行《党政领导干部选拔任用工作条例》以及关于公开选拔、竞争上岗、领导干部辞职等方面的规定，预防和治理选人用人上的不正之风和腐败现象。

负责单位：人事教育司、驻部纪检组、监察局

（二）深化行政审批制度改革。认真贯彻实施行政许可法，进一步清理、规范吸纳有的行政审批事项。推进配套制度建设，完善审批方式，简化手续，减少环节，提高工作效率和服务质量。

负责单位：政策法规司、驻部纪检组、监察局

（三）深化财政管理体制改革，加强财务管理与监督。严格执行财经纪律，全面落实“收支两条线”、财务预算管理、国库集中首付等规

定，开展专项资金管理预算绩效考评。

负责单位：土地利用管理司、驻部纪检组、监察局

（四）全面落实和完善经营性土地使用权招标拍卖挂牌出让制度，强化对协议出让土地的监管，划拨土地要实行公示制度。

（五）组织对《国务院关于深化改革严格土地管理的决定》贯彻执行情况开展监督检查。

负责单位：执法监察局、政策法规司、规划司、耕地保护司、地籍管理司、土地利用管理司、驻部纪检组、监察局

（六）积极推进和规范探矿权、采矿权招标拍卖挂牌出让制度。

负责单位：矿业开发管理司、矿产资源储量司、驻部纪检组、监察局

五、贯彻落实《建立健全教育、制度、监督并重的惩治和预防腐败体系实施纲要》，完成中办国办通知中由国土资源部牵头负责的工作任务

（一）修订土地管理的法律法规。

负责单位：政策法规司

（二）加强土地出让制度建设。

负责单位：土地利用管理司

（三）严格控制划拨用地和协议出让土地范围。

负责单位：土地利用管理司

（四）逐步把工业用地纳入招标拍卖挂牌出让的范围。

负责单位：土地利用管理司

（五）严格土地审批。

负责单位：耕地保护司

（六）探矿权、采矿权审批、转让。

负责单位：矿业开发管理司、地质勘查司

（七）专项资金预算管理。

负责单位：财务司

六、继续贯彻落实“十条措施”和“五条禁令”

（一）监督、检查、指导《国土资源管理系统工作人员禁令》、《国土资源管理系统行政为民措施》和《部机关推进行政为民若干事项》的贯彻落实。

负责单位：部党风廉政建设领导小组办公室

（二）按照《国土资党发〔2004〕13号》文的分工，继续抓好《国土资源管理系统行政为民措施》和《部机关推进行政为民若干事项》的贯彻落实。

关于报送中共国土资源部党组 2006 年党风廉政建设和反腐败任务分工的报告

国土资党发〔2006〕9 号

中共中央纪律检查委员会：

根据党中央、国务院关于 2006 年党风廉政建设和反腐败各项任务及要求，国土资源部党组进行了认真研究和部署，党组成员做了分工，具体任务已分解到有关司局和直属单位。现将《中共国土资源部党组 2006 年党风廉政建设和反腐败任务分工》报上，请审示。

附件：中共国土资源部党组 2006 年党风廉政建设和反腐败任务分工

二〇〇六年三月三十一日

附件

中共国土资源部党组2006年
党风廉政建设和反腐败任务分工

依据中共中央、国务院《关于实行党风廉政建设责任制的规定》，按照中央纪委第六次全会、国务院第四次廉政工作会议部署的党风廉政建设和反腐败各项任务，结合工作实际，国土资源部2006年党风廉政建设和反腐败各项任务分工如下：

部党组成员责任分工

孙文盛　部党组书记、部长。对国土资源部的党风廉政建设负总责；对分管的人事教育司和联系的咨询研究中心、人力资源开发中心、中国地质学会、中国宝玉石协会的党风廉政建设负责。

李元　部党组副书记、副部长。对分管的办公厅（研究室）、政策法规司、财务司、执法监察局、国际合作与科技司、机关党委、离退休干部局、精神文明建设办公室、部党校和联系的财务服务中心、中国土地矿产法律事务中心（部土地争议调处事务中心）、中国矿业联合会的党风廉政建设负责。

鹿心社　部党组成员、副部长、国家测绘局局长。对国家测绘局的党风廉政建设负总责。对分管的部规划司和联系的中国土地估价师协会的党风廉政建设负责。

贠小苏　部党组成员、副部长。对分管的地籍管理司、土地利用管理司、地质环境司和联系的地质出版社、大地出版社、中国自然辩证法研究会地学哲学委员会、中国老科技工作者协会国土资源分会、中国地质矿产经济学会的党风廉政建设负责。

汪民　部党组成员、副部长。对分管的矿产开发管理司、矿产资源储量司、地质勘查司和联系的国土资源经济研究院、中国地质博物馆、珠宝玉石首饰管理中心、矿产资源储量评审中心、油气资源战略研究中心的党风廉政建设负责。

王世元　部党组成员、副部长、办公厅主任。对办公厅（研究室）、分管的耕地保护司、机关服务局和联系的信息中心、土地勘察规划院、土地整理中心、中国国土资源报社、宣传教育中心、扶贫领导小组办公室、中国土地学会的党风廉政建设负责。

王寿祥　部党组成员、中央纪委驻部纪检组组长。协助部党组抓好国土资源部党风廉政建设工作。对分管的驻部纪检组、监察局的党风廉政建设负责。

孟宪来　党组成员、中国地质调查局局长。对中国地质调查局的党风廉政建设负总责。

孙志辉　部党组成员、国家海洋局局长。对国家海洋局的党风廉政建设负总责。

各司局和有关单位具体任务

一、维护党的纪律，为国土资源管理工作提供有力保证

（一）落实科学发展观，做好国土资源管理工作

工作任务：围绕中央提出的加强宏观调控、建设社会主义新农村、转变经济增长方式、增强自主创新能力、节约能源和保护环境等重大政策和改革措施的落实情况开展监督检查。在国土资源管理工作中，确保党和国家关于国土资源管理工作的重要政策和措施得到落实。认真落实

国土资源节约集约利用政策、集约化水平，制止上不符合国家产业政策、发展规划和市场准入标准的项目，配合有关部门纠正重复建设、浪费资源和破坏环境等严重违反科学发展观的行为。

负责单位：规划司、耕地保护司、土地利用管理司、矿产开发管理司、驻部纪检组、监察局

（二）切实维护党章和其他党内法规

工作任务：监督检查执行党的政治纪律情况，保证政令畅通。认真检查执行“八个坚持、八个反对”和民主集中制的情况，大力弘扬求真务实，促进决策科学民主。认真检查执行厉行节约、反对铺张浪费规定的情况，纠正讲排场、比阔气、奢侈浪费等不良风气。

负责单位：机关党委、人事教育司、办公厅、驻部纪检组监察局

二、深入开展反腐倡廉教育，促进领导干部廉洁从政

（一）深入学习贯彻党章和《公务员法》

工作任务：组织广大党员学习党章和《公务员法》，使党员干部特别是领导干部坚定理想信念，树立正确的权力观、地位观、利益观和“八荣八耻”荣辱观，切实做到为民、务实、清廉。进一步提高党员学习、遵守、贯彻、维护党章的自觉性、坚定性。按照“品德好、有能力、会干事”和“十个走在前”的具体要求，建立保持共产党员先进性的长效机制。领导班子主要负责人要带头讲授廉洁从政内容的党课，教育党员模范遵守党章，做严格自律的表率。

负责单位：机关党委、人事教育司、驻部纪检组监察局

（二）大力开展反腐倡廉教育工作

工作任务：

1. 建立反腐倡廉教育工作联席会议制度。

负责单位：驻部纪检组监察局、机关党委、人事教育司

2. 开展国土资源管理特色的廉政文化活动。

负责单位：办公厅、机关党委、驻部纪检组监察局

（三）严格执行“四大纪律、八项要求”和领导干部廉洁从政各项规定，遵守《国土资源管理系统工作人员禁令》

工作任务：

1. 继续严肃查处领导干部违反规定收送现金、有价证券、支付凭证和参加赌博等问题。

负责单位：驻部纪检组监察局、人事教育司、机关纪委

2. 继续解决以各种名义公款旅游问题，防止和纠正在革命传统和爱国主义教育活动中借机公款旅游的行为。

负责单位：机关党委、人事教育司、驻部纪检组监察局

3. 继续纠正超标准超编制配备、使用小汽车和在住房上以权谋私的问题。

负责单位：办公厅、财务司、驻部纪检组监察局、机关服务局

4. 坚决执行《关于严肃纪律加强公务员工资管理的通知》，查处违反规定发放津贴补贴等行为。

负责单位：人事教育司、财务司、驻部纪检组监察局、机关纪委

三、加强对权力运行的制约和监督，确保权力正确行使

（一）认真贯彻执行党内监督条例

工作任务：

1. 加强对国土资源管理机关、领导干部，特别是领导班子主要负责人的监督。认真检查领导班子执行党的路线方针政策和决议的情况，监督检查重大事项决策、重要干部任免、重大项目安排和大额度资金的使用由领导班子集体作出决定的情况，有效防止权力失控、决策失误、行为失范。

负责单位：驻部纪检组监察局、人事教育司、机关党委

2. 监督检查领导干部个人重大事项报告、述职述廉、诫勉谈话和函询等制度的执行情况。

负责单位：人事教育司、驻部纪检组监察局、机关党委

（二）加强对国土资源管理法规执行情况的监督

工作任务：继续加强对行政许可法，土地和矿产资源管理法律法规执行情况的监督检查。

负责单位：政策法规司、驻部纪检组监察局

（三）加强对规划、土地、矿业权审批管理等行政权力运行的监督

工作任务：建立行政审批责任制，实施权力分解和内部制约，完善管理制度，规范审批程序，集体履行自由裁量权。

负责单位：规划司、耕地保护司、矿产开发管理司、地质勘查司

（四）加强对土地评估和矿业权评估中介机构的监管

负责单位：土地利用管理司、矿产资源储量司

四、加强政风行风建设，坚决纠正损害群众切身利益的突出问题

（一）继续纠正征地中损害农民利益的问题

工作任务：

1. 全面落实《国务院关于深化改革严格土地管理的决定》，加强监督检查，推进征地制度改革，促进耕地保护制度和对被征地农民的合理补偿政策措施的实施。全面完成征地统一年产值标准和区片综合地价制定工作。推广征地补偿预存制度。推进建立征地补偿安置纠纷协调和裁决机制。

负责单位：耕地保护司、政策法规司

2. 继续做好征地问题信访工作，认真处理群众来信来访，妥善处理群体性事件。

负责单位：办公厅、机关服务局

（二）继续贯彻执行《国土资源管理系统行政为民措施》

工作任务：本着公开透明实行阳光行政，方便基层群众的原则，加强队伍建设和基础建设。

负责单位：按《关于报送中共国土资源部党组 2004 年党风廉政建设和反腐败任务分工的报告》（国土资党发〔2004〕13 号）文的分工各负其责

五、认真开展治理商业贿赂专项工作，坚决纠正不正当交易行为

工作任务：全面开展自查自纠，查找国土资源管理领域中易发商业贿赂的部位和环节，纠正影响公平竞争的不正当交易行为；严肃查处商业贿赂的典型案件；积极探索在国土资源管理中建立预防商业贿赂的措施和长效机制。

负责单位：部治理商业贿赂领导小组办公室和领导小组各成员单位

六、坚决查办违纪违法案件，有效发挥治本作用

（一）查办违纪违法案件

工作任务：以查办领导机关和领导干部中违反党纪政纪的案件为重点，严肃查办土地和矿产资源管理人员滥用审批权、执法权，谋取非法利益的案件；查办在土地和矿业权出让中违反招标拍卖挂牌出让规定，国土资源管理人员利用权力参与办矿等经营活动，索贿受贿的案件；查办在国土资源项目资金管理中造成国有资产严重流失等违纪违法的案件；查办挥霍浪费公共财产、贪污受贿、失职渎职等案件。

负责单位：驻部纪检组监察局、机关纪委、执法监察局、财务司

（二）注重发挥查办案件的治本作用

工作任务：针对案件暴露的苗头性问题，查找管理上的薄弱环节，提出防范措施，督促改进工作。

负责单位：驻部纪检组监察局、人事教育司、机关纪委

七、深化改革，创新制度，深入推进治本抓源头工作

（一）进一步完善国有土地使用权出让制度

工作任务：发布实行《国有土地使用权招标拍卖挂牌出让规范》、《国有土地使用权协议出让规范》。出台修订的《划拨用地目录》，研究修订《划拨土地使用权管理办法》。继续推行土地市场信息公开制度，提出划拨用地和协议出让土地实行公示制度的实施意见。加强协议出让土地使用权最低价格制度落实的监督检查。制定工业用地招标拍卖出让实施意见，稳步推进经营性基础设施用地有偿使用。继续开展经营性土地出让制度的执法监察。

负责单位：土地利用管理司、政策法规司

（二）全面整顿和规范矿产资源开发秩序

工作任务：进一步规范和完善矿业权市场建设。加大矿产资源市场化配置的改革力度。积极推进探矿权、采矿权招标拍卖挂牌出让管理规定的落实。按照矿产资源分类管理原则，符合条件的探矿权采矿权，必须以招标拍卖挂牌的方式出让。

负责单位：矿产开发管理司、地质勘查司

（三）深入推行政务公开，切实加强依法行政

工作任务：

1. 进一步减少和规范行政审批。坚持法定行政许可、重大资金项目安排、规划计划等重大事项实行会审制度。

负责单位：政策法规司、规划司、财务司

2. 加快实施"金土工程"，建设部政务大厅，完善政务信息网上公开制度。按照公开、便民、高效的原则，逐步建立内容规范、形式完善、程序严密、机制健全的行政权利公开透明的运行体系。

负责单位：办公厅、政策法规司、信息中心、信息化领导小组办公室

（四）严格执行财政制度，强化对项目经费运行的监督

工作任务：加强对土地开发整理、地质调查、地质灾害防治、国土资源大调查等专项资金的管理。建立国土资源项目立项和预算审查公示、公告制度，健全项目管理责任制，定期开展项目绩效考评，考评结果与单位和负责人年度考核挂钩。加强对政府采购工作的管理和监督。

负责单位：财务司、财务服务中心

（五）继续推进干部人事制度改革

工作任务：建立干部监督工作联席会议制度。实行干部综合考核评价制度，注重考评结果的运用。加大干部轮岗、交流力度。完善对干部推荐提名、考察、酝酿、讨论决定等环节的监督措施，建立和完善干部选拔任用工作责任追究制度。

负责单位：人事教育司、机关党委、驻部纪检组监察局

关于报送中共国土资源部党组 2007 年党风廉政建设和反腐败任务分工的报告

国土资党发〔2007〕32 号

中共中央纪律检查委员会：

现将新的《中共国土资源部党组 2007 年党风廉政建设和反腐败任务分工》报上，请审示。

二〇〇七年七月二十日

中共国土资源部党组2007年
党风廉政建设和反腐败任务分工

依据中共中央、国务院《关于实行党风廉政建设责任制的规定》，按照中央纪委第七次全会、国务院第五次廉政工作会议部署的党风廉政建设和反腐败任务，结合工作实际，国土资源部党组2007年党风廉政建设和反腐败任务分工如下：

部党组成员责任分工

徐绍史 部党组书记、部长、国家土地总督察。对国土资源部党风廉政建设负总责；对分管的人事教育司和联系的咨询研究中心、人力资源开发中心、中国地质学会、中国珠宝玉石协会的党风廉政建设负责。

李元 部党组副书记、副部长、国家土地副总督察。对分管的政策法规司、财务司、执法监察局、国际合作与科技司、机关党委、离退休干部局、精神文明建设办公室、部党校和联系的财务服务中心、中国土地矿产法律事务中心（部土地争议调处事务中心）、中国矿业联合会的党风廉政建设负责。

鹿心社 部党组成员、副部长、国家测绘局局长。对国家测绘局的党风廉政建设负总责。对分管的部规划司和联系的中国土地估价师协会的党风廉政建设负责。

贠小苏 部党组成员、副部长。对分管的地籍管理司、地质环境司

和联系的地质出版社、大地出版社、中国自然辩证法研究会地学哲学委员会、中国老科技工作者协会国土资源分会、中国地质矿产经济学会、中国观赏石协会的党风廉政建设负责。

汪民　部党组成员、副部长、中国地质调查局局长。对中国地质调查局党风廉政建设负总责。对分管的部矿产开发管理司、矿产资源储量司、地质勘查司和联系的国土资源经济研究院、中国地质博物馆、珠宝玉石首饰管理中心、矿产资源储量评审中心、油气资源战略研究中心、中国矿业权评估师协会的党风廉政建设负责。

王世元　部党组成员、副部长。对分管的办公厅（研究室）、耕地保护司、机关服务局和联系的信息中心、土地勘测规划院、土地整理中心、中国国土资源报社、宣传教育中心、扶贫领导小组办公室、中国土地学会的党风廉政建设负责。

王寿祥　部党组成员、中央纪委驻部纪检组组长。协助部党组抓好国土资源部党风廉政建设工作。对分管的驻部纪检组、监察局的党风廉政建设负责。

孙志辉　部党组成员、国家海洋局局长。对国家海洋局的党风廉政建设负总责。

甘藏春　部党组成员、国家土地副总督察。对国家土地总督察办公室、完善体制提高素质活动办公室和派驻的 9 个国家土地督察局的党风廉政建设负责。

王瑞生　部党组成员、人事教育司司长。对人事教育司党风廉政建设负责。

各司局和有关单位具体任务

一、加强监督检查、保障科学发展观在国土资源系统得到贯彻落实

（一）加强监督检查，促进国土资源工作重要政策措施的落实

工作任务：要围绕加强土地调控、矿产资源有偿使用和维护群众权

益等一系列重大政策措施落实情况，加强监督检查。坚决纠正违反基本农田保护措施、违反规划和产业政策、浪费资源等违背科学发展观的问题。坚决纠正土地征收征用和矿产资源开发中损害群众利益的行为。

负责单位：规划司、耕地保护司、土地利用管理司、矿产开发管理司、地质勘查司、执法监察局、驻部纪检组监察局

（二）加强领导干部作风建设

工作任务：

1. 切实加强领导干部作风建设，认真解决领导干部在学风、思想作风、工作作风、领导作风、生活作风等方面的突出问题。以良好的作风保障科学发展观在国土资源系统得到贯彻落实。

负责单位：人事教育司、机关党委、驻部纪检组监察局

2. 坚决克服形式主义、官僚主义，改进会风和文风，精简会议和文件，严格执行会议、公务接待和差旅费管理有关规定。严禁用公款进行高消费娱乐等奢侈浪费行为。

负责单位：办公厅、机关党委、驻部纪检组监察局

3. 严格禁止、纠正以学习、考察、培训等名义公款旅游，特别是出国（境）旅游的不正之风。

负责单位：人事教育司、国际合作与科技司、机关党委

4. 严格控制评比达标表彰活动，防止过多过滥问题。

负责单位：人事教育司、办公厅、机关党委

5. 严格执行党风廉政建设责任制，对落实情况加强监督检查。

负责单位：驻部纪检组监察局、人事教育司、机关党委

二、加强思想道德教育和党纪国法教育，切实解决廉洁从政方面存在的突出问题

（一）加强对党员干部反腐倡廉学习教育

工作任务：组织党员干部认真学习《江泽民文选》和中央关于反腐倡廉的重要指示。坚持社会主义核心价值体系，用马克思主义中国化的最新成果武装头脑、指导实践。继续深入开展党章和法纪学习教育、社

会主义荣辱观教育、廉洁自律教育，筑牢拒腐防变的思想道德防线。

负责单位：机关党委、驻部纪检组监察局

（二）推进廉政文化建设

工作任务：开展国土资源特色的廉政文化创建活动，强化廉政意识，创建廉政氛围。

负责单位：机关党委、人事教育司、驻部纪检组监察局、国土资源报社、宣传教育中心

（三）大力宣传反腐倡廉工作

工作任务：整合宣传教育资源，大力宣传国土资源系统反腐倡廉的重要举措和工作成效。

负责单位：办公厅、机关党委、驻部纪检组监察局、国土资源报社、宣传教育中心

（四）严格执行“四大纪律八项要求”和廉洁从政各项规定，遵守《国土资源管理系统工作人员禁令》

工作任务：

1. 对领导干部利用职权和职务影响，在商品房买卖置换中以明显低于市场价格购置或以劣换优谋取不当利益的，以借为名占用他人住房、汽车的进行纠正和查处。

负责单位：驻部纪检组监察局、机关纪委

2. 对参与赌博或以变相赌博等形式收钱敛财的，借委托他人投资证券或其他委托理财的名义获取不正当利益的，为本人谋取预期的不正当利益或以各种方式为配偶、子女和其他亲友谋取不正当利益的进行纠正和查处。

负责单位：驻部纪检组监察局、机关纪委

3. 加强对领导干部配偶、子女从业情况的监督检查，开展申报登记，纠正存在的问题。

负责单位：驻部纪检组监察局、人事教育司、机关党委

4. 继续严肃查处领导干部违反规定收送现金、有价证券、支付凭证

以及违反规定发放津贴补贴等问题；纠正超标准超编制配备、使用小汽车；纠正多占住房等问题。

负责单位：驻部纪检组监察局、办公厅、规划司、财务司、机关纪委、机关服务局

三、强化对重点环节和重点部位权力行使的监督，规范权力的运行

（一）加强对重点环节和重点部位权力行使的监督

工作任务：

1. 监督检查行政许可法、公务员法的执行情况；监督检查土地和矿业权审批中依法行政的情况。

负责单位：驻部纪检组监察局、政策法规司、人事教育司

2. 监督监察部门预算、国库集中收付、政府采购和收支两条线管理规定的落实情况；监督检查国土资源重大项目管理和资金使用的情况。

负责单位：财务司、驻部纪检组监察局、财务服务中心

3. 进一步完善政务公开工作机制，建好门户网站，推进政务信息网上公开，建立健全机构合理、配置科学、程序严密、制约有效的权力运行机制。

负责单位：办公厅、政策法规司、驻部纪检组监察局、信息中心

（二）加强对领导班子和领导干部的监督

工作任务：

1. 认真执行党内监督条例，完善监督机制，落实监督制度。切实加强对领导班子和领导干部，特别是领导班子主要负责人的监督。监督检查领导班子及其成员维护党的政治纪律，贯彻执行民主集中制，选拔任用领导干部，落实党风廉政建设责任制和廉政勤政的情况；监督检查领导干部执行民主生活会、述职述廉、诫勉谈话等制度的情况。

负责单位：驻部纪检组监察局、机关党委、人事教育司

2. 严格执行党员领导干部报告个人有关事项的规定。进一步加强对领导干部的经济责任审计。

负责单位：人事教育司、驻部纪检组监察局、财务服务中心

四、加大查办违纪违法案件力度，严厉惩治腐败行为

（一）查办违纪违法案件

工作任务：以查办领导干部违反党纪政纪的案件为重点，继续查办滥用审批权、执法权、人事权谋取私利的案件。严厉查办非法批地、非法低价出让土地或擅自变更规划用途谋取利益的案件，违规审批探矿权和采矿权、参与矿产开发的案件；查办挥霍浪费公共财产、贪污贿赂、失职渎职、造成国有资产严重流失及严重损害群众利益等案件。

负责单位：驻部纪检组监察局、机关纪委、人事教育司、执法监察局

（二）维护党政纪律，坚持依纪依法办案

工作任务：要提高依纪依法办案的能力和水平，认真研究案件发生的新特点，拓展查办案件的治本功能，完善案件查办机制。认真做好信访举报工作，妥善处理群众反映的问题。

负责单位：驻部纪检组监察局、机关纪委、人事教育司

（三）继续深入开展治理商业贿赂专项工作

工作任务：继续深入开展治理商业贿赂专项工作，在查办土地出让、矿业权出让、土地和矿业权评估、项目发包中的商业贿赂案件的同时，积极探索建立防治商业贿赂的长效机制。

负责单位：治理商业贿赂领导小组办公室和领导小组各成员单位

五、切实维护被征地农民土地权益，深入推进政风建设

（一）纠正损害群众利益的不正之风

工作任务：切实抓好维护被征地农民土地权益的工作。认真执行土地规划计划，严格新增建设用地审查，落实保护耕地和征地补偿安置的责任制。抓紧全面实行征地统一年产值标准和区片综合地价，完善征地补偿机制。加快推进征地补偿安置争议协调裁决制度，开展矛盾纠纷排查化解工作，妥善解决征地引发的信访突出问题。切实加大对征地情况的监督检查，开展对损害农民土地权益问题的集中整治。积极推进征地制度改革，建立维护农民土地权益的长效机制。

负责单位：耕地保护司、规划司、政策法规司、执法监察局、办公厅、机关服务局、驻部纪检组监察局

（二）加强政风行风建设

工作任务：深入开展完善体制，提高素质工作，继续推进国土资源系统政风建设。全面推进依法行政，围绕提高执法水平、行政效率和服务质量开展作风建设，切实解决存在的问题。在民主评议政风行风活动中，积极创建示范单位。继续落实《国土资源管理系统行政为民措施》，严格廉洁奉公的职业操守，建设一支廉政勤政的国土资源管理队伍。

负责单位：政策法规司、人事教育司、办公厅、驻部纪检组监察局

六、深化改革和制度创新，拓展源头防治领域

（一）深化国有土地使用权出让制度改革

工作任务：认真落实《实施纲要》中和中央确定的2007年年底前的工作任务。严格执行经营性土地和工业用地招标拍卖挂牌出让制度。推进《全国工业用地出让最低价标准》落实，严格执行《协议出让国有土地使用权操作规范》和《招标拍卖挂牌出让国有土地使用权操作规范》，实行划拨和协议出让土地公示制度，深入推行土地市场信息公开制度。加强对工业用地招标拍卖挂牌出让制度落实情况的监督检查。

负责单位：土地利用管理司、政策法规司、驻部纪检组监察局

（二）深化矿产资源有偿出让制度改革

工作任务：全面实行探矿权、采矿权有偿取得制度，除国家规定以外，新设探矿权和采矿权，要以招拍挂等市场竞争方式出让。

负责单位：矿产开发管理司、地质勘查司、驻部纪检组监察局

（三）深化行政审批制度改革

工作任务：继续清理行政审批事项，完善审批运行机制。积极推进政务公开，加快国土资源部政务大厅建设，大力推进电子政务。

负责单位：政策法规司、办公厅、驻部纪检组监察局、信息中心

（四）深化财务管理制度改革

工作任务：严格国土资源专项资金管理，改革资金、项目分配办

法，完善对政府采购工作的管理。

负责单位：财务司、驻部纪检组监察局

（五）深化人事制度改革

工作任务：全面落实干部人事制度改革的制度措施，健全干部监督工作的协调机制，提高领导干部述职述廉的考核质量。

负责单位：人事教育司、驻部纪检组监察局

关于报送中共国土资源部党组 2008 年党风廉政建设和反腐败任务分工意见的报告

国土资党发〔2008〕14 号

中共中央纪律检查委员会：

根据中央纪委第十七届第二次全会和国务院廉政会议的部署，国土资源部党组对 2008 年党风廉政建设和反腐败工作任务进行了认真研究，党组成员做了分工，具体任务已分解到部机关各司局和有关直属单位。现将《中共国土资源部党组 2008 年党风廉政建设和反腐败任务分工意见》报上，请审示。

二〇〇八年三月二十七日

中共国土资源部党组2008年党风廉政建设和反腐败任务分工意见

按照中央纪委十七届第二次全会和国务院廉政工作会议部署的工作任务，部党组提出了党风廉政建设和反腐败工作的实施意见。为明确责任和任务，确保各项工作落到实处，根据党风廉政建设责任制的规定，现对2008年党风廉政建设和反腐败工作任务提出如下分工意见（列在最前的负责单位为牵头单位）。

部党组成员责任分工

徐绍史　部党组书记、部长、国家土地总督察。对国土资源部党风廉政建设负总责；对分管的人事教育司和联系的咨询研究中心、人力资源开发中心、中国地质学会、中国珠宝玉石协会的党风廉政建设负责。

鹿心社　部党组成员、副部长、国家测绘局局长。对国家测绘局党风廉政建设负总责。对分管的部规划司和联系的中国土地估价师协会的党风廉政建设负责。

贠小苏　部党组成员、副部长。对分管的政策法规司、财务司、地籍管理司、土地利用管理司、执法监察局、地质环境司和联系的大地出版社、财务服务中心、中国土地矿产法律事务中心（部土地争议调处事务中心）、中国自然辩证法研究会地学哲学委员会、中国老科技工作者协会国土资源分会、中国地质矿产经济学会、中国观赏石协会的党风廉政建设负责。

汪民　部党组成员、副部长、中国地质调查局局长。对中国地质调查局党风廉政建设负总责、对分管的矿产开发管理司、矿产资源储量司、地质勘查司、国际合作与科技司和联系的国土资源经济研究院、中国地质博物馆、珠宝玉石首饰管理中心、矿产资源储量评审中心、油气资源战略研究中心、中央地质勘查基金管理中心、中国矿业联合会、中国矿业权评估师协会的党风廉政建设负责。

王世元　部党组成员、副部长。对分管的办公厅（研究室）、耕地保护司、机关党委、离退休干部局、机关服务局、精神文明建设办公室、宣传教育中心、中国国土资源报社、扶贫领导小组办公室、中国土地学会的党风廉政建设负责。

王寿祥　部党组成员、中央纪委驻部纪检组组长。协助部党组抓好国土资源部党风廉政建设工作。对分管的驻部纪检组、监察局的党风廉政建设负责。

甘藏春　部党组成员、国家土地副总督察。对国家土地总督察办公室和各派驻地方的国家土地督察局党风廉政建设负责。

王瑞生　部党组成员、人事教育司司长。对人事教育司党风廉政建设负责。

各司局和有关单位具体任务

一、认真开展国土资源管理重大决策执行情况的监督检查，促进构建保障科学发展的新机制

（一）开展重大决策执行情况的监督检查

工作任务：加强对土地管理、矿产资源管理法律法规和节约集约用地政策执行情况的监督检查。会同有关部门开展对土地和矿业权出让情况专项清理和检查。会同有关部门开展对土地和矿业权出让情况专项清理和检查，纠正和查处违反土地和矿业权出让规定、规避招拍挂出让的

行为。加强国家土地督察和执法监督，修订并严格执行《违反土地管理规定行为处分办法》，严厉惩处各类违规违法行为。

负责单位：法规司、办公厅、总督察办、耕保司、利用司、开发司、执法局、驻部监察局

（二）严格土地调控和监管

工作任务：从严格控制新增建设用地，严格审查新开工项目建设用地。坚决停止供应别墅类房地产开发项目用地，从严控制新设各类开发区，坚决刹住乱占滥用农用地之风。纠正违反耕地保护制度的行为，推进耕地保护目标责任制的落实。

负责单位：规划司、总督察办、法规司、耕保司、地籍司、利用司、执法局

（三）规范矿产资源开发秩序

工作任务：加大对矿产资源开发中违规违法行为的查处力度，规范矿产资源开发秩序，巩固治理成果。

负责单位：开发司、储量司、执法局

二、深入开展反腐倡廉教育，加强领导干部廉洁自律和作风建设

（一）加强作风建设

工作任务：开展以依法行政、效能建设、廉洁从政为重点内容的作风建设活动。切实改进干部队伍作风，做到为民、务实、清廉。

负责单位：人教司、办公厅、机关党委、驻部监察局、宣教中心、国土资源报社、法律中心

（二）深入开展反腐倡廉教育

工作任务：巩固和发展先进性教育活动成果，加强反腐倡廉教育和廉政文化建设。开展先进典型示范教育和反面案例警示教育。加强对国土资源管理工作中先进典型的宣传力度。

负责单位：机关党委、纪委、办公厅、人教司、驻部监察局、宣教中心、国土资源报社

（三）落实领导干部廉洁自律规定的工作

工作任务：

1. 深入治理领导干部违反规定收送现金、有价证券，以及以赌博和交易等形式收敛钱财等问题。纠正和查处领导干部放任、纵容配偶、子女和身边工作人员利用其职权和职务影响经商办企业等问题。治理领导干部违规插手招标投标、土地和矿业权出让、产权交易、政府采购等市场交易活动谋取私利的问题。

负责单位：机关党委、办公厅、财务司、人教司、驻部监察局

2. 落实中央关于加强因公出国（境）管理的有关要求，坚决制止公款出国（境）旅游。严格执行中央关于党政机关国内公务接待管理的有关规定。

负责单位：办公厅、财务司、国际合作与科技司、人教司

3. 清理纠正领导干部在住房上以权谋私的问题。纠正超标准超编制配备使用小汽车、违规新建和装修办公用房等行为。

负责单位：机关服务局、办公厅、财务司、人教司、机关纪委

三、进一步加强监督，促使领导干部正确行使权力

（一）对领导班子和领导干部的监督

工作任务：

1. 落实党内监督制度。提高民主生活会的质量。开展对党内监督条例实施情况的专项检查，严格执行述职述廉、诫勉谈话、函询和党员领导干部报告个人有关事项等制度。

负责单位：人教司、机关党委、机关纪委、驻部纪检组

2. 继续对部机关和直属单位开展巡视工作。制定国土资源部巡视工作暂行规定。规定加强对部机关司局和直属单位领导班子主要负责人监督的暂行办法。

负责单位：驻部纪检组、人教司、机关党委

（二）推进政务公开工作

工作任务：健全政务公开制度，加强部政务大厅和门户网站建设，

实现网上申报和审批。着手制定国土资源部行政审批网上效能监察管理办法。

负责单位：办公厅、法规司、驻部监察局、信息中心

（三）专项清理工作和经济责任审计

工作任务：开展“小金库”专项治理，加强对“小金库”自查自纠工作的检查。规范和完善财务管理制度，加强专项资金的使用和管理，开展整顿规范直属单位投资办企业专项资金的使用和管理，开展整顿规范直属单位投资办企业专项工作，加强对党政主要领导干部的经济责任审计。

负责单位：财务司、人教司、机关纪委、财务服务中心

四、继续做好纠风工作，深入解决损害被征地群众利益的问题

（一）维护被征地群众利益

工作任务：严格落实征地补偿安置各项政策，完善征地补偿标准，规范征地程序，建立征地补偿监管机制。实施征地补偿安置争议协调裁决制度，扎实做好农村土地信访和矛盾纠纷排查调处工作。

负责单位：耕保司、办公厅、法规司、驻部监察局

（二）加强行政执法队伍建设

工作任务：加强行政执法管理制度建设和行政执法队伍的管理，坚决纠正利用行政执法权损害群众利益的不正之风。

负责单位：执法局、办公厅、法规司、驻部监察局

五、保持查办案件的工作力度，坚决惩治腐败行为

（一）查办违纪违法案件

工作任务：重点查处在土地和矿产资源管理中以权谋私、贪污贿赂、滥用职权、失职渎职的案件。查处通过非法批地批矿，低价出让土地和矿业权或擅自变更规划获取利益的案件；查处土地、矿业权出让和评估、项目发包中的商业贿赂案件；查处规避和虚假招标、贪污挪用专项资金的案件；查处土地和矿产资源管理中失职渎职及严重损害群众利益的问题，加强责任追究。

负责单位：驻部监察局、机关纪委、人教司、执法局

（二）治理商业贿赂工作

工作任务：防止和纠正国土资源管理工作中不正当交易行为，深化治理商业贿赂工作，推进防治商业贿赂长效机制建设。

负责单位：治理商业贿赂领导小组办公室

六、构建惩治和预防腐败体系，扎实推进治本抓源头工作

（一）构建国土资源系统惩治和预防腐败体系

工作任务：开展国土资源系统思想作风建设和党风廉政建设情况的调研和惩防体系建设课题研究。制定国土资源部落实中央《建立健全惩治和预防腐败体系2008—2012年工作规划》的实施意见。

负责单位：驻部纪检组、监察局、机关党委、经研院

（二）加强对权利监督制约的制度建设

工作任务：以健全行政权利公开运行机制为重点，完善土地和矿业权审批管理制度。建立行政问责制和绩效管理制度。

负责单位：法规司、办公厅、耕保司、开发司、人教司

（三）继续完善土地出让制度

工作任务：全面落实经营性用地、工业用地招标拍卖挂牌出让制度，严格实施工业用地最低价标准。严格规范土地出让行为，实行划拨用地和协议出让土地公示制度。逐步缩小划拨用地范围，探索对各类基础设施和社会事业用地实行有偿使用的办法。

负责单位：利用司、法规司、驻部监察局

（四）推进矿产资源有偿使用制度改革

工作任务：全面推进矿产资源有偿使用制度改革，落实探矿权、采矿权招标拍卖挂牌出让制度。加强矿业权评估管理，完善矿业权评估制度。

负责单位：开发司、储量司、财务司

关于报送中共国土资源部党组 2009 年党风廉政建设和反腐败任务分工意见的报告

国土资党发〔2009〕10 号

中央纪委：

根据第十七届中央纪委第三次全会的部署，国土资源部党组对 2009 年党风廉政建设和反腐败工作任务进行了认真研究，党组成员做了分工，具体任务已分解到机关各司局和有关直属单位。现将《中共国土资源部党组 2009 年党风廉政建设和反腐败任务分工意见》报上，请审示。

二〇〇九年二月二十日

中共国土资源部党组2009年
党风廉政建设和反腐败任务分工意见

按照第十七届中央纪委第三次全会的部署，为落实部党组党风廉政建设和反腐败工作的实施意见，明确责任和任务，根据党风廉政建设责任制的规定和工作职责，提出如下分工意见（负责单位列在第一位的为牵头单位）。

部党组成员责任分工

徐绍史　部党组书记、部长、国家土地总督察。对国土资源部和国家土地督察机构的党风廉政建设负总责；对分管的人事司和联系的咨询研究中心、人力资源开发中心、中国地质学会、中国宝玉石协会的党风廉政建设负责。

鹿心社　部党组成员、副部长。对分管的政策法规司、调控和监测司、规划司、耕地保护司和联系的土地整理中心、中国土地矿产法律事务中心、中国土地估价师协会的党风廉政建设负责。

贠小苏　部党组成员、副部长。对分管的土地利用管理司、执法监察局、科技与国际合作司和联系的地质出版社、大地出版社、中国地质矿产经济学会、中国自然辩证法研究会地学哲学委员会、中国老科学技术工作者协会国土资源分会的党风廉政建设负责。

徐德明　部党组成员、副部长、国家测绘局局长。对国家测绘局的党风廉政建设负总责。

汪民　部党组成员、副部长、中国地质调查局局长。对中国地质调查局的党风廉政建设负总责；对分管的地质勘查司、矿产开发管理司、矿产资源储量司、地质环境司和联系的中国国土资源经济研究院、中国地质博物馆、珠宝玉石首饰管理中心、矿产资源储量评审中心、油气资源战略研究中心、中央地质勘查基金管理中心、中国矿业联合会、中国观赏石协会、中国矿业权评估师协会的党风廉政建设负责。

王世元　部党组成员、副部长。对分管的办公厅、财务司、地籍管理司、机关党委及部党校、离退休干部局和联系的机关服务局、信息中心、中国土地勘测规划院、中国国土资源报社、宣传教育中心、财务服务中心、扶贫领导小组办公室、中国土地学会的党风廉政建设负责。

王寿祥　部党组成员、中央纪委驻部纪检组组长。协助部党组组织协调国土资源部门的党风廉政建设工作，对分管的驻部纪检组、监察局的党风廉政建设负责。

孙志辉　部党组成员、国家海洋局局长。对国家海洋局的党风廉政建设负总责。

甘藏春　部党组成员、国家土地副总督察。对国家土地总督察办公室和各派驻地方的国家土地督察局的党风廉政建设负责。

冀文林　部党组成员、办公厅主任。对办公厅的党风廉政建设负责。

各司局和有关单位职责范围的具体任务

一、积极履行监督检查职责，促进科学发展重大决策部署贯彻落实

（一）开展落实中央扩大内需促进经济增长政策情况的监督检查

工作任务：建立“快速通道”，加快新增中央投资项目建设用地审查，落实土地审批、供应和矿产资源保障，确保民生工作、基础设施、生态环境和灾后重建等重点建设项目的用地供应。严防高耗能、高污

染、产能过剩和低水平重复建设的项目用地，保证土地供应符合中央规定的投向。

负责单位：规划司、耕地保护司、土地利用管理司、矿产开发管理司

（二）加强对耕地保护和节约集约用地政策规定执行情况的监督检查

工作任务：落实耕地保护目标责任制，纠正破坏、浪费、闲置土地资源等问题。加强农村集体建设用地流转管理。强化执法监察和土地督察，及时发现、制止各类土地违规违法行为，严格执行《违反土地管理规定行为处分办法》。

负责单位：耕地保护司、土地利用管理司、执法监察局、国家土地总督察办公室、驻部监察局

二、加强党员干部党性修养，树立和弘扬优良作风

（一）加强党性修养，改进工作作风

工作任务：教育党员干部树立大局意识和责任意识，自觉维护中央大政方针和国土资源政策的严肃性；心系群众，认真倾听群众意见，深入基层，破解难题。

负责单位：机关党委、人事司、驻部纪检组

（二）勤俭节约，艰苦奋斗

工作任务：勤俭节约，抵制铺张浪费，落实公务购车用车、会议费、接待费和出国（境）经费支出零增长的规定。

负责单位：办公厅、科技与国际合作司、机关服务局

（三）改革创新，加强重大专题研究

工作任务：加强重大专题研究，加快实施国土资源改革和制度创新，完善保障和促进科学发展新机制。

负责单位：办公厅、调控和监测司

（四）加强对党员干部作风状况的监督检查

工作任务：推行问责制，严肃查处行政不作为、乱作为和严重损害

群众利益的行为。认真落实党风廉政建设责任制，抓好责任分解、责任考核、责任追究。

负责单位：人事司、驻部纪检组监察局、机关纪委

三、加强党风廉政教育，认真抓好领导干部廉洁自律工作

（一）加强宗旨教育，开展示范教育和警示教育

工作任务：加强党的宗旨教育、社会主义核心价值体系教育和党性党风党纪教育。开展示范教育、警示教育和岗位廉政教育。深入开展廉政文化活动。把反腐倡廉教育纳入干部培训计划，同领导干部的培养、选拔、管理、使用结合起来。

负责单位：机关党委、人事司、驻部纪检组监察局、宣传教育中心、中国国土资源报社

（二）落实领导干部廉洁自律各项规定

工作任务：

1. 治理领导干部违反规定收送现金、有价证券、支付凭证和收受干股等行为，治理违规组织集资合作建房、超标准建房问题；落实领导干部配偶和子女从业、投资入股、到国（境）外定居等规定和有关事项报告登记制度，严禁发生与公共利益冲突的行为，纠正领导干部违反规定发放住房补贴、多占住房、以明显低于市场价格购置住房或以劣换优、以借为名占用住房等问题，纠正领导干部相互请托，违反规定为对方的特定关系人在就业、投资入股、经商办企业等方面提供便利，谋取不正当利益。

负责单位：驻部纪检组监察局、人事司、机关纪委、机关服务局

2. 从严控制出国（境）经费、团组数量和规模，从严控制在国（境）外停留时间。开展治理“小金库”和规范津贴补贴发放工作。严格控制新建楼堂馆所，纠正超预算标准装修办公用房，超标超编配备使用小汽车的问题。

负责单位：办公厅、财务司、科技与国际合作司、人事司、驻部监察局、机关服务局

四、切实加强对领导干部的监督，确保权利正确行使

（一）加强对领导班子和主要负责人的监督

工作任务：

1. 监督遵守党的政治纪律、贯彻科学发展观、执行民主集中制、党风廉政建设责任制和廉洁自律规定等情况。

负责单位：驻部纪检组、机关党委

2. 加强对民主生活会、述职述廉、诫勉谈话和函询等制度执行情况的检查。严格执行党员领导干部报告个人有关事项的规定。

负责单位：人事司、机关党委、驻部纪检组

3. 继续对机关司局、直属单位和各派驻地方的国家土地督察局开展巡视督察，注重巡视成果的运用。

负责单位：驻部纪检组监察局、人事司、机关党委

4. 继续做好对主要领导干部任期的经济责任审计工作。

负责单位：人事司、财务服务中心

5. 严格规范土地、矿业权审批程序。

负责单位：耕地保护司、规划司、土地利用管理司、矿产开发管理司、驻部监察局

6. 扩大民主推荐和公示范围，监督干部选拔任用全过程。

负责单位：人事司、驻部纪检组监察局

7. 继续开展清理规范事业单位投资企业工作。

负责单位：财务司、驻部监察局

8. 规范专项资金收支管理，开展预算单位经常性财务审计。

负责单位：财务司、驻部监察局、财务服务中心

（二）推进政务公开工作

工作任务：推进门户网站建设，扩展政务大厅统一受理、限时办结、结果公开的审批事项范围。

负责单位：办公厅、政策法规司、驻部监察局、信息中心

五、加强征地监管，切实维护被征地农民的合法权益

（一）维护被征地农民权益

工作任务：严格落实征地补偿安置各项政策，严把征地补偿安置审查关，严格征地程序。指导各地切实做好征地统一年产值标准和区片综合地价的公布实施工作，防止随意改变或降低补偿标准。

负责单位：耕地保护司、驻部监察局

（二）认真治理征地中损害农民利益问题

工作任务：坚决纠正征地补偿标准不合理、补偿不到位、基本保障不落实等损害被征地农民利益的问题。严肃查处违规违法占用农村集体土地、非法占用基本农田，甚至强行侵占农民土地的违纪违法行为。

负责单位：耕地保护司、执法监察局、驻部监察局

六、有力推进查办案件工作，充分发挥办案的治本功能

（一）查处违纪违法案件

工作任务：严厉查处国土资源管理部门领导干部滥用职权、贪污贿赂、腐化堕落、失职渎职的案件；严厉查处非法批地、低价出让土地或擅自变更规划获取非法利益的案件；严厉查处违法审批探矿权和采矿权，违法入股矿产资源开发的案件；严厉查处官商勾结、权钱交易的案件，利用行政审批权、执法权索贿受贿、徇私舞弊的案件；严厉查处领导干部违规违法收受财物、经商办企业、干预市场交易活动、公款出国（境）旅游等行为。

负责单位：驻部纪检组监察局、机关纪委、执法监察局

（二）治理商业贿赂专项工作

工作任务：查处土地出让和资源开发领域的商业贿赂案件。

负责单位：治理商业贿赂领导小组办公室

（三）发挥查办案件的治本功能

工作任务：把案件处理与教育挽救有机结合，发挥查办案件的治本功能。

负责单位：驻部纪检组监察局、机关纪委、人事司

七、深化改革创新，促进重点领域和关键环节的治本抓源头工作

（一）深化治本抓源头工作

工作任务：完善惩治和预防腐败体系建设，切实抓好《工作规划》落实。把规范权力运行，健全市场机制、强化监管惩处结合起来，深化治本抓源头工作。

负责单位：驻部纪检组监察局、机关纪委、中国国土资源经济研究院

（二）着力土地市场建设

工作任务：严格执行国有土地使用权招拍挂出让制度，逐步缩小划拨用地和协议出让范围，推进经营性基础设施用地有偿使用。建立城乡统一的建设用地市场，制定农村集体建设用地出让，转让管理制度。规范集体建设用地交易行为，对依法取得的农村集体经营性建设用地，在当地统一有形的土地市场上，以公开、规范的方式出让转让土地使用权。

负责单位：土地利用管理司、政策法规司、驻部监察局

（三）推进矿业权市场建设

工作任务：严格执行矿业权、采矿权出让规定，开展矿业权市场建设有关制度执行情况的检查，全面实行探矿权采矿权统一配号制度，规范矿业权转让行为。

负责单位：矿业权开发管理司、政策法规司、驻部监察局

（四）推进土地市场和矿业权市场诚信体系建设

工作任务：全面落实《土地市场和矿业权市场诚信体系建设实施方案》，建立健全国土资源市场诚信体系及运行机制。

负责单位：土地利用管理司、矿产开发管理司、地质勘查司、矿产资源储量司

中共国土资源部党组关于2010年党风廉政建设和反腐败任务分工的意见

国土资党发〔2010〕2号

各省、自治区、直辖市国土资源厅（国土环境资源厅、国土资源局、国土资源和房屋管理局、规划和国土资源管理局），副省级城市国土资源行政主管部门，解放军土地管理局，新疆生产建设兵团国土资源局，各派驻地方的国家土地督察局，中国地质调查局及其他在京直属单位，部机关各司局：

按照中央纪委十七届五次全会的工作部署，为落实部党组关于党风廉政建设和反腐败工作的实施意见，根据党风廉政建设责任制的规定，结合各司局和有关单位的工作职责及任务，提出如下分工意见。

部党组成员工作分工和责任

徐绍史　部党组书记、部长、国家土地总督察。对国土资源部和国家土地督察机构的党风廉政建设负总责；对分管的人事司和联系的咨询研究中心、人力资源开发中心、中国地质学会、中国宝玉石协会的党风廉政建设负责。

鹿心社　部党组副书记、副部长、国家土地副总督察。对分管的政策法规司、调控和监测司、规划司、耕地保护司和联系的土地整理中心、中国土地矿产法律事务中心、中国土地估价师协会的党风廉政建设负责。

贠小苏　部党组成员、副部长。对分管的土地利用管理司、执法监察局、科技与国际合作司和联系的地质出版社、大地出版社、中国地质矿产经济学会、中国自然辩证法研究会地学哲学委员会、中国老科学技术工作者协会国土资源分会的党风廉政建设负责。

徐德明　部党组成员、副部长、国家测绘局局长。对国家测绘局的党风廉政建设负总责。

汪民　部党组成员、副部长、中国地质调查局局长。对中国地质调查局的党风廉政建设负总责；对分管的地质勘查司、矿产开发管理司、矿产资源储量司、地质环境司和联系的国土资源经济研究院、中国地质博物馆、珠宝玉石首饰管理中心、矿产资源储量评审中心、油气资源战略研究中心、中央地质勘查基金管理中心、中国矿业联合会、中国观赏石协会、中国矿业权评估师协会的党风廉政建设负责。

王世元　部党组成员、副部长。对分管的办公厅、财务司、地籍管理司、机关党委及部党校、离退休干部局和联系的机关服务局、信息中心、中国土地勘测规划院、中国国土资源报社、宣传教育中心、财务服务中心、扶贫领导小组办公室、中国土地学会的党风廉政建设负责。

王寿祥　部党组成员、中央纪委驻部纪检组组长。协助部党组组织协调国土资源部门的党风廉政建设工作，对分管的驻部纪检组、监察局的党风廉政建设负责。

孙志辉　部党组成员、国家海洋局局长。对国家海洋局的党风廉政建设负总责。

甘藏春　部党组成员、国家土地副总督察。对国家土地总督察办公室和各派驻地方的国家土地督察局的党风廉政建设负责。

冀文林　部党组成员、办公厅主任。对办公厅的党风廉政建设负责。

胡存智　部党组成员、总规划师。对工作范围的党风廉政建设负责。

各司局和有关单位职责范围的具体任务

一、全面贯彻落实十七届四中全会精神，加强对中央重大决策执行情况监督检查

（一）加强对中央有关国土资源管理重大决策部署执行情况的监督检查

工作任务：切实保障中央和地方重大项目、民生项目的用地需求，落实政府耕地保护目标责任。加强重点城市房地产开发用地监管，确保保障性住房建设的土地供应。

负责单位：规划司、耕地保护司、土地利用管理司

（二）加强执法监察和土地督察

工作任务：严格按照15号令规定，坚决纠正和严肃查处破坏、浪费、闲置土地资源，以及落实耕地保护政策中弄虚作假的问题。

负责单位：执法监察局、国家土地总督察办公室、耕地保护司、土地利用管理司、驻部监察局

二、弘扬党的优良作风，切实加强作风建设

（一）加强密切联系群众的工作作风

工作任务：大兴密切联系群众之风，定期综合分析干部队伍思想作风状况，研究制定作风建设评议标准。认真办好土地矿产法律服务热线，坚持领导干部定期接访，及时处理群众来信来访，充分发挥基层联系点的作用。

负责单位：办公厅、机关党委、人事司、法律中心

（二）坚持和完善民主生活会制度

工作任务：把党性分析作为民主生活会的重要内容，认真开展批评与自我批评，增强党内生活的原则性和实效性，切实提高民主生活会质量。

负责单位：人事司、机关党委、驻部纪检组

（三）继续整治文风会风

工作任务：坚持运用信息化手段改进会议形式，严格控制会议数量、经费和规模。严格控制发文数量和范围，精简一般性工作简报，进一步提高办文质量。

负责单位：办公厅、财务司

（四）落实中央关于厉行节约文件和规定

工作任务：

1. 继续严格控制出国（境）团组数量和规模，完善管理制度，巩固专项工作成效。

负责单位：科技与国际合作司、办公厅、财务司、人事司

2. 加强公务用车使用管理，严禁违反规定为领导干部配置用车。

负责单位：办公厅、机关服务局

3. 进一步规范公务接待制度，严禁超标准接待。不得以参加会议、学习、培训、联谊活动等名义用公款请客送礼。认真解决各种庆典、研讨会、论坛过多过滥的问题。

负责单位：办公厅、人事司、机关党委、财务司

4. 从严控制楼堂馆所建设，严禁违反规定购建、装修办公用房。

负责单位：规划司、办公厅、财务司、机关服务局

三、坚持抓好党性党风党纪教育，严格执行廉洁自律各项规定

（一）开展以党性党风党纪教育为重点的教育

工作任务：加强对党员干部特别是领导干部理想信念教育和廉洁从政教育，有针对性地开展岗位廉政教育、警示教育和示范教育。认真落实《关于加强廉政文化建设的意见》，组织开展国土资源廉政文化活动。

负责单位：机关党委、人事司

（二）落实领导干部廉洁自律各项规定

工作任务：

1. 严格执行廉洁自律各项规定，严禁领导干部利用职权和职务上的影响为本人或特定关系人谋取不正当利益；严禁领导干部违反规定为配偶、子女及其他特定人在就业、投资入股、经商办企业等方面谋取不正当利益；严禁违反规定私自从事营利性活动；严禁违反规定收送现金、有价证券、支付凭证；严禁大操大办婚丧喜庆事宜或借机敛财；严禁用公款或接受与行使职权有关系的单位和个人邀请进行高消费娱乐、健身活动。

负责单位：驻部纪检组监察局、机关纪委、人事司

2. 严格落实党员领导干部报告个人有关事项制度，如实报告个人在住房、投资、配偶子女从业等方面的情况。纠正领导干部在集资建房、低价购房、多占住房等方面的违纪违规行为。进一步规范领导干部离职或退休后的从业行为，不得违反规定在企业和各类学会、协会、基金会等单位领取报酬。

负责单位：人事司、机关纪委、驻部纪检组监察局、机关服务局

3. 继续做好规范公务员津贴补贴工作。进一步巩固部机关和事业单位“小金库”专项治理成果，坚决纠正和查处在财务管理中的违纪违规行为。

负责单位：财务司、人事司、驻部监察局

四、强化制约措施，加强重点部位和关键环节的监督

（一）落实对领导班子和领导干部监督的制度

工作任务：严格执行领导干部述职述廉、诫勉谈话、函询、质询党内监督制度。对集体讨论决定重大决策、重要干部任免、重大项目安排和大额度资金使用等情况加强监督。认真落实党政领导干部问责的暂行规定，坚持领导干部监督联席会议制度和新任领导干部廉政谈话，继续开展巡视工作。继续做好对直属单位主要领导干部任期的经济责任审计。

负责单位：驻部纪检组监察局、机关党委、人事司

（二）加强对重要管理环节的监督

工作任务：进一步推行电子政务，完善国土资源政务大厅和门户网站建设，实行网上审批、报件、查询电子化运行，推进阳光行政。继续开展对部直属预算单位的内部审计，积极推行财务管理信息系统的运行，加强预算管理，实时对大额资金使用监管。

负责单位：办公厅、财务司、规划司、耕地保护司、土地利用管理司、矿产开发管理司、政策法规司、信息中心、财务服务中心

五、采取有力措施，认真开展工程建设领域突出问题的专项治理

工作任务：有效治理土地、矿业权审批出让等管理环节中的突出问题。

（一）完善经营性用地和工业用地招标拍卖挂牌出让制度，严格限定协议出让范围，加强国有土地使用权出让合同监管，搞好工业用地预申请制度试点。

负责单位：土地利用管理司

（二）科学编制、严格实施土地利用总体规划、矿产资源规划，严格土地用途管制，科学设置矿业权。

负责单位：规划司、土地利用管理司、矿产开发管理司

（三）严格土地使用权、矿业权出让审批和价格评估的监管，加强对征地审批和批后实施的监管。

负责单位：耕地保护司、矿产开发管理司、土地利用管理司、地质勘查司、矿产资源储量司

（四）建立健全城乡统一规范的土地市场，加快建设矿业权要素市场，建立和完善土地批、供、用、补、查和矿业权管理的综合监管平台。

负责单位：土地利用管理司、矿产开发管理司、耕地保护司、地质勘查司、财务司、宏观调控司、规划司、信息中心

六、坚决纠正不正之风，切实维护被征地农民的合法权益

工作任务：切实做好被征地农民的补偿工作，推行征地补偿款预存

制度，确保在用地报批前足额落实征地补偿安置费用。配合做好被征地农民社会保障工作。

负责单位：耕地保护司、驻部监察局

七、坚决查处违纪违法案件，发挥查办案件的治本功能

（一）查处违纪违法案件

工作任务：严肃查办土地管理和矿产资源开发中官商勾结、权钱交易的案件。严肃查办市场运作和项目管理中规避招标、虚假招标徇私舞弊的案件。严肃查办领导干部违规违法收受财物、经商办企业、干预市场交易活动、公款出国（境）旅游等案件。严肃查办国土资源管理中的商业贿赂案件。

负责单位：驻部纪检组监察局、机关纪委、执法监察局

（二）发挥查办案件的治本功能

工作任务：有针对性地用典型案例教育警示干部。针对案件暴露的管理漏洞，健全制度规范。善于从案件中发现苗头性、倾向性问题，不断改进监督工作。

负责单位：驻部纪检组监察局、机关纪委、人事司

八、深化改革和制度创新，加快推进国土资源系统惩防体系建设

（一）加大国土资源管理改革和制度创新力度

工作任务：加快《土地管理法》、《矿产资源法》的修改论证，推进法律法规和规范性文件“立、改、废”，进一步健全国土资源管理法规制度体系。规范推进农村土地管理制度改革，深化国土资源审批制度改革、加快土地和矿业权市场改革，加强探矿权、采矿权招拍挂出让制度建设。

负责单位：政策法规司、土地利用管理司、矿产开发管理司、耕地保护司、财务司

（二）加快推进惩防体系建设

工作任务：

1. 定期开展惩防体系建设工作检查，将检查结果纳入领导班子和领

导干部的考核评价范围，严格执行责任追究制度。

负责单位：驻部纪检组监察局、机关党委、人事司

2. 深入党风廉政建设专题研究。认真总结、试点推行国土资源系统廉政风险防控机制建设的经验做法，开展典型案例剖析，探索建立国土资源行政权力运行全过程监控体系。

负责单位：驻部纪检组监察局、国土资源经济研究院

二〇一〇年二月三日

中共国土资源部党组关于2011年党风廉政建设和反腐败工作任务的分工意见

国土资党发〔2011〕15号

各省、自治区、直辖市国土资源厅（国土环境资源厅、国土资源局、国土资源和房屋管理局、规划和国土资源管理局），副省级城市国土资源行政主管部门，国家海洋局，国家测绘局，解放军土地管理局，新疆生产建设兵团国土资源局，各派驻地方的国家土地督察局，中国地质调查局及其他在京直属单位，部机关各司局：

按照中央纪委十七届六次全会的工作部署，为落实部党组关于党风廉政建设和反腐败工作的实施意见，根据党风廉政建设责任制的规定，结合各司局和有关单位的工作职责及任务，提出如下分工意见，各负责单位要认真履行职责，抓好落实。

部党组成员工作分工和责任

徐绍史　部党组书记、部长、国家土地总督察。对国土资源部和国家土地督察机构的党风廉政建设负总责；对分管的人事司和联系的咨询研究中心、人力资源开发中心、中国地质学会、中国宝玉石协会的党风廉政建设负责。

贠小苏　部党组成员、副部长。对分管的土地利用管理司、执法监察局、科技与国际合作司、调控和监测司、规划司和联系的中国大地出版社（地质出版社）、中国地质矿产经济学会、中国自然辩证法研究会地学哲学委员会、中国老科学技术工作者协会国土资源分会的党风廉政建设负责。

徐德明　部党组成员、副部长、国家测绘局局长。对国家测绘局的党风廉政建设负总责。

汪民　部党组成员、副部长、中国地质调查局局长。对中国地质调查局的党风廉政建设负总责；对分管的地质勘查司、矿产开发管理司、矿产资源储量司、地质环境司和联系的国土资源经济研究院、中国地质博物馆、珠宝玉石首饰管理中心、矿产资源储量评审中心、油气资源战略研究中心、中央地质勘查基金管理中心、中国矿业联合会、中国观赏石协会、中国矿业权评估师协会的党风廉政建设负责。

王世元　部党组成员、副部长。对分管的办公厅、财务司、地籍管理司、耕地保护司、机关党委及部党校、离退休干部局和联系的机关服务局、信息中心、中国土地勘测规划院、土地整理中心、中国国土资源报社、宣传教育中心、财务服务中心、扶贫领导小组办公室、中国土地学会、中国土地估价师协会的党风廉政建设负责。

王寿祥　部党组成员、中央纪委驻部纪检组组长。协助部党组组织协调国土资源部门的党风廉政建设工作，对分管的驻部纪检组、监察局的党风廉政建设负责。

孙志辉　部党组成员、国家海洋局局长。对国家海洋局的党风廉政建设负总责。

甘藏春　部党组成员、国家土地副总督察。对分管的政策法规司、国家土地总督察办公室和各派驻地方的国家土地督察局和联系的中国土地矿产法律事务中心的党风廉政建设负责。

胡存智　部党组成员、总规划师。对工作范围的党风廉政建设负责。

各司局和有关单位职责范围的具体任务

一、全面贯彻落实十七届五中全会精神，加强对中央有关国土资源管理重大决策部署执行情况的监督检查

（一）加强对中央有关国土资源管理重大决策部署执行情况的监督检查

工作任务：围绕“十二五”规划建议，扎实推进“双保”工程，节约集约用地，切实保障中央和地方重大项目、保障和改善民生项目用地需求，提高用地审批效率，确保重点项目依法及时落地。做好资源节约，规范管理用地，加强房地产开发用地调控，确保保障性住房建设的土地供应。

负责单位：规划司、耕地保护司、土地利用管理司

（二）加强执法监察和重点督察

工作任务：坚决纠正违反中央重大决策的行为，强化执法监察和重点督察，加强土地督察，及时发现和报告土地、矿产违法行为，公开通报和挂牌督办土地、矿产违法案件，充分发挥部、省、市、县四级12336举报互联互通作用，严格执行执法监察和责任追究，确保中央关于国土资源管理重大决策措施的贯彻落实。

负责单位：执法监察局、国家土地总督察办公室及各派驻地方的国家土地督察局、土地利用管理司、矿产开发管理司、驻部纪检组监察局、法律中心

二、扎实推进作风建设，抓好制止奢侈浪费各项工作

（一）大力弘扬密切联系群众的优良作风

工作任务：大力弘扬密切联系群众优良作风，及时处理群众来信来访，建立健全联系点交流制度，进一步发挥基层联系点的作用。认真办好土地矿产法律服务热线和土地矿产违法举报热线，及时掌握并着力解决国土资源热点难点问题。加强对领导干部作风建设情况的监督检查，

及时发现和纠正党员干部在作风方面的突出问题。

负责单位：办公厅、机关党委、调控和监测司、法律中心、人事司

（二）做好执行中央关于厉行节约有关工作

工作任务：

1. 巩固“小金库”专项治理成果，研究并建立健全防治“小金库”的长效机制。

负责单位：财务司、驻部纪检组监察局、财务服务中心

2. 认真贯彻执行党政机关和领导干部公务用车配备使用的有关规定，按照中央纪委部署开展公务用车专项治理，纠正违反规定超标超编配车、换车、借车、摊派款项购车、豪华装饰、公车私用问题。

负责单位：办公厅、财务司、驻部纪检组监察局、机关服务局

3. 完善因公出国（境）管理制度，建立健全禁止公款出国（境）旅游的长效机制。

负责单位：科技与国际合作司、财务司、办公厅、驻部纪检组监察局

4. 认真规范公务接待管理的规定，严格公务接待经费预算管理，不得以参加会议、学习、培训、联谊活动等名义用公款请客送礼。

负责单位：办公厅、财务司、机关服务局

5. 严格控制各种庆典、研讨会、论坛活动的数量和规模。严格审批程序，加强经费监管。

负责单位：办公厅、人事司、财务司、机关党委

6. 继续严格控制机关办公楼等楼堂馆所建设。

负责单位：办公厅、财务司、规划司、机关服务局

三、加强对党员干部的教育和监督，认真落实《廉政准则》各项规定

（一）加强党性党风党纪教育

工作任务：加强对党员干部特别是领导干部理想信念教育和党性党风党纪教育，开展岗位廉政教育、示范教育和警示教育，强化廉洁从

政观念。组织开展具有国土资源特色的廉政文化活动，推进廉政文化建设。

负责单位：机关党委、人事司、驻部纪检组监察局、宣传教育中心、国土资源报社

（二）落实对领导干部的监督制度

工作任务：深入贯彻执行党内监督条例，认真执行领导干部述职述廉、诫勉谈话、函询、质询等党内监督制度。重大决策、重要干部任免、重大项目安排和大额度资金使用等事项，必须坚持集体讨论决定。坚持领导干部监督联席会议制度和新任领导干部廉政谈话。继续开展巡视监督和直属单位主要领导干部任期经济责任审计，开展对部直属预算单位的内部审计。加强学会、协会、基金会资金管理的监督，纠正和查处在财务管理中的违纪违规行为。

负责单位：驻部纪检组监察局、机关党委、人事司、财务司、财务服务中心

（三）严格执行《中国共产党党员领导干部廉洁从政若干准则》及其他相关规定

工作任务：认真治理领导干部违反规定多占住房、买卖经济适用房或租赁保障性住房，利用职务之便接受可能影响公正执行公务的旅游、健身、娱乐等活动安排，利用职权委托理财、利用内幕信息谋取不正当利益等行为。

负责单位：驻部纪检组监察局、机关纪委、人事司、机关服务局

（四）落实《关于领导干部报告个人有关事项的规定》和《关于对配偶子女均已移居国（境）外的国家工作人员加强管理的暂行规定》

工作任务：领导干部要如实报告个人在住房、投资、配偶子女从业等方面的情况，落实中央关于领导干部离职或退休后的从业规定，不得违反规定在企业和各类学会、协会、基金会等单位领取报酬。

负责单位：人事司、离退休干部局、驻部纪检组监察局、机关党委、财务服务中心

四、加大查处违纪违法案件力度，坚决惩治腐败行为

（一）查处违纪违法案件

工作任务：严肃查办发生在国土资源管理部门和领导干部中以权谋私、腐化堕落、失职渎职的案件；严肃查办利用审批权、执法权、督察权、项目管理权、大额资金支配权谋取非法利益的案件；严肃查办土地管理和矿产资源开发中官商勾结、权钱交易和严重损害群众利益的案件；严肃查办土地及矿业权市场交易和项目管理中徇私舞弊的案件；严肃查办领导干部违规收受财物、经商办企业、干预市场交易活动、公款出国（境）旅游的案件；严肃查办国土资源管理中的商业贿赂案件。

负责单位：驻部纪检组监察局、机关纪委、部治理商业贿赂办公室

（二）发挥查办案件的治本功能

工作任务：加强案情综合分析，有针对性地用典型案例教育警示干部。针对案件暴露的管理漏洞，健全制度规范，从案件中发现苗头性、倾向性问题，不断堵塞管理漏洞。对领导干部在工作中失职、失察造成恶劣影响的，实施问责。

负责单位：驻部纪检组监察局、机关纪委、人事司

五、深入开展“两整治一改革”专项行动，推动工程建设领域突出问题的专项治理

工作任务：

1. 严格执行国有建设用地使用权和矿业权出让制度，严肃惩治利用职权非法批地批矿、低价出让土地以及权钱交易等问题，规范征地拆迁行为，坚决制止违法违规强制拆迁。

负责单位：土地利用管理司、矿产开发管理司、执法监察局、耕地保护司、部专项办

2. 充分发挥市场配置资源的作用，规范市场交易行为，推进土地使用权和矿业权出让网上交易和监管，加快建立统一规范的有形市场，着力解决土地和矿业权出让中存在的突出问题。

负责单位：土地利用管理司、矿产开发管理司、部专项办

3. 在土地和矿产资源审批出让环节，出台国有划拨建设用地使用权管理、加强矿业权评估行业管理的办法和文件，研究出台土地估价管理办法和国土资源行政处罚办法。

负责单位：土地利用管理司、矿产资源储量司、法规司

4. 切实加强对土地整理、土地估价和矿业权评估机构的管理，推进土地储备机构与其下属或挂靠的从事土地开发相关业务的机构彻底脱钩。

负责单位：土地利用管理司、矿产资源储量司、耕地保护司

5. 针对岗位职责、业务流程、制度机制等方面存在的漏洞和廉政风险点，制定规范权力运行的对策措施，建立健全廉政风险防控机制。

负责单位：部专项办、人事司、法规司、驻部纪检组监察局

六、强化国土资源管理职责，坚决纠正损害群众利益的行为

工作任务：

1. 切实解决在农村土地承包、流转、占补平衡等环节损害农民利益的问题，坚决制止违法违规强制征地拆迁行为。全面实施征地统一年产值标准和区片综合地价，落实征地补偿费用，拓展安置途径，推进落实被征地农民的社会保障，规范征地程序，强化征地批后实施监管，对未严格履行征地程序、补偿标准低、安置途径单一、社保资金不落实的，一律不得通过用地审查。

负责单位：耕地保护司、规划司

2. 加大各级国土资源管理部门政务公开的力度，自觉接受群众监督。进一步加强对基层国土资源管理部门干部的管理和监督，深入开展民主评议基层国土所工作，纠正少数基层干部对群众疾苦漠不关心、对群众呼声置若罔闻，严肃查处滥用职权、以权谋私等严重侵害群众利益的行为。

负责单位：人事司、办公厅、执法监察局、驻部纪检组监察局

七、深化改革和制度创新，加快推进国土资源系统惩防体系建设

工作任务：加大对土地矿产资源管理改革和制度创新力度，推进并

逐步深化征地制度试点工作，探索缩小征地范围途径和方式，完善征地补偿安置机制。深入推进国有土地有偿使用制度改革。及时出台新修订的《划拨用地目录》，逐步扩大有偿用地范围。坚持和完善土地招拍挂出让制度，规范和完善房地产用地出让模式，推动土地供应由“价高者得”的单一目标向完善市场、保障民生等目标管理的转变。开展土地矿业权审批制度、招拍挂出让制度、出让方式的改革试点，推广“制度+科技”等预防腐败经验，在治本抓源头方面取得新突破。

负责单位：调控和监测司、法规司、耕地保护司、土地利用管理司、矿产开发管理司

中共国土资源部党组关于2012年党风廉政建设和反腐败工作任务的分工意见

国土资厅函〔2012〕236号

各派驻地方的国家土地督察局，中国地质调查局及部其他直属单位，部机关各司局：

为贯彻落实部党组关于党风廉政建设和反腐败工作实施意见的各项任务，根据党风廉政建设责任制规定，按照部党组成员工作分工，结合各司局和有关单位职责及任务，提出以下分工意见。

党组书记对国土资源部党风廉政建设负总责。部党组成员对分管司局和联系单位的党风廉政建设负责。驻部纪检组组长协助部党组和行政领导班子组织协调抓好部机关、直属单位及国土资源系统的党风廉政建设和反腐败工作。

各司局各单位要按照任务分工，制定具体的落实措施，切实履行职责，抓好各项分工任务的落实。纪检监察、人事、机关党委等部门要进行督促检查，并将分工任务落实情况作为年度考核和绩效管理的重要内容。

各司局和有关单位党风廉政建设任务分工如下：

一、严明党的纪律，加强监督检查，确保中央关于国土资源管理重大决策部署的贯彻落实

（一）严格执行党的政治纪律

工作任务：加强政治纪律教育，加强对党的政治纪律执行情况的监督检查。严格执行组织人事纪律，加强对拟提拔干部的廉政考察，加强对干部选拔任用全过程的监督，严肃整治跑官要官、买官卖官、拉票贿选和突击提拔干部等问题。

负责单位：人事司、驻部纪检组监察局、机关纪委

（二）加强对中央有关国土资源管理重大决策部署执行情况的监督检查

工作任务：紧扣“十二五”时期国土资源管理的基本思路，加大转变经济发展方式监督检查力度，重点开展对中央关于耕地保护和节约用地等政策措施落实情况的监督检查。开展对加强和改善宏观调控、保障性安居工程住房供地、土地和矿业权市场建设等政策落实情况的监督检查。

负责单位：规划司、耕地保护司、土地利用管理司、矿产开发管理司、国家土地总督察办公室及各派驻地方的国家土地督察局

（三）强化执法监察和土地督察

工作任务：进一步强化执法监察和土地督察，严格责任追究，严肃查处违法行为，坚决纠正有令不行、有禁不止行为，确保中央关于国土资源管理重大决策部署落到实处。

负责单位：国家土地总督察办公室及各派驻地方的国家土地督察局、执法监察局

二、强化教育和监督，促进领导干部廉洁自律

（一）加强反腐倡廉宣传教育

工作任务：围绕社会主义核心价值体系，深入学习贯彻党章，认真开展理想信念教育、党性党风党纪教育和从政道德教育，把党风党纪教育作为国土资源干部教育培训的重要内容。开展示范教育、警示教育和岗位廉政教育，广泛开展以“廉洁国土”为主题的廉政文化创建活动，推动廉政文化进机关、进基层、进家庭。加强反腐倡廉网络舆情的收集、研判、处置工作。挖掘和培育先进典型，营造廉洁从政的良好氛围。

负责单位：机关党委、人事司、驻部纪检组监察局、宣传教育中心、中国国土资源报社、人力中心

（二）强化对领导干部的监督

工作任务：认真执行党内监督条例，严格执行领导干部述职述廉、诫勉谈话、函询等制度。加强对重大决策、重要干部任免、重大项目安排和大额度资金使用等“三重一大”事项坚持集体讨论决定情况的监督。加强对民主集中制执行情况的监督检查，提高民主生活会质量。强化对重点岗位和关键环节的监督，突出监督重点，加强对预算管理、项目管理、资金使用的监督。加强对学会、协会、基金会资金管理的监督，坚决纠正和查处财务管理中的违规违纪行为。继续加强对党政主要领导干部的经济责任审计。深入推进巡视工作。开展执法监察、廉政监察、效能监察，进一步做好绩效管理工作。

负责单位：驻部纪检组监察局、机关党委、人事司、财务司、财务服务中心

（三）严格执行《中国共产党党员领导干部廉洁从政若干准则》及其他相关规定

工作任务：深入治理党员领导干部在廉洁自律方面存在的突出问

题。全面落实廉政准则，防止利益冲突。进一步整治领导干部违规收受礼金、有价证券、支付凭证、商业预付卡等问题，治理违规建房或多占住房、买卖和出租经济适用房或廉租住房等保障性住房问题，治理违规放贷以及利用职权以委托理财等形式谋取不正当利益等问题。严禁参加可能影响公正执行公务或用公款支付的高消费活动。落实领导干部离职或退（离）休后从业有关规定。严格遵守公务员津贴补贴的有关规定。

负责单位：财务司、人事司、办公厅、离退休干部局、驻部纪检组监察局、机关纪委、机关服务局

（四）认真执行领导干部报告个人有关事项和对配偶子女均已移居国（境）外的国家工作人员加强管理等制度

工作任务：认真执行《关于领导干部报告个人有关事项的规定》和《关于对配偶子女均已移居国（境）外的国家工作人员加强管理的暂行规定》等制度。

负责单位：人事司、驻部纪检组监察局、机关党委

三、深入开展专项治理，抓好作风建设，切实解决人民群众反映强烈的突出问题

（一）认真落实中央关于工程建设领域突出问题专项治理工作部署

工作任务：

1. 深入推进工程建设领域突出问题专项治理。认真落实中央关于工程建设领域突出问题专项治理工作部署，抓好国土资源领域资质资格审批、项目决策、招标投标、土地出让、矿产资源开发、资金管理等重点环节的治理。继续深化国土资源领域腐败问题专项治理工作，进一步推进国土资源管理改革。

负责单位：调控和监测司、财务司、耕地保护司、土地利用管理司、矿产开发管理司、执法监察局、驻部纪检组监察局、部专项办

2. 加快推进廉政风险防控机制建设。加强廉政风险防控管理，落实

廉政风险防控责任。建立健全防止利益冲突的规定，推行制度廉洁性审查。健全完善市场配置、管理创新、行政权力监督制约、廉政风险预警、廉政风险教育和责任追究等六大机制，推进廉政风险防控管理常态化。

负责单位：法规司、耕地保护司、土地利用管理司、矿产开发管理司、驻部纪检组监察局、部专项办

（二）加强作风建设

工作任务：加强领导机关和领导干部作风建设。严格执行中央有关厉行节约的文件精神。认真落实中央关于加强和创新社会管理的要求，督促落实领导干部下基层调研、定期接访等制度。认真治理庸懒散问题，严肃处理不作为、乱作为等行为。落实部党组“五项规定”，切实解决党员领导干部在思想作风、工作作风、生活作风等方面的突出问题。

负责单位：办公厅、人事司、机关党委、驻部纪检组监察局

（三）坚决纠正征地中损害群众利益的不正之风

工作任务：继续深入治理征地拆迁、土地管理等方面的突出问题。严格执行征地拆迁有关法律法规，强化对征地拆迁的监管，切实解决在征地拆迁中群众反映强烈的突出问题。严厉查处囤地圈地、违规用地、土地闲置浪费等行为。积极推进征地制度改革，加快相关法律法规修订工作，形成集体土地房屋拆迁补偿安置的法律约束和政策规范，建立和谐征地拆迁的长效机制。加强政风行风建设。

负责单位：耕地保护司、规划司、土地利用管理司、法规司、执法监察局、驻部纪检组监察局

（四）做好中央部署的专项治理各项工作

工作任务：

1. 深化庆典、研讨会、论坛过多过滥问题专项治理。对经过批准举办的活动要严格控制规模，厉行节约。严格控制“三公”经费预算规模，积极推进“三公”经费公开工作。从严控制楼堂馆所建设。

负责单位：办公厅、财务司、人事司、规划司、机关党委

2. 深化公务用车专项治理。完善和落实公务用车编制管理、购置审批、经费预算管理等制度，切实加强日常监管。规范执法用车的配备使用，加强对越野车配备使用的管理。抓好对违规车辆等问题的纠正处理，坚决减少公务用车总量。

负责单位：办公厅、财务司、驻部纪检组监察局、机关服务局

3. 继续贯彻落实因公出国（境）管理制度，建立健全禁止公款出国（境）旅游的长效机制。

负责单位：办公厅、财务司、科技与国际合作司

4. 巩固“小金库”专项治理成果，建立健全长效机制。

负责单位：财务司、财务服务中心

四、深化改革和制度创新，持续推进惩治和预防腐败体系建设

（一）深化改革和制度创新

工作任务：推进行政法规和规范性文件的“立、改、废”，深化国土资源行政审批制度改革，进一步清理、减少、调整和规范行政审批事项。抓好党的基层组织党务公开。进一步深化政务公开，认真执行政府信息公开条例，扩大行政决策和管理事务公开的领域和范围。着力推进国土资源管理项目信息公开和诚信体系建设。充分运用“制度＋科技”手段，深化土地和矿业权出让现代市场体系建设，加快推进土地和矿业权出让网上交易和监管。积极推进有条件的地方土地和矿业权交易进入统一规范的公共资源交易市场。

负责单位：办公厅、法规司、调控和监测司、土地利用管理司、矿产开发管理司、机关党委、信息中心

（二）加快推进惩治和预防腐败体系建设

工作任务：全面落实中央惩治和预防腐败体系建设工作规划明确国

土资源部门的牵头任务。以制约和监督权力为核心，坚持把国土资源管理权力监管的薄弱环节作为惩治和预防腐败体系建设的重点区位，从源头上加大国土资源管理改革力度。加大反腐倡廉制度落实力度，建立健全制度执行监督和问责机制，提高制度执行力。

负责单位：驻部纪检组监察局、耕地保护司、土地利用管理司、矿产开发管理司、执法监察局

五、继续加大查办案件工作力度，严厉惩处腐败行为

（一）查处违纪违法案件

工作任务：继续保持查办案件工作力度。严肃查办发生在领导机关和领导干部中贪污贿赂、失职渎职的案件；严肃查办违反政治纪律和组织人事纪律的案件；以查处发生在土地和矿产资源管理领域的案件为重点，严肃查办官商勾结、权钱交易和严重损害群众利益的案件，严厉惩处利用审批权、执法权、督察权、项目管理权、大额资金支配权谋取非法利益的行为；严肃查办土地及矿业权市场交易和项目管理中徇私舞弊的案件；严肃查办领导干部违规违法收受财物、经商办企业、干预市场交易活动、公款出国（境）旅游等案件；严肃查办商业贿赂案件，加大对行贿行为的惩处力度。

负责单位：驻部纪检组监察局、机关纪委、执法监察局

（二）发挥查办案件的治本功能

工作任务：进一步加强和改进信访举报工作，畅通举报渠道，完善保护证人、举报人的制度。加强案件审理和案件监督管理工作，提高依纪依法、安全文明办案水平。认真执行重大案件报告制度。加强案件统计分析，发挥查办案件的治本功能。规范党员领导干部违纪违法案件的信息发布和新闻报道，努力取得良好的政治效果、社会效果和法纪效果。

负责单位：驻部纪检组监察局、机关纪委

六、加强纪检监察队伍建设，提高工作能力和水平

工作任务：加强政治理论和业务学习，加强以人为本、执政为民教育，督促纪检监察干部加强党性修养和作风养成。广大纪检监察干部要进一步增强抓好国土资源系统党风廉政建设的政治责任感和工作紧迫感，认真履行职责。严格遵守政治纪律、工作纪律、办案纪律、保密纪律和廉政纪律，自觉接受监督。

负责单位：驻部纪检组监察局、机关纪委

四、部党组惩治和预防腐败体系建设工作总结

国土资源部推进惩治和预防腐败体系建设2009年工作总结

2009年，在党中央和国务院坚强领导下，国土资源部党组全面贯彻党的十七大和十七届三中、四中全会精神，认真落实中央纪委第三次全会的工作部署，切实加强以完善惩治和预防腐败体系为重点的反腐倡廉建设，狠抓惩防体系牵头任务落实，整体推进惩防体系建设各方面工作，取得新的成效，呈现出协调发展的良好局面。

一、认真落实党风廉政建设责任制

部党组高度重视以完善惩防体系为重点的反腐倡廉建设，切实承担起反腐倡廉建设的主体责任，坚决贯彻中央纪委部署的2009年党风廉政建设各项任务，结合国土资源工作实际，认真研究制定全系统党风廉政建设的《实施意见》和《分工意见》。将贯彻中央纪委各项工作部署、研究部门党风廉政建设有关问题、推进惩防体系建设和部机关直属单位开展作风建设和开展巡视监督等工作，列入重要议事日程，纳入国土资源行政管理，同部署、同落实、同检查。

部长、党组书记、国家土地总督察徐绍史对以完善惩防体系为重点的反腐倡廉建设，亲自抓、负总责，主动担当第一责任人的责任。无论是出席国土资源系统党风廉政建设工作会议、国家土地督察机构作风建设和党风廉政工作会议，还是主持传达贯彻党的十七届四中全会、中央纪委十七届四次全会精神和全国组织部长会议精神，都结合实际就抓好党风廉政建设工作发表讲话，对贯彻落实胡锦涛总书记重要讲话和中央纪委部署，推进全系统党风廉政建设和加强部机关作风建设，分别提出了明确要求。全年，徐绍史部长多次主持党组会议，专题研究党风廉政建设工作，对结合实际落实中央部署的任务提出具体要求，重要工作亲自部署、重大问题亲自过问、重点环节亲自协调，确保各项工作落实。部党组成员严格执行党风廉政建设责任制，加强工作指导和协调，认真抓好分管范围内的党风廉政建设工作。各职能司局按照党风廉政建设任务分工，明确职责、确定目标，与年度业务工作紧密结合，统筹安排、共同推进任务落实。

驻部纪检组监察局积极履行职责，协助部党组把反腐倡廉工作放在国土资源中心工作中谋划和部署，制定惩防体系建设检查《工作方案》，加强组织协调和监督检查，推进各项工作落实。年初，协助党组贯彻落实中央纪委第三次全会提出的各项任务，进行任务分解，落实工作责任，指导开展工作；年中，开展责任制检查，纪检组主要负责同志听取各司局工作进展汇报、综合分析情况，指导推动工作；年底，结合年度总结和述职述廉，对部机关司局和直属单位领导班子执行党风廉政建设责任制和司局级干部廉洁自律情况进行考核测评，汇总分析结果。同时，加强与业务司局的联系和沟通，注重发挥职能部门的作用。深入调查研究，及时掌握和研究新情况新问题，必要时向党组报告并提出建议，在积极协助党组部署工作、监督检查、总结成效等方面发挥了职能作用。基本形成了部党组统一领导、行政领导各负其责、职能司局各司其职、纪检监察组织协调的工作格局。

二、推进党风廉政建设各项工作取得积极成效

（一）惩防体系建设牵头任务取得新进展

中央《建立健全惩治和预防腐败体系2008—2012年工作规划》，明确国土资源部牵头两大任务：一是规范土地征收和使用权出让制度，推进征地制度改革，规范征地程序，完善征地补偿和安置办法；进一步完善经营性用地招标拍卖挂牌出让制度，规范建设用地使用权出让程序；深化土地有偿使用制度和探矿权、采矿权有偿使用制度改革。二是严肃查处征收征用土地和矿产资源开发中的违纪违法行为。部党组在制定下发2009年党风廉政建设和反腐败工作《实施意见》和《分工意见》中，把这些任务细化分解到有关司局和单位，并取得新的进展。

1. 推进征地改革，完善征地补偿机制和安置办法。在积极推进征地制度改革试点工作中，组织有关单位对重庆、成都等试点单位进行深入调研，研究制定深化征地制度改革、完善征地补偿机制的管理办法。要求各地抓紧公布实施新的征地补偿标准，已有25个省份颁布了统一的年产值标准和综合区片地价，征地补偿普遍提高20%—30%。按照部的审查要求，部分项目提高了征地补偿标准，个别项目提高幅度高达60%。积极配合社会保障部门健全被征地农民社会保障制度，协同妥善解决好被征地农民就业、住房、社会保障问题。全国29个省份出台做好被征地农民社会保障工作的政策性文件，1200多个县（市、区）启动了探索建立适合被征地农民特点的社会保障制度的工作，1324万被征地农民纳入基本生活或养老保障。积极研究新农保制度与被征地农民社会保障制度衔接，进一步拓宽被征地农民的安置途径。

2. 规范征地程序，严把征地补偿安置审查关。在用地审查中，要求地方政府的征地审批材料，对告知、确认、听证程序，农民意见和处理情况等作出详细说明。对补偿标准偏低、安置途径单一、社会保障措施不落实、存在征地信访问题的，一律不通过用地审查。全年批准的68

件先行用地项目中，有近 20 个建设项目，在妥善解决群众信访问题后才审批用地。

3. 推进土地有偿使用制度改革，完善土地市场体系建设。按照中央关于深入推进土地有偿使用制度的要求，完成深化国有建设用地有偿使用制度改革方案和国有建设用地划拨用地目录的研究制订，先行开展了经营性基础设施用地有偿使用研究。会同监察部等五部门，连续两年开展国有土地使用权出让专项清理和检查工作，土地有偿使用制度不断扩展，经营性用地和工业用地招标拍卖挂牌出让程序进一步规范。会同监察部对 10 个省（区、市）工业用地出让执行政策情况进行调研，共同研究完善政策措施，联合下发进一步落实工业用地出让制度的文件。根据国内经济形势和土地市场变化，及时调整工业用地最低价出让标准实施政策，完善工业用地出让制度和出让程序，并跟踪了解实施情况。

4. 深化探矿权采矿权有偿使用制度改革，推进矿业权市场建设。会同财政部印发通知，要求各地报送矿产资源有偿使用制度改革工作实施情况，并对实施情况进行调查。研究完善资源收益的相关政策，推进补偿费改革，完善收益分配体系，将收益向资源原产地倾斜。为推进矿业权市场建设，对矿业权出让转让规定等四个规范性文件开展实施后评估，全面客观评价矿业权出让制度实施效果。加快矿业权有形市场建设框架研究，推动探矿权管理制度改革，全面实施矿业权统一配号，构建规范矿业权管理的长效机制。按照"把权力和责任放下去，把服务和监管抓起来"的要求，总结推广四川省的做法，对省和中央的审批权限重新进行合理划分，进一步规范了探矿权管理，推动了矿业权市场建设。针对近年来矿业权交易活跃的情况，在河南省洛阳市开展矿业权交易规范化管理试点，探索显化矿业权二级转让市场交易方式，并取得阶段性成果。

5. 开展专项清理，严肃查处土地管理和矿产资源开发的违法违纪行为。此项任务纳入到国土资源执法监察和土地督察的工作目标，通过强化监督管理和专项清理，卫片执法检查、约谈土地违规违法严重的城市，公开曝光和挂牌督办等方式，加大了重点案件查处力度。严厉查处信访反映和检查发现的土地未批先用、违法占用基本农田，以及侵占截留挪用征地补偿安置费等严重违法违纪行为；严肃查处扩大内需中发生的典型违法案件。全年共立案查处土地违法案件4.2万件。为建立“早发现、早制止、早处置”机制，及时发现、制止土地违法违规行为，全国开通12336国土资源违法举报电话，共受理举报3万多件，其中土地违法举报约占半数。

认真开展探矿权、采矿权出让转让突出问题的治理，会同监察部做好探矿权、采矿权招拍挂出让执行情况的专项清理，开展矿产资源勘查专项整治。研究出台加强矿产开发利用监管，建立执法监察长效机制的文件，健全发现、制止、查处违法勘查开采矿产资源行为的机制，加大查处力度，全年共立案查处矿产资源违法案件7780起。会同监察部联合督办贵州、云南、甘肃若干矿产资源重点案件，促进各地规范矿业权出让行为。

在推进工程建设领域突出问题专项治理中，严厉打击国土资源领域违法违规行为。会同中央治理工程建设领域突出问题工作领导小组办公室、监察部，公开挂牌督办河北、河南、广西、浙江、广东5起国土资源违法案件，全程跟踪督办案件查处情况，并适时向社会公布调查处理结果。

（二）整体推进党风廉政建设取得新成效

1. 积极开展落实中央重大政策措施情况的监督检查。围绕中央“保增长、保民生、保稳定”等一系列重大决策部署，积极开展“保增长、保红线”行动，及时研究制定落实中央重大决策的政策措施，并主动跟踪和监督检查落实情况。在履行国土资源管理职责中，坚持积极主动服务与严格规范管理相结合。一方面增强土地供应，加快审批速度，保证项目落地。对扩大内需建设项目建立预审审批快速通道，保证重点项目用地需求，全年实际供地比上年增长44%。加大基础设施用地、保障性住房、普通商品住宅用地的供应力度，同比分别增加53%、39%和

37%。另一方面，严格审核把关，促进结构调整，在控制上用好政策。严把规划和计划、产业政策和供地政策、耕地占补平衡及征地补偿安置四道关口，出台抑制部分行业产能过剩和重复建设用地政策，修订限制和禁止用地项目目录。对108个市区县开展重点检查，核查675个扩大内需项目，全年共核减不符合规范或标准的用地达20.5万亩，抑制部分行业产能过剩和重复建设势头，有效保护耕地红线。同时，积极开展土地督察，对违反产业政策、供地政策和用地标准，以拉动内需为名违法搭车用地、借机圈地和侵害农民权益等问题，督促地方政府切实整改、严肃查处。

2. 集中开展主题作风建设活动。按照胡锦涛总书记关于作风建设的总体要求，结合国土资源部门实际，部党组制定实施《关于解放思想改革创新改进作风增强执行力的决定》，指导部机关、督察局、直属事业单位集中开展作风建设活动。着重从党组和司局两级班子层面，围绕解决“主动谋划不够、工作办法不多、协调能动不足、贯彻落实不力”等突出问题，从思想认识和实际工作层面梳理查摆，先后三次召开座谈会，在征求广大党员干部意见基础上，两次召开专题民主生活会，认真剖析问题，制定整改措施，着力解决作风方面存在的与积极应对危机不相适应的问题。集中开展作风建设活动中，制定和完善近40项法规、政策和制度，破解一批国土资源工作中影响和制约科学发展的突出问题，广大党员干部的思想作风明显改进，工作主动性明显增强，行政执行能力明显提高。初步形成国土资源保障和促进科学发展新机制的框架，得到有关方面的好评。

把认真落实中央关于厉行节约八项要求，作为部机关作风建设的具体内容，逐项抓好落实。全年因公出国（境）团组减少20个，经费在近3年平均数基础上压缩31%；公务接待费压缩14.2%；会议文件支出压缩21%；车辆购置和运行支出、能源资源消耗费用均比上年减少。

3. 认真抓好党风教育和廉洁从政教育。深入开展党的宗旨教育、社会主义核心价值体系教育和党性党风党纪教育，有针对性地开展示范教育、警示教育和岗位廉政教育，不断提高党员干部拒腐防变的意识和能力。组织举办全系统警示教育视频报告会，以鲜活的事例对党员干部进行了党纪教育和廉洁自律警示。深入开展廉政主题教育周活动，向部机关全体党员发《从政提醒——党员干部不能做的150件事》等书籍，集中开展读书教育，加强廉政文化建设，营造廉政文化氛围。在部机关开展干部思想作风状况问卷调查，深入了解掌握干部队伍思想作风状况，提高对党员干部教育的针对性。十七届四中全会召开后，部举办4期学习辅导讲座，请专家学者授课，教育党员干部深刻认识“坚决反对腐败，是党必须始终抓好的重大政治任务”，进一步强化廉洁意识和纪律意识。

注重把反腐倡廉教育列入干部教育培训计划，同培养、选拔、管理和使用干部结合起来。针对县市级国土资源管理部门腐败易发多发的实际，在部举办的全国县市级国土资源局长培训班上，增加了党风廉政建设教育课程。加强领导干部任职前教育，在部机关调整交流和选拔任用司局级领导干部过程中，两次召开集体廉政谈话会议，共有62名新任职司局长接受了廉政谈话。国家土地督察机构干部整训期间，驻部纪检组组长王寿祥结合土地督察工作特点为督察干部授课，就当前反腐倡廉形势和任务开展廉洁从政教育。

4. 切实加强领导干部行使权力的监督。一方面，认真落实党内监督制度，加强对执行民主生活会、述职述廉、诫勉谈话等制度和执行党员领导干部报告个人有关事项规定的监督检查。对领导干部特别是主要负责人加强监督，结合年度述职述廉，分别对34个部机关司局、直属单位领导班子及153名司局级干部执行党风廉政建设责任制和廉洁自律情况进行考核测评。把巡视监督与日常监督、干部任用相结合，完成两批6个机关司局和单位的巡视工作，并注重巡视成果运用。完成6个督察局、7个事业单位领导干部任期经济责任审计，纠正了财务管理不规范问题。

另一方面，落实对重点部位和环节有效监督的措施，强化对重大决策、重要干部任免、重大项目安排和大额度资金使用的监督。加强门户网站改造，构建信息公开核心平台，公开行政职权依据和运行流程，扩展政务大厅统一受理、限时办结、结果公开的审批事项范围。对重要工作部署和政策措施，举办网上直播和在线访谈，广泛接受社会监督。积极推进内部政务公开，围绕机关干部职工关心的问题，从公开决策程序、公开权力运行入手，把干部选拔任用、政府采购、财务预算决算和资产状况等群众普遍关心的问题作为公开的重要内容，通过多种途径在部机关公开，接受干部职工的监督。建立财务管理信息系统网站，定期通报直属单位财务支出情况，及时纠正不规范的财务行为。组织开展治理"小金库"自查自纠和重点检查，清理直属单位"小金库"13个，涉及金额330万元，研究了加强监管的措施。开展清理规范事业单位投资办企业工作，摸清20年来事业单位办企业的情况，对原有的156个公司，清理规范后保留68个，明晰了产权关系和管理责任。

部党组重视对国家土地督察机构管理和监督，组建9个派驻地方土地督察局的党组和纪检组，明确一名党组成员任纪检组组长。在国家土地督察机构作风建设和党风廉政工作会议上，徐绍史总督察针对一些苗头性、倾向性问题，特别强调：针对督察权力运行的漏洞和缺陷，严格建章立制，增强廉洁意识，切实做到干净做事、勤俭办事，慎用权力、慎交朋友，自觉弘扬清风正气，抵制歪风邪气等要求。国家土地督察机构九局一办负责同志与副总督察签订了《作风建设和党风廉政责任承诺书》。

5. 扎实开展工程建设领域突出问题专项治理。根据中央部署，成立了以徐绍史部长为组长的专项治理工作领导小组，下设办公室统筹专项治理工作。印发开展专项治理的《工作方案》，明确7项主要任务、32项措施、25项阶段性预期成果，并将任务分解到有关司局。会同监察部等部门制定《规范土地使用矿业权审批和出让行为指导意见》，报中央专项治理工作领导小组审定印发。及时了解掌握地方国土资源部门工作动态，加强指导和协调，推动治理工作有序开展。

三、确保工作取得成效的做法

（一）将以完善惩防体系为重点的党风廉政建设融入国土资源工作大局。部党组始终把构建惩防体系融入国土资源管理工作，使两者相互促进，相辅相成。坚持以科学发展观为指导，把推动国土资源制度改革，服务经济社会发展大局与推进惩防体系建设有机结合，把深化学习实践科学发展观成果与落实《工作规划》各项任务有机结合，把解决国土资源工作中的难点和热点问题与促进从源头上防治腐败有机结合，在构建国土资源保障和促进科学发展新机制过程中，推进国土资源系统惩防体系建设。把完成反腐倡廉工作任务情况，纳入年终述职述廉和领导班子、领导干部综合评价体系之中，把推进惩防体系建设情况作为巡视工作内容，围绕开展中心工作与各项改革措施和制度建设有机结合，扎实推进教育、制度、监督、改革、纠风、惩处六方面工作取得进展，不断提升综合治理措施的效能。

（二）形成联合行动的工作机制。在中央纪委、监察部有力支持下，近年来通过部门之间联席会议、联合发文、联合检查、联合办案等行之有效的形式，加强协作配合，形成整体合力，逐步建立了合作机制。推进完善征地补偿和安置办法、规范国有土地使用权出让、深化土地和矿业权有偿使用制度改革等方面工作取得实质性进展，强化了联合查处土地管理和矿产资源开发中的违纪违法行为的威慑力。

在规范国有土地出让方面，与监察部共同建立经营性土地使用权招标拍卖挂牌出让制度，多次联合发文明确政策规定，多次联合开展专项执法监察行动。由监察部牵头组织开展调研，完善经营性土地和工业用地出让制度。在深化矿产资源有偿出让制度改革方面，会同监察部等9个部门，建立部际联席会议制度，持续推进整顿和规范矿产资源开发秩序工作。会同财政部联合下发深化探矿权采矿权有偿取得制度改革有关问题的文件，进一步规范探矿权采矿权管理和出让行为。在维护被征地农民合法权益方面，强化部门联动，集中治理损害被征地农民切身利益的突出问题，会同监察部等4部门联合开展征用农民土地补偿费管理使用情况专项检查和清理。会同人力资源和社会保障部联合下发文件，规范被征地农民社会保障资金管理，加强被征地农民社会保障工作的监督检查。在建立联合办案机制方面，会同最高人民法院、最高人民检察院、公安部，联合制定在查处和预防渎职等职务犯罪工作中协作配合的若干规定、在查处国土资源违法犯罪工作中加强协作配合若干意见、国土资源行政主管部门移送涉嫌国土资源犯罪案件的若干意见等文件，为加强案件调查的部门协调，制止国土资源违法犯罪行为，建立了协作配合机制，形成惩治合力。会同监察部、人力资源和社会保障部，联合发布《违反土地管理规定处分办法》，多部门连续开展查处土地违法违规案件专项行动，集中查处了非法批地、非法低价出让土地和侵害农民合法权益的典型案件，有效遏制了土地违法违规行为。

（三）发挥研究课题推进和指导实践的作用。以惩防体系建设为重点的党风廉政建设专题研究，自2006年立项。2009年，主要围绕国土资源系统廉政风险的调查与分析、风险防控措施等内容开展调查研究。通过开展问卷调查、实地调研等形式，调查分析了当前国土资源行政管理的廉政风险现状，查找薄弱环节和风险岗位，认真总结北京、河北、上海和江苏昆山等地方国土资源部门探索廉政风险防范管理的有益经验和做法，逐步理清有效预防腐败的思路。即充分发挥典型示范和辐射作用，加强国土资源行政管理关键环节和重点岗位的风险防控，通过实现试点推行等措施，探索在全系统推开廉政风险防范管理工作。课题研究还与制定相关制度、起草工作文件紧密结合，在理论研究与指导实践方面相互渗透、相得益彰，不仅丰富和拓展了课题研究成果，也在推进和指导工作方面发挥了作用。

四、加强和改进工作的主要措施

在各方面共同努力下，国土资源部在惩防体系建设方面取得了积极成效。但也要看到，还存在一些问题和不足。个别司局单位对完善惩防体系的重要意义认识不高，责任意识不强，持续抓落实不够；各项工作开展不平衡，特别是有效管用的制度体系尚未健全；统筹协调和督促检查工作还有待加强。十七届四中全会审议通过的《决定》提出，加快推进惩防体系建设，更加有效地预防腐败。我们要准确把握中央关于党风廉政建设的重要部署，着力抓好以下方面的工作。

（一）深化国土资源管理改革和制度创新。实践证明，解决滋生腐败的深层次矛盾和问题，要以改革创新的思路寻求治本办法。今后要突出重点领域和关键环节，持续推进改革创新，以制约和监督权力为核心，以提高制度执行力为抓手，加强规划、重点突破，建立配套完备、有效管用的反腐倡廉制度体系。

一是深化国土资源审批制度改革。按照权责一致和监管匹配的原则，切实把权力和责任放下去，把服务和监管抓起来。认真落实城市批次用地审批制度改革措施，总结规范建设用地预申请制度，探索推进规划、计划等相关制度改革，完善耕地占补平衡制度。二是规范推进农村土地管理制度改革。深化农村土地产权制度改革与建设研究，完善土地确权登记制度。加快推进集体土地所有权、宅基地使用权、集体建设用地使用权确权登记颁证。深化征地制度改革，开展缩小征地范围试点。深化集体建设用地使用权流转政策研究，加快推进城乡统一土地市场建设。三是加快推进土地和矿业权市场改革。加快《土地管理法》、《矿产资源法》的修改论证，进一步明确经营性土地和探矿权、采矿权招拍挂出让制度的法律地位，完善土地和矿产资源有偿使用和市场配置的管理制度。持续推进国有土地有偿使用制度改革，推行经营性基础设施有偿使用，研究制定国有划拨建设用地使用权管理办法。加强矿业权市场制度建设，完善细化矿业权出让程序，研究制定规范矿业权交易管理办法，构建矿业权转让交易市场网络系统框架，制定平台建设标准和交易规则。建立健全统一规范的土地使用权和矿业权要素市场和综合监管平台。

（二）建立推进惩防体系建设的检查机制。针对工作开展不平衡，落实职责和任务不够到位及监督检查比较薄弱等问题，认真开展推进惩防体系建设检查，建立检查工作机制，确保完成各项任务。要把惩防体系建设检查与落实党风廉政建设责任制检查有机结合，与年终考核统筹安排，整合纪检监察、人事部门、机关党委等部门的力量，形成监督检查的工作合力。要把检查结果纳入对领导班子和领导干部的综合考核评价范围，作为年终考核、评优选先、干部任用的重要依据，作为党政干部问责的重要方面。通过有效开展检查，总结经验、查找问题、分析原因、督促整改，增强推进工作的效果，发挥导向、促进和保证作用。

（三）加强整体建设惩防体系的研究与实践。按照中央关于2010年形成惩防体系基本框架的目标要求，要在注重各要素建设的基础上，加快惩防体系的整体性建设。要深入开展党风廉政建设专题研究，发挥超前谋划和指导应用的作用，用系统的思维、统筹的观念、科学的方法，为完善体系框架建设提供信息支撑和决策参考，增强研究的前瞻性、针对性和实效性。把廉政风险防范作为完善体系建设的切入点，认真总结、试点推行国土资源系统廉政风险防范机制建设的实践经验，深刻剖析重大典型案例，找准廉政风险部位，制定针对性措施，堵塞监管漏洞。坚持课题研究与实践探索相结合，建立有国土资源管理特色的行政权力运行监控体系。

二〇一〇年二月十日

国土资源部推进惩治和预防腐败体系建设2010年工作总结

2010年，国土资源部党组全面贯彻党的十七届四中、五中全会精神，认真落实中央纪委第五次全会、国务院第三次廉政工作会议的部署及中央领导同志关于国土资源领域反腐倡廉建设的重要批示精神，以开展国土资源系统“两整治一改革”专项治理行动为主线，狠抓惩防体系建设牵头任务落实，整体推进党风廉政建设各项工作，取得了新的成效，有力保障了国土资源管理工作改革和发展。

一、切实落实党风廉政建设的重要责任

部党组坚决贯彻胡锦涛总书记在十七届中央纪委第五次全会上重要讲话精神和中央纪委关于2010年党风廉政建设的决策部署，认真执行党风廉政建设责任制规定，积极推进国土资源领域腐败问题治理工作，全面落实惩防体系建设各项工作。根据中央纪委的部署，结合国土资源管理实际，认真研究制定了2010年党风廉政建设的《实施意见》和《分工意见》，确保国土资源部门党风廉政建设各项工作统筹推进、层层负责、真正落到实处。

部党组对以完善惩防体系为重点的反腐倡廉工作高度重视、认真部

署，先后多次召开会议，专题研究制定年度工作和具体措施，并督促检查重点工作的进展情况。中央纪委副书记、监察部部长马馼同志带队到国土资源部重点抽查惩防体系建设工作，针对检查组反馈意见，部党组召开专题会议，认真研究加强和改进工作的具体措施，并在工作中抓好落实。召开建部以来国土资源系统规模最大的党风廉政建设工作会议，提出要“大喝一声，猛击一掌，进一步警醒起来”，把反腐倡廉建设摆在更加突出的位置，争取用两到三年时间遏制腐败案件易发多发态势；提出了全系统政风行风评议名次要升上去、违法违纪案件数量要降下来的任务目标。部党组为深化国土资源管理制度改革，加大全系统源头治理腐败的力度，向全系统印发《关于进一步严格管理完善制度从源头上防治腐败工作的决定》(国土资党发〔2010〕20号)、《关于认真学习贯彻中央领导同志重要批示的通知》和《深化改革创新制度建立国土资源系统反腐倡廉工作长效机制实施方案》等文件。根据中央领导同志重要批示和中央纪委部署，部党组三次专题研究贯彻落实的方案和措施，决定在国土资源系统开展“两整治一改革”专项治理行动，明确提出加大重点环节和关键部位的反腐力度，从转变管理职能、发挥市场配置资源作用、创新管理制度、加强队伍建设、提高反腐倡廉自觉性等方面，进一步提出要求、做出安排，把防治腐败的要求扩展到各项管理工作之中。

部党组成员认真执行党风廉政建设责任制，加强工作指导和协调，抓好分管范围内的党风廉政建设工作。为加强“两整治一改革”工作的督促检查，分别主持会议对分管的司局和单位进行部署，研究落实措施，听取工作进展汇报并作点评，对排查出的廉政风险点和制定的防控措施逐个审核把关。各司局和单位自觉抓好惩防体系建设的责任意识明显增强，工作力度进一步加大，与年度业务工作紧密结合，确定目标，统筹安排，确保任务落到实处。驻部纪检组监察局积极履行职责，协助部党组把惩防体系建设工作放在国土资源管理中心工作中谋划，加强组织协调和监督检查，注重发挥职能部门的作用，在部署工作、监督检查、总结成效等方面发挥了职能作用。

二、推进惩防体系建设取得新的成效

（一）紧密结合业务管理，推进惩防体系建设牵头任务取得新进展。中央《建立健全惩治和预防腐败体系2008—2012年工作规划》提出国土资源部的牵头任务，部党组在部署2010年党风廉政建设和反腐败工作中，把这些任务细化分解到有关司局和单位，并取得新的进展。

1. 规范土地征收程序和出让使用制度，完善征地补偿和安置办法。为贯彻落实党中央、国务院关于做好征地工作的政策精神，加强和改进征地管理，切实维护被征地农民的合法权益，我部印发了《关于进一步做好征地管理工作的通知》（2010国土资发〔2010〕96号），明确提出要求：一是推进征地补偿新标准实施，全面实行征地统一年产值标准和区片综合地价，探索完善征地补偿款预存制度，合理分配征地补偿费，确保补偿费用落实到位；二是采取多元安置途径，优先进行农业安置，规范留地安置，推进被征地农民社会保障资金的落实，保障被征地农民生产生活；三是做好征地中农民住房拆迁补偿安置工作，进行合理补偿安置，统筹规划有序推进征地拆迁，解决好被征地农民居住问题；四是规范征地程序，认真做好用地报批前告知、确认、听证工作，简化征地批后实施程序，提高征地工作透明度；五是强化市县政府征地实施主体职责，落实征地批后实施反馈制度。这些要求经过实践社会反响很好，各地征地管理工作得到加强和改善，全国已有28个省份公布实施了新的征地补偿标准，征地费预存制度已在14个省实行，进一步解决了一些地方补偿标准偏低、安置途径单一、社保资金不落实等问题。我部又确定在11个城市开展新一轮征地制度改革试点工作。部直接办理征地拆迁中损害群众利益问题69件。

2. 进一步规范国有建设用地使用权和探矿权、采矿权出让程序，深化土地有偿使用制度和探矿权、采矿权有偿使用制度改革。在规范土地使用权出让方面，坚持和完善土地使用权招标拍卖挂牌出让，加强建设用地供应监管，制定印发关于《加强房地产用地供应和监管有关问题的通知》（国土资发〔2010〕34号）等三个涉及规范土地使用权出让制度的调控文件；严格依法查处闲置土地和违法转让、囤积土地行为，开展房地产专项整治，研究完善土地使用权招拍挂出让的有关政策；依据规范土地使用权矿业权审批和出让行为指导意见，制定国有建设用地使用权出让合同专项清理工作方案，对各地2006年12月至2009年9月30日已供地项目15.92万个的用地情况进行了专项清理，针对清理过程中发现的问题，进一步完善相关制度，对严格土地出让合同管理提出具体政策要求。

在加快建立和完善矿业权市场建设方面，出台了《关于建立健全矿业权有形市场的通知》（国土资发〔2010〕145号）等规范性文件，对推进矿业权出让进场公开、强化对矿业权有形市场的指导和监管等做出明确规定，部分省区和地市建立了矿业权交易机构，推进矿业权出让转让进场公开交易。对全国18458个探矿权、42930个采矿权出让审批情况进行了全面排查，对查出2674个违规出让审批的问题，进行了认真整改。深化探矿权、采矿权有偿使用制度改革，印发关于加强对国家出资勘查探明矿产地及权益管理有关事项的文件，明确了矿业权有偿制度改革中价款处置的一些具体规定。

3. 严肃查处征收征用土地和矿产资源开发中的违法违纪行为。进一步加强土地执法和土地督察，严格落实违法土地管理规定行为处分办法。土地卫片执法检查覆盖全国2859个县（市、区、旗），根据卫片检查结果实施问责；每季度公开通报和挂牌督办违法案件；部、省、市、县四级开通12336国土资源违法举报电话。2010年，全国立案查处本期发生的违法用地案件2.8万件，立案查处矿产资源领域违法案件7141件，公开通报40起违法案件，挂牌督办22起违法案件。将违反国土资源法律法规的2582名责任人移交司法和纪检机关追究责任。705名责任人受到行政处分，990名责任人受到党纪处分，239名责任人被追究刑事责任。

（二）着力查找突出问题，稳步推进“两整治一改革”专项行动。中央纪委、最高人民检察院、监察部和国土资源部联合召开电视电话会议，专门部署国土资源领域腐败问题治理工作。部党组下发《关于国土资源系统开展“两整治一改革”专项行动的通知》（国土资党发〔2010〕45号），决定从2010年9月开始到2011年年底，在全系统开展“两整治一改革”专项行动，着力整治土地和矿业权交易市场存在的突出问题，着力整治干部队伍廉洁从政存在的突出问题，深化国土资源管理制度改革。经过半年稳步有序的推进，取得了阶段性成效。

1. 在全系统开展廉政风险点排查。围绕土地和矿业权出让审批、土地整治、征地补偿、调查评价、执法监察、干部选拔任用等国土资源管理中易发腐败问题的重点部位和关键环节，在国土资源系统开展了以工作岗位为点、工作流程为线，全面排查制度漏洞和廉政风险点，坚决纠正干部队伍中存在的突出问题，查处违法违纪案件。通过采取“自己找、大家提、组织点、群众议、集体定”的方法，全面开展了廉政风险点排查，为制定具体防范措施，规范工作人员行为，防控体系建设奠定基础。全国国土资源系统共排查出廉政风险点3664个，其中A级风险点759个，占20.7%；B级风险点1248个，占34.1%；C级风险点1657个，占45.2%；针对存在的问题，制定防范和整改措施共7469条。其中，部机关共查找出廉政风险点93个、直属事业单位241个、国家土地督察机构163个，针对排查出的廉政风险点，制定防范措施574条。全系统共排查出制度漏洞和缺陷842条，提出建立和完善制度的措施和建议1054条。

2. 围绕廉洁从政开展自查自纠。依据廉洁从政准则，组织全系统干部开展自查自纠，针对存在的问题制定整改措施，并切实落实到位。在全系统公布了“五条禁令”：即严禁在土地矿产审批中违反程序、弄虚作假；严禁违规操作、插手土地和矿业权出让；严禁利用工作之便，在项目安排、资金拨付等方面打招呼、协调运作，为自己和他人谋取私利；严禁在国土资源执法中，以案谋私，有案不查、瞒案不报、执法“放水”；严禁在项目实施和资金使用中违规操作、弄虚作假。对于违反“五条禁令”的，一律先行免职，并按有关规定和程序予以处理。为严格落实这“五条禁令”，向社会公布了举报电话。全系统在自查自纠中，自查问题 1049 个，已整改 955 个。

3. 部机关带头开展廉政专项行动。部党组牢牢把握推进专项行动的主动权，有效发挥以机关带系统、以系统促领域的作用。在部机关和直属单位开展了廉政专项行动，认真进行“三查”，切实做到“五带头”，严格执行“五条禁令”。部党组成员带头查找自身存在的问题和不足，提出具体整改措施，并接受全系统干部职工的监督。各司局和单位按照部党组的部署要求，切实把廉政专项行动与推进业务管理、机关作风建设常态化、深入开展创先争优工作有机结合起来，查找梳理出一些不容忽视的问题，针对查找梳理的制度漏洞，提出了整改的意见和措施，使干部职工受到必要的提醒和教育，廉政风险意识得到增强，参与党风廉政建设工作的积极性明显提高，较好地解决了行政业务与党风廉政建设工作“两张皮”的问题，为在全系统深入开展“两整治一改革”发挥了带头作用。

（三）严肃查处一批重大违纪违法案件，充分发挥以案促廉的综合效应。在开展专项治理行动中，以查处违规审批出让土地和矿业权、项目资金使用中谋取私利等十类案件为重点，积极协查和自办了一批重大案件。2010 年全系统纪检监察部门共受理信访举报 3638 件（次），其中涉及厅局级干部 67 件（次），县处级干部 376 件（次）。初核 1801 件，立案 372 件，687 人因违法违纪受到党纪政纪处分和组织处理，230 人被追究刑事责任。驻部组局全年共处理信访举报 362 件，初核案件线索 13 件。在中央纪委、监察部的指导下，查办 7 起违纪违法案件，追究了司局级干部 7 人、处级干部 7 人、科级干部 1 人的党纪政纪责任，其中 5 名局处级干部被移送司法机关。

（四）深入开展作风建设，抓好制止奢侈浪费各项工作。以开展争先创优活动为契机推进作风建设，深入开展关于厉行节约制止奢侈浪费专项清理。清理“小金库”工作向学会协会延伸，全年共清理出“小金库”27个，涉及金额485万余元。在制止公款出国（境）旅游专项工作中完善管理制度，2010年出国经费与上年相比，又减少20%。基本完成对直属事业单位投资办企业的清理，共对84家企业履行了解散(撤资）程序。严格控制一般性支出，全年用电、油、水及通信费用实际支出比上年减少8.5%；清理各种庆典、研讨会、论坛过多过滥的问题，费用比上年减少34.4%。严格控制各类会议数量、规模和经费，认真规范公务接待经费预算管理，将公务出差和接待费纳入公务卡结算范围。

（五）以贯彻廉政准则为契机，切实加强教育和监督。一是加强反腐倡廉教育。在推进机关廉政专项行动过程中，注重解决干部职工在思想认识方面存在的问题。通过学习讨论、专题辅导等活动，深化反腐倡廉宣传教育，全面提高党员干部拒腐防变的思想认识。组织召开部机关学习贯彻廉政准则大会，举办全系统6000多名党员干部参加的预防职务犯罪专题视频报告会，坚持对部机关和直属单位新任司局级干部进行廉政谈话，对广大党员干部实施反腐倡廉教育。充分利用国土资源厅(局）长培训班、市(地)、县国土资源局长培训班等干部教育培训平台，讲党风廉政建设专题课，提高全系统各级干部的廉洁从政意识。组织观看《廉政中国之国土惩腐》专题片，公开对部机关和直属单位工作人员违纪违法案件进行通报，利用发生在身边的典型案例开展警示教育。组织开展廉政文化系列活动，将廉政文化融入机关文化建设，使党员干部在文化熏陶中增强廉洁自律意识。

二是加强对权力运行的监督。针对社会广泛关注的土地和矿业权等热点问题，及时通过门户网站公示公告，自觉接受社会监督，基本形成行政权力运行网上公开、网上审批、网上监督的制约机制，强化对土地和矿产资源综合监管，坚持和深化土地和矿业权审批的会审制度。继续开展直属单位内部审计和领导干部经济责任审计，加大对中央财政资金使用情况的核查力度。深入推进财务管理网上监控工作，对大额资金支出实行在线跟踪监督。加强干部人事选拔任用工作的监督。加强对部直属事业单位和派驻地方的国家土地督察局进行巡视监督，及时发现问题，督促落实整改。

三、取得工作成效的做法

部党组始终把惩防体系建设作为推进国土资源管理改革发展的政治保障，把业务工作与反腐倡廉工作有机交融和深度结合，以“四个坚持”克服“两张皮”、避免“一般化”，推进工作不断深入。

（一）坚持加强专项行动的组织领导和监督检查。党组成立了“两整治一改革”专项行动领导小组，抽调专门力量组建办公室，切实加强对专项行动的组织领导，并且强化督促指导和监督检查。党组每月听取月度进展情况和下月工作安排，及时掌握情况和发现问题。党组成员认真对分管司局和单位查岗位风险点、查不廉洁行为、查突出问题的工作情况报告进行审定并签字，确保廉政专项行动不走过场。徐绍史部长与5位部领导分别召开6个区片专题会议，听取31个省（区、市）和新疆建设兵团的工作进展情况，深入地方亲临检查指导。驻部纪检组组长王寿祥分别听取了部机关19个司局、17个事业单位和9个土地督察局开展工作的情况汇报。召开国土资源系统党风廉政建设基层联系点调研座谈会，指导地方国土资源部门开展专项治理工作。部机关各司局和单位按照部党组的安排和要求，扎实开展廉政专项行动，促使工作抓得实，有效果。

（二）坚持把行政权力监管的薄弱环节作为党风廉政建设的重点区位。党组明确提出，把违规违法审批土地和矿业权、违规发包项目和拨付资金等腐败易发高发的十个行政监管薄弱环节作为党风廉政建设的工作重点，在制度建设、行政职能、内部管理等方面作系统梳理，查找权力运行中存在的突出问题，积极探索加强权力行使监督制约的有效措施和办法，把预防腐败的任务和要求融入到国土资源管理的各项工作中，强化制度创新和源头防腐，加强对行政管理的重点部位和环节的监督制约，确保权力依法、公开、透明运行，增强了工作的针对性和有效性。

（三）坚持把廉政风险防控管理作为惩防体系建设的重要任务。通过廉政风险点排查、廉政风险分级管理和防控的实践，全面开展以廉政风险防控管理为重点的惩防体系建设研究，结合近年来典型违纪违法案例，研究分析土地和矿业权市场化配置中存在的制度缺陷和管理漏洞，深刻剖析行政权力运行中引发腐败的原因，进一步明确加强风险防控管理的思路和措施。坚持把形成一整套点、线、面全方位覆盖，全过程监控的廉政风险防控机制作为国土资源系统惩防体系建设的目标和主要任务。

（四）坚持运用科技手段提高预防腐败的效能和水平。建立集遥感影像、监测信息、土地利用现状图于一体的全国国土资源利用"一张图"为基础的土地"批、供、用、补、查"的全程动态网上监管平台，实现"天上看、地上查、网上管"的综合电子信息监管。实行土地出让合同、矿业权统一配号和行政审批网上运行，对各级国土资源开发利用全过程、全周期动态监管，将审批程序、报批要件、工作流程电子化，减少人为因素，有效规范自由裁量权。针对社会广泛关注的土地、矿业权市场等热点问题，迅速集成各地审批结果、供应计划、交易情况和违法案件等信息，公开发布并接受社会监督，有效发挥科技手段预防腐败的基础作用。

2011 年，我们要全面贯彻中央纪委关于反腐倡廉建设的决策部署，深入推进以"两整治一改革"专项治理为重点的国土资源领域腐败问题治理工作，全面落实惩防体系建设各项任务，加强反腐倡廉长效机制建设。一是抓好深化廉政风险点排查，推动廉政风险防控机制建设；二是持续推进两个市场整治，进一步规范和完善土地和矿业权交易；三是严肃查处违纪违法案件，有效发挥查办案件的治本功能；四是深化改革和制度创新，努力在治本抓源头方面取得新突破。

二〇一一年二月二十二日

国土资源部推进惩治和预防腐败体系建设2011年工作总结

2011年，国土资源部党组全面贯彻党的十七届五中、六中全会精神，认真落实中央纪委第六次全会以及国务院第四次廉政工作会议的部署，以开展国土资源系统“两整治一改革”专项治理行动为主线，推进惩防体系建设任务落实，整体推进党风廉政建设各项工作，取得了新的成效，有力保障了国土资源管理工作改革和发展。

一、落实和推进惩防体系建设取得新的成效

2011年部党组强化政治责任，把惩防体系建设任务作为服务党和国家反腐倡廉工作大局、推进国土资源管理改革发展的重点工作，把行政管理业务与反腐倡廉工作有机交融、深度结合，全系统共同努力，积极推进各项工作不断进展、成效明显。

（一）规范土地征收工作取得新的进展

一是改进征地补偿办法。为提高征地补偿标准，国土资源部组织开展了征地统一年产值标准和区片综合地价测算与实施工作。目前，全国已有30个省（区、市）完成标准测算工作，其中有29个省份已公布实施，新的征地补偿标准较原有水平普遍提高30%以上。

二是规范征地程序。规定在征地过程中，必须履行告知、确认、听证、公告等程序，维护被征地农民知情权、参与权、申诉权和监督权。

三是拓宽征地安置途径。要求各地采取农业生产安置、重新择业安置、入股分红安置、留地安置、异地移民安置等多种方式妥善安排被征地农民的生产和生活。

四是加快建设被征地农民的社会保障体系。国土资源部与原劳动和社会保障部联合发文要求切实做好被征地农民社会保障工作。目前，全国已有 29 个省份出台了被征地农民纳入社会保障的具体政策措施，2500 万被征地农民纳入社会保障体系。

五是加快征地制度改革。探索界定公益性和经营性范围，逐步缩小征地范围。建立了补偿标准动态调整机制，加强了征地批后反馈制度督促落实。

（二）土地和矿业权市场建设持续推进

1. 土地交易市场建设取得新成效。一是积极推进建设用地审批出让制度改革。按照国务院有关文件要求，进行部、省之间审批出让方式调整，部重点强化用地监管，明确省级政府成为权责的主体。二是发挥市场在土地配置中的基础性作用。深化土地有偿使用制度改革，严格限定划拨用地和协议出让用地范围，大力推进经营性用地、工业用地“招拍挂”出让制度，实行土地资源公开交易，规范土地出让行为。目前，全国住房建设用地“招拍挂”出让比例达 90% 以上，工矿用地“招拍挂”出让比例达 80% 以上。探索以房价定地价导向土地出让方式，开展完善“招拍挂”出让住房用地试点，试行住房用地综合评标法、双向竞价、限地价竞房价、限地价竞配建等新的住房用地出让方式，完善住房用地供应制度。三是建立统一规范的土地交易有形市场。取消县级土地交易市场，土地交易统一纳入地（市）有形交易市场。大力推行土地使用权交易信息公开与网上交易。土地公开交易范围不断扩大，土地交易方式不断丰富，土地交易流程不断规范，土地有偿使用稳步推进。四是发挥土地市场动态监测与监管系统的监管平台作用。健全完善了土地出让信息公开制度，加强了建设用地供应和开发利用情况的动态监管。五是推进公共资源交易制度改革。一些地方积极探索公共资源交易方式，实行土地交易中心与国土资源管理部门彻底脱钩，交由地方政府集中统一管理。

2. 矿业权市场建设取得重大进展。一是矿业权出让转让市场建设不断发展。目前，矿业权出让市场管理的总体框架是“宏观调控下的两分一统”，即分类出让、分级审批监管和矿业权统一配号。探矿权出让中，70% 以上以申请在先方式出让。近 70% 的采矿权以“招拍挂”方式出让，初步实现了市场配置矿产资源。二是矿业权交易逐步通过矿业权有形市场实现。2011 年 4 月起，所有矿业权出让转让全部进入有形市场阳光操作，所有出让转让信息网上公示公开。目前，31 个省级矿业权交易机构已经建成并正式运行，研发的公示公开系统并与矿业权统一配号系统衔接，在国土资源部门户网站全面开通运行矿业权市场专栏，截至 2011 年 9 月公布各类信息 54742 项次，其中，公示公开矿业权出让转让信息 8413 项次，自动公告非涉密探矿权采矿权登记结果信息 46329 项次；接受社会探矿权采矿权登记信息逾 2 万项次，矿业权市场建设初步实现了规范管理、接受监督、维护权益、服务社会的目的。此外，矿业权中介技术交易服务机构建设逐渐健全，建立了与证监会沟通交流机制，参与了部分矿业资本市场的管理工作。三是联合开展矿业权“招拍挂”出让制度执行情况专项清理。与监察部联合部署在全国开展探矿权、采矿权“招拍挂”出让制度执行情况专项清理工作。清理结果进一步证明，矿业权“招拍挂”出让管理有效促进了矿业权的合理配置，提高了矿业权市场化竞争出让水平，增强了行政审批的公开透明度。清理工作发现的问题和反映的意见，为进一步完善探矿权、采矿权“招拍挂”出让制度奠定了良好基础。

（三）加大了土地管理和矿产资源开发违纪违法行为的查处力度

国土资源系统利用政策、制度和技术等各种监督手段，形成国土资源严管高压态势，违法违规问题总体下降。近三年来，违法用地宗数、面积和占用耕地面积平均分别下降25%、24%、26%。加大查处力度，严肃查处了土地管理和矿产资源开发违纪违法行为。“全国覆盖、全程监管、科技支撑、执法监察、社会监督”五位一体执法监管体系初步形成，监管效能明显提升，查处力度明显增强。

一是全国覆盖。土地、矿产卫片执法监察覆盖全国2859个县（市、区、旗），依据《违反土地管理规定行为处分办法》（15号令）启动问责。

二是全程监管。建立执法监察与规划、审批、开发、利用、土地督察等环节的全程防范机制，关口前移，对土地审批、征转、出让、开发以及抵押融资等进行全程监管。

三是科技支撑。卫星遥感监测技术与全国“一张图”和综合信息监管平台相结合，做到“天上看、地上查、网上管”。

四是执法监察。执法监察与土地督察等相关部门各负其责，协调联动，共同推动国土资源管理法律法规政策落到实处，维护国土资源利用和管理秩序。

五是社会监督。部、省、市、县四级开通12336国土资源违法举报电话，组织国家特邀国土资源监察专员深入开展考察和专题研究，发挥决策咨询和监督作用。

二、取得工作成效的做法

2011年，国土资源部全面贯彻中央纪委关于反腐倡廉建设的决策部署，落实惩防体系建设各项任务，加强反腐倡廉长效机制建设，着力抓好了以下几方面工作。

（一）深化国土资源管理改革和制度创新

一是深入推进征地制度改革。结合《土地管理法》修订工作，严格界定区分公益性和经营性用地范围。开展缩小征地范围等改革试点工作，探索公益性和经营性用地目录，控制公益性用地标准，将经营性用地逐步退出征地范围；提高征地补偿标准，拓宽安置途径。完善征地补偿标准动态调整机制，拓宽制定留地安置、土地入股安置、就业安置等多种补偿安置途径；强化征地补偿款的分配使用监管。完善补偿款预存制度和直接支付制度，按照确定的征地补偿安置方案，及时足额支付补偿安置费用；加大土地征收动态监管力度，加快建设用地备案系统和土地征收情况备案系统建设，及时获取建设用地和土地征收“批、供、用、补、查”等信息，采取针对性措施，强化建设用地全面、全程监督管理，实现土地征收全程动态监管。

二是加大土地使用权出让制度改革。规范工业用地“招拍挂”操作，探索差别化土地有偿使用方式，实行不同用途经营性用地差异化供地政策；建立健全土地出让集体会审决策机制，加强对出让方案的审查，加大对决策的监督力度；积极推进统一的土地有形市场建设，建立健全土地使用权出让信息公开制度，规范土地交易公告行为，加快土地交易市场监控平台建设，建立完善土地市场动态监管制度，加强对土地入市交易活动的各个环节的全面监督。完善评估机构管理制度和信用记录制度，建立评估机构准入退出机制、失信惩戒机制，加大对评估机构和从业人员违规违法的责任追究力度，规范土地评估行为。

三是推进矿业权市场建设。开展改革试点，积极探索优化矿业权出让方式。严格控制协议出让范围，进一步明确审批权限。强化统一配号系统监控功能，全面实行矿业权配号监管；强化对矿业权有形市场的指导和监督，推进矿业权交易统一监管平台建设和信息化建设，逐步完善网上出让，积极促进矿业权交易进入各地的公共资源交易市场；规范矿业权转让市场，提高矿业权转让条件，合理界定矿业权转让的内涵和外延，加强和改进中介技术服务。

（二）加大国土资源违纪违法案件查处

一是保持国土资源严格执法的高压态势。深入开展对重点区域的国土资源违法违规清查专项行动，严厉打击土地管理和矿产资源开发的违法行为。严肃查处违法征收土地和领导干部违法违规插手土地审批、“招拍挂”出让、土地估价等行为。完善和落实违法违规案件报告备案、重大案件上级直接查办、挂牌督办、公开曝光等制度，进一步提高执法监察水平。

二是加大案件查处和督办力度。公开查处和重点督办违反土地利用总体规划、违法占用基本农田、严重侵害农民合法权益、违反国家产业政策和供地政策、未报即用等违法用地和非法勘查开采案件。依据《违反土地管理规定行为处分办法》，严格实施行政问责，严肃追究有关人员的责任。

三是构建国土资源执法监管长效机制。按照“预防为主、关口前移、重心下移、属地管辖”的原则，进一步落实省、市、县、乡、村五级执法监管责任制。加强动态巡查，立足“早发现、早制止、早查处”，把违法用地行为解决在初始状态。通过土地和矿产卫片执法检查，认真查找和梳理国土资源执法监察工作中存在的问题和漏洞，加强行政执法与刑事司法的衔接，建立国土资源执法监管共同责任机制，切实提高国土资源执法监管水平。

二〇一二年二月

国土资源部2012年度推进惩治和预防腐败体系建设工作的报告

为深入推进具有国土资源部门特点的惩治和预防腐败体系建设，2012年10月份开始，国土资源部在全系统认真开展了2012年度惩治和预防腐败体系建设自查工作。11月份，结合党风廉政建设工作调研，由驻部纪检组监察局主要负责同志带队，对江西省、江苏省、利用司、开发司等重点单位进行了抽查。检查中，全面了解党风廉政建设责任制、工作任务落实及综合措施运用等情况。在坚持检查重点部门和关键环节工作成效的同时，全面了解反腐倡廉教育、制度、监督、改革、纠风、惩治等工作进展情况，坚持检查2012年度任务完成情况与检查《建立健全惩治和预防腐败体系2008—2012年工作规划》落实情况相结合，加强经验总结和工作指导，总结成功经验和有效做法，及时发现问题，提出改进措施，实施分类指导，不断提高工作水平。现将2012年惩治和预防腐败体系建设工作总结如下。

2012年，国土资源系统认真贯彻落实党的十八大、中央纪委七次全会和国务院第五次廉政工作会议精神，坚持标本兼治、综合治理、惩防并举、注重预防的方针，以“两整治一改革”专项治理为抓手，深入发展工程建设领域突出问题专项治理，严肃查办违纪违法案件，着力解决群众反映强烈的突出问题，深入推进具有国土资源部门特色的惩治和预防腐败体系建设，为国土资源事业发展提供了有力保障。

一、围绕中央关于国土资源管理的重大决策部署加强监督检查，坚决维护政令畅通

（一）开展加快转变经济发展方式集中检查。按照中央加快转变经济发展方式监督检查工作领导小组统一部署，部领导带领中央检查组先后对内蒙古自治区、北京市转变经济发展方式进行全面检查，派员到黑龙江、吉林等21个省（区、市）和新疆建设兵团对耕地保护和节约集约用地政策的贯彻落实情况进行监督检查。围绕科学发展这个主题和转变经济发展方式这条主线，加强了对集约节约利用资源、耕地保护、征地补偿安置、房地产市场调控、保障性住房用地开发利用等方面决策落实情况的监督检查，发现并整改问题70个，促进中央关于加快转变经济发展方式决策部署的贯彻落实。

（二）贯彻落实中央领导关于国土资源领域反腐倡廉建设的要求和部署。上半年，温家宝总理在中办秘书局《每日汇报》“当前国土资源管理领域存在四类廉政风险”作出重要批示，要求从制度和制约机制上采取有力措施应对廉政风险。贺国强同志在加强基层党风廉政建设座谈会上，强调要进一步加强基层党风廉政建设，着力解决发生在群众身边10个方面的腐败问题。为贯彻落实中央领导同志重要批示和中央纪委监察部的部署，针对基层党风廉政建设薄弱问题，下发《关于进一步加强基层国土资源部门管理促进干部廉洁从政的通知》，从9个方面提出具体措施和要求。

（三）加强廉政风险防控长效机制建设情况的监督检查。根据中央关于加强廉政风险防控机制建设的决策部署，开展廉政风险防控机制建设“回头看、回头查、回头评”，动态排查、动态完善制度。上半年，在各地自查的基础上，由部领导带队，组织省级国土资源部门纪检组长分别组成31个检查组，对全国279个基层单位（县局、乡所186个），

围绕市场配置、管理创新、权力监督、风险预警、风险教育和责任追究等六大防控机制建设交叉进行专项检查。通过检查，落实整改问题2249个，总结推广34个基层单位的经验和做法。全年各地廉政风险防控预警5050人次，失职渎职预警3079人次，进一步规范了领导干部廉洁从政行为，规范项目管理和资金使用。

二、加强对党员干部的廉洁从政教育，广泛开展廉政文化建设

（一）深入开展反腐倡廉教育。认真开展依法行政、廉政准则、廉政风险防控、预防职务犯罪等相关内容的党风廉政教育，增强干部廉洁从政意识。注重把党风廉政教育与国土资源管理业务高度融合，防止“两张皮”，避免“一般化”。利用“国土资源学习大讲堂”开展党风廉政建设专题讲座，利用党校班、市（地）、县国土资源局长培训班等干部教育培训平台，在全系统普遍加强廉政教育。11月，举办全国国土资源系统纪检监察干部培训班，231名基层纪检监察领导干部参加培训。在部机关内网创建“党风廉政建设”专栏，及时发布关于党风廉政建设的重要讲话、政策法规、工作部署和案件形势分析报告等，加强对干部的反腐倡廉教育。

（二）发挥典型示范和警示教育作用。在全国国土资源系统监察机关开展先进集体和先进工作者评选表彰活动，于“七一”前通报表扬了全系统99个纪检监察先进集体和202名纪检监察先进工作者，进一步弘扬先进。向全系统免费发放《国土资源系统违纪违法典型案例分析》20000余册，用身边的事例教育警示身边的人。

（三）打造“廉洁国土”的舆论氛围。4月18日，人民日报刊发理论文章《党风廉政建设是国土资源事业发展的生命线——国土资源系统党风廉政建设的实践与探索》。4月19日至21日，中国纪检监察报头版连续刊发《守护国土资源事业的生命线》、《打造清正廉洁干部队伍》、

《坚定不移走市场之路》。7月5日，中国纪检监察报头版刊登了对国土资源部部长徐绍史同志的专访文章《党风廉政建设是国土资源事业发展的生命线》，全民报道了国土资源系统加强党风廉政建设，积极推进“两整治一改革”专项行动取得的显著成效，营造了崇廉、思廉、践廉的良好氛围。

（四）系统总结廉政理论和制度成果。召开全国15个省（市、区）国土资源系统“两整治一改革”工作座谈会，先后召开成都和洛阳党风廉政建设座谈和经验交流会。系统梳理总结十六大以来的国土资源党风廉政建设工作，完成了《科学发展辉煌成就》国土资源分册党风廉政建设部分的编写工作。全面检查和总结梳理全系统贯彻落实《建立健全惩治和预防腐败体系建设工作2008—2012年工作规划》情况。在总结成功经验和有效做法的基础上，将于2013年召开一次全系统惩治和预防腐败体系建设工作成果交流会，形成一批制度和理论成果，表彰一批先进单位和先进工作者。这一系列措施，为贯彻落实《建立健全惩治和预防腐败体系建设工作2013—2017年工作规划》，深入推进国土资源系统党风廉政建设奠定了深厚的基础。

（五）大力推进廉政文化建设。3月份，召开国土资源深入推进廉政文化建设座谈会。开展廉政文化“进机关、进基层、进家庭”活动，在全系统组织开展了以弘扬拒腐防变、为政清廉、公平公正、爱国守法、艰苦奋斗、敬业奉献为主要内容的“国土资源廉政警言佳句大赛”，开展廉政知识竞赛、家庭助廉亲情寄语、“打造廉洁国土、崇尚廉洁文化”主题歌咏比赛等活动，组织干部职工读廉政书籍、写廉政心得、唱廉政歌曲、做廉政书画、诵廉政诗词、记廉政格言、编廉政故事等。面向全系统和社会征集作品，全年共征集到廉政警句格言8000多条。各地各单位将开展廉政文化活动与本单位廉政教育相结合，上下互动、广泛参与，取得了良好效果。

三、推进土地和矿业权出让网上交易和监管，逐步促进土地和矿业权出让交易环节纳入统一的公共资源交易市场

（一）推动土地和矿业权出让网上交易。总结分析山东、广东、辽宁、浙江、河北、河南、江西、宁夏、贵州等土地和矿业权出让网上交易的成功经验和做法，充分利用“制度＋科技”手段，优化土地交易方式，防止交易环节围标串标、暗箱操作等违规违纪行为。强化监督监管，完善土地和矿业权出让信息公开和诚信体系建设，促进土地和矿业权市场建设公开、公平、公正。目前，全国已建成省、市两级土地出让网上交易和监管系统126个，在建113个；建成省、市两级矿业权出让网上交易和监管系统73个，在建88个。建成省、市两级矿业权交易有形市场296个，其中，31个省区市已全部完成，基本做到了全覆盖。

（二）土地和矿业权出让交易环节逐步纳入统一的公共资源交易市场。9月份，我部会同中央工程治理领导小组办公室，先后到江西、江苏、广东、河南、云南、广西等六省，开展土地使用权和矿业权出让纳入公共资源交易市场专题调研，撰写了《土地使用权和矿业权出让纳入公共资源交易市场专题调研报告》。在调研的基础上，起草了《土地使用权和矿业权出让交易市场专题调研报告》。在调研的基础上，起草了《土地使用权和矿业权出让交易环节纳入公共资源交易市场的指导意见》，将适时予以印发并贯彻实施，逐步实现土地和矿业权出让“政府主导、管办分离、集中交易、规范运行、部门监管、行政监察”的要求。

（三）实现全国矿业权统一配号制度。自2008年在全国先后实现探矿权和采矿权统一配号制度以来，部、省、市、县四级矿业权登记实现了系统统一配号，探矿权、采矿权数据统一管理，达到了实时掌握全国探矿权、采矿权设置情况的预期目标。2012年，管理系统自动拦截不符合法律法规规定、数据不合理等配号申请2万多次，有效规范了探矿

权、采矿权审批工作。

（四）建立土地和矿业权出让信息公示制度。实现土地和矿业权出让信息平台综合检索服务。开通矿业权市场网，集中发布矿业权出让转让公示公告信息及相关公开信息，接受社会监督。2011年4月，全国开通矿业权市场网，集中发布矿业权出让转让公示公告信息及相关公开信息，接受社会监督。2011年4月，全国开通矿业权市场网以来，全国各级登记管理机关发布探矿权采矿权出让转让公告、公示及公开项目28506项次，接受社会查验10.7万项次。矿业权市场网的开通，营造了矿业权公平、公正、公开交易的市场环境，促进了矿业权管理规范化。

四、着力深化改革和制度创新，不断拓展从源头上防治腐败的工作领域

（一）推进行政审批制度改革。对行政审批事项认真进行清理和调整，进一步下放审批权限，优化程序、简化报件，压缩审批时限，提高审批效率。对部确定的15项行政审批事项进行研究梳理，重新整合，规范审批程序，研究出台《国土资源部行政审批事项办理程序规定》、《行政审批办事指南》及流程图等。全系统实行了行政审批内部会审制度，并由政务大厅统一受理、接办分离、网上报批、联网审查、限时办结、结果公开，进一步规范行政审批行为，构筑了坚实的廉政风险“防火墙”。

（二）运用“一张图”综合监管平台强化核心业务动态监管。完善了集卫星遥感影像。检测变化信息、土地利用现状于一体的全国土地利用“一张图”和“批、供、用、补、查”综合监管平台，对各级国土资源开发利用全过程、全周期动态监管。推进国土资源管理全业务、全流程的电子政务系统和电子监察系统建设，促进业务管理标准化、规范化、透明化，做到审批和监管有效分离。推进政务公开，全国所有省级和97%的市级、70%的县级国土资源部门实现了政务信息网上公开。针对社会广泛关注的土地、矿业权市场等相关热点问题，集成全国各地

建设用地和矿业权行政审批结果、土地供应计划、土地出让、探矿权采矿权出让交易结果、国土资源违法案件等信息，公开发布，主动接受社会监督。

（三）完善重大项目和资金使用监管机制。对土地整治、矿山环境治理、地质灾害防治项目立项、审批、实施、竣工验收、工程质量及资金使用和监管情况进行了全面清理，各地共排查项目 14728 个，发现并整改问题 2643 个。建立和完善了项目招标投放管理办法，全面推行项目管理业主制、监理制和责任追究制。建立了财务电子监管系统，对大额资金管理、重大专项财务运行实时在线全程监管。完善了预算编制和执行情况报告通报制度，加强了内部经济责任和离任审计。出台《关于进一步加强项目经费管理廉政风险防控工作的通知》，提出了 11 项廉政风险防控措施，进一步规范和加强部机关和直属单位经费项目的监督管理。“三公经费”支出 3076.35 万元，同比减少 13.0%。对项目资金量大的直属单位开展项目专项巡视。加强对土地和矿业权出让项目会审的监督。页岩气招标出让采取监标与巡察相结合监督的做法，受到中央纪委监察部的充分肯定。

（四）加强对领导干部的监督。严格落实党风廉政建设责任制，部党组书记认真履行第一责任人职责，部署反腐倡廉重要工作 7 次，协调落实惩防体系建设牵头任务和协办任务 12 次，班子成员主动抓职责范围内的反腐倡廉工作。认真落实党内监督条例，严格执行领导干部述职述廉、诫勉谈话等制度。对新任职的 18 名司局级干部进行集体廉政谈话，诫勉谈话 3 次。审核部机关、各派驻地方的国家土地督察局和直属单位干部任免 26 批 196 人。516 名县处级以上领导干部全部按照规定报告了个人有关事项。部党组和司局级及直属单位认真召开“学习贯彻党的十八大精神、保持党的纯洁性”为主题的领导班子民主生活会，深入剖析在思想上、作风上存在的突出问题。出台《关于建立健全领导干部廉洁从政信息系统暂行办法》，初步建立了 227 名司局级和 187 名处级干部的廉洁行政信息系统。作为监察部试点，开展绩效管理，完成对部机关各司局和直属单位的绩效考核工作。

（五）深化国土资源管理制度创新。健全有利于保障和促进科学发展的新型国土资源管理制度框架体系，修订出台了反腐倡廉《闲置土地处置办法》、《国土资源行政复议决定履行与监督规定》等法规 2 项，修订完善《关于严格控制和规范矿业权出让管理有关问题的通知》、《关于进一步加强房地产用地和建设管理调控的通知》等规范性文件 24 件。开展了规章和规范性文件清理，部共清理规章和规范性文件 906 件，废止法规和规范性文件 153 件，修订法规和规范性文件 30 件。主动公开现行有效的 55 部法规和规章。完善了规章和规范性文件后评估制度，对土地、矿产资源管理和公共服务等方面的 12 项制度进行全面评估。

五、严肃查处违纪违法案件，着力解决发生在群众身边的涉土涉矿腐败问题

（一）突出查办案件工作重点。始终保持查办案件工作力度，以查处土地和矿产资源管理领域的案件为重点，严肃查办官商勾结、权钱交易和严重损害群众利益的案件，严厉惩处利用审批权、执法权、监督权、项目管理权、大额资金支配权谋取非法利益的行为，严肃查办土地及矿业权市场交易和项目管理中徇私舞弊的案件，严肃查办国土资源管理中的商业贿赂案件。严肃查处国土资源部门工作人员在征地拆迁和矿产资源开发中的违纪违法问题。

（二）加大组织处理力度。对征地中与开发商串通勾结、权钱交易、损害群众利益的，一律按照国土资源部“五个先行免职”的规定先行免职，并依纪依法严肃惩处。对违规违纪参股办矿的，一律先行免职，并依纪依法严肃惩处，同时按照问责的有关规定追究有关领导的责任。部署对国土资源部门干部直系亲属从事涉土涉矿经营活动行为全面登记、清理工作，严肃惩处违纪违法行为。

（三）加强信访举报和案件查处工作。按照“分级负责、归口办理”

的原则，认真及时处理群众信访举报。2012年，驻部纪检组监察局处理群众来信316件，接待群众来访6人次，其中部级领导干部接访1次，解决事项2件。初核案件7件，立案1件，结案4件，给予党纪政纪处分7人。配合中央纪委、最高检和地方检察院查办案件8件，部机关工作人员被判处有期徒刑1人。处理治理商业贿赂网上举报信70余件。转办信访举报24件；解决群众反映强烈的突出问题28件，推动解决了一批土地和矿业权出让中群众反映强烈的突出问题。

（四）加强案件监督管理工作。贯彻落实《中国共产党纪律检查机关案件监督管理工作规则（试行）》，从案件线索管理、组织协调、督促检查、统计分析等方面，提出了8条贯彻落实措施。运用网络资源，加强案件统计分析和通报工作，实行案件在线月报告制度。通报全系统2011年信访案件统计汇总分析情况。通报全系统季度和全年违纪违法案件情况，通报失职渎职案件情况。

（五）发挥查办案件治本功能。组织召开全国国土资源系统廉政风险防控管理研讨会，督促各地加强案件管理和廉政风险防控工作。参加第四次预防职务犯罪工作联席会议和查办涉农惠农案件工作座谈会暨联系会，配合最高人民检察院与十四部门联合下发《在查办和预防涉农惠农领域职务犯罪案件工作中加强协作配合的通知》，加大预防职务犯罪工作力度。

2012年，建立健全惩治和预防腐败体系建设虽然取得了明显成效，实现了阶段性目标。但是，反腐倡廉建设形势依然严峻，任务依然艰巨。2013年，按照中央关于建立健全惩治和预防腐败体系建设的要求，重点抓好实施办法的制定、责任分解和检查考核工作，建立健全督察机制、制度评估机制、考核结果运用机制。深化反腐倡廉顶层设计。着力从源头上预防腐败，以积极有力的措施，推进具有国土资源部门特点的惩治和预防腐败体系建设，为国土资源事业发展提供有力保障。

二〇一三年二月二十七日

国土资源部推进惩治和预防腐败体系建设 2008—2012 年工作总结

中央印发《建立健全惩治和预防腐败体系 2008—2012 年工作规划》以来，国土资源部党组高度重视，按照《工作规划》和责任分工方案的部署要求，制定印发贯彻落实《工作规划》的实施办法，明确具体任务，落实分工责任，以狠抓牵头负责任务为重点，整体推进教育、制度、监督、改革、纠风和惩处等各项工作的贯彻落实。经过五年的努力，中央明确国土资源部承担负责的各项任务取得明显成效，国土资源系统拒腐防变教育长效机制更加完善，反腐倡廉制度体系更加健全，权力运行监控机制基本形成，违纪违法案件呈现出下降趋势，腐败现象易发多发的势头得到进一步遏制，以完善惩防体系为重点的反腐倡廉建设工作取得重要进展。现重点将我部牵头负责的任务落实情况作一汇报。

一、做法和成效

中央颁布《建立健全惩治和预防腐败体系 2008—2012 年工作规划》明确国土资源部牵头两大任务：一是规范土地征收和使用权、矿业权出让制度。二是严肃查处征收征用土地和矿产资源开发中的违纪违法行为。围绕落实两项牵头任务，我们重点从以下四方面抓好工作的落实。

第一，着力推进征地制度改革，规范土地征收工作取得新进展。一是组织开展了征地制度改革试点工作。下发了《关于征地统一年产值标准和区片综合地价公布实施与备案有关问题的通知》，实行征地统一年产值标准和区片综合地价测算，全面提高补偿标准。目前，全国已有30个省（区、市）完成标准测算工作，其中29个省（区、市）已公布实施，新的征地补偿标准较原有水平普遍提高30%以上。二是严格规范征地程序。下发了《关于进一步做好征地管理工作的通知》和《关于切实做好征地拆迁管理工作的紧急通知》，要求严把补偿安置审查关，对被征地农民的安置补偿、社会保障和房屋拆迁作出了明确规定。坚持在用地审查中，要求地方政府对告知、确认、听证程序，农民意见和处理情况等做出详细说明。对补偿标准偏低、安置途径单一、社会保障措施不落实、存在征地信访问题的，一律不通过用地审查。2009年有20个建设项目用地，在妥善解决群众信访问题后才予以审批，对补偿标准偏低的项目，提高了征地补偿标准，增加补偿费用近5亿元。三是进一步拓宽征地补偿安置途径。实行了农业生产安置、重新择业安置、入股分红安置、留地安置、异地移民安置等多种方式做好征地补偿安置工作，目前全国29个省份启动建立被征地农民的社会保障制度，2500万被征地农民纳入基本生活或养老保障。同时积极配合有关部门健全被征地农民社会保障制度，协同妥善解决好被征地农民就业、住房、社会保障等问题。

第二，着力推进国土资源有偿使用制度改革，土地和矿业权审批出让行为更加完善。一是加大了土地有偿使用制度改革力度。逐步缩小了划拨用地范围，除军事、社会保障性住房和特殊用地等继续划拨外，全面实行土地有偿使用，不断扩大招拍挂范围。积极探索对国家机关办公和交通、能源、水利等基础设施、城市基础设施以及各类社会事业用地实行有偿使用。同时，连续两年开展国有土地使用权出让专项清理和检查工作，与监察部联合下发了进一步落实工业用地出让制度的文件，调整最低价出让标准实施政策，土地有偿使用制度不断扩展。2011年全国土地招拍挂面积占经营性出让面积的比例已达到85.3%；招拍挂出让价款占出让土地总价款的94.9%。二是稳步推进矿业权审批出让制度改革。完善矿业权集中统一和分级管理，油气、稀土等6个战略性矿产由部一级审批，其他矿种大型规模由部审批，中小型规模授权省级审批。深化煤炭矿业权审批制度改革，印发《关于开展煤炭矿业权审批管理改革试点的通知》，实行授权下放审批权限，报部备案制度。从2009年起，已通过矿业权审批全国统一配号系统对各地矿业权审批实行网上实时监控。全面实行矿业权有偿取得制度，除高风险矿产勘查以申请在先方式出让探矿权外，其他矿业权主要以招拍挂等竞争方式有偿出让。目前近七成的采矿权实现了以招拍挂方式出让。全面推行矿业权出让转让公示公开制度，所有矿业权出让转让信息必须进入市场公开操作，实现了矿业权出让转让交易信息的"五公开"(申请在先、招拍挂、协议出让、探矿权转采矿权、转让信息)。三是完善经营性用地和工业用地招标拍卖挂牌制度。根据国内经济形势和工业用地供应中存在的突出问题，联合监察部出台了《关于进一步落实工业用地出让制度的通知》，完善工业用地出让制度和出让程序，大力推进预申请制度。积极探索完善土地出让招拍挂制度，印发《国土资源部关于坚持和完善土地招标拍卖挂牌出让制度的意见》，调整完善土地招拍挂政策，实行以"限房价、竞地价"、"限地价、竞房价"、"商品住房用地中配建保障性住房"、"土地利用综合条件最佳"等方式出让土地使用权，改变过去"价高者得"的单一出让条件，进一步完善了住房用地出让方式。

第三，着力规范土地和矿业权市场交易行为，网上交易和监管取得重要进展。一是积极推进土地使用权和矿业权出让网上交易。针对土地交易中违规设置前置出让条件、领导干部违规插手干预、围标串标等突出问题，出台了《关于开展国有建设用地使用权网上交易试点工作的意见》，实行互联网网上报名、网上确认身份、网上缴纳保证金、网上竞价，并实时确认成交结果，有效消除了人为干扰、暗箱操作，确保交易信息公开透明。目前全国已建成土地网上交易和监管系统42个。如辽宁省全省国有建设用地使用权网上交易系统全面运行以来，已出让土地1275宗，成交总价款708亿。同时，按照部《关于建立健全矿业权有形市场的通知》和《关于组织开展矿业权网上交易试点工作的通知》的统一部署，积极推进矿业权有形市场建设，全国31个省级、96%的地级市国土资源部门建立了矿业权交易机构，已建成矿业权出让网上交易和监管系统20个。部及时出台《矿业权交易规则（试行）》，明确矿业权交易的适用范围，采取招拍挂方式的操作要求和流程，有效规范了矿业权交易机构和矿业权人交易行为。二是加强对评估机构的监管。研究制定了《土地估价管理办法》，明确建立全国统一的土地估价师、土地估价机构和土地估价报告备案系统，及时向社会公示有关土地估价师执业登记和注销、土地估价机构执业注册和注销以及资信评级等基础信息。制定印发了《关于加强矿业权评估行业管理的通知》，对矿业权评估机构准入退出机制、失信惩戒机制和评估机构的选择等做出明确规定，进一步规范了矿业权评估机构和从业人员行为。三是强化国土资源综合监管平台建设。建立了集卫星遥感、监测变化信息、土地利用现状于一体的全国土地利用"一张图"和土地审批、土地供应、土地利用、土地补充、土地违法及矿产资源勘查开采的全程全面监管，实行了土地出让合同、矿业权统一配号和行政审批网上运行，对各级国土资源开发利用全过程、全周期动态监管，有效规范了权力运行。

第四，严肃查处了土地和矿产资源开发管理中的违法违纪行为，违法违规问题总体下降。一是加大土地和矿产卫片执法检查力度。2009年度土地和矿产卫片执法监察首次覆盖全国2859个县（市、区、旗）。依据《违反土地管理规定行为处分办法》，2011年配合监察部对16个省（区）的13个市、63个县（市、区）进行责任追究，给予纪律处分73人，并对有关责任人进行集体约谈、登门或书面通报、联合约谈、委托约谈。二是集中开展土地和矿产资源执法专项行动。把治理工程建设领域突出问题与查处土地和矿产资源开发中违纪违法行为紧密结合起来，对国有土地使用权出让合同和探矿权采矿权出让审批制度执行情况进行全面清理。专项治理开展以来，全系统受理举报和案件线索 15252 件，立案 357 件，给予党纪政纪处分 603 人，移送司法机关 650 人。三是健全国土资源行政执法监察体系。建立了执法监察与国土资源规划、审批、开发、利用、督察等环节的全程防范机制，对土地审批、征转、供应、开发以及抵押融资等进行全程监管。充分利用卫星遥感监测技术与全国“一张图”和综合信息监管平台，形成了“天上看、地上查、网上管”的立体监督网络。开通国家、省、市、县四级 12336 国土资源违法举报电话，健全举报投诉处理机制，拓宽土地和矿产资源违法违规案源，完善“早发现、早制止、早处置”的机制。加强了与中央纪委监察部有关部门的沟通与协调，建立了案件线索定期通报和案件查办、协办、督办等工作机制。通过健全工作机制，强化监督手段，目前基本形成“全国覆盖、全程监管、科技支撑、执法监察、社会监督”五位一体的执法监管体系，监管效能明显提升，查处力度明显增强。

二、经验与体会

按照中央关于惩防体系建设工作的部署要求，部党组始终坚持把惩治和预防腐败体系建设，作为推进国土资源管理改革发展的政治保障，认真部署，专题研究，狠抓各项任务的贯彻落实，我部惩治和预防腐败体系建设工作呈现出稳步发展的良好局面。总结工作成果，我们主要有以下几点体会。

第一，坚持加强惩防体系建设的组织领导和监督检查。部党组专门成立了由徐绍史部长担任组长的惩防体系建设领导小组，认真贯彻落实党风廉政建设责任制，形成了部党组统一领导、部领导分工负责、业务部门抓好落实、驻部纪检组组织协调的领导体制和工作机制。每年将惩防体系建设工作与业务工作一起部署推进，一起检查考核，克服了“两张皮”、“一般化”现象，有效推进牵头任务和各项工作不断深入。

第二，坚持行政权力监管的薄弱环节作为惩防体系建设的重点区位。围绕规范权力运行，以工作岗位为点，以业务流程为线，查找权力运行中的廉政风险，梳理权力监管中的薄弱环节，并把土地和矿产资源管理中的突出问题和薄弱环节作为廉政风险点，把预防腐败的任务要求融入国土资源管理中，不断健全和完善防控措施，规范权力依法公开运行，增强工作的针对性和有效性。

第三，坚持把廉政风险防控管理作为惩防体系建设的着力点。通过在国土资源系统开展廉政风险排查、廉政风险分级管理和防控的实践，全面开展以廉政风险防控管理为重点的惩防体系建设研究，结合近年来违纪违法典型案例，研究分析土地和矿业权市场化配置中存在的制度缺陷和管理漏洞，深刻剖析行政权力运行中引发腐败的原因，明确加强惩防体系建设的思路和措施，不断运用科技手段提高预防腐败的效能和水平。

第四，坚持开展惩防体系建设软课题研究。2008 年《工作规划》实施以来，部已经连续五年开展了惩防体系建设的课题研究，课题研究坚持与工作实践紧密结合，在理论研究与指导实践方面相互渗透，研究成果为加强廉政风险防控工作发挥了重要的指导和推进作用，增强了惩防体系建设工作的前瞻性、实效性和针对性。

二〇一二年六月

部领导有关党风廉政建设和惩防体系建设的讲话

以党的十七大精神为指导 切实加强国土资源系统反腐倡廉建设

——徐绍史同志在国土资源系统党风廉政建设工作电视电话会议上的讲话

（内情通报 2008 年第 18 期）

同志们：

这次会议是继全国国土资源管理工作会议之后，国土资源系统召开的又一次重要会议。刚才，寿祥同志作了工作报告，总结了 2007 年党风廉政建设和反腐倡廉工作，对今年的工作进行了部署，我完全赞同。广州海洋地质调查局、辽宁省国土资源厅、山东省国土资源厅和河北省廊坊市国土资源局的负责同志作了会议发言，各具特色。下面，就加强国土资源系统反腐倡廉建设，我再讲几点意见。

一、深入学习领会中央关于加强反腐倡廉建设的新要求

当前，我们正在深入学习贯彻党的十七大精神，结合国土资源工作实际，在各个领域、各个方面抓紧研究推进改革发展的思路和措施。党的十七大以来，中央对反腐倡廉工作提出了一系列新的要求。一是党的

十七大第一次提出要把反腐倡廉建设与党的思想建设、组织建设、作风建设和制度建设一起确定为党的建设的基本任务，强调要坚决惩治和预防腐败，要求全党一定要充分认识反腐败斗争的长期性、艰巨性和复杂性，把反腐倡廉建设放在更加突出的位置，旗帜鲜明地反对腐败，而且进一步明确了反腐倡廉建设要坚持标本兼治、综合治理、惩防并举、注重预防的方针，要求更加注重治本，更加注重预防，更加注重制度建设。二是在中央纪委第二次全会上，胡锦涛总书记就反腐倡廉建设发表了重要讲话，全面分析了当前反腐倡廉工作的形势，深刻阐述了新形势下加强反腐倡廉建设的重要性和紧迫性，明确了当前和今后一个时期加强反腐倡廉建设的指导思想、基本要求、工作原则和主要任务，号召全党要把反腐倡廉建设放在突出位置，更加坚决地惩治腐败，更加有效地预防腐败。三是温家宝总理在刚刚召开的国务院第一次廉政工作会议上，对今年政府系统的反腐倡廉工作作出了具体部署。四是贺国强同志在中央纪委第二次全会工作报告中，重点阐述了党的十七大对反腐倡廉工作的总体要求，明确了2008年的工作任务。党中央、国务院如此高规格、高频率地强调反腐倡廉工作，其重要性不言而喻。中央的部署和要求，各级国土资源部门一定要认真学习，深刻领会，切实贯彻落实到反腐倡廉工作中去。

国土资源领域是中央确定的反腐倡廉的重点领域，中央纪委第二次全会确定的涉及国土资源领域的主要任务有五个方面：第一，要加强对土地管理法律法规和节约集约用地政策执行情况的检查，从严控制新增建设用地，着力纠正违反耕地保护制度的行为；第二，要坚决纠正征地拆迁中群众反映强烈的问题，严肃查处征收征用土地和矿产资源开发中的违纪违法行为；第三，要严肃查办非法批地批矿、低价出让土地和矿产资源，或者擅自变更规划获取利益的案件；第四，要治理领导干部违规插手招标投标、土地出让、产权交易、政府采购等市场交易活动，谋取私利的问题；第五，要严格执行经营性土地和工业用地招标拍卖挂牌出让制度，规范协议出让行为，落实探矿权、采矿权招标拍卖挂牌出让制度。这五项任务涉及土地、矿产领域的制度建设、市场监管和维护群众利益等诸多方面，既需要治标，更需要治本，任务非常艰巨。

国土资源系统一定要把思想和行动统一到中央的要求上来，认真贯彻落实党中央、国务院的部署，明确重点工作和主要任务，以更加坚决的态度，更加有力的措施，更加扎实的工作，切实加强国土资源系统反腐倡廉建设。

二、充分认识新时期国土资源系统反腐倡廉建设的紧迫性

近年来，按照党中央、国务院的部署，在部党组和地方各级党委、政府的领导下，国土资源系统积极推进教育、制度、监督并重的惩治预防腐败体系建设，经过全系统的共同努力，国土资源系统党风廉政建设和反腐败工作有了新的进展，总的形势是好的。主要表现在六个方面：第一，加强监督检查，维护了政令的畅通；第二，开展廉洁从政教育，党员干部的廉洁自律意识进一步增强；第三，加强制度建设，治本抓源头工作取得了新的成效；第四，认真贯彻党内监督制度，开展巡视、财务审计监督，加强对领导班子和领导干部以及重点环节和重点部位权力运行的监督；第五，加强土地和矿产的执法力度，开展专项行动，维护了群众的合法权益；第六，深入开展治理商业贿赂工作，查处了一批违法违纪案件。

总体上看，国土资源系统党风廉政建设和反腐败工作成绩是主要的。但同时也存在着一些不适应的方面，思想认识和工作水平在全系统发展还不平衡，有些工作部署落实还不到位，监督和制约机制还不完善，滥用职权和以权谋私等现象仍然存在。这些问题直接影响国土资源部门全面正确履行职能，制约了国土资源管理改革和发展，我们必须高度重视。

第一，从职能上看。土地和矿产都是稀缺资源，国土资源管理系统

拥有行政许可权、行政执法权、巨额预算资金的管理和支配权，还有一定的自由裁量权。虽然已经制定了一系列制度对权力进行制约，但是由于制度不完善、不落实，监督不到位、不落实，惩治和预防腐败体系建设还有一个过程，国土资源系统反腐倡廉方面的问题还是比较突出的。从近年来发生的一些违法违纪案件来看，有七个方面的问题需要大家高度重视：一是土地和矿业权审批发证环节的问题比较突出，超越权限、违反程序和违反政策等违法违规批地、供地、批矿，违法违规发放土地使用权证和矿业权证，在一些地方还不同程度地存在；二是土地执法中失之以宽、失之以软，责任追究不到位，有的甚至瞒案不报、压案不查等；三是土地整理复垦开发中存在挤占挪用资金、招标不规范、弄虚作假等问题；四是土地和矿业权招拍挂出让围标、串标、搞虚假挂牌等违规操作也不是个别现象；五是土地和矿业权评估中行贿受贿、弄虚作假、故意高估或者故意低估的问题也还不少；六是征地补偿政策不落实，土地信访群体性事件仍然居高不下；七是预算和财务管理中的问题也屡有发生，有的是屡审屡犯，不规范使用资金，甚至行贿贪污。对于这些环节和部位，必须高度关注，进一步健全制度，强化监管。

第二，从改革发展的任务看。党的十七大之后，我们召开了理论务虚会，集中解决一个问题，就是“对当前的形势怎么看，今后的工作怎么干?”总体形势就是当前矛盾突出，今后压力很大。具体来讲：一是我国人均耕地少、优质耕地少、耕地后备资源少；二是矿产资源总量大、人均少、禀赋差；三是资源利用粗放浪费严重；四是资源供需矛盾突出；五是违法违规现象严重。之所以出现这样的局面，首先是由于我国特殊的资源国情所决定的，其次就是由深层次的结构性矛盾和粗放型增长方式所决定的。从我们自身来看，工作跟不上，改革跟不上，制度设计还需要进一步完善。我们通过认真分析研究，在全国国土资源管理工作会议上对今后工作进行了部署，要贯彻落实党的十七大精神，解放思想、改革创新，构建保障科学发展的新机制。保障科学发展的新机制，具体细化为宏观调控机制、共同责任机制、开源节流机制、科技创新和国际合作机制，要求大家积极探索。这是关系到国土资源管理改革和发展全局的大事。加强反腐倡廉建设既是构建新机制的内在需要，也是推动构建新机制的重要保障。因为人的因素是关键，加强反腐倡廉建设，有利于提高干部队伍的综合素质、执行能力和管理水平。国土资源系统的反腐倡廉建设，要站在国土资源管理工作全局的高度，扎实推进教育、制度、监督、惩治和预防的各项工作，为加快构建保障科学发展的新机制提供坚强保障。

第三，从队伍状况看。这支队伍总体上是好的，在履行职能过程中，造就了一支政治过硬、业务熟悉、素质较高的队伍。特别是通过去年开展的土地执法“百日行动”也证明了这一点。各级国土资源管理部门在地方的行风评议中，有的排名始终比较靠前，有的排名也在逐步上升，得到方方面面的好评。但是面对新的形势、新的任务，我们的干部队伍还有许多不适应的地方：一是有的同志改革创新的坚定性和自觉性不够强，安于现状、畏首畏尾、视野狭窄，而且自我感觉良好，不想改、不敢改的问题还比较突出；二是有的地方对土地、矿产资源法律法规和政策措施贯彻执行的态度不够坚决，执行力不够强，遇到违规违法问题，有的故意回避矛盾，甚至瞒案不报、压案不查，个别人在非法批地、批矿中帮着出歪点子、想邪办法，甚至同流合污；三是有些单位和部门办事拖拉、推诿扯皮、敷衍塞责，对新情况、新问题深入调查研究不够，办法也不多；四是有的干部仍然存在不廉洁的行为，甚至违法违纪。最近几年大体上每年都有三四百人受到党纪政纪处分，其中一二百人要移送司法机关处理。尽管这些人对我们这支 30 多万人的队伍来说是极少数，但是危害严重，影响极坏。

总体上来看，国土资源系统反腐倡廉建设的形势依然严峻，任务依然繁重，我们一定要保持清醒的头脑，不能有丝毫的懈怠。各级国土资源部门领导，特别是主要领导同志一定要切实担负起反腐倡廉建设的主要责任，把国土资源系统党风廉政建设放在更加突出的位置，切实抓紧抓好。

三、集中精力抓好当前重点工作的落实

部党组关于今年党风廉政建设和反腐败工作的实施意见已经印发，请各地、各单位结合实际，认真抓好贯彻落实。这里，我再强调几项重点工作：

第一，要把深入学习实践科学发展观活动作为当前首要的政治任务抓紧抓好。中央已经部署开展学习实践科学发展观活动的试点工作，国土资源部是试点单位之一。最近一段时间，我们已经启动了试点工作，方案也已经得到批准。关于这项试点工作，一是要做好部署，以构建保障科学发展的新机制为主线，把“解放思想、改革创新”和“转变作风、增强执行力”的学习大讨论贯穿学习实践活动的始终，把查摆和解决问题贯穿学习实践活动的始终，把领导干部作表率贯穿学习实践活动的始终。二是要解决问题，要增强贯彻落实科学发展观的自觉性和坚定性，提高贯彻落实科学发展观的执行能力。从全系统来说，要突出解决三个问题：第一是破解经济社会发展中遇到的疑难问题；第二是破解国土资源监管、服务中的重大问题；第三是破解影响群众权益的突出问题。要围绕这三个方面，通过试点来解决问题。对于涉及全国性的一些重大制度问题，可以给国务院提出建议，或者给相关部门提出建议。三是要完善制度，要加强调研，深入到国土资源管理工作做得好、富有经验的地方，深入到国土资源领域矛盾和问题比较集中特别是管理问题比较突出的地方，深入到国家各类综合改革试验区、基层联系点等地方调查研究，总结实践经验，进一步规范、完善国土资源管理工作制度，指导长远发展。这是当前的一项重点工作，部要尽全力搞好这次试点，也希望各地国土资源管理部门帮助、支持我们搞好试点。搞好这个试点对全系统都意义重大。

第二，要进一步提高国土资源系统依法行政水平。党的十七届二中全会对深化行政管理体制改革作出重大部署。当前，深化行政管理体制

改革最核心的就是要转变职能、理顺关系、提高效能。根据这个要求，部要认真回顾总结建部十年来履行职能和体制运行的情况，按照行政管理体制改革的总体要求，进一步提高依法行政的水平。一是要增强干部依法行政的意识，提高落实国土资源管理政策措施的执行力。二是要加大监督检查力度，切实加强执法监察，认真开展各类专项督察，落实行政责任考核及追究制度。三是要推进法制建设，健全和完善国土资源法律法规。四是要坚持民主决策，规范决策程序，确保民主科学决策。五是要提升政务公开水平，坚持深化和完善权力公开、透明运行的体系，尤其要推进电子政务建设，搭建政务公开的平台，真正实现阳光行政。

第三，要认真抓好干部队伍作风建设。良好的作风是推进工作的巨大力量，也是维护清正廉洁的重要保障。要从思想作风、学风、工作作风、领导作风和生活作风等方面全面加强国土资源系统干部队伍的作风建设。一是要实现思想作风的与时俱进。要在解放思想、改革创新的学习大讨论中，积极引导干部职工树立强烈的忧患意识，增强攻坚克难的决心和服务经济社会发展全局的观念。二是要改进工作作风，增强执行力。在转变作风、增强执行力的学习讨论中，进一步明确职能定位，转变管理方式。要从习惯和热衷于审批转变到审批和监管并重上来，从注重事后查处转变到预防和查处并重上来。要着力解决群众反映强烈的问题，纠正损害群众利益的不正之风。要树立节俭意识，改进文风、会风，努力做到高效率、低成本。三是要切实加强领导作风建设。各级领导都要讲实话、出实招、办实事、求实效，把工作精力真正放到调查研究和解决问题上来，提高推动科学发展的能力和水平。要认真执行领导干部廉洁自律的各项规定，增强党性修养，保持奋发进取的精神和勤政廉洁的作风。

第四，要着力推进惩治和预防腐败体系建设。一是要加大教育的力度，以各级领导干部为重点开展党风廉政教育和廉政文化建设。各地、各单位也要结合实际，积极营造本地、本单位的勤政廉政文化氛围，及时宣传和推广好经验、好做法。二是要进一步完善反腐倡廉的制度体系，把治本抓源头寓于国土资源日常管理工作中。三是要进一步加强对权力运行的监督和制约，重点加强对领导班子和领导干部、重点环节和重要部位权力运行的监督。部要加强对机关各司局和在京直属事业单位的巡视工作，同时要进一步规范对事业单位的管理。四是要推进行政审批制度改革，深化征地制度改革，加快土地和矿业权市场建设，促进资源管理方式和配置方式的转变，着力从源头上防治腐败。五是要进一步加大对违纪违法行为的惩处力度，严肃查处领导干部和其他各类人员滥用职权、贪污受贿、失职渎职等违纪违法案件。部党组的态度很明确，对腐败问题绝不姑息，绝不手软，要充分发挥查办案件在治本方面的作用。

四、以改革创新精神不断提高反腐倡廉工作水平

适应经济社会发展和改革的进一步深化，不断推进新形势下的反腐倡廉建设，必须进一步解放思想、改革创新，以发展的眼光、改革的精神、创新的思路，不断提高反腐倡廉的能力和水平，使国土资源系统的反腐倡廉建设更富有时代气息，更富有实际成效。

一是要坚持把反腐倡廉建设纳入国土资源管理工作的全局。反腐倡廉建设要围绕国土资源管理的中心工作，服务于国土资源改革发展的全局，增强反腐倡廉建设的针对性、协调性和有效性。反腐倡廉工作要与国土资源管理的业务工作一起部署、一起推进、一起检查、一起考核。要坚持两结合、两促进，国土资源管理工作改革到哪里，反腐倡廉的工作就要延伸到哪里；国土资源行政的权力在哪里，制度建设与监督工作的着力点就放到哪里。要在抓巩固、抓深入、抓提高上下功夫，把各项工作做细、做实、做具体，不断取得新的成效。

二是要坚持反腐倡廉思想方法和工作方法的与时俱进。把反腐倡廉建设与党的先进性建设和干部队伍建设结合起来，及时发现和总结全系统反腐倡廉工作的好经验、好做法，认真研究新情况、解决新问题，努

力探索新形势下反腐倡廉建设的新规律。要充分运用科技手段，加强动态管理，增强监督的针对性和实效性。要完善反腐倡廉建设协调机制，加强与纪检监察机关、审计机关、政法机关、组织人事部门的联系协作。部要加强对地方厅、局工作的协调指导，形成多方联动、上下互动的反腐倡廉工作格局。

三是要坚持把制度创新作为反腐倡廉建设的重要任务。当前，无论是推动国土资源管理改革与发展，还是全面加强反腐倡廉建设，都迫切需要制度创新。首先，要按照市场配置资源的要求，推动国土资源管理制度改革，坚持用制度管人、管事、管权，充分发挥制度的保障性作用。第二，要突出前瞻性和预见性，把廉政建设和反腐败的要求，作为国土资源管理制度建设的重要原则和内容，通过制度创新，强化对权力运行的制约，寻求预防腐败的治本之策。第三，要加强对各种违纪违法现象的分析研究，当前违纪违法手段不断翻新，形式也变化多样，更具隐蔽性和复杂性。从最近几年揭露出来的案例来看，平均案值在增长，潜伏时间在延长，窝案、串案在增多。要分析研究这些现象，及时发现制度设计中的缺位和不到位问题，对现行的制度认真进行修改、补充和完善，需要建立的抓紧建立，需要修改的抓紧修改，需要废止的抓紧废止，逐步形成有效的制度体系，充分发挥制度的根本性作用。

四是要坚持反腐倡廉建设的领导体制和工作格局。首要的是坚持党组（党委）统一领导，党政齐抓共管，纪检监察机构组织协调，有关部门各负其责，依靠群众支持和参与的领导体制和工作机制。第二，要坚持主要领导负总责，谁主管谁负责。集体领导和个人分工相结合，认真分解、落实责任分工，形成有效的党风廉政建设责任体系。第三，要把责任制目标完成情况与干部选拔任用结合起来，进一步完善反腐倡廉目标责任考评机制。国土资源系统各级纪检监察部门要加强自身的思想政治建设和纪检监察能力建设，充分发挥组织协调作用，严格教育、管理、监督，全面履行职责。各级国土资源部门的党组（党委）要加强工作指导，经常听取纪检监察部门和审计部门的工作汇报，为纪检监察和审计工作创造有利的条件，支持他们的工作，做纪检监察和审计部门的坚强后盾，切实推进反腐倡廉工作。

我们一定要坚定不移地按照中央的部署，深入贯彻落实科学发展观，开拓进取、扎实工作，进一步推进反腐倡廉建设，努力推动国土资源事业的发展。

徐绍史同志在国土资源系统党风廉政建设工作电视电话会议上的讲话

（内情通报 2009 年第 13 期）

同志们：

刚才，寿祥同志就党风廉政建设和反腐倡廉建设作了报告，总结去年工作，部署今年工作，讲得很好，我都赞成。请各司局、直属事业单位、国家土地督察系统及各省（区、市）厅（局）认真学习贯彻。四位国土资源厅长的发言，从不同角度谈了体会、经验和具体的做法，听了之后很受启发，收获很大，请大家认真学习借鉴。下面，我讲五个方面的问题。

一、坚定信心，持续推进党风廉政建设和反腐倡廉建设

党风廉政建设和反腐倡廉建设是事关人心向背和党的生死存亡的大事，是必须始终抓好的重大政治任务。过去一年，部以及全系统按照党中央和国务院的部署，认真贯彻党的十七大、十七届三中全会以及中央纪委十七届三次全会精神，深入学习实践科学发展观，扎实推进党风廉政建设和反腐倡廉建设，取得了明显成效，主要体现在五个方面：一是

开展中央关于贯彻落实科学发展观重大部署落实情况的监督检查。二是学习实践科学发展观，着力加强党风廉政教育。三是加强制度建设，用制度管人、管事、管权。四是切实加强监管，预防的关口前移。五是加大惩治力度，严肃查处违纪违法案件。国土资源部党组和各级国土资源部门的党委（党组）高度重视党风廉政建设和反腐倡廉建设，着力加强对纪检监察工作的领导，大力支持各级纪检监察机构依法依规开展工作。各级纪检监察机构，特别是驻部纪检组、监察局认真履行职能，各方面的工作都保持了良好的发展势头，党组对大家的工作是充分肯定和满意的。

在看到成绩的同时，我们也应该看到存在的问题。主要是党风廉政建设和反腐倡廉建设的认识程度、工作力度、实际效果还不理想；行政审批、行政执法、预算和财务管理、项目执行等权力的规范行使、公开透明、制约监督等方面还程度不同地存在差距；党风廉政建设和反腐倡廉建设在制度、教育、监督、查处等方面也都程度不同地存在一些薄弱环节。这些都需要在2009年的工作中努力予以克服和改进。

总的来看，成效比较明显，问题依然存在。这既是实际情况，也是正常现象。一方面，反腐倡廉是一个世界性的艰巨课题，不仅仅是中国，不同社会制度的国家都存在这一问题。我们必须认识这项工作的长期性、复杂性和艰巨性。另一方面，党风廉政建设和反腐倡廉工作已经积累了成功的经验，已经深入党心、民心，现在的问题是要坚定信心，在2009年把中央坚决惩治腐败的坚强决心和鲜明态度有效地转化为制度力量，进行更深入的探索，争取更明显的成效，营造一个风清气正的氛围，确保经济社会发展。

二、狠抓落实，坚决贯彻胡锦涛总书记重要讲话和中央纪委第三次全会精神

今年1月12日召开了第十七届中央纪委第三次全会，胡锦涛总书

记到会作了重要讲话，贺国强同志作了工作报告。我们一定要把胡锦涛总书记重要讲话和贺国强同志的报告学习贯彻落实好。

（一）要认真学习贯彻胡锦涛总书记重要讲话。胡锦涛总书记在讲话中全面分析了党风廉政建设和反腐倡廉建设的形势，明确提出了这方面的总体要求和主要任务，深刻阐述了加强领导干部党性修养、树立和弘扬优良作风的重要性和紧迫性，以及基本要求和工作重点，明确要求把加强领导干部的党性修养、树立和弘扬优良作风作为重大政治任务抓紧抓好。我们一定要结合实际学习好、贯彻好。

（二）要落实好中央纪委第三次全会明确的涉及国土资源领域的七项任务。这次中央纪委全会把土地管理和矿产开发领域与工程建设、房地产开发、金融、司法领域一并作为规范权力运行、健全市场机制、强化监督惩处、从源头上防治腐败的重点领域，在任务部署中涉及国土资源领域的工作是历年来最多的一次，明确提出了七项任务，涉及土地管理、矿产资源开发管理的众多环节，部机关和各省厅的同志一定要认真学习，抓好落实。

（三）要抓紧实施部党组的实施意见。中央纪委十七届三次全会之后，部党组制定了 2009 年党风廉政建设和反腐倡廉建设的实施意见和任务分工，对国土资源系统这两项建设作出了具体部署。机关各司局、各直属事业单位和土地督察系统要认真学习，细化措施，落实责任，真正抓好落实。各省级国土资源部门要认真学习胡锦涛总书记重要讲话和中央纪委第三次全会精神，同时要按照地方党委的部署以及今天电视电话会议的精神，进一步细化工作方案，抓好实施和落实。党风廉政建设和反腐倡廉建设要围绕中心、服务大局，为经济平稳较快发展起保障和服务作用，这两项建设要围绕这个中心积极有序地开展。

党风廉政建设和反腐倡廉建设是党建工作的重要组成部分。通过多年的实践，我们总结提出了，业务工作的薄弱环节恰恰是党建工作的重要抓手这一思路。各地要特别关注国土资源事业改革发展以及国土资源管理的重点领域和关键环节，加强对这些重点领域和关键环节的监督检查，真正使党风廉政建设、业务建设、队伍建设相互促进、协调发展，共同服务好大局。

三、真抓实干，以完善惩防体系为重点，推进党风廉政建设和反腐倡廉建设

去年5月，中央颁布《建立健全惩治和预防腐败体系2008—2012年工作规划》，部党组制定了实施办法，各省厅也都制定了实施方案。这次中央纪委全会明确提出今年的两项建设要以完善惩防体系为重点来推进。落实好这个《工作规划》，有五点需要高度关注。

（一）注重工作衔接，确保年度工作与《工作规划》两促进。工作衔接主要体现在两方面：一是要进一步结合系统的实际情况，加强两项建设的针对性；二是要针对系统的实际情况，系统安排，统一协调，加强两项工作的协调性。在这个基础上，完善惩防体系，推进工作规划落实。

（二）注重中央关于贯彻落实科学发展观重大部署落实情况的检查。对我们来说，最重要的就是落实最严格的耕地保护制度和最严格的节约用地制度，合理开发利用矿产资源。要围绕这个重点，对各项规划、计划和政策执行情况进行监督检查，发现问题及时纠正，及时整改，及时查处，确保中央贯彻落实科学发展观的重大部署落到实处。

（三）注重改革创新，着力从源头上预防和遏制腐败现象的发生。一是市场建设，要继续推进土地市场和矿业权市场建设，继续深化土地和矿产资源有偿使用制度改革，充分发挥市场配置资源的基础性作用。二是继续推进以审批制度为重点的各项制度的“立、改、废”，创新制度，坚持用制度管人、管事、管权，充分发挥制度的保障性作用。

（四）注重加强对领导干部和重点部位、关键环节的监管，规范行政权力运行。要从党内监督和行政监察两个方面加强对各级领导班子和领导干部的监督。同时，要切实加强行政审批、行政执法、预算和财务

管理、重大项目执行以及干部人事工作等重点部位和关键环节的监管，防患于未然。

（五）注重教育、制度、监督、查处多种手段的综合运用，惩防并举，标本兼治。党风廉政建设和反腐倡廉建设，教育是基础，制度是保障，监督是关键，查处是手段，要注重综合运用。开展教育要着眼于增强信念，建立制度要着眼于执行落实，进行监督要着眼于取得实效，调查处理要着眼于威慑和警示。

总之，要把年度工作与《工作规划》和长远目标结合好，积累渐进、逼近目标、完成任务。

四、高度重视，把加强党性修养，树立和弘扬良好作风作为重大政治任务抓紧抓好

胡锦涛总书记在中央纪委第三次全会上的重要讲话，对这个问题做了深刻阐述，我们要认真学习，结合实际，认真查找胡锦涛总书记所讲的当前领导干部在党性修养和作风方面存在的六大问题的表现。国土资源系统干部队伍总体上是好的，是一支能奉献、能吃苦、能打硬仗的队伍，但是也存在一些不容忽视的问题。新的形势、新的任务对我们的精神状态、工作作风和能力水平都提出了新的更高的要求，我们要针对存在的问题，进一步加强党性修养和作风建设。

（一）要进一步增强宗旨意识，保障和促进科学发展。每个同志都要增强宗旨意识、服务意识、公仆意识，自觉树立正确的事业观、工作观和政绩观，自觉实践宗旨。增强宗旨意识，重要的就是要巩固和扩大学习实践科学发展观活动的成果，做到“三个持续”，即持续转变不适应、不符合科学发展的思想观念，增强贯彻落实科学发展观的自觉性和坚定性；持续解决影响和制约科学发展的突出问题以及党性、党风、党纪方面的突出问题，切实提高保障和促进科学发展的能力和水平；持续创新体制机制，把科学发展观的要求落实到方方面面。要有强烈的忧患

意识，增强危机感；要有强烈的责任意识，增强紧迫感，真正做好服务工作，保障和促进科学发展。

（二）要进一步转变作风，提升行政执行力。国土资源系统广大党员干部要自觉增强学习意识，大兴刻苦学习之风，坚持理论联系实际，用以促学，学以致用，有效地破解国土资源事业改革发展和国土资源管理中的突出问题。要注重提高党员领导干部的政治辨别能力、战略思维能力、工作推动能力、持续创新能力和自我提升能力，要增强利益协调、协作共事、公共服务和应急管理的能力。这几方面都是我们急需加强的。要尽职尽责，真抓实干，特别是在面对工作中的硬任务、硬骨头和新问题、新困难的时候，要拿出勇于负责的态度和勇气来，攻艰克难，抓好落实。

（三）要进一步增强廉洁意识，坚持艰苦奋斗，勤俭办事。国土资源系统的党员干部要时刻保持自重、自省、自警、自律，坚持廉洁行政，严格要求，慎重行使权力，慎重结交朋友，自觉弘扬清风正气，抵制歪风邪气。要艰苦奋斗，勤俭节约。部机关已经清理精简了简报刊物，对公文和会议实行计划管理，把“可发可不发的文件不发，可开可不开的会议不开”的原则要求变为可操作的具体措施。部机关的会议连续两年减少近50%，会议平均费用下降25%。部里实行无会周，每个月的第三周是无会周，不安排党组会、办公会，大家可以利用这段时间研究自己的工作。以后，我们就是要采取这些硬措施来控制会议、公务购车、接待和出访等四项费用，不少地方是讲零增长，我说是要负增长，真正做一个节约型的政府部门。

（四）要进一步增强纪律观念，切实做到政令畅通。要始终保持坚定的政治信念和清醒的政治头脑，在重大问题上不能含糊，一定要与党中央保持一致。眼下最重要的就是要把思想认识统一到中央对经济形势的分析判断上来，统一到中央应对金融危机的决策部署上来，统一到科学发展的各项工作上来，保增长、保民生、保稳定，保中央各项政策措施的落实。要进一步强化财经纪律，严格遵守预算编制、项目执行和财务管理的各项纪律，按章办事。刚才，省厅几位同志的发言也讲到土地整理项目资金、项目执行的问题。财经纪律是需要进一步增强纪律观念的一个很重要方面，这方面的任务很重。

加强干部的党性修养、弘扬良好的作风是党和人民事业的迫切需要，也是人民群众深切期盼的，我们要抓紧抓好。

五、坚持解放思想、改革创新，努力提高国土资源系统党风廉政建设和反腐倡廉建设工作水平

当前，党风廉政建设和反腐倡廉建设面临着许多新情况、新问题，我们要与时俱进，改革创新，努力提高工作水平。

（一）坚持创新，努力探索党风廉政建设和反腐倡廉建设的新思路、新方式。第一，要狠抓建设，深化制度反腐。要特别重视预防制度性腐败。这些年，制度预防在逐步扩展，但仍有很大的努力空间；制度惩治的力度在不断加大，但也仍有不断加强的必要性。因此，国土资源系统必须大力提高制度建设的系统化和科学化水平，提高制度的执行力。要确保制度预防的积极效用和制度惩治的威慑效应。第二，要深化反腐倡廉教育。教育的覆盖面要进一步拓宽，教育的内容要进一步广泛，要认真开展党性教育、岗位教育、职业道德教育、法律法规教育及正反典型教育，进一步增强教育的针对性和有效性。第三，要拓宽监督工作的思路。要完善决策、执行、监督相互制约、相互协调的权力结构和运行机制，使监督有效地覆盖到权力运行的各个环节，努力缩小自由裁量权。坚持政务公开，规范问责制。要充分发挥群众监督、党内监督、行政监督、社会监督的作用，进一步拓宽监督渠道。第四，要坚决查处违纪违法案件。对违纪违法案件要依法严惩，决不姑息。查处案件要综合运用法律、纪律、行政、经济处罚措施及组织处理手段，争取取得比较好的政治效果、社会效果和法纪效果。特别要注重通过查处大案取得更好的惩治和威慑效果。第五，要坚决反对“消极腐败”现象或“亚腐

败”。挥霍浪费、公车消费、公款吃玩、公款出国旅游、各种各样的形式主义、官僚主义、不符合科学民主程序的决策失误等，以及方方面面的“潜规则”，都属于“消极腐败”或“亚腐败”，要把抵制“消极腐败”或“亚腐败”纳入到制度、教育、监督、查处的范围中，坚决反对“亚腐败”，坚决抵制“潜规则”，防微杜渐，真正做到关口前移。

（二）完善党风廉政建设和反腐倡廉建设责任体系。第一要明确责任体系。要坚持党委（党组）统一领导，党政齐抓共管，纪检监察组织协调，有关部门共同负责，依靠群众支持和参与的反腐倡廉领导体制和工作机制。第二要明确责任主体。各级党委（党组）是反腐倡廉的责任主体，各级党委的一把手是第一责任人。第三要建立工作机制。建立健全考核、监督、评价和责任追究的工作机制。

（三）要加强纪检监察干部队伍建设，提高纪检监察工作水平。我们的纪检监察队伍是一支政治素质比较高，工作思路比较宽，事业心、责任感比较强，有战斗力的队伍。各级党委（党组）还要在学习培训、参与业务工作、轮岗交流等方面进一步创造条件，提高这支队伍的整体素质。纪检监察部门在实际工作中一定要把严格监管与保障干部权益、信任和激励结合起来，在查处问题的过程中要把处理人与教育人、挽救人结合起来。纪检监察机构和干部要善于总结提炼，规范提高，真正围绕中心、服务大局，把党风廉政建设和反腐倡廉建设的各项措施与国土资源事业改革发展和国土资源管理的各项工作结合起来，进一步提高党风廉政建设和反腐倡廉建设工作水平。

同志们，今年是我国经济最为困难、挑战最为严峻的一年。党风廉政建设和反腐倡廉建设的任务已经明确，关键在于做好工作，抓好落实。我们要切实负起责任，振奋精神，开拓进取，埋头苦干，扎实推进党风廉政建设和反腐倡廉建设，促进保增长、保民生、保稳定、保中央政策措施的落实，保障和促进科学发展。

徐绍史同志在全国国土资源系统党风廉政建设工作会议上的讲话

（内情通报2010年第29期）

尊敬的屈万祥副部长，各位代表、同志们：

去年11月9日，根据贺国强书记视察上海土地交易中心时的重要指示精神，我们在上海召开了信息化建设现场会议，对国土资源系统政务信息化建设做了系统总结和全面部署。今天，我们又在上海召开全系统党风廉政建设工作会议。上海市不仅在信息化建设和政务公开方面为我们提供了好的经验，而且还对两次会议的举办给予了大力支持。借此机会，我代表部党组对上海市委、市政府和上海市规划国土局表示衷心的感谢。前不久，中央纪委副书记马馼同志带领检查组到我部检查了惩防体系建设情况。今天下午，监察部副部长屈万祥同志还要为我们作反腐倡廉的形势报告，万祥副部长长期主抓党风廉政建设工作，情况非常熟悉，对形势研判有独到之处，而且对党风廉政建设和反腐倡廉工作有深入的研究。在此，感谢中央纪委、监察部长期以来对国土资源系统党风廉政建设和反腐倡廉工作的指导、帮助和支持。

这次会议是我们系统最近几年规模最大、规格最高的一次党风廉政建设工作会。前两年我们主要采取以会代训、电视电话会议等形式，这次采取集中召开工作会议的形式进行动员部署，并且各省（区、市）国土资源厅（局）主要负责同志都参加会议。

召开这次会议主要有四个方面的考虑：一是中央纪委十七届五次全会对深入推进党风廉政建设提出了新的更高要求，胡锦涛总书记作了重要讲话，要很好地贯彻落实。二是国务院召开了第三次廉政工作会议，温家宝总理就加强重点领域反腐倡廉制度建设提出了七个方面的重点工作，需要我们学习贯彻和具体落实。三是中央领导非常关注国土资源领域党风廉政建设和反腐倡廉建设，作过许多重要指示和批示，需要我们认真学习贯彻。四是2009年我们主动请审计署利用一年的时间对11个省、2个市的国土资源管理情况做了相关审计，审计报告集中揭露了一批土地和矿产资源管理违规违法案件，需要我们深刻反思和系统总结，研究如何利用这个报告发现的漏洞和薄弱环节，推动党风廉政建设和反腐倡廉工作。

刚才，寿祥同志代表部党组做了很好的工作报告，内容非常全面，要求非常明确，思路非常清晰。报告经过党组研究，我完全赞成，希望同志们按照报告要求做好相关工作。文林同志就专项治理工作六个方面的进展情况和2010年的主要任务也作了专题报告。专项治理是中央纪委亲自抓的一项重要工作，中纪委的领导投入了大量的精力，组织中央和国务院相关部门采取一系列有力措施推进这项工作，今年的任务依然非常艰巨，希望同志们按照文林同志报告中提出的要求做好工作。

下面，我谈三个方面的意见，供大家参考。

一、进一步警醒起来，坚决贯彻落实中央关于抓好国土资源领域党风廉政建设的部署和指示

党的十七大把党风廉政建设和反腐倡廉工作放到更加重要的位置，提出要更加注重治本，更加注重预防，更加注重制度建设。十七大之后，中央制定了惩治和预防腐败体系建设的工作规划。十七届四中全会对党风廉政建设提出了更高的要求，由“扎实推进”改为“加快推进”。

在党风廉政建设和反腐倡廉建设方面，已经形成了“标本兼治、综合治理、惩防并举、注重预防”的十六字方针。党风廉政建设和反腐倡廉工作实际上已经进入到一个源头预防和制度创新的新阶段。我们一定要从这个高度来深化认识。

（一）要学习贯彻中纪委十七届五次会议精神

在中央纪委十七届五次全会上，胡锦涛总书记作了重要讲话，充分肯定了党风廉政建设和反腐倡廉建设取得的成绩。同时，又指出了六个方面的新情况，分析了五个方面的原因，提出了党风廉政建设的总体要求和主要任务。其核心是制度建设和制度执行。贺国强书记也作了重要报告。2 月 23 日，中央纪委召开了贯彻落实中国共产党党员领导干部廉洁从政若干准则电视电话会议。我们一定要认真地学习把握，坚决贯彻落实。

（二）要学习贯彻国务院第三次廉政工作会议精神

温家宝总理在国务院第三次廉政工作会议上发表了重要讲话，提出了七项工作任务，强调了重点领域反腐倡廉的制度建设和提高制度的执行力。在这七个方面的工作任务中，第一方面的第三条讲的就是国土资源领域问题，家宝总理指出，国有土地使用权和矿业权出让是公共资源配置最重要的两个领域，也是腐败易发高发的领域，要完善土地使用权市场公开交易制度，依法采取公开招标拍卖挂牌等方式出让。要完善各类公益性用地相关制度和监管措施，严禁随意变更土地用途。要加快土地和探矿权、采矿权出让的市场化进程。会议要求非常明确，我们要认真地学习，做出专门部署，把总理的要求落到实处。

（三）要贯彻落实中央领导对国土资源系统党风廉政建设作出的一系列重要批示和指示精神

去年 12 月以来，胡锦涛总书记、温家宝总理、贺国强书记等中央领导都先后就国土资源领域的一些案件以及党风廉政建设工作作过重要批示，要求我们高度重视队伍的廉政建设。今年 1 月 18 日，胡锦涛总书记在新华社《国内动态清样》第 241 期“抚顺一国土分局局长敛财过亿暴露制度漏洞”一文上作出重要批示，要求从此案剖析和吸取教训，采取措施，完善制度，加强监督，防止类似案件发生。为了落实总书记批示，部党组专门进行研究，会同监察部进行专题调研，对案件进行了典型解剖，发现了不少制度上的缺陷和漏洞。2009 年 12 月 15 日，温家宝总理在中办秘书局《每日汇报》“江西省监察机关反映当前国土资源管理领域受贿犯罪的主要环节”一文上批示指出，国土资源特别是土地管理直接关系到国家和人民的利益，必须加强队伍管理建设，做到奉公守法，廉洁自律，对领导干部更要从严要求和加强管理。2009 年 12 月 29 日，家宝总理又在我部报送的国家土地督察制度实施三年来进展情况的报告上批示：土地督察工作要加强，敢于碰硬，不怕得罪人。去年，贺国强书记对上海土地公开交易市场建设也作过重要批示。

中纪委十七届二次全会就强调要规范土地和矿业权出让制度，加强土地和矿业权市场建设；十七届三次全会又进一步明确工作要求；2008 年中央印发的《建立健全惩治和预防腐败体系 2008—2012 年工作规划》，也有非常明确的规定。去年中央开始部署的工程建设领域突出问题专项治理工作，也把土地、矿业权出让和市场建设作为重点。可以看出，中央对在当前形势下国土资源领域是一个腐败易发高发领域的认识在逐步深化，逐步形成共识，在一些重要文件和重要会议上，都对国土资源领域反腐倡廉建设和党风廉政工作提出了明确要求，作出了明确指示，这就是当前我们国土资源系统党风廉政建设面临的严峻局面。今天，我们召开这个会的目的就是要大喝一声，猛击一掌，让大家进一步警醒起来。我们要统筹谋划，切实采取强有力措施，坚决贯彻中央对国土资源领域党风廉政建设和反腐倡廉建设的要求。说实在话，不是每个人都有这个意识，所以从党组开始到整个系统，特别是在座的厅（局）长、纪检组长、纪委书记都要有强烈的忧患意识。这几年，国土资源管理业务工作有了比较大的进展和发展，但是我们一定要两手抓，两手都要硬，对党风廉政建设和反腐倡廉工作同样要像抓业务工作一样，下大力气抓好。

二、深入分析形势，增强做好党风廉政建设工作的责任感和紧迫感

近几年，按照中央的总体要求，我们把党风廉政建设和反腐倡廉建设作为一项重要政治责任，作为推进国土资源管理和国土资源事业发展的政治保障，结合国土资源管理实际，坚持把权力监管的薄弱环节作为党风廉政建设的重要区位，应该说取得了积极成效。刚才，寿祥同志对2009年的工作进行了全面的回顾，从成效的角度讲了九个方面的工作和五条经验。总的形势是：成效比较明显，问题依然突出，环境更加复杂，任务十分艰巨。

（一）成效比较明显，要坚定信心

从总体看，成效主要体现在以下四个方面：

一是坚持转变管理职能，确保中央政令畅通。我们把党风廉政建设与转变管理职能紧密结合起来，贯穿到贯彻中央重大决策部署中。去年为应对金融危机，开展了“双保行动”，积极主动服务，严格规范管理，坚持两手并举。同时又开展了地质找矿改革发展大讨论活动，积极推进作风建设，加强督察和执法监察，总体上看，保障了发展，保护了资源，维护了国土资源管理秩序。

二是努力解决思想作风问题，改善行风和形象。从贯彻落实党的十七大精神到学习实践科学发展观，再到应对国际金融危机，我们始终把思想作风建设作为推进党风廉政工作的一个重要内容，大家的管理理念、精神状态、工作效率、执行能力都有了明显改进，有的地方在行风评议排名中明显提升。

三是持续创新管理制度和管理方式，规范权力运行。加强对规范性文件的评估，做好“立、改、废”工作。改革行政审批制度，加强行政审批、资金管理、项目安排、干部人事制度等权力运行重要部位的管理和重要部门的监督，坚持信息公开，提高监管的质量，规范权力的

运行。

四是坚决查处违法违纪腐败行为。最近几年，整个系统从部机关到地方查处的案件不少，并通过这些案件，分析案件发生的特点和规律，查找国土资源管理中的薄弱环节和部位，加强从源头上防治腐败的力度。

（二）问题依然突出，要全面反思

一是违法违规、违反程序审批。主要集中在五个环节：土地管理方面，主要是违反权限、程序、供地政策、有偿使用制度、招拍挂和行政审批规定，有的甚至颁发虚假的土地使用权证；矿产资源方面，主要是越级越权，违反规定审批矿业权，系统内甚至有人入股开矿，充当保护伞；土地整治方面，主要是搞人情项目，挪用资金，虚报整理项目，在这方面发现的问题不少，栽在土地整理上的干部也不少；大额资金的使用、预算管理和财务管理不严、混乱，出现一些问题；储量评审、矿业权价款评估、地价评估、评估机构选择等方面，都不同程度地存在一些问题。

二是2009年腐败案件的情况。主要表现为县、市级案件比较多，厅局级干部发案数量有所上升。案件主要特点是涉案金额大、隐蔽时间长，而且多种腐败并发，政治上蜕变、经济上腐败、生活上腐化，窝案、串案、案中案不少。“三公”消费乱、慢作为、不作为等“亚腐败”或是“消极腐败”现象也不同程度地存在，享乐之风在一些地方也有所增长。

三是国土资源领域腐败案件易发高发、高位频发，缓慢增长。现在每年受到党纪政纪处理的干部达500多人，2009年还缓慢增长，这与2009年我们主动请审计署对11个省的土地管理和矿业权出让进行审计，集中发现了一些问题有一定关系。但也说明确实存在问题。要引起我们高度重视，必须全面反思。

（三）环境更加复杂，要廉洁自律

一是从全国来看，改革开放三十年，我们从一个生存型的社会向发展型的社会转变，经济体制深刻变革，社会结构深刻调整，思想观念深刻转变，利益格局也在深刻变化，实质上我们正处于发展中转型、转型中发展的阶段。党风廉政建设需要放到宏观结构性变迁这个大背景下来把握。

二是从我们自身来看，我国正处在城镇化、工业化中期，土地和矿产资源一方面是稀缺、不可再生，另一方面是需求非常旺盛。我们管理着这些稀缺资源，拥有行政许可权、行政执法权和大额资金的管理使用权。现在我们的干部，出差开会非常多，政府领导带着、地方和企业围着、纪检监察部门盯着，国土资源领域成为受关注的领域，具有很大的诱惑，也有很大的风险。

三是从我们的权力配置来看，我们的权力配置不单单涉及我们自己，也有政府、社团和中介，都不同程度承担着审批中的一些权力，而且是相互关联，相互牵制，相互影响，涉及的部门和层次多，构成一个多元的利益链条。国土资源领域的腐败有其关联性和复杂性，牵涉到政府部门的负责人还有审批管理人员，同时，也还有中介从业人员。

四是从行政相对人来看，我们的行政审批、行政执法以及资金管理的使用关系到政府、企事业单位，还有自然人。这是一个很庞大的群体，风险很大，诱惑很多。从政治学的原理上来讲，公权是代理私权的一种权力让渡，公权就是公共管制并提供公共服务，但是在转型阶段，擅自扩大权力的边界，赋予自身自由裁量权，甚至直接利用公权谋取部门和小集团利益，这些情况都存在。同时，我们的体制存在缺陷，有漏洞，市场经济体制下各种利益主体竞争非常激烈，一些不法分子借机通过贿赂拉拢、腐蚀我们的干部。再加上近几年在查处腐败案件上，一些地方偏宽、偏软也助长了这种势头。还有更深刻的文化背景，比如以情本位的关系文化、以官本位的政治文化、以钱本位的经济文化等。所以我们面临的环境非常复杂。

（四）任务十分艰巨，要迎难而上

一是思想认识要进一步深化。要真正意识到国土资源领域是一个诱惑大、风险大，腐败案件高发多发的领域。腐败有它的长期性和复杂性，需要我们进一步深化认识。目前一些地方出现的问题比较多，这跟认识不清、重视程度不够等主观原因是绝对有关系的，另外还有体制机制的一些漏洞。

二是工作力度要进一步加大。这是一场攻坚战，也是一场持久战。惩防体系的规划是从2008年到2012年，我们要把年度工作、阶段目标与长远目标结合起来，找到工作的着力点，就是要从源头上预防腐败和加强制度创新。

三是创新能力要进一步提高。创新能力的提升应该与时俱进，保持常态化，“化”就是一个动态的渐进变化的过程。党风廉政建设和反腐倡廉建设，就是要立足于探索创新，不断把新问题纳入到制度规范中去持久地推进。

三、加大工作力度，强力推进党风廉政建设工作

党风廉政建设关系到党的生死存亡。推进党风廉政建设工作，既是各级国土资源部门的政治责任，更是国土资源管理和事业发展的政治保障和生命线。业务工作做得再好，党风廉政建设和反腐倡廉工作做不好还是等于零。我们一定要站在这个高度上来提高认识，加大工作力度，结合自身实际，把权力监管的薄弱环节作为党风廉政建设的重要区位。今年，要把党风廉政建设工作作为重点，下决心狠抓、抓住重点、抓住关键，在制度建设、行政职能、内部管理等方面做一次系统梳理，并进行全面的反思，强力推进党风廉政建设工作，争取用两到三年的时间遏制住国土资源领域腐败案件易发高发的态势，并且力争局面有明显改观。

（一）深化改革，转变职能，进一步发挥市场配置资源的基础性作用

这次全球金融危机，倒逼着“三大转变”，即转变管理职能、转变

资源配置方式和转变经济发展方式，这三个转变都与国土资源管理有关，与国土资源事业发展有密切的关系。十七大之后，我们提出要转变政府职能，加快从“三不”走向“三勇”的步伐，要用这种精神状态来稳步减少行政许可事项，迅速适应从微观走向宏观、从重审批走向重监管、从项目安排走向制度设计的转变，切实把权力和责任真正放下去，把服务和监管切实抓起来，不与市场争权，不与企业争利。与此同时，要进一步加强土地和矿业权市场建设，创造一个公开、公平、公正的交易环境，在转变职能中对权力进行合理的裁并。

（二）要完善和创新制度，加大制度防腐的力度

党风廉政建设的核心任务是制度的完善和创新，为整个党风廉政建设提供规则。制度化同样是连续动态的变迁过程，实际就是制度的“立、改、废”，它更多体现在整合、提升前提下的制度创新。

一是要提高微观制度设计的科学化和系统化水平。现有的制度重复交叉与缺位并存。从部系统来看，惩治腐败的制度相对来说比较完备，但是预防腐败的制度就不够系统，要定期梳理，进行评估，动态进行“立、改、废”，这就是微观制度的科学化和系统化。

二是要增强制度的约束力。权力导致腐败，唯一的条件就是监督失效。应该把监督与制约权力运行的制度建设放到突出的位置上来，通过完善创新，制约和监督权力的运行。同时，要认真执行制度，执行制度应该没有例外，领导干部一定要做出表率，带头执行。要改善制度环境，提高法治程度，提高制度约束力。

三是增强制度的执行力。温家宝总理在国务院第三次廉政工作会议上的讲话突出强调了这一点。这关系到三个问题：首先是制度本身是否符合实际，如果制度本身就不符合实际，就不可能有执行力。其次关系到制度执行者的素质。在当前的形势下，很重要的就是超越自我，克服阻力，坚定地去执行制度。第三还要注意防止潜规则、人情法则相互强化，侵蚀制度的权威性和严肃性。

完善创新制度绝对不是容易的事情，既受到我们自己知识存量的限制，也受到时间变量的制约。这里面关键一点就是要加强学习，我们要从这个角度来认识学习的重要性。

（三）要切实加强内部管理，规范权力运行

一是强化对审批权力的监督。我们已经先后取消了七成行政审批事项，在总结规范的同时，要进一步完善土地和矿产行政审批内部集体会审制度，坚持接办分离，网上报批、网上公布，保证行政权力依法、公正、透明运行。

二是强化对行政执法权的监督。行政执法还要规范，不能放水。我们已经就执法监督和重点案件挂牌督办出台了规范性文件，监察局也想了很多办法，对这些经验进行规范化就是制度。

三是要强化干部人事管理的监督。特别是在干部提名、选任、交流这些重要环节上加强监督，部里实行“三五八”制度，对管执法、管预算、管人事的干部，三年可以交流，五年应该交流，八年必须交流。

四是强化预算执行和财务审计监督。对大额资金管理、重大专项等要实施在线全程监管。完善预算执行情况报告和通报制度。加强内部经济审计和离任经济审计制度。

五是强化监管手段创新和信息公开。最大的监管手段创新就是“一张图”和综合监管平台建设，现在各个省配备很好，推动的力度很大，要在现有基础上进一步运行和完善。每个省的办公局域网建设都要把所有的监管内容镶嵌到运行软件里，这就是所谓的用科技手段来监管。在这个基础上要坚持系统信息公开，让社会公众来监督政府、监督企业，同时来监督国土资源系统自身。我们不怕公开信息之后受到质疑和批评，这样才能够促使我们更好地改进工作。坚持信息公开，这是一个很好的方式和手段。

（四）要持续改进作风，使党风廉政建设常态化

十七大以来，我们一直把转变管理职能、转变思想观念和转变工作作风作为党风廉政建设的重点，成效还是明显的，但还需要总结和规范。作风建设方面有三点需要强化：

一是强化宗旨意识，勇于改革探索。现在面临的两难局面、双重压力只有通过深化改革才能解决，所以要下定决心迎难而上，关键要敢于担当，把问题提出来，把球踢起来，推动一些重大问题的解决。

二是要廉洁从政。中国共产党党员领导干部廉洁从政若干准则已经发布，这是全面指导我们行政行为的准则。同时要继续压缩“三公”消费。从廉洁从政的角度来讲，一旦违反廉政从政准则的话，要严格查处，绝不手软，绝不姑息。

三是要勤政。廉政和勤政是对干部的基本要求，也是党风廉政建设要达到的两个相互关联的重要目标，对庸官、懒官、太平官要进行很好的教育。大家要在勤政上多做工作，每个单位可以制定勤政的保障体系，包括责任目标、服务内容等，实施到一定的程度进行评估，评估之后再进行改进，希望大家予以关注。

（五）要加快构建责任机制和纪检监察队伍建设

近几年，驻部纪检组监察局以及各个省（区、市）的纪委书记、纪检组长和监察部门作了大量工作，应该说已经作出了很大贡献。

一是要明确责任和工作机制。要坚持党（组）委统一领导，党政齐抓共管，纪检监察部门组织协调，有关部门共同负责，依靠群众支持和参与的机制，这也是我们的责任机制。其中最重要的是党组书记是第一责任人，对党风廉政建设和反腐倡廉建设一定要亲自部署，亲自过问，亲自协调，亲自督办，把这项工作扎扎实实抓起来。

二是加强纪检监察队伍建设。我们的纪检监察队伍应该是一支强有力的具有奉献和牺牲精神的队伍。除了自身建设之外，我们要做两件事：要为他们创造了解业务、掌握全局工作的条件，创造更多介入到业务中去的条件；要为他们保持相对的独立性、为积极履行职责拥有相应的权力创造条件。纪检监察队伍也要把严格监管和保护干部结合起来，要把处理干部与教育干部、挽救干部结合起来，更加主动地把做好党风廉政建设和反腐倡廉建设结合起来。

为了国土资源事业有新的发展，我们一定要讲政治、讲大局，对党负责，对事业负责，管好自己，建好班子，带好队伍。要下更大的决心，用更大的力度，以等不起的紧迫感，慢不得的危机感，坐不住的责任感，采取更有力的措施推进党风廉政建设和反腐倡廉工作，落实好中央的各项决策部署。

徐绍史同志在全国国土资源系统党风廉政建设工作会议上的讲话

（内情通报2011年第26期）

同志们：

下午好，首先感谢中央纪委监察部、审计署的有关部门负责同志参加这次会议。这次会议很重要，既要深入学习贯彻第十七届中央纪委第六次全会和国务院第四次廉政工作会议精神，也要回顾总结去年全系统党风廉政建设工作会议和8月19日中央纪委、最高人民检察院、监察部、国土资源部联合召开电视电话会议提出的各项要求落实情况、取得的进展和成效，还要部署今年全系统党风廉政建设工作。刚才，寿祥同志代表部党组就党风廉政建设工作作了报告，报告经过部党组研究，我完全赞成。江苏、广东、重庆等3省市及山东省潍坊市国土资源部门主要负责同志作了典型发言，也体现了国土资源系统党风廉政建设的新成果和新气象，听了很受启发。下面，我就国土资源系统党风廉政建设再讲四点意见。

一、全面贯彻落实中央关于党风廉政建设的总体要求，进一步增强责任感和紧迫感

今年年初，中央纪委召开了十七届六次全会，胡锦涛总书记发表了重要讲话。最近，国务院又召开了第四次廉政工作会议，温家宝总理对政府抓好廉政建设各项任务作出具体部署。我们要认真学习领会中央的一系列新部署、新要求，把全系统党风廉政建设工作进一步引向深入。

一方面，要学习领会中央精神，增强责任感。在中央纪委十七届六次全会上，胡锦涛总书记对今年党风廉政工作提出了更高的要求，要求切实把以人为本、执政为民贯彻落实到党风廉政建设和反腐败斗争之中，这既是今后一个时期党风廉政建设工作要遵循的方针和原则，也是当前必须着力抓好党风廉政建设工作的重要任务。温家宝总理在国务院第四次廉政工作会议上，明确提出要加快解决政府廉政建设工作中的突出问题，认真治理政府工作人员以权谋私和渎职侵权问题，切实加强各级领导干部廉洁自律。贺国强同志在中央纪委十七届六次全会报告上，明确要求切实解决土地使用权和矿业权审批出让中存在的突出问题。国土资源领域是党风廉政建设的重点领域。去年以来，中央领导同志对抓好国土资源领域党风廉政建设和反腐败工作作出过多次重要批示，要求切实解决在土地征收、流转、整治、占补平衡和矿产资源开发利用等环节中存在的损害群众权益的问题；严肃查处土地管理和矿产资源开发利用中的违纪违法案件，进一步解决国土资源领域党风廉政建设和反腐败工作中的突出问题。

另一方面，要分析新情况新问题，增强紧迫感。从外部环境看，当前，我国正处于发展的机遇期和矛盾的凸显期，各种矛盾相互交织，错综复杂，国土资源事业发展中面临的诸多矛盾和问题，尤其是土地问题，已经成为一个敏感的社会问题，如果处理不好，很容易引发社会矛盾。这对我们的工作尤其是全系统党风廉政建设提出了更高的要求。

从队伍自身看，情况有所好转，形势依然严峻。一是违纪违法案件同比增长大幅下降，但绝对数量仍处高位。2010 年比 2009 年增长 1.5%，2009 比 2008 年增长 13.7%，2008 年比 2007 年增长 16.9%，应该说增长率大幅下降，易发多发的势头得到初步遏制，但是 2010 年人数已接近 700 人，占全系统 40 万人队伍的 1.7‰，绝对数量仍比较高。二是从层级上看，基层问题相对突出。在全系统查处的违纪违法案件中，基层国土资源部门，主要是市、县及以下部门的干部被查处的占 89%。三是从违纪违法的性质看，收受贿赂和失职渎职问题所占比例高。贪污贿赂的占 50%，属于失职渎职的占 19%。四是从地区分布看，各地的情况不平衡。2010 年有 14 个省违纪违法人数减少，11 个省增加。这 11 个省案件不降反升，案件增加原因是多方面的，要认真分析，总结吸取教训，4 月底前向部党组作出报告。五是从行风评议情况看，尽管名次总体都在上升，但是进展仍不一致。

面对严峻的形势和艰巨的任务，我们要认真学习贯彻胡锦涛总书记的讲话和中央纪委十七届六次全会精神，贯彻落实国务院第四次廉政工作会议部署和要求，深刻领会中央对国土资源领域党风廉政建设工作的新要求，采取更加有力的措施，在贯彻落实上狠下功夫，扭住不放，一抓到底，抓出成效。

二、不断深化对国土资源系统党风廉政建设特点和规律的认识，进一步提升党风廉政工作的能力和水平

这几年，我们把党风廉政建设和反腐败工作作为推进国土资源管理工作的重要保障。去年，我们在党风廉政建设会议上强调提出，党风廉政建设是国土资源事业发展的生命线，并采取了一系列更加有力的措施，深入推进党风廉政建设和反腐败工作，各地也探索了一些很好的经验做法，取得了明显工作成效，归纳起来有以下几个特点：

第一，坚持把党风廉政建设工作摆在事业发展更加突出的位置上。

去年全系统党风廉政建设工作会议后，各级国土资源部门把党风廉政建设作为一项重要工作来抓，特别是“两整治一改革”专项行动开展以来，部党组和各地国土资源管理部门把这项工作牢牢抓在手上。自去年 9 月以来，部党组先后召开 10 多次党组会议专题研究反腐倡廉工作，每月听取一次“两整治一改革”工作进展情况的汇报，部署下一个月工作。各地按照部党组的部署和要求，采取多种方式认真开展专项治理工作，规定动作认真扎实，自选动作有声有色。

第二，坚持把党风廉政建设与业务工作有机交融和深度结合。根据部党组部署，各级国土资源管理部门把权力监管的薄弱环节作为党风廉政建设的重点区位，把党风廉政建设的任务和要求融入到国土资源管理的各项工作之中，运用信息化手段强化对土地和矿产资源综合监管，有效避免了党风廉政建设与行政业务工作“两张皮”、“一般化”问题，使党风廉政建设和国土资源管理业务工作密切结合、相互促进。

第三，坚持把规范权力运行作为廉政风险防控的重点。各级国土资源管理部门围绕规范权力运行，以工作岗位为点，以业务流程为线，梳理权力监管中的薄弱环节，查找权力运行中的廉政风险点，不断健全和完善防控措施。各地各单位重点梳理土地和矿业权审批出让、行政执法、项目资金管理等风险点，相应采取了切实有效的防控措施。

第四，坚持把教育和惩处结合起来，发挥查办案件的治本功能。各地注重挖掘和培育先进典型，大力宣扬依法行政、勤政廉政、秉公用权的先进集体和模范人物，发挥先进典型的示范带头作用，弘扬正气，鼓舞士气。同时，严肃查处一批违纪违法案件，深刻剖析典型案例，查找倾向性问题。针对暴露出的问题，分析其原因，建立健全相关制度措施。开展警示教育，用身边的事教育身边的人，收到了良好的效果。

第五，坚持抓机关带系统、以系统促领域。部机关和直属单位认真开展廉政专项行动，查突出问题、查不廉洁行为、查岗位风险点。开展以强党性、抓班子、带队伍、破两难为主题的创先争优活动，对司局领导班子进行民主测评，并公开通报。最近，部党组决定在部机关深入开展党性分析活动，着力解决在思想作风和工作中存在的突出问题。在抓好机关带动系统的同时，以系统促领域，去年对77个地级以上城市的土地审批、征转、出让、开发利用、抵押融资全过程进行例行督察，对全国2859个县进行卫片执法检查，发现查处一批涉土涉矿违法违规问题，并对涉及地方政府及有关部门的五大环节问题向中央纪委作出了报告，有力推动了国土资源领域党风廉政建设和反腐败工作。

三、以“两整治一改革”为重点，全面落实好今年党风廉政建设和反腐败工作的各项任务

刚才，寿祥同志的报告对今年党风廉政建设和反腐败工作作出了具体部署和安排。这里，我再着重强调三点。

第一，“两整治一改革”工作要出成果、要见实效，切实完成中央工程建设领域突出问题专项治理的各项任务。今年2月份，我们已经召开了国土资源系统“两整治一改革”工作视频会议，学习传达了温家宝总理的重要批示精神，并就深入推进“两整治一改革”工作作出了全面部署，要求在去年工作基础上，对廉政风险排查、防控体系建设和自查自纠工作深入开展一次“回头看”，希望各地高度重视并做好这项工作。今年，我们要着力解决一些干部作风不端正、行为不廉洁、办事不公正、解决实际问题能力不强等突出问题，着力解决在土地、矿产资源领域事关群众和企业权益，比如征地拆迁、矿业权出让、资源整合等方面存在的突出问题，着力解决在日常工作中吃拿卡要、权钱交易、收受贿赂、贪污腐败等问题。要围绕这三方面突出问题，严肃查办一批重大案件，毫不姑息，绝不手软，要围绕这三方面突出问题，进一步加大行政审批制度改革、国土资源市场化配置、干部队伍建设的工作力度，确保“两整治一改革”工作出成果，在推动和保障国土资源管理和改革发展方面，发挥实实在在的作用。在做好系统党风廉政工作的同时，我们要主动为工程建设领域突出问题专项治理工作提出建设性意见、提供示

范，促进国土资源领域的党风廉政和反腐败工作。

第二，要把廉政风险防控体系建设作为一项硬性任务摆到突出位置，切实建立用制度和信息化手段管人、管权、管事的机制。这些年，尤其是自“两整治一改革”专项行动开展以来，全系统投入大量精力，认真开展廉政风险排查，查找出一批廉政风险点。风险点虽然找出来了，但是更重要的是用好排查成果，要围绕排查出来的廉政风险点加强防控体系建设，建立廉政风险内控机制。今年，要把这项工作作为全系统党风廉政建设工作的硬性任务摆到突出位置，务必建立到位。春节前部里就启动了《中共国土资源部党组关于建立健全国土资源管理廉政风险防控体系指导意见》起草工作，对各地排查出的廉政风险进行梳理总结分析，针对国土资源管理核心业务、重点部位、关键环节存在的廉政风险进行归纳概括，提出了在土地和矿业权审核审批、土地和矿业权出让、大额资金和项目管理、国土资源执法监察、规划和计划、干部选拔任用等六个方面30多项廉政风险的重点防控内容。前几天部党组已经原则通过，会后，根据这次会议精神进一步修改完善后，下发全系统执行。要通过这项看得见、摸得着的工作，把国土资源系统党风廉政建设和反腐败工作抓实、落地，真正建立起用制度及信息化手段管人、管权、管事的机制。

第三，要以创先争优为平台，通过树典型、扬正气，推进党风廉政建设工作。近几年我们着力加强党风廉政教育，为深入推进党风廉政建设和反腐败工作提供了有力的思想保证。开展经常性的党风廉政教育是党风廉政建设的一项基础性工作，需要坚持不懈地抓下去，取得实实在在的效果。同时，我们要抓住开展创先争优活动的有利契机，通过树立先进典型的示范引导作用，从正面加大思想防腐的力度，推动全系统的干部职工学习典型，争当典型，在创先争优中切实筑牢思想防线。上周，部和广西自治区党委在南宁市举行了追授韦寿增同志“全国模范国土资源所所长”和“自治区优秀共产党员”荣誉称号命名表彰大会，并同时举办了先进事迹报告会，广西卫视进行了全程直播，引起了社会各界强烈的反响。韦寿增同志是国土资源系统涌现出来的先进典型。他以实际行动树立起了一名基层国土资源干部的良好形象，谱写了一曲新时期国土资源人的时代赞歌，是全系统干部职工的精神示范和行为标杆。今年春节，浙江省委组织部一名组工干部，在下基层调研的过程中，被浙江省地勘局第七大队地勘队员的生活所感动，发了15条微博记录了他三天的所见所闻、所思所想，在网络上引起强烈共鸣，引发了一场网络版的地质找矿感动。这一事件再一次说明，我们系统有很多感人的事迹和先进的典型。我们要充分利用好创先争优这个平台，把系统中党风廉政方面的先进集体和优秀人物的感人事迹充分发掘出来，通过各类典型的引领和示范，在全系统弘扬忠于职守、勇于担当、牢记宗旨、服务民生、严于律己、清正廉洁的时代精神，激励大家在岗位上创先争优，在思想防腐、党风廉政方面走在前，做表率，切实把创先争优工作与党风廉政建设工作紧密结合起来，相互促进，通过创先争优成果来深入推进党风廉政建设工作。

四、加强组织领导，切实肩负起党风廉政建设的政治责任

各级国土资源管理部门要高度重视党风廉政建设工作，要落实分解责任，把党风廉政建设工作，尤其是“两整治一改革”工作真正落到实处，确保取得成效。

第一，各级领导干部要肩负起抓好党风廉政建设工作政治责任。要继续坚持党组（党委）统一领导，党政齐抓共管，纪检监察机构组织协调，部门各负其责，依靠群众参与和监督的领导体制和工作机制。认真落实党风廉政建设责任制，主要负责同志，要把党风廉政建设工作抓在手上，切实加强对党风廉政建设的领导，发挥好总揽全局、协调各方的作用，积极主动抓好班子、系统和队伍的党风廉政建设工作。

第二，要把行政权力监管的薄弱环节作为党风廉政建设工作的重点

区位。从近年来的实践看，国土资源系统党风廉政工作与国土资源管理工作相互结合、同步推进的工作格局已初步形成。各级国土资源部门要继续坚持把行政权力监管的薄弱环节作为党风廉政建设工作的重点区位，把党风廉政建设的各项制度和要求寓于国土资源管理业务工作中，避免“两张皮”，克服“一般化”。各部门之间要加强协调配合，及时沟通情况，出实招、求实效，齐心协力抓好党风廉政建设，不回避矛盾，不掩饰问题，不怕得罪人。严格落实责任追究制度，对发生违纪违法问题的，要严格追究领导干部责任。

第三，要重视纪检监察干部队伍建设。各级国土资源部门党组（党委）要进一步加强纪检监察工作，经常听取纪检监察部门的汇报，认真研究解决工作中遇到的问题，大力支持纪检监察部门开展工作，为他们执纪执法做坚强后盾。要进一步健全纪检监察机构，充实人员力量，配齐配强人员。加强对纪检监察干部的培养和使用，及时把优秀干部提拔到重要岗位，要关心爱护纪检监察干部，帮助他们不断成长进步，努力为他们解决实际困难和问题。国土资源系统纪检监察部门要加强自身建设，努力提高干部素质、能力和水平，积极探索新形势下国土资源系统党风廉政建设和反腐败斗争的特点和规律，全面履行好工作职责。

同志们，在去年召开的全系统党风廉政建设工作会议上，我们提出“大喝一声、猛击一掌，进一步警醒起来”，用两到三年时间遏制住腐败案件高发易发的态势，实现行风评议名次升上去的目标，各项工作已经取得了积极进展。今年是实现这一目标的关键一年。我们要以更加坚定的信心、更加积极的态度、更加有力的措施，开拓进取，扎实工作，强力推进国土资源系统党风廉政建设和反腐败工作，务求取得实效，不断接近这一目标。

持续推进“两整治一改革”工作
深化国土资源系统反腐倡廉建设

——徐绍史同志在全国国土资源系统党风廉政建设工作会议上的讲话

（内情通报2012年第7期）

同志们：

大家好。我们刚刚召开了全国国土资源工作会议，现在接着套开全国国土资源党风廉政建设工作会议。这个做法不同于往年，之所以这样做，是有专门考虑的。

第一是把党风廉政建设放在更加突出的位置上。全国国土资源工作会议与党风廉政建设工作会议套开，请各省（区、市）、副省级城市国土资源部门主要负责人一并参加党风廉政建设工作会议第一次全体会议，就是想把党风廉政建设工作与国土资源工作一并部署，一并抓好落实。

第二是及早部署全系统今年的党风廉政建设工作。十七届中央纪委七次全会今天召开，上午，贺国强书记作了工作报告，刚才，寿祥同志作了传达，明天上午，胡锦涛总书记还要发表重要讲话。明天下午的党风廉政建设工作会议第二次全体会议要把胡锦涛总书记讲话的重要精神向大家作传达。同时也考虑，中央继续把工程建设领域突出问题专项治理作为2012年的一项重要工作，国土资源领域突出问题专项治理是工程建设领域突出问题专项治理的组成部分，我们也想及早地把这项工作部署下去。

第三是回顾和梳理一下2010年在上海召开的党风廉政建设工作会议以来的情况。上海会议对全系统党风廉政建设工作提出了非常明确的要求，特别是提出了非常明确的目标。不到半年，我们就根据上海会议的精神，部署开展了“两整治一改革”工作。所以，这次会议想对上海会议之后的党风廉政建设工作特别是对“两整治一改革”工作作一次系统地梳理，看看有哪些成效、经验，还有哪些问题，以利于把全系统的党风廉政建设工作持续深入地抓下去。

多年以来，各级纪检监察机关、检察机关对国土资源系统党风廉政建设工作高度关注，特别是中央纪委监察部、最高人民检察院，对国土资源系统党风廉政建设工作和“两整治一改革”专项行动给予了很多支持和帮助。今天，中央纪委、监察部、审计署都专门派有关部门负责同志到会指导，我们非常高兴和感动。所以，我也借此机会向中央纪检监察机关、审计机关和检察机关长期以来的指导、帮助和支持表示衷心的感谢！也要借这个机会向刚刚受到通报表扬的108个全国国土资源系统“两整治一改革”先进单位表示祝贺。

寿祥同志的工作报告，总结工作比较系统，对今年工作的部署非常周密，我都赞成。下面，我再讲两方面的看法和想法。

一、党风廉政建设工作要肯定成效，坚定信心

这两年，全系统党风廉政建设工作主要是通过“两整治一改革”这个平台来展开的。上上下下抓得很紧，有声有色，扎扎实实，应该说成效是明显的，我感到主要体现在四个方面。

（一）把党风廉政建设作为国土资源事业发展的生命线，形成了新的工作格局。大家的认识在实际工作中不断提高，深深感到党风廉政建

设是国土资源事业发展的坚强保障，也是国土资源事业的生命线，同样也是一项重要的政治任务，所以牢牢抓在手中。工作格局是主要领导带头、党政齐抓共管、干部职工积极参与，积聚了动力。我们争取纪检监察机关、检察机关的指导支持，借助了外力。这个很重要。“两整治一改革”工作开展以来，我们经常得到中央纪检监察机关和检察机关的指导、帮助，马馼部长专门到部里来指导过，我们也去汇报过，何勇书记专门来视察指导过工作，贺国强书记也多次在我们的书面报告上作出批示，指示我们做好党风廉政建设工作，检察机关我们也有沟通。借助外力非常重要，有利于我们把工作做得更好。第三是发挥机关的表率带头作用，抓机关带系统，以系统促领域，形成一种传导力。这种新的工作格局是由这“三力”形成的，我感到，它叫内力驱动，外力推动，三层传导。这个格局被实践证明很有效果，是一种新的格局。

（二）把党风廉政建设与国土资源业务有机结合、深度融合，形成了有效的工作机制。我们把反腐倡廉工作和国土资源业务工作结合起来，反腐倡廉工作促进了管理工作的改革创新，管理工作改革创新又嵌入了党风廉政建设的要求，这样，就比较好地克服了党建和业务“两张皮”，避免了“一般化”。我们推进行政审批制度改革，推行“阳光行政”，推动网上交易，在这些工作当中，反腐倡廉工作和业务工作交融互动，持续深化，也收到了比较好的效果。

（三）把权力监督的薄弱环节作为反腐倡廉的重要区位，形成了顺畅的工作路径。“两整治一改革”工作开展以来，我们开展风险排查，加强观念防腐和作风防腐的软建设，推动规范制度防腐的硬建设，强化财务在线监管、内部审计、内部巡视等方面的外部监督，形成了比较好的防控体系，也就有了顺畅的工作路径。

（四）宣扬先进，严惩腐败，形成了良好的反腐倡廉文化氛围。在开展创先争优活动中，从去年年初开始探索部省“联创齐争”，大力宣扬广西的模范国土所长韦寿增，宣扬浙江地质七队这个在市场经济条件下坚守地质找矿人精神高地的先进集体等一批先进典型，意图就是在系统内部，在社会层面来弘扬正气，让社会了解，也使我们整个系统学有榜样，赶有标兵，追有标杆，起到了弘扬正气的作用。与此同时，我们严惩腐败。近两年，整个领域的一些重大腐败案件，犯罪嫌疑人都受到了严厉惩罚，还有一些违纪违规的也受到了党纪政纪处分。去年一年，部机关、督察局没有人员受到处分，中国地质调查局下属单位有 3 人受到处理。严惩腐败非常重要，显示我们绝不认同腐败，更不宽容腐败，营造了一个比较好的反腐倡廉的文化氛围，打牢了反腐倡廉的社会基础。同志们，这一点很重要，要意识到现在有一些苗头和倾向，个别人有羡慕腐败的，也有对腐败行为表示同情的，这一种思潮要是蔓延，就会动摇反腐倡廉的氛围和社会基础。

总的来看，党风廉政建设工作特别是“两整治一改革”工作取得了比较好的阶段性成效。从全系统处理违纪违法人员情况看，2009 年 683 人，比 2008 年上升 13.7%；2010 年 693 人，比 2009 年上升 1.5%，从两位数降到一位数；2011 年 390 人，比 2010 年下降 44%。我觉得，至少从十七大以来，首次呈现出违纪违法势头逆转向下的局面。从行风评议情况看，18 个参加行风评议的省级国土资源部门，有 13 个评议名次上升，还有 2 个首次参加评议名次靠前。所以，从 2011 年情况看，违纪违法案件数量降下来，行风评议名次升上去，通过两到三年努力，力争遏制腐败案件易发多发势头，这是上海会议提出的总目标，用这个目标衡量，我们已经取得阶段性成效。这得益于党中央的正确领导，中央纪检监察部门、检察部门的有力指导和帮助，全系统广大干部职工特别是在座的纪检监察干部努力工作扎实推进党风廉政建设，所以才有这样一个良好局面。我也借此机会，向支持帮助我们的纪检监察、检察、审计机关，向全系统干部职工特别是纪检监察干部表示衷心的感谢！针对这样的局面，我们完全有理由坚定信心，更好地按照中央的部署，结合我们自身的实际，持续深入地推进党风廉政建设工作。

二、党风廉政建设要认清形势，持续深化

我们取得的成效只是一个阶段性成效，绝对不能估计过高，巩固“两整治一改革”成果、防止违纪违法问题反弹的任务依然是非常艰巨、非常繁重的。越是见到成效，越要保持清醒，要不为过去的成绩所累，不为以往的经验所困，要更加努力地做好今后的工作。

（一）党风廉政建设面临的形势严峻，环境复杂，基层的问题突出。

一是中央反腐倡廉的决心坚定，要求很高，措施严厉，我们必须贯彻落实好。寿祥同志刚才传达了，今年中央要继续抓工程建设领域突出问题专项治理，继续抓国土资源领域突出问题治理，土地和矿产都涉及，中央要求明确，我们应该不折不扣地贯彻落实好。

二是内部建设的薄弱环节依然存在，还存在着权力监管不到位的问题；群众最关心的突出问题依然存在，主要是公权谋私、公权侵害私权两个方面；行政环境依然复杂，土地和矿产资源开发由地方各级政府“主导”，相关部门协助，社会中介参与，行政相对人配合，关系非常复杂，有时候还会引发多方面的非常棘手的问题。这两个“依然存在”和一个“依然复杂”，说明我们面临的形势还非常严峻。

三是基层问题突出。2011 年处理的 390 名违纪违法人员中，县级国土资源部门干部 165 人，占 42%，乡镇国土所干部达 112 名，占 28%，两项之和占 70%。同志们可以看出这个问题的严重性，县局、乡镇国土所权力也不小，监管还比较薄弱。还有，失职渎职问题显著上升，390 名违纪违法人员中，属于失职渎职的有 159 名，占 41%，所占比例较 2010 年上升 22 个百分点。

另外，形势严峻还表现在一个方面，我觉得更为重要的是，如果没有针对性、有效性强的强有力的措施，巩固扩展“两整治一改革”成果难度非常大，搞不好就可能出现违纪违法问题高位徘徊的平台现象。处理违纪违法人员数量 2011 年比 2010 年有 44% 的大幅度下降，2012 年

怎么办？必须要有强有力的措施。这更值得引起重视。所以，大家要保持清醒，要加倍努力，通过扎实工作来巩固和拓展良好的局面和势头。

（二）持续推进“两整治一改革”工作，把党风廉政建设工作引向深入。今年的党风廉政建设工作，还是要以“两整治一改革”作为一个平台，但要与时俱进地拓展“两整治一改革”的内涵和外延，要根据实际情况作出调整，坚持从群众最关心的突出问题着眼，从行政管理创新入手，做好今年的工作。

一是持续推进“两整治一改革”。中央已经决定把推进工程建设领域突出问题专项治理作为今年的一项重点工作，也包含了国土资源领域突出问题治理工作，因此，“两整治一改革”的平台不能放，要做到“组织机构不散、职责任务不变、工作力度不减”，要针对这两年特别是去年工作的实际，进一步谋划，把重点突破、领域拓展、整体推进有机结合起来，使“两整治一改革”工作向纵深发展。

二是巩固和扩大专项治理成果。在去年的基础上，工作力度还要加大，主要是风险还要动态排查，制度还要动态完善，风险防控六大机制还要不断健全。制度反腐作用很大，关键是制度要好用、真用、管用。

三是进一步推进行政管理创新。要抓住职能转变这个核心，以适应需求为导向，深化审批制度改革，推进政务信息公开，规范行政执法行为。从而高效地服务社会和民众，公开接受监督，依法规范地履职行政。

四是深入推进反腐倡廉文化建设。要通过创先争优这个平台，进一步开展部省“联创齐争”，宣扬先进，弘扬正气，提升干部的精气神，提高干部防腐自觉性和防腐能力。同时还要保护干部的积极性，还要严肃惩处腐败，对腐败问题毫不手软，绝不姑息。

五是进一步构建具有国土资源特色的惩治和预防腐败体系。中央惩防体系 2008—2012 年工作规划，今年是收官年，各地、各部门都制订了各自的落实中央惩防体系工作规划的实施办法，一方面要努力工作，完满收尾。同时，我们要认真总结、梳理、提炼，把实践成果转化为制度资源，变单项制度为制度集成，形成教育、监督、预防、纠风、惩处协调配套的制度框架，形成新的惩防体系。抓好中央统一部署下的部门实践，也要有结合实际的部门创新，努力构建具有国土资源特色的惩防体系。

六是切实履行好党风廉政建设职责。各级领导干部都要担负起抓好党风廉政建设工作的政治责任，认真落实党风廉政建设责任制，从加强队伍建设、爱护干部的角度，一定要把党风廉政建设工作放在心上，抓在手上。首先，各级领导干部要严于律己，要做表率；其次，要抓班子建设，提升班子凝聚力和战斗力；还要带好队伍，提高队伍的执行力。履行好党风廉政建设职责，今年要突出抓一抓县乡两级国土资源部门，抓这两级领导班子建设，抓一线干部队伍建设，抓一线干部依法行政和履职尽责，抓他们的教育、管理和监督，把反腐倡廉的多项制度、机制延伸下沉到县乡一线。同时，对干部要多关心、多爱护，支持他们开展工作，多一点人文关怀，营造风清气正、积极向上的好氛围。

我要特别指出，履行党风廉政建设职责，有三个问题建议这次会议和会后作重点研究，第一是各项监管制度机制如何延伸下沉到县乡两级部门，第二是失职渎职占比例达到四成、上升 20% 的原因和对策分析，第三是如何避免可能出现的违纪违法问题高位徘徊的平台现象。

要进一步重视纪检监察工作，为纪检监察部门融入业务工作创造更好条件，同时要当好纪检监察部门严格执纪执法的坚强后盾。要注重纪检监察队伍建设，关心纪检监察干部进步成长。纪检监察部门要切实加强自身建设，主动围绕中心服务大局，适应国土资源管理工作和全系统党风廉政建设的需要。我一直认为，一支具有奉献和牺牲精神的纪检监察队伍是我们做好党风廉政建设工作，取得工作成效的关键。这支队伍要关心好，爱护好。

同志们，总的看，国土资源系统党风廉政建设工作已经取得了阶段性成效，站在了更高的起点上，我们一定要振作精神，努力工作，用新的优异成绩来迎接党的十八大胜利召开。

严格土地管理　促进依法依规用地

——徐绍史同志在国务院第一次廉政工作会议上的发言

（内情通报2008年第14期）

各位领导，同志们：

过去的一年，国土资源部按照党中央、国务院的部署，调整土地供应政策，严格土地管理，促进国家宏观调控措施的落实；加强征地审批管理，注重维护被征地农民合法权益；充分发挥市场配置土地资源的基础性作用，从源头上预防土地出让领域的腐败行为；加大土地执法和督察力度，严肃查处土地违规违法案件，取得了明显成效。2008年，我们将认真学习贯彻党的十七大精神，深入贯彻落实科学发展观，按照中央纪委十七届二次全会和国务院廉政工作会议的部署和要求，解放思想、改革创新，以构建保障科学发展的新机制为主线，严格土地调控和监管，促进依法依规批地用地。重点做好以下四个方面工作：

一、严格土地调控和监管，坚守18亿亩耕地红线

积极参与宏观调控，严格土地利用规划、计划和审批管理，严把土地“闸门”，坚持从严从紧、有保有压，严格控制新增建设用地规模，优化供地布局、结构和时序，促进宏观调控“双防”目标的实现。严格

落实土地利用总体规划、年度计划、耕地保有量和基本农田保护面积，实行省级政府耕地保护目标责任制，坚守18亿亩耕地红线。扎实推进土地整理复垦开发工作，推动国家和省级基本农田保护示范区建设。加大廉租房、经济适用房和限价房，以及中小套型普通商品房的土地供应，有效解决民生工程、新农村建设、重大基础设施建设等用地问题。

二、完善征地制度，切实维护被征地农民合法权益

严格落实征地补偿安置各项政策，积极配合有关部门拓宽征地安置途径，推进被征地农民社会保障制度的建设。按照中央有关部署和要求，加快实施征地补偿安置争议协调裁决制度、基层协管员制度和人民调解员制度，扎实做好农村土地信访和矛盾纠纷排查调处工作。继续推进征地制度改革，完善征地补偿标准，规范征地程序，逐步建立维护被征地农民土地合法权益的长效机制，切实保证被征地农民的当前生活水平不下降、长远生计有保障。

三、健全土地市场机制，加大从源头上预防腐败的力度

全面落实经营性用地、工业用地招标拍卖挂牌出让制度，严格实施工业用地最低价标准，发挥地价机制对土地优化配置的积极作用。认真贯彻落实《国务院关于促进节约集约用地的通知》要求，深化土地有偿使用制度改革，逐步缩小划拨用地范围，对国家机关办公用地、交通能源水利等基础设施用地、城市基础设施及各类社会事业用地，积极探索实行有偿使用的办法。完善土地市场机制，进一步提高市场配置土地资源的比重，着力从源头上预防腐败。

四、加大执法监管力度，严肃查处土地方面违规违法行为

一是修订并严格执行有关制度。加强国土资源法制建设，严格执行新修订的《违反土地管理规定行为处分办法》和《工程项目建设用地指标》、《工业项目建设用地控制指标》等用地标准。加强土地审批监管、土地市场和地价监测、执法监察等信息系统建设，完善土地审批、出让、征地补偿和开发整理等重点部位和关键环节的制度，健全全国土地遥感监测体系，构建统一的监管平台，切实加强土地批后监管。

二是开展土地执法监督检查。强化土地执法监管，加强日常执法和卫片执法检查，巩固“全国土地执法百日行动”成果。充分发挥国家土地督察机构作用，针对影响耕地保护和土地宏观调控政策落实等突出问题，继续开展各类专项督察。加强对土地管理法律法规和节约集约用地政策执行情况的监督检查，做到执法关口前移，建立土地违规违法行为早发现、早报告、早制止的监控机制。会同司法机关和相关部门，建立惩处土地方面违纪违法行为的协调配合机制，强化对重大典型案件的联合处理和责任追究。

三是严肃查处土地方面违规违法案件。坚持以查办违反土地管理法规和耕地保护政策案件为重点，依法严肃查办滥用审批权、执法权谋取私利的案件，规避招标、虚假招标、非法批地、低价出让土地或擅自变更规划获取利益的案件，土地出让、土地评估、项目发包中的商业贿赂案件，以及征地中损害群众利益的案件和闲置囤积土地等案件。

徐绍史同志在全国贯彻落实《建立健全惩治和预防腐败体系 2008—2012 年工作规划》电视电话会议上的发言

（内情通报 2008 年第 30 期）

各位领导，同志们：

《建立健全惩治和预防腐败体系 2008—2012 年工作规划》是深入贯彻落实党的十七大精神的重要举措，是今后五年推进惩治和预防腐败体系建设的重要的指导性文件，对国土资源系统改革和发展，加强反腐倡廉建设都具有十分重要的意义，必将为构建保障和促进科学发展新机制提供坚强保障。我们将从以下五个方面抓好贯彻落实：

第一，深入贯彻落实科学发展观，大力推进节约集约利用资源。按照中央的部署，我部正在开展学习实践科学发展观活动的试点工作。我们要切实增强贯彻落实科学发展观的自觉性和坚定性，落实共同责任，坚守 18 亿亩耕地红线，合理开发利用矿产资源，变国土资源管理“一家管、大家用”为“大家管、大家用”。坚持开源节流并举，走节约集约开发利用资源的新路。科学编制和严格实施土地利用总体规划，配合有关部门统筹协调各类交通、能源、水利等基础设施和产业发展规划，严格土地使用标准，充分发挥计划的调控作用。加大土地整理复垦开发力度，盘活土地资源存量，拓展土地利用新的空间。科学编制矿产资源规划，提高矿产资源综合开发利用水平。

第二，深化改革和制度创新，着力从源头上预防腐败。按照《工作规划》部署的任务，我们将围绕《土地管理法》、《矿产资源法》的修订，抓紧研究制定相关配套制度和政策。进一步改革行政审批制度，简化手续、优化程序、提高效率。充分发挥市场配置资源的基础性作用。深化土地有偿使用制度改革，逐步缩小划拨用地范围，对国家机关办公和交通、能源、水利等基础设施（产业）、城市基础设施以及各类社会事业用地，积极探索实行有偿使用的办法。全面落实经营性用地和工业用地招标拍卖挂牌出让制度，严格执行工业用地最低价标准；落实探矿权、采矿权招标拍卖挂牌出让制度，积极推进矿业权市场建设。维护被征地农民合法权益，深入推进征地制度改革试点，规范征地程序，完善征地补偿机制，积极探索征地补偿安置的有效途径，确保被征地农民原有生活水平不降低、长远生计有保障。

第三，加强监督，规范行政权力运行。我们要把对国土资源系统贯彻落实科学发展观情况的监督检查，作为维护党的政治纪律的一项重要任务。紧紧围绕中央关于加强宏观调控、严格保护耕地、节约集约用地、维护农民权益等方面的决策部署，加大监督检查的力度。加强对国土资源部门行使权力、履行职责、执法程序的监督。加强对权力运行的重点环节和重点部位的监督。完善公开透明、科学合理的干部考核和选拔任用办法，强化干部选拔任用全过程的监督。深入开展巡视工作，加强对司局和直属单位领导班子及主要负责人的监督。强化对重大项目安排和大额资金使用的监督，配合相关部门切实将国有土地使用权出让收入纳入预算管理。落实政府信息公开条例，推进电子政务建设，实现网上申报、审批和效能监察，确保行政权力公开透明运行。

第四，严格监管，坚决查处违纪违法行为。继续加大土地和矿产资源执法监察的力度，努力发现隐藏在土地、矿产违规违法案件背后的腐败问题。重点查处通过非法批地、批矿，低价出让土地、矿产资源或擅自变更规划牟取私利的案件；查处在国土资源管理中滥用权力、失职渎职、造成资源性资产严重流失的案件；查处土地、矿业权出让环节的商业贿赂案件。严格执行监察部等三部门修订的《违反土地管理规定行为处分办法》，加大责任追究力度。建立国土资源监管平台，通过遥感监测、地面巡查、网上监管，形成“天上看、地上查、网上管”的有效格局，建立“早发现、早报告、早制止”的工作机制。充分发挥国家土地督察制度的作用，推进执法关口前移。继续开展土地、矿产专项治理，建立与监察等部门联合执法协调机制。

第五，加强领导，抓好落实。各级国土资源部门将把贯彻落实《工作规划》作为一项重要政治任务，按照《工作规划》的总体要求，突出国土资源部门的重点任务，突出国土资源部门深化改革、制度创新，把完成阶段性任务与实现五年总体目标结合起来，列入党组（党委）的重要议事日程。部党组要加强领导，组织制定实施办法，细化任务，明确分工，落实责任，切实保障《工作规划》在国土资源系统贯彻落实。

徐绍史同志在部深入开展作风建设活动动员大会上的讲话

（内情通报 2009 年第 28 期）

为进一步巩固和扩大深入学习实践科学发展观活动成果，贯彻落实部党组《关于解放思想改革创新改进作风增强执行力的决定》，部党组研究决定，从 5 月底至 7 月底，集中开展以“解放思想、改革创新，改进作风、增强执行力”为主题的作风建设活动。活动实施方案已经印发，今天召开动员部署会。

刚才，王世元同志对作风建设活动作了动员讲话，我完全同意。希望各司局、各单位按照部党组关于深入开展作风建设活动的通知和王世元同志讲话要求，尽快把作风建设活动抓起来，扎实开展下去，更好地改进机关作风，提高我们的执行力。这里我再提四点要求。

一、要从把应对金融危机作为转变管理职能良机的高度推进作风建设活动

这次作风建设活动，起点和着眼点一定要高。我多次讲过一个观点：这次金融危机实际上是一次转变管理职能的良机。目前金融危机没有见底。我认为，所谓危机，从经济的角度看，实质是在人们还没有醒

悟的情况下，由经济运行的内在规律对发展中存在的不协调和失衡问题进行强制性调整，让整个经济运行再回到协调、平衡的状态中。这次危机，既有波及全球的结构性震荡，也有国内经济发展的周期性调整，是两大因素的叠加。从亚洲经济危机到现在，国内经济持续了10年的高速发展，取得了很大成绩，但也带来了不少问题，经济本身就需要调整。所以说，这次危机对我国经济发展中不平衡、不协调问题发出了警示性信号。我们越来越清醒地认识到，这次危机在倒逼着三大转变，即经济发展方式、资源配置方式和政府职能的转变。因此，作为国务院的职能部门，国土资源部应自觉地化“危”为“机”，把应对危机作为转变管理职能的良机，从这个高度推进机关作风建设。

一要着眼于四个转变，即转变管理理念、管理职能、工作方式和工作作风。从职能转变的角度看，摆在我们面前的最大问题，就是如何把权力和责任真正放下去，把服务和监管真正抓起来。要通过这样的转变，进一步增强我们的执行能力。

二要着力于调查研究新情况、新问题和新经验。经济和社会发展的形势变化非常快，尤其在应对金融危机的过程中更是如此。国土资源管理面临着大量的新情况、新问题和新经验。如土地利用的规划管理问题、计划管理问题，农村土地管理制度改革问题，矿业权市场建设问题，矿产资源勘查开发问题等，新情况、新问题非常多。我们到广东佛山、深圳调研时发现，当地除了在考虑建设用地增量的规范管理问题外，又在考虑国有建设用地二次开发利用的规范管理问题了，但我们这方面的制度设计非常薄弱。前不久，甘藏春同志在云南调研了解到的情况是，在扩内需保增长过程中，单独选址的国家建设项目尽快落地的问题解决了，但省、自治区、直辖市的重点项目落地因涉及规划调整等问题解决不了，项目落地受到影响。最近，鹿心社同志已布置有关司局着手研究这个问题。现在，农村土地综合整治在一些地方推动得非常好，这说明，按照项目管理的办法推进土地整理复垦开发、搞城乡建设用地增减挂钩，已经不适应形势发展的需要了，要从项目实施过渡到制度设计上来。我在河南、安徽调研，看了两个矿区的勘探情况，一个是河南嵩县的铜钼矿、一个是安徽的泥河铁矿。泥河铁矿不到半年时间，1亿多元的投资，8万米的钻探进尺，评价了一个大型磁铁矿、一个大型硫铁矿和一个中型石膏矿。当年的罗河铁矿却评价了18年。这就要求我们修改相应的技术规范，整合各方面的资源和力量，打破原有的评价阶段规则。因此，如果我们不着力调查研究新情况、新问题，总结新经验，就跟不上经济社会发展需要，始终处于被动局面。

三要服务于资源配置方式和经济发展方式的转变。资源配置方式与经济发展方式关系非常密切。在转变经济发展方式方面，虽然取得了很大进步，但不尽如人意。不少地方主要靠空间拓展和投资拉动的路径搞发展，粗放的经济增长方式依然没有改变。问题究竟在哪里？经济发展有两大要素，一是土地，二是资金。政府配置土地和资金的权限太集中，在一定程度上影响了经济发展方式的转变。对国土资源部而言，要转变资源配置方式以服务于转变发展方式，就必须深入研究思考如何让市场在配置土地资源、矿产资源中更好地发挥基础性作用，服务于经济发展方式的转变。在相当长一段时间里，我们就是通过积极主动服务、严格规范管理提高我们统筹保障发展和保护资源的能力。

二、要看到我们的进步，更要看到我们的差距

一方面，近年来特别是去年深入学习实践科学发展观活动以来，同志们的思想观念有了新的转变，工作作风有了新的改进，执行能力有了新的提高，制度建设有了新的成果，国土资源管理也有了新的进展。机关的同志对业务工作要坚持“高标准、严要求、快节奏”的共识大大提高，工作责任心和主动性大大增强，工作质量和效率大大提升，这都要充分肯定。我注意到，最近机关工作又有了新的气象：办公厅在考虑整个机关业务建设、快速运转方面做了大量深入细致的工作；规划司已经能够提供月度的建设用地执行情况；执法局已经能够提供月度的违规违

法情况；环境司就如何做好广义地质环境工作特别是应对汛期的地质灾害防治工作，想了很多办法，而且遇到突发事件能够迅速响应、积极应对。还有一些司局也有新的变化。要看到这些进步，增强信心，鼓舞斗志，更好地推进业务工作。

另一方面，也要看到存在的差距。我们的一些党员干部在党性、党风、党纪和执行力方面还存在一定的差距，还有比较大的提升空间。希望大家在这次作风建设活动中深刻认识。指出这些差距和问题，是为了认清差距、持续进步。

三、要抓住作风建设的重点

这次作风建设，重点是两级班子、四个问题。两级班子，是党组班子和司局级班子，处级干部和其他干部由各个司局具体抓。我们考虑，一个部门的工作、一项事业的发展，起决定性作用的是要有一个团结奋进的团队。“ 把手”首要任务就是抓好两件事：一是建好班子，二是带好队伍。所以这次作风建设活动，重点放在部、局两级班子上。

四个问题。一是主动谋划够不够。新情况、新问题、新经验很多，如何根据经济社会发展需要，从司局职责出发，从国土资源管理工作全局出发，为部里主动谋划，提出有价值的意见、建议。二是工作办法多不多。很多事情不是一个部门、一个司局能解决的，除了文来文往，还要考虑有没有其他办法。三是协调联动足不足。部里的事，不是哪个司局就能包打天下的，要靠大家协调配合。司局要主动，讲大局、讲政治，要相互商量、相互配合，为了一个目标把事情做好。四是落实能力强不强。部里、司局确定的重点工作要扭住不放，一抓到底，抓出实效。

大家一定要围绕两级班子和四个问题，把思想认识层面和实际工作层面存在的问题梳理查摆出来，把解决问题的措施设计制定出来。总体来说，就是问题是什么、为什么、怎么办，这三方面搞清楚，问题就解决了。

四、要提高执行力，进而推进业务工作

各单位要抓紧抓实抓好，紧密结合业务工作来推进作风建设活动，最终落脚到提高执行力上。要进一步推进业务工作，进一步巩固和扩大深入学习实践科学发展观活动成果，贯彻落实好部党组《关于解放思想改革创新改进作风增强执行力的决定》。

作风建设活动搞得好不好，效果怎么样，首先在于部党组，其次在于各单位领导班子。我相信有了去年深入学习实践科学发展观活动的经验，这次一定能够按照部党组的部署，扎扎实实地把作风建设活动搞好。

徐绍史同志在国家土地督察机构作风建设和党风廉政工作会议上的讲话

（内情通报 2009 年第 75 期）

今年在应对金融危机过程中，国土资源部有一个总体布局，在土地管理方面是保经济增长、保耕地红线，在地质找矿方面从实际出发开展了地质找矿改革发展大讨论，这两项业务覆盖了国土资源管理工作的主要内容。为了使这两项工作顺利推进，我们又在部机关、督察局、直属事业单位开展了作风建设，着重从党组和司局两级班子层面，解决四个突出问题，即主动谋划不够，工作办法不多，协调能动不足，贯彻落实不力。这几项活动都在顺利推进。当前，我们正在学习贯彻十七届四中全会和中纪委十七届四次会议精神，而土地督察机构从组建到现在已经整整三年，处在一个关键的时点上，因此，为了更好地学习贯彻十七届四中全会精神，进一步加强作风建设和党风廉政建设，从部总体工作部署出发，我们决定专门召开这次会议，意义十分重大。

部党组对这次会议非常重视，进行了充分的酝酿和准备。我到北京督察局和上海督察局进行了座谈、调研，藏春同志专程到成都、西安、南京和济南的四个督察局调研、座谈，调研报告我也看了，非常深入。藏春同志每到一个局，和局级干部都进行了谈话，总督察办主要负责同志同处级干部谈话，掌握了很多鲜活的情况，也听取了同志们对搞好督察工作和国土资源管理工作的意见和建议。总督察办还制定了廉政承诺书和回京检查的规定，在这次会上提交给大家讨论，最后还有一个签字仪式。九个督察局比较全面地回顾和梳理了近几年的工作，认真进行总结、查找，特别是查找存在的一些苗头性和倾向性问题，并对进一步做好督察工作提出了一些建设性的意见。11 月 18 日，部党组专门开会听取了总督察办汇总九个局作风建设和党风廉政建设的总结、汇报，听了之后很感动。总体感觉九个督察局的总结、梳理实事求是，不回避问题，非常深刻地梳理出一些苗头性和倾向性的问题，居安思危，防微杜渐，防患于未然，体现出很强的忧患意识和责任意识，所以党组会决定，以党组文件的形式批转印发，发给各个司局和直属事业单位，让广大党员干部来学习、借鉴。今天这个会议就是在此基础上，进一步研究、加强作风建设和党风廉政建设。

一般开会只有会没有议，这次会都是我们自己的同志，可以开得活跃一些。我把一些想法与大家做个交流，随后大家议一议，这样有会又有议，集思广益，能够更好地研究工作当中存在的一些问题。下面，我谈三个问题，都是平时跟部党组同志议论当中、工作当中的看法和积累，抛砖引玉，不对的地方，或者不够准确的地方，同志们在讨论当中进一步纠正、完善。

一、认清形势，增强作风和党风廉政建设的紧迫感

（一）认清党建工作的新形势

十七届四中全会和中纪委十七届四次会议召开后，9 月 20 日，部党组就发文对会议的学习贯彻作出了部署。9 月 25 日，向机关全体党员干部进行了传达学习。国庆前后机关党委安排了四次讲座，进一步解读四中全会的决定，交流学习四中全会文件的体会和认识，并将在此基础上部署进一步贯彻落实四中全会决定的试点和调研工作。我们准备部署一些单位，对新形势下如何加强党建工作的问题进行深入调研，对党

的基层组织建设、干部制度、作风建设、党风廉政建设进行一些试点。目前，这项工作正在进行中。

通过学习四中全会的决定，同志们认识到，当今世界正在发生广泛而深刻的变化，国际局势大发展、大变革、大调整，世界多极化、经济全球化，思想文化交流、交融、交锋日益深化，特别是去年下半年由美国次贷危机引起的金融危机，对各国经济都形成了很大的冲击。与1998年金融危机发生后的情况不同，此次冲击借助于互联网同步在中国国内传导、发酵、扩散。这就是我们党面临的国际环境。从国内来看，当代中国也正在发生广泛而深刻的变革，经济建设、政治建设、文化建设、社会建设和生态文明建设，五大建设全面展开、推进。工业化、信息化、城镇化、市场化和国际化，“五化”深入发展。所以有的学者说，我们现在面临的是发展的黄金期和矛盾的凸显期“两期”并存，带来了很多两难的问题。

面对这样的形势，四中全会决定非常明确地提出，党建工作要解决提高党的领导水平和执政水平，增强拒腐防变和抵御风险能力两大历史性课题，完成提高治国理政的能力、保持发扬党的先进性两大历史任务。要解决这两大历史性课题，完成这两大历史性的任务，作风建设和党风廉政建设就占有非常重要的位置。四中全会要求我们下更大的力气来解决作风问题和党风廉政建设中存在的一些问题。再往前回顾，今年5月8日召开的中央国家机关党建工作会议，是时隔11年后再一次召开的中央国家机关党建工作会议。这次会议进一步明确了机关党建的目标和任务，目标是要适应新形势、新任务的需要，走在党的基层组织建设前头，简单说就是适应需要、走在前头。此次机关党建会议把机关党建的任务调整为服务中心、建设队伍。服务中心没有变，但是建设队伍作为机关党建的重要任务提了出来。所以，现在贯彻落实十七届四中全会，对机关同志来说，就是还要很好地学习贯彻5月8日中央国家机关党建工作会议的精神，进一步加强作风建设和党风廉政建设，更好地完成机关所肩负的各项任务。

（二）认清国务院领导同志提出的一些新要求

今年的2月27日、8月17日、10月23日、11月24日，中央政治局常委、国务院副总理李克强同志在参加国土资源部的活动和专门到部视察期间，做了四次重要的讲话。2月27日，在启动“国家可持续发展国土资源战略研究”大会上，李克强同志对国土资源管理和服务工作提出了很高的要求。8月17日，李克强同志视察地科院，与院士座谈，到部里听取汇报后，作了重要讲话。10月23日，李克强同志出席颁发“李四光地质科学奖”和纪念李四光诞辰120周年的会议，就地质找矿工作和国土资源工作提出了更高的要求。最近一次是11月24日在部召开的第二次全国土地调查工作领导小组第二次全体会议，李克强同志专门视察了信息中心，察看了二调形成的全国卫星遥感监测影像图和基于计算机网络的综合监管平台，听取了工作汇报，又作了重要讲话。这四次讲话对国土资源管理如何为经济社会发展做好服务和保障工作都提出了新的要求，同时，也充分肯定了近几年来，特别是抗震救灾、应对金融危机过程当中，国土资源部所采取的一些对策，做的一些工作。

这次在扩大内需过程中，我们避免了“一放就乱，一管就死”的局面，积极主动服务保增长，为固定资产投资、基础设施建设、民生工程保障供地；同时又没有出现开发区热，土地管理的秩序还是比较好的。地质勘查找矿也有了很多新的进展，特别是铁矿。我相信最多三五年后，找矿的成果将会对国际铁矿石价格产生重大影响。但是我们必须保持清醒的头脑，国家还处在工业化和城镇化的中期，今后的十年、二十年，经济还会持续平稳较快增长，对土地、矿产的需求都会刚性上升。所以，我们仍然面临着当前矛盾突出、今后压力很大的“两难”局面和双重压力。这就要求我们下力气，通过改革创新、改进作风，通过进一步加强党风廉政建设来增强行政执行力。

土地督察机构“一手托两边”，一方面要忠于职守，保障经济发展、保护土地资源；另一方面还要爱护干部，保障事业的健康发展。督察的任务就是要监督检查各个省（区、市）、计划单列市政府履行土地管理法律法规、宏观调控政策措施的情况。同时，也要为地方经济社会发展服务。所以，这个机构工作难度非常大，这也要求我们进一步加强作风建设和党风廉政建设，确保督察事业健康发展。

二、居安思危，关注作风和党风廉政建设中的苗头性、倾向性问题

在北京督察局调研的时候，我讲过，督察工作已经开展三年整，可以做这样的判断，就是：初创阶段基本结束，总结规范要及时跟进；新的情况、问题不少，探索创新要持续推进。简要回顾、总结、分析这些年的工作，有这样三点：

（一）队伍和业务建设成效明显

首先是队伍建设，人员到位已达72%。这支队伍年纪轻、学历高、党员多、基础好，有比较强的执行力。其次，督察业务不断拓展，专项督察、审核督察等各类督察，以及建立联系点，与地方联建沟通机制等，有力地保障了督察工作的开展。第三，督察队伍的功能作用逐渐显现。这些年来督察队伍积极投入到全国土地执法“百日行动”、“双保行动”、卫片执法检查、应急调研工作中，配合中央扩内需检查组、中组部中纪委巡视组开展相关工作，还与部机关或联动、或配合做了很多日常监管工作。可以说，督察队伍的功能逐渐显现，发挥着越来越大的作用。我在北京督察局调研时说过，“百日行动”也好，“双保行动”也好，在实践当中别去争论督察局该做什么，先做起来再说。现在部里的一些重要活动，土地监管的一些日常工作，包括一些应急调查，各个督察局做得都很不错，跟机关形成一种配合、协调、联动的关系，大大提升了监管的质量和效率。越来越多的机关同志对这种做法持肯定和赞成的态度。

（二）作风和党风廉政建设成效明显

近几年来，各督察局学习贯彻十七大、十七届三中全会、四中全会

精神，又根据党组的统一部署，认真开展学习实践科学发展观活动，都取得了明显成效，体现在四个方面：

一是班子建设不断加强。各督察局班子落实分工负责制，贯彻民主集中制，加强学习，以身作则，率先垂范，起到了带头作用。二是思想文化和制度建设不断深化。督察队伍的学习培训、各种主题活动、廉政教育等常搞常新，内部的管理制度、行为规范、制度建设等也逐步深化，规范管理已经见到成效。三是党风廉政建设持续推进。按照部里的统一部署，各督察局开展了解放思想改革创新的大讨论和改进作风增强执行力的大讨论，围绕中心工作结合督察业务抓党风廉政建设，积极参与各项大的行动，队伍的行政执行力在不断增强。四是廉政建设从严重防。落实党风廉政建设责任制，防范各类风险点，采取措施强化内部监管，尝试探索建立外部监督机制，都取得了明显成效。

（三）苗头性和倾向性问题要引起高度关注

这支队伍虽然建立时间不长，但应该说已经积累了一些问题，在前进的过程中，又碰到了一些新的情况和新的问题。第一是班子建设、组织建设亟待加强。每个局的局长、副局长都配齐了，专员、副专员还有一些空缺，这是硬建设。班子的软建设也需要进一步加强，如党组建设、群团建设等，党组建设中还包括纪律检查方面的建设都亟待加强。第二是队伍磨合建设亟待加强。这支队伍年纪轻、学历高、党员多、基础好，是一支很好的队伍。但是这支队伍来自于四面八方，同志们也都有着不同的工作经历、阅历，到督察局之前相当一部分同志还在不同层面的领导岗位上工作过，现在大家走到一起就有个磨合、建设的问题。我们坚定不移地搞五湖四海，把这支队伍凝聚起来、团结起来，但是如果磨合建设得不好，这个目标也未必能顺利实现。第三是党风廉政建设也还有些薄弱的环节。比如说党风廉政建设责任制的落实，各个风险点的掌控，内外监督机制的跟进等等，都需要加强。第四是一些苗头性、倾向性的问题要引起高度关注。这支队伍总体上很好，但是对出现的苗头性、倾向性的问题不容忽视。一些同志角色尚未完全转换，还不适应新的岗位和新的工作。很多同志原来在县局或市局担任领导，到了督察机构之后是个处长，这个角色转换也是一个痛苦的过程。有的同志能力不足，原来的阅历、经历、接触面都对现在的工作形成制约和影响。督察工作面非常广，到省里、地市，甚至到县里，经济、政治、社会、财税、金融、产业都得懂，如果不懂，连话都插不上。如果能力不足，不敢说难以胜任，但至少是影响工作。一些同志定位不准，以势压人的情况也是有的；一些同志“小进即满”，有进步后就产生自满的情绪，刚刚站稳就不思进取；一些同志“严”和“硬”的作风有所弱化，讲面子、讲交情，不敢碰硬，或者不守纪律、泄露机密，或者大事化小、小事化了，甚至瞒报真情。还有一些同志不守纪律，自由散漫，或者跟地方打招呼办私事，或者双休日、节假日要求地方安排活动，招待、接待等。这些苗头性、倾向性的问题只是个别现象，发生在少数同志身上，但是如果这些问题不能及时解决，必然会影响督察工作的全局和督察事业的发展。所以，这些问题不容忽视，要高度关注，通过加强作风建设和党风廉政建设，切实加以解决。

我主要从这三个方面，即“两个成效明显、一个需要高度关注”来概括一下这几年的工作。总体来说，这支队伍围绕督察核心业务开拓创新，围绕部的中心工作勇当尖兵，围绕完善机制提升能力，工作格局初步形成，制度建设逐步深化，作风建设和党风廉政建设提上重要议事日程。督察工作的功能、作用不断显现，督察队伍的地位也在不断提高。这支队伍是我们坚守18亿亩耕地红线、维护土地管理法律法规尊严的坚强守护者，是土地宏观调控政策的忠实护航者，是推进土地管理制度改革和法律法规完善的积极促进者。三年多来，全体督察干部勤奋敬业、恪尽职守、坚持原则、廉洁自律，展现出良好的精神风貌和形象。事实表明，督察队伍是一支政治坚定、忠于职守、值得信赖的队伍；是一支勇于吃苦、甘于奉献、善打硬仗的队伍。这就是我对这几年督察工作的大体看法，同志们还可以再讨论。

三、探索创新，切实加强作风和党风廉政建设

如果说初创阶段基本结束，督察机构就处在新的起点上，特别是新的形势、新的任务，对我们的精神状态、工作作风和能力水平，又提出了更高的要求。因此，迫切需要探索创新，切实加强作风建设和党风廉政建设。对这个问题，我讲三点：

（一）努力培育恪尽职守、勇于进取的工作作风

一是要增强宗旨意识。要自觉树立正确的事业观、工作观、政绩观，要勤奋敬业，尽心尽力地履行好督察的职责。

二是进一步强化责任。要恪尽职守、坚持原则、敢抓敢管、硬朗实干，当好 18 亿亩耕地红线坚强的守护者。

三是切实增强行政执行力。要主动谋划多想办法、攻坚克难、解决问题。

四是要增强廉洁意识。切实做到干净做事、勤俭办事，慎用权力、慎交朋友，自觉弘扬清风正气，抵制歪风邪气。

五是要加强纪律约束。政治上要坚定地与党中央保持一致，切实作到雷厉风行，令行禁止。

恪尽职守、勇于进取，既是一种精神状态，也是一种工作作风，更是督察干部事业心和责任心的体现。只有恪尽职守、勇于进取，才能坚守耕地红线，维护法律尊严，不辱党和人民赋予我们的责任和使命。

（二）积极探索党风廉政建设的新思路、新方法

我们应该与时俱进，结合督察机构设置、业务工作的实际来探索党风廉政建设新的思路和新的办法。这方面，也有四点看法供大家参考：

一是要狠抓制度建设，强化制度防腐。防腐拒变的任务提出已有较长时间，有的学者说目前已经从权力防腐进入到制度防腐阶段，所以制度建设非常重要，要针对风险多发、易发的部位，针对督察权力运行的漏洞和缺陷，严格建章立制。我们已经有了一些规章制度，今后要注重

提高制度的系统化和科学化水平。制度建设要以执行、落实为重，只有这样才能充分发挥制度预防的积极效用和制度惩治的威慑效应。

二是要强化反腐倡廉的教育。要加强党性党纪教育、岗位应知应会教育、职业道德教育和法律法规教育以及正反典型的教育。教育要以增强信念为重，打牢信念基础，筑牢防线，要增强针对性和有效性。

三是要拓宽监督工作的思路。各个局要实行网上办公，督察检查事项都应该坚持公开。我在前段时间召开的国土资源信息化现场工作会上讲，我们要把监管的内容镶嵌到办公的应用软件当中去，这样除了“人管”还有“机管”。监管工作要三管齐下，充分发挥好思想教育、制度建设、科技手段的作用。网上办公就是一种很好的、便于监督的手段。对权力运行要加强监管，大大缩小和限制自由裁量权，还要落实责任制。监管要覆盖权力运行的各个环节，包括现在一些局在探索的聘请特邀人员进行监督的办法。我到上海督察局，高向军介绍了工作纪律卡和廉政跟踪卡的建立情况。工作纪律卡相当于廉政告示，到一个地方后，告诉这个地方我们的廉政纪律要求，什么事不能办，需要进行监督。工作结束离开后，地方填写廉政跟踪卡寄回来，证实这次出差没有什么问题。我们常常见到一些情况，就是人刚走，举报信就来了，到处飞。上海局这个做法很有创意，也是一种很有效的监督方式。

四是坚决查办案件。一旦出现违法违规违纪的案件，就要依法、依规严肃查处，绝不姑息，而且查办案子要注重发挥这些案子的警示和震慑作用。

我讲这几点，总体是说党风廉政建设的思路、方法应该与时俱进，积极探索，要结合工作实际、组织机构设置的实际考虑。比如，将来督察专员带领督察室进驻一个省，长期脱离大部队，各种风险很大，这种情况下监管到底怎么搞，也是一个很现实的课题。

（三）切实抓好学习和班子队伍建设

一是要抓好学习。十七届四中全会的决定提出了很重要的新要求，就是要建立学习型的党组织。从四中全会这个要求引申出来，我们在全国范围内都在建立学习型的组织，这是在新的社会发展形势下，探索新的管理模式和组织模式的一种积极尝试。今天对学习的认识不能仅仅停留在个人学习层面上，更多的要在个人学习的基础上着眼于建设学习型的组织，在这个层面上来思考、谋划、组织、部署学习活动。建设学习型的组织，主要是面对剧烈变革的外部环境，组织要力求精简扁平化，要具备弹性应变的能力，进而促进组织中所有成员进行学习，并有意识地进行自我转变和适应环境，学习型组织的意义就在这里。这就要求我们要重视个人学习，更要关注组织学习，不仅要重视向书本学习，更要强调向实践学习，通过学习来提升组织的适应力、创造力和生命力。有一个很重要的观点：要引导组织好学习，对学习能力的学习是最重要的。你有没有学习能力？读书、看报、翻杂志、听广播、看电视，甚至跟人谈话，学习能力强的人时时刻刻、每分每秒都在汲取营养丰富自己，常常取得事半功倍的效果。不可否认，目前还存在学习能力欠缺的问题，因此非常重要的一个环节就是学习能力的学习。各督察局现在有近一半的同志两地分居，当然会带来很多困难和问题，但从另外一个角度讲也为我们创造了很好的学习条件，所以有必要就学习这个问题专门跟大家做一个探讨。

二是加强班子建设。局长、副局长都配齐了，专员、副专员和巡视员也配了一部分。部党组已经研究通过，马上要在九个局建立党组。考虑到局级干部配备和其他干部配备已经有半年多的时间，互相之间在工作、学习、生活过程当中也有了一定的了解，部党组认为目前已经具备了局党组成员一次配齐的条件。最近这段时间人事司会配合各个局，通过一定的程序把局党组建立起来。局党组建起来之后要搞好分工，要有专门同志分管纪检监察工作。工、青、妇组织也要根据各局实际情况建好。

班子建设首要的也是最重要的，就是要讲政治。督察工作定位非常特殊，它是代表国务院在履行职责，督察的对象是省、市、自治区和计划单列市的政府，工作的客体又是土地这一稀缺资源，直接关系到经济社会发展和国计民生，很多问题都比较敏感。督察局班子首要的是要讲政治，要与党中央保持一致，从政治上考虑问题，要有政治鉴别力和敏锐性。你们碰到的问题乍一看可能是不起眼的小事，但是这件事情放到面上，通过发酵和扩散，可能就会影响全局，影响到工作、影响到自己的形象。所以，讲政治非常重要。

搞好班子自身建设，班子成员要各负其责、勇于担当。现在部机关等单位有一些同志推事、躲事，多一事不如少一事。这些同志倒不是故意这么做，是多年来形成的思维定势和行为惯性使然。督察机构的同志，特别是局级干部要各负其责、勇于担当，互帮互谅、团结协作，扑下身子抓重点工作，迎难而上解难点问题。会上，藏春同志要签廉政承诺书，内容是“六个带头”，这是对我们局领导提出来的，希望同志们按照“六个带头”的要求，真正带上头、带好头。

搞好班子建设还要加强自身的党性修养。局长、副局长，特别是局长要有“眼力”，就是眼光、境界和追求；要有“魅力”，就是工作的激情，同时又为大家发挥工作热情创造一种氛围；要有“魄力”，就是果断的判断力；要有“能力”，就是行政执行力；要有“约束力”，也就是自律的能力。最后，还要有“地头力”。“地头力”是山东的民间语言，就是一粒种子放在墒情并不好的土壤里，上面有土坷垃、鹅卵石，这粒种子照样拱出来发芽，“地头力”就是攻坚克难的能力。对督察局来说，碰到的难题比机关、直属单位多得多，就是要有这种攻坚的“地头力”，重大问题、疑难问题扭住不放，一抓到底。局长、副局长一定要加强自身的党性修养，带这支队伍不但要对事业负责、对工作负责，还要为这支队伍负责。

三是要带好队伍。九个督察局编制最多 48 个，最少 30 个，绝大部分同志家都不在本地。应该把督察局建成一个大家庭、一个集体户，一个团队。那么这个团队怎么来带？首先要严格管理。局班子要担负起严格管理干部的政治责任。抓好干部管理是本职，不抓就是失职，抓得不好就是不称职。要与时俱进，探索一些办法，通过思想教育、文化建设，培育忠实、诚信、积极、进取的态度；培育共同的信念、主人翁的精神和坚韧不拔的毅力。促使大家彼此交心、开诚布公、互相信任，进而使大家勇于担当、默契配合、紧密合作在一起。在严格管理的同时还要关心爱护干部，要多点人文关怀。同志们都远离家庭，有些困难和苦恼是有形的，有些困难和苦恼是无形的，要尽可能想办法帮助大家解决思想问题、解决具体困难，要营造温暖和关爱的氛围，温暖和关爱的氛围可以抚平所有的不安，愈合任何的伤痕。这样的大家庭，这样的集体户，这样的一个团队，就会具有一种精神，也可以说是这个团队的魂。有了这个魂，这个团队、大家庭和集体户，它的力量就不再是简单的相加关系，而是一个排列组合，任意的转变就能带来新的面貌；它的力量将成倍增长，甚至是几何级数增长。各个督察局具备这个条件，来建设好这个大家庭、集体户，打造一个善于攻坚克难的团队，建设一支具有战斗力的督察队伍。

徐绍史部长关于国土资源部惩治和预防腐败体系建设工作情况汇报

（内情通报2010年第28期）

马馼部长、同志们：

首先，我代表国土资源部党组和部机关全体干部职工，对马馼部长和中央纪委检查组来我部检查指导工作，表示热烈欢迎！对中央纪委监察部多年来对国土资源部工作给予的指导、支持、理解和关心，表示衷心感谢！

按照这次检查工作的要求，我代表部党组作简要汇报。

一、全面部署，狠抓落实，构建具有国土资源部门特点的惩防体系

部党组把惩防体系建设作为重要政治责任，作为推进国土资源管理改革发展的政治保障，坚持反腐倡廉的战略方针，坚持把国土资源管理权力监管的薄弱环节作为惩防体系建设的重点区位，按照中央《实施纲要》和《工作规划》的总体部署和中央纪委监察部的要求，以改革创新为动力，以从源头上惩治和预防腐败为重点，从教育、制度、监督、改革、纠风、惩处六个方面，着力构建具有国土资源部门特点的惩防体

系。在总体布局上，一是解放思想，探索创新，着力抓好源头治理和制度创新，防止公权与私利结合；二是主动作为，超前谋划，注重设计抓手和平台，重点推进观念防腐、作风防腐和制度防腐；三是查找漏洞，自我揭短，梳理权力监管中的薄弱环节，突出工作的针对性和有效性。在组织领导上，成立了党风廉政建设领导小组和惩防体系建设领导小组，形成了部党组统一领导、分管领导分工负责、部门具体抓落实、驻部纪检组组织协调的领导体制和工作机制。在推进落实上，每年部党组都提出实施意见，明确责任分工，召开全系统工作会议做出全面部署，在做好"规定动作"的同时，积极探索"自选动作"，坚持把反腐倡廉建设的重要内容和要求融入到国土资源深化改革、完善管理的各项工作中，一起部署推进，一起检查考核。工作具体体现在以下五个方面。

第一，把推进观念防腐和作风防腐作为惩防体系建设的基础性工程。

我们认为，当前在深化改革、推进惩防体系建设中需要解决的一个突出问题就是思想保守、文化保守和体制保守，就中央国家机关部门而言，主要是不能正确对待手中的权力和部门的利益。因此，我们把思想作风建设和管理职能的转变作为国土资源部惩防体系建设的重要主题，与贯彻落实党的十七大精神、学习实践科学发展观、应对国际金融危机的重要内容相结合，着力加强，持续推进。

一是深入推进解放思想，持续转变管理职能。我们把解决思想障碍问题作为推进惩防体系建设的基础，针对党员干部特别是领导干部思想观念中存在的不符合、不适应科学发展的突出问题，广泛开展了以"解放思想、改革创新"和"改进作风、增强执行力"为主题的学习大讨论，着力解决党员干部中存在的"安于现状不想改、视野狭窄不会改、畏首畏尾不敢改"的问题，提出要勇于"革思想的命、削手中的权、去部门的利"，推动国土资源管理理念、管理职能、管理方式的转变，从重微观到重宏观，从重审批到重监管，从重项目安排到重制度设计，把权力和责任真正放下去，把服务和监管切实抓起来，着力削减自由裁量权，切断权力谋私的途径，不与市场争权，不与企业争利。

二是加强机关作风建设，增强行政执行力。在惩防体系建设中，我们既要惩治贪官、恶官，又要教育懒官、庸官、“太平”官，既要反对乱作为，也要反对不作为，坚持高标准、严要求、快节奏。我们着力改进和增强执行力，深入开展了作风建设活动，部党组制定了《关于解放思想改革创新改进作风增强执行力的决定》，着重解决部党组和司局两级班子中存在的“主动谋划不够、工作办法不多、协调联动不足、贯彻落实不力”等四个方面的突出问题。2009年，部党组在完成中央纪委中组部规定的年度民主生活会的基础上，主动自加压力，针对自身存在的突出问题，加开了以“加强领导干部党性修养、树立和弘扬良好作风”为主题的作风建设专题民主生活会。对照部党组落实科学发展观情况的分析检查报告，通过发放调查问卷、开展座谈、谈心等方式，广泛征求意见，梳理出工作、作风、队伍建设、群众生活等方面的49条意见和建议，进一步查找部党组及党组成员在作风建设方面存在的差距，分析原因，提出五大方面24条整改措施。部党组成员在专题民主生活会上的发言，以党组文件形式下发全系统，在部内网上公开，自觉接受监督。通过测评，干部职工认为部党组在勤政廉政方面做的好和较好的占94.96%，在测评十项指标中排名第二。同时，部党组积极探索作风建设制度化、常态化的长效机制。通过作风建设活动，增强了领导班子和领导干部的主动谋划意识，提高了机关工作效率，加大了沟通协调力度，执行能力明显提高。2009年部严格实行公文计划管理，各类公文数量同比下降32%；各司局一律不再自办简报，重要情况只能通过《部内要情》反映，各事业单位只能保留一份简报，简报从128种压缩到18种；会议实行计划管理，会议和各种集中学习活动尽量安排在部机关举办，会议数量和费用同比分别下降了41%和21%；除少量的外事活动外，公务接待一律在机关安排，费用同比下降14%，公款出国（境）费用，在近三年平均数的基础上减少了31%。

三是以中心组学习为抓手，加强领导班子思想政治建设。加强党内民主，推进党务公开，建立和完善了《国土资源部党组工作规则》和《国土资源部工作规则》。部党组把反腐倡廉教育作为中心组理论学习的重要内容，每年都有重点的安排学习专题。2009 年，部党组中心组开展了四次反腐倡廉专题学习。利用“国土资源大讲堂”平台，召开中心组扩大会，开通全系统网上视频，举办了两场反腐倡廉专题辅导报告。今年部党组中心组理论学习计划，继续把反腐倡廉学习教育作为一个重要专题作出安排部署。

第二，把保持中央政令畅通作为惩防体系建设的重要任务。

近年来，我们把集中开展专项工作作为推动惩防体系建设的重要抓手和平台，围绕加强宏观调控、扩大内需、严格保护耕地、节约集约用地、治理整顿矿产资源开发秩序等工作，认真履行职责，部署开展了一系列的专项行动，坚决维护中央政令畅通。

一是在全国开展土地执法“百日行动”。2007 年底到 2008 年初，针对土地违法案件高发多发的态势，集中清理了“以租代征”、擅自设区扩区、未批先用三类土地违规违法行为，清理违法违规用地 336 万亩，立案 2.67 万件，移送各地纪检监察机关和司法机关 6800 多人，土地违规违法行为得到了有效遏制。

二是持续开展矿产资源开发秩序整顿和矿产资源整合工作。三年来，全国共查处无证勘查开采近 14 万件，关闭非法开采和不符合环保安全要求的矿山 4.8 万起。完成了对 4438 个矿区的整合，减少了 2.2 万个探矿权、采矿权，全国矿山企业从 28 万个减少到 12 万个，矿山数量比整合前减少了 17.6%。全国共查处越权审批、滥用职权、失职渎职等矿产资源开发管理中的违规违法行为 907 起，清理纠正国家机关工作人员和国有企业负责人投资入股煤矿行为 928 起，给予党纪政纪处分 148 人，移送司法机关处理 45 人，公开查处了山西洪洞、湖南郴州、四川甘洛等一批涉矿腐败案件，矿产资源开发秩序持续好转。

三是在全国开展了以保经济增长、保耕地红线为主题的“双保行动”。2009 年，为落实中央应对国际金融危机作出的决策部署，我们坚持积极主动服务、严格规范管理的方针。增加土地供应，加快审批速度，允许先行用地，保障经济发展。严格规划计划管控、坚持节约集约标准，保护耕地红线。我们主动与监察部联系，将各地建设项目用地情况、检查的主要环节和内容提供给各检查组，要求各派驻地方的国家土地督察局及时跟进，主动与中央各检查组工作对接，部分土地督察局还直接参与了中央和地方组织的检查工作。在“双保行动”中，对部分地区开展了重点检查，核查了数百个扩大内需项目，核减不合规用地 20 多万亩。查处土地违法案件 4.2 万件，全国有 1679 人受到党纪、政纪处分，555 人被移送司法机关，其中 118 人被追究刑事责任。“双保行动”的扎实推进，保障了经济增长，保护了耕地红线，维护了土地管理秩序，得到了地方政府和社会各界广泛好评。

四是针对社会热点和重点问题主动开展工作。关注民生，着力纠正和解决社会关注的热点和群众反映的重点问题，是党风廉政建设的一项重要任务，也是惩防体系建设的重要内容。小产权房、高尔夫球场和高房价等当前社会热点、难点问题，虽然解决和处理这些问题有相关的职能部门和责任部门，但和土地相关联。国土资源部门主动作为，不躲事、不避事，主动开展工作，提出意见和建议，把“球”踢起来，推动重大问题的解决。目前，我们会同有关部门开展小产权房调查清理，配合有关部门对高尔夫球场摸清了情况。针对社会关注的高房价问题，着重从土地供应和开发利用监管方面开展工作。去年公布了 620 个房地产项目的土地成本，经调查，土地成本最高不超过 30%，平均为 23%。曝光了涉及 9 个省 18 个房地产公司闲置土地、囤积土地的问题，公布了处理情况。近日出台了《关于加强房地产用地供应和监管有关问题的通知》，提出了 19 条加强房地产供地监管的措施。我们认为，不能因为我们反应迟钝、工作滞后甚至职业麻木，给社会和谐和经济社会发展埋下隐患或带来风险。

五是加大了资源保护共同责任机制推进的力度。为推进耕地保护共同责任机制的落实，改变“一家管、大家用”、保护耕地责任不落实的状况，在监察部的大力支持和帮助下，三部门共同制定下发了违反土地管理规定行为处分办法，提出了违法占用耕地面积占新增建设用地占用耕地面积的比例达15%以上的问责标准。我们还就国土资源违法案件的调查、处理、移送，与监察、公安、检察、法院等部门建立了多部门协调联动机制。同时积极探索广泛建立资源开发利用与保护部省联动协作机制，截至目前，共与上海、浙江、贵州等19个省（区、市）签订了合作协议或者备忘录。为推动协议有效落实，我们对协议的执行情况进行了年度评估，并向省政府作了通报。从2008年开始，我们就土地抵押贷款、房地产公司上市融资配合证监会、银监会对土地资产质量进行审核把关，防范土地引起的系统性金融风险。

在落实中央重大决策部署，履行国土资源管理职责中，我们强化了监督和惩处的力度，推进了制度建设，纠正了损害群众利益的不正之风，有力地推动了惩防体系建设。

第三，把创新制度、规范权力运行作为惩防体系建设的关键环节。

我们大力推进国土资源管理制度创新，积极探索加强对权力行使监督制约的有效措施和办法，保证权力依法、公开、透明运行，着力从源头上预防腐败。

一是推进行政法规和规范性文件的“立、改、废”。严格依法行政，按照政府职能转变的要求，在规范审批、强化服务、加强监管等方面，进一步推进国土资源政策法规体系建设。近年来我们开展了四次法律法规和规范性文件集中清理工作，共废止行政法规2件、规范性文件及法律法规适用解释的函复34件。制定和完善了《建设项目用地预审管理办法》等40项国土资源管理法规制度。改革了单独选址建设项目用地审批和城市批次用地审批制度，着力简化手续、优化程序，报批材料由35件压缩到10件，符合要求的在一个月内完成审查；城市批次用地审批，上半年报上半年批，将一些审批权力连同责任下放给省、市政府，着力加强监管。

二是加强对领导班子和领导干部的监督。认真贯彻党内监督制度，部党组制定并实施了《关于加强司局级领导班子主要负责人监督的暂行办法》，每年对34个部机关司局、直属单位领导班子及150多名司局级干部执行党风廉政建设责任制和廉洁自律情况进行测评。部党组制定了《巡视工作暂行办法》，从2007年9月份开始，开展对部机关和直属单位的巡视工作，完成了6批、18个司局单位的巡视，及时纠正了一些倾向性、苗头性问题，加强了干部管理。2009年7月中央印发《中国共产党巡视工作条例（试行）》后，部党组及时修订了巡视工作办法。在推进惩防体系建设中，制定监督、制约、惩处等方面的制度33个。认真落实领导干部民主生活会、述职述廉、任职和诫勉谈话等党内民主和党内监督制度。建立健全了党内情况通报、情况反映、重大决策征求意见制度。严格执行党员领导干部个人重大事项报告等廉洁自律制度，充分发挥制度在惩治和预防腐败中的保证作用。

三是加强对权力运行重点环节和部位的监督。加强对审批权力的监督。先后取消了七成的行政审批事项，土地和矿产资源行政审批一律实行内部集体会审制度。出台了《国土资源部内网行政审批暂行规定》，对网上审批程序、时限、监督、纪律、要求等方面作出严格规定。实现了土地、矿产项目由政务大厅统一受理，接办分离，网上报批、网上公布，保证行政权力依法、公正、透明运行。

加强对行政执法权力的监督。制订了行政执法规范性文件，规范了挂牌督办程序，防止行政执法中的不公和"放水"。强化对土地督察机构的监督，自觉接受权力机关的监督、媒体的监督、特约群体的监督和督察对象的监督。北京督察局和上海督察局充分发挥特约群体的监督作用，聘请民主党派人士、专家学者为监督员，定期收集他们的意见和建议。上海督察局在对地方开展督察工作时，先送上一张《督察工作廉政跟踪卡》，请督察对象将督察期间督察人员的廉政情况反馈给督察局，接受监督。

加强对干部人事权的监督。部党组坚持公开选拔职位、公开提名程序、公开提名结果、坚持一个环节一公告、公布监督电话及举报信箱，由纪检监察部门实施全程监督。建立了干部定期轮岗交流制度，针对重要岗位，提出了“三年可以交流，五年应当交流，八年必须交流”的规定。重点抓了三大块的干部交流，机关、事业单位和土地督察机构之间干部的交流，土地和地质矿产两大专业干部的交流，管审批、管预算、管物资、管干部等重点岗位干部的交流。2008 年四季度到 2009 年底部机关及直属单位有 8 批共 99 名司局级干部及数十名处级干部选任或交流到新的岗位。

加强预算和财务审计监督，2008 年建立财务管理电子信息系统，对部机关和所属单位大额资金支付、对外投资等重点业务实施在线实时监管。2009 年年底将财务在线监督进一步扩展为全程监督。建立了各预算单位执行情况向党组报告和通报制度，按季度通报所属各单位预算执行情况。每两年对直属单位实施一轮审计，同时，进一步强化了专项审计。2009 年，完成了 6 个督察局、7 个事业单位领导干部任期经济责任审计，纠正了财务管理不规范的问题。清理“小金库”工作取得阶段性进展，自查自纠清理出“小金库”13 个，涉及金额 330 万元。为从源头上解决设立“小金库”问题，对部直属单位 20 年来投资办企业进行了清理，从现有的 156 个公司，撤销了 88 个，对保留的 68 个公司进一步明晰了产权关系和管理责任。

为加大土地、矿产违法违纪案件的查处力度，从源头上遏制案件易发多发的势头，主动自我“揭短”。2008 年年底，我们主动与审计署沟通，请审计署帮助开展相关审计工作。审计署于 2009 年做出了安排，并对 11 个省区进行了审计，掌握了一些情况以及违规违法案件信息，相对集中暴露了一些土地、矿产方面的违规违法案件。通过审计，促进我们进一步完善制度，加强管理。

四是创新管理方式，提高监管效能。建立了集遥感影像、监测变化信息、土地利用现状图于一体的全国土地利用“一张图”和土地“批、供、用、补、查”综合电子信息监管平台，及时分析各地土地利用变化情况，有针对性采取措施，实现建设用地全程动态监管。对矿业权实行统一配号，对土地出让合同实行统一配号。推进国土资源管理信息公开。针对社会广泛关注的土地、矿业权市场等热点问题，集成全国各地的建设用地和矿业权行政审批结果、土地供应计划、土地出让、探矿权采矿权挂牌和出让、交易结果、国土资源违法案件等信息，及时通过国土资源部门户网站向社会公示公告。

第四，把惩处违法违纪行为作为惩治和预防腐败的重要手段。

近3年来，全系统每年平均立案500多件，移送司法机关200人左右。2009年，各地国土资源部门进一步加大了查办案件的工作力度，各省（区、市）国土资源厅（局）纪检监察部门共受理信访举报5552件（次），其中，初核2977件，立案483件，组织处理120人，给予党纪政纪处分563人，移送司法机关235人。2009年驻部纪检组、监察局办理来信来访408件，初步核实11件。部机关和直属单位立案9起，党纪政纪处分8人，组织处理8人。继续开展治理商业贿赂工作，对涉及商业贿赂的167件举报线索进行了核查、移交处理。

充分发挥案件查办的治本功能，剖析重点案件，分析案件发生的特点和规律，查找管理中的薄弱环节和部位，部党组研究制定《关于严格管理完善制度从源头上惩治和预防腐败的决定》，就严格落实土地和矿业权审批制度、严格落实土地和矿业权市场建设制度、严厉查处十类土地和矿产资源开发领域违法违规案件等方面提出严格的要求。

第五，把落实牵头任务作为惩防体系建设的重点工作。

中央《工作规划》明确国土资源部牵头两大任务：一是规范土地征收和使用权出让制度。推进征地制度改革，规范征地程序，完善征地补偿和安置办法；进一步完善经营性用地招标拍卖挂牌出让制度，规范建设用地使用权出让程序；深化土地有偿使用制度和探矿权、采矿权有偿使用制度改革。二是严肃查处征收征用土地和矿产资源开发中的违纪违法行为。围绕落实牵头任务，我们重点抓好以下五方面。

一是深入推进征地制度改革，完善征地补偿机制和安置办法。开展了征地制度改革试点，下发了《关于征地统一年产值标准和区片综合地价公布实施与备案有关问题的通知》，进一步规范了补偿标准。25个省份公布并实施了新的征地补偿标准，普遍提高20%—30%。29个省份出台政策性文件，1200多个县（市、区）启动建立被征地农民的社会保障制度，1324万被征地农民纳入基本生活或养老保障。积极配合有关部门健全被征地农民社会保障制度，协同妥善解决好被征地农民就业、住房、社会保障等问题。

二是进一步规范征地程序，严把征地补偿安置审查关。在用地审查中，要求地方政府对告知、确认、听证程序，农民意见和处理情况等做出详细说明。对补偿标准偏低、安置途径单一、社会保障措施不落实、存在征地信访问题的，一律不通过用地审查。2009年有20个建设项目用地，在妥善解决群众信访问题后才予以审批，对补偿标准偏低的项目，提高了征地补偿标准，增加补偿费用近5亿元。

三是规范土地和矿业权出让行为，推进国土资源有偿使用改革。连续两年开展国有土地使用权出让专项清理和检查工作，推进土地有偿使用制度不断扩展，经营性用地和工业用地招拍挂出让程序进一步规范。据统计，全国土地招拍挂面积占经营性出让面积的比例达到85.3%；招拍挂出让价款占出让土地总价款的94.9%。会同监察部对10个省（区、市）工业用地出让执行政策情况进行调研，联合下发进一步落实工业用地出让制度的文件。根据国内经济形势和土地市场变化，及时调整工业用地最低价出让标准实施政策，完善工业用地出让制度和出让程序。深化探矿权采矿权有偿取得制度改革。会同财政部开展矿产资源有偿使用制度改革的调查，研究完善矿产资源收益分配的相关政策。一些省市开展矿业权交易规范化管理试点，有的已经建立了矿业权交易市场。

四是严肃查处土地和矿产资源开发管理中的违法违纪行为。加大执法监察和土地督察工作力度，完善“早发现、早制止、早处置”的机制，在全国开通12336国土资源违法举报电话，通过卫片执法检查、专项清理、挂牌督办、公开曝光等方式强化监管，加大了案件查处力度。严厉查处信访反映和检查发现的土地未批先用、违法占用基本农田，以及侵占截留挪用征地补偿安置费等严重违法违纪行为。集中开展土地和矿产资源执法专项行动，严肃查处了一批违法案件。会同监察部进行探矿权、采矿权招拍挂出让执行情况的专项清理，研究出台加强矿产开发利用监管规定，健全发现、制止、查处违法勘查开采矿产资源行为的机制。

2009 年，我们把治理工程建设领域突出问题与严肃查处土地和矿产资源开发中违纪违法行为紧密结合起来，加大了查处力度。对 2009 年 9 月 30 日以前国有土地使用权出让合同和探矿权采矿权出让审批制度执行情况进行全面清理。专项治理开展以来，全系统受理举报和案件线索 15252 件，立案 357 件，给予党纪政纪处分 603 人，移送司法机关 650 人。去年年底，会同中央专项治理办公室、监察部对河北廊坊、河南济源等 5 起非法占地案件挂牌督办，目前已形成了处理意见，适时公开处理。

几年来，我们在惩防体系建设中不断探索和总结，努力做到“四个坚持”：坚持把惩防体系建设融入国土资源管理各项业务工作之中，同步推进、相得益彰；坚持把解放思想、转变观念、改进作风作为惩防体系建设的重要基础，一以贯之，持续推进；坚持把国土资源管理权力监管的薄弱环节作为惩防体系建设的重点区位，规范管理，创新制度，强化监督；坚持把落实中央的重大决策部署，履行好职责，解决社会关注、群众关心的热点问题作为惩防体系建设的重要内容，设计抓手和平台，超前谋划，主动作为。我们感到，这“四个坚持”既是我们工作的初步体会，也是需要长期坚持的基本做法。

回顾总结国土资源部惩防体系建设工作，我们感到，这项工作还存在一些不足和差距：一是思想认识还不够深刻。关注面上的、显化的问题比较多，对深层次的、隐性的问题关注程度还不够。必须要进一步深化认识，既要关注“硬腐败”，又要关注“软腐败”，才能保证行动上更加自觉。二是工作力度还不够大。在结合业务工作推进惩防体系建设方面，还需要进行深入研究，进一步加大工作力度，特别是要把年度目标、阶段目标和长远目标更好地有机结合起来，衔接好，以年度目标促进阶段目标的实现，以阶段目标促进长远目标的实现。三是惩防体系建设内容常抓常新方面做得不够。惩防体系建设应该与时俱进，进一步提高针对性和有效性。当前土地和矿产领域违法违规行为出现了一些新情况，比如，有的房地产公司通过融资参股变更法人规避税费，其中涉及到政府机关相关管理部门的问题也不少。因此，我们在惩防体系设计上还需要进一步完善，不断赋予新内容新要求。这次检查组来我部，是对我们工作的一次重要推动，我们将以这次检查为契机，进一步推进惩防体系建设。

二、适应新形势新任务的要求，进一步推进惩防体系建设

国土资源领域是党风廉政建设的重点领域。我们对惩防体系建设形势的总体判断是，成效比较明显，问题依然突出，任务十分艰巨。

——从管理职能上看，国土资源部门管理着土地和矿产两大稀缺资源，有行政审批权、行政执法权、大额资金预算和支配权，面对的诱惑很大，环境非常复杂，是一个比较高危的行业。我们通过对700多名市县国土局领导干部问卷调查，梳理出国土资源领域腐败易发多发的十个环节：一是土地使用权、矿业权审批过程中超越权限、违反程序、违反政策。二是工业用地招拍挂前置条件设置“量体裁衣”，缺乏竞争力和透明度。三是经营性用地、工业用地出让方式存在差别，给一些人行贿受贿提供了机会。四是擅自改变土地用途、提高容积率，造成国有资产流失。五是土地调查、土地确权发证、土地权属变更和采矿权许可证发放中违规操作，弄虚作假。六是土地整理复垦工程项目发包、资金拨付、工程验收等诸多环节还存在问题。七是土地、矿产违法案件查处中失之以宽、失之以软，有的甚至瞒案不报，压案不查，利用职权滥用自由裁量权，从中谋取私利。八是在土地使用权、矿业权有偿出让、转让

和工程项目的评估中与中介机构、委托方互相串通，弄虚作假。九是土地出让金和矿产资源费的缴纳、管理中，擅自减免或缓缴、截留出让金和规费。十是专项资金的使用，存在变相套取资金、“账外账”、“小金库”、假发票等问题。惩治和预防腐败工作形势十分严峻，任务十分艰巨。

——从管理内容上看，随着经济社会发展，国土资源管理面临着许多新情况、新问题。今年的情况比2009年度更为复杂，我们面临着五个问题，一是投资力度大、基础设施建设规模大，土地需求依然呈上升趋势。二是农村土地管理制度改革和规范农村土地整治任务繁重。三是随着城镇化建设的推进，用地压力大，监管难度进一步加大。四是房地产土地供应和开发监管难度大。五是违规违法用地在局部地区还比较严重，另外，随着矿产价格上升，维护矿产资源开发秩序、推进资源整合的难度也进一步加大。今年我们要开展五个方面的清理整顿，一是清理整顿全国土地第二次调查中暴露出来的耕地和建设用地数量上的问题。二是今年的卫片执法检查中，对违法违规用地开始按照《违反土地管理规定行为处分办法》进行问责，既要处理事，又要处理人。三是小产权房的清理整顿，涉及地方政府、农村集体经济组织和小产权房所有者的利益，制订相应政策和进行处理都十分复杂。四是高尔夫球场清理，涉及的问题也十分复杂。五是内部要进一步完善制度，加强管理。总之，扎实推进各项工作，改革创新，攻坚克难，全面提升国土资源管理和服务水平，任务十分艰巨。

——从队伍状况看，我们这支队伍整体状况是好的。从各地开展行风评议的情况来看，有的地方厅局排名比较靠前，也有的近几年排名逐年上升。但是我们也要看到，我们的干部队伍中也出了一些问题，案件依然易发多发。总体上看，违法违纪问题在基层和中层比较突出。全系统每年都有五百人左右受到党纪政纪处分，其中有两百人左右被移送司法机关。尽管这些人相对于我们38万人的队伍是极少数，但危害十分严重，损害了国土资源系统干部队伍的形象，影响了国土资源部门的公信力。

面对这样一种态势，部党组认为，党风廉政建设是国土资源事业发展的生命线，必须旗帜鲜明，态度坚决，深入推进惩治和预防腐败体系建设，加大从源头上防治腐败的力度，不能有丝毫的懈怠。下一步，围绕《实施纲要》和《工作规划》，我们重点做好以下几项工作：

第一，进一步总结提炼惩防体系建设的做法，推进规范化、科学化、制度化建设。一是查找漏洞，改进工作，加强内部管理。二是把行之有效的做法和实践成功的经验提炼出来，形成制度，建立惩治和预防腐败的长效机制。三是对出现的新情况新问题进行剖析，分析形势，把握态势，研判趋势，掌握惩防体系建设的主动权。

第二，解放思想，改革创新，深入推进具有国土资源部门特点的惩防体系建设。坚持把国土资源管理权力监管的薄弱环节作为惩防体系建设的重点区位，认真落实第十七届中央纪委第五次全会精神，在国务院第三次廉政工作会议之后，根据审计暴露出来的问题和我们查找出来的十个方面的薄弱环节和漏洞，对加强管理、完善制度、着力从源头上惩治和预防腐败作出全面部署。

第三，精心组织，狠抓落实，努力完成惩防体系牵头任务。推进征地制度改革，开展缩小征地范围试点，为建立新的征地制度提供实践经验。完善征地补偿安置制度，制发政策性文件，规范征地程序，规范和指导征地补偿安置行为，维护被征地农民权益。配合有关部门，加快建立被征地农民社会保障制度，研究落实保障资金的渠道和办法，进一步做好被征地农民社会保障工作。继续完善和落实土地和矿业权招拍挂制度。加强执法监察，充分发挥国家土地督察机构的作用，继续加大对土地和矿产资源开发违法违纪案件的查处力度，建立对土地利用和矿产资源开发监管的长效机制。

第四，着力推进“两个市场”和“一个平台”建设。推进土地交易市场和矿业权交易市场建设，总结推广上海、辽宁的经验和做法，在全国建立规则统一、程序科学、公开透明的土地和矿业权交易市场。进一步完善国土资源管理电子信息综合监管平台，对土地审批、土地供应、土地利用、补充耕地、土地违法进行全程监管，并将矿产资源勘查开采纳入遥感监测范围，利用“一张图”管地、管矿，健全完善“天上看、地上查、网上管”的国土资源综合监管体系。

第五，深入推进工程建设领域突出问题专项治理。根据中央专项治理领导小组第二次会议的要求，按照《关于进一步扎实做好工程建设领域突出问题排查工作的通知》，近期召开工作会议，对今年的工作作出安排部署。把专项治理工作和惩防体系建设工作结合起来，针对排查出的突出问题，加大土地和矿产领域违纪违法案件的查处力度。

关于进一步推进惩防体系建设的建议：一是希望中央纪委监察部进一步加强对国土资源部惩防体系建设工作的指导。二是希望在推进惩防体系建设中多布试点，多出题目，多给我们赋予新任务，通过我们的调研和探索，提出建设性意见，推进惩防体系建设工作的开展。

我们的工作做得还不够，这次马馼部长带队检查，是对我们今后开展工作的有力促进。以上汇报如有不妥，请马馼部长和检查组的同志们给予指导、指正。

徐绍史同志在国家土地督察机构纪检工作座谈会上的讲话

（内情通报 2010 年第 60 期）

同志们：

首先向大家表示问候！今年我去贵州的时候，专门去了武汉督察局在贵州省安顺市开展例行督察的工作现场。为了便于工作，督察组在省军区招待所找了一个比较封闭的工作场所，大家一天到晚在那里翻阅资料，非常辛苦。这还是我第一次看到例行督察现场的一些情况，对大家的工作有了更深的了解。同时，督察干部都远离自己的家庭，远离自己的亲人，长期独自在外工作也非常辛苦。我代表党组对全体督察干部的辛勤工作表示慰问！

这次座谈会是在各督察局党组组建、纪检组长到位之后集中召开的第一次纪检工作座谈会，很有必要。昨天晚上，我把九个督察局的发言材料认认真真地读了一遍，感受很深，也很受启发。寿祥同志刚才代表纪检组和监察局讲了很好的意见，谈了对这次会议的看法，谈到了党风廉政风险点排查，谈到了要进一步做好监督工作，尤其是对各局的局长和纪检组长提出了具体的要求，讲得很好，我都赞成。我没有更多要讲的，去年 11 月份召开督察机构作风和党风廉政建设工作会议时讲了一次，今年 3 月底在上海召开的全国国土资源系统党风廉政建设工作会议上也讲了一次，年中刚刚在大连召开的厅局长座谈会上又讲了一些意见。借今天座谈会的这个机会，我再谈两点看法，供大家参考。

一、准确把握督察机构党风廉政建设的大局

这个座谈会是要解决当前党风廉政建设从督察机构的角度到底怎么看、怎么干的问题。去年 11 月 26 日召开了督察机构作风和党风廉政建设工作会，那个会准备很充分，也开得很好。会前藏春同志就党风廉政建设问题到 5 个局进行了调研，我也到北京局和上海局进行了调研，九个局和总督办都做了充分的准备。那次会议对加强督察机构的党风廉政建设议得比较深、比较透，正因为有了那次会才有今天这次会的成果。今年 3 月底在上海开的全系统的党风廉政建设工作会，大家总的评价也很好。今天的会，对督察机构来说，在党风廉政建设方面已经是第三个会。我们的任务就是按照这三个会的部署和要求，怎样出实招、抓落实。

（一）督察机构党风廉政建设有序推进、态势良好

一是积极推进“作风建设年”活动。各督察局把建设学习型党组织，开展作风剖析、整改，锤炼优良工作作风，加强督察文化建设，作为“作风建设年”活动的四大重点，进展都比较顺利。“作风建设年”成为督察机构党风廉政建设很好的平台和抓手。

二是深入开展党风廉政风险点排查。有的督察局内部处室之间相互排查，通过规章制度的漏洞和缺陷进行排查，请专家来分析排查，请社会监督员帮助排查，找一些案例进行分析排查。通过排查，在督察机构中圈定了一批党风廉政工作风险点来加强监管。

三是进一步强化了内外的监督。去年 11 月 26 日召开的督察机构作风和党风廉政建设工作会上，藏春同志与九个局的局长签订了责任书，各督察局也都在内部签订了党风廉政建设责任书，落实党风廉政建设和纪律检查工作的责任制，这是内部措施。外部措施是聘请作风和党风廉

政监督员，土地督察工作纪律卡、督察工作廉政跟踪卡等两卡送达地方政府，跟踪反馈督察干部清正廉洁开展工作情况，这些制度从上海督察局开始探索，现在已推广到各督察局。

四是坚持制度创新。根据“立、改、废”的要求，把党风廉政建设的规定、土地督察工作的纪律、特邀监督员工作的办法等进行清理合并。制度越简单越好，越简单越容易操作，有时候有三五个能管住、能解决问题的制度就非常好。通过清理，强化“立、改、废”，内部的规章制度也进一步完善。

五是多种形式的党风廉政教育。各督察局采取不同方式，开展思想教育、岗位教育、读书活动、传统教育、警示教育等。

（二）党风廉政建设形势严峻、任务艰巨

首先，要把握住全国的形势。在今年 1 月 12 日中央纪委十七届五次全会上，胡锦涛总书记做了重要讲话，既肯定了整个党风廉政建设和反腐倡廉斗争的成绩，同时又指出了六个方面的新情况，还从五个方面对产生这些新情况、新问题的原因进行了深入的分析。我在 3 月 31 日召开的全系统党风廉政建设工作会议上已经讲过，建议同志们认真学习，这对于我们从全国层面把握党风廉政建设和反腐倡廉斗争的形势、任务和要求非常有帮助。

其次，我们整个领域，涉及土地和矿产领域，表现出来的问题就比较突出了。马馼部长在今年国务院第三次廉政会上说，去年土地违法违规的案件是 33600 多件。这个领域涉及的面比较广，包括各级地方政府，包括与土地、矿产相关的一些职能部门。如重庆市涉及到土地的一个案件包括了规划、建设、发改、国土、房产等部门的 8 个司局级干部。所以这个领域涉及面很广，同志们对领域的问题应该有个正确的看法和认识，涉土涉矿领域出现这些问题与当前土地管理和矿产管理的这套体制机制也是相关的，一定要看到这一点。

第三个层面就是国土资源系统。据统计分析，2007 年以来，全系统每年平均有 500 人左右受到处分，其中 300 人左右受到党纪政纪处分，

200人左右受到刑事处罚。前面说领域出现问题与这套体制机制有一定关系，那么系统呢？就是我们自身的问题。如果能够把系统的党风廉政建设和反腐倡廉斗争搞好了，就能够促进整个领域的好转，尤其是在体制机制改革创新上步子迈得大一些的话，就能够更有力地促进整个领域的好转；而整个领域反腐倡廉形势的好转，反过来也会促进我们整个系统的好转。所以我们要立足于国土资源系统，把我们自己的事做好，一方面是把党风廉政建设和反腐倡廉这项工作做好，其次是体制机制的探索创新要跟上去。最近部机关也出现了一些问题。现在，总体上看，应该说党风廉政建设、反腐倡廉的斗争取得了重大进展，取得了重要成绩，这要充分肯定；但同时由于处在这么一个阶段，违法违规案件依然是高发、多发，监察部屈万祥同志在全系统上海工作会议上讲得非常清楚，大家一定要把握住。

对于涉土、涉矿领域违规违法案件高发、频发的态势，中央领导高度重视、高度关注。去年年底到今年，胡锦涛总书记、温家宝总理、李克强副总理，贺国强书记、何勇副书记、马馼部长都有批示、指示，甚至召开会议，专门帮助我们研究国土资源系统乃至整个领域的党风廉政建设和反腐倡廉斗争问题。部党组最近还要专门研究采取措施进一步推动这项工作。其次是社会各界非常关注，媒体调查也认为国土部门是一个腐败案件高发、易发的部门。

就督察机构来讲，刚才寿祥同志讲得很好，我也觉得督察机构工作比较特殊、环境比较复杂、生活比较艰苦，党风廉政建设面临着新的情况、新的问题，任务非常艰巨。总之，对于形势严峻的一面、任务艰巨的一面，同志们也要有一个清晰的认识，头脑要清醒，信心要坚定，在现有的基础上把党风廉政建设更好地、扎扎实实地、深入地开展下去。

二、切实加强党风廉政建设和纪检工作

当前，整个督察机构党风廉政建设和纪检工作要围绕制度创新和执

行、落实责任和问责两个方面出实招、抓落实。制度是解决根本性问题的，但是制度要根据新的情况、新的形势、新的问题不断创新，同时制度要切实得到执行。这两个问题都要作为重点，一个是制度需要创新，第二要加强制度的执行力。落实责任要出实招，否则最后没什么人负责，出了问题也不知道问谁去，工作肯定落不到实处。抓好党风廉政建设和反腐倡廉工作，实际上无非是这些内容，一个是教育，一个是制度，第三是监督，第四是查处，还有一个就是改革，其中很重要的改革就是采用现代科技手段。根据这些思路，我对各督察局加强党风廉政建设工作提五条具体建议。

（一）要落实责任并实施问责。各督察局局长的责任状都已经签过。每个局内部也应该有责任分工，“一把手”要负总责；对于纪检组长，寿祥同志谈了五个方面的责任，包括监督班子，加强制度建设，对重大问题要有意见，要善于发现问题并及时向上报告；副局长也有副局长的责任，有分管的业务；专员有专员的责任；处长有处长的责任，要把责任落实到位。要实施问责，如果光有责任，出了问题问不了责，责任就是空的，可以负责也可以不负责。2009年度卫片检查好处在什么地方？就是实施问责。再有风暴，刮得再大，如果不能实施问责，再大的风暴也没多大用处。落实责任和实施问责要围绕一点，就是确保不出事，特别是恶性的、重大的案件。落实责任和实施问责最终是为了达到这个目的。各督察局局长、纪检组长任务很重、压力也很大，一定要围绕落实责任和实施问责把工作落实下去。

（二）要坚持信息公开，推进阳光行政。有的督察局在这方面做得不错。坚持信息公开，至少要做到两公开，即政务公开、财务公开。政务、财务都在局内网上运行，这一个小局域网做起来很简单，现在政务公开软件和财务公开软件都是现成的。财务公开从费用审批开始，谁审批的，谁执行的，最终结果怎么样，实行全程的监管。原来是事后监管，现在要全程监管，软件要抓紧改版升级。政务公开都是现成的。无论是政务公开还是财务公开，都要把监管要素镶嵌进去，一有问题计算机自动报警。我赞成有的督察局的意见，政务财务要全面公开，日常监管要全面覆盖，业务基础建设要全面落实。有一条拿不准，就是根据我们督察工作和队伍的性质，业余活动如何公开？各个督察局可以探索，能否做到业余活动有限公开？领导干部外出后，手机不开，什么招呼不打，上哪儿都找不到，这不行！必须要有纪律约束。要解决这个问题，可以做一些探索，哪怕是有限公开。只要公开，很多问题就比较容易解决，也容易接受方方面面的监督和管理。计算机网络技术是个非常好的手段，各督察局要更好地把它用起来。我们要坚持阳光行政、坚持信息公开。

（三）要加强和完善内部管理。各督察局都形成了一些好的做法，如督察业务查办分离，查检分离，这些好的做法需要进一步总结、规范。有几点要更为关注。第一个是关键岗位。有些督察局做的梳理是有依据的，关键岗位不仅仅是局长、副局长，还包括专员、巡视员、处长。对关键岗位要严格管理，包括权力配置、权力制约、权利监督都要有设计，要想办法用制度管权、管事、管人。第二个是核心业务。现在例行督察、专项督察、审核督察等核心业务已经形成，这些核心业务的规范要完善，从立项开始、总体安排到最后检查验收都要规范。第三个是重点环节。各督察局都已经做了排查，主要有四个环节，包括督察对象的确定，督察工作的接待，督察问题的认定，整改结果的验收。这四个环节也应该有约束，要有有效的监督措施。第四还要重点考虑派驻的督察专员和专员办的监督管理办法。刚才寿祥同志讲了，有些部门按区划管理，一个人管一个省，情况熟得不得了，最后变成针插不进、水泼不进，这个问题要很好地考虑。关键岗位、核心业务、重点环节、派驻的督察专员和专员办的监管办法，一定要规范。规范就一条思路，就是要探索建立决策、执行、监督的内部制约机制。

（四）继续探索和创新外部监督。目前，各督察局聘请了土地督察监督员，还有党风廉政监督员，这些做法都很好，可以在现有的基础上进一步完善。工作纪律卡和廉政跟踪卡两卡送达、跟踪反馈这个做法也很好，也可以在现有的基础上进一步完善。除此之外，督察对象、特约群体、社会舆论、社会公众的外部监督还可以持续作一些探索，要出一些实招。

（五）党风廉政建设要与“创先争优”结合起来。“创先争优”是全党在今后一个时期很重要的一项工作。我在部机关讲过，机关党建包括“创先争优”，关键是要防止“一般化”，克服“两张皮”。业务工作的薄弱环节就是党建工作的重要抓手，权利监管的薄弱区位就是党风廉政建设的重要抓手。通过这种途径，把党风廉政建设、“作风建设年”活动与“创先争优”活动有机结合，深入推进。同时，还要很好地研究并努力解决各督察局特别是督察干部的一些实际困难。我赞同寿祥同志讲的，解决实际困难有两句话要讲到。一方面，我们既然投身于督察事业，从事了督察工作，就要把定位认识清楚，督察就是一项得罪人的工作、艰辛的工作、奉献的工作。既然从事这项工作得有这个思想准备，就是得罪人，就是艰辛的，就是要奉献。另一方面，对干部又要关心爱护，这句话也得讲。督察干部也是有血有肉的人，思想问题要通过思想教育、相互沟通、互相启示来解决，具体困难也得尽量想办法解决。从这个意义上讲，各个督察局长责任是非常大的。既要抓好班子建设，又要带好队伍，还要完成整个督察工作，任务非常艰巨。总督办、人事司、财务司和部其他单位要更多地关心九个督察局存在的实际困难。对这个问题，我来了之后多次讲过，人事司和总督办搞过调研，也跟大家举行过座谈，就工作、学习、生活提出过一些意见。应该形成一个制度，定期了解汇总情况，研究解决办法。只要把工作做到位，有些问题是可以解决的。当然也有一些问题难以解决，只要跟九个督察局把问题讲清楚就可以了。沟通总比不沟通要好，多沟通总比少沟通要好。另外，在掌握情况的基础上也经常跟一些有派出机构的部门保持联系，了解并借鉴其他部门在解决这些实际困难上的做法和经验，便于解决督察机构存在的实际困难。

总体来讲，党风廉政建设就是要围绕着制度创新和执行、落实责任和问责两个方面多思考、多探索，出实招、抓落实。有抓手和平台，才能扎扎实实地去推动党风廉政建设，否则就流于一般号召，这项工作就很难落实，很难有效推进。九个督察局提出的建议，要集中梳理研究一下，哪些可以采纳、哪些部分采纳，以便改进我们的工作。

徐绍史同志在国土资源领域腐败问题治理工作电视电话会议上的讲话

（内情通报2010年第71期）

同志们：

今天，中央纪委、最高人民检察院、监察部、国土资源部联合召开电视电话会议，对国土资源领域腐败问题治理工作进行动员部署。下面，我就国土资源部门抓好治理工作，谈三点意见。

一、深刻认识开展国土资源领域腐败问题治理工作的必要性和重要性，把思想和行动统一到中央的决策部署上来

近年来，国土资源部按照党中央、国务院的部署和中央纪委历次全会的要求，坚持把党风廉政建设作为国土资源事业发展的政治保障和生命线，把行政权力监管的薄弱环节作为党风廉政建设的重点区位，着力推进制度创新和源头防腐，积极规范权力运行，严肃查处腐败案件，党风廉政建设和反腐败工作取得积极成效，为国土资源事业改革发展提供了有力保障。同时也应看到，随着经济社会快速发展，国土资源供需矛盾日益突出，利益关联日趋复杂，加上市场配置机制还不够健全，监督管理制度还不够完善，对一些环节的权力运行还缺乏有效制约，腐败案

件易发多发，在社会上造成了恶劣的影响，损害了国土资源系统的形象和公信力，国土资源系统党风廉政建设和反腐败工作形势严峻、任务艰巨。

中央领导对国土资源事业改革发展和干部队伍建设高度重视、十分关心。去年年底以来，胡锦涛总书记两次就国土资源领域腐败问题作出重要批示，要求吸取教训，采取措施，完善制度，加强监督。温家宝总理批示要求加强管理队伍建设，做到奉公守法、廉洁自律。李克强、贺国强、何勇等中央领导同志先后作出重要批示。中央纪委、监察部对此非常重视，中央纪委副书记、监察部部长马馼同志主持召开专门会议研究落实中央领导批示精神，提出了关于深入开展国土资源领域腐败问题治理工作的意见。

开展国土资源领域腐败问题治理工作，是中央纪委、监察部的一项重要决策部署，是当前国土资源系统的一项重要工作任务，各级国土资源部门要充分认识开展这项工作的重要性和必要性，把思想和行动统一到中央的决策和部署上来，切实增强工作的自觉性和责任感。

第一，开展国土资源领域腐败问题治理工作是促进国土资源事业科学发展的重要举措。国土资源是经济社会发展的物质基础，始终是现代化建设进程中带有全局性、根本性、战略性的重大问题，关系各行各业，关系千家万户，中央高度重视，社会广泛关注。国土资源工作的重要性决定了国土资源领域反腐倡廉建设的重要性，国土资源领域反腐倡廉建设是事关全局的一件大事。当前，我国正在加快推进工业化和城镇化，对国土资源的需求非常旺盛，供需矛盾日益突出，国土资源部门面临着既要保障发展、又要保护资源的两难局面和双重压力，这对各级国土资源部门提出了新的更高的要求。开展国土资源领域腐败问题治理工作，将为国土资源事业科学发展提供有力的政治保障。

第二，开展国土资源领域腐败问题治理工作是工程建设领域突出问题专项治理的重要内容。国土资源部门管理着土地和矿产两类稀缺资源，有行政审核审批权、行政执法权、大额资金预算分配权，权力运行的环境复杂，涉及面广，关联度高，关涉到地方各级政府、相关部门、企事业单位、中介组织等多个方面，一些个人和单位借助土地利用和矿产开发这个平台寻租，导致国土资源领域腐败案件易发多发。国土资源系统是国土资源领域的重要组成部分，国土资源领域所涉及的部门和行业，所关联的利益群体远比国土资源系统宽泛与复杂，土地和矿产的开发利用与工程建设领域的方方面面都密切关联。土地使用权和探矿采矿权出让和审核审批是工程建设领域突出问题专项治理的重要内容，也是国土资源领域腐败问题的多发易发部位，中央纪委把国土资源领域腐败问题治理纳入工程建设领域突出问题专项治理工作之中，作为重要内容加以部署推进。开展国土资源领域内腐败问题治理工作，将会为国土资源系统反腐倡廉建设营造良好的外部环境和氛围；国土资源系统党风廉政建设加强了，反过来也将积极地促进国土资源领域反腐倡廉工作，深化工程建设领域突出问题专项治理。

第三，开展国土资源领域腐败问题治理工作是促进国土资源系统廉洁从政和队伍建设的迫切需要。国土资源系统干部队伍总体是好的。近年来，在面临两难局面、双重压力的困难情况下，攻坚克难、奋力作为，取得了显著的成绩。从各地开展行风评议的结果来看，国土资源部门排名比较靠前，也有的近几年排名逐年上升。同时更要看到，由于多方面原因，国土资源系统近年来腐败案件易发多发，影响恶劣，对此，中央高度重视，社会反应强烈。如不及时采取有力措施予以坚决遏制，就有可能进一步滋生、蔓延，严重危及国土资源事业健康发展。开展国土资源领域腐败问题治理工作，严肃查处违纪违法案件，将有效遏制腐败案件易发多发态势，切实增强队伍廉洁从政意识，有力规范干部队伍从政行为，营造风清气正的良好环境和氛围，进一步提升干部队伍思想作风和能力素质。部署开展治理工作，对干部职工严格教育、严格要求、严格管理、严格监督，是对国土资源系统广大干部职工的真正关心、真心爱护。

第四，开展国土资源领域腐败问题治理工作是推动国土资源管理制度改革和事业发展的重要契机。改革开放以来，我们坚持社会主义市场经济的方向，持续推进国土资源管理制度改革，逐步加大市场化配置的力度，为经济社会发展提供了有力的建设用地和矿产资源保障，为城乡建设积累了大量资金。同时，极大地规范了市场行为和市场秩序，从制度层面减少了利用国土资源寻租的机会。同时更要看到，国土资源管理的体制机制还不够完善，既有长期积累的深层次矛盾和问题，又面临着许多新情况、新问题，改革发展的任务十分繁重和艰巨。开展国土资源领域腐败问题治理工作，将会有力地推进国土资源管理深化改革和制度创新，对国土资源事业改革发展来说是一个重要的契机。

深入开展国土资源领域腐败问题治理是一项涉及全局的工作，是国土资源系统的重要政治任务，是当前工作的重中之重。各级国土资源部门一定要以高度的政治责任感和紧迫感，扎实推进国土资源系统党风廉政建设和反腐败工作。

二、扎实开展“两整治一改革”专项行动，着力解决突出问题

今年以来，按照中央领导同志的批示精神和中央纪委监察部的要求，部党组多次专题研究，采取了一系列加强反腐倡廉建设的具体措施。3 月 31 日，召开建部以来国土资源系统规模最大的党风廉政建设工作会议，强调全系统要以等不起的紧迫感、慢不得的危机感、坐不住的责任感推进反腐倡廉工作，会上同时印发了《关于进一步严格管理完善制度从源头上防治腐败工作的决定》。会后，各级国土资源部门认真贯彻落实会议精神，制定了有效措施，进一步规范了制度建设。7 月份召开的全国国土资源厅局长座谈会上，部党组又提出了全系统政风行风评议名次要升上去、违纪违法案件数量要降下来的目标。还先后召开了国家土地督察机构纪检监察会议、机关和事业单位项目和资金管理工作会议，就加强队伍建设、确保项目资金安全提出了新的要求。按照国

土资源领域腐败问题治理工作协调小组部署要求，结合国土资源系统实际，部党组决定在这次治理工作中，从现在开始到明年年底，面向国土资源系统扎实开展“两整治一改革”专项行动，着力整治干部队伍廉洁从政存在的突出问题，着力整治土地和矿业权交易市场存在的突出问题，深入推进国土资源管理制度改革，以此作为抓手把整治工作扎实推动起来。会后，部党组还要下发《关于国土资源系统开展“两整治一改革”专项行动的通知》，这里我着重强调三点。

（一）深入开展土地和矿业权交易市场整治，规范土地和矿业权交易行为

针对当前土地和矿业权市场建设的薄弱环节，重点从以下三个方面开展土地和矿业权交易市场整治工作，加快建立统一规范的土地和矿业权交易市场。

一是进一步规范土地使用权交易市场。深入治理土地交易市场存在的突出问题，着力解决国有建设用地出让中规避招拍挂、违反规定设置出让条件的问题；着力解决领导干部违反规定插手干预土地出让的问题；着力解决土地使用权出让后擅自调整修改土地出让条件的问题；着力解决土地储备、土地供应和土地信息不公开、不对称的问题。国有土地使用权出让必须进入有形交易市场，积极推进网上交易和网上监管；有条件的地方要将土地出让纳入政府公共资源交易平台。同时，要进一步加大对土地出让后的监管力度，对土地出让后调整修改容积率等土地出让条件的，必须重新招拍挂。

二是加快建立健全矿业权交易市场。深入治理矿业权交易市场存在的突出问题，重点解决矿业权出让公开竞争制度不健全、交易制度不完善、监管不到位和领导干部违规插手干预矿业权出让等问题。探矿权采矿权招拍挂必须进入有形交易市场，积极推进网上交易和网上监管，有条件的地方尽快将矿业权出让纳入政府公共资源交易平台。

三是切实加强土地储备机构管理。土地储备机构必须与其下设和挂靠的从事土地开发相关业务的机构彻底脱钩。收购土地遴选价格评估机构应坚持公开、公正的选择方式，土地前期开发必须按规定通过招标方式选择工程实施单位。各地国土资源部门及所属企事业单位，不得直接从事土地一级市场开发。

国土资源部门要抓紧研究提出完善制度和强化监管的具体措施和办法，切实解决土地和矿业权出让中的腐败问题，加快建立统一规范的土地和矿业权交易市场。

（二）深入开展整纪纠风，促进干部队伍廉洁从政

扎实组织开展整纪纠风，认真梳理排查国土资源管理中易发腐败问题的薄弱环节，有针对性地制定防范整改措施，切实加强管理，规范行政行为，严肃查处违法违纪案件，努力使各地国土资源部门政风行风评议名次升上去、违法违纪案件数量降下来。

一是开展廉政风险点大排查。各级国土资源部门要针对本部门关键岗位、核心业务、重点部位和环节，深入查找、全面排查制度漏洞和廉政风险点。重点围绕土地和矿业权审核审批、出让、土地整治、征地补偿、调查评价、执法监察、干部选拔任用等方面，建章立制、堵漏补缺。这次会议部署后，10月底之前完成排查工作，年底之前针对排查出的风险点，认真分析总结，制定具体的防范措施。各地要将排查工作情况和制定的具体防范措施报国土资源部。

二是自查自纠、切实整改。自查自纠工作是这次行动的重要任务，这项工作开展的好坏，直接关系到治理工作的成效。各级国土资源部门要依据中国共产党党员廉洁从政若干准则作为自查自纠的标准，要结合工作实际，制定出切实可操作的自查自纠实施方案，对自查自纠工作的时间进度、工作步骤和工作方式等要作出具体的安排。在开展自查自纠中，把行使土地审核审批权、土地出让、矿业权审批和出让、项目管理等部门作为重点。要明确自查自纠的政策和时限，本着自纠从宽、被查从严的原则，对在规定时限内主动纠正问题的，从轻处理；对存在问题又不主动自查自纠的，按照有关规定严肃处理。各级国土资源部门要把自查自纠工作做细做实，防止走过场、搞形式主义，确保取得实效。

三是必须严肃处理不廉洁行为。结合国土资源工作实际，按照干部管理权限，国土资源系统工作人员有下列行为的，应先行停职或免职，并按有关规定和程序予以处理：一是在土地矿产审批中违反程序、弄虚作假的；二是违规操作、插手土地、矿业权评估和出让的；三是利用工作之便，在项目安排、资金拨付等方面打招呼、协调运作，为他人谋取私利的；四是在国土资源执法中，以案谋私、瞒案不报、执法"放水"的；五是在项目实施和资金使用中违规操作、弄虚作假的。

四是严肃查处违纪违法案件。查处案件是这次专项治理的重要工作之一。最高人民检察院邱学强同志就查处案件还将进行部署和安排。各级国土资源部门在专项治理中，一方面要高度重视、切实履职，把查办案件贯穿治理工作全过程，同时要认真总结分析案件发生的特点和规律，发挥好案件查处的治本作用，推动治理工作深入开展。另一方面要积极配合纪检、监察、检察部门查处案件，发现案件线索及时报告，配合做好案件调查，严肃查处违纪违法责任人。特别是要配合有关部门，严肃查处在土地和矿业权出让审批中，非法批准、低价出让、擅自批准改变用地性质；违规出让土地使用权和矿业权或在招标拍卖挂牌中，量身定做，滥设前置条件；擅自修改调整土地利用规划等违规违法行为；在土地调查、土地确权登记发证和勘查、采矿许可证发放中违规操作、弄虚作假；利用工作之便插手土地整治项目的立项、设计、招投标、资金使用和工程验收谋取私利等十类违纪违法行为。在严肃查办案件的同时，还要进一步加强廉洁从政教育，部署开展地方和基层国土资源部门主要负责同志廉政教育集中整训，年底前作出计划安排，明年分批实施，2011 年内完成。

（三）深化国土资源管理制度改革，健全完善国土资源系统反腐倡廉的长效机制

要针对自查自纠过程中梳理出来的问题，进一步深化改革、完善制度，以重点部位和关键环节的权力制约为重点，强力推行一批制度、努力催熟一批制度、积极储备一批制度，健全决策、执行、监督三分离的内部制约机制，形成一套用制度管权、按制度办事、靠制度管人的监督制约机制，形成防治腐败的长效机制。

一要坚持市场取向，坚定不移地转变管理职能。要勇于“革思想的命、削手中的权、去部门的利”，切实转变行政管理职能和资源配置方式，把不该管、管不了的事坚决交给地方、市场、社会和中介，加快从重微观向重宏观、从重审批向重监管、从重项目安排向重制度设计的转变，把权力和责任真正放下去，把服务和监管切实抓起来。要大力推进土地和矿业权配置的市场化进程，进一步压缩自由裁量权，制定下发关于推动土地、矿业权交易市场平台建设的意见，加快建立全国规则统一、程序科学、公开透明的土地和矿业权交易市场。加强对土地整理、土地估价、储量评审和矿业权评估等机构的管理，严禁行政管理人员在经营性事业单位或中介机构交叉任职，切实做到政事分开、管办分离。制定土地估价管理办法和矿业权评估行业管理办法，建立中介机构廉洁从业和诚信档案，加大中介机构和从业人员违法违规的责任追究力度。各级国土资源管理部门要制定并公开年度职能转变的具体工作日标，职能转变情况纳入年度考核内容。

二是突出关键环节，坚定不移地规范权力运行。加强行政审批、资金管理、项目安排、干部人事制度等权力运行的重点部位和关键环节的监督，规范权力运行，从源头上预防腐败。要进一步推进土地和矿产审批制度改革，严格实行接办分离、网上报批、联网审查、集体会审、限时办结、结果公开，接受社会监督。要强化对行政执法权的监督，敢于碰硬，不怕得罪人，严格查处违法违规案件。要强化干部人事管理的监督，大力推进干部人事制度改革，特别是要商请地方进一步完善干部轮岗交流制度，对各级国土资源部门负责人和管执法、管预算、管人事等关键岗位的干部，要加大交流的力度。要加快建立财务电子监管系统，对大额资金、重大专项等实施在线全程监管，完善预算执行情况报告和通报制度，并加强内部经济审计和离任经济审计制度。

三是运用现代手段，坚定不移地推进政务公开。持续加强国土资源综合监管平台建设，进一步健全完善集遥感影像、监测信息、土地利用现状图于一体的全国国土资源利用“一张图”和土地“批、供、用、补、查”综合信息监管平台，实现建设用地全程动态网上监管，并大力完善矿业权统一配号系统，逐步将矿产资源勘查开采纳入遥感监测范围，充分利用“一张图”管地、管矿，健全完善“天上看、地上查、网上管”的国土资源综合监管体系。要坚定不移地推动国土资源系统政务信息公开，加大电子政务建设力度，针对社会广泛关注的土地、矿业权市场中的热点问题，迅速集成各地审批结果、供应计划、交易情况和违法案件等信息，公开发布并接受社会监督。

四是严格责任追究，坚定不移地落实廉政规定。按照党风廉政责任制和行政问责的有关规定，对本单位、本部门腐败案件多发频发，造成严重后果和恶劣影响的，要对主要责任人实施问责。对在本地区行风评议中评价较差、排名靠后的，上一级国土资源部门党组（党委）要约谈单位主要负责人，被约谈单位党组（党委）要向上一级国土资源部门党组（党委）作出说明。对问题较多又不能及时整改纠正的，由国土资源部门会同纪检监察机关和组织部门，按照干部管理权限提出干部调整的意见和建议。

三、加强领导、落实责任，确保治理工作取得实效

开展治理工作，既是对国土资源领域提出的明确要求，也是对国土资源系统提出的明确要求，是各级国土资源部门的一项重大政治任务。各级国土资源部门要迅速组织学习贯彻会议精神特别是马馼同志和邱学强同志重要讲话精神，结合实际制定具体的实施方案，采取切实有力的措施，扎扎实实抓好贯彻落实，确保取得实效。

一要积极主动作为。各级国土资源部门要深刻认识开展专项治理工作的重要性，高度重视，加强领导，迅速行动，把专项治理工作摆上重要日程，专门研究、周密部署好专项治理工作，积极主动、扎扎实实开

展工作。主要领导要讲政治、讲大局，亲自部署，亲自过问，亲自协调，亲自督办。要旗帜鲜明，态度坚决，积极主动地抓好治理工作，不能有丝毫懈怠，不能避重就轻，不能以各种理由和客观原因回避矛盾，搞形式主义。

二要强化督促检查。各级国土资源部门要加强督促检查工作，掌握工作进度，督促工作落实，对治理工作重视不够、组织不力、行动迟缓、甚至敷衍塞责的，要追究责任。各级国土资源部门的主要领导要结合当地的实际，针对治理工作的进度，组织开展经常化的督促检查，确保工作目标的实现。部党组决定，10月底左右，由部领导带队组织开展“两整治一改革”工作情况检查，着力推动国土资源系统治理工作。

三要搞好协调联动。各级国土资源管理部门在开展专项治理工作中，要多向党委、政府汇报，加强与纪检、监察、检察机关的沟通联系、协调联动、积极配合逐步建立常态化的协调联络机制，形成齐抓共管的工作格局。各级国土资源部门要把国土资源领域腐败问题治理工作纳入工程建设领域突出问题专项治理，与工程建设治理工作相结合整体推进，上下联动，形成合力。

四要落实工作责任。治理工作中，各级国土资源部门要发挥主体作用，积极主动地开展工作，主要负责同志负总责，分管领导各负其责，具体工作要责任到人。国土资源部成立了领导小组，并抽调专门人员组成办公室，专司此项工作。各地国土资源部门也要建立相应的组织机构，抽调得力干部，组成专门工作班子。

五要注重统筹谋划。要把专项治理工作纳入国土资源管理工作整体格局之中，同时通过开展专项整治来解决问题、促进中心工作，做到两结合、两促进、两不误。专项治理工作既要深入排查问题，敢于揭摆问题，不避短、不护短，认真整改、严肃查处；又要注意把握正确的舆论导向，大力宣传推广清正廉洁、依法行政的先进典型，鼓舞士气，弘扬正气，为推进专项治理工作营造良好的氛围，同时，有力地促进中心工作。在治理工作中遇到重大问题，要及时请示报告。

六要领导机关带头。部机关以及省厅、市局机关，要在专项治理工作中走在前头，带头查找廉政风险点，带头制定防范措施，带头接受公众监督，带头整改突出问题，带头严格自律，充分发挥表率作用。要求基层做的，领导机关首先要做到；要求大家做的，领导干部首先要做到，以机关带系统，确保国土资源系统治理工作扎实开展，取得实效。

同志们，国土资源管理改革发展的任务十分艰巨，反腐倡廉建设的责任十分重大。我们要深入贯彻落实中央领导重要批示精神，落实好这次会议的部署，以更加坚决的态度、更加扎实的作风、更加有力的措施，全面推进国土资源系统腐败问题治理工作，保障和促进国土资源事业又好又快科学发展。

谢谢大家！

徐绍史同志在国土资源部机关深入开展廉政专项行动大会上的讲话

（内情通报2010年第73期）

同志们：

8月19日，中央纪委、监察部、最高人民检察院、国土资源部联合召开了国土资源领域腐败问题治理工作电视电话会议，中央纪委副书记、监察部部长马馼同志做了重要讲话，最高人民检察院副检察长邱学强同志就贯彻落实中央领导指示精神做了讲话。今天，我们召开国土资源部机关深入开展廉政专项行动大会，主要目的就是为了贯彻8月19日电视电话会议精神，部机关要带好头、做表率、搞好廉政专项行动，以部机关的带头、表率作用，进一步推动全系统和国土资源领域腐败问题专项整治工作的开展。

刚才，文林同志宣读了《中共国土资源部党组关于国土资源部机关深入开展廉政专项行动的通知》，调控司、利用司、开发司和规划院的四位主要负责同志对贯彻8月19日电视电话会议精神情况，以及下一步的工作安排做了很好的发言，供大家借鉴。下面，我谈两个方面的意见。

一、提高认识、统一思想，带好头、做表率

8 月 19 日电视电话会议之后，整个国土资源系统包括部机关、各派驻地方的国家土地督察局、各直属事业单位，都认真学习会议精神，专题研究具体贯彻落实措施。会后，驻部纪检组监察局通过多种渠道了解了整个系统的反映，我利用调研、考察工作的机会，也与省厅的同志做了沟通和交流。大家普遍认为在工程领域突出问题专项整治工作中，专门部署国土资源领域专项整治工作，是中央对国土资源事业的重视、对国土资源系统这支队伍的关心和爱护，也符合当前国土资源管理工作和队伍建设的实际。

当然，在这个问题上也存在一些顾虑和模糊认识。8 月 19 日电视电话会议后，有的同志感到震动很大、压力也很大。一部分同志感到，既然我们这支队伍总体是好的，整个国土资源系统、国土资源管理工作总体是好的，是否有必要这么大张旗鼓地来搞专项整治、专项行动。一部分同志感到，通过近几年各级党组织的高度重视，本单位和个人不断加强教育和学习，反腐倡廉建设打下了较好基础，再搞专项整治和专项工作，好像与自身关系并不是很大。还有一部分同志感到当前业务工作压力很大，特别是地方国土资源部门的同志认为既要认真贯彻落实中央的方针政策和国家的法律法规，又要主动为地方经济社会发展服务，国土资源部门夹在中间，业务工作压力很大。在这种情况下，搞专项整治或者专项行动恐怕会影响大家的积极性和整个系统的形象。

针对这些顾虑和模糊认识，有必要从以下四个方面来进一步提高认识，统一思想。

第一，要认识到这是中央对国土资源事业的关心和重视。从去年年底到今年上半年，胡锦涛总书记、温家宝总理、李克强副总理、贺国强书记、何勇副书记以及监察部的领导，已十多次就国土资源领域、国土资源系统党风廉政建设和反腐倡廉工作作出重要批示、指示，要求我们

进一步抓好党风廉政建设。领导同志的批示、指示既体现了对国土资源事业健康发展的高度重视，也体现了对国土资源系统这支队伍的关心和爱护。这次专项整治工作酝酿和部署之后，贺国强书记、何勇副书记等中央领导都分别作出指示，给予了大力的支持和有力的指导，而且特别注重充分发挥国土资源系统自身的主观能动性，主要让国土资源部按照 8 月 19 日电视电话会议精神，认真部署国土资源系统专项整治工作。这是中央领导同志，中央纪委和监察部对我们的充分信任，为此我们要更加主动、更加自觉、更加认真地推动这次专项行动。

第二，要认识到这是着眼于国土资源工作的重要性。土地和矿产都是稀缺的资源，当前正处于工业化和城镇化快速推进的过程中，土地和矿产的供需矛盾日益突出。同时我们又处在经济转轨和社会转型的过程中，我们的体制机制包括法制都不够健全。国土资源配置双轨运行，既有市场配置，也有行政配置，权力比较集中，制度不够完善，权力缺乏制衡。更要看到国土资源管理工作涉及面广、关联度高，关系到国计民生、各行各业、千家万户。领导非常重视，社会十分关注，公众也充满着期待。

第三，要认识到这是由国家机关的重要地位决定的。国土资源部是国务院的组成部门之一，一方面要坚决贯彻中央的路线、方针、政策，协助国务院在国土资源管理方面制定一些方针政策；同时又要协调指导地方国土资源部门做好国土资源管理工作，起着承上启下的重要作用，需要依法行政、廉洁从政，在建设法制政府、服务型政府方面起到很好的示范作用。所以从国家机关的地位出发，我们也应该积极地投身到这次专项整治工作中去，带好头、做表率。

第四，要认识到这是系统和机关建设的现实需要。国土资源领域腐败案件易发多发，我们系统自 2007 年至 2009 年，共处理了 1500 余人，其中局级 9 人、处级 101 人。这个数字所反映的问题是比较突出的，形势也是比较严峻的。马馼同志在 8 月 19 日电视电话会议上的讲话中也着重指出了这一点。就部机关本身来说，也一定程度地存在私设“小金库”、公款出国旅游、为亲朋好友打招呼搞协调、甚至收受贿赂回扣等现象。所以说，由于制度不够完善、管理不够到位，从廉洁从政的角度和反腐倡廉的角度，还有很多工作要做。

我们要从以上四个方面进一步提高认识，统一思想。既要肯定队伍的主流是好的，也不能回避反腐倡廉建设中存在的问题。在专项整治工作中，既不能满不在乎、敷衍了事，也没有必要灰头土脸、抬不起头，而是应该振作精神，提高认识，统一思想，坚强有力地推进廉政专项行动。我们要意识到，中央领导和有关部门越是信任我们，我们就越应该更加主动、更加自觉、更加认真地抓住这一重大契机，搞好专项行动，提高队伍素质，提高管理水平。在专项行动中，既要做到不避短、不护短，搞好专项整治工作；又要实事求是，保护好队伍的积极性；还要进一步警醒起来，整纪纠风，完善制度，加强监管，遏制腐败案件易发多发的势头。

二、扎实开展廉政专项行动，排查整改问题，建立长效机制

近年来，国土资源系统党风廉政建设取得了积极进展，但任务还十分艰巨，还需要积极主动地推进，特别是部机关、各督察局和直属事业单位要带好头、做表率，通过带头抓好机关来带动整个系统。

（一）总体部署基本就绪。第一，8 月 19 日电视电话会议进行了全面的部署，马馼部长的重要讲话以《内部情况通报》特刊的形式印发整个系统，进一步加强学习领会和贯彻落实。第二，8 月 23 日部党组专题审议了“两整治一改革”方案，专门研究了贯彻落实 8 月 19 日电视电话会议精神的意见。第三，9 月 1 日部召开专题会议，听取驻部纪检组监察局的汇报，了解部系统对 8 月 19 日电视电话会议的反映，研究下一步工作的安排和意见。第四，9 月 6 日部党组正式下发“两整治一改革”文件，对全系统的专项整治工作做出部署。第五，9 月 9 日部党

组下发了部机关、督察局、直属事业单位廉政专项行动的意见，同时召开动员和部署会议，通过机关带好头、做表率，来示范带动整个系统的专项整治工作。近 20 天时间，做了这五项主要工作，到目前为止我感到总体部署已经基本就绪，下一步就要按照总体部署的要求，扎扎实实地推进专项整治工作。

（二）抓好风险排查，找出问题。风险排查是专项整治的一项重要任务，也是非常重要的基础性工作，要通过风险排查，进一步增强每个干部的风险意识和责任意识，提高反腐倡廉的针对性。今年整个土地督察系统按照部党组的要求开展了“作风建设年”活动，7 月份，专门召开了一次纪检组长工作座谈会。各督察局把风险排查作为“作风建设年”的一项重点来做，做得很不错。部机关部署开展廉政风险点排查，在一定程度上也是学习借鉴了土地督察局的做法。这项工作是专项整治工作中的一项重要任务，也是一项基础性的工作。

具体来讲，一是查岗位风险点，特别是负责审核审批、资金项目安排、规划计划安排、预算编制执行和财务管理的同志，一定要通过自查、互查、集体查等方式来进行风险点的排查，通过排查之后确定岗位风险点。二是查不廉洁行为，要对照廉政准则和我们部署整个系统的“五个不准”，凡是出现违反“五个不准”的行为，我们建议各省按照干部管理权限对其先行停职或者免职，等问题查清楚再作处理。要对照廉政准则及“五个不准”，以风险排查为基础、案例分析为借鉴，查一查个人是否存在着廉政方面的问题。要坚持实事求是，自查自纠应该从宽，被查处理就要从严。三是查突出问题，针对关键岗位、核心业务、重点部位和环节，围绕履行职责、作风建设、廉洁从政这几个方面，深入查找业务管理和廉政建设当中的一些突出问题。

（三）抓好整改查处，解决问题。对自查、互查、集体查等方式排查出来的问题，要实事求是如实上报，并要有针对性地进行整改和查处，个人问题要自觉地自查自纠认真整改，处室、司局整体存在的问题更应该严肃认真地整改。在整改查处中确实有违法违纪问题的，一定要严肃地予以查处。总之，整改查处要切实解决实际问题。

（四）抓好完善制度，加强监管。在风险排查整改查处的基础上，各司局、各单位要对现行的制度做全面的梳理，持续推进制度的“立、改、废”。这项工作从学习实践科学发展观试点工作开始至今已经进行了三年。要注重健全和完善制度，今年全系统的党风廉政工作会议之后，我跟驻部纪检组监察局提过这个要求，在党风廉政建设过程中，一要强力推行一批制度，凡已经成熟、行之有效的制度要强力推行。二要催熟一批制度，想方设法在党风廉政建设进程中，让一批制度更加完善、更加成熟。三要研究储备一批制度，更好地规范我们的行为。总体来说，就是要用制度管事、管人、管权。

现在有一种现象很值得关注，有些同志不是生来就是贪污腐败分子，曾经也是一腔热血想为党、为人民、为事业多做点工作、多做点贡献，但由于环境的复杂，诱惑又很大，权力的监督又不到位，自身要求又不严，所以就犯了错误。我说的环境复杂、诱惑很大、权力监管不到位、自身要求不严而犯了错误，其中一个很重要的原因就是制度不够完善、监管不够到位。制度环境好了，好人就会更加努力地工作，坏人也不敢放肆地贪污受贿。所以说，加强制度建设非常重要。一是要注重健全和完善制度。二是要注重加强和有效实施监管，强化制度的约束力和执行力。作为一个单位的负责同志，如果制度不健全、不完善，那是要负责任的；如果制度执行不到位，同样也要负责任。所以说，加强和有效实施监管，就是要提高制度的约束力和执行力。三是要注重制度创新。制度创新很不容易，我们从贯彻十七大精神开始，要求大家从“三不”走向“三勇”，即从“不想改、不敢改、不会改”走向“勇于革思想的命，勇于削手中的权，勇于去部门的利”。注重制度创新一定要不断地自我超越。我们的干部特别是在一些关键岗位、重要岗位上工作的同志，一定要进一步警醒起来，要自觉地去限制、缩小行政审核审批过程中的自由裁量权。这些都要靠制度创新来实现。

（五）抓好监督管控，建设廉洁型机关。一定要进一步强化监管，营造风清气正的氛围，建设廉洁型机关。一是要严格执行廉政准则和相关规定，特别是这次机关廉政专项行动提出来的“五条禁令”。第一条是严禁打招呼、拉关系、谋私利。有些同志为亲朋好友获取土地矿产方面的利益，请一些权力部门的负责同志吃饭、喝酒、打招呼。同志们，千万别做这些事，有事要公事公办。第二条是严禁违反程序、弄虚作假。第三条是严禁违规操作，插手土地矿产的交易。第四条是严禁以案谋私，执法“放水”。第五条是严禁在项目管理、资金管理上的违规违法行为。这五条请大家一定要坚决执行。二是坚持任职廉政谈话制度。对提拔、交流、任用的干部和新考入的公务员，都要进行廉政谈话。对机关干部要建立廉政档案。三是要坚持完善巡视制度。我们从 2007 年下半年就开始建立内部巡视制度，要把巡视制度坚持下去，而且要进一步完善。四是要坚持抓内部审计。财务中心两年一轮对各单位进行内部审计，揭露了不少问题，对加强管理很有好处。五是要坚持用科学手段进行监管。比如，网上审批、网上监管特别是财务全程网上监管，这个软件在原有的基础上进一步完善了，应该在部机关、事业单位和土地督察局全力推行。通过这些手段形成一套长效机制，使廉政建设常态化，逐步把机关建设成为一个廉洁型机关。

（六）抓好组织实施，确保廉政专项行动取得实效。机关廉政专项行动是推进管理制度改革创新、规范行政权力运行、促进廉政建设和机关建设的一个重大措施。要不辜负中央领导和中央部委对我们的充分信任，要更加主动、更加自觉、更加认真地组织实施廉政专项行动，务求实效。具体提四点要求：

一要深刻认识重要性。中央指示我们开展专项行动，实际上是对国土资源管理工作的重视和加强，是对国土资源管理系统特别是对广大干部的关心和爱护，也是国土资源工作本身的重要性所决定的，更是系统和机关建设的现实需要。二要积极发挥主动性。从部党组开始，到各个司局、各个单位，每个党员同志都要旗帜鲜明、态度坚决、自我加压、自我超越，积极投身到专项整治工作中来，以机关带系统，以系统促领域，扎扎实实地抓好“两整治一改革”专项行动。三要严肃认真抓整治。在专项行动中，要不避短、不护短，坚决抓好风险点排查，严肃整改查处并解决突出问题，一旦发现违法违规案件绝不姑息，要严肃查处；同时要实事求是，把握好政策，是什么问题就解决什么问题。要把不正之风与违法违纪区分开来，要把违反纪律与违反法律区分开来，要把个人问题与一个单位的窝案串案区分开来。要重在教育，重在挽救同志。四要切实做到两不误。今年我们抓作风建设常态化，这项工作去年年底就部署了，同时根据中央的要求又部署了开展创先争优活动。廉政专项行动要与作风建设常态化和创先争优活动紧密结合起来，要与业务工作紧密结合起来。

目前，业务工作非常繁重，土地管理的压力很大。第一，2008 年四季度到 2009 年一年，为了应对金融危机，固定资产投资有比较大的增长，基本建设规模也有比较快的扩张，用地需求很大，对我们的压力也非常大。第二，2008 年、2009 年中央又相继批准了 14 个区域性经济规划区，这些区域正在规划建设，用地需求也很大。第三，中央刚刚总结了西部大开发的前十年工作，部署了后十年西部大开发的工作，西部大开发的用地需求也很大。第四，城镇化建设方面，原来用地大量集中在城市，现在县城、乡镇在城镇化进程中用地需求也很大。第五，房地产方面，2009 年房地产供地是 10 万公顷，2010 年我部系统安排了 18 万公顷，房地产特别是保障性住房用地的压力也很大。还有旅游业发展、农业发展，用地需求也很大。总之，现在土地管理的压力非常大，在一些地方违法违规出现了反弹。

地质找矿和矿产资源整合压力也很大。2009 年 8 月 17 日在向克强副总理汇报时，启动了地质找矿的“保障工程”，我们提出三年要有重大进展、五年要有重大突破、八年要重塑矿产勘查开发格局。目前，青藏专项、新疆 358 项目总体进展不错，其他地方的整装勘查也在大力推进，但是要实现确定的目标有很大压力。资源整合实际就是利益调整，各地都顶着各种压力努力推进。

地质灾害防治工作的压力也很大。今年的地灾是历史上少有的，频发、高发导致伤亡的人数大幅度增长。现在汛期还没过，而且还有强热带风暴要在东南沿海登陆，登陆之后会减弱变成强降雨，地灾防治工作压力非常大。

以上压力加上现在在全系统开展的专项整治工作，可以说工作任务非常繁重，对此，中央领导同志和方方面面都十分关注，也给予了充分的理解，但我们要迎难而上，抓好结合。要通过专项整治工作、作风建设常态化和创先争优活动，进一步促进业务工作。

在推进专项整治工作过程中，部领导要亲自参与、加强指导，各司局、各督察局、各事业单位的领导要切实负起责任，严肃认真地把专项行动抓紧抓实。部专项行动办公室要抓好统筹协调，要对每一个步骤作出具体安排。国土资源部门户网站、有关刊物要加强宣传引导，营造声势，保证专项整治工作健康顺利开展。大家一定要齐心协力，推进廉政专项行动，带好头、做表率，带动和促进全系统的专项整治工作。

徐绍史同志在部分省（区）“两整治一改革”工作座谈会上的讲话

（内情通报2010年第94期）

同志们：

刚才，6个省厅和国家土地督察广州局，把这一阶段“两整治一改革”工作作了比较系统的介绍，这既是一次沟通，又是一次交流，相互之间有很多启发，可以学到很多做好工作的思路和方法，我本人听后也很受启发，这有利于对前段工作作出评估，共同推动“两整治一改革”工作。

一、“两整治一改革”工作正在稳步有序地推进

部“两整治一改革”领导小组对前一段工作进展情况，做过分析和评估，总的看，“两整治一改革”工作正在稳步有序地推进。刚才听了7个单位汇报后，我觉得这个判断更有基础。这主要体现在以下四个方面：

一是认识在不断深化。8月19日电视电话会议确实对整个系统震动非常大。从各地反映情况看，需要集中从认识上解决两个方面问题，一个是顾虑，怕影响部门形象，怕影响业务工作；另一个是认识问题，

觉得出现不廉洁问题只是少数干部，而且人数并不多，对开展“两整治一改革”工作的声势、方式存在一些不同看法。在推进“两整治一改革”工作的过程中，从部到各地国土资源部门一直注意不断解决存在的这两个方面认识问题。通过三个月来的工作，大家对“两整治一改革”工作认识不断深化、自觉程度在不断提高。

二是关系在逐步理顺。一开始，大家对纪检监察、检察和国土资源三个部门一起开展国土资源领域腐败问题治理工作，也有一些顾虑。8月19日电视电话会议后，领导同志及有关部门非常理解、非常支持，充分依靠国土资源系统自身来推进这项工作，对原来的事项作了适当调整，各省也主动与本地纪检监察、检察部门加强沟通、联系和协调，从这三个月来的工作情况看，关系在不断理顺，现在的工作主要以国土资源部门为主在推进，通过抓好系统，促进整个领域党风廉政建设工作。

三是工作在有序推进。这一段时间，各地各单位从建立工作机构，开展廉政风险点排查和自查自纠工作，积极探索廉政风险防控体系建设三个方面，深入推进“两整治一改革”工作。今年3月全国国土资源系统党风廉政建设工作会议后，不少单位就开始酝酿进一步加强党风廉政建设工作，广东省国土资源厅、海南省国土环境资源厅都是本省党风廉政建设的试点单位，工作都有比较好的基础。各地在开展“两整治一改革”工作中，规定动作中规中矩，自选动作有声有色，都有特点。如广东省厅开展课题调研、大地清风活动、挂钩联系点，这些做法从社会层面和系统层面，对“两整治一改革”工作起到了促进作用；湖南省厅利用反面教材进行警示教育，从不同角度加强教育等；江西省厅结合自身实际，从公与私、情与法、得与失方面教育启发干部，引导大家深刻认识开展专项行动和加强党风廉政工作的重要性；广西自治区厅大力宣传韦寿增同志的先进事迹，通过宣传先进典型推动“两整治一改革”工作；福建省厅抓本级带系统促领域，思路很清楚；海南省厅工作也有声有色；国家土地督察广州局工作也比较到位。总的看，各地各单位工作有序推进，同时把开展“两整治一改革”工作与开展“创先争优”活动、推进“双保工程”紧密结合起来，对业务工作也是一个很大的促进。

四是部党组把这项工作牢牢抓在手上。部党组高度重视“两整治一改革”工作，8月19日电视电话会议后，8月23日和9月1日，部党组两次召开专题会议进行研究；9月6日，部党组印发了《关于开展国土资源系统“两整治一改革”专项行动的通知》；9月9日，部党组召开部机关干部职工动员大会，部署开展廉政专项行动；10月29日，专门召开了全系统廉政风险点排查和防控体系建设视频交流会；寿祥同志还利用三天时间，听取了19个司局、17个事业单位和9个督察局的工作进展情况汇报。部党组每月听取一次部“两整治一改革”领导小组办公室的汇报，10月11日听了一次，11月4日又听取一次，对11月份工作作出了部署。部党组下决心抓机关带系统，以系统促领域，按照这个思路，把部机关廉政专项行动和整个系统“两整治一改革”工作抓好。

二、要更加认真、更加自觉、更加主动地推进“两整治一改革”工作

9月20日，习近平同志来部考察，对我部工作给予了充分肯定，就加强党建工作，深入推进“创先争优”活动，作了非常重要的指示。开展“两整治一改革”工作要与学习贯彻习近平同志的重要讲话精神及开展“创先争优”活动紧密结合起来，严格按照部署和要求，把工作进一步深入下去。这里，我着重强调以下四个方面。

一是不断提高认识，增强自觉性。第一，党风廉政建设是一项长期工作，具有长期性。这不仅仅是我们这个系统，全党都有这个任务，但我们更要认清在国土资源系统加强党风廉政建设工作的长期性和紧迫性。第二，涉土涉矿和国土资源现在是一个关注点，备受领导的关心、社会和媒体的关注。主要是我们处在工业化、城镇化快速发展阶段，土地和矿产都是稀缺资源，这本身就是一个关注点。其次，涉土涉矿的相关制度，包括体制机制还不健全，在运行过程中非常容易出现问题，引

发各种不同的看法，甚至出现各种争议。再者，对涉土涉矿的管理也不到位，不完全是系统，整个领域都有这个问题，这也容易引发问题，成为关注点，国土资源领域成为关注点不是短期的，要有思想准备。第三，我们系统也确实存在问题。2009 年土地卫片执法检查暴露出来了一些问题，今年开展的 74 个城市例行督察也发现了一些问题。土地卫片执法检查和土地例行督察在土地监管中的作用愈加明显，2007 年土地卫片执法检查覆盖 84 个城市，2008 年覆盖 172 个，2009 年 2859 市(县)全覆盖，历史沉淀的违法违规问题暴露出来；土地例行督查已经超出原来违法用地这样一个小范围，从土地的审批、征转、出让、开发一直到抵押融资，正在由系统向领域延伸。通过 2009 年土地卫片执法检查和 2010 年度土地例行督察，可以看到系统乃至整个领域确实存在不少问题，对此我们要关注，要有清醒的认识和认真的审视。我在部机关多次讲到，作为负责同志最大的业绩就是抓住机遇来推进整个事业发展，最大的失误就是丧失机遇，贻误整个事业发展。“两整治一改革”工作虽然是从问题方面切入，但是对我们应该说是一个重大契机，我们要把党风廉政问题作系统梳理，堵住漏洞，推动事业发展，也把我们的干部保护好，把队伍建设好，这个认识问题在“两整治一改革”工作推进中，需要不断深化、不断解决。

二是进一步做好廉政风险点排查和防控体系建设。廉政风险点排查是一项最基础工作，在排查中要以工作岗位为点，以工作流程为线，这并不是针对哪个岗位个人的问题，要坚定不移地把排查工作做好。各地工作进展情况不太一样，排查之后要进行系统梳理，有针对性地建立防控体系。我到新疆伊宁市调研，看到伊宁市国土资源局搞了一套廉政风险点查找规范，在排查基础上又建立了防控体系，很受启发，伊宁市国土资源局在 10 月 29 日视频交流会上也作了经验介绍。10 月 29 日视频交流会，总结推广了一些好的做法和经验，大家要结合本单位工作实际，把排查和防控体系建设工作做好。防控体系建设重点要抓好三个方面工作：第一，制度上要便于执行。防控体系建设要与制度的“立、改、废”同步推进，如果制度有缺失、滞后，就要建立新的制度，如果有漏洞和缺陷，就要修改，要强推一批制度、催熟一批制度、储备一批制度；第二，管理上要容易操作。现在文件发了不少，说对也对，错也没错，但也管不了多大用，防控体系建设和防控措施的制定要注重在管理上容易操作，确实能落实到位。第三，手段要追求有效。最重要的就是信息化手段，部里一直强力推行信息化，加快各种应用系统建设，明年1月1日占补平衡系统正式开通，现在正试运行，通过“一张图”和综合监管平台对占补平衡进行监管。新一轮规划相关数据还没有完全建立起来，但目前至少要划定耕地保护圈、基本农田保护圈、城市建设用地圈。增减挂钩、土地整治都要上图入库，实现图上监管。党风廉政建设、“两整治一改革”同样要运用科技手段，推进科技防腐。

三是认真开展自查自纠工作。要根据廉洁从政准则和部党组五项禁令，动员干部职工认真自查自纠，主动整改。对执行部党组作出的五项先行免职规定的情况，要进行跟踪检查。要从保护教育干部角度出发，坚持自查从宽、被查从严的政策导向，实事求是，严格掌握好政策界限。与此同时，要注重整合案件线索，执法监察、信访、举报中心、纪检监察部门要加强沟通协调，对土地和矿产资源违纪违法线索涉及国土资源部门干部违纪违法问题，进行汇总、梳理、筛选，做到有案必查。

四是努力争取理解支持，充分发挥主观能动性。纪检监察、检察机关和国土资源部门一起抓国土资源领域腐败问题治理工作，我们要向他们多沟通、多汇报、多请示，争取理解与支持。部“两整治一改革”工作领导小组与国土资源领域腐败问题治理协调小组沟通的很好，通过简报及时反映情况、经常进行面对面的汇报和信息交流，9月21日，寿祥同志专门向马馼部长汇报了前一阶段工作进展情况，马馼部长比较满意，给予充分肯定。最近，最高人民检察院在向全国人大常委会的报告中提到，从去年11月到今年8月，国土资源领域有758人被查处。对此我们要高度关注，在开展“两整治一改革”工作中就有关情况要多汇报、多沟通、多请示，也要汇报我们的难处，汇报我们一些特殊困难和问题，争取他们的理解与支持。同时，我们要更加认真、更加自觉、更加主动地搞好“两整治一改革”工作，有声有色地推动起来，而且要确实取得成效。我多次讲到，贯彻上级的原则要求、落实工作思路、执行各项制度是需要智慧的，简单的照抄照转文件是不行的，要想办法探索合适的路径、平台、抓手、载体，注重工作方式和方法。在做好“两整治一改革”规定动作的同时，大家还应该结合自身实际，多做一些自选动作，让工作有声有色，富有成效，如宣传先进典型，这是非常好的方式，可以提振系统干部职工信心，让社会更多了解我们队伍的情况。

徐绍史同志在国土资源部直属机关深入推进廉政专项行动会议上的讲话

（内情通报 2010 年第 120 期）

同志们：

今天召开部直属机关深入推进廉政专项行动大会。这次采取视频会议的方式，是为了让更多的干部了解情况、接受教育、推进工作。刚才寿祥同志就 7 起案件的先行处理决定进行了通报，4 位同志分别作了发言。这 7 起案件和 4 位同志的发言是一次很好的警示教育，警示教育仅仅是一种手段，希望能通过警示教育更加深入地推进机关廉政专项行动。应该看到，这 7 起案件不是窝案串案，都是个案，有的时间已经比较长，有的是最近发生的事情，部党组之所以要把这 7 起案件集中到一起给大家作一次通报，是为了引起大家的重视，用身边的事来教育身边的人。这 7 起案件教训确实非常深刻，影响极坏。同志们一定要汲取教训，认真思考，引以为戒。从这个意义上来讲，今天这个会既是一次警示教育会，更是一次深入扎实推进机关廉政专项行动的再动员会。

世元同志代表党组作了一个很好的讲话，对我们如何认识这些案件、发生案件的教训以及如何深入推进机关廉政专项行动提出了明确意见和要求，我都赞成。下面，我提三点要求。

一、领导干部要切实负起责任

党风廉政建设、机关廉政专项行动搞得好不好，领导干部的作用至关重要。部党组同志和各司局、各单位的负责同志都要进一步振作精神，提高认识，统一思想，切实负起责任，坚强有力地深入推进廉政专项行动。

一要严于律己。要带头严格遵守《党员领导干部廉洁从政若干准则》，廉洁从政，勤政为民，在加强党风廉政建设和深入推进机关廉政专项行动当中走在前、做表率。

二要加强管理。从刚才通报的 7 个案件中可以看出，国土资源管理工作面临的环境复杂、诱惑很大，因权力监管不到位、自身要求不严而犯了错误，其中一个很重要的原因就是制度不够完善、监管不够到位。所以说，各单位负责同志要切实健全和完善制度，加强监管，持续推进制度的“立、改、废”，提高制度的约束力和执行力，同时注重制度创新，用制度来管人、管事、管权。

三要带好队伍。部党组同志和各司局、各单位负责同志，不能只单纯关注业务。我们很多同志业务上是很强的，但是作为一个单位的负责同志不能只见物不见人，既要抓好业务工作，更重要的是带好队伍，不断提高队伍素质。各单位负责同志一定要严格要求同志们，带出好的思想、好的作风；严格要求不是害而是爱，要敢抓、要善管。同时，还要关心爱护同志们，主动找同志们谈心，了解掌握思想动态和生活状况。各单位负责同志应该有一张“婆婆嘴”，经常提醒，这是对同志们的爱。每个司局、单位的负责同志一定要看好自家的门、管好自家的人，出了问题一定要报告、要检讨；部里将视问题的严重程度，根据党风廉政建设责任制的规定实施问责。

二、思想认识上要高度重视

党风廉政建设、机关廉政专项行动搞得好不好，思想上是不是重视也至关重要。当前，一些干部还不同程度地存在模糊认识、麻痹思想，必须切实加以解决。

一要克服与己无关的思想。个别单位对开展机关廉政专项行动认识还很不到位，认为自身没有行政审批权等实权，不可能有党风廉政方面的风险。这种思想实际上就是最大的风险，等于从思想上解除了武装。无论哪个单位、哪个岗位，都要以此次通报的案件为戒，人人动员、大家动手，进一步警醒起来，充分认识当前国土资源管理反腐败面临的严峻形势，深刻理解抓好党风廉政建设对国土资源管理事业的重要意义，把机关廉政专项行动扎扎实实地深入推进下去。

二要防微杜渐，拒腐防变。现在国土资源管理的行政环境非常复杂，地方政府、市场主体甚至是自然人到国土资源管理部门要地、要矿、要指标，涉及上市、贷款也需要找国土资源管理部门。国土资源部还具有行政执法权和大额资金分配权，管着查案子、管着巨额资金，腐败风险很大，党风廉政建设任务很重。所以，同志们一定要时刻保持警觉，要遵纪守法、按章办事，千万不要伸手，不沾土，不沾矿，一定要守住自己做人、做事的底线。眼下“两节”快到了，岁末年初请吃、送礼也越来越多，应酬也越来越多。同志们在交往中思想上一定要有一根弦，时刻保持警觉，机关各司局、事业单位和派驻地方的国家土地督察局广大干部职工都要注意。在部机关还有一个群体要多关注、多关心，就是来部挂职的地方干部，他们远离家人和单位，较长时间不在本单位，挂职单位要时常关注他们的思想、生活状况，切实负起对他们加强管理、加强教育的责任。

三、工作推进要严肃认真

总体上看，国土资源系统“两整治一改革”和部机关廉政专项行动正有序推进。尤其是“两整治一改革”专项行动，应该说按照部党组更加自觉、更加主动、更加认真的要求，开展的有声有色，工作做得很主动。相比之下，我感到机关的廉政专项行动还有一定的差距，刚才世元同志的讲话已经提出了明确要求，我们要根据部党组的安排和要求把机关的廉政专项行动进一步推动起来。

一要重新审视风险点排查和防控体系建设工作。要高标准、严要求地把这项工作抓实、抓好，特别是防控体系建设绝对不能走过场。要以工作流程为线，岗位排查为点，以行政审批权、行政执法权、资金管理权、干部选拔任用权等为重点，重新审视已经开展的风险点排查工作，进一步提高排查的针对性，切实增强防控体系建设的可操作性和有效性。

二要严肃认真地做好自查自纠工作。要把风险点排查、防控体系建设与自查自纠工作结合起来统筹考虑，重点是查针对党风廉政建设、反腐倡廉，在思想、作风上有哪些不适应，在工作上有哪些需要改进，以及平时人际交往中怎么样守住底线等。自查自纠不是搞人人过关，但是有问题必须尽早查，尽早改，争取主动。

三要抓好整改工作。问题找出来了，风险点排查出来了，该整改的要认真地整改。要进一步完善制度，加强管理，把监管的内容变成程序镶嵌进去。如，重大事项报告、廉政档案等制度都可以明确做起来，凡是有资金管理的单位都可以把预算和财务管理软件用起来。

四要注意做好阶段性的廉政专项行动小结。世元同志刚才讲了廉政专项行动当中存在的一些问题，请大家认真对照，认真梳理 2010 年开展的风险排查、防控体系建设、自查自纠和整改等各项工作，注意总结特点、规律，同时对 2011 年如何开展廉政专项行动进行一个系统地谋划。

很快就要过元旦了，各个单位要把今年工作梳理总结好，把明年的工作谋划安排好。各个司局和单位的负责同志要关心大家的工作和生活，把工作和生活都安排好，需要部里解决的问题及时报告，大家一起想办法解决。元旦之后、春节之前还要做好走访慰问困难职工工作，尽可能地关心好干部职工的工作、学习和生活。

后天就是元旦，新年就快到了。我也借此机会代表部党组向同志们送上新年的祝福，祝大家身体健康、工作顺利、阖家欢乐！

徐绍史同志在国土资源系统2011年“两整治一改革”工作视频会议上的讲话

（内情通报2011年第11期）

同志们：

今天召开国土资源系统2011年“两整治一改革”工作视频会，主要是传达学习和贯彻落实温家宝总理的重要批示精神，部署安排今年的“两整治一改革”工作。中央纪委监察部对我部“两整治一改革”工作高度重视，给予了大力的指导和支持。刚才，世元同志传达了温家宝总理的重要批示；国家土地督察北京局、湖北省、辽宁省、广东省、宁夏自治区、河南省国土资源厅6个单位分别作了发言，讲得都很好；小苏同志就学习贯彻落实温家宝总理的重要批示精神和今年“两整治一改革”工作作了部署，请各地各单位认真学习，抓好贯彻落实。下面，我再简要强调三点：

一、认真学习贯彻好温家宝总理的重要批示精神

2月7日，温家宝总理在我部“两整治一改革”报告上作出重要批示，这既是对国土资源系统“两整治一改革”工作的充分肯定和有力的鞭策，更是为我们做好工作、建设好队伍指明了方向，提出了要求。学

习好贯彻好家宝总理的重要批示精神非常重要。从我们履行职责的层面来看，肩负的使命重大，任务艰巨；从我们系统党风廉政建设的层面来看，跟中央的判断是一样的，形势依然严峻、任务依然艰巨；从队伍建设的现状来看，应该说，既有很大的进步，但还有不小的差距。所以我们应该结合工作实际，认真学习领会家宝总理的重要批示精神，努力造就一支廉洁从政、严格要求、严明纪律的队伍，履行好国土资源管理的职责，保障和促进经济社会又好又快科学发展。

二、持续深入推进“两整治一改革”工作

从去年 8 月 19 日，中央纪委、监察部、最高人民检察院和国土资源部联合召开电视电话会议，部署在工程建设领域突出问题专项治理中，开展国土资源领域腐败问题治理工作以来，应该说各项工作开展的有声有色，富有成效。但是，当前我们还要注意克服工作浮在表面和松懈情绪滋长这两个倾向性问题。下面我就做好“两整治一改革”工作，提四条意见。

第一，要努力巩固和拓展“两整治一改革”已取得的工作成果。我们已经开展将近半年的治理工作，要在去年工作的基础上，对廉政风险排查、防控体系建设和自查自纠工作深入开展一次“回头看”，回过头再来看看，进行专门分析、全面梳理、检查纠正、认真总结。部里要在廉政风险排查和制定防控措施的基础上，通过梳理归纳，对如何做好廉政风险防控体系建设下发一个指导性的意见。希望各地结合工作实际，进一步完善对核心业务、关键岗位和重点环节权力运行的制约和监控，真正做到用制度管权、管人。

第二，要着力解决一些突出问题。在开展“两整治一改革”工作中，要坚持边整边改，严格要求，严肃纪律。要着力解决一些干部中存在的作风不端正、行为不廉洁、办事不公正、解决实际问题能力不强等突出问题；着力解决在土地、矿产领域事关群众和企业权益，比如征地拆

迁、矿权出让、资源整合等方面存在的突出问题；要着力解决在日常工作中吃拿卡要、权钱交易、收受贿赂和贪污腐败等突出问题。通过我们日常调研和有关信息反映，这些问题在一些干部身上不同程度存在。针对这三方面突出问题，请各地在“两整治一改革”工作中，要深入抓一抓，该批评教育的一定要批评教育，该查处的一定要严肃查处。“两整治一改革”工作要边整治边查处，边整治边查改，教育干部，推进工作，取信于社会。

第三，要坚持以机关带系统，以系统促领域。要深入扎实开展部机关廉政专项行动，机关要走在前、做表率，为整个系统做示范，带动系统做好“两整治一改革”工作。部机关做了不少工作，但是还有一定的差距，需要进一步加大工作力度，我们也欢迎全系统向部机关廉政专项行动提出意见和建议。“两整治一改革”工作也要持续地深化，努力由系统向领域延伸，促进领域的反腐倡廉工作。系统和领域的问题是互为交织，紧密联系和影响的，系统的反腐倡廉工作搞好了就能促进领域的反腐倡廉工作，反过来，领域的反腐倡廉工作搞好了，又能为系统创造一个更好的外部环境。所以，以系统促领域工作非常必要。去年土地督察工作进一步拓展，开展了对 77 个城市的例行督察，例行督察有别于专项督察和其他一些督察工作，例行督察涉及土地使用监管整个过程，从土地的审批、征转、出让、开发利用一直到土地抵押融资，涉及到地方政府以及相关多个部门。我们也掌握了不少领域廉政风险点和领域腐败易发多发的一些环节和情况。前些天媒体披露了某个省的一个市在土地收储过程中，发生的一个腐败案件，从市里领导开始，一直到国土、规划、建设等相关部门，大约涉及将近 20 个干部。这个案件暴露之后，媒体上评价议论也很多。最近，国务院领导还在“基层反映当前房地产领域贿赂犯罪集中在五个环节”的一条信息上作出重要批示，要求国务院的相关部门研究提出意见。这些例子再次说明系统和领域的腐败问题是相互关联、密切交织的，领域的专项整治工作需要地方各级政府和相关部门的共同努力。我们正在把在风险排查过程中和去年例行督察中，发现的廉政风险点及容易滋生腐败的一些问题，进行梳理和总结，准备向领导部门作出报告，供领导部门在部署这项工作时参考。总的看，以系统促领域要做的工作很多，不但要把自己的工作做好，也要及时提供需要关注的一些重大问题的报告。同时，各级国土资源部门要加强向纪检监察、检察机关的沟通、联系、汇报、请示，争取纪检监察和检察机关对“两整治一改革”工作的理解、支持和指导，使得系统和领域互为推动，进一步做好专项治理工作。

第四，要注重深化对反腐倡廉工作特点和规律的认识。这几年，各级国土资源部门高度重视党风廉政建设和反腐败工作，深化各项任务的落实，做了大量工作。但是，往往有一种倾向，有些事情只知其然不知其所以然，有些工作是跟着走推着干，所以成功的经验不会自觉应用，失误的教训又不会自觉汲取，问题就在于不善于总结。2010年刚刚过去，各地要认真总结行风评议名次和违法违规案件情况。据了解，各个省厅、市局和县局，行风评议的名次有升有降，违法违规案件增幅有降，但是否有升，要作进一步了解分析，这里面存在地区之间不平衡，有的地方降的很多，有的地方维持原有的水平，2010年比2009年增幅是回落的，只有百分之一点几。各个地区案件升降情况有所不同，不同的层级也体现出差异，省级从去年来看还不错，县和镇（乡）级差异比较大。不同层级有差异，不同领域也有轻有重，土地比矿产数量就要多一些。另外还要剖析一些典型案例，认识特点和规律。要善于总结归纳提炼，从感性认识上升到理性认识，正确把握国土资源系统反腐倡廉工作的特点和规律，收到事半功倍的效果，进一步提升工作水平。

三、把“两整治一改革”、“创先争优”和业务工作结合起来，同步推进、相互促进

今年是“十二五”规划开局之年，任务很重。各地要把“两整治一

改革”、“创先争优”和业务工作紧密结合起来，同步推进。十六大以来，党建工作以保持党员先进性和增强党的执政能力为主线，已经形成了党的思想建设、组织建设、作风建设、制度建设和反腐倡廉建设的五大建设布局。在开展工程建设领域突出问题专项治理中，推进“两整治一改革”工作，实际上也是反腐倡廉建设的一项阶段性工作。去年，中央在全党部署开展创先争优活动，主要是为了巩固和扩大学习实践科学发展观成果。去年9月20日，习近平副主席到国土资源部视察指导工作时，对部创先争优工作、党建工作和业务工作给予了充分肯定，提出了一些新的要求。去年年底，部党组就我部创先争优和党建工作情况等，给习近平副主席写了一个报告。习近平副主席又作了重要批示，要求我们进一步把创先争优作为基层党建的一项经常性工作，切实抓好。“两整治一改革”工作与创先争优活动有内在的密切联系，实际上是一项工作的两个方面，而且都属于党建工作的范畴，服务于队伍建设和业务工作的开展，我们要将这两项工作有机结合起来，发挥整体效应。在前年召开的全国机关党的建设工作会议上，明确了机关党建工作的主要任务就是服务中心、建设队伍，机关党建工作就是为了促进业务工作。如何做到“两整治一改革”、“创先争优”和业务工作同步推进、相互促进，关键是要把握正确的思路，这个思路简单地说就是一句话，要体现特点和特色。所谓特点，就是从国土资源管理工作实际出发，勇破两难，统筹保障发展和保护资源；所谓特色，就是要把业务工作的薄弱环节作为党建工作的重要抓手，把权力监管的薄弱环节作为反腐倡廉的重点区位，避免“两张皮”、克服“一般化”，建设服务政府和廉洁机关。这一段时间，部机关已经梳理出业务工作和权力监管的薄弱环节，把“创先争优”工作和“两整治一改革”工作切入进去，把两项工作有机交融和深度结合起来，同步推进，相互促进。这是一个重大课题，建议大家在实践中共同探索。党建工作现在最大的问题是“两张皮”、“一般化”，所以我们必须在克服“两张皮”，避免“一般化”上下功夫。把业务工作的薄弱环节作为党建工作的重要抓手，把权力监管的薄弱环节作为反腐倡廉工作的重点区位，这也是在新形势下提高党建工作的科学化水平，保持党的先进性，增强党的执政能力，推进经济社会又好又快科学发展，所需要破解的一个重大课题。建议大家在“两整治一改革”专项行动和“创先争优”活动中加以探索。

鹿心社同志在国土资源部工程建设领域突出问题专项治理工作电视电话会议上的讲话

（内情通报 2009 年第 50 期）

同志们：

党中央、国务院决定，用两年左右的时间集中开展工程建设领域突出问题专项治理工作，这是贯彻落实科学发展观、促进经济平稳较快发展、加强政府自身建设的重要决策，是完善社会主义市场经济体制、维护社会主义市场经济秩序的必然要求，是进一步完善惩治和预防腐败体系的重要举措。中共中央办公厅、国务院办公厅印发了《关于开展工程建设领域突出问题专项治理工作的意见》，中央专项治理工作领导小组制订了《实施方案》。国土资源部高度重视，成立了以徐绍史部长为组长的领导小组，研究了专项治理工作方案。为了全面启动这项工作，我讲三点意见。

一、认真学习，充分认识开展专项治理工作的重大意义

8 月 18 日，中央召开了全国工程建设领域突出问题专项治理工作

电视电话会议，何勇同志、马凯同志分别做了重要讲话，深刻阐述了专项治理工作的重大意义，明确了专项治理工作的总体思路，内涵丰富，思想深刻。我们要认真学习领会，充分认识在国土资源领域开展专项治理工作的重要性。

（一）开展专项治理工作，是保证国土资源工作更好地服务扩大内需、促进经济平稳较快发展的需要。去年第四季度以来，我们认真贯彻中央关于扩内需、保增长及“一揽子”计划，提出了积极主动服务、严格规范管理的原则。通过扩增量、挤存量、放流量增加土地供应，加快审批速度，提前进行预审，允许先行用地，扩大内需建设用地得到保障。上半年批准建设用地358万亩，单独选址的重点项目批准165万亩，同比上升12.2%。这些项目中大量是铁路、公路、机场、能源和水利项目，也是中央专项治理活动要求重点排查的项目。中央要求以政府投资项目特别是扩大内需项目为重点，对2008年以来规模以上的投资项目进行全面清理，其中，土地供应几乎是每个项目都会涉及的一个非常重要的关键环节。开展专项治理工作，可以确保土地供应依法依规，提高国土资源服务经济社会发展的水平和质量。

（二）开展专项治理工作，是深化国土资源重点领域和关键环节改革的契机。国土资源管理当前矛盾突出，今后压力很大，破解矛盾、缓解压力的根本出路就是深化改革。去年，学习实践科学发展观试点活动中，我们提出了要努力克服安于现状不想改、畏首畏尾不敢改、视野狭窄不会改的现状，勇于革思想的命、削手中的权、去部门的利，大力推进国土资源管理职能转变，尤其是从重审批走向重监管，打破政府配置资源权力过于集中的现象，充分发挥市场配置资源的基础性作用。这次中央专项治理工作的任务之一就是要规范土地使用权、矿业权审批和出让行为，建立健全统一规范的土地、矿业权等要素市场。我们要抓住机遇，通过开展专项治理工作，加快职能转变、深化土地和矿业权审批制度改革、优化资源配置方式，力争在重点领域和关键环节的改革方面有更大的突破。

（三）开展专项治理工作，是推进国土资源领域惩治和预防腐败体系建设的重要举措。建立健全惩治和预防腐败体系，是党中央为做好新形势下反腐倡廉工作作出的重大战略决策，既要整体推进教育、制度、监督、惩治各方面的工作，又要突出重点领域和关键环节的腐败问题，集中力量开展专项整治。我部按照中央要求，制定了贯彻落实惩治和预防腐败体系规划的实施办法，提出了二十个方面的重点工作，狠抓落实，取得显著成效。但是，我们还应看到，土地管理和矿产资源开发仍是腐败现象易发多发的领域之一，胡锦涛总书记在十七届中央纪委第三次全会上强调，“要针对工程建设、房地产开发、土地管理和矿产资源开发、金融、司法等领域腐败现象易发多发的情况，加大工作力度，开展专项治理”。集中力量解决土地管理和矿产资源开发领域存在的突出问题，有利于推进国土资源领域惩治和预防腐败体系建设，为经济社会发展营造良好环境。

二、突出重点，扎实开展国土资源领域专项治理工作

国土资源领域专项治理工作，要按照中央的要求，坚持围绕中心、服务大局，标本兼治、惩防并举，整体部署、重点突破。坚持集中治理与加强日常监管相结合，着重解决突出问题，维护人民群众的根本利益。

（一）着力解决突出问题。着重解决非法批地、低价出让土地、擅自改变土地用途、违规征地拆迁，以及违法违规审批和出让矿业权等问题，建立健全统一规范的土地、矿业权等要素市场和综合监管平台。重点完成六个方面任务：一是研究贯彻《国务院关于促进节约集约用地的通知》（国发〔2008〕3号），完善经营性用地和工业用地招标拍卖挂牌出让制度，严格限定协议出让范围，加强国有土地使用权出让合同监管，推进工业用地预审制度。二是科学编制、严格实施土地利用总体规

划、矿产资源规划，严格土地用途管制，科学设置矿业权。三是严格土地使用权出让审批和价格评估的监管，加强对征地审批和批后实施的监管，维护被征地农民合法权益。四是严格矿业权出让审批和价格评估的监管。五是建立健全统一规范的土地要素市场，建立和完善土地审批、供应、使用等综合监管平台。六是建立健全矿业权要素市场，建立完善矿业权管理的综合监管平台。

（二）着力查处重大违规违纪案件。要把查办案件贯穿于专项治理工作的全过程，突出办案重点，严肃查办国家工作人员特别是领导干部利用职权插手干预土地、矿业权审批和出让谋取私利的案件，严肃查办征地拆迁中侵害群众利益案件，严肃查办国家机关工作人员失职渎职案件。利用12336举报电话拓宽案源渠道，健全举报投诉处理机制，注重在项目审计、执法监察和新闻媒体报道中发现案件线索，深挖事故背后和社会焦点热点问题背后的腐败问题。把治理工程建设领域突出问题与治理商业贿赂结合起来，健全办案协调机制，形成查办案件的工作合力。

（三）着力构建长效机制。治理工程建设领域突出问题是一项复杂而艰巨的任务，必须用发展的思路和改革的办法，完善制度，创新机制，不断探索从源头上预防和治理突出问题的长效机制。一要加强重点部位和关键环节的制度建设，针对土地、矿业权审批和出让等方面存在的漏洞和薄弱环节，制定有针对性的措施。二要对现行法律制度和规范性文件进行清理和实施后评估，研究提出“立、改、废”的建议。三要把制度建设与深化改革结合起来，进一步深化审批制度改革，把专项治理工作中形成的有效做法和创新成果转化为法律制度，严格限制并规范行政自由裁量权，从根本上遏制以权谋私、权钱交易等腐败行为。

三、加强领导，确保专项治理各项任务全面完成

（一）加强组织领导。国土资源部成立了以徐绍史部长为组长的专

项治理工作领导小组，地方各级国土资源管理部门要在地方党委、政府的领导下，精心组织，认真开展专项治理工作。有关司局和单位，要按照部专项治理工作方案的要求，挑选业务骨干，全力投入专项治理工作。牵头司局要切实负起责任，协调安排好各阶段的工作。

（二）搞好统筹协调。按照中央专项治理工作实施方案的安排，我部负责牵头一项，即规范土地使用权和矿业权的审批和出让行为。同时，参与两项工作，一是规范工程建设项目的决策行为；二是规范城乡规划的管理工作。因此，首先要加强与相关牵头和协助部门的沟通和配合，及时向中央专项治理工作领导小组办公室汇报。各有关司局之间也要相互配合。国土资源部要对地方各级国土资源部门专项治理工作加强业务指导。同时，把排查问题、进行整改、加强监管、完善制度结合起来，把专项治理工作与巩固扩大学习实践科学发展观活动成果、与扩大内需促进经济增长措施落实情况监督检查、与加强日常监管结合起来。

（三）强化监督检查。监督检查是推动治理工作落实的重要手段。按照中央要求，每一阶段的工作都要有部署、有检查，掌握工作进度，督促工作落实。特别要重视自查工作，认真发现问题，及时进行整改，对拒不自查、掩盖问题或弄虚作假的要加大问责力度。重点检查要联合各个环节共同推进，提高工作效率。

同志们，治理工程建设领域突出问题是一项复杂而艰巨的任务，政策性强，希望大家精心组织，狠抓落实，确保专项治理各项任务全面完成。

突出重点　狠抓落实　全面推进
工程建设领域突出问题专项治理工作

——鹿心社同志在中央工程建设领域突出问题专项治理工作进展情况座谈会上的发言

（内情通报 2009 年第 63 期）

8 月 18 日全国专项治理工作电视电话会议以后，国土资源部高度重视，迅速传达学习贯彻中央精神，按照中央专项治理工作领导小组的要求，结合国土资源管理实际，研究部署和开展专项治理工作。现将进展情况和下一步安排汇报如下。

一、工作进展情况

从国土资源系统进展情况看，动员部署告一段落，组织机构已经建立，工作任务和工作责任已经明确，工作方案正式印发。专项清理工作方案已经完成，拟于月底全面部署。总的看，这一阶段工作开局良好，进展顺利。我们针对这次专项治理的特点，在发动部署和组织形式上，在工作重点和方案上，做了认真的研究和准备，为今后两年开展专项治理打好基础。

一是认真组织学习贯彻中央精神。全国专项治理工作电视电话会议后，部党组随即召开专题会议，传达贯彻中央领导的重要讲话和会议精神，研究落实专项治理工作任务和具体措施。召开全国国土资源系统工程建设领域突出问题专项治理工作电视电话会议，进行全面部署。同时，组织部机关有关司局分析研究土地管理和矿产资源开发领域存在的突出问题，统一思想，明确任务。

二是加强领导，明确工作责任。根据土地和矿产资源管理不同特点，部成立了领导小组，徐绍史部长任组长，副部长鹿心社、驻部纪检组组长王寿祥任副组长，专项治理工作办公室下设综合组、地政一组、地政二组、矿政组和督导组，分别负责专项治理有关业务工作。各地国土资源管理部门在各级党委、政府的领导下，在部专项治理工作领导小组指导下，均建立了专项治理工作领导小组和工作机构。

三是把握工作特点，制定具体方案。考虑到这次专项治理工作为期两年，为有计划、有步骤地抓好各项工作落实，部领导小组结合国土资源管理实际，多次组织召开专题会议，反复研究论证，制定了《国土资源部关于开展工程建设领域突出问题专项治理工作方案》。在方案中明确了7项主要任务、32项措施、25项阶段性预期成果，将任务分解落实到责任单位，便于操作和监督检查。

四是会同有关部门制定了《关于规范土地使用权矿业权审批和出让行为指导意见》。根据中央专项治理领导小组办公室的要求，我部会同监察部、财政部、环境保护部、住房城乡建设部、审计署，就规范土地使用权、矿业权审批和出让行为工作，召开联席会议，反复讨论研究和征求意见，形成了《关于规范土地使用权矿业权审批和出让行为指导意见》，报中央专项治理工作领导小组审定印发。

五是及时报告情况、沟通信息。我部专项治理工作领导小组办公室在推进工作同时，及时向中央专项治理领导小组报送相关信息，请示有关问题，中央专项治理领导小组办公室多次来我部指导工作。同时加强与协助单位的沟通联系，召开专项治理工作责任单位联席会议。及时掌握地方国土资源部门工作动态，加强工作指导，推动专项治理工作开展。

二、下一步工作安排

这次专项治理工作，是在当前反腐倡廉建设新形势下开展的一项新的工作，既有深化改革的新任务，又有反腐倡廉建设的新要求，既集中，又分散，相互关联，时间紧、任务重、难度大，中央统一部署，部门各负其责，在规定的时间内解决突出问题，全局性、政治性、政策性都很强。为此，我们突出抓好五项重点工作：

一是突出抓好土地有偿使用制度改革，进一步完善国有建设用地出让制度。根据《国务院关于促进节约集约用地的通知》（国务院〔2008〕3号文）的要求，继续推进土地有偿使用制度改革，减少划拨用地范围。积极探索经营性城市基础设施以及各类社会事业用地实行有偿使用，研究制定《深化国有建设用地有偿使用制度改革实施方案》和《国有建设用地划拨目录》。严格落实经营性用地和工业用地招标拍卖挂牌出让制度，严格限定协议出让范围，着力推进工业用地预申请制度，制定工业用地预申请制度的实施办法，开展对落实《国土资源部监察部关于进一步落实工业用地出让制度的通知》情况的监督检查。加大对土地使用权价格评估的监管，研究制定《土地评估管理办法》。加强国有建设用地出让合同监管，利用半年时间集中对各地在2009年9月30日前签订的出让合同和划拨决定书的所有国有建设用地进行专项清理。严肃查处土地出让和划拨中的腐败问题，使土地出让行为更加完善规范。

二是突出抓好对征地审批和批后实施的监管，维护被征地农民合法权益。按照《中共中央关于推进农村改革发展若干问题的决定》要求，进一步改革征地制度，推进改革试点，对重庆市、成都市等统筹城乡综合配套改革试验区深入调研和评估，创新土地管理制度，依法按规督查落实对被征地农民的补偿安置，出台规范有关农村房屋拆迁补偿及安置方式的指导性意见，切实维护被征地农民合法权益。

三是突出抓好规范探矿权采矿权审批出让行为，加大对矿业权出让价格（款）评估的监管。组织开展全国探矿权采矿权审批出让情况及越权审批出让行为的专项清理，重点对2006年以来探矿权采矿权新立、转让、变更、延续、保留等审批环节中各个项目的审批要件、审批程序、审批权限、价款处置情况进行清理，针对存在的突出问题，进一步规范探矿权采矿权出让方式、审批权限和审批程序。强化矿产资源规划的法律地位，严格调控矿产资源开发利用方向和总量，科学设置矿业权投放数量。深化矿政管理的改革，进一步加强和改进矿产资源管理。加大对矿业权出让价格（款）评估的监管力度，规范矿业权评估机构的行为，建立科学、规范的矿业权评估制度，在2011年前出台规范矿业权评估机构行为管理办法。

四是突出抓好建立健全统一规范的土地使用权和矿业权要素市场，建立和完善土地使用权和矿业权管理的综合监管平台。组织开展土地、矿业权要素市场和监管平台的调查研究，查找市场建设中存在的突出问题，在规范、统一上狠下功夫。探索建立规范的土地使用权和矿业权交易市场，健全交易信息平台，规范交易中介机构行为。建立健全矿业权流转机制，规范矿业权交易市场秩序，完善矿业权交易管理体制。进一步加大土地“审批、供应、使用、补充、监管”综合监管平台建设，逐步建立“天上看、网上管、地上查”的土地综合监管体系。全面实现全国探矿权采矿权统一配号，推行行政审批电子监察，构建矿产资源勘查开发监管系统，形成矿产资源管理的综合监管平台。

五是突出抓好查办案件工作，把查处案件作为推动专项治理的重要手段贯穿于专项治理的始终。深入贯彻《违反土地管理规定行为的处分办法》，严肃查处官商勾结、权钱交易的案件，利用行政审批权、执法权索贿受贿、徇私舞弊的案件；查处非法批地、低价出让土地或擅自变更规划获取非法利益的案件；查处违法审批探矿权和采矿权，违法入股矿产资源开发的案件；查处土地出让和资源开发领域的商业贿赂案件和领导干部干预市场交易活动的行为。

在工作中要坚持“四个结合”：把专项治理工作与推进国土资源管理深化改革和巩固学习实践科学发展观活动试点成果结合起来；与查处案件和加强惩防体系建设结合起来；与扩大内需促进经济增长政策措施落实和保增长、保红线行动结合起来；与加强国土资源管理日常服务和监管结合起来。

近期，我们着力抓好五件事：

第一，进一步细化工作方案。机关有关司局和各地国土资源部门根据中央专项治理领导小组《关于印发〈规范土地使用权矿业权审批和出让行为指导意见〉的通知》和国土资源部工作方案的要求，按照何勇同志这次讲话的精神，进一步细化抓落实的措施，明确各司局的重点工作和工作安排。

第二，部署开展专项清理工作。国土资源部拟印发《开展国有建设用地使用权出让合同专项清理工作方案》和《关于开展探矿权采矿权审批出让制度执行情况专项清理工作方案》，指导各地开展专项清理工作。拟于明年三月份按时完成。同时，拟组织全国国土资源厅（局）纪检组组长，组成若干检查小组，对各省进行互查、抽查和验收，并及时通报清理情况。

第三，深入开展土地使用权、矿业权要素市场建设的调研。由部领导带队组成调研组，对建立统一规范土地使用权和矿业权市场进行调查研究，查找两个市场建设中存在的突出问题，提出健全完善两个市场的总体思路和方法，2010 年 2 月形成初步意见。

第四，开展案件线索的排查工作。整合信访举报、执法监察、土地督察和卫星遥感等反映土地和矿产资源开发中的违法违纪案件线索，确定专门人员排查案件，分门别类，研究提出查处有关案件的意见，并根据专项治理工作进展情况适时通报查处案件的结果。

第五，研究明年的工作安排。春节前召开座谈会，总结交流专项治理工作开展的情况，提出明年专项治理的工作重点和主要任务。

鹿心社同志在全国国土资源系统党风廉政建设工作会议上的讲话

（内情通报 2010 年第 29 期）

2010 年全国国土资源系统党风廉政建设工作会圆满完成了各项议程。我受绍史部长的委托，对会议做一个简要小结。

一、关于会议的基本情况

这次会议是在今年全国国土资源会议之后召开的又一次重要会议。总结这次会议，有以下特点：一是主题鲜明。会议深入学习贯彻胡锦涛总书记的重要讲话，贯彻落实中央纪委五次全会和国务院第三次廉政会议精神，研究部署了国土资源系统今年党风廉政建设工作。二是要求明确。绍史部长就当前国土资源系统反腐倡廉面临的形势和今年工作重点作了重要讲话。中央纪委常委、监察部副部长屈万祥同志就当前党风廉政建设面临的形势进行了全面阐述和分析，很有启发和指导意义。王寿祥同志回顾总结了 2009 年党风廉政建设工作，对今年党风廉政建设工作做了全面部署。文林同志就工程建设领域突出问题专项治理工作进展情况作了通报，对下一步工作作出安排。三是内容丰富。上海市、天津市、辽宁省、浙江省、江西省就土地和矿产交易市场制度建设、国土资源管理综合监管平台建设及案件剖析等问题，作了典型发言。会议代表还到上海市土地交易市场进行了现场观摩，参观和考察了交易市场的运营情况，学习了他们的做法。刚才七个小组的代表就讨论的情况作了很精彩的发言，他们谈认识，讲体会，说措施，提建议，讲得都很好，也很实在。会上，印发了《中共国土资源部党组关于2010年党风廉政建设和反腐败工作的实施意见》、《中共国土资源部党组关于2010年党风廉政建设和反腐败工作任务分工的意见》，是今年全系统党风廉政建设工作的重要指导性文件，印发了《中共国土资源部党组关于进一步严格管理完善制度加强从源头上惩治和预防腐败工作的决定》（讨论稿），这个决定是党组在反腐倡廉新形势下提出的新要求，大家进行了讨论和修改。四是会风好。代表们以良好的作风和精神状态参加会议，尽管讨论的时间比较短，但是大家围绕重点问题相互交流，气氛非常热烈。对当前党风廉政建设工作，从多角度提出了很好的意见和建议，会后我们还要很好地归纳整理，深入研究。五是会议准备充分。会议时间虽短，但是效率比较高，安排非常紧凑，衔接非常好，上海市政府对这次会议高度重视，给予了很大的支持和帮助。上海市规划和国土资源局为会议做了大量的准备工作，提供了热情周到的服务。

这次会议的主要收获是：

（一）认清了形势，提高了认识。大家认为，绍史部长的重要讲话深刻分析当前国土资源系统党风廉政建设和反腐败工作面临的形势。思想性、针对性、指导性都很强。绍史部长强调，面对国土资源系统当前党风廉政建设和反腐败的严峻形势，我们要大喝一声，猛击一掌，进一步警醒起来。与会同志都感到有猛然警醒的震撼。“大喝一声”，要求国土资源部门各级领导干部必须旗帜鲜明地反对腐败，明确反腐倡廉建设是国土资源事业发展的生命线；“猛击一掌”，要求各级领导干部面对严峻复杂的反腐倡廉形势，不能有丝毫的放松，更不允许有丝毫的麻痹和懈怠，要把反腐倡廉摆在更加突出的位置；“进一步警醒起来”，要求国土资源部门的各级领导干部要进一步增强反腐倡廉建设责任感、紧迫感，真抓实干，把各项工作落到实处。大家还感到，部党组不回避、不护短，直面系统党风廉政建设和反腐败面临的问题，也是前所未有的。绍史部长的重要讲话，站在国土资源管理和系统党风廉政建设全局的高度，对国土资源系统当前的反腐倡廉工作提出了更高的要求，特别是对党员领导干部寄予了殷切的希望。

（二）明确了方向，突出了重点。大家认为，绍史部长对国土资源系统反腐倡廉建设薄弱环节和部位进行了深刻分析，明确指出了当前国土资源领域的腐败案件易发、多发并缓慢增长，要求争取用两到三年的时间遏制腐败高发态势，使腐败现象易发高发的局面得到明显改观，任务明确，符合实际。大家还感到，随着经济社会的快速发展，作为稀缺的土地和矿产资源，供需矛盾日益加剧，利益协调的难度和诱惑加大，管理的环境越来越复杂；国土资源管理部门的权力相对比较集中，权力制约机制不完善，监督还不到位，权力寻租的现象还时有发生，在履职过程中腐败风险依然存在；反腐倡廉制度设计的针对性和时效性还有缺陷，党风廉政建设责任制的落实以及工作方式方法的创新，还有很大的提升空间。大家表示，一定按照绍史部长的要求，进一步加大力度，采取有力措施，有效遏制当前腐败案件易发、频发的高发态势。

（三）交流经验，拓宽了思路。五省（厅、局）的负责同志从不同的侧面探讨了国土资源管理中反腐倡廉建设和制度创新问题，为大家开拓思路提供了宝贵的经验。天津市“建设严格土地监管‘一张图’工程、构筑预防腐败长效机制”的经验，辽宁“巩固完善矿业权市场建设，立足从源头上防治腐败”的经验，上海市“加强土地交易市场、让权力在阳光下运行”的经验各具特色，从不同角度探索了一条“制度＋科技”预防腐败的有效途径，值得学习和借鉴。江西、浙江分别通过典型案例分析，制定改进和完善制度的措施，有很强的启发和教育意义。特别是上海市国土资源局按照“国际一流、国内领先”目标打造的土地交易市场，体现了国土资源领域反腐倡廉、科技支撑的重点。这些典型经验说明，通过技术手段把制度固化到工作流程中，增强制度执行的刚性，可以有效地压缩权力寻租的空间，解决各种因素导致制度和程序不落实的问题；坚持公开透明的理念，市场建设始终秉持公开、公正、公平、透明的原则，可以有效解决信息不对称和暗箱操作等问题；坚持业务建设与权力监督融合的理念，把监督检查功能融入业务操作平台，是防止腐败发生的有效措施。对于这些经验，大家要认真学习、潜心研究，并借鉴这些成功的管理理念，改进和完善我们的工作。

（四）把握大势，坚定信心。国土资源系统腐败现象易发、多发，这是制度转轨过程中伴生的现象，是事业发展中遇到的问题。虽然国土资源系统少数干部出了一些问题，但是我们应当看到，国土资源系统干部队伍的总体情况是好的。我们要把国土资源领域与国土资源系统出现的腐败问题区别开来，对扭转国土资源系统腐败案件易发多发的局面充满信心。一是有党中央的高度重视；二是部党组科学和有力的部署；三是多年来我们坚持深化改革，完善制度，打下了良好的基础；四是各地在反腐倡廉方面探索创新，积累很多经验和做法，除了会上发言的五个典型单位以外，还有很多地方也积极探索。只要我们认真贯彻中央的要求，按照部党组的部署，上下努力，坚持不懈，下工夫去抓，就一定能够扭转当前腐败现象易发、多发的局面，取得推进国土资源事业发展和反腐倡廉建设的双赢。

二、关于贯彻落实的几点要求

当前，国土资源管理任务十分繁重，党风廉政建设的任务也十分繁重。我们一定要以高度的政治责任感、紧迫感，以良好的精神状态，更加有力的工作措施，精心组织，周密安排，全面落实党风廉政建设的各项任务。

（一）抓好会议精神落实。会议结束后，各省（区、市）国土资源厅党组（党委）要召开专题会议，进一步学习贯彻胡锦涛总书记讲话精神和中央纪委五次全会和国务院第三次廉政会议精神，传达贯彻绍史部长的重要讲话和寿祥同志、文林同志的讲话精神。结合本地区本部门的实际，分析本地区本部门反腐败的总体形势，提出具体措施。要把会议精神传达到本单位全体干部职工，结合本单位的实际，查找廉政的风险点，有针对性提出有效防范措施，扎扎实实地抓好落实。各地、各部门要把学习贯彻这次会议的情况，于4月中旬报国土资源办公厅。

（二）加快健全和完善“两个市场”和“一个平台”的建设。加强土地市场和矿业市场建设，是中央提出的发挥市场配置资源基础作用的要求，是中央确定惩治和预防腐败体系建设的重要任务，是国土资源管理深化改革，完善管理，取信于民的重要工作，也是国土资源系统从源头上预防腐败的重要措施。各地对这项工作要高度重视。会后，各地就健全和完善两个市场建设的具体工作方案，在4月底前报国土资源部办公厅。关于监管平台的建设，各地也要有具体的落实意见，并且尽快实现与国土资源部综合监管平台对接。部信息中心按照这次会议要求，要加强指导，进一步抓好落实。

（三）抓好党风建设责任制的落实。按照中央纪委关于落实党风建设责任制的要求，各级国土资源部门的主要负责人对党风廉政建设和反腐败工作负总责。一是要切实负起领导责任，特别是各级领导干部要率先垂范，既要敢抓敢管，更要善抓善管。领导班子成员要根据各自的分管工作，自觉把反腐倡廉建设融入到各项业务工作之中，主动地抓好职责范围内的工作。针对国土资源系统党风廉政建设的特点，把党风廉政建设和业务工作有机结合起来，融为一体，坚持两手抓，两手都要硬。二是以落实责任为重点，提高制度的执行力。刚才发言的同志都谈到制度执行的问题，讲得很好。我们一定要以贯彻中央纪委《关于贯彻落实胡锦涛同志重要讲话精神加快推进反腐倡廉制度建设的意见》为契机，落实责任，细化任务，明确目标，突出以防范为核心，抓住权力制约这个关键，加大制度执行力度，着力从源头上构建预防腐败的机制、体制。三是各级纪检监察部门要充分做好组织协调，强化监督检查，抓好责任考核和责任追究，推动各项制度和各项任务有效落实。

（四）加强制度建设。按照胡锦涛总书记的讲话要求，结合本部门的实际，做好现有制度的评估和“立、改、废”工作，重点在行政审批、资金管理、项目安排，干部人事制度等权力运行的重点部位和关键环节，要抓紧对这些方面的制度进行系统地梳理，该完善的要完善，该补充的要补充，该废止的要废止，发挥制度在反腐倡廉中的关键作用，切实做到用制度管人，用制度管事，规范权力运行。

（五）加强领导班子和干部队伍建设。进一步强化宗旨意识，使每个干部自觉做到勤政廉政。要强化教育、严格要求、严格管理。坚持转变管理职能，努力解决思想和作风问题，创新管理制度和管理方式，规范权力运行，切实做到依法行政。认真遵守中央发布的《党员领导干部廉洁从政的若干准则》，带头严格遵守。

这次会议，上海规划和国土资源局做了大量的工作，克服了人员多、时间紧、要求高等困难，为大会圆满顺利召开提供了优质服务，在此，我代表部党组和全体与会同志对他们表示衷心的感谢！

同志们，国土资源系统党风廉政建设和反腐败工作任务艰巨，责任重大，我们要以中央纪委和国务院第三次廉政会议精神为指导，以高度的政治责任感和历史使命感，以更加坚决的态度和更加有力的措施，以奋发有为的精神状态，深入推进党风廉政建设和反腐败各项工作，为国土资源事业提供强有力的政治保证。

鹿心社同志在部工程建设领域突出问题专项治理专题会议上的讲话

（内情通报 2010 年第 35 期）

同志们：

中央对工程建设领域突出问题专项治理工作高度重视，中央领导多次强调，要把这项工作抓好。温家宝总理在国务院第三次廉政工作会议上，对国有土地使用权、矿业权出让市场建设提出了明确要求。前不久，中央扩大内需暨专项治理领导小组召开会议，部署对各地的检查工作，组织 24 个检查组，确定了 3 项重点检查内容，其中土地和矿业权审批出让是重点。今年是专项治理工作关键一年，任务非常重。下面，我讲几点意见：

一、进一步增强做好工程建设领域突出问题专项治理工作的责任感和使命感

专项治理工作开展以来，各个单位做了大量的工作，取得了积极的进展，总体看做的不错，有关情况已在全国国土资源系统党风廉政建设工作会议上进行了通报。目前取得的成效还是初步的，工作中还存在一些问题和不足：有的地方和单位对专项治理工作的认识还不到位，存在

畏难情绪、工作积极性不高，查找问题不深、不透，停留在表面等。3月4日，中央工程治理领导小组召开了第二次会议，何勇同志强调今年要在整体推进的同时，突出抓住五个重点环节进行深入治理，其中包括治理非法批地批矿、低价出让土地等问题。据中央工程治理领导小组办公室的统计，2009年12月到2010年1月，在各省（区、市）查处的工程建设领域案件中，涉及招标投标环节占23.1%，涉及土地、矿业权审批出让环节的占23.8%，涉及工程建设实施和质量管理环节的占23.5%，这三个环节发生的问题总数，涉及土地、矿业权审批出让是最高的。这些问题，中央领导很重视、社会非常关注，我们要进一步提高思想认识，采取切实有效措施，认真加以解决。

二、全力推进工程建设领域突出问题专项治理重点工作

《国土资源部2010年工程建设领域突出问题专项治理工作要点》对2010年的工作作了具体的安排，要认真执行，重点抓好以下几方面工作：

一是关于土地市场建设问题。土地市场重在规范和完善，要把现状摸准、问题找准。要汇总分析各地土地市场建设情况，查找管理漏洞，针对存在问题的关键环节采取措施。要进一步总结上海市土地公开交易市场建设的做法，梳理操作运行流程，形成健全完善土地市场建设的方案，设计出全国规范的土地交易模式和程序，制定出科学的操作规范，统筹规范全国的土地交易市场。

二是关于矿业权市场建设问题。要对当前矿业权市场建设情况作出简明易懂的概括，提炼出矿业权市场建设存在的突出问题，针对这些问题，制订相应的措施。健全完善矿业权市场建设方案，设计科学规范的框架体系，不能零敲碎打。对矿业权市场建设中争议较大的问题要列出来，分类、集中研究。

三是关于监管平台建设问题。要做到所有审批事项都要通过网上运行，已经建立起来的，尽快用起来。要加强对地方监管平台建设的指导，让每项业务都利用平台管理操作，做到先上、快用、逐步完善。要研究财务管理的风险点，进一步完善财务管理信息系统，通过科技手段和管理防范，做到及时发现，及时纠正，健全防范制约机制。

四是关于两个专项清理工作。重点是发现和纠正问题。对国有土地使用权出让合同清理，要纠正不按土地出让合同和划拨决定书约定开发利用土地、不按期缴纳土地出让金或擅自批准减免缓缴出让金、擅自改变土地用途甚至非法转让等问题。对探矿权采矿权出让审批制度执行情况的专项清查，要重点纠正 2006 年以来在招拍挂出让制度执行中存在的突出问题，并及时进行整改。向中央提交的这两个专题报告要突出专项清理发现的问题数、纠正的问题数和对策措施。

五是关于查处案件问题。要进一步整合案件线索，注意从自查自纠中发现问题，对符合立案条件的，要果断立案调查。对正在查办的案件要加大力度，加快进度，依纪依法作出处理。要进一步加大案件查处力度，适时向社会公开一批典型案件的处理情况，发挥震慑和警示作用。对公开查处案件的选择和处理要讲究艺术，公开处理的案件要做到处理到位、结果公开，发挥好查办案件的社会效应。

三、强化对专项治理各项工作的责任落实

《国土资源部 2010 年工程建设领域突出问题专项治理工作要点》已明确各责任单位的任务。有关司局负责同志要认真研究，确保完成任务。各责任单位要明确一名联络员，负责本单位与专项治理办公室的联络协调，及时沟通情况，反映信息。专项治理办公室要切实做好综合工作，及时向中央工程治理领导小组办公室上报有关工作情况。同时，要注意了解掌握中央扩大内需暨专项治理检查组在各地检查中涉及土地矿业权的检查情况，对工作中需要研究和改进的问题，要及

时向领导小组报告。对各地专项治理工作进展情况要及时了解掌握，加强监督检查，督促工作落实。对各地的检查要统筹安排，尽可能减少基层的负担。

贠小苏同志在国土资源系统廉政风险点排查工作视频交流会议上的讲话

（内情通报 2010 年第 92 期）

同志们：

为深入推进“两整治一改革”工作，总结推广好的做法和经验，指导各地各单位搞好风险点排查工作，部党组决定，召开这次国土资源系统廉政风险点排查工作视频交流会议。中央纪委监察部高度重视我部“两整治一改革”工作，执法监察室、四室负责同志亲自到会指导。刚才，规划司、耕地司、开发司、国家土地督察上海局、北京市国土资源局、吉林省国土资源厅、台州市国土资源局、伊宁市国土资源局 8 个单位的负责同志，分别就开展廉政风险点排查工作发了言，讲的都很好。请各地各单位认真学习和借鉴，进一步抓好工作落实。下面，我讲三点意见。

一、进一步提高思想认识，把廉政风险点排查工作放在更加突出位置抓实抓好

8 月 19 日电视电话会议后，各地各单位按照部党组的部署和要求，迅速研究落实措施，部署专项行动，各项工作全面展开。从面上看，各

项工作开局良好，平稳有序，进展顺利，国土资源领域腐败问题治理工作协调小组，对我部这段时间工作给予了充分肯定。但是，我们还要看到，各地工作进展还不平衡，特别是对廉政风险点排查工作认识不足、抓得还不够紧；有的单位对什么是风险点、怎么才能找准还不清楚，有的认为本单位没有审批权不存在风险点；有的同志认为自己没有犯错误，不需要查找廉政风险点，更不需要防控，甚至认为廉政风险防控是自己给自己加“紧箍咒”。对这些认识问题，各地各单位要高度重视，从各自实际出发，认真解决好，切实增强工作的自觉性和主动性。

（一）开展廉政风险点排查工作是实现“行风评议名次升上去，违纪违法案件数量降下来”目标的重要抓手。去年以来，中央领导同志先后就国土资源领域反腐倡廉建设作出重要批示，要求我们加强干部队伍建设和制度建设。部党组高度重视，采取了一系列措施，徐绍史部长提出要“大喝一声，猛击一掌，进一步警醒起来”，“行风评议名次升上去，违纪违法案件数量降下来”。部党组决定从8月份开始，到年底在全系统全面开展廉政风险点排查工作。通过廉政风险点排查，找出我们制度漏洞和管理上的薄弱环节，建立健全防控措施，规范权力运行，有效降低风险，减少案发机率，进一步推动队伍作风建设，增强干部职工廉洁从政的能力和水平。

（二）开展廉政风险点排查工作是提高干部职工预防腐败能力的迫切需要。国土资源工作关系各行各业、关系千家万户，中央高度重视、社会广泛关注。国土资源部门拥有行政许可、行政审核审批、资金管理、项目发包等方面的权力，我们的干部面临着各种各样的诱惑和考验。有诱惑不可怕，有风险来袭也不可怕，重要的是要看到诱惑背后潜藏的风险。从国土资源系统整个行政环境来看，风险的概率高，风险的空间大。这几年，国土资源管理规章制度不断健全完善，但制度仍然存在漏洞，监管还有薄弱环节，在我们系统也发生了一些违纪违法案件，有的案件损害了国土资源部门的形象。我们这次开展廉政风险点排查工作，就是从增强预防腐败能力出发，使大家都明确有哪些风险，风险在哪里，怎样防控这些风险，使党员领导干部和关键岗位人员能够始终保持清醒的头脑，牢牢掌握风险防范的主动权，避免失误，远离腐败，这既是促进广大党员干部勤政廉政的一项重要工作，也是关心和爱护干部、保护干部的一项重要举措。

（三）开展廉政风险点排查工作是构建制度反腐长效机制的重要举措。腐败行为的发生依赖权力、腐败动机、腐败机会三个必要条件。虽然，也有违反法规而谋取私利的问题，但由于腐败机会主要是体制机制制度漏洞和缺陷的具体表现，它直接影响着腐败动机的强弱和腐败行为发生的机率，因而是腐败行为发生最重要、最关键的客观条件。国土资源系统干部职工绝大多数是勤政廉洁的，个别干部和其他领域、行业涉地涉矿人员出现腐败现象，其中一个重要的方面是制度建设跟不上提供了腐败机会，一方面，在有的事项中，存在制度体系不健全、不配套，另一方面，现有的各项制度中，还存在内容不健全，内容不科学，落实的不好，流于形式，操作性不强等问题。通过开展廉政风险排查工作，在确定出廉政风险点的基础上，对照各个岗位风险，根据各个风险发生的不同状况，健全完善制度、强化监督管理，建立防控机制，这样可以有针对性的制定制度，使制度更加实在，制约性更强，能够真正形成一套用制度管权、按制度办事、靠制度管人的长效机制。

二、把握好廉政风险点排查工作的关键环节和方法，有力推进廉政风险防控机制建设

廉政风险点排查工作是“两整治一改革”工作的关键步骤，这项工作抓的实不实，到位不到位，直接关系到“两整治一改革”工作的成效。针对各地各单位排查工作的进展情况，我着重强调以下三点。

（一）要把握好查找廉政风险点的关键环节。总的要求是，“自己找、大家提、组织点、群众议、集体定”，要全面深入地查找廉政风险点，做到找准、找全、找实，使查找的过程成为对干部教育监督的过

程。一是要梳理岗位职权。依据有关法律法规和政策规定，明确工作岗位和职责，并结合实际情况，理清每项业务工作和权力运行流程。二是深入查找风险点。以“岗位”为点，以工作流程为线，通过个人查、处室查、分析制度漏洞和缺陷查、案件分析查、请社会及服务对象帮助查等方法，认真查找制度是否有缺陷，难落实、权力运行流程不衔接，有漏洞、监管制度不健全、措施不力难操作等，尤其是管项目、管审批、管人事、管资金分配的单位，更要积极主动地做好排查。领导班子成员重点查找重大事项决策、重要人事任免、重大项目安排和大额资金使用等方面存在的廉政风险。三是对查找出的风险点要广泛征求意见。通过召开座谈会、个别走访、下发征求意见函、民主评议等形式，多渠道、多层次广泛征求意见，认真整理、研究和吸收。四是领导班子集体研究审查。各地各单位要对各岗位查找出的廉政风险点逐个进行分析，看查找的风险点全不全、准不准，重点是分析哪些环节发生风险的可能性比较大等。部机关和直属单位对确定的风险点，要报主管部领导审定。五是评估界定风险等级。根据风险发生的机率大小、可能造成的危害程度，要划分出风险等级，对应级别风险点，采取单位干部职工评议、领导班子集体研究的方式，确定岗位风险等级，明确责任主体，实行分级负责、分级管理。

（二）要有针对性地制定廉政风险防控措施。防范和监控腐败问题的发生是建立廉政风险防控机制的根本目的。通过有效防控，使廉政风险防控机制真正成为党员干部的“保护伞”、“防火墙”。针对排查确定的廉政风险点，从前期预防、中期监控和后期处置等方面，制定具体的防控措施。一是要修订完善制度，针对查找出的廉政风险点，进行认真的分析梳理，逐一制定完善相应的防控措施和制度规范，保证制度的严肃性、约束力、可执行性和监督制度执行的有效性。同时，要实施分级管理，落实监管责任，进行全面防范。二是要加强事中控制，确保防控措施落实到位。要运用行政、组织等手段，将预防控制廉政风险的内容转变为纪律要求，使防控措施更加具体和权威。三是要建立廉政风险预警机制，对有明显风险表现的个人及时进行纠错和提醒，防止可能出现或正在演变的腐败问题发生。畅通群众投诉渠道，对群众举报不按照规定落实廉政风险防范措施的，采取谈话提醒、诫勉纠错、责任追究等措施，帮助和督促其及时纠正工作中的失误和偏差。

（三）工作中要注意防止出现的问题。廉政风险，是指党员干部和国家公务人员在执行公务或日常生活中出现违法违纪问题的可能性。查找廉政风险点是依据各地各单位实际工作情况而进行的，既是同样的工作任务，各地实际的工作现状也千差万别。因此，一方面各地各单位要认真研究借鉴今天会议发言单位的好思路、好方法，结合本单位实际，深入开展好排查工作；另一方面，一定要防止概念化和形式化，对重点工作、重点岗位、重点环节要作具体分析研究，才能有效的发现和找准廉政风险点。同时，在针对查出确认的廉政风险点，制定或健全完善各项管理制度和监管制度中，还应注意处理好采用行政手段与坚持市场取向的关系，加强教育提高个人自律能力与靠制度监管的关系，解决当前问题与建立长效机制的关系，使廉政风险点排查与制度改革建设取得实实在在成效，真正建立好防控体系。

三、切实抓好工作落实，把专项治理工作引向深入

开展廉政风险点排查工作是“两整治一改革”的重要内容，是部党组的重要决策部署。各级国土资源部门和各单位都要把这项工作作为年底前的一项重点工作，切实抓好落实。

（一）领导干部要发挥表率作用。抓好这项工作的关键在领导，责任在班子。各地各单位要进一步加强对廉政风险点排查工作的组织领导，及时研究部署有关工作。各级领导干部特别是主要负责人要身体力行，带头查找风险点，带头分析查找班子和个人存在的廉政风险及原因，带头制定和落实防控措施。班子成员要真正负起“一岗双责”的职责，一级抓一级，一级带一级，层层抓好落实。部机关各司局、各单位

要按部党组要求，扎实细致有效地做好廉政风险点的排查和防控机制建设，作出表率、发挥好示范带动作用。

（二）要注重统筹协调，着力提高效果。要把开展廉政风险点排查工作与学习贯彻十七届五中全会精神、推进“双保”工程、开展“创先争优”活动紧密结合起来；要把建立廉政风险防控措施与抓好惩治和预防腐败体系建设工作紧密结合起来，把风险点排查融入到国土资源管理和制度建设中，相互推进，协调联动，形成综合效应，提高整体效果。

（三）要加强督促检查。部“两整治一改革”领导小组办公室，要加强对各地督促检查，及时掌握工作进展情况，对工作敷衍塞责、组织领导不力的，要进行通报。各地要及时将开展工作情况报部“两整治一改革”工作领导小组办公室。同时，要加强对廉政风险点排查工作的宣传，总结推广好的经验做法，形成推动工作的良好氛围。

同志们，国土资源管理改革发展的任务十分艰巨，反腐倡廉建设的责任十分重大。我们要深入学习贯彻中央十七届五中全会精神，按照中央纪委监察部的部署和要求，以更加坚决的态度、更加务实的作风、更加有力的措施，深入推进国土资源领域腐败问题治理工作，保障和促进国土资源事业又好又快科学发展。

贠小苏同志在国土资源系统2011年“两整治一改革”工作视频会议上的讲话

（内情通报2011年第11期）

同志们：

刚才世元同志传达了温家宝总理的重要批示，家宝总理的批示对于深入开展国土资源领域反腐败专项行动，加强国土资源系统干部队伍建设，全面推进国土资源管理工作具有重要的意义。部党组决定今天召开全系统视频会，主要任务是深入学习贯彻温家宝总理批示精神，总结交流“两整治一改革”工作开展以来的成效和经验，对2011年的工作作出部署。部党组对这次会议十分重视，绍史部长对开好这次会议多次作出重要批示，一会儿还要作重要讲话。中央纪委监察部高度重视我部“两整治一改革”工作，给予了很大的支持，今天执法监察室、四室负责同志亲自到会指导。国家土地督察北京局和有关省厅的6位负责同志作了发言，讲的都很好，各具特色，大家要很好地学习借鉴。下面我就贯彻落实好温家宝总理的批示精神，抓好今年的“两整治一改革”工作讲三点意见。

一、充分认识温家宝总理重要批示精神的重要意义，进一步增强抓好“两整治一改革”工作的责任感和紧迫感

2月7日，温家宝总理在我部“两整治一改革”工作情况报告上作出重要批示，对“两整治一改革”工作给予了充分肯定，就开展专项治理工作提出了明确要求。部党组高度重视，立即召开了专题会，传达学习温家宝总理的重要批示精神，研究贯彻落实措施，印发了《部党组关于认真学习贯彻温家宝总理重要批示精神进一步做好“两整治一改革”工作的通知》。温家宝总理重要批示精神，对当前和今后一个时期推进国土资源管理工作、加强国土资源系统干部队伍建设具有十分重要的指导意义，我们要认真学习领会。

一是温家宝总理的重要批示体现了对国土资源管理工作的关心和重视。近几年，国土资源系统积极参与国家宏观经济调控，改革完善国土资源管理制度，大力推进节约集约用地，认真组织实施农村土地整治和城市建设用地增减挂钩试点，加大执法监管力度，在保障发展、保护资源和维护权益方面取得了明显成效。温家宝总理的重要批示，充分体现了中央对国土资源管理工作的重视和对国土资源系统干部职工的关心，全系统各级干部都要认真学习总理重要批示精神，深刻理解批示的重要意义和要求，以高度的政治责任感和使命感，进一步增强搞好专项治理工作的自觉性和主动性，扎实推进国土资源管理工作。

二是温家宝总理重要批示明确了国土资源队伍建设的根本。当前国土资源管理工作面临的任务十分繁重，既要保护资源又要保障发展，在促进经济社会可持续发展中承担着重大的历史责任。做好国土资源管理工作，必须有一支高素质的干部队伍作保障。家宝总理要求我们造就一支廉洁从政、严格要求、严明纪律的干部队伍。指明了国土资源系统队伍建设的方向，明确了干部队伍建设的根本任务。我们要很好地领会和

落实家宝总理的重要批示精神，采取各种有效措施，进一步加强干部队伍建设。

三是以温家宝总理重要批示为指导，深入推进国土资源领域腐败问题治理。学习贯彻家宝总理重要批示，关键是要在抓落实上狠下功夫。结合当前工作实际，我们要以家宝总理的批示为动力，继续以“两整治一改革”为抓手，深入推进国土资源领域腐败问题治理。要通过国土资源领域腐败问题治理和综合整治，努力实现部党组提出的“行风评议名次升上去，违纪违法案件数量降下来”目标，进一步提高干部队伍廉洁从政水平，为推动国土资源事业健康发展提供坚强的保障。

二、各级国土资源主管部门高度重视、精心组织，“两整治一改革”工作取得了明显成效

“两整治一改革”工作开展以来，各级国土资源主管部门高度重视，认真部署，采取有力措施，稳步有序推进各项工作，取得了明显成效。

一是广大干部对开展国土资源领域腐败问题治理工作的思想认识不断深化，自觉程度不断提高。去年 8 月 19 日电视电话会议后，系统上下不少同志感到震动大、压力大。有的干部特别是基层的干部，存在一些顾虑和模糊认识，怕影响部门形象，怕影响业务工作。针对这些顾虑和模糊认识，部党组和各级国土资源部门多次召开专题会议认真分析研究，注重把宣传教育贯穿工作始终，不断解决认识上的苗头性、倾向性问题，提出专项治理工作的具体安排和措施。通过半年多的工作，大家对“两整治一改革”工作认识不断深化，自觉程度不断提高。普遍认为，在工程领域突出问题专项治理工作中，部署开展国土资源领域腐败问题治理工作，体现了中央对国土资源事业的重视和对国土资源系统干部队伍的关心爱护。目前，国土资源系统上下已形成共识，中央领导的批示，中央纪委的部署和部党组的安排都是正确的，表示要把中央领导的关心和信任落实到实际工作中，更加主动、更加自觉地抓好专项行动。

二是围绕着权力运行，查找了一批突出问题，逐步建立和完善了一批制度。组织党员领导干部对照《廉政准则》和部党组“五项禁令”，通过召开民主生活会、发放调查问卷、征求意见等多种方式，查找廉洁从政存在的突出问题，各地各单位共查找出问题1049个，已整改955个，正在整改94个。围绕规范权力运行，以工作流程为线、工作岗位为点，以核心业务、关键岗位、重点部位和环节为重点，采取“自己找、大家提、组织点、群众议、集体定”的方法，各地各单位共排查出廉政风险点3664个，制定廉政风险防控措施7469条。查找出制度漏洞和缺陷842个，提出建立和完善制度的措施建议1054条。针对查找出的突出问题和薄弱环节，研究出台了一批规范性文件。

三是土地使用权和矿业权交易市场建设步伐加快，市场配置资源的基础性作用进一步得到发挥。各地在推进“两整治一改革”工作中，健全和完善土地和矿业权有形市场，有的地方成立了国土资源交易中心，具体承担土地使用权、矿业权出让和公开转让交易业务。有的地方积极推进网上交易。据统计，全国有20多个城市土地使用权出让实现了网上交易和网上监管。印发了《关于建立健全矿业权有形市场的通知》，进一步加快推进矿业权出让市场化进程，健全矿业权出让有形市场。据统计，已有17个省（区、市）以不同方式建立了省级矿业权交易机构，运行良好，13个省（区、市）的省级矿业权交易机构正在筹建中。

四是严肃查处了一批违纪违法案件，充分发挥以案促廉的综合效应。按照中央纪委监察部的部署，在“两整治一改革”专项行动中，我们始终把查处违纪违法案件放在重要的位置来抓，严肃查处涉土涉矿违纪违法案件。去年，全国国土资源领域共查处各类违法用地案件4.1万件，查处矿产资源违法案件7141件，有1695人受到党纪政纪处分，其中239人被追究刑事责任。各地国土资源部门积极主动与纪检监察、检察机关加强沟通协调，就土地和矿产资源违纪违法线索涉及国土资源部门干部违纪违法问题进行汇总、梳理，协助查处了一批案件，对典型案件进行了公开曝光。一年来，全系统纪检监察部门共受理信访举报3638件，处理违纪违法人员687人，其中576人受到党纪政纪处分，111人受到组织处理，230人被追究刑事责任。去年12月30日，部党组召开部直属机关深入推进“两整治一改革”专项行动大会，对部机关7起违纪违法案件公开通报，通过用身边的事教育身边的人，起到了很好的警示作用，进一步增强了广大干部职工遵纪守法的自觉性。

五是推进了国土资源管理改革和创新，“制度＋科技”防治腐败的水平明显提高。强化对土地和矿产资源综合监管，加强廉政风险防控管理，运用科技手段阻断不廉洁行为的发生，提高监管效能。建立了集卫星遥感影像、监测变化信息、土地利用现状于一体的全国土地利用“一张图”和土地“批、供、用、补、查”综合监管平台，实行土地出让合同、矿业权统一配号和行政审批网上运行，对各级国土资源开发利用全过程、全周期动态监管，将审批程序、报批要件、工作流程网络化、规范化，减少人为因素，有效规范了权力运行。针对社会广泛关注的土地、矿业权市场等相关热点问题，迅速集成各地审批结果、供应计划、交易情况和违法案件等信息，公开发布并接受社会监督，充分发挥科技手段在防治腐败中的基础作用。

总结半年来大家的工作，各地在推进“两整治一改革”工作中，积极探索、改革创新，形成了一些行之有效的好做法。

一是部党组高度重视“两整治一改革”工作，把这项工作放在突出位置来抓。8月19日电视电话会议后，部党组多次召开专题会议，进一步研究部署反腐倡廉工作，明确任务分工，落实责任。成立了以徐绍史同志为组长，贠小苏、王寿祥同志为副组长的领导小组，抽调人员组建专门工作班子，专司此项工作。为加强对“两整治一改革”工作督促检查和指导，部党组实行月报告制度，每月听取工作进展情况汇报，研究部署下一步工作，截止到今年2月份，部党组已经听取了专项治理办公室的6次汇报。在部直属机关开展“三查”工作中，部党组成员认真做好分管司局和单位的具体检查和指导，对各单位上报的“三查”工作情况报告，尤其是对查找出的风险点，严格把关，认真进行审定并签字，确保廉政专项行动不走过场。去年 11 月中旬至 12 月下旬，徐绍史同志率先，并与其他 5 位部领导分 6 个区片听取全国 31 个省（区、市）和新疆生产建设兵团国土资源厅（局）、9 个国家土地督察局工作进展情况的汇报，指导督促各地抓好落实。按照部党组的部署和要求，部“两整治一改革”领导小组办公室积极加强组织协调，总结各地好的经验做法，分析研究存在的问题，并通过简报形式，指导各地推进工作。

二是把业务工作与“两整治一改革”工作有机交融和深度结合。各地坚持把行政权力监管的薄弱环节作为党风廉政建设的重点区位，把违规违法审批土地和矿业权、违规发包项目和拨付资金等腐败易发高发的十个环节作为反腐倡廉工作的重点，在制度建设、行政职能、内部管理等方面作系统梳理，查找权力运行中存在的突出问题，积极探索加强权力行使监督制约的有效措施和办法，把反腐倡廉建设的重要内容和要求融入到国土资源深化改革、完善管理的各项工作中，加强对拥有行政审批权、行政执法权、大额资金使用权、干部人事管理权岗位的监督，强化制度创新和源头防腐，保证权力依法、公开、透明运行，增强了工作的针对性和有效性。

三是积极营造齐抓共管、整体推动的良好氛围。通过开展廉政风险点防范管理，各级领导干部职工认真梳理各自岗位职权，分析岗位风险，使干部职工深切感受到这是一种很好的提醒和教育，一些干部以往存在的反腐败工作与己无关的思想得到了较好地克服，行政业务与党风廉政建设工作“两张皮”的问题得到了较好地解决，干部职工参与党风廉政建设工作的积极性明显提高，形成了人人关心参与廉政建设，人人有廉政责任的良好局面，增强了廉政风险意识，提高了廉政风险防范能力。

四是以“两整治一改革”为抓手，推进创先争优活动深入开展。为充分发挥部机关的带头模范作用，部党组在部机关部署开展了廉政专项行动，要求部机关和直属单位认真开展“三查”，并做到“五带头”，即查找廉政风险点、查找突出问题、查找制度漏洞和薄弱环节，带头查实廉政风险点、带头制定防范措施、带头接受公开监督、带头整改突出问题、带头严格自律，并确定了“五项禁令”。据统计，共查各类风险点共225个，包括24个A级风险点，55个B级风险点，146个C级风险点。其中，地政管理风险点33个，矿政管理风险点15个，综合管理风险点177个。各司局、各单位针对关键岗位、中心任务、重点部位和环节，进行了廉政突出问题查改工作。通过开展自查自纠，各司局各单位从思想认识、作风建设、工作管理等方面，查找梳理出一些不容忽视的问题。一些已经发生廉政问题的司局和单位，在查改突出问题和自查自纠时，重点结合不廉政问题分析存在的薄弱环节，制定了切实可行的整改措施。同时，各司局各单位通过座谈研讨、发放调查问卷等多种形式，广泛征求群众、服务对象和干部职工的意见和建议，对现有制度进行全面系统梳理，认真查找制度漏洞和管理监督中的薄弱环节。

总体来看，各地推进“两整治一改革”工作是积极的，成效是明显的。但是，还必须看到这一阶段工作还存在一些不足和问题：一些同志的思想认识还需要进一步提高，工作紧迫感还需要加强；廉政风险防控机制建设，还需要不断探索深化和规范；系统带领域的整改工作还需要细化深化，少数地方违纪违法案件仍然易发多发。对这些问题，我们要高度重视，采取有力措施，切实加以解决。

三、要进一步加强组织领导，明确目标任务，扎实做好2011年“两整治一改革”工作

2011年是国土资源系统“两整治一改革”工作的关键一年，任务十分繁重艰巨。各地各单位要把“两整治一改革”工作继续作为今年全系统党风廉政建设和国土资源管理工作的重点任务来抓，进一步加强组织领导，落实责任，强化督促检查，确保“两整治一改革”工作取得实效。

第一，进一步深化廉政风险点排查和自查自纠工作。从了解的情况

看，各地风险点排查工作进展还不平衡，排查出的廉政风险点还不够准、不够全，制定的防控措施还不够有力。各级国土资源部门要采取召开专题会、民主生活会等方式，对排查出的廉政风险点和制定的防控措施，认真进行全面梳理和再审视、再完善。围绕规范权力运行和深化监管，审视和分析廉政风险点找得准不准、全不全、实不实，防控措施是否有针对性和可操作性，并结合2010年行风政风评议情况和案件查处情况进行认真分析，进一步深化和完善廉政风险防控措施。同时，按照自查自纠工作的要求，对照廉政准则和部党组“五项禁令”，深入查找思想、工作、作风等方面不适应、不符合的问题，主动整改。

第二，持续推进廉政风险防控机制建设。围绕重要审批事项、重大项目安排、重要人事任免和大额度资金使用等权力运行环节，健全和完善适应国土资源管理特点的廉政风险防控体系，强化监管。充分运用科技手段推进土地和矿业权市场、土地整治廉政风险防控管理；进一步完善对核心业务、关键岗位、重点环节权力运行制约监督的有效措施和办法，并落实责任主体；完善财务电子信息监管系统，实现对大额资金、重大专项资金运行在线实时全程监管；完善预算编制的执行情况报告和通报制度，加强内部经济责任的监督审计。部“两整治一改革”领导小组办公室，要认真总结各地梳理出的制度漏洞和管理上的薄弱环节，研究制定国土资源系统防控体系建设的指导意见，尽快形成文件下发全系统。

第三，进一步加大对土地和矿业权市场突出问题的整治力度。开展以城市住房为重点的土地招拍挂制度执行情况的清理检查，重点清理和查纠规避招拍挂、违反规定设置土地出让条件、领导干部违反规定插手干预土地使用权出让审批、擅自调整修改土地出让条件、土地储备和土地供应、土地出让信息不公开不对称等突出问题，提出加强监管的措施和办法，坚持土地招拍挂制度，探索完善招拍挂供地政策。加大力度积极推进土地和矿业权出让网上交易和监管，总结推广各地土地和矿业权出让网上交易和监管的成功经验和做法，建立统一的网上交易、网上监管基本制度和技术规程。严肃查纠矿业权审批出让制度执行中存在的突出问题，着力整治应当通过招拍挂出让矿业权而采取协议等方式出让；采取泄露交易信息、进行不公正评估等手段帮助请托人获取矿业权；领导干部违反规定插手干预矿业权出让审批；滥用自由裁量权，擅自决定缓交、减免资源补偿费；为不具备资质条件的申请人违规办理、颁发相关证书，以及矿业权出让公开竞争制度不健全、交易制度不完善、监管不到位等突出问题。研究制定矿业权交易机构建设规范和矿业权交易规则，提出矿业权出让公开公示程序和内容的指导意见。各地要结合实际，不观望不等待，加快推进土地和矿业权出让交易市场建设，对不抓不管、推诿扯皮不负责任的行为，要按照党风廉政建设责任制要求追究责任。

第四，深入开展工程建设领域突出问题专项治理工作。国土资源领域腐败问题治理是工程建设领域突出问题专项治理的重要内容，“两整治一改革”是结合国土资源主管部门特点，落实工程建设领域突出问题专项治理工作的一项重要举措。2 月 17 日，中央治理工程建设领域突出问题领导小组召开了第六次领导小组会议，就今年工程治理工作作出具体部署，审议了《2011 年工程建设领域突出问题专项治理工作要点》，要点对我部有关工作提出了明确要求。2 月 23 日，中央纪委又召开了中央和国家机关贯彻落实 2011 年反腐倡廉工作任务分工会议，进一步明确了我部工作任务，部党组已将有关工作任务和要求，列入《2011 年国土资源系统开展“两整治一改革”专项行动工作要点》中，希望各级国土资源部门要抓好贯彻落实。

第五，深化国土资源管理制度改革。进一步加快转变管理职能，以土地和矿业权审批改革为重点，开展城市批次用地审批制度和矿业权审批制度改革试点；针对重点建设项目进一步研究改进措施，提高单独选址项目用地审批效率；加快推进征地制度改革，探索缩小征地范围的途径和方式，完善征地补偿机制；进一步完善矿业权管理，开展矿业权出让方式改革试点。健全完善评估机构和土地储备机构管理制度，加强对土地整治、土地估价、储量评审、矿业权评估机构的管理，完善评估机构信用记录制度；建立评估机构准入退出机制、失信惩戒机制，加大对评估机构和从业人员违规违法的责任追究力度，规范评估行为。行政管理人员不得在经营性事业单位或中介机构交叉任职，切实做到政事分开、管办分离。加强土地储备机构管理，3月底前，各地各单位完成土地储备机构与其下属和挂靠的从事土地开发业务的企业彻底脱钩；土地前期开发必须按规定通过招标方式选择工程实施单位；严格执行各地国土资源主管部门及所属企事业单位不得直接从事土地一级市场开发的规定。进一步加强土地整治管理工作，加强土地整治项目监管，严格实行土地整治项目验收业主制、监理制和责任追究制；各级土地整治管理机构不得从事项目实施、施工等经营活动，不得开办土地整治开发企业；耕地占补平衡需要省内异地补充的，必须报经省级国土资源主管部门批准；耕地开垦费收缴与补充耕地项目资金必须纳入财政专户管理，实行收支两条线。

第六，加大查处违纪违法案件的力度。重点查处失职渎职侵权违法犯罪案件，查处土地和矿业权出让审批中，非法批准、低价出让、擅自批准改变用地性质，违规出让土地使用权和矿业权或在招标拍卖挂牌中量身定做、滥设前置条件，擅自修改调整土地利用总体规划等违纪违法案件。要建立健全案件线索移送和案件协查机制。加强对违纪违法案件特点和规律的研究，选择典型案例进行深入剖析，研究违纪违法案件发生的特点和规律，分析原因，提出有效预防违纪违法案件发生的措施办法，创新制度，切实堵塞漏洞，发挥查办案件的治本功能。同时，利用典型案例开展警示教育，进一步增强广大干部职工廉洁自律、遵纪守法的自觉性。

各级国土资源部门要进一步加强组织领导，强化督促检查，狠抓工作落实，确保专项工作取得实效。部“两整治一改革”领导小组办公室，要加强对各地督促检查，及时掌握工作进展情况，对工作敷衍塞责、组织领导不力的，要进行通报。各地要及时将开展工作情况报部“两整治一改革”工作领导小组办公室。要注重总结工作好的典型经验，加大正面公开宣传力度，不断深化提高对国土资源领域反腐倡廉工作特点和规律的认识，提高工作水平；6月底，要分区片召开各地“两整治一改革”领导小组办公室主任交流汇报会，在总结上半年工作的基础上，研究提出下半年深入开展工作和做好总结验收工作意见。10月中旬开始组织开展工作情况检查和成果验收工作。

同志们，国土资源管理改革发展的任务十分艰巨，反腐倡廉建设的责任十分重大。我们要深入学习贯彻落实温家宝总理重要批示精神，按照中央纪委监察部的部署和要求，以更加坚决的态度、更加务实的作风、更加有力的措施，深入推进并扎实做好“两整治一改革”工作，为保障和促进国土资源事业科学发展奠定良好基础。

严格土地管理　切实维护农民土地权益

——王世元同志在全国纠风工作会议上的讲话

（内情通报 2008 年第 19 期）

各位领导，同志们：

按照会议要求，现就我部解决损害农民土地权益问题，严格执行经营性土地和工业用地招拍挂出让制度等工作汇报如下：

一、工作进展情况

一年来，我部认真贯彻落实党中央、国务院指示精神和国务院纠风办的部署，始终把加强征地管理，维护被征地农民权益和落实经营性土地和工业用地招拍挂出让制度作为重点，有关工作取得新的进展。

（一）严格控制，减少对耕地的占用。进一步严格对国务院批准用地的 83 个城市用地进行审查，共核减申报用地 1.17 万公顷，占申报面积的 31.8%。与 2006 年相比，农用地转用减少了 10%，占用耕地减少了 17.1%。进一步严格对报国务院批准单独选址建设项目用地审查，全年共核减不合理用地 880.6 公顷，其中耕地 610.8 公顷。组织专家重点对占用耕地和基本农田多的项目进行实地踏勘论证，经对 7 个省 34 个项目的论证，核减不合理占用耕地 582.47 公顷。2007 年度，全国共减少耕地 511 万亩（其中，建设占用耕地 282.4 万亩）。同年，通过土地整理复垦开发、农业结构调整增加耕地 450 万亩。增减相抵，全国耕地净减少 61 万亩，是耕地递减最少的年份。

（二）进一步落实征地补偿安置政策，维护农民土地权益。按照国务院要求，组织完成了各省（区、市）征地统一年产值标准和区片综合地价制订工作。进一步落实征地批前告知、确认、听证程序，被征地农民的知情权、参与权、监督权和申述权得到保障。配合有关部门将失地农民优先纳入社会保障。目前，全国 2/3 以上省份出台了被征地农民纳入社保的政策文件，建立了失地农民社会保障基金。2007 年，有 23 个建设项目用地因征地补偿标准偏低、社会保障措施不落实等原因没有通过我部审查。各地在用地审查中，也对一批项目提高了征地补偿标准，有效维护了被征地农民合法权益。

（三）依法依规，严格执行土地招拍挂出让制度。实施《物权法》，进一步明确工业（仓储）、商业、旅游、娱乐和商品住宅等经营性用地必须实行招拍挂出让，不断完善招拍挂出让程序。与监察部联合下发文件，联合开展执法监察，落实工业用地招拍挂出让制度。全国招拍挂出让土地面积和价款，从 2006 年的 7.11 万公顷、5796 亿元，提高到 2007 年的 11.53 万公顷、9551 亿元，提高了 1.6 倍以上，有力地促进了资源的市场配置。

（四）加强监管和查处力度，纠正损害农民土地权益行为。按照中央要求，认真做好农村土地信访和群体性事件专项工作，积极开展矛盾纠纷排查和调处工作。各地陆续建立了征地补偿纠纷协调裁决制度。与有关部门通力合作，开展土地执法、土地突出问题整治等专项行动。集中开展全国土地执法“百日行动”，查出“以租代征”、开发区擅自设区扩区、未批先用三类违规违法案件 3.2 万件，涉及土地 375 万亩，立案查处了 2.6 万多件，纠正了违规违法用地和损害农民土地权益行为。

二、下一步工作安排

我部将按照党中央、国务院的工作部署特别是这次会议要求，以深入学习实践科学发展观试点活动为契机，把解决损害被征地农民权益问题，规范土地招拍挂出让工作作为试点活动的重要内容，通过深化改革、完善制度、加强配合、明确责任，切实抓好落实。

（一）继续从严控制新增建设用地规模。今年耕地转为建设用地计划控制在280万亩以内。认真贯彻今年宏观调控“双防”的要求，按照管住总量、严控增量、盘活存量、节约集约的原则，落实土地宏观调控各项政策措施。开展省级政府耕地保护责任目标履行情况的检查。充分发挥土地利用规划和计划对农用地转用总量、结构、布局、时序的调控作用，从严控制征地规模。加强用地批后监管，确保依法依规征收和使用农民土地。

（二）健全完善征地管理政策措施。抓紧出台《关于切实做好征地统一年产值标准和区片综合地价公布实施工作的通知》，全面推行征地统一年产值标准和区片综合地价，做到同地同价、协调平衡、公开透明，防止随意改变或降低征地补偿标准的行为。制定完善征地程序的规范性意见，保证征地程序的严格履行。协同有关部门，督导各地落实被征地农民社会保障制度，建立征地纠纷调解裁决机制。按照《物权法》的有关规定和国务院关于深化征地制度改革的要求，继续深入研究土地产权等涉及征地制度的深层次问题，从根本上维护农民的土地权益，逐步建立维护被征地农民合法权益的长效机制。

（三）全面落实经营性用地、工业用地招拍挂出让制度。联合监察部等五部委对工业、商业、旅游、娱乐、商品住宅等经营性土地的出让情况进行专项检查清理，针对清理中发现的问题提出对策措施。加强国有建设用地使用权出让合同监管，实施以土地出让合同为主要内容的项目用地复核验收制度。推广上海等地经验，充分发挥土地交易市场信息平台的作用，形成土地使用权公开、公平、公正交易的市场环境，更好地发挥市场在资源配置中的基础性作用。

（四）进一步加大土地监管和执法力度。一是出台实施建设用地监督管理办法，确保征地程序的严格履行和征地补偿安置措施的落实。二是强化土地执法监管，巩固全国土地执法“百日行动”成果，加强日常执法和利用卫星遥感技术支撑的执法检查，落实全面的巡查责任制，实现执法关口前移。上半年，我部党组成员带队，针对重大土地信访问题，进行直接督办，促使各地妥善解决涉农土地权益问题。

王世元同志在“小金库”治理工作部署动员会上的讲话

（内情通报2009年第27期）

同志们：

根据党中央、国务院关于深入开展“小金库”治理工作的总体部署，今天，我和王寿祥同志代表部党组，召开我部治理“小金库”工作会议。主要任务是，认真学习贯彻中央有关会议和文件精神，对我部治理“小金库”专项工作进行动员和部署。刚才，王寿祥同志传达了中办、国办〔2009〕18号文件。审计署资源环保审计局冯丽茹同志到会指导，并通报了近些年来“小金库”问题的突出表现及成因，就搞好“小金库”治理工作提出了很好的意见和建议。下面，我就部开展“小金库”治理工作，讲几点意见。

一、充分认识“小金库”治理工作的重要意义

党中央、国务院历来高度重视治理“小金库”问题，多次明令禁止“小金库”，治理工作取得了一定的成效。但是，近年来，一些部门和单位私设“小金库”的现象又有所抬头，有的还相当严重。因此，党中央、国务院决定，今年在全国范围内深入开展“小金库”治理工作。前不久，

中共中央办公厅、国务院办公厅印发了《关于深入开展“小金库”治理工作的意见》，中央纪委、监察部、财政部、审计署四部门共同制定了《关于在党政机关和事业单位开展“小金库”专项治理工作的实施办法》，召开了全国“小金库”治理工作电视电话会议，还成立了中央治理“小金库”工作领导小组。中央之所以高度重视“小金库”治理工作，主要基于以下几个方面：

（一）“小金库”治理是贯彻落实科学发展观，完善社会主义市场经济体制的必然要求。“小金库”是指违反法律法规及其他有关规定，应列入而未列入符合规定的单位账簿的各项资金（含有价证券）及其形成的资产。“小金库”的存在，不仅导致会计信息失真，扰乱社会主义市场经济秩序，造成国家财政收入和国有资产的流失，而且违背了科学发展观的要求，扭曲了市场对资源的合理配置，削弱了政府宏观调控能力，影响了经济平稳较快发展。因此，必须从完善社会主义市场经济体制的高度出发，从全面学习实践科学发展观、保持经济平稳较快发展的大局出发，进一步提高对“小金库”治理工作的认识。

（二）“小金库”治理是实现从源头上惩治和预防腐败，加强作风建设的必然要求。“小金库”的存在，已成为铺张浪费、奢侈享受、违法乱纪的重要资金来源，诱发和滋生了一系列腐败现象，严重败坏党风政风和社会风气，妨碍经济社会健康发展，影响社会和谐稳定。深入开展“小金库”治理工作，坚决查处和纠正各种形式的“小金库”，是按照《建立健全惩治和预防腐败体系2008—2012年工作规划》“标本兼治、重在治本”的要求，从源头上治理腐败的重大举措。面对当前国内经济发展困难增多、企业效益下降、就业压力加大的严峻形势，各部门、各单位一定要把深入开展“小金库”治理工作作为中心工作的重要内容来抓，大力发扬艰苦奋斗精神，牢固树立“过紧日子”的思想，把有限的资金与资源用在事业发展最关键、最需要的地方。

（三）“小金库”治理是深化收入分配制度和财税体制改革的必然要求。“小金库”问题的存在与蔓延，从某种程度上讲也与现行收入分配制度改革和财税体制改革过程中管理不到位有直接关系。开展"小金库"专项治理工作，可以发现现行制度和管理中存在的问题和薄弱环节，有利于针对发现的问题采取切实有效的措施，深化改革，强化管理，规范秩序。

部机关各司局、各单位一定要充分认识"小金库"治理工作的重要意义，把思想和行动统一到中央的部署和要求上来，从科学发展和全局的高度，周密组织实施好，认真贯彻落实好。

二、准确把握"小金库"治理工作的基本要求

为全面完成我部"小金库"专项治理工作，部制定印发了《关于开展"小金库"专项治理工作的实施方案》，明确了治理范围、时间安排、政策界限，部机关各司局、各派驻地方的国家土地督察局和各所属单位，要按照《方案》要求，扎扎实实做好这次"小金库"专项治理工作。

（一）关于专项治理的范围。部机关各司局、各派驻地方的国家土地督察局和各所属事业单位以及挂靠部管理的协会、学会、基金会等社团组织，都是这次"小金库"专项治理的单位范围。各单位要准确把握这次"小金库"专项治理的范围和重点：第一，各单位所属内部机构和所属企业都属于这次专项治理的范围；第二，各单位所有收入和支出应纳入而没有纳入单位法定账簿的都属于这次专项治理的范围；第三，培训中心、出版社、报社、杂志社等单位是这次"小金库"专项治理的重点。

各司局、各单位一定要克服麻痹思想，不要认为这次"小金库"专项治理工作与本单位关系不大，更不要存在侥幸心理。据审计署资源环保审计局的先期工作，我部有的单位仍然存在"小金库"，有的"小金库"数额还相当大，游离于单位法定账簿之外。大家一定要高度重视，准确理解这次"小金库"专项治理的范围，不留死角，彻底清查治理。

（二）关于专项治理的方法。中央这次开展"小金库"专项治理，

主要采取自查自纠和重点检查相结合的方式进行。

第一，鼓励自查是这次治理的一个突出特点，中央为此专门明确了相应的从宽处理政策，既是对各单位的信任，也体现了组织对干部职工的爱护。各单位一定要认真对照“小金库”的资金来源和“小金库”表现形式，扎扎实实地搞好自查自纠工作，努力把问题解决在自查阶段。“小金库”形成的资金来源，除财政拨款外，还有经营收入、资产处置收入、资产出租收入、利息收入、附属单位上缴收入等；从“小金库”的形式看，主要表现为七大类：违规收费设立的“小金库”，资产处置、出租收入设立“小金库”，以会议费、劳务费、培训费和咨询费等名义套取资金设立“小金库”，经营收入未纳入规定账户核算设立“小金库”，虚列支出转出资金设立“小金库”，以假发票等非法票据骗取资金设立“小金库”，上下级单位之间相互转移资金设立“小金库”等。

第二，中央还决定对那些自查自纠措施不得力、工作走过场以及以前检查发现存在“小金库”的单位进行重点检查。重点检查的面将不低于自查单位范围的20%。重点检查阶段，各单位主要是认真配合中央治理“小金库”工作重点检查组做好相关工作。重点检查阶段的工作另行布置。

第三，为扎实开展“小金库”专项治理工作，中央治理“小金库”工作领导小组还建立了举报奖励制度，将视“小金库”查处和收缴资金数额大小奖励举报有功的单位和个人。部“小金库”治理工作领导小组办公室也据此设立了举报电话，任何单位和个人都可以举报。

（三）关于专项治理的政策规定。对于专项治理中发现的“小金库”，要严格按照“依法处理，宽严相济”的原则进行处理。

1. 对自查发现的问题从轻从宽处理。凡自查认真、纠正及时的，对责任单位可从轻、减轻或免予行政处罚，对有关责任人员可从轻、减轻或免于处分。对自查出的“小金库”要如数转入符合规定的单位账簿，依法进行财务、税务等相关处理。

2. 对被查发现的“小金库”，除依法进行财务、税务等相关处理外，还要对责任单位和责任人员依法予以行政处罚，并依纪依法追究责任。

对设立“小金库”负有领导责任和直接责任的人员，依照《设立“小金库”违纪行为适用〈中国共产党纪律处分条例〉若干问题的解释》、《设立“小金库”违法违纪行为政纪处分暂行规定》，严肃追究责任。

3. 对专项治理工作中走过场的单位，按照要求，部将给予通报批评并责令整改，对问题严重的，将追究主要负责人的责任。

4. 对在专项治理工作中弄虚作假、拒不纠正、销毁证据、突击花钱、打击报复举报人的，或重点检查中发现“小金库”数额巨大、情节特别严重的，将按照有关规定从重处理。涉嫌犯罪的，移交司法机关依法处理。

5. 对中办发〔2009〕18号文件下发后再设立“小金库”的，将对主要领导、分管领导和直接责任人严肃处理，按照组织程序先予以免职，再依据党纪政纪和有关法律法规追究责任。

中央关于这次“小金库”治理工作的政策是非常明确的，充分体现了“依法依纪、宽严相济”的原则。各司局、各单位一定要准确把握、深刻理解上述政策界限，珍惜自查自纠的机会，认真自查，切实整改，切不可掉以轻心，麻痹大意。

（四）关于专项治理的时间安排。根据中央治理“小金库”工作领导小组的时间要求，我部“小金库”专项治理工作将分四个阶段完成。4月24日—5月15日为动员部署阶段，5月16日—6月30日为自查自纠阶段（包括各单位自查自纠和部重点检查），7月1日—10月31日为重点检查阶段，11月1日—12月10日为整改落实阶段。各司局、各单位要按照部确定的时间安排，及时完成各阶段的工作，按时提交阶段成果。尤其是自查自纠阶段，各单位必须如期完成，在全面清查的基础上，及时纠正、主动整改。

三、切实加强对“小金库”治理工作的组织领导

深入开展“小金库”治理工作是党中央、国务院决定的一项重要工作任务。部党组高度重视这项工作，为确保我部“小金库”专项治理工作顺利进行，决定成立了治理“小金库”工作领导小组，由我和王寿祥同志担任组长，办公室设在财务司。各司局、各单位也要按照统一要求，成立治理工作领导机构和日常工作机构，抽调精兵强将组成自查队伍，认真做好“小金库”治理的组织协调和具体落实工作。各单位“小金库”治理工作一定要做到：主要领导亲自过问，分管领导亲自挂帅，主要部门负责同志全程参与。

各司局、各单位要按照党风廉政责任制的要求，建立健全领导体制和工作机制，明确领导班子、分管领导和有关职能部门的责任。各司局、各单位主要领导对“小金库”治理工作负总责，自查自纠总结报告要经由单位主要领导和财务主要负责人签名并加盖单位公章，以明确责任。

同志们，“小金库”治理工作意义重大，时间紧迫、任务艰巨。我们要认真贯彻落实中央的决策部署，扎实做好“小金库”治理专项工作，并结合部即将开展的加强作风建设的有关要求，完善制度、强化管理，建立健全“小金库”治理工作长效机制，确保“小金库”治理工作的各项任务圆满完成。

王世元同志在部深入开展作风建设活动动员大会上的讲话

（内情通报 2009 年第 28 期）

同志们：

为了巩固和扩大深入学习实践科学发展观活动成果，进一步转变观念、职能、工作方式和工作作风，认真贯彻落实全国机关党的建设工作会议精神和部党组《关于解放思想改革创新改进作风增强执行力的决定》，构建保障和促进科学发展新机制、积极主动服务经济发展、全面推进国土资源事业改革发展提供思想和作风保证，根据部 2009 年重点工作布局安排，部党组研究决定，从 5 月中旬开始，在部机关、各派驻地方的国家土地督察局、中国地质调查局及其所属在京单位、部其他直属单位，集中开展为期两个月的作风建设活动。受部党组和徐绍史同志的委托，由我对深入开展作风建设活动进行动员部署。下面，我讲三点意见。

一、充分认识开展作风建设活动的重要性和必要性

高度重视作风建设，是我们党在长期的革命和建设实践中形成的优良传统。近些年来，党中央反复强调加强作风建设，多次作出重要部

署。今年年初，胡锦涛总书记在第十七届中央纪委三次全会上指出，必须把加强领导干部的党性修养、树立和弘扬优良作风作为重大政治任务抓紧抓好。这充分体现了党中央坚持从严治党、推进领导干部作风建设的坚强决心。具体到我部，我们要充分认识作风建设的重要意义，增强深入开展作风建设活动的自觉性。

（一）开展作风建设活动是巩固和扩大深入学习实践科学发展观活动成果的客观要求。去年3月至8月，按照中央部署，我部扎实开展了深入学习实践科学发展观试点活动，顺利完成了各项试点任务，取得了明显成效。集中体现在：贯彻落实科学发展观的自觉性和坚定性明显增强，作风进一步转变，执行力明显提升，保障和促进科学发展新机制的框架初步形成，国土资源管理在经济社会发展中的作用日益显现。特别是面对去年"5·12"地震发生，部领导带头，国土资源系统迅速行动，全力投入抗震救灾工作，部机关有关司局、部有关直属单位认真开展地质灾害应急排查、遥感监测和解译以及灾后重建规划等工作，及时出台了特殊支持政策，受到了地方政府和群众的高度赞扬；同时，主动参与国家综合改革试验区的相关改革工作；及时调查研究，制定一系列应对金融危机的政策措施等。在整个工作中，同志们坚持高标准、严要求、快节奏的共识大大提高，对重点工作扭住不放、一抓到底、抓出实效的观念越来越强，工作质量和效率不断提高。

看到成效的同时，我们也清醒地认识到，学习实践科学发展观是一项长期任务。一些落后的、不符合科学发展观要求的思想观念难以很快转变，一些影响和制约科学发展的体制机制难以很快破除，有利于科学发展的体制机制亟待建立，科学发展观由思想理论转化为自觉行为更是一个较长的过程。要使科学发展观在国土资源部落地生根，必须持续不断地巩固和扩大学习实践科学发展观活动成果。

作风建设活动是深入学习实践科学发展观活动的延续和深化。深入学习实践科学发展观活动，就是要围绕贯彻落实科学发展观，提高认识、增强能力、破解难题和创新机制。而无论认识的提高、能力的增强，还是难题的破解、机制的创新，都需要有良好的作风作保证。开展这次作风建设活动，其目的就是要大力营造一种主动思考、积极跟进、沟通协作、开拓创新的良好氛围，为构建保障和促进科学发展新机制、改革创新国土资源管理工作、更好地服务经济社会全面协调可持续发展提供思想和作风保证。

同时，大家知道，在试点活动期间查找出来的一些尚未彻底解决的问题，需要扭住不放，继续梳理解决。一些在新形势下出现的新情况新问题，需要我们通过不断地学习实践科学发展观、开展作风建设活动，来不断解放思想、创新思路，改进作风，进一步加以研究解决。还有一些在试点活动期间形成的好做法、提出的好思路、制定的好政策，客观上也需要通过开展作风建设活动进一步巩固落实。

（二）开展作风建设活动是应对复杂形势、保障经济平稳较快发展的现实需要。国土资源对经济社会发展具有基础的保障作用。去年下半年以来，受金融危机的影响，我国经济出现明显下行，财政收入大幅下降，一些行业和企业发展遇到较大困难，失业人员和返乡农民工数量增加。尽管目前国内经济形势有所好转，但影响仍未见底。面对当前复杂多变的形势，党中央、国务院审时度势，果断决策，实施了一系列卓有成效的方针政策。为认真贯彻党中央、国务院的方针政策，部党组积极应对，主动作为，于去年 11 月，下发了《关于为扩大内需促进经济平稳较快发展做好服务和监管工作的通知》（国土资发〔2008〕237 号），出台了 8 个方面 24 项政策措施。去年 12 月，我部又主动商请国家发改委等 10 个综合管理部门和用地量大的单位，联合印发了《关于切实做好扩大内需促进经济平稳较快发展的用地保障和管理的通知》（国土资发〔2008〕298 号），提出了及时提供用地保障、严格规范用地管理、促进各项建设依法依规合理用地的 10 条具体要求。今年初，又部署开展了保经济平稳较快增长、保耕地红线的“双保行动”和地质找矿改革发展大讨论等活动。这是我部党组和广大党员干部思想和工作作风明显改进、工作能力明显增强的突出表现。

但是，在这些政策措施付诸实践的过程中，我们也发现，要做到既积极主动服务又严格规范管理并非容易，还有大量工作急需去研究、去推进、去落实。例如，国土资发〔2008〕237号文件提出的8个方面24项政策措施在地方具体执行中的情况需及时掌握，地方提出的一系列意见建议急需研究；根据服务经济发展的内在要求，如何促进“双保”，如何增强地质工作对经济社会发展的保障能力等，都迫切需要我们深入开展作风建设活动，进一步解放思想，改进作风，提供丰富的智力支持和作风支撑，营造良好的工作氛围。需要实现思想作风、工作作风的转变，推动决策能力、协调能力和执行能力的提高，从而更好地为应对复杂形势、保障经济发展提供服务。

（三）开展作风建设活动是创新体制机制法制，提升国土资源管理水平的必然选择。去年，我部在深入学习实践科学发展观活动期间，针对国土资源管理工作中存在的对新情况新问题跟进研究不够及时、政策制度相对滞后、战略谋划相对薄弱等问题，旗帜鲜明地把构建保障和促进科学发展新机制作为主线和核心任务，并将其贯穿活动始终，对新机制构建工作产生了很大的推动作用。

当前，国土资源领域改革和发展的难度不断加大，创新国土资源体制机制法制的任务十分繁重和迫切。省级以下国土资源管理体制如何进一步改革完善；共同责任机制、宏观调控和市场配置机制、开源节流机制、科技创新和国际合作机制如何加快构建；法制建设如何加快完善；农村土地管理制度如何按照产权明晰、用途管制、节约集约、严格管理的原则进一步落实，等等。上述工作任务，关系到经济社会的持续发展，关系到农村改革发展事业的推进，关系到群众权益和社会稳定的维护等，都对我们改革创新体制机制法制、提升管理水平提出了迫切要求。要改革创新体制机制法制，提升管理水平，必须改变思维方式，突破行为定式，改进工作作风，主动谋划国土资源改革发展，为创新体制机制法制多出主意、多想办法，多为基层、地方解决发展中面临的难题。不能局限于个别问题的小修小补，要研究体制机制层面的整体改革。加强沟通协调，充分借鉴和利用外部力量，形成推进国土资源事业改革发展的合力。

（四）开展作风建设活动是加强领导班子和干部队伍建设的重要举措。作风建设问题，说到底是人的素质建设问题，对机关和直属单位而言，就是各级领导班子及干部队伍建设的问题。领导班子是改革发展国土资源事业的核心。近年来，特别是去年深入学习实践科学发展观活动开展以来，在各级领导班子的带领下，部的干部作风有了明显改进。但也要看到，无论是我们的领导班子还是干部队伍，在党性、党风、党纪和执行能力等方面，与党中央、国务院的要求、工作需求和群众的期盼相比，与国土资源管理面临的严峻形势和繁重任务相比，都还有较大的提升空间。

去年年底，部党组制定的《关于解放思想改革创新改进作风增强执行力的决定》，对加强党员干部思想、作风、能力建设作出了明确规定。这个《决定》，是指导当前和今后一个时期干部建设的重要文件。年初的全国厅局长会议明确提出，要以落实这个《决定》为重要抓手，进一步推进干部队伍思想、能力、作风建设，使广大党员干部持续保持与时俱进的思想观念、昂扬奋进的精神状态和雷厉风行的工作作风，勇于改革、勇于创新，永不僵化、永不停滞，奋力破解各种难题，构建充满活力、富有效率、更加开放的保障和促进科学发展新机制。

日前，全国机关党的建设工作会议在京召开。中共中央政治局常委、中央书记处书记、国家副主席习近平在会见与会代表时强调，各级党组织要认真贯彻落实胡锦涛总书记关于机关党建工作要“走在党的基层组织建设的前头”的要求，以党的执政能力建设和先进性建设为主线，以建设为民、务实、清廉机关为目标，以加强机关党员、干部党性锻炼和改进机关作风为重点，不断提高机关党建工作水平。根据中央精神，结合我部年初工作布局，我们将开展作风建设活动作为今年机关党建工作的一个重点加以推进，力图通过开展作风建设活动，使广大党员、干部的思想、作风和执行能力等得到全面提升，从而更好地为部中心工作服务、为加强各级领导班子和干部队伍建设服务。

基于此，部党组研究决定开展作风建设活动，努力打造一批政治坚定、思想解放、勇于开拓创新、决策民主科学、团结协作的领导班子，打造一支业务精、作风硬、能力强、守纪律的干部队伍。

总之，充分认识开展作风建设活动的重大意义，有利于我们进一步统一思想认识，从而促使我们自觉地加强领导，认真组织，确保作风建设活动取得实效。

二、认真按照方案部署，扎实开展作风建设活动

开展作风建设活动，是今年加强干部队伍建设的一项重要内容。5月19日，部党组关于深入开展作风建设活动的通知已经下发。从今天起，作风建设活动全面启动。各司局、各单位要在深刻领会其重要意义的基础上，组织开展好这次活动，具体应把握以下几个方面。

（一）明确一个中心任务。这次作风建设活动，就是要进一步巩固和扩大深入学习实践科学发展观活动成果，进一步转变观念、职能、工作方式和作风，认真贯彻落实全国机关党的建设工作会议精神和部党组《决定》，要坚持以业务工作的薄弱环节为抓手，通过作风建设活动的开展，在部机关和直属单位大力营造一种提倡主动作为、反对被动应付，提倡积极跟进、反对消极对待，提倡沟通协作、反对自我封闭，提倡开拓创新、反对墨守成规的良好氛围，强化责任意识、谋划意识、协作意识和创新意识，着力提高执行能力，从而为构建保障和促进科学发展新机制、改革创新国土资源管理工作、更好地服务经济社会全面协调可持续发展提供思想和作风保证。

（二）突出两个重点。

一是突出活动重点。这次作风建设活动重点要解决的，就是当前部机关业务工作主动谋划不够、工作办法不多、协调联动不足、落实能力不强等问题。上述问题，不但影响和制约我们当前主动服务经济发展、

积极应对金融危机，更影响和制约全面推进国土资源事业改革与发展。因此，我们必须通过活动的开展，认真反思、深刻分析、认真整改，使作风建设活动的要求体现在积极完成和推进各项业务工作中。

二是突出重点对象。为使这次活动更加有针对性、效果更加明显，根据第十七次部党组会精神，这次作风建设活动主要以部、局两级领导班子为重点对象，部党组将带头参加，部机关各司局、各派驻地方的国家土地督察局、中国地质调查局及其所属在京单位、部其他直属单位领导班子要全力以赴。之所以明确提出要以部、局两级领导班子为活动的重点对象，主要有两方面考虑：一方面，领导班子应是一个坚强的集体、是一支队伍的核心、主心骨，作用非常重要，责任非常重大。领导班子的作风如何，既影响一个集体、也影响一支队伍的作风好坏。如果一个领导班子的工作不主动，浑浑噩噩；作风不过硬，拖拖拉拉；纪律不严明，松松垮垮；责任不明确，相互推诿，那就不可能带出一支工作能干、作风硬朗、团结协作、遵守纪律的干部队伍。另一方面，我们目前处在推进国土资源改革发展的关键时期，任务重、难度大，必须着力加强部、局两级领导班子的作风建设，切实推动领导班子解放思想，加强党性修养，树立和弘扬良好作风，提高领导班子勇于开拓创新、科学民主决策、团结协作的能力。

（三）把握三个环节。今年部开展的重要工作多，任务重，除日常管理工作外，还有“双保”行动、地质找矿改革发展大讨论、“讲党性、重品行、作表率”活动，今年还是第二次土地调查“决战年”。为确保作风建设活动取得实效，实施方案做到了安排尽量集中、注重结合。全部过程关键要把握三个环节。

第一个环节是集中梳理突出问题。这是作风建设活动能否取得实效的前提。问题查找得准不准、针对性强不强，直接影响着活动的效果明显不明显。这一环节，部党组、各司局、各单位领导班子要重点围绕主动谋划、工作办法、协调联动和落实能力等方面，对以前历次活动尤其是深入学习实践科学发展观活动查找出的问题，结合目前正在开展的其他活动，进行集中梳理，逐条列出问题的具体表现。部党组还要通过调查问卷梳理各方面提出的问题。

第二个环节是开好专题民主生活会。这是作风建设活动的核心。原因分析得透不透，整改措施实不实、到不到位，关键在专题民主生活会。日前，中央纪委、中央组织部下发通知，对开好今年的年度民主生活会作出了部署，提出了要求。根据通知要求，今年的年度民主生活会要以“加强领导干部党性修养、树立和弘扬良好作风”为主题，我们开展的作风建设活动与上述主题要求正好相一致。因此，我们建议将两个民主生活会合并起来开，主题就是“加强领导干部党性修养、树立和弘扬良好作风”。在这个环节，部党组和各司局、各单位党员领导干部要联系思想和工作实际，重点对照集中梳理出的突出问题，有针对性地提出整改措施。专题民主生活会对照检查和整改措施落实情况要在一定范围内向干部、群众通报，自觉接受监督。部人事司、驻部纪检组监察局、机关党委要派人参加各司局、各单位的专题民主生活会。

第三个环节是认真整改、建立长效机制。这是作风建设活动能否取得实效的关键。部党组和各司局、各单位领导班子要根据专题民主生活会上提出的整改措施，认真进行整改。同时，作风建设活动的牵头单位机关党委、人事司和驻部纪检组监察局要研究制定开展作风和执行力评议的标准，研究制定以作风和执行力评议及通报为主要内容的作风建设长效机制，进一步完善干部考核指标体系，将作风和执行力评议及通报充实到干部考核指标体系中去。

（四）做好四个通报。作风建设活动牵头单位要结合今年年底公务员考核述职、述廉，对基层党组织加强作风建设情况、各司局和各单位班子作风情况、有关重要工作成效及党风廉政建设情况进行评议。具体来说，机关党委要对基层党组织加强作风建设情况进行通报；人事司、机关党委、驻部纪检组监察局要对各司局和各单位领导班子作风进行评议并通报结果；办公厅要对各司局公文、督办事项和政务信息报送等情况进行统计，定期通报；驻部纪检组监察局要对党风廉政建设情况进行通报。四项评议结果将要运用到评选表彰“执行力好班子”、公务员年度考核、干部任用和奖惩工作中。

三、几点要求

（一）高度重视，加强领导。部党组高度重视这次作风建设活动，在年初工作会议和全年重点工作布局中都作了安排，徐绍史同志对作风建设活动实施方案的制定多次作出批示，提出明确要求，亲自修改方案。5 月 7 日，实施方案提交部党组会议审议，部党组成员对开展活动提出了很好的意见和建议。

为确保活动扎实开展，部党组要在这次作风建设活动中充分发挥带头作用。一个具体措施是，在部机关、各直属单位和国家土地督察局范围内下发部党组作风建设征求意见表，了解广大党员、干部对部党组作风建设情况的看法，并征求加强作风建设的意见和建议。按照要求，机关党委设计了一份部党组作风建设征求意见表，今天下发给各司局、各单位，广泛征求党员和干部群众对部党组加强作风建设的意见和建议，了解对部党组作风建设情况的看法。请各司局、各单位认真组织征求意见表的填写和上交工作，征求意见表由各司局、督察机构自行复印后分发给本单位全体干部职工填写，每人填写一份，中国地质调查局和其他事业单位由今天参会人员填写，6 月 5 日前集中交到机关党委办公室。

希望各司局、各单位领导班子也要高度重视这次活动，加强组织领导，主要负责同志要亲自抓，带头查找、梳理问题，带头整改。要明确活动分工，落实具体责任。

（二）加强沟通，宣传引导。开展作风建设活动，是深入学习实践科学发展观活动的延续和深化。牵头单位要主动加强与中央深入学习实践科学发展观活动领导小组办公室、中央组织部和中央国家机关工委的沟通联系，及时主动汇报，争取支持指导。研究制定实施方案过程中，机关党委、人事司已经与中央领导小组办公室、中组部和工委做过沟通，报告了我部开展作风建设活动的想法，并就有关问题作了请示，他们对我部开展的这项活动都很支持，也给予了指导。活动期间，牵头单位仍要继续加强与这些部门的沟通。

同时，要加强宣传引导，树立典型。各司局、各单位要总结、提炼近年来加强作风建设的好做法、好经验以及取得的积极成效。牵头单位要不定期编写简报，及时上传下达、搞好交流。各司局、各单位要指定专门联络人，及时报送活动信息。国土资源报社和部门户网站要加强正面宣传引导。

（三）搞好结合，务求实效。今年部的重要工作多、任务重，必须要搞好结合，避免作风建设活动与业务工作“两张皮”，使作风建设活动与部业务工作有机衔接，把作风建设活动融入业务工作中，真正做到相互促进，力求在促进中心工作的开展和全面完成中取得实效。

王世元同志在“小金库”治理重点检查进点会上的讲话

（内情通报2009年第39期）

同志们：

刚才，王寿祥同志通报了我部认真贯彻落实中央治理“小金库”工作领导小组的部署和要求，对“小金库”治理动员部署和自查自纠阶段的工作情况。许亚同志就检查组开展重点检查工作作了全面布置。7月2日下午，我和韩和平同志参加了中央治理“小金库”工作领导小组召开的中央单位“小金库”治理重点检查工作布置会议。部“小金库”治理工作领导小组办公室同以许亚同志为组长的重点检查组进行了衔接。今天的进点会，标志着“小金库”治理工作自查自纠阶段的结束、重点检查工作阶段的开始。首先，我代表部党组，欢迎中央单位“小金库”治理重点检查组正式进驻我部进行重点检查。为切实配合做好工作，这里，我再突出强调几点：

一、提高认识，高度重视

各单位、各司局要充分认识到，重点检查是“小金库”治理工作的一个非常重要的阶段，是对自查自纠阶段工作成果和质量的检验，是

“小金库”治理工作取得成效的有力保障。重点检查的目的，是为了促进各部门、各单位整改存在的问题，在坚决查处和纠正违纪违规问题的同时，从制度层面深入分析产生问题的原因，查找薄弱环节，堵塞漏洞，完善内部管理，增强各级领导干部依法行政、依法理财的自觉性，从体制机制上建立和完善防治“小金库”的长效机制。希望各单位、各司局的领导，站在讲政治纪律的高度，深刻认识“小金库”治理重点检查工作的重要意义，以积极有效的行动，迎接重点检查工作。

二、认真准备，积极配合

这次被列为重点检查对象的70个中央部门及下属单位，是中央治理“小金库”工作领导小组根据四部委《实施办法》规定的六类重点检查对象、各部门自查自纠情况、银行账户信息对比情况、举报线索等情况反复研究后确定的。我部被确定为重点检查对象，一方面，体现了对我部工作的重视；另一方面，也说明我们工作当中还有需要改进和完善的环节。所以，各单位、各司局一定要把配合重点检查，作为当前一项重要的工作任务完成。一要认真准备，精心组织安排，明确人员分工，落实工作责任，确保检查组所到之处，单位领导重视，相关人员在岗；二要按照检查组的要求，及时、完整、如实地提供单位的基本情况、动员部署和自查自纠情况、财务资料、内部制度、举报办理等方面的情况；三是积极配合、协助检查组，联系需要延伸检查的所属单位、往来业务单位；四是要为检查组提供必要的工作和生活条件，按照要求，安排相对独立的办公场所，提供办公用品和设备、交通工具等。总之，各单位、各司局要全方位、全过程地积极配合，为重点检查工作顺利进行创造良好的条件。

三、珍惜机会，抓紧整改

从5月16日开始，我部进行了为期一个多月的“小金库”自查自纠工作。7月2日，根据中央单位“小金库”治理重点检查工作布置会议精神，再次明确了“自查从宽，被查从严”的政策界线，要求各单位在重点检查组进驻之前，再进行一次全面的排查。我部相应地做了进一步布置。目前，部治理“小金库”工作领导小组办公室正在汇总有关情况。尽管“小金库”治理自查自纠阶段各单位、各司局都非常重视，进行了全面、认真的自查，发现并纠正了一些问题，但不排除个别单位还有死角，可能仍然存在自查没有发现的“小金库”，有的问题还不一定纠正得彻底，所以在重点检查阶段，各有关单位在积极配合检查组工作的同时，还要继续做好自查自纠阶段的后续工作。

四、严肃纪律，明确责任

“小金库”专项治理工作政策性强、敏感度高，社会各界十分关注。各单位、各司局要以高度的政治责任感、积极配合的态度，支持检查组的工作。会后，各单位、各司局要把今天会议的精神传达到全体干部职工，对相关部门和所属单位要特别明确配合重点检查工作的要求和责任。这里需要强调的是，中央治理“小金库”工作领导小组将对工作不配合或对抗检查、弄虚作假、压案不报，甚至销毁、隐匿证据的有关人员，要依纪依法严肃处理，并按照党风廉政建设责任制的规定，追究有关领导人员的责任。

以上是对各单位、各司局的要求。部“小金库”治理工作领导小组更要积极支持、全力配合重点检查组的工作，部“小金库”治理工作领导小组办公室要指定专人协助重点检查组做好协调配合工作。

同志们，“小金库”治理工作任务艰巨，意义重大。各单位要继续从讲政治纪律的高度，从全面学习实践科学发展观、保持经济平稳较快发展的大局出发，把思想认识统一到中央的决策部署上来，高度重视、紧密配合重点检查组做好“小金库”治理重点检查工作，以积极有效的行动，为深化财政体制改革和收入分配制度改革、深入推进反腐倡廉建设、促进依法行政、构建社会主义和谐社会做出贡献！

谢谢大家！

王世元同志在传达贯彻中央四个反腐倡廉法规文件会议上的讲话

（内情通报 2009 年第 44 期）

同志们：

根据部党组的安排，受徐绍史同志的委托，由王寿祥同志和我一起主持召开这次会议。刚才，王寿祥同志传达了全国纪委书记座谈会和重要文件精神。下面，我就认真学习贯彻好座谈会和文件精神，讲几点意见。

一、充分认识中央颁布四个法规文件的重要意义

在不到一个月的时间里，中央集中出台了 4 个反腐倡廉法规和文件，充分体现了中央加强反腐倡廉法规建设和源头防治腐败的高度重视。全国纪委书记座谈会中心议题也是学习贯彻四个文件精神。这四个法规文件，是贯彻落实党的十七大精神，完善惩治和预防腐败体系的重要举措，是反腐倡廉法规制度建设的重要成果，是深入推进党风廉政建设和反腐败斗争的必然要求，对于提高党的执政能力、保持和发展党的先进性，全面推进党的建设新的伟大工程，促进经济社会又好又快发展，具有十分重要的意义。我们要从加强和改进党的建设以及长治久安

的高度，准确把握四个法规文件的基本精神和主要内容，切实增强贯彻落实的责任感和自觉性。

首先，我们要认识到，《中国共产党巡视工作条例（试行)》，是落实党章关于巡视工作规定、完善党内监督制度的一部重要党内法规。它的颁布实施，明确了巡视工作领导体制和工作机制，拓展了巡视监督内容，完善了巡视监督程序，对于坚持从严治党的方针，保证党的路线方针政策和中央重大决策部署的贯彻落实，促进党风廉政建设和反腐败斗争的深入开展，加强领导班子和干部队伍建设，提供了重要的制度保障。

第二，我们要认识到，《关于实行党政领导干部问责的暂行规定》，是规范问责工作、健全党政领导干部责任追究体系的一部重要法规，是对党政领导干部实行问责的基本依据。它的颁布实施，进一步将党政领导干部问责工作制度化、规范化，有利于加强对党政领导干部的管理和监督，增强责任意识，更好地贯彻落实科学发展观，不断提高党的执政能力和水平。

第三，我们要认识到，新修订的《国有企业领导人员廉洁从业若干规定》，是适应国有企业党风廉政建设不断深入的需要，规范国有企业领导人员廉洁从业行为的基础性法规。它的颁布实施，有利于加强国有企业反腐倡廉建设，对于维护国家和出资人利益、促进国有企业改革发展、保障职工群众合法权益具有重要作用。

第四，我们要认识到，中央印发的《关于开展工程建设领域突出问题专项治理工作的意见》，决定用两年多的时间，在全国范围内开展专项治理。这是落实中央扩大内需、促进经济平稳较快发展政策措施的迫切需要。大家知道，去年以来，中央出台了应对国际金融危机、扩大内需促进经济增长的一系列政策，分期分批投入了巨额资金开展大规模工程建设，如果预防和监管措施不力，会导致工程质量和腐败等问题出现，造成严重的经济损失和恶劣的社会影响。当前，工程建设领域的问题依然突出，严重影响了市场经济公平竞争和市场资源的合理配置。开展专项治理工作，有利于更好地发挥市场机制的积极作用，规范市场交易行为，防范领导干部利用职权插手微观经济活动；有利于遏制土地、矿业权审批、出让等重要领域和关键环节腐败现象易发多发的势头。

上述四方面的认识，要随着学习的深入和实践体验而不断深化。

二、切实抓好四个法规文件的贯彻落实，要结合国土资源管理工作，认真抓好四方面工作

第一，认真落实党政领导干部问责制。国土资源管理部门要紧紧围绕“双保”行动、地质找矿改革发展大讨论、构建保障和促进科学发展新机制、加强作风建设等中心工作，贯彻落实好问责制。这里要重点把握好三个环节。一是要全面掌握问责的基本内容和程序。如文件要求的，要坚持严格要求、实事求是，权责一致、惩教结合，依靠群众、依法有序的原则；要明晰权责界限，建立主体明确、层级清晰、责任具体的岗位责任体系等。二是要认真把问责规定运用到国土资源工作中去。要抓住国土资源工作中决策严重失误，发生特别重大事故、事件案件，政府职能部门管理监督不力，强令或授意实施违法行政行为，群体性或突发性事件处理失当等事关全局、后果严重、影响恶劣的突出问题进行问责，强化对不作为、乱作为、执行不力和严重损害群众利益行为的追究。同时，要严格执行问责的程序规定，合理运用五种问责方式，保障被问责的党政领导干部的合法权益。三是我们自身要严格按照文件要求办事，防止因重大失误、失职、失察等问题被问责。

与此同时，要把实行党政领导干部问责与提高执行力结合起来，与落实党风廉政建设责任制结合起来，把事后问责与事前负责、及时问责与加强常态化管理结合起来，促进领导干部增强责任意识，严格履行职责。纪检监察和干部人事部门要履行好自身职责，做好对领导干部工作失误、失当、失职等问责线索的收集和处理，充分发挥问责制在党风廉政建设和部机关提高执行力工作中的积极作用。

第二，加强和改进巡视工作。要坚持巡视工作的指导思想和基本原则，完善巡视工作的领导体制和工作机制，进一步完善相关办法，按规定程序开展巡视工作，重点对被巡视单位领导班子及其成员贯彻执行党的路线方针政策和决议决定的情况进行监督检查。部党组巡视组要增强依纪依法巡视的意识，牢牢抓住上述重点和关键环节，巡大事、问大事，进一步加强和改进巡视工作，着力了解真实情况、纠正发现重大突出问题，努力提高巡视监督水平。

第三，严格监管国有企业领导人员廉洁从业情况。国土资源部没有直接管理的国有企业，目前，正在按照要求，对直属单位所办企业开展清理工作。直属单位所管理的企业要依照廉洁从业规定，对领导人员严格管理和监督，做到预防在先、关口前移。要从出资人监管的角度，对重点事项进行规范，把企业改制与管理人员廉洁自律结合起来，把反腐倡廉制度建设与企业业务工作结合起来，把执行廉洁从业规定与企业经营业绩考核、领导人员综合考评挂钩，加强对执行廉洁从业规定情况的监督检查，依纪依法查处违反廉洁从业规定的行为，有效预防国有资产流失和滋生腐败的问题。

第四，积极推进工程建设领域突出问题专项治理工作。国土资源部是工程建设领域专项治理工作的成员单位，鹿心社同志任中央该工作领导小组的成员。明天，中央纪委还要对这项工作做出具体部署。国土资源部在专项治理工作中承担的主要任务是：规范土地使用权、矿业权审批和出让行为。具体要做好以下工作：查找土地使用权、矿业权审批和出让以及征地拆迁中存在的突出问题；科学编制、严格实施土地利用总体规划，严格土地用途管制；严格土地使用权、矿业权出让审批管理，严格征地拆迁行为的监管，严格土地使用权、矿业权价格评估的监管；建立健全统一规范的土地、矿业权等要素市场，探索显化土地使用权和矿业权转让市场的有效形式；加强土地、矿产供应及开发利用情况的监管，完善土地及矿业权审批、供应、使用等管理的综合监管平台；纠正和查处非法批地、低价出让土地、擅自改变土地用途，违规审批和出让探矿权、采矿权等行为。

要紧密结合国土资源管理工作实际，进一步明确相关司局的具体任务，查找问题，集中整改，严肃查处典型案件。要按照中央的要求，把这项工作与中央惩防腐败体系《工作规划》相衔接、与扩大内需促进经济增长政策落实情况监督检查相衔接、与部门职责相衔接，进一步推进土地市场、矿业权市场建设，规范土地、矿业权审批和出让行为，充分发挥国土资源管理的职能作用。要加强调查研究，注重研究新情况、解决新问题，及时推广有效做法和典型经验，推进专项治理工作取得实效。

三、明确几项保障措施

为抓好四个法规文件的贯彻落实，提出以下几项保障措施：

第一，加强组织领导。各司局和单位领导班子尤其是主要负责同志，要把思想和行动统一到中央决策部署上来，切实承担起学习贯彻四个法规文件的领导责任。要把学习贯彻四个法规文件摆上议事日程，精心组织安排。要与业务工作有机结合，研究具体措施，制定落实方案，完善相关制度，带头抓好落实。

第二，强化督促检查。贯彻落实四个法规文件是惩治和预防腐败体系建设的重要任务。最近，部党组印发了落实中央纪委推进惩防体系建设《检查办法》的工作方案，即将组织开展年度检查工作，其中包括对四个法规文件的学习贯彻情况的检查。各单位党委、纪检监察和人事部门，要加强督促检查，积极推进巡视、领导干部问责、企业领导廉洁从业、专项治理等工作，促进重点领域和关键环节突出问题的解决。

第三，深入学习宣传。要把深入学习宣传四个法规文件作为当前的重要政治任务，各级领导干部要带头学习宣传，深刻领会、准确把握基本精神和主要内容。要把学习贯彻四个法规文件作为党性党风党纪教育的重要内容，纳入党组（党委、支部）的学习安排。机关党委、监察局、人事部门要有计划地组织学习研讨，及时总结交流宣传四个法规文件学习落实好的典型，切实提高贯彻执行的自觉意识和实际效果。充分发挥网站、报刊等媒体作用，加大宣传力度，努力形成学习贯彻的良好氛围。

同志们，学习贯彻中央新颁布的四个法规文件任务艰巨、责任重大、意义深远。让我们在部党组的统一领导下，共同努力，以改革创新的精神、求真务实的态度，扎扎实实地推进四个法规文件学习贯彻，在国土资源管理工作中不断取得新的实效。

王世元同志在推进作风建设常态化工作专题会议上的讲话

（内情通报 2010 年第 41 期）

同志们：

经部党组研究决定，今天召开专题会议，主要任务是进一步提高认识，明确今年部作风建设重点工作，研究部署持续抓好作风常态化建设。刚才，海生同志通报了今年以来部机关作风建设方面的一些措施及部《关于推进机关作风建设常态化的意见》（送审稿）起草情况，相关司局负责同志结合工作实际，对今年开展作风建设常态化工作提出了很好的意见建议，我都同意。有些建议很值得我们在加强和改进国土资源工作、加强和改进机关作风建设时思考，并加以解决。

下面，我再讲三点意见。

一、深刻理解部党组持续抓作风建设的重要意义

部党组高度重视持续推进作风建设工作。今年明确要继续抓作风建设，核心是抓作风建设常态化，并作为部三大任务之一，在年初厅局长会上提出了明确要求。绍史同志对这项工作高度重视，多次做出批示和指示，对《关于推进机关作风建设常态化的意见》起草、完善，以及如

何召开会议部署推进等给予了具体的指导。我们一定要站在全面落实党的十七届四中全会精神，进一步巩固和扩大学习实践科学发展观活动成果，全面提升国土资源管理工作能力水平，努力服务稳增长、调结构、转方式的高度来认识推进作风建设常态化的重要意义。

（一）推进作风建设常态化是部党组持续抓作风建设的延续和提升

部党组始终高度重视机关作风建设，2007 年，围绕学习贯彻党的十七大精神，开展了“联系实际，查找问题，提出对策”活动；2008 年，把“解放思想、改革创新”和“改进作风，增强执行力”两个学习大讨论贯穿学习实践活动始终；2009 年，为巩固和扩大学习实践活动成果，贯彻落实十七届四中全会精神和全国机关党的建设工作会议精神，围绕解决四个方面突出问题，以部党组和司局两级班子为重点，开展了作风建设活动。今年，部党组又明确提出，要进一步推动作风建设常态化，三年三个文件。可以说，党组抓作风建设，一步一个脚印，一年一个台阶，有效保障了抓作风建设的持续性。

（二）推进作风建设常态化是应对当前形势任务的现实需要

当前，国土资源管理工作面临着前所未有的发展机遇，也承担着服务经济平稳较快增长、经济结构战略性调整和发展方式转变的艰巨任务，保障发展和保护资源的两难局面和双重压力还将长期存在。土地管理“两碰头、一忧虑”和矿产市场“一松一紧、振荡调整”的局面没有根本改变，而且在供地、找矿、监管和改革方面的压力进一步加大。尤其是近年来，党风廉政建设面临的环境更加复杂，任务更加艰巨。如何进一步统一思想，认清形势，持续推进改革创新，不断为国土资源管理注入活力，用新理念、新机制强化国土资源管理工作；如何进一步加强干部队伍建设，有效遏制涉土、涉矿腐败案件的易发高发态势，增强干部队伍的执行力，为国土资源改革发展保驾护航，都需要我们的干部队伍尤其是部机关广大党员干部培育良好的作风，需要超前谋划、主动协调、积极跟进、不断提高执行能力。

（三）推进作风建设常态化是全面完成部中心工作的重要保障

面对2010年的复杂局面，部党组确定，要通过持续开展“双保工程”、进一步巩固扩大地质找矿改革发展大讨论成果和作风建设常态化三大平台，推进国土资源管理各项重点工作。工作中，我们还面临一些攻坚克难的关口，如进一步切实抓好党风廉政建设，土地督察敢于碰硬、全面发挥作用，全面推进第二次全国土地调查“收官”各项工作，处理好各类应急性救灾等。这些工作任务重，要求高，难度大，做好这些工作，也需要进一步转变思想和工作作风，需要进一步提高管理水平，通过作风建设常态化保障部中心工作的贯彻落实。

二、认真把握作风建设常态化的主要内容

作风建设常态化，就是要把作风建设作为一项长期性、日常性工作，常抓常新，做到年年有重点，年年有创新，年年出实效。要努力把握作风建设常态化的主要内容，尤其要把握今年推进作风建设常态化的主要安排，努力增强工作的针对性和实效性。

（一）把握作风建设常态化的主要内容

重点有四个方面：

一是抓好创先争优工作。要按照中央的统一部署和部党组《关于在直属机关基层党组织和党员中深入开展创先争优活动的实施意见》要求，深入开展创先争优活动，把创先争优活动作为作风建设常态化发挥作用的实践载体，努力使基层党组织做到“五个好”，共产党员做到“五带头”。

二是抓好党风廉政建设。要按照全国国土资源系统党风廉政工作会议的精神，进一步完善创新制度，加强内部管理，规范权力运行，坚决遏制国土资源系统腐败案件易发高发的态势。

三是抓好党建试点。要按照部党组关于开展党建试点工作的部

署，围绕“抓学习，促进学习型党组织建设；抓结合，促进中心工作与队伍建设”的主题，坚持学习创新、联系实际、求真务实，破解党建工作“一般化”的问题，多出一些行之有效的成功经验，推动机关党建工作更好的服务中心、建设队伍，努力走在基层党组织建设的前头。

四是抓好创新提高。在去年作风建设活动中，各司局、各单位围绕“主动谋划、工作办法、协调联动、落实能力”等四个方面，结合工作实际，切实转变作风，作了有益探索，形成了许多行之有效、值得借鉴的好经验好做法。一些司局如办公厅、环境司、执法局等开拓创新，也有很多形式新颖、效果扎实的好做法。作风建设常态化工作中，要注重总结推广这些成果，进一步主动谋划，理清工作思路；要进一步勤于调研，适应形势变化；要进一步完善制度，推进规范管理；要进一步严格把关，提高公文质量；要进一步兼顾左右，加强协调配合；要进一步狠抓落实，增强执行能力。在继承的基础上抓好创新提高，推进作风建设常态化深入发展。

（二）把握今年作风建设常态化的主要安排

今年抓作风建设常态化，部机关是重点，部党组三个文件的贯彻落实是核心，服务对象评议机关作风是主要抓手，努力提升执行能力、创新能力和廉政能力是目标任务。

一是把部机关作为重点。各司局要围绕“主动谋划有作为、推进工作想办法、协调联动要主动、扭住不放抓落实”四项要求，从制度层面、管理环节、能力素质等方面不断发现薄弱环节和工作漏洞，从思想观念、制度建设、能力素质等方面，提出管用、过硬的新举措、新办法，全力推进机关作风建设再深化、干部队伍能力素质再提升。

二是把部党组三个文件的贯彻落实作为核心。部党组出台的“三个文件”，是近年来机关作风建设的深刻总结，是今后一个时期不断加强机关作风建设、着力推动国土资源工作的指导性文件，部机关各司局要把贯彻落实部党组三个文件作为推进作风建设常态化的核心。要抓好三个关键环节：首先，要明确责任，落实到人；其次，要有阶段性要求，阶段性成果。有步骤、有重点、有层次地扎实推进；最后，要及时分析总结，定期检查，动态掌握，跟踪问效，考核通报，推动机关作风建设不断上台阶。

三是把服务对象评议机关作风作为主要抓手。今年以来，按照党组的统一部署，机关党委主动谋划、加强沟通协调，与办公厅、人事司、驻部纪检组监察局共同组织开展了部司局级领导班子作风群众评议工作，共向部机关19个司局、9个派驻地方的国家土地督察局以及17个在京直属单位的干部职工发放1300份评议表。机关党委对评议结果进行了研究分析，形成专题报告，部党组会议进行了研究讨论，提出要进一步扩大参评人员范围，注重吸收服务对象等参评，增强评议的客观性和说服力；要进一步完善评议办法并长期坚持，推进作风建设常态化。同时，按照党组的要求，分管部长与一些单位班子进行了谈话，机关党委向所有被评议司局、单位主要负责同志通报了情况，传达了部领导的要求。各单位班子都召开会议，针对存在问题研究如何进一步深化作风建设的整改措施。可以说，通过作风评议，党组了解了干部职工的真实想法，检验了作风建设活动成效；司局、单位领导受到了普遍的触动，进一步增强了抓作风的意识；作风评议也为推进作风建设常态化积累了经验。

今年下半年，要进一步扩大评议范围，重点突出国土资源系统省、市、县、乡四级部门干部职工对部机关作风建设的参与和监督，围绕推动工作、执行有力情况，破解难题、持续创新情况，筑牢防线、廉洁从政情况三个主要内容，充分发挥服务对象的监督作用，促进机关作风建设再深化、干部能力素质再提升。

四是把提升三种能力作为目标任务。要通过深化服务对象评议工作，持续提升机关干部队伍的“三种能力”（执行能力、创新能力和廉政能力），持续推进思想观念、管理职能、工作作风和工作方式转变，为全面完成2010年部的各项工作任务、推动国土资源事业实现新跨越提供作风保证和能力支撑。

三、深入推进作风建设常态化工作的落实

（一）进一步强化作风建设常态化工作的组织领导

各司局要将作风建设常态化工作当做“一把手”工程来抓，要加强组织领导，狠抓各项工作落实。要加强学习创新，在参加部统一组织活动的同时，要结合司局业务实际，精心设计抓手、平台，确保作风建设常抓常新、抓出实效。机关党委在工作重、人手少的情况下，克服困难，在作风建设活动中做了大量艰苦细致的工作，下一步，要重点做好作风建设常态化的协调、服务。联席会议各成员单位要加强沟通、对接，共同推进作风建设常态化工作。广大党员干部特别是党员领导干部，一定要坚持高标准、严要求、快节奏，切实在作风建设常态化工作中走在前头，发挥示范带头作用。要创造良好的学习深造环境，与干部的发展进步结合；要创造良好和谐工作环境，调动干部的积极性，自觉以身作则；要创造良好的人文关怀环境，掌握思想、生活情况，积极解决实际困难。

（二）充分发挥先进典型的示范引导作用

要切实加强作风建设典型宣传，采取基层党员群众喜闻乐见的方式，大力宣传作风建设活动的好经验好做法，促进工作交流，共同提高工作水平。要注意选择、树立并宣传一批身边的典型，使广大党员干部学有标杆、赶有目标，努力通过典型宣传，鼓励先进、激励中游、鞭策后进，进一步激发广大党员干部职工的工作热情，保持旺盛、昂扬的精神状态，有力推动各项工作。

（三）抓好探索、总结、规范、提升四个环节工作

绍史同志多次强调，在工作中要注意抓好探索、总结、规范、提升。作风建设常态化工作中，要注重总结规范近年来、尤其是去年以来深入开展作风建设活动的成功经验，不断完善、提升、推广，进而指导

推进工作。在继承和发展我们推进作风建设长期实践中积累的成功经验基础上，要努力探索作风建设常态化的新理念、新途径、新格局，在实践中创新，在创新中规范。

王世元同志在廉政专项行动会议上的讲话

（内情通报2010年第120期）

同志们：

今天部党组决定召开这次会议，主要目的：是进一步提高同志们对抓机关带系统、深入推进以“两整治一改革”为重点的机关廉政专项行动的必要性和重要性的认识，从而深入推进部机关的党风廉政建设。刚才，寿祥同志通报了部直属机关工作人员4起违法案件和3起违纪问题，令人警醒。袁炳辉、王金文、杨强、高延利4位同志的发言，结合实际，特别是结合发生在身边的案例和问题，深入剖析，从思想上查找原因，从制度上查找漏洞，从整改上提出措施，给大家以启示、教育和思考。集中到一点，再一次说明，开展机关廉政专项行动十分必要和重要。按照党组安排，受绍史同志委托，下面，我代表部党组讲三点意见，最后，绍史同志还要作重要讲话，我们要认真学习贯彻。

一、多措并举，部直属机关廉政专项行动稳步推进

今年以来，按照中央领导同志的批示精神和中央纪委监察部的要求，部党组多次召开专题研究，研究采取了一系列加强反腐倡廉建设的

具体措施。3月31日，召开建部以来国土资源系统规模最大的党风廉政建设工作会议，绍史部长在会上强调指出，要“大喝一声，猛击一掌，进一步警醒起来”，要求全系统要以等不起的紧迫感、慢不得的危机感、坐不住的责任感强力推进反腐倡廉工作。会后印发了部党组《关于进一步严格管理完善制度从源头上防治腐败工作的决定》。上海会议后，各级国土资源部门认真贯彻落实会议精神，制定有效措施，进一步规范了制度建设。

7月份，召开全国国土资源厅局长座谈会，部党组提出，全系统政风行风评议名次要升上去、违法违纪案件数量要降下来的目标。还先后召开了国家土地督察机构纪检监察会议、机关和事业单位项目及资金管理工作会议，就加强队伍建设、确保项目资金安全提出了新要求。机关党委印发了《关于加强部直属机关廉政文化建设的通知》，对机关廉政文化建设的目标、任务、方法步骤等提出明确要求。开展了“推进反腐倡廉建设科学化”理论研讨和征文活动，举办了《廉政准则》和预防职务犯罪专题辅导报告。

为认真落实中央领导关于加大国土资源领域腐败问题治理力度重要批示精神，8月19日，中央纪委、最高人民检察院、监察部、国土资源部联合召开电视电话会议，全面部署深入开展国土资源领域腐败问题治理工作。按照国土资源领域腐败问题治理工作协调小组部署，结合实际，部党组下发了《关于国土资源系统开展“两整治一改革”专项行动的通知》，决定9月3日，成立“两整治一改革”专项行动领导小组及办公室，从2010年9月开始到2011年年底，面向国土资源系统扎实开展“两整治一改革”专项行动。按照中央纪委领导提出的“领导机关要带头，抓机关带系统”的要求，为发挥部机关在国土资源系统“两整治一改革”专项行动中的带头作用，进一步加强部机关反腐倡廉工作，建设廉洁型机关，部党组决定，在部机关和直属单位深入开展以“两整治一改革”为重点的廉政专项行动。9月9日，召开部机关深入开展廉政专项行动动员大会，同时下发了部党组《关于国土资源部机关深入开展廉政专项行动的通知》，对机关廉政专项行动作出部署。可以说，部党组在推进党风廉政建设方面的决心和工作力度比任何时候都大。

机关廉政专项行动是部党组坚决落实中央的决策部署，进一步推进国土资源系统反腐倡廉建设的一项重大举措，也是推进机关廉政建设的重要抓手。9月9日动员会后，部机关各司局、各直属单位、各派驻地方的国家土地督察局按照部党组的安排和要求，扎实开展廉政专项行动，各项工作抓得紧、抓得实，有力度、有效果。总结前一阶段的工作，主要有以下三个特点：

第一，部党组牢牢把握廉政专项行动的主动权。部党组高度重视机关廉政专项行动，明确提出部直属机关要在全系统“两整治一改革”专项行动中切实做到“五带头”，即带头查找廉政风险点、带头制定防范措施、带头接受公开监督、带头整改突出问题、带头严格自律，并确定了“五条禁令”，从组织领导到具体工作指导，不断加大工作力度。为加强对机关廉政专项行动的组织领导，部党组实行“月报告制度”，10月11日、11月4日、12月5日，先后三次专题研究廉政风险点排查工作进展情况和下一步工作安排，明天还要听取第四次汇报。为强化专项行动的组织保障，从部机关、直属单位、土地督察机构和地方国土资源部门抽调了10多名同志，于11月2日正式组建了部深入推进创先争优工作办公室（简称推进办）。按照部党组的要求，推进办在组织开展创先争优活动的同时，也承担着在部专项治理办公室的指导下，组织督导检查机关廉政专项行动的任务。为深入推进廉政风险点排查工作，10月29日，部专项治理办公室专门召开了全系统廉政风险点排查和防控体系建设视频交流会，小苏同志代表部党组作了重要讲话，对抓实抓好排查和防控工作提出明确要求。来自部直属机关和系统有关单位的8名代表发了言。这次会议对部机关和系统专项行动深入开展起到了很好的推动作用。寿祥同志利用3天时间，与部专项治理办公室的同志一起，分别听取了19个司局、17个事业单位和9个督察局的工作进展情况汇报，并对各单位廉政风险点排查工作逐一进行点评。绍史部长、小苏副部长、寿祥组长、藏春副总督察、存智同志和我分别在广东、广西、辽宁、江苏、山西、浙江6个片区听取了各省（区、市）及新疆生产建设兵团和9个土地督察局的“两整治一改革”工作进展情况汇报，加强对各地专项行动的检查指导。在部直属机关开展查找廉政风险点、查找廉政突出问题、查找制度漏洞和薄弱环节的“三查”工作中，部党组成员认真做好分管司局和单位的具体检查和指导，对各单位上报的“三查”工作情况报告进行审定并签字，确保廉政专项行动不走过场。

第二，干部职工思想认识不断深化。在开展机关廉政专项行动之初，一些同志在思想认识上存在差距，信心不足，主动性不够，认为廉政专项行动难以达到预期效果；还有一些同志对专项行动的开展存在误解，认为这项工作只是做做样子，不可能有实质性的举动；也有少数同志认为，在廉政建设方面已有很多规章制度，只要抓好落实和执行就可以了，没有必要兴师动众；有的司局和单位反映业务工作压力大，很难保证专项行动有效开展。在推进机关廉政专项行动的过程中，部党组及直属机关各级党组织注重解决干部职工在思想认识方面存在的问题。通过学习讨论、专题辅导，开展多种形式的警示教育，特别是把三个月来认真开展“三查”的过程作为干部职工自我教育、自我提醒、自我提高的过程，大家对“两整治一改革”工作和机关廉政专项行动的认识不断深化、责任意识不断增强、自觉程度不断提高。

第三，“三查”工作成效初步显现。今年机关廉政专项行动的工作重点是开展“三查”工作。各司局、各单位按照部党组的部署和要求，从抓好结合入手，切实把廉政专项行动与推进业务工作、与机关作风建设常态化工作、与深入开展创先争优工作有机结合起来，制定实施方案，明确目标任务，采取有效措施，认真开展查防廉政风险点、查改廉政突出问题、查找制度漏洞和薄弱环节。截至目前，46个司局和单位全部完成了“三查”规定动作，共提交分类分级廉政风险点225个，包括24个A级风险点、55个B级风险点、146个C级风险点。这些风险点主要集中在土地审批、矿业权出让转让审批、国土资源规划计划、土地整治、矿产资源储量评审、国土资源执法、土地督察、项目管理、政府采购和财务资金管理、干部人事管理等方面。同时，各司局、各单位结合实际，提出了切实可行的防控措施。在自查自纠方面，虽然各司局、各单位尚未发现违反《廉政准则》和“五条禁令”的问题，但从思想认识、作风建设、工作管理等方面，查找梳理出一些不容忽视的问题，大多集中在上述风险点上存在的制度漏洞。各司局、各单位针对查找梳理出的制度漏洞，提出了整改的意见和措施，有的边查边改，为深入推进机关廉政专项行动打下了很好的基础。

总之，从前一段工作情况总体上看，各司局、各单位在推进机关廉政专项行动方面行动是积极的、成效是明显的。但是，也必须清醒地看到，机关廉政专项行动与中央和部党组的部署和要求还有一定差距。部党组在分析后认为，主要差距突出表现在：一是有的司局和单位抓廉政教育阶段重视不够、程度不深，走过场、有死角，致使有的同志在认识层面上有误区。有的同志认为本单位没有审批权，不存在风险点；有的同志认为自己没有犯错误，不需要查找廉政风险点和问题，更不需要防控；有的同志担心所在岗位排查风险点多了就会让人怀疑自身的问题多；还有的同志对专项行动的基本概念和核心内容不掌握、不了解。二是发生问题的司局和单位，整改工作亟待进一步深化，尤其在管理和制度方面亟待健全和完善。三是有的司局和单位对廉政和制度建设抓得不实不紧。平时不善于大胆管理，班子“软、散、懒”，在重大问题处理上，不能发挥核心作用，甚至违反原则，不能开展严肃批评和自我批评，形不成良好风气。四是已经反映出来的苗头性问题还没有引起高度重视和自行纠正。譬如，有的豪华车接来接去，高档消费；有的司局和单位无偿长期借用高档工作用车；有的干部自我约束不严，出入一些高档娱乐消费场所，有的领导干部在外行动诡秘，经常一个人活动，脱离组织监督；有的收受高档礼品，超过了正常交往；有的干部在公务活动中，不注意作风培养和国土资源部门的形象，不能正确对待手中的权力，对下面工作指手画脚，居高临下耍威风；也有的单位项目资金一拨了之，不过问项目完成质量，造成严重浪费；还有的大额资金项目一个人说了算，失去监管，经不起审计，一审计就手忙脚乱等。对上述这些现象和苗头，必须采取切实措施，加以制止和防范。

二、吸取教训，深刻剖析违法案件和违纪问题带给的启示

今天，寿祥同志通报的发生在大家身边的 4 起违法案件和 3 起违纪问题。想必大家的心情跟党组的同志们一样，感到震动的同时，也感到十分痛心和惋惜。前车之覆，后车之鉴，痛心和惋惜之余，应该从中吸取哪些教训？部党组同志分析认为，至少有以下四方面教训值得深思和认真记取：

第一，思想上放松了改造。几乎每起违法案件和违纪问题的发生都跟这一条分不开。在改革开放和发展市场经济的条件下，市场经济法则与行政权力法则交织在一起，一些干部手中的权力越来越大，可支配的资源越来越多，面临的诱惑和考验的风险也随之越来越大。这个时候，人生观、世界观、价值观极易发生扭曲、变化。有些同志不是生来就是贪污腐败分子，曾经也是热衷事业、业务骨干，为国土资源事业做了许多有益工作，但由于长期忽视政治和廉政学习，不自觉地放松了思想改造，理想信念动摇、思想道德缺失、廉政防线薄弱，拜金主义、利己主义、享乐主义占了上风，最终未能抵制金钱、私利、美色的诱惑，未能守住法律、廉政的底线，有的犯了错误，有的走上了犯罪的道路。这条教训告诫我们，绝不能放松思想武装和世界观的改造。

第二，廉政意识非常淡薄。从几起违法案件和违纪问题中不难看出，有的干部头脑中没有党纪国法，不对照，不自律，胆大妄为、无知无畏，什么事都敢干，忘记了自己是谁、在哪，什么能做，什么不能做。这条教训告诫我们，对党纪国法要有敬畏之心。今年 1 月，党中央印发的新修订的《中国共产党党员领导干部廉洁从政若干准则》，对党

员领导干部的从政行为予以进一步规范。《廉政准则》详细规定了党员领导干部从政行为八大方面的“禁止”，并详细列出52种“不准”的行为。可以说，明确了不能入的“禁区”和不能碰的“高压线”。无论在任何时候、任何环境、任何情况下都必须在思想上敬畏、心态上平衡、用权上谨慎。否则，不论是主动还是被动进入“禁区”，或主动还是被动触碰了“高压线”，都必然受到党纪国法的严厉惩处，付出沉痛的代价。

第三，利用职务便利谋取私利。几起违法案件和违纪问题大多是利用权力和影响，为他人谋取大利益的同时，从中获得私利。所以说，每一个党员干部都要清醒地认识到权力是双刃剑，不能被权力冲昏头脑，忘乎所以，滥用职权，以权谋私，最终导致被法律严惩的下场。同时，也提示大家，我们当下对风险点的排查和防范是何等的重要。

第四，管理和制度有薄弱环节。以上四位同志的发言，集中说明了这一点。教训再次告诉大家，制度带有根本性、全局性、稳定性和长期性。如果存在薄弱环节，它的反作用力和严重后果。制度本身操作性不强，有漏洞、有空子，容易被不法人员利用；有了制度执行不严，绕着走、擦边干；制度执行得不到有效监督，看得见的管不着、管得着的看不见，特别是重大资金项目、关键环节、重要岗位备受关注，一旦出现薄弱环节，必然像大堤溃于蚁穴一样，出现漏洞、导致损失。

以上教训是深刻的，必须引以为鉴。对于一些苗头性、倾向性问题，一定要及时发现，防微杜渐。以上剖析，也进一步证实了，大力推进机关廉政专项行动的重大和深远意义。如果不以为然，就难以保证不出大问题。绍史同志曾多次强调：机关不能出问题，机关出问题杀伤力太大！机关党风廉政建设问题事关大局，机关出现违法案件和违纪问题，远不仅仅是违法违纪问题，而且是一个部门政治影响问题，对机关广大干部职工从心理上、感情上造成极大伤害，挫伤大家的积极性，给整个部门的形象造成极大的负面影响和被动局面。我们必须从讲政治、讲纪律、顾大局的高度来看待这个问题。

三、抓住着力点，更加认真、自觉、主动地推进廉政专项行动

12月28日，胡锦涛总书记主持召开中央政治局会议，研究部署党风廉政建设和反腐败工作。胡锦涛总书记突出强调了，要深入推进专项治理工作，继续深化工程建设领域突出问题和“小金库”专项治理，深入开展庆典、研讨会、论坛过多过滥问题和公务用车问题专项治理。下一步，部深入推进廉政专项行动，就是要认真学习贯彻胡锦涛总书记重要讲话精神，按照部党组及部专项治理办公室的部署要求，把机关廉政专项行动作为一项重要政治任务，真正把本单位摆进去、把领导班子摆进去、把自己摆进去，树立主体意识、风险意识和责任意识，以更加坚定的信心、更加坚决的态度、更加有力的措施，切实把机关廉政专项行动各项工作抓实、抓好。具体要求在“六个着力点”上下功夫：

第一，着力在筑牢思想防线上下功夫。事实证明，人的思想是人生的总开关，是人生导向和行动指南，决定着一个人所走的人生道路，决定着人生的归宿和生命的价值。从这个意义上说，从反面教训上说，思想防线是第一风险点，是第一防线。因此，对广大党员尤其各级领导干部来说，坚定理想信念，既是党和国家事业发展的需要，也是个人成长进步的需要。部直属机关各级党组织，要采取多种形式，大力开展理想信念教育、反腐倡廉教育、典型示范教育，教育干部职工，牢固树立“秉公用权、廉洁从政”的价值理念，正确对待和依法行使权力，严格按照《廉政准则》和“五条禁令”规范和约束自己的行为。要广泛开展廉政文化创建活动，突出先进思想和廉政文化内涵，将廉政文化建设融入机关文化建设和学习型党组织建设中，使干部职工在文化熏陶中增强廉洁自律意识。广大党员干部职工特别是各级领导干部要不断加强自身的学习、改造和提高自己，不断增强主体意识、身份意识、责任意识，

树立正确的世界观、人生观、价值观和权力观、地位观、利益观，切实筑牢思想防线，有效防范各种不良思想和行为的侵蚀。俗话说，人无完人。一个人一生不可能不犯错误、不遇挫折，但不能犯主观上能够预见的、能够预防的，且无法挽回的错误。

第二，着力在认真落实领导干部党风廉政建设责任制上下功夫。近日，中共中央、国务院印发了新修订的《关于实行党风廉政建设责任制的规定》。《规定》是深入推进党风廉政建设和反腐败斗争的一项重要基础性法规，对于强化各级领导班子和领导干部抓反腐倡廉建设的政治责任，保证中央关于党风廉政建设和反腐败斗争各项决策部署的贯彻落实，具有十分重要的意义。各级领导干部一定要认真贯彻落实好《规定》，全面履行自身职责，切实推进机关党风廉政建设和反腐败工作。在其位谋其责，谁主管谁负责，“一把手”负总责，分管领导分工负责，加强组织领导，协调各方力量，坚持“两手抓”，即在抓好业务工作的同时，抓好党风廉政建设责任制的落实。要把每年的《实施意见》、《任务分工》放在桌头，经常看看，经常想想，经常督促，一定做到“见物见人”。今后凡是本司局、本单位发生重大案件和问题，班子主要负责同志都要向部党组汇报，作出检查，造成严重后果的，要视情追究领导责任。

第三，着力在权力运行的监督监管上下功夫。我们手中的权力是党和人民赋予的，只能正确行使，行使必须接受监督。推进权力结构合理化、权力配置科学化、监督方式严密化、制约措施刚性化，是开展机关廉政专项行动的关键所在。可以说，决策失误、权力失控、行为失范是领导干部廉洁从政的“大伤”和“硬伤”。只有封堵权力滥用漏洞、挤压权力寻租空间，才能保证让权力在阳光下运行。我们的干部特别是各级领导干部，应该清醒地认识到，权力的监督是对干部的爱护和保护。监督监管真空必然是发生问题的地带，失去监管的权力必然导致腐败。各级领导干部必须自觉接受监督，同时对分管的工作加强监管监督，建立健全决策权、执行权、监督权既相互制约又相互协调的权力结构和运行机制。凡属重大决策、重要干部任免、重大项目安排和大额资金使用等事项，必须经过集体讨论决定。

第四，着力在廉政风险点排查防范上下功夫。查找廉政风险点不是目的，而是一项加强廉政建设的有效措施，目的是通过排查廉政风险点，找到重点部位和关键环节的风险隐患，最终落实到通过制度建设，把廉政风险点降到最低限度，以致没有风险点。查找廉政风险点是一项常态化工作，要在前一阶段工作的基础上，还要继续全面深入地找准、找全、找实。同时，针对排查确定的廉政风险点，制定具体的防控措施，建立起一套完整有效、可操作、便于监督的防控体系。

第五，着力在制度建设上下功夫。要坚持用制度管权、管事、管人。在这方面，也要切实加大“立、改、废”的力度，重点在大额资金、项目安排、干部任免等重点环节和部位健全和完善监管制度和机制，积极运用科技手段加强制度建设开展反腐败工作。制度是行为规范，要管用，要运用行政、组织等手段，将预防控制廉政风险的内容转变为纪律要求，强化制度执行力，使防控措施变为制度要求。

第六，着力在加强领导干部自我约束能力上下功夫。各级领导干部都要做自觉遵守党纪国法的模范，认真贯彻落实《廉政准则》，切实做到 52 个不准，严格遵守部确定的“五条禁令”。从官重恭慎，立身贵廉明。领导干部要心存敬畏。懂得敬畏是领导干部理智和成熟的表现。要敬畏权力，时刻牢记权力是责任，滥用权力必受惩处。要慎言慎行，才能守住名节、保住本色。要谨慎交友，净化社交圈。要杜绝领导干部经商办企业，杜绝公款高档消费，收受有价证券。要加强对亲属、子女和身边工作人员的教育、提醒和约束，防止从他们身上打开缺口，更不能利用职务影响和便利为他们谋取不正当利益。尤其对有苗头性的问题，要抓紧纠正；对有问题的，要立即整改。

同志们，现在已近年末，全面进入全年工作收官总结阶段。要紧密结合年度考核工作，系统总结今年党风廉政建设和反腐败工作，查一查、看一看，在机关廉政建设方面还存在哪些不足，还需要在哪些方面加以改进，切实为明年、也是为“十二五”开局之年党风廉政建设，特别是机关廉政专项行动的深入推进打好基础，真正实现部党组提出的政风行风评议名次升上去、违法违纪案件数量降下来的目标。

张少农同志在机关廉政专项行动经验交流会上的讲话

（内情通报 2012 年第 16 期）

同志们：

大家好！这次会议的主要任务是贯彻落实中央纪委七次全会、国务院第五次廉政工作会议和全国国土资源党风廉政工作会议精神，交流推广部直属机关开展廉政风险防控工作的经验和做法，对前一阶段的工作进行总结，对下一步的工作进行安排和部署。部党组对开好这次会议高度重视，绍史部长亲自审定了会议方案。

前面耕保司、信息中心、规划院、环境监测院、西安督察局都作了交流发言，讲得都非常好，听了很受启发。之尧同志侧重从加强监管的角度、海青同志侧重从推行公开促监督的方面、海兵同志侧重从制度体系建设、万忠同志侧重从资金内控制度建设、杨璐同志从督察局党风廉政建设都介绍了很多很好的经验和做法，既有代表性，也有自己的工作特色，从不同侧面和角度展示了一年多来部直属机关深入开展廉政专项行动的成果，具有重要的示范和借鉴意义，希望大家能认真学习，不断完善我们的工作。下面我代表部党组讲三点意见。

一、机关廉政专项行动成效明显

一年多来，部直属机关各级党组织把机关廉政专项行动作为坚决落实中央的决策部署、进一步推进国土资源系统反腐倡廉建设的重大举措和加强机关党风廉政建设的重要抓手，切实加强领导，健全组织机构，抓好顶层设计，落实工作责任，形成了部党组统一领导、“两办”（专项办、推进办）和机关党委强力推进、各级党组织创新驱动、干部职工全员参与的领导体制和工作机制，保证了专项行动持续有效深入开展。

去年10月至11月，推进办和机关党委按照部党组的部署，在专项办的指导下，组成9个工作组实地检查评估了部直属机关61个单位开展机关廉政专项行动的情况，包括19个部机关司局、19个直属事业单位、9个土地督察局，抽查了地调局下属的地科院、各地地调中心（院）等14个单位。从检查评估的情况看，各司局、各单位都能够按照部党组的部署和要求，围绕建立健全国土资源管理廉政风险防控体系的目标，坚持把权力监管的薄弱环节作为重点区位，结合工作实际，创新推进专项行动，取得了明显成效，形成了一批工作成果、制度成果和理论成果，有力地促进了部直属机关党风廉政建设和业务工作，提振了我们进一步推进这项工作的信心。应该说在全系统“两整治一改革”专项行动中，能够按照部党组抓机关带系统的要求，很好地发挥了我们机关的表率作用。主要体现在以下几个方面：

（一）廉政风险点进一步查准到位，动态更新机制初步建立。各司局、各单位在认真梳理行政权力的基础上，组织党员干部从个人岗位、处室职能和本单位三个层面入手，以岗位为点、以业务流程为线，通过“自己找、大家提、组织点、群众议、集体定”等方式，认真排查了岗位职责、工作流程、制度机制、队伍管理、外部环境等方面的廉政风险点，切实做到查得清、核得准、找得全。共查找出风险点2156个，覆盖国土资源管理各个方面，找准了筑牢廉政防线的点位。尤其是一些发生过问题的单位，通过深入剖析案件，切实查找分析出现问题的制度漏洞和薄弱环节，进一步强化防控。比如，服务局将宏宇中心和收发室列为专项行动重点单位（小单位有时候也会出大情况），认真查找制度和管理漏洞。地籍司结合温明炬、沙志刚涉案情况，及时纠正管理程序中存在的各类问题。国土资源报社认真分析刘允洲严重违纪的深层原因，加强内部管理，完善科学民主决策机制。油气中心结合出现的保密事件，发现了项目管理、财务管理和外协资金运行三个方面的廉政隐患。同时，各司局、各单位还结合工作形势的发展变化，建立起廉政风险点动态更新机制，及时查改苗头性、倾向性问题，防患于未然，亡羊补牢未为迟也。

（二）制度成果初成体系，廉政风险防控机制趋于完备。针对排查出的风险点、突出问题和制度疏漏，各司局、各单位明确了 1744 条防控措施，制定了 509 项制度，核心在“权”、“钱”两大重点部位上建立完善约束机制，有效化解廉政风险。一是凸显对“一把手”权力的制约。采取措施规范领导班子集体决策行为，对主要领导和领导班子执行党风廉政建设责任制等情况的制度约束和监督机制更加完善。如北京督察局制定了局党组工作规则，出台了加强对主要领导干部监督的实施意见，实行重大事项集体决策。二是实现了用制度规范行为。通过建立完善相关制度，进一步压缩自由裁量权，减少权力运行过程中人为因素干扰。三是加强内外部监督，促进了依法行政和政务公开。如上海督察局督察活动同步接受督察对象和社会约定群体的监督、西安督察局开展“媒体开放日”活动等，督察全过程在阳光下运行，确保督察结果客观公正。四是严格规范财务及项目管理。经费支出、项目外包、政府采购等环节的监管得到加强，如经研院强化对项目的全程质量管理，去年 17 个重点科研项目总体进展情况良好。各司局、各单位有机融合业务工作的长期规划和廉政防控体系建设，逐步形成用制度管权、按制度办事、靠制度管人的长效机制。

（三）机关管理职能转变明显，监督制约机制逐步完善。管理制度不健全、体制机制改革创新不到位、权力缺乏有效制约等问题初步得到解决。一是审批权进一步下放。如环境司将初审权及项目验收权下放至省级国土资源主管部门，影响带动部相关直属事业单位、省级地质环境管理部门建立协调联动机制，形成“地质环境工作更加紧密结合社会发展，更加主动服务经济建设”的工作格局。二是审批过程进一步透明。如规划司由部政务大厅统一负责受理建设项目用地预审申请，将行政许可受理与审查相分离，从源头上规范行政许可行为。三是权力运行进一步规范。如开发司规范矿业权出让转让行为，促使31个省（区、市）建立起省级矿业权交易有形市场，全国矿业权出让转让审批实行“五公开”。四是监督机制进一步健全。如耕保司、利用司严格实施接办分离、集体会审、结果公开；储量司在主要审查环节中实行“双岗”制，在业务工作中廉政风险防控机制得到有效应用。五是监管服务能力进一步增强。土地、矿产等市场交易机制进一步完善，建立起细分市场和不断完善管理办法，机关工作重心逐渐移至监督管理，服务意识和服务水平逐步提高。

（四）党风廉政建设彰显国土资源特色。各司局、各单位开展专项行动做到了规定动作规范到位，自选动作特色鲜明。一是实现了专项行动和业务工作协调推进，相互促进。如法规司结合依法行政，开展法制宣传教育，增强了全系统源头防腐的意识和能力；济南督察局按照专项行动要求，进一步理清思路，督察业务工作结构、框架和部署要求更加精细明晰。二是凸显了技术反腐的作用。通过国土资源“一张图”、综合监管平台和财务在线实时全程监管等信息技术手段，减少廉政风险、推进廉政关口前移、规范财务资金管理。各司局、各单位依据自身业务完善已有的信息系统，一些新的数据库和管理信息系统投入研发、推广。部机关30多项行政事项全部实现了网上审批。三是廉政文化建设丰富多彩。广大干部职工业余文化生活充实，培养健康的情趣和爱好，抵制不良嗜好和风气。如机关纪委借鉴地方国土资源部门的一些好做法，建立了机关廉政文化墙、制作了一批廉政文化用品，以温馨提示的方式教育提醒机关干部廉洁自律；宣教中心举办警示教育展览展示、编辑制作典型案例纪录片（画册）等，用核心价值观引导干部廉洁从政；航遥中心开展主题党风廉政宣传教育月活动，制作廉政主题宣传展板、开展读书思廉活动、实施岗前廉政教育、组织财经法规知识竞答等，增强廉政意识，防范廉政风险。

（五）反腐倡廉理论研究活动多样，成果不断丰富。各司局、各单位围绕廉政文化建设和长效机制建设等内容，积极开展实践探索和理论研究，形成了270余项各具特色的廉政建设理论文章、经验总结、调研报告等成果，内容涉及国土资源领域腐败成因、特点及预防对策分析，制度体系建设与执行力，国土资源廉政文化等，丰富了国土资源廉政理论，提升了广大干部职工的廉政意识，促进了机关廉政建设科学化水平的提升。如利用司形成了房地产用地管理和调控10个专题研究报告，包括住房用地供需和调控、土地财政、坚持完善招拍挂制度等，指导有关单位共同开展了推进中国土地市场建设、完善土地招拍挂出让制度、创新房地产用地有偿使用方式、土地出让制度现状与改革方向研究等一批软课题成果。

（六）广大党员干部廉政责任意识和风险防控意识进一步增强。通过组织向杨善洲、韦寿增、浙江地质七队等先进事迹学习教育活动，进一步树立核心价值观，营造出“学先进、赶先进、争先进”的浓厚氛围，使廉洁自律成为部直属机关的一种风尚，巩固了拒腐防变的思想道德防线。通过国土资源典型案例的警示教育，使广大干部职工深受震动，摒弃了“事不关己”的错误观念，树立起“廉政风险无所不在”危机意识。部直属机关4个出现问题的单位的反思剖析，极大增强了各单位“一把手”切实加强廉政建设的责任意识和紧迫感。对部党组把党风廉政建设作为保障国土资源管理和事业发展的“生命线”，广大党员干部思想上高度认同，切实体会到思想上放松要求是最大的风险点，开展专项行动既是组织对每位干部的关心和爱护，也是干部个人对自己的负责和鞭策，以“心防”为基础的国土资源惩防体系建设进一步巩固。

思想上放松要求是最大的风险点，这一条我觉得非常重要，因为廉洁自律、廉政建设第一关就是思想建设。我在地方工作多年，经历过很多干部出问题，确实让人很痛心，干部一旦出问题真的叫家破人亡。分析案例，有很多方面的原因，但首先一条是思想放松了要求。刚才，万忠同志在介绍经验中也分析了一些人出问题的原因，思想上有侥幸心理等，别人能干我为什么就不能干？那么多人都没抓到就偏偏能抓到我？我们强调教育为什么重要，因为教育首先就是解决思想问题。制度建设同样重要，但它更多是硬约束。思想教育是解决价值取向和是非观念问题，这是根基问题，是软约束。我们要有是非的判断、对错的判断，做每一件事要判断一下，觉得对不对、该不该，想一想这么做了以后可能会产生什么后果。这是一条非常重要的经验，筑牢思想防线非常非常重要。

我们领导干部经常面临这样一个问题：一些人通过各种各样的方式找到你，千方百计去攻破你这个堡垒。我觉得领导干部要放弃很多的爱好，那些有企图的人不怕你有爱好，他怕你没爱好，一旦知道你喜欢这个喜欢那个，就会给你提供各种各样的方便。一旦拿了人家的东西、帮人把事办了，回过头他会怎么看你？一点东西、一点钱就很快把你搞定，他会觉得你不值钱。我在贵州工作期间就遇到一个很大的领导，拿了开发商那么点东西，一念之差后患无穷。天下没有白吃的午餐晚宴，开发商一个电话你就得来，你不来不行，你已经上了贼船，没有办法，可谓后悔莫及。这就是我们面对的大环境。总之，树立正确的是非判断、基本的价值观念是我们加强廉政建设、推进机关廉政专项行动要进一步下大力气解决好的问题，这个成本最低。

二、认清形势，切实增强忧患意识、危机意识和责任意识

我们取得的成效只是一个阶段性成效，决不能估计过高，在看到成

绩的同时，一定要保持清醒的头脑。要充分认识到反腐败斗争的长期性、艰巨性和复杂性，决不能躺在已有的成绩上沾沾自喜、万事大吉，进而不再作为。前面杨璐同志发言中就讲到重新归零、重新起航，应该有这样一个判断和认识。只有正确认识和判断当前反腐倡廉形势，才能总揽全局、审时度势，紧紧围绕改革发展稳定大局，牢牢把握反腐倡廉斗争的正确方向；才能坚定决心、扎实工作，正确处理反腐败的各种矛盾和问题；才能统一思想，进一步调动各方面的积极性，取得反腐倡廉的新成效。

（一）必须深刻认识当前党风廉政建设面临的形势依然严峻，进一步增强忧患意识。要清醒地认识到我们所处的大环境没有发生根本改变，各种腐朽思想的影响仍然存在，腐败现象滋生蔓延的土壤在短时期内难以清除。这是因为我国现阶段的反腐败斗争，是在严峻复杂的国际环境下，是在国内经济体制深刻变革、社会结构深刻变动、利益格局深刻调整、思想观念深刻变化和各种社会矛盾凸显的历史条件下进行的。我们的改革是市场条件下的改革，市场是一把双刃剑，它秉承的是交换原则。加上我们各个方面的配套改革要有一个过程，各方面体制机制还不完善，而且面临不少新情况新问题，违纪违法行为日趋复杂化、隐蔽化、智能化，社会领域、新兴经济领域案件和利用高新技术手段作案有所增加；一些党员领导干部作风方面问题比较突出，损害群众利益的突出问题和不正之风仍然比较严重；腐败问题和多种社会矛盾相互交织，治理难度加大。在这样一种情况下，我们面临着非常大的挑战。胡锦涛总书记深刻指出，当前党风廉政建设和反腐败斗争呈现出成效明显和问题突出并存、防治力度加大和腐败现象易发多发并存、群众对反腐败期望值不断上升和腐败现象短期内难以根治并存的总体态势，反腐败斗争形势依然严峻、任务依然艰巨。我们必须进一步增强忧患意识，切实把思想统一到中央对形势的科学判断上来，把力量凝聚到中央关于反腐倡廉的决策部署上来。

（二）必须深刻认识内部建设的薄弱环节依然存在，进一步增强危机意识。从国土资源管理工作实际看，随着经济社会持续快速发展，资源供需矛盾突出的现状不会在短期内根本改变，围绕国土资源管理权力腐蚀和滋生腐败的土壤短期内难以得到根除，国土资源行政权力运行环境依然复杂。虽然我们深入开展机关廉政专项行动、积极推进廉政风险防控工作成效明显，但是，必须清醒地看到这些与中央和部党组的要求还有一定的差距。我们的廉政风险防范意识还需要进一步强化，我们的机关作风建设还有很大的改进空间，我们的管理体制机制还不够完善，我们的权力运行还存在监管不到位的问题等，应该说，我们推进廉政风险防控工作仍然处于起步阶段。我们必须深刻认识到我们面临的廉政风险与考验将是长期的，必须进一步增强危机意识，决不能有丝毫的懈怠。

（三）必须深刻认识当前反腐倡廉建设的任务依然艰巨，进一步增强责任意识。2012 年是全面实施“十二五”规划承上启下的重要一年，也是落实《建立健全惩治和预防腐败体系 2008—2012 年工作规划》的最后一年，我们党将召开十八大，改革发展稳定和党的建设任务十分繁重。对我们国土资源部门来说，2012 年是继续深化改革、强化管理的重要一年，国土资源管理工作面临许多新情况、新问题和新背景，一方面要积极应对复杂多变的国内外形势，另一方面要认真落实中央更新更高的要求，国土资源管理任务十分繁重。在这样一个大背景下，做好部直属机关党风廉政建设和反腐败工作具有重要的意义，我们不能出事，更不能出大事。当前机关反腐倡廉建设的任务更加繁重和艰巨，必须进一步增强责任意识，一方面中央反腐倡廉的决心坚定、要求很高、措施严厉，节前召开的中央纪委七次全会明确了中央将继续抓工程领域突出问题的专项治理，继续抓国土资源领域突出问题治理，中央要求明确，我们必须不折不扣贯彻落实好；另一方面，我们要针对内部管理存在的薄弱环节和突出问题，切实加强机关党风廉政建设，为顺利实施“十二五”规划，完成部的中心任务提供有力保证。

三、抓住重点，进一步深化实化机关廉政专项行动

部党组已经明确，今年的党风廉政建设工作，在系统层面还是要以“两整治一改革”为平台，与时俱进拓展其内涵和外延，根据实际情况作出调整，坚持从群众最关心的突出问题入手，从行政管理创新入手，做好相关工作。在部直属机关层面要继续以机关廉政专项行动为抓手，以深化实化廉政风险防控体系建设为核心目标，进一步提升机关干部队伍廉洁从政的素质和能力，进一步健全完善反腐倡廉长效机制，推进机关党风廉政建设不断取得新成效。做好工作，必须抓住重点和关键，以重点带全面，以关键促整体。今年专项行动的重点要做好以下五个方面的工作：

（一）进一步建立完善成果运用机制。各司局、各单位要全面总结提炼机关廉政专项行动的典型经验和成效，深入梳理挖掘工作成果、制度成果和理论成果，总结规律，形成系统的机关廉政建设集成性成果。要结合单位实际，深入开展行政审批权力监督制约机制建设、项目经费管理、土地督察廉政监督制约机制的专题研究，对规范行政审批权力运行、预算编制执行、财务管理、财务在线实时监管系统应用、土地督察廉政风险防控等方面问题形成相应研究成果。要加大宣传推广力度，对好做法、好经验、好成效进一步推广应用，在国土资源报开辟专栏集中报道宣传先进典型和成功经验，探索加强廉政文化建设的有效途径，推动机关廉政专项行动成效进一步巩固和扩大。

（二）进一步强化监督保障机制。要坚持和完善任职廉政谈话制度、巡视制度、内部审计制度等，特别是加大资金、人员投入，进一步探索运用技术手段等新方法、新思路推进机关廉政建设。要加强组织领导，协调各方力量，坚持“两手抓”，在促进业务工作的同时，切实抓好中央、国务院《关于实行党风廉政建设责任制的规定》的贯彻落实。继续做好机关干部个人有关事项报告工作，健全完善廉政档案制度，持续加

强对机关干部特别是党员领导干部的日常监督。

（三）进一步完善创新廉政教育机制。要采取统一标准、各有特色、重点突出、正面引导的思路，加强对机关干部特别是党员领导干部的党风廉政教育，运用培训、展览、视频、网络等多种方式，坚持开展正面教育，结合深入学习杨善洲、韦寿增同志等先进事迹和"两整治一改革"先进单位表彰，挖掘、树立、培育一批廉洁从政的先进典型，鼓舞士气，弘扬正气，为继续深入推进专项行动营造良好氛围。坚持利用身边发生的违法违纪案例开展警示教育，促进廉洁自律，牢固树立"秉公用权、廉洁从政"的价值理念，正确对待和依法行使权力，严格按照《廉政准则》和"五条禁令"规范和约束自己的行为。要进一步加强机关廉政文化建设，紧密结合创先争优活动，以广泛开展"廉洁国土资源"创建活动为载体，突出先进思想和廉政文化内涵，将廉政文化建设融入机关文化建设和学习型党组织建设中，使干部职工在文化熏陶中增强廉洁自律意识。

（四）进一步深化国土资源管理改革和创新机制。要坚持市场取向，切实转变行政管理职能和资源配置方式，把不该管、管不了的事坚决交给地方、市场、社会和中介，加快从重微观向重宏观、从重审批向重监管、从重项目安排向重制度设计转变，把权力和责任真正放下去，把服务和监管切实抓起来，着力削减自由裁量权，切断权力谋私的途径。进一步加大市场配置资源力度，推进市场化进程，首先要转变管理职能，而管理职能转变第一条就是削减权力，做自己该做的事，更多的事情交给市场。当然，下放权力有一定的难度，但市场化的大方向不能变，权力运行的监督要强化。要不断加大国土资源管理改革和制度创新的力度，坚持惩防体系建设与业务工作相结合，加快重点领域和关键环节的改革，推进具有国土资源部门特点的廉政风险防控体系建设。进一步推进行政法规和规范性文件"立、改、废"，深化国土资源行政审批制度改革，进一步清理、减少和调整行政审批事项。切实抓好党的基层组织党务公开，机关党委要认真研究实施方案，明确机关党务公开的内容和方式，可以借鉴农村基层党务村务一并公开的有效做法和经验，深入推进党内民主建设。进一步深化政务公开，认真执行政府信息公开条例，扩大行政决策公开的领域和范围。充分运用“制度＋科技”手段，深化土地和矿业权出让现代市场体系建设，加快推进土地和矿业权出让网上交易和监管。积极推进有条件的地方土地和矿业权交易进入统一规范的公共资源交易市场。

（五）进一步建立健全反腐倡廉长效机制。要将机关廉政专项行动与业务工作、创先争优活动进一步有机结合、深度融合，不断深化实化部党组《关于建立健全国土资源管理廉政风险防控体系指导意见》提出的各项目标任务。各司局、各单位要进一步完善对核心业务、关键岗位、重点环节权力运行制约监督的有效措施和办法，持续跟踪评估廉政制度的执行效果，注重廉政风险点和廉政制度的动态更新和完善，定期向部党组报告制度执行和更新完善情况，切实做到各项制度“靠得住，行得通，做得到”。制度不在多少，关键在执行。我们中国人的传统思想观念中有这样一个弊病，面对规则或者制度更善于变通，而不是严格执行。我始终认为，要建立一个真正的法治社会，首先我们政府包括我们政府官员，应该对制度有敬畏感，制度不行改制度，但绝对不能说制度不行我随意碰，这样下去制度就成了一纸空文。所以，要切切实实抓好制度的贯彻落实，既然大家共同制定了制度，就要共同执行它，大家定制度，制度管大家。要探索绩效管理与廉政建设有机融合的途径，将廉政制度的执行情况纳入领导班子和领导干部年终考核。

同志们，总的看，部直属机关党风廉政建设和反腐败工作已经取得了阶段性成效，站在了更高的起点上。在新的一年里，我们一定要振作精神，按照党的十七届六中全会、中央纪委七次全会、国务院第五次廉政工作会议和全国国土资源党风廉政工作会议的要求，围绕国土资源管理的中心任务，认识到位，扎扎实实抓好落实，不断深化改革，更好地发挥机关表率作用，树立国土资源部门好的形象，更好地服务于国家经济社会发展的大局，更好地服务于广大的人民群众。

着力推进惩治和预防腐败体系建设
为国土资源管理改革和发展提供有力保障

——王寿祥同志在国土资源系统党风廉政建设工作电视电话会议上的讲话

（内情通报 2008 年第 18 期）

同志们：

我就国土资源系统党风廉政建设和反腐败工作报告如下：

一、2007 年主要工作回顾

2007 年是国土资源系统深化改革、完善管理的重要一年，国土资源部党组和各级国土资源部门认真贯彻落实党中央、国务院关于党风廉政建设和反腐败工作的部署，积极推进国土资源系统党风廉政建设工作。党组书记、部长、国家土地总督察徐绍史同志，对党风廉政建设工作高度重视，提出了明确要求。部党组成员按照责任分工，各负其责，认真抓好任务落实。中央纪委、监察部非常关心和支持国土资源部的工作，多次听取汇报，及时给予指导。各地和部机关各单位认真学习贯彻党的十七大精神，积极推进教育、制度、监督并重的惩治和预防腐败体系建设，不断创新思路和工作方法，拓展从源头上防治腐败工作领域。

经过全系统广大干部职工的共同努力，党风廉政建设和反腐败工作取得了新的成效。

第一，采取有力措施，保障国土资源系统贯彻落实科学发展观。各级国土资源部门把贯彻落实科学发展观作为党风廉政建设的重要任务，围绕全面履行职能，切实加强管理，各项工作更加严格规范、更加持续有力、更加积极主动。

加强土地调控和监管，积极完善和落实坚守18亿亩耕地红线的措施，严格执行土地利用规划计划和审批管理，大力推进工业用地招标拍卖挂牌出让，加强对土地开发整理项目和资金使用管理的监督检查。严格控制新增建设用地规模，在合理安排经济社会发展各类必需用地的基础上，全年批准建设用地面积同比有所减少。继续推进整顿和规范矿产资源开发秩序，在巩固原有成果的基础上取得新的成效。加大土地执法和督察，在全国土地执法“百日行动”中，集中清理了“以租代征”、违反规划扩大工业用地规模、未批先用三类土地违规违法行为，立案查处案件267万件，移交各地纪检监察机关3700多人，给予党纪政纪处分2300多人，移送司法机关追究刑事责任2700多人，土地违规违法案件的高发态势有所遏制。

全系统各级纪检监察部门围绕国土资源管理工作，积极促进落实科学发展观，履行监督检查职责。认真开展行政执法监察，积极参与国有土地使用权出让专项清理，土地、矿产专项执法行动和涉及农村土地问题的专项治理，严肃处理违纪违法行为。

第二，加强作风建设，领导干部廉洁从政意识进一步增强。各级国土资源部门结合实际，普遍开展了多种形式的加强作风建设、促进廉洁从政的党风廉政教育活动。江苏、湖北、西藏等地国土资源部门开展了评选廉政文章、唱正气歌等内容丰富的廉政文化活动；广西、重庆等地国土资源部门开展了加强作风建设的主题活动，认真解决领导干部作风方面存在的突出问题；新疆、四川等地国土资源部门开展了为期三个月的作风整顿教育活动，增强了干部职工做好国土资源管理工作的责任感；上海、吉林等地国土资源部门认真总结发生案件的教训，用身边的人和事开展警示教育，增强干部廉洁从政意识。部机关思想作风建设进一步加强，开展了多种形式的党风党纪教育，举办了近几年规模较大、层次较高的国土资源系统纪检监察干部培训班，对加强纪检监察干部的作风建设、提高履行职责的能力起到了促进作用。

全系统各级领导干部认真落实廉洁从政各项规定和中央纪委关于严格禁止利用职务上的便利谋取不正当利益的若干规定。部机关召开部署大会，徐绍史部长作了动员讲话。各地和部机关各单位积极开展自查自纠活动。全系统共有614名领导干部主动上交现金、有价证券和支付凭证，涉及金额共41683万元；查处领导干部违反规定收受礼金约5492万元，对违纪人员给予了处分。黑龙江省国土资源部门276名副处级以上干部以书面形式做了廉洁自律承诺，建立了廉政档案。

第三，强化监督制约，进一步规范权力运行。各级国土资源部门认真落实党内监督的各项规定，严格执行领导干部个人收入申报和重大事项报告制度，开展了领导干部述职述廉、任前廉政谈话、诫勉谈话等工作。全系统领导干部述职述廉14349人，任前廉政谈话5496人，诫勉谈话541人，询问质询310人，纪委负责人同下级党政主要负责人谈话4450人，实行党风廉政建设责任追究58人，纪律处分19人。部党组对9个派驻地方的土地督察局领导任职进行了集体廉政谈话。各督察局在认真履行监督职能的同时，不断规范权力运行。在2007年述职述廉工作中，对部机关和直属单位33个领导班子、127名司局级干部落实党风廉政建设责任制和廉洁自律情况进行了考核测评，并在全国国土资源管理工作会议上对部机关司局和主要领导进行了测评。部机关进一步加强干部队伍建设，在领导班子配备、干部竞争上岗、干部轮岗交流、选人用人机制等方面都取得了新的成效。部机关加强了对主要领导的离任审计，对审计署在审计中发现的问题高度重视，认真整改。湖南、浙江等省国土资源厅规定行政“一把手”不直接分管资金和业务项目，建立了领导班子主管与协管相结合的制约机制。

各级国土资源部门加强了对土地和矿业权审批、重大项目管理、资金使用及工程项目招投标的监督检查。河北、福建等省国土资源厅着力构建行政权力公开透明运行系统。北京市国土资源局以“奥运举办年”为契机，强化了对“三重一大”情况的监督。贵州省对政务窗口和网上审批实行了电子监察，进一步强化了监督。部机关政务大厅已建成投入使用，为规范权力运行搭建了平台。

为加强对部机关和直属单位领导班子和领导干部的有效监督，部党组建立了巡视工作制度，成立了巡视组，已经分 3 批对 9 个单位开展了巡视，重点检查了党的基层组织建设、领导班子建设、执行党风廉政建设责任制、领导干部廉洁自律、权力运行等情况的检查，被巡视单位高度重视，针对发现的问题及时制定整改措施。中国地质调查局和山东省国土资源厅也在本系统开展了巡视工作，强化了对领导班子和主要负责人的监督。

第四，推进政风建设，切实维护被征地农民的合法权益。各级国土资源部门着力加强政风行风建设，通过建立“政风行风热线”、创建基层国土所行风建设示范窗口、积极参与当地民主评议行风，在提高效率、改善服务、树立国土资源队伍良好形象上下功夫。内蒙、安徽、云南等地国土资源厅主要领导，通过新闻媒体解答群众关心的问题，为群众办实事。各级国土资源部门在当地民主评议行风中，普遍取得良好成绩，有的省国土资源厅排名大幅度提升，天津、山西、黑龙江等省、市国土资源部门在当地连续被评为政风行风建设优秀单位。

各地把解决农民土地权益问题作为纠风工作的一项重要内容，落实国务院有关政策和要求，制定征地统一年产值标准和区片综合地价，落实就业安置和社会保障措施，有效维护了被征地农民的合法权益。海南省国土资源厅清理纠正了征地中久拖未决的历史遗留问题。青海省国土资源厅及时完成了兰青铁路 182 亿元的征地补偿金发放任务。河南、甘肃、宁夏等地集中开展清理拖欠农民征地补偿费工作，三省共清欠 10 多亿元。广东省国土资源厅建立了预存征地补偿款等制度，努力构建征地安置补偿的长效机制。各地深入开展农村土地信访和矛盾纠纷排查调处工作，加快实施基层协管员、人民调解员制度，维护被征地农民的合法权益。

第五，严肃查办案件，深入开展治理商业贿赂专项工作。各级国土资源部门重点查处以权谋私、贪污受贿、失职渎职等案件。2007 年共受理信访举报 4345 件，初核 2851 件，立案 472 件，189 人受到党纪处分，243 人受到政纪处分，82 人受到组织处理，189 人被移送司法机关，共挽回经济损失约 1773 万元。各地在加大查处案件力度的同时，积极建立查处案件联办机制。江西省国土资源厅与司法机关密切配合，加大查办案件的力度，完善了有效预防案件发生的措施。

治理商业贿赂专项工作进一步深入，取得新的成效。全系统共清理、整改有问题的项目 266 个，涉及 90 人获取非法金额 86342 万元；查结商业贿赂案件 16 件，涉案金额 3562 万元，对涉案人员进行了刑事处理和纪律处分；出台规范性文件 1145 个。部治理商业贿赂办公室开展了治理商业贿赂难点及对策课题研究，为建立长效机制发挥了指导作用。

第六，完善制度建设，源头防治工作不断深入。充分发挥市场配置资源的基础性作用，推进土地市场和矿业权市场建设。发布实施了《招标拍卖挂牌出让国有建设用地使用权规定》，与监察部联合印发了关于落实工业用地招标拍卖挂牌出让制度有关问题的文件。工业用地招拍挂出让全面实施，土地使用权招拍挂出让大幅增长，比例显著提高。2007 年全国招标拍卖挂牌出让土地面积和价款分别同比增长 62.1% 和 64.8%；招拍挂出让面积占出让总面积的 50.9%，比上年提高了 20 个百分点。继续推进探矿权、采矿权招拍挂出让，矿业权市场建设进一步规范，市场化程度显著提高。辽宁省国土资源厅停止了商业性矿业权的行政审批，确保矿业权进入全省统一市场公平、公开、公正交易。各级国土资源部门针对管理工作的薄弱环节，进一步加强了制度建设。陕西省国土资源厅完善了土地征收、矿业权审批、专项资金管理等方面的监督制度。国土资源部改革土地整理复垦开发项目审批制度，进一步加强了对项目的监管。对部直属单位投资办企业初步摸清了底数，分析了情况。中国地质调查局新建、修订涵盖项目管理、财务管理、基建、采购等方面的有关制度401个，基本形成了较为健全的反腐倡廉制度体系。

国土资源系统惩治和预防腐败体系建设工作取得新的进展，完成了中央确定的2007年年底前牵头负责的工作任务，开展了国土资源系统惩防体系建设课题研究和党风廉政建设深层次问题调研，着手研究制定2008—2012年惩防体系《工作规划》实施意见。

回顾过去一年的工作，各级国土资源部门坚定地贯彻党中央、国务院的部署，反腐倡廉工作得到了很好的落实，领导更加坚强有力，作风更加深入扎实，工作更加富有成效，总体形势是好的。在工作中我们切实感到，推进国土资源系统反腐倡廉建设，必须做到以下几点：

一是必须坚持解放思想、开拓创新，以改革统领国土资源系统的反腐倡廉建设。要坚持用改革的思路和发展的办法解决国土资源管理改革和发展进程中廉政建设方面的问题，以更加开阔的思路和与时俱进的精神，放在更广领域、更高层次来谋划和部署反腐倡廉建设，不断推进各项工作。

二是必须坚持围绕中心、服务大局，把反腐倡廉建设融入国土资源管理工作。要从国土资源管理改革发展大局的高度来考虑和把握反腐倡廉建设，正确处理好党风廉政建设与国土资源行政管理和业务工作的关系，把反腐倡廉建设同国土资源管理工作紧密结合起来，同步推进、协调发展。

三是必须坚持惩治和预防并重，在惩治腐败的同时更加注重治本。要坚持“标本兼治、综合治理、惩防并举、注重预防”的反腐败战略方针，在坚决惩治腐败的同时，更加注重治本，更加注重预防，更加注重制度建设，拓展从源头上防治腐败的工作领域。

四是必须坚持以人为本，把加强监督与充分发挥干部的主观能动性结合起来。既要对干部严格管理、严格要求，又要关心和爱护干部，支持他们锐意改革、大胆创新的积极性，保护他们知难而进、干事创业的主动性。要宽严相济，严格区分一般错误和违纪违法的界限，及时为同志澄清是非、消除困惑，使他们放下包袱、轻装上阵。

同志们，国土资源系统党风廉政建设虽然取得了新的成效，但是我们对成绩不能估计过高。党风廉政建设责任制在一些单位还没有得到很好的落实，对出现的新情况新问题研究不够；有的单位对党风廉政建设的紧迫性认识不足、重视不够，也没有抓好工作落实，甚至出现违纪违法问题，暴露了管理中的薄弱环节；极少数干部违纪违法，影响恶劣；纪检监察队伍力量较为薄弱，组织协调的能力和水平有待进一步提高，在充分发挥职能作用方面还需要进一步加强。对于这些问题，我们要高度重视，在今后工作中认真加以解决。

二、2008 年工作任务

今年是全面贯彻落实党的十七大做出的战略部署的第一年。我们要认真学习贯彻胡锦涛总书记在中央纪委第二次全会上的重要讲话精神和温家宝总理在国务院廉政会议上的重要讲话精神，切实推进国土资源系统反腐倡廉建设。2008 年工作的总体要求是，全面贯彻落实党的十七大精神，高举中国特色社会主义伟大旗帜，以邓小平理论和“三个代表”重要思想为指导，深入贯彻落实科学发展观，按照十七届中央纪委第二次全会和国务院廉政工作会议的部署，坚持反腐倡廉的战略方针，以推进惩治和预防腐败体系建设为重点，努力建设拒腐防变教育长效机制、反腐倡廉制度体系、权力运行监控机制，以改革创新为动力，促进构建科学发展新机制，为国土资源管理改革和发展提供有力保障。

（一）认真开展国土资源管理重大决策执行情况的监督检查，促进构建保障科学发展新机制

要加强对国土资源管理法律法规和政策执行情况的监督检查，严格土地调控和监管，坚守 18 亿亩耕地红线，坚决刹住乱占滥用农用地之

风。巩固整顿规范的成果，加大对矿产资源开发中违规违法行为的查处力度，促进矿产资源合理开发利用。认真组织开展“深入学习实践科学发展观活动”试点工作，在学习实践中增强贯彻落实科学发展观的自觉性和坚定性。

全面推进节约集约用地。从严控制新增建设用地，严格审查新开工项目建设用地，坚决停止供应别墅类房地产开发项目用地，从严控制新设各类开发区，推进耕地保护目标责任制落实。加大保障性住房建设的土地供应，依法依规有效解决民生工程、新农村建设、重大基础设施建设等用地问题。继续会同监察部门开展执法监察，严格执行新修订的《违反土地管理规定行为处分办法》。坚决纠正和查处在土地审批和供应中不符合国家产业政策、不符合土地利用总体规划和计划、不落实耕地占补平衡措施和征地补偿安置措施的问题。加强对土地使用权出让情况的监督检查，坚决纠正和查处违反工业用地和经营性用地规定、规避招拍挂出让的行为。着力纠正违反耕地保护制度的行为，严厉惩处顶风违法违纪行为。建立与司法机关和监察部门协调配合的办案机制，强化对违反宏观调控政策重大典型案件的联合处理和责任追究，切实将严格土地监管、节约集约用地的有关政策措施落到实处。

（二）深入开展反腐倡廉教育，加强领导干部廉洁自律和作风建设

在深入学习实践科学发展观试点活动中，巩固和发展先进性教育活动成果，把加强反腐倡廉教育和开展作风建设紧密结合起来，以树立正确的权力观为重点，以廉洁从政为重要内容，切实加强理想信念、党风党纪和艰苦奋斗教育。切实改进干部队伍的思想作风、学风、工作作风、领导作风和生活作风，做到为民、务实、清廉。创新教育方式，扎实开展先进典型示范教育和反面案例警示教育，增强教育的针对性和有效性。开展丰富多彩的廉政文化活动，努力营造以廉为荣、以贪为耻的氛围。以依法行政、效能建设、廉洁从政为重点内容，在全系统开展作风建设活动。大力提倡勤俭节约、艰苦奋斗的作风，坚决反对和制止奢侈浪费。大力宣传尽职守责、勤政廉政的先进典型，努力塑造国土资源系统党员干部的良好形象。

根据中央纪委对领导干部廉洁从政方面的部署和要求，重点抓好以下工作：深入治理领导干部违反规定收送现金、有价证券、支付凭证和收受干股，以及以赌博和交易等形式收受财礼、利用婚丧嫁娶等事宜收敛钱财等问题。严禁党员干部利用职务上的便利获取内幕信息进行股票交易。清理纠正领导干部在住房上以权谋私的问题，严禁领导干部超标准建房、多占住房、违规购买经济适用房，坚决处理领导干部违规违法收受房屋的问题。纠正和查处领导干部放任、纵容配偶、子女和身边工作人员利用其职权和影响经商办企业等问题。治理领导干部违规插手招标投标、土地出让、矿业权出让、产权交易、政府采购等市场交易活动谋取私利的问题。认真执行国土资源系统行政为民“十项措施”和工作人员“五条禁令”。

认真开展“小金库”专项治理，加强对“小金库”自查自纠工作的督促检查，严肃查处违反各项廉洁自律的规定。认真落实中央关于加强因公出国（境）管理的有关要求，坚决制止公款出国（境）旅游。严格执行中央关于党政机关国内公务接待管理的有关规定。纠正超标准超编制配备使用小汽车、违规新建和装修办公用房等行为。

（三）进一步加强监督，促使领导干部正确使用权力

认真落实党内监督各项制度，加强对领导干部特别是主要领导干部的监督，加强对人财物管理使用、关键岗位的监督，不断完善制约和监督机制，提高监督的有效性。开展对党内监督条例实施情况的专项检查，严格执行述职述廉、诫勉谈话、函询和党员领导干部报告个人有关事项等制度。坚持民主集中制，加强党内生活的原则性，积极开展批评与自我批评，提高民主生活会的质量。

继续开展对部机关和直属单位的巡视工作，制定巡视工作暂行规定。研究制定对部机关司局和直属单位领导班子主要负责人的监督办法，强化对领导班子贯彻民主集中制、选拔任用干部、贯彻党风廉政建设责任制和廉洁勤政情况的监督。对不抓不管、敷衍塞责，导致风气不正、违纪违法案件发生的，要按照党风廉政建设责任制的规定追究责任。

着力加强对权力运行的监督，加强对管理工作中重大决策、重要干部任免、重大项目安排和大额度资金使用等部位和环节的监督。认真执行法定行政许可、重大资金项目安排、规划计划等重大事项会审制度。推进政务公开，加强部政务大厅和门户网站建设，实现网上申报和审批，着力制定行政审批网上效能监察管理办法。加强财务管理，特别是加强专项资金的使用和管理，开展整顿规范直属单位投资办企业专项工作，进一步规范和完善财务管理制度。加强对党政主要领导干部的经济责任审计。

（四）继续做好纠风工作，维护被征地群众的利益

严格控制征地规模，严格农用地转用审批，严格禁止“以租代征”使用农村集体土地，严格落实征地补偿安置各项政策。加强土地执法，严肃查处违规违法占用农民集体土地、侵犯农民土地合法权益的行为。加快实施征地补偿安置争议协调裁决制度，扎实做好农村土地信访和矛盾纠纷排查调处工作。深化征地制度改革试点，完善征地补偿标准，规范征地程序，建立征地补偿监管机制，严禁拖欠、截留、挪用征地补偿费。

（五）保持查办案件的工作力度，坚决惩治腐败行为

重点查处在土地和矿产资源管理中以权谋私、贪污贿赂、滥用职权、失职渎职的案件。查处通过非法批地批矿，低价出让土地和矿业权或擅自变更规划获取利益的案件；查处土地、矿业权出让和评估、项目发包中的商业贿赂案件；查处征收征用土地和矿产资源开发中的违纪违法案件；查处规避和虚假招标、贪污挪用专项资金，以及严重损害群众利益的案件。综合运用组织处理和纪律处分手段，加大组织处理的力度。

加强和改进办案工作，健全查办案件的协调机制，严格依纪依法办案，确保办案质量。认真执行重大案件报告制度，各省级国土资源部门发生重大案件，必须及时向国土资源部党组报告。做好信访举报工作，加强综合分析，发挥查办案件在治本方面的作用。

深化治理商业贿赂工作，巩固自查自纠成果，把专项治理与构建惩防腐败体系相结合，防止和纠正国土资源管理工作中的不正当交易行为，推进防治商业贿赂长效机制建设，增强源头上防治商业贿赂的实效。

（六）构建惩治和预防腐败体系，扎实推进治本抓源头工作

以深化改革和制度创新为动力，积极构建国土资源系统惩治和预防腐败体系。继续开展国土资源系统思想作风建设和党风廉政建设情况的调研，加强国土资源系统惩治体系建设课题研究，组织制定国土资源部落实中央《建立健全惩治和预防腐败体系 2008—2012 年工作规划》的实施意见。

以规范审批程序、强化监督制约、健全行政权力公开运行机制为重点，进一步完善土地和矿业权审批管理。加强对权力运行的有效监督和制约，探索建立行政问责制，防止权力滥用和行政不作为，提升国土资源部门的执行力和公信力。

继续完善土地出让制度，进一步提高市场配置土地资源的比重。全面落实经营性用地、工业用地招标拍卖挂牌出让制度，严格实施工业用地最低价标准，发挥地价机制对土地优化配置的积极作用。严格规范土地出让行为，实行划拨用地和协议出让土地公示制度。深化土地使用制度改革，逐步缩小划拨用地范围，探索对国家机关办公用地、交通能源水利等基础设施用地、城市基础设施用地以及各类社会事业用地，实行有偿使用的办法。全面推进矿产资源有偿使用制度改革，落实探矿权、采矿权招标拍卖挂牌出让制度，积极推进矿业权市场建设。加强矿业权评估管理，完善矿业权评估制度，着力从源头上预防腐败。

同志们，2008 年工作任务已经明确，各级国土资源部门领导班子要按照党的十七大对党风廉政建设和反腐败工作的总体要求，把反腐倡廉建设放在更加突出的位置，纳入总体安排，加强领导，狠抓落实。主要领导要履行好第一责任人的职责，领导班子成员要抓好分管部门和单位的党风廉政建设，把反腐倡廉的要求寓于各项工作之中，在抓巩固、抓深入、抓成效上下功夫。各级纪检监察干部，要增强履行监督职责的主动性，不断探索新形势下国土资源系统反腐倡廉建设的特点和规律，坚持理论创新和实践创新，围绕中心工作，积极组织协调，加强监督检查，努力实现思想观念和思想方法、工作思路和工作方法、人员素质和工作作风的与时俱进，进一步提高反腐倡廉工作的水平。

同志们，国土资源工作已经站在构建保障科学发展新机制的起点上，我们要全面贯彻落实党的十七大精神，深入贯彻落实科学发展观，从国土资源管理全局的高度，坚持改革创新，以良好的精神状态和扎实的工作作风，全面落实反腐倡廉各项任务，为国土资源管理改革和发展提供有力保障。

标本兼治　惩防并举
扎实推进国土资源系统党风廉政建设

——王寿祥同志在全国国土资源系统党风廉政建设工作会议上的讲话

（内情通报 2009 年第 13 期）

同志们：

我就国土资源系统党风廉政建设和反腐败工作报告如下：

一、2008 年主要工作回顾

2008 年是我们党和国家历史上极不平凡的一年，也是国土资源管理工作改革发展成效显著的一年。各级国土资源部门在党中央、国务院和各级地方党委政府的坚强领导下，全面贯彻落实党的十七大和十七届三中全会精神，深入学习实践科学发展观，构建保障和促进科学发展新机制，扎实推进国土资源系统反腐倡廉建设，全面加强干部队伍思想、作风、能力建设。中央纪委、监察部高度重视国土资源系统党风廉政建设工作，中央政治局常委、中央纪委书记贺国强亲临我部检查指导，作出重要指示。部党组高度重视党风廉政建设工作，徐绍史部长多次主持会议专题研究，对反腐倡廉工作提出具体要求。各位部领导按照工作分工，狠抓党风廉政建设责任的落实。各级国土资源管理部门以深入学习实践科学发展观为契机，坚持改革创新，突出重点，注重实效，积极推进惩防体系建设，不断加大源头防治腐败的力度。总的看，国土资源系统党风廉政建设的形势是好的，在教育、制度、监督、惩处和预防等方面都取得了新的成效。

（一）深入学习实践科学发展观，认真开展中央重大决策部署落实情况的监督检查。各级国土资源管理部门把开展科学发展重大决策部署的监督检查，作为党风廉政建设的重要任务，围绕加强宏观调控、扩大内需、严格保护耕地、节约集约用地等工作，认真履行职责，加强监督检查，进一步提升了贯彻落实科学发展观的执行能力。

坚决贯彻落实中央决策部署，坚持“积极主动服务，严格规范管理”，为扩大内需促进经济增长提供土地和矿产资源保障。国土资源部制定了农用地转用和土地征收审批事项监督办法，加强对依法审批土地、规范用地、落实宏观调控政策等情况的监督检查。2008 年度，对报国务院批准用地核减 7 万余亩，其中耕地约 3.5 万亩。开展了对省级政府保护耕地责任目标情况的检查，促进了耕地保护责任的落实。国土资源部会同有关部门下发了《违反土地管理规定行为处分办法》等文件，推动建立多部门联合执法监管的责任体系。巩固“百日行动”成果，加大了执法监察和土地督察工作力度。开展了整顿和规范矿产资源开发秩序“回头看”，矿产勘查开发秩序明显好转。全年土地违法案件同比下降了 37%，矿产违法案件下降了 22%。各级国土资源纪检监察部门服务大局，积极跟进，围绕中央重大决策部署，认真履行了监督检查职责。汶川大地震后，国土资源部门迅速行动，全力以赴，投身抗震救灾和灾后重建工作。部领导深入抗震救灾第一线，组织全系统出色完成了抗震救灾任务。四川、陕西、甘肃省厅在努力完成抗震救灾工作的同时，加强对抗震救灾资金物资管理的全程监督，积累了突发事件中跟踪监督的经验做法。北京市局开展了涉奥工程供地工作的监督检查，为成功举办奥运会提供了保障。

（二）持续开展党风廉政教育活动，领导干部廉洁自律工作取得新成效。各级国土资源管理部门在党风廉政教育和作风纪律整顿活动中，搭建平台，创新方式，广泛开展了示范教育、警示教育和党纪法规教育；开展了国土资源法律知识宣传教育培训活动；开展了演讲比赛、征文、书画展览、文艺汇演等形式多样的廉政文化活动，进一步提高了党员干部廉洁从政的自觉性。部机关开展了多种形式的党风廉政宣传教育活动，广西厅选择近三年发生的违纪违法案件进行警示教育，都收到了良好效果。

认真落实廉洁从政各项规定，重点开展治理公款出国（境）旅游、规范公务员津贴补贴、治理“小金库”、清理规范事业单位投资办企业等专项工作。部机关共取消和压缩公款出国（境）团组 38 个，减少出国（境）人员 220 人次，减少支出 484 万元；清理和规范部管京外单位和直属单位津贴补贴；清理部属事业单位投资办企业 139 个。全系统共有 561 名领导干部上缴收受的现金、有价证券和支付凭证，共计 399 万元；查处领导干部违规收受礼金约 108 万元，对 15 名违纪人员给予了处分；清理“小金库”116 个。按照建立节约型机关的要求，部机关规范会议管理和节约费用成效明显，全年会议数量共下降 24 个，支出下降 51.48%。

（三）抓好各项监督制度的落实，促使行政权力公开透明运行。为强化有效监督的具体措施，部制定了《关于加强对司局级领导班子主要负责人监督的暂行办法》和《巡视工作暂行办法》。继续开展了两批 6 个单位的巡视工作，加大了对领导班子和领导干部的监督力度。山东省厅已对 43 个县局和单位开展了巡视；中国地质调查局对京外 6 个单位进行了巡视，巡视监督的作用得到加强。开展了由地方国土资源厅局主要领导对部机关各司局和主要负责人的民主测评，实施了党风廉政建设责任考核测评。部机关轮岗交流了 17 名司局级干部，公开选拔了 6 名副司级干部，加强了对干部选拔任用的监督。

各地落实了党内监督各项规定，严格执行领导干部个人收入申报和有关事项报告制度，认真实行领导干部述职述廉、任前廉政谈话、诫勉谈话等制度，报告个人有关事项5000余人次，函询89人，实行党风廉政建设责任追究36人。天津市局把日常监督与党风廉政建设责任考核结合起来，将监督工作向8小时以外延伸。湖北省厅被评为省直机关落实党风廉政建设责任制先进集体。

着力加强对土地和矿业权审批、项目管理、资金使用等情况的监督。部机关基本建成土地“批、供、用、补、查”统一信息监管平台，报国务院批准的建设用地全部实行省级电子申报；加大了财务监管力度，建立了部财务管理信息系统平台，对财务信息进行实时监控；加强了内部审计监督，促使财务管理的规范化。河北、贵州、西藏等地通过健全制度加强了对土地整理、项目管理等重点环节的监督。浙江省厅加强电子政务建设，健全了省市县三级建设用地和采矿权审批系统。江苏省厅制定政务公开暂行办法和政务信息公开目录，全面推进阳光行政。湖南、广东等地开展了专项资金预算执行和使用管理的审计监督。

（四）落实征地补偿安置各项政策，维护被征地农民利益。各级国土资源管理部门严把审批关，促使征地补偿安置工作有效落实。部及时下发《关于切实做好征地统一年产值标准和区片综合地价实施工作的通知》，指导地方公布实施新的征地补偿标准，从制度上解决补偿标准低、随意性大的问题。福建、云南等地制定了被征地农民补偿安置、社会保障等管理办法，切实保障被征地农民利益。山西等地以群众反映强烈的问题为切入点，集中开展了矿产资源领域突出问题的治理工作。

各地继续保持政风行风建设的力度，通过健全服务机制、创新服务方式、提高服务效能，取得了积极成效。河南省共有25个国土资源部门被省纠风办推荐为群众满意的基层站所。黑龙江省厅以总分第三名荣获了全省2008年“群众最满意单位评议活动”最佳单位称号。

（五）加大惩治力度，严肃查办了一批违纪违法案件。各地把查办违纪违法案件放在了更加突出的位置，严肃查处了以权谋私、贪污贿赂、滥用职权、失职渎职的案件。全系统共受理信访举报5167件，初核2672件，立案403件，196人受到党纪处分，305人受到政纪处分，100人受到组织处理，172人被移送司法机关，共挽回经济损失8000余万元。部机关加大查办案件的力度，严肃查处了原办公厅主任吕国平严重违纪案件；查处了力学所王小凤套取、挪用、贪污项目资金的案件；对反映局处级干部问题的线索进行了初核，对有关人员进行了函询，对有的干部进行了组织处理。各地认真执行重大案件报告制度，对本地区发生的重大案件及时向部党组报告。在加大办案力度的同时，积极探索建立联合查办案件机制。吉林、重庆等地加强与有关部门的协调配合，联合开展职务犯罪预防和查处工作，提高了查办案件的成效。

加大执法监察和土地督察的力度，严肃查处了一批土地违法的典型案件。对一些地方违反土地法规政策的问题，及时下发督察通知书，限期整改。深入开展治理商业贿赂工作。全年受理土地和矿业权市场领域商业贿赂举报线索242件，均按有关规定进行了认真处理。

（六）加强制度建设，推进源头治本工作。中央颁布了惩防体系2008—2012年《工作规划》后，部党组高度重视、专题研究，制定印发了贯彻落实《工作规划》的实施办法，明确了今后五年工作的总体要求和目标，提出教育、制度、监督、改革、纠风、惩处六个方面的具体任务。加强了国土资源法规制度体系建设，完成了多项政策制度的“立、改、废”，构建权责一致、监督有力的内部权力结构和运行机制，增强了源头治本的效果。安徽、海南、青海、宁夏等地对现有制度进行了全面清理，修订完善了管理和监督制度。新疆厅从预防、监管、查处等方面健全了20项制度，促进建立土地执法长效机制。

各地积极推进源头治本工作，狠抓土地和矿业权市场建设。继续落实经营性用地和工业用地招拍挂出让制度，开展国有土地使用权出让情况专项清理工作，纠正了违反招拍挂出让制度的行为；积极推行土地市场信息公开，强化协议出让土地的监管，规范了市场出让行为。上海市局建立统一规范公开透明的土地交易市场，对有效预防交易中的腐败行为发挥了积极作用。各地矿业权市场建设取得新的进展，实行了探矿权全国统一配号制度，制定了矿业权评估管理办法，加强了对矿业权评估市场的监管。内蒙古厅对非煤矿业权一律实行市场出让，并实施全程监督。辽宁省厅规范了矿业权市场出让程序，进一步加强矿业权市场建设。

2008 年，全系统党风廉政建设工作不断深入，取得了明显成效。这是各级国土资源部门坚决贯彻中央反腐倡廉决策部署的结果，是各级干部尽责守职、共同努力的结果。在肯定成绩的同时，我们必须清醒地看到，当前国土资源系统作为反腐倡廉的重点领域，党风廉政建设面临的形势依然严峻。土地和矿产领域腐败现象易发多发，特别是有的地方国土资源部门严重违纪违法案件时有发生，甚至在领导班子里先后有几人出现严重违纪违法问题，造成极恶劣影响，损害了国土资源部门的形象。党风廉政建设责任制在一些地方和单位还没有完全落到实处；有的项目经费监管失控，经济犯罪案件时有发生；有的事业单位违规投资办企业，造成国有资产流失；有的单位顶风违纪，违规滥发津贴补贴；有的领导干部违反规定，为特定关系人谋取利益；有些领导干部在作风方面还存在突出问题。同志们，对这些问题必须高度重视。我们要以高度的政治责任感、紧迫感，增强大局意识、责任意识、忧患意识，本着对国土资源事业和每个干部高度负责的精神，进一步加强国土资源系统党风廉政建设，决不能有丝毫的放松和懈怠。

二、2009 年工作任务

2009 年是深入学习实践科学发展观、贯彻落实中央扩大内需措施、促进经济平稳较快发展的关键一年，也是贯彻落实《工作规划》、推进惩治和预防腐败体系建设的重要一年。国土资源系统党风廉政建设和反腐败工作要以邓小平理论和“三个代表”重要思想为指导，深入贯彻落实科学发展观，全面贯彻党的十七大和十七届三中全会精神，按照中央纪委第三次全会和国务院廉政会议的部署，坚持标本兼治、综合治理、惩防并举、注重预防的方针，以完善惩治和预防腐败体系为重点加强反腐倡廉建设，以改革创新精神抓好《工作规划》落实，严格执行党风廉政建设责任制，加强对重大决策部署落实情况的监督检查，着力解决党员干部在党性党风党纪方面存在的突出问题，以党风廉政建设的新成效，为国土资源事业发展提供有力保证。

（一）积极履行监督检查职责，促进科学发展重大决策部署贯彻落实。各级国土资源管理部门要认真履行职责，保障和促进科学发展重大决策部署的贯彻落实。各级纪检监察部门要加强监督检查，建立落实科学发展观的纪律保障机制。

认真开展落实中央扩大内需促进经济增长政策措施的监督检查。积极主动服务与严格规范管理相结合，建立快速通道，加快新增中央投资项目建设用地审查，落实土地审批、供应和矿产资源保障，确保民生工程、基础设施、生态环境和灾后重建等重点建设项目的用地供应。加强对建设用地全程监管，严防高耗能、高污染、产能过剩和低水平重复建设的项目用地，保证土地供应符合中央规定的投向。对项目用地申报和审批过程中弄虚作假、欺上瞒下，把关不严、随意变通的，对贯彻落实中央政策措施不力、失职渎职造成严重后果的，要依据有关规定严肃处理并严格追究责任。

加强对耕地保护和节约用地政策规定执行情况的监督检查。执行最严格的耕地保护制度和节约用地制度，落实耕地保护目标责任制，坚决纠正破坏、浪费、闲置土地资源以及落实耕地保护政策中弄虚作假的问题。加强农村集体建设用地流转管理，严肃处理违反土地流转政策的行为。强化执法监察和土地督察，及时发现并有效制止各类土地违规违法行为，严格执行《违反土地管理规定行为处分办法》。

（二）加强领导干部党性修养，树立和弘扬优良作风。加强党员干部作风建设是贯彻落实科学发展观的重要保证。按照胡锦涛总书记关于作风建设的总体要求，加强党性修养和作风建设，切实解决当前一些领导干部作风上存在的突出问题，努力在改进作风方面取得新成效。

部机关和直属单位在全系统要起表率作用。一要顾全大局、令行禁止。增强大局意识、责任意识和忧患意识，遵守政治纪律、保证政令畅通，自觉维护中央大政方针和国土资源政策的严肃性。二要心系群众、服务人民。体察社情民意，倾听群众意见，在履行职责中着力保障和改善民生，切实解决好涉及群众利益的问题。三要真抓实干、务求实效。沉下身子深入基层调研，提出解决重要问题的实招、破解难题，使国土资源管理措施得到有效落实。四要勤俭节约、艰苦奋斗。勤俭办一切事业，有效落实公务购车用车、会议费、接待费和出国（境）经费支出零增长的要求，抵制铺张浪费之风。五要解放思想、改革创新。加快实施国土资源改革和制度创新，加强重大专题研究，把解决土地和矿产资源管理工作的难点、热点问题与转变职能、改进作风、增强执行力紧密结合，完善保障和促进科学发展新机制。

加强对党员干部作风状况的监督检查，及时发现、有效解决党性不强、作风不正、执纪不严等方面的问题。积极推行党政领导干部问责制，严肃追究行政不作为、乱作为和严重损害国家利益的行为。认真落实党风廉政建设责任制，抓好责任分解、责任考核、责任追究，促使各级领导干部对党风廉政建设切实负起领导责任。

（三）加强党风廉政教育，认真抓好领导干部廉洁自律工作。开展党的宗旨教育、社会主义核心价值体系教育和党性党风党纪教育，引导党员干部坚定理想信念，做到讲党性、重品行、做表率。深入开展示范教育、警示教育和岗位廉政教育，大力开展形式多样的廉政文化活动，进一步提高党员干部拒腐防变的意识和能力。要把反腐倡廉教育列入干部教育培训计划，同培养、选拔、管理、使用干部结合起来。

认真贯彻落实领导干部廉洁自律各项规定，严格禁止利用职务上的便利谋取不正当利益。根据中央纪委三次全会部署，重点抓好以下工作：(1) 严禁领导干部违反规定收送现金、有价证券、支付凭证和收受干股等行为。(2) 落实领导干部配偶和子女从业、投资入股、到国(境)外定居等规定和有关事项报告登记制度，严禁发生与公共利益冲突的行为。(3)治理违规组织集资合作建房、超标准建房、在风景名胜或公园区建房等问题；纠正领导干部违反规定发放住房补贴、多占住房、以明显低于市场价格购置住房或以劣换优、以借为名占用住房等问题。(4)严禁领导干部利用和操纵招商引资项目、资产重组项目，为本人或特定关系人谋取私利。(5)严禁领导干部相互请托，违反规定为对方的特定关系人在就业、投资入股、经商办企业等方面提供便利，谋取不正当利益。

深入开展制止公款出国（境）旅游专项工作，从严控制出国（境）经费、团组数量和规模，从严控制在国（境）外停留时间。继续开展治理"小金库"和规范津贴补贴发放工作。严格控制新建楼堂馆所，纠正超预算超标准装修办公用房，超标准超编制配备使用小汽车的问题。

（四）切实加强对领导干部监督，确保权力正确行使。强化监督是有效预防腐败的关键，要推进监督工作创新，把防治腐败的要求落实到权力结构和运行机制的各个环节。切实加强对领导干部特别是领导班子主要负责人的监督，重点监督遵守政治纪律、贯彻科学发展观、执行民主集中制、落实党风廉政建设责任制和廉洁自律等情况。

认真落实党内监督条例，加强对民主生活会、述职述廉、诫勉谈话和函询等制度执行情况的检查。严格执行党员领导干部报告个人有关事项的规定。继续做好对主要领导干部任期的经济责任审计。继续做好巡视工作，规范程序，提高质量，扩大范围，深入开展对机关司局、直属单位和各派驻地方的国家土地督察局的巡视。把巡视监督与日常监督、干部任用相结合，注重巡视成果的运用。

落实对重点部位和环节有效监督的措施。强化对重大决策、重要干部任免、重大项目安排和大额度资金使用的监督。严格规范土地、探矿权和采矿权审批程序，执行国土资源法定行政许可、资金项目安排、规划计划等事项会审制度；推进门户网站建设，扩展政务大厅统一受理、限时办结、结果公开的审批事项范围，实行网上申报审批的效能监督；扩大民主推荐和公示范围，监督干部选拔任用全过程；继续开展清理规范事业单位投资办企业工作；规范专项资金收支管理，发挥财务管理信息系统的监督作用，开展预算单位经常性财务审计。

（五）加强征地监管，切实维护被征地农民的合法权益。严格落实征地补偿安置各项政策，严把征地补偿安置审查关，对征地补偿偏低、没有按规定落实社会保障措施的，一律不予报批用地。依法合理确定补偿标准，指导各地切实做好征地统一年产值标准和区片综合地价的公布实施工作，防止随意改变或降低补偿标准，使补偿及时足额到位。认真做好征地报批前告知、确认和听证工作，维护被征地农民的知情权、参与权、监督权和申诉权。积极探索多元化安置途径，推进解决被征地农民就业、住房和社保等问题。建立健全维护被征地农民利益的长效机制。

认真治理征地中损害农民利益的问题。坚决纠正征地补偿标准不合理、补偿不到位、基本保障不落实等损害被征地农民利益的问题；严肃查处违规违法占用农村集体土地、非法占用基本农田，甚至强行侵占农民土地等违纪违法行为。

（六）加大查办案件工作力度，发挥办案治本功能。严肃查办违纪违法案件是惩治和预防腐败的重要手段，只有严格依纪依法办案，才能增强教育的说服力、制度的约束力和监督的威慑力。

以查办发生在国土资源管理部门和领导干部中的滥用职权、贪污贿赂、腐化堕落、失职渎职的案件为重点，严肃查处官商勾结、权钱交易的案件，利用行政审批权、执法权索贿受贿、徇私舞弊的案件。查处非法批地、低价出让土地或擅自变更规划获取非法利益的案件；查处违法审批探矿权和采矿权，违法入股矿产资源开发的案件；查处土地出让和资源开发领域的商业贿赂案件；查处领导干部违规违法收受财物、经商办企业、干预市场交易活动、公款出国（境）旅游等行为。

认真排查群众举报的案件线索，并做好核实工作。要注意把案件处理与教育挽救有机结合，既要严肃执行纪律，又要宽严相济，严格区分一般错误和违纪行为界限，保护干部的合法权益。要用典型案例教育警示干部自觉抵御诱惑；对案件暴露的漏洞健全制度规范；善于从案件中发现苗头性、倾向性问题，改进监督工作，切实发挥查办案件的治本功能。

（七）深化改革创新，促进重点领域和关键环节的治本抓源头工作。完善惩治和预防腐败体系建设，切实抓好《工作规划》落实。以解放思想为先导、深化改革为动力、创新制度为保证，把规范权力运行、健全市场机制、强化监管惩处结合起来，深化治本抓源头工作。以修改《土地管理法》、《矿产资源法》为重点，完善增强参与宏观调控能力、落实耕地保护责任制、提高保障发展能力、规范国土资源开发利用秩序、保护群众合法权益的制度体系，建立市场配置资源新机制，着力土地和矿业权市场建设，认真治理土地管理和矿产资源开发领域的突出问题。

严格执行国有土地使用权招拍挂出让制度，逐步缩小划拨用地和协议出让范围，推进经营性基础设施用地有偿使用。建立城乡统一的建设用地市场，制定农村集体建设用地出让、转让管理制度。规范集体建设用地交易行为，对依法取得的农村集体经营性建设用地，在当地统一有形的土地市场上以公开、规范的方式出让转让。严格执行探矿权、采矿权出让规定，开展矿业权市场建设有关制度执行情况的检查，全面实行探矿权采矿权统一配号制度，规范矿业权转让行为。全面落实《土地市场和矿业权市场诚信体系建设实施方案》，建立健全国土资源市场诚信体系及运行机制。

同志们，深入贯彻落实科学发展观，完成好今年党风廉政建设各项工作，任务艰巨，责任重大。各级纪检监察部门要认真履行职责、创新工作方式、不断提高执纪水平。让我们认真学习贯彻胡锦涛总书记在中央纪委三次全会上的重要讲话精神，以更加坚定的信心、更加有力的举措，扎实推进党风廉政建设工作，为国土资源管理事业发展提供有力保证。

加强制度建设　推进改革创新
不断取得国土资源系统反腐倡廉建设新成效

——王寿祥同志在全国国土资源系统
党风廉政建设工作会议上的讲话

（内情通报 2010 年第 29 期）

同志们：

我代表部党组，就国土资源系统党风廉政建设和反腐败工作报告如下：

一、2009 年工作回顾

2009 年，各级国土资源管理部门认真落实中央应对国际金融危机的一揽子计划和政策措施，巩固和扩大深入学习实践科学发展观活动成果，以构建保障和促进科学发展新机制为主线，深化改革，着力完善国土资源管理整体布局，保经济增长，保耕地红线，强化土地和矿产资源开发利用监管，推动国土资源战略研究和综合改革，加强领导班子和干部队伍建设，国土资源管理工作取得新进展、新成效，为促进经济社会发展发挥了重要的职能作用。

在推进国土资源管理改革发展进程中，部党组高度重视党风廉政建设和反腐败工作，多次召开会议研究部署。徐绍史部长多次听取工作汇报，就加强反腐倡廉建设提出明确要求。部领导按照党风廉政建设责任制的要求，分工负责，狠抓落实。各级国土资源管理部门高度重视反腐倡廉建设，在党中央、国务院和地方各级党委、政府的领导下，认真贯彻落实党的十七大和十七届三中、四中全会精神，按照第十七届中央纪委第三次、四次全会和国务院第二次廉政工作会议的部署，坚持标本兼治、综合治理、惩防并举、注重预防的方针，紧紧围绕国土资源系统党风廉政建设和反腐败工作的主要任务，开拓进取，扎实工作，反腐倡廉建设方向更加明确，思路更加清晰，措施更加有力，成效更加明显，为国土资源事业改革发展提供了有力保障。

（一）积极履行监督检查职责，促进中央扩大内需决策部署的贯彻落实。各地国土资源管理部门按照国土资源部关于为扩大内需促进经济平稳较快发展做好服务和监管工作的通知要求，积极发挥职能作用，保障中央扩大内需项目和地方重点项目顺利实施。根据中央纪委、监察部的总体安排，全系统加强了对中央扩大内需决策部署执行情况的监督检查。其中，对天津、山东落实中央扩大内需促进经济增长政策情况开展了两轮监督检查。各派驻地方的国家土地督察局按照部党组要求及时跟进，主动与各中央检查组工作对接，形成合力，部分督察局还直接参与了中央和地方组织的检查工作。四川省国土资源厅以灾后重建项目为重点，会同省监察厅进一步强化了土地审批和监管。

（二）深入开展作风建设，巩固和深化学习实践科学发展观活动成果。部党组作出了解放思想、改革创新，改进作风、增强执行力的决定，各地国土资源管理部门普遍开展了作风建设活动，取得了明显成效。吉林省国土资源厅开展“树新风正气、促和谐发展”主题教育活动，着力解决党员干部在党性、党风、党纪方面存在的突出问题。黑龙江省国土资源系统在“群众最满意单位评议”活动调查问卷中，社会各界总体满意率达96%。部机关以部、局两级班子为重点对象，围绕“主动谋划够不够、工作办法多不多、协调联动足不足、落实能力强不强”

四个重点问题，进行梳理查摆、分析原因，提出了五大方面24条整改措施，精简各类公文数量，同比下降32%。简报从128种压缩到18种，实行“无会周”，会议数量和费用同比分别下降了41%和21%。通过作风建设活动，增强了领导班子和领导干部的主动谋划意识，执行能力明显提高。

（三）加强党风廉政教育，促进领导干部廉洁自律。全系统开展了党的宗旨教育、社会主义核心价值体系教育和党性党风党纪教育，进一步提高党员干部拒腐防变能力。各地党风廉政教育形式多样。河南省国土资源系统强力推进廉政文化进机关、进家庭，形成了全方位、多层次，深入持续的党风廉政教育格局。新疆维吾尔自治区国土资源厅开展了以“加强党性修养，弘扬良好作风，忠实履行职责”为主题的党风廉政建设教育活动，通过正反两方面典型教育，切实增强广大干部职工廉洁从政意识。部机关利用“国土资源大讲堂”平台，开通全系统网上视频，举办了反腐倡廉专题视频报告会，认真落实任职廉政谈话制度和廉政考评制度，2009年，部党组对新任司局级领导干部62人次进行了任职廉政谈话，组织对34个司局级领导班子和153名司局级干部进行了廉政考核测评。通过广泛征求意见，部党组在廉政勤政方面群众评价“好”和“较好”达94.96%，总体满意度在十项指标中位居第二。国家土地督察机构针对自身工作特点，加强教育，完善机制，签订了作风建设和党风廉政责任承诺书。

按照中央关于领导干部廉洁自律工作的统一部署，认真开展专项治理。制止公款出国（境）旅游专项工作取得明显成效。各地国土资源管理部门压缩出国团组54个，压缩经费434万元。部机关因公出国（境）团组减少18个，经费在近三年平均数上压缩31%。认真开展“小金库”专项治理，全系统共自查自纠清理“小金库”63个，涉及金额3497万元。严格执行中央关于厉行节约的八项要求，部机关清理规范部直属事业单位投资办企业（公司）取得明显进展，事业单位投资办企业由156个削减为68个，削减了56%。公务接待费支出压缩14.2%，车辆购置运行费支出和电、油、水消耗费用均比上年减少。严格控制新建楼堂馆所，纠正超预算超标准装修办公用房和超标准超编制配备使用小汽车问题。

（四）强化对领导干部的监督，推进行政权力规范运行。认真落实党内监督条例，各地加大了对干部正确行使权力的监督力度。山东等省市国土资源管理部门开展巡视工作，加强了对系统的监督力度，促进了领导班子和干部队伍建设。江苏省国土资源厅以部门权力内控机制建设为核心，强化预警预报、案件协作、责任追究等工作机制，不断完善监督制度体系。福建省国土资源厅出台行政自由裁量权基准和责任追究办法，全面规范自由裁量权行使。西安市国土资源局强化集体决策和多部门会审，进一步压缩土地审批自由裁量权空间。

坚持德才兼备、以德为先的用人标准，让想干事的人有机会、能干事的人有舞台、干成事的人有发展，树立正确的用人导向，加大干部选拔配备和交流调整力度。2009年，各地国土资源管理部门进一步加强干部队伍建设，共交流轮岗3205人，对新任干部4269人次进行了廉政谈话。部机关76名司局级干部、50名处级干部走上新的岗位。部党组修订了巡视工作办法,2009年完成对6个单位的巡视，共谈话155人次，问卷调查161份，基本摸清了被巡视单位领导班子和干部队伍建设情况及党风廉政建设主要情况。部每两年对直属单位实施一轮审计，2009年完成了13个单位领导干部任期经济责任审计，纠正了财务管理不规范的问题。

各地在规范权力运行中，认真落实土地、探矿权和采矿权审批制度，执行国土资源法定行政许可、资金项目安排、规划计划等事项会审制度。大力推进门户网站建设，扩展政务大厅统一受理、限时办结、结果公开的审批事项范围，开展网上申报审批效能监督。湖南省国土资源厅依托电子政务，构建电子监控平台，建立了行政效能网上监控系统。河北省国土资源厅开展了行政权力监控机制建设工作。部机关和所属单位加强预算和财务审计监督，建立财务管理电子信息系统，大额资金支付、对外投资等重点业务实施在线监管。进一步拓展社会监督的渠道，开通了12336国土资源违法举报电话。

（五）坚持改革创新，不断深化治本抓源头工作。各地以落实部党组关于惩治和预防腐败体系建设2008—2012年工作规划实施意见为重点，深化改革，加强制度建设，深入推进治本抓源头工作。上海市规划和国土资源管理局建立“管理、审理、监测”三分离和格式化审批的制度，实行业务部门制定规则，行政事务办理中心既受又理，监测指挥中心在线全程监测的工作机制。建立全市统一的土地交易平台，实行统一计划管理、统一信息发布、统一交易规则、统一运作监管，营造公开、公平、公正的土地交易环境，从制度层面将反腐倡廉关口前移，从事后处理变成事前预防、事中监测，减少了自由裁量权，为党风廉政建设打牢了基础，提供了保障。天津市国土资源和房屋管理局、长沙市国土资源局研究开发了国有建设用地使用权网上交易系统，国有建设用地使用权远程报价系统与区县分中心同时投入运行，实现了“一处挂牌、全市竞价”。辽宁省国土资源厅加强矿业权一级、二级市场建设，进一步规范矿业权有偿出让管理程序和矿业权交易行为。山西省国土资源厅积极开展矿产资源开发整合方案审查和换证工作，企业主体由2200家减至130家，为全省煤矿企业兼并重组整合作了重要贡献。浙江省国土资源厅修改完善27项土地和矿业权管理制度，推进决策机制、审批制度、资源使用三项改革，加大从源头上预防腐败的力度。着力推进审批制度改革，部机关进一步简化土地审批手续，申报要件从以往的35件减少为10件，审批周期从原来的半年压缩至两个月。

国土资源系统继续推进土地有偿使用制度改革，落实工业用地出让制度，深化国有建设用地有偿使用制度改革。据统计，全国土地招标拍卖挂牌出让面积从2001年的9.9万亩提高到2009年的267.15万亩，占经营性土地出让总面积的比例从7.3%提高到85.3%；招标拍卖挂牌出让价款从2001年的492亿元提高到2009年的1.5万亿元，占出让土地总价款的比例从38.0%提高到94.9%。

改革探矿权采矿权审批制度，建立探矿权采矿权出让省部协调联动机制，进一步规范矿业权审批行为。配合有关部门深化矿产资源税费改革，完善矿产资源有偿使用和矿业权有偿取得制度。会同监察部开展了矿业权招标拍卖挂牌出让制度执行情况专项清理。近三年来，全国共查处无证勘查开采近 14 万起，关闭非法开采和破坏环境的矿山 4.8 万起。完成了对 4438 个矿区的整合，减少了 2.2 万个探矿权、采矿权，全国矿山数量比整合前减少了 17.6%。

（六）继续推动征地制度改革，切实维护被征地农民合法权益。2009 年，部组织开展了征地中农村房屋补偿问题和征地制度改革试点的检查调研工作。全国有 26 个省份以不同形式公布并实施新的征地补偿标准，补偿水平普遍提高 20%—30%。下发了《关于征地统一年产值标准和区片综合地价公布实施与备案有关问题的通知》，在区片综合地价、征地补偿机制、被征地农民保障制度以及留地安置、征地程序等方面，采取了一系列新的措施，切实维护被征地农民合法权益。积极配合有关部门健全被征地农民社会保障制度，协同妥善解决好被征地农民就业、住房、社会保障等问题。29 个省份出台政策性文件，1200 多个县（市、区）启动建立被征地农民的社会保障制度，1324 万被征地农民纳入基本生活或养老保障。广西壮族自治区国土资源厅与财政厅共同制定《被征地农民社会保障试行办法》，从养老保障、医疗保障、最低生活保障等三个方面规范了被征地农民的具体社会保障措施，全年土地拆迁方面的信访举报与上年同期相比下降 32%。

（七）认真查办违法违纪案件，维护党纪政纪的严肃性。2009 年，各地国土资源管理部门进一步加大了查办案件的工作力度，据统计，全年各省（区、市）国土资源厅（局）纪检监察部门共受理信访举报 5552 件（次），其中，初核 2977 件，立案 483 件，组织处理 120 人，给予党纪政纪处分 563 人，移送司法机关 235 人。驻部纪检组、监察局共办理来信来访 408 件，初步核实 11 件。部机关及直属事业单位有 3 名违法违纪人员受到纪检监察机关和检察院查处。继续开展治理商业贿赂工作，对涉及商业贿赂的 167 件举报线索进行了核查、移交处理。中国地质调查局针对发现的违纪违规案件线索，加大查处力度，重点查处了所属7个单位7起违反财经纪律等违纪违规问题，8人次受到组织处理，6人次受到党纪政纪处分。

（八）加大组织协调力度，扎实开展工程建设领域专项治理。按照中央统一要求，国土资源系统专项治理工作扎实推进，取得了阶段性成效。部建立健全了领导小组统一领导，办公室组织协调，有关司局就规范土地使用权和矿业权出让审批、案件线索整合和查处、制度建设分工负责的整体联动工作协调机制。按照清理方案的总体要求，对2009年9月30日以前国有土地使用权出让合同和探矿权采矿权出让审批制度执行情况进行全面清理。在专项治理中加大查处力度，专项行动开展以来全系统受理举报和案件线索15252件，立案357件，给予党纪政纪处分603人，移送司法机关650人。近期，中央专项治理办公室、国土资源部、监察部对河北、河南等地5起案件挂牌督办，有效推动了专项治理工作深入开展。

（九）以行政权力运行风险防范为重点，深入推进惩治和预防腐败体系建设。按照中央《工作规划》的总体部署，全系统惩防体系建设扎实推进。北京市国土资源局扎实推进廉政风险防范管理，确定一级廉政风险环节143个，制定防控措施318条。重庆市国土资源和房屋管理局认真剖析近年来发生的违纪违法案件，深入清理在土地出让、征地拆迁、土地整理、权属登记等环节的制度漏洞，提出了预防的措施和对策。广东省国土资源厅把惩防体系建设纳入党风廉政建设责任制的考核内容，狠抓任务分工和责任落实，推动惩防体系建设制度化、具体化。江西省国土资源厅深刻剖析发生在本部门的典型案件，认真总结经验教训，建章立制，清查整改，出台各类制度、规定128项，完善62项。为全面梳理国土资源系统廉政风险点和易发腐败的重点环节、重点部位，驻部纪检组、监察局组织开展了国土资源系统“风险点”调研工作，并对全国国土资源系统600多名市、县国土资源局长进行了廉政状况问卷调查，总结归纳出十大易发腐败环节。

2009年，各级国土资源管理部门广大干部团结奋进，扎实工作，在推进党风廉政建设和反腐败工作不断深入过程中，积极探索总结行之有效的做法，不断丰富开展工作的基本经验。概括起来，主要有以下几个方面。

——坚持围绕中心、服务大局，把反腐倡廉建设融入国土资源管理工作。各级国土资源管理部门不断适应经济社会发展和改革的需要，着眼全局，正确处理和把握党风廉政建设和反腐败工作与国土资源管理业务工作的关系，把惩治和预防腐败寓于各项重要政策措施之中，同步推进、协调发展、相互促进。

——坚持行政为民、关注民生，着力解决群众关心的突出问题。各级国土资源管理部门坚持执政为民，切实把群众的利益放在第一位，转变作风、转变职能，改进工作方式，主动服务，建立多种渠道，了解社情民意，切实维护群众利益，为维护改革、发展、稳定的大局作出了积极贡献。

——坚持突出重点、把握规律，不断增强反腐倡廉建设的科学性和预见性。各级国土资源管理部门紧紧把握党风廉政建设工作的特点和规律，善于想大事、谋大局，把工作着力点放在中央关心的重点、群众关注的热点、工作发展的难点问题上，以重点工作的突破推进和带动全局工作，在实践中不断丰富和发展具有部门特色的反腐倡廉思想方法和工作方法。

——坚持惩防并举、注重预防，不断加大从源头上预防腐败的力度。各级国土资源管理部门把推进惩治和预防腐败体系建设作为一项重要政治任务，逐步建立健全拒腐防变教育机制、反腐倡廉制度体系、权力运行监控机制，充分发挥教育、制度、监督的综合作用，努力从源头上预防和解决腐败问题，具有国土资源部门特点的惩防体系建设框架初步形成。

——坚持解放思想、开拓创新，用发展的思路和改革的办法解决前进中的问题。各级国土资源管理部门不断适应新形势、新任务，以开放的观念和创新的思维，把中央精神与部门实际结合起来，把履行职责与本地区经济社会发展实际结合起来，坚持用发展的思路和改革的办法研究和解决反腐倡廉建设中遇到的新情况、新问题，不断创造新经验，取得新成效，开创新局面。

在回顾工作、肯定成效的同时，我们必须十分清醒地看到，当前国土资源系统党风廉政建设和反腐败工作形势依然严峻，任务仍然艰巨。一是在土地使用权和矿业权审批、出让、确权发证，土地和矿产资源调查评估、专项资金使用和行政执法等环节的腐败案件易发多发。二是在土地征收征用、矿产资源审批出让等方面的群众举报诉求居高不下，一些涉土涉矿的群体性事件背后的腐败问题比较严重。三是土地、矿业权管理制度不完善，市场机制不健全，配套的监督制约措施不到位，为土地和矿产领域腐败问题滋生提供了土壤和条件。四是制度执行力和约束性不强，权力过于集中，得不到有效约束，一些干部为了谋取私利，拿制度当摆设，滥用自由裁量权，在这方面倒下的干部不乏其例。五是个别领导干部重业务、轻管理，对领导班子和干部队伍建设抓的不紧、不实，投入精力不够，对本单位出现的倾向性问题，不能及时采取有效措施加以解决。2009 年，各地国土资源管理部门有 6 名厅局级干部违法违纪受到查处，有 48 名地、市级国土资源管理部门领导班子成员违法违纪受到查处，其中“一把手”12 人。有的涉案金额特别巨大，动辄几百万，有的是窝案串案，社会影响十分恶劣，严重损害了国土资源管理部门的形象和公信力。能否以党风廉政建设的实际成效取信于民，能否有效遏制违法违纪案件易发多发的势头，确保干部政治安全，确保队伍少出问题，是对我们的严峻考验。我们一定要以高度的政治责任感，本着对国土资源事业和全系统干部高度负责的精神，以永不放松、永不懈怠的精神状态，进一步加大工作力度，深入推进国土资源系统党风廉政建设和反腐败工作。

二、2010 年主要工作任务

2010 年国土资源系统党风廉政建设和反腐败工作总的要求是：以邓小平理论和“三个代表”重要思想为指导，深入贯彻落实科学发展观，认真学习贯彻胡锦涛总书记的重要讲话精神，全面贯彻第十七届中央纪委第五次全会和国务院第三次廉政工作会议的部署，坚持标本兼治、综合治理、惩防并举、注重预防的方针，加强反腐倡廉制度建设，深入推进作风建设，扎实推进工程建设领域突出问题专项治理，推进改革创新，深化以完善惩治和预防腐败体系为重点的反腐倡廉建设，以党风廉政建设和反腐败工作的新成效为国土资源事业改革发展提供有力的政治保障。

（一）深入学习贯彻胡锦涛总书记重要讲话精神，全面落实第十七届中央纪委第五次全会和国务院第三次廉政工作会议部署。胡锦涛总书记在第十七届中央纪委第五次全会上的重要讲话，从党和国家事业发展全局和战略的高度，全面、科学地分析了当前的反腐倡廉建设形势，提出了当前党风廉政建设和反腐败工作的总体要求和主要任务，强调要以建立健全惩治和预防腐败体系各项制度为重点，逐步形成内容科学、程序严密、配套完备、有效管用的反腐倡廉制度体系，切实提高制度执行力、增强制度实效。温家宝总理在国务院第三次廉政工作会议上就加强重点领域反腐倡廉制度建设，切实提高执行力作了重要讲话，并从强化政府投资项目和公共资金监管、完善财政预算制度推进预算公开透明、加强国有企业和国有金融机构反腐倡廉建设、加强行政程序的制度建设、加强政风建设、加强领导干部廉洁自律、坚决查办违纪违法案件等七个方面，对 2010 年反腐倡廉建设做出部署。贺国强同志在中央纪委第五次全会上的工作报告，从十个方面回顾了 2009 年党风廉政建设和反腐败工作，部署了 2010 年五个方面的重点任务。各级国土资源管理部门要把贯彻落实胡锦涛总书记重要讲话精神，落实第十七届中央纪委第五次全会和国务院第三次廉政工作会议精神作为一项重要政治任务，学习好、贯彻好、落实好。

（二）加强对中央重大决策部署贯彻落实情况的监督检查，严明党的政治纪律。加强对中央扩大内需、节约集约利用资源、被征地农民补偿安置、保障性住房用地开发利用情况的监督检查，保障中央关于宏观调控、结构调整、保障和改善民生等政策措施的落实。要加强对全国国土资源工作会议精神贯彻落实情况的监督检查，保证各项工作部署落到实处。要进一步强化对土地和矿业权审批的监督制约，建立健全国土资源监管机制，加强对土地审批、土地供应、土地利用、补充耕地、土地违法案件查处的全程监督。要健全对重大决策部署执行情况定期检查和专项督察制度以及纪律保障机制，坚决纠正有令不行、有禁不止的行为，确保政令畅通。

各级国土资源管理部门的党员干部要严明党的纪律特别是政治纪律，教育引导全系统党员干部坚定社会主义信念，自觉做到坚持党的基本理论、基本路线、基本纲领、基本经验不动摇，在思想上、政治上、行动上同以胡锦涛同志为总书记的党中央保持高度一致。认真执行政治纪律，严禁发表或散布同中央的决定和党的路线方针政策相违背的言论，严肃查处违反政治纪律行为，坚决维护党的集中统一。

（三）深入推进工程建设领域突出问题专项治理，完善土地和矿业权市场制度建设。认真贯彻落实中央《关于开展工程建设领域专项治理工作的意见》，按照工作方案的要求和部署，扎实推进专项治理工作，深入治理土地、矿业权审批出让中的突出问题。完善并严格落实经营性用地和工业用地招标拍卖挂牌出让制度，严格限定协议出让范围，加强对国有土地使用权出让合同的监管。深入推进工业用地预申请制度。严格矿业权审批，细化矿业权审批程序和标准。科学编制、严格实施土地利用总体规划和矿产资源规划，严格土地用途管制，科学设置矿业权。加大国土资源执法监管力度，发挥国家土地督察机构的作用，与纪检监察、检察等部门建立案件移送机制，坚决纠正和查处土地和矿产资源开发中的违法违规行为。

深化国土资源市场交易制度改革，充分发挥市场配置资源的基础性作用。温家宝总理在国务院第三次廉政工作会议上强调，要完善土地使用权市场公开交易制度，加快推进探矿权、采矿权等矿业权市场化进程。徐绍史部长在会上就严格管理、强化监督，着力推进土地和矿业权市场建设作了发言。今年要着力抓好这项工作。各级国土资源管理部门必须严格执行国有建设用地招标拍卖挂牌出让制度，建设用地统一纳入土地有形市场公开交易，构建统一的市场信息平台，接受社会监督。加强矿业权市场交易制度建设，各地抓紧建立和完善统一规范、公开透明的矿业权交易市场，严格执行探矿权采矿权招标拍卖挂牌出让制度。积极配合中央纪委、监察部总结推广上海市土地交易市场建设的做法。下半年，组织开展“两个市场”建设情况的专项检查。

深入推进国土资源系统政务公开工作，加大电子政务建设力度，进一步完善土地“批、供、用、补、查”和矿业权管理综合信息监管平台建设，加强土地市场动态监测与监管，做到土地供应数据应录尽录，实现对全国及重点区域、重点城市土地供应的总量、来源、结构、时序、布局、交易方式、交易价格和房地产市场用地情况等实时监测分析，形成科学规范的国土资源综合信息监管平台。

（四）切实加强作风建设，坚决纠正损害群众利益的不正之风。以改进作风、增强执行力为重点，以作风评议和通报为载体，构建加强作风建设的长效机制。进一步解放思想、改革创新，改进作风、增强执行力，推动国土资源管理理念、管理职能、管理方式的转变，把推进观念反腐和作风反腐作为惩防体系建设的基础性工程，探索建立具有国土资源管理部门特色的作风建设和反腐倡廉教育长效机制。加大对机关作风和干部作风方面突出问题的整顿力度，继续大力整顿文风会风，严格控制发文数量和范围，严格控制会议数量、经费、规模。积极引导领导干部保持高尚情操和良好作风，及时发现和纠正少数干部在社会交往、休闲娱乐、生活作风方面存在的突出问题。

继续保持工作力度，纠正征地中损害农民利益的不正之风。深化征地制度改革，促进被征地农民依法足额补偿和社会保障政策的落实。进一步完善征地补偿安置纠纷协调裁决机制。认真落实《信访条例》和国土资源信访规定。及时办理群众来信来访，对征地和矿产资源开发中损害群众利益的问题认真核查、及时反馈。深入推进政风行风建设，认真开展民主评议行风活动。加强基层国土所建设，进一步树立政令畅通、执法严格、服务优质、勤政廉政的国土资源管理队伍作风。

（五）强化教育和监督，促进领导干部廉洁自律。以党性党风党纪教育为重点，加强对党员干部特别是领导干部的廉洁从政教育，深入开展示范教育、警示教育、岗位廉政教育，加强对廉洁勤政先进典型的宣传，增强反腐倡廉教育的针对性和有效性。认真落实中央纪委、中宣部等部门《关于加强廉政文化建设的意见》，及时总结推广全系统廉政文化建设典型经验。

认真执行党内监督条例，切实加强对国土资源管理机关、领导干部特别是领导班子主要负责人的监督。认真监督检查领导班子及领导干部执行党的路线方针政策和决策决议的情况；认真监督检查领导干部报告个人有关事项制度的执行情况，特别是加强对配偶子女均已移居国(境)外公务员的监督管理。继续加强对重点环节和部位的监督，加强对土地、矿业权审批、项目管理和专项资金使用的执法检查和效能监察。加强对土地和矿业权评估中介机构的监管。建立和完善监督机制和制度，建立健全决策权、执行权、监督权既相互制约又相互协调的权力结构和运行机制。严格执行领导干部述职述廉、诫勉谈话、函询、质询、罢免或撤换等制度。各地要积极探索开展巡视工作，注重巡视成果的运用，充分发挥巡视的教育和监督作用。

认真执行《中国共产党党员领导干部廉洁从政若干准则》及其他相关规定，严肃查处领导干部利用职权和职务上的影响为本人或特定关系人谋取不正当利益等问题。严禁领导干部违反规定为配偶、子女及其他特定关系人在就业、投资入股、经商办企业等方面谋取不正当利益，严禁违反规定私自从事营利活动，严禁违反规定收受礼金、有价证券、支付凭证，严禁大操大办婚丧喜庆事宜或借机敛财，严禁用公款或接受与行使职权有关系的单位和个人邀请进行高消费娱乐、健身活动。切实纠正在集资建房、低价购房、多占住房等方面的违纪违规行为。进一步规范领导干部离职或退休后的从业行为，不得违反规定在企业和各类学会、协会、基金会等单位领取报酬。

按照中央有关文件精神，坚持勤俭节约，反对铺张浪费，着力抓好领导干部廉洁自律的各项工作。继续严格控制出国（境）数量和规模，完善因公出国（境）管理制度，巩固制止公款出国（境）旅游专项工作成效。加强公务用车使用管理，严禁违反规定为领导干部配备用车。严格执行公务接待有关制度，严禁用公款大吃大喝，不准以参加会议、学习、培训、联谊活动等名义用公款请客送礼。从严控制楼堂馆所建设，严禁违反规定购建、装修办公用房。事业单位也要按照以上要求，制定相关制度，认真抓好落实。要继续加大“小金库”专项治理工作力度，完善治理工作的长效机制。

（六）加大查办违法违纪案件力度，严厉惩处土地管理和矿产资源开发领域的腐败问题。严肃查处“十类案件”：严肃查处土地和矿业权审批中违法违规、索贿受贿的案件；严肃查处违反招标拍卖挂牌规定出让土地和矿业权、徇私舞弊的案件；严肃查处滥设前置条件出让土地使用权，暗箱操作，以权谋私的案件；严肃查处擅自修改调整规划、改变土地用途、提高容积率，违反管理制度，扰乱市场秩序的案件；严肃查处土地调查、土地确权登记发证和勘查许可证、采矿许可证发放中违规操作，弄虚作假的案件；严肃查处土地整治工程项目招投标不规范、监管不力，失职渎职，造成国有资产流失的案件；严肃查处土地估价、矿业权有偿出让转让、资源储量评审和工程项目的评估中与中介机构、委托方互相串通，弄虚作假的案件；严肃查处土地出让收入和矿产资源补偿费以及矿业权价款的管理中，擅自批准减免或缓缴谋取私利的案件；严肃查处土地、矿产违法案件查处中瞒案不报、压案不查，滥用自由裁量权谋取私利的案件；严肃查处专项资金使用监管失控，套取资金、设“账外账”、“小金库”、滥支乱花、贪污挪用的案件。深入开展商业贿赂专项治理，严肃查办商业贿赂案件。整合信访举报资源，重视从群众信访举报中排查案件线索。坚持教育与惩处相结合，以人为本、宽严相济，充分运用组织处理、纪律处分和法律制裁等手段，做到既要严格执行党纪政纪，又要注重教育和爱护干部。要及时分析研究案件暴露出的管理上的薄弱环节，进一步完善制度，改进工作，充分发挥查办案件的治本功能。

（七）健全和完善反腐倡廉制度，深入推进惩治和预防腐败体系建设。结合国土资源管理部门实际，紧紧围绕教育、制度、监督、改革、纠风、惩治等工作，着力在行政审批、资源配置、行政执法、案件查处、资金管理、干部队伍思想建设和组织建设等方面，进一步查找薄弱环节和漏洞，加强制度建设，健全完善具有国土资源管理部门特点的惩治和预防腐败体系。要积极创新强化监督的有效途径和方式方法，坚持把国土资源管理权力监管的薄弱环节作为惩防体系建设的重点区位，努力形成一套用制度管权、按制度办事、靠制度管人的监督制约机制。积极探索国土资源系统廉政风险防范管理模式，坚持权力配置科学、程序规范、责任明确、运行公开，把预防腐败的要求落实到国土资源管理行政权力运行的各个环节，着力从源头上预防腐败。

2010年是完成惩防体系工作规划的关键一年。各级国土资源管理部门要坚持把中央明确的牵头任务作为惩防体系建设的重点工作，把落实中央的一系列重大决策部署，履行好部门职责，解决好社会关注、群众关心的热点问题作为惩防体系建设的重点任务，结合实际设计抓手和平台，超前谋划，主动作为，不断丰富和发展惩防体系建设的内容，为2012年实现构建惩治和预防腐败体系框架的目标奠定扎实的基础。

同志们，2010年是保持经济平稳较快发展、确保“十一五”规划顺利完成的一年，也是全面贯彻党的十七届四中全会精神、加强和改进党的建设的重要一年，国土资源管理改革发展的任务十分繁重，反腐倡廉建设的任务十分繁重。我们要把反腐倡廉建设放在更加突出的位置，开拓创新，扎实工作，深入推进党风廉政建设和反腐败工作，以新的成效为国土资源事业改革和发展提供有力保障。

加大力度　狠抓落实
推进国土资源系统反腐倡廉建设
取得新成效

——王寿祥同志在全国国土资源系统
党风廉政建设工作会议上的讲话

（内情通报 2011 年第 26 期）

同志们：

我代表部党组，就国土资源系统党风廉政建设和反腐败工作报告如下：

一、2010 年工作回顾

2010 年，各级国土资源部门认真落实中央一系列重大决策部署，以构建保障和促进科学发展新机制为主线，持续推进“保增长、保红线”双保工程，加快改革创新，积极主动服务，严格规范管理，在保持经济社会平稳快速发展中发挥重要职能作用。在国土资源管理工作中，部党组坚持把党风廉政建设和反腐败工作摆在更加突出的位置，作为事业发展的生命线，深入推进反腐倡廉建设。徐绍史部长亲自主持研究部署，部党组成员按照分工认真负责、狠抓落实。一年来，各级国土资源部门认真贯彻中央纪委第五次全会和国务院廉政工作会议精神，全面落实中央领导同志重要批示，以推进惩治和预防腐败体系建设为重点，狠抓各项任务的落实，取得了新的明显成效。

（一）深入贯彻落实中央纪委第五次全会和国务院廉政工作会议精神，加强监督检查，确保中央重大决策部署的贯彻落实。部党组多次召开专题会议，研究贯彻落实的措施。去年3月，召开了建部以来规模最大的党风廉政建设工作会议，明确提出把反腐倡廉建设摆在更加突出的位置，采取更加有力的措施，落实好中央各项决策部署，争取用两到三年时间遏制住腐败易发多发态势。7月，部党组在全国国土资源厅局长会上再次就反腐倡廉建设做出部署，明确提出全系统行风评议名次要升上去、违纪违法案件数量要降下来的目标。

为把中央精神落到实处，确保政令畅通，全系统加大了监督检查工作力度。部围绕扩大内需项目用地、节约集约用地、房地产用地调控、土地和矿业权市场建设等政策落实情况，开展了监督检查。各派驻地方的国家土地督察局进一步强化例行督察、审核督察和专项督察，保障中央调控政策规范实施。河北厅出台了十条措施，开展了扩内需、保增长政策措施落实情况的检查。湖南厅开展了用地审批和土地供应专项检查。

（二）深入推进工程建设领域突出问题专项治理，结合实际开展“两整治一改革”专项行动。去年年初以来，中央领导同志就国土资源领域腐败问题多次作出重要批示。部党组高度重视，认真分析研究国土资源领域反腐倡廉建设面临的形势，提出以等不起的紧迫感、慢不得的责任感、坐不住的使命感，强力推进反腐倡廉建设，并决定从2010年8月份到2011年年底，继续深化工程建设领域突出问题专项治理，结合实际，在全系统部署开展“两整治一改革”专项行动，着力整治干部队伍廉洁从政方面存在的突出问题，着力整治土地和矿业权市场存在的突出问题，深化国土资源管理制度改革。

为发挥示范带头作用，部在机关和直属单位部署开展了廉政专项行动，要求部机关和直属单位干部做到“五带头”、“三查”。截至2010年年底，部机关和直属事业单位共查出廉政风险点497个，并建立和完善了一批制度。各地共查找出廉洁从政方面的突出问题1049个，已整改955个。共排查出廉政风险点3664个，制定防范措施7469条，查找出制度漏洞和缺陷842个，提出建立和完善制度的措施建议1054条。

着力抓机关带系统、以系统促领域，专项行动向领域延伸取得了新的突破。去年对77个地级以上城市进行例行督察，对全国2859个县市区全覆盖进行了卫片执法检查。约谈21个市、县（区）主要负责人，会同有关部门启动土地违法问责。对重大土地违规违法问题实施专项督察和挂牌督办，公开通报34起违法案件，挂牌督办22起违法案件。去年，全国国土资源领域共查处各类违法用地案件4.1万件，查处矿产资源违法案件7141件，有1695人受到党纪政纪处分，其中239人被追究刑事责任。

（三）加大查办案件工作力度，坚决惩治违法违纪问题。以查办在土地使用权和矿业权审批过程中非法批准、低价出让等十类违法违纪案件为重点，坚决惩治腐败行为。2010年，全系统纪检监察部门共受理信访举报3712件（次），其中涉及厅局级干部67件（次），县处级干部376件（次），初核1801件，立案372件，结案391件。全年有693人因违法违纪被处理，其中组织处理112人，受到党纪政纪处分581人(其中，被追究刑事责任233人)。

驻部纪检组监察局全年共处理信访举报417件，初核案件线索14件。查办部机关和直属事业单位案件7起，共涉及6名司局级干部，3名处级干部，1名科级干部。部党组对违纪违法人员分别作出党纪、政纪处理，并进行了通报。严格落实党风廉政建设责任制，针对第二次土地调查中发现的严重违纪违法问题，部党组对有关负责人实施了问责。

（四）持续推进作风建设和政风行风建设，着力提高国土资源管理能力和服务水平。部党组下发了推进作风建设常态化的意见。按照中央部署，深入开展“创先争优”活动，着力强党性、抓班子、带队伍、破两难，提升干部队伍的管理能力和服务水平。各地继续推进政风行风建设。北京局组织开展了对262个基层站所和服务窗口的民主评议。新疆厅把政风行风工作纳入责任制考核的重要内容。江西厅开展了建设“学习型、服务性、创新型、务实型、廉洁型”五型机关建设。山西厅建立了900多人的行风评议数据库。山东厅开展了廉政建设示范所活动。青岛局全年答复市民关心的问题和诉求2180余件。

各级国土资源部门高度重视维护群众合法权益工作。部下发了进一步做好征地管理工作的通知，去年共核查处理征收和征用拆迁中损害农民土地权益问题90多件。甘肃厅推行征地补偿“直通车”方式，并推行被征地农民参与社保，切实保障被征地农民合法权益。浙江厅开展了服务新农村建设的专项行动。

（五）认真落实《廉政准则》，促进党员领导干部廉洁自律。部机关举办了《中国共产党党员领导干部廉洁从政若干准则》专题学习辅导报告会，并结合典型案例开展了警示教育。部党组召开了以“贯彻落实《廉政准则》切实加强领导干部作风建设”为主题的民主生活会，制定了23条整改措施。中国地质调查局组织对局机关11个部室负责人和26个局属单位领导班子及112名领导干部落实党风廉政建设责任制进行考核，考核结果作为评优奖励的重要依据。

全系统不断加强廉政文化建设。河南厅开办廉政信息简报，开通手机廉政课堂，开辟廉政网络专栏，使党风廉政教育常态化。重庆局组织了“红歌唱响国土房管”文化活动，参与的干部职工达8000多人次，发送红色廉政短信3万余条。广东厅举办了“大地清风”国土资源系统先进事迹宣传活动。陕西厅推行干部任前廉政法规考试制度。

坚持勤俭节约，反对铺张浪费，着力抓好领导干部廉洁自律的各项工作。部继续开展制止公款出国（境）旅游专项工作，从严管理出国（境）考察团组，出国经费比上年减少了20%。严格控制一般性支出，部机关全年用电、油、水及通信费用支出比上年减少8.5%，庆典、论坛等费用比上年减少34.4%。继续深入清理“小金库”，向学会、协会延伸，共清理出“小金库”27个，涉及金额480多万元。基本完成对直属单位投资办企业的清理，共对84家企业履行了解散（撤资）等程序。

（六）突出重点部位和关键环节，强化对国土资源管理行政权力运行的监督制约。继续加强对重大决策、重要干部任免、重大项目安排和大额度资金使用的监督，强化对土地和矿业权审批、出让、执法监管等行政权力运行的监督制约，继续执行审批事项会审制度。持续开展内部审计工作，每两年对部直属预算单位轮审一遍。推行财务管理信息系统，实时在线监管。部率先在中央部门中公开财政预算，主动接受社会监督。

全系统认真落实党内监督条例，严格执行领导干部述职述廉、诫勉谈话等制度。2010年，部党组组织了对新任20多名局级领导干部的廉政谈话。继续完善巡视工作机构，推进巡视工作，分两批对部5个直属事业单位和3个派驻地方的国家土地督察局开展了巡视。

不断创新管理方式，注重运用科技手段强化监管。部机关继续推进门户网站建设，实行网上申报审批效能监督。建立了全国土地利用“一张图”和土地“批、供、用、补、查”综合电子信息监管平台。对矿业权和建设用地出让合同实行统一配号。创新执法监察和土地督察工作力度，通过卫片执法检查、在线督察等方式强化监管。天津局、湖北厅将行政审批事项申请、受理、审查、结果均纳入电子监察数据库。江苏厅实现了对厅机关所有网上运行的行政权力事项全程监控。辽宁厅在大连、抚顺市开展了国有建设用地使用权网上交易试点。

（七）继续深化改革，完善制度，探索建设具有国土资源部门特点的惩防体系。以提高审批效率为目标，以精简审批事项、下放审批权限为重点，持续推进审批制度改革。部机关进一步缩短用地报批周期，对于符合要求的1个月内完成审查。开展煤炭矿业权审批制度改革试点，探索建立紧缺矿种矿业权审批快速通道。进一步推进制度“立、改、废”，各地共废止或建议废止法规文件477件，部共清理规章和规范性文件 914 件。

全系统按照中央《实施纲要》和《工作规划》的总体部署，加快改革创新，着力构建具有部门特点的惩防体系。部开展了土地领域突出问题及治理、土地和矿产资源市场化配置现状及对策等研究。去年上半年，中央惩防体系领导小组对国土资源部惩治和预防腐败体系建设进行重点抽查，给予了充分肯定。

同志们，过去的一年，是不平凡的一年。在党中央、国务院和各级地方党委、政府的坚强领导下，各级国土资源部门积极适应经济社会发展需要，深化改革，锐意进取，攻坚克难，国土资源管理工作迈上了一个新台阶，为经济社会发展和社会和谐稳定作出了积极贡献，成绩来之不易；面对反腐倡廉建设的严峻形势和艰巨任务，各级国土资源部门进一步树立责任意识、主体意识和大局意识，勇于担当、主动作为、精心谋划，开创了新局面，取得了新成效，成绩来之不易。一年来，全系统积极拓展工作思路，及时总结了一些成功、有效的做法，概括起来，主要有五个方面：

一是在总体把握上，各级国土资源部门切实承担反腐倡廉建设的政治责任，把反腐倡廉建设作为推进国土资源管理改革发展的生命线，坚持惩防并举、注重预防的战略方针，以构建具有部门特点的惩防体系建设为重点，着力从源头上防治腐败。

二是在领导体制上，各级国土资源部门高度重视反腐倡廉工作，积极构建党组（党委）统一领导、主要领导负总责、班子成员分工负责、部门具体落实、纪检监察组织协调的领导体制和工作机制，为确保各项任务落实提供了重要的组织保障。

三是在工作布局上，各级国土资源部门坚持把权力监管的薄弱环节作为党风廉政建设的重点区位，超前谋划、主动作为，注重设计平台和抓手，突出工作的针对性和有效性，深化国土资源管理改革和制度创新，强化对权力运行的监督制约。

四是在推进落实上，各级国土资源部门坚持把反腐倡廉建设融入国土资源管理工作之中，与业务工作一起部署落实、一起检查考核，推动反腐倡廉建设与国土资源管理工作有机交融、深度融合，防止“两张皮”、克服“一般化”，呈现出抓党风促业务、抓业务树党风的良好态势。

五是在方式方法上，各级国土资源部门坚持改革创新、与时俱进，加强调查研究，及时分析研究新情况新问题，注重把握规律，着力从深层次上查找原因、寻求突破，取得新成效。

国土资源系统党风廉政建设虽然取得了积极成效，但我们也要清醒地认识到，当前我国正处于体制转轨时期，各方面的政策法规、体制机制还不完善，滋生腐败的土壤仍然存在，党风廉政建设仍面临不少新情况新问题。国土资源工作社会关联度高，涉土涉矿腐败案件成因复杂，国土资源领域反腐倡廉建设形势依然严峻，任务依然艰巨。

从我们系统自身看，当前反腐倡廉建设依然存在一些薄弱环节：一是有的领导干部对当前的严峻形势认识不足，工作落实不力，缺乏有效的措施；二是对一些重点部位和关键环节权力运行的监督还不到位，权力制约还存在一些漏洞；三是制度执行力不够，虽然建立了一批制度，但落实还不到位，有的甚至形同虚设；四是极个别地方和单位违法违纪案件易发高发，有的案件情节严重，涉案金额巨大，影响恶劣；五是党风廉政建设责任制落实不到位，一些地方纪检监察力量薄弱。对于这些问题，要引起高度重视，在今后工作中不断加以克服和改进。

二、2011年主要工作任务

2011年是深入贯彻落实党的十七届五中全会、中央纪委第六次全会、国务院第四次廉政工作会议精神，全面实施“十二五”规划的开局之年，是中国共产党成立90周年，也是全面落实《建立健全惩治和预防腐败体系2008—2012年工作规划》的关键一年。今年工作总的要求是：以邓小平理论和“三个代表”重要思想为指导，深入贯彻落实科学发展观，认真落实十七届中央纪委第六次全会和国务院廉政工作会议部署，坚持标本兼治、综合治理、惩防并举、注重预防的方针，深入贯彻以人为本、执政为民理念，以国土资源领域突出问题专项治理为契机，深入开展“两整治一改革”专项治理，认真执行党风廉政建设责任制，持续推进作风建设，加强以完善惩治和预防腐败体系为重点的反腐倡廉建设，着力解决群众反映强烈的突出问题，严格规范管理，深化改革创新，为顺利实施“十二五”规划、推进国土资源事业改革发展提供有力保障，以党风廉政建设和反腐败工作的新成效迎接建党 90 周年。

为此，全系统要坚持统筹兼顾，继续保持工作力度，整体推进反腐倡廉的长期性、基础性工作，同时集中力量解决国土资源部门反腐倡廉建设中的突出问题，积极构建具有国土资源部门特点的惩治和预防腐败体系。

第一，关于党风廉政建设和反腐败斗争的长期性、基础性工作，要着力抓好以下三个方面：

（一）严明党的政治纪律，加强监督检查，确保中央重大决策部署落到实处。学习好、贯彻好、落实好党的十七届五中全会、中央纪委第六次全会和国务院廉政工作会议精神，是当前和今后一个时期的重大政治任务。全系统要全面贯彻中央关于加强党的作风建设和反腐倡廉建设的新部署，结合国土资源管理实际，加强监督检查，确保中央提出的任务措施落到实处。要坚持把党的政治纪律摆在首位，坚决维护党的集中统一。要按照“十二五”规划和中央经济工作会议要求，认真落实国土资源工作会议各项部署，紧紧围绕加快经济发展方式转变的主攻方向和重点内容，加强对房地产调控、规范和节约用地、耕地保护等决策部署执行情况的监督检查。

（二）持续推进作风建设，进一步改善管理和服务，切实维护国土资源系统干部良好形象。以“创先争优”活动为契机，深入开展作风建设。各级国土资源管理部门领导班子、主要领导干部要率先垂范，大力弘扬密切联系群众的优良作风，增强广大干部贯彻执行群众路线的自觉性和坚定性。坚持领导干部定期接访制度，及时处理群众来信来访。进一步发挥基层联系点的作用，建立健全联系点交流制度，及时掌握并着力解决人民群众关心的国土资源热点难点问题。认真办好土地矿产法律服务热线和土地矿产违法举报热线。全面系统地掌握干部队伍的思想作风状况，及时发现和纠正党员干部在思想作风、学风、工作作风、领导作风和生活作风方面的突出问题。

大力弘扬求真务实的优良作风。要高度重视党性修养和实践锻炼，深入开展调查研究，着重克服官僚主义、形式主义、弄虚作假、心浮气躁等问题，认真开展批评与自我批评。坚持和完善民主生活会制度，坚决反对党内生活庸俗化。保持艰苦奋斗的作风，坚持勤俭节约，反对铺张浪费，严格执行中央厉行节约的有关要求。各级国土资源管理机关纪检监察部门要加强对领导干部作风建设情况的监督检查。

（三）整体推进反腐倡廉建设各项日常工作，建立完善惩治和预防腐败体系。强化教育和监督，确保行政权力规范运行。以理想信念教育和党性党风党纪教育为重点，深入开展示范教育、警示教育和岗位廉政教育，引导党员干部讲党性、重品行、作表率。认真组织开展廉政文化活动，推进廉政文化建设。

进一步加强对行政审批、资金管理、项目安排、干部人事任免等权力运行的监督，确保行政权力规范运行。严格实行接办分离、网上报批、联网审查、集体会审、限时办结、结果公开，接受社会监督。加强行政效能监察和绩效考核力度，推动提高办事效率。强化对行政执法权的监督，敢于碰硬，不怕得罪人，严格查处违法违规案件。强化干部人事管理的监督，大力推进干部人事制度改革。进一步提高巡视工作水平，充分运用巡视成果。加快建立财务电子监管系统，对大额资金管理、重大专项等实施在线全程监管，完善预算执行情况报告和通报制度，加强内部经济审计和离任经济审计制度。

严肃查处违法违纪案件，发挥查办案件的治本功能。全系统要始终保持查办案件的强劲势头，坚决惩治腐败。重点查处在土地使用权和矿业权审批过程中非法批准、低价出让等十类违法违纪案件。要高度重视加强对地市以下国土资源部门领导干部的管理，严格执行部党组五项先行免职的规定，对在整纪纠风中发现廉洁自律方面存在问题的，坚决从严查处。案件查办要坚决做到有案必查、有责必究，依规依法、快查快结。不断完善查处工作制度，建立健全发现、制止、查处、移送等各环节工作机制。及时分析研究案件暴露出的薄弱环节和制度缺陷，进一步完善管理，充分发挥查办案件的治本功能。

加大科技手段防腐力度，推行电子政务和信息公开，促进行政权力公开透明运行。全系统要认真学习推广上海市局“制度＋科技”等经验，加大科技手段预防腐败力度。持续加强国土资源综合监管平台建设，进一步健全完善全国国土资源利用“一张图”和土地“批、供、用、补、查”综合电子信息监管平台，实现建设用地全程动态网上监管。加快完善矿业权统一配号系统，逐步将矿产资源勘查开采纳入遥感监测范围，健全完善“天上看、地上查、网上管”的国土资源综合监管体系。坚定不移地推进国土资源系统政务信息公开，加大电子政务建设力度，迅速集成各地审批结果、供应计划、交易情况和违法案件等信息，公开发布并接受社会监督。

深入推进惩防体系建设，加强调查研究，切实提高新时期反腐倡廉建设能力和水平。全系统要坚持惩防体系建设与业务工作有机交融和深度结合，继续强化教育、制度、监督、改革、纠风、惩处等方面的研究探索，加快重点领域和关键环节改革，为落实中央《工作规划》，形成具有部门特色的惩防体系打下坚实基础。注重理论与实践的衔接，注重长短线结合，加强调查研究，不断总结推广基层经验，出实招、求实效。

第二，关于以“两整治一改革”专项治理为重点，集中力量解决一批反腐倡廉建设的突出问题，要着重在四个方面下功夫：

（一）持续开展好“两整治一改革”专项行动，着力解决国土资源管理和干部队伍中存在的问题，全面深化国土资源管理改革。“两整治一改革”专项行动是今年全系统党风廉政建设和反腐败工作的主线和重点。前不久，部召开了“两整治一改革”工作视频会议，全系统要更加认真、更加自觉、更加主动地开展好工作，落实好会议的各项部署。要进一步加强组织领导，各部门、各单位主要负责同志要亲自抓在手上，领导班子成员要按照责任分工，狠抓落实。要细化分解任务，排出时间表和阶段性目标，加强监督检查，推进工作落实。

要牢牢把握专项行动的重点任务。一是要深化廉政风险点排查和自查自纠，着力解决领导干部廉洁自律方面存在的突出问题；二是加快推进廉政风险防控机制建设；三是要加快建立统一规范的土地和矿业权交易市场，深化国有建设用地使用权和矿业权出让制度执行情况的清理，大力推进土地使用权、矿业权市场体系建设和信息公开、诚信体系建设；四是要深入开展工程建设领域突出问题专项治理；五是深化国土资源管理制度改革，切实解决制度、体制不完善，权力缺乏有效制约等问题；六是加大违纪违法案件的查处力度。同时，要把握专项行动契机，注重总结归纳提炼，正确把握国土资源系统反腐倡廉建设的特点和规律，切实提高工作水平。

（二）认真落实《廉政准则》，切实解决发生在群众身边的不廉洁问题。全系统要加大《廉政准则》的宣传学习力度，严格执行领导干部廉洁从政的各项规定。对照《廉政准则》和部党组五项先行免职规定，开展监督检查，对违反规定的坚决依法依规严肃处理。认真梳理筛选核查群众反映强烈的突出问题线索，公开查处一批、曝光一批损害群众利益的典型案件，警示和教育广大党员干部真正做到立党为公、执政为民。

全面落实《领导干部报告个人有关事项的规定》和《关于对配偶子女均已移居国（境）外的国家工作人员加强管理的暂行规定》。巩固党政机关厉行节约、制止奢侈浪费工作成果，建立禁止公款出国（境）旅游长效机制，严格公务接待经费预算管理，继续严格控制楼堂馆所建设。继续治理违反规定多占住房、买卖经济适用房或租赁廉租住房等保障性住房，利用职务之便接受可能影响公正执行公务的宴请以及旅游、健身、娱乐等活动安排，违反规定参与中介、评审等活动获取利益等问题。严肃查处领导干部以各种名义收送礼金、有价证券、支付凭证、商业预付卡的行为。

（三）围绕解决群众反映强烈的突出问题，深入开展专项治理，坚决纠正损害群众利益的不正之风。全系统要高度重视解决基层在征地补偿安置、土地流转、占补平衡、土地整治、涉法涉诉等方面存在的问题。抓紧研究修改《土地管理法》有关集体土地征收和补偿的规定。加快推进征地制度改革，加快建立科学完善的征地补偿机制。建立和完善土地征收协调监管机制，维护被征地农民的知情权、参与权和申诉权。坚决制止违法违规强征土地行为。积极稳妥推进农村集体土地产权制度改革，加快农村集体土地确权登记发证工作。推进集体建设用地管理制度改革试点，加强农村集体建设用地和宅基地管理。畅通信访渠道，落实领导干部定期接待群众制度。

着眼于集中解决一批突出问题，开展专项治理，切实维护国土资源管理部门良好形象。坚决遏制奢侈浪费和形式主义，继续严格控制和压缩行政经费，进一步削减“三公”支出，进一步削减会议和文件，继续深化行政经费管理改革，大力推进财政预算决算公开。巩固“小金库”专项治理成果，建立防治“小金库”长效机制。深入开展庆典、研讨会、论坛过多过滥问题的专项治理。加大治理力度，坚决纠正一些单位和部门不作为、慢作为问题，坚决惩处“吃拿卡要”问题。

（四）严格落实党风廉政建设责任制，加大问责力度，以反腐倡廉建设的实际成效取信于民。认真贯彻落实新修订的《关于实行党风廉政建设责任制的规定》，不断完善党风廉政建设领导体制和工作机制。领导班子主要负责人要认真履行第一责任人的职责，重要工作亲自部署、重大问题亲自过问、重点环节亲自协调、重要案件亲自督办。领导班子成员要按照分工，对职责范围内的党风廉政建设负主要领导责任。纪检监察部门要认真履行组织协调职责，积极协助做好责任分解和检查考核。

进一步加大责任追究力度。按照党风廉政责任制和行政问责的有关规定，对腐败案件多发频发、造成严重后果和恶劣影响的单位和部门，对主要责任人要实施问责。对在本地区国土资源部门行风评议中评价较差、排名靠后的，上一级国土资源部门党组（党委）要约谈单位主要负责人。对问题较多又不能及时整改纠正的，由国土资源部门会同纪检监察机关和组织部门，按照干部管理权限提出调整的意见和建议。

各级国土资源部门的纪检监察干部是党的干部队伍的重要组成部分，承担着推进党风廉政建设和反腐败斗争、为国土资源事业改革和发展提供政治保障的重要职责。这些年大家做了大量卓有成效的工作，发挥了重要作用。面对新形势新任务，要自觉加强政治理论学习和业务知识学习，不断提高思想素质和业务水平。要坚持围绕中心、服务大局，认真履行纪检监察工作职责，为国土资源事业改革发展提供有力支撑。

同志们，当前国土资源管理深化改革的任务十分繁重，反腐倡廉建设的各项任务十分繁重。各级国土资源部门要坚持两手抓、两手都要硬，加大工作力度，狠抓工作落实，推进国土资源系统反腐倡廉建设取得新成效，为国土资源管理事业的改革发展提供有力的政治保障。

深入推进党风廉政建设和反腐败工作
为国土资源事业改革发展提供坚强保障

——王寿祥同志在全国国土资源系统
党风廉政建设工作会议上的报告

（内情通报2012年第7期）

同志们：

我代表部党组，就国土资源系统党风廉政建设和反腐败工作报告如下：

一、2011年工作回顾

2011年，是国土资源事业改革发展取得重要进展、各项工作取得重要成果的一年，也是国土资源系统党风廉政建设和反腐败工作取得明显成效的一年。部党组坚持把党风廉政建设作为国土资源事业发展的生命线，摆在更加突出位置，徐绍史部长就反腐倡廉建设亲自主持研究部署，每月听取一次专题汇报。部党组成员责任分工明确，狠抓工作落实。一年来，各级国土资源部门认真贯彻党的十七大和十七届历次全会及中央领导同志三次重要讲话精神，全面落实中央纪委第六次全会和国务院廉政工作会议部署，以“两整治一改革”专项行动为平台，着力解决突出问题，着力深化管理改革，着力推进反腐倡廉建设。经过全系统的共同努力，广大党员干部廉洁从政意识进一步增强，行政权力运行监督机制进一步健全，管理制度不断完善，违纪违法案件易发多发的势头得到了有效遏制，行风政风评议名次总体上升，专项治理阶段性目标基本实现，为国土资源事业改革发展提供了有力保障。具体表现在以下几个方面。

第一，着力维护政令畅通，中央关于国土资源管理的重大决策部署得到深入贯彻落实。各级国土资源部门围绕科学发展这个主题和加快转变经济发展方式这条主线，全面落实中央关于国土资源管理的一系列重大决策部署。各地开展了对中央加强和改善宏观调控、房地产市场调控、耕地保护、规范和节约用地、保障和改善民生等重大决策部署执行情况的监督检查。按照中央统一部署，部领导带队就加快转变经济发展方式、节约集约用地、保障性安居工程等项目进行了督促检查。国土资源部会同有关部门开展耕地保护责任目标考核。围绕推进“双保工程”，开展土地督察、卫片执法检查、城乡建设用地增减挂钩清理检查等工作。对土地违法问题突出的地方实施了严格的责任追究。

第二，着力强化反腐倡廉教育，干部队伍作风建设取得重要进展。部机关通过举办国土资源学习大讲堂，全系统33万人次接受了廉洁从政视频教育；通过集中整训，全国427名地（市）国土资源局长接受了廉洁从政集中教育；通过常态化培训班，4000多名市县国土资源领导干部接受了党风廉政专题教育。各地教育形式丰富多样。广东省厅打造“大地清风”廉政文化建设品牌，切实增强反腐倡廉教育的思想渗透力。河南省厅开展廉洁从政学习月活动，组织县市区局主要负责人集中整训507人、培训人员10300人次。广西壮族自治区厅和浙江省厅突出先进典型的培树和学习宣传工作，分别培养和树立了全国模范国土资源所所长韦寿增、第七地质大队等先进典型，在全国引起反响。

全系统持续推进作风建设。部机关开展了以“强党性、抓班子、带队伍、破两难”为主题的创先争优活动。江西省厅以治庸、治懒、治散为重点，切实纠正政风行风建设中存在的问题。山东省厅开展了“创先争优，争做齐鲁先锋”等多项主题活动。北京市局聘请了23名社会监督员，设立了58部行政服务电话，推动改进政风行风。成都市局向社会发放政风行风调查问卷1800份，反馈满意度达98%。

第三，着力加强监督，行政权力运行得到进一步规范。部机关和直属单位开展了贯彻执行《廉政准则》情况的专项检查。部机关建立了处级以上干部廉政档案。严格执行领导干部个人重大事项报告制度。各地对照《廉政准则》开展自查自纠，山西省国土资源系统查摆纠正问题780余条。重庆市局开展“三项治理”，干部廉洁从政意识进一步增强。

国土资源部党组连续4年对部机关和直属单位开展巡视工作，已组织9批对41个司局级单位的巡视，并逐步探索建立具有部门特点的巡视工作机制。全系统继续强化对重大决策、重要干部任免、重大项目安排和大额度资金使用的监督。加强预算和财务审计监督，部机关建立了财务监管电子信息系统，对大额资金支付、对外投资等重点业务实施全程在线监管。严格实行土地和矿业权审批会审制度，积极推动土地使用权证、探矿权采矿权证全国统一编码，向全社会公开提供查询核对，主动接受监督。中国地质调查局全面加强项目和资金管理，实行项目承担单位公示制度，不断完善监管机制。上海市不断巩固和完善精细化管理，利用“制度+科技”手段，建立行政权力运行监管平台。江苏省厅审核认定并向社会公布行政权力154项，35项权力事项通过56个电子流程在网上运行，主动接受社会监督。

第四，着力开展专项治理，群众合法权益得到有效维护。坚决纠正征地中损害群众利益的不正之风。国土资源部门严把征地补偿安置关，对补偿标准偏低、安置途径单一、社会保障措施不落实、存在征地信访问题的，一律不通过用地审查。目前，全国已有29个省份公布实施了新的征地补偿标准，补偿水平普遍提高30%以上。认真落实国务院关于开展专项检查的通知要求，国土资源部会同有关部门对12个省份的征地拆迁制度规定落实情况进行了督促检查。针对一些地方发生的征地拆迁暴力冲突事件，部下发了关于切实做好征地拆迁管理工作的紧急通知，各地坚决制止和防范暴力征地拆迁行为。

加大专项治理力度。部机关开展了公务用车情况的清理，对各单位公务用车使用管理情况和制度建设情况进行了检查。各地积极开展清理规范庆典、研讨会、论坛活动，继续深化公款出国(境) 旅游专项治理。继续深入开展清理“小金库”专项治理，针对专项治理过程中暴露的薄弱环节和漏洞，出台了一批管理制度和防治措施。部对直属单位投资办企业情况进行了全面清理，撤销了 88 个，对保留的进一步明确了产权关系和管理责任。

第五，着力严肃查处违纪违法案件，查办案件的治本功能得到进一步发挥。2011 年，国土资源部会同监察部对 36 起非法占地案件挂牌督办，公开通报了 42 起违法案件查处结果。积极配合国务院纠风办、监察部，对 11 起社会影响重大的强拆事件进行了查处。

全系统进一步加大案件查办力度，严肃查处党员领导干部违纪违法问题。2011 年，全系统纪检监察部门共受理信访举报 3187 件，比去年同期下降 14%。全系统受处理违纪违法人员总数为 390 人，比去年同期下降 44%，其中组织处理 14 人；党政纪处理 270 人，其中追究刑事责任 106 人。部机关和直属单位受党纪政纪处分 11 人，其中追究刑事责任 3 人。

第六，着力深化改革和制度创新，从源头上防治腐败工作取得明显成效。加快推进土地和矿业权市场建设，部及时总结和指导地方加快建立网上交易和监管系统，先后召开了国有土地使用权和矿业权网上交易推进会、网上交易现场会，对在全国范围内加快推进网上交易作出部署。目前，各地网上交易和监管系统建设取得积极进展。宁夏回族自治区已建成省级土地和矿业权交易中心，并实现网上交易和监管。天津市局已建成国有建设用地使用权网上交易和监管系统，在全市 14 个区县局设立交易分市场，实现全覆盖。河北省邯郸市、湖南省长沙市等 17 个地市已建立并运行网上交易和监管系统。辽宁省建立了 14 个市级土地使用权网上交易平台。全国已建成省和地市级网上交易和监管系统62个，在建87个。31个省区市建立了省级矿业权有形市场，239个地市建立了矿业权交易机构。

继续推进审批制度改革，部机关先后取消了七成的行政审批事项，目前保留15项。加强制度“立、改、废”工作，围绕完善防止利益冲突制度，对建部以来的1414件现行有效规章及规范性文件进行了梳理，对1200多项内部工作制度进行了清理。

廉政风险防控机制建设步伐加快。部党组坚持抓机关带系统，以系统促领域，部机关认真开展廉政专项行动，查突出问题、查不廉洁行为、查岗位风险点，共查出廉政风险突出问题497个，制定防范措施407条。全系统以规范权力运行为重点，针对重点环节、关键部位，共查找廉政风险点3664个，制定廉政风险防控措施7469条，提出建立和完善制度的建议1054条。各级领导班子成员对廉政风险点和防控措施进行了公示，一些单位主动报上级纪检监察部门备案。部党组下发了《关于建立健全国土资源管理廉政风险防控机制的指导意见》，明确提出在廉政风险教育、行政权力监督制约等六个方面建立廉政风险防控机制。国家土地督察机构在例行督察中探索交叉验收和会审机制，有效防范了验收环节的廉政风险。湖北省出台了配套办法，形成了廉政风险防控“1+3”制度体系。海南省厅制定了《国土资源系统工作人员廉洁从政“九项杜绝”》等11项廉政风险防控制度。

第七，着力探索把握规律，具有国土资源部门特点的惩防体系框架初步形成。全系统始终把惩防体系建设作为重要政治责任，采取细化分工、落实责任、跟踪督促等措施，把惩防体系建设工作与国土资源管理有机交融、深度结合，从教育、制度、监督、改革、纠风、惩处等方面，全面落实惩防体系建设各项任务。部机关和各地国土资源部门积极探索总结惩防体系建设工作经验和“两整治一改革”开展以来取得的工作成果、制度成果、理论成果，形成了150多篇调研报告和一批研究成果。

我们欣慰地看到，自2010年8月部署开展“两整治一改革”专项行动以来，经过全系统的共同努力，初步实现了部党组提出的预期目标，“两整治一改革”工作已经成为强化队伍作风和廉政建设、规范权力运行、促进业务发展的重要平台，为国土资源管理事业发展起到了重要推动作用。关于“两整治一改革”工作下一步任务，部党组春节过后还要专门召开会议作出部署。

经过几年来的实践探索，当前，国土资源系统党风廉政建设和反腐败工作布局更加合理，制度更加完善，力度不断加大，形成了具有国土资源部门特点的党风廉政建设工作思路和做法。归纳起来有六个方面：

——坚持把党风廉政建设作为国土资源事业发展的保障和生命线，摆在更加突出的位置来抓，形成了主要领导带头、党政齐抓共管、纪检监察组织协调、干部职工广泛参与的良好局面；

——坚持把党风廉政建设和业务管理工作有机交融和深度结合，业务工作部署到哪里，党风廉政建设工作就延伸到哪里，与业务工作同部署、同检查、同考核；

——坚持把行政权力监管的薄弱环节作为党风廉政建设的重点区位，在监督对象、监督内容、监督方式上科学把握，积极构建具有部门特点的监督工作布局；

——坚持运用“制度+科技”手段提高预防腐败的效能和水平，着力推进行政权力公开透明运行，着力提高监管效能，充分发挥科技手段在前移廉政关口中的基础作用；

——坚持把廉政风险防范管理作为党风廉政建设的重要抓手，有效克服行政业务与党风廉政建设工作“两张皮”的问题，提高廉政风险防范能力；

——坚持抓机关带系统、以系统促领域，发挥机关的带头和表率作用，通过机关带动全系统反腐倡廉建设，在国土资源领域党风廉政建设和反腐败工作中，国土资源系统广大党员干部积极树立了责任意识、主体意识、大局意识。

我们感到，这六个“坚持”既是我们工作的基本经验，也是需要长期坚持的基本做法。

同志们，我们的工作虽然取得了明显成效，但也要清醒地认识到，在世情、国情、党情发生深刻变化的新形势下，我们党面临的风险与考验是长期的、复杂的、严峻的，落实党要管党、从严治党的任务比以往任何时候都更为繁重、更为迫切。从国土资源部门工作实际看，随着经济社会持续快速发展，资源供需矛盾突出的现状不会在短期内根本改变，围绕国土资源管理的权力腐蚀和滋生腐败的土壤短期内也难以得到根除。国土资源系统广大党员领导干部面临的廉政风险与考验将是长期的，党风廉政建设和反腐败工作任务将是长期的，我们绝不能有丝毫的松懈。各级国土资源部门必须深刻认识到，国土资源系统反腐倡廉建设形势依然严峻，任务十分艰巨，要坚定不移地推进党风廉政建设和反腐败工作。

二、2012 年主要工作任务

2012 年是国土资源事业继续深化改革、强化管理的重要一年，国土资源管理任务十分繁重，反腐倡廉建设任务十分繁重。总体要求是：深入贯彻党的十七大和十七届三中、四中、五中、六中全会精神，认真落实十七届中央纪委第七次全会部署，高举中国特色社会主义伟大旗帜，以邓小平理论和“三个代表”重要思想为指导，深入贯彻落实科学发展观，紧紧围绕国土资源管理改革发展的中心任务，坚持标本兼治、综合治理、惩防并举、注重预防的方针，严明纪律，加强作风建设，巩固深化“两整治一改革”专项工作，着力解决突出问题，建立健全廉政风险防控机制，严肃查办违纪违法案件，深入推进具有国土资源部门特色的惩治和预防腐败体系建设，不断取得党风廉政建设和反腐败工作新成效。重点做好五个方面工作：

第一，严明党的纪律，加强监督检查，确保中央关于国土资源管理重大决策部署的贯彻落实。各级国土资源部门要把严明党的政治纪律作为贯彻执行党风廉政建设责任制的重要内容，坚决维护党的团结统一。纪检监察机关要加强对党的政治纪律执行情况的监督检查。严格执行组织人事纪律，加强对干部选拔任用全过程的监督。围绕贯彻实施“十二五”规划和中央经济工作会议精神，进一步加强对中央关于国土资源管理重大决策部署执行情况的监督检查，重点开展对中央关于加强和改善宏观调控、保障性住房、土地和矿业权市场建设、耕地保护、节约集约用地等政策措施落实情况的监督检查。严格责任追究，坚决纠正有令不行、有禁不止行为，确保中央关于国土资源管理重大决策部署落到实处。

第二，强化教育和监督，促进领导干部廉洁自律。各地要紧紧围绕社会主义核心价值体系，深入开展理想信念教育、党性党风党纪教育和职业道德教育，促使党员干部树立正确的世界观、人生观、价值观和权力观、地位观、利益观。落实党的十七届六中全会精神，组织开展以“廉洁国土”为主题的廉政文化创建活动。大力挖掘和培育先进典型，充分发挥典型示范和引领作用，营造廉洁从政的良好氛围。

贯彻执行党内监督条例，加强对各级领导干部的监督，认真执行领导干部述职述廉、诫勉谈话、函询、质询等党内监督制度。加强对“三重一大”的监督，强化对重点岗位、关键环节的监督。深入推进巡视工作。突出监督重点，加强对预算管理、项目管理、资金使用的监督，加强对学会、协会、基金会资金管理的监督。深入开展执法监察、廉政监察、效能监察，进一步做好绩效管理工作。

深入治理党员领导干部在廉洁自律方面存在的突出问题，全面落实《中国共产党党员领导干部廉洁从政若干准则》。认真执行《关于领导干部报告个人有关事项的规定》和《关于对配偶子女均已移居国（境）外的国家工作人员加强管理的暂行规定》等制度。进一步整治领导干部违规收受礼金、有价证券、支付凭证、商业预付卡问题，治理多占住房、违规买卖经济适用房或廉租住房等保障性住房问题，治理违规放贷以及利用职权委托理财等形式谋取不正当利益等问题。严禁参加用公款支付的高尔夫等高消费活动。落实领导干部离职或退（离）休后从业有关规定。严格遵守公务员津贴补贴的有关规定。

第三，深入开展专项治理，抓好作风建设，切实解决人民群众反映强烈的突出问题。认真落实中央关于2012年工程建设领域突出问题专项治理工作部署，着力推进国土资源领域项目信息公开和诚信体系建设，抓好国土资源领域项目决策、招标投标、土地出让、资金管理等重点环节治理。继续深化国土资源领域腐败问题专项治理工作，进一步推进国土资源管理改革，加强廉政风险防控管理，落实廉政风险防控责任，巩固提高"两整治一改革"工作成果。

要切实加强领导机关和领导干部作风建设。严格执行中央厉行节约的有关文件精神。认真落实中央关于加强和创新社会管理的要求，督促落实领导干部基层调研、定期接访等制度。坚决克服官僚主义、形式主义、弄虚作假、心浮气躁等不良风气。认真治理庸懒散问题，严肃处理不作为、乱作为等行为。继续落实部党组"五项规定"，切实解决党员领导干部在思想作风、工作作风、生活作风等方面存在的突出问题。

坚决纠正征地中损害群众利益的不正之风。严格执行征地补偿有关规定，强化对征地拆迁的监管，坚决制止违法违规强制征地拆迁行为。积极推进征地制度改革，加快相关法律法规修订，形成集体土地房屋拆迁补偿安置的法律约束和政策规范，确保被征地农民生活水平不降低、长远生计有保障，建立和谐征地拆迁的长效机制。

按照中央要求，深化庆典、研讨会、论坛过多过滥问题专项治理，加强对举办节庆活动及社会组织举办研讨会论坛活动的管理，完善制度规定，坚决制止或取消增加基层负担、形式重于内容的活动。经过批准举办的活动要严格控制规模，厉行节约。严格控制"三公"经费预算规模，从严控制楼堂馆所建设。深化公务用车专项治理，完善和落实公务用车编制管理、购置审批、经费预算管理等制度。规范执法用车，加强对越野车配备、使用的管理。抓好对违规车辆的纠正处理，减少公务用车总量。继续贯彻落实因公出国（境）管理制度。巩固"小金库"专项治理成果，建立健全长效机制。

第四，深化改革和制度创新，持续推进惩防体系建设。深化国土资源行政审批制度改革，推进行政法规和规范性文件的“立、改、废”，进一步清理、减少和调整行政审批事项。充分运用“制度+科技”手段，推进政务公开，抓好土地和矿业权出让网上交易试点工作总结，扎实推进土地和矿业权出让网上交易和监管。健全网上交易、全程公开、全面监管、及时查处、社会监督的综合监管体系。积极推进有条件的地方土地和矿业权出让纳入公共资源交易平台。

全面落实好部党组关于推进国土资源管理廉政风险防控机制建设的指导性意见，进一步健全完善市场配置、管理创新、行政权力监督制约、廉政风险预警、廉政风险教育和责任追究等六个方面机制建设，加快构建具有国土资源部门特点的惩防体系。

第五，坚决查处违纪违法案件，严肃党纪政纪。继续保持查办案件的力度，以严肃查处发生在土地和矿产资源管理领域的案件为重点，严肃查办官商勾结、权钱交易和严重损害群众利益的案件。严厉惩处利用审批权、执法权、督察权、项目管理权、大额资金支配权谋取非法利益的行为。严肃查办土地及矿业权市场交易和项目管理中徇私舞弊的案件。严肃查办领导干部违规违法收受财物、经商办企业、干预市场交易活动、公款出国（境）旅游等案件。严肃查办国土资源管理中的商业贿赂案件。进一步加强和改进信访举报、案件审理和管理工作，认真执行重大案件报告制度。

全系统各级纪检监察部门要按照中央关于反腐倡廉建设的各项部署和要求，进一步增强抓好纪检监察工作的政治责任感和工作紧迫感，认真履行职责，加强监督检查，推动落实好全年各项任务。

同志们，深入推进反腐倡廉建设，使命光荣，任务艰巨，责任重大。让我们更加紧密的团结在以胡锦涛为总书记的党中央周围，围绕国土资源管理的中心任务，真抓实干，狠抓落实，不断取得党风廉政建设和反腐败工作的新成效，为国土资源事业改革发展提供坚强政治保障。

王寿祥同志在惩防体系建设工作座谈会上的汇报

（2008年2月2日）

制定并实施《工作规划》，是落实《实施纲要》、深入推进全党反腐倡廉建设的重要举措。国土资源部党组对这项工作高度重视，去年我部先后两次按照中央纪委的要求，结合国土资源管理工作实际，对《工作规划》提出修改建议。我们感到，这次的修改稿，充分体现了深入贯彻党的十七大精神，以及中央纪委第二次全会对当前和今后一个时期反腐倡廉建设的总体部署和要求，紧紧围绕当前经济社会发展所面临的形势和任务，对今后五年惩治和预防腐败体系建设作出全面规划，体现出科学性、整体性、系统性和前瞻性，内容更加完善和成熟，具有很强的指导性和可操作性，必将发挥重要作用，有效推进反腐倡廉建设。对于这个《工作规划》，我们完全拥护。下面，我就落实《工作规划》谈几点认识。

一、增强落实《工作规划》的责任感和紧迫感

当前，我国经济社会正处在快速发展时期，资源供需矛盾相当突出。城市建设用地、农村集体土地流转和农用地征收征用、矿产资源开

发中的利益诉求和矛盾凸显。“以租代征”、“未批先用”等各类违规违法占用耕地行为屡禁不止。乱采滥挖矿产资源等违法违规现象还没有完全根除。国土资源系统在土地矿产执法、审批出让、项目发包等环节违法违纪案件还不断发生，严格依法依纪查处的任务还十分繁重。国土资源管理工作面临的保护与保障的形势依然严峻。在国土资源管理事业改革发展的关键时期，中央纪委制定《工作规划》，这不仅是国土资源系统反腐倡廉建设的需要，也是国土资源管理工作中落实科学发展观，实施严格保护、科学管理利用和加强系统党员干部队伍建设不可或缺的重要组成部分。因此，实施《工作规划》，对于国土资源管理部门十分重要和紧迫，我们一定要以高度的政治责任感切实抓好贯彻落实。

二、落实《工作规划》，努力构建保护资源促进科学发展的有效机制

一是严格建设用地审批，深化征地制度改革。调整报国务院批准单独选址建设项目用地审批方式，进一步改进城市建设用地审查报批工作。紧紧围绕坚守18亿亩耕地红线的目标，严格落实土地用途管制制度，严格执行土地利用总体规划和年度计划，严格新增建设用地审批，从严控制工业用地，保障民生用地供应。继续推进征地制度改革，完善征地补偿标准，规范征地程序，深化征地制度改革试点，建立和完善维护被征地农民土地合法权益的长效机制。严格落实征地补偿安置的各项政策，积极配合有关部门拓宽征地安置途径，推进建立被征地农民社会保障制度。

二是充分发挥市场配置资源的基础性作用，全面推进国土资源要素市场建设。全面落实经营性用地、工业用地招标拍卖挂牌出让制度。严格实施工业用地最低价标准，适时调整修订土地等别，发挥地价形成机制对土地优化配置的积极作用。深化土地有偿使用制度改革，进一步提高市场配置土地资源的比重，加快推进经营性基础设施用地的市场化配

置，对国家机关办公用地、交通能源水利等基础设施用地及各类社会事业用地，积极探索实行有偿使用的办法。全面推进矿产资源有偿使用制度改革，出台加强探矿权、采矿权管理的政策和国家出资形成的矿业权处置办法，推进矿业权市场建设。

三是加大国土资源执法监管力度，严肃查处违规违法行为。继续抓紧全国土地执法“百日行动”清理出的违规违法问题的查处整改，巩固成果。构建统一的土地监管平台，切实加强土地批后监管，利用卫星遥感技术、巡查、督察等各种手段，建立早发现、早报告、早纠正的工作机制。建立与人民法院、人民检察院、公安和监察机关协作配合的工作机制。积极配合监察部修订并严格执行《违反土地管理规定行为处分办法》，加大对重大典型案件联合处理和责任追究的力度。加强农村集体建设用地管理，坚决刹住“以租代征”等乱占滥用农用地之风。针对影响耕地保护和土地宏观调控政策落实等突出问题，继续开展各类专项督察。组织开展整顿规范矿产秩序工作“回头看”，切实解决好无证勘查开采、超层越界开采、非法转让矿业权、污染破坏矿山地质环境等违规违法问题。

四是大力推进政务公开，强化对权力运行的监督。健全和完善行政权力公开运行制度。健全和完善土地审批监管、土地市场动态监测、执法监察、矿业权管理等信息系统，推进“金土工程”。加强部政务大厅和门户网站建设。进一步强化对领导干部以及国土资源管理重点环节、重点部位的监督。继续开展对部机关及直属单位的巡视工作，总结经验，提高巡视工作的针对性和有效性。加强队伍作风建设，今年在全系统开展以依法行政、廉政勤政、效能建设为重点内容的“作风建设年”活动。

五是保持查办案件的力度，严肃惩处腐败行为。以查处发生在国土资源管理部门和领导干部中的违法违纪案件为重点，严肃查处通过非法批地、批矿，低价出让土地、矿产资源或擅自变更规划获取利益的案件；严肃查处在国土资源管理中滥用权力、失职渎职，违规发放土地使用权证，造成资源性资产严重流失的案件；严肃查处土地出让、土地和矿产资源评估、项目发包中的商业贿赂案件。要深入查找隐藏在土地、矿产违法案件背后的腐败问题，加大责任追究的力度。

三、落实《工作规划》的初步打算

我们要认真贯彻落实何勇同志的重要讲话精神和这次会议的要求，切实加强领导，有计划、有步骤地推进《工作规划》的落实工作。

一是成立国土资源部反腐倡廉协调小组，全面领导国土资源系统反腐倡廉建设和贯彻落实《工作规划》工作。《工作规划》正式印发后，反腐倡廉协调小组要进行认真学习和研究，对贯彻落实工作作出部署，提出要求。

二是作为中央纪委惩防体系建设联系点，去年，我们已经初步提出了国土资源部惩防体系建设2008—2012年工作规划。中央纪委的《工作规划》印发后，我们要进一步修改和完善，并积极采取措施，狠抓落实。

三是召开国土资源系统党风廉政建设工作会议，把贯彻落实这次会议精神，同贯彻落实中央纪委第二次全会精神和国务院廉政工作会议精神结合起来，同抓好国土资源管理中心工作结合起来，同部署今年及今后五年国土资源系统反腐倡廉建设工作结合起来，进行一次全面的动员和部署。

四是今年适时召开一次贯彻落实《工作规划》的专题研讨班，在深刻领会《工作规划》精神的基础上，指导各省、区、市国土资源部门制定好《工作规划》。

关于内容修改，建议在第8页第2自然段第七行《中华人民共和国土地管理法》之后增加《中华人民共和国矿产资源法》。国土资源部已组织专人开展修法工作。这将对于矿产资源管理领域从源头上预防腐败发挥重要作用。

以上汇报，请领导和同志们批评指正。

王寿祥同志在中央纪委贯彻落实《工作规划》座谈会上的发言

（2008 年 5 月 7 日）

根据会议要求，我就如何抓好《建立健全惩治和预防腐败体系 2008—2012 年工作规划》的贯彻落实汇报如下：

一、对《工作规划》的几点认识

《工作规划》的制定和实施，是加强党的建设的一件大事，对于今后五年加强以完善惩防体系为重点的反腐倡廉建设，必将起到重要的指导作用，我们感到意义重大。

一是《工作规划》深入贯彻了党的十七大精神。党的十七大报告对反腐倡廉建设的指导原则、工作方针提出了明确要求。《工作规划》通篇贯穿了更加注重治本、更加注重预防、更加注重制度建设的总体要求，以注重预防、重在建设的思路和举措，把惩治和预防、教育和监督、改革与完善法律制度有机结合起来，形成了今后五年惩防体系建设的总体框架，具有科学性、整体性和前瞻性，是贯彻党的十七大精神、深入推进反腐倡廉建设的重要指导性文件。

二是《工作规划》紧紧抓住了经济社会发展进程中反腐倡廉的重大

问题。当前，我国已进入改革发展关键阶段，党风廉政建设和反腐败斗争面临许多新情况新问题。《工作规划》适应形势发展的需要，紧紧围绕党和国家的中心工作，坚持服务大局，贯彻了中央在反腐倡廉方面提出的新观点、新部署、新任务，针对妨碍科学发展、影响社会和谐的突出问题和群众反映强烈的热点问题，以领导干部为重点，以规范和制约权力为核心，作出了全面部署，体现了与时俱进的精神，具有十分重要的现实意义。

三是《工作规划》是《实施纲要》的深化和发展。《工作规划》源于《实施纲要》，既符合《实施纲要》的总体要求，又提出了五年的阶段性目标，还明确了新时期各部门的重点任务；既立足当前，又着眼长远，是《实施纲要》的深化和发展。《工作规划》深刻认识和把握新形势下反腐倡廉建设的特点和规律，具有较强的实践性、创造性和可操作性。

四是《工作规划》对于推进国土资源管理改革和发展具有重要意义。国土资源管理正处于深化改革、加快发展的重要时期，保障与保护面临的形势十分严峻。城市建设用地、农村土地征收征用、矿产资源开发中的利益诉求和矛盾凸显，国土资源管理不适合、不适应经济社会发展要求的问题日益显现，深化改革、保障科学发展的任务十分繁重。《工作规划》明确了国土资源部门的任务，这些任务都是国土资源管理中迫切需要解决的重大问题，这对于推进国土资源系统反腐倡廉建设，对于推进国土资源行政管理改革，必将发挥重要作用。

二、落实《工作规划》的重点任务

《工作规划》明确了国土资源部门七个方面的重点工作。我们初步考虑，落实《工作规划》要坚持“两个突出”：突出中央《工作规划》的总体要求，突出国土资源部门的重点任务；坚持“两个体现”：体现国土资源部门深化改革、制度创新的特点，体现国土资源系统惩防体系建设的特色；坚持“两个结合”：把贯彻落实《工作规划》和落实中纪委二次全会的部署结合起来，把完成阶段性任务与实现五年总体目标结合起来。在制定实施意见中突出以下几个方面：

一是把落实科学发展观的监督检查作为首要任务。我们将把开展对国土资源系统贯彻落实科学发展观情况的监督检查，作为维护党的政治纪律的一项重要任务。紧紧围绕中央关于国土资源管理参与宏观调控、严格耕地保护、节约集约用地、维护农民利益等方面，加大监督检查，坚决纠正有令不行、有禁不止的现象。进一步强化对国土资源部门行使权力、履行职责、执法程序的监督，坚决纠正和查处有法不依、执法不严的行为。我们将把这些工作作为贯彻落实《工作规划》的首要任务。

二是把进一步推进市场配置资源作为重点内容。继续完善土地出让制度，进一步发挥市场配置土地资源的基础性作用。全面落实经营性用地、工业用地招标拍卖挂牌出让制度，发挥地价机制对土地优化配置的积极作用。深化土地使用制度改革，逐步缩小划拨用地范围，探索对国家机关办公用地、交通能源水利等基础设施用地、城市基础设施用地以及各类社会事业用地，实行有偿使用的办法。全面推进矿产资源有偿使用制度改革，落实探矿权、采矿权招标拍卖挂牌出让制度，积极推进矿业权市场建设。

三是把推进土地和矿产资源管理制度创新作为重点内容。在土地管理方面，完善土地利用规划、计划管理，强化用途管制制度；探索改革土地管理的城乡二元体制，从法律上进一步明确农村土地的产权代表；完善土地登记制度，探索建立以土地为核心的不动产登记制度。在矿产资源管理方面，坚持节约资源、保护环境的基本国策，强化矿产资源的集中统一管理；按照物权法的要求，确立探矿权、采矿权用益物权的管理制度；坚持市场化改革的原则，全面推进矿产资源有偿使用制度。

四是把切实维护被征地群众的利益作为重点内容。严格控制征地规模，严格农用地转用审批，严格禁止“以租代征”使用农村集体土地，严格落实征地补偿安置各项政策。继续深化征地制度改革试点，完善土地征收程序和补偿机制，改革农用地转用审批与土地征收审批，注重运用经济手段，加大对耕地特别是基本农田的保护力度，规范农村土地承包经营权和集体建设用地使用权流转，落实征地补偿安置争议协调裁决制度，建立和完善维护被征地农民合法权益的长效机制。

五是把强化对权力运行的监督作为重点内容。全面推进行政权力公开透明运行体系，使对权力的监督更加有力、有效，确保权力规范运行。全面落实政务信息公开条例，推进政务公开、信息公开，全面实施电子政务，实现网上申报、审批和效能监察。充分运用科技手段，建立对土地和矿产违纪违法案件早发现、早报告、早纠正的工作机制。配合国家预防腐败局建立土地和矿产领域预防腐败的信息沟通机制。进一步规范和完善财务管理，切实将国有土地使用权出让收入纳入基金预算管理，强化对重大项目安排和大额度资金使用的监督。

六是把严肃惩处腐败行为作为重点内容。继续加大土地和矿产资源执法监察的力度，深入查找隐藏在土地、矿产违法案件背后的腐败问题。重点查处通过非法批地、批矿，低价出让土地、矿产资源或擅自变更规划获取利益的案件；查处在国土资源管理中滥用权力、失职渎职、造成资源性资产严重流失的案件；查处土地、矿业权出让环节的商业贿赂案件。对国土资源管理部门和领导干部违纪违法问题，加大责任追究的力度。

三、落实《工作规划》的初步打算

《工作规划》印发后，我们将把贯彻落实好《工作规划》作为一项重要任务，紧密结合国土资源部门实际，精心组织，做好协调，积极协助部党组作出全面安排，全力推进这项工作。初步考虑，近期做好以下几项工作。

第一，认真学习贯彻《工作规划》。会后，我们将立即向部党组汇报这次会议和何勇同志的重要讲话精神，提出学习贯彻《工作规划》的意见和安排。

第二，着手起草制定部党组贯彻落实《工作规划》的实施意见和工作方案。明确责任主体，把落实《工作规划》列入党组的重要议事日程，组成专门的工作班子，开展调查研究，进行任务分解，组织起草实施意见和工作方案。我们初步考虑，前三年抓重点、抓推进、出成果，后两年抓巩固、抓完善、促提高。

第三，着手研究制定监督检查、督促落实《工作规划》的措施。《工作规划》重在实施和落实。为保障实现阶段性目标，要分阶段、分年度开展不同时期的监督检查，并纳入党风廉政建设责任制，实行考核。我们将结合当前正在开展的巡视工作，在完善巡视工作办法时，将落实《工作规划》作为巡视的重要内容。

第四，把深化国土资源系统惩防体系建设课题研究与落实《工作规划》结合起来。这一课题是我们专门立项的重点研究课题，已经连续开展了两年，我们将把这项工作与落实《工作规划》紧密结合起来，及时把研究成果转化为制度，推动《工作规划》的全面落实。

以上汇报，不妥之处，请批评指正。

王寿祥同志在中央纪委推进惩防体系建设形成合力座谈会上的发言

（2009 年 7 月 24 日）

根据会议通知要求，我就国土资源部门推进惩防体系建设形成工作合力方面的情况做如下汇报：

一、关于推进惩防体系建设形成工作合力的情况

按照中央惩防体系《工作规划》的部署和《分工方案》的安排，国土资源部党组高度重视，加强领导，落实《工作规划》和《分工方案》的总体思路是：明确任务，突出重点，统筹安排，协调配合，形成整体合力。总得看，这项工作进展是顺利的，正在积极稳妥的向前推进。中央明确国土资源部门有 2 项牵头任务和 5 项协办任务，我们的主要做法是：

从牵头工作看，积极承担牵头责任，主动谋划，精心安排，形成工作合力。

——国土资源部门牵头的第一大项任务是，规范土地征收和使用权出让制度。推进征地制度改革，规范征地程序，完善征地补偿和安置办法。进一步完善经营性用地招标拍卖挂牌出让制度，规范国有建设用地

使用权出让程序。深化土地有偿使用制度和探矿权、采矿权有偿使用制度改革。

第一项任务主要涉及三方面工作：一是规范征地补偿制度；二是完善国有土地出让制度；三是深化土地和矿产资源有偿出让制度改革。从部内看，这三项工作涉及到国土资源部机关七个司局，四位部领导分管；从部外看，涉及发改委、监察部、财政部、人力资源和社会保障部、中国人民银行五个部委。几年来，在中央纪委监察部的支持和协调下，内外配合，共同努力，这项工作不断取得新的进展。

在规范国有土地出让方面，国土资源部与监察部共同建立了经营性土地使用权招标拍卖挂牌出让制度，并多次联合发文明确政策规定，多次联合开展经营性土地出让情况执法监察行动，为形成整体合力奠定了良好基础。国土资源部会同发改委、农业部等7部委组成专项检查组，在全国范围内对经营性土地出让制度落实情况开展专项检查；自工业用地实行招拍挂出让后，国土资源部会同监察部、财政部、建设部、审计署连续两年联合发文，对工业用地出让情况开展执法检查和专项清理。监察部也把惩防体系建设的工作内容作为专项治理的重要任务，主动牵头，对10省市工业用地出让情况进行了调研，进一步推进完善经营性土地和工业用地出让制度。

在深化矿产资源有偿出让制度改革方面，国土资源部会同监察部、公安部、安全监管总局等9部门建立了整顿和规范矿产资源开发秩序部际联席会议制度，连续三年联合发文，持续推进整顿和规范矿产资源开发秩序工作。在坚决整治非法开采、乱采滥挖矿产资源的基础上，国土资源部与财政部联合下发了深化探矿权采矿权有偿取得制度改革有关问题的文件，进一步规范了探矿权采矿权管理和出让行为。

在维护被征地农民合法权益方面，我们强化部门联动，集中治理了损害被征地农民切身利益的突出问题，推进了保障被征地农民合法权益的制度建设，效果明显。国土资源部会同监察部、农业部、审计署四部门联合发文，对征用农民集体所有土地补偿费管理使用情况开展专项检查和清理，在全国范围内共清理拖欠、截留、挪用被征地农民安置补偿费 175 亿元。国土资源部会同人力资源和社会保障部联合下发了切实做好被征地农民社会保障工作有关问题的文件，从规范被征地农民社会保障资金管理以及加强被征地农民社会保障工作的监督检查等方面作出具体规定。通过部门联动，目前已有 29 个省区市出台了被征地农民社会保障政策措施，逐步将符合条件的被征地农民纳入社会保障体系。

——国土资源部门牵头的第二大项任务是，严肃查处征收征用土地和矿产资源开发中的违纪违法行为。此项任务涉及监察部、发改委、农业部、审计署、财政部五个部委。

在完善联合办案机制方面，国土资源部会同最高人民检察院联合下发《关于人民检察院与国土资源行政主管部门在查处和预防渎职等职务犯罪工作中协作配合的若干规定》，有效查处和预防土地和矿产资源管理工作中的职务犯罪行为。与最高人民法院、最高人民检察院、公安部联合制定了《关于在查处国土资源违法犯罪工作中加强协作配合若干意见》，加强案件调查中的配合，建立了制止违法犯罪行为的协作机制。又与最高人民检察院、公安部联合制定了《关于国土资源行政主管部门移送涉嫌国土资源犯罪案件的若干意见》，建立了移送涉嫌国土资源犯罪案件的协作机制，形成强有力的惩治危害国土资源犯罪的合力。为依法惩处违反土地管理规定的行为，去年，国土资源部会同监察部、人力资源和社会保障部，经过反复研究，通力协作，联合发布了《违反土地管理规定处分办法》，这个文件的出台，将对严厉惩处土地管理违法违纪行为发挥重要作用。

在联合办案方面，国土资源部会同监察部、国务院纠风办等部门，连续两年开展了查处土地违法违规案件专项行动，集中查处了一批非法批地、非法低价出让土地和侵害农民合法权益的典型案件，有效遏制了土地违法违规行为。近年来，联合查处了哈尔滨市利用虚假土地使用证贷款问题、陕西户县公园用地改建别墅问题、昆明市低价出让又高价回购土地问题、北京顺义国土资源分局违规批地问题、河南登封违法占地建火力发电厂问题、山西新元煤矿非法占用基本农田和非法采矿等一系列国土资源违法案件。

从协办工作看，发挥职能优势，自觉履行好职责，积极配合牵头部门形成工作合力。国土资源部门协办的任务主要有修订土地管理法、推进村务公开、严肃查处国土资源领域的违法案件等五项任务。对这些任务，我们都分解到有关司局，按照牵头部门的要求，积极配合，做好相关工作，为形成工作合力履行好部门职责。

从几年来的工作实践看，中央惩防体系建设工作取得了明显成效。国土资源部党组对惩防体系建设工作高度重视，派驻纪检组监察局也把这项工作作为重要任务来抓，并以这项工作为重点，全面推进党风廉政建设，整体效果是好的。从今后的工作看，如何深入推进惩防体系建设，使各项任务都落到实处，难度更大，任务更艰巨。为继续推进这项工作，我们有以下想法。

一是完善各司其职的共同责任机制。如何落实好牵头部门和协办部门的责任，是亟待解决的问题。对这个问题，国强书记、何勇书记曾多次在讲话中强调。应把这些要求细化，特别要明确协办单位的职责，协办单位承担的任务由牵头单位提出、协办单位认可、纪检监察组织协调。这些内容要上升到必须执行的制度，成为有较强制约性的、可考核的规定。

二是创新联合行动、高效运转的工作方式。积极探索多部门联合开展工作的流程，建立快速通道，简化程序，限时办结，提高效率。对涉及部门多、时间紧的任务，要加强流程管理，解决流程中的“瓶颈”问题，创新高效运转的多部门联合工作方式。

三是进一步加强组织协调。中央惩防体系《工作规划》部署的各项任务，中央纪委在整体做好协调的同时，应分阶段突出重点，对人民群众反映强烈、密切关注的重大问题，由中央纪委组织相关部门的力量，集中开展专项治理。这样力度会更大，也会取得更加明显的效果。

二、关于落实惩防体系《检查办法》

中央纪委下发惩防体系《检查办法》后，国土资源部党组高度重视，专门进行了研究，绍史部长对贯彻落实做出部署。驻部纪检组监察局按照党组的安排，组织力量，结合实际制定了《工作方案》，以党组文件向国土资源系统印发。《工作方案》严格按照中央纪委《检查办法》的要求，从总体检查范围、检查内容、检查工作安排、检查结果运用和组织领导方面，提出了具体要求。在检查工作安排上，分三个方面进行：

一是年度自查。今年 7 至 8 月，对部党组贯彻中央惩防体系工作规划的《实施办法》和年度工作完成情况进行自查。

二是重点抽查。由驻部纪检组监察局会同有关单位组成检查组，7 月底听取牵头司局工作汇报；9 月上旬了解各地构建惩防体系工作情况；10 月对部分司局、直属单位和地方国土资源部门进行重点检查。

三是统筹安排。统筹安排惩防体系建设和落实党风廉政建设责任制检查、总结牵头任务和协办任务进展，增强推进工作的效果。

对检查工作，我们感觉到，内容多，任务重，涉及面广，为使这项检查达到预期的效果，建议中央纪委把具体要求和检查时间，提前一个月告知被检查单位，以便做好充分准备。

以上汇报如有不妥，请领导和同志们指正。

王寿祥同志在全国国土资源系统纪检监察干部培训班上的动员讲话

（内情通报 2009 年第 54 期）

同志们：

这次在部厦门干部培训中心举办全国国土资源系统纪检监察干部培训班，是经部党组研究同意的。徐绍史部长专门作出批示，要求精心组织办好这次培训班。这次培训采取以训代会的形式，既是一次对全系统纪检业务工作骨干的集中培训，也是一次全系统党风廉政建设工作研讨会和调研座谈会，中间还要召开一个纪检组长务虚会。可以说，这次培训班是近年来国土资源系统纪检监察战线规模比较大、参加人员层次比较高的一次培训班。今天见到这么多老同志和新同志，我们感到非常高兴。下面我讲几点意见，供同志们参考。

一、充分认识新形势下举办这次培训班的重要性和必要性

这次培训班很重要。当前时值年中，在各项工作抓落实任务都很重的情况下，我们下决心请全系统分管纪检监察工作的领导同志从繁忙的工作中抽出身来参加这次培训，主要基于以下几个方面的考虑：一是认

真学习贯彻全国纪委书记座谈会精神。7月13日至14日，中央纪委召开了全国纪委书记座谈会，中央政治局常委、中央纪委书记贺国强和中央书记处书记、中央纪委副书记何勇在会上作了重要讲话。这次培训班，我们要认真学习贯彻贺国强同志、何勇同志的重要讲话精神，集中学习、贯彻中央作出的三个政策法规文件，认真研究开展工程建设领域突出问题专项治理工作。二是认真学习贯彻李克强副总理最近视察国土资源部时的重要指示精神。前不久，李克强副总理来国土资源部视察，就进一步完善农村土地管理制度、实行最严格的耕地保护制度和节约集约用地制度，把扩内需、保增长与调结构、惠民生有机结合起来，统筹保障发展与保护资源，推动城乡经济社会全面协调可持续发展等问题，作出了重要指示。这次培训班上将学习传达李克强副总理的重要讲话精神，全面分析国土资源管理在应对国际金融危机中面临的新形势新任务，研究如何围绕中心、服务大局，进一步做好国土资源系统纪检监察工作。三是总结全系统党风廉政建设工作，推动今年工作全面落实。今年已经过去大半，很有必要让大家坐在一起，系统总结上半年的工作，研究年底前还有哪些工作需要进一步抓好落实。四是分析国土资源系统党风廉政建设面临的新形势新任务，研究明年的工作思路。中央即将召开四中全会，期间召开中央纪委第四次全会，明年年初要召开第五次全会，对明年的党风廉政建设和反腐败工作作出部署。这次培训班上我们要认真分析国土资源系统党风廉政建设面临的形势和任务，及早谋划，就下一步如何贯彻好中央四中全会精神，按照中央纪委第四次、第五次全会的部署，全面推进国土资源系统党风廉政建设工作，进行学习和探讨。

这次培训班安排了两次讲座，请中央纪委惩治和预防腐败体系领导小组办公室的杨小平同志讲一讲惩防体系建设问题；请部总规划师胡存智同志讲一讲当前国土资源管理面临的形势和任务。考虑到大家聚到一起不容易，培训班还安排了几次交流讨论。希望通过这次培训交流，集思广益，相互学习，相互促进，切实提高我们的工作水平。这次培训班历时五天，时间紧、任务重，希望大家共同努力，把这次培训班办好。

二、今年以来全系统党风廉政建设工作进展顺利，成效明显

今年是党的十七大召开以来的第三个年头，从全国纪检监察工作总体形势来看，在中央纪委、监察部的领导下，以建立健全惩治和预防腐败体系为重点的反腐倡廉建设全面推进，总的形势很好。特别是去年下半年以来，紧紧围绕经济社会发展大局，在应对金融危机、发挥政治保障作用方面，在健全和完善党内法规、推进制度创新方面，在针对影响经济建设健康发展的突出问题开展专项治理方面，在规范领导干部从政行为、加强廉洁自律方面，在查办大案要案、严肃党纪政纪方面，在深化纪检监察管理体制改革、加强干部队伍建设等方面，都采取了一系列重大举措，工作更加深入，措施更加有力，效果更加明显。

从国土资源系统来看，国土资源部党组高度重视党风廉政建设和反腐败工作。各级国土资源部门认真贯彻落实中央纪委第三次全会部署，按照地方党委、政府和国土资源部的要求，坚持把反腐倡廉建设融入到各项业务工作之中，以狠抓中央纪委明确的牵头任务为重点，都做出了全面部署，明确任务分工，落实工作责任，加强督促检查，年中还召开了电视电话会议，通报了全系统上半年党风廉政建设工作情况和下半年重点任务。总的看，经过各级国土资源部门的共同努力，国土资源系统党风廉政建设和反腐败工作进展顺利，中央纪委明确的各项牵头任务取得了阶段性成效。

一是土地和矿产资源审批制度改革稳步推进。积极推进土地审批制度改革，简化审批手续，优化审批程序，提高审批效率。为确保新增中央投资项目及时落地，部建立了用地审批快速通道。审批申报要件从以往的35件减少为10件，审批周期从原来的半年压缩至两个月。用地报件一律实行“接办分离”，用地审查材料一律由政务大厅公开受理，实

行一次性告知、限时办结。改革探矿权采矿权审批制度，建立探矿权采矿权出让省部协调联动机制，进一步规范矿业权审批程序。从今年7月1日起，申请新立、变更探矿权采矿权，必须先由矿区所在地县级国土资源行政主管部门签署意见；从今年8月18日起，对向国土资源部提交新立探矿权采矿权的申请，必须先行提交省级国土资源行政主管部门的审核意见。积极推进探矿权出让制度改革，对探矿权出让实行分区管理，将高风险矿种的勘查区进一步划分为重点勘查区、远景勘查区和一般勘查区，分别采取不同的出让政策，促进整装勘查、形成大型资源基地目标的实现。

二是资源配置的市场化程度进一步提高。继续推行经营性用地招标拍卖挂牌出让制度，全面推行工业用地招标拍卖挂牌出让制度。加强工业用地出让管理，上半年，针对国内经济形势和土地市场的变化，及时调整了工业用地出让最低价标准实施政策。加强土地市场动态监测，在全国范围内推动构建土地市场监管平台。在矿产资源市场方面，与监察部共同部署矿业权招标拍卖挂牌出让制度执行情况的专项清理。组织各地规范探矿权、采矿权招标拍卖挂牌出让行为。提高矿业权准入门槛，探索建立矿权人退出机制，逐步规范和净化矿业权市场。

三是维护被征地农民合法权益取得新的成效。组织开展了征地中农村房屋补偿问题和征地制度改革试点的检查调研工作。全国有13个省份以不同形式公布并实施新的征地补偿标准，补偿水平普遍提高20%—30%。继续推进征地制度改革试点工作，在区片地价、征地补偿机制、被征地农民保障制度以及留地安置、征地程序等方面，采取了一系列新的措施，切实维护被征地农民合法权益。

四是耕地保护和资源节约取得新的进展。国土资源部会同农业部、国家统计局建立了省级政府耕地保护责任目标检查考核制度，检查结果报国务院，同时通报省级地方政府，和计划用地指标挂钩，实行考核奖惩。开展了闲置土地清理，对2008年度省级政府耕地保护责任目标履行情况进行了抽查，对年度新增建设用地情况开展了卫片执法检查，对

8个城市进行了通报和约谈。组织开展国家级开发区土地集约利用评价工作，全面完成省级开发区土地集约利用评价工作并向社会公示。

五是土地和矿产执法监管力度进一步加大。上半年，严肃查处了北京部分区县以设施农业为名变相进行房地产开发问题，共清理出38个"大棚房"建设点，恢复农用地5000余亩。对去年卫星图片反映出的土地问题，开展了执法检查。通过建立土地"批、供、用、补、查"监管平台互联互通机制，将土地违法案件数据汇入监管平台，拓展违法案件发现渠道，加大执法监察力度。针对违反政策建设高尔夫球场的问题，开展了调查摸底，目前正在会同发展改革委等有关部门研究治理措施。开通了12336国土资源违法举报电话，对受理的举报及时批办。今年1至7月，全国共发现土地违法行为37151件，涉及土地面积228万亩，同比分别下降31.54%、33.7%。对126名相关责任人提出行政处分建议，对261名责任人提出党纪政纪处分建议，将涉嫌犯罪的214人移送司法机关追究刑事责任。

三、深刻认识新形势下进一步加强国土资源系统党风廉政建设和反腐败工作的重要性和紧迫性

党的十七大强调，坚决惩治和预防腐败，关系人心向背和党的生死存亡，是党必须始终抓好的重大政治任务，要求全党同志一定要充分认识反腐败工作的长期性、复杂性、艰巨性，把反腐倡廉建设放在更加突出的位置，旗帜鲜明地反对腐败。深入贯彻落实党的十七大精神，扎实推进国土资源系统党风廉政建设和反腐败工作，要求我们必须从党和国家事业发展全局的高度，从国土资源管理改革发展的大局出发，进一步认清形势、统一思想，切实增强做好工作的责任感、紧迫感和使命感。

第一，加强国土资源系统党风廉政建设和反腐败工作是推动中央重大决策部署贯彻落实、保持经济平稳较快发展的必然要求。党风廉政建设和反腐败工作，始终是同党和国家在各个阶段的历史任务和实现这些

任务而确定的路线、方针、政策紧密联系在一起的。当前，我们党和国家的首要任务是保持经济平稳较快发展，保增长、保民生、保稳定。这是中央为应对国际金融危机冲击、继续推进全面建设小康社会进程做出的重大决策部署。当前形势下，充分发挥纪检监察部门监督职能，切实维护中央政令畅通，对于维护改革发展稳定大局尤为重要。

为保障中央扩大内需促进经济增长政策的贯彻落实，自去年 11 月底以来，中央先后派出 24 个检查组，分赴各地对新增中央投资项目落实情况开展了两轮监督检查，检查取得了重要阶段性成果，有效防止了严重违纪违规问题的发生，推动了中央扩大内需促进经济增长政策的贯彻落实。各省国土资源厅（局）也组织参与了这方面的工作，开展了监督检查。全系统纪检监察部门积极履行职能，督促各级国土资源部门积极主动服务、严格规范管理，保障了中央扩大内需项目和地方重点项目的顺利实施。

当前，国际金融危机仍在蔓延深化，尽管我国经济运行出现了一些积极变化，上半年国内生产总值增长 7.1%，但经济回升的基础还不够稳固，还存在许多不确定因素。全系统纪检监察部门只有认真学习贯彻中央关于做好当前工作的一系列指示精神，自觉把纪检监察工作放到党和国家工作大局中去谋划、部署和推动，才能切实做到围绕中心、服务大局，为应对国际金融危机、保持经济平稳较快发展、维护社会和谐稳定做出应有贡献。

第二，加强国土资源系统党风廉政建设和反腐败工作是推动新时期国土资源管理改革发展的必然要求。党的十七大以来，国土资源部门深入贯彻落实科学发展观，以解放思想、改革创新，构建保障和促进科学发展的新机制为主线，着力完善国土资源管理整体布局，土地审批监管、矿产资源开发管理进一步强化，地质找矿工作持续推进，国土资源规划、调查等基础工作不断深入，战略研究、综合改革等顶层设计迈出重要步伐，队伍建设得到大力加强，国土资源管理不断取得新的成效。但也要看到，当前我国正处在城镇化、工业化加速推进时期，国土资源供需矛盾日益突出，资源形势日趋严峻。我国经济长期形成的结构性矛盾和粗放型增长方式尚未根本改变，影响发展的体制机制障碍依然存在，改革攻坚面临深层次矛盾和问题。国土资源管理工作当前矛盾突出、今后压力很大，相当长的时间内都会面临两难局面和双重压力，国土资源管理改革发展的任务还十分繁重。

国土资源系统党风廉政建设和反腐败工作是国土资源事业的重要组成部分，也是推进国土资源管理改革发展的重要保障，推进惩治和预防腐败体系建设的任务也十分繁重。从我们的工作经验看，无论是开展土地和矿业权市场专项清理，还是大力推进国土资源审批制度改革；无论是加强行业和部门监管，还是推进管理职能转变、推进资源配置方式转变，纪检监察部门都必须有效发挥职能作用。国土资源管理改革延伸到哪里，纪检监察工作的重点就应该放到哪里。当前形势下，必须大力推进全系统党风廉政建设和反腐败工作，以反腐倡廉建设的新成效，为国土资源管理改革发展铺好路、做好保障。

第三，加强国土资源系统党风廉政建设和反腐败工作是新时期提高全系统干部队伍素质、增强拒腐防变能力的必然要求。这些年，国土资源事业得以不断向前发展，靠的是全系统将近40万的干部队伍。总体上看，国土资源系统干部是一支政治素质过硬、业务较强，完全可以让党和人民放心的队伍，对此，我们必须坚定信心。但也要看到，近几年涉土涉矿的腐败问题易发高发，我们系统的不少干部出现了违法违纪问题，在社会上反响较大，有些案件在社会上影响很坏。

这几年，国土资源部门的案件居高不下，有些地方还有上升的趋势。全系统每年大约有300名左右干部因违法违纪问题被查处，多数是县处级以下。有的部门长期没有案件，说明我们的教育、制度、改革等方面的工作做得好，但是，当前没有案件不意味着今后没有案件。有的对当前党风廉政建设面临的形势，认识上还有差距。土地和矿产领域依然是反腐倡廉的重点领域，国土资源系统党风廉政建设和反腐败形势依然严峻。

同志们，形势醒人，形势催人。我们一定要增强大局意识和责任意识，保持清醒的头脑，增强政治敏锐性、敏感性，多观察问题、多思考问题、多想想办法，努力把腐败问题遏止在萌芽状态，通过我们的工作教育一批干部、挽救一批干部。党风廉政建设和反腐败工作加强了，也是对干部的爱护和保护。对当前国土资源系统反腐倡廉建设面临的严峻形势，我们要有清醒认识；对预防和惩治国土资源领域腐败问题的长期性、复杂性、艰巨性，我们要有充分准备；对涉土涉矿腐败问题给全系统领导干部带来的影响与冲击，要时刻保持高度警醒。我们要以高度的政治责任感、紧迫感，本着对国土资源事业和全系统广大干部高度负责的精神，进一步重视加强党风廉政建设和反腐败工作，决不能有丝毫的放松和懈怠。

四、以改革创新精神落实好当前各项工作任务，为明年工作谋好局

今年的党风廉政建设和反腐败工作任务，中央纪委第三次全会作了部署，国土资源系统的工作任务，年初我们也开会作了专门安排。当前要继续抓好中央纪委部署的牵头任务的落实，继续推进日常工作。重点在加强监督、推进改革、协助党组抓好党风廉政建设、查办案件方面加大力度，不断取得阶段性成效，推进全年工作任务的落实。

明年是全面落实党的十七大部署的关键一年，也是落实十七届四中全会精神，加强和改进新形势下党的建设的重要一年。从国土资源部门来看，中央纪委今年部署的一些牵头任务明年还需要继续推进，工程建设领域专项治理还刚刚启动展开，清理“小金库”、制止公款出国（境）旅游、厉行节约等专项工作还需要巩固成果、持续推进、防止反弹，应该说任务还十分繁重。对于明年的工作，初步考虑是，在总体布局上，以中央纪委部署的牵头任务为重点，以工程建设领域突出问题专项治理为主线，不断深化和完善惩治和预防腐败体系建设，全面推进党风廉政

建设和反腐败各项工作。在任务安排上，做好和今年工作的衔接，重点在抓深入、抓巩固、抓完善、抓拓展、抓落实上下功夫，为2012年实现反腐倡廉建设阶段性目标奠定扎实基础。重点抓好以下几个方面工作：

一是扎实开展工程建设领域突出问题专项治理。从国土资源部门牵头任务来看，这次专项治理对于深入推进惩防体系建设、推进国土资源管理深化改革，实现《工作规划》确定的2012年阶段性目标，是一场关键性的战役。需要重点抓好的任务是：一是认真查找土地使用权、矿业权审批和出让以及征地拆迁过程中存在的突出问题；二是科学编制、严格实施土地利用总体规划，严格土地用途管制；三是严格土地使用权、矿业权出让审批管理，严格征地拆迁行为的监管，严格土地使用权、矿业权价格评估的监管；四是建立健全统一规范的土地、矿业权等要素市场，探索显化土地使用权和矿业权转让市场的有效形式；五是加强土地、矿产供应及开发利用情况的监管，完善土地及矿业权审批、供应、使用等管理的综合监管平台；六是纠正和查处非法批地、低价出让土地、擅自改变土地用途，违规审批和出让探矿权、采矿权等行为。全系统要把这次专项治理工作摆在更加突出的位置，组成专门的工作机构，集中精力，切实抓好落实。

二是继续开展对中央扩大内需促进经济平稳较快发展决策部署执行情况的监督检查。国土资源部门在应对金融危机工作中承担着重要职责。驻部纪检组、监察局将紧紧围绕党中央、国务院对国土资源管理工作的新要求，围绕中央“保增长、扩内需、调结构”各项决策部署的贯彻落实，加强监督检查。一是加强对项目审批的监督检查，防止为不符合产业政策的项目供地。二是对行政审批效率开展监督检查，进一步规范政务大厅的工作程序，完善电子政务监管平台。三是根据部党组深化管理改革目标，切实推进国土资源管理方式的转变，把工作重点从重审批转移到监管和服务上来。

三是进一步加强对领导干部的监督，推进权力规范运行。继续开展日常监督工作，认真落实党内监督条例，加强对民主生活会、述职述廉、诫勉谈话和函询等制度执行情况的检查，严格执行党员领导干部报告个人有关事项的规定。继续做好领导干部任期经济责任审计。继续开展巡视工作，改进和提高巡视质量和水平。继续突出监督工作的重点，一是继续做好廉洁自律专项检查；二是围绕土地和矿产审批出让等国土资源管理的重点环节和部位，开展监督检查；三是重点围绕土地整理、国土资源调查等专项资金的使用情况，开展监督检查。

四是深入推进惩治和预防腐败体系建设。按照《工作规划》的总体要求和国土资源部党组制定的《实施意见》，继续研究建立国土资源系统惩防体系建设的总体框架。及时把中央纪委部署的新任务、新要求充实到国土资源系统惩防体系建设上来，为2012年形成具有国土资源系统特色的惩防体系框架，不断做好基础性工作。认真总结、推广河北、北京、上海国土资源部门权力公开透明运行、廉政风险防范管理、行政权力运行精细化管理等好的经验和做法，不断丰富和发展惩防体系建设的内容。按照中央纪委的统一部署，开展惩防体系建设落实情况的监督检查。

五是继续加大土地和矿产领域腐败案件查办力度。严肃查处官商勾结、权钱交易的案件，严肃查处利用行政审批权、执法权索贿受贿、徇私舞弊的案件，严肃查处领导干部利用职权插手干预土地和矿业权审批、出让谋取私利的案件，严肃查处非法批地、低价出让土地、擅自变更规划、严重侵害群众利益等违纪违法案件。继续开展治理商业贿赂工作。贯彻执行监察部、人力资源和社会保障部、国土资源部联合下发的违反土地管理规定行为处分办法，严肃责任追究。会同监察部研究处分的具体操作程序，按照问责制的有关规定，结合国土资源部门的实际，细化工作办法，加大责任追究力度。及时办理信访举报，认真排查线索，进一步加大对机关和直属单位人员违纪违法案件的查处力度。

最后，我再谈一谈纪委书记履行职能的问题。派驻机构要重点履行好监督、查办案件、协助党委（党组）抓好本系统党风廉政建设工作这三项职责，要分清轻重缓急，把握好工作格局、领导关系，注意工作方式方法。内设机构要在党委（党组）领导下开展工作，履行好职责。要积极研究探索新时期纪检监察工作的特点和规律，研究一些行之有效的办法，破解难题，推进反腐倡廉建设方式方法的与时俱进。要加强信息工作，好的工作经验、重大事项都要及时反馈。要加强教育培训力度，不断提高纪检监察干部素质，努力提高工作水平。

我就讲这么多，不妥之处请同志们批评指正。

谢谢大家!

王寿祥同志在部“两整治一改革”领导小组办公室会议上的讲话

（内情通报2010年第84期）

同志们：

刚才，传达学习了何勇同志在全国工程建设领域突出问题专项治理工作电视电话会议上的讲话和马馼同志在听取专项治理工作进展情况汇报时的讲话，各组对近期工作进展情况和下一步工作打算作了简要汇报。一个月来，大家做了大量的工作，都很努力，也很辛苦，工作取得积极进展，中央纪委监察部和部党组给予了充分肯定。下面我讲三点意见：

一、电视电话会议在全系统引起极大反响，进一步提高了广大干部对国土资源领域反腐败工作重要性、紧迫性的认识

8月19日电视电话会议，对国土资源系统来说，是一次规格最高、范围最大、参加人数最多的反腐倡廉建设动员部署会。会后，各级国土资源部门认真组织学习贯彻马馼同志的重要讲话和徐绍史、邱学强同志分别就国土资源系统开展治理工作和严肃查处国土资源领域违法案件工

作的讲话。部专项治理办公室就部机关和各地国土资源部门学习贯彻会议的情况进行了收集汇总，还到一些地区召开了地市国土资源局领导参加的座谈会，了解贯彻会议的情况。

大家普遍认为，国土资源系统党风廉政建设和反腐败工作进入了重要时期，这次电视电话会议召开的非常重要、非常及时，是对国土资源系统反腐倡廉建设的一次重要推动，马馼同志的重要讲话对今明两年国土资源部门开展治理工作具有重要的指导意义，符合当前国土资源系统反腐倡廉建设的工作实际，既对国土资源管理和反腐倡廉建设给予了充分肯定，同时也提出了新的要求，体现了对国土资源管理工作的重视和关心。徐绍史部长的讲话对国土资源系统开展专项治理工作作了部署，标准高、要求严、任务具体。邱学强副检察长对查办违法案件工作提出了要求，重点突出、指导性强。

各地对这次专项治理工作普遍反映，震动大、压力大、触动大。震动大，感到对国土资源领域腐败问题治理工作，中央领导多次作出批示，中央纪委、最高人民检察院、监察部、国土资源部联合开会部署，这在国土资源部门的历史上是没有的；压力大，党中央、国务院对国土资源管理工作要求高，社会各界普遍关注，如何交上一份满意的答卷感到压力大；触动大，这次从中央的整体部署到国土资源部下发的实施意见，切中了国土资源管理工作的薄弱环节，增强了深化改革、完善管理的紧迫感，五个先行免职的规定点中了当前干部队伍中存在的突出问题，自查自纠给了每个干部自我教育、自我认识、自我提高的一个机会。

8 月 23 日，部党组召开了专题会议，认真研究贯彻落实会议精神的措施。党组一致认为，这次电视电话会议在国土资源部机关召开，充分体现了对国土资源部党组的信任，对各级国土资源部门的信任，也是对国土资源系统广大干部职工的信任。我们一定要更加主动、更加自觉、更加认真地抓好治理工作，这项工作只能抓好、必须抓好。

总的看，各级国土资源部门对治理工作高度重视、认识一致，尤其是部党组，徐绍史部长十分重视，亲自抓在手上，党组成员思想和行动高度一致。但是，有的干部，特别是基层干部还存在一些模糊认识和顾虑，有些同志感到，这几年国土资源系统党风廉政建设工作取得了积极成效，整个队伍整体上是好的，腐败分子是极少数，这样大张旗鼓搞专项整治，担心会影响国土资源部门形象；有的同志私下议论，国土资源部门面临保障发展和保护资源两难境地，夹在中间，本来压力就很大，前几年部里抓"百日行动"、"整事"，现在又搞"两整治一改革"、"整人"，"自己找事"，压力太大了；还有的同志讲，检察机关的参与，案件肯定会在一定时期内上升，担心有的干部出了问题影响本单位形象。针对这些顾虑和模糊认识，部党组认真进行分析研究，加强教育和引导，把大家的思想和认识统一到中央的部署和要求上来。徐绍史同志两次在部机关干部大会上讲话，教育干部职工正确认识开展治理工作的重要性和必要性，要求更加自觉、更加主动、更加认真地做好"两整治一改革"各项工作。各地各单位认真组织学习贯彻部党组的部署和要求，思想认识进一步深化，工作主动性进一步增强。随着学习的不断深入和工作部署及政策的出台，干部思想已由担心向坚定信心转变。也使我们意识到，随着治理工作的不断深入，需要把学习和解决认识问题贯穿于工作全过程，始终关注苗头性、倾向性问题，及时发现和解决。

二、按照电视电话会议的总体部署，全系统迅速行动、制定措施，为全面开展治理工作开好局

在开展国土资源领域腐败问题治理工作中，国土资源部门如何把工作落到实处，部党组召开了专题会议，在部署开展"两整治一改革"工作的基础上，作出了具体安排。

一是加强组织领导。部成立了以徐绍史同志为组长、贠小苏、王寿祥同志为副组长的专项治理领导小组。抽调 8 名同志组成专门工作班子，今明两年专司此项工作。

二是落实任务、明确责任。9月1日，徐绍史同志主持专题会议，研究“两整治一改革”专项行动，对近期工作提出了要求。9月6日，部党组印发了《开展国土资源系统“两整治一改革”专项行动的通知》。9月10日，部办公厅印发了《关于开展“两整治一改革”专项行动工作任务及责任分工的通知》，把“两整治一改革”的任务细化为4个方面、19项工作，并提出了预期目标和完成时限，明确部机关13个司局、4个直属单位为责任单位。

三是机关先行、做好表率。为发挥部机关在“两整治一改革”中的带头作用，9月9日，召开了部机关全体干部职工大会，徐绍史同志做了动员讲话，中央纪委四室主任于春生同志到会指导。针对部机关实际，部党组印发《关于国土资源部机关认真开展廉政专项行动的通知》，要求部机关要切实做到“五个带头”，即带头查找廉政风险点、带头制定防范措施、带头接受公开监督、带头整改突出问题、带头严格自律。认真开展“三查”，即查岗位风险点、查不廉洁行为、查突出问题。严格执行“五条禁令”。

四是着手推动两个市场建设，为建立健全长效机制做好准备。关于矿业权交易市场建设，9月14日，国土资源部印发了《关于建立健全矿业权有形市场的通知》，并在长沙召开会议进行了部署。关于土地交易市场建设，正在研究制定具体办法。根据中央纪委监察部《会议纪要》关于深化国土资源管理制度改革的要求，本着标本兼治，同步推进的思路，部党组印发了《深化改革创新制度建立国土资源系统反腐倡廉工作长效机制实施方案》，围绕转变管理职能、发挥市场配置资源作用、创新管理制度、加强队伍建设、提高队伍反腐倡廉的自觉性，对深化改革、制度建设任务、目标和要求作出了安排。

五是通过查处一批案件，推动机关治理工作深入。按照部党组要求，驻部纪检组监察局在中央纪委四室的支持和帮助下，查处了地籍司监测与统计处原处长沙志刚、地籍司原副司长温明炬、国土资源报社原总编辑刘允洲等5起违纪违法案件，并对相关责任人启动了问责程序。

三、下一步重点抓好的几项工作

10月11日，部党组专题听取工作进展情况和下一步工作安排汇报，研究有关工作，对深入推进“两整治一改革”工作提出了具体要求。

第一，坚持以机关带系统、以系统促领域。对部机关从严要求，每一项工作要有具体安排、有情况反馈、有跟踪检查，对工作抓得不紧、不能按要求完成的，及时进行通报。拟于10月份，召开部机关各司局和直属单位汇报会，检查“两整治一改革”专项行动任务的落实情况，重点是风险点排查和廉洁从政自查自纠情况。同时，从系统扩展到领域，通过各派驻地方的国家土地督察局在例行督察中发现的问题，就土地的审批、征转、出让、开发利用和抵押融资等，梳理出容易出现问题的环节，把专项整治延伸到领域，促进领域治理工作深入开展。

第二，切实抓好廉政风险点排查。把推动廉政风险点排查作为10月份的工作重点，认真搞好自查、处室之间相互查、通过分析制度缺陷和漏洞查、通过案例分析查、请社会及服务对象帮助查，尤其是管项目、管审批、管人事、管资金分配的单位，更要积极主动地做好排查工作。围绕风险排查怎么搞、防控体系怎么建，在省、市、县三级国土资源管理部门中选择先进典型，总结经验做法，做好交流推广，10月份召开一次视频交流会。

第三，认真抓好工作督促检查。部党组每月听取一次工作进展情况汇报，及时研究解决出现的问题，对下一步工作作出安排。实行“两整治一改革”工作视频调度会制度和各地各单位工作进展情况月报告制度，及时掌握情况，发现问题，加强工作督促指导，更好地推动整体工作。拟从10月份开始，采取派检查组、开片会和部领导听汇报等形式，组织开展“两整治一改革”工作情况检查。对治理工作重视不够、组织不力、行动迟缓甚至敷衍塞责的，予以通报。

第四，积极推动两个市场建设。矿业权市场建设已经下发了通知，各地正在抓紧落实；土地市场建设正在抓紧研究规范完善具体办法。待办法出台后，拟于春节前对两个市场建设开展一次专项检查，对31个省区市两个市场建设情况作出评估，为下一步工作有针对性地深入推进做好准备。

第五，整合案件线索，集中查处一批违纪违法案件。召开国土资源部执法监察、信访、举报中心、纪检组监察局联席会议，就土地和矿产资源违纪违法线索涉及国土资源部门干部违纪违法问题，进行汇总、梳理、筛选。对各地执行国土资源部党组作出的五项先行免职规定的情况，进行跟踪检查，汇总分析筛选一批典型案件严肃处理，对性质恶劣的要公开曝光。对自查自纠过程中暴露出来的案件线索，本着自查从宽、被查从严的原则，区别对待，认真处理。对案件线索实名举报的，要给举报人作出反馈。

王寿祥同志在2012年年底前落实惩防体系建设工作要点会议上的发言

（2011年3月18日）

各位领导，同志们：

2012年年底前《工作要点》是深入推进惩防体系建设的重要文件，今年是落实好惩防体系建设各项任务、确保取得阶段性成效的关键一年。我们高度重视，认真组织落实，把完成好各项工作作为我们反腐倡廉建设的重要任务和政治责任。

今明两年，围绕落实《工作要点》，结合国土资源部门实际，我们工作的主要任务是：全面贯彻中央纪委监察部的决策部署，以国土资源领域腐败问题治理工作为契机，在深入开展工程建设领域突出问题专项治理中，继续深入开展国土资源系统“两整治一改革”专项行动，强化对重点部位和关键环节权力运行的监督制约；深入解决土地和矿业权出让中的突出问题，推进建立统一规范的土地和矿业权交易市场；进一步解决征地中群众反映强烈的突出问题，切实维护群众的合法权益；加强制度建设，建立健全廉政风险防控机制，从源头上防治腐败。通过努力，国土资源系统违纪违法案件易发多发态势得到有效遏制，反腐倡廉建设能力和手段全面加强，惩防体系建设的综合效能和科学化水平明显提升，具有国土资源部门特点的惩治和预防腐败体系框架基本形成。主要措施是：

第一，着力开展“两整治一改革”专项行动，深入推进国土资源领域腐败问题治理。去年以来，为遏制国土资源领域腐败案件易发多发的态势，我们开展了“两整治一改革”专项行动，整治干部队伍廉洁从政存在的突出问题，整治土地和矿业权交易市场存在的突出问题，深化国土资源管理制度改革，这也是落实《工作规划》、深化国土资源系统惩防体系建设的重要举措。今年在全系统排查出3664个廉政风险点和自查出1049个问题基础上，抓好整改，综合分析查找出的问题，进行全面评估，梳理和规范全系统廉政风险点的不同层级和类别，制定出台廉政风险防控机制建设指导意见，在教育、制度、监督等方面，进一步明确加强风险防控管理的思路和措施，形成点、线、面全方位覆盖，全过程监控的廉政风险防控机制。通过开展土地执法监察和督察，全面查找各地在土地审批、征转、出让、开发、抵押融资中的突出问题，进一步向国土资源领域腐败问题治理延伸。

第二，着力推进建立统一规范的土地和矿业权出让交易市场。发挥市场配置资源的基础性作用，健全国有土地使用权、矿业权招标拍卖挂牌出让制度。开展土地招拍挂出让制度执行情况的专项清理检查；健全和完善矿业权交易市场制度建设，重点解决矿业权竞争制度不健全、交易制度不完善、监管不到位等问题。积极推动国有土地使用权、矿业权出让进入有形市场，有条件的地方要纳入公共资源交易中心。推行土地和矿业权网上审批、网上交易和网上监管。今年地（市）级以上土地和矿业权交易市场建成网上交易和网上监管系统。整治土地和矿业权市场存在的突出问题，重点解决市场监管漏洞和制度缺陷，完善制度体系，建立统一规范的综合监管平台和市场运行机制。

第三，着力解决征地中群众反映强烈的突出问题。把维护被征地农民的合法权益，作为国土资源部门维护群众利益的重要任务。加快建立科学完善的征地补偿机制，本着保证失地农民原有生活水平不降低、长远生计有保障的原则，进一步规范土地征收行为，规范征地程序，强化征地批后监管。制定征地综合补偿制度，全面实施征地统一年产值标准和区片综合地价，落实征地补偿费用，拓展安置途径，推进落实被征地农民的社会保障。重点解决在农村土地承包、流转、占补平衡等环节损害群众利益的问题，坚决制止违法违规强制征地行为，切实维护被征地农民的合法权益。对未严格履行征地程序、补偿低、安置途径单一、社保资金不落实的，一律不得通过用地审查。

第四，着力惩处国土资源系统违纪违法案件。围绕国土资源管理权力运行的重点部位和关键环节，重点查处土地和矿业权出让审批中非法批地、低价出让、擅自批准改变用地性质等十类违纪违法案件。同时，选择典型案例进行深入剖析，研究违纪违法案件发生的特点，分析原因，健全制度规范，堵塞管理漏洞。开展市、县两级国土资源局长集中廉政培训，增强广大干部职工廉洁自律、遵纪守法的自觉性。按照党风廉政责任制和行政问责的有关规定，对腐败案件多发频发，造成严重后果和恶劣影响的，对主要责任人实施问责。

第五，着力提高“制度＋科技”防治腐败工作水平。以提高审批效率为目标，开展城市批次用地审批制度和矿业权审批制度改革试点，进一步研究重点建设项目用地改革措施，开展矿业权出让方式改革试点，以精减审批事项、下放审批权限为重点，持续推进审批制度改革。开展土地储备机构专项清理，提出改进和完善管理的措施，切实做到政事分开，管办分离。在前两年工作的基础上，进一步加强国土资源综合监管平台建设，充分利用全国国土资源管理数字“一张图”，对各地土地和矿产开发利用全过程、全周期动态监管。运用卫星和航测手段健全完善“天上看、地上查、网上管”的国土资源综合监管体系。将审批程序、报批要件、工作流程电子化，减少人为因素，提高防治腐败工作的效能和水平。注重总结工作经验，加强调查研究，适应新形势的要求，创新工作方法，不断拓展和深化惩防体系建设。

各位领导、同志们，今明两年国土资源部门惩防体系建设任务繁重，责任重大。我们将按照这次会议的部署和要求，进一步加强领导，细化分工、落实责任，加强组织协调和监督检查，抓好贯彻落实，努力推进具有国土资源部门特点的惩防体系建设。

王寿祥同志在中央纪委惩治和预防腐败体系建设下一个五年工作规划调研成果汇报会上的发言

（2011 年 11 月 29 日）

中央纪委关于起草《惩防体系 2013—2017 年工作规划调研工作方案》下发后，我们高度重视，认真作出安排，组织有关司局和人员围绕国土资源部的牵头任务进行调研，先后赴吉林、广东等省实地调研，并组织 22 个省（区、市）在当地开展调研。通过召开座谈会、研讨会，采取重点调研与面上调研相结合等方式，对 2008 年以来国土资源系统惩防体系建设取得的成效和存在问题进行了认真的分析研究。结合国土资源管理工作实际，初步提出 2013—2017 年国土资源部惩防体系建设的任务目标和主要措施。现汇报如下：

一、关于国土资源部牵头任务取得的成效与存在的问题

2008 年以来，国土资源部党组始终把惩防体系建设牵头任务作为反腐倡廉和推进国土资源管理改革发展的重点工作，全系统上下积极探索，努力实践，规范土地征收和使用权出让，完善土地出让招标拍卖挂

牌制度，加强土地矿产资源管理，取得了积极成效。

（一）围绕维护被征地农民合法权益，规范土地征收工作。组织开展征地统一年产值标准和区片综合地价测算与实施工作，改进征地补偿办法，建立补偿标准动态调整机制，规范征地程序，拓宽征地安置途径，开展征地制度改革试点工作，促进被征地农民社会保障体系建设。目前，全国普遍提高征地补偿标准 30% 以上，29 个省（区、市）出台了被征地农民纳入社会保障的具体政策措施，2500 万被征地农民纳入社会保障体系。

（二）围绕发挥市场配置资源的基础性作用，土地和矿业权市场建设持续推进。积极推进扩大土地有偿使用制度改革，全面实施经营性用地、工业用地“招拍挂”出让制度；积极构建矿业权出让分类出让、分级审批监管和矿业权统一配号的管理总体框架；积极促进统一规范的土地使用权、矿业权交易有形市场建设。目前，全国住房建设用地“招拍挂”出让比例达 90% 以上，工业用地“招拍挂”出让比例达 80% 以上；31 个省级矿业权交易机构已建成运行，部分省（区、市）实行探矿权一律“招拍挂”出让，近 70% 的采矿权以“招拍挂”方式出让。

（三）围绕国土资源管理方针政策的贯彻落实，加大土地管理和矿产资源开发违纪违法行为的查处力度。运用政策、制度和遥感技术等多种监督手段，初步形成了“全国覆盖、全程监管、科技支撑、执法监察、社会监督”五位一体的执法监管体系，严肃查处了一批土地审批利用和矿产资源开发中的违纪违法行为，形成了国土资源严管高压态势，违法违规问题总体呈下降趋势。

在努力推进各项工作改革发展的同时，我们也清醒看到，在现行法规制度体系下，还存在一些不容忽视的问题，诸如土地征收管理不规范，土地征收补偿标准较低，失地农民社会保障机制不健全，土地使用权和矿业权出让制度不完备、土地管理和矿产资源开发中的违纪违法问题没有得到根本扭转等。这些问题的解决既需要在今后通过深化改革和完善工作制度不断改进，对涉及到体制机制制度方面的深层次问题。比如，农村集体土地产权主体不清、无偿使用、不能入市以及城乡土地管理制度分割等问题，必将影响到土地的管理工作，统一的土地市场建设以及征收拆迁补偿更需要认真研究，通过修法和改革试验逐步探索解决。

二、关于2013—2017年惩防体系建设任务目标和主要措施的初步考虑

土地问题始终是现代化进程中一个带有全局性、战略性、根本性的问题，而国土资源管理又支撑各行各业、影响千秋万代，对确保经济社会全面协调可持续发展具有十分重要的意义。中央高度重视这项工作。为此，我们考虑，深入开展这几项工作责任重大，任务艰巨，继续列入惩防体系建设下一个五年工作规划，按照中央关于加大改革创新力度的要求，积极推进，努力取得新成效。

（一）以深化土地征收管理制度改革为重点，切实维护被征地农民的合法权益

任务目标是：加快推进征地制度改革。完善征地补偿安置办法，逐步修正和调整征地补偿方式与标准，建立健全征地补偿争议协调裁决制度，依法保障农民合法权益。坚决遏制征地拆迁恶性案件和群体事件发生。研究建立符合社会主义市场经济发展要求、有利于维护农民土地用益物权的新型征地制度。

主要措施有：一是结合《土地管理法》修订工作，深入推进征地制度改革，严格界定公益性和经营性用地范围。继续推进缩小征地范围等改革工作，加大有偿使用土地范围，完善公益性用地标准。二是提高征地补偿标准，拓宽安置途径。完善征地补偿标准动态调整机制，试点探索农村经营性建设用地出让的市场定价机制。进一步总结推行社保费用在征地中有效落实兑现的措施办法，确保被征地农民的合法权益。三是加大土地征收动态监管力度。发挥综合监管平台作用，完善建设用地宗

地监管和土地征收备案系统建设，实现建设用地、土地征收全程动态监管。

（二）以土地使用权出让和矿业权出让市场建设为重点，加快廉政风险防控机制建设

任务目标是：加大国有土地市场配置改革力度，扩大土地市场化配置的范围，逐步取消土地供应“双轨制”。全面建立统一的土地使用权和矿业权电子交易平台，加强有形市场建设，强化市场动态全程监管。坚持土地“招拍挂”制度，按照中央调控要求，完善借地政策。

主要措施有：一是加大土地使用权出让制度改革。修订《国有建设用地划拨目录》，扩大国有土地有偿使用覆盖面。规范工业用地“招拍挂”出让，加强出让价格管理。探索建立经营性基础设施用地有偿使用制度。推动房地产用地供应向完善市场、促进土地节约利用、保障民生等多项目标管理转变。二是建立健全土地出让集体会审决策机制。加强土地出让方案、决策过程的审查监督，依法依规对土地成本审查、土地出让金测算、公告方式等进行集体会审批准。三是全面推进土地使用权和矿业权有形市场建设。逐步建立省、市、县三级联网的土地和矿业权网上交易系统。建立健全土地使用权出让和矿业权信息公开制度。加快市场监控平台建设，完善市场动态监管制度。四是加强土地评估机构管理。完善评估机构管理制度和信用记录制度。建立评估机构准入退出机制、失信惩戒机制，加大对评估机构和从业人员违规违法的责任追究力度。

（三）以严肃查办土地管理和矿产资源开发中的违纪违法案件为重点，进一步提高国土资源管理水平

任务目标是：健全国土资源执法监察新格局，加大执法监察和土地督察力度。以查处土地审批利用和矿产资源开发中的违纪违法案件为重点，严肃查处并有效遏制国土资源领域违法违规行为。严肃查处土地和矿产资源管理中利用行政审批权、行政执法权、市场监管权、资源配置权、资金管理权进行贪污受贿、滥用职权、失职渎职等违纪违法典型案件，切实发挥查办案件治本功能。

主要措施有：一是保持国土资源严格执法的高压态势。严肃查处违法征收土地和领导干部违法违规插手土地审批、“招拍挂”出让、土地估价等行为。深入开展国土资源违法违规清查专项行动，严厉打击土地管理和矿产资源开发的违纪违法行为。二是以卫片执法为重点，加大案件查处和督办力度，严格实施土地管理行政问责，严肃追究有关人员的责任。三是构建国土资源执法监管长效机制，进一步落实省、市、县、乡、村五级执法监管责任制，加强动态巡查，完善执法监察工作制度，推进执法监管共同责任机制建设。

以上汇报是我们调研的初步意见。目前，我们正在按照中央领导同志重要讲话精神，深入研究国土资源管理工作下一个五年规划的目标任务。下一步，我们将按照何勇书记重要讲话精神和中央纪委关于起草规划的要求，进一步研究并经部讨论后报中央纪委。

王寿祥同志在国土资源部机关廉政专项行动经验交流会结束时的讲话

（内情通报 2012 年第 16 期）

同志们：

这次会议很重要。刚才，副部长、部党组成员张少农同志代表部党组做了重要讲话。讲话从六个方面系统总结了机关廉政专项行动开展以来取得的明显成效，从三个方面深刻分析了当前党风廉政建设面临严峻形势和任务，从五个方面对今年继续深化廉政专项工作做了部署。少农同志的讲话思路清晰、内容充实，特别是就反腐倡廉建设与业务工作紧密结合，提出怎么看、怎么做，要求非常具体。作为一位阅历丰富的老党员，少农同志还推心置腹的和大家谈心，可谓晓之以理、动之以情，大家要很好地感悟和领会，很好地抓落实。5 位部机关和直属单位负责同志分别从不同侧面介绍了各自经验，发言各具特色，讲得都很好，值得大家学习和借鉴。

借此机会，我再讲三点意见和看法，供大家参考。

一、抓好这次会议精神的贯彻落实

这次会议后，各司局、各单位要结合实际，迅速抓好落实。重点做好两件事：

一是开一个学习研究会。各单位要认真学习贯彻中央纪委第七次全会精神，落实好国土资源党风廉政建设工作会议和这次会议的精神，结合各自单位的实际状况，针对业务职能和薄弱环节，加强调查研究，进一步理清工作思路，明确重点任务。

二是研究制定落实的具体措施。制定措施要避免空泛、大而化之，必须切实可行、有效管用。像信息中心在发言中介绍，加班加点的同志领取的每一笔加班费，都在网上可以查到，这个措施就很具体、很管用。

我想，把上面两件事做好了，今年的工作就有了一个好的开局，就会为下一步工作打下很好的基础。希望在座的各位领导，还有我们从事纪检监察工作的同志，立即行动起来，贯彻落实好这次会议精神。

二、保持专项行动的工作力度和态势

应该说，机关廉政专项行动开展以来，取得了明显的成效。我觉得成效的取得主要得益于三个方面，今后要继续保持力度，不断巩固扩大专项工作成果：

一是得益于部党组的高度重视，今年将继续加强组织领导。专项行动开展以来，部党组坚持实行月汇报制度，徐绍史部长每月主持党组会听取纪检组、专项办和推进办专题汇报，党组成员一起研究部署下个月重点任务。今年部党组将继续加强组织领导，推动专项行动规范有序深入进行。

二是得益于各司局、各单位领导班子落实得好，要继续发挥表率作用。今天5个单位的经验材料都写得很实，没有虚的东西，说明开展的工作是实实在在、富有成效的，也说明各司局、各单位领导班子亲历亲为。希望这种重视程度、工作力度要继续保持，各司局、各单位领导继续发挥表率作用。

三是得益于“两办”的督导和落实深入，要继续加强统筹协调。专项办和推进办的同志们按照部党组的要求，抓专项工作抓得很实，工作作风也很硬朗。这里应该感谢有关单位抽调人员，对“两办”工作给予了大力支持。“两办”的同志们也要继续保持硬朗、扎实的作风，在统筹协调、督促落实上下功夫，把部党组部署的各项任务分解部署好、协调落实好。

总之，今年的专项行动要继续保持态势，做到“组织机构不散，职责任务不变，工作力度不减”，部机关各司局、各直属单位要把这项工作列入重要议事日程，持续深入地抓下去。

三、认清形势、突出重点，强化廉政风险防控

国土资源管理工作涉及方方面面、关系千家万户，社会关注度高。我经常讲，国土资源部不能出问题，出了问题影响很大、“杀伤力”很强。自2010年“8.19”会议以来，国土资源系统“两整治一改革”专项工作、机关廉政专项行动都取得了明显成效，基本实现了阶段性目标。但当前反腐倡廉建设的形势依然严峻、任务十分繁重，请在座的同志们一定要认清形势，要巩固专项工作成果，突出重点环节和部位，狠抓廉政风险防控，坚决防止反弹。

第一，从整个系统看，形势依然严峻，要始终把反腐倡廉建设摆在突出位置。

当前国土资源系统党风廉政建设形势总体是好的，去年我们抓了一年，违纪违法案件数量下降了44%，成效明显，但要看到形势依然严峻。一是国土资源领域是党风廉政建设的重点领域，我们面临多重检验。无论是重点围绕失职渎职的案件查处，还是针对工程项目和大额资金使用的审计，乃至围绕解决突出问题的专项治理工作，都要涉及国土资源管理，都要涉及国土资源部门，我们整个系统这支队伍面临着多重检验。二是来自我们自身的压力。新时期国土资源管理要深化改革创

新、攻坚克难，需要依靠一支素质过硬的干部队伍，我们必须不断加强内部管理、自我加压，打造一支勤政廉政的队伍。三是外部环境的考验。国土资源系统广大干部身处工作第一线，行政环境、社会环境复杂，时刻面临着严峻的腐蚀与反腐蚀考验。

第二，从部机关看，形势也依然严峻，决不可掉以轻心。

当前，部机关面临的形势也是比较严峻的，案件时有发生。有违纪的，也有违法的，有的是设立“小金库”、违反了财经制度，严重的还出现套取资金甚至贪污受贿的现象。违法违纪主体也涉及各个层面，从一般职工到中高层干部、从在职的到离退休的、从事业单位到行政机关。作为纪检组长，部机关和直属单位每出一件事、每带走一个人，我晚上都睡不好觉，心里感到非常难过、非常不安。面对反腐倡廉建设的严峻形势，我们大家决不可掉以轻心、决不能有丝毫的懈怠，一定要时刻绷紧反腐倡廉这根弦。

第三，要抓住三个关键环节，切实强化风险防控。

一是抓好审批权力运行的规范和制约。我们抓审批制度改革、推进制度的“立改废”已经多年，也取得了很好的成效。但形势依然不容乐观，围绕审批环节的权钱交易现象时有发生。有的搞权钱交易，这种案件一旦暴露出来就触目惊心，如果有机关干部参与进去，后果十分严重。广大党员领导干部要增强自我约束意识、提高自我约束能力。能够约束自己也是一种能力，凡是有责任感的人，一般来说都能约束住自己；没有责任感的人，就容易放纵自己，容易犯错误。各位司局长一定要抓好审批权这个关键环节，如果有人背后搞以权谋私，不听招呼、不理劝诫、不思悔改，该交流的一定要交流，该处理的一定要处理，对于搞权钱交易、违纪违法的，要坚决严惩不贷。

二是抓好项目管理和资金使用。从以往掌握的案例看，项目和资金使用环节也是违纪违法“重灾区”。有的人管项目、管资金，私自把国家的项目和资金转移出去，自己建立公司，自己批项目给实施单位，搞所谓“远期投入、长期效益”，实际上是严重的违法行为。什么是违法、什么叫受贿，法院、检察院那里都有条款、都有依据，我们不能做法盲、不要想当然、不可麻痹大意。对于掌握重大项目、大额度资金使用的单位，一定要高度重视强化项目运作的控制、资金使用的监管，要采取切实措施强化管理，确保项目规范运转、资金安全使用。

三是抓好常态化的廉政教育和管理。我们机关很多干部、尤其是年轻干部都有高学历，都有良好的教育背景，博士生、研究生很多，这是他们的优势。但是，不少同志大学毕业就进了机关，经历比较简单，面对复杂的社会环境和浮躁现实容易迷失自我，一不小心就会“陷进去”。因此，对他们要加强教育、严格管理、真心帮助，使他们不犯错误、少犯错误，或者犯了错误能有补救、调整和改正的机会，不要一失足成千古恨。那些因涉嫌违纪违法的机关干部，锒铛入狱，有的30多岁、40多岁，孩子还在上小学初中、有的在准备高考；有的50来岁，本来事业有成，一念之差却成了阶下囚，多可惜呀！家庭哪还有幸福可言！我们一定要加强教育，经常提醒、反复提醒，同时严格管理、严加防范。

这次会后，希望大家结合本单位的实际，认真落实好少农同志的讲话和会议精神，把今年的反腐倡廉建设抓实抓好。

（理论实践卷）

守护国土资源事业发展的生命线

——国土资源系统建立健全惩治和预防腐败体系建设工作回顾

（2008—2012）

王寿祥 主编

人民出版社

目　录

惩防体系建设理论研究

部党组经验材料

地方和有关单位经验做法

惩防体系建设理论研究

国土资源部系统惩治和预防腐败体系建设研究

一、惩防体系建设的理论基础

（一）惩防体系的内涵

惩防体系的全称是教育、制度、监督并重的惩治和预防腐败体系，是由教育、制度、监督、改革和惩处五个环节组成的有机的整体。从功能来看，既要惩治又要预防，更加注重预防；从制度价值趋向来看，既要治标又要治本，更加注重治本；从实体内容来看，既要建立惩戒机制又要构筑预防制度，更加注重制度建设。

（二）惩治与预防、治标与治本的关系

惩治和预防是反腐倡廉工作相辅相成、相互促进的两个方面。治本，是指从源头上预防和治理腐败现象，巩固和发展反腐败已经取得的成果，从根本上解决腐败问题。治本的特征：一是根本性。从人的思想和权力分配的源头上解决问题。二是预防性。从可能产生腐败思想和出现权力滥用的角度出发，对人们进行超前的思想道德教育和建立健全对权力进行有效制约的严密的制度。三是稳定性。一般是指防止腐败行为发生的制度性措施。治标，是指那些通过查办腐败行为的有关政策和策略的调整，在短时期内取得遏制腐败的成效。治标的特征：一是随机

性。治标措施是根据不同时期，反腐败斗争形势需要，而采取的具有临时性的严惩腐败行为，具有随机性。二是震慑性。治标措施是指通过采取有效措施，严厉打击腐败行为，把腐败分子的猖獗活动抑制下去的措施。三是滞后性。由于治标措施往往是在已经发生腐败行为之后才采取的措施，具有滞后性。

（三）党风、廉政建设、惩防体系与反腐倡廉建设的关系

党风是指政党及其成员思想作风、工作作风和生活作风的总称。党风既作为党员个人思想、行为的风格而存在，又体现为党组织及整个政党的风貌和形象。反腐败包括两个方面内容：一是防范腐败；二是揭露、追查和惩治腐败。廉政建设也是反腐败的重要内容，廉政建设贯穿于反腐败的始终。

惩防体系是关于如何惩治和预防腐败的体系，是围绕腐败展开的，从某种意义上讲也是廉政建设的重要组成部分。惩防体系作为反腐倡廉建设的重要组成部分，是反腐倡廉建设的关键支点，是当前推进反腐倡廉建设重要抓手。

二、国土资源系统反腐倡廉工作的基本情况

（一）严肃查处涉土涉矿领域违法违纪案件，大力惩治腐败行为

2001 年以来，国土资源系统案件呈现出了“两低一高”的特点。国土资源系统腐败发生的基本特点：一是土地管理环节的发案率要远高于矿产资源管理环节。二是以权谋私、行贿受贿是主要的腐败表现形式。三是腐败主体是市县国土资源部门主要负责人（正副局长）。四是各地对腐败案件惩处力度偏软。五是土地开发整理项目、地质灾害项目成为继土地出让领域后易生腐败的重点领域。

（二）扎实推进党风廉政教育，党员干部廉洁自律意识有所增强

国土资源系统每年按照中央纪委全会和国务院廉政会议的总体部署，开展不同形式的主题教育活动。认真执行“四大纪律、八项要求”

和《国土资源管理系统工作人员禁令》等廉洁从政各项规定。各地国土资源部门采取不同教育形式，开展多种形式的警示教育，使广大党员干部在思想上受到教育。

（三）加强制度建设和执行力，牢固构筑防治腐败的制度防线

近年来，国土资源部和各地国土资源部门把制度建设作为推进反腐倡廉建设的重要抓手，用制度管权、管人、管事，推动各项法律政策的“立、改、废”。2001 年以来，国土资源部积极开展了三项制度改革，即，行政审批制度改革、财务管理制度改革和干部人事制度改革。2004 年以来，各省(区、市）取消行政许可事项 97 项，改变管理方式 54 项。在财务管理制度改革和干部人事制度改革方面，制定了《土地开发整理项目及资金管理工作廉政建设规定》、《矿业权审批登记发证工作廉政建设规定》、《国土资源部政府采购实施办法》、《关于深化干部人事制度改革的实施意见》等。以建立健全干部选拔任用管理监督机制为重点，进一步完善干部公开选拔、领导干部交流、竞争上岗、任职回避、经济责任审计等制度，加大了干部轮岗交流的力度。

（四）加强政风建设，切实维护征地群众的切身利益

各级国土资源部门把纠正征地中损害农民利益问题作为政风建设的一项重要工作。2004 年，清理整顿了各类开发区，使总量核减了 70.1%，全国共清理出 1999 年以来征地拖欠农民补偿费 175.46 亿元。2005 年，部系统制定了纠正征地中损害农民利益问题的工作意见，给农民的征地补偿费增加 2.3 亿元，全国已有 300 多万被征地农民纳入了社会保障体系。2006 年，全国共核减不合理用地 9.2 万亩，各地基本完成了征地统一年产值标准和区片综合地价测算工作，全国 50% 的省出台了被征地农民实行社保的政策文件，因征地纠纷到部的来访批次与人数同比分别下降了 28.2% 和 25.2%。到 2007 年时，解决侵害农民土地权益问题，成为国土资源领域纠风工作的重点任务，大力推进征地补偿安置争议协调裁决制度。

（五）强化对领导干部和重点部位的监督，从源头上防治腐败

国土资源系统开展了领导干部述职述廉、任前廉政谈话、诫勉谈话等工作，对各级领导班子落实党风廉政建设责任制情况和廉洁自律情况进行考核测评，重点加强了对领导班子及其成员执行“四大纪律、八项要求”及重大事项决策、重要干部任免、重大项目安排和大额度资金使用情况的监督（三重一大）。落实巡视制度，有的地方对“一把手”加强了权力制约监督的力度，各地积极落实特邀监督员制度，并通过在当地媒体开辟专栏、开通行风热线、开设局长信箱等方式，主动接受监督。对重点部位和环节监督方面，各部门加大了对“人”、“财”、“物”的监督力度，有力制约了行政权力的各种异化行为。加强对土地和矿业权审批、出让等重点环节的监督。

（六）深化管理体制改革，推动国土资源系统反腐倡廉建设

一些地方探索建立更深层次的管理模式，如北京、天津对区局实行了人财物的垂直管理；绝大部分省份、市县进一步强化执法监察机构的职能和权限，执法监察机构提升半格或者干部高配，70.6% 的基层国土所成为县级派出机构。2003 年，随着中央对派驻机构实施统一管理政策出台后，纪检监察部门的领导体制由中央纪委、监察部和驻在部门双重领导改为由中央纪委、监察部直接领导。纪检监察机构实行统一管理后，纪检组监察局的职能得到进一步强化。

三、国土资源管理系统反腐倡廉建设存在的问题及建议

（一）党员领导干部作风建设不容乐观

当前国土资源管理系统的干部队伍作风上还不能完全适应新时期国土资源管理工作的需要。有的干部精神状态不佳，不思进取、守摊度日，不求有功、但求无过的思想比较突出。有些土地和矿产违法违规的事就发生在自己的眼皮底下，甚至已达多年，不敢抓，不愿报，得过且

过。有的干部在保护资源与保障发展的尖锐矛盾中摇摆不定，有畏难情绪，落实科学发展的自觉性不强，立场不坚定。有的干部自律不严，不讲党性讲交情、不讲原则讲关系，存在行政慢作为、不作为，甚至乱作为的问题。

（二）教育在反腐倡廉建设中未充分发挥基础性作用

一是对反腐倡廉教育的认识还不统一。认为党风廉政建设和反腐败工作就是惩处腐败，是纪检监察部门的事情，教育不会起到实质性作用。在这样的认识指导下，教育活动就很难产生实效。二是反腐倡廉教育内容缺乏针对性、教育方式缺乏灵活性。在教育方式上，笼统式教育多，属于突击式教育，有针对性的分类教育、专题教育少，落后于反腐败斗争形势的发展和人们精神需求的增长。在运用案例教育中，正面典型树得太少，反面典型虽多，但也存在身边典型剖析不够和教育形式单一等问题。三是反腐倡廉宣传教育缺乏协同性。当前系统内各部门的教育活动，基本上孤军奋战，机关有机关党委、人事司，事业单位有宣教中心、信息中心、报社等，但是缺乏有效运作机制，没有形成合力，在一定程度上削弱了反腐倡廉教育的声势和效果。

（三）法规制度建设与反腐倡廉建设新要求还不适应

一是法规制度不健全。在矿权出让和项目发包环节中相关制度缺失，导致矿业权出让和项目发包成为继土地后国土资源领域腐败高发易发的环节；有的制度缺乏相应的配套制度或实施细则，有的反腐倡廉制度的制定忽略了与部门业务管理制度规定相衔接。特别是在国土资源管理工作的一些关键环节，还缺乏相应制度规范。二是制度缺乏可操作性。一些土地和矿产资源管理制度对权力的控制不足，在实践中缺乏可操作性，制度的实体性和程序性没有很好协调起来，很容易导致执法人员滥用权力。三是制度执行力不强。有的制度在实际工作中并未严格执行。有的地方和单位执行制度随意性大，党内各项监督制度落实不严，甚至有的对严肃的政纪处分决定在执行中也打折扣。

（四）对党员领导干部和重点部位的监督还存在虚化和弱化

一是对主要领导干部监督乏力。党内对领导干部的监督已经有一套明确的制度，但是这些制度在国土资源系统还是没有完全落实到位，制度执行力严重低下，不敢主动开展监督工作，即使开展监督工作也基本上是程序性的，没有抓住问题的实质进行深入监督。实际上大部分腐败案件是在主要领导干部这个层面。二是对重点部位和环节权力运行的监督尚未到位。国土资源管理部门在开展各项审批和监管工作中，相应地监督工作没有及时跟进，对行政权力的制约力量偏弱。如在调查中，从监督到位程度看，认为土地出让环节的监督到位程度“较差”的比例，排在所有认为“较差”的权力运行环节首位，在实际操作中，监督部门仅在“招拍挂”现场象征性参与监督，对标底的确定、出让方式、出让程序等重要环节难以实施有效的监督，从而使监督流于形式。三是监督机构和队伍建设与当前反腐倡廉工作的要求还不相适应。与所承担的任务相比，当前纪检监察力量还是很薄弱，纪检监察部门的机构、级别、编制和人员综合素质难以适应反腐倡廉工作的新要求。

四、土地和矿产领域反腐倡廉现状及原因分析

（一）土地领域反腐倡廉建设现状及原因分析

1. 土地领域腐败行为的总体特点

一是市县两级部门的“一把手”直接参与的占比例非常大，并且一般都是窝案串案，涉及金额大。从公开受审的143个腐败案件抽样分析调查可以看出，市县级国土资源局长和主管局长所占比例高达37%，许多单位的土地管理审批的负责人，甚至是具体的工作人员，在单位都有很高的地位，他们一般都与主要领导的关系非常密切。

二是土地领域的腐败不仅局限于国土资源部门，地方政府和村集体的干部参与腐败占了相当大的比例。从对抽样的案件分析来看，党政领导和村集体干部所占比重达到15%，地方国土资源部门在履行国土资

源管理职能时，许多地方政府领导随意插手土地审批、出让、发证等事项，滋生了大量的腐败。农村集体土地被转用征用和出租，大量征地补偿款，被基层的村干部挪用和贪污，也是土地管理领域一个很重要的腐败点。

三是土地领域腐败案件具有多发性、连续性、群体性和隐避性等特征。当前我国处于工业化、城市化高速发展时期，土地资源供应日趋紧张，土地管理部门负责土地审批的个人的权力被无限放大，直接导致了违法批地问题高发多发，而背后的领导腐败也呈现出了易发频发高发的局面。土地审批大权往往都集中在几个关键部门手里，而且都是“一把手”直接参与，这样很容易形成自上而下的群体作案。

四是土地领域的腐败会产生严重的社会影响，损害了广大人民群众的，尤其是失地农民的利益。土地出让存在大量腐败现象，房地产商与土地审批部门相互勾结，腐败公关层层加码，增加了房地产市场的交易成本，从而进一步推动房价上涨。另外，在征地过程中存在各种各样的截留、挪用、贪污补偿款等腐败行为处于高发的态势，在所统计的案件中，由拆迁安置和征地补偿引发的腐败案件高达35%。

五是土地整理和土地储备交易领域的腐败成为新领域。当前土地整理的各项制度还存在不规范，造成了在项目立项、资金监管、拨付、验收上存在很多的漏洞，大量的资金被贪污、挪用。土地储备环节的不透明已经成为土地市场最大的黑洞。尽管经营性用地的出让表面上已经实现透明化，但众多前后环节仍留有“协议”性质。储备工作人员违规提供保密信息，违规低价出让被征用储备的土地，通过各种关系将工业用地转为其他建设用地，或以“租用农村集体性质土地”的名义占耕地为建设用地。

2. 土地管理领域发生腐败行为的主要环节和表现形式

一是土地规划环节发生腐败行为的总结分析。

当前，在查处规划腐败的案件，并不是国土资源部门的土地规划腐败，而是在建设部门，即城市规划腐败。从目前查处的案件分析看，城市规划腐败的主要权力点表现为，一书两证的发放。规划审批对开发商最为关键的就是容积率和土地用途，是当前城市规划腐败最易产生的部位。规划部门的审批权、自由裁量权过大，过于集中，又缺乏监督，是导致权力寻租的根本原因。规划部门拥有规划审批权外，项目最后验收也是规划部门容易滋生腐败的环节，即行政执法权。

减少城市规划的腐败必须从三方面入手：一要简化行政审批的手续，限制审批部门的自由裁量权。要严格将审批权和经办权分开。二要加大对规划审批部门的监督和制约力度。对事关公共利益的重大审批事项，建立社会质询制度，加大权力的制约力度，落实审批会审制度，对长期在重点岗位、重点部门的工作人员加快轮岗速度。三要建立监督跟踪机制。容积率和土地用途是土地出让金的确定重要指标，如果改动规划也要调整出让金。国土部门和规划部门应该建立一个部门联合的监理机构，建立协调协作机制，监督项目的运行。

二是土地审批环节产生腐败行为的总结分析。

土地审批产生腐败的表现形式为：第一，违规办理土地变更登记，私自改变土地用途。第二，违规办理批地手续和土地使用权证。第三，非法低价出让或转让国有土地使用权和集体土地使用权。第四，违规办理征用手续。第五，擅自减免地价和减、缓、免城市建设配套费，大搞权钱交易。第六，审查和批准农村宅基地。第七，违规办理罚款手续规避土地出让手续。第八，通过转让地上房屋所有权，变相低价转让土地使用权。

减少土地审批环节产生腐败的措施有：一要将原划拨土地尽快实行并轨管理。二要规范和创新土地审批行政行为。三要按照宏观管理和微观操作相分离的原则，对现行的土地市场进行分解。

三是土地出让环节产生腐败行为的总结分析。

土地出让环节在八个方面容易产生问题：第一，供地方式的确定。第二，土地评估环节。第三，信息披露环节。第四，土地出让条件设置。第五，活动组织实施。第六，出让合同签订。第七，计划立项和规划定点。第八，土地出让金的处理。究其原因主要有：第一，土地供应的“双轨制”，协议出让和“招拍挂”共存是根本制度障碍。第二，部门地方存在“权大于法”问题。第三，土地出让过程存在很大的自由裁量权。第四，土地出让工作，涉及政府多个部门，缺乏统一协调，导致土地出让难以监管到位，为不法分子钻空子提供了条件。

减少土地出让环节产生腐败的对策：一要建立规划条件确定及调整的公开制度规范，改革不适应市场经济要求的程序。二要大力推行土地市场化建设，充分发挥市场配置资源的基础性作用。三要全面完善土地公开出让制度和措施，加大腐败成本。四要进一步细化土地出让相关技术规范，逐步消除人为自由裁量权。五要建立土地出让全程监管体系，加大监督检查力度。六要进一步推进土地出让公开工作，便于社会监督。

四是土地开发整理环节产生腐败行为的总结分析。

土地整理领域腐败案件的主要特点有：贿赂案件比重大，权钱交易明显；作案周期短，案值高；违法行为与渎职行为相互交织，严重损害国家利益；犯罪手段多样，利用土地整理工作各个环节管理上的漏洞作案较为突出。究其原因主要为：第一，土地整理项目管理权力过分集中，没有形成有效权力制约，缺乏集体决策机制。第二，没有有效引入公开公平的竞争机制。第三，内部监督制约机制不健全。

建议采取五项措施：第一，项目立项环节。要规范立项论证程序，建立和完善土地整理项目统一和公开的立项，立项决策集体研究决定等制度。第二，项目发包环节。主要是要引入市场竞争机制，逐步规范土地整理的工程建设市场。第三，项目施工管理环节。要建立好工作责任并层层加以落实，加强对施工管理各项内容的审查与审核。第四，项目验收环节。必须严格把好工程验收关，建立对项目的不同时间、不同层次以及不同主体的验收制度。要特别重视审计的监督作用，主动引入外部的、社会的审计。第五，工程款拨付环节。要加强资金预算把关，其次在工程实施中，要完善财务管理制度，根据不同情况，具体细化分级把关，领导审定和集体决定的各种制度。

五是土地补偿环节产生腐败行为的总结分析。

存在的问题有：第一，在发放环节，部分领导私自截留、挪用、拖欠征地补偿费，侵占农民利益。第二，在补偿费计算环节，个别办事人员与村集体领导弄虚作假，侵吞补偿资金。第三，在征地前，违规泄漏征地消息，纵容临时搭建征地附着物，获取高额补偿金。究其原因为：第一，畸形的政绩观和利益驱动，是造成征地补偿问题的思想动因。第二，由于征地时的补偿安置费用与供地时的国有土地出让金形成巨大的反差，政府通过低价征地、高价出让，获得巨额利润，这种反差是导致土地补偿不合理的现实原因。第三，政府征地权力得不到制约，农民又处于弱势，造成征地补偿问题。第四，征地范围过宽，补偿标准过低。第五，征地拆迁补偿安置标准缺乏具体法律规定，征地拆迁补偿政策较乱。第六，农村村集体干部存在的腐败现象难以监管。

建议采取五项措施：一要严格界定公共利益用地的范围，建立严格的公共利益审查制度，对征地目的进行核准，防止地方政府滥用征地权，而非公共利益的土地权属转移应该交由市场解决。二要加大征地补偿工作的公开力度，要建立征地公告和听证制度。三要严格征地补偿费的分配和使用，规范资金拨付管理，探索推行征地补偿资金“直通车”拨付制度，探索试行征地补偿款实名支付制度。四要积极研究探索征地补偿安置争议协调裁决机制。五要加大对征地拆迁费用的保障。对农民的土地要统一定价，统一办理征迁。

六是土地评估环节产生腐败行为的总结分析。

存在问题有：第一，评估项目发包环节。不少评估机构为了得到评估业务，向有关单位和个人支付回扣、佣金、介绍费或者恶意降低价格等方式招揽业务。第二，迁就委托方的意见，抬高或者压低评估价格。第三，为了得到较高的评估费，向潜在的土地使用权人作出应该有的承诺，更有甚者以评估结果相要挟索贿受贿。第四，个人利用信息不对称的便利捞取好处。第五，故意向有关方泄露商业秘密或者土地出让底价。第六，有关行政机关或工作人员为谋取利益，指定评估机构或者干预评估行为。主要的原因是国土资源管理部门对土地评估部门监管不力。

七是土地执法环节产生腐败行为的总结分析。

存在问题有：第一，执法人员对土地违法行为视而不见，听而不查，甚至利用执法权代替审批权。第二，在处理具体违法案件中，不依法办事，吃拿卡要，为请托人减少罚款数额，使土地违法者逃脱法律的制裁。第三，办案人员存在随意贪污、截留和挪用罚没收入，对案件当事人处理不到位等现象。究其原因主要为：第一，土地执法机构建设不合理，人员素质不高。第二，国土资源管理体制不顺。第三，法规制度缺陷。

建议采取五项措施：一要加大对土地执法人员的教育力度，定期建立学习制度。二要把执法人员由本级管理改为上一级垂管，使他们独立办案；在经费上，统一核定，财政拨款；在物资管理上，上级国土资源部门根据国土业务需要，给下属单位配置必要的办公、交通用具。三要进一步增强法规的可操作性，规范移送移交程序，统一标准，国务院要协调相关行业出台司法解释，以解决急需解决的问题。四要规范执法监察行为。建立巡回监察责任台账，严格执行巡回监察制度，建立处罚决定集体会审制度。五要实行行政执法过错责任追究制度。

（二）矿产领域反腐倡廉建设现状及原因分析

1. 矿产领域腐败行为的总体情况

在矿产资源管理中有 4 个环节的案件发生率较高，依次为矿权出让、矿权审批、矿权评估、矿产执法。具体表现在：第一，为不法矿主充当保护伞或对非法开采矿产资源纵容默许。第二，违规越权出让探矿权、采矿权，违规办理审批探矿权采矿权的延续、变更等手续，违规发放探矿权证、采矿权证。第三，矿业权评估不规范。有的评估机构为了承揽项目，游说于政府管理部门和委托人之间，刻意压低价格，减少必要的工作程序，甚至弄虚作假，迎合出资方意愿，任意高估或者低估矿业权价值。第四，在对矿业权“招拍挂”中，违规为矿主提供招标信息，使其获得矿权。第五，矿产执法人员吃拿卡要，收受贿赂，对违法开采行为视而不见。第六，在办理各种矿权纠纷中，不按照法律规定进行裁决，违规为行贿方提供帮助，损害对方矿主的利益。第七，在处理土地纠纷中，不按照事实和依据依法处理纠纷案件。

2. 矿产领域产生腐败行为的原因分析

第一，矿产资源审批“双轨制”是根本原因，即在公开拍卖矿权同时，还有很大一块是通过行政审批获得的，矿业权行政审批与市场取得的方式并存。第二，2002 年以来，由于矿产品价格的持续走高，促使矿业成为各种利益博弈的热点，这是矿业权审批环节滋生腐败的直接原因。第三，矿产资源管理制度不完善，存在漏洞，是矿产资源管理领域滋生腐败的重要原因。第四，矿产资源管理部门权力过于集中。

3. 预防矿产领域腐败行为的建议

第一，大力推进矿业权的市场建设。第二，进一步规范矿业权交易，建立矿业权交易机构。第三，矿业权评估机构应该加强行业自律管理，政府要转向以监督管理为主。第四，要加大对矿产资源执法队伍的监督力度。建立目标考核责任制和责任追究制度。

五、构建国土资源系统惩防体系研究

（一）从国家廉政体系的视角建立惩防体系

廉政体系是一种有效的诊断和防治腐败的新模式，这个体系的设计要更加体现出预防的功能，更加注重治本方面的制度建设。

（二）从系统论角度研究建立惩防体系

一要坚持系统的整体性。突出三大子系统配置，一是预防腐败子系统。要全面掌握腐败的相关理论，重点要摸清楚腐败的形成路径。二是惩治腐败子系统。就是惩处滥用权力的行为，综合运用惩处手段，充分发挥查办案件的治本功能。三是协调保障子系统。预防腐败子系统和惩治腐败子系统建设涉及各个部门，不仅需要软件建设的支撑，必要的硬件必须也要配备。

二要坚持各要素之间的联系性。惩防体系的关键不是建立多少制度，而是能否根据权力运行状况，综合各种反腐败要素，做好科学的机制设计，然后按照机制的要求构建制度体系，通过机制的作用实现制度的有效运转。

三要突出系统的递阶性。按照递阶性原理，针对惩防体系三个子系统，按照权力运行轨迹，设计若干机制，机制之下建立若干相互关联、相互作用的制度。

四要突出系统的重点性。国土资源部门建立的惩防体系更多的要考虑国家赋予的土地矿产管理职能中存在的问题，要围绕本身拥有的权力和规范权力运行过程来构建惩防体系。

（三）从控制论角度研究建立惩防体系

在惩治和预防腐败体系中，当控制主体（负责反腐败工作的领导和组织）将控制信息（它体现在宣传教育机制、规范权力机制、监督制约机制、查处惩治机制）传递到被控制对象(国土资源系统干部职工队伍)并发生作用后，体系能够将执行控制信息的情况通过监测评价渠道反馈回来，并为下一步实现对腐败的惩治和预防控制提供依据，确保惩治和预防腐败体系向既定目标发展。

（四）国土资源系统惩防体系的基本框架

确立国土资源系统的惩防体系基本框架主要分为三个层次，其一是建立三个子系统；其二是建立八个机制，预防腐败子系统包括宣传教育机制、规范权力机制、监督制约机制、评价监测机制，惩处子系统包括查办惩处机制和案件转化机制，协调保障子系统包括工作协调机制和工作责任机制；其三是在各个机制下建立健全各项制度。

六、国土资源系统惩防体系建设的总体要求

（一）坚持正确的指导思想

坚持以马克思列宁主义、毛泽东思想、邓小平理论和“三个代表”重要思想为指导，深入贯彻落实科学发展观，紧紧围绕国土资源工作大局，坚定不移地贯彻标本兼治、综合治理、惩防并举、注重预防的战略方针，更加注重治本，更加注重预防，更加注重制度建设，全面贯彻落实《实施纲要》。

（二）坚持基本原则

全面理解和准确把握《实施纲要》的基本精神，结合国土资源工作实际，继续坚持探索和遵循反腐败斗争规律。坚持以改革统揽预防腐败的各项工作，着力解决贯彻落实《实施纲要》中出现的新情况、新问题，把反腐倡廉的要求寓于各项重要的改革措施之中，以新的举措增强工作的主动性和有效性。

（三）坚持科学的方法

第一，计划阶段。深入研究国土资源系统业务管理和常规管理的特点，确立惩防体系框架，明确惩防的目标、任务，根据框架制定相应的实施细则和行动方案。第二，执行阶段。严格执行实施细则和实施方案。第三，检查阶段。检查是否依计划的进度在实行，是否达成预定的计划。第四，改进阶段。根据执行过程中存在的问题，提出新的改进措施和对策。

七、国土资源系统惩防体系建设的措施建议

（一）对国土资源系统反腐倡廉建设的建议

1. 深化政务公开，探索建立国土资源系统行政权力公开运行机制

为进一步推进行政权力公开工作，建议探索建立国土资源系统行政

权力公开运行机制；要加强配套制度建设，建立健全主动公开和依申请公开制度、公开信息的评估制度、政务公开评议制度和责任追究制度，进一步落实政务公开责任制，将政务公开工作情况纳入年度考核。

2. 加大国土资源市场化建设力度，发挥市场配置资源的基础性作用

要继续深化市场改革，全面落实经营性用地和工业用地招标拍卖挂牌出让制度。要研究解决落实工业用地出让中的新情况和新问题，加快推进工业用地招标拍卖挂牌出让制度落实。要进一步缩小划拨用地范围，经营性基础设施用地实行有偿使用，提高市场出让国有建设用地使用权的比例。要全面落实矿业权有偿取得和矿产资源有偿开采制度，推进矿业权市场化建设，完善矿业权一级市场，加强矿业权转让二级市场的管理。要抓紧制定《关于矿业权价款评估的有关规定》，统一规范矿业权价款评估的管理方式。完善矿业权评估方法和评估准则规范等制度建设。

3. 推进电子政务建设，把权力交给“电脑”，规范行政行为

要建立责任型政府和服务型政府，就要依托电子政务来建立强大的信息查询系统，切实保护群众的合法权益不受损害。电子政务的运行，为国土资源系统全面推行“阳光行政”提供了坚实的基础和平台。

4. 健全轮岗交流制度，对有审批权、执法权和人财物管理权岗位的工作人员实行定期轮岗交流

尽快出台国土资源系统统一的制度规定，明确轮岗交流的法律对象、范围、技术保障措施等。要实行优惠政策，增强平凡岗位的吸引力，鼓励干部在不同的岗位上无私奉献。要重点抓好“热点”、“重点”岗位轮换。实行轮换任职制，并实行离任前考核审计制，对政绩突出者给予其晋职升级奖。

5. 加大反腐倡廉制度的执行力，充分发挥制度的基础性作用

增强广大党员干部的制度意识，把制度理念渗透到人们的行为准则之中，努力营造认真学习制度、遵守制度、执行制度的社会环境。对上级下发的各项制度要进行细化落实，注重制度的系统配套。要公开公

正，坚持制度面前人人平等。

6. 进一步完善反腐倡廉制度的保障力，有效提高制度的执行力

建立健全科学的运行机制，营造强有力的制度保障体系。建立规范的学习宣传机制，学习宣传反腐倡廉制度规定。建立制度执行的考核评价机制，把执行制度的情况作为党风廉政建设责任制考核、述职述廉的重要内容，建立健全制度执行情况的信息反馈机制。

（二）对国土资源系统惩防体系建设工作的建议

1. 深入推进反腐倡廉教育工作，发挥教育的基础性作用

大力开展政治理论教育，不断提高党员干部的思想政治素质；深入开展政策法规教育，不断提高党员干部依法履行职责的能力；切实加强廉洁从政教育，不断加强和改进管理机关和领导干部作风。

2. 建立和完善反腐倡廉的制度体系，发挥制度的保障性作用

一是健全完善科学决策机制，严格实行民主集中制，健全集体领导与个人分工负责相结合的制度。推行重大问题和任用重要干部票决制。规范土地和矿业权审批的集体会审制度。完善国土资源听证制度。建立健全纪检监察部门依法监督决策过程的制度，探索建立有效的决策失误责任追究制度。二是完善人财物管理制度。坚持和完善领导班子和领导干部综合考核评价制度。建立健全科学的干部选拔任用和管理监督机制，完善选拔任用决策机制。完善部门预算、国库集中收付等财政制度，认真贯彻“收支两条线”的管理制度。实行重大项目审批会审制度和项目公示制度。规范和完善项目招投标和政府采购等制度。三是认真贯彻反腐倡廉基本制度。落实完善述职述廉、诫勉谈话、函询和党员领导干部报告个人有关事项等制度。坚持党委和纪委负责人同下级党政主要负责人谈话制度。健全信访突出问题联席会议协调机制，完善行政复议程序。

3. 健全权力运行监督制约机制，发挥监督的关键性作用

一是加强对土地、矿业权审批出让、项目管理、财务管理、干部管理等重点环节和部位权力行使的行政监督，凡属重大决策、重要干部任

免、重大项目安排和大额度资金使用等重要问题，必须经集体讨论作出决定。二是认真落实党内监督条例。抓住责任分解、考核、追究等关键环节，落实和完善党风廉政建设责任制。改进国土资源部系统巡视工作，加强对领导班子主要负责人的监督检查。三是充分发挥监督的综合效用。切实加强党内监督和行政监督。重视发挥社会监督的作用；不断完善国土资源信访举报制度；重视研究解决舆论媒体反映的热点问题。

4. 加大改革力度，提升防治腐败的工作进程

一是对现行的行政审批事项再进行集中清理，进一步减少行政审批事项。二是严格禁止“以租代征”使用农民集体土地。严格控制征地规模，规范征地程序，完善征地补偿和安置办法，推进征地纠纷协调仲裁机制和排查化解工作。指导各地公布实施新的征地补偿标准，建立征地补偿标准的更新调整机制。三是加强对省以下国土资源管理体制运行情况的调查研究，配合有关部门通畅国土资源干部交流渠道。协助指导基层国土所建设，继续深化地质勘查体制改革。改进国家土地督察方式，探索建立新型的政事关系。

5. 加大对违纪违法行为的惩处力度，充分发挥惩处的治本功能

不断加大对违纪违法案件查处力度；开展专项治理，严肃惩处利用职务上的便利谋取不正当利益的行为；完善查办案件的组织协调机制，加强与其他执纪执法部门的协调配合。综合运用纪律处分和组织处理等惩处方式，加大组织处理力度。

国土资源系统惩治和预防腐败体系建设跟踪评估

一、行政权力的制约和监督

（一）行政权力制约监督方式变迁

权力的分散制约。改革开放以来，以权力适度分散化为主线的党政分开、政企分开、权力下放、国家和社会分开的努力取得了明显的成效，权力主体从一元走向多元，各种权力主体在博弈中开始相互制约。

权力的专门监督。改革开放以后我国先后恢复了纪检、检察、监察、审计等专门的监督机关，并对它们实行双重领导体制以强化这些专职监督机构的独立性和权威性。

权力的法治制约。2000 年通过的《中华人民共和国立法法》使我国的立法步入了规范之路。1997 年颁布了《中华人民共和国行政监察法》，2004 年 10 月，《中华人民共和国行政监察法实施条例》开始实施，2006 年 8 月，《中华人民共和国各级人民代表大会常务委员会监督法》获得高票通过，标志着监督体系日益完善。

权力的依法公开运行。2004 年 3 月，国务院发布《全面推进依法行政实施纲要》。2004 年 7 月，《中华人民共和国行政许可法》实施，促使政府从权本位转换到责本位。2008 年 5 月，《中华人民共和国政府信息公开条例》开始实施，随着行政程序、行政审批、行政监督、政务公开等方面的改革，行政执法变得越来越“规矩”，依法行政迈出坚实步伐。

权力的信息技术制约。1993 年以来，我国积极推进电子政务建设，围绕“两网一站四库十二金”重点展开，努力探索权力监督的电子化。部委、省级和地市级政府网站拥有率超过 90%，县级政府网站拥有率超过 80% 以上，各级政府平均网站拥有率达 85% 以上。

权力的舆论监督。公众在获知真相的前提下，通过正当的渠道和传播媒介，行使法律赋予的监督权，以表达舆论、影响公共决策、对公共行为进行监督。舆论监督的形成和发起没有固定的程序和模式，公众以公开的、自然形成的集合意见的形态，对监督对象进行察看和督促。

权力的社会监督。举报在权力监督中也发挥着重要作用。中纪委有关负责人指出，公民信访举报已经成为发现腐败案件线索的一条重要渠道，有的省份检察机关 80% 以上的腐败案件线索是通过公民举报发现的，公民举报在权力监督和反腐败中发挥了重要作用。

（二）政务信息公开

1. 2008 年中国政府网站绩效评估

2008 年，中国政府网站绩效评估工作包括了指标体系研究制订、网站建设专题活动、日常监测、用户认知度和满意度调查、综合评估及结果发布等 5 方面主要内容。本次调查对象包括四类政府网站：74 个国务院部委及相关单位网站（简称部委网站），32 个省级政府网站（包括省、自治区、直辖市政府网站和新疆生产建设兵团网站，暂不含港澳台地区），333 个地市级政府网站（包括计划单列市、省会城市和地级市政府网站）以及 306 个区县政府网站。

评估结果显示：围绕政府中心工作，不断丰富网站内容，是积极发挥政府网站功能的有效措施；贯彻落实政府信息公开条例，加快推进网站信息公开，是切实提高政府网站服务水平的重要基础性工作；深入整合各类办事服务资源，是提升政府网站服务人性化和实用性水平的必要手段；不断提升政民互动交流效果，是实现政府网站建设目标的关键举措。

2. 2007 年各地国土资源部门政务信息网上公开情况

一是全国 31 个省（区、市）和新疆生产建设兵团国土资源管理部门网站发展服务水平明显提高，办事指南、表格下载、网上申报、办事查询等服务内容明显增加。

在政务公开类指标中，23 个单位公布了信息公开制度；31 个单位公布了信息公开目录；机构概况和法律法规类项目的公开率为 100%；规划类项目、办事指南类项目和行政审批结果类项目的公开率均超过 93%；服务类信息公开率均在 78% 以上。

在线办事类指标中，实现预申报等在线办事类的单位数量为 11 个，比上年增加 2 个；实现在线办事进度查询的单位数量为 18 个，比上年增加 3 个；大部分的省级单位提供了规范的表格下载服务。

公众参与类指标中，半数单位支持在线咨询，且答复及时、准确；全部单位实现了信访举报的功能，但处理和反馈公众意见的单位数量不足 50%；24 个单位开设了访谈直播类栏目；28 个单位开设了民意征集和调查类栏目。

网站设计类指标中，2007 年大部分单位进行了改版、升级或功能扩充。所有单位都提供了网站导航功能；17 个单位能够提供重要服务和栏目使用说明；30 个单位实现了搜索引擎功能，并提供了网站维护单位的联系方式。

四个直辖市局还公开了土地登记结果、征用土地公告、征地补偿安置方案、土地招拍挂以及土地出让结果等内容。

二是全国 333 个市级国土资源管理部门（5 个计划单列市、27 个省会城市和 301 个其他地级市）中，有 280 个实现了政务信息网上公开，占 84%。湖北省武汉市等 20 个市级国土资源管理部门政务信息网上公开情况在已实现政务信息网上公开的市级国土资源管理部门中名列前茅。

政务公开类指标中，40% 的单位公布了信息公开制度；60% 的单位公布了信息公开目录；机构概况和法律法规类项目的公开率均超过 95%；土地利用总体规划、矿产资源总体规划等规划类项目公开率均在 56% 以上；土地登记、建设用地审批、采矿权审批的程序、要件和时限等办事指南类项目的公开率均在 75% 以上；土地登记、土地出让以及采矿权审批结果等行政审批结果类项目的公开率均在 50% 左右；土地招拍挂信息等服务类信息公开率为 75%。

在线办事类指标中，8 个市级单位能够实现全流程网络化在线预申报；实现在线办事进度查询的单位数量达到 84 个；143 个市级单位提供了较规范的表格下载服务。

公众参与类项目中，76 个单位开设了访谈直播类栏目；127 个单位开设了民意征集和调查类栏目。

网站设计类指标中，目前已有 78% 的单位实现了搜索引擎功能；89% 的单位实现了网站导航功能。

三是 2007 年对各省推荐的 104 个县级单位进行了检查。在政务公开类指标中，土地登记、建设用地审批、采矿权审批的程序、要件和时限等办事指南类项目公开率均在 73% 以上；行政审批结果类、服务类等项目的公开率比上年都有所增加，公众比较关注的征地补偿安置方案公开率为 57%，征用土地方案公告公开率为 59%，农村居民点规划公开率为 31%。

在政务信息网上公开存在的主要问题有：一是部分类别的国土资源政务信息网上公开依然不够。如：省级单位的土地供应计划项目公开率仅为 38%，土地变更调查结果项目公开率仅为 44%。二是县级政务信息网上公开覆盖面不够。三是少数国土资源管理部门的信息公开体系还不健全，尚未建立信息公开的制度和信息公开目录。四是部分国土资源管理部门网站的日常维护和更新不及时，少数栏目只在年末或年初更新，更新频率较低。

国土资源管理部门应根据政务信息网上公开情况的检查结果，确定一批国土资源政务信息网上公开示范单位。以政务信息网上公开为契机，加强各级国土资源门户网站建设。各级国土资源管理部门网站应进一步完善信息公开制度和目录。应以着力提升网站服务能力为出发点，不断创新信息公开、在线服务和公众参与的服务方式。开展国土资源系统政务信息网上公开经验交流与培训活动。

（三）各地国土资源部门权力监督情况

1. 落实完善各项监督制度

各级国土资源部门认真落实党内监督各项规定，严格执行领导干部个人收入申报和重大事项报告制度，认真实行领导干部述职述廉、任前廉政谈话、诫勉谈话等制度。2008 年，全系统领导干部述职述廉 11000 多人，任前廉政谈话 4800 多人，诫勉谈话 1100 多人，函询 80 多人，纪委负责人同下级党政主要负责人谈话 3400 多人，领导干部报告个人有关事项 5100 多人次，实行党风廉政建设责任追究 30 多人。在述职述廉工作中，对部机关和 30 多个直属单位领导班子、120 多名司局级干部落实党风廉政建设责任制和廉洁自律情况进行了考核测评，并在全国国土资源管理工作会议上对部机关司局和主要领导进行了测评。

2. 开展巡视工作情况

国土资源部党组制定了《关于加强对司局级领导班子主要负责人监督的暂行办法》，明确了监督的内容、方法。制定了《巡视工作暂行办法》，在以往完成三批 9 个单位巡视工作的基础上，又开展了两批 6 个单位的巡视工作。

各地在部机关的安排和部署下，积极制定了相关办法和方案，开展了巡视监督工作。山东省厅制定了《山东省国土资源系统巡视工作暂行办法》，全省 15 个市局也建立了巡视制度，开展了巡视工作，已巡视 43 个县局和单位，巡视监督的作用进一步加强。贵州省国土资源厅开展了对毕节地区的巡视工作。青海省国土资源厅开展不间断的动态巡查，发现各类违法行为 146 件。中国地质调查局制定了巡视工作意见和工作手册，分两批对京外六个局属单位进行了巡视。

3. 加强对重点环节和部位的监督

各级国土资源部门着力加强对权力运行关键环节和部位的监督。部机关基本建成土地“批、供、用、补、查”统一信息监管平台，报国务院批准的建设用地全部实行省级电子申报。浙江省国土资源厅完善省、市、县三级建设用地联网审批和厅本级探矿权网上审批工作。上海市国土资源局加强审计监督，对 19 个直属单位及其下属 28 家企业进行年度审计。对审计整改情况进行督促回访，重新修订和完善了相关制度及运作程序。广西国土资源厅完善了工程建设项目招投标监督机制，重点加强了对土地开发整理项目的立项、招投标、竣工验收、资金使用等环节的监督检查。江苏省国土资源厅制定了《政务公开暂行办法》，建立了依法主动向社会公开、依申请公开、行政决策过程中的预公开和厅内公开制度；组织编制了《政务信息公开目录》。湖南省国土资源厅加强对土地整理、项目发包等项目的监督，从项目立项、设计、发包、施工、验收等各个环节进行有效监督。湖北省国土资源厅从立项、设计、发包、施工、验收等各个环节加强对土地整理、项目发包等的监督，建立相关制度 16 项；开展了对厅直属单位专项资金预算执行情况及资金使用情况大检查；开展了对土地整理项目预算执行情况及资金使用情况大检查。北京市国土资源局开展涉奥工程供地工作的行政监察和“平安奥运”活动的监督检查；开展廉政风险防范管理试点工作，确定了 4 个试点单位，查找风险点，制定了廉政风险防范措施。辽宁省国土资源厅继续开展土地使用权出让情况专项清理和检查工作。广东省国土资源厅对 6 个单位进行专项资金使用管理情况检查。内蒙国土资源厅开展了工业用地招拍挂出让执法检查工作。四川省国土资源厅成立了厅机关效能监察投诉中心，公开举报电话；建立集体审定和信息公开制度。

二、市场化改革进程评估

（一）土地出让市场化程度评估

选取了30个省（区、市）的土地使用权出让相关数据，运用DEA—CCR模型对土地出让市场化程度进行评估，发现有4个省(北京、四川、海南、宁夏）是DEA—CCR相对有效的，其余26个省(区、市)是DEA—CCR无效的。将30个省按照东、中、西分为三组进行K—W检验，发现东、中、西三个地区的土地出让市场化程度不存在显著的差异性，即东、中、西地区土地出让市场化进程相对均衡。

研究认为，进一步推进土地出让市场化建设需要应从三方面入手：一是加大土地使用权招标、拍卖出让比例，进一步规范出让程序。招标、拍卖出让土地，从源头上防止腐败，挂牌方式是招标和拍卖方式的重要补充形式，需要健全和完善相关法规制度。进一步规范土地出让程序，建立市场化配置资源的体制、机制和制度。二是加大执法监察力度，维护土地市场交易秩序。建立统一的土地市场交易监管平台；建立违规违法土地交易“早发现、早报告、早制止”的工作机制；开展土地使用权出让情况专项清理和检查工作。严格执行《违反土地管理规定行为处分办法》，建立与纪检监察、公检法等多部门联合执法的工作机制，加大查处案件的力度。三是加强土地出让收入的财务管理。按照《关于规范国有土地使用权出让收支管理的通知》（国办发〔2006〕100号）的要求，将土地出让收入全额纳入地方基金预算管理，实行“收支两条线”。规范土地出让收入使用范围，有重点地向被征地农民和城镇拆迁居民倾斜。

（二）矿业权市场化程度评估

我国的矿业权市场建立较晚。1998年，国务院发布了《探矿权采矿权转让管理办法》（国务院令第242号），从法律上推进了二级市场的建立；2003年，国土资源部发布了《探矿权采矿权招标拍卖挂牌管理办法（试行)》(国土资发〔2003〕197 号)，促进了一级市场的发展。

选取了 21 个省、区的矿业权相关数据，运用 DEA—CCR 模型对矿业权市场化程度进行评估，发现有 4 个省（贵州、吉林、四川、海南）是 DEA—CCR 相对有效的，其余 17 个省、区是 DEA—CCR 无效的。我们将 21 个省按照东、中、西部分为三组进行 K—W 检验，发现东、中、西三个地区的矿业权市场化程度不存在显著的差异性，即东、中、西地区矿业权市场化进程相对均衡。

研究认为，我国的矿业权市场化程度普遍不高，进一步推进矿业权市场化建设需要从三方面入手：一是加大矿业权招标、拍卖、挂牌出让比例，进一步规范出让程序。应当逐步减少审批出让的比例，规范审批程序，进一步完善探矿权和采矿权申请、延续、变更、注销等相关管理制度，严格规范市场交易规则和程序，减少政府部门对微观经济运行的干预。要深化矿业权有偿使用制度改革，积极推进矿产资源有形市场的建设，建立市场化配置资源的体制、机制和制度。二是加大执法监察力度，维护矿业权市场交易秩序。加大查处力度，严肃查处违法审批探矿权和采矿权、违法入股矿产开发等案件。开展矿业权市场专项清理工作，规范矿业权市场退出机制，培育发展社会化的矿业权评估、信息服务、代理、法律咨询、经纪等中间机构，加强对矿业权市场中介机构的管理。三是加强矿业权市场信息平台建设，促进矿业权市场交易公开、公正、公平。要充分利用现代信息网络技术，并依托全国各地的矿业权市场交易机构或交易中心，建立一个全国性的矿业权市场交易信息网。同时，要鼓励社会中间机构开展有偿的矿业权法律咨询和信息服务。

三、查办案件情况分析

（一）国家查办案件情况

2003 年以来，全国检察机关集中力量查办大案要案。立案侦查贪污受贿十万元以上、挪用公款百万元以上案件 35255 件，涉嫌犯罪的县处级以上国家工作人员13929人，其中厅局级1111人、省部级以上39人，省部级以上干部涉案金额达34.2亿元。大案、要案占立案数的比例分别从2003年的46.8%和6.3%上升为2007年的58.3%和6.6%。

根据中纪委工作报告，1997年10月至2002年9月五年间，全国纪检监察机关共立案861917件，给予党纪政纪处分846150人。在受处分的党员干部中，县（处）级干部28996人，厅（局）级干部2422人，省（部）级干部98人。2002年12月至2007年6月，全国纪律检查机关共立案677924件，结案679846件（包括十六大前未办结案件），给予党纪处分518484人。十六大以来，全国各级纪检监察机关每年给予党纪处分的党员约占党员总数的1.6‰，移送司法机关依法处理和司法机关直接作刑事处理的党员约占党员总数的0.17‰。

（二）国土资源系统查办案件情况

1. 查办案件总体情况

2008年，全系统共受理信访举报5167件，初核2672件，立案403件，196人受到党纪处分，305人受到政纪处分，100人受到组织处理，172人被移送司法机关，共挽回经济损失8000余万元。与2007年相比，受理信访举报上升了18.9%，初核数下降了6.3%，立案数下降了14.6%，党纪处分人数上升了3.7%，政纪处分人数上升了25.5%，组织处理人数上升了22%，被移送司法机关人数下降了9%。

从涉案人员情况看，省级国土资源管理部门厅处级干部案件多发，县以下部门的案件占到七成以上，其中“一把手”发案居多；从涉案金额看，金额不断攀升，通常上百万元，甚至达几千万元。

从案件发生领域看，涉及土地管理的案件没有得到遏制，矿产资源管理的案件呈上升趋势，项目资金管理方面的案件成为重点；从发案规律看，具有国土资源管理权力的重点部位和环节高发，有的领导班子连续几人发案，案件一般由地方案件牵扯出来，有三五年的潜伏期。

2. 各地查办案件情况

各地国土资源部门加大信访工作力度，加大重信重访排查力度，努力从信访中发现案件线索，推进查办案件工作。北京市国土资源局加大信访排查案件线索工作力度，对2007年来重点信访进行全面梳理，专项治理，来信和转办74件次，网络举报83条，来访6人次，办结39件，转办113件，办结率86%。

各地在查办案件工作中，积极探索，与地方有关部门建立联席会议等制度，有效推进查办案件工作。吉林省国土资源厅会同检察院下发《在国土资源管理领域共同开展职务犯罪预防工作方案》共同开展职务犯罪预防和查处工作。重庆市国土资源局加强与公安、安监、煤监等部门的协调与配合，发挥联合执法机制的作用。江西、新疆等国土资源厅与当地检察院建立了预防职务犯罪联席会议制度，定期召开会议，形成了案件信息共享的良好机制。

从各地违纪违法案件类别看，主要以失职渎职、行贿受贿、违反土地管理制度、其他违法行为等方面的案件为主。其中，山西、河南、陕西失职渎职类案件相对较多；山东、安徽违反土地管理制度案件相对较多；重庆、江苏、湖南行贿受贿案件相对较多；新疆、吉林、河南、辽宁等其他违纪行为相对较多，重庆贪污案件相对其他省份较多，涉案人数有12人；吉林违反财经纪律的人员有8人，相对其他省份较多；河南违反廉洁自律规定的人员相对其他省份较多有14人；湖南违反矿产管理制度的人员相对其他省份较多，有11人。

（三）形势分析

1. 总体形势分析

一是工作力度加大，成效明显。党的十六大以来，中央政治局和政治局常委会议多次专题研究。颁布建立健全教育、制度、监督并重的惩治和预防腐败体系实施纲要，颁布建立健全惩治和预防腐败体系2008—2012年工作规划。在反腐倡廉教育方面，结合开展保持共产党员先进性教育活动，深入学习贯彻党章，广泛开展学习廉政勤政先进典型和警示教育活动。在法规制度建设方面，党中央颁布实施了《党内监督条例（试行）》，修订《纪律处分条例》、《党员权利保障条例》等党内法规，国务院颁布实施了《行政机关公务员处分条例》。在加强监督方面，中央纪委和中央组织部建立专门巡视机构，对省（区、市）、部分金融机构和国有重要骨干企业进行巡视。

二是反腐倡廉形势依然严峻，任务依然艰巨。党员干部严重违纪违法案件影响恶劣。第一是极少数高级干部严重违纪违法案件时有发生。第二是党政“一把手”违纪违法问题比较突出。第三是官商勾结、权钱交易的手段更加隐蔽，涉案金额大，案情复杂。反腐倡廉工作还存在一些薄弱环节。比如，有效预防腐败的措施和办法还不够多，一些法规制度没有得到很好落实；纪律检查机关对新情况新问题深入调查研究不够，工作机制和工作能力还不能完全适应反腐败斗争的需要。

三是充分认识反腐败斗争的长期性、艰巨性、复杂性。我国正处于并将长期处于社会主义初级阶段，社会主义民主法制建设取得重大进展，但适应新体制要求的具体法规制度尚不健全。在这个历史阶段，反腐倡廉既具备有利条件，又面临许多新情况新问题。比方说，由于市场机制不健全，工程建设、土地管理、矿产开发、产权交易等领域腐败现象的治理难度增大。过去计划经济体制下不曾发生的腐败现象，将来市场经济体制完善后不易产生的腐败现象，都可能发生在这个历史阶段。

2. 国土资源系统查办案件形势分析

一是继续保持了查办案件工作力度。严肃查处了违背中央重大决策部署的案件。重点查处以权谋私、贪污贿赂、滥用职权、失职渎职的案件，对查实有违纪行为的一些人给予了党纪政纪处分。

二是严肃查处了关键环节和重点部位的腐败案件。着力查办了土地管理和矿产资源开发、征地补偿、土地整理工程项目等环节的案件。

三是各地违纪违法案件情况存在差异性。东部、中部经济相对发达地区查处案件数量相对较多，涉案人员较多，涉案金额较高；西部、北部经济相对落后地区查处案件数量相对较少，涉案人员较少，涉案金额较低。

四是各地查办案件工作存在差异性。一些地方积极与当地公、检、法、纪检监察等机关建立查办案件联席会议制度；一些地方增加基层专职纪检监察人员编制，加强对基层领导干部的监督力度；还有一些地方根据信访举报线索，积极主动办案。

四、源头治理腐败

（一）制度建设现状及分析

国土资源系统反腐倡廉制度建设情况

（1）健全和完善了反腐倡廉相关制度。

2004年制定印发了《国土资源听证规定》，2005年制定印发了《国土资源部工作规则》、《国土资源信访规定》、《关于贯彻落实全面推进依法行政实施纲要的实施意见》。国土资源部党组每年制定《中共国土资源部党组关于党风廉政建设和反腐败工作的实施意见》和《中共国土资源部党组关于党风廉政建设和反腐败工作任务的分工意见》，对国土资源系统党风廉政建设的指导思想、工作思路、任务、目标要求，进行了全面部署。

2005年国土资源部制定印发了《中共国土资源部党组关于贯彻落实〈建立健全教育、制度、监督并重的惩治和预防腐败体系实施纲要〉的意见》，制定印发了《中共国土资源部党组关于贯彻落实〈建立健全惩治和预防腐败体系2008—2012年工作规划〉的实施办法》，明确了今后五年工作的总体要求和目标。

国土资源部制定印发了《中共国土资源部党组巡视工作暂行办法》、《中共国土资源部党组关于加强司局级领导班子主要负责人监督的暂行办法》，明确了监督的内容和方法，使领导班子主要负责人自觉接受监督的意识明显增强。

国土资源部会同公、检、法、监察、人事等部门，制（修）订印发了《违反土地管理规定行为处分办法》、《关于在查处国土资源违法犯罪工作中加强协作配合的若干意见》、《关于国土资源行政主管部门移送涉嫌国土资源犯罪案件的若干意见》，把“严肃查处征收征用土地和矿产资源开发中的违纪违法问题”纳入国土资源执法监察和土地督察的工作目标。

（2）健全和完善了国土资源监督管理相关制度。

出台了《国土资源部关于为扩大内需促进经济平稳较快发展做好服务和监管工作的通知》。与发改委等11部委联合下发《关于切实做好扩大内需促进经济平稳较快发展的用地保障和管理的通知》，对各地加强协调配合、加强用地保障和管理提出要求。

各地按照中央部署，进一步加强制度建设。安徽省国土资源厅对现有的146项制度进行了全面清理，废止了16项制度，新建和修订了40项制度。山西省国土资源厅制定了《政务电子监察实施方案》、《行政审批监督管理委员会工作规程》等制度。吉林省国土资源厅对厅组建以来的所有规章制度进行了梳理，重新修订了《决策重大事项议事规则》等76项规章制度。上海市国土资源局加强资金管理，重新修订和完善了预算管理、银行账户管理等资金管理的制度及运作程序。浙江、江西等省国土资源厅制定了执法监察动态巡查管理规定等制度，加强执法监察工作。湖南省国土资源厅出台相关制度，规范土地、矿业权评估和招拍挂出让、土地开发整理等工程项目招投标行为，加强了对地质勘查单位信用管理。广西国土资源厅制定了《绩效考评办法》和《试点工作方案》，加强对党员干部绩效考评工作的管理。重庆市国土房管局制定了《重庆市国土房管局关于加强土地整理从源头预防腐败工作实施方案》等五个专项工作方案。四川省国土资源厅开展了制度规范清理工作，共清理了160个规范性文件，129个继续执行，2个废止，其余的修改完善；制定了《预防腐败制度审查办法》。青海省国土资源厅修订完善了项目资金管理办法、基建项目工作纪律等制度128项；新制订了财务审计承诺制、内部收入分配办法等制度122项。宁夏国土资源厅加强制度建设，建立完善了50多项工作制度和21项办事程序规范，修订完善了24个效能建设相关制度。新疆国土资源厅建立和完善土地执法监管长效机制，从预防、查处、监管和部门联动4个方面建立了20项制度。

（二）制度建设情况分析

当前，国土资源系统制度建设情况存在以下几方面的问题：

一是还没有形成完善的国土资源管理和反腐倡廉制度体系，尤其在决策、执行、监督方面还存在着制度的缺失。

二是规章制度很多，但是其中的内容原则性较强，具体可操作的实施细则较少，缺乏对落实制度的程序性规定，自由裁量权较大，执行制度的随意性和弹性较大。

三是随着经济体制改革的推进，一些制度已落后于实践，应当继续进行清理、废止和修订完善。

四是一些好的制度没有发挥应用的作用，反腐倡廉的制度落实不够，存在着执行不力和执行流于形式的问题。

主要应从以下几个方面加强制度建设：

一是要完善各类制度的建设。

二是按照重在建设的指导思想，加强反腐倡廉制度的建设和完善。

三是要加强配套制度、实施细则的制定和修订，为制度的执行力提供保障。

五、结论与建议

（一）研究结论

一是国土资源系统惩治和预防腐败体系建设的成效是显著的。各地均从强化教育、完善制度、加强监督、推进改革、加大惩处等方面推进了惩治和预防体腐败体系建设。

二是惩治和预防腐败体系建设进程具有非均衡性。第一是地区间的惩治和预防腐败体系建设进程是非均衡的，体现在有的地区建设进程较快；第二是惩治和预防腐败体系建设的各个方面是非均衡的，即教育、制度、监督、改革、惩处等方面进展各异。

三是国土资源系统惩治和预防腐败体系建设形势严峻、任务繁重。各地国土资源部门尽管已经做了大量的工作，但是与总目标还有很大距离。

（二）思考与建议

一是统筹规划每年惩治和预防腐败体系建设任务，使年度任务可衡量化。要进一步细化惩治和预防腐败体系建设年度目标和总目标，增加定量化、标准化内容，加强对地方国土资源部门的指导，均衡、稳步推进国土资源系统惩治和预防腐败体系建设。

二是继续加大制度建设力度，加大对制度落实情况的监督检查。要加大制度的“立、改、废”，及时堵塞制度漏洞，要加强对制度执行情况的监督检查，上级部门要加强对下级部门在政策法规等方面的指导，完善配套法规，细化、量化规则。

三是开展廉政风险防范管理工作。查找国土资源管理工作中的廉政风险点，有针对性地提出并推进防控措施，研究建立监督检查、考核评估、纠错整改和责任追究等为主线的国土资源系统廉政风险防范管理机制。

四是重视信息技术的支撑作用和组织机构的保障作用。首先，建立有效的监督、监测、测评系统。其次，要加大基层纪检监察干部队伍建设，为惩治和预防腐败体系建设提供保障。

国土资源系统权力监督制约机制研究

一、廉政风险防范管理的地方实践

（一）北京市局推行廉政风险防范管理，打造阳光政务

北京市局针对因教育、制度、监督不到位和党员干部不能廉洁自律而产生的思想道德风险、制度机制风险和岗位职责风险，建立前期预防、中期监控、后期处置三道防线实施防范，成立了廉政风险防范管理领导小组和办公室，确定以项目预审、土地征收、土地出让、矿业权出让、土地整理和环境治理、土地一级开发储备、规划调整、登记发证、行政执法、政府采购、干部任用、大额资金使用等13类（项）工作，以及土地市、征地、土地利用、规划、耕保、地质环境、矿产资源开展、人事、土地储备整理等27个部门（单位）作为防控廉政风险的重点。

北京市局主要从三方面进行廉政风险防范管理工作：一是认真清权确权，形成清晰的岗位职责和重点表格。对照本部门工作职责，逐项进行细化，进一步明确本单位本部门的重要工作事项和各工作岗位、工作环节和工作职责。二是仔细梳理工作流程，形成清晰的工作环节。三是周密制定防控措施，形成清晰的个人和部门风险识别、防控一览表和重点工作廉政风险防控管理流程图。

（二）江苏昆山开展廉政风险防控标准化工程，建立起源头上有效防控廉政风险的新机制

江苏省昆山市局通过“找准廉政风险→落实预防措施→严格控制风险”三个有机环节，全面实施以人为点、以程序为线、以制度为面，环环相扣的廉政风险防控标准化工程，建立起融教育、制度、监督于一体，从源头上有效防控廉政风险的新机制，实现廉政风险预防和控制的科学化、标准化、规范化和系统化。

昆山市局成立了廉政风险防控领导小组和评审小组，将用地预审、地籍管理、土地评估、竞价出让、土地供应、登记发证、日常人财物管理等作为关键环节和重点领域。对土地交易业务实行“管办分离”制度和分散报名信息制度，对土地交易现场实行“功能分离”制度，将竞拍现场与等候现场进行分隔，有效减少了土地出让中的围标串标行为。同时，还建立了土地交易业务系统电子监察平台、廉政风险档案制度和廉政风险分析机制；开展了“读廉书、看廉片、听廉课、写廉文、展廉艺、述廉职”等丰富多彩的廉政文化进机关活动，将廉政风险防控工作与业务工作紧密融合，形成了内外监督、预防为主的长效监管机制。

（三）重庆永川建立全区统一的公共资源综合交易中心，是深化土地和矿业权市场建设的有益尝试

重庆市永川区于 2008 年 1 月正式挂牌成立了公共资源综合交易中心，形成了以“资源整合、管办分离、制度创新、机器管人、集中监管”的公共资源综合交易管理新模式，实现了阳光交易和资源配置市场化。明确了进场交易规则和操作流程。在土地和采矿权出让中实行报名箱制度、集中进行资格审查，严格保密竞买人信息，有效地减少了招投标活动中的围标串标行为。交易场所安装了音视频全程监控系统，在所有开评标室及相关场所都安装了高清晰度摄像系统和语音监听系统，每次出让活动从开箱到资格确认再到现场竞卖都留有不可删除的记录，为责任追究提供了依据，最大程度的实现了公开与透明。

永川区的公共资源综合交易模式，变多头管理为统一管理，变分散操作为集中操作，变一级监管为集中监管，有效解决了招投标管理机构多、职能分散的问题，有效避免了恶意竞标、暗箱操作、市场舞弊等行为的发生，解决了交易部门既当“裁判员”又当“运动员”、缺乏有效监督的问题，有效深化了土地和矿业权市场建设，是“运作阳光化、配置市场化、监管集约化”的有益尝试。

（四）有益经验与启示

一是强化了基层从源头上预防和治理腐败工作。江苏昆山市局针对查找出来的廉政风险，从强化思想教育、完善制度和机制、突出动态监督等环节入手，通过完善防控措施，狠抓制度执行力，形成人人参与风险防控、全面规范各项工作的良好局面，确保使惩防体系各项工作任务真正落到实处，机关作风建设和效能建设进一步提升，“尽心尽责、公开公正、创新创优”的观念蔚然成风。

二是深化了土地和矿业权市场建设。重庆永川的公共资源综合交易平台，从节约公共资源、深化市场交易环境、强化监管手段和内涵入手，对土地和矿业权市场建设进行了有益探索和尝试。完善内部监督制度，对交易项目实行分段操作、分组管理，对招投标活动关键环节和薄弱部位实行会商管理，对交易过程实时监控，整合了监管力量。同时，整合部门和行业信息资源，建立综合性信用信息数据库，对有不良行为记录的单位或个人纳入“黑名单”，作为市场准入和退出的重要依据。

三是初步探索出反腐倡廉工作与业务工作紧密结合、相互促进的有效路径。北京市局、昆山市局廉政风险防控工作，将反腐倡廉的各项要求融入到业务工作流程的每个环节，解决了以往反腐倡廉工作与部门管理、执法等业务结合不够、甚至是相互脱节“两张皮”的现象，为规范决策、管理、执法等各个环节的权力的配置、行使以及监督提供了有益的制约途径。

四是促进了党员干部的勤政廉政优政。通过各部门和广大党员干部自觉查找风险、主动防范风险、有效控制风险，国土资源部门在群众中的勤政廉政优政的整体形象进一步得到认可，机关工作整体质量和服务水平不断得到提升。同时，群防群控综合效益明显提高，同时，也使监督对象从被动变为主动、由客体转为主体，既提高了党员干部的风险意识，又拓宽了自下而上、自上而下、同级之间的监督渠道，使得自律与他律有效结合，形成全体党员干部共同参与反腐倡廉建设的良好局面。

五是领导重视是党风廉政建设各项工作创新和深入的关键和保证。不论是廉政风险防控工作还是建立公共资源综合交易平台，地方党委、政府、纪委、监察局的领导都非常重视，多次视察和检查国土资源部门开展工作情况，多次召开廉政建设、平台建设现场会、推进会，极大的鼓舞了士气。同时，国土资源部门党组（委）高度重视，成立了相应的领导小组和办公室，多次在党组会议上进行专题学习和专题研讨，切实加强对廉政风险防控工作、公共资源综合交易平台建设的组织领导，有效推进了各项工作的顺利开展。

二、国土资源系统廉政风险现状

专题组向 647 名市（地）、县国土资源局长发放了国土资源系统党风廉政建设情况调查问卷，共回收 582 份；向 65 个省级国土资源部门和部属单位的纪检监察干部发放了国土资源系统惩防体系建设调查问卷，回收 60 份。同时，实地调研了北京、江苏、广西、重庆等省市，走访了多个市、县国土资源局和个别国土所。根据问卷调查和实地调研的情况了解到国土资源系统党风廉政建设工作中的成效和问题。

（一）土地和矿业权审批、出让为高廉政风险环节

在对国土资源局局长调查问卷中，认为易产生腐败问题的岗位和环节居首位的是土地审批，得票率占有效问卷的 49%；矿业权审批占总数的 45%，居第二位；土地矿产出让交易居第三位，得票率占到 39%。这说明土地和矿业权审批、出让环节的廉政风险程度很高，需要引起足够的重视。

（二）土地开发整理复垦为高廉政风险环节

在问卷调查和实地调研中，普遍认为土地开发整理复垦环节易产生腐败问题。在对国土资源局局长调查问卷中，28% 的人认为土地开展整理复垦易产生腐败问题，排在继土地和矿业权审批、出让后的第三位。因此，土地开展整理复垦环节属于高廉政风险环节。

（三）发证为中等廉政风险环节

在调查问卷和实地调研中了解到，土地确权发证、土地权属变更、勘查证、采矿和探矿许可证发放环节的廉政风险较高，属于中等廉政风险环节。对国土资源局局长调查问卷中，21% 的人认为矿管环节廉政风险较高，尤其是采矿、探矿权许可证发放方面。

（四）项目管理为中等廉政风险环节

在对国土资源局局长调查问卷中，7% 的人认为土地矿产执法监察环节的廉政风险较高，易产生腐败问题，属于低廉政风险环节。对问卷调查情况综合考虑，项目管理环节属于中等廉政风险环节。其中，地质灾害治理项目、专项资金使用等，也被认为是廉政风险较高的环节。

（五）执法监察为中等廉政风险环节

对国土资源局局长调查问卷中，10% 的人认为土地矿产执法监察环节的廉政风险较高，易产生腐败问题。

（六）廉政风险防范的重点是完善制度、加强监督

通过问卷调查和实地调研了解到，体制机制制度不健全、监督不到位是导致腐败问题易发多发的主要原因。同时，惩防体系建设主体责任没有完全落实，使得有效推进党风廉政建设工作存在一定难度。因此，党风廉政建设工作的着力点应该放在体制机制制度完善方面，同时加强监督，提高制度的执行力。

三、思考与建议

（一）继续加强调查研究工作

针对当前国土资源行政管理的关键环节和重点岗位存在的廉政风险，要进一步加强调查研究，及时了解地方国土资源部门的创新做法和有效经验，进行总结、推广和宣传；发现党风廉政建设工作中的困难和问题，采取措施办法妥善加以解决。

（二）对土地和矿业权审批出让、土地开发整理复垦、登记发证、执法监察、项目管理等环节，要加强监管和政策引导

深入了解土地和矿业权审批、出让环节的廉政风险现状和表现形式，查找分析原因，在进一步完善制度机制的同时，加强监管。在土地开发整理、登记发证、执法监察、项目管理等环节，要加强自上而下的政策引导和分类指导，细化具体措施办法。对地方遇到的具体问题和困难，建立直接的政策咨询、信息沟通渠道，及时提出指导性意见。

（三）在完善惩防体系建设中，要强化制度建设的力度

要针对新形势出现的新情况新问题，把现有制度中不好把握、不易落实的原则规定具体化，含糊性语言明确化，弹性大的刚性化，注重科学性和系统性，及时制定和完善“管得住”的制度。要进一步研究土地和矿业权审批、出让、转让环节中的制度机制，细化、完善技术标准和规范，减少人为决定的自由裁量权空间。

（四）探索创新监督方式，与审计部门形成监督合力

纪检监察机构的监督与审计机构的监督有机结合，创建有效的工作机制，发挥审计部门在财务管理的监督作用，强化监督的整体合力。要充分发挥审计先行的作用，针对审计结果，及时发现违纪线索，分阶段履行各自的监督职能，责令纠正和查处违纪违法问题。

（五）推广北京、昆山经验，加大县级部门预防腐败工作力度

要充分肯定昆山市局的做法和成效，在全系统特别是县级层面积极推广，充分发挥典型示范作用和辐射作用。同时，借鉴北京市局的做法，加强对国土资源行政管理中关键环节和重点岗位廉政风险的防控，采取试点推广的策略，在全系统逐步开展廉政风险防范管理工作。

（六）借鉴永川模式，深化土地和矿业权市场建设

永川区建立的公共资源综合交易平台，更接近“建立健全统一规范的土地、矿业权等要素市场和综合监管平台”的工作目标，是源头治腐的制度改革和创新，符合市场配置资源“统一规范”和“综合监管”的方向，应积极予以支持。国土资源管理部门要突破部门管理的局限，从完善规范性文件方面给予支撑；纪检监察部门要拓宽视野，对地方公共资源交易与监管的改革创新，给予制度安排和机制设计方面的支持。

（七）强化国土资源系统纪检监察干部队伍建设

国土资源的管理体制给纪检监察干部队伍建设带来了一定影响，要重视和解决好自身建设的问题，对纪检监察机构设置、专职干部的配置，有个统一的要求和规定。稳定基层纪检监察队伍，提高基层纪检监察队伍的执纪能力。

国土资源市场化配置与反腐倡廉建设研究

一、国土资源市场化配置的现状

（一）土地市场化配置的现状

土地市场化配置的制度框架基本确立。在国有土地使用制度改革，土地供应管理、土地价格管理、土地收益分配管理和调控、服务监管等方面建立了一系列制度，土地市场化配置的制度框架基本确立。

土地市场主体进一步显化。在土地市场建立和完善过程中，政府、法人、自然人、中介组织等作为市场主体的定位不断明晰，对土地开发利用的利益追求和产权保护的责任进一步显化。各市场主体在土地开发利用中对权利维护和利益诉求的竞争日益激烈，促进了土地市场的繁荣和土地资源的优化配置。

土地市场化配置的程度不断提高。经营性用地、工业用地全面实施招拍挂出让，招拍挂出让土地面积逐年攀升，占出让总面积的比例逐步增大，划拨用地总量逐渐缩小，市场化配置用地总量逐渐处于主导地位。土地资源市场化配置的绩效明显提升。

土地有形市场建设得到全面推进。各市、县基本上都建立了土地交易有形市场，从性质看，有事业制单位，也有企业制单位；从隶属关系看，大部分隶属于国土资源部门，也有依托拍卖行或地方政府公共产品交易平台等进行交易的；从经费支撑看，既有全额拨款事业单位的，也有自收自支企业化经营的，其中，以全额拨款事业单位形式存在的土地有形市场居多。

土地市场化配置中介服务水平明显提升。建立了与我国市场经济体系相适应的土地估价制度和土地估价师资格制度，形成了一整套土地估价理论方法体系与土地估价的技术标准体系。

土地市场化配置的监管工作力度不断加大。一是不断探索创新土地监管方式，如全国一张遥感图和计算机网络监管平台；二是不断完善监管制度，建立问责制和多部门联动的共同责任机制；三是监管队伍得到进一步加强，建立了国家土地督察机构；四是监管效果显著，2006 年以来，土地违法案件数量呈逐年下降趋势，下降比例不断增大。

（二）矿产资源市场化配置现状

矿产资源市场化配置的制度框架初步形成。建立矿产资源有偿使用的制度体系。在矿业权交易、矿业权管理、财税、交易平台建设、服务等方面，建立一系列制度。

矿业资源勘查开采主体结构呈多元化。矿产资源勘查开发主体逐步从单一的国有主体向国有、有限责任公司、股份制、集体、私营、外资等多元化方向发展。矿业权市场主体逐步规范，除勘查主体有事业性质的地勘单位外，基本形成了以公司、企业为主的矿业权市场法人主体。政府代表矿产资源国家所有权人，同时对市场交易进行监管。矿业权评估、储量评审等中介机构逐步发展和规范。

矿产资源市场化配置程度稳步推进。矿业权市场规模增长较快；矿业权一级市场体系基本建成；矿业权市场化配置效益明显。

矿产资源市场化配置中介服务水平明显改善。建立了矿业权评估、储量评审备案制度和矿业权评估师、矿产储量评估师资格认证制度，形成了一套矿业权、矿产储量评估理论方法和评估的技术标准。

矿产资源市场化配置的监管工作逐步推进。初步形成了覆盖矿产勘查开发全过程的监管体系；出台制度强化了基层监管责任；加强了勘查方案、矿业权人资金来源等方面的审查；持续开展了矿产资源开发秩序整顿规范工作；探索实施了矿业权统一配号、储量动态监测和卫片执法等监管新制度、新手段，监管力度不断加大。

二、国土资源系统违纪违法案例分析

（一）国土资源系统违纪违法案件概况

近年来，随着土地资源的增值，国土资源系统的违法违纪案件呈高发态势，特别是在土地审批、交易、开发等过程中，违法违纪现象屡见不鲜。自 2007 年至 2009 年，共处理 1500 余人，其中局级 9 人，处级 101 人。

（二）国土资源系统违纪违法的主要环节

一是利用土地使用权的出让、转让和划拨收受贿赂，主要表现在办理建设单位的建设用地申请审批、征地拆迁出让土地等环节。二是在土地开发、土地整理项目规划设计以及土地整理工程项目的发包过程中发生受贿。三是项目规划调整、土地款支付也是钱权交易容易发生的环节。四是在办理采矿权、探矿权出让手续过程中发生受贿。五是除了受贿，利用分管征地拆迁、土地使用权出让、转让，矿业权出让、转让等工作之便，大肆侵吞公共财产，构成贪污罪。

（三）国土资源系统违纪违法的原因分析

1. 土地供应制度存在缺陷是腐败案件发生的制度性原因

土地供应制度的缺陷主要表现在土地审批制、土地配置双轨制和土地招标、拍卖、挂牌、协议出让制度等方面。

土地审批是政府权力介入土地市场的根本手段，这也是土地出让腐败最根本的体制性根源。土地审批的权力在市（县）级政府，以及市（县）的国土资源局手中，在监督缺位情况下和土地腐败暴利的驱动下，极可能发生权力寻租。

土地配置双轨制增大了发生土地出让腐败的可能性。在法律规定不明确和监督不力情况下，企业通过贿赂竭力非法争取土地划拨，或者以较低的出让价格取得土地。

土地出让制度也无法杜绝土地出让腐败。其中，协议出让方式最易产生暗箱操作，而拍卖、招标、挂牌这三种形式在信息公开不充分、政策设置不合理情况下，有产生寻租行为的可能。

2. 监督机制不健全是腐败案件发生的体制原因

实际中，过多的监督主体使监督工作难以落实，而且如果监督机构的行政级别低于被监督机构，那么这种监督在效能上就存在一定的局限性。上级的监督往往是一种事后监督，不能很好地预防腐败的发生。社会监督，只有在事件的危害达到非常大、非常明显的程度时，才会起作用。

3. 误用民主集中制和"行政首长负责制"导致腐败案件发生

民主集中制在现实中表现为，在决策时只有集中，在承担责任上只有民主，导致决策的不科学、不民主和责任承担的不明确。所谓"行政首长负责制"是指各级政府及其部门的首长在民主讨论基础上，对本行政组织所管辖的重要事务具有最后决策权，并对此全面负责。这两个制度运作起来可能会导致权力过于集中，行政首长专断决策，从而为行政权力寻租提供条件。

三、国土资源系统廉政风险点排查情况分析

根据权力的重要性、自由裁量权的大小、涉及资金额度、制度健全程度、社会关注度、违纪违法案件发生率等综合因素，对廉政风险点相应地划分等级。（见表 1）

表 1　土地和矿业权出让领域廉政风险点及防控措施表

类别	廉政风险点	表现形式	风险等级	防控措施
土地出让	1. 土地供应动态监测中发现的违法违规问题不及时处理，相关信息披露不充分。	①对土地出让金缴纳、开竣工等违规情况没有及时发现。②在土地出让公告中，发现有违反政策的情况，没有及时制止。	B	①对违法违规的企业，要依法查处。②要增强相关办理人员的工作责任心。③及时通报动态监管情况，并将情况及时告知相关县（市），跟踪整改情况。
	2. 对批后监管实地核查中发现的闲置土地不予处置，不按规定将闲置土地名单移交相关部门。	①没有及时认定与通报闲置土地情况，并故意隐瞒部分闲置土地。②对清理出来的闲置土地没有及时要求市县区依法处置。③没有按规定将闲置土地名单移交相关部门。	B	①加强对每个开工项目到期申报情况的监测核查，防止产生新的闲置土地。②对未查处的闲置土地，实行挂牌督办，依法依规处置。③国土部门切实加强闲置土地处置工作的监督、检查和指导，严格落实闲置土地处置的有关规定。
	3. 对土地市场监管中发现问题不予查处、放任自流，造成严重问题。	①对土地开发中各种违法违规用地行为不及时通报。②土地市场交易不公平、不规范现象。③未及时督促地方国土部门整改处理。	B	①加大房地产用地专项整治力度。②完善土地市场交易平台建设，完善交易管理政策。③加大土地低效利用等信息通报公开的力度。
	4. 对涉及国有企业转制土地资产处置中发现的问题，不作处理或隐瞒不报。	①对有土地权属纠纷的企业予以资产处置。②企业改革中的土地估价工作不规范。③土地资产处置不合理。	C	①加强相关办理人员的业务学习。②提高办理人员的工作能力，严格把关。③严格执行相关处置程序。
	5. 土地出让租赁。	①低价出让、租赁国有建设用地使用权从中获利。②少征收或不征收土地出让价款，收取贿赂。	A	①严格执行用地会审制度，细化国有建设用地使用权招标拍卖挂牌出让方案。②公开业务受理范围、收费标准。
矿业权出让	1. 矿业权评估及矿产储量管理。	管理不到位，导致资源损失。	C	严格按照法定权限、程序，履行工作职责。做到程序到位，主体合法，结果公开。凡涉及项目立项、资金安排严格实行集体决策和集体会审，做到立项公开，程序透明，结果公正。
	2. 矿产资源补偿费管理。	随意减免矿产资源补偿费。	C	

注：表中 A 为高风险、B 为中级风险、C 为低级风险。

四、国土资源市场化配置急需解决的主要问题

（一）地方政府作为市场主体职能不规范，监管不到位

市场主体职能不规范。国家的土地和矿产资源所有者角色和政府管理土地、矿业权市场的职能不够规范，造成了地方政府重审批、轻市场调控和监管，重政府部门建设、轻市场准入和中介管理，不利于形成统一、开放、竞争、有序的土地和矿业权市场。农村集体土地所有者缺位，对集体建设用地流转的管理缺失。此外，由于政府公益性基础地质调查滞后，对国有地勘单位的改革缺乏有效的推进政策，地勘单位不能充分发挥市场主体的作用，影响了矿业权市场化配置的健康发展。

市场监管不到位。地方政府既是市场的监管者也是市场交易的参与者，多重身份使得地方政府很难对自身进行监管，也很难对自身的问题进行处理，使得监管工作很难到位。

（二）市场化配置的相关制度还不健全

从土地市场化配置的相关制度看，一是征地制度不完善。由于征收范围大、补偿标准低，加剧了地方政府扩张用地的内在冲动，损害了农民合法权益，造成了市场价格扭曲。二是供地制度不完善。我国建立了限制用地项目、禁止用地项目、划拨用地目录等制度，但是经营性用地与划拨用地的界线不清晰，同时划拨用地入市交易缺少统一规范的制度规定，影响了市场化配置土地的进程。三是相关税费制度不完善。我国现行的土地税费制度，保有环节税种少、税负轻，流转环节税种多、税负重，导致保有土地成本低、转让成本高，直接影响土地的优化配置。四是农村集体土地市场化配置缺乏配套的制度保障。农村集体土地在城乡之间流转受到法律的严格限制，庞大的存量集体建设用地市场交易制度缺失，造成隐形交易大量存在，导致集体土地市场化配置效率低，影响了城乡统筹发展。

从矿产资源市场化配置的有关制度看，一是市场准入制度不统一。资金、技术、资质等核心要件的相关规定不健全，开采资质管理制度缺失。二是矿业权交易配套制度不完善，交易规则不健全。探矿权、采矿权分类出让制度的可操作性较差。各地在矿业权交易信息的发布、交易流程、交易费用等交易规则上有较大的差异。三是矿产资源税费制度改革滞后。资源补偿费、资源税、探矿权采矿权使用费等费率缺乏动态调整机制。四是对探矿权的自然风险缺少科学评估管理机制。由于基础地质程度不够，没有很好的遵循区域地质成矿规律和地质勘查工作规律，对矿产勘查的高风险缺少科学评估，给探矿权人带来巨大的经济损失。同时，由于对探矿权转让在勘查成果方面的要求不明确，出现投机者非理性炒作探矿权的现象。

（三）土地、矿业权交易有形市场的发育不健全

一是各地土地、矿业权市场发育程度差异大，市场交易平台不完善。由于缺乏统一的规范性要求，在交易平台、基本设施、人员场地等方面差距较大，很难统一规范，不利于综合监管。二是土地和矿业权有形市场的规范运行缺乏稳定的资金保障。国家对土地、矿业权交易服务收费尚无统一政策，地方协调收费项目难度较大。有的地方交易机构是自收自支单位，单靠收取一定的服务费难以维持，且收费标准和支出没有具体规定，一定程度上影响了有形市场的正常运转。

（四）土地价格形成机制缺乏硬约束

从土地价格形成机制看，土地除了受基本的供需和资源稀缺性因素影响外，在很大程度上还受到国家政策的影响。由于我国土地资源贫乏，耕地保护压力较大，在土地供应方面受到很大的政策压力，土地需求主要来源于房地产开发投资和生产投资，供需两方面均受金融、产业、区域发展政策影响较大。土地财政、地方政府的政绩观也对土地价格的影响很大。从矿产资源价格形成机制看，一是资源性产品价格形成机制扭曲。资源性产品价格中更多地体现了加工、销售等环节的因素，没有综合考虑国内、国外两个市场对矿产资源价格的影响，也没有完全反映资源的稀缺程度以及资源开发所引起的生态破坏和环境治理成本，造成企业破坏环境、政府用财政资金恢复治理环境的局面。二是矿产资源价格受政策因素影响大，矿产资源价格不能真实反映市场供求状况，对矿产资源市场价格的形成带来很大影响。

（五）对中介服务机构缺乏约束和管理

一是部分机构执业不够规范，内部管理不严格，服务水平在内容、机制上与市场需求还存在差距，存在迎合委托人利益、弄虚作假、不正当竞争等现象。二是行业自律管理功能严重缺失，监管不到位，中介组织诚信体系尚未建立，缺乏有效的失信惩罚机制，造成有些中介机构诚信缺失。三是现有的中介机构人员专业结构不合理，部分评估人员的综合素质较低，专业水平存在较大差异，造成评估报告可信度低。

五、国土资源市场化配置的对策建议

（一）健全和完善土地和矿产资源的产权制度

明晰土地和矿业权的产权属性是土地和矿业权市场化配置的前提和基础。一要进一步显化国有土地和矿产资源所有者，明晰政府在市场化配置中的权能；二要参照国有资产管理方式，探索国有土地、矿产资源作为国有资产进行资产管理的体制机制；三要逐步强化政府在土地和矿业权市场中制定市场规则、监管市场交易和提供市场服务的职能，减少对市场化配置资源的直接干预。

探索将集体建设用地使用权细分为不同的权利类型，构建与国有土地产权外在形式相一致、内在权益相同的、完整的集体土地产权制度，建立城乡统一的建设用地市场。

（二）健全土地和矿产资源市场化配置的法规制度

完善土地市场化配置的法规制度。一要深化土地管理制度改革，压缩划拨供地范围，提高征地补偿标准，推动土地收益科学合理分配，完善土地市场价格的形成机制。二要健全土地市场规则。进一步完善市场进出、市场竞争、市场交易和市场仲裁等方面的具体制度，规范引导、监督、管理市场的主体行为。三要完善土地税费制度，合理设置税种和税负，发挥土地税费的调控功能，提高市场配置效率。

健全矿产资源市场化配置的法规制度。一要完善矿业权市场准入制度。进一步完善勘查和开采准入条件，完善勘查开采资质管理制度。二要健全和完善矿业权市场管理制度。进一步完善矿业权出让、转让制度，建立健全矿业权市场化配置的配套制度，并与土地、煤炭、森林、草原、水利、环保、安监等相关法律法规充分衔接，提高市场交易的可操作性和有效性。三要健全和完善矿产资源价格形成机制。综合考虑资源性产品形成过程中各个环节的成本，以及国内、国外两个市场对矿产资源价格的影响，减少体制性、制度性因素对矿产资源价格的影响。四要大力推进矿产资源税费制度改革。完善矿产资源税费测算依据和征收方式，科学调整市场主体间的利益关系。

（三）进一步提高土地和矿产资源市场化配置的程度

扎实推进农村集体土地市场化配置进程。一要探索科学有效、简便易行的农村土地承包经营权流转方法和途径，严格规范承包权流转，建立健全土地承包经营权流转市场。二要探索农村集体建设用地流转、市场化配置的机制，解决好集体土地产权和集体经济组织界定、指标流转等问题，提高集体建设用地市场化配置效率，推进城乡统筹发展。三要探索构建农村集体土地利益分配新格局。通过健全农村集体土地利益分配机制，调整利益关系，合理引导农村集体土地流转，切实推进农村集体土地的市场化配置进程。

探索矿产资源勘查开发自然风险科学管理机制。一要大力推进公益性地质调查工作，遵循地质勘查工作规律、成矿规律，在摸清家底的同时，合理设置探矿权，为市场化配置矿产资源奠定基础。二要加强对矿产资源勘查开发自然风险的管理。综合考虑区域地质成矿条件、地质工作程度、矿种等因素，积极探索建立探矿权风险程度评估制度，对自然风险实行分类管理。三要充分发挥中央地方两级地勘基金的作用。通过地勘基金拉动社会商业资金，加大地质勘查开发的风险投入，有效降低矿业权市场化配置的自然风险。

（四）进一步规范土地、矿业权交易平台建设

一要推进土地、矿业权有形市场的标准化建设。在有形市场的单位性质、人员编制、经费支撑等方面提出规范性要求，明确土地、矿业权交易费用收取标准，完善有形市场统一管理办法。建立健全全国矿业权交易机构体系，积极推进省级矿业权有形市场的建立和运行。二要充分利用网络信息技术，建立和完善土地和矿业权网络交易和监管平台，形成全国统一的土地和矿业权市场交易网络体系。三要突破部门管理的局限，探索和推广将土地、矿业权交易纳入地方公共资源综合交易中心的模式，最大限度地减少和避免权力寻租的机会，有效保障公共资源交易的公开、公正、公平。

（五）加强中介服务机构统一规范管理

一要加强中介管理制度建设。完善中介行业规范、道德准则、合同示范文本、诚信评价体系和执业资格认证等制度。加强中介服务机构准入和资质管理，从严执行年检制度，加强中介机构统一规范管理。二要完善中介机构的诚信体系建设，加强对中介机构的监管。建立中介机构“黑名单”制度和诚信等级的评定制度，把有严重违规行为的中介剔除出市场，促进行业自律。三要大力培育社会化中介机构。现有事业性质中介机构要尽快与政府部门脱钩，提高中介机构人员的综合素质和专业水平，更好地服务于市场化配置资源的各个环节。

（六）加强土地和矿业权市场监管和调控

一要切实转变土地和矿业权行政管理职能，加快建立和完善适应市场化配置的行政管理工作体系，将土地和矿业权行政管理主要职能集中在制定市场交易规则、市场监管、服务和调控等方面。二要充分利用全国土地利用动态“一张图”综合信息监管平台，加大对“批、供、用、补、查”环节的全程监管；充分利用矿业权实地核查成果，建立基础信息平台，实现部、省、市、县联网。积极探索新的监管方式和途径，全方位发挥政府监管和调控市场的职能。三要与国土资源管理相关部门建立土地和矿业权综合监管体系，形成协调联动、联合执法、责任共担的工作机制。

国土资源领域党风廉政和反腐倡廉建设研究

一、国土资源系统“两整治一改革”工作总结分析

（一）开展整纪纠风专项整治，增强干部队伍廉洁从政的意识和能力

为贯彻落实深入开展国土资源领域腐败问题治理电视电话会议精神，加大对重点环节和关键部位腐败问题的治理力度，进一步推进国土资源系统反腐倡廉建设，2010 年 9 月至 2011 年年底，国土资源系统开展了“两整治一改革”专项行动，着力整治土地和矿业权交易市场存在的突出问题，着力整治干部队伍廉洁从政存在的突出问题，深化国土资源管理制度改革，切实纠正工作不落实、监管不到位的问题，严肃查处违纪违法案件，建立健全制度，有效遏制腐败案件易发多发的态势。

1. 系统开展廉政风险排查和自查自纠工作

全系统共排查出廉政风险点 3664 个，制定防控措施 7469 条，并对各岗位廉政风险及防控措施进行了公示。各地组织召开了专题民主生活会，对照《廉政准则》和部党组“五项禁令”，签订了廉洁从政承诺书，对查找出的 1049 个问题进行了认真整改，共有 589 人次主动上缴礼金及有价证券共 750 多万元。

2. 全面开展廉洁从政教育活动

国土资源部于2011年4月23日至7月22日，分两批对地(市、州)国土资源局427名主要负责同志进行了廉洁从政教育集中整训，参训率达96%。同时，在系统内组织开展了5个专题的廉洁从政视频教育，参训人数达30余万人次。各地分期分批对县及以下国土资源部门全体干部职工进行了廉洁从政教育培训，做到了廉洁从政教育全覆盖。

3. 严肃查办违纪违法案件

“两整治一改革”专项行动中，共查处违纪违法案件520多起，处理违纪违法人员890多人。坚持把教育和惩处结合起来，深刻剖析典型案例，查找倾向性问题，分析其原因，建立健全相关制度措施。开展警示教育，以案说法，以案促廉，用身边的事教育身边的人。

（二）开展土地和矿业权交易市场专项整治，网上交易和监管取得重要进展

1. 认真开展专项清理和检查并整改突出问题

国土资源系统全面开展了国有建设用地招拍挂出让制度和探矿权采矿权审批出让制度执行情况的清理检查，各地共清理检查土地198473宗，查找存在问题958个，已落实整改826个；清理检查探矿权采矿权120782个，查找存在问题988个，落实整改979个。

2. 积极推进土地和矿业权出让网上交易和监管

全国建成土地出让网上交易系统42个，矿业权出让网上交易系统20个，其中有16个与土地出让网上交易系统合并运行。31个省(区、市)已完成省级矿业权有形市场建设。

3. 加强土地储备机构和评估机构的监管

完成全国土地储备机构与其下属单位和挂靠从事土地开发相关业务的企业脱钩近370个。

国土资源部制定了《土地估价管理办法》，明确建立全国统一的土地估价师、土地估价机构和土地估价报告备案系统，及时向社会公示有关土地估价师执业登记和注销、土地估价机构执业注册和注销以及资信评级等基础信息。印发了《关于加强矿业权评估行业管理的通知》，对矿业权评估机构准入退出机制、失信惩戒机制和评估机构的选择等做出明确规定，各地制定了相关制度和管理办法。

（三）健全廉政风险防控机制，增强风险防控管理能力

1. 全面规范行政权力运行，强化权力监督制约机制

对权力事项进行全面清理，并将法定职权进行分类梳理，编制“职权目录”，明确职权名称、内容、办理主体和法律依据，确认权力行使的界限和责任，对每一项职权绘制“权力运行流程图”。

2. 强化对重点岗位关键环节的廉政风险防控管理

各地围绕土地和矿业权审核审批、出让、规划计划、大额资金和项目管理、国土资源执法监察和干部选拔任用等 6 个方面 33 项重点内容，出台了一批针对性、可操作性较强的制度办法。

3. 深化国土资源管理创新

加快推进征地制度改革，积极探索征地新模式，开展征转分离试点工作，完善征地补偿机制；开展城市批次用地审批制度和矿业权审批制度改革，下放精简权力，加强服务监管；土地整治项目管理实行了业主制、监理制和责任追究制。

4. 推进廉政风险预警机制建设

各地利用信访举报、媒体报道、民主评议、审计检查、执法监察等方式，对核心业务、关键环节和重点岗位的廉政风险进行信息采集、分析、反馈，并运用督促检查、责令整改、诫勉谈话等形式及时发出预警信号。同时，建立与纪检监察、检察、审计、信访等部门的协作机制。

5. 强化责任追究

各级国土资源管理部门定期组织开展廉政风险防控机制建设和制度落实情况的督促检查，对廉政风险防控制度和责任不落实的，视情况责令做出书面检查、进行诫勉谈话、通报批评或调整岗位。对责任不落实导致违纪违法行为发生的，按照廉政风险防控管理制度，严肃追究主要领导人员和其他负有责任领导人员的责任。

（四）推进国土资源管理制度改革，治本抓源头防腐成效明显

1. 加强行政审批的公开透明和制度建设

全系统土地和矿产资源行政审批实行会审和公示制度，不断规范审批行为。

进一步清理规范行政许可事项，减少了七成的行政审批事项。部共清理规章和规范性文件900多件，废止150多件，制订和完善了40余项国土资源管理法规制度。出台了规章和规范性文件后评估办法。各地也按照部的统一部署和要求，出台了一批规章制度。

2. 进一步加大政务公开力度，推行“阳光行政”

全国所有省级和97%的市级、70%的县级国土资源部门实现了政务信息网上公开。实行了行政审批事项由政务大厅统一受理、接办分离、网上报批、联网审查、限时办结、结果公开。

3. 强化对土地和矿产资源的综合监管

建立了集卫星遥感影像、监测变化信息、土地利用现状于一体的全国土地利用“一张图”和土地“批、供、用、补、查”综合监管平台。实行土地出让合同、矿业权统一配号和行政审批网上运行。

4. 加强重大项目和资金使用的监管

建立健全土地整治、国土资源科技项目管理制度，完善管理办法，建立了财务管理电子信息系统，对大额资金支付、对外投资等重点业务实施在线实时全程监管。定期开展专项审计和经济责任审计，纠正财务管理不规范的问题。

5. 深化干部人事制度改革

各地加大了对关键岗位干部交流轮岗力度。2010年以来全系统共交流轮岗干部7600多人，其中本系统交流6700多人、跨部门交流900多人。

（五）通过专题研究有力地推动制度建设

1. 国土资源系统腐败案件特点、成因、对策研究

山西省形成了《国土资源系统腐败成因及反腐措施》，江苏省形成

了《国土资源系统职务犯罪表现形式、原因及预防对策分析》、《国土资源领域预防职务犯罪的深层思考》等专题研究成果。

2. 国土资源系统反腐倡廉重点、难点问题研究

广东省形成了《经济转型期土地市场寻租行为分析及其对策研究》，浙江省形成了《关于加强工业用地批后监管的政策研究与对策建议》、《创新社会管理实现和谐征迁的思考》等研究成果。

3. 提高国土资源系统反腐倡廉科学化水平的路径和方法研究

形成了《利用“制度＋科技”手段建设公开、公平、公正交易市场》、《基于“数字国土”的国土资源廉政建设》、《用“制度化＋信息化”构建土地权属登记与地籍管理工作廉政勤政体系的实践》等研究成果。

4. 国土资源管理廉政风险防控机制建设研究

广东省形成了《构建廉政风险防范预警机制的途径》、《关于强化对权力运行的有效制约与无缝隙监控的思考》、《土地和矿业权市场建设和理论研究》等研究成果。

5. 国土资源系统廉政文化建设研究

形成了《新形势下推进国土资源管理廉政文化建设的思考》、《深化廉政文化建设筑牢思想道德防线》、《加强廉政文化建设营造风清气正的良好环境》等研究成果。

（六）违纪违法案件大幅下降，行风政风评议名次总体上升

2009 年、2010 年和 2011 年全系统处理违法违纪人员分别为 683 人、693 人和 390 人。2011 年，首次实现违纪违法案件被处理人数同比下降，比 2010 年下降了 44%。各地深入开展行风政风建设活动，积极探索作风建设制度化、常态化的长效机制。大力推行“一站式”服务、“直通车”审批、一个窗口对外，实行了行政审批窗口受理制、首办负责制、一次告知制、限时办结制、责任追究制等制度。聘请行风政风监督员，开展行风政风评议活动。从检查评估的情况看，各省（区、市）国土资源厅（局）行风政风评议名次总体上升。

二、国土资源管理中存在的廉政风险点分析

（一）国土资源管理中权力运行的廉政风险点分析

1. 规划计划方面风险点分析

规划修编修改的审查环节。在土地利用规划、矿产资源规划修编和修改审查过程中，会出现审查标准掌握不一的情况。

计划制定、分解下达和调剂环节。在计划指标分解和调剂过程中，对各地实际情况了解不深入，指标分解测算因素考虑不够全面，指标安排不够科学完善。

建设项目用地预审进度和程序环节。预审报件从受理阶段开始，项目建设单位可能会托人打招呼以影响用地预审审批进度及结果，有时可能导致程序把关不够规范。

2. 建设项目用地审批方面风险点分析

从建设项目用地审批流程看，主要包括以下几个环节：

初审环节。有关审查人员是否对用地报件材料齐全严格审查把关。

会审环节。有关审查人员是否对履行征地前期程序、征地补偿安置标准、耕地占补平衡等严格审查把关。

报批环节。对会审会通过审查但提出了补充情况要求的建设用地项目，有关审查人员是否在用地呈报国务院前审查把关，落实有关要求。

下发批复环节。项目用地涉及缴纳新增建设用地土地有偿使用费的，有关审查人员是否对缴费情况严格把关。

3. 矿业权审批方面风险点分析

矿业权设置环节。个别地方政府、有关部门等多方干预矿业权出让审批工作。以发展经济为由，以各种方式违法审批矿业权。

矿业权审批权力设置环节。部门审批权力过于集中，某些地方部门权力设置不合理，采矿权是否设置、如何设置、批多大范围、收多少费用等，都由一个部门进行审查。

矿业权审批流程环节。矿业权出让审批流程从申请报件到领取批文，环节多，周期长，一方面审批人员与矿主直接接触，加大了权钱交易的风险，另一方面审批流程不够严密，使腐败分子有机可乘。

4. 土地使用权出让方面风险点分析

出让环节。一些地方政府突破政策、法规规定，对经营性项目用地实行协议出让或划拨供地；违规设置歧视性、排他性条件，限制潜在竞买人；将拆迁成本或征地成本打入出让金，以零地价出让；不按规定公布国有土地使用权出让计划，不按法定要求在指定媒体上公布土地出让信息，未按法定要求期限进行公示。

土地出让金征收环节。部分土地证的宗地用途不规范，可能存在少缴、漏缴土地出让金风险；改变土地用途补交出让金政策不完善，存在少缴出让金风险；出让金支付形式允许分期付款存在拖欠风险。

5. 矿业权出让方面存在的风险点分析

招拍挂出让审查环节。对招拍挂方案不按规定进行审查和提交会审，随意放宽通过资质条件的审查标准；矿业权取得方式不符合有关规定；招拍挂出让计划不符合矿产资源规划。

出让矿业权环节。对按规定应以招拍挂方式出让的采矿权采用协议出让；协议出让的价格低于评估价；向特定的关系人透漏标底。

6. 土地整治方面存在的风险点分析

收取土地开垦费行为不规范，对重点工程开垦费缓缴或免缴，随意占用开垦费；开发复垦整理招投标工作不规范，程序不合法。对一些工程量较小的开发复垦整理工程项目，不采取公开招投标方式；开发整理复垦资金拨付使用不规范，在工程款多少和拨付时间上存在随意性较大的问题；开发复垦整理账目管理上没有统一规范要求。

7. 征地补偿方面存在的风险点分析

征地补偿登记确认环节。故意混淆被征地主体，虚构补偿人数，将违法建筑确定为合法建筑，虚报附着物清点丈量数据等。

征地补偿标准确定环节。地类调查、青苗点算和附着物丈量核算中弄虚作假，随意提高或压低补偿标准。

在征地补偿过程中，拖欠征地款；签订协议数量、金额与实际数量、金额不符；对重点交通项目征地拆迁补偿的使用不规范。

8. 土地执法环节中存在的风险点分析

以罚代批，以对违法用地查处，来代替用地审批，相关权力运行风险点应运而生；返还罚款，对违法用地处罚后，以奖励招商引资等各类名目变相返还；在测量违法用地面积上，随意减少违法用地面积；以临时用地等手段隐瞒违法用地事实，并随意收取管理费；违法用地处罚标的随意性较大，没有细化处罚情形。

（二）国土资源管理中产生权力运行风险点的原因分析

1. 资源稀缺性导致的利益驱动

国土资源部门直接承担着土地、矿产等重要社会公共资源的配置和管理，是政府的重要职能部门，所承担的管理事项如土地征收拆迁、登记发证、矿权交易管理、土地招标拍卖挂牌出让等涉及到千家万户和社会各个方面，是利益关系方“勾兑”的重点。一些单位或个人为了追逐土地经营、矿山开发的高额利润，不惜采取一切手段，拉拢和腐蚀领导干部，违法违规审批；有的利用国土资源管理上的漏洞，从中获取巨额利润；有的甚至采取欺骗手法，进行诈骗。

2. 国土资源管理体制改革不到位

国土资源管理体制实行省级以下垂直管理的改革基本完成，但是一些关系没有完全理顺。县级以上国土资源管理部门仅限于领导班子成员上划，而机构、编制、人员、经费等还在地方政府，导致国土部门绝大部分职能仍受到地方限制，用地审批、违法用地处理等许多问题不能自主。一些地方政府领导在“政绩观”认识上存在偏差，片面追求经济的快速增长，过多干预国土资源管理，政令畅通与法令畅通存在一定的矛盾。

3. 权力监督机制存在缺陷

一是监督体制不科学。上级监督鞭长莫及，同级监督流于形式，下级监督顾虑重重，群众监督形同虚设；二是监督机制不健全。虽然制定了各种监督制度，但由于缺乏与之配套的运行机制，权力内控机制建设不健全，使监督程序成了摆设，现有制度落实不到位；三是党支部堡垒作用发挥不明显。各级党支部特别是基层局机关党支部在把好用人第一关、充分调动群众积极性等方面的作用发挥距党的要求差距甚大。

4. 教育未能产生根本作用

主要表现为宣传发动不够，缺乏思想基础和群众基础；一部分党员干部对廉政教育参与热情不高，投入精力不够，内心深处存在着重业务管理、轻内部管理，重视经济建设，轻视党风廉政建设的思想倾向；有些负责人对教育工作只停留在学习文件和应付检查上，缺乏廉政教育主动性和自觉性；廉政教育侧重于完成任务，缺乏针对性和实效性，不注重教育对象之间在诸多方面存在的差别；开展教育活动形式单一，方法简单，致使教育活动缺乏应有的实效。

三、推进国土资源领域反腐败和综合整治工作的建议

（一）进一步加强廉政风险教育，筑牢拒腐防变思想道德防线

教育是廉政风险防范的重要基础，一是要保持廉政教育的经常性和灵活性，通过创先争优的平台，进一步开展部省联创齐争活动；把反腐倡廉宣传教育纳入党建工作和宣传教育工作的总体部署，采取集中教育与分散教育、自我教育与专题辅导、上级调训与本单位培训等多种方式开展教育活动，组织干部职工到党风廉政教育基地学习；二是积极创新反腐倡廉教育形式和载体，要有效开展具有各级国土资源管理特色的反腐倡廉教育，把服务科学发展，树立正确的权力观、利益观和地位观作为党风廉政教育的重点内容，把传统方法和现代手段、思想灌输与启发式教育、理论教育与形象教育、树立正面典型和剖析反面案例结合起来；三是加强对各级领导干部的监督，认真执行领导干部述职述廉、诫勉谈话、函询、质询等党内监督制度。深入治理党员领导干部在廉洁自

律方面存在的突出问题，全面落实《中国共产党党员领导干部廉洁从政若干准则》，认真执行《关于领导干部报告个人有关事项的规定》和《关于对配偶子女均已移居国(境)外的国家工作人员加强管理的暂行规定》等制度。

（二）建立健全廉政风险预警防控机制，完善廉政风险防范管理

在预警收集环节，动态掌握廉政风险新动向。应围绕核心业务、重点部位和关键环节，采取上下联通、点面结合的方法，形成覆盖面广、渠道畅通的信息网。通过群众反映、媒体报道、政风行风评议、民主监督、审计、明查暗访、问卷调查、执法监察、建立廉政信息库等方式，充分运用电子监察系统、信访信息等现代技术手段，动态跟踪掌握廉政风险发展趋势，及时收集廉政风险信息。

在预警分析环节，定期研究分析廉政风险新问题。对收集的廉情信息进行分析研究，弄清可能诱发不廉政、不勤政现象的原因，重点剖析其中的突出问题及其产生的原因规律，总结归纳当前本行业职务犯罪的主要表现特征，以便采取有针对性的措施，防范于未然。

在预警报告环节，适时提出防范廉政风险的新措施。应及时或定期向本单位领导和上级纪检、监察部门报告廉情分析发现的苗头性、倾向性、普遍性问题，并提供有效地预防和整改建议。

在预警运用环节，反馈和落实监督。对可能发生的不廉政、不勤政问题进行预警，一是运用到党委或党组党风廉政建设和反腐败的工作部署上，便于党委或党组作出正确的决策。二是运用到反腐倡廉教育上，就是把预警成果作为党风廉政建设的教材，使党员干部及时了解党风廉政建设和反腐败的新形势、新动向，从而增强廉洁自律意识。三是运用到对违法违纪行为的惩治上，发现已经造成违法违纪问题的，依法严肃追究相关单位或直接责任人的责任，对相关领导进行问责。

（三）强化制度改革创新，持续推进惩防体系建设

一是建立和完善各项规章制度，拓展从源头上防治腐败的工作领域。深化国土资源行政审批制度改革和配套制度建设，规范行政审批和行政许可行为，坚持和完善集体会审制度，规范审批权限和程序，建立内部业务初审制约制度，限时办结，使权力在制度程序规定范围内运行。对现行的行政审批项目逐项进行分析，能够通过市场运作的，不再进行审批，能够通过中介机构办理的，交给中介机构办理，确实需保留的，要规范操作，简化程序，明确责任，健全监督机制，提高服务质量。健全土地和矿业权招拍挂出让制度，进一步提高土地和矿产资源市场化配置程度，积极推进有条件的地方将土地和矿业权市场交易纳入公共资源交易平台。深化土地征收制度改革；建立和完善土地和矿业权评估机构诚信等级评定制度及工程建设招标投标制度，完善产权交易市场功能和各项监管制度。推进行政法规和规范性文件的“立、改、废”，进一步清理、减少和调整行政审批事项；充分运用“制度＋科技”手段，推进政务公开，抓好土地和矿业权出让的交易试点工作总结；健全网上交易、全程公开、全面监管、及时查处、社会监督的综合监管体系。

二是提高制度的执行力，发挥制度的基础性、根本性作用。在建立和完善制度的同时，要提高制度执行力以确保制度的“成活率”，要选择好执行制度的策略与方法以确保制度执行有效、管用。要强化制度意识，切实做到有令必行、令行禁止，坚决维护制度的严肃性和权威性。要强化制度的系统性与配套性，使制度之间统筹兼顾、环环相扣、紧密配合、整合协调。要深化制度建设中的与时俱进，适时查找并整改制度本身存在的漏洞不足。加大对制度落实的问责力度，对制度执行不力、执行不畅、执行不果等情况，要加强检查监督，全面实行问责。

（四）创新监督制约机制，构建反腐倡廉新模式

一是突出监督重点。从思想作风、工作作风、领导作风和生活作风入手，强化对党政领导干部特别是主要领导干部的监督。

二是改进监督方式。把网络监督纳入国土资源廉政建设中，提升监督的整体效能。加强信息化建设，为网络监督提供信息技术基础；加大国土资源信息公开力度，为网络监督提供条件。建立健全网上监督平台，把效能监察从建章立制向网络监督落实推进，健全效能监察网络，加快电子政务建设，督促所有的网上行政审批事项全部纳入网上监管，优化流程，挖掘潜力，进一步完善行政审批电子监察系统，充分运用信息网络技术，对行政审批项目的受理、承办、批准、办结和告知等环节进行全程监督。建立国土资源网络舆情的收集、分析、处理和反馈以及应急处理机制，进一步拓宽信息来源，及时了解网络反映的涉及腐败的信息和案件线索，并针对所收集的问题及时调查处理，并将处理意见及时反馈给相关部门，积极把握和引导网络舆论。

三是畅通监督渠道。引入社会评价机制，使权力运行阳光化与社会监督有机结合，促进公民监督权力实质化，充分发挥民主监督作用，积极推进基层民主政治建设，保证普通干部群众行使民主监督的权力。高度重视人大的权力监督和政协的民主监督，广泛听取人大代表、政协委员的意见和建议，认真落实议案和提案办理责任制，强化办理结果的督察；主动与纪委、检察院等有关部门联系，建立预防与惩治腐败渎职等犯罪联席会议制度，形成监督制约的立体网。

国土资源领域党风廉政风险防范和惩防体系建设研究

一、国土资源系统反腐倡廉的基本情况

（一）打牢廉政风险防控思想基础

1. 认真开展党员、干部纯洁性教育

各地组织党员干部，开展保持党的纯洁性学习教育活动，组织开展“四查找四分析”为主要内容的保持党员、干部纯洁性分析检查活动。采取专题学习教育、广泛征求意见，召开检查分析会，群众评议，认真整改问题等方法步骤，查找理想信念、党性修养存在的问题，分析思想纯洁性；查找密切联系群众、履行职责存在的问题，分析作风纯洁性；查找领导班子和干部队伍建设存在的问题，分析干部队伍纯洁性；查找廉洁从政存在的问题，分析管理上的薄弱环节和制度漏洞。

2. 开展新一轮廉洁从政教育培训

各地在 2011 年集中整训的基础上，围绕依法行政、廉洁从政、预防职务犯罪等，把教育管理的“触角”向基层一线延伸、向业务领域渗透、向全员覆盖拓展。开通网上视频，举办反腐倡廉专题视频报告会，每年约有 33 万人次接受廉洁从政视频教育。国土资源部在京对全国 400 多名地（市）国土资源局长进行集中培训。各地注重教育培训的

方法手段创新，如利用科技手段建立网上廉政教育系统，提高教育实效性和针对性；将本单位往年发生的案例汇编成册，用发生在身边的案件教育身边的人；组织干部职工到反腐倡廉警示教育基地，接受警示教育；突出教育培训重点，对基层分管地政和矿政的领导及审批、人事、资金、项目和执法监察等核心业务、重点岗位、关键环节工作人员，分层次进行岗位廉政风险教育培训。

3. 大力推进廉政文化建设

部举办的全国廉政警言佳句大赛，征集警句格言 2 万余条。评选表彰了全系统纪检监察 90 多个先进集体和 200 多名先进工作者。各地市也积极组织廉政文化“进机关、进基层、进家庭”活动，开展廉政警言佳句、廉政知识竞赛，开展家庭助廉亲情寄语征集和“和谐国土杯”、“国土资源之歌”、“打造廉洁国土、崇尚廉洁文化”主题歌咏比赛等活动。大力开展学习浙江省第七地质大队、广西自治区国土资源所所长韦寿增同志的模范事迹，培养和宣扬了一批先进典型。

（二）推进廉政风险防控管理

1. 动态排查廉政风险、失职渎职风险和完善防控措施

廉政风险是党员干部执行公务和日常生活中发生腐败的可能性。是指因教育、制度、监督不到位和党员干部不能廉洁自律而可能产生不廉政行为的风险。

廉政风险点是指行政权力运行流程中可能产生廉政风险的具体环节或岗位。广义上讲，廉政风险包括思想道德风险、制度机制风险、岗位职责风险等。

廉政风险点排查工作的开展首先进行宣传培训。其次要掌握查找廉政风险点的方式方法，按照“梳理履职用权业务流程——明确岗位职责——找准廉政风险点（重点环节或岗位）和风险表现形式——组织审定并公示结果”进行查找。查找中要采取自己找、同事提、群众帮、领导点、组织审的方式，全面、深入查找风险点及风险表现。再次，风险点查找出后，所在部门要进行集体讨论，并经处室负责人签署意见后由

分管领导初审，班子成员的风险点由主要领导初审。

两年来，国土资源部党组重点抓住土地和矿业权审核审批、出让等核心业务和关键环节，开展清权确权，梳理工作流程，排查廉政风险，制定防控措施，构建防控体系，有效预防和最大限度减少了腐败问题的发生。通过廉政风险点大排查，全系统共排查出廉政风险点3600多个，在此基础上建立权力运行内控机制。部党组提出“五条禁令”，组织全系统自查并整改问题1000多个，印发了《关于建立健全国土资源管理廉政风险防控的指导意见》，围绕土地和矿业权审核审批、出让等6方面33项重点内容，针对核心业务、重点岗位、关键环节，全面梳理排查廉政风险点，提出了土地和矿业权审核审批、出让、规划和计划、大额资金和项目管理、国土资源执法、干部选拔任用等6个方面33项廉政风险防控管理重点内容，建立了全面覆盖、分级管理、责任明确的廉政风险防控六大机制，最大限度消除导致权力滥用、以权谋私的因素和条件，把廉政风险降到最低。

2. 加强廉政风险和失职渎职风险预警管理

失职是指工作人员对本职工作不认真负责，未依照规定履行自己的职务，致使本单位造成损失的行为。渎职是指国家机关工作人员滥用职权、玩忽职守或者徇私舞弊，妨害国家机关的正常管理活动，致使国家和人民利益遭受严重损失的行为。根据现行刑法规定，涉及国土资源系统渎职犯罪的有非法批准征用、占用土地使用权、非法低价出让国有土地使用权罪等罪名。

各地普遍建立了风险信息台账，通过信访举报、民主评议、审计检查、执法监察等途径，对基层核心业务、关键环节、重点岗位的廉政风险和失职渎职风险进行信息采集、分析、反馈，对存在廉政风险中的干部，采取警示提醒、责令整改、诫勉谈话等形式及时发出预警。一些单位充分利用“制度+科技”手段，建立了廉政风险、失职渎职风险教育和预警网上监控系统，采取系统预警和短信预警等手段，进行实时预警。同时，各地制定了廉政风险防控责任追究的具体办法，严格界定了履行职责中需要问责的情形，明确了实施问责的主体责任，认真落实责任追究。

3. 强化基层廉政风险防控机制的落实

廉政风险防控是以科学发展观为指导，在全面查找风险点的基础上，依据一定原则界定风险等级，并提出相应的防范措施和监督检查考核办法。各地按照部党组关于加强基层教育和监管的要求，加强对县局、乡所廉政风险防控管理的指导，强化廉政风险防控制度落实。组织各地纪检组长（纪委书记）对全系统廉政风险防控机制落实情况开展集中交叉检查，共整改问题2200多个，总结推广30多个基层单位的经验和做法。各省（区、市）厅（局）组织开展对县局、乡所廉政风险防控机制建设和制度落实情况“回头看”，在基层开展自查的基础上，由省厅局领导带队，组成检查组进行检查。2012年，国土资源部组成31个检查组，对全国279个基层单位（其中县局、乡所186个）的廉政风险防控机制落实情况进行全面检查，督促基层抓好防控机制的落实，确保制度执行到位。

（三）强化对领导干部和重点部位的监督

1. 开展重大项目管理和资金使用监管的自查自纠

各地对土地整治、矿山环境治理、地质灾害防治项目立项、审批、实施、竣工验收、工程质量及资金使用和监管情况进行了全面排查梳理，分析查找问题，有针对性地进行整改。加强对土地和矿业权审批、出让等重点环节的监督。进一步规范和加强部机关和直属单位的项目经费监督管理，驻部纪检组监察局、机关党委和纪委组织开展了制度落实情况检查。

2. 进一步健全和完善项目和资金管理制度

各地针对排查出的问题，及时制定了整改措施，完善了重大项目资金事前、事中、事后全程制约监督机制。着力推行统一的财务管理信息系统建设，将预算指标管理、预算执行、会记核算等财务管理建立在同一信息平台，实现联网操作、实时在线监管。加大了对重大项目管理和项目专项资金使用情况的审计检查，对检查中发现的问题，限期进行整改。

3. 强化干部的外部监督

国土资源系统各部门认真落实党内监督的各项制度，开展了领导干部述职述廉、任前廉政谈话、诫勉谈话等工作，重点加强了对领导班子及其成员执行“四大纪律、八项要求”及重大事项决策、重要干部任免、重大项目安排和大额度资金使用情况的监督。各地积极落实特邀监督员制度，采取多种形式征求监督员对国土资源部门的意见，主动接受监督。积极推进干部轮岗交流的常态化、制度化。

4. 强化行政权力的内部制约和监督

土地和矿产资源行政审批一律实行内部集体会审制度。行政审批事项由政务大厅统一受理，实行接办分离、限时办结。初步构建了覆盖土地“批、供、用、补、查”以及矿业权和地质灾害等信息的综合监管平台，促进国土资源管理标准化、规范化、透明化。组织开展了对直属单位项目管理、资金使用专项巡视和专项检查。

（四）推进土地和矿业权市场建设

2012 年，全国已建成土地出让网上交易和监管系统 126 个，建成矿业权出让网上交易和监管系统 73 个，31 个省区市已完成省级矿业权有形市场建设。辽宁、天津、宁夏等省区市厅（局）建成辖区内统一的土地矿业权交易平台。上海市局充分运用“制度 + 科技”手段强化土地交易市场监管。新疆兵团国土资源局开展了土地和矿业权市场专项整治。加强土地储备机构监管，全系统土地储备机构与所属开发企业脱钩，实现管办分离。出台了《闲置土地处置办法》，明确要求供应土地须是“净地”，禁止“毛地”出让，防止因政府、政府有关部门的行为造成土地闲置。

（五）严肃查处涉土涉矿领域违法违纪案件

全系统纪检监察部门共受理信访举报 2000 多件。驻部纪检组共受理群众来信 300 多件，处理治理商业贿赂网上举报信 70 余件。各地加强对违纪违法案件特点规律的研究，各级国土资源部门建立与纪检监察、检察机关案件的沟通协调机制和教育预防机制。同时，探索建立国土资源、纪检监察、检察、审计、发改、财政、建设、规划等部门联席会议制度，构建共同责任机制，对土地矿产资源管理的重大事项集体研究，从机制制度上解决国土资源部门干部失职渎职的现象，基本实现了违纪违法案件数量降下来、政风行风评议名次升上去的阶段性目标。

二、基层国土资源部门违纪违法案件和失职渎职案件案件分析

（一）基层违纪违法案件分析

从行政级别来看，基层国土资源部门违纪违法案件主要集中在局长和中层领导干部这两个层次，说明在土地管理链条上，权力过于集中，信息不对称不透明，权力得不到有效制约，是腐败滋生的重要原因。

从对案发人员腐败的心理轨迹分析看，主要存在不平衡心理和侥幸心理，最终导致一些领导干部走上腐败道路。

从对30名案发人员的发案环节做了梳理和归纳，并对发案环节进行统计，主要集中的岗位是土地利用科、地籍科、耕地保护科和土地储备交易中心。

（二）基层失职渎职犯罪案件分析

国土资源系统涉及的渎职犯罪主要有以下五类：滥用职权、非法低价出让国有土地使用权、非法批准征用、占用土地非法批准征用、占用土地徇私舞弊不移交刑事案件。国土系统渎职犯罪的特点：一是渎职犯罪多数与贪污受贿交织在一起；二是后续审核等把关环节未能发现纠正渎职行为；三是政府性渎职行为不断出现，查处难度较大；四是渎职行为造成的后果十分严重。

三、基层国土资源部门廉政风险分析

（一）土地和矿产资源规划计划方面的风险点

一是在土地利用规划、矿产资源规划和专项规划修编和修改成果的审查过程中，违反程序、放宽技术标准审查通过规划的修编和调整；擅自调整修订土地利用总体规划，将农用地转变为建设用地；对市、县矿产资源规划区的调整审核不严，随意同意规划区调整；二是土地利用年度计划的制定和分解过程不公开或未完全公开；在实施用地计划指标分配工作中违反程序、暗箱操作等。

（二）土地审批方面的风险点

一是建设用地项目审批环节，有关审查人员对用地报件材料齐全审查把关不严格；二是权属审核不准、地类认定出错，实地踏勘不认真，造成工作失误。对于建设用地项目的审核审批信息不能及时公开，公开的内容不具体、不全面；二是有关审查人员对履行征地前期程序、征地补偿安置标准、耕地占补平衡指标、标准农田补建指标调剂审查等把关不严格，致使指标使用混乱。

（三）土地和矿业权出让方面的风险点

一是出让环节。不按照法规规定出让土地和矿业权；二是出让金征收环节。部分土地证的宗地用途不规范，可能存在少缴、漏缴土地出让金风险；改变土地用途补交出让金存在少缴出让金风险。擅自批准减免或缓交土地出让金、矿产资源补偿费、采矿权价款、矿山环境治理保证金；违规办理虚假土地使用权证抵押融资或擅自将基础设施用地担保抵押；三是土地和矿业权评估。授意或串通评估机构，对土地和矿业权价款进行虚假评估；违反规定指定或推荐中介机构从事土地和矿业权评估业务等。

（四）征地补偿方面的风险点

一是征地补偿登记确认环节。故意混淆被征地主体，虚构补偿人数，将不符合原村民“一栋一户”的住宅确定为符合，将违法建筑确定为合法建筑，虚报附着物清点丈量数据等，造成征地补偿层层被截留，甚至有基层工作人员截留补偿费。二是征地补偿标准确定环节。一些地方政府确定补偿标准的程序不规范，在征收土地前期的地类调查、青苗点算和附着物丈量核算中弄虚作假，随意提高或压低补偿标准。三是征地资金不到位，造成拖欠征地款；对补偿费的发放监督不力，签订协议数量、金额与实际数量、金额不符；对重点交通项目征地拆迁补偿的使用不规范。

（五）大额资金和项目管理方面的风险点

一是项目批准、立项、审核。审核不严，标准不一，不按政策要求勘查选址申报项目，导致项目违规立项，项目不能实施或实施后造成人力、财力的损失。二是项目招投标工作。项目招投标工作不规范，程序不合法。选择项目承担单位不按规定进行招投标，对一些工程量较小的开发复垦整理工程项目，以工程量小为由，不进行招投标，而是随意确定工程施工队伍；专家评定制度、标准掌握不一致情况，对投标单位审核、复核工作不到位，可能存在个别人员打招呼，暗箱操作。三是项目资金的管理和使用。项目资金拨付使用不规范，虚列项目开支，在工程款多少和拨付时间上存在随意性较大的问题。违规使用项目资金，超范围使用，未做到专项管理、单独核算，甚至截留、挪用、坐支项目资金；变相设立“小金库”，与项目承担单位串通一气，乱支滥发、变相开支项目资金；违反规定程序、不按质量标准验收项目等，或不按合同约定支付工程款，或以假合同虚报工程量，骗取工程款。

（六）国土资源执法方面的风险点

一是查处案件。对国土资源违法案件不组织调查、处理；与违法当事人和信访当事人发生不正当往来，接受吃请，收受贿赂，帮助其逃避或减轻法律制裁。二是立案、调查。在执法监察中利用职权，谋取私利，违反程序办案，办人情案，压案不查，行政不作为。避重就轻，故意隐匿严重违法情节，向违法单位或当事人泄露案情信息。三是擅用自由裁量权，随意改变处罚标准，在追究土地和矿产资源违法责任人中避重就轻；查案过程中违反程序，擅自同违法当事人私下接触，借机吃拿卡要等。四是执法监察动态巡查，发现违法或工作不规范等情况，不如实进行通报。

（七）干部人事管理的风险点

违反干部选拔任用规定推荐和确定考察人选；隐瞒干部考察情况，更改伪造干部民主推荐、民主测评结果；泄露民主推荐、民主测评、考察、酝酿、讨论决定情况；对线索清楚、内容具体反映考察对象问题的举报，不进行调查核实或不如实报告；在干部考察征求意见中，不如实反映考察对象廉洁情况，造成个别干部带“病”上岗等。

四、基层国土资源部门廉政风险防控机制运行情况研究

（一）廉政风险防控机制评估指标体系研究

对国土资源市场配置机制、国土资源管理创新机制、行政权力监督制约机制、廉政风险预警防控机制、廉政风险教育机制、责任追究和考核机制等六大机制建立廉政风险防控机制评估指标体系（见表1）。

表1 基层国土资源管理部门廉政风险防控机制评估指标体系

目标层	准则层	一级指标层	二级指标层
基层国土资源管理部门廉政风险防控机制评估	完善国土资源市场配置机制	建立统一规范、公开透明的土地和矿业权交易市场	规范土地交易行为
			规范矿业权交易行为
		建立统一的网上监管系统	建立土地网上监管系统和制定相关制度
			建立矿业权网上监管系统和制定相关制度
	深化国土资源管理创新机制	推进征地制度改革	改革征地补偿标准
			切实做好征地安置工作
			严格规范征地程序

目标层	准则层	一级指标层	二级指标层
基层国土资源管理部门廉政风险防控机制评估		加强建设用地指标分配管理	制定用地计划指标使用情况通报制度
			制定土地利用年度计划执行情况考核制度
		加强耕地占补平衡	耕地占补平衡指标交易公开透明
			规范耕地开垦费收缴管理
		加强土地整治管理	严格土地整治项目管理
			严格土地整治项目机构管理
		加强土地储备管理	加强土地储备机构管理
			加强土地储备前期开发管理
			完善土地收购价格确定程序和办法
	强化行政权力监督制约机制	建立科学民主的行政决策机制	健全政策风险性评估管理
			落实国土资源听证制度
		推行行政执法责任制	界定执法职责、规范工作流程
			拟定国土资源行政处罚自由裁量权基准
		完善财务管理信息系统	对大额资金和重大专项资金在线监管
			研究制定预算编制执行情况报告和通报制度
		完善干部管理机制	完善干部选拔任用机制
			制定干部交流轮岗管理办法
	建立廉政风险预警防控机制	完善廉政风险追踪制度	定期监督业务工作的廉政风险
			定期监督主要负责人的廉政情况
		建立廉政风险信息定期分析制度	及时做好信访、举报等信息采集、分析和反馈
		建立健全廉政风险预警协调机制	加强与纪检监察、检察、审计、信访等部门的沟通协作
	完善廉政风险教育机制	建立廉政风险防控教育制度	定期组织开展廉政风险防控教育
			加强典型示范和警示教育
		积极推进廉政文化建设	创新形式，多方面开展廉政文化活动
			构建廉政文化传播的载体和渠道
	建立和完善责任追究和考核机制	建立责任追究机制	严格落实廉政风险防控制度和责任
			严肃追究主要领导人的责任
		建立和完善检查考核机制	纳入党风廉政建设责任考核
			定期督促检查落实情况

（二）基层国土资源部门廉政风险防控机制运行情况

以黑龙江省红兴隆国土资源分局为例，跟踪研究基层国土资源部门廉政风险防控机制建设情况，黑龙江省红兴隆国土资源分局在廉政风险防控机制建设主要开展了以下工作：

开展“三个创建”即创建示范单位，发挥典型引领作用；创建教育基地，整合廉政教育资源；创建宣传教育阵地，营造“清风净土”廉政舆论氛围。突出“清风净土”工程的导向性，全面推进廉政风险防控机制建设。

强化“三项监督”即从群众知情做起，发挥群众监督效能；从完善制约机制做起，拓宽社会监督效能；从实施问责做起，强化组织监督力度，增强“清风净土”工程的针对性。

确保“三个到位”即组织落实到位，做到分工明确；服务指导到位，特色鲜明，立足警醒；检查验收到位，做到严格标准。注重“清风净土”工程的时效性，努力提高廉政风险防控的科学化水平。

坚持“自防”和“他防”相结合，将教育、制度、监督融入廉政风险防控的全过程。更加注重廉政风险教育的针对性；更加注重制度的科学性；更加注重监督的有效性，着力打造思想好、业务精、素质高的国土资源管理队伍。

（三）基层国土资源部门廉政风险防控机制建设存在的问题

一是意识层面不到位。在计划阶段，部分党员干部存在抵触心理或敷衍心态。导致思想风险点、职能风险点和岗位风险点查找不精细，表述不准确。在执行阶段，对已明确的廉政风险及其防控措施未能及时学习、消化和贯彻执行。在执行单位，忽视廉政风险多样性特点，简单复制或照搬照抄其他单位现成风险和措施，致使廉政风险防范工作指导错位。

二是可执行性不高。风险查找和措施制定间隔时间过长，导致部分风险过时、新增风险遗漏、措施滞后，执行效果不明显。未按照岗位性质、职能设定区分共性风险和个性风险，或分类不准确，对实际思想道德风险、岗位风险、职能风险及制度漏洞风险等防控错位，起不到准确的警示作用。有的在查找风险时也只是概念化，找不着解决问题的有效办法。未合理确定廉政风险的等级，淡化了党员干部对不同等级风险的防范意识。防控措施制定时，仅由个别指导部门“关门”研究决定，缺乏被控对象参与和补充。

三是实际执行缺位或不到位。计划和执行阶段，忽视廉政风险教育和风险防范措施学习。廉政风险防范工作开展期间，未能将廉政风险教育纳入日常廉政教育范畴。中期监控机制不完善，忽视执行情况的督查、检查。后期处置环节缺失或不健全，无惩戒标准或惩戒标准含糊笼统。修正部分缺失或不健全，廉政风险与实际工作脱轨，失去防范意义。

五、加强基层国土资源部门廉政风险防控机制建设的措施和建议

（一）加强理论和实践成果运用，深化腐败问题专项治理

将党风廉政专项行动实践中形成的认识成果、理论成果、实践成果进行全面的总结并上升到制度层面，形成系统的廉政风险防控机制建设集成性成果。在此基础上，加强对党风廉政建设和反腐败工作特点与规律的认识，进一步加强调查研究，探索新形势下国土资源领域反腐倡廉工作的新思路、新方法，不断健全完善制度机制建设，深入开展国土资源领域腐败问题专项治理工作。

（二）构建全面的监督保障机制，加强廉政风险防控管理

一是运用“制度+科技”手段完善监督制约机制。加强基层国土资源电子政务综合监管平台建设。明确管理职权，依据法律法规和相关制度，制作权利运行流程图，并围绕权利运行流程查找廉政风险，制定防范措施。将运行流程与防范措施综合考量，形成权利运行与监督互相制衡的机制，固化到系统程序。二是加强基层国土资源部门的内部监督管理。健全行政执法责任制，健全制度执行的责任、考评、问责等机制，完善保障制度执行的程序性规定和违反制度的惩戒性规定，实行行政过

错责任追究，将行政职权和法定义务履行情况作为确定工作人员年度考核等次的主要依据。三是要畅通社会监督渠道。定期完善政务信息公开目录和栏目，形成内容全面、结构合理的政务信息公开体系。对县级国土资源部门的所有权利事项应全部在网上公开，同时应借助12336国土资源违法举报电话平台，及时掌握舆情。聘请人大代表、政协委员、企业代表等作为国土资源部门行风监督员，从不同层面、不同角度加强对国土资源部门人员行政行为的监督。

（三）深化国土资源管理改革和制度创新，加强权力监督和制约

一是健全行政审批和行政许可制度。建立和完善重大项目集体会审制度和政务公开制度，尤其是基层国土资源部门要将办事依据、收费项目和标准、办事程序、办理结果、督察举报以及涉及到行使行政权力办理的各类事项等信息公布于众，增强权利行使的透明度。二是深化国土资源有偿使用制度改革。将土地使用权出让和矿产资源出让纳入公共资源交易平台，建立有形市场，推进土地和矿业权审批出让网上交易。三是进一步完善财务管理制度，严格实行“收支两条线”。对资金来源、使用范围、用途标准、审核审批程序的权限与责任等方面进行规范管理。加强对土地开发整理、专项地质调查、地质灾害治理、矿产资源补偿费使用等各项专项资金的管理和监督。

（四）完善创新基层廉政教育机制，形成廉政工作氛围

一要加强理想信念和党性党风党纪教育。开展中国特色社会主义理论教育和政策纪律教育。二要加强法制教育。加强基层国土资源部门领导干部和管人、管钱、管物、管审批工作人员以及违纪违法案件易发多发单位的法制教育，开展法律法规的普及教育以及业务知识的培训。三要深入进行反腐倡廉教育。基层国土资源部门应结合本系统的典型案例，经常性地开展“以案说法”教育。四要继续深入开展廉政文化建设。基层国土部门的廉政文化建设应渗透到服务民生、服务发展、贴近生活、贴近思想作风等轨道上来。

（五）健全反腐倡廉长效机制，促进廉政风险防控机制规范运行

一要注重廉政风险的动态化管理。逐步建立健全风险预警、纠错整改、内外监督、考核评价和责任追究机制；根据预防腐败的形势发展，识别新的廉政风险点，及时补充和调整廉政风险内容和完善防控措施，将廉政风险防控机制与防止利益冲突机制和防止行政过错机制有效地结合起来。二要强化廉政风险防控机制建设的抓手。要强化内部控制，针对权力运行的关节点、内部管理的薄弱点、问题易发的风险点，健全完善内部控制的各项规章制度。要强化外部监督，进一步完善行政效能投诉、信访举报、专项检查、案件查处等方面的工作制度，对权力风险实施动态监测；进一步完善风险预警告知、风险提示、诫勉谈话、督促整改、责令纠错等制度。三要不断加强对廉政风险防控机制建设的领导。将廉政风险防控与推进国土资源管理改革结合起来，与加强国土资源依法行政工作结合起来，与转变国土资源政风行风作风结合起来；不断加强与纪检监察、检察机关等有关部门的协调。四要加大体制改革和制度创新力度，破解反腐倡廉建设难点。要推动重点领域和关键环节改革，健全完善反腐倡廉长效机制。加强国土资源领域党风廉政建设顶层设计，加强国土资源领域党风廉政建设和反腐倡廉工作理论研究，加强整体规划，整体推进制度建设和改革创新。

部党组经验材料

徐绍史部长关于国土资源部惩治和预防腐败体系建设工作情况汇报

按语：2010 年 3 月 15 日至 16 日，中央纪委副书记、监察部部长、国家预防腐败局局长马馼同志率领检查组到国土资源部检查惩治和预防腐败体系建设工作。国土资源部党组书记、部长、国家土地总督察徐绍史代表部党组向检查组作了汇报。现将徐部长的汇报予以印发，请认真学习领会。（此文原载于 2010 年 4 月 14 日国土资源部内情通报第 28 期）

马馼部长、同志们：

首先，我代表国土资源部党组和部机关全体干部职工，对马馼部长和中央纪委检查组来我部检查指导工作，表示热烈欢迎！对中央纪委监察部多年来对国土资源部工作给予的指导、支持、理解和关心，表示衷心感谢！

按照这次检查工作的要求，我代表部党组作简要汇报。

一、全面部署，狠抓落实，构建具有国土资源部门特点的惩防体系

部党组把惩防体系建设作为重要政治责任，作为推进国土资源管理改革发展的政治保障，坚持反腐倡廉的战略方针，坚持把国土资源管理权力监管的薄弱环节作为惩防体系建设的重点区位，按照中央《实施纲要》和《工作规划》的总体部署和中央纪委监察部的要求，以改革创新为动力，以从源头上惩治和预防腐败为重点，从教育、制度、监督、改革、纠风、惩处六个方面，着力构建具有国土资源部门特点的惩防体系。在总体布局上，一是解放思想，探索创新，着力抓好源头治理和制度创新，防止公权与私利结合；二是主动作为，超前谋划，注重设计抓手和平台，重点推进观念防腐、作风防腐和制度防腐；三是查找漏洞，自我揭短，梳理权力监管中的薄弱环节，突出工作的针对性和有效性。在组织领导上，成立了党风廉政建设领导小组和惩防体系建设领导小组，形成了部党组统一领导、分管领导分工负责、部门具体抓落实、驻部纪检组组织协调的领导体制和工作机制。在推进落实上，每年部党组都提出实施意见，明确责任分工，召开全系统工作会议做出全面部署，在做好“规定动作”的同时，积极探索“自选动作”，坚持把反腐倡廉建设的重要内容和要求融入到国土资源深化改革、完善管理的各项工作中，一起部署推进，一起检查考核。工作具体体现在以下五个方面。

第一，把推进观念防腐和作风防腐作为惩防体系建设的基础性工程。

我们认为，当前在深化改革、推进惩防体系建设中需要解决的一个突出问题就是思想保守、文化保守和体制保守，就中央国家机关部门而言，主要是不能正确对待手中的权力和部门的利益。因此，我们把思想作风建设和管理职能的转变作为国土资源部惩防体系建设的重要主题，与贯彻落实党的十七大精神、学习实践科学发展观、应对国际金融危机

的重要内容相结合，着力加强，持续推进。

一是深入推进解放思想，持续转变管理职能。我们把解决思想障碍问题作为推进惩防体系建设的基础，针对党员干部特别是领导干部思想观念中存在的不符合、不适应科学发展的突出问题，广泛开展了以“解放思想、改革创新”和“改进作风、增强执行力”为主题的学习大讨论，着力解决党员干部中存在的“安于现状不想改、视野狭窄不会改、畏首畏尾不敢改”的问题，提出要勇于“革思想的命、削手中的权、去部门的利”，推动国土资源管理理念、管理职能、管理方式的转变，从重微观到重宏观，从重审批到重监管，从重项目安排到重制度设计，把权力和责任真正放下去，把服务和监管切实抓起来，着力削减自由裁量权，切断权力谋私的途径，不与市场争权，不与企业争利。

二是加强机关作风建设，增强行政执行力。在惩防体系建设中，我们既要惩治贪官、恶官，又要教育懒官、庸官、“太平”官，既要反对乱作为，也要反对不作为，坚持高标准、严要求、快节奏。我们着力改进和增强执行力，深入开展了作风建设活动，部党组制定了《关于解放思想改革创新改进作风增强执行力的决定》，着重解决部党组和司局两级班子中存在的“主动谋划不够、工作办法不多、协调联动不足、贯彻落实不力”等四个方面的突出问题。2009 年，部党组在完成中央纪委中组部规定的年度民主生活会的基础上，主动自加压力，针对自身存在的突出问题，加开了以“加强领导干部党性修养、树立和弘扬良好作风”为主题的作风建设专题民主生活会。对照部党组落实科学发展观情况的分析检查报告，通过发放调查问卷、开展座谈、谈心等方式，广泛征求意见，梳理出工作、作风、队伍建设、群众生活等方面的 49 条意见和建议，进一步查找部党组及党组成员在作风建设方面存在的差距，分析原因，提出五大方面 24 条整改措施。部党组成员在专题民主生活会上的发言，以党组文件形式下发全系统，在部内网上公开，自觉接受监督。通过测评，干部职工认为部党组在勤政廉政方面做的好和较好的占 94.96%，在测评十项指标中排名第二。同时，部党组积极探索作风建设制度化、常态化的长效机制。通过作风建设活动，增强了领导班子和领导干部的主动谋划意识，提高了机关工作效率，加大了沟通协调力度，执行能力明显提高。2009 年部严格实行公文计划管理，各类公文数量同比下降 32%；各司局一律不再自办简报，重要情况只能通过《部内要情》反映，各事业单位只能保留一份简报，简报从 128 种压缩到 18 种；会议实行计划管理，会议和各种集中学习活动尽量安排在部机关举办，会议数量和费用同比分别下降了 41% 和 21%；除少量的外事活动外，公务接待一律在机关安排，费用同比下降 14%，公款出国（境）费用，在近三年平均数的基础上减少了 31%。

三是以中心组学习为抓手，加强领导班子思想政治建设。加强党内民主，推进党务公开，建立和完善了《国土资源部党组工作规则》和《国土资源部工作规则》。部党组把反腐倡廉教育作为中心组理论学习的重要内容，每年都有重点的安排学习专题。2009 年，部党组中心组开展了四次反腐倡廉专题学习。利用“国土资源大讲堂”平台，召开中心组扩大会，开通全系统网上视频，举办了两场反腐倡廉专题辅导报告。今年部党组中心组理论学习计划，继续把反腐倡廉学习教育作为一个重要专题作出安排部署。

第二，把保持中央政令畅通作为惩防体系建设的重要任务。

近年来，我们把集中开展专项工作作为推动惩防体系建设的重要抓手和平台，围绕加强宏观调控、扩大内需、严格保护耕地、节约集约用地、治理整顿矿产资源开发秩序等工作，认真履行职责，部署开展了一系列的专项行动，坚决维护中央政令畅通。

一是在全国开展土地执法“百日行动”。2007 年年底到 2008 年年初，针对土地违法案件高发多发的态势，集中清理了“以租代征”、擅自设区扩区、未批先用三类土地违规违法行为，清理违法违规用地 336 万亩，立案 2.67 万件，移送各地纪检监察机关和司法机关 6800 多人，土地违规违法行为得到了有效遏制。

二是持续开展矿产资源开发秩序整顿和矿产资源整合工作。三年来，全国共查处无证勘查开采近 14 万件，关闭非法开采和不符合环保安全要求的矿山 4.8 万起。完成了对 4438 个矿区的整合，减少了 2.2 万个探矿权、采矿权，全国矿山企业从 28 万个减少到 12 万个，矿山数量比整合前减少了 17.6%。全国共查处越权审批、滥用职权、失职渎职等矿产资源开发管理中的违规违法行为 907 起，清理纠正国家机关工作人员和国有企业负责人投资入股煤矿行为 928 起，给予党纪政纪处分 148 人，移送司法机关处理 45 人，公开查处了山西洪洞、湖南郴州、四川甘洛等一批涉矿腐败案件，矿产资源开发秩序持续好转。

三是在全国开展了以保经济增长、保耕地红线为主题的“双保”行动。2009 年，为落实中央应对国际金融危机作出的决策部署，我们坚持积极主动服务、严格规范管理的方针。增加土地供应，加快审批速度，允许先行用地，保障经济发展。严格规划计划管控、坚持节约集约标准，保护耕地红线。我们主动与监察部联系，将各地建设项目用地情况、检查的主要环节和内容提供给各检查组，要求各派驻地方的国家土地督察局及时跟进，主动与中央各检查组工作对接，部分土地督察局还直接参与了中央和地方组织的检查工作。在“双保行动”中，对部分地区开展了重点检查，核查了数百个扩大内需项目，核减不合规用地 20 多万亩。查处土地违法案件 4.2 万件，全国有 1679 人受到党纪、政纪处分，555 人被移送司法机关，其中 118 人被追究刑事责任。“双保”行动的扎实推进，保障了经济增长，保护了耕地红线，维护了土地管理秩序，得到了地方政府和社会各界广泛好评。

四是针对社会热点和重点问题主动开展工作。关注民生，着力纠正和解决社会关注的热点和群众反映的重点问题，是党风廉政建设的一项重要任务，也是惩防体系建设的重要内容。小产权房、高尔夫球场和高房价等当前社会热点、难点问题，虽然解决和处理这些问题有相关的职能部门和责任部门，但和土地相关联。国土资源部门主动作为，不躲事、不避事，主动开展工作，提出意见和建议，把“球”踢起来，推动重大问题的解决。目前，我们会同有关部门开展小产权房调查清理，配合有关部门对高尔夫球场摸清了情况。针对社会关注的高房价问题，着重从土地供应和开发利用监管方面开展工作。去年公布了620个房地产项目的土地成本，经调查，土地成本最高不超过30%，平均为23%。曝光了涉及9个省18个房地产公司闲置土地、囤积土地的问题，公布了处理情况。近日出台了《关于加强房地产用地供应和监管有关问题的通知》，提出了19条加强房地产供地监管的措施。我们认为，不能因为我们反应迟钝、工作滞后甚至职业麻木，给社会和谐和经济社会发展埋下隐患或带来风险。

五是加大了资源保护共同责任机制推进的力度。为推进耕地保护共同责任机制的落实，改变"一家管、大家用"、保护耕地责任不落实的状况，在监察部的大力支持和帮助下，三部门共同制定下发了违反土地管理规定行为处分办法，提出了违法占用耕地面积占新增建设用地占用耕地面积的比例达15%以上的问责标准。我们还就国土资源违法案件的调查、处理、移送，与监察、公安、检察、法院等部门建立了多部门协调联动机制。同时积极探索广泛建立资源开发利用与保护部省联动协作机制，截至目前，共与上海、浙江、贵州等19个省（区、市）签订了合作协议或者备忘录。为推动协议有效落实，我们对协议的执行情况进行了年度评估，并向省政府作了通报。从2008年开始，我们就土地抵押贷款、房地产公司上市融资配合证监会、银监会对土地资产质量进行审核把关，防范土地引起的系统性金融风险。

在落实中央重大决策部署，履行国土资源管理职责中，我们强化了监督和惩处的力度，推进了制度建设，纠正了损害群众利益的不正之风，有力地推动了惩防体系建设。

第三，把创新制度、规范权力运行作为惩防体系建设的关键环节。

我们大力推进国土资源管理制度创新，积极探索加强对权力行使监督制约的有效措施和办法，保证权力依法、公开、透明运行，着力从源头上预防腐败。

一是推进行政法规和规范性文件的"立、改、废"。严格依法行政，按照政府职能转变的要求，在规范审批、强化服务、加强监管等方面，进一步推进国土资源政策法规体系建设。近年来我们开展了四次法律法规和规范性文件集中清理工作，共废止行政法规2件、规范性文件及法律法规适用解释的函复34件。制定和完善了《建设项目用地预审管理办法》等40项国土资源管理法规制度。改革了单独选址建设项目用地审批和城市批次用地审批制度，着力简化手续、优化程序，报批材料由35件压缩到10件，符合要求的在一个月内完成审查；城市批次用地审批，上半年报上半年批，将一些审批权力连同责任下放给省、市政府，着力加强监管。

二是加强对领导班子和领导干部的监督。认真贯彻党内监督制度，部党组制定并实施了《关于加强司局级领导班子主要负责人监督的暂行办法》，每年对34个部机关司局、直属单位领导班子及150多名司局级干部执行党风廉政建设责任制和廉洁自律情况进行测评。部党组制定了《巡视工作暂行办法》，从2007年9月份开始，开展对部机关和直属单位的巡视工作，完成了6批、18个司局单位的巡视，及时纠正了一些倾向性、苗头性问题，加强了干部管理。2009年7月中央印发《中国共产党巡视工作条例（试行）》后，部党组及时修订了巡视工作办法。在推进惩防体系建设中，制定监督、制约、惩处等方面的制度33个。认真落实领导干部民主生活会、述职述廉、任职和诫勉谈话等党内民主和党内监督制度。建立健全了党内情况通报、情况反映、重大决策征求意见制度。严格执行党员领导干部个人重大事项报告等廉洁自律制度，充分发挥制度在惩治和预防腐败中的保证作用。

三是加强对权力运行重点环节和部位的监督。加强对审批权力的监督。先后取消了七成的行政审批事项，土地和矿产资源行政审批一律实行内部集体会审制度。出台了《国土资源部内网行政审批暂行规定》，对网上审批程序、时限、监督、纪律、要求等方面作出严格规定。实现了土地、矿产项目由政务大厅统一受理，接办分离，网上报批、网上公布，保证行政权力依法、公正、透明运行。

加强对行政执法权力的监督。制订了行政执法规范性文件，规范了挂牌督办程序，防止行政执法中的不公和“放水”。强化对土地督察机构的监督，自觉接受权力机关的监督、媒体的监督、特约群体的监督和督察对象的监督。北京督察局和上海督察局充分发挥特约群体的监督作用，聘请民主党派人士、专家学者为监督员，定期收集他们的意见和建议。上海督察局在对地方开展督察工作时，先送上一张《督察工作廉政跟踪卡》，请督察对象将督察期间督察人员的廉政情况反馈给督察局，接受监督。

加强对干部人事权的监督。部党组坚持公开选拔职位、公开提名程序、公开提名结果、坚持一个环节一公告、公布监督电话及举报信箱，由纪检监察部门实施全程监督。建立了干部定期轮岗交流制度，针对重要岗位，提出了“三年可以交流，五年应当交流，八年必须交流”的规定。重点抓了三大块的干部交流，机关、事业单位和土地督察机构之间干部的交流，土地和地质矿产两大专业干部的交流，管审批、管预算、管物资、管干部等重点岗位干部的交流。2008 年四季度到 2009 年年底部机关及直属单位有 8 批共 99 名司局级干部及数十名处级干部选任或交流到新的岗位。

加强预算和财务审计监督，2008 年建立财务管理电子信息系统，对部机关和所属单位大额资金支付、对外投资等重点业务实施在线实时监管。2009 年年底将财务在线监督进一步扩展为全程监督。建立了各预算单位执行情况向党组报告和通报制度，按季度通报所属各单位预算执行情况。每两年对直属单位实施一轮审计，同时，进一步强化了专项审计。2009 年，完成了 6 个督察局、7 个事业单位领导干部任期经济责任审计，纠正了财务管理不规范的问题。清理“小金库”工作取得阶段性进展，自查自纠清理出“小金库”13 个，涉及金额 330 万元。为从源头上解决设立“小金库”问题，对部直属单位 20 年来投资办企业进行了清理，从现有的 156 个公司，撤销了 88 个，对保留的 68 个公司进一步明晰了产权关系和管理责任。

为加大土地、矿产违法违纪案件的查处力度，从源头上遏制案件易发多发的势头，主动自我“揭短”。2008年年底，我们主动与审计署沟通，请审计署帮助开展相关审计工作。审计署于2009年做出了安排，并对11个省区进行了审计，掌握了一些情况以及违规违法案件信息，相对集中暴露了一些土地、矿产方面的违规违法案件。通过审计，促进我们进一步完善制度，加强管理。

四是创新管理方式，提高监管效能。建立了集遥感影像、监测变化信息、土地利用现状图于一体的全国土地利用“一张图”和土地“批、供、用、补、查”综合电子信息监管平台，及时分析各地土地利用变化情况，有针对性采取措施，实现建设用地全程动态监管。对矿业权实行统一配号，对土地出让合同实行统一配号。推进国土资源管理信息公开。针对社会广泛关注的土地、矿业权市场等热点问题，集成全国各地的建设用地和矿业权行政审批结果、土地供应计划、土地出让、探矿权采矿权挂牌和出让、交易结果、国土资源违法案件等信息，及时通过国土资源部门户网站向社会公示公告。

第四，把惩处违法违纪行为作为惩治和预防腐败的重要手段。

近3年来，全系统每年平均立案500多件，移送司法机关200人左右。2009年，各地国土资源部门进一步加大了查办案件的工作力度，各省（区、市）国土资源厅（局）纪检监察部门共受理信访举报5552件（次），其中，初核2977件，立案483件，组织处理120人，给予党纪政纪处分563人，移送司法机关235人。2009年驻部纪检组、监察局办理来信来访408件，初步核实11件。部机关和直属单位立案9起，党纪政纪处分8人，组织处理8人。继续开展治理商业贿赂工作，对涉及商业贿赂的167件举报线索进行了核查、移交处理。

充分发挥案件查办的治本功能，剖析重点案件，分析案件发生的特点和规律，查找管理中的薄弱环节和部位，部党组研究制定《关于严格管理完善制度从源头上惩治和预防腐败的决定》，就严格落实土地和矿业权审批制度、严格落实土地和矿业权市场建设制度、严厉查处十类土地和矿产资源开发领域违法违规案件等方面提出严格的要求。

第五，把落实牵头任务作为惩防体系建设的重点工作。

中央《工作规划》明确国土资源部牵头两大任务：一是规范土地征收和使用权出让制度。推进征地制度改革，规范征地程序，完善征地补偿和安置办法；进一步完善经营性用地招标拍卖挂牌出让制度，规范建设用地使用权出让程序；深化土地有偿使用制度和探矿权、采矿权有偿使用制度改革。二是严肃查处征收征用土地和矿产资源开发中的违纪违法行为。围绕落实牵头任务，我们重点抓好以下四方面。

一是深入推进征地制度改革，完善征地补偿机制和安置办法。开展了征地制度改革试点，下发了《关于征地统一年产值标准和区片综合地价公布实施与备案有关问题的通知》，进一步规范了补偿标准。25 个省份公布并实施了新的征地补偿标准，普遍提高 20%—30%。29 个省份出台政策性文件，1200 多个县（市、区）启动建立被征地农民的社会保障制度，1324 万被征地农民纳入基本生活或养老保障。积极配合有关部门健全被征地农民社会保障制度，协同妥善解决好被征地农民就业、住房、社会保障等问题。

二是进一步规范征地程序，严把征地补偿安置审查关。在用地审查中，要求地方政府对告知、确认、听证程序，农民意见和处理情况等做出详细说明。对补偿标准偏低、安置途径单一、社会保障措施不落实、存在征地信访问题的，一律不通过用地审查。2009 年有 20 个建设项目用地，在妥善解决群众信访问题后才予以审批，对补偿标准偏低的项目，提高了征地补偿标准，增加补偿费用近 5 亿元。

三是规范土地和矿业权出让行为，推进国土资源有偿使用改革。连续两年开展国有土地使用权出让专项清理和检查工作，推进土地有偿使用制度不断扩展，经营性用地和工业用地招拍挂出让程序进一步规范。据统计，全国土地招拍挂面积占经营性出让面积的比例达到 85.3%；招拍挂出让价款占出让土地总价款的 94.9%。会同监察部对 10 个省（区、市）工业用地出让执行政策情况进行调研，联合下发进一步落实工业用地出让制度的文件。根据国内经济形势和土地市场变化，及时调整工业用地最低价出让标准实施政策，完善工业用地出让制度和出让程序。深化探矿权采矿权有偿取得制度改革。会同财政部开展矿产资源有偿使用制度改革的调查，研究完善矿产资源收益分配的相关政策。一些省市开展矿业权交易规范化管理试点，有的已经建立了矿业权交易市场。

四是严肃查处土地和矿产资源开发管理中的违法违纪行为。加大执法监察和土地督察工作力度，完善“早发现、早制止、早处置”的机制，在全国开通 12336 国土资源违法举报电话，通过卫片执法检查、专项清理、挂牌督办、公开曝光等方式强化监管，加大了案件查处力度。严厉查处信访反映和检查发现的土地未批先用、违法占用基本农田，以及侵占截留挪用征地补偿安置费等严重违法违纪行为。集中开展土地和矿产资源执法专项行动，严肃查处了一批违法案件。会同监察部进行探矿权、采矿权招拍挂出让执行情况的专项清理，研究出台加强矿产开发利用监管规定，健全发现、制止、查处违法勘查开采矿产资源行为的机制。

2009 年，我们把治理工程建设领域突出问题与严肃查处土地和矿产资源开发中违纪违法行为紧密结合起来，加大了查处力度。对 2009 年 9 月 30 日以前国有土地使用权出让合同和探矿权采矿权出让审批制度执行情况进行全面清理。专项治理开展以来，全系统受理举报和案件线索 15252 件，立案 357 件，给予党纪政纪处分 603 人，移送司法机关 650 人。去年年底，会同中央专项治理办公室、监察部对河北廊坊、河南济源等 5 起非法占地案件挂牌督办，目前已形成了处理意见，适时公开处理。

几年来，我们在惩防体系建设中不断探索和总结，努力做到“四个坚持”：坚持把惩防体系建设融入国土资源管理各项业务工作之中，同步推进、相得益彰；坚持把解放思想、转变观念、改进作风作为惩防体系建设的重要基础，一以贯之，持续推进；坚持把国土资源管理权力监管的薄弱环节作为惩防体系建设的重点区位，规范管理，创新制度，强化监督；坚持把落实中央的重大决策部署，履行好职责，解决社会关注、群众关心的热点问题作为惩防体系建设的重要内容，设计抓手和平台，超前谋划，主动作为。我们感到，这"四个坚持"既是我们工作的初步体会，也是需要长期坚持的基本做法。

回顾总结国土资源部惩防体系建设工作，我们感到，这项工作还存在一些不足和差距：一是思想认识还不够深刻。关注面上的、显化的问题比较多，对深层次的、隐性的问题关注程度还不够。必须要进一步深化认识，既要关注"硬腐败"，又要关注"软腐败"，才能保证行动上更加自觉。二是工作力度还不够大。在结合业务工作推进惩防体系建设方面，还需要进行深入研究，进一步加大工作力度，特别是要把年度目标、阶段目标和长远目标更好地有机结合起来，衔接好，以年度目标促进阶段目标的实现，以阶段目标促进长远目标的实现。三是惩防体系建设内容常抓常新方面做得不够。惩防体系建设应该与时俱进，进一步提高针对性和有效性。当前土地和矿产领域违法违规行为出现了一些新情况，比如，有的房地产公司通过融资参股变更法人规避税费，其中涉及到政府机关相关管理部门的问题也不少。因此，我们在惩防体系设计上还需要进一步完善，不断赋予新内容新要求。这次检查组来我部，是对我们工作的一次重要推动，我们将以这次检查为契机，进一步推进惩防体系建设。

二、适应新形势新任务的要求，进一步推进惩防体系建设

国土资源领域是党风廉政建设的重点领域。我们对惩防体系建设形势的总体判断是，成效比较明显，问题依然突出，任务十分艰巨。

——从管理职能上看，国土资源部门管理着土地和矿产两大稀缺资源，有行政审批权、行政执法权、大额资金预算和支配权，面对的诱惑很大，环境非常复杂，是一个比较高危的行业。我们通过对 700 多名市

县国土局领导干部问卷调查，梳理出国土资源领域腐败易发多发的十个环节：一是土地使用权、矿业权审批过程中超越权限、违反程序、违反政策。二是工业用地招拍挂前置条件设置“量体裁衣”，缺乏竞争力和透明度。三是经营性用地、工业用地出让方式存在差别，给一些人行贿受贿提供了机会。四是擅自改变土地用途、提高容积率，造成国有资产流失。五是土地调查、土地确权发证、土地权属变更和采矿权许可证发放中违规操作，弄虚作假。六是土地整理复垦工程项目发包、资金拨付、工程验收等诸多环节还存在问题。七是土地、矿产违法案件查处中失之以宽、失之以软，有的甚至瞒案不报，压案不查，利用职权滥用自由裁量权，从中谋取私利。八是在土地使用权、矿业权有偿出让、转让和工程项目的评估中与中介机构、委托方互相串通，弄虚作假。九是土地出让金和矿产资源费的缴纳、管理中，擅自减免或缓缴、截留出让金和规费。十是专项资金的使用，存在变相套取资金、“账外账”、“小金库”、假发票等问题。惩治和预防腐败工作形势十分严峻，任务十分艰巨。

——从管理内容上看，随着经济社会发展，国土资源管理面临着许多新情况、新问题。今年的情况比2009年度更为复杂，我们面临着五个问题：一是投资力度大、基础设施建设规模大，土地需求依然呈上升趋势。二是农村土地管理制度改革和规范农村土地整治任务繁重。三是随着城镇化建设的推进，用地压力大，监管难度进一步加大。四是房地产土地供应和开发监管难度大。五是违规违法用地在局部地区还比较严重，另外，随着矿产价格上升，维护矿产资源开发秩序、推进资源整合的难度也进一步加大。今年我们要开展五个方面的清理整顿：一是清理整顿全国土地第二次调查中暴露出来的耕地和建设用地数量上的问题。二是今年的卫片执法检查中，对违法违规用地开始按照《违反土地管理规定行为处分办法》进行问责，既要处理事，又要处理人。三是小产权房的清理整顿，涉及地方政府、农村集体经济组织和小产权房所有者的利益，制订相应政策和进行处理都十分复杂。四是高尔夫球场清理，涉及的问题也十分复杂。五是内部要进一步完善制度，加强管理。总之，扎实推进各项工作，改革创新，攻坚克难，全面提升国土资源管理和服务水平，任务十分艰巨。

——从队伍状况看，我们这支队伍整体状况是好的。从各地开展行风评议的情况来看，有的地方厅局排名比较靠前，也有的近几年排名逐年上升。但是我们也要看到，我们的干部队伍中也出了一些问题，案件依然易发多发。总体上看，违法违纪问题在基层和中层比较突出。全系统每年都有五百人左右受到党纪政纪处分，其中有两百人左右被移送司法机关。尽管这些人相对于我们 38 万人的队伍是极少数，但危害十分严重，损害了国土资源系统干部队伍的形象，影响了国土资源部门的公信力。

面对这样一种态势，部党组认为，党风廉政建设是国土资源事业发展的生命线，必须旗帜鲜明，态度坚决，深入推进惩治和预防腐败体系建设，加大从源头上防治腐败的力度，不能有丝毫的懈怠。下一步，围绕《实施纲要》和《工作规划》，我们重点做好以下几项工作：

第一，进一步总结提炼惩防体系建设的做法，推进规范化、科学化、制度化建设。一是查找漏洞，改进工作，加强内部管理。二是把行之有效的做法和实践成功的经验提炼出来，形成制度，建立惩治和预防腐败的长效机制。三是对出现的新情况新问题进行剖析，分析形势，把握态势，研判趋势，掌握惩防体系建设的主动权。

第二，解放思想，改革创新，深入推进具有国土资源部门特点的惩防体系建设。坚持把国土资源管理权力监管的薄弱环节作为惩防体系建设的重点区位，认真落实第十七届中央纪委第五次全会精神，在国务院第三次廉政工作会议之后，根据审计暴露出来的问题和我们查找出来的十个方面的薄弱环节和漏洞，对加强管理、完善制度、着力从源头上惩治和预防腐败作出全面部署。

第三，精心组织，狠抓落实，努力完成惩防体系牵头任务。推进征地制度改革，开展缩小征地范围试点，为建立新的征地制度提供实践经验。完善征地补偿安置制度，制发政策性文件，规范征地程序，规范和指导征地补偿安置行为，维护被征地农民权益。配合有关部门，加快建立被征地农民社会保障制度，研究落实保障资金的渠道和办法，进一步做好被征地农民社会保障工作。继续完善和落实土地和矿业权招拍挂制度。加强执法监察，充分发挥国家土地督察机构的作用，继续加大对土地和矿产资源开发违法违纪案件的查处力度，建立对土地利用和矿产资源开发监管的长效机制。

第四，着力推进“两个市场”和“一个平台”建设。推进土地交易市场和矿业权交易市场建设，总结推广上海、辽宁的经验和做法，在全国建立规则统一、程序科学、公开透明的土地和矿业权交易市场。进一步完善国土资源管理电子信息综合监管平台，对土地审批、土地供应、土地利用、补充耕地、土地违法进行全程监管，并将矿产资源勘查开采纳入遥感监测范围，利用“一张图”管地、管矿，健全完善“天上看、地上查、网上管”的国土资源综合监管体系。

第五，深入推进工程建设领域突出问题专项治理。根据中央专项治理领导小组第二次会议的要求，按照《关于进一步扎实做好工程建设领域突出问题排查工作的通知》，近期召开工作会议，对今年的工作作出安排部署。把专项治理工作和惩防体系建设工作结合起来，针对排查出的突出问题，加大土地和矿产领域违纪违法案件的查处力度。

关于进一步推进惩防体系建设的建议：一是希望中央纪委监察部进一步加强对国土资源部惩防体系建设工作的指导。二是希望在推进惩防体系建设中多布试点，多出题目，多给我们赋予新任务，通过我们的调研和探索，提出建设性意见，推进惩防体系建设工作的开展。

我们的工作做得还不够，这次马馼部长带队检查，是对我们今后开展工作的有力促进。以上汇报如有不妥，请马馼部长和检查组的同志们给予指导、指正。

以“两整治一改革”为抓手
以规范权力运行为重点
整体推进惩治和预防腐败体系建设

——国土资源部惩治和预防腐败体系建设牵头任务的成效和做法

按照中央《建立健全惩治和预防腐败体系 2008—2012 年工作规划》的分工，国土资源部牵头任务是：规范土地征收和使用权出让制度。推进征地制度改革，规范征地程序，完善征地补偿和安置办法；进一步完善经营性用地招标拍卖挂牌出让制度，规范建设用地使用权出让程序；深化土地有偿使用制度和探矿权、采矿权有偿使用制度改革。国土资源部高度重视惩治和预防腐败体系建设，围绕承担的牵头任务，采取细化分工、落实责任、跟踪督促等措施，把惩防体系建设工作与国土资源管理有机交融、深度结合，从教育、制度、监督、改革、纠风、惩处六个方面，整体推进惩治和预防腐败体系建设，各项牵头任务取得明显成效。主要做法是：

一、提高对惩防体系建设重要性的认识，把落实牵头任务作为国土资源部防治腐败的有力措施

部党组高度重视惩防体系建设工作，部党组书记、部长徐绍史同志亲自抓、负总责，主动担当第一责任人的责任，重要工作亲自部署、重大问题亲自过问、重点环节亲自协调。驻部纪检组监察局认真履行职责，机关司局协调配合，在推进惩防体系建设全面工作中，以牵头任务为重点，并在实际工作中努力做到“五个坚持”：即坚持把落实牵头任务建设融入国土资源管理各项业务工作之中，同步推进、相得益彰；坚持把解放思想、转变观念、改进作风作为落实牵头任务的重要基础，一以贯之，持续推进；坚持把国土资源管理权力监管的薄弱环节作为落实牵头任务的重点区位，规范管理，强化监督；坚持把解决社会关注、群众关心的热点问题作为落实牵头任务的重要内容，设计抓手，主动作为；坚持实施党风廉政建设责任制作为落实牵头任务的重要途径，明确责任，细化分工，落实牵头任务不断取得新进展。

二、加强土地使用权和矿产权出让交易市场建设，充分发挥市场配置资源的基础性作用

规范土地和矿业权交易行为，发挥市场在配置资源中的基础性作用，努力营造公平、公开、公正的市场环境，对于推进惩防体系建设具有重要意义。近年来，我们着力规范国有建设用地使用权和探矿权、采矿权出让程序，深化土地有偿使用制度和探矿权、采矿权有偿使用制度改革。在规范土地使用权出让方面，坚持和完善土地使用权招标拍卖挂牌出让，加强建设用地供应监管，制定印发关于《加强房地产用地供应和监管有关问题的通知》等三个涉及规范土地使用权出让制度的调控文件；全面开展国有建设用地合同履行情况和探矿权采矿权审批制度

执行情况专项清理。据统计，全国共清理2006年至2009年的供地项目24.89万个，发现了5801个问题，已对4539个问题完成了整改；对2006年至2009年审批的18458个探矿权、42930个采矿权进行了清理，发现2674个问题，对2433个问题也完成了整改。严格依法查处闲置土地和违法转让、囤积土地行为4.1万件，开展房地产专项整治，研究完善土地使用权招拍挂出让的有关政策；依据规范土地使用权矿业权审批和出让指导性意见，开展国有建设用地使用权出让合同专项清理工作，土地有偿使用制度不断拓展。据统计，2010年全国土地招拍挂面积占经营性出让面积的比例达到85.3%；招拍挂出让价款占出让土地总价款的94.9%。

在加快建立和完善矿业权市场建设方面，出台了《关于建立健全矿业权有形市场的通知》等规范性文件，对推进矿业权出让进场公开、强化对矿业权有形市场指导和监管等作出明确规定，部分省（区、市）建立了矿业权交易机构，初步构建了国家级、省级、市县级市场框架体系，推进了矿业权出让转让进场公开交易。深化探矿权、采矿权有偿使用制度改革，制定了关于加强对国家出资勘查探明矿产地及权益管理有关事项的文件，明确了矿业权有偿制度改革中价款处置的一些具体规定，矿业权有偿使用得到进一步规范。

三、完善征地补偿和安置办法，切实维护被征地农民合法权益

为加强和改进征地管理，切实维护被征地农民的合法权益，国土资源部印发了《关于进一步做好征地管理工作的通知》等文件，明确提出：一是推进征地补偿新标准实施，全面实行征地统一年产值标准和区片综合地价，探索完善征地补偿款预存制度，合力分配征地补偿费，确保补偿费用落实到位；二是采取多元安置途径，优先进行农业安置，推进被征地农民社会保障资金的落实，并采取了重新择业安置、入股分红

安置、留地安置、异地移民安置等多种方式，妥善安排，保障被征地农民生产生活；三是做好征地中农民住房拆迁补偿安置工作，进行合理补偿安置，统筹规划征地程序，认真做好用地报批前告知、确认、听证工作，简化征地批后实施程序，提高征地工作透明度；四是强化市、县政府征地实施主体职责，落实征地批后实施反馈制度。目前，全国已有30个省（区、市）实施了新的征地补偿标准，新的征地补偿标准较原有水平普遍提高30%以上；征地费预存制度已在14个省实行，进一步解决了一些地方补偿标准偏低、安置途径单一、社保资金不落实等问题。部直接办理征地拆迁中损害群众利益问题69件，并在11个城市开展新一轮征地制度改革试点工作，维护被征地农民合法权益工作已在稳步推进。

四、深入推进制度创新，强化对重点部位和环节的监督

以规范权力运行为核心，以加强制度建设为重点，运用现代科技手段，加强对重点部位和环节的监督，推进惩防体系建设牵头任务的贯彻落实。

（一）推进行政法规和规范性文件的“立、改、废”。根据落实惩防体系建设牵头任务和依法行政的要求，在规范审批、强化服务、加强监管、防止利益冲突等方面，进一步推进国土资源政策法规体系建设。近年来，先后开展了5次法律法规和规范性文件集中清理工作，共废止行政法规2件、规范性文件及法律法规适用解释的函复34件。制定和完善了《建设项目用地预审管理办法》等40项国土资源管理法规制度。改革了单独选址建设项目用地审批和城市批次用地审批制度，着力简化手续、优化程序，报批材料由35件压缩到10件，符合要求的在一个月内完成审查；城市批次用地审批时限缩短为半年，将一些审批权力连同责任下放给省、市政府。

（二）加强对领导班子和领导干部的监督。认真贯彻党内监督制度，部党组制定并实施了《关于加强司局级领导班子主要负责人监督的暂行办法》，结合年度考核对40个部机关、直属单位领导班子及200多名司局级干部执行党风廉政建设责任制和廉洁自律情况进行测评。部党组制定《巡视工作办法暂行办法》，开展对部机关和直属单位的巡视工作。截至目前，完成了9批41个司局级单位的巡视，及时纠正了一些倾向性、苗头性问题，加强了干部管理。认真落实领导干部民主生活会、述职述廉、任职和诫勉谈话等党内民主监督制度。建立健全了党内情况通报、情况反映、重大决策征求意见制度。严格执行党员领导干部个人重大事项报告等廉洁自律制度，制定监督、制约、惩处等方面的制度33个，充分发挥制度在惩治和预防腐败体系建设中的保证作用。

（三）加强对权力运行的监督。加强对审批权力的监督，先后取消了七成的行政审批事项，土地和矿产资源行政审批一律实行内部集体会审制度。出台了《国土资源部内网行政审批暂行规定》，基本形成行政权力运行网上公开、网上审批、网上监督的制约机制，实现了土地、矿产项目由政务大厅统一受理，接办分离，网上报批、网上公布，随时接受社会监督。强化对土地和矿产资源的综合监管，坚持和深化土地和矿业权审批的会审制度，保证行政权力依法、公正、透明运行。

（四）创新监督管理方式。运用现代信息技术，建立了集遥感影像、监测变化信息、土地利用现状图于一体的全国土地利用"一张图"和土地"批、供、用、补、查"综合电子信息监管平台，及时分析各地土地利用变化情况，有针对性采取措施，实现了建设用地全程动态监管。运用信息手段，对矿业权、土地出让合同实行统一配号，提高监管效能。针对社会广泛关注的土地、矿业权市场等热点问题，集成全国各地的建设用地和矿业权行政审批结果、土地供应计划、土地出让、探矿权采矿权挂牌和出让、交易结果、国土资源违法案件查处等信息，及时通过国土资源部门户网站向社会公示公告，自觉接受社会监督。

五、狠抓廉政风险防控机制建设，加大源头治理腐败力度

国土资源系统为增强队伍素质，提高国土资源管理水平，2010年开始开展了“两整治一改革”，着力整治土地和矿业权交易市场存在的突出问题，着力整治干部队伍廉洁从政存在的突出问题，深化国土资源管理体制改革，积极探索从源头对权力行使监督制约的有效措施，增强惩防体系建设工作的整体性、系统性、协调性、实效性。

（一）开展廉政风险点排查。围绕土地和矿业权出让审批、土地整治、征地补偿、调查评价、执法监察等国土资源管理中易发腐败问题的重点部位和关键环节，以工作岗位为点、工作流程为线，全面排查制度漏洞和廉政风险点，坚决纠正干部队伍中存在的突出问题。全国国土资源系统共排查出廉政风险点3664个。针对存在的问题，制定防范和整改措施7469条。其中，部机关查找出廉政风险点93个，直属事业单位241个，国家土地督察机构163个。针对廉政风险点制定防范措施574条。全系统排查出制度漏洞和缺陷842条，提出建立和完善制度的措施和建议1054条。

（二）围绕廉洁从政开展自查自纠。依据廉洁从政若干准则，组织全系统干部对照《廉政准则》开展自查自纠，并针对存在的突出问题公布了“五条禁令”：即严禁在土地矿产审批中违反程序、弄虚作假；严禁违规操作、插手土地和矿业权出让；严禁利用工作之便，在项目安排、资金拨付等方面打招呼、协调运作，为自己和他人谋取私利；严禁在国土资源执法中，以案谋私，有案不查、瞒案不报、执法“放水”；严禁在项目实施和资金使用中违规操作、弄虚作假。对于违反“五条禁令”的，一律先行免职，并按有关规定予以处理。据统计，在全系统自查自纠中，自查问题1049个，已整改955个。

（三）建立廉政风险防控机制。针对排查出的廉政风险点，下发《关

于建立健全国土资源管理廉政风险防控机制的指导意见》，围绕土地和矿业权审核审批、出让、规划等重点内容，着力完善国土资源市场配置机制、管理创新机制、行政权力监督制约机制、廉政风险预警机制、廉政风险教育机制、责任追究机制等六大机制，从源头上推进了惩防体系建设牵头任务的落实，进一步构建了惩防体系建设框架体系。

六、加大查办案件工作力度，坚决惩处违法违纪行为

查处违纪违法行为是反腐败最重要最直接最有效的手段，是构建惩防体系建设的重要方面，也是落实牵头任务的重要内容。近年来，针对国土资源部门案件易发多发的现状，进一步加大查处案件力度，始终保持惩处违纪违法行为的强劲势头。

（一）建立部门协调联动机制，增强查办案件合力。发挥部党风廉政建设领导小组的作用，加强对查办案件的组织协调，建立了纪检与监察、公安、检察、法院等多部门协调联动机制，提高了查办案件效率。

（二）建立健全案件发现机制，加大土地问责力度。加大执法监察和土地督察工作力度，完善“早发现、早制止、早处置”的机制；与监察部等部门共同制定下发了违反土地管理规定行为处分办法，建立健全了违法占用耕地面积问责标准。土地卫片执法检查覆盖全国2859个县(市、区、旗)，根据卫片检查结果立案查处违法违规用地3.09万宗，对1698人实施问责；部、省、市、县四级开通12336国土资源违法举报电话。通过卫片执法检查、专项清理、挂牌督办、公开曝光等方式强化监管，集中开展土地和矿产资源执法专项行动，对于群众反映和检查发现的土地未批先用、违法占用基本农田，以及侵占截留挪用征地补偿安置费等严重违法违纪行为，实施责任追究。

（三）严肃查处各类违纪违法案件，发挥查办案件治本功能。2008年以来，我们始终以查办土地和矿业权管理中谋取私利的案件为重点，积极推进查办案件工作理念思路、方式方法创新，严肃查办了一批重

大案件。据统计，2008年以来，各省（区、市）国土资源厅（局）纪检监察部门共受理信访举报16190件（次），其中，初核8019件，立案1339件，组织处理339人，给予党纪政纪处分1763人，移送司法机关675人。同时，剖析重点案件，利用典型案件开展警示教育，针对案件中暴露出的问题，研究制定《关于严格管理制度从源头上惩治和预防腐败的决定》，就严格落实土地和矿业权审批制度、严格落实土地和矿业权市场建设制度、严肃查处矿产资源开发领域违法违规案件等方面提出严格要求，维护了国土资源管理秩序。

党风廉政建设是国土资源发展的生命线

——国土资源部党风廉政建设的实践与探索

（原载于人民日报 2012 年 4 月 18 日）

近年来，国土资源系统认真贯彻落实中央决策部署，把党风廉政建设放在更加突出的位置来抓，以等不起的紧迫感、慢不得的危机感、坐不住的责任感，狠抓党风廉政建设各项工作的落实。特别是去年以来，通过深入开展“两整治一改革”专项行动，国土资源系统违纪违法案件同比下降 44%，省级国土资源部门行风评议名次上升的占 83.3%，党风廉政建设取得重要进展，对国土资源事业改革和发展起到了重要保障和促进作用。

坚持把党风廉政建设作为国土资源事业发展的生命线，切实增强工作的紧迫感、危机感和责任感

国土资源是经济社会发展的重要物质基础，国土资源工作支撑各行各业，影响子孙后代。国土资源系统党风廉政建设是国土资源事业发展的政治保障和生命线。推进党风廉政建设工作，既是各级国土资源部门的政治责任，更是国土资源事业发展的政治保障。

切实加强党风廉政建设，努力保持党员干部在思想、组织、作风上

的纯洁性。当前，我国正处于全面建设小康社会的关键时期和深化改革开放、加快转变经济发展方式的攻坚时期。国土资源部门肩负着保障发展、保护资源、节约集约利用资源和维护群众权益的重要使命，也面临着执政考验、改革开放考验、市场经济考验、外部环境考验和精神懈怠的危险、能力不足的危险、脱离群众的危险、消极腐败的危险。保持党员干部思想纯洁、组织纯洁、作风纯洁和清正廉洁，对于造就一支政治坚定、作风过硬、忠于职守、勇于担当的高素质队伍，破解保障发展和保护资源两难问题，推进国土资源管理改革和发展意义重大。坚持把党风廉政建设作为国土资源事业发展的生命线，就是要充分发挥党风廉政建设对于保持党员干部思想、组织、作风纯洁的重要作用，不断增强国土资源系统党员干部自我净化、自我完善、自我革新、自我提高的能力，推动国土资源事业健康发展。

切实加强党风廉政建设，保障和促进科学发展观的贯彻落实。当前，国土资源管理还存在一些影响和制约科学发展的突出问题。比如，耕地保护难度越来越大，资源浪费现象普遍存在，资源利益调整引发的社会矛盾和问题凸显，违法违规用地用矿案件呈现易发多发态势；农村集体土地管理制度、征地制度和矿业权审批制度等改革不到位；不少地方依靠“投资拉动、资源投入、规模扩张”的发展模式尚处在转变过程中，建设用地供需矛盾突出。国土资源部门在服从服务于地方经济发展和执行资源管理政策上，往往处于两难境地。这就需要以改革创新的干劲、廉洁自律的意识和“敢于碰硬、不怕得罪人”的精神，用严格的政治纪律作保障，构建保障和促进科学发展新机制，发挥国土资源部门推动科学发展的重要作用。

切实加强党风廉政建设，确保以人为本、保障民生的要求落实到位。国土资源管理工作既承担着保障经济社会发展的重任，又承担着保障和改善民生的任务。近几年，由征地拆迁、补偿安置和矿产资源开发利用等引发的矛盾纠纷和信访问题始终居高不下，成为影响社会稳定的因素，直接影响党和政府的形象。中央纪委全会多次明确提出，要把以人为本、执政为民贯彻落实到党风廉政建设工作之中。这就需要国土资源部门用“生命线”的理念提升党风廉政建设内涵，牢牢抓住以人为本这个核心，把实现好、维护好、发展好最广大人民的根本利益作为国土资源工作的出发点和落脚点，着力纠正和解决社会关注的热点和群众反映的重点问题。

切实加强党风廉政建设，提升国土资源队伍执行力和公信力。近年来，各级国土资源部门认真履行保护资源和保障发展的职责，着力构建保障科学发展新机制，积极主动服务，严格规范管理，对经济社会发展起到了重要支撑作用。从这几年行风评议情况看，各地排名都比较靠前，有的排名逐年上升，队伍整体状况是好的。但是，全系统每年都有500人左右受到党纪政纪处分，其中有200人左右被移送司法机关。尽管这相对于全系统40万人的队伍是极少数，但危害十分严重，损害了国土资源系统干部队伍的形象和系统的公信力。确立党风廉政建设生命线的地位，就是要在提升干部队伍执行力和公信力过程中夯实服务全局的基础，建设高素质干部队伍。

坚持把党风廉政建设与业务工作有机结合、深度交融，不断提高反腐倡廉的针对性、实效性

近年来，我们坚持党风廉政建设与业务工作两手抓、两手硬，通过把党风廉政建设融入管理工作在国土资源管理中体现党风廉政建设的要求，实现了党风廉政建设与业务工作的协调推进、良性互动。

把观念防腐和作风防腐作为反腐倡廉建设的基础性工程，着力推进国土资源管理理念、管理职能和管理方式的转变。一是开展以“解放思想、改革创新”和“改进作风、增强执行力”为主题的学习大讨论，着力解决党员干部中存在的“安于现状不想改革、视野狭窄不会改革、畏首畏尾不敢改革”的问题，提出要勇于“革思想的命、削手中的权、去部门的利”。二是推进作风建设常态化，着力解决干部队伍中存在的“主

动谋划不够、工作办法不多、协调联动不足、贯彻落实不力”和“庸、懒、散”等突出问题。三是积极转变政府职能。按照“把权力和责任放下去、把服务和监管抓起来”的要求，部机关先后取消行政审批事项20项、调整5项，占原有行政审批事项的七成多，有效切断了以权谋私的途径。

把政令畅通作为党风廉政建设的重要任务，切实履行国土资源管理职能，确保中央重大方针政策的贯彻落实。一是认真落实中央土地调控政策要求。积极参与宏观调控，统筹安排土地供应总量、结构、布局和时序，坚持有保有压差别化供地，促进产业结构调整和区域协调发展。二是开展以保经济增长、保耕地红线为主题的“双保”工程。核减不合规用地20多万亩，查处土地违法案件4.2万件，有效保护了耕地资源。三是落实最严格的土地管理制度。监察部、人力资源和社会保障部、国土资源部共同制定下发了《违反土地管理规定行为处分办法》，去年对有关地方政府73名责任人进行了问责。四是着力纠正和解决社会关注的热点和群众反映的重点问题。针对征地补偿安置、小产权房、高尔夫球场和高房价等社会热点难点问题，加大土地供应和开发利用监管方面的工作力度，协同妥善解决好被征地农民就业、住房、社会保障等问题。

把国土资源管理权力监管的薄弱环节作为党风廉政建设的重点，创新制度、强化监督。首先，把违法违规审批土地和矿业权、违规发包项目和拨付资金等腐败易发多发的10个环节作为党风廉政建设的重点，查找权力运行中存在的突出问题，积极探索加强对权力监督制约的有效措施和办法。其次，加强对重点岗位和关键环节的监督制约。对拥有行政审批等权力的关键岗位实行定期交流轮岗制度，按照“三年可以交流，五年应该交流，八年必须交流”的要求，去年以来全系统共交流轮岗干部7641人，其中本系统交流6724人、跨部门交流917人。建立行政审批事项由政务大厅统一受理、接办分离、网上报批、联网审查、限时办结、结果公开的运行机制，确保权力依法、公开、透明运行。

把党风廉政制度建设与国土资源管理制度“立、改、废”结合起来，形成用制度管权、管事、管人的有效机制。国土资源领域发生的腐败现象与干部队伍素质有关，但更重要的是由于制度不健全、不完善、可操作性不强。去年以来，我们通过查找单位和岗位廉政风险、分析制度缺陷和管理漏洞，有针对性地制定防控措施，出台了一批规范性文件。针对存在的廉政风险和制度上的缺陷，对现行法规文件开展经常性评估，出台了《国土资源部规章和规范性文件后评估办法》，去年以来停止执行20件规范性文件，建议废止行政法规2件，废止规章12件，修改规章8件，向上级机关提出法律法规清理建议60余条；各地共废止或建议废止法规文件477件。

坚持解决突出问题，开展专项治理，推动党风廉政建设不断深入

去年以来，国土资源系统部署开展“两整治一改革”专项行动，推动了党风廉政建设向纵深发展。

提高干部队伍廉洁从政能力，着力解决干部队伍中存在的突出问题。一是组织开展以“四查找、四分析”为主要内容的保持党员、干部纯洁性分析检查活动，即查找理想信念、党性修养存在的问题，分析思想纯洁性；查找密切联系群众、履行职责存在的问题，分析作风纯洁性；查找领导班子和干部队伍建设存在的问题，分析干部队伍纯洁性；查找廉洁从政存在的问题，分析管理上的薄弱环节和制度漏洞。二是在全系统开展整纪纠风专项整治。部党组专门出台“五项禁令”，组织动员全系统干部对照廉政准则和“五项禁令”全面开展自查自纠。三是开展机关廉政专项行动。认真开展“三查”，做到“五带头”，即查找廉政风险点，查找和整改突出问题，查找分析制度漏洞及成因；带头查找廉政风险点，带头制定防范措施，带头接受公开监督，带头整改突出问题，带头严格自律。同时，开展以“强党性、抓班子、带队伍、破两难”

为主题的党性分析活动，对司局领导班子进行民主测评，并公开通报结果。四是开展领导干部廉洁从政集中整训。对全国地（市、区）级国土资源427名局长进行廉洁从政集中教育整训，覆盖面达95%；在全系统组织开展5个专题的廉洁从政视频教育，参加人次达30多万。

强化市场配置资源的基础性作用，着力解决土地和矿业权出让中存在的突出问题。一是开展土地交易市场专项治理。着重解决规避招拍挂、违反规定设置出让条件、领导干部违反规定插手干预土地出让、擅自批准调整修改土地出让条件的问题和土地储备、土地供应及土地出让信息不公开、不对称等问题。出台《关于国有建设用地使用权网上交易试点工作的意见》，目前已建成土地网上交易和监管系统42个。二是开展矿业权交易市场专项治理。重点解决矿业权出让公开竞争制度不健全、交易制度不完善、监管不到位和领导干部违规插手干预矿业权出让等问题。推进矿业权市场建设，31个省级、85%的地级市国土资源部门建立了矿业权交易机构，已建成矿业权出让网上交易和监管系统20个。三是加强土地储备机构管理，实行管办分离。去年以来，各级国土资源部门全部完成与其下设或挂靠的从事土地开发相关业务的机构彻底脱钩任务。

规范行政审批行为，加强执法监管，着力解决国土资源开发利用中存在的突出问题。一是强化国土资源督察和执法监察。认真开展土地例行督察，发现查处一批涉土涉矿违法违规问题。与监察部联合开展严肃查处"未报即用"违法用地专项行动，挂牌督办132起违法用地典型案件。同时，加大土地卫片执法检查力度，按照有关规定，会同监察部、人力资源和社会保障部，对地方政府有关人员进行了问责。二是开展国有建设用地使用权出让合同专项清理和探矿权采矿权出让审批制度执行情况专项清理工作。各地按照排查的要求，逐个项目、逐个环节进行深入自查自纠，建立项目台账、摸清底数，对存在的问题整改落实基本到位。三是对重大项目和专项资金进行清理检查。部署开展城乡建设用地增减挂钩试点和农村土地整治工作，全面摸清了增减挂钩执行情况，纠正和整改了一批存在的问题，提出了改进管理的措施办法。

建立健全廉政风险防控体系，着力防控国土资源管理廉政风险。各级国土资源部门围绕规范行政权力运行，以工作岗位为点、以工作流程为线，全面查找单位、部门和岗位廉政风险点，重点查找在土地和矿业权审批出让、执法监管等工作中的风险点，在此基础上有针对性地提出风险防控措施。积极探索建立国土资源管理廉政风险防控体系，构建国土资源市场配置、管理创新、行政权力监督制约、廉政风险预警防控、教育培训和责任追究六大机制，初步形成了具有国土资源管理特点的廉政风险防控管理制度体系。

坚持源头防范，加大体制改革和制度创新力度，破解反腐倡廉建设难点

从以往的反腐倡廉工作经验看，改革不到位、监管没跟上的领域往往是腐败易发多发的领域。面对国土资源管理改革创新、攻坚克难的繁重任务，必须以更加坚定的态度、更加有力的措施推进国土资源法制体制机制创新，以反腐倡廉建设新成效取信于民。

推动重点领域和关键环节改革，健全完善反腐倡廉长效机制。一是推进农村土地管理制度改革。深化征地制度改革，逐步缩小征地范围，严格履行征地程序，改进补偿安置方式，完善补偿安置机制。规范农村集体建设用地流转，完善农村宅基地制度，严格宅基地管理，依法保障农户宅基地用益物权。逐步建立城乡统一的建设用地市场，使依法取得的农村集体经营性建设用地在符合规划的前提下与国有土地享有平等权益，做到同地同价。二是完善和规范土地出让收支、矿产资源价格和收益分配机制。进一步规范土地出让收支管理，确保土地出让收益重点向农业农村倾斜。完善矿产资源价格和收益分配机制，矿业权价款和补偿费分配向资源产地倾斜，同时严格实行矿山地质环境恢复治理保证金制度，改善矿山环境。三是深化资源有偿使用制度改革。深化国有建设用

地有偿使用制度改革，缩小划拨用地范围，除军事、保障性住房、特殊用地可以继续使用划拨用地外，其他用地实行有偿使用。坚持和完善招拍挂出让制度，提高以竞争方式有偿出让的比重。

加快推进国土资源法制建设，发挥制度对党风廉政建设的保障作用。一是加快推进土地管理法、矿产资源法修订和配套法规建设，为国土资源管理改革创新提供法制保障。二是深化国土资源规范性文件"立、改、废"，完善规范性文件合法性审查制度和实施后评估制度，提高制度建设质量。三是转变国土资源管理职能和方式。深化行政审批制度改革，规范行政许可行为和自由裁量权，大力推进政务公开，提高国土资源市场化配置程度。推进执法责任制和评议考核制度，探索执法绩效评估机制，完善国土资源执法共同责任机制，加强行政执法与司法的衔接。四是健全科学民主决策机制。严格落实国土资源重大事项集体决策制度，完善内部会审制度和专家咨询论证制度，落实听证制度，探索建立决策评价制度和风险评估防范机制。

强化"制度＋科技"的支撑作用，提高反腐倡廉建设科学化水平。一是健全和完善全国国土资源"一张图"和综合监管平台。按照统一标准整合土地、矿产、地质环境等多种信息和相关应用系统，建立覆盖土地审批、供应、利用、补充和违法查处，土地登记、地价监测，矿产资源勘查、开发利用、年检、地质灾害监测等业务的综合监管平台。二是推进部、省、市、县四级国土资源部门业务流程网上运行。统筹各类管理业务需求，建立覆盖国土资源管理所有业务的应用系统，并利用信息网络技术建立全国统一、规范、高效、有序的土地、矿业权市场体系。三是深化政府信息网上公开工作。将门户网站作为政府信息公开的主要渠道、政策宣传的重要阵地、接受社会监督的重要平台、便民服务的重要窗口，全面提升服务水平，广泛接受社会监督。

加强国土资源领域党风廉政建设顶层设计，增强反腐倡廉工作系统性。加强国土资源领域党风廉政建设和反腐倡廉工作理论研究，搞好顶层设计，以更高的站位、更宽的视野、更远的眼光提出反腐倡廉的战略思路、目标原则、任务和措施。加强整体规划，整体推进制度建设和改革创新，防止和克服零敲碎打、修修补补。同时，强化前瞻意识，提高预见能力，前移监督关口，构建严密的防控机制，努力将腐败现象消灭在萌芽状态。

地方和有关单位经验做法

突出观念防腐　推进制度改革
强化科技控权

北京市国土资源局

根据中央纪委《建立健全惩治和预防腐败体系2008—2012年工作规划》和北京市惩防体系建设实施方案以及国土资源部的有关要求，2008年以来，北京局始终把建立具有国土资源管理特色、与国土资源管理业务有机交融和深度结合的惩防体系建设，作为加强首都国土资源系统党风廉政建设工作的重点，结合实际，积极探索，狠抓落实，主要有以下做法和经验体会：

一、主要做法

（一）突出观念防腐，筑牢思想防线

北京局始终把解放思想、更新观念放在重要位置，持续加以推进，认真研判形势，强化风险意识，解决思想障碍。

一是建立反腐倡廉教育工作联席会议制度。结合每年度工作部署，组织召开由纪检、党务、人事等部门组成的局反腐倡廉教育工作联席会议，定期分析形势特点，分阶段明确反腐倡廉教育主题，研究设计开展反腐倡廉教育的抓手和平台，分阶段部署全系统反腐倡廉主题教育活

动，取得了良好的效果。先后组织开展了保持共产党员先进性教育活动、“讲党性、重品行、做表率”专题教育活动、“权力、法纪、责任”为主题的廉洁从政“六个一”警示教育活动和学习实践科学发展观教育活动等。

二是健全完善反腐倡廉经常性思想教育制度。规定全局系统局处两级党政主要领导每年至少对所属人员进行一次反腐倡廉党课教育。先后健全完善了国土资源局廉政谈话制度、处级领导干部述职述廉制度、党员领导干部民主生活会若干规定等，严格落实“三会一课”等制度。组织编写并印发了《国土资源系统警示教育案例选编》，组织制作了《北京市国土资源局警示教育专题片》，定期组织全系统党员干部参观北京市警示教育基地、观看反腐倡廉专题教育片、参观红色教育基地、开展廉洁从政征文评比等。

三是把加强作风建设作为深化反腐倡廉教育的有力抓手。局党组把提高教育的实效性与改进工作作风、加强政风行风建设紧密结合，始终把加强全系统作风建设作为有效抓手和平台。近几年来，局党组针对管理体制转变、“廉洁奥运”、“平安北京”等重大事项，结合国土资源系统实际，先后举办了处级干部作风建设培训班，开展了“完善体制，提高素质”、“廉洁奥运”、“创建文明单位和文明处室”、“国土作风建设年”等一系列活动。

（二）突出制度改革，化解体制风险

权力过于集中就意味着廉政风险大。只有加大改革力度，压缩审批部门权力，转变管理职能，才能化解廉政风险。

一是深化行政审批制度改革。以土地和矿业权审批为重点，对全局行政审批事项进行了调整、优化，行政许可事项由原22大项42个子项，调整为21大项38个子项；行政服务类事项由原13大项28个子项，调整为12大项40个子项；土地行政许可事项的审批时限由原来的20个工作日缩短为10—16个工作日，土地登记事项缩短为10个工作日。

二是推进征地审批体制改革。积极研究和完善征地补偿价格机制，

形成了北京市征地补偿指导价初步成果。在统筹兼顾“用地需求”和“被征地农民利益”的前提下，积极稳妥推进留地安置、实物补偿等征地多元化补偿安置方式，既确保了被征地农民合法权益和长远生计，又保障了重点工程用地需求。

（三）突出科技控权，创新监管手段

面对当前国土资源管理复杂、“两难”的新形势，北京局注重将信息技术融入规范权力运行的制度设计和管理流程之中，运用科技手段，促进廉政风险防控水平不断提升。

一是建立综合监管平台，推进权力网上运行。将原来独立、分散的20多个地政、矿政管理系统，统一整合为北京市国土资源综合监管平台，拆除各部门之间的权力“围墙”。该平台集地政管理、矿政管理、地质环境管理、综合事务管理和内网门户管理五大功能于一体，实现了各级、各类国土资源管理业务的联动和数据闭合，用“一张图”管地管矿。从2011年7月1日起，将所有行政许可、行政服务事项的审批业务纳入综合监管平台办理，实现了审批流程公开透明，办件标准规范统一，办理时间明确限定。

二是加强权力在线监督，固化风险防控措施。在全面梳理、优化行政业务流程的基础上，为80项审批类事项在综合监管平台上打造“电子流程”，预设岗位权限、办理时限等审批要素，有效防止人为越权和违规操作等问题。自2011年3月起，开始着手建设土地市场网上交易系统，以进一步规范土地市场交易行为。网上交易系统使交易过程通过互联网完成，竞买人通过网络编码进行登记、竞价，国土部门通过网络编码进行资格确认，组织交易，交易人信息保密安全，交易过程公开公正，可以有效防止插手打招呼、恶意阻挠竞争人等人为干扰因素的影响。现系统开发工作已基本完成，正在进行安全测试。

（四）突出制度管权，规范权力运行

北京局把制度建设作为全局系统党风廉政建设工作的着力点和落脚点，大力推进管理制度创新，积极探索加强对权力行使监督的有效措施和办法，保证了权力依法、公开、透明运行。

一是规范决策制度，防控决策风险。为加强局领导班子决策“三重一大”事项的风险防控和监督管理，局党组结合实际，研究制定了《关于加强风险防控完善“三重一大”决策制度的实施办法》。该办法对局领导班子集体决策“三重一大”事项的内容、形式、程序、方法以及监督等作出了严格的规定，对提高局领导班子民主决策意识，防范决策风险，实现决策的民主化、科学化，提供了强有力的组织保证。

二是科学配置权力，强化权力制约。制定领导班子内部规范用权、合理限权的具体措施，强化权力配置的制度安排。通过分权、限权、放权的方式，对班子成员之间、部门之间的权重配置进行调整，不断优化权力结构，加强各权力主体之间的监督和制约。分权方面，严格落实“主要领导不直接分管人、财、物”的规定，及时对领导班子分工进行调整。市局和分局党组书记、局长主持单位党政全面工作，不再分管具体部门和单位，班子其他成员的分工也按照科学合理、有效制约的原则进行调整。目前，全系统局、处两级领导班子分工调整已经全部落实到位。限权方面，强化程序管理，保证权力制约关系的作用得到切实发挥。制定出台了《重大项目安排和大额度资金使用相关问题的规定》等制度，对集体决策事项特别是“三重一大”事项的决策内容、决策主体、决策程序、公开范围进行梳理、规范，编制形成了市局和各单位的集体决策事项目录。放权方面，推进行政审批制度改革，进一步下放行政审批权，合理配置市局和分局权限。先后将国有土地使用权出让、划拨等7个行政许可事项的大部分审批职能，土地登记类的所有服务事项下放至区县分局，市局职能处室重点做好政策研究和监督检查，使执行权和监督权相对分离。

二、工作成效及基本经验

五年来，通过狠抓全系统惩防体系建设，北京局的教育、监督、制度、纠风、惩处等工作更加规范，党员干部的勤政廉政意识明显提高，以制度建设为重点的各项工作取得了突破性进展，有力促进了中心工作任务的完成和党风廉政建设水平的提高，有效推动了全系统国土资源管理事业的改革发展。北京局的基本经验是：

在工作思路上，坚持结合实际，改革创新，紧密结合行政审批制度改革、加强对权力运行的规范化监督，着力抓好国土资源管理制度创新和源头治理；坚持着眼全局，超前谋划，抓好惩防体系建设与党风廉政建设责任制落实的有机结合，着力防止“两张皮”、“一般化”；坚持立足自我，主动作为，把廉政风险防控管理工作作为惩防体系建设的重要内容，系统设计、全面规范。把“两整治一改革”专项治理作为惩防体系建设的重要抓手，主动查找漏洞，梳理薄弱环节，突出工作的针对性和有效性。

在组织领导上，成立并及时调整局惩防体系建设领导小组，形成了局党组统一领导、分管领导分工负责、部门具体抓落实、驻局纪检组组织协调的领导体制和工作机制。设立办公室，明确了领导小组和办公室的职责。制定下发了局党组落实全市五年工作规划《实施办法》的具体分工方案，明确了局分管领导、主管处室的责任分工及时限要求。针对北京局担负的牵头任务，局党组高度重视与相关协办部门的沟通协调，建立联席会议制度，及时协调解决工作中遇到的问题。

在推进落实上，每年局党组都按照中央纪委和市委、市纪委的要求，结合国土部门工作特点，做出全面部署，做到统一领导协调、统一组织实施、统一检查考核，建立工作台账，强化“一岗双责”，狠抓推进落实，确保了五年规划涉及北京局牵头任务完成的进展和质量。在做好“规定动作”的同时，还积极探索“自选动作”，健全完善相关配套制度，使惩防体系建设更加完备有效。

三、主要的制度建设成果

1. 根据北京市委《关于加强风险防控完善区县局级领导班子“三重一大”决策制度的意见》，局党组结合国土资源系统实际，研究制定了《北京市国土资源局关于加强风险防控完善局领导班子“三重一大”决策制度的实施办法》，明确了国土资源系统“三重一大”事项的具体内容、决策程序、风险防控措施等。该实施办法被国土部“两整治一改革”领导小组办公室在全系统转发。

2. 为贯彻落实中央纪委监察部《关于加强廉政风险防控的指导意见》和市委市政府《关于进一步加强廉政风险防控管理的意见》、市纪委《〈关于进一步加强廉政风险防控管理的意见〉实施方案》，推进全市国土资源系统权力结构科学化配置体系、权力运行规范化监督体系、廉政风险信息化防控体系（以下简称“三个体系”）建设，进一步规范和深化局系统廉政风险防控管理工作，结合全市国土资源系统工作实际，研究制定了《北京市国土资源局关于推进廉政风险防控管理“三个体系”建设的工作实施细则》。该细则得到市纪委监察局的充分肯定，并在全市进行了转发，北京局的相关经验做法在全市“三个体系”建设工作推进会上做了典型发言。

3. 制定了《北京市国土资源局重大项目安排和大额度资金使用相关问题的规定》，明确了重大项目安排和大额度资金的使用管理总体原则、重大项目安排和大额度资金的使用管理额度及审批程序，对其他特殊情况资金使用的审批提出了明确管理要求。

创新监管模式
建立拒腐防变教育长效机制

天津市国土资源和房屋管理局

中央《建立健全惩治和预防腐败体系2008—2012年工作规划》和市纪委《关于落实〈建立健全惩治和预防腐败体系2008—2012年工作规划实施办法〉分工方案》下发后，局党委高度重视，召开专题会议进行研究，制定了贯彻落实的措施：成立了由党政主要领导任组长、7名副职为成员的领导小组和由纪检监察部门牵头、相关业务部门参加的办公室，组织、协调、推动工作落实；制定了关于落实推动的方案，把两项牵头工作和九项配合任务分解到相关的11个部门和单位，落实到4名主管局领导、11个责任单位和6名牵头人。提出了目标、标准、措施、完成时限及要求；把牵头工作列入年度工作重点，与其他工作同研究、同部署、同考核。明确纪检监察部门对计划落实情况进行跟踪、督查，局主要领导和主管领导定期听取工作进展情况汇报，研究解决相关问题，确保工作按计划有序推进。

五年来，我们围绕教育、制度、监督、改革、纠风、惩处、创新七个方面的重点内容积极开展工作，全局惩防体系建设工作不断取得新成效，推动了国土房管事业健康发展。

一、做　法

（一）加强反腐倡廉教育，建立了拒腐防变教育长效机制

建立了五种教育模式：一是以中央颁布实施《廉政准则》为契机加强党员干部的廉洁自律教育。《廉政准则》颁布实施后，先后开展了“廉洁做事秉公用权”、“学准则、讲廉政、树新风、做表率”等主题教育活动，组织党员干部观看了《不可逾越》教育光盘，同时以局办公网为平台，刊发处以上领导干部《廉政准则》学习心得体会33篇，强化了领导干部廉洁自律意识。二是通过开展廉政风险排查突出岗位廉政教育。在查找廉政风险点过程中，把查找问题、制定防控措施的过程，作为对关键岗位人员进行自我教育、自我保健的过程，针对重点部门关键岗位易发生问题的环节进行岗位廉政教育，提高岗位有风险，用权须谨慎的责任意识，增强教育的实效性。三是注意利用身边的廉政勤政典型进行示范教育。2010年以来，有3名同志先后被授予天津市廉政勤政优秀党员干部荣誉称号，为充分发挥典型的示范带头作用，组织召开了全局廉政勤政优秀党员干部事迹报告会，在党员干部中组织开展大讨论，查找自身与先进的差距，从正面引导党员干部学习先进、崇尚先进、积极向上、奋发有为。四是注意运用各种案例材料深化警示教育。组织党员干部观看《李宝金受贿挪用公款案警示录》、《国企反腐警示录》、《迷途》等警示教育片，邀请市纪委市检察机关有关领导进行预防职务犯罪讲座，开展参观监狱活动等，用鲜活生动的典型案例提醒大家时刻绷紧廉政这根弦，使教育做到了入心、入脑，不断筑牢党员干部的思想防线。五是通过开展丰富多彩的廉政文化活动营造全局廉政勤政的良好氛围。组织系统党员干部发挥各自特长，围绕廉洁从政这一主题积极创作，先后两次举办国土房管局廉政文化作品展示活动，展出绘画、书法、摄影作品百余幅，使反腐倡廉的精神内涵通过艺术形式渗透到每一个人心里。

（二）加强制度建设，健全了反腐倡廉法规制度体系

重点抓了五项制度的落实。一是贯彻落实党风廉政建设责任制。局属各单位每年与局党委、局行政主要领导签订党风廉政建设责任书和惩防体系建设承诺书，明确党政主要领导为党风廉政建设第一责任人，坚持“一岗双责”，实现反腐倡廉工作与整体工作同规划、同部署、同检查、同考核。二是建立了廉政风险防控机制。通过排查廉政风险，共查找出廉政风险点450项，重新完善工作程序和业务流程130项，标注关键点316个，制定防控措施660条，编印下发《廉政风险防控手册》，制定《廉政风险防控实施意见》，建立起管用有效的风险防控机制。三是建立了处以上干部和重点部门关键岗位人员廉政档案管理制度。档案囊括了任免、廉政鉴定、重大事项报告、拒礼拒贿情况、审计、信访等内容，如实反映党员干部履职过程中的廉政行为。目前，全局共建立廉政档案999卷，基本形成覆盖全局、结构科学的廉政档案管理体系。四是坚持领导干部个人有关事项报告制度和廉洁自律自查制度。每半年局处两级领导干部按规定要求和时限如实上报个人有关情况；每年年底前，各局级领导干部、处级领导班子和200多名处级干部均按要求向局党委和局纪检组递交全年廉洁自律自查报告。五是坚持处级干部考核、提拔、轮岗交流制度和组织部门对拟提拔处级干部征求纪检监察部门意见、新提拔处级干部任职前廉政谈话制度。局党委坚持对机关各处室、各处级领导班子及处级干部进行年度工作考核，五年来，对49个处级领导班子进行了调整充实，提拔正副处级干部140名，调整交流处级干部130名，局纪检组对提拔的140名干部出具了廉政鉴定，并全部在任职前组织了廉政谈话。

（三）强化监督制约，形成了权力运行监控机制

按照中央纪委、市纪委、国土资源部的要求，部署开展了工程建设领域突出问题、加快转变经济增长方式、“两整治一改革”以及“小金库”问题、公务用车问题和庆典、研讨会、论坛过多过滥问题等专项治理工作，并进行监督检查。在工程建设领域突出问题专项治理方面，着力抓

好重点领域、重点环节、重点案件和长效机制建设。在加快转变经济增长方式监督检查方面，按照市纪委的部署，深入部分区县政府重点围绕耕地保护和节约用地政策落实情况和保障性安居工程建设政策措施落实情况进行监督检查。在“两整治一改革”专项行动方面，按照国土资源部的要求，开展对土地、矿业权市场和干部队伍作风进行专项整治，深入推进国土资源管理体制机制改革。在“小金库”问题专项治理方面，重点抓好全面复查和重点检查，防止反弹。在公务用车问题治理方面，对全局公务用车情况进行了认真调查摸底，并认真组织对现有公务用车上报的数据进行逐车比对，严格审查核实，认定违规车辆，做好登记备案工作；按照“总量减少、费用下降、管理规范”的要求，建立了公务用车管理信息系统，加强了车辆经费管理，规范了日常管理制度，取得了明显成效。在庆典、研讨会、论坛过多过滥问题专项治理方面，严肃工作纪律，认真做好活动申报和审核登记，严把审批关、经费关、领导出席关，确保治理取得明显成效。

（四）深化体制机制制度改革，从源头上有效防治了腐败

以行政审批、信息公开为重点开展制度改革。一是改革了行政审批制度。成立了局行政审批办公室，与驻市行政许可服务中心合署办公，实现行政许可审批事项100%进入市行政许可服务中心，现场审批100%，按时限办结100%；减少13项许可事项要件103件，减少5项登记事项要件13件，许可、审批、登记要件压缩30%；压缩7项行政许可事项、登记审批事项办件时限，扩大网上申报量，增加“立等可取”审批服务事项；调整2项许可事项为网上申报办理，下放土地出让方案备案等10项管理权限，许可、审批、登记平均办理时限压缩了27%。二是创新了行政审批机制。通过“立、改、废”，对市政府和局下发的规章和规范性文件进行清理，保留383件，修订61件，重新公布63件，废止185件，制定出台局规范性文件168件，其中：涉及国土资源市场配置机制建设的6项、管理创新机制建设17项、行政权力监督制约机制建设21项；建立了每周通报、局长业务会审会、行政业务调度协调会、地价确认会、规划、用地审批、土地供应、房地权籍、住房保障、物业、地矿等专项业务会等制度，及时解决审批中遇到的难点问题，审批承诺时限平均缩短了20%。三是实现政务信息公开。建立了国土房管局政务网站，将国土房管政策法规、制度规定、土地供应计划、土地和矿业权审批出让结果、土地和矿业权违法案件的查处以及与企业和群众利益相关的政府信息通过局政务网站及时向社会发布，增强了社会和公众对国土房管各项工作知情权、参与权和监督权，提高了行政管理工作透明度，促进依法行政。目前，局系统实现政务公开的单位达100%。

（五）加强作风建设，切实纠正损害群众利益的突出问题

一是建立完善纠风工作制度。研究下发了纠风工作“明察暗访、情况反馈、信息报送、重要情况报告和沟通”五项制度，并认真抓好各项制度落实，使纠风工作逐步迈入规范化、制度化轨道。二是抓好每年民主评议政风行风工作。及时召开动员部署会，对评议工作进行全面安排和部署；采取看、听、问、录、填写社会调查表等方式，深入到系统15个区县26个局47个窗口服务单位进行明察暗访，并通过召开会议和逐一反馈的形式对查出的问题进行了通报；由局领导带队先后深入各区县局进行工作督导，对评议工作进行推动。三是积极推动问题整改。局纠风办对各区县纠风部门反馈的问题进行了整理，走访市纠风办、社情民意调查中心、《行风坐标》节目组以及部分区（县）纪委监察局，了解存在的问题，听取意见建议。召开政风行风建设查摆问题“回头看”座谈会，通报上一年度民主评议政风行风工作中发现的问题。系统各单位针对不足和座谈走访征求到的意见建议，召开专题会议进行分析研究；对过去经过政风行风评议已经得到解决的问题，研究了巩固扩大成果的办法；对虽已整改，但效果不理想、群众仍不满意的问题，完善了提升改进措施；对尚未整改到位的问题，明确了整改时限、责任单位和责任人。

通过全局上下的共同努力，2010年，天津局在全市民主评议政风行风工作中被授予政风行风建设成效突出单位，位居第一梯队；2011

年，天津局在全市民主评议政风行风工作中位居第2名。

（六）加强信访案件查办，充分发挥了案件查办治本功效

2008年以来，我局（不包含区县房管局）共发生违法违纪案件3起，其中2人被判处有期徒刑，1人被诫勉谈话。局纪检组在日常工作中注意抓好信访和案件查办工作。一是加强对信访举报受理、查办工作的管理。制订下发了《局纪检监察信访举报管理暂行规定》，在局政务网设立信访举报信箱，公布信访举报电话，设专人对信访举报案件进行核查，做到件件有着落，事事有回音。二是落实信访举报统计分析工作。每月、每季度对信访举报情况进行统计、分析，提出整改意见，为领导决策提供依据。三是进一步深化信访监督。通过召开不同范围的通报会、廉政风险防控座谈会、廉政谈话，通报一个时期信访案件情况，充分发挥信访监督提醒和教育的作用。四是加强与检察机关的沟通联系。按照《关于加强联系，密切配合，共同在国土资源和房屋管理系统做好预防职务犯罪工作》的文件要求，定期与市检察院召开联席会议，研究国土房管系统预防职务犯罪的对策措施。与市纪委监察局和各级检察机关建立沟通协调工作机制，协助配合案件调查。

（七）创新监管模式，用科技手段强化对权力监督制约

自2007年开始研发集土地、矿产、房屋管理于一体的“一张图”综合监管平台，“一张图”工程将各项法律法规和制度规定，固化到每一个业务流程中，形成法定操作流程，构成了依法行政的基准线。任何办件都必须进网，自动通过基准线检查，自动记录办件过程，限制了自由裁量权，预防了违规行为的发生。主要体现在以下几个方面：在土地征收转用上，审批新增建设用地，系统自动检测权属、地类、用地指标、占补平衡、缴纳法定费用，任何违规行为系统都会自动停止办件。系统自动组卷，杜绝了数据人为修改。在经营性土地招拍挂上，利用网络平台实现全市经营性土地集中统一网上出让交易，杜绝了在土地交易环节上人为干预、暗箱操作。在房地产市场监管上，将全市房地产交易、中介服务项目纳入网络平台，实现出让合同、销售许可、交易签约的一体化监管，杜绝了因工作人员监管不当，出现房地重复抵押、一房多售等违法行为。在房地权属登记上，实现了土地、房产的权属、用途、转让、抵押、查封等的网上信息联动，确保办件人员按权限和规定流程完成权属登记。在住房保障管理上，通过网络信息平台审核准入条件，通过跨部门联网信息，审核家庭人员和收入变化，通过销售和权属系统掌控拥有房产的变化，通过银行掌控个人缴纳租金的诚信，防止了工作人员人为疏漏，有效的制止了超标准享受政策行为。在房屋交易资金监管上，将存量房和新建商品房交易资金与全市23家商业银行，1500余个网点，组成跨部门跨行业联网，实现了交易过程的全程监管。在土地执法监察上，建立了动态巡查、卫星遥感、视频监控的信息采集系统，构成了“三位一体”的土地执法检查机制。

“一张图”工程运行以来，由于数据详实、权责明确，审批时限平均缩短了30%，即时审批、立等可取事项占90.6%，降低了行政成本，提升了监管能力，推进了依法行政，规范了权力运行，为科技防腐、廉洁用权探索了一条新途径。

二、建　议

下一步建议围绕以下五个方面进一步深化惩防体系建设：一是在反腐倡廉教育上下功夫，继续深化四种教育模式，创新教育载体，丰富教育内容，突出教育的针对性、实效性，使反腐倡廉教育真正做到入脑入心。二是在廉政风险防控上下功夫，把查找廉政风险点作为一项常态化工作，加强对风险点的防控，建立完善一套完整有效、可操作、便于监督的防控体系。三是在制度建设上下功夫，建立健全保证权力规范运行的制度和机制，积极运用科技手段加强制度建设，规范审批环节，运用行政、组织等手段，将预防控制廉政风险的内容转变为纪律要求，实现用制度管权、管人、管事。四是在权力运行的监督管理上下功夫，深化行政审批制度改革，实现监督手段科学化、监督方式严密化、制约措施刚性化，建立健全权力既相互制约又相互协调的运行机制，将廉政风险降低为零。五是在转变干部队伍作风上下功夫，不断深化政风行风建设，提高队伍廉洁从政意识，规范干部从政行为，营造风清气正的良好环境和氛围。

狠抓廉政制度建设
严肃查办违纪违法案件

河北省国土资源厅

2008年以来，全省国土资源系统紧紧围绕教育、制度、监督、改革、纠风、惩治六个方面不断深化惩治和预防腐败体系建设工作。在加强反腐倡廉教育、认真落实党风廉政建设责任制、加强监控机制建设、严肃查处腐败案件的同时，重点围绕土地征收和使用权出让、土地整治、矿业权出让等重要权力事项运行，不断深化全省国土资源系统行政审批制度改革，积极构建“以质量管理为基础、以绩效管理为导向、以行政监察为着力点”的标准化、绩效、行政监察“三位一体”的新型权力运行监管机制，服务质量、效率和廉洁从政水平全面提升，具有国土资源特色的反腐倡廉建设取得了明显成效。

一、下大力改革创新，积极构建具有国土资源特色的惩防体系

（一）狠抓廉政教育。一是认真贯彻落实《廉政准则》等党政纪法规。结合全系统反腐倡廉形势、特点和面临的繁重任务，采取集中与分散相结合的办法，强化廉政教育，注重教育效果，扎实开展《廉政准

则》、十个严禁、“52个不准”、《五条禁令》等专题学习辅导活动，深入系统地讲解和分析国土资源领域面临的形势和任务，组织各级各单位认真进行剖析梳理，切实增强拒腐防变意识。二是深入开展反腐倡廉集中整训活动。制定计划，编辑教材，按照下抓一级、层层抓落实的组织形式，开展了大规模的反腐倡廉集中整训活动。省厅多次举办由各市局领导班子成员和县局局长、国土所所长参加的集训班，还多次组织了全系统干部参加的视频培训活动，各市县局也都开展了不同形式的教育培训活动。2008年以来，全系统共组织集中教育整训班786期、共培训70740人次。三是大力开展廉政文化建设。组织机关干部撰写廉政格言警句、精品“上墙”、制作廉政桌牌等活动，时刻进行警示提醒。在全系统开展了举办了以反腐倡廉为主题的演讲比赛、文艺汇演和紧扣廉政文化主题的三届“清风杯”美术书法摄影作品比赛活动，营造浓厚的廉洁从政氛围。四是开展正面典型示范和警示教育活动。2009年厅党组下发了《关于2004年以来全省国土资源系统违纪违法典型案件的通报》，并将部纪检组印制的《国土资源系统警示教育案例》分发给各级领导干部组织学习讨论。开展了典型案件为反面教材的警示教育活动，引导党员干部牢固树立正确的世界观、人生观、价值观和权力观。五是组织各级各单位签订《廉政责任书》，组织全系统干部职工与单位签订《廉政保证书》，将反腐倡廉的责任落实到每个单位一把手和全体工作人员身上，有效地增强了广大干部职工依法行政、廉洁从政的意识。六是组织力量开发了适合国土资源系统网上廉政教育培训的软件，这套系统在全系统内推广后，可以针对不同层次的干部开展多种形式的教育培训，能够有效地提高廉政教育的针对性。

（二）严格责任分工，认真落实党风廉政建设责任制。始终把落实党风廉政建设责任制作为加强反腐倡廉建设的一项根本举措，强化措施，狠抓落实。一是坚持党组对党风廉政建设和反腐败工作负总责，做到重要工作部署、重大决策问题党组研究，重点环节党组协调，重要案件党组督办。二是研究制定了《关于认真贯彻落实党风廉政建设责任制的实施意见》，严格按照谁主管谁负责、分级负责和一岗双责的原则，坚持把党风廉政建设与业务工作同部署、同落实、同检查、同考核；明确规定了厅机关、直属事业单位和各市县局党组（党委）“一把手”及其他班子成员应承担的责任，要求各级各单位认真进行分解落实，使任务到岗、责任到人。三是将领导干部执行党风廉政建设责任制的情况，列入民主生活会和领导干部述职述廉报告的重要内容，每年对各级领导班子、领导干部进行一次系统的考核测评，考核结果作为领导干部业绩评定、奖惩和选拔任用的重要依据，有效增强了各级领导班子落实责任制的自觉性，真正形成了党组（党委）统一安排部署，纪检监察组织协调，其他部门各负其责、齐抓共管的局面。

（三）加强制度建设。不断完善反腐倡廉的各项规章制度，健全权力运行监控体系，依靠严格的制度和新型的权力运行机制，规范行政行为，使各项行政权力依法、科学、透明、有序地行使，从源头上预防腐败。近年来，厅党组研究制定了《关于加强建设用地全程动态监管的实施意见》、《关于贯彻执行〈海域使用管理违法违纪行为处分规定〉的实施意见》、《关于违反土地管理规定行为的处分办法》、《关于推进行政权力运行监控机制建设工作方案》、《关于实行“一领双责三到位”工作机制的意见》、《关于廉政风险预警和防范机制管理办法》、《关于进一步规范行政审批工作的意见》、《关于加强行政许可审批管理工作的通知》、《专项资金监督管理办法》、《关于进一步加强全省国土资源所规范化建设的指导意见》、《关于加强全省国土资源系统纪检监察工作的意见》、《关于加强反腐倡廉制度建设的意见》、《关于做好国土资源管理领域交易活动纳入公共资源交易市场有关工作的通知》等一系列规章制度。今年以来，我们在全面推进标准化、绩效试点工作的同时，深入推进行政审批制度改革，研究制定了《关于行政审批事项实行标准化、绩效、行政监察“三位一体”管理的暂行规定》，积极探索“以质量管理为基础、以绩效管理为导向、以行政监察为着力点”的标准化、绩效、行政监察“三位一体”管理新机制，通过实行“以卷宗为平台、以流程为主线、以节点做监管、以廉洁高效为目的”的新型管理模式，构建起全面提升行政审批质量、效率和廉洁服务水平的惩防体系。

（四）认真查办违纪违法案件。研究建立了情况通报、线索移送、案件协查工作机制。以查处发生在各级领导干部、行政审批和行政执法人员滥用权力、谋取非法利益等以地谋私、以矿谋私的违纪违法案件为重点，加大对违反廉洁自律各项规定的查处力度。2008 年以来，全系统共受理信访举报 1128 件，对 527 件有线索的举报进行了初核，办结 468 件，党政纪处分 109 人，追究刑事责任 49 人。

（五）强力推进专项治理。一是认真开展土地和矿业权交易市场专项整治，研究制定了《关于开展国有建设用地使用权网上交易试点工作的意见》和《关于加快建立矿业权交易机构的通知》，重点在健全制度，强化监管，解决不规范问题，规范市场交易行为上下功夫。目前，全省共建 121 个土地交易有形市场，14 个市县的土地交易纳入当地公共资源交易市场，全部实行现场交易。按照国家有关要求，完成了探矿权、采矿权由无偿取得向有偿取得和以行政审批为主向以市场方式出让为主转变，逐步构建起矿业权交易市场体系。目前承德、张家口、石家庄、邯郸 4 个市已建成矿业权交易有形市场，其他各市正在积极筹建，并纳入当地政府公共资源交易平台。二是严格落实土地出让招拍挂制度。各地对商业、旅游、工业、娱乐和商品住房等各类经营性用地以及同一宗地有两个或两个以上意向用地者的，一律严格实行招标拍卖挂牌出让。2010 年以来，全省共供应土地 55260 公顷，其中招拍挂出让 44640 公顷，招拍挂出让比例为 81%。全省各地加强了对土地使用权招拍挂出让的执法检查和执法监察，确保了招拍挂出让依法依规进行。三是在土地整治项目招标投标执行方面，河北省主要采取申请项目核准备案、比选确定招标单位、委托公开招标投标方式。在土地整治项目实施过程中，绝大多数市县能够严格按照国家有关规定组织项目招投标，做到了公开、公正、公平、择优和诚实守信，主动接受社会各界监督。四是在征地补偿安置落实方面，研究制定了《河北省土地转用征收报批办法》，进一步规范了土地转用征收报批行为，严格按照征地程序和审批权限依法合规进行征地和安置补偿。2008 年全省实行了征地区片价制度，切实保障了农民生活水平不降低。为妥善安置被征地农民生产生活，确保被征地农民社会养老保险费用及时足额筹集到位，河北省创新了筹集办法，社保资金不再由国家、集体和农民三家分担，而改由市、县政府在征收农用地报批前支付，计入征地成本，社会保障费按照不低于征地区片价 10% 的标准确定，划入当地被征地农民社会保障专用账户，专款用于被征地农民的社会保障，确保了被征地农民长远生计有保障。土地补偿费的 20% 归集体经济组织，80% 归被征地的土地使用权人或者承包经营权人。在货币安置的同时，采取就业安置和住房安置途径，妥善安置被征地农民的生产生活。

二、存在问题

在部党组和驻部纪检组的领导下，全省系统的惩防体系建设工作取得了明显成效，但反腐倡廉建设形势依然严峻，惩防体系建设工作仍需大力加强，特别是在土地征收和使用权出让、土地整治项目招标投标、矿业权出让等方面，失职渎职、以权谋私、贪污贿赂等案件时有发生，有些方面的问题还比较突出。从近年来系统内发生违纪违法案件的情况看，政策法规方面存在的主要漏洞缺失：一是工业用地招拍挂制度与用地预审制度衔接不够。现行工业项目用地预审是在用地主体确定的前提下进行的，而工业用地招拍挂出让之前，用地主体是不确定的。因此，工业用地招拍挂与用地预审之间存在着一定的矛盾，用招拍挂的方式确定有预审主体的工业项目，在一定程度上影响着招拍挂的公信性。二是土地和矿业权交易市场尚不完善，矿业权转让不够规范，转让信息渠道还不够通畅。三是县（市）对招拍挂出让过程中防止围标、串标的有效措施较少，有效防止违法违规获取土地的办法措施不够多，影响政府宏观调控效果。四是国土资源行业土地整治项目专家库尚未建立起来，致使评标工作还不够规范。五是个别县（市、区）征地补偿费通过当地乡镇政府拨付给被征地村和农民，容易造成征地补偿费用截留、挪用等现象，不能足额及时拨付到位。六是集体土地房屋拆迁补偿政策有待健全，尤其是城中村整体拆迁，没有出台统一的拆迁补偿政策。

三、意见和建议

（一）强化宣传教育，促进领导干部廉洁从政。下大力加强思想道德教育、党政纪法规教育、警示教育，大力宣传先进典型，弘扬正气，营造风清气正的氛围。希望部里多发现各地的典型经验及时总结推广，多组织一些参观学习交流活动。

（二）加强监管力度，建立健全共同责任机制。各级政府要加强自身监管，建立健全国土资源管理工作共同责任机制，形成“党委领导、政府负责、部门协同、公众参与、上下联动”的工作格局，变国土部门一家“单打独斗”为政府相关部门“齐抓共管”。各级国土部门要主动与发改、规划、建设、纪检监察、房管等相关部门协调沟通，加强协作，建立统一协作关系，形成合力，共同研究解决国土资源管理工作中的问题，进一步加大国土资源领域违法案件的查处力度。

（三）进一步规范土地整治项目招标投标工作。一是各级发改部门尽快组建国土资源行业评标专家库。二是督导各级政府及有关部门严格按照《招标投标法》组织招标投标工作。

（四）加强征地补偿安置落实工作力度。一是进一步明确抢栽、抢建、抢种认定范围，在认定范围之内的不予补偿。二是严格落实国家相关规定，由市(县) 国土资源局直接将征地补偿费用支付给被征地农民，防止截留、挪用征地补偿费问题的发生。三是建议国家出台统一的集体土地上房屋征收拆迁补偿政策和具体操作办法。

加强廉政风险防控 着力构建
惩治和预防腐败体系建设长效机制

山西省国土资源厅

自中央纪委、最高人民检察院、监察部和国土资源部部署在国土资源系统开展“两整治一改革”专项行动以来，山西省国土资源厅党组高度重视，紧密结合实际，着力推进土地和矿业权交易市场专项整治和整纪纠风专项整治，不断探索国土资源管理制度改革。坚持把党风廉政建设工作和业务工作深度结合，把行政权力监管的薄弱环节作为党风廉政建设的重点区位，把廉政风险防范管理作为重要抓手，运用“制度+科技”手段提高预防腐败的效能和水平，党政齐抓共管，案件多发易发的势头得到了进一步遏制，政风行风评议名次总体上升，全系统干部职工遵纪守法和廉洁自律意识明显增强，廉政风险防范意识明显提高，专项治理的各项工作取得了显著成效。

一、主要做法

（一）强化效能建设

为切实加强效能建设，进一步转变管理职能，山西厅简化办事程序、减少审批事项，提高办事效率。严格落实首问负责制、一次告知制、限时办结制、政务信息公开制、办事结果公开查询制、责任追究制等。并利用电子政务监督和电子监察系统，加大网上监督力度，按照“窗口受理、封闭运行、接办分离、限时办结”的原则，将所有业务工作的审批程序、资料要求、收费标准、办理时限和审批出让结果等全部通过各政务大厅电子显示屏、门户网站和有关媒体向社会公开。省厅印制了《山西省国土资源厅政务大厅窗口办文工作规则及相关制度》，方便来办事人员随时查阅、咨询。对省、市级重点项目，全省系统开通了绿色通道，采取了简化程序、压缩时限、随到随报等措施优先保证，并进行了跟踪服务。此外，省厅和各市局还聘请人大、政协、纪检、检察等部门的有关人员作为全系统行政审批监督成员，全面参与国土资源行政审批事项的监督，对重大公共利益的行政审批事项，都依法进行了听证。

为强化为民意识，全系统以专项行动工作为契机，确立“群众利益无小事”的服务理念，进一步梳理工作流程，简化办事程序，多途径提高工作效率，制定出台了新的《山西省国土资源厅机关文明和谐处室评比标准及办法》，通过开展创建文明和谐处室活动，不断强化厅机关全体人员的文明意识，进一步提高国土资源管理水平，塑造良好的部门形象。厅人事处制定的《关于进一步加强机关工作纪律严格考勤制度的通知》，规范了考勤制度和请假制度，成立了由厅办公室、人事处、机关党委和纪检监察室组成的督查小组，采取适时不定期检查和抽查的方法进行检查和督促，并规定检查结果将与年度目标责任考核和文明和谐处室评比挂钩，进一步规范了日常管理，提升了部门形象。

（二）推进行风建设

一是实施政风行风评议“一把手工程”。省、市、县国土资源部门都成立了“一把手”负总责的领导机构，全面落实政风行风评议工作。二是制定工作方案，明确目标任务。在每年年初召开的全省国土资源工作暨党风廉政建设工作会议和政风行风专题会议上，我厅都要对政风行风评议工作作出专门的安排部署，制定下发《山西省国土资源系统政风行风建设实施方案》，突出了每年政风行风建设的重点，明确总体要求、评议内容、方法步骤和具体措施。三是及时收集群众意见，在厅机关、各市局长期设立了征求意见箱、行政效能监督箱、商业贿赂治理举报箱。全省共设立举报箱215个，举报电话145部，开通了举报电子邮箱。在信访室、政务大厅等服务窗口，向来办事人员发放《征求意见卡》，在门户网站开设了征求意见栏目，广泛征求社会各界的意见和建议。四是加大了明察暗访力度。下发了《关于对全省国土资源系统基层站所及窗口单位进行集中检查的通知》，对基层国土站所行风建设进行明察暗访，对发现带有普遍性的问题，及时通报，督促整改，促进了基层站所的政风行风建设。同时，结合省委、省政府《关于整治“吃拿卡要”问题创优发展环境实施方案》文件精神，成立了山西省国土资源厅整治“吃拿卡要”问题创优发展环境领导组，下发了《中共山西省国土资源厅党组印发〈关于整治“吃拿卡要”问题创优发展环境实施方案〉的通知》。各单位结合自身实际，重新修订了已有的规章，健全了相关制度，使各级国土资源部门的政风行风建设得到了进一步提高。

此外，聘请了省人大代表、省政协委员、新闻媒体、服务对象等社会各界代表11人为省系统的政风行风监督员，建立了社会各界参与的千人评议代表数据库，通过召开政风行风监督员座谈会，参加“行风热线”等方式，多渠道听取社会各界和人民群众的意见和建议。厅领导多次带领机关相关处室负责人走进直播室，与群众亲自对话，面对面解决问题，收到了良好的社会效果。专项行动开展以来，我厅共参加行风热线24次，是50多个省直厅局中上线次数最多、为百姓解决问题最多的单位之一。

（三）加强制度建设

以廉政风险防控机制建设为重点，以惩防体系基本框架为主线，以转变行政管理职能和资源配置方式，切实规范权力运行为目的，围绕重点项目建设用地报批和预审、城乡建设用地增减挂钩、农村土地整治清理检查、推动矿业用地管理机制创新、领导干部任期经济责任审计、政府信息公开、改进机关作风提高行政效能等方面加大了制度建设力度。以省政府名义出台规范性文件13项、以厅名义出台规范性文件60余项。全系统共出台各项制度489项，覆盖对党员领导干部的教育管理、作风建设、权力制约、体制改革、监督制约和纪律规定等，初步形成了以制度防控廉政风险、用制度管理行政权力、按制度办理行政事务、靠制度管理干部队伍的机制。同时，通过认真调研，积极探索，归纳总结，形成了《对反腐倡廉与业务工作相结合的思考》、《加强廉政风险防控管理，建立健全国土资源管理廉政风险防控机制》和《国土资源系统腐败成因及反腐措施》等理论成果29项，对全省国土资源系统当前和今后一个时期反腐倡廉工作起到了借鉴作用。

二、对健全惩防体系建设的建议

（一）要把体制机制改革作为重点

近年来，国土资源工作矛盾凸显，出现两难局面，腐败和职务犯罪案件多发，成为社会关注的热点，监督管理的重点。根本原因就是国土资源管理体制机制已不适应以科学发展为主题、转变发展方式为主线的要求。土地、矿业权审批出让权力过分集中，工作效能低下，引起基层部门领导和服务对象的严重不满，引发基层政府主导的违法违规行为屡禁不止。一要减少审批事项，简化审批程序，大幅度提高审批效率。二要结合实际合理分配权力，科学界定审批权限。国土资源部主要研究制定法规和宏观规划调控措施，省级国土资源部门主要是规划年度计划管理和执法检查，除中央、省、市级重点工程项目、大型企业用地和矿权设置外，其他土地和矿业权审批事项下放到市、县（区）两级。三要完善省级以下国土资源管理体制。建议人、财、物全部实行垂直管理，解决人员编制少，经费短缺，干部职工在工作中瞻前顾后，推诿扯皮，缺乏工作积极性等一系列问题，增加干部交流轮岗空间，避免重要岗位多年不换人的现象，减少权力寻租的机会。四要加强基层国土资源部门的建设和管理，提高执法监管的效率。目前，大部分乡镇国土所人员是自收自支，工资难保证，经费无渠道，造成乱收乱罚，群众不满意，监管难到位；而且基层工作人员整体素质参差不齐，少数干部职工平时不注重法律、法规学习，是非观念、法律意识淡薄，贪恋和追求“物欲”，甚至心存侥幸，与政策和法规打起擦边球，大肆进行权钱交易。而且基层站所临时工较多，手中又有一定的权力，便产生了“反正是临时工，赶紧趁机多捞一把”的思想，严重损害了国土资源部门的形象。亟待解决基层人员财政拨款、执法人员提高素质和身份合法的问题。

（二）要把土地和矿业权市场建设作为主要内容

近年来，国土资源系统不断加大改革力度，规范行政行为，土地和矿业权市场化配置制度基本形成，交易市场基本建立，但仍然不够规范。在实际操作程序上，形成了“行政 + 市场”的模式，从某种意义上增加了工作的复杂性。这是造成工作效率低下、群众不满意的主要原因。在土地和矿业权审批出让管理工作中，一要界定审批出让的范围和类型，制定切合实际审批出让方式，该审批的走行政审批程序，应出让的由市场决定；二要界定审批出让的必备要件，不属于国土资源部门审定的要坚决去掉，切实做到审批事项在规定时限内办结，出让事项交款后发证，使土地和矿业权审批出让改革取得实实在在的效果，让人民群众和社会各界看到国土资源部门改革的成果。

（三）要把整顿规范中介服务活动作为关键措施

国土资源领域，涉地涉矿中介服务明目繁多，机构资质等级森严，服务收费数额惊人，服务对象怨声载道，这已成为损害国土资源部门良好形象的害群之马和国土资源领域腐败的温床。土地调查、规划修编等重要基础业务工作，一个中等县市大致需要 500 万元—1000 万元，本应由各级国土资源部门承担的工作，却通过招投标让中介服务机构完成，结果是钱花了不少，成果质量较差，交付国土资源部门还无法使用。而且大多中介机构都与国土资源部门有着千丝万缕的“联系”，表面上为了预防腐败，实际上不仅给暗箱操作提供了可乘之机，还给国土资源管理工作带来不便。再如审批出让较小的石料采矿权，各项设计、评估、评审就要花去数十万元中介服务费用，再加上数额不菲的采矿权价款，采矿权人数年之后才能得到效益，老百姓如何能对国土资源部门满意。

要解决这些矛盾，一方面要科学规定各类项目审批出让必须的测绘、评价项目，减少前期工作量，减少权力寻租的机会；一方面要严格规范服务机构资质管理，控制资质认证的群体和数量。充分发挥各地国土资源行政主管部门所属事业单位的作用，只要能达到规范要求，尽量由所属事业单位承担服务性活动。同时要明确服务收费标准，实行收支两条线管理，从而减少资金浪费，培育自己的队伍，形成国土资源系统技术支撑体系，把资源调查评价的成果应用到服务经济建设之中，不断取信于民，才能真正把行风评议的名次升上来，把腐败发生的机会降下去。

三、加强基层国土资源部门管理和监督的建议

国土资源系统违法违纪案件居高不下，失职渎职占比高位徘徊，有相当一部分集中在基层部门。近年来发生在基层国土资源部门的违法违纪案件涉及金额较大，涉及岗位众多，手段五花八门，甚至与建设规划部门勾结犯案的情况时有发生。主要是由于监督机制不健全，权力失去制约；相关岗位工作人员的整体素质不高，法纪观念淡薄；行政执法行为缺乏透明度，国土资源法律法规宣传不够等原因。现行基层国土资源系统组织机构管理也是诱发腐败的主要原因。因县级国土资源部门领导为市管干部，在争取市局和县委提拔时存在一定困难，致使个别干部容易产生提拔无望的心理，在工作上不尽心尽力，甚至产生“政治上无望，经济上就要得实惠”的思想，最终走上犯罪深渊。因此，加强基层国土资源部门管理工作，将廉政风险防控工作延伸到基层部门，从根本上杜绝各类案件的发生已迫在眉睫。

（一）加强廉洁从政教育，筑牢拒腐堤坝，形成“不想腐败”的廉政工作氛围

一要加强理想信念和党性党风党纪教育。结合“创先争优”活动，开展中国特色社会主义理论教育和政策纪律教育，引导党员干部牢固树立科学的世界观、人生观、价值观和权力观，强化立党为公、执政为民的自觉性和坚定性。二要深入进行反腐倡廉教育。大力宣传表彰勤政廉政的优秀干部，并结合系统发生的典型案例，经常性地开展“以案说法”教育，通过案例教育震撼心灵。在此，建议部纪检组将发生在国土资源系统的违法违纪案件制作成警示教育片下发至全系统供大家学习。因为其他系统的典型案例虽然违法违纪行为大同小异，但警示作用却大打折扣，甚至有些“隔靴搔痒”；而国土系统警示教育片中熟悉的工作内容和场景极易使受教育人员从思想上产生共鸣，从而对正在发生或即将发生的腐败行为起到充分的警示、震慑和终止作用。三要突出教育重点。基层干部中有相当一部分是通过关系或照顾子弟等方式进入国土资源队伍，文化程度较低，素质较差，法制观念淡薄，而且有一定社会背景，工作中吃拿卡要，目中无人，肆意妄为。要加强对此类人员的教育和管理，该处分的处分，该清退的清退。同时，要加强基层国土资源部门领导干部和管人、管钱、管物、管审批工作人员以及违纪违法案件易发多发单位的教育。开展对《土地管理法》、《矿产资源法》、《基本农田保护条例》等内部业务法律法规的学习，使基层工作人员知法、懂法、守法，能充分利用法律正确行使职权。

（二）做好制度建设工作，加强监督制约，形成“不能腐败”的权力制约机制

一要健全行政审批和行政许可制度。积极推进国土资源行政审批制度改革和配套制度建设，完善审批程序和方式，取消与市场经济发展不相适应的各种审批事项，提高工作效能。建立和完善重大项目集体会审制度和政务公开制度，尤其是基层国土资源部门要将办事依据、收费标准、办事程序等信息公布于众，让群众享有充分的知情权，增强权力行使的透明度。完善行政执法责任制和评议考核制，制定行政效能投诉、行政过错责任追究办法，加强行政审批运行监督。二要建立和完善土地使用权招拍挂和矿业权出让制度。完善经营性土地使用权招拍挂出让制度，严格控制划拨用地和协议出让土地范围，推进经营性用地有偿使用制度。加大土地利用总体规划落实情况的监督检查，针对违法违规用地、闲置土地、买卖或非法转让土地、破坏耕地等行为要给予严厉打击，对相关责任人要严肃处理。全面整顿和规范矿产资源开发秩序，完善探矿权、采矿权招拍挂出让制度。运用“制度+科技”手段，全面推行信息化建设，将土地和矿产资源纳入公共资源交易平台，建立有形市场，推进土地和矿业权审批出让网上交易。加强各级单位和部门之间的衔接和沟通，避免出现管理“真空”，使腐败行为无空可钻。三要进一步完善财务管理制度，严格实行“收支两条线”。对资金来源、使用范围、用途标准、审核审批程序的权限与责任等方面进行规范管理。规范收费项目，杜绝乱收费和设立“小金库”，加强对土地开发整理、专项地质调查、地质灾害治理、矿产资源补偿费使用等各项专项资金的管理和监督。四要继续完善廉政风险防控机制建设。将重点岗位、关键环节设为廉政风险防控点，做到关口前移。五要成立省级国土资源部门巡视组，负责对贯彻落实中央、省和省厅重大政策措施执行情况的监督检查，对各级人民政府就土地、矿产违法行为进行专项督查，负责对各市、县局党风廉政建设责任制执行情况进行巡视。

（三）加大案件查处力度，健全反腐制度，创造“不敢腐败”的反腐法律环境

一要加强对县级国土资源部门领导班子的监督管理。通过对领导班子的管理，带动对基层干部的管理，最终达到整个系统的“风清气正”。各级国土资源部门的纪检监察机构要认真履行职责，加强监督检查，以查办滥用职权、贪污贿赂、腐化堕落、失职渎职案件为重点，严肃查处官商勾结、权钱交易和利用人事权、行政执法权、行政审批权索贿受贿、徇私舞弊案件，发挥查办案件的治本功能。二要发挥乡镇纪委的职能作用，加强对乡镇基层站所的廉政监督，有效地防止权力在基层失控的现象。三要强化对发案单位的教育管理。纪检监察机关在查处案件的同时，要“治标”更要“治本”，重视对发案单位的教育管理，帮助发案单位堵塞漏洞、解决问题、完善制度，推动建立和完善防治腐败的长效机制，努力从源头上遏制腐败现象的发生。四要健全、规范纪检监察办案制度。健全系统内联合办案、协同办案、交叉办案和案件移送、信息交流等制度。认真执行重大案件报告制度，使案件查办工作制度化、程序化、规范化。坚决纠正瞒案不报、有案不查、查之于宽、查之于软的现象，要敢于坚持原则，敢于动真碰硬，力求达到“查处一案，教育一片”的功效。

健全领导体制和工作机制　发挥惩治和预防腐败体系建设的基础性和协调性作用

内蒙古自治区国土资源厅

2008年以来，内蒙古国土资源厅党组始终高度重视惩防体系建设工作，紧密结合国土资源管理工作实际，扎实推进以完善惩治和预防腐败体系为重点的反腐倡廉建设，为自治区国土资源事业的健康发展提供了有力保证。在国土资源部党组和自治区党委、政府的正确领导下，在驻部纪检组监察局的正确指导下，按照标本兼治、综合治理、惩防并举、注重预防的工作方针，紧紧围绕国土资源中心工作，以党员干部为重点，以创新载体为抓手，以完善制度为保障，加强和改进廉政文化建设，统筹推进教育、制度、监督、改革、纠风、惩处工作协调发展，经过近五年的努力，具有国土资源部门特点的惩治和预防腐败体系基本框架初步形成，为深入推进惩防体系建设奠定了坚实基础。

一、始终保持了健全的领导体制和工作机制

在惩防体系建设中，内蒙古国土资源厅党组始终保持了健全的领导体制，建立了有效的工作机制，坚持把惩治与预防、教育与监督、深化改革与加强管理有机结合起来，在坚决惩治腐败的同时，更加注重治

本，更加注重预防，更加注重制度建设，做到了惩治和预防两手抓、两手都要硬。通过健全组织机构、明确责任分工、完善工作机制、加强监督检查，推动了各项工作任务的落实。厅党组书记、厅长负总责，主动履行第一责任人的职责，厅领导班子其他成员扎实履行职责，认真分析、研究和解决党风廉政建设工作中存在的困难和问题，积极抓好责任分管范围内的党风廉政建设和反腐败工作。厅机关各责任处室围绕牵头任务和协办任务的完成，积极工作，认真落实，形成了齐抓共管反腐倡廉建设的良好氛围。厅党组于2008年制定并实施《内蒙古自治区国土资源厅建立健全惩治和预防腐败体系2008—2012年工作规划实施细则》以来，每年都要围绕任务落实制定《惩防体系建设工作要点》和《党风廉政建设和反腐败工作任务分解意见》，明确分工，落实责任。同年，又制定了《全区国土资源系统党风廉政建设责任制考核办法》，把惩防体系建设情况纳入年度领导班子和领导干部目标管理体系，作为对领导班子和成员实绩考核评价的重要内容，并在每年的年度考核中，一并对各盟市国土资源局、厅属单位领导班子和领导干部推进惩防体系建设情况进行全面考核，促进了各项任务的落实。在反腐倡廉建设中，党组统一领导、党政齐抓共管、纪检部门组织协调、处室各负其责、依靠群众支持和参与的领导体制和工作机制不断健全完善，为进一步加强党风廉政建设和反腐败工作提供坚实的组织保障。

二、着力发挥教育、制度、监督的基础性作用

（一）加强教育，巩固思想道德防线。厅党组坚持把廉政教育纳入干部培训和党员专题教育年度计划，贯穿于干部的培养、选拔、管理、使用等各个方面。一是把处级党员领导干部作为教育重点，以树立正确的事业观、权力观、政绩观为主要内容，着重进行勤政廉政教育，采取专题讲座和学习交流等方式，累计培训党员干部31000多人次；二是法纪教育和警示教育并举。在党员干部中持续开展了党纪条规和法律法

规学习教育，在系统内开展了警示教育活动。三是围绕增强行政能力和提高服务水平，对各盟市、各旗县区国土资源局的领导干部和基层国土资源所的全体工作人员进行了集中培训，共计培训基层干部3500多人次。2008年，我厅还联合自治区党委组织部、宣传部等五部门，对全区各旗县区、苏木镇和嘎查村的主要领导干部进行了国土资源法律法规集中培训，共培训“三级”干部24960名。2012年4月至9月，以“保障发展，保护资源，创新服务，勤政廉政”为主题，在系统内外开展了《北国风·大地情》书画摄影作品征集活动，将优选出的作品在内蒙古展览馆向全社会进行集中展示，受到了社会各界的好评。通过一系列的宣传教育和培训活动，使系统内全体党员领导干部进一步认识到了反腐倡廉工作的紧迫性和重要性，增强了责任感和使命感，强化了廉洁从政的意识。

（二）完善制度，健全保障机制。2009年，按照自治区“惩防体系制度建设与相关改革推进年”的要求，我厅对系统内的工作规则、政务管理、事务管理、干部管理、廉政建设等五个方面的49项内部管理制度进行了集中修订和完善，对行政审批、行政确认、行政备案中的89项业务作了进一步规范，简化审批环节，完善审批程序，提高行政效能。2010年以来，着重研究制定了一批新制度：在国土资源市场建设方面，出台了《关于深化矿业权有偿使用制度改革培育和规范矿业权市场的意见》、《自治区土地储备交易机构监督管理办法（试行）》；在项目管理方面，出台了《自治区农村土地整治重大工程项目管理办法（试行）》、《内蒙古自治区土地整治项目资金管理办法》等；在人财物管理方面，出台了《自治区国土资源厅干部交流轮岗工作暂行规定》、《自治区国土资源厅内部审计管理办法（试行）》和《内蒙古自治区国土资源厅政府采购管理办法（试行）》等。基本形成了用制度管权、按制度办事、靠制度管人的有效工作机制。

（三）加强监督，完善制约机制。以信访、电话、网络为载体的群众监督体系进一步完善，建立了各级国土资源管理部门与人民群众直接沟通的网络渠道，调整充实了国土资源信访举报工作机构，从体制机制上保障了人民群众的批评、建议、控告、检举等权利。2009 年 8 月，组织 4 个督查组，采取互检互查和重点督查等方式，对各盟市国土资源局和部分厅属单位集中开展了“以落实党风廉政建设责任制，推进惩防体系建设”为主要内容的专项督查工作，达到了促进工作、相互学习、共同提高的目的；2011 年 9 月，结合“两整治一改革”专项行动，组织 4 个考核组，对各盟市国土资源局和部分厅属单位党风廉政建设等情况进行了全面考评，同时抽查了 15 个旗县区国土资源局；2012 年 6 月至 7 月，组织两个巡视组分别对所属六个盟市国土资源局领导班子和领导干部民主决策、廉洁从政等情况进行了巡视，同时延伸巡视了 6 个旗县区国土资源局，计划于 11 底前完成对两个厅属单位的巡视工作。

三、统筹推进改革、纠风、惩处工作协调发展

（一）深化改革，推进国土资源管理创新。一是完善了电子政务平台，组建了国土资源政务大厅。自 2009 年 8 月 15 日起，凡厅本级审核、审批和登记备案的报件及业务咨询等，一律实行网上报送、网上审批、统一受理、统一出口、限时办结，完成了全区“三级”网络、视频联调工作，集电子政务和网上审批、电子监察等为一体的电子政务平台在包头市国土资源局试点成功，为全面实施奠定了基础。二是完善项目管理，改革土地整理等项目管理方式。在项目资金安排方面，综合考虑耕地保有量、基本农田保护等因素，将新增建设用地有偿使用费会同财政部门全额度切块分配到盟市、旗县（区）；在项目施工招投标方面，将总投资 100 万元以上的土地整治和地质环境治理项目全部纳入自治区公开交易平台，统一实行比价招投标，进一步明确了自治区、盟市、旗县区“三级”国土资源部门的管理职责。三是加强中介机构管理，实行公开摇号选择评估机构。专门印发了《关于规范委托评估矿业权价款有关事项的通知》，自 2009 年起，将属于自治区出让、登记的矿业权，其矿

业权价款评估机构的选择，一律使用微机专用程序，采取公开报名、公开摇号、随机抽取的方式产生，避免了人为因素的干扰。

（二）提升效能，切实纠正损害群众利益的不正之风。按照“管行业必须管行风”的要求，扎实推进政风行风建设。2008 年 1 月，制定了《关于进一步加强农用地转用和土地征收审查报批工作的通知》，对单独选址建设项目用地、城市分批次建设用地和先行用地的审查报批等作了进一步规范；2009 年，制定了《内蒙古自治区国土资源厅防范违法用地警示约谈暂行办法》，对耕地保有量和基本农田保护面积低于责任目标，违法用地现象突出，造成严重后果的地方，就其负责人进行问责警示约谈，坚决遏制违法违规用地的反弹；2010 年 1 月，新的全区征地统一年产值和区片综合地价正式实施，促进了征地补偿标准稳中有升，有利于防止随意改变或降低征地补偿标准的行为，切实维护被征地农牧民的合法权益；自 2012 年 5 月 1 日起，对现有自治区本级行政审批、备案、登记事项的办理时限一律压缩三分之一，组建了行政效能督查领导小组和办公室，建立了审批、备案、登记事项月报制度。2008 年以来，每年都组织有关处室负责人做客自治区《行风热线》直播间，就耕地保护、征地补偿、地籍管理、维护权益等方面的问题与听众进行了在线互动交流，解疑释惑，宣传国土资源管理法律法规。

（三）加强信访举报工作，保持了查办案件的强力态势。2009 年，自治区、盟市、旗县区国土资源部门均设立了投诉举报电话“12336”，已累计受理群众举报 2306 件次，为了解基层动态、倾听群众呼声、及时发现并查处国土资源违纪违法案件，建立了一条方便、快捷的通道。2008 年以来，全区共立案查处土地违法案件 3782 件，涉及土地面积 30.0 万亩。共收缴罚没款 5.03 亿元；拆除构建物 253.54 万平方米；没收构建物 4536.64 万平方米；收回土地 143.52 公顷；复耕土地面积 605.89 亩；给予党政纪处分 508 人，移送司法机关追究刑事责任 103 人。立案查处矿产资源违法案件 2035 件，共收缴罚没款 1.61 亿元；没收违法所得 1281.8 万元；没收违法采出矿产品 1.05 万吨；对 17 名负有责任的人员给予党政纪处分。通过严肃查处各类违法案件，不仅有效保护了资源，也保障了经济发展对土地、矿产资源的需求。在纪检监察方面，累计受理信访举报案件 183 件，其中：上级交办或转办 89 件，自收 94 件；直接办理 47 件，交办或移送 136 件。为了维护党纪政纪的严肃性，预防和惩治腐败，对所有举报信件所反映的问题逐一进行认真梳理和甄别，按照信访举报件办理程序和干部管理权限，及时进行了办理。对个别比较典型案件，进行了重点督办，促使案件按时办结，办结率达到 96%。通过近几年努力，群众来信件数和来访人次呈逐步减少趋势。

四、“两整治一改革”工作取得明显成效

为深入贯彻落实中央纪委、最高人民检察院、监察部、国土资源部联合召开的深入开展国土资源领域腐败问题治理工作电视电话会议精神，按照国土资源部的统一部署，自 2010 年 9 月开始，在全区国土资源系统开展了“两整治一改革”专项行动。厅党组及时成立了领导机构和办事机构，通过制定实施方案、专题动员部署、召开专题会议、监督检查、考核验收等形式，切实做到了组织领导到位，思想认识到位，工作落实到位。期间，着重在全系统部署开展了廉政风险点排查工作，把违规违法审批土地和矿业权、违规发包项目和拨付资金等腐败易发高发的十个环节作为反腐倡廉工作的重点，在制度建设、行政职能、内部管理等方面进行了系统梳理，认真查找权力运行中存在的突出问题，采取“三层次、四查找”方式（领导班子、处室、工作人员；处室自己查、分管领导带头查、领导小组把关查、厅党组会议集体审查）反复查找廉政风险点，全系统累计排查廉政风险点 3324 个，相应制定廉政风险防控措施 7469 条，其中，厅本级共查各类风险点 42 个，制定防控措施 40 条。厅机关各处室结合“两整治一改革”和各自业务范畴，针对反腐倡廉工作面临的新情况、新问题，认真开展了调查研究和理论分析，共计形成了 39 篇调研报告和理论成果。

国土资源部门的“两整治一改革”工作得到了内蒙古党委、政府的高度关注，自治区党委常委、纪委书记张力同志多次作出重要批示，给予支持和鼓励，肯定内蒙古国土资源厅党组在“两整治一改革”工作中，高度重视，态度坚决，行动措施有力，取得了显著成绩。内蒙古纪委专门向全区纪检监察部门印发《通报》，全面介绍了“两整治一改革”工作情况。

五、今后五年工作建议

总体要求是：以邓小平理论、“三个代表”重要思想、科学发展观为指导，以落实党风廉政建设责任制和深入推进惩防体系建设为抓手，围绕中心，服务大局，按照标本兼治、综合治理、惩防并举、注重预防的工作方针，突出重点，创新载体，完善机制，深入推进教育、制度、监督、改革、纠风、惩处工作，进一步健全完善惩治和预防腐败体系，进一步营造风清气正、和谐稳定的发展环境，进一步增强保障和服务发展的能力，进一步提升国土资源部门的公信力和执行力，为国土资源事业的健康发展事业作出新的贡献。

（一）始终以科学发展观指导国土资源工作。坚持把全面贯彻落实科学发展观、构建和谐社会作为重要任务和责任，加强监督检查，保障科学发展观在国土资源系统的贯彻落实。紧紧围绕加强土地调控、矿产资源有偿使用和维护群众土地权益等一系列重大政策措施的落实情况，健全完善监督检查机制，坚决纠正违反基本农田保护政策、违反规划和产业政策、浪费资源等严重违背科学发展观的问题。正确处理好反腐倡廉建设与国土资源行政业务工作的关系，以发展的眼光和改革的思路推进党风廉政建设。

（二）始终把反腐倡廉建设放在突出位置。按照党要管党、从严治党的要求，进一步发挥好各级党组（党委）的责任主体作用，坚持把反腐倡廉建设纳入国土资源全局性工作中统一安排部署，及时研究解决党风廉政建设工作中的突出问题。健全完善反腐败领导体制和工作机制，不断巩固“一把手”负总责、一级抓一级、层层抓落实的局面，以更加坚决的态度、更加有力的措施推进反腐倡廉建设。按照“一岗双责”的要求，认真落实党风廉政建设责任制，科学分解责任、严格责任考核、严肃责任追究。

（三）进一步加强反腐倡廉宣传教育。要以党员领导干部为重点，深入开展党性党风党纪教育，同时面向系统内全体党员和全体干部职工深化反腐倡廉教育。继续深入开展党章和法纪学习教育、社会主义荣辱观教育、廉洁自律教育，筑牢拒腐防变的思想道德防线。紧紧围绕群众反映强烈的突出问题，狠抓政务公开、服务承诺的落实，规范办事程序，改进工作作风，提高办事效率，认真解决领导干部在思想作风、工作作风和学风等方面的突出问题。

（四）进一步加强反腐倡廉制度体系建设。以反腐倡廉制度体系建设为载体，深入推进以健全完善惩防体系为主要内容的反腐倡廉建设。紧紧围绕国土资源管理的工作规则、管理制度以及监督机制等方面，重点针对土地和矿业权出让领域，管权、管人、管财、管物、管事的关键环节，以深化改革和制度创新为动力，加强制度体系建设，真正形成用制度管权、按制度办事、靠制度管人的体制机制。加强对制度执行情况的监督检查，更好地维护制度的权威性，着力提高制度的执行力。

（五）进一步加强国土资源市场机制建设。按照“资源在市场中配置，权力在阳光下运行”的总体要求，逐步减少或取消资源配置中的双轨制，最大限度地发挥市场在资源配置中的基础性作用。进一步规范经营性土地使用权和非煤矿业权招拍挂出让工作，强化监督、市场准入和批后监管，加快工业用地出让的市场机制建设。加大监督检查力度，对违反招拍挂出让制度和有关规定的单位和个人，要严肃追究单位相关领导和有关人员的责任。

（六）坚决纠正损害群众利益的不正之风。认真执行中央和自治区维护群众合法利益一系列重大政策措施，进一步落实好征地告知、听证、确认和“两公告一登记”制度，严格落实征地统一年产值标准和区片综合地价，主动协调自治区有关部门不断完善征地补偿机制。认真执行土地利用规划和年度计划，严格新增建设用地审查，健全完善耕地保护和征地补偿安置责任制，加强对建设用地征收征用情况的监督检查，加大执法监察力度，开展对损害农牧民土地权益问题的集中整治，着力解决违规征地占用农牧民土地、草场及征地补偿安置不到位问题。

（七）进一步加强案件查办工作。坚持依法依纪办案，不断提高办案工作能力和水平。注重发挥纪检监察部门的组织协调作用，加强协作配合，完善有利于增强办案合力的工作机制。突出办案重点，着力查处严重侵害群众利益的案件。认真研究新形势下国土资源领域违纪违法案件发生的特点和规律，积极探索查办案件工作的有效途径和方法。进一步加强信访举报工作，充分发挥信访举报在查办案件中的主渠道作用，着力解决土地征收征用、矿产资源勘查开发中的重访和积案问题，不断提高案件查办工作的质量和水平。

（八）进一步加强纪检监察干部队伍建设。今后，我们将以更高的标准、更严的纪律要求自己，时刻牢记党和人民赋予的神圣职责，切实做到对党和国家无限忠诚，对广大干部群众关心爱护。按照建设“学习型纪检监察机关”的要求，深入钻研纪检监察业务，广泛了解和掌握各方面知识，着力提高服务保障科学发展的能力。切实加强对纪检监察干部队伍的管理，督促纪检监察干部严格遵守政治纪律、工作纪律、办案纪律、保密纪律和廉政纪律，团结拼搏，求真务实，锐意进取，扎实工作，牢固树立纪检监察干部“可亲、可信、可敬”的良好形象。

加强领导　狠抓落实
着力构建具有国土资源部门特点的
惩治和预防腐败体系

辽宁省国土资源厅

近几年来，辽宁省国土资源系统紧密围绕经济和社会发展的大局，按照国土资源部党组和省委省政府的要求，结合国土资源部门实际，创新思路，改进作风，认真履行职责，拓展工作领域，把惩防体系建设作为推进国土资源管理改革发展的政治保障。在工作内容上，从教育、制度、监督、改革、纠风、惩治等6个方面入手，努力筑牢党员干部拒腐防变的坚实防线，逐步形成了具有国土资源部门特点的惩防体系。在组织领导上，形成了党组统一领导，分管领导分工负责、纪检组组织协调的工作机制。在部署安排上，每年的系统工作会议与党风廉政建设会议同步召开，同步部署，形成齐抓共管的良好局面，促进了国土资源管理事业的健康有序发展。

一、加强领导，狠抓落实，着力构建具有国土资源部门特点的惩防体系

（一）把推进教育和作风建设作为惩防体系建设的基础工程。省厅

把廉政教育和作风建设作为国土资源惩防体系的基础工程，通过加强教育筑牢广大党员干部的思想防线，自觉把党风廉政建设的内在要求转化为党员干部的自觉行动。

一是坚持反腐倡廉培训常态化、制度化。组织党员干部认真学习中央、省历次重大会议和国土资源部党风廉政建设工作会议精神，全面掌握反腐倡廉建设的形势与任务。全省各级国土资源部门集中力量开展了对领导干部和负责审批、人事、资金、项目及执法监察等核心业务、重点岗位、关键环节工作人员的集中整训。共办理培训班 747 班次，培训人员 37877 人次。省厅设立了国土资源大讲堂，不定期邀请国内知名专家学者就依法行政、预防职务犯罪、廉政准则、反腐倡廉形势分析等内容通过视频向全系统开展宣传教育。组织开展“读书倡廉”征文活动，引导大家读廉书、思廉洁、促廉政。建立了廉政教育制度，规定干部任职前必须进行廉政谈话等。系统干部廉洁从政、依法行政的意识与能力不断增强。

二是强化以反腐倡廉典型案例为主要内容的警示教育。组织党员干部参观高检开展的“法制与责任——全国检察机关惩治和预防渎职侵权犯罪展览”；走进警示教育基地，听取国土资源系统服刑人员警示报告；组织观看《国土惩腐——罗亚平案》、《宋勇腐败案警示录》、《失德之害》、《苏联亡党亡国 20 年祭》等警示教育纪录片；组织学习国土部编写的《国土资源系统警示教育案例》。省厅每年都要总结全省系统内典型案例并进行通报，坚持用身边的人和事教育广大干部职工，要求大家必须引以为戒，进行认真反思，从中汲取深刻教训。

三是深入开展廉政文化进机关活动。在系统内开展了弘扬正气诗歌比赛；在厅网站开设了“两整治一改革”专项行动专栏；制作了党建和廉政文化展板；组织机关和事业单位党员干部参观了省直机关廉政文化展览；组织全省系统结合廉政风险点和风险防控措施编写模拟案例，拍摄成情景短剧，并组织全省系统干部观看。向国土部汇报推荐铁岭市局拍摄的廉政风险系列短剧，驻部纪检组组长王寿祥同志对教育活动方式和成果给予了充分的肯定。部纪检组监察局还将拍摄的短剧推荐到中央纪委参加电教片评选，并准备作为今后培训全国基层国土干部的形象化教材。

（二）把制度建设作为惩防体系建设的关键环节。省厅紧密结合国土资源工作实际，以改革创新为动力，以建立健全制度为重点，着力构建内容科学、程序严密、配套完备、有效管用的反腐倡廉制度体系，切实提高制度执行力、增强制度实效性，努力提升惩防体系建设科学化水平。

一是规范权力运行，保障依法行政。通过行政权力运行制度建设，清理规范全省系统行政权力，对每项权力逐一制作了运行流程图和公开表，做到权力公开，流程法定。各级国土资源部门都在政府网站和系统门户网站公开了行政权力目录和运行流程，建立了土地审批、矿业权审批会审制度。省厅积极推进行政权力网上运行，全省土地和矿业权审批以及建设用地预审实行省、市、县三级联网报批，坚持统一受理、接办分离、网上报批、联网审查、限时办结、结果公开，审批流程随时接受省行政电子监察系统监督。

二是构筑廉政风险防范体系。按照部党组关于建立健全国土资源管理廉政风险防控机制的指导意见，围绕廉政风险防控管理6大机制建设，认真梳理已有制度，建立完善新制度，基本做到了对廉政风险6个方面33项重点内容全覆盖。在系统内出台了项目资金、矿业权审批、执法监察等一系列落实责任、规范管理的文件，建立了15项工作专项统计分析制度。为强化以机关带系统，完善了厅机关工作规则、工作人员守则，专项招标、资产管理、过错追究办法；系统党风廉政建设规定、干部选拔任用办法、考核办法等25项制度。通过建立和完善制度，进一步强化了对廉政风险的防控。

（三）把加强监督作为惩防体系建设的重要举措。省厅积极探索加强对权力行使监督制约的有效措施和办法，保证权力依法、公开、透明运行，着力从源头上预防腐败。

一是加强对领导班子和领导干部的监督。认真落实领导干部民主生活会、述职述廉、任职和诫勉谈话等党内民主和党内监督制度，严格执行党员领导干部个人重大事项报告等廉洁自律制度。充分利用文件、会议、简报、通报、调研、谈话、公示栏、内网等形式，对党组决议决定及执行情况、思想建设方面、组织管理方面、领导班子建设情况、干部选任和管理、联系和服务党员群众、党风廉政建设等方面推行公开，及时公布党内信息，畅通党内信息上下互通渠道，落实党员的知情权、参与权、选举权、监督权。

二是加强对干部人事权的监督。厅党组不断完善选人用人机制，极大地调动了全体干部的工作积极性。严格规范干部队伍，省厅对挂靠厅属事业单位的企业全部进行了脱钩，对 173 名临时工全部清退，并要求各市对企业、土地储备机构等进行了全面清理。在系统内强力推进干部交流，省厅对垂管的 12 个市局局长进行了异地交流任职，对厅内的处级领导干部和重点岗位工作人员进行了大面积的调整交流。通过交流，充分调动了干部的工作积极性，各市委、市政府对国土系统市局局长交流给予了高度评价。在省厅带动下，按照“三年可以交流、五年应该交流、八年必须交流”的要求，各地都加大了干部轮岗交流力度。自开展“两整治一改革”专项行动以来，系统干部交流 1259 人次，班子成员分工调整 273 人次。

三是加强重大项目管理和资金使用监管。全省系统组织开展了“矿业秩序治理整顿年”活动，其中对矿山环境治理、地质灾害防治项目进行全面自查。要求各级国土资源主管部门要对矿山环境治理、地质灾害防治项目立项论证、审批、实施、竣工验收、工程质量和资金使用情况进行全面排查，综合运用建立项目台账、填报工作表格等措施，逐个项目、逐个环节把存在的问题实实在在地找出来，及时进行梳理分析，摸清存在问题的底数。省厅还对各市使用中央分成新增费安排土地整治项目进行了集中梳理和排查。为强化财务监管，全省统一开发推广大额资金监控系统，对大额资金管理、重大专项实施等重大经济活动实施在线全省监管。省厅和各市局均组建财务核算中心，对项目资金集中核算，统一管理，全部纳入部门预算。项目预算经财政、人大审核通过后，一律公开，接受监督。

（四）把深化改革作为惩防体系建设的重要内容。深化审批制度改革，力求简政放权；加快土地、矿业权市场建设，规范管理；改革管理方式，推进监管平台建设。

一是清理土地、矿权交易、审批和供给，保证了国土资源市场建设规范运作。按照部工作部署，对2007年至2010年土地招拍挂制度执行情况进行了全面清理。2011年，组织开展了批而未用土地清查，使165平方公里批而未用土地全部得到清理利用。通过清查，全省没有发现规避招拍挂、违反规定设置土地出让条件、领导干部违反规定插手干预土地使用权出让审批、擅自调整修改土地出让条件、土地出让信息不公开不对称、住宅容积率小于1、出让主体不合法、擅自改变保障性住房用地性质等问题，没有土地闲置情况。省厅与省监察厅联合开展了探矿权采矿权招标拍卖挂牌出让审批制度执行情况专项清理，对发现的问题及时采取措施进行了纠正和处理。通过清理，共注销过期勘查许可证121个，采矿许可证468个。

二是强力推进土地、矿业权网上交易平台建设。全省14个市级土地使用权网上交易平台全部建成开通，省级统一的矿业权网上交易与监管平台正在稳步推进。2010年8月，省厅与省监察厅联合下发《关于实行国有建设用地使用权网上交易的通知》（辽国土资发〔2010〕164号），要求全省14个市建立统一的市级国有建设用地使用权网上交易系统。经过一年多的努力，全省14个交易平台全部建成开通，作为全国矿业权网上交易建设试点单位，全省矿业权网上交易与监管系统正在加紧建设，软件开发已完成，硬件采购和场地装修均已完成招标采购。同时，认真评估总结国有建设用地使用权和矿业权出让网上交易试点工作，深入研究探索网上交易的技术方法、工作规范和建立土地、矿业权网上出让全过程监管方式，形成了网上交易工作调研报告和试点工作评估报告。

三是充分运用“制度＋科技”，构建廉政风险防控网。建立了集遥感影像、监测变化信息、土地利用现状图于一体的全省国土资源利用“一张图”和土地“批、征、供、用、补、查”综合电子信息监管平台，加大电子政务建设力度。针对社会广泛关注的土地、矿业权市场中的热点问题，集成各地审批结果、供应计划、交易情况和违法案件等信息，实现建设用地全程动态网上监管。完善了矿业权统一配号系统，逐步将矿产资源勘查开采纳入遥感监测范围，充分利用“一张图”管地、管矿，初步建立了“天上看、地上查、网上管”的国土资源综合监管体系。为探索廉政风险防控机制向基层一线延伸，我们在铁岭调兵山市国土资源局开展了国土资源电子政务综合监管平台建设试点工作。该综合监管平台以政务公开、行政权力运行、电子监察、绩效考核与民意反馈系统建设要求为依据，以实现阳光行政、依法行政为目标，集政务公开、办公自动化、政务查阅审批、数据存档、电子监察、民意反馈等功能为一体，基本实现了县（区）级国土资源主管部门收费、审批、行政处罚等职能全覆盖。目前该平台已开发完成试运行。

（五）把专项治理作为惩防体系建设的重要突破口。推动工程建设领域突出问题专项治理；扎实开展“两整治一改革”专项行动，反复深入查找廉政风险点，认真研究制定风险防范措施。根据部党组的要求，按照“分清工作职责、找准查准风险点、确定风险等级、制定防范措施”四个步骤，开展了省、市、县国土资源部门三级联动和各部门、各单位全方位排查。排查中，紧紧围绕行政权力运行流程，对土地和矿业权出让、土地计划指标分配、土地整治项目实施、地质勘查项目安排、重大资金收支管理、执法监察处罚裁量等行政权力部位进行了重点排查。全省系统共查找廉政风险点 9315 个，制定防范措施 17067 条，健全完善制度 1600 个。按照全省行政权力运行制度建设要求，又以行政权力运行流程为线对廉政风险点进行了重新排查和梳理，通过反复查找和深入分析，对每一个廉政风险点都制定了防范措施，对每一项行政权力都制作了廉政风险防范流程图。

按照省治理工程建设领域突出问题工作领导小组的部署和要求，在系统内组织开展了工程治理重点领域自查，并形成自查报告。积极推进辽宁省国土资源厅工程建设领域项目信息公开和诚信体系建设，制定了《辽宁省国土资源厅工程建设领域项目信息公开和诚信体系建设工作实施意见》和《辽宁省国土资源领域企业信用信息管理实施细则》，并积极协调组织落实，在省国土资源厅网站建立了工程建设项目信息公开专栏，有关信息按照规定及时进行公开。

（六）把惩处违法违纪行为作为惩防体系建设的重要手段。五年间，驻厅纪检组监察室共按时查办来信、来访及电话举报 134 件，自办案件能力不断增强。既严肃处理了违纪干部，又为一些同志澄清了是非。同时注重发挥查办案件治本功能，对近五年的案件情况进行整体分析，阶段性案件分类梳理，对罗亚平等典型案件进行重点剖析，倒查管理中存在的薄弱环节和部位。及时发现倾向性、苗头性问题和管理漏洞，以案明纪，以案示教，以案促防。

五年来，不断总结和探索，惩防体系建设工作取得了一定成绩，但有些问题依然突出，反腐任务仍然十分艰巨。一是思想认识还不够深刻，对易发多发的表面的问题关注度比较高，对深层次、隐性的问题深入研究探讨不够。二是工作力度还有待加强，特别是在结合业务工作推进惩防体系建设方面，还需要进行深入研究和大胆探索。三是监督力度还需加强。

二、适应新形势新任务要求，进一步推进全省国土资源系统惩治和预防腐败体系建设

一要进一步加强对中央和省委关于国土资源管理重大决策部署执行情况的监督检查。紧扣“十二五”时期国土资源管理的基本思路，持续推进“双保”工程，重点开展对中央关于耕地保护、执法监察和节约集

约用地等政策措施落实情况的监督检查。要结合全省国土资源工作实际，把促进转变经济发展方式监督检查工作摆在更加突出的位置，特别是对加强和改善宏观调控、保障性安居工程住房供地、土地和矿业权市场建设等事关国计民生的重点工作开展监督检查。要进一步强化执法监察，严格责任追究，严肃查处违法行为，坚决纠正有令不行、有禁不止行为，确保中央和省委关于国土资源管理重大决策部署落到实处。

二要全面落实中央和省委惩防体系建设工作规划明确的国土资源部门的牵头任务。积极推进国土资源管理廉政风险防控机制建设。全省各级国土资源部门要按照部党组关于廉政风险防控机制建设的指导意见，进一步健全完善市场配置、管理创新、行政权力监督制约、廉政风险预警、廉政风险教育和责任追究等六大机制，强化流程监管、节点控制、动态防控、制度规范，推进廉政风险防控管理常态化。

三要着力加强纪检监察队伍建设，提高纪检监察干部的综合素质。在对各县（区）充分调研的基础上，研究制定加强和改进全市国土资源纪检监察工作的意见。加大对各县（区）局纪检监察工作的指导、监督和检查。抓好纪检监察干部政治理论、业务知识和纪检监察工作方针政策学习，提高纪检监察干部的素质和能力。加强纪检监察组织建设，不断完善纪检监察的工作程序和业务流程，促进纪检监察工作的规范化、制度化。

四要继续加大查处违纪违法案件力度，加强纪检信访案件管理，充分发挥查办案件治本功能。要始终坚持从严治党的方针。各级党委要坚持原则、敢于碰硬，各级领导干部要率先垂范、以身作则，各级纪检监察机构要切实负起责任，有所作为，充分发挥职能作用。要认真做好纪检信访案件核实工作。以查实问题、澄清是非为原则，强化责任追究，对于那些违反政令，特别是有害于国土资源事业发展违纪违法行为要予以坚决制止，严肃处理。对于在管理和查办案件中发现的倾向性、苗头性问题，一定要敢说敢管，避免小错酿成大祸。对于纪检监察、检察院和审计机关提出的问题，我们必须认真对待，分清性质。特别对一些资金流向有明显错误的行为，一定要头脑清醒，采取断然措施加以整改，避免因工作不力而使国土干部深陷泥潭，走上犯罪道路。

回顾总结这些年反腐倡廉工作，在部党组领导下，国土资源系统党风廉政建设确实取得了阶段性成果，特别是经过“两整治一改革”活动，国土资源系统党员干部反腐倡廉意识有了很大提高，精神面貌有了很大改变。

加强制度建设
健全反腐倡廉法规制度体系

吉林省国土资源厅

2008年以来，在国土资源部和省委、省政府的正确领导下，吉林省国土资源厅按照中央和省委惩防体系建设总体部署，坚持“标本兼治、综合治理、惩防并举、注重预防”的方针，以制约和监督权力为核心，以制度建设为保障，以改革创新为动力，认真落实省委《实施办法》确定的工作任务，扎实推进惩防体系建设，各项工作都取得了较好成效。

一、以反腐倡廉教育为基础，努力强化领导干部廉洁从政意识

充分运用各种宣传教育手段，创新示范教育、警示教育、岗位廉政教育和主题教育形式，深入开展反腐倡廉宣传教育。

（一）加强宗旨教育。结合学习和实践科学发展观，以党员干部特别是以领导干部为重点，以立党为公、执政为民为目标，以树立正确的世界观、权力观为核心，通过中心组学习、“三会一课”等形式开展了经常性党性党纪党风教育。

（二）开展警示教育。充分发挥典型案件的教育作用，以省国土资

源系统重大受贿案件为例在全系统深入开展警示教育活动，用身边的事教育身边的人，增强了反腐倡廉教育的针对性，努力做到警钟长鸣。还组织系统领导干部，赴省纪委警示教育基地开展“廉政一日”教育活动，收到了较好的效果。

（三）深化岗位廉政教育。制定了《省国土资源厅开展岗位廉政教育实施方案》，先后邀请省纪委、监察厅、检察院、省委党校等部门的领导，进行党风廉政建设、预防职务犯罪等专题辅导。加强《廉政准则》学习宣传，组织厅机关副处级以上领导干部参加《廉政准则》知识测试和廉政教育测试。

（四）开展廉政教育集中整训。在长春举办了县级国土资源局主要领导廉洁从政教育集中整训班，围绕党风廉政教育、依法行政、社会管理创新等五个专题进行了系统培训。去年上半年，派送10名市州局主要领导，参加了国土资源部举办的集中整训班；今年6月，举办了“恪守职业道德，严格依法行政，预防职务犯罪”专题培训，各市州局分管教育培训的副局长和具体负责矿管、土地利用、项目、财务和执法监察等核心业务、重点岗位的负责人积极参加。选派7名市州局纪委书记参加了中纪委监察部举办的纪检监察培训班；通过廉政教育培训，切实增强了基层国土部门领导干部的党性修养和依法行政观念，提高了党员干部廉洁自律意识和拒腐防变能力。

（五）加强廉政文化建设。创刊《吉林省国土资源党风廉政建设简报》，加大宣传教育力度。在厅机关、厅直属单位、市州局和县市局四个层面挖掘和培育了一批勤政廉政、依法行政先进典型，并以树立先进典型为重点，以培育领导干部廉洁价值理念为根本，以廉政制度和规范建设为支撑，积极营造了崇廉尚廉的国土资源系统廉政文化氛围。

二、以完善制度建设为保障，不断健全反腐倡廉法规制度体系

制度建设是反腐倡廉的核心所在，是党风廉政建设的治本之举。以建立健全惩防体系各项制度为重点，加大反腐倡廉制度建设力度，不断健全反腐倡廉法规制度体系，努力从源头上预防腐败现象的发生。

（一）进一步加强制度建设。围绕国土资源市场配置机制、国土资源管理创新机制、行政权力监督制约机制、廉政风险预警防控机制、廉政风险教育机制和责任追究机制等六大机制建设，针对国土资源管理工作中存在的薄弱环节和突出问题，在加强领导干部监督管理、专项资金监管、行政执法监督、土地开发整理项目管理、矿业权交易管理等方面出台了一批制度，为强化行政权力运行监管提供了制度保障。同时，还对建厅以来所有规章制度和规范性文件进行了“立、改、废”，清理制度66项，保留24项，废止13项，修改40项，新增10项；清理规范性文件76件，保留49件，废止12件，修改4件，新增21件，确保了建章立制与时俱进。

（二）不断推进国土资源管理地方性法规建设进程。将廉政建设和反腐败要求作为国土资源管理法规建设的重要内容，通过建立和完善法规体系，在改进国土资源管理工作的同时，强化对行政权力的监督制约。组织起草并以省政府名义出台了《吉林省矿山地质环境治理恢复保证金管理办法》，修订了《吉林省地质灾害防治条例》。此外，为加强集体建设用地的管理，规范集体建设用地流转行为，积极开展了《吉林省集体建设用地使用权流转管理办法》立法调研。

（三）落实和完善反腐倡廉基本制度。认真落实《关于实行党风廉政建设责任制的规定》，制定了《吉林省国土资源厅关于党风廉政建设责任制的实施意见》、《吉林省市级国土资源局和省厅直属事业单位主要领导干部监督办法》、《吉林省国土资源厅领导干部廉政建设考核暂行办

法》、《吉林省市级国土资源局和省厅直属事业单位主要领导干部述廉工作办法》、《吉林省国土资源厅领导干部廉政建设责任追究办法》，严格执行《省国土资源厅党组决策重大事项议事规则》，落实“三重一大”事项的集体研究制度、领导干部民主生活会、述职述廉、任职和诫勉谈话及个人重大事项报告等党内监督制度。

（四）积极开展了制度廉洁性评估工作。对现行有效的66个涉及行政审批权、行政执法权、行政处罚权、人事权等规范性文件进行了全面清理，其中保留继续执行的规范性文件63个，需要修改完善的规范性文件3个，有力地促进了依法行政监督机制的完善。

三、以强化监督制约为核心，进一步健全权力运行监控机制

（一）突出监督重点，加大对“一把手”监督力度。针对“一把手”容易出问题的现象，去年以来，厅党组以“一把手”为重点，在加强对“一把手”行使权力、从政行为监督制约方面进行了有益探索，确定把加强对市州国土局和厅直属事业单位“一把手”的监督，作为对“一把手”监督的重点，制定下发了“四个办法”，细化完善了各项配套制度。为落实好监督办法，突出监督的实效，2011年9月，由驻厅纪检组监察室牵头，组成市州局主要领导党风廉政建设考核组，对四平和白山市局主要负责人的党风廉政建设及个人廉洁自律情况进行了全面考核。2012年6月，考核了辽源市局、规划设计院和征地中心，取得了良好成效。

（二）抓住关键环节，坚定不移地规范权力运行。加强行政执法监督，全面促进依法行政。在原有的案件巡查制度、督办制度、移送制度、廉政勤政制度等多项规章制度的基础上，制定下发了《制止和查处国土资源违法犯罪行为联席会议制度》、《国土资源领域违法违规案件公开通报和挂牌督办办法》等规范性文件。

（三）加强项目资金管理，确保资金安全运行。会同省财政厅先后

制定了《吉林省土地整治项目专项资金管理暂行办法》、《吉林省矿山地质环境治理专项资金管理办法》等资金管理制度，加强了对土地开发整理等专项资金的管理。

（四）加强重大项目监管，努力打造廉洁工程。为加强对土地整治项目各个环节的管理和监督，制定下发了《吉林省土地开发整理工程建设标准》、《吉林省土地开发整理项目设计变更管理暂行办法》等规范性文件。

（五）健全防控机制，扎实推进廉政风险防范管理工作。2010年初，根据省纪委的统一安排，在全系统开展了深入查找廉政风险点，廉政风险防范管理工作。全厅共找出厅领导班子及成员风险点66个，制定防控措施86项；找出单位风险点250个，制定防控措施188项；找出个人风险点532个，制定防控措施376项。在开展查找廉政风险点这项工作时，注意剖析已发生的省内国土系统案件，注意查找的针对性和时效性。在国土资源部“两整治一改革”廉政风险防范电视电话会议上，作了典型发言。为了把这项工作进一步落到实处，将查找的风险点、形成的制度，用“制度+科技”的电子政务作为落实的载体，收到了较好的效果。2010年，在通化市召开了全省国土资源系统廉政风险防范管理工作现场会，推广学习通化市国土资源局“制度+科技”的典型经验和做法，省纪委惩防办的负责同志出席会议并对我省国土资源系统廉政风险防范工作给予了充分肯定和高度评价，会后国土资源报以“把权力晒在阳光下”为题进行了专门报道。2012年4月，敦化市局在国土资源部全国国土资源系统基层廉政风险防控管理经验交流会上，介绍了开展基层廉政风险防控工作的经验，受到了部领导和与会代表的肯定。

四、以管理制度改革为动力，切实从源头上治理和预防腐败

一是深化行政审批制度改革。以土地和矿业权审批为重点，加大

简政放权力度。自2005年以来，省厅三次下放行政审批权限，行政审批项目由原来的48项减少到23项，精简了52%。推进征地制度改革、城市批次用地审批制度改革和建设用地审批制度改革。

二是推进“制度+科技”的阳光行政。运用“制度+科技”的有效做法，不断完善电子政务系统，将土地审批、矿业权审批、土地出让、矿业权交易等主要审批事项全部纳入网上运行和网络监管。通过建立和完善“远程申报、接办分离、网上审批、集体会审、纪检监察部门有效监控”的行政审批工作机制，实现了国土资源行政审批事项由政务大厅统一受理、接办分离、网上报批、联网审查、限时办结、结果公开。实行接办分离，市县远程报件，领取批文到政务大厅，不必与任何人联系，大大减少报批时间，提高了行政审批效率。

三是加快有形市场建设步伐。为推进矿业权管理的规范化，提高矿业权管理水平，加强廉政建设，组建了吉林省矿业权交易管理中心，建立了矿业权交易管理制度，如《矿业权交易管理暂行办法（试行）》。同时，强化对矿业权有形市场的指导和监管，下发了《关于建立健全市级矿业权有形市场的意见》，市级矿业权有形市场已初步建立。此外，大力推进土地和矿业权互联网上交易系统建设，省级矿业权互联网上交易系统在2012年已经启动，长春市已建成并成功运行土地使用权互联网上交易系统。土地及矿业权有形市场的建设，更好地发挥了市场在资源配置上的基础性作用，进一步规范了土地和矿业权市场的交易行为，切实提高了交易的规范性、公平性。

四是大力推进干部人事制度改革。为加大队伍建设和反腐倡廉建设的力度，根据实际情况，提出正副处长任职3年、审批岗位上的人员任职3年、非审批岗位的人员任职5年的，必须交流。制定下发了《吉林省国土资源厅公务员交流轮岗暂行办法》、《吉林省国土资源厅干部轮岗交流实施意见》。2010—2011年，系统内交流轮岗242人，其中处级46人，主任科员及以下196人；跨部门交流轮岗25人，其中厅局级2人，处级6人，主任科员及以下17人；跨地区交流轮岗2人，处级1

人，主任科员及以下1人。2011年，省厅在以往干部交流工作的基础上，与省委组织部成立联合调研组对全省国土资源系统的干部管理现状进行了调研，今年1月联合下发了《关于市县两级国土资源管理部门领导班子成员集中交流的通知》，采用“异地交流、跨部门交流、上下级部门之间交流、本班子内部职务调整交流、改任非领导职务”五种交流方式，对符合五种交流条件的全省各市州、县市国土资源局领导班子成员进行了全面交流，也是省国土系统（包括合并前的土地、地矿系统）历史上范围最广、人数最多、力度最大的一次交流。

在惩防体系建设上，仍然存在一些问题和薄弱环节：如个别地方党风廉政建设责任制落实不到位；个别党员干部违法违纪问题仍时有发生；权力制衡的监督制约机制不尽完善，等等。这些问题都需要在今后工作中进一步研究和解决。

突出“六抓” 推进国土资源反腐倡廉工作

黑龙江省国土资源厅

2008 年以来，省厅认真贯彻落实中共中央《建立健全惩治和预防腐败体系 2008—2012 年工作规划》，坚持标本兼治、综合治理、惩防并举、注重预防的方针，把反腐倡廉建设摆在更加突出的位置，加强领导，明确责任，突出重点，扎实推进，全系统党风廉政建设和反腐败斗争取得明显成效，反腐倡廉建设科学化水平进一步提高，为国土资源事业健康发展提供了有力保障。

一、主要做法

（一）抓反腐倡廉教育。坚持把理想信念、思想道德和纪律教育贯穿于日常工作之中，筑牢党员干部拒腐防变的思想防线。五年来，结合开展深入学习实践科学发展观活动、贯彻执行《党内监督条例》、学习贯彻《廉政准则》和开展机关廉政文化建设活动，全系统深入开展了党性党风党纪教育和廉政教育，突出抓好以领导干部为重点的反腐倡廉教育，通过专题学习、办培训班、正面引导、案例警示等形式，强化党员干部依法行政和廉洁自律意识。2010 年，作为省直机关“廉政文化进机关”活动试点单位，组织机关干部读廉政书、看廉政片、听廉政课、写廉政文，组织开展反腐倡廉书法绘画摄影作品展，将优秀作品在一楼大厅展出，使大家在潜移默化中受到熏陶和教育；大力宣传身边典型的先进事迹，为大家提供鲜活的教材，让教育更直接、更生动、更有说服力。2011 年以来，每年对全系统处级以上干部普遍开展一次约谈。在每个机关工作人员计算机上都设置了廉政教育内容，并定期更新，使大家能够一边工作，一边强化廉政意识。积极构建“大宣教”格局，驻厅纪检监察室与人事教育、宣传、干部培训等部门密切配合，形成合力。

（二）抓制度建设。结合贯彻落实依法行政五年规划、“五五”普法和开展“制度建设年”活动，积极做好制度建设“立、改、废”工作。2009 年，厅党组制定下发了《关于印发〈黑龙江省国土资源厅规范权力运行制度汇编（试行）〉的通知》（黑国土资党发〔2009〕1 号），《汇编》对国土资源管理部门重要岗位和关键环节进行了权力分解，制定规范权力运行制度 42 项。其中，行政审批、行政许可、行政处罚等行政权力方面的制度 38 项，处务会、专家评审、监督检查、责任追究等方面的配套制度 4 项，实现了办事依据、办事内容（要件）、办事标准、办事环节、办事流程、办事结果公开、透明。2010 年，厅党组制定下发了《关于印发〈黑龙江省国土资源厅规范权力运行制度汇编〉的通知》（黑国土资党发〔2010〕49 号），在 2009 年基础上，进一步对厅规范权力运行制度做了修改和完善。制定下发了《贯彻落实干部选拔任用工作四项监督制度的实施办法》（黑国土资党发〔2010〕70 号）。2008 年以来，采取全系统民主推荐、竞争上岗等方式选拔任用了 188 名处级领导干部，推动了干部选拔任用的科学化、规范化，有效地调动了干部职工干事创业的工作热情。2011 年以来，在全系统大力开展廉政风险防控机制建设工作，目前，已基本建立“六大机制”框架体系。例如，凡涉及到重大工程项目建设、大额资金使用等重要事项，都坚持由厅党组会议或厅务会集体讨论决定，对重大工程资金的使用履行申报省政府审批程序。健全完善了领导干部述职述廉、诫勉谈话、函询、质询、罢免或撤换和领导干部问责、廉政承诺制度；健全完善了党员领导干部报告个人有关事项制度；进一步完善了新任领导干部廉政谈话、对主要领导干部任期的经济责任审计制度，等等。同时，狠抓制度落实，突出加强对“三重一大”决策制度执行情况、工程项目招投标实施过程和财务预算执行情况的监督检查，促进领导班子和领导干部不断提高严格执行制度的自觉性；加强对开展“小金库”专项治理工作的监督检查，确保了清查全面、整改到位。加强对领导干部作风建设情况的监督检查，根据厅党组《关于建立党风廉政建设谈话制度的暂行办法》，对带有倾向性、苗头性问题和群众有反映的领导干部及时进行诫勉谈话，做到早敲警钟，防微杜渐。2008 年以来，全系统共进行诫勉谈话 35 人次。通过不断加大监督检查力度，切实做到有权即有责、行权讲规范、违规用权受追究，有效地维护了制度的严肃性，确保了政令畅通和行政权力规范运行。

（三）抓改革创新。坚持把政务公开、管理创新作为规范权力运行的重要载体和平台，2008 年，在省直单位率先成立省国土资源厅政务中心，严格实行接办分离、网上报批、联网审查、集体会审、限时办结、结果公开。目前，已将土地规划、耕地保护、矿产资源开发管理等 16 项行政许可(审批）事项纳入大厅申报；省级农用地转用及土地征收、建设用地预审、矿业权管理等三项业务实现了电子申报、网上审批；全省 162 个市、县（区）级国土资源门户网站全部开通，实现了部、省、市、县四级国土资源业务专网连接；健全完善了一次性告知制度、限时办结制度、行政效能监督制度和优质服务承诺制度，健全完善了首问负责制度、审批角色 AB 岗制度和意见反馈制度。主动放权让利，将土地整治项目的建设与管理权交给地方政府，建立了“两权分离”的新的管理体制。深入推进行政审批制度改革，将行政许可、非行政许可审批事项由过去的 72 项减少到 31 项，用地报件由 35 件减少到 10 件，项目用地审批时间缩短到 20 天。在全省公路三年决战、铁路、水利等基础设施项目等各类项目建设中，改进单独选址用地报批方式，实行一次性告知，将单独选址项目用地报件由 10 件减少到 8 件，缩短报批时间。五年来，通过扎实推进改革创新，一方面，提高了工作透明度，增强了各部门的工作主动性和自觉性，实现了项目审批快速、简捷、高效；另一方面，有效规范了行政行为，防止了暗箱操作。

（四）抓专项治理。深入开展工程建设领域突出问题专项治理。对2008年以来政府投资和使用国有资金规模以上建设项目中，土地、矿业权审批出让情况进行拉网式排查清理，做到边查边改、整改到位。严肃查处非法批地、低价出让土地、擅自改变土地用途、违规征地拆迁，以及违法违规审批和出让探矿权采矿权的案件，2008年以来，全省立案查处土地违法案件4068件，涉地面积6827.58公顷，拆除、没收建筑物565万平方米，收缴罚没款27031.83万元；查处矿产违法案件1120件，收缴罚没款4895.30万元。给予141人党纪政纪处分，追究刑事责任31人。通过严格监管、严肃执法，促进了土地和矿业市场秩序进一步好转。扎实推进“两整治一改革”专项行动。突出重点整治、落实整改、完善制度等关键环节，进一步深化土地有偿使用制度和探矿权、采矿权有偿使用制度改革，完善经营性用地招标拍卖挂牌出让制度，规范国有建设用地使用权出让程序，加快土地和矿业权交易有形市场建设，经营性用地全部实行竞价出让，全省经营性用地连续多年招拍挂比率达到100%；探矿权、采矿权有偿使用制度进一步完善。全省各市县全部建立了土地交易机构，建立了统一可比的全省基准地价体系，省、市、县三级全部建立了土地收储机构；全省市地级以上城市按照部里要求均已建立矿业权交易机构，建立完善了矿业权退出机制。同时，切实加大“小金库”的清理力度，认真组织自查，确保了自查面和重点检查单位达到100%。对自查和重点检查中发现的问题，有针对性地制定整改措施，落实整改责任，明确整改时限，确保资金资产处理到位，违纪责任人处理到位。认真开展了公务用车问题专项治理工作。通过前期的不懈努力，全系统专项治理工作行动快、力度大，并取得阶段成果。

（五）抓政风行风建设。五年来，全系统坚持把政风、行风建设作为加强作风建设，树立部门良好形象的一项系统工程来抓。围绕服务全省经济发展，进一步改进服务方式，坚持“走出去”，深入基层和一线超前介入、跟踪服务。坚持把群众的满意度作为评价行业作风的标准，千方百计为群众办实事、做好事、解难事，自2009年起在全省范围内征收土地的补偿标准执行被征收土地所在行政区的征地区片综合地价，2010年全省统一对区片价进行了重新测算和调整，新的区片价于2011年1月1日起正式实施，与调整前相比，各地区片数和区片价等级更加趋于合理，区片划分更符合实际，区片价水平普遍上调了20%—30%。认真接待群众来信来访，通过做耐心细致的思想工作，引导帮助当事人依法解决纠纷，使一大批信访突出问题得到了妥善解决。2010年，及时解决了省政府交办的10余件重大土地争议问题，有效维护了土地权属者的合法权益和社会稳定。省厅每年在参加省“行风热线”节目直播期间，围绕国土资源管理热点问题，认真进行政策解读，群众通过电话和短信反映的涉及国土部门的问题，全部得到妥善处理，赢得了社会各界的一致好评。系统行风政风建设取得了连续三年优胜的优异成绩。2011年，省厅被省委、省政府授予全省推进“八大经济区”和“十大工程”建设突出贡献单位称号。

（六）抓违纪违法案件查处。坚持把查办案件，严肃处理国土资源部门工作人员不廉洁行为作为推进惩治和预防腐败体系建设的一项重要任务，贯穿于全过程。五年来，驻厅纪检组直接受理信访举报126件，做到了查处不手软、不护短。同时开展以案说法，对全系统干部起到了良好的警示教育效果。在此基础上，有针对性地制定防范整改措施，切实加强管理，规范行政行为，推动了反腐倡廉长效机制建设。

二、对推进惩防体系建设的建议

（一）进一步增强工作的责任感和紧迫感。要进一步加强组织领导，落实工作责任，健全工作机制，强化监督检查，使广大干部充分认识建立健全惩治和预防腐败体系的重要性、紧迫性，切实增强工作的自觉性和主动性，切实抓好各项任务的落实。

（二）进一步完善规范权力运行的制度体系。要进一步健全完善各项制度和措施，加快推进国土资源管理改革步伐，加快推进政务公开，充分发挥“制度+科技”的作用，保障国土资源管理公开、规范、高效。对已经出台但根据形势发展需要进一步完善的制度，要抓紧修订完善；对需要制定实施细则和结合工作实际还需要制定出台的新制度，要认真研究，抓紧制定，努力形成反腐倡廉制度相互支撑、相互配套的体系。

（三）进一步提高制度的执行力和执行效果。要研究制定有效的保障措施，确保制度的执行落实，形成用制度管权、按制度管事、靠制度管人的有效机制。要加强对制度执行情况的监督检查，通过严肃工作纪律、严格责任追究，提高制度的严肃性和权威性，进一步促进制度落实。

强化廉政风险防范　促进保护资源保障发展工作任务的落实

上海市规划和国土资源管理局

2008年以来，市局按照国土资源部党组和市委、市纪委的工作部署，以贯彻党风廉政建设责任制为抓手，以“机构改革、规土合一、流程再造”为契机，以深化行政审批制度改革为突破口，积极探索建立“制度＋科技”的监管机制，大力推进制度创新和管理创新，着力提高审批效能，强化廉政风险防范，促进了保护资源、保障发展工作任务的落实，促进规划国土资源事业健康发展。

一、深化改革，进一步推进国土资源管理创新

针对核心业务、关键环节、重点岗位的廉政风险和失职渎职风险，及时进行信息采集、分析、反馈、预警，进一步健全和完善相关制度，加强督促检查，努力运用“制度＋科技”的手段，加强管理创新，建立健全预防腐败长效机制。

（一）以信息化为支撑，不断创新管理运行模式。在规划和国土资源管理机构整合中，我们按照建立以“一张图”为基础的管理新格局的目标，加快建设以现代信息技术为支撑的综合管理平台，建立起了“横

向到边、纵向到底”的规划和国土资源管理要素数据库，重点完成了规划、土地、地矿等各类基础数据、管控数据以及业务数据的整理、入库，使全市统一数据底版不但涵盖了整个规划国土资源行业的最小管理单元，也沉淀了各业务系统管理的数据，架构起一个覆盖地下、地表、地上的“数字城市”，形成了“一个平台、三条主线、三个层面、两个要素”的“1332”管理新模式。“一个平台”，即以规范管理为核心，以提高行政效能为目标，着力构建全市统一且覆盖地表、地下、地上的规划国土资源管理平台，全市规划国土资源管理的各项业务必须在这个平台上运行。“三条主线”，即按照加快建立决策、执行、监督相制约和相协调的行政管理格局的要求，实行管理、办理和监督“三分离”的工作制度。“三个层面”，即建立市局、区（县）局、乡镇基层管理机构的三级管理体系。市局重在政策设计制定和监管，区县局重在组织协调和推进，乡镇基层规划土地管理所具体负责操作落实。“两个要素”，即所有的业务数据信息必须“落地”，所有的业务数据信息必须建立动态更新机制。“1332”管理系统已成为市局日常监管、行政审批、执法监察、应急处置、辅助决策的重要依据和技术支撑，从而推进管理精细化和管理水平的不断提升。

（二）深化审批制度改革，从源头上规范权力运行。市局把落实行政审批制度改革与发挥规划土地管理整合优势、加快推进流程再造和管理创新的目标任务结合起来，积极稳妥地推进审批制度改革。一是制定标准化审批手册。按照“统一专业底板、统一受理口径、统一审查内容、统一审批时限、统一文档模版”的要求，全面梳理了规划、土地、地矿等各项行政审批和许可事项的标准化业务流程，形成标准化、格式化的行政审批手册。二是努力提高审批效率。按照“能并不串、能合不分、依法合规、公开透明”的原则，通过减少审批环节，简化审批报件，优化审批流程，一般审批项目压缩了5—10天办理时间，并取消和归并部分收费项目。三是减少自由裁量权。规范了“合并受理、合并审批、并联审批、前置征询”等四种审批模式，通过固化审批内容和审批条件，减少自由裁量权，提高审批效率和审批的客观公正性。将土地利用总体规划和城市总体规划“两规合一”成果纳入登记系统，划定“建设用地控制线、工业用地控制线、基本农田控制线”，在审批时，锁定各条控制线，严格实施“机器管人”，最大限度地减少人为因素干扰，屏蔽了不规范的行政管理审批行为和不合理的审批结果，达到了从源头治理预防腐败的目的。

（三）进一步加强反腐倡廉制度建设。近年来，我局坚持把建立健全惩防体系的各项制度作为重点，把完善国土资源管理制度和推进反腐倡廉制度结合起来，全面查找制度和管理上的薄弱环节，进一步建立和完善相关制度和规定，构建惩治和预防腐败的长效机制。一是局党组制定并印发了《关于对局系统各单位及其工作人员收受的礼金礼券购物卡实行上交登记管理的办法》，进一步明确了工作规范和要求。二是制定了《市规划国土资源局贯彻〈关于实行党风廉政建设责任制的规定〉的实施办法》及考核细则，进一步完善党风廉政建设责任机制。三是根据每年度《市党风廉政建设和反腐败工作分工》，制定《市规土局党风廉政建设和反腐败工作任务分工》，按照“一岗双责”工作要求，把廉政风险防控责任层层分解，压力逐级传递。四是制定了《局系统领导班子贯彻落实“三重一大”集体决策制度实施情况报表》，及时规范重大事项实行科学民主决策。五是制订了《局内部审计制度》和《局机关资金管理办法（试行)》，监督检查财政预算和大额资金的使用。六是制定了《上海市规划和国土资源管理局关于规范公务员离职后从业行为的实施意见》，进一步规范公务员离职后的从业行为。这些制度的建立，进一步完善了对核心业务、关键岗位和重点环节运行的监督制约。

二、以风险防控为目标，积极开展廉政风险防控机制建设

（一）积极推进廉政风险防控管理

1. 加强领导，精心组织。2010 年 11 月，国土资源部党组印发《关于开展“两整治一改革”专项行动的通知》，市局专门成立了治理工作领导小组，下设办公室，明确工作职责、工作内容和工作要求，并结合实际，研究制定了局系统开展廉政风险防控管理的工作实施方案，召开工作动员大会，将专项工作与党风廉政建设工作一起动员部署，明确了开展廉政风险防控管理工作的指导思想、目标任务、方法步骤，认真推进工作落实。

2. 明确重点，积极推进。按照岗位全查找、业务全覆盖的原则，明确了风险查找的重点部门和单位：一是有行政审批、行政执法、资金管理、人事管理的相关部门和单位；二是曾经发生过违规违纪案件的岗位；三是群众反映大、信访件多、办事对象反映问题集中的部门和岗位。市局机关各处室围绕关键环节和重点岗位，认真查找在思想道德、制度机制、岗位职责以及业务流程、外部环境等方面可能发生腐败行为的风险点，局属各单位重点围绕“三重一大”事项查找风险点。截至 2011 年 3 月，机关各处室、局属各单位全面完成了廉政风险点排查工作，共排查出廉政风险点 175 个，并按照防范措施要有针对性、可行性、操作性、前瞻性的工作要求，完成防控措施的制定和风险防控流程图的绘制，把廉政风险防控措施和责任落实到岗、落实到人。

3. 结合实际，深入基层。全市各区县规土局按照国土部“两整治一改革”工作要求和区委、区政府廉政风险防控工作部署，以“找、防、控”为抓手，立足于防范在前、预防为主，在做好廉政风险点查找、分析、识别工作的基础上，完善工作流程、强化警示教育、优化防控措施，将制度执行融于对权力运行的流程控制和监督之中，逐步建立权力

运行的有效监控机制，积极预防潜在的廉政风险。闵行规土局在开展廉政风险防控机制建设上，形成动态完善和定期检查的做法，在全系统进行了工作交流和经验推广。动态完善，即各岗位人员有变动时，在15个工作日内重新签订廉政风险防范承诺和措施；各部门职责和岗位有变动时，在30个工作日内重新查找廉政风险点，并制定相应的廉政风险防范措施，在一定范围内公示。定期检查，即各岗位人员每季度末对本岗位廉政风险防控工作进行一次自查，各部门负责人每季度末对本部门各岗位人员廉政风险防控工作进行一次检查，各部门分管领导每半年对所分管部门及负责人的廉政风险防控工作进行一次检查，每年末监察室结合党风廉政建设检查对各部门、各岗位人员廉政风险防控工作进行一次考核检查。

（二）进一步规范土地和矿业权交易市场建设

1. 深入推进土地交易市场规范化建设。上海市土地交易市场于2008年3月成立以来，经过几年努力，已基本建成公开透明、规范严格、方便高效的土地统一交易平台，并不断在制度完善、管理提效、服务优化等方面进行探索与创新，努力打造阳光审批平台。一是发挥土地交易市场统一平台在土地供应结构、时序和布局上的“入市按钮”作用。通过全市平衡、适度调控，有推有压，实现了宏观调控下，上海土地市场健康平稳高效的运行目标。二是创新工业用地出让，配合上海产业结构调整。在坚持用地招拍挂的基础上，创新研究工业用地供应和管理措施，及时梳理并制定了带产业项目出让的工作流程，制订了工业用地出让业务操作要点。三是做好用地预申请工作。出台了《上海市国有建设用地使用权出让预申请试行办法》，明确了预申请的权利、义务和操作流程等环节，着眼于信息及时披露、稳定市场预期、缩短审批时限，提高了市场化配置效率。通过推进“批项目，核土地”制度，严禁将土地利用计划指标安排用于不符合本市产业发展政策和低水平重复建设项目。四是进一步规范土地出让行为。完善了当场签订出让合同制度，加强对合同签订、开竣工日期及出让金缴付情况的专项检查，健全住宅用地出让管理机制，严格规范住宅用地出让规模和底价，严格住宅用地出让条件和出让合同、出让金缴付管理。五是建立土地交易监测预警体系。通过“入市前形势判读、公告前预警提醒、交易前预测分析、成交后情况反馈”，初步形成了土地交易全程监测、预警运行模式。

2. 加快推进矿业权统一交易平台和监管制度。根据《国土资源部关于建立健全矿业权有形市场的通知》（国土资发〔2010〕145号）精神，我局及时在上海市土地交易事务中心内部增设了上海市矿业权交易市场。区(县) 不再建立矿业权交易机构。局矿管处会同局土地交易中心、局信息中心，结合部已出台的矿业权交易规则以及上海的实际，正在抓紧开发矿业权交易信息系统，目前已完成用户需求，交易流程和相关格式文本的梳理工作，计划2012年11月底前完成系统开发并运行。同时，为推进本市矿业权市场体系建设，规范本市矿业权交易行为，确保矿业权市场交易公开、公平、公正，结合本市实际，市局制定并出台了《上海市矿业权交易市场管理办法》。该“办法”明确了矿业权交易管理部门和交易机构的主要职责、交易原则、出让转让条件、交易形式、交易程序、交易合同、交易鉴证、矿业权登记、信息公示公开、交易暂停、交易终止以及法律责任等。

三、加强监督检查，及时发现和制止各类廉政问题

（一）加强审批事项监管。利用信息化技术手段，积极探索将廉政风险纳入行政审批在线监管系统，通过选取审批事项中的重要环节，设定关键指标，进行实时监测，从而对管理行为中可能存在的问题设置预警、分类处置、及时反馈，形成有重点、有策略、有时效的监督。

（二）强化出让后合同监管。针对合同签约、价款缴付、土地交付、开发期建设四个重要阶段，建立以预报预警、巡核抽查、协同处置三大机制为核心，有土地利用、交易、执法、监督和建设管理等部门联网共建的资源共享、分工互补的联检机制和信息平台，强化合同履约监管力

度。同时建立受让人诚信档案，并与土地交易系统衔接，用自动化手段严禁违约受让人继续参加本市土地交易活动，营造公正、守信、健康和谐的交易环境。

（三）加强审计监督。不断加强对事业单位审计监督，以监督强管理促规范。每年度对局属12个事业单位组织开展年度财务审计，并对任期满三年的单位主要领导开展经济责任审计。同时，根据需要开展专项审计，2011年根据上级要求，对局属6个事业单位领导班子成员工资收入情况开展专项审计。对审计中发现的问题及时督促整改，并组织开展审计回访，确保审计整改落实到位。

四、突出重点岗位，进一步强化廉洁从政教育管理

（一）大力开展廉政警示教育。近年来，我局以贯彻《廉政准则》为抓手，重点围绕“六个一”活动，深化党风廉政教育，促进廉政文化建设，形成以廉为荣的良好氛围。“六个一”活动主要内容为：每年度局主要领导至少上一次廉政党课；为支部征订一本廉政刊物，向新提任领导干部赠送一本廉政书籍；对新提任的领导干部开展一次集体廉政谈话；每个季度播放一次廉政警示教育片；组织处以上干部参观一次廉政教育基地；邀请专家开展一次预防职务犯罪讲座等活动。同时，积极组织党员干部结合党课、讲座和案例，以组织生活会形式，开展学习讨论，增强廉洁自律意识。

（二）在局系统集中开展专题培训。针对基层领导干部和管审批、人事、资金、项目和执法监察等核心业务、重点岗位、关键环节工作人员，市局每年都分层次进行依法行政等专题集中培训。同时，按照市纪委要求，我们把反腐倡廉教育纳入党校教学计划，根据不同班次、学制和学员特点合理设置专题，在各主体班次重点开设廉政法规、党风党纪、预防职务犯罪、案例警示等反腐倡廉教育相关课程。2008年以来，局人事处会同局干部学校，聘请专家学者授课，先后对市局、区县局、

乡镇规土所、局属事业单位有关领导干部和关键岗位人员，分层次开展依法行政、合同监管、征地房屋补偿、农村集体土地所有权调查、土地登记等124批次的培训，共有17924人次参加，有力地提高了基层领导干部和工作人员依法行政的能力。

五、认真信访查案，严格查处违纪违法行为

局纪检监察部门按照信访工作“分级负责、归口管理”的原则，强化信访职能，规范信访办理，加强案件的查办工作。2008年以来，共受理群众信访举报131件。按信访来源分类：国土部纪检组转办27件，市委、市政府信访办转办11件，市纪委转办46件，本级自收信访件47件。按信访性质分类：检举控告类65件（重复来信17件），纪检业务范围外66件。根据《信访条例》分级受理原则，66件业务范围外的信访中，转局信访办或各区县纪委办理；其余65件检控类信访件由局监察室直接办理或交局属事业单位党组织、纪检部门办理。按照信访工作“件件有回音，事事有结果”的要求，已按期全部办结，办结率100%。

六、不断完善干部选拔任用机制，大力促进引导干部勤政廉政

（一）落实干部轮岗交流制度。按照部党组提出的“三年可以交流，五年应该交流，八年必须交流”的要求，为从根本上增强干部队伍活力，提高工作效率，促进勤政廉政建设，我局把干部轮岗交流作为制度性工作确定下来，明确了干部轮岗交流的对象、范围、方式、程序和措施。2008年11月，本市规划国土资源局成立以来，全市规划国土资源局系统之间轮岗交流的干部有46名，其中局级2名、处级25名、主任科员以下19名；另外还有8名干部为规土系统之外的跨部门交流轮岗。

（二）完善干部选拔任用机制。市局党组严格执行《党政领导干部选拔任用工作条例》，通过近年来的探索实践，建立了一套完善的干部选拔任用制度，主要包括：公开选拔和竞争上岗制度、公开选拔领导干部考试实施办法、面试实施办法、民主推荐和考察任命实施办法等，进一步完善了任前公示、任职试用、考察预告制度，从而增强了群众的知情权、参与权、选择权和监督权的透明度，完善了选拔任用干部的程序和制度，将干部选拔任用工作置于群众监督之下。

为创新干部选拔任用机制，2012 年 5 月份，对 8 个副处级领导干部在局系统进行了“公开选拔、竞争上岗”。通过报名、资格审查、笔试、面试、考察、讨论决定、任职等程序后，最终有 7 名干部走上了副处级领导岗位。此次在局系统“公开选拔、竞争上岗”工作中，市局专门成立了领导小组，局党政主要领导担任组长。在具体操作过程中，严格按照条例的规定和程序，严把“五关”。即：一是严把资格审查关，不符合报名资格的一律不得报名。全系统共有 95 人次报名，经过人事、监察部门的资格审察，有 4 人不符合报名条件，取消报名资格；二是严把成绩关。笔试成绩达不到 70 分的不得进入面试，面试成绩达不到前 2—3 名的不得进入民主测评阶段；三是严把民主测评关，民主测评票称职以上达不到 80% 以上的党组不予讨论；四是严把党组讨论关，党组成员一人一票，从高到低决定人选；五是严把全程监督关，这次公开选拔干部，邀请局监察室全程参与监督，保证公开选拔工作的公平、公正。

七、以“三加强一提高”为目标，促进政风行风建设

按照国土资源部党组提出的“违纪违法案件降下来，政风行风评议名次升上去”的工作要求，在开展政风行风建设中，认真在履行职责、办事效率、公开透明、收费罚款、服务态度、守信践约、清正廉洁等方面，深入调查，找准问题，分析原因，落实整改，推动规划国土资源部

门和行业政风行风建设取得新的进步。

（一）加强服务窗口建设。深入开展“为民服务，创先争优”活动，认真落实“六个统一”和“四项制度”，进一步改善服务态度，提高管理效能；开展公务员和窗口服务人员多层次、多形式的培训轮训，加强专业知识传授，提高业务能力，提升行业整体形象。

（二）加强监督整改机制建设。进一步整合群众诉求的办理渠道，做好“纠风在线”、“政风行风热线”、“网上评议”等工作，加强同信访部门的联系与沟通，定期对疑难信访案件分析、梳理，积极协调处理群众反映的热点问题，切实提高群众诉求的回复率和按期办结率。对实时在线受理群众诉求件，按照职责甄别分类，对属于市局职责管辖的事项，及时协调相关部门，全部在规定时限内办理完毕，曾多次得到诉求群众的好评。

（三）切实提高行政效率。为切实提高行政效率，重点在四个“推进”上下功夫。推进标准化格式化审批，进一步优化整合行政审批目录；推进并联审批工作，进一步简化审批流程；推进诚信承诺制度建设，提升规划管理领域诚信建设水平；推进管理重心下移，按照市委、市政府统一部署，将农转用土地征收审批事项委托区县办理，市局着力做好政策制定和批后监管。

（四）积极推进政务信息公开工作。围绕“政府信息公开、网上办事、互动平台”三个环节，全面推进网站的内容建设。局网站坚持以公众为中心，以需求为导向，以服务为宗旨，以应用为目的，在提高政府工作透明度和行政效能、深入拓展网上办事、及时发布权威信息等方面，发挥了积极的作用，并已成为我局宣传规划和国土资源的阵地、联系公众的桥梁、服务社会的平台和展示形象的窗口。网站在“网上公告”栏目建设上，分为“土地出让公告”、“土地预申请公告”、“征地公告”等 7 种类别在网站对外公开。同时，为了方便公众能快速查找到国土资源信息，局网站在首页显著位置增设了“国土资源政务信息公开”栏目，将所有国土资源政务信息集中公示，方便公众查询。

着力科技创新　注重纠建并举
构建具有江苏特色的国土资源
惩治和预防腐败体系

江苏省国土资源厅

江苏省国土资源厅党组、驻厅纪检组高度重视党风廉政建设，坚持围绕国土资源管理中心工作，积极推进具有江苏国土资源管理特色的惩治和预防腐败体系建设，深入剖析近几年来国土资源领域发生的典型案件，认真梳理国土资源领域防治腐败的制度，扎实开展“两整治一改革”专项治理行动，在内控机制、权力运行、监督查处等方面进行了有益的探索，逐步形成了“管权、管事、管人、管物”四位一体的惩防体系新机制，国土资源系统惩防体系建设初具成效。现将2008年以来省国土资源系统惩防体系建设工作报告如下：

一、注重实效，构建具有江苏国土资源特色的惩防体系

（一）加强组织领导。厅党组高度重视惩防体系建设工作，定期召开党风廉政建设工作联席会议，认真学习中央和部、省惩治和预防腐败体系建设工作会议精神，深入分析国土资源系统党风廉政的新形势、新

特点，提出惩防的重点环节和重要领域，不断完善惩防体系建设，形成上下联动、齐抓共管、通力合作的惩治与预防相结合局面。驻厅纪检组充分发挥职能作用，定期分析形势，通报情况，狠抓党风廉政建设责任制的落实。

（二）强化教育引导。系统各级党组织及时组织广大党员干部学习贯彻中央和省委全会精神，密切结合干部队伍的思想实际，采取邀请专家辅导、集中培训和警示教育等形式，抓好干部职工经常性的学习、教育和培训。有针对性地运用身边正反两方面的典型进行思想教育，组织观看廉政教育片，召开国土资源领域典型案例分析会，通过寄发慰问信和节日廉洁短信等形式，促进廉洁自律意识的进一步提高。每年设定一个主题，组织全体党员在全系统广泛开展有声有色的主题教育活动。由点到面整体推进廉政文化建设，注重发挥廉政文化的导向作用、教育作用，不断拓宽廉政文化领域，在全系统大力开展群众性的廉政文化文艺汇演活动，营造风清气正的廉政氛围，筑牢广大干部职工的思想道德防线。

（三）开展专项治理。深入开展“两整治一改革”专项治理行动，着力整治干部队伍廉洁从政存在的突出问题，着力整治土地和矿业权交易市场存在的突出问题，深入推进国土资源制度改革。一是认真做好廉政风险点排查工作。全面查找国土资源管理中易发生腐败问题的风险点和薄弱环节，开展廉政风险排查和整纪纠风工作，制定廉政风险排查整纠防控工作实施方案，全面推进廉政风险点排查工作。全省共排查出廉政风险点一级 257 个，二级 732 个，三级 705 个，共制定廉政风险点防控措施 1312 条。二是规范土地和矿业权市场。制定《江苏省土地出让公告发布内容审查要点》，进一步完善土地市场。为进一步加强用地企业诚信建设，建成“江苏省用地企业诚信体系信息管理系统”，加强土地开发整理项目的管理，制定了土地开发整理项目管理办法、资金管理办法、易地开垦耕地定向挂钩办法、工程建设标准、项目验收办法等规范性文件。大力推进矿业权配置市场化进程，矿业权有形市场建设取得积极进展。“江苏省矿业权交易中心”于2011年3月29日正式建立，截至2011年10月16日，13个省辖市的矿业权交易机构全面建成。三是建立风险防控机制。在全系统开展廉政风险防控排查工作，查找廉政的风险点、反腐败的切入点，有针对性提出有效防范措施，制定市、县局和基层国土所廉政风险点排查工作指南，完善电子监察制度，构建防控体系，形成防控机制。

（四）推进行政权力公开。严格按照省政府提出的“上网运行为原则、不上网运行为例外”的要求，不断强化权力事项承办人员网上规范办理行政权力事项的意识，落实网上运行责任。全面发挥行政权力网上公开透明运行和电子监察、法制监督系统的作用，加强对重点部位和关键环节的监督检查，全省系统全部实现网上行政权力事项全覆盖和电子监察全覆盖，并制定配套制度，规范管理，权力内控机制的信息化建设初见成效，系统整体服务意识不断加强，办事效率和办事质量明显提高。不断开拓创新，全面推动厅机关绩效管理工作，为加快推进服务型、高效型机关建设，省厅成立了绩效管理领导小组及领导小组办公室，制定了《江苏省国土资源厅绩效管理办法（试行）》、《江苏省国土资源厅绩效考评实施细则》，开发绩效管理系统，在厅机关全面开展绩效管理考评工作。一是通过行政权力网上公开透明运行信息系统和电子监察系统对行政审批事项的网上全程监控，大幅度地提高了监督工作效率，实现了监督的精细化。二是拓展了纪检监察工作领域，通过绩效考评，使纪检监察工作能够与业务工作更好地实行有机融合，为廉政风险防控提供了有效的工作平台。三是强化了监督的主动性，实现事前、事中、事后监督相统一，起到了超前防范、动态监管和硬性约束作用。四是每月通报电子监察数据，机关处室办事（审批）效能和依法行政的能力明显提高，促使工作人员按规范要求依法行政，增强了规范执法的自觉性，提高了工作效能。五是对权力事项网上办事流程运行过程中反映出来的问题，及时进行行政权力网上公开透明运行系统和电子监察系统的升级改造，促进系统功能不断完善和提升。

（五）加强基层廉政风险防控。认真分析近年来基层案件占比高，失职渎职明显上升的成因特点，积极探索基层廉政风险防控建设新路子。一是强化动态排查，形成别具特色的风险防控模式。为进一步加大国土资源系统重点环节和关键岗位腐败问题的治理力度，优化权力运行结构，完善权力配置，逐级提高基层廉政风险防控能力，建立了《江苏省市、县（市、区）国土资源局廉政风险防控机制建设指南》（苏国土资发〔2011〕234号）和《江苏省基层国土资源所（分局）廉政风险防控机制建设指南》（苏国土资发〔2011〕217号），重点围绕权力运行控制，把国土资源部门所有业务整合细化，全面梳理国土资源管理的各项工作流程，形成工作流程图，制定了配套性工作制度，形成了完善的内控机制，出台"八小时"以外监督、执法巡查、廉政预警分级、责任追究、采购资金管理等内控制度，弥补了制度空缺，实现了统筹推进、纠建并举的目标。二是贯通纵向连接，把建立基层联系点作为深入基层调查研究的重要途径和改进工作作风增强执行力的重要举措，在2009年确定了大丰、高邮、昆山为党风廉政建设联系点的基础上，又确定了第二批11个基层党风廉政建设联系点。大力总结推广联系点党风廉政建设的经验，表彰了建厅以来首批纪检监察工作先进集体和先进工作者。三是注重调研，稳步推进"三解三促"工作。省厅全面开展"三解三促"工作，了解民情民意、破解发展难题、化解社会矛盾，促进干群关系融洽、促进基层发展、促进机关作风转变，采取驻点集中调研的方式落实，由厅领导带队、多部门负责人参加的共27人、8个小组，走访座谈了解民情，深入浅出宣传政策，尽心尽力排忧解难，共召开各类座谈会28个，走访慰问困难群众32户，接待上访群众16人，帮助解决具体问题40多项，撰写调研报告8篇，帮助解决实际困难和问题，共谋发展的思路和对策，努力做到科学发展向上攀登、联系群众向下扎根。四是加强横向协作，进一步强化职务犯罪预防。与省检察院重点就预防职务犯罪进一步加强沟通联系，联合印发《关于建立预防职务犯罪协作机制的意见》，制定联席会议制度、教育和警示制度、风险分析指导制度、权力运行监督制度、信息交流通报制度、案件移送和查处情况反馈制度、案件查处协作制度和联合调研制度等八项制度，在全省各级国土部门与同级检察部门建立长期协作机制，构建有效的惩防网络。

（六）畅通信访举报。厅党组、驻厅纪检组对信访举报工作高度重视，从讲政治的高度把信访工作列入了重要议事日程，始终坚持从维护改革稳定和促进反腐倡廉的大局出发，坚持把解决问题与教育疏导相结合，维护信访举报者权益和维护社会稳定相结合，着力解决群众反映的难点热点问题，形成了一整套纪检监察工作规章制度。一是精心筛选案件线索，加大督办和重要信访件的直接查处力度，发挥信访举报工作在惩治腐败中的基础作用；二是对发现有违纪苗头和轻微违纪行为的干部，早打招呼、早提醒，防止小错酿成大错；三是通过信访分析，及时发现工作中的薄弱环节，堵塞漏洞，建章立制，从源头上预防和治理腐败问题；四是通过核查弄清真相，及时为受到错告诬告的党员干部澄清是非，保护干部投身发展改革的积极性。

（七）遏制违法违纪。近年来违法违纪呈明显下降趋势。2008 年违纪违法人员 68 人，其中移送司法机关 42 人，党政纪处分 26 人；2009 年违纪违法人员 36 人，移送司法机关 21 人，党政纪处分 15 人；2010 年违纪违法人员 50 人，移送司法机关 22 人，党政纪处分 28 人；2011 年违纪违法人员 40 人，移送司法机关 10 人，党政纪处分 30 人；2012 年违纪违法人员 25 人，移送司法机关 16 人，党政纪处分 9 人。

二、完善制度，推进国土资源管理长效机制建设

重点在国土资源市场配置、国土资源创新机制、行政权力监督制约机制、廉政风险防控机制、廉政风险教育机制、责任追究机制等方面加强制度建设，并在内控机制、权力运行、监督查处等方面进行了有益探索。

（一）国土资源管理的制度框架已经形成。依照政策法规和全省土

地管理工作实际，以建立健全教育、制度、监督并重的惩治和预防腐败体系作为基础，制定和完善各类规章制度和政策性文件2895项，编印《江苏省国土资源厅依法行政手册》、《江苏省国土资源纪检监察工作制度》和《江苏省国土资源管理政务公开实施办法》等各专业分类制度汇编共八大类。细化办案制度，规范办案程序18项。与此同时，相关配套制度相继出台。制定了《江苏省国土资源系统严格依纪依法办案的实施意见》、《江苏省国土资源厅重大违纪违法案件报告制度》和《江苏省国土资源系统各级纪检监察部门工作规范》、《纪检监察信访工作目标管理规划》和《江苏省国土资源信访实施办法》等一系列制度，一个用制度规范从政行为、按制度办事、靠制度管人的有效机制已初步建立。

（二）扎实推进从源头上防治腐败制度建设。充实完善了领导干部廉洁从政行为规范和土地管理市场化约束机制的内容，进一步细化党员干部在经济和社会交往方面的政策界限，印发了《江苏省国土资源系统领导干部廉政谈话制度》。制定了《江苏省国土资源系统落实党风廉政建设责任制实施办法》、《江苏省国土资源系统工作人员廉洁从政实施细则》和《江苏省国土资源厅干部人事管理工作暂行办法》。进一步强化监督考核，制定了《关于加强对领导班子和领导干部检查考核的实施意见》，完善了《江苏省国土资源系统财务管理和经济责任审计有关规定》。为了加强对领导班子和领导干部的监督，组织开展党风廉政建设巡查，出台了《系统党风廉政建设巡查制度》。

（三）坚持围绕重点领域推进制度创新。不断创新国土资源管理制度，连续三年开展“制度执行年、制度构建年、制度形成年”活动，一大批制度成果得到巩固。进一步推进土地管理市场化运作，出台了《江苏省土地使用权招标、拍卖、挂牌出让、转让管理办法》、《江苏省土地开发整理项目和资金管理暂行办法》等一系列制度规定，最大可能以市场化办法配置国土资源，有效压缩和限制了土地管理领域里的自由裁量权。全面推广实施了《国土资源市场廉政准入规定》，促进了土地市场交易公平和阳光操作。突出窗口服务制度建设，将土地使用权登记、土地使用权、矿业权出让、建设用地批准书发放、土地估价备案等所有行政审批事项全部纳入土地市场服务中心，在窗口集中受理、统一办理。建立完善了土地使用权出让计划编制及公开制度、土地交易进场操作制度、信息公开查询制度、现场公证制度、重大事项集体会办决策制度、纪检监察机关监管制度、土地出让结果公开及备案制度、土地出让金月报制度以及土地出让有关事项保密制度及相关配套制度等近20项规范土地交易行为的制度和规程。

全省系统以构建和完善惩防体系建设为重点，推进全系统反腐倡廉建设工作取得了较好的成绩，但仍存在薄弱环节。一是惩防体系建设推进不平衡，市级之间、县级之间存在较大的不平衡性，有些地方基础好、力度大，推进较快；有些地方基础弱、力度小，推进相对较慢。二是预防的超前性还不够，新情况新问题不断出现，违法违纪问题和渎职行为还时有发生。三是防控不全面，廉政风险防控工作，在有的方面或多或少存在短、软、弱的情况，一些地方开展风险点排查覆盖面不广，有些纪检干部能力素质还有待提高。四是治理不彻底，一些地方针对违纪违法案件治理不够彻底，惩处不得力，只注重解决当前问题，长效机制的建立还不完全，容易留下继续滋生腐败土壤。

三、开拓创新，进一步完善和健全惩治和预防腐败体系

在下一步工作中，将按照十八大精神和部要求，全方位反腐倡廉，狠抓腐败源头防治，构建惩防体系建设，完善规章制度，建立健全内控外联机制，努力塑造一支勤政廉洁高效的国土资源管理队伍。

（一）加强对惩防体系建设工作的领导。惩防体系建设是“一把手”工程，系统各级党组（党委）要切实加强对反腐倡廉制度建设的领导，领导班子成员特别是“一把手”，要把惩防体系建设摆上全局工作的重要位置，亲自抓谋划、亲自抓组织、亲自抓落实、亲自抓执行。纪检监

察部门要当好惩防体系建设的参谋和助手，积极发挥组织协调作用，通过开展调研、组织培训、弘扬典型、巡查巡视等方式进一步加强指导，处理好惩防体系建设的宏观与微观、全局和局部的关系，把惩防体系建设同加强全省系统党的建设、提高执行力和提升国土资源管理业务水平有机结合，共同推进。

（二）做好从源头上防治的各项工作。一是开展职业道德主题教育实践活动。开展阅读一本好书、组织一次教育、举办一次讲座、开展一次征文、进行一次宣誓、评选一批模范的“六个一”活动，弘扬职业精神，遵守职业纪律，进一步增强公务员的忠诚意识、服务意识、责任意识和廉洁自律意识，增强公务员的职业使命感，提升公务员职业道德修养，加强队伍建设。二是加强反腐倡廉教育。以理想信念教育和党性党风党纪教育为重点，深入开展示范教育、警示教育和岗位廉政教育，推进廉政文化建设，运用现代科教手段，增强反腐倡廉教育的针对性和实效性。三是深化体制机制改革。继续推进审批制度改革，精减和调整行政审批事项，提高用地审批效率，确保重点建设项目依法及时落地。深化干部人事制度改革，稳步推行差额选拔干部制度，不断完善干部考核办法和结果运用，努力实现干部交流经常化、制度化、规范化。四是强化对权力运行的监督制约。认真贯彻落实党内监督条例。严格执行领导干部述职述廉、诫勉谈话、函询、质询、撤换以及民主评议、信访监督等制度。严格执行民主集中制，规范领导班子重大事项的决策程序。开展党风廉政巡查，重视巡查成果运用，加强对整改落实情况的监督检查。

（三）把握好惩防体系建设工作的重点。一是深化“两整治一改革”专项行动。继续开展土地使用权和矿业权交易市场专项整治，规范市场交易行为，积极推进网上交易和监管，促进建立统一规范的土地和矿业权交易市场。探索建立适应国土资源管理特点的防控体系，同步推进廉政风险防控体系建设与国土资源管理制度“立、改、废”。二是紧紧抓住权力运行的关键部位和重点环节，围绕规范权力运行这个核心，强化制度约束和监督，规范行政行为，让权力在阳光下运行，从源头上清除腐败现象滋生蔓延的土壤和条件，逐步建立结构合理、配置科学、程序严密、制约有效的权力运行机制，防止决策失误、权力失控、行为失范。三是加强制度建设的衔接。在研究和制订制度时，加强对上级反腐倡廉法规政策的研究，努力做到制订出台的制度与党和国家的法规政策相协调，与上级机关的制度规定相衔接，既要体现上级精神，又要符合本地、系统实际。四是注重系统配套。反腐倡廉工作是一项系统工程，建立的制度要相配套、相协调，形成较为完备的制度体系。五是要勇于开拓创新，用发展的观点看问题，实现制度建设的与时俱进。针对反腐倡廉工作中出现的新情况新问题，不断探索新思路、新办法，及时制定和完善有关制度。

（四）完善惩防体系的架构。把阶段性任务和战略性任务结合起来，整合各方面资源和力量，研究新形势新任务，定期分析党风廉政建设形势，把握工作规律，利用“制度＋科技”的优势，搞好顶层设计，抓好制度落实，制定预防腐败的措施，提高制度的执行力，不断完善具有国土资源特色的惩治和预防腐败体系。构建具有国土资源特色的反腐倡廉教育机制，筑牢拒腐防变思想防线；构建强有力的权力公开运行监控机制，加强对权力运行全过程的监督检查；构建有效的预防腐败工作机制，把腐败扼止在萌芽状态；构建长效的纠风工作机制，提高全省系统国土资源管理的整体水平；构建严厉的惩治腐败工作机制，强化查办案件的治本功能。纪检监察部门积极协助党组（党委）和领导班子认真谋划惩防体系建设工作方案，在加强对权力运行的有效监督和制约的同时，更加注重治本，更加注重预防，更加注重制度建设，着力推进惩治和预防腐败体系建设。各级党组(党委）作为反腐倡廉建设的责任主体，应自觉承担起反腐败惩防体系建设的政治责任，把改革的推动力、教育的说服力、制度的约束力、监督的制衡力、惩治的威慑力结合起来，把阶段性任务和战略性任务结合起来，整合各方面资源和力量，以更加坚决的态度、更加有力的措施推进反腐倡廉建设。

（五）加大制度执行的力度。制度建设包括制度的制定和执行两个方面，制定制度的目的在于执行。领导干部是公共权力的执掌人，抓好反腐倡廉制度的落实，关键是领导带头。领导干部既要抓好制度的制定，更要做严格执行制度的模范，要清醒认识到制度不仅是紧箍咒，也是护身符，严格执行制度就是对自己政治生命的最好保护，自觉遵守、带头执行、切实维护反腐倡廉各项制度规定，以自己的模范行为为广大党员干部做好表率，自觉接受组织和群众的监督。要抓好各项制度在本单位本系统的贯彻执行，加强对所辖范围干部的教育管理，对违反制度的行为要敢抓敢管，决不姑息迁就，努力形成全体党员干部崇尚制度、严格执行制度的良好氛围，推动反腐倡廉建设深入开展。

（六）发挥好惩处的作用。把查办案件工作放在突出位置，进一步加大力度，旗帜鲜明严惩腐败。严肃查办发生在领导干部中以权谋私、严重损害群众利益和群体性事件涉及的失职渎职案件以及背后的腐败案件，严重违反政治纪律和组织人事纪律的案件；严肃查办商业贿赂案件，继续加大对土地和矿产领域案件查办力度；充分发挥信访主渠道作用，健全网络举报和受理机制，加强舆情监测，组织对腐败现象易发多发领域的调查分析，多途径发现案件线索；健全典型案件剖析和通报制度，认真做好后续文章，深化治本预防工作。以查办发生在领导机关和领导干部中滥用职权、贪污贿赂、腐化堕落、失职渎职的案件为重点，加大对土地和矿产领域案件的查处力度，继续推进治理商业贿赂长效机制建设。

以防控廉政风险为突破口　不断提高科学构建惩治和预防腐败体系水平

浙江省国土资源厅

浙江省国土资源系统在建立和健全惩防体系过程中，始终深入贯彻落实科学发展观，围绕“坚持方针、构建体系、拓展领域”的总体思路，以建立完善具有国土资源特色的惩防体系为重点，以强化权力制约监督为核心，以深化改革制度创新为动力，以落实党风廉政建设责任制为保证，已完成《浙江省国土资源系统惩治和预防腐败体系2008—2012年工作细则》所确定的任务，取得了较好的成效。

一、加强领导，不断提高科学构建惩防体系的水平

（一）抓好专题学习，切实提高思想认识。2008年，中央《工作规划》和省委《实施办法》下发后，厅党组分别召开了党组专题会议和厅党组理论中心组学习会，认真学习中央、省委会议精神和中央《工作规划》、省委《实施办法》以及徐绍史部长《全国贯彻〈工作规划〉电视电话会议发言材料》的精神，统一认识，把思想和行动统一到中央和省委关于加强反腐倡廉建设的部署上来，切实提高贯彻落实中央《工作规划》和省委《实施办法》的自觉性。厅党组及系统各级党委在工作总体

部署上坚持“两手抓、两手都要硬”，主要负责人认真履行反腐倡廉建设第一责任人职责，对重要工作亲自部署、重大问题亲自过问、重点环节亲自协调。

（二）深入开展建立健全国土资源系统惩防体系建设的调研工作。2008年6月，厅党组和驻厅纪检组抽调了由主要业务处室和市局有关同志参加的制定惩防体系调研组，调研组从土地、矿产、行政执法、人事财务管理和基层国土资源所建设等五个方面进行了专题调研，基本厘清了省国土资源系统2008—2012年惩防体系构建的重点、难点等问题，共汇总梳理出各类问题48个，对策建议54条。

（三）认真制订惩防体系工作细则。在充分调研、广泛听取意见建议的基础上，2008年9月份制定出台了《浙江省国土资源系统惩治和预防腐败体系2008—2012年工作细则》，对今后五年推进全省国土资源系统惩治和预防腐败体系建设提出了总体部署，《工作细则》被驻部纪检组转发全国国土资源系统。10月厅党组又下发了《关于印发落实〈浙江省国土资源系统建立健全惩治和预防腐败体系2008—2012年工作细则〉工作责任分解的通知》，把《工作细则》细化为15个方面、105项具体任务，落实责任单位，排定完成时间表。全省11个市局和74个县（市、区）局都建立了惩防体系实施办法和工作计划。厅机关各处室根据各自的工作职能和任务分工，每年制定《浙江省国土资源厅机关处室反腐倡廉工作任务分解》。针对基层国土资源所党风廉政建设的状况，制定出台《关于加强基础国土资源所党风廉政建设实施意见》。

（四）强化监督检查，确保惩防体系各项任务完成。制定出台了《浙江省国土资源系统推进惩治和预防腐败体系建设检查考核实施细则（试行)》，每年年底由厅党风廉政建设责任制考核工作领导小组对各地各单位推进惩防体系建设情况进行统一检查考核，对考核中发现的问题，及时进行梳理，向被检查考核单位反馈书面意见，对工作质量不高、进度缓慢的，及时进行督办，确保了各地各单位惩防体系建设各项任务的顺利推进，已完成惩防体系细则中96项新建制度中的91项。

二、以防控廉政风险为突破口，不断推进惩防体系建设的水平

（一）教育为先，不断提高党员领导干部廉洁自律意识

加强廉政教育，不仅能引导干部职工持守廉洁从政理念，筑牢拒腐防变的思想防线，而且是干部职工提高对廉政风险防控重要性认识，破除惩防体系构建阻力和障碍的有效手段。为此，在系统广泛开展“我的岗位、我的风险”等大讨论活动，使每个干部职工树立“廉政风险就在身边，就在自己的日常工作中”、“廉政教育与每个人的平安幸福和前途命运息息相关”、“无视风险就是最大的风险”等理念。省厅制定下发了《浙江省国土资源系统反腐倡廉教育实施意见》，在全系统初步构建了以领导干部为重点，以党性党风党纪、《廉政准则》为主要内容，以专题教育、示范教育、案例警示、廉政承诺和廉政文化建设为主要形式的反腐倡廉教育体系，使廉政教育贯穿于干部培养、选拔、管理、使用全过程。2011年以来，我们以《廉政准则》、如何预防职务犯罪等为主要内容，已对全省县（市、区）局主要负责人集中整训两届。近年来，全系统还相继组织开展了《廉政准则》专题教育、先进事迹巡回报告、典型案例剖析、法庭审理旁听等活动，使廉政教育入耳入脑入心。俗话说，文化管人管到魂，我们在全系统积极开展了国土资源核心价值观大讨论，提炼了浙江国土人“守土尽责、敏事善为、扬正致和”的核心价值观。大力开展了廉政文化建设，相继开展了撰写一条廉政格言、典型事迹巡回报告会、廉政征文比赛、建廉政文化室（长廊）等活动，推进廉政文化进机关、进家庭，不断营造风清气正的良好氛围。2011年，全系统党员干部共撰写涉土涉矿原创廉政格言6956条；2012年我们在全系统开展了廉政文化长廊建设。2011年，大部分县（市、区）局都已建立起了长廊；与此同时，我们还将廉政风险点通过上墙、上桌、上屏等形式进行公布，起到时刻提醒、养成廉政意识的作用。

（二）创新制度，深入推进从源头上防治腐败

1. 全面开展廉政风险防控机制建设。进一步规范行政权力运行，清理编制职权目录、制作流程图、开发信息系统软件、制定规范行政权力运行工作规定和监督考核办法，初步建立起“内容比较完善、形式比较有效、程序比较规范、机制比较健全”的行政权力公开运行体系。为进一步推动廉政风险防控机制建设，通过以点带面的形式，在全系统开展了廉政风险防控示范点建设，全系统共建立 37 个示范点。全系统共排查出各类廉政风险点 8849 个，制定各类防控措施 7562 条；排查出失渎职风险点 518 个，制定防控措施 393 条；制定和完善各类规章制度 839 项，廉政风险防控机制框架已初步形成。

2. 突出容易产生风险的重点环节、重要事项，加强制度建设。为规范国土资源出让行为，制定出台了《浙江省矿业权交易管理暂行办法》等 14 项规章制度；针对规划指标管理，提请省政府出台了《浙江省土地利用总体规划条例》等规章；为进一步规范行政执法行为，出台了《关于进一步规范全省国土资源行政处罚裁量权的指导意见》、《浙江省国土资源行政处罚裁量权执行标准（试行）》、《浙江省国土资源违法案件集体会审》等制度；为规范系统党员干部的行政行为，制定出台了《浙江省国土资源系统工作人员六项禁令》、《浙江省市、县（市、区）国土资源局领导干部管理暂行办法》，起草了《浙江省国土资源系统行政行为过错责任追究办法》等；提请省政府出台了《造地改田资金筹集和使用管理办法》、与财政厅联合下发了《浙江省国土资源厅地矿专项资金项目安排规程（试行）》、与省纪委监察厅联合下发《浙江省“百万”造地保障工程责任追究办法》等，加强了对项目和大额资金的监督管理。针对近年来，利益冲突日益成为引发违纪违法行为的诱因，制定出台了《浙江省国土资源系统防止利益冲突试行办法》，对利益冲突的发现、防范和处置作出具体的规定，从源头上防止利益冲突的发生，杜绝公权私用、滥用等现象的发生。

3. 进一步深化改革。深化审批制度改革，省厅成立行政审批制度改

革领导小组，统筹做好国土资源类行政审批权限下放和提高审批速度。省厅原有国土资源类行政审批(审核）事项共34项中，已下放了21项，下放率达到61.7%。与此同时，将现行的国土资源审批事项审批时限在法定时限范围内压缩1/4，进一步提高审批效率。各市国土资源局为推进审批制度改革，都成立了行政审批处，并全部进入了政府便民服务中心办公。如杭州市局行政审批处履行除土地登记外的各类行政许可、行政确认、行政收费等行政审批职能，真正做到了一个口子进、一个口子出，为行政相对人提供了“一窗式”服务。开发了建设用地、矿业权审批管理信息系统，建立了省、市、县三级数据中心，实现了国土资源行政审批接办分离、网上报批、联网审查、集体会审、限时办结、结果公开。

4. 积极推进阳光工程建设。根据廉政风险防控工作的要求，各地各单位在摸清权力底数的基础上，梳理工作流程，对每一项职权编制权力运行流程图，明确权力运行的一般过程、关键步骤、重点环节和风险点，对工作内容、程序依据和运行轨迹进行再优化和固化，并通过各种形式予以公开，使流程图真正成为公职人员廉洁从政的“告知书”，人民群众行使监督权利的“说明书”。与此同时，以群众关心的征地拆迁为重点，积极推进征地拆迁阳光工程建设。省厅把征地拆迁“阳光工程”作为服务民生、改善发展环境、促进依法行政、加强党风廉政的重大举措来抓，专门成立了领导小组，制定出台了全省农村土地征地拆迁阳光工程实施意见，实行征地拆迁工作“五公开”。为确保工作实效，在杭州、绍兴等市稳妥推进了征地制度改革，与金华婺城区开展了规范化征地工作联创齐争试点，制定了征地拆迁阳光工程实施意见，构建了征地工作一张图工程，进一步健全征地程序，规范征地行为，以公开促公正，以透明促廉洁。

（三）监督制约，着力规范公务人员权力运行

1. 着力加强对领导岗位的监督。以落实“三重一大”事项为重点，着力规范“一把手”的权力运行。全系统各单位结合风险点排查，对“三重一大”事项进行了逐一梳理，有针对性地提出了防控措施。围绕民主决策管理，各单位都制定出台了厅（局）党组（委）议事规则、厅（局）长办公会议议事规则，省厅还制定了“三重一大”集体决策监督暂行办法。围绕干部选拔任用，制定出台了《中共浙江省国土资源厅党组提拔任用干部无记名投票表决办法（试行）》、《关于开展省国土资源厅机关处级领导干部竞争上岗工作的通知》等一系列规定，不断规范干部选拔任用工作。围绕“一把手”用权，全面落实了“一把手”不直接分管人事、财务、工程项目、政府采购的“四不分管”和末位表态制。围绕对“一把手”的监督，推进了领导干部廉洁从政公开承诺制、制定出台了内部审计制度和巡视督察等一系列规章制度，进一步促进“一把手”规范用权。

2. 加强对重点对象、重点环节和重点部位权力行使的监督。在土地、矿业权审批出让、土地利用总体规划和矿产资源总体规划审批和调整、土地使用权、矿业权发证和确权、国土资源违法违规案件处理、专项资金使用管理等方面，各单位都建设了集体决策和集体会审制度。不断完善“制度 + 科技”的监督模式，将信息技术、通信技术、网络技术等引入党风廉政建设和反腐倡廉工作之中，进一步完善了建设用地（矿业权）审批、建设用地供应动态监管、土地利用规划管理、矿业权管理信息、电子监察等 12 个信息系统的功能，对权力进行技术制约，克服人为因素对权力的干预，促进权力公开透明规范有序运行，防止权力的随意滥用。

3. 积极开展重大项目和大额资金使用监督检查。结合工程建设领域突出问题专项治理工作，近年来，我们相继开展了土地使用权、矿业权审批出让制度执行情况、出让土地使用权、矿业权合同履行情况、节约用地政策规定执行情况、土地整治项目、地质灾害防治重大项目、废弃矿山治理项目等全面的监督检查，对监督检查中发现的问题及时进行了整改。

4. 积极推进廉政风险预警制度建设。我们通过信访举报、民主评议、审计检查、执法监察等途径，对核心业务、关键环节、重点岗位的廉政风险和失职渎职风险进行信息采集、分析、反馈，采取大会提醒、个别谈话、责令整改、诫勉谈话等形式及时发出预警。仅今年以来，全系统共发出各类预警356个(其中失渎职预警85个)，解决问题105个。同时，各地各单位都已建立了与纪检监察、检察、审计、信访等部门的协作机制，及时解决发现的苗头性、倾向性问题。

三、夯实基础，不断加强政风行风作风建设

(一) 扎实开展纠风专项治理工作。分别会同有关部门开展了经营性用地招拍挂出让、土地出让金收缴使用情况、征地拆迁中损害群众利益问题的专项检查，以及“千局万站优环境促发展推进年”、“双保双服务”和民主评议行风等活动，切实加强了政风行风作风建设，维护了人民群众的合法权益。

(二) 扎实开展“双提升”活动。以“提升素质、提升形象”为目标，以强机关、促基层，强基层、促机关的“两强两促”活动为抓手，把治庸、治懒、治散作为转变作风的突破口，制定下发了《2011年全省国土资源系统作风建设实施意见》，进一步增强了服务基层、服务群众的本领，提高了正确执行政策和依法办事的水平。

(三) 坚持领导带头转作风。每年每位厅领导坚持“四个一”联系制度，即联系一个重点工程、一个镇（乡）、一个村及一个地质灾害点，深入开展调查研究，了解群众诉求，为群众排忧解难。做好省级机关“改善发展环境”百组调研活动，开展“服务企业、服务基层”专项行动，支持浙商服务月活动、厅机关年轻干部下基层锻炼活动以及涵盖八项内容的厅机关与基层联创齐争活动。通过实地调研、政策咨询、上门服务、现场办公等方式，切实为重大项目、产业集聚区和海洋示范区、舟山群岛新区、浙商回归等建设项目提供用地保障，为企业和基层群众排忧解难。

（四）加强效能监督。先后制定了《浙江省国土资源系统工作人员六项禁令》和《厅机关效能责任追究实施办法》等19项规范性制度，切实加强效能监察和基层国土资源所党风廉政建设。依靠社会监督推动政风行风作风建设，调整充实了政风行风监督员队伍，省厅政风行风监督员从原来的8名增加到51名，并加强明查暗访工作，充分发挥监督员队伍的作用。省厅出台了《浙江省国土资源系统政风行风作风第三方测评实施办法》，从2012年开始每年对全省11个市国土资源局、90个县（市、区）国土资源局委托第三方组织测评，测评结果纳入各市国土资源局年终工作目标责任考核内容，并健全完善了政风行风作风建设明查暗访、通报、奖惩等工作制度。

（五）加强基层国土资源所行风建设。制订下发了《基层国土资源所工作人员廉洁自律若干规定》等制度，开展了创建“文明国土资源所”、“群众满意国土资源所”等活动，有力地推动了基层国土资源所行风建设。

（六）探索建立了公职人员政风行风作风行为轨迹库。为引导和警示干部职工勤政廉政，促进作风养成，探索建立了政风行风作风行为轨迹库，设计开发了“政风行风作风行为轨迹库管理系统”，制定出台了多项制度和措施，用“制度+科技”的手段，以轨查险，循迹正风，促进本系统干部职工端正作风、廉洁从政。通过加强政风行风作风建设，有力地保障了目标任务的完成，省厅在省政府2008年度至2010年度目标责任制考核中连续三年被评为优秀等级，市、县两级国土资源局在当地民主评议、业绩考核中的位次整体上也有了上升，不少单位还被记功嘉奖。

四、违纪问责，坚决查处违法违纪案件

加强与纪委、监察、检察机关的协作配合，建立完善了预防职务犯罪联席会议制。认真查办发生在领导机关和领导干部中的贪污贿赂、失

职渎职案件，严重违反政治纪律和组织人事纪律的案件，以及重点领域和关键环节中的案件。严肃查处在土地使用权和矿业权出让审批中的非法批准、低价出让、擅自批准改变用地性质等“两整治一改革”专项行动中所列出的10种违法违纪行为。认真开展商业贿赂治理工作，加大查处商业贿赂案件的力度。严肃查处严重侵害群众利益、群体性事件和重大责任事故背后的腐败案件以及信访维稳过程中失职渎职行为。充分发挥查办案件的治本功能，分析发生腐败案件的主客观原因、把握规律和特点，健全完善制度，及时堵塞漏洞，做到查处一起案件、教育一批干部、完善一批制度，切实把关口前移，防范于未然。通过严纠严查，全省国土资源系统腐败案件发案数量有了大幅下降。

近年来，坚持教育、制度、监督、改革、纠风、惩治相结合，不断完善惩治和预防腐败体系建设。在工作中抓住教育环节，落实责任体系，规范从政行为，注重从源头上治本，从体制上预防，在惩治上绝不手软，使反腐倡廉制度进一步完善，制度执行力得到进一步增强，权力运行的监督和制约得到比较有效落实，体制机制改革得到深化，纠风工作和惩治腐败力度进一步加大，综合效应已开始显现，为省国土资源事业发展提供了有力的保障。

惩防体系建设是一个动态开放、与时俱进的系统工程，在2013年至2017年惩防体系建设中，必须坚持国土资源特色，紧紧围绕健全反腐倡廉教育机制、权力运行监控机制、改革推进机制、纠风匡正机制、惩治警戒机制以及工作保障机制，全面建成以体制机制制度为支撑的惩防体系基本框架。着力抓好以下几项工作：

一是要坚决查处违纪违法案件。加大查办案件的工作力度，尤其是要增强国土资源系统各级纪检监察机构自办案件的能力，始终保持惩治腐败的强劲势头；健全和完善与相关部门的情况通报、线索移送、案件协查、信息共享等制度，完善腐败案件及时揭露、发现查处机制。

二是深入开展反腐倡廉教育。要以党员干部特别是领导干部为重点、以社会主义核心价值体系为主要内容，深入开展理想信念、宗旨观念、权力观、党的作风、党纪政纪、廉洁从政教育，组织开展主题教育活动，扎实推进廉政文化建设，夯实国土文化支撑力，不断增强反腐倡廉教育的针对性和有效性，使广大党员干部的拒腐防变能力进一步提高，反腐倡廉教育长效机制不断健全完善。

三是不断强化对权力运行的制约和监督。加强监督检查，保障中央、省委省政府及部党组等重大决策部署的贯彻落实。进一步创新监督检查的方式，进一步发扬党内民主，加强党内监督，完善巡视督察工作机制；加强监督制度建设，完善监管机制，严格执行“三重一大”集体决策、重要事项集体会审制度等，严格执行领导干部廉洁自律的相关规定，强化对主要领导干部的经济责任审计；深化政务公开，推进阳光政务，不断强化权力公开透明的力度；强化问责力度，对行政过错、党风廉政建设责任制履职不到位等情形，加大问责。切实抓好廉政风险防控工作。

四是进一步推进改革。推进行政审批事项的规范化、格式化和制度化建设；加快国土资源“一张图”和综合信息监管平台建设，着力解决“重审批轻监管”等问题，实现国土资源数据信息共享和动态监管。根据集体土地征收拆迁规定，深化征地制度改革，健全征地程序，规范征地行为，维护被征地农民知情权、参与权和监督权。继续深化国土资源市场化配置改革，促进经济社会发展转变升级。深化干部人事制度改革。

五是推进国土资源系统政风行风作风建设。积极开展专项治理工作，大力纠正损害群众利益的不正之风，切实维护人民群众的合法权益；加强和改革机关和领导干部的作风建设，坚持把治庸、治懒、治散作为转变作风的突破口，把依法行政作为抓手，切实提高服务基层、服务群众的本领，提高正确执行政策和依法办事的水平，建立健全作风建设长效机制。切实加强基层基础规范化建设。

筑牢廉洁从政思想防线
深入开展反腐倡廉工作

安徽省国土资源厅

五年来，省厅党组认真贯彻中央纪委、部纪检组和省纪委反腐倡廉决策部署，紧密结合实际，扎实工作，全面落实中央《建立健全惩治和预防腐败体系2008—2012年工作规划》和部党组《关于贯彻落实〈建立健全惩治和预防腐败体系2008—2012年工作规划〉实施办法》，按照"坚持标本兼治、综合治理、惩防并举、注重预防的方针，扎实推进惩治和预防腐败体系建设，在坚决惩治腐败的同时，更加注重治本，更加注重预防，更加注重制度建设"的要求，坚持以强化教育为基础、以完善制度为保障、以监督管理为抓手，把教育的说服力、制度的约束力、监督的制衡力结合起来，坚持"两手抓，两手硬"，多管齐下，形成合力，不断拓展从源头上防治腐败的途径和方法，惩防体系工作格局基本形成，工作责任、工作措施基本到位，工作任务得到较好落实。

一、主要做法

（一）坚持以党组为主导，惩防体系建设各项任务得到有效落实。省厅始终把推进惩防体系建设作为党组的政治责任，作为"一把手"工程列入重要议事日程，定期研究讨论，明确任务、明确进度、明确责任，积极主动组织和推动惩防体系建设各项任务的落实。按照部党组《实施办法》，坚持一岗双责，连续四年将党风廉政建设工作会议与国土资源年度工作会议一起召开，把推进惩防体系建设工作同国土资源管理工作一起部署、一起落实、一起检查、一起考核。全省国土资源系统各级党组建立了“党组统一领导、党政齐抓共管、纪检监察组织协调、部门各司其职”的工作机制，形成了上下联动、各司其职、通力合作、齐抓共管的工作格局，切实做到了每项任务有领导挂帅、有部门负责、有措施保证、有人员落实的良好态势。全省系统各级纪检监察部门认真履行职责，协助驻党组（党委）抓好本单位党风廉政建设各项任务的分解和落实，每年制定印发本单位反腐败工作要点和任务分解意见；会同有关部门加强督促检查，实施分类指导，确保各项任务落到实处。系统各部门根据任务分解，制定贯彻落实工作的具体方案，认真承担牵头负责的有关工作；协办单位主动出主意、提建议，做好职责范围内的工作，有力地推动了惩防体系建设。五年来，厅纪检组监察室与驻在部门进行廉政谈话 260 余人次，其中处级干部 122 人次，50 名领导干部报告了个人有关事项，受理信访举报 200 件，初核 17 件，处理处级干部 6 名。

（二）筑牢廉洁从政思想防线，反腐倡廉教育得到深入开展。坚持施教于先，因人施教。针对不同层次、不同群体，紧密结合思想实际，把自律与他教、教育与管理、示范教育与警示教育有机地结合起来，分类要求，分层施教，不断深化具有行业特色的廉政文化建设，把开展丰富多彩、形式多样的廉政文化活动，作为加强党风廉政建设的载体和抓手，贯穿于工作始终，实现了廉政教育的制度化和经常化。一是深入开展廉政教育，将教育贯穿于各项工作、各类培训中。五年来，全省国土资源系统举办各类专题讲座、业务培训、普法教育、报告会 1300 余次，12 万余人次参加了教育培训。2008 年组织厅机关、厅属事业单位处级以上干部共 121 名参加了学习贯彻《建立健全惩治和预防腐败体系 2008—2012 年工作规划》知识答题活动；2011 年，17 个市局主要领导参加了部廉洁从政整训班，省厅对123名县（市、区）局局长和600余名国土所所长进行了廉洁从政教育专题培训，组织全系统干部职工收看了7期视频廉政教育专题片。今年举办了有184名市县两级国土资源部门纪检监察干部参加的培训班。二是积极构筑常态教育阵地。开办网上党风廉政建设专栏，每年组织开展党风廉政教育，坚持“一把手”上廉政党课，多次组织厅机关及厅属各事业单位处级干部、县（市）区局长到监狱接受警示教育，听服刑人员现身说法。2010年深入监狱对原系统8名处级职务犯罪人员进行帮教，并在全系统深入剖析违法案件的深层原因，用身边人和身边事开展警示教育。经常邀请纪检监察部门同志进行“以案释法、以案释纪”教育，并与检察院建立了预防职务犯罪教育和联络员制度。三是深入开展主题教育。每年组织开展一次主题教育活动，并将活动与实际工作有效结合，促进了国土资源各项管理工作圆满完成。先后开展了“加强党性修养、弘扬优良作风、促进科学发展”、“学习《廉政准则》、规范从政行为、促进科学发展”、“以人为本、执政为民”和保持党的纯洁性等主题教育实践活动。2012年，在全系统深入开展了“保持党的纯洁性、迎接党的十八大”主题教育活动，精心组织了厅党组书记上一次党课、召开一次全系统动员大会、召开一次先进典型事迹报告会、表彰一批优秀党员和先进集体、接受一次警示教育、接受一次传统教育、处级干部深入基层进行一次调研、学习收看一次警示教育片等“十个一”活动。并组织全体党员干部深入开展“六查六看”，分析检查自身存在的问题，撰写党性分析报告，厅领导班子召开了保持党的纯洁性专题民主生活会，8月份，《安徽日报》刊发了省厅创先争优和保持党的纯洁性主题教育活动成果。

（三）坚持强化反腐倡廉制度建设，以机制规范和保障行政权力正确行使。五年来，我厅扎实开展了工程建设领域突出问题专项治理、“两整治一改革”和廉政风险防控机制建设等专项活动，积极构建内容科学、程序规范、配套齐全、行之有效的制度体系。2008年开展了反腐倡廉制度建设推进年活动，对厅机关146项制度进行了全面清理，完善制度22项，废止制度16项，新制订制度18项。2011年以来，全省国土系统深入开展了廉政风险防控管理试点和廉政风险防控工作，在部“两整治一改革”廉政风险点排查的基础上，进一步突出重点部门、关键岗位，突出行业特点，成立专家评估组，重新评定风险等级，紧紧围绕国土资源系统容易滋生腐败的重要部门、重点岗位和关键环节查找漏洞和薄弱环节，分析原因，健全完善制度，着力消除制度缺陷和空白点，实现预防腐败关口前移。通过几年来的努力，省市两级先后出台了干部人事制度、行政审批制度、监督预防机制等一系列反腐倡廉制度403项，有效提高了预防腐败的能力。

（四）坚持以加强领导干部监督为关键，干部监管机制得到进一步完善。五年来，省厅结合系统实际，有针对性地对权、财、人等容易滋生腐败的关键环节，建立完善了领导干部监督管理工作机制，强化了对权力的制约和干部任用的监督。一是突出抓好领导干部监督管理。坚持对领导干部从严管理、从严监督，形成了《干部监督管理工作制度汇编》，制定了《关于干部提任前听取纪检监察部门意见的实施意见》、《关于进一步从严管理领导干部的若干意见》等一系列制度规定，扎实开展领导干部述职述廉、任前谈话、诫勉谈话、收入申报和个人重大事项报告等制度，督促党员干部正确履职。2008年，制定并实施了《安徽省国土资源厅党组巡视工作暂行办法》，对各市局和厅属事业单位普遍巡视一遍。2010年，制定了《安徽省国土资源系统正职领导干部监督管理暂行办法》，明确“一把手”原则上不直接分管干部人事和财务工作、重大事项集体研究、“一把手”末位表态、外出活动严格请销假等规定。2011年，全系统286名处级干部对照《廉政准则》“八个严禁”、“52个不准”进行了自查自纠，并建立了全省国土系统处级干部电子廉政档案。二是加强专项资金管理。制定印发了《安徽省国土资源厅财务管理办法》、《安徽省国土资源软科学研究项目专项资金管理办法的通知》、《关于进一步加强矿山地质环境治理恢复保证金缴存管理工作的通知》等财务管理制度，强化了大额和项目资金的监管，提高了资金使用效率。三是建立健全科学的干部选拔任用和管理机制。深化干部人事制度改革，认真贯彻落实《党政领导干部选拔任用工作条例》、干部选拔任用四项监督制度，不断扩大党员干部群众对选人用人工作的知情权、参与权、选择权和监督权，先后制定了《关于进一步加强全省国土资源系统领导班子自身建设的若干意见》及轮岗交流、竞争上岗、干部选拔任用责任追究、任职回避、离任检查等15项制度，形成了《干部人事工作有关制度汇编》，初步构建了干部监督管理的制度体系，干部管理工作进一步规范化、科学化。近年来，先后交流轮岗处级干部占处级干部总数的34.3%，2010年厅机关一次性交流轮岗50人，交流轮岗面达47.6%，其中处室主要负责人轮岗面达76.5%；同时，加强与地方干部交流，近年来，市局"一把手"和纪检组长由地方干部交流任职分别占62.5%和50%。四是强化考核。制定了系统领导班子和领导干部年度考核办法及年度工作目标考核办法，将党风廉政建设作为重要考核内容纳入对各市局、厅属事业单位领导班子、领导干部和年度工作目标考核之中，对班子坚持民主集中制、落实"三重一大"集体决策等制度执行情况和领导干部日常工作表现、生活社交、完成重大任务、大局意识等方面进行全方位考核。

（五）加强行政管理，政风效能建设得到提升。一是强化机关效能管理和行政问责制度。每年印发加强效能建设意见和考核内容责任分解表，围绕国土资源中心工作狠抓效能建设。2009年，在全省系统深入开展了整风整纪活动，制定了《安徽省国土资源厅行政问责暂行办法》，明确提出对44种行为进行责任追究。2012年，印发了《安徽省土地行政处罚案卷标准（试行）》，进一步规范了行政执法行为。二是推进"阳光政务"。制定了《关于深入政务公开加强政务服务实施意见任务分解的通知》，全面推行信息公开、政务公开制度，实行首问负责制、限时办结制、一次性告知制等八项制度，将办事职责、办事程序、办事依据、办事条件、办事时限、收费标准、需要提交的全部材料目录等各项应公开的内容全部公开。升级改造了门户网站，增强了信息公开、网上办事和在线服务能力，并开设了问政互动平台。开通了建设项目用地预审、建设项目用地审批、探矿权审批、采矿权审批 4 个网上审批系统，并实行在线跟踪监督。三是积极推进党务公开。制定了《厅党务公开实施方案》，公开内容涉及 7 个方面 41 项。2011 年省厅被评为“全省政务公开先进单位”、厅门户网站获安徽省优秀政府网站奖。

（六）强化市场建设和管理，进一步合理配置资源，规范权力运行。一是积极推进矿业权市场建设，显化资源价值，促进公平配置。深入开展矿业权交易市场整治，出台了《关于建立健全矿业权市场的实施意见》，建立了省级和淮南、马鞍山、合肥、铜陵等矿业权有形交易市场。完成无偿取得矿业权的有偿化改革，共有偿处置矿业权价款 110.49 亿元，维护了国家资源性资产权益。二是着力推进土地市场建设，促进资源优化配置。制定完善了《安徽省经营性国有建设用地管理办法》，进一步规范商业、旅游、娱乐、商品住宅等经营性国有建设用地使用权的出让管理，重点推进净地出让和土地招拍挂出让，淮北、阜阳建成了建设用地使用权网上交易系统，马鞍山实行了电子竞价系统，逐步改进了市场运行模式。全省实现土地出让合同和划拨决定书网上填报，供地数量价格、出让金收缴以及土地供后使用情况实时审查和监测，有力地促进了土地资源公开、公平、公正配置。2006—2011 年，全省国有土地出让 97.07 万亩，出让价款累计 4053.67 亿元，有力地支持了地方建设和发展。

（七）坚持标本兼治，群众合法权益得到有效维护。一是坚持以维护群众利益为出发点和落脚点。出台了《贯彻落实省委关于加强和改进新形势下群众工作的若干意见的通知》，提出了 15 条意见措施，坚决制止和纠正征地拆迁程序不规范、补偿安置不落实、群众工作方法简单等侵害群众利益行为。建立了征地补偿标准调整机制，实行了征地补偿准备金制度，确保征地补偿费用足额拨付到位。二是加强征地批后监管。把建设用地批后实施监管纳入日常管理，定期对各地批后实施情况督导、检查，运行“征地批后实施信息系统”，对各地征地批准后实施情况加强监管。制定《安徽省农村集体土地征收征用社会稳定风险评估暂行办法》，及时预防和处置征地中损害群众利益的突出问题。三是依法审理征地补偿标准争议裁决案件。2008 年以来，共办理征地补偿安置争议裁决 87 件，为被征地群众增加补偿费 2 亿多元。

二、初步成效

五年来，省厅惩防体系建设在部党组和部纪检组的正确领导下，在厅党组的高度重视下，坚持以科学发展观为统领，勇于实践、探索创新，在思想教育、权力监控、源头治理等方面取得了初步进展，全省国土资源系统干部职工整体素质明显提高，各项管理工作取得显著成效，省市两级国土资源管理部门政行风评议名次有了新的提升，全省系统违纪违法案件量呈下降趋势，2009 年移送司法机关立案查处案件 25 件，比 2008 年下降 75%；2010 年 16 件，比 2009 年下降 36%；2011 年 14 件，比 2010 年下降 12.5%；2012 年截至 11 月份 12 件，比 2011 年下降 14%。

（一）国土资源各项管理工作科学化水平进一步扎实推进。五年来，惩防体系建设有力促进了国土资源事业健康发展。“十一五”共批准建设用地 159.7 万亩，国有土地出让价款累计 2699 亿元，有力地支持了经济建设和各项事业发展。全省实施国家和省级投资土地整理复垦开发项目总投资 53.79 亿元，建设规模 325.95 万亩，新增耕地 15.89 万亩；地方各级政府实施的补充耕地项目新增耕地 107.36 万亩；全省批准实施置换挂钩土地复垦 66.89 万亩。

（二）全员参与抓反腐倡廉的局面进一步形成。系统各级党组认真执行党风廉政建设责任制，自觉把惩防体系建设作为一项重要政治任务来抓，省市两级党组书记作为党风廉政建设责任制第一责任人分别与下级主要负责人签订《党风廉政建设责任书》，班子其他成员也分别与机关各部门、所属单位负责人签订责任书，形成了一级抓一级，层层抓落实的工作机制，系统广大干部职工廉荣贪耻的思想认识进一步提升，反对和防止腐败的良好局面得到巩固和发展。

（三）围绕大局推进反腐倡廉工作的自觉性进一步提高。全省国土系统各单位、各部门更加自觉地把反腐倡廉纳入国土资源管理的总体进程中去谋划和部署，将惩防体系建设与专项工作、与管理工作更加紧密地结合起来。扎实开展了工程建设领域专项治理、“两整治一改革”专项行动和廉政风险防控等工作，积极探索制定贴近工作实际的监督管理机制，党风廉政建设和反腐败斗争逐步走上制度化、规范化的轨道。

（四）土地征收和土地、矿业权市场建设进一步规范。一是征地补偿标准逐年提高。2010 年起实施的新征地补偿标准，全省平均提高约 16%，按两年调整一次的规定，今年已完成了全省征地补偿标准调整工作，新标准已经省政府公布于今年 5 月 15 日起实施，较 2010 年又提高 12% 以上。二是土地有偿使用率、供地率得到提升。从 2008 年至 2012 年上半年，我省建设用地供地总量 82043.95 公顷，土地出让 54100.49 公顷，其中协议出让 3470.05 公顷，招拍挂 50630.44 公顷。土地有偿使用率 100%、供地率 100%。三是矿业权交易市场更加规范。“十一五”全省协议出让矿业权 100 个，金额 5.72 亿元；招拍挂出让矿业权 524 个，金额 38.25 亿元。2011 年 4 月至 2012 年 8 月，省矿业权有形市场公开交易矿业权出让 8 宗、成交价款 60474 万元，矿业权转让 143 宗、成交价款 652303.5 万元，实现了国有资产的保值增值，矿业权市场化建设和改革得到有力推进。

三、下一步工作建议

以党的十八大精神为指导，认真贯彻部党组、驻部纪检组、省纪委和厅党组关于反腐倡廉建设的新思路、新决策、新论断、新要求，紧紧围绕国土资源管理中心工作，进一步加大监督检查力度，更加深入地实施反腐倡廉教育，更加有力地深化领导干部监督管理，不断创新完善惩治和预防腐败体系建设，全面推进国土资源系统党风廉政建设水平。

一是强化反腐倡廉教育长效机制建设，打牢预防腐败的基础性工作。继续坚持开展思想教育与法律法规教育，正面示范教育与反面典型警示教育，集中教育与日常教育，廉政教育与勤政教育相结合的教育方式，坚持把廉洁从政教育作为预防腐败、保护干部的重要内容抓紧抓牢。更加注重在教育内容上求实，在活动载体上求新，在教育效果上求深，做到示范教育有典型，警示教育有深度，主题教育经常化，保证教育的系统性、长期性和实效性。

二是不断健全完善制度，强化构建符合国土资源管理工作发展实际的反腐倡廉制度体系。按照中央和部党组关于未来五年惩防体系规划的部署和要求，认真抓好全省系统惩防体系建设，深入推进廉政风险防控工作，进一步抓好干部监督管理，规范人权；进一步抓好行政审批管理，规范事权；进一步抓好大额资金使用监管，不断加强从源头上防治和中期监控、后期处置等问题的探索。

三是加强监督制约，强化权力运行监控机制。进一步健全完善民主集中制、“三重一大”、重大事项报告、巡视、廉政谈话等制度，加强行政监管和行政问责制度的落实。

四是切实维护群众利益，严肃查处损害群众利益的行为。完善征地补偿标准调整机制，严格执行征地补偿准备金制度，确保征地补偿费用足额拨付到位。加强建设用地批后日常监管。严肃查办征地拆迁和矿产资源开发领域的腐败问题。

五是进一步巩固扩大“两整治一改革”和廉政风险防控工作成果。总结经验，克服不足，确保“两整治一改革”和廉政风险防控工作常态化、制度化，将工作成果转化为促进国土资源各项管理工作深入开展的助推剂。深入调查研究，积极开拓创新，进一步提高省国土资源系统惩治和预防腐败体系建设的科学化水平，为国土资源管理事业健康发展提供有力保证。

加强教育　完善制度　强化监督
深化改革　切实纠风　严肃惩治

福建省国土资源厅

根据《关于报送建立健全惩治和预防腐败体系建设工作材料的通知》（国土资纪〔2012〕11号）要求，驻福建厅纪检组对2008年以来建立健全惩治和预防腐败体系的情况进行了总结，现报告如下：

一、建立健全惩防体系建设的领导体制和工作机制

厅党组高度重视惩防体系建设，2008年成立了以党组书记、厅长为组长的惩防体系建设工作领导小组，制定了《关于贯彻落实建立健全惩治和预防腐败体系2008—2012年工作规划的实施方案》，对构建惩防体系作了全面部署。为确保惩防体系建设责任和任务落实，厅党组按照党风廉政建设责任制的要求，与各设区市国土资源局和厅机关处室、直属事业单位主要负责人分别签订了党风廉政建设责任书，并在每年年底组织检查组对落实党风廉政建设责任制、推进惩防体系建设的情况进行全面的检查考核，在每年年初召开的全省国土资源工作会议和系统反腐倡廉建设工作会议上，对惩防体系建设情况认真进行总结、作出部署。

2010年，厅党组研究下发了《关于抓本级带系统促领域深入推进反腐倡廉建设的意见》，以完善惩防体系为重点，着力在全省国土资源系统形成分级负责、上下联动，既促进国土资源部门工作人员廉洁从政，又促进国土资源领域各方主体依法办事的反腐倡廉工作机制。

二、加强教育

厅党组坚持把教育作为反腐倡廉建设的基础性工程，引导干部廉洁自律。

一是深化理想信念教育。以学习实践科学发展观活动、创先争优活动为抓手，在党员、干部中深入开展了“保持党的纯洁性”主题教育、“联创齐争”活动和“创新四个机制、做好四个服务、落实四求先行”大讨论，举办了“海西先行，国土资源保障三先行”研讨会、厅机关思想作风建设论坛和纪念建党九十周年干部大会，组织党员、干部深入学习邓小平理论、“三个代表”重要思想和科学发展观，深入学习贯彻党的十七大、十八大精神。厅党组对国土资源干部职工提出了“六心”(用心学习、专心做事、公心履职、诚心待人、齐心协作、清心自律）和争当“五个表率”(勤于学习、善于学习的表率，勤政为民、务实高效的表率，推动发展、创造佳绩的表率，解放思想、改革创新的表率，廉洁奉公、严于律己的表率）的要求，引导党员、干部树立正确的世界观、人生观、价值观和正确的权力观、地位观、利益观。

二是强化反腐倡廉教育。围绕学习贯彻《廉政准则》，深入开展党纪教育，增强干部廉洁意识。省厅将每年三月定为廉政教育月，组织党员、干部集中学习反腐倡廉建设有关文件和会议精神。通过开展《廉政准则》学习测试、观看警示教育片、参观警示教育基地、观看预防职务犯罪展览、领导干部上廉政党课、在干部培训班上开设廉政课程等方式，促进廉政教育常态化。近几年省厅按照国土资源部的部署，在全省国土资源系统开展了两轮廉洁从政集中整训，对市、县部门领导干部进行全员培训，邀请有关领导和专家学者开展廉政视频讲座，取得良好成效。积极推进廉政文化建设，开展了廉政勤政主题艺术作品征集、评选活动，改版更新了“福建省国土资源廉政文化建设网”，制作廉政风险防控主题的廉政宣传画，营造了浓厚的廉政文化氛围。

三、完善制度

厅党组将制度建设作为反腐倡廉建设的重要工作。

一是完善权力制约机制。认真贯彻民主集中制，对重大决策、重要干部任免、重大项目安排和大额度资金拨付使用等事项坚持集体研究决定。全面推行重要事项集体会审制度，对用地审批、规划审批、矿业权发证、重大违法案件处理等工作，由一个主办处室牵头，相关业务处室会审，实现了权力的相互制衡，把好质量关。认真开展厅行政职权清理，建立职权目录并向社会公布，对20多项重要的行政许可及审批事项编制了流程图。出台《福建省国土资源行政处罚裁量权执行标准（试行)》，对20项具有自由裁量幅度的行政处罚权制订了全省统一标准，配套制定行政处罚自由裁量权行使规则、行政自由裁量权责任追究办法、监督检查与评议考核暂行办法等。

二是推进依法行政工作。认真配合福建省监察厅开展依法行政综合监察，组织自查了14069项具体行政执法事项和132个规范性文件，认真整改依法行政中存在的问题，修订了有关行政许可及审批事项的办理指南，加强了新增建设用地土地有偿使用费和耕地开垦费的征收管理，停止收取矿产资源开发利用方案审查费，完善了专家库管理制度，推进了矿山生态环境恢复治理工作，提高了依法行政水平。认真开展制度廉洁性评估试点，通过征求意见、审核研究、专家论证等方式，对省厅起草、发布的规范性文件进行评估和修改完善，消除了制度中可能导致腐败的漏洞和缺陷。

三是积极构建廉政风险防控机制。组织全省国土资源系统深入开展廉政风险点排查，在全面梳理岗位职责的基础上，以职责为对象，以流程为主线，从思想道德、业务素质、制度机制、外部环境等方面，通过自己找、群众提、集体议、班子审等方式，全面排查廉政风险点及其风险表现形式，评估风险等级，全厅排查出廉政风险点172个，制定防控措施551条，各级国土资源部门共查找出廉政风险点5931个，制定防控措施8913条。厅党组出台了《廉政风险防范管理暂行规定》，对风险排查、风险教育、风险规制、风险监控作出具体规定，全省国土资源系统基本建立了廉政风险防控机制。

四、强化监督

一是加强对重大政策措施落实情况的监督检查。近年来，省厅积极采取政务督办、效能督查和纪律监督等方式，确保政令畅通。认真开展加快转变经济发展方式监督检查，深入实施保发展保红线工程，开展国土资源节约集约模范县创建活动，制定实施低丘缓坡地开发利用、单位GDP耗地考核等制度，圆满完成补充耕地和土地整理任务。认真开展“三农”政策措施落实情况的监督检查，加强以土地整理复垦开发项目和资金监管为重点的强农惠农资金监管工作，制定出台项目稽查、专项资金使用管理等制度，确保项目质量和资金有效使用。认真开展房地产调控政策落实情况的监督检查，将经济适用房、廉租房建设项目的土地供应和开发建设情况纳入政府国土资源管理目标责任制考核内容，加强保障性安居工程用地计划管理，落实保障性住房用地供应。认真开展对福建省委、省政府“五大战役”决策部署实施情况的监督检查，扎实开展用地保障、“三旧”改造、土地整治、灾后重建、地质服务、和谐征地等六个专项行动，为建设项目、城乡统筹、区域发展和民生改善提供有效服务，为资金筹措提供平台。

二是加强对干部履职的监督。认真落实诫勉谈话、任前廉政谈话、函询、领导干部报告个人有关事项等监督制度，在重要节假日前向干部发送廉政提醒短信，近年来组织干部开展了廉洁从政自查自纠和防止利益冲突情况自查，每年年底组织党员领导干部进行大会述职述廉。厅党组作出了《关于国土资源工作人员廉政勤政八严格八不准的决定》和《关于国土资源工作人员防止利益冲突的若干意见》，进一步规范干部的从政行为。2009 年厅党组印发了《驻厅纪检组监察室关于加强监督工作的若干意见》，从参与重要事项研究、开展专项检查或综合检查、实施行政审批电子监察、建立重要情况通报制度、受理举报、落实诫勉谈话制度、建立处级干部廉政档案、开展专题调研等八个方面，加强对干部履职的事前、事中、事后监督，促进监督的制度化、规范化。

五、深化改革

厅党组以工程建设领域突出问题专项治理、“两整治一改革”工作为抓手，持续推进国土资源管理制度改革创新。

一是推进审批制度改革。积极推进行政许可制度改革，通过调整、下放、合并等方式，减少省级国土资源审批项目 7 个。改革土地整理复垦开发项目管理机制，将具体项目的立项、设计和资金补助交由设区市局管理，省厅主要负责指导与监督考核工作；同时改进项目招投标制度，规定投资额 700 万元以下的土地整理复垦开发项目实行合理造价区间随机抽取中标人办法，从根本上解决围标串标、低价抢标等违法违规问题。

二是推进国土资源市场机制建设。深入开展土地和矿业权市场专项整治。落实并进一步完善土地使用权招标拍卖挂牌出让制度，下发了《关于进一步规范土地使用权交易市场的通知》，编制了《福建省国有土地使用权出让工作规范》，进一步明确了各类建设项目的供地方式，加强了土地用途的分类管理，积极推行土地使用权网上交易制度，建成运行“福建省土地市场动态监测与监管系统”，加强对全省各地土地供应和开发利用的监管。建立健全矿业权市场，省里出台《关于进一步加强矿产资源勘查开发管理的通知》，规定除中央和省级地质勘查专项资金勘查项目的探矿权、已有探矿权转采矿权外，其他新设立矿业权全面实行“招拍挂”出让；积极开展探矿权采矿权招标拍卖挂牌出让制度执行情况专项清理；完善矿业权价款评估办法，建立评估机构名录库，实行评估机构随机抽取制度；成立了省、市矿业权交易中心，出台了矿业权交易管理办法、交易规则、交易流程图等管理制度，规范矿业权交易行为。

三是深化政务公开和政府信息公开。认真贯彻施行《政府信息公开条例》，制定了政府信息公开的试行办法、保密审查规定、工作考核和监督检查暂行办法等制度，对政务网站进行了更新改版，充实了信息公开目录，完善了信息分级分类标准，及时公开与经济社会发展和民生密切相关的土地开发利用、防灾减灾、地质工作等专项规划及国有土地“招拍挂”出让信息，积极开展网上调查和民意征集，近五年来省厅共向社会主动公开政府信息 1200 余条，办理依申请公开政府信息 200 件次，外网回复群众咨询 1500 多条。

六、切实纠风

厅党组坚持把纠风工作作为推动工作、维护权益、促进廉政的重要手段，2010 年组织召开全省国土资源系统政风行风建设工作会议，总结交流近年来全省各地国土资源部门政风行风建设经验，对进一步加强系统政风行风建设进行了动员部署。

一是加强队伍作风建设。2009 年在深入学习实践科学发展观的基础上，省厅开展了“严要求、齐努力，共建务实高效机关作风”活动，以牢记宗旨、求真务实、勤奋高效、艰苦奋斗、严格管理、廉洁自律为主要内容，推动干部改进作风，提高效能。2010 年以来，省厅以“建设一流国土资源管理队伍，提高保障发展保护资源能力”为主题，在各基层组织和党员中深入开展创先争优活动，在系统各窗口单位开展“为民服务创先争优”活动，着力纠正庸懒散等不良风气。近几年，省厅还每年开展“服务基层、服务企业”活动，由厅领导带队深入基层现场办公，并派出服务小组赴各地巡回培训指导，帮助基层和企业解决用地用矿方面的实际问题，营造良好的发展“软环境”。

二是深入开展民主评议政风行风工作。每年省厅制定系统民主评议政风行风工作方案，组织各级国土资源部门以行政服务窗口和基层国土资源所为重点，采取多种方式广泛听取社会各界和人民群众的意见建议，改进工作，提升服务水平。近两年省厅还分别确定“规范土地整治项目管理”和“地质灾害防灾减灾”为年度政风行风评议议题，组织认真查找工作中存在的问题和不足，提出和落实改进工作的措施办法。2010年以来，省厅每年由厅领导带领业务处长，走进省级电视台直播栏目，现场答复群众热线电话和短信咨询，解读和宣传国土资源政策法规。

三是扎实开展纠风专项治理。我厅牵头坚决制止违法违规强制征地拆迁行为专项治理工作，切实加强征地管理，督促各级地方政府严格执行法定征地程序，落实被征地农民补偿、安置和社会保障各项措施，近几年调整提高了全省征地补偿的最低标准，逐步建立了补偿标准动态调整机制。在深入开展征地冲突问题调研的基础上，形成了和谐征迁“五五”工作法在全省推广，推动各地在征迁工作中切实做到主要领导“五亲自”、工作班子“五尽心”、组织实施“五到位”、安置补偿“五严格”、征迁安置“五满意”。

七、严肃惩治

厅党组坚持一手抓预防腐败，一手抓惩治腐败。系统各级派驻纪检组、监察室认真受理、核查信访举报件，对存在利用职便谋取私利、失职渎职、受贿索贿、侵害群众利益等违纪违法问题的严肃查处，2008年以来共立案或配合有关部门立案140多件，160名干部受到党政纪处分或刑事处罚。案件查办过程中，坚持实事求是、宽严相济的原则，确保处理恰当、手续完备、程序正当。同时，注重发挥案件的治本功能，认真开展“一案一整改”，深入剖析案件发生原因，有针对性地开展警示教育，抓好问题整改，完善相关制度。

围绕"八大体系" 加快国土资源惩治和预防腐败体系建设构建进程

江西省国土资源厅

党中央下发《建立健全教育、制度、监督并重的惩治和预防腐败体系实施纲要》、《建立健全惩治和预防腐败体系2008—2012年工作规划》，省厅党组始终高度重视，严格按照江西省委《实施办法》，将惩防体系建设作为一项重要的政治责任，印发了《关于建立健全国土资源管理惩治和预防腐败体系的意见》等数十项的规章制度，坚持每年都把构建好惩防体系作为党风廉政建设和反腐败工作的重中之重，明确年度任务和分工责任，坚持分年度稳步推进，经过全省系统五年多来的共同努力，省厅已基本完成任务，取得了实质性成果。现将主要情况总结报告如下：

一、基本成效

开展惩防体系建设五年多来，在省委、省政府、省纪委和国土资源部的正确领导下，全省国土资源系统坚持以科学发展观为统领，认真贯彻党中央关于党风廉政建设一系列重大决策，围绕构建和完善国土资源惩治和预防腐败体系这一重点，积极探索创新党风廉政建设工作思路，认真落实党风廉政建设责任制，加大反腐倡廉教育力度，扎实推进政风行风建设，主动开展监督检查，严肃查办违纪违法案件，全系统党风廉政建设总体形势向好，党风廉政建设工作不断得到加强，为省厅国土资源事业的健康发展提供了有力的政治保障。

（一）党风廉政建设责任制全面落实。厅党组始终把落实党风廉政建设责任制，作为构建惩防体系和推进党风廉政建设和反腐败工作的“龙头”来抓。厅党组书记、厅长带头认真履行“第一责任人”职责，凡党风廉政建设大事都以身作则，身体力行，做到亲自部署、亲自过问、亲自协调、亲自督办。班子其他成员按照“谁主管、谁负责”的要求，较好地履行“一岗双责”的责任，积极抓好分管范围内的反腐倡廉工作。厅党组自觉坚持中心组学习和民主生活会制度，民主集中制得到严格执行，重大决策、重大事项安排、重要干部任免和大额度资金使用“三重一大”制度得到较好贯彻，党内监督的各项制度有序推进。厅党组每年定期召开会议，分析不同阶段党风廉政建设形势，对涉及党风廉政建设的重大问题和重要工作进行专门部署。开展惩防体系建设以来，全省国土资源系统普遍开展了述职述廉、任前廉政谈话、诫勉谈话等工作，对各级领导班子特别是主要领导的监督明显加强。省厅在先期试点的基础上印发了《关于在全省开展国土资源所（站）执法人员向基层服务对象述职述廉工作的实施意见》，全面推行基层执法人员向服务对象述职述廉工作，为解决基层国土所执法不公、执法扰民以及执法不廉的问题开辟了新途径。据统计，五年来，全省系统纪委负责人同下级党政主要负责人谈话累计达 812 人次，领导干部任前廉政谈话 1168 人次，诫免谈话 384 人次，领导干部述职述廉及民主测评 4713 人次，接受函询 214 人次，党员领导干部报告个人重大事项累计达 1554 人次。

五年多来，全省国土资源系统认真落实中央部署，扎实开展了专项治理违反廉洁自律四个问题、违反规定配备使用公务用车问题、收送现金和“红包”问题、私设“小金库”问题等一系列专项治理活动，有力促进了党员领导干部廉洁自律。特别是2010年至今，厅党组提出了“廉政建设由重惩处向重预防转变”的工作思路，在全系统组织开展了以争创政治好、团结好、作风好、廉洁好、工作好为主要内容的创“五好”班子活动，极大提升了各级领导班子的整体素质和决策水平。开展了以学习宣传《中国共产党党员领导干部廉洁从政若干准则》为主题的廉洁从政教育活动和贯彻落实《廉政准则》自查自纠工作，系统各级党员干部廉洁自律意识有新提高。

（二）反腐倡廉教育和廉政文化建设氛围浓厚。各级国土资源部门将反腐倡廉教育纳入党的思想建设和宣传教育工作的总体部署，反腐倡廉教育不断加强，更具特色和亮点。针对过去国土资源系统廉政教育比较薄弱，廉政教育载体较少的情况，2008年、2009年省厅分别采取集中一定时期、围绕一个主题，开展反腐倡廉专题教育活动。其中，2008年集中三个月时间在全省开展的反腐倡廉专题教育活动以及廉政征文活动，因活动内容丰富、形式多样、教育效果明显。2009年，首次开展了廉政勤政先进典型评选活动，并在景德镇浮梁古县衙建立了全省国土资源系统第一个廉政教育基地。树立廉政勤政先进典型。2010年至今，省厅廉政文化建设更是开展得有声有色，厅党组书记、厅长亲自主持召开了全省国土资源系统廉政勤政先进典型座谈会，举办了13位廉政勤政先进典型事迹巡展，包括省电视台在内的多家新闻媒体进行了集中报道，大力彰显了新时期全省国土资源系统优秀党员干部的精神风貌，弘扬了典型人物的先进事迹和优良品质；在崇义县成功举办了全省廉政文化建设现场会，以点带面促进全省系统机关廉政文化建设，全系统相继推出了一批廉政文化精品；开展了阅读廉政书籍撰写学习心得体会，征求“金点子”合理化建议，反腐倡廉建设理论研讨论文征集等形式多样、内容丰富的活动，全省系统共撰写学习心得体会文章和论文314篇，撰写廉政楹联作品近150幅；寓教于乐，组织开展唱红歌、扬清风文艺演出，以文艺的形式着力增强廉政教育的针对性和感染力；结合全省换届工作加强警示教育，组织系统各级党政领导班子成员集中观看《落马的

“县官”》、《土地之殇》等反腐倡廉警示教育片。在省、部领导关心指导下，省厅与电影公司联合拍摄了全国第一部反映乡镇国土所长勤政为民、廉洁奉公、依法管理、优质服务的故事片《图斑》，受到社会各界的好评。

（三）权力制约和监督机制不断完善。省厅把容易滋生消极腐败现象的权力比较集中、自由裁量权较大、群众比较关注的重点岗位、重点环节作为加强惩治与预防腐败体系建设的重点，把行政审批、资金管理、干部人事制度建设作为重中之重，围绕重点环节和关键部位权力运行，一是加强了对各级领导班子特别是主要领导的监督以及对行政审批权、行政执法权、干部人事管理的监督。完善了领导集体会审制度，建立了纪检监察部门提前介入、全程监督机制。尤其是近两年来，厅党组以案为戒，在全系统大张旗鼓地组织开展了以实施素质优化、廉政风险防范、规范管理和服务优质四大工程为主要内容的“廉政勤政创优年”活动和以土地和矿业权交易市场专项整治、整纪纠风专项整治和深化国土资源管理制度改革为主要内容的“两整治一改革”专项行动，取得了显著的成效。二是突出抓好风险岗位廉政管理工作。全省各级国土资源管理部门按照“风险定到岗、制度建到岗、责任落到岗”的总体思路，从深入排查廉政风险点，制定风险防控措施，完善风险防控机制入手，围绕征、管、查，减、免、罚，人、财、物“九大节点”，深入查找岗位廉政风险。据不完全统计，全省国土资源系统累计查找出风险岗位1142个，查找出岗位风险点4017个，制定防控措施8773项；重新制定了111项业务工作流程图。针对查找出的廉政风险，全系统大力健全完善相关制度，制定出台了涉及行政审批、土地和矿业权出让、行政执法、大额资金使用、评估行业管理等重点岗位和关键环节的一批廉政制度和管理文件，初步构建起全省国土资源领域廉政风险预警防控机制，据不完全统计，五年间，省厅累计出台187项廉政管理制度，较过去有了几何倍数的增长。2012年2月，省纪委在省厅召开省直机关风险岗位廉政管理工作现场会，省厅在会上做了重点发言。

（四）国土资源管理制度改革不断深化。五年来，省厅以规范重点岗位和关键环节权力运行为重点，深化国土资源管理制度改革。一是深化土地和矿业权审批制度改革。进一步精简行政审批事项和时间，行政审批事项由 8 项精简为 5 项，投资项目审批事项由 7 项减少为 3 项，用地审批时限由 20 个工作日缩减为 11 个工作日，新立探矿权采矿权审批时限由 40 个工作日缩减为 28 个工作日。二是大力推进网上交易，深化土地使用权和矿业权出让制度改革。省厅进一步加大科技防腐力度，会同相关部门，全力推进全省土地使用权和矿业权网上统一公开交易平台建设。省政府印发了《全省国土资源统一网上交易系统建设工作方案》，出台了《江西省土地使用权和矿业权网上交易管理办法》，省厅印发了《江西省土地使用权交易规则（试行）》、《江西省矿业权交易规则（试行）》，正在抓紧出台《江西省土地使用权矿业权交易监督管理办法》等配套制度。2011 年 12 月 9 日，省厅在江西省南昌公共资源交易中心举行了全省土地使用权和矿业权统一网上交易系统试运行启动仪式，标志着省里土地使用权和矿业权统一网上交易系统已基本建设完成，从开始建设到试运行仅仅用了 2 个半月的时间。12 月 29 日，我省首次国土资源网上交易活动取得圆满成功。2012 年 1 月 1 日起，全省全面实施国土资源网上交易。截至 10 月 31 日，我省通过网上交易出让土地使用权宗地 2067 宗，面积 6820.4826 公顷，成交价款 468.948 亿元。出让矿业权 60 宗，成交价款 10630.16 万元。三是大力推进工程建设领域项目信息和信用信息公开，加强工程建设专项治理。部署开展了工程建设中挂靠借用资质投标、违规出借资质问题的专项清理；把大力推进项目信息和信用信息公开作为有效预防腐败的重要措施，制定了项目信息公开和信用信息公开共享平台建设方案，编制了国土资源信息公开基本指导目录，省、市、县三级国土资源网站全面设立项目信息和信用信息公开共享专栏。截至 2012 年 10 月 31 日，累计在厅网站公布各类信息 21946 条，已经在省政府主网站公开探矿权和采矿权审批信息 3813 条，公开探矿权和采矿权出让信息 268 条，公开土地招标拍卖挂牌出让信息 401 条，建设用地审批信息500条，国有土地使用权出让合同信息29条。

（五）政风行风建设成效显著。厅党组从组织领导、制度保障、督促检查等方面不断加大力度，积极推进政风行风建设，全面建立健全了政风行风建设的领导机制和工作机制。五年间，省厅系统持续深入开展民主评议政风行风活动，宣传声势大，征求意见广，整改力度强。据统计，我厅先后在《江西日报》集中刊载专版两期，厅机关制作宣传展板43块，累计13次参加省广播电台“政风行风热线”节目，倾听民声，对群众反映的110余个问题一一进行了调查处理；全省国土资源系统累计设立征求意见箱、举报电话、举报网站847个，累计编制工作简报290余期，开展各类工作督查34次，召开各类座谈会941次，发放征求意见函、表43000余份，发送短信12万余条，接待来访、投诉260余起，收到举报电话300余个，主要领导亲自带队走访有关单位、服务对象11000余人次，收集到群众意见和建议3500余条；全省国土资源系统累计建立或完善各项政风行风制度1332个，出台利民便民措施597项，还以开展“创业服务年”和“发展提升年”为有利契机，大力强化服务意识，厅长和其他厅领导多次带领工作组，分片深入到11个设区市，现场审查审核重大项目用地和城市批次用地，现场解决建设用地报批的实际问题，确保了重点项目及时落地、及时开工建设。对一些重大、特办用地报件，采取“5+2”、“白＋黑”工作制，并建立应急工作制，全系统的服务水平和工作效率得到显著提升，得到各级政府和主要领导的高度评价。

（六）案件查处力度进一步加大。全省国土资源系统各级党组和主要负责人高度重视案件查处工作，切实加强对办案工作的领导，密切了与地方纪委联系和沟通。纪检监察机构发挥了案件查办的主体作用，全系统案件查办工作取得了重要进展。五年来，全省加强了对查办案件的动态掌握，建立了国土资源系统党风廉政建设季报和年报制度；加强了与地方纪检监察和检察机关的协作配合。驻厅纪检组与省检察院建立了预防职务犯罪的联席会议制度，与多个设区市纪委建立了办案协作配合制度。初步建立了在全系统办案协作网，开展了案件协作查办工作，彻底改变了过去多年来没有自办案件的情况，各级查办案件的能力和水平切实得到加强和提高。与此同时，充分发挥查办案件的治本功能，针对发生的涉土涉矿典型案件认真进行剖析，以案为鉴大力开展警示教育，有效地对腐败现象起到了震慑作用，为干部群众树立起了惩治腐败的信心，全省系统案件发案率呈现逐年递减的良好态势。

二、主要做法

五年来，根据中央《建立健全惩治和预防腐败体系 2008—2012 年工作规划》、省委《实施办法》和省纪委的统一部署，全省各级国土资源管理部门统一思想，提高认识，围绕“八大体系”及其 30 项配套工作机制建设，结合自身实际，以重点领域和关键环节的改革和制度建设为重点，采取有力措施，加快推进国土资源惩防体系建设构建进程。

（一）加强组织领导，周密部署惩防体系构建工作。全省各级国土资源部门都分别成立了惩防体系建设工作领导小组和专门的办事机构，坚持把惩防体系建设作为一项重中之重的工作来抓，坚持“一岗双责”，做到与业务工作同部署、同落实、同检查、同考核。每年都针对惩防体系建设的年度工作目标任务，明确责任单位和完成时限，通过任务和责任的分解，量化、细化、优化了目标责任，保证了省厅构建惩防体系具体措施的落实到位。

（二）以监督检查为手段，着力构建科学发展服务保障体系。全省各级国土资源部门把全面落实科学发展观作为重要任务，认真贯彻国家有关国土资源管理工作的重大方针政策，切实履行好工作职责，五年来，相继开展了一系列监督检查，为促进科学发展提供了有力的服务保障。省厅开展了对土地管理法律法规和节约集约用地政策执行情况的检查，严肃纠正违反耕地保护制度的行为；加强对机关效能建设的监督检查，防止和纠正行政不作为、乱作为以及以权谋私、权钱交易等影响机关效能、损害发展环境的突出问题；开展了全面整顿和规范矿产资源开发秩序活动，整合矿产资源，完善和规范了矿业权管理制度，建立完善了矿业权严格审批责任体系；开展了国土资源执法检查，建立了国土资源、行政监察、安全监察、环保、公安等部门共同监管的执法监察长效机制；把工程建设领域突出问题专项治理与开展加快转变经济发展方式监督检查相结合，开展了工作督查。

（三）以政务公开为抓手，着力构建公共权力阳光运行体系。省厅按照“便民、高效、透明”的原则，大力推进政务公开，不断规范权力阳光公开运行。一是推进信息公开透明。全省各级市、县国土资源部门100% 实现了政务信息网上公开，除涉及国家秘密和依法受保护的商业秘密、个人隐私外，将本部门行政审批的法律法规及政策依据、职责范围、收费项目及标准、办事程序、办事结果、纪律和服务承诺、行为规范等内容在国土资源政府网站上公开，并在行政服务大厅设置电子显示屏、电子触摸查询机等设施，便于群众查询和监督。二是坚持办事程序公开。建立完善了窗口办文制度，厅机关设立行政审批窗口，市、县、乡级国土资源管理部门全部在各级政府行政服务中心设立受理窗口，实行行政审批窗口受理、接办分离。全省各级国土资源部门都建立了行政审批责任制度，明确和细化了审批岗位责任，实施分级负责和过错追究，针对土地出让、建设用地审批、土地开发整理、探矿权采矿权出让、矿产储量认定、评估机构选择、资产管理等重要环节，建立起规范运行的程序，一改过去由个别部门运作的做法，不断建立和完善了内部联审会审制度，有效地防止了权力失控，运行失常，行为失范。三是大力推进电子政务建设。加大科技手段预防腐败力度，推行网上审批和电子监察，从 2009 年起，全面实现了建设用地网上远程报批，从过去“人报件”转为“机报件”，不仅构筑了坚实的防止腐败的“防火墙”，而且大大减少报批时间，提高了行政审批效率。四是加强国土资源综合监管平台建设。进一步健全完善了国土资源利用“一张图”和土地“批、供、用、补、查”综合电子信息监管平台，实现建设用地全程动态网上监管。

（四）以规范重点岗位和关键环节权力运行为核心，着力构建权力运行监控体系。进一步加强了对各设区市局领导班子民主生活会的指导和监督，强化领导班子内部监督和自我约束。采取上下交流，横向交流，内外交流，岗位交流等形式，加大领导干部交流力度。严格执行中央关于领导干部廉洁从政的一系列规定，按照党员领导干部报告个人有关事项的实施办法，如实报告住房、投资、配偶子女从业等情况，逐级建立廉政档案。坚持党组、纪检组负责人同下级党政主要负责人谈话制度，多警示，早提醒。认真执行巡视制度，定期开展巡视，大力加强班子思想作风建设，优化班子结构。严格执行领导干部述职述廉、重大事项报告、离任和年度审计、任职回避等制度，做到严格教育，严格管理，严格要求。建立了“三重一大”事项民主决策机制、风险岗位廉能管理机制、领导干部权力运行监督制约机制。全面推行风险岗位廉能管理，抓好理清岗位权限、排查岗位风险、规范业务流程、公开权力运行、推进风险防控、实行风险预警、推行电子政务和电子监察、强化效能监察等措施落实。落实党政主要领导干部经济责任审计规定，实行党政主要领导不直接分管财务、人事、工程等制度。

（五）以发挥案件查处治本功能为根本，着力构建从严惩治腐败体系。五年来，全省各级国土资源管理部门切实加强对查办案件工作的领导，密切加强与纪检监察机关、检察机关的沟通协作，始终保持查办案件力度，坚决惩治腐败。重点查处在土地使用权和矿业权审批过程中非法批准、低价出让等十类违法违纪案件。不断完善查处工作制度，建立健全发现、制止、查处、移送等各环节工作机制。严格执行案件统计和报告制度，各设区市国土资源部门发生的领导干部违法违纪案件，要在第一时间向省厅报告。全省国土资源系统各级党组和主要负责人高度重视案件查处工作，切实加强对办案工作的领导和指导，密切与地方纪委联系和沟通。系统纪检监察机构发挥查办案件主体作用，案件查办工作取得重要进展。全面部署开展执法监察专项行动，立案查处多起违法违规案件，采取全省通报和网站曝光的方式向社会通报了15宗非法占地案件的查处情况，分别在省电视台和江西日报公开曝光若干起土地违法典型。在加大办案力度的同时，各地还认真剖析涉土涉矿典型案件，剖析成因，以案为鉴开展警示教育，既对腐败现象起到震慑作用，又为干部群众树立起惩治腐败的信心，充分发挥了查办案件的治本功能。

（六）以专项治理为抓手，着力构建群众利益维护体系。加大专项治理工作力度，切实规范国土资源领域权力运行，在土地管理、矿产资源开发和各类工程建设方面构筑预防腐败制度防线。一是大力开展土地管理领域专项治理。加强土地使用权审批和出让的规范管理，开展了国有建设用地使用权出让合同的专项清理。进一步完善农用地转用和土地征收制度，制定出台了《农用地转用与土地征收工作廉政建设暂行规定》等一批廉政规定。加强土地市场动态监测监管系统的管理，组织开展了对农民建房收费专项治理。二是大力开展矿产开发领域专项治理。严格探矿权、采矿权出让审批管理，制定探矿权设置投放和公开出让计划和《江西省探矿权采矿权转让管理办法》等制度规范，全面推行招拍挂出让制度，依法纠正和查处违规审批和出让、转让探矿权、采矿权的行为。三是大力开展工程建设领域专项治理。严格执行经营性用地和工业用地招标拍卖挂牌出让制度，规范操作行为，积极推行工业用地预申请制度，制定《江西省经营性用地提高容积率补交土地出让金处理意见》、《国有建设用地出让转让工作廉政建设规定》。开展对探矿权采矿权招标拍卖挂牌出让制度执行情况的专项清理，统一使用标准的矿业权出让合同范本。加强对土地征收、出让、使用的监督管理，开展对闲置土地、欠缴土地出让金专项清理和对违法违规用地动态巡查，认真整改卫片检查列出的问题。

五年来，全省系统进一步完善了土地征收程序，健全了征地补偿机制；查处了一批土地违法违纪案件，解决了一大批土地征用信访突出问题，保障了被征地农民的合法权益；开展了建立保障被征地农民合法权益新机制调研，草拟了保障被征地农民合法权益的指导意见。全省执行了征地统一年产值标准和区片综合地价，征地补偿标准得到了较大幅度提高。为了切实保障被征地农民的长远生计，国土资源部门积极配合政府相关部门较好落实了被征地农民社会保障、养老保险、最低生活保障、留地安置、推荐就业、医疗救助等一系列保障措施，促进了农村社会和谐。为了拉动内需，全面落实了省政府的为民措施，切实保障廉租住房建设用地供应，全系统开通了审批民生工程项目用地快速通道，优先安排保障性住房用地。

（七）以廉政文化建设为基础，着力构建反腐倡廉宣传教育体系。厅党组大力加强对党员干部的理想信念教育和党性党风党纪教育，深入开展示范、警示和岗位廉政教育，不断丰富廉政文化内容，创新工作思路，打造一批具有国土资源特色的廉政文化精品。通过组织编发《廉政格言警句选》、《廉政建设论文集》和《警示与戒鉴》等廉政学习资料、开展廉政承诺签名、征集廉政格言、举办廉政文化书画展、观看廉政文化影片《况钟明断十五贯》、评比“廉内助”活动等一系列活动，推动全系统干部学习反腐倡廉政策法规、普及廉政文化知识、挖掘廉政文化资源，提高廉政勤政意识，逐步形成具有国土资源特色的廉政文化体系。

（八）以提高制度执行力为要求，着力构建反腐倡廉制度和执行评估体系。我厅大力抓好反腐倡廉制度落实，把对制度执行情况的监督检查纳入党风廉政建设责任制检查考核和领导干部述职述廉的重要内容，不断提高制度的执行力。强化执行效果，对制度执行不力的坚决实施问责，变事后问责为事前防控，对违反制度的行为坚决查处。

（九）以检查考核为措施，着力构建惩防体系建设领导和保障体系。厅党组带头严格执行民主集中制和“三重一大”制度，定期、不定期召开党组会、党风廉政建设工作会议和党组扩大会议，分析不同阶段党风廉政建设形势，并针对性地作出工作部署。全系统各级党组织认真贯彻落实厅党组的部署，在党风廉政建设责任制落实上做到了“五个一”，即对党风廉政建设和反腐败工作每年至少进行一次安排部署；对分管范围内党员干部每年至少讲一次廉政教育课；每年至少听一次分管范围主要负责人有关党风廉政建设情况的汇报；对新任职干部和群众有反映的干部进行一次廉政谈话；对分管范围内群众反映突出的一些不正之风问题进行调研，提出解决措施。厅党组还高度重视全省国土资源系统纪检监察队伍建设，把纪检监察队伍作为反腐倡廉和国土资源事业发展的重要力量，专门下发了《关于加强和改进全省国土资源系统纪检监察工作的意见》，通过几年来的建设，全省系统初步形成了较为完善的纪检监察机构网络。

三、下一步工作的建议

厅党组十分清醒地认识到，国土资源管理的许多环节和部位还存在廉政风险，行政管理措施还有待进一步强化，国土资源干部队伍作风还有待进一步改善，构建国土资源惩防体系的任务仍然艰巨。面对严峻的形势和艰巨的任务，厅党组认为，必须要以十八大精神为指导，认真贯彻落实十八大批准的中央纪委工作报告作出的各项部署，坚持标本兼治、综合治理、惩防并举、注重预防的方针，全面推进惩治和预防腐败体系建设；坚持把党风廉政建设和反腐败工作作为国土资源管理和事业发展的政治保障和生命线，以等不起的紧迫感、慢不得的危机感、坐不住的责任感，下更大的决心，采取更有力的措施，不断把惩防体系构建工作推向深入。

（一）狠抓廉政教育，进一步筑牢拒腐防变的思想防线，把推进观念防腐和作风防腐作为惩防体系建设的一项基础工作来抓。进一步创新形式，积极开展警示教育、正面教育、典型示范教育，构筑经常化、规范化的廉政建设长效教育机制，促进党员和党员领导干部树立正确的权力观、地位观和利益观。

（二）深化国土资源管理制度改革，进一步健全完善国土资源系统反腐倡廉长效机制。进一步深化改革、完善制度，以重点部位和关键环节的权力制约为重点，积极构建廉政风险防控预警、权力运行监督、民主公开、制度落实和问责追究等五大制度体系，健全决策、执行、监督三分离的内部制约机制，形成一套用制度管权、按制度办事、靠制度管人的监督制约机制。

（三）进一步探索和创新对行政权力运行监督的有效方法，确保国土资源行政权力在阳光下运行。深入学习贯彻党的十八大精神，要按照十八大的要求，高举中国特色社会主义伟大旗帜，全面贯彻落实党的十八大作出的各项重大决策和战略部署，深入推进党风廉政建设和反腐败斗争，从制度上、行政权力运行及网上监察平台建设上进一步推进行政权力公开透明运行，积极探索反腐倡廉建设的有效途径。认真推行网上交易，运用“制度+科技”的办法，把交易市场建设与党风廉政建设高度融合，在管理制度和交易程序的设计等方方面面体现预防和监管的功能，进一步规范土地和矿业权市场交易行为。

（四）深入开展整纪纠风专项行动，促进廉能高效从政。巩固和深化廉政风险管理工作成果，继续深入查找国土资源管理中易发腐败问题的薄弱环节，针对存在的问题，制定防范和整改措施，切实加强管理，严肃纪律，坚决纠正系统干部队伍中存在的突出问题，促进干部廉洁从政。

（五）密切加强与纪检、检察、公安、法院等机关工作的协同配合，加大惩处力度，严惩腐败行为。参与和推动五部门联席会议制度发挥更大的积极作用，及时分析掌握反腐败工作出现的新形势、新问题，及时针对性地查缺补漏，堵塞漏洞。

深入推进惩治和预防腐败体系建设
保障国土资源事业健康发展

山东省国土资源厅

近年来，全省国土资源系统认真贯彻落实中央、省委关于反腐倡廉建设的重大决策部署，紧紧围绕全省经济建设中心和国土资源管理工作任务，以推进惩防体系建设为主线，以规范和监督权力正确行使为核心，以加强制度创新和科技防腐为重点，以开展廉政风险防控为切入点，抓班子、带队伍，内强素质、外树形象，扎实推进反腐倡廉建设，为全省国土资源管理事业健康发展提供了有力保障。建厅 12 年来，厅机关没有出现违纪违法问题，在多年保持省直文明机关基础上，又连续四年创建和保持了省级文明机关称号。主要做法是：

一、加强领导，落实责任，把推进惩防体系建设放在更加突出的位置

中央《工作规划》和省委《实施办法》印发后，厅党组高度重视，在认真学习贯彻基础上，深入分析全系统面临的新形势、新任务和新特点，清醒认识到，国土资源领域是中央确定的反腐倡廉建设重点领域，是社会关注的焦点、群众关注的热点、加强监督的重点。全系统反

腐倡廉形势严峻，任务艰巨，责任重大，加快构建具有国土资源特色惩防体系，不仅是推进反腐倡廉建设的迫切需要，也是提高国土资源管理整体水平，保发展、保红线、保干部、保稳定的重大举措，必须作为重大政治任务牢牢抓在手上、放在心上。省厅成立了以厅长任组长，其他班子成员为副组长，有关处室主要负责人为成员的惩防体系建设领导小组，并下设了办公室，先后研究制定了《建立健全惩治和预防腐败体系2008—2012年工作规划实施意见及分工方案》、《党风廉政建设责任制实施办法》、《关于实行领导班子和处级干部党风廉政责任制考核及责任追究办法》等多项配套措施，每年都召开全系统党风廉政建设工作会议，总结工作，部署任务，层层签订党风廉政建设责任书，把反腐倡廉建设各项任务分解细化，落实到具体单位和人员，形成一级抓一级、层层抓落实的责任体系。要求全系统各级党组（党委）和领导班子成员严格落实党风廉政建设责任制，自觉承担起反腐倡廉建设的政治责任和领导责任，努力做到职责权力行使到哪里，党风廉政建设责任就落实到哪里，把党风廉政建设与国土资源管理工作同部署、同检查、同考核、同落实。省厅每年都对各市局及直属事业单位领导班子、领导干部落实惩防体系建设情况进行考核，对发现的问题及时督促改进，并将考核结果作为评先评优、奖励惩处、选拔任用的重要依据。目前在全系统形成了党组（党委）统一领导，主要领导负总责、班子成员分工负责、纪检监察部门组织协调、处室密切配合、党员干部积极参与、上下齐抓共管的领导体制和工作机制。

二、突出重点，抓好关键，以制度规范权力正确行使

近年来，结合系统实际和特点，把建章立制、规范权力运行、确保权力正确行使作为推进惩防体系建设的核心内容，突出抓好重点岗位、重点环节、重点部位的防控工作。一是深入推进廉政风险防控机制建设。从2010年8月起开展廉政风险防控工作，省厅制定了廉政风险防

控《实施意见》，突出干部人事管理、土地使用权和矿业权审批、资金管理等14个方面的关键岗位，理顺工作程序，明确部门岗位职责，逐一排查廉政风险点，确定风险等级，制定防控措施，将廉政责任落实到每个岗位和具体人员，形成了以岗位为点、以程序为线、以制度为面、环环相扣的风险防控机制。按照“查得准、防得住、控得牢”要求，又开展了廉政风险防控“回头看”活动，在原来基础上重新进行自查、修订、完善和评估，修订编成了《山东省国土资源厅廉政风险防控管理工作手册》，形成了廉政风险防控的制度成果。二是不断深化干部人事制度改革。先后研究制定了《山东省国土资源系统处级干部交流工作办法（试行）》、《山东省国土资源系统领导干部竞争上岗工作办法（试行）》、《关于在全省国土资源系统开展“双向约谈”的规定》等制度规定，提高了选人、用人、管人的公信力。近年来，全系统共提拔处级以上干部400多名，对厅机关处室主要负责人全部进行了交流轮岗，没有出现违规违纪选人用人现象，得到了干部群众的一致认可和好评。三是不断加强行政审批管理改革。先后制定出台了《山东省土地登记条例》、《山东省土地征收管理办法》、《山东省国有土地使用权招标拍卖挂牌出让管理办法》及《山东省国土资源执法监察责任追究暂行办法》等30多项地方法规和制度文件，将建设用地预审、土地征收征用、国有土地使用权出让、宅基地审批、探矿权采矿权审批等事项全部纳入会审范围。对符合听证条件的国土资源审批事项，依职权或依申请及时组织听证，确保行政管理相对人的知情权、参与权和监督权。大力推进土地使用权、矿业权招拍挂出让制度，近几年全省招拍挂出让土地面积占总出让面积的80%以上，招拍挂出让探矿权、采矿权达71%。健全完善了行政执法责任制、错案责任追究制、违法违纪案件备案制，提高了依法行政、文明执法水平。四是着力构筑以科技信息手段为支撑的国土资源运行体系。用“制度+科技”的方法规范程序、预防腐败，使权力在阳光下运行、风险在流程中控制。研究制定了《山东省国土资源系统一个平台两个市场建设方案》，将所有行政审批和业务管理纳入网络化运行，实现省、市、县三级国土资源管理全业务、全流程的网上运行和全程监管，形成公开、公正、公平、透明、规范化运作的国土资源管理新模式。目前省、市、县三级国土资源业务网和视频会商系统已全部建成并实现互联互通，建设用地审批管理系统实现网上运行，省厅综合管理服务平台已上线运行，整合集成土地、矿产、测绘等信息资源，实现了单点登录、统一身份认证和协同办公。与省级科技防腐视频监察系统已连通，实施对行政服务大厅的全程监控。成立省厅矿业权储备交易中心，实现了矿业权出让转让市场化运作。五是加强对项目资金监管。制定出台了专项资金预算支出管理办法、省级土地整理复垦开发项目竣工财务决算管理暂行办法、土地整治工程廉政风险防控暂行办法等文件，严格执行财务制度和政府采购制度，在土地开发整理项目、矿费项目资金安排和使用上，实行项目评估、专家论证、集体会审、严格监管，确保了项目资金合法合规使用和管理，有效堵塞了项目资金管理方面易出现的漏洞。

三、强化措施，加强监督，促进党员干部廉洁从政

近年来，省厅采取一系列措施，加大对党员干部教育、管理和监督力度。一是深化反腐倡廉教育，筑牢拒腐防变思想防线。坚持党性党风党纪教育定期搞，理想信念和廉洁从政教育不间断，示范教育、警示教育、岗位廉政教育不放松，形成反腐倡廉教育的制度化、经常化和常态化。每年都开展主题教育活动，先后组织收看先进事迹报告、专题讲座、警示教育片及展览 50 余次，编写下发系统违纪违法案件《警示录》3000 余册，结合重要会议、重大节日开展丰富多彩的教育活动。大力加强廉政文化建设，召开了廉政文化建设经验交流会，在全系统营造了“以廉为荣、以贪为耻”的浓厚氛围。二是认真落实廉洁从政各项规定。制定下发了《关于领导干部廉政谈话实施办法》、《关于进一步落实领导干部有关事项报告的意见》等制度，每年驻厅纪检组负责人都同厅

机关、事业单位和各市局主要负责人进行一次日常廉政谈话。实行廉政监察员制度，制定《关于在全省各级国土资源机关内部设立廉政监察员的实施办法》，延伸了监督触角，发挥了很好作用。深入开展巡视工作，制定了《山东省国土资源系统巡视工作暂行办法》，全系统共巡视 15 个市局、1 个厅直属事业单位、246 个县（市、区）局、开发区分局和事业单位，延伸巡视 1011 个基层所。此项工作被国土资源部在全系统进行推广。从 2010 年开始，在全系统开展创建党风廉政建设示范所活动，进一步夯实国土资源工作基础。三是大力加强作风建设。省厅民主评议政风行风名次从 2008 年度的第 16 名提升到 2011 年的第 6 名，连续四年上台阶，树立国土资源部门良好形象，实现了部党组提出的“政风行风名次升上去，违纪违法案件数量降下来”的目标。坚持纠建并举，狠抓专项治理，每年年初制定下发纠风工作要点，并将其任务分解细化，明确责任。2012 年结合系统实际，召开了全省系统认真解决发生在群众身边腐败问题视频会议，制定下发了《关于着力解决在征地和矿产资源开发中发生在群众身边腐败问题进一步加强基层党风廉政建设的意见》，坚决查处征地和矿产资源开发中损害群众利益的案件，纠正损害群众利益的不正之风。深入开展文明单位创建活动，召开精神文明建设经验交流现场会，学习推广潍坊市局打造精神文明群体的经验，目前全系统已创建国家、省、市、县四级文明单位 421 个，精神文明建设水平不断提高。四是严肃查处违纪违法案件。先后制定了《关于加强纪检监察案件查办工作的意见》、《关于加强与地方执法执纪部门协调配合工作的意见》等项制度，规范工作要求，拓宽信息渠道。对一般性问题进行廉政谈话，早打招呼、早提醒，督促其自觉改正，对严重违纪违法现象坚决予以查处。2008 年以来，全省系统被司法机关追究刑事责任人数逐年下降，违纪违法行为得到有效遏制。

以深化国土资源管理改革为主线
扎实推进惩治和预防腐败体系建设

河南省国土资源厅

2008年以来，在部党组的正确领导下，省厅以深入推进国土资源管理制度改革、健全完善廉政风险防控管理机制为主线，大力开展土地矿业权交易市场和干部队伍廉洁从政突出问题专项治理，查风险、抓防控，建制度、夯基础，有力地加强了惩防体系建设工作，促进了国土资源事业健康发展，多次受到部领导和省纪委的充分肯定。省厅在国土资源部“两整治一改革”工作会议上作了典型发言，被国土资源部评为“两整治一改革”工作先进单位，被省纪委、省委组织部、省委宣传部评为《廉政准则》知识竞赛优秀组织单位，被省纪委评为河南省廉政文化进机关示范点，被省政府评为煤炭领域腐败问题专项治理工作先进单位。纪检监察室被国土资源部评为全国先进集体，被省纪委评为先进集体、法规工作先进单位、信访举报工作先进单位、查办案件工作先进单位。4月全国国土资源系统基层廉政风险防控经验交流会在河南省召开。国土资源部基层廉政风险防控检查组6月份对省厅工作进行了检查，并指出“河南省厅工作抓得实、文化氛围浓，亮点很多、目不暇接”。省厅机关纪委先后被省直纪工委表彰为2009—2010年“五好”机关纪委、建党90周年先进机关纪委。

一、加强组织领导，把惩防体系建设作为一项重要政治任务来抓

（一）党组高度重视，落实工作责任。制定下发《河南省国土资源厅党风廉政建设和反腐败工作要点》、《河南省国土资源厅党风廉政建设责任目标》，将党风廉政建设各项工作细化分解、责任到人；实行厅领导班子成员分包联系18个省辖市局党风廉政建设责任制。组织全系统331名处级以上干部签订了廉政承诺书。每年组织督导组，由厅领导带队对18个省辖市局和9个厅属单位党风廉政建设责任制落实情况进行了年中督导、年度考评和调研。

（二）实行量化管理，确保各项工作有序开展。一是重点工作实行目标管控。将确定的党风廉政建设16项重点任务进行细化分解，确定责任单位和责任人，明确工作目标和完成时限；二是工作成效实行量化考评。将22项基本工作任务，按量按效设定百分量化考评制，按工作成效和机制创新设定加分考评制，每月下发一期量化工作通报，使具体的工作标准化；三是工作进展实行定期汇报。建立了月工作汇报和阶段工作总结报告制度，分析形势，解决问题，部署工作；四是风险排查防控实行台账管理。制定了统一的风险点排查防控管理登记表格，分类建立台账，分级制定措施；五是工作落实实行警示督导。采取评比通报等多种形式，加强督导检查。

（三）与业务工作结合，确保工作取得实效。下发了《关于印发廉政风险点排查和自查自纠阶段工作实施意见》、《阶段性工作要点》、《健全完善廉政风险防控管理机制建设的通知》等15份指导性文件，力求做到“三个结合”：一是与“双保”工程、找矿突破战略行动、资源整合、土地综合整治、矿山环境恢复治理、地质灾害防治、卫片执法检查、土地例行督察等业务工作紧密融合，同部署、同检查、同考评；二是与工程建设领域突出问题治理、商业贿赂专项治理、“小金库”和公车及“三

公”费用专项清理等专项治理工作整合，统筹安排、合并推进；三是与“创先争优”活动、“队伍建设年”活动、先进典型宣传活动和政风行风评议活动紧密结合，相互促进，同步推进，确保工作成效。

二、全面宣传教育，为惩防体系建设工作打下坚实基础

（一）开展教育活动，树立良好风气。一是认真开展“讲正气、树新风”主题教育活动。使广大党员干部进一步增强了履行《党章》赋予职责的自觉性。开展了以“贯彻落实科学发展观，我们应该怎么办”为主题的大讨论。切实加强领导干部五个方面的作风建设，树立八个方面的良好风气。二是扎实开展“讲党性修养、树良好作风、促科学发展”教育活动。组织厅机关全体党员干部、厅属各单位领导班子成员到兰考县缅怀焦裕禄同志、参观郑州市烈士陵园，瞻仰革命先烈。举办了厅领导讲党课、重温入党誓词、“双十佳”评比和演讲比赛等活动。开展了宣传展板暨读书笔记、心得体会集中展评活动，共展出宣传展板30块、党员干部学习笔记1500本、心得体会500篇。开通了“讲、树、促”教育活动专题网站，河南电视台、大河报、大河网和《国土资源导刊》等新闻媒体多次对省厅活动开展情况进行了专题报道。厅长作为政府口唯一代表在全省“讲、树、促”活动经验交流大会作了典型发言。河南日报刊登了厅典型材料。三是深入开展《廉政准则》学习宣传活动。围绕贯彻落实《廉政准则》8个禁止、52个不准，分别邀请省纪委、河南大学、郑州大学、省委党校等领导和专家进行每月一课专题讲座。组织了《廉政准则》知识竞赛。厅党组成员分别到分包的18个省辖市局，组织开展市县国土资源领导干部和重点岗位人员集中整训1292人，组织18个省辖市局“一把手”开展《廉政准则》学习体会交流。

（二）创新宣传教育载体，注重融入日常生活。一是建立宣传教育平台。建立网络学习、快讯群发、网上QQ互动、信息简报和电子显示

屏等5个平台，先后刊发廉政学习资料4491篇，编发廉政短信400多万人次，在线交流廉政工作信息4500条，编发信息简报135期，门户网站党风廉政建设专栏点击率达19万人次。二是发放宣传教育资料。结合治理商业贿赂专项工作，全系统编印、购买了《河南省国土资源厅治理商业贿赂警示教育资料》、《领导干部讲廉政党课》、《国土资源警示录》等学习资料72500本，制作学习光盘4万多盘，下发到国土资源系统每个干部职工及其家庭。三是结合日常工作。充分利用系统网站、《资源导刊》杂志、《纪检监察工作信息》等媒介开办反腐倡廉宣传专栏，组织"一把手"上廉政党课活动，每周组织国土资源"大讲堂"，全系统悬挂廉政文化标牌4万余块。将查出的岗位风险点及防控措施上桌、上墙，使廉政警示覆盖工作、生活的方方面面。组织干部职工参观了"光辉历程，浩然正气——河南省纪念中国共产党建党90周年"反腐倡廉建设展览和"中原清风杯"优秀廉政戏剧巡演，结合"三新"大讨论活动、学习实践科学发展观活动，将"廉政国土"教育列为全省县、乡、村级干部国土资源法律知识宣传教育活动培训内容之一，举办培训班344期，达70729人次。四是及时通报典型案件，进行警示教育。在全省系统干部会议上，及时通报近期发生的典型案件，宣读失足干部的悔过书，做到警钟常鸣，加强廉政教育。

（三）确定标准规范，开展廉政文化创建活动。制定下发了《河南省国土资源厅关于开展廉政文化进机关进家庭活动的通知》，在宜阳县召开了廉政文化建设工作会议，把漯河市作为廉政文化建设示范点，以"53221工程"为载体，强力推进廉政文化进机关、进家庭工作。举办全系统廉政演讲比赛，选出18名优秀选手全系统巡回演讲。举行廉政书法比赛，组织全省系统参赛作品209幅，河南电视台进行了专题报道，取得了良好的教育效果。开展了廉政文化屏保征集评比活动，征集廉政屏保图片、动画391幅，并安装到每一台办公电脑上。目前，按照省厅制定的标准，全省8个省辖市局、3个厅属单位已实现廉政文化建设达标，占单位总数的39%，2012年全系统28个单位年底要全部达标。

三、加强队伍建设，为惩防体系建设工作提供有力支撑

（一）切实加强政风行风建设。一是加强了基层所建设。按照“机构设置规范、名称标识统一、办公设施完善、管理制度配套、工作纪律严明、人员素质优良、基层群众满意”的工作要求，明确工作职责，健全工作机制，进一步提高了基层所干部职工的思想素质、业务水平、行政能力、服务质量和办事效率。省系统共有 94 个单位被省纠风办表彰为群众满意的基层站所。二是拓宽监督渠道。通过大河报向社会各界公布省、市、县三级国土部门政风行风热线电话，开设“行风监督举报专栏”。累计发放调查问卷 15 万张，征求各界对国土系统工作意见，接受社会舆论监督。坚持“一把手”上政风行风热线。厅长及各市局“一把手”亲自上政风行风热线，累计受理热线电话 3004 件，都做到事事有回音，件件有着落。三是坚决纠正干部职工中存在的腐败现象。厅下发《河南省国土资源厅关于进一步严肃机关工作纪律的通知》，组织开展“向社会承诺，让人民满意”主题活动。组织开展为民办实事办好事主题实践活动。厅机关各处室和厅属单位将公开承诺内容在办事大厅公示，接受群众监督。

（二）切实加强制度建设。认真贯彻《建立健全惩治和预防腐败体系 2008—2012 年工作规划》。一是注重完善制度。在对规范性文件和各类管理制度进行全面梳理的基础上，结合国土资源管理的新政策、新要求进行修订和完善，编印了《国土资源法律法规汇编》和《河南省国土资源厅机关管理制度汇编》，共六册 136 万字，涵盖 497 项法律法规和政策文件。召开了制度建设经验交流现场会，促进了国土资源管理制度建设。二是强化制度落实。认真执行警示诫勉谈话制度。对群众反映有苗头性、倾向性问题的处级领导干部，报请厅长亲自进行警示诫勉谈话，厅机关副处级干部由分管副厅长及时进行警示诫勉谈话，加强了对

厅管干部的监督。

（三）持续推进纪检监察干部队伍建设。一是认真开展“做党的忠诚卫士、当群众的贴心人”主题实践活动。组织召开家庭助廉座谈会，省厅纪检组全体人员、各省辖市局纪检组长及其家属共计50余人参加了座谈会。与会干部及家属畅所欲言，并表示一定要把好家庭助廉关，建立和谐廉洁美满安全的家庭、工作关系。二是认真开展纪检监察干部“队伍建设年”活动。组织全省系统63名纪检监察干部参加中纪委培训。在省纪委宣教基地举办了全省国土资源系统纪检干部综合业务培训，221名纪检监察干部参加了培训；组织27名纪检监察干部参加了国土资源部培训，有6篇论文被国土资源部采用。三是认真开展纪检监察干部“提升素质、规范执纪、端正作风、树立形象”专题教育活动。组织纪检监察干部每月精读1本好书，下发《驻厅纪检监察室关于进一步明确内部职责分工的通知》，进一步确立岗位职责，规范工作程序、实现工作规范化，树立纪检监察干部良好形象。

四、开展专项治理，确保惩防体系建设工作落到实处

（一）认真开展廉洁自律方面的专项治理。一是强化领导干部廉洁自律。下发了《河南省国土资源厅关于进一步做好清理纠正国家机关工作人员投资入股煤矿工作的通知》，组织全省系统630名领导干部填写了《利用职务上的便利谋取不正当利益情况自查自纠登记表》。二是开展公务用车治理。按照《党政机关公务用车配备使用管理办法》要求，对超编制超标准配备使用公务用车、违反规定换车借车租车、摊派款项购车、豪华装饰、公车私用等问题开展专项清理整治，对每辆公务用车使用情况建立台账。三是加强厉行节约专项治理工作。严把预算关，对年初预算安排的各项支出，按照规定的控制指标重新做了测算，调减、压缩各项公务费、业务费、会议费等预算安排指标；严把管理关，制定

并完善《大中型会议组织工作规程》、《机关会议审批制度》、《公务接待管理办法》、《公务用车管理使用规定》和《领导干部出国（境）管理办法》，规范四项经费预算、审批、支出工作程序，严把支出关。加强“小金库”治理，确保资金使用安全。四是开展“节日病”治理。在元旦、春节、五一、中秋等重大节日前下发有关文件，设立举报电话，组织督查组明察暗访，加强节日期间不廉洁行为的预防和监督检查；对利用职权谋取不正当利益和违规收受礼品、现金、有价证券进行专项治理。

（二）深入开展“两整治一改革”工作。一是认真开展了自查自纠。组织对2000年以来的土地使用权和矿业权审批、出让卷宗进行复查复审，解决不规范、不完善甚至违法违规问题。目前，已清理业务卷宗7万多件，纠改问题卷宗1232份，对历史遗留问题进行了分类处理、分级会诊。围绕加强土地开发管理，健全土地监管责任机制，省厅代省政府起草了《关于进一步加强土地开发管理切实提高建设用地保障能力的意见》，从健全土地综合整治机制、构建节约集约用地机制、强化土地严格监管机制3个方面25项内容，提出了规范性的意见和措施。二是精心组织廉政风险点排查。在风险点排查中，组织召开现场会，统一思想，提高认识，形成“自己找、大家提、群众评、领导点、组织审”的五步风险排查工作流程，对查找到的风险点实行“部门对个人、领导对部门、组织对单位”的三级审查评估，确定岗位风险点3100个，制定防控措施6700多条。认真执行《河南省国土资源厅“三卡”预警“三期”防控实施意见》等监督制度，下发警示提醒卡73张、警示告诫卡34张、警示纠错卡18张，强化廉政风险早预警、早发现、早制止，增强了预防的时效性。三是完善了国土资源市场配置机制。围绕健全规范土地和矿业权交易市场，探索完善招标拍卖挂牌出让新形式，先后制定出台了《河南省土地估价评估机构管理办法》、《河南省国土资源厅关于加强矿产资源储量评审工作的通知》、《河南省国土资源厅关于加强矿业权评估行业管理的通知》、《河南省矿业权交易管理暂行办法》等9项制度和规定。与省辖市政府结合，建立了公共资源交易中心，将土地出让纳入到公共资源交易平台，组织焦作、漯河两个省辖市开展了土地出让网上交易和网上监管先期试点，土地使用权交易市场更加统一规范、公开透明，年底全部实现土地出让网上交易。组织筹建了省矿产资源交易中心，进一步规范了矿业权交易市场。四是推进“制度＋科技”综合监管平台建设。投入近千万元，初步建立了“一网覆盖全省、一图数据共享、一台综合监管、一站服务到位、一班人马督办”的“制度＋科技”综合监管平台；与发展改革、环保、规划等部门建立了《建设项目用地联动联审联批制度》，健全完善了行政审批内部集体会审制度和行政处罚、行政复议、听证等制度；行政审批事项实现了政务大厅统一受理、接办分离、限时办结、网上报批、联网审批、综合监管。

（三）着力推进煤炭领域腐败问题专项治理。根据《河南省煤炭领域腐败问题专项治理工作方案》（豫纪发〔2011〕14号）要求，一是认真开展六项违法违纪案件自查工作。涉及矿业权价款评估机构及评估师在煤炭矿业权价款评估工作中是否有违法违纪行为；矿产资源储量评审机构、储量评估师及储量报告编制单位在煤炭资源储量报告编制、评审工作中是否存在违法违纪行为；国土资源管理部门工作人员在矿业权年检过程中是否有违法违纪等行为；煤炭矿山储量动态检测工作中是否有违法违纪情况；煤炭资源补偿费征收管理工作中是否有违法违纪情况开展自查自纠工作，重点开展了煤矿超层越界开采自查自纠工作，共查出超层越界煤矿70家，已处理到位62家，收缴罚款124万元，其他8家正在立案查处。二是进一步强化行政权力监督制约机制。制定出台了《河南省矿业权评估机构管理办法》、《河南省矿产储量评估师管理办法》、《野外工程核实实施办法》、《科技项目设计与成果审查管理办法》、《河南省矿业权交易管理暂行办法》、《河南省地勘基金地质勘查项目监审、地勘基金合作勘查、地勘基金项目终止管理暂行办法》等制度和规定，进一步完善煤矿监督管理长效机制。

（四）扎实开展工程建设领域突出问题专项治理。扎实开展工程建设领域突出问题治理和工程建设项目信息公开工作。根据国土资源部、省监察厅的部署和要求，针对工程建设项目决策、审批、招投标、竣工验收、工程质量、资金使用等重点环节，以及施工、监理、勘察设计、招标代理等单位和个人在项目建设中挂靠借用资质投标、违规出借资质问题，研究下发了《2012 年河南省国土资源系统建设领域突出问题专项治理工作实施方案》进行安排部署，重点对 2011 年 1 月 1 日以来新开工、投资额 500 万元以下国家投资和使用国有资金的工程项目进行全面清理、整改。为了确保工程建设项目信息和信用信息公开工作扎实开展，坚持把项目信息和信用信息公开纳入政府信息公开，按照我省公开共享管理办法、公开共享规范、基本指导目录和政府信息公开条例规定，制定《河南省国土资源厅工程建设领域项目信息和信用信息公开目录》，对项目分类、公开内容、公开类别、变更责任部门、公开时限进行了详细规定，基本实现了信息公开标准化、适时化，并责任到单位、到人。同时，还集中人力物力进行了信息公开共享专栏模板后台制作和操作说明的起草工作，初步实现了专栏上传数据制式化、规范化管理，受到了省监察厅、工信厅有关领导的充分肯定。

五、存在的主要问题及下一步工作打算

一是土地和矿业权网上交易环节多、程序复杂、专业性强，虽然一些基础性工作正在加快推进，但对网上交易风险的认识和防范，仍需进一步研究和探索。二是制度的立、改、废涉及面广，是一个循序渐进的过程，受限于当前的管理体制和机制，加快推进管理制度改革创新，仍需加强管理制度的顶层设计。三是国土资源预防腐败工作面临的环境条件复杂，仍需加大对国土资源反腐特点规律的认识和研究，加大理论和制度建设方面的创新。

下一步，将继续扎实推进廉政风险防控机制建设，强化廉政风险管理，深化惩防体系建设工作成效，持续推进管理制度改革创新。一是继续加强责任落实。进一步加强对预防腐败工作的组织领导，强化责任落

实，严格责任追究，确保工作实效。二是继续加强宣传教育。大力推进廉政文化建设。营造良好的廉政文化氛围，持续夯实干部队伍廉洁从政思想基础。三是继续加强作风建设。重点加强和完善行政许可审批、干部管理、项目管理、专项资金使用和机关建设等方面的工作，从机制制度建设上解决问题。四是继续加强廉政风险防控管理。加快推进“制度＋科技”综合监管平台建设，运用科技手段强化权力运行的监督和制度的执行，规范自由裁量权。围绕廉政风险防控管理机制建设，开展廉政风险动态评估，对已建立的制度组织进行合法性和合规性审核，对待修订的制度加快修订进度，对拟新建立的制度加大制定力度，不断健全完善防控管理机制，努力提升反腐倡廉工作水平，推进国土资源事业健康发展。

六、建　议

加强纪检监察队伍建设，凝聚监督合力。建议国土资源部出台政策文件，一是督促地方全面落实国土资源纪检监察机构编制；二是充实纪检监察部门力量，省辖市局不少于5人，县（市、区）局不少于4人，配齐配强纪检监察干部队伍；三是提升纪检组长在党组（委）的排序，建议排在党组（委）书记、副书记之后，其他班子成员之前。

把惩治和预防腐败体系建设与国土资源管理业务工作紧密结合　推进国土资源事业健康发展

湖北省国土资源厅

一、完善工作机制，为推进惩防体系建设打牢工作基础

厅党组始终把惩防体系建设作为推进国土资源事业健康发展的有力保障，摆在突出位置，不断健全反腐败领导体制，推进工作机制创新。一是抓好工作谋划。按照省委要求，把惩防体系建设和国土资源管理业务工作紧密结合起来，研究制定厅惩防体系建设实施办法，确立了教育、制度、监督并重的工作思路。二是健全责任网络。结合厅机构设置和编制设定，认真落实党风廉政建设责任制，建立起厅长、分管厅领导、处室负责人三级责任网络，形成了一级抓一级，层层抓落实的良好工作格局。三是夯实思想基础。注重发挥教育在惩防体系建设中的基础性作用，每年开年第一个工作日召开反腐倡廉教育例会，广泛组织开展党风廉政建设宣传教育月、警示教育、廉洁从政教育培训活动，编印廉政教育学习读本，设立反腐倡廉网站，传播廉政理念，弘扬廉政文化，广大党员干部廉政意识明显增强。

二、加强市场建设，不断完善市场监督管理机制

（一）加强市场建设，严格规范土地使用权和矿业权出让管理。一是加强土地使用权出让市场机制建设。不断深化土地使用制度改革，严格土地公开出让制度，对工业、商业、商品住宅、旅游、娱乐等经营性用地一律实行招标拍卖挂牌出让。所有出让项目必须在中国土地市场网和地方主流媒体进行公告，出让结果进行公示，保障竞买人和群众的知情权。改进土地出让方式，大力推行土地使用权网上交易，减少人为因素干扰，实行阳光操作，确保土地出让公平、公开、公正。目前襄阳、荆门、潜江等十多个市都已经开通土地使用权网上交易，到2013年年底力争实现全省土地使用权网上交易全覆盖。推行土地拍卖和评估中介机构采取公开招标、资格审查入围、摇号确定中标人的机制，从源头上防止商业贿赂。加强中介机构廉洁从业承诺制度建设，制定了土地评估中介机构违规执业处罚办法，对违规的中介机构实行"黑名单"制度，取消备案资格，两年内不得从事相关业务。二是加强矿业权出让市场建设。为加强和规范矿业权招标拍卖挂牌出让转让工作，建立集中统一的矿业权交易市场，充分发挥市场配置矿产资源作用，防控矿业权出让工作的廉政风险，根据《国土资源部关于建立健全矿业权有形市场的通知》（国土资发〔2010〕145号）要求，省厅成立湖北省矿业权储备交易中心，并推动完成了省市两级矿业权交易机构建设。在此基础上，以制度建设为重点，以有效运行为目标，狠抓制度建设，制定了《湖北省矿业权年度投放计划管理办法》、《湖北省矿业权网上交易规则（试行）》、《矿业权网上交易指南》、《交易保证金缴存及退还指南》、《矿业权网上挂牌出让格式文本》和《网上交易内部工作程序和管理制度》等一系列规范性文件和管理制度，组织开展矿业权网上交易工作。今年以来，全省各市、州矿业权交易机构共招标挂牌出让矿业权120余宗，成交额1亿多元，办理矿业权转让交易和公示鉴证60余宗。与此同时，我厅认真按

照省纪委《关于转发〈工程建设领域项目信息公开和诚信体系建设工作实施方案〉的通知》要求，积极构建市场诚信体系，制定《湖北省矿业权市场信用信息管理暂行办法》，通过加强矿业权信用信息管理，营造了奉公守法者得益、违法乱纪者受罚的良好环境。

（二）推进征地制度改革，完善征地补偿和安置机制。一是积极开展征地制度改革试点工作。按照“突出重点、控制总量、把握节奏、运行有序、结果可控”的原则，首先在武汉市开展征地制度改革试点，在缩小征地范围、完善征地补偿安置机制等方面的积极探索。二是建立被征地农民社会保障制度。以省政府办公厅名义印发《关于做好被征地农民就业培训和社会保障工作的意见》（鄂政办发〔2009〕39号），明确区别对待、分类处理、自愿选择、多方筹资等原则，保证被征地农民长远生计。三是加强征地规范化管理。出台了《关于进一步加强和规范征地管理工作的通知》（鄂土资发〔2011〕18号），提出严格履行征地程序、规范建设用地报批、加强建设用地监管、维护被征地农民权益等四项措施，进一步规范了征地管理工作。

（三）建立完善矿产资源管理机制。一是健全完善矿业权设置方案制度。印发《关于编制与实施矿业权设置方案的通知》，修订了《湖北省矿业权设置方案编制技术规程（试行）》，形成完整的矿业权设置方案编制和管理体制。已完成宜昌磷矿黄陵背斜北部矿区等36个矿区矿业权设置方案编制、评审工作。二是出台《湖北省国土资源厅关于进一步规范探矿权采矿权管理的暂行规定》，严格矿产勘查开采准入管理探索建立矿产勘查退出机制，规范矿业权审批行为。同时，印发《省国土资源厅关于规范全省矿业权出让转让公示公开工作的通知》，要求全省所有出让转让项目，必须在机关门户网站、省国土资源厅政务大厅和国土资源部门户网站上公示交易结果或公开相关信息，公示（公开）无异议的方可办理登记手续，既增加了矿业权管理工作透明度，也可预防矿业权管理工作中违规行为的发生。三是完善矿产资源储量管理制度。实行地质勘查项目野外验收制度、储量报告初审查制度、原始资料抽查制度、储量报告质量考核制度等，建立储量评审专家责任机制和诚信档案，对评审过程中弄虚作假，不能公平、公正履行职责的，清理出评审专家库。四是规范矿业权评估备案行为。推行矿业权评估委托摇号遴选制度、评估结果专家咨询审查制度、评估备案集中会审制度和评估备案结果公示制度，做到评估项目、评估机构、评估结果“三公开”。

（四）进一步完善土地整治管理机制。一是规范项目招投标。针对当前土地整治项目中假借资质、围标、串标、违法转包分包的现象，研究制订《湖北省土地整治项目招标投标资格审查办法》和《湖北省土地整治项目招标投标评标办法》。结合实际，重新出台《湖北省土地整治项目施工招标投标管理办法》，进一步规范招投标工作。二是加强了标准化建设。制定和完善了从项目选址到实施各个环节的规范和标准。组织有关单位和专家编制《湖北省土地整治通用工程施工质量检验标准》、《湖北省土地整治工程施工质量验收规范》，正在制定和申报《湖北省土地整治工程建设标准》、《湖北省土地整治规划设计标准》和《湖北省土地整治预算定额标准》等3个地方行业标准。三是强化从业机构管理。建立从业单位信用管理体系，先后制定出台《湖北省土地整治项目监理单位考核考评办法》、《湖北省土地整治项目可研、规划设计单位考核考评办法》、《湖北省土地整治项目施工单位考核考评办法》。建立全系统信用信息联动机制。协调有关部门建立国土资源工程建设项目市场准入和退出机制。对有不良记录的市场主体，除严肃查处外，在招投标和市场准入方面采取限制措施，实行“黑名单”制度，禁止其进入全省国土资源工程项目建设市场。

三、强化监督检查，严肃查处土地矿产资源开发中的违纪违法行为

（一）深入开展土地和矿业权交易市场专项整治。在整治土地市场方面，2008年以来，国有土地有偿使用是否实行招拍挂、是否低价出

让等7个方面进行清理，共清理国有建设用地使用权出让合同25000多宗。对建设用地审批是否符合土地利用总体规划、是否符合国家产业政策和供地政策、是否存在耕地占补不落实等8个方面进行清理，共清理省级审批建设用地2440宗、国务院审批建设用地58宗。强化闲置低效用地清理处置，严肃查处囤地炒地和浪费土地行为。今年，省厅与省监察厅在全省范围内联合部署开展闲置低效用地清理处置工作，全省共清理出闲置低效用地1648宗，面积10.33万亩。目前各地已处置盘活闲置低效用地150宗，面积8521亩。对国土整治项目决策是否依法依规、招标投标活动是否规范、工程建设实施和质量安全管理是否严格等7个方面进行清理，共清理土地整理项目204个，低丘岗地改造项目145个。在整治矿业权市场方面，2006年以来，矿产勘查许可证、采矿许可证的主要矿种和储量规模是否属本级发证范畴、矿山开采矿种是否与发证矿种相一致等情况进行清理，共清理探矿权审批1626个，采矿权审批4770个。针对清理中发现的4个方面问题，省厅认真分析问题原因，查找制度和管理上的漏洞，分类研究制定了整改措施，落实整改责任，清查中发现的4个方面、12类问题得到有效解决。

（二）加强对贯彻执行中央、省委省政府决策部署的监督检查。2011年以来，省厅开展了对贯彻落实土地调控政策和节约集约用地政策情况、农村土地整治和农村环境连片整治示范工作落实情况的监督检查；加强了政府保障性住房等重点投资项目建设用地审查，确保重点投资项目的用地供应。同时，开展了对加强和改善宏观调控、加快经济结构调整、耕地保护和节约用地、低丘缓坡土地综合开发利用、工矿废弃地复垦调整利用试点、高标准农田综合整治、地质找矿整装勘查、土地和矿业权市场建设、保障和改善民生等政策落实情况的监督检查。还先后开展了保障性住房用地落实情况检查、闲置土地清查和房地产用地闲置专项治理、批而未用土地清查和用地批后监管抽查等活动，有力保障了上级决策部署的贯彻落实。

（三）加强土地矿产卫片执法。围绕经济社会发展大局，积极主动服务，严格规范管理，着力构建执法监管体系，开展了土地卫片执法检查及违法行为问责行动，严肃查处违法违纪案件，严格落实耕地保护责任制。利用每年一度的土地矿产卫片执法检查，对违法违规行为坚决查处整改。2010年度土地矿产卫片执法检查，全省2927宗违法用地已立案查处2815宗，下达处罚决定书2794份，收缴罚款20270.00万元，拆除违法建筑面积32.90万平方米。2011年度，全省1588宗违法用地立案查处1446宗；收缴罚款5944.88万元，拆除建构筑物7.26万平方米；给予党纪政纪处分128人，移送司法机关68人；立案查处违法采矿73宗，非立案查处42宗，关停矿山61处，恢复治理5处，罚款191.77万元，没收非法所得272.71万元，有效遏制了违法用地和非法采矿行为。

（四）加大征地拆迁自查整改、纠纷排查调处力度。出台了《国土资源领域重大事项社会稳定风险评估办法（试行）》，明确申报建设用地前，没有社会稳定风险评估意见不予受理。制定《湖北省征地补偿安置争议协调裁决办法》，用于因征地而引发的征地补偿安置争议的协调和裁决。2011年开展了征地拆迁制度规定落实情况的自查整改工作，组成督查组，对武汉、襄阳、鄂州、荆州等部分市、县进行了重点督查。

四、坚持立行并重，扎实推进廉政风险预警防控工作

（一）建立健全制度，规范权力阳光运行。2010年年底，在省纪委、省监察厅、省预防腐败局的指导下，省厅出台《湖北省国土资源领域廉政风险防控工作指导意见》及三个配套办法（简称“1+3”制度）。近两年，为建立与“1+3”文件配套的制度建设，我厅先后出台《关于进一步加强和规范征地管理工作的通知》、《探矿权转采矿权补缴探矿权价款有关规定》等38个制度（规定、办法）。通过建立和完善制度机制，有效规范了权力阳光运行。

（二）多措并举，狠抓防控制度落实。为了提高防控制度的执行力，采取会议推进、试点推广、检查督促等多项措施加大抓落实力度。一是抓住重点，广泛深入开展国土资源领域廉政风险研究和风险点排查，打牢了廉政风险预警防控工作基础；二是开展试点工作，推广工作经验，在全省国土资源系统建立了5个试范点，推进廉政风险防控工作；三是先后三次召开工作推进会，交流工作经验，部署下步工作重点；四是狠抓检查督促。省厅与省纪委、监察厅、省预防腐败局联合制定的《关于在全省国土资源系统开展廉政风险防控制度执行情况督促整改的工作方案》（鄂土资发〔2011〕85号），2011年3月，组成两个检查组，分赴14个市（州）、县，对各地制度执行情况进行了检查指导，并将检查情况在全省国土资源系统进行了通报，推广好的做法，对存在的问题，要求进行认真整改。2011年8月，又抽调市州国土资源系统人员，组成8个检查组，进行交叉检查。在对17个市州国土资源局进行普遍检查的同时，还抽查了45个县国土资源局和基层国土所；9月份又与省纪委组成两个检查组抽查了4个市州制度执行情况，通过检查督促，有力促进了“1+3”制度的落实。

五、突出资金监管，不断加强财务管理制度建设

（一）严格执行政府采购制度，强化政府采购过程监管。印发了《湖北省国土资源厅办公室关于厅机关政府采购及资产处置审批程序的通知》，规范审批程序，并结合采购项目实际，就不同的政府采购形式，遵照和制定防控监管制度，严格按程序实施政府采购，最大限度减少政府采购中的监管薄弱环节。

（二）严格财政收支制度，强化监控体系建设。在国库集中收付方面，严格按照健全国库单一账户体系要求，对银行账户进行清理；在财政资金使用方面，与省财政厅共同制定和完善财政转移支付资金、专项资金的分配和使用管理办法；在政府性基金、专项收入和规费征收方

面，由业务处室签发缴款通知书、财务部门执收、专户银行经办，资金直接缴入省财政厅资金专户；在财务监督方面，全面推行公务卡制度，公务支出统一通过公务卡支付。

惩防体系建设是一项长期而艰巨性的工作，省厅将建设规划，与时俱进，紧密结合国土资源管理工作实际，进一步建立健全省国土资源系统惩治和预防腐败体系，今后计划重点做好以下六个方面的工作。一是推进行政管理体制改革，充分发挥市场资源配置的基础性作用，进一步完善土地市场和矿业权市场管理机制，进一步转变职能、理顺关系、优化结构、提高效能，形成权责一致、分工合理、决策科学、执行通畅、监督有力的国土资源管理体制。二是坚持改革创新，进一步健全完善市场配置、管理创新、行政权力监督制约、廉政风险预警、廉政风险教育和责任追究等六个方面的机制建设，加快建设具有国土资源部门特色的惩防体系。三是不断完善监督管理机制，以工程建设领域项目信息公开和诚信体系建设为抓手，继续推进土地和矿业权市场诚信体系建设，建立预防腐败信息共享机制、预警机制和廉政指标体系，进一步加强土地和矿业权市场主体的管理。同时，进一步完善土地整治工程领域监管机制，努力打造土地整治阳光工程。四是继续推进制度廉洁性评估工作，将制度的廉洁性评估与推进制度的“立改废”相结合、与推进对权力的控制相结合，重点对土地使用权、矿业权出让以及土地整治工作相关制度开展评估。五是加强中介机构的管理，进一步完善中介机构准入与退出机制，建立中介机构年审制度，制定中介机构资源库管理办法，建立健全与项目实施挂钩的奖惩机制。六是进一步抓好国土资源系统廉政风险防控工作。按照责任分工，围绕“1+3”廉政风险防控整体框架，进一步建立完善土地市场、矿业权市场和土地整治工程等方面的廉政风险防控制度。

以科学发展观为统领
着力推进惩治和预防腐败体系建设

湖南省国土资源厅

2008年以来，在国土资源部和省委、省政府的正确领导下，省厅坚持以邓小平理论和“三个代表”重要思想为指导，以科学发展观为统领，以规范和监督权力正确运行为核心，以创新完善制度为重点，以加强作风建设为保证，认真贯彻落实中央、省委、省政府和省纪委重大决策部署，紧紧围绕国土资源事业健康发展，着力推进惩防体系建设。经过5年的扎实工作，全系统惩治和预防腐败体系框架基本建成，拒腐防变教育长效机制初步建立，反腐倡廉制度不断完善，行政权力运行监督机制进一步健全，党风政风明显改善，广大党员干部廉洁从政意识进一步增强，违纪违法案件易发多发的势头得到了有效遏制，为促进国土资源事业改革发展和国土资源干部成长提供了有力的保障。

一、强化工作部署，严格落实党风廉政建设责任制

（一）认真履行领导班子的主体责任。厅党组始终坚持把党风廉政建设和反腐败工作列入重要议事日程，与业务工作同部署、同落实、同检查。每年年初，召开全系统党风廉政建设和反腐败工作会议，对全系

统的反腐倡廉工作进行周密部署。多次召开专题会议，研究惩防体系建设工作，印发《湖南省国土资源系统党风廉政工作要点》。厅党组书记、厅长带头履行反腐倡廉建设第一责任人职责，模范遵守和执行廉洁从政各项规定，严格执行民主集中制，坚持重大事项集体研究、集体决策，严格执行“三个不直接分管”和“三重一大”集体决策制度，并按规定主动向组织报告个人有关事项，对党风廉政建设重要工作亲自部署、重大问题亲自过问、重点环节亲自协调、重点案件亲自督办。明确要求各级党政主要负责人要切实履行好第一责任人的政治责任，对班子内部和管辖范围内的反腐倡廉工作落实情况负总责。厅党组成员认真落实党风廉政建设工作责任，主动承担专项工作任务，通过会议、调研结合业务工作加强对党风廉政建设工作的检查指导，监督分管处室和单位抓好防腐倡廉工作，监督分管范围内的领导干部廉洁从政。同时，厅党组积极接受群众监督，每年都组织厅机关副处以上干部、厅直属单位及各市州局党政主要负责人对厅领导班子进行评议。

（二）强化工作部署。坚持把党风廉政建设与国土资源业务工作有机结合，深度融合。找准党风廉政建设和国土资源业务的互动载体，做到目标同向、教育同行、工作同抓，以业务工作开展引领党风廉政建设工作的开展，依托业务工作载体丰富党风廉政工作内涵，围绕业务工作需求提升党风廉政建设工作水平，实现业务工作部署到哪里，党风廉政建设工作就延伸到哪里的工作格局。每年年初制定《湖南省国土资源厅党风廉政建设和反腐败工作要点》，提出主要任务要求，明确工作重点和工作措施，确保党风廉政建设和反腐败工作的各项任务真正落到实处。严格落实党风廉政建设责任制，厅党组主要负责人通过与厅机关各处室、厅直属单位和 14 个市州局党政主要负责人签订《党风廉政建设责任状》，进一步明确工作任务和要求。

（三）加强考核推动工作落实。把党风廉政建设责任内容量化为具体考核指标，纳入国土资源工作年度综合考评的重要内容，并层层分解落实到各级领导和相关岗位的责任人，构建了纵向到底、横向到边的责任体系。坚持平时检查与年终考核、自查与抽查、组织考核与群众测评、责任制考核与年度工作目标管理考核相结合，对各市州局、厅直属各单位执行党风廉政建设情况进行督促检查。考核结果与干部管理使用、与单位工作业绩考核、与评先评优、与责任追究挂钩，凡班子成员有被纪检监察、司法机关立案查处的，目标考核评先一票否决。

二、扎实开展反腐倡廉教育，不断巩固反腐倡廉思想防线

（一）不断加强党风廉政教育。以学习实践科学发展观、“创先争优”等活动为平台，扎实开展廉政教育，牢固树立廉洁从政意识，不断提高拒腐防变的自觉性。落实和完善厅党组中心组理论学习制度，定期安排反腐倡廉理论学习。把反腐倡廉教育列入干部教育培训规划和计划，定期开展领导干部廉洁从政教育培训，在领导干部任职培训、岗位培训中开设廉政教育课程。每年开展党纪政纪法规专题教育。主要负责同志带头讲廉政党课。不断加强反腐倡廉宣传教育，强化党员干部廉政教育，深入开展理想信念教育、党性党风党纪教育和从政道德教育，加强示范教育、警示教育和岗位教育，把培育廉洁理念贯穿于干部培养、选拔、管理和使用的全过程。5 年来全系统共培训省市县三级干部 5200 余人次。

（二）进一步加强反腐倡廉宣传力度。结合国土资源管理实际，制定进一步加强全省国土资源系统反腐倡廉宣传教育工作的指导性意见。提出年度计划，作出具体安排。在厅门户网站、《国土资源导刊》刊物上开设反腐倡廉宣传教育专栏。全省各级国土资源部门也积极做好网上宣传和热点问题引导，营造了良好的社会舆论氛围。以正面教育为主，开展廉洁从政先进典型评选表彰活动，宣传了一批廉政勤政的先进基层单位和先进个人。积极开展廉政警示教育和岗位风险教育活动，用身边的人、身边事、身边的腐败案件来教育警示党员干部。全省国土资源系

统先后组织5000多人次参观监狱等警示教育基地，听职务犯罪人员忏悔报告，产生了震憾心灵、触及灵魂的教育效果。

（三）着力加强机关作风建设。针对系统实际，研究下发《关于进一步加强机关作风建设的整改方案》、《优化经济发展环境和机关效能建设整改方案》、《中共湖南省国土资源厅党组关于加强和改进党员干部作风建设的意见》、《湖南省国土资源系统党员干部作风建设问责暂行办法》等文件，积极开展了“服务经济促转型，落实项目保增长”、“走访群众听民声，深入基层解难题”等作风建设主题活动，认真学习贯彻《廉政准则》，提升服务水平。在全系统大力推行“社会服务承诺制”、“首问负责制”、“一站式办公”等便民措施；在省、市、县国土资源公众网站开设和完善网上评议、测评和投诉窗口，接受服务对象和各界网友的评议、测评、投诉和监督，接受下级国土资源部门对上级国土资源部门的评议、测评、投诉和监督。在全系统认真开展民主评议政风行风和创建“文明单位”、“文明窗口”和“群众满意所”活动，有力促进机关作风改进和转变。

（四）大力推进廉政文化建设。开展服务承诺活动，机关每位干部职工都结合自身实际做出服务承诺，制作承诺牌，开展承诺点评，增强了干部职工大局意识、服务意识、廉洁意识。开展廉政感言征集活动，在系统副处级以上干部中征集廉政感言，并汇编成册向全系统印发。积极推进廉政文化进机关、进家庭等活动，在机关实行“四上”，即办公桌上摆放廉政台历，床头上摆放廉政水晶卡，网上发布廉政格言，国土资源导刊上编辑廉政专栏。在全系统范围内开展了以“深化专题研究，提升国土资源反腐倡廉建设科学化水平”为主题的廉政征文比赛，形成了一批国土资源廉政风险防控机制建设的理论成果。通过丰富多彩的形式，在机关营造了浓厚的廉洁文化氛围。

三、注重制度建设，完善反腐倡廉制度体系

（一）大力健全国土资源管理政策法规体系。近年来，相继出台了《湖南土地开发整理条例》等2部地方性法规和《湖南省违反矿产资源管理规定责任追究办法》等3部省政府规章、制定《关于推进节约集约利用土地的通知》等25个政府规范性文件、《湖南土地市场交易规则》等48个厅规范性文件，为规范国土资源管理奠定了基础。

（二）建立健全反腐倡廉制度。先后出台《党组议事规则》、《关于加强国土资源系统党风廉政建设的若干规定》、《关于贯彻落实〈建立健全惩治和预防腐败体系2008—2012年工作规划〉的实施意见》、《对拟提拔干部党风廉政情况听取纪检监察部门意见暂行办法》、《关于加快土地开发整理项目预防腐败机制建设的意见》等10余个规范性文件，建立了监察室主任列席党组会议制度，干部述职述廉、廉政谈话和诫勉谈话制度，干部选拔任用、轮岗交流、廉政评价等制度。

（三）强化重点领域和关键环节监督管理制度。不断完善党组民主决策机制，加大对领导班子特别是"一把手"的监督力度，制定完善并严格执行了"一把手"不分管人事、资金和项目管理制度，"一把手"末位表态制和票决制，党组班子成员集体领导、分工负责制度，"三重一大"集体决策等制度。强化干部人事监管。全面推进竞争上岗和轮岗交流，2007年以来，厅机关所有空缺的处级领导职务均由公开竞岗产生，在同一岗位上工作满五年的处科级干部也基本交流到位。严格资金资产管理制度。会同省财政厅分别制定土地整治、地质勘查、地灾防治等大额专项资金管理办法，明确了资金拨付、使用和监管细则，重大项目和大额资金安排均由厅党组集体决定。深化行政经费管理改革，健全完善财务制度，规范财务审批程序，逐步取消预算外收入，深入推进财政预算决算公开，厅本级及直属单位收入和支出全部纳入电子监管系统，实现在线全程监管。高度重视治理"小金库"工作，制定了《湖南

省国土资源厅财务管理工作考核暂行办法》，将防范“小金库”情况纳入重要内容。严格加强“三公”管理。加强公务接待管理，制定《公务接待管理制度》和《湖南省国土资源厅机关财务管理制度》，不定期向广大干部职工公开接待事项、接待日期和消费金额。开展公务用车配备使用治理，对公务用车配备管理使用情况进行全面清理，严禁违规超标用车。开展制止公款出国（境）旅游治理，出台《湖南省国土资源系统出国（境）管理规定》，从计划、经费、程序、管理方面规范出国行为，出国经费逐年下降。

四、深化行政审批制度改革，大力推行阳光行政

（一）深入推进行政审批制度改革。率先在全国国土资源系统出台《湖南省国土资源厅行政程序规则》、《湖南省国土资源厅行政审批问责制度》等相关规章制度，大刀阔斧地“革思想的命、削手中的权、去部门的利”，实现了审批事项、审批时限、收费项目、执法检查“四个减少”。厅机关行政许可权从2001年的63项减少到2012年的12项，行政效能明显提高。

（二）建立和完善政务公开大厅建设。从2000年3月1日正式挂牌以来，通过10多年的摸索和实践，我厅政务大厅已从当初单纯承担建设用地审批职能的办事窗口，发展成为目前涵盖所有行政审批和行政许可项目，集协调、咨询、受理、缴费、信息发布等多项功能于一体的现代政务办事大厅。自2007年开始，我厅政务大厅审批模式由传统的纸质报件流转改为电子报件网上流转，工作效率较以往大大提高。改“接审分离”为“受理、初审合一”的工作模式，所有参与审批的业务处室均派业务骨干进驻大厅，受理报件采取形式审查和实质审查相结合的方式，节省了人力物力，降低了行政成本。从2011年初开始，厅政务大厅一律不再接受建设用地纸质报件，所有报件都由远程报件系统通过自动逻辑检查后由窗口专岗受理，转入厅电子政务内网审查。同时，办公

室会同法规处、信息中心及各业务处室对大厅业务流程和工作人员业务受理、审查环节进行了优化、规范，力求准确、快捷、高效。此外，投入30万元对大厅设施进行了提速提级改造，并新开发了审批进度查询系统，方便行政相对人自行适时了解报件的审批进度。

（三）大力推进网上审批。省厅十分重视电子政务工作，大力推进网上办文、网上审批和网上交易，充分发挥了现代信息技术的支撑作用。电子政务系统实现全覆盖。全面建成了省、市、县三级电子政务系统，现已覆盖全省14个市州和122个县市区国土资源部门，初步形成了全省一体化的全业务流程网上办理的电子政务运行格局。电子公文传输实现常态化，与各市州、县市区局以及直属单位间全部实现了网上公文传输，厅机关所有发文的起草、审核、签发、归档，全部在网上办理。审批业务办理实现网络化。大力推进全系统网上审批工作，目前，全省所有市州和县市区均实现了远程报批。

（四）构建电子监控平台。利用电子政务信息传递一对多、多对一、多对多的特点，建立行政效能网上监控系统，在电子政务系统中设置案卷提示功能，通过黄灯和红灯警示使工作人员能够清楚地了解自己当前工作进度，对不按流程规定、超规定索要资料、超时限办理的问题进行实时电子监察，科学的监控手段确保了系统的正常运行和行政效率的提高。2011年，按照减少审批节点、缩短审批时限的要求，完成电子政务系统改造，实现与省电子政务服务与行政监察系统对接，接受省监察厅的实时监督。

（五）认真开展专项效能监察工作。开展行政审批专项效能监察，制订了《行政执法评议考核细则》，严格绩效考核和行政问责，不断提高行政审批效率。按照省纪委开展专项效能监察和重要岗位效能监督的要求，根据工作实际，每年选定一名厅领导、一个业务处室作为效能监督对象，进行岗位效能监督。活动实行以来，厅机关行政效能得到明显提升，获得办事群众的一致好评。

五、建立健全矿业权网上交易平台

（一）建立和完善矿业权交易制度。先后制定了《湖南省矿业权交易规则》、《湖南省矿业权网上拍卖挂牌交易规则》和矿业权招标拍卖挂牌程序。《国土资源部关于建立健全矿业权有形市场的通知》（国土资发〔2010〕145号）和《国土资源部办公厅关于做好矿业权有形市场出让转让信息公示公开有关工作的通知》（国土资厅发〔2011〕19号）文件下发后，又及时对上述两个规则进行了修改和完善，并下发了《关于贯彻落实〈国土资源部关于建立健全矿业权有形市场的通知〉的通知》（湘国土资发〔2011〕20号）。具体承担省矿业权交易业务指导工作的省国土资源交易中心，也先后制定了《矿业权招标拍卖挂牌出让程序和资料要求》、《矿业权招标拍卖挂牌出让流程和工作要求》、《矿业权转让鉴证程序和资料要求》、《矿业权转让鉴证工作流程和工作要求》等一系列文件，对矿业权交易工作制度和工作流程作出了明确规定。

（二）开发建立和不断完善矿业权网上交易程序。2008年组织开发建立了湖南省国土资源网上交易系统，经过4年多来的实践，省矿业权网上交易程序日趋完善，实现了由“半封闭”到“全封闭”的跨越，确保矿业权交易工作公开、公平、公正。2010年11月前，省矿业权网上交易采取“半封闭”的方式进行，即竞买人现场报名，符合资质条件的竞买人现场办理数字证书后进行网上报价；同时，采取有底价的交易方式交易，底价由省厅底价委员会确定后由纪检监察室密封，在挂牌截止前30分钟内由交易中心与信息中心各派出一名工作人员在纪检监察人员的监督下共同向系统输入。输入底价的现场采取了极其严格的保密措施，包括现场隔离、关闭一切通讯工具等，直至网上交易活动结束。但由于“半封闭”的方式仍可能存在竞买人信息泄露、底价泄密、竞买人围标串标的情况，因此，从2010年12月开始，省矿业权网上交易采取“全封闭”的方式进行，即竞买人从申请、缴纳保证金、获取竞买资格到报价、成交确认等，均在网上进行；同时，公开交易底价，经省厅交易方案论证会确定的底价即为起始价；成交后，再对竞得人进行资质审查。

（三）强化网上交易系统的管理及安全措施。系统运行过程中，省国土资源信息中心安排专人负责监测和维护湖南省国土资源网上交易系统，发现问题，及时处理，确保系统安全稳定运行。对于系统安全，主要采取了以下措施：一是系统部署了网络设备，拥有漏洞扫描、拒绝服务、防网页篡改、IPS 入侵防御，有效地防止了病毒入侵和黑客攻击，确保网络安全。二是系统采用的数字证书是北京数字证书认证中心有限公司的产品，竞买人必须申请办理数字证书才可以登录网上交易系统。对敏感数据利用 CA 加密技术，实现数据的安全传输。对于私有数据利用 CA 签名技术，保证数据不可篡改和不可抵赖。后台管理员利用 SSL 技术保证链路数据的安全，并采用证书 + 用户（密码）双重登录模式，确保竞买数据安全。三是网上交易系统与银行利用专线进行连接。当竞买人申购单宗矿业权时，网上交易系统根据申请资料随机产生一个保证金账号，该账户只对申请的矿业权有效，确保银行数据安全。

矿业权网上交易平台工作取得了很好的成效，在 2011 年 9 月国土资源部召开的全国国有建设用地使用权网上交易交流会上，五个典型发言的市、县中，湖南省就占了三个。

六、强化风险防控，构建预防腐败新机制

把“风险管理”等现代管理理念和方法引入到党风廉政建设实践中，将预防腐败工作贯穿到了权力运行的全过程。

（一）全面排查廉政风险点。从 2010 年开始，以土地使用权和矿业权审批出让、土地整治、征地补偿等工作领域为重点，围绕体制机制、岗位职责、外部环境等风险要素，对全系统所有单位、所有岗位和个人的廉政风险点进行了深入、细致、全面的排查。截至 2012 年 6 月，累

计排查出各类廉政风险点1738个，基本摸清了各个部门、各个岗位、各项业务的腐败高发易发点。

（二）开展廉政风险评估和分类定级。根据综合分析排查结果和历年国土资源领域案件查处情况，对已排查出的廉政风险点进行风险指数评估和风险等级界定。全系统共确认A级风险点777个、B级风险点532个、C级风险点429个，进一步明确了廉政风险防控重点部位和关键环节。

（三）构建廉政风险防控体系。根据“一项权力一项制度、一个风险点一套防控措施”的原则，对相关制度进行完善，构建廉政风险点预警机制、法制宣传教育机制、监督检查机制和案件查办机制，形成了工作岗位为点、业务流程为线、管理制度为面，点线面紧密结合的国土资源廉政风险防控体系。

（四）强化重点领域预防腐败体系建设。“十一五”以来，为切实打造农村土地整治阳光工程，确保每个农村土地整治项目都成为百姓民心工程，省多措并举，从加强组织领导、构建法规政策体系、创新整治工作模式、严格规范项目管理四方面加强土地开发整理预防腐败机制建设。成立了由省长任组长，国土资源、农办、财政、发改等15个相关部门负责人为成员的省农村土地综合整治领导小组，颁布实施了全国第一部省级土地开发整理条例，在全国率先出台了关于推进农村土地综合整治的意见、农村土地综合整治工作考核办法等政策法规，制定出台了《省以上投资农村土地综合整治项目立项条件》和《湖南省农村土地综合整治（土地开发整理）项目实施管理规范》等8个技术标准，以政策法规形式明确了各级政府、有关部门在土地开发整理工作中的职责和土地开发整理项目管理的有关要求，建立了从立项到验收全过程的技术规范和标准。2011年8月15日，省国土资源厅联合省纪委、省检察院、省监察厅及省预防腐败局下发了《关于加快土地开发整理项目预防腐败机制建设的意见》，明确了项目立项、工程招投标、工程施工、拆迁补偿、资金使用及项目验收六个关键环节的风险防控重点，提出了完善廉政教育、工程合同双签制、项目管理、全面公示及实行项目建设队伍廉洁准入制五项风险防控管理制度，要求构建联席会议、信息交流、查办案件协调配合、行贿犯罪档案查询及督查追究五项腐败风险防控共同责任机制。《意见》出台后，全省14市州积极作为，相继召开不同层面的会议传达学习、研究贯彻落实措施，制度机制建设取得明显进展。衡阳市局与市检察院、市监察局探索建立了关于查处国土资源违法行为联席会议制度，湘西、岳阳、常德、郴州、株洲、娄底、湘潭等市都探索建立了土地开发整理腐败风险防控共同责任机制。项目实施较好地贯彻落实了《意见》提出的各项措施和要求。工程合同双签制、计划管理、专家评审、群众参与、集体决策相结合的立项审批制，施工单位采用合理定价连续两轮抽取法产生，项目建设队伍廉洁准入制普遍得到实行。

七、完善监督机制，加强监督检查，反腐倡廉建设有机融入国土资源管理各个方面

（一）加强监督检查，确保国土资源宏观调控政策和省委重大决策落到实处。5年来，各级国土资源部门落实最严格的耕地保护制度和最严格的节约集约用地制度，大力推进土地开发整理和土地综合整治项目实施，全面实施“先补后占”耕地保护政策，确保了省耕地底线不动摇；开展节约集约模范市县创建活动，狠抓供地率的提高；完成各级土地利用总体规划的编制，利用和争取年度建设用地计划指标，保障了基础设施、保障性安居等民生项目、重大招商引资项目和城市扩容等重大项目对建设用地的需求；规范土地市场，整顿规范矿产资源开发秩序，实现地质找矿新突破；大力推进“数字湖南”建设，整顿规范测绘地理信息市场；开展全覆盖的土地矿产卫片执法检查。开展了重大决策部署执行情况的监督检查，查处和纠正发生的违法违纪行为，确保各项宏观调控政策落到了实处。

（二）认真开展专项效能监察工作。开展行政审批专项效能监察，

制订了《行政执法评议考核细则》，严格绩效考核和行政问责，不断提高行政审批效率。按照省纪委开展专项效能监察和重要岗位效能监督的要求，根据省厅工作实际，每年选定一名厅领导、一个业务处室作为效能监督对象，进行岗位效能监督。活动实行以来，厅机关行政效能得到明显提升，获得办事群众的一致好评。

（三）扎实开展治理商业贿赂专项工作。加强了专项资金管理。下发了《关于进一步规范专项资金使用管理的通知》、《湖南省国土资源厅规费征收会审规则》、《关于重大专项资金安排提请厅党组会议审议有关事项的通知》等文件，进一步规范专项资金征收和使用的集体会审，清理和规范了收费的政策依据，加强了对大项经费拨付、运转、使用的监管。加强国土资源项目管理。出台了《湖南省国土资源项目管理暂行办法》，健全了集体会审制度，规范了项目申报、审查(核)、报批、下达、验收等管理程序。制定出台对评估机构的监管办法，加强对涉土、涉矿中介机构的监管，明确中介机构的责、权、利，推进中介机构的公平竞争机制的建立。加强诚信体系建设，建立中介机构信用记录和行贿黑名单制度、信用信息和行贿黑名单公开共享制度、失信惩罚和行贿惩罚制度。把是否存在不正当交易行为尤其是行贿行为作为市场准入和退出的重要依据。

（四）切实维护群众资源权益。从征地拆迁工作的难点和重点入手，严格规范征地拆迁行为，切实维护群众的的切身利益。健全征拆工作机制，按照“分级负责、归口管理”的原则，实行征拆工作责任制。不断规范征地拆迁程序，扩大被征地群众参与监督的权利，确保征地过程公正、公开、透明。率先在全国开展征地补偿标准争议裁决工作，制订出台了《湖南省征地补偿安置争议裁决暂行办法》，完善纠纷调解和裁决机制，畅通群众诉求渠道，化解征地补偿安置争议。会同省纪委、省监察厅、省住建厅下发《关于进一步规范征地拆迁行为并加强监督检查的通知》，规范全省各级国土资源部门的征地拆迁行为，积极防范和坚决纠正征拆违法违规问题，切实维护群众合法权益。合理提高征地拆迁补偿标准。积极推动被征地农民安置保障体系建设，开展征地调研和改革试点，探索多元化安置途径，确保被征地群众长远生计。

八、加大惩治腐败工作力度，严肃查处领导干部违法违纪案件

持续推进国土资源领域腐败问题专项治理工作，加大查办违法违纪案件工作力度，重点查办工程建设、土地管理和矿产资源开发等腐败现象易发多发领域和环节的滥用职权、贪污贿赂、腐化堕落、失职渎职案件，坚决遏制腐败案件易发多发势头，达到“查处一案，治理一线”的效果，充分发挥查办案件治本功能。完善查处案件的组织协调机制，进一步健全了与纪检监察机关、司法机关之间联合办案、协同办案、交叉办案和案件移送、信息交流、案件审理等制度，保证行政执法与追究党纪政纪责任、刑事执法无缝衔接。充分发挥信访举报的案件线索主渠道作用，安排专人负责信访举报和群众投诉，健全网络举报和受理机制，拓宽群众参与反腐倡廉工作的渠道。通过受理信访举报、办理上级交办事项，及时掌握系统内干部违纪违法情况，及时依纪依法进行处理。5年来，共受理信访举报事项375件，做到了事事有结果，件件有回音；查处违法违纪案件218起，涉案人员305人，并对有关违法违纪人员进行了严肃处理，有力地震慑了腐败分子，遏制了腐败现象的滋生和蔓延。

九、不断加强纪检监察队伍的自身建设

在抓好国土资源系统党风廉政建设的同时，进一步加强自身建设，着力打造一支政治坚定、业务精通、敢抓敢管敢打硬仗的纪检监察队伍。厅党组高度重视和支持纪检监察工作，为纪检监察干部创造了良好的工作、生活条件。目前，从省厅到市、县（市、区）局纪检监察机构

完备，纪检监察干部配备齐全。全省系统现共有专职纪检监察干部300余人，为开展工作提供了组织保障。加大纪检监察干部培养、交流、任用力度，将那些党性好、作风正、能力强、威信高的纪检监察干部提拔到了重要岗位。举办全省国土资源系统纪检监察干部培训班，积极组织推荐系统纪检监察干部135人次参加国土资源部、省纪委和省直纪工委的培训，提高了系统纪检监察干部思想素质、工作水平和执纪能力。全面建立了兼职纪检监察员制度，各级国土资源部门内设机构和派出机构均配备兼职纪检监察员，充实了基层纪检监察力量。严格规范管理。落实《关于进一步加强和改进全省国土资源系统纪检监察工作的通知》，明确要求系统各级党政负责人要大力关心和支持纪检监察机构工作，为纪检监察机构开展工作提供必要条件、创造良好环境。同时，不断增强纪检监察干部的责任意识，以更高的标准要求纪检干部。对有案不查、瞒案不报、玩忽职守的，从严查处问责；对纪检岗位上经受了考验、做出了成绩的纪检干部，优先提拔重用。5年来，全省国土资源系统共有70余名纪检监察干部被交流提拔到重要岗位。

当前党风廉政建设和反腐败工作仍面临许多新情况新问题，反腐倡廉形势依然严峻、任务依然艰巨。国土资源系统党风廉政建设的薄弱环节依然存在，一些权力集中、资金密集的岗位腐败问题易发多发；一些损害群众利益的问题和不正之风仍较严重，干部队伍的作风建设任务仍十分艰巨；腐败问题与多种社会矛盾交织，治理难度加大。建议从以下几个方面努力，继续推进惩防体系建设各项工作。一是落实党风廉政建设责任制，明确责任分解，加强责任考核，强化责任追究。二是强化廉政宣传教育和廉政文化建设，夯实惩防腐败的基础，确保廉洁自律各项规定的落实。三是强化制度建设，完善惩防体系建设的保障机制，进一步拓宽从源头上预防腐败的工作领域。四是强化监督检查力度，确保上级重大决策部署落到实处。五是加强政风行风建设，不断提高行政效率。六是加大办案工作力度，严肃查办各类违法违纪案件。七是不断加强纪检监察机关自身建设。

把制度建设和深化改革作为惩治和预防腐败体系建设的关键环节

广东省国土资源厅

2008年以来，在国土资源部和省委、省政府的正确领导下，省厅坚持以邓小平理论和“三个代表”重要思想为指导，以科学发展观为统领，认真贯彻落实中央和省的重大战略决策，不断提高国土资源管理工作水平和服务保障能力，保发展、保资源、保稳定工作富有成效，为我省经济社会发展做出了重大贡献。在做好国土资源管理工作的同时，持之以恒抓好反腐倡廉工作。坚持以落实党风廉政建设责任制为主线，以规范和制约权力为核心，以源头治理为重点，以改革创新为动力，坚持“教育、制度、科技”三管齐下，坚持防范廉政风险与防范行政风险并重，围绕“教育、监督、纠风、制度、改革、惩处”六个重点方面，精心打造宣传教育品牌工程、政风行风生命工程、科技防腐金土工程，构建具有广东国土资源特色的惩治和预防腐败体系，成效明显，得到国土资源部和省委、省政府、省纪委的充分肯定。2012年，驻国土资源厅纪检组监察室被国土资源部评为全国国土资源系统纪检监察工作先进集体，驻厅纪检组两位同志受到通报表彰。

一、2008年以来惩防体系建设总体情况

厅党组深入贯彻落实中央和省关于建立健全惩治和预防腐败体系的重大部署，把这项工作摆上重要议事日程，结合实际，狠抓工作落实。在总体布局上，解放思想，探索创新，着力抓好源头治理和制度创新；主动作为，超前谋划，提前部署，注重反腐倡廉建设制度设计，着力推进观念反腐、作风防腐和制度防腐；查缺补漏，排查权力运行和监管薄弱环节，研究制定对策，突出反腐败工作的针对性和有效性。2008年至今，召开全省性工作会议5次、党组会（党组扩大会）31次、厅务会18次、专题会25次，研究部署惩防体系建设和反腐倡廉有关工作。在组织领导上，成立厅党风廉政建设领导小组和惩防体系建设领导小组，由党组书记任组长，驻厅纪检组组长任副组长，形成了党组统一领导、靠前指挥，分管领导各司其职、分工负责，各部门具体抓落实以及驻厅纪检监察部门组织协调的领导机制和工作机制。在工作理念上，确立“防、控、消、评、建”五字方针，积极探索建设廉政风险智能防控系统：用“防”的手段，实行廉政风险的动态排查；运用信息科技手段，将排查出的廉政风险点在网上办文系统、电子监察系统中动态体现出来，实行廉政风险智能提醒和预警，达到“控”的效果；将潜在风险通过信息系统处理在萌芽状态，起到“消”的作用；出台《省国土资源厅廉政风险防控工作评估办法》，建立“评”的机制，实现廉政风险防控工作的定期定性定量考核评估；建章立制，达到“建”的目的，构建从源头治理国土资源领域腐败问题的长效机制，实现长治久安。在协调配合上，厅机关各处（室、局）及各地级以上市国土资源管理部门根据厅党组有关部署，真抓实干，加强协调，认真落实牵头和共同工作任务；各级纪检组切实抓好协调和监督检查，确保各项工作落实到位。在推进落实上，每年厅党组提出惩防体系建设实施意见，明确责任分工和工作要求，作出具体部署。各地坚持把反腐倡廉建设的重要内容和要求融入

到国土资源系统深化改革、完善制度的各项工作中去，推动反腐倡廉工作和业务工作同部署、同落实、同检查、同总结、同提高，反腐倡廉建设富有成效。主要体现在以下七个方面：

（一）把落实中央和省委重大决策部署作为惩防体系建设的立足点和出发点

近年来，在省政府召开的历年全省国土资源管理工作会议、土地管理工作会议等全省性会议上，省政府领导都强调反腐倡廉工作的重要性，部署反腐倡廉工作。每年的全省国土资源纪检监察工作会议，按照上级的部署和要求，总结工作，分析形势，确定工作任务。在工作中，坚持围绕中心、服务大局，以建设节约集约用地试点示范省为抓手，不断提高保发展、保资源和保稳定工作能力和水平，突出抓好"三旧"改造、开发补充耕地、节约集约用地、加强国土资源市场建设、查处整治国土资源违法违规行为等工作，强化监管，强化权力运行，确保中央和省的重大决策部署落到实处。如为了有效防范腐败工作，在开展"三旧"改造工作伊始，就主动联合省检察院、省监察厅等单位和部门，出台了专门文件，规范权力运行，有效预防腐败行为。

（二）把推进廉政教育和作风建设作为惩防体系建设的基础工程

一是加强理论学习，转变思想观念。厅党组每年都把反腐倡廉教育作为中心组学习的重要内容，有重点地安排学习专题。组织学习有关重要会议和重要文件精神，及时把思想和行动统一到中央和省的部署和要求上来。广泛深入开展了"解放思想，改革创新"和"改进作风，增强执行力"为主题的学习大讨论，推动干部职工积极顺应形势的变化，转变思想，更新理念，促进管理方式方法的转变。通过多种形式的运用，筑牢广大党员干部思想防线，加强思想道德建设，保持纯洁性。

二是加强廉政教育，打造"大地清风"品牌。加强党性党风党纪教育，认真开展纪律教育学习月活动。每年坚持邀请省纪委领导作反腐败形势报告，编印《党风廉政教育读本》，结合中心组学习会、党支部学习等认真组织廉政学习教育。全力打造"大地清风"廉政文化品牌，

2009年组织开展全系统先进事迹宣讲活动，2010年举办了“大地清风”先进事迹等系列宣传活动，2011年开展了“写廉政格言、诵廉政诗词、讲廉政故事、创廉政书画”主题活动并举办廉政文化优秀作品巡展，2012年开展了“四个一”活动（运行一套廉政警示屏保程序、编撰一本反腐倡廉教育读本、汇编一套预防国土资源失职渎职漫画手册、举办一场廉政文艺汇演），反响强烈，效果显著。

三是加强作风建设，打造“生命工程”。厅党组把政风行风工作作为“生命工程”，强化组织领导，明确任务要求，注重协调联动，深入开展宣传，重在落实整改。2008年、2009年，我厅及部分单独评议处室单位均被评为“满意单位”；2010年，省直行评办、行评团对我厅“回头查”工作给予“满意”评价；2011年，省厅在省直十个执法单位中行风评议位列第二。为了进一步增强党员干部的工作责任心和使命感，与时俱进，开拓工作新局面，我厅印发了《中共广东省国土资源厅党组关于改革创新改进作风提升国土资源保障和促进科学发展能力的决定》、《关于深化作风建设提高执行力的实施意见》及《深化作风建设提高执行力工作任务分解表》等文件。积极推动电子监察系统建设，制定绩效测评办法，对厅政务系统运行情况进行有效监督，提高了工作效率和执行能力。2008年至今，全厅行政审批文件办理没有发生黄、红牌情况；共办理综合性文件9283件，正常办结7777件，退回办结和作废办结1506件，办结率达100%。2008年以来，省厅厉行节约，公用经费开销每年均实现压减5%的目标，严格执行出国规定。

（三）把制度建设和深化改革作为惩防体系建设的关键环节

一是加强制度建设，规范权力运行。省厅把2010年确定为纪检监察“制度建设年”，强力推进制度建设。开展制度廉洁性评估，加大制度“立、改、废”力度，切实“推行一批制度、催熟一批制度、储备一批制度”，规范国土资源权力运行。全省系统共清理制度缺陷、漏洞314个，提出建议326条，修改355项、新建266项、废止35项制度。积极改进完善用地计划指标管理办法，采取“公式法、因素法”量化分配标准，提高计划指标分解下达的科学性和客观性。主动将土地储备和补充耕地指标纳入网上交易平台，确保公开公平公正，预防腐败。

二是深化审批制度改革，推进简政放权。对45项行政审批事项进行了清理，将其中的32项依法委托、下放或取消，清理比例大大超过省政府要求的50%。针对建设用地报批手续复杂、批复时间过长的问题，改进审批方式，简化用地报批材料，简化材料达到40%。同时，积极推进征地制度改革，研究制定《广东省征地制度改革试点工作方案》，以佛山市顺德区、南海区为试点，就缩小征地范围、完善征地补偿安置机制、构建城乡一体化建设用地市场等方面开展试点工作。

三是加快土地、矿业权市场建设，促进规范管理。积极探索土地公开交易新方式，全省在广州市和深圳市试行"综合评标"、"一次竞价"、"双向竞价"等新方式。不断探索完善交易市场监督机制，包括不断完善土地交易信息公开制度、出让公告审查制度、土地出让方案和底价集体决策制度、土地市场动态监测监管制度。同时，积极推进矿业权市场建设，打造"阳光矿政工程"。2011年3月28日，广州矿业权交易中心正式挂牌成立，成为省一级的矿业权交易平台。修订出台了《广东省探矿权采矿权招标拍卖挂牌出让管理办法》，严格了矿业权市场准入机制，强化了对出让机关的约束，增强了矿业权出让的透明度，进一步规范了矿业权招拍挂出让行为。积极推进土地和矿业权网上交易和监管。目前，全省21个地级以上市均建立了土地和矿业权网上交易系统，惠州、肇庆、汕头等市局还在交易系统内设了中介机构网上随机抽取子系统。截至2012年10月，全省土地网上交易成交共574宗，成交总面积为18830776.53平方米，成交总金额为3238003.626万元；矿业权网上交易成交共12宗，成交总金额共1770万元。

四是改革管理方式，推进监管平台建设。推进政务公开，运用科技手段加强监管，强化社会监督，实现阳光行政。对全省"三旧"改造项目标图建库，强化规范管理。运用科技手段，将全省410.4万亩的"三旧"用地在影像图、土地利用现状图、土地利用规划图上标注，并建立

"三旧"地块数据库，实现"三旧"地块的动态管理，从而严格按照限定政策适用范围运作，实现规范管理。在全国率先提出并着手建立统一的土地登记发证系统，目前全省集体建设用地使用权初始登记发证率达到89%，宅基地使用权初始登记发证率达到81%。将探矿权、采矿权、矿产地、矿产资源储量和规划等信息在厅网站公开发布，方便公众查询和监督。为进一步加强建设用地批后监管，实现农转用及征地审批、征地实施、土地供应和开发利用的全程动态监测与监管，广东省在国土资源部土地市场动态监测与监管系统的基础上，开发建设了广东省土地市场动态监测与监管系统，并于2011年10月17日正式运行。

（四）把加强监督作为惩防体系建设的重要举措

一是加强对落实党风廉政建设责任制的监督检查。修订了《广东省国土资源系统党风廉政建设责任制考核检查办法》，将年度党风廉政建设和惩防体系建设分工任务落实情况纳入责任制考核，自评和考评相结合，定性与定量相结合，细化考核指标，使其更标准、更科学和更具操作性，形成"一把手"亲自抓、厅领导共同抓、机关工作人员全员参与的责任制检查机制。连续两年由厅领导带队对全系统开展抽查考核，并在全省会议上排名通报，确保党风廉政责任制落实到位。

二是加强对领导班子和党员干部的监督。认真落实领导干部民主生活会、述职述廉、任职和诫勉谈话等党内民主和党内监督制度；建立健全党内情况通报、情况反映、重大决策征求意见制度。认真贯彻落实《廉政准则》，营造风清气正的氛围。严格落实党员干部个人重大事项报告制度，2012年，厅党组下发了《广东省国土资源厅厅管副处级以上干部个人有关事项报告暂行规定》，在全国国土资源系统率先建立廉政档案信息管理系统，形成动态监督机制。

三是加强对权力运行重点环节和关键部位的监督。加强涉土涉矿审批环节监督，防止非法审批、违规办理行为；加强土地使用权和矿业权出让环节监督，防止规避招拍挂规定等现象；加强土地征转环节监督，防止违法征收集体土地等现象；加强开发利用环节监督，防止擅自改变土地用途等现象。同时，加强对行政执法权力的监督，进一步规范了执法办案、案件挂牌督办程序，自觉接受各方监督。

四是加强对干部人事权的监督。厅党组在干部任用方面坚持依法、依规、依程序，做好选拔职位、提名程序、提名结果、监督电话和举报信箱等公开工作，重点把住“五关”：即职数职位关、推荐提名关、组织考察关、党组酝酿关、严守纪律关。建立了干部监督联席会议制度，民主测评时同步进行“治理拉票”行为测评，纪检监察部门全程参与监督。建立了干部定期轮岗交流制度，加大轮岗交流力度，激发工作活力。

五是加强对预算和财务审计的监督。加快财务电子监管系统的建设，目前，厅本部已纳入广东省财务核算监管系统管理平台，厅属各单位也已纳入NC管理平台，基本实现了对大额资金使用和重大专项资金运行的在线全程监管；建立起预算执行季通报制度，将预算编制和执行情况在厅门户网站进行公开；建立了年度内部审计长效机制，强化了内部审计监督，每年都委托中介机构对厅属单位进行审计，并完善了对直属单位主要领导干部的经济责任审计和离任审计制度。

（五）把落实牵头任务作为惩防体系建设的重要内容

根据省的要求，认真做好三项牵头工作：

一是深入推进征地制度改革。针对一些地方在征地过程中留用地落实不到位的问题，经省政府同意下发了《广东省征收农村集体土地留用地管理办法》；针对原来被征地农民社保政策在实际中较难操作的问题，联合省劳动保障厅，报请省政府同意下发了《关于进一步落实被征地农民社会保障问题的通知》；严格执行《广东省征地补偿保护标准》（2010年修订调整），督促落实被征地农民社会保障相关费用和措施；对未严格履行征地程序、补偿低、安置途径单一、社保资金不落实，一律不予通过用地审查，切实保护被征地农民合法权益。联合省银监局出台了《关于加强集体建设用地使用权抵押融资管理的通知》和《集体建设用地使用权抵押融资工作规范》，妥善解决集体建设用地使用权流转中集体建设用地使用权抵押难的问题。

二是全力抓好节约集约用地试点示范省工作。积极探索利用园地山坡地开发补充耕地的新途径，全力推进“三旧”改造。全面落实土地“招拍挂”出让制度。2008 年以来，全省共出让土地约 75.51 万亩，其中“招拍挂”出让 62.83 万亩，与前五年相比增长 148.24%。2008 至 2012 年 9 月底，全省共投入改造资金 3864.7 亿元，完成“三旧”改造项目 2621 个，完成改造面积 14.6 万亩，实现节约土地约 6.4 万亩。正在改造项目 2410 个，涉及改造面积 18.6 万亩。

三是严肃查处国土资源违纪违法行为。积极构建国土资源执法监管共同责任机制，实行基层动态巡查零报告制度，开展青年志愿者保护国土资源活动，设立 12336 国土资源违法违规举报专线，全力推进国土资源执法监察队伍建设和基层国土所规范化建设，及时发现、及时制止、严格查处国土资源违法行为。2008 年以来，全省共立案查处土地违法案件 10362 件，涉及土地面积 10083.23 公顷；立案查处矿产违法案件 1447 件，收缴罚没款 2797.57 万元；对 194 人给予党纪、政纪处分。

（六）把惩处违法违纪行为作为惩防体系建设的重要手段

2008 年以来（截至今年 10 月 19 日），驻厅纪检组及授权管理单位共受理群众来信来访 557 件，比前五年总量下降 8.99%；初核 294 件，初核率提高 6.91%；了结 292 件，提高 12.31%；了结率为 99.32%，提高了近 5 个百分点；转立案 5 件，已全部办结。全省系统共有 158 人因违法违纪被处理，其中刑事处罚 52 人，党政纪处分 106 人。在严肃查办案件的同时，着重提高案件监督管理的信息化水平，在全国率先实现信访案件直报系统向地级市延伸。创新办案方式，加大自办案件力度。2009 年 7 月，在查办河源市国土资源局局长张洪春案件中，大胆创新，确定案件由派驻省国土资源厅纪检组主办、河源市纪委协办、省纪委一室指导的联合办案新模式，形成了查办案件合力，查明了张洪春违纪行为并追究了其责任。该案 2010 年被省纪委评为“优质案件”。同时，充分发挥案件查办的治本功能，注重对重点案件进行剖析，分析案件发生的特点和规律，倒查管理中存在的薄弱环节和部位。为此，厅党组研究出台了《关于进一步严格管理完善制度加强从源头上防治腐败工作的决定》和《关于进一步规范国土资源管理预防腐败行为的通知》，就严肃落实土地和矿业权审批制度、严格落实土地和矿业权市场建设制度、严厉查处十类土地和矿产资源开发领域违法违规案件方面作了明确规定和要求。

（七）把专项治理作为惩防体系建设的重要突破口

一是推动工程建设领域突出问题专项治理。对厅机关及厅属各单位实施的项目进行了认真排查，对发现的问题及时进行整改。至2010年年底，对自查发现存在土地方面问题的866个项目，已完善用地手续620个，占72%，其余246个已采取有效措施，全部落实整改。同时，在全系统开展国有建设用地使用权出让合同和矿业权出让审批制度执行情况专项清理工作。积极推进项目信息公开和诚信体系建设，编制和公布《工程建设领域项目和信用信息公开目录》，公开建设用地项目审批等六大类项目信息和执业土地估价机构备案信息等两大类诚信信息3万多条。2012年10月，省纪委在强化工程建设重点领域监管工作座谈会上肯定了省厅的专项治理工作。

二是扎实开展“两整治一改革”专项行动。经过全系统的共同努力，工作成效明显，广东省多次在全国会议上作经验做法介绍。第一，加强对易发腐败问题的调研和整改。开展全省性的防治腐败问题专项调研活动，联合省纪委、省检察院和中山大学开展相关课题研究，102篇调研报告中的部分被省纪委刊物采用。依据调研成果编撰的信息《当前土地领域存在七个方面突出问题》得到了中央领导的高度重视，并作出重要批示。2012年初，《关于从源头上治理国土资源领域腐败问题的调研报告》分别在中纪委举办的“坚持中国特色反腐倡廉道路”理论征文和国家预防腐败局举办的“社会领域防治腐败”征文活动中荣获“优秀奖”。今年4月，调研信息《当前国土资源领域存在四种廉政风险》再次得到中央领导批示。驻厅纪检组信息工作连续六年在省纪委派驻（出）机构名列前茅，2011年度再次被评为先进单位，两名同志被评为信息工作先进个人。第二，扎实开展廉政风险点排查。将“普遍查”和“重点查”相结合，对国土资源规划、土地审批、出让、评估、矿业权审批、干部人事管理等16项工作内容进行风险大排查，共排查出廉政风险点1201项，整理出全省廉政风险点410项，制定防控措施1081条。2011年“回头查”工作中，新排查出廉政风险点188项，审核归并后整理出123项；新增或重新修订防范措施299条。第三，认真开展自查自纠，边整边改。在“回头查”活动中，按照“查、纠、改、整、处、建”的方针，全省系统参加自查18256人，自查问题数13个，已全部完成整改。第四，积极建立国土资源廉政风险智能防控体系。出台《关于全省国土资源系统廉政风险防控体系建设的指导意见》，建立廉政风险预警机制，对风险级别高的岗位重点加强监督，对有明显风险表现的个人及时进行纠错和提醒。第五，实现廉政风险防控工作的定期定性定量考核评估。制定《省国土资源厅廉政风险防控工作评估办法》，每年对各单位开展廉政风险防控工作的情况进行评估，评估结果作为调整和加强防控工作的重要依据，建立健全有效预防腐败的长效机制。第六，指导授权管理单位和行业学会、协会开展专项治理。专项治理真正实现了由部门到行业，由行业到领域的全覆盖，在广度和深度上不断深化。2011年，在部“两整治一改革”办公室开展的检查评估中，省专项治理成绩优秀，名列第一。东莞市国土资源局、惠州市博罗县国土资源局、韶关市武江区重阳镇国土所被评为全国系统“两整治一改革”先进单位。

三是扎实开展“三打”工作。根据省委省政府“三打”（打击欺行霸市、制假售假、商业贿赂）工作的总体部署，从2012年2月开始，在各级党委政府的统一领导和相关部门的大力支持配合下，国土资源部门在全省范围内开展了声势浩大的以打击非法采矿为主要内容的行业专项整治行动，重拳打击非法开采矿产资源违法行为，打掉了37个非法采矿犯罪团伙，取缔了949个非法矿点，依法查处了126名违法犯罪责任人，严肃处理了77名监管失职渎职工作人员，打掉“保护伞”和“利益链”63

人，对一批矿山（矿点）进行了全面彻底关停整治，进一步规范了矿产资源开发管理秩序，依法维护了人民群众的合法权益，改善了生态环境，树立了政府部门执法权威和形象。

在惩防体系建设方面仍然存在一些不足和问题。一是反腐倡廉形势仍然严峻。国土资源系统案件整体上呈历年下降趋势，然而由于各种因素的综合影响，案件易发高发的态势尚未得到彻底扭转。2012 年以来，全省系统共有 31 人因违法违纪问题被问责，比去年同期的 40 人相比减少 9 人，降低 22.5%，违纪违法现象有所减少，然而失职渎职行为高发的现象不容乐观。二是编制偏少，工作力量不足。2000 年以来，在省国土资源厅行政编制大幅增加的背景下，驻厅纪检组、监察室已经连续 13 年没有增加编制，目前只有 5 个编制（含纪检组组长职位），而监管范围由原来仅限厅机关、厅属单位扩展到厅机关、厅属单位、19 个地级市局领导班子、4 个授权管理单位，需监督管理的副处级以上干部达 600 多人，监管任务成倍增加。由于编制偏少，工作人员加班加点工作已成常态。三是各地国土资源局纪检监察部门建设仍有待加强。各地纪检监察干部编制少，工作力量不足，综合素质有待进一步加强，办案能力和水平有待进一步提升。

二、下一步工作思路及建议

省厅将深入贯彻党的十八大精神，继续根据国土资源部和省委、省政府、省纪委的部署和要求，围绕中心，服务大局，适应国土资源管理工作新形势新任务的要求，坚持开拓进取，勇于改革创新，继续建立健全惩治和预防腐败体系建设，确保国土资源事业的健康发展。重点在“六个深化”上下功夫：

（一）深化惩防体系建设，建立健全长效机制。继续以规范和制约权力为核心，以源头治理为重点，以改革创新为动力，坚持“教育、制度、科技三管齐下”，整体推进惩防体系建设六方面的工作；坚持防范廉政风险与防范行政风险并重，建立健全国土资源市场配置机制、国土资源管理创新机制、行政权力监督制约机制、风险预警防控机制、风险教育机制、责任追究机制，构建“分岗查险、分险设防、分权制衡、分级预警、分层追责”的预警防控模式，形成制度健全、监督到位、防范有力的风险防范机制，不断推进惩防体系建设。

（二）深化廉政宣教工作，提升“大地清风”廉政文化品牌。根据上级的部署和要求，认真抓好廉政宣教工作，并结合实际，采取多种方式，务求实效。在原来坚实的工作基础上，继续开展“大地清风”廉政文化品牌建设，营造良好的国土资源文化氛围，春风化雨，引人向上。持续开展纪律教育学习月活动，围绕主题，突出特色，强化对党员干部的思想道德教育，永葆共产党员的纯洁性和先进性。

（三）深化廉政风险防控，加强动态监管。根据“防、控、消、评、建”五字方针，扎实做好廉政风险防控工作。深入全面开展廉政风险防控工作情况的检查评估，重点检查评估基层部门，促进依法行政、依法办事。实现廉政风险防控与办文系统、行政审批系统、电子监察系统等信息管理系统的无缝对接。运用信息科技手段，进一步研发完善廉政风险防控系统，做到动态、实时监控廉政、行政风险。及时总结开展廉政风险防控工作的好经验好做法，在全省推开宣传，推动面上工作开展。

（四）深化规范权力工作，推进改革创新。重点工作包括：一是深入开展工程建设领域突出问题专项治理，巩固工作成果，根据形势的发展和工作的需要，继续建章立制，推进制度创新，同时将“两整治一改革”转为常态化工作。二是加快土地矿业权市场建设。在所有地市均建成网上交易系统的情况下，推动各地提高系统的应用水平和覆盖范围，研究交易系统移交地方公共资源交易平台后进一步加强土地和矿业权交易监管力度的方式方法。三是深化制度廉洁性评估试点工作，探索建立适合省国土资源系统廉洁性评估工作制度、工作模式和运行机制，从制度层面消除腐败滋生蔓延的因素。四是加快推进电子监管系统建设，实现科技防腐。进一步完善电子监察信息系统，严格实行网上报批、联网审查、集体会审，及时公开审批结果、供应计划、交易情况和违法案件等信息，接受社会监督。五是尽快完成预防职务犯罪、失职渎职行为的大调研，形成一系列有较高理论水平和可操作性的理论成果，为廉政和行政风险防控工作注入思想力。六是强化对“三旧”改造、土地储备和补充耕地指标网上交易、土地和矿业权交易等重点工作的监管，防止腐败行为的发生。

（五）深化领导班子及干部队伍作风建设，不断提高执行力。继续加强队伍建设和作风建设，严格落实国土资源系统作风建设训示，牢固树立“忠于职守，高效服务，依法管理，廉洁从政”理念，深入营造“敢干事、善干事、能干事、干成事”的良好氛围。全面应用廉政档案信息管理系统，进一步加强对党员干部的监督管理。继续加强纪检监察队伍建设，配齐配强纪检监察队伍，努力提高纪检监察干部的业务水平和综合素质。

（六）深化案件检查工作，保持对腐败行为的高压态势。围绕当前国土资源管理的重点和难点问题，紧盯国土资源管理的薄弱环节，如执法不力、违规登记发证、违规审批等，加大自办案件工作力度，遏制违法违纪行为，充分发挥查办案件的震慑和教育作用。同时，加大对典型案件的剖析力度，发现工作薄弱环节并及时提出对策，防范类似腐败行为的再次发生。加强案件监督管理工作，推动部信访案件网络直报系统向县（市、区）延伸。

以机关带系统　以系统促领域
扎实开展惩治和预防腐败体系建设工作

广西壮族自治区国土资源厅

2008年以来，自治区国土资源厅按照部党组、自治区纪委和厅党组党风廉政建设工作部署，认真贯彻落实《建立健全惩治和预防腐败体系2008—2012年工作规划》，坚持围绕国土资源中心工作，服务经济发展大局，扎实开展党风廉政建设各项工作。特别是2010年开展“两整治一改革”工作以来，紧紧围绕廉政风险防控这条主线，积极采取有力措施，切实加强领导干部教育管理，强化权力监督制约，坚持运用“制度＋科技”防治腐败，注重推进制度改革创新，以机关带系统，以系统促领域，惩治和预防腐败体系建设工作取得明显成效，确保了国土资源党员干部的健康成长，确保了国土资源改革事业的健康发展。

按照2012年9月5日国土资源系统惩治和预防腐败体系建设工作成果座谈研讨会要求，现就自治区2008—2012年开展惩治和预防腐败体系建设工作中有关亮点工作及2013—2017年主要工作设想总结如下：

一、2008—2012 年开展惩防体系建设亮点工作

（一）加强制度建设，反腐倡廉长效机制进一步健全

近年来，按照用制度管人、管事、管权的思路，大力加强制度建设，不断规范行政权力运行，逐步形成了以制度促公正、以公正促公平的良好态势。

1. 完善行政审批制度建设

一是加强行政审批制度建设。进一步完善国有土地使用权审核审批制度。针对矿产资源审核审批比较薄弱的问题，制定了《自治区国土资源厅采矿权新立审批会审制度》、《自治区国土资源厅探矿权登记审批制度》等有关探矿、采矿审批会审制度，从审查、会审、审批各个环节去把关，规范了权力行使，最大限度地增强审批的透明度，避免权力滥用。

二是提升行政审批服务质量。建立、完善《限时办结制度》、《首问负责制》、《责任追究制》等 16 项制度，全面规范行政审批工作。建立了重大项目联合审批、现场审批制度。进一步简化审批环节，提升行政审批效率。同时，提出并严格落实广西国土资源系统"真干、实干、马上就办"的精神，提高办事效率，落实服务承诺，营造了良好的政务服务环境。据统计，我厅行政审批按时办结率 100%，群众满意率 99.86%。

三是实行"审管分离"行政审批模式。2012 年，自治区国土资源厅制定《广西壮族自治区国土资源厅行政审批制度"审管分离"改革实施方案》，将行政审批职能从各业务处室剥离出来，形成"一个部门审批、多个部门监管"的"审管分离"国土资源行政审批模式。成立了行政审批办公室，厅机关所有的行政审批职能全部集中到行政审批办公室，整体进驻自治区政务服务中心，各业务处室不再承担行政审批职能，主要负责政策研究和标准制定，规范、监督、检查已审批事项的组

织实施。“审管分离”审批模式的实行，在提升效率的同时，也有效地防止了行政审批上的违纪违法行为。2013 年，自治区国土资源厅将在全区国土资源系统全面推行这一行政审批模式。

2. 完善重点领域和关键环节制度建设

在资金使用方面，制定《广西壮族自治区土地整治专项资金县级财政审核报账制管理办法》、《广西壮族自治区土地整治专项资金管理办法》、《广西壮族自治区地质灾害防治专项资金管理办法》等多项配套政策和管理制度。完善了《自治区国土资源厅机关财务管理制度》、《自治区国土资源厅固定资产管理制度》等规定。制定了内部审计管理办法、领导干部任期经济责任审计实施办法等内部管理制度，通过实施内部审计，及时发现和纠正问题，防范于未然。

在项目管理方面，以严格规范土地整治项目为突破口，严格规范土地整治项目管理，严把廉政关，防止出现违规违纪违法问题。出台了《广西土地整理项目管理暂行办法》等一批规章制度，下发了《关于加强土地整治项目管理的通知》，逐步建立健全土地整治政策保障、技术规范和工程项目管理体系。同时，制定《广西壮族自治区土地整治项目参建单位信用登记暂行办法》，深入开展土地整治项目参建单位诚信体系建设，初步建立广西土地整治项目参建单位市场行为信用信息库。

在干部人事方面，研究出台《广西壮族自治区国土资源系统处级领导职位竞争上岗工作方案》和《中共广西壮族自治区国土资源厅党组关于加快干部人事制度改革的若干意见》等相关规定，对干部竞争上岗、干部轮岗、干部考察、干部挂职、干部考核等七个方面进行了改革，全面实行处级领导干部竞争上岗。严格落实部党组“三年可以交流、五年应当交流、八年必须交流”的要求，并出台相关规定，对厅机关规划、耕保、矿管等具有审批职能的处室负责人，要求任职满三年进行轮岗。2010 年来，全区国土资源系统轮岗交流 1200 余人，逐步形成公开、公平、竞争、择优的干部选拔、培养机制。

据统计，2011 年，厅制订出台 26 个涉及土地、矿产和财务、人事管理等方面的规范性文件，进一步规范了重大项目、资金和人事的管理，依法管理、依法行政能力大大提升，规范了权力运行，达到了从源头上预防腐败的目的。

3. 完善贯彻落实党风廉政建设责任制形式

严格落实党风廉政建设责任制，完善落实党风廉政建设责任制的措施办法。自2011年起，厅党组将党风廉政建设责任制与绩效考核指标及有关重点工作任务结合起来，在全区国土资源系统建立综合管理目标考核责任制。厅党组书记、厅长年初与14个市国土资源局、厅机关各处室、厅直属各单位负责人签订了《综合管理目标考核责任状》，党风廉政建设与业务工作有机交融、深度融合，推动了领导干部"一岗双责"工作的落实，实现了党风廉政建设工作与业务工作同部署、同检查、同考核的目的。

（二）扎实开展廉政风险防控机制建设，风险防控管理进一步完善

1. 全面开展岗位廉政风险点排查活动

各级国土资源部门紧紧围绕规范权力运行，以工作流程为线、工作岗位为点，以核心业务、关键岗位、重点部位和环节为重点，认真开展风险点排查工作，全区各级国土资源管理部门共排查出风险点3262个，制定防范措施1743条，完善规章制度170个。查找出制度漏洞和缺陷40个，提出建立和完善制度的措施48条，全方位从源头上进行预防和防范，区、市、县三级国土资源部门层层制定主要岗位廉政风险防范措施一览表。

2. 部署开展廉政风险防控机制建设"回头看"活动

对近两年自治区国土资源系统开展"两整治一改革"工作，推进廉政风险防控机制建设情况全面进行"回头看"，重点审视和分析廉政风险点找得准不准、全不全、实不实，制定的防控措施是否有针对性和可操作性。对于廉政风险点排查不准、不全、不实的，重新排查；制定措施针对性、操作性不强的，重新研究，进一步完善。

3. 切实加强重点业务和关键环节的风险防控

第一，要求各级国土资源部门根据“三定方案”设定的法定职责，全面清理和明确本单位在行使行政审批审核、行政处罚、项目管理、资金管理、执法监察等工作中行使的各类职权，对依法确定的职权进行分项梳理，摸清职权底数，明确职权名称、内容、行使主体和法律依据等，编制“职权目录”。第二，要求各级国土资源部门针对每一项职权，优化运行流程，明确办理主体、条件、程序、期限和监督方式，并对单位内部的人、财、物管理等职权进行清理规范，明确内部职权行使的岗位、权限、程序和时限等，绘制“权力运行流程图”。第三，要求各级国土资源部门将廉政风险防控纳入党风廉政建设和惩防体系建设工作总体部署，与其他工作通盘考虑，统筹谋划，协调推进。把廉政风险防控纳入党风廉政建设责任制检查考核、惩防体系建设工作检查之中，将检查考核结果作为干部评价和任免的重要依据，推动廉政风险防控工作的进一步落实。

4. 加强对基层廉政风险防控机制建设工作检查和指导

针对各市廉政风险防控机制建设发展不平衡、防范不到位等困难和问题，2012 年上半年，由厅领导带队，组织六个检查组对 14 个地级市局及所辖 1 个县局和 1 个乡镇国土所加强基层廉政风险防控机制建设和落实情况进行督促检查，及时发现存在的问题，提出加强和改进的意见建议。按照要求，各市相应组织对所辖各县（市、区）国土资源局廉政风险防控机制建设情况进行了一次全面检查，采取自治区、市逐级检查方式，有力促进和推动了基层国土资源部门廉政风险防控机制建设工作。

此外，自治区国土资源厅也注重加强厅机关廉政风险防范机制建设。近年来，厅制定《广西国土资源厅机关廉政风险防控机制建设实施方案》，深入推进廉政风险监督、行政审批监察、在线廉政教育、廉政短信预警、典型案例警示、廉政知识测试等六个平台建设，加强党员干部廉洁从政教育，完善廉政风险防控预警管理，实现廉政风险防控管理的动态化、常态化和制度化，有效预防和控制各类违纪违法案件的发生。

（三）大力加强反腐倡廉宣传教育，国土资源系统干部廉洁自律意识进一步增强

坚持把“以人为本、执政为民”的理想信念教育和党性党风党纪教育作为反腐倡廉教育的基础，将廉洁从政教育贯穿于党员干部教育培训全过程，每年深入组织开展一次“廉洁从政”主题教育活动，增强党员干部廉洁从政意识。

1. 深入开展领导干部及基层干部廉政整训

坚持对全区国土资源系统副科级以上领导干部及基层全体干部深入开展廉政整训，按照分级负责的原则，区厅主要对各市、县国土资源局“一把手”和市局领导班子其他成员开展廉政整训；各地级市国土资源局对县级国土资源部门领导班子其他成员、市局机关各科室及直属单位正、副职以及国土资源所所长开展廉政整训；各县级国土资源局对本级局机关、直属单位全体人员以及国土资源所除所长外人员开展廉政整训。2012 年，我厅对市、县国土资源局“一把手”和厅机关处室、直属事业单位主要负责人开展以“学廉、诺廉、践廉、述廉、评廉”为主要内容的“五廉”教育廉政整训，先后邀请自治区纪委、自治区人民检察院有关领导和专家授课，并组织整训人员到南宁监狱接受服刑人员现身说法警示教育。我厅还规定，各市、县国土资源局“一把手”在“五廉”教育中民主测评环节群众不满意率超过 30% 的，将被进行诫勉谈话，责令进行整改；群众不满意率超过 50% 的，将被调整工作。

2. 扎实开展正反两方面典型教育

一方面，重视正面典型的培树，成功培养和树立了全国优秀国土资源所所长、全区优秀共产党员韦寿增等一批先进典型，广泛开展“学习韦寿增先进事迹，立足岗位创先争优”活动。“两整治一改革”工作开展以来，评选表彰先进集体 262 个，先进个人 528 人。另一方面，充分利用发生在身边的典型案例，定期通过观看警示教育片、内部案件通

报、典型案例剖析等形式开展警示教育，警钟长鸣，编印了《广西国土资源系统警示教育案例选编》。

3. 加强机关廉政文化建设

举办全区国土资源系统文化周、运动会等活动，展示了国土人的良好精神风貌；开展廉政书画展、廉政格言警句征集、廉政文化进机关、进家庭、进基层等活动，系统内部风清气正的氛围进一步形成。2012年，在全区国土资源系统开展了廉政格言警句征集活动，共征集作品171幅，评选优秀作品21幅。优秀作品分别在桂林市和厅机关办公楼进行展出。

4. 不断加强纪检监察干部队伍能力建设

着力加强纪检监察干部队伍建设，坚持每年举办一至二期培训班，对全区国土资源系统纪检监察干部进行培训，加强政治思想建设，提高纪检监察和国土资源业务能力和水平。同时，还通过挂职锻炼、调研交流、座谈研讨等形式，加强学习与培训。2008年以来，共举办5期纪检监察干部培训班，培训纪检监察干部752人次；组织63人次到国土资源部、中国纪检监察学院、中纪委杭州培训中心、中纪委北戴河培训中心、井冈山培训学院参加培训，进一步提升纪检监察干部政治素质和业务能力。

（四）全面加强政风行风建设，国土资源部门良好形象进一步树立

1. 深入开展加强政风行风建设“五大行动”

制定印发《广西壮族自治区国土资源系统加强政风行风建设“五大行动”实施方案》，在全区国土系统部署开展窗口政务服务水平大提升、矛盾大排查大接访、政风行风征求意见月、政风行风建设问题集中整改、国土资源大宣传等加强政风行风建设“五大行动”，全面加强各级国土资源管理部门机关作风建设、行政效能建设和干部队伍建设。活动期间，区、市、县国土资源部门领导参加接访402人次，接访群众463批次，通过领导干部接访的信访件全部办结；发放征求意见表9320份，召开座谈会56个，收集意见建议2128条。

2. 开通运行“金土在线”栏目

2012年1月，依托厅门户网站开通运行“金土在线”栏目，实时为社会公众提供网络政务服务、政策法规咨询、意见建议反馈、政风行风监督。截至2012年11月底，“金土在线”栏目，共接到有效诉求件384件，已答复314件。

3. 组织开展《阳光在线》活动

每年设定一个主题，组织开展广西人民广播电台《阳光在线》上线活动，与网民朋友就国土资源管理工作热点问题进行交流互动。2012年3月，厅长亲自带队参加广西人民广播电台《阳光在线》节目，通过热线电话、短信平台及北部湾在线互动论坛和微博，现场解答听众、网友的问题，在社会上引起良好反响。

4. 扎实开展民主评议政风行风活动

部署全区国土资源系统扎实开展民主评议政风行风活动，就国土资源公正执法、政务公开、办事效率、服务态度、廉洁自律等工作，通过召开座谈会、发放问卷、走访群众等方式，广泛征求社会各界意见建议，并采取有效措施予以整改。同时，各级国土资源部门还通过网络评议、问卷评议、评议员评议、服务对象评议等方式，调动社会各届参与民主评议的积极性，推动国土资源系统政风行风建设。2012年，还从自治区环保、住建等7个部门（单位）和服务对象中聘请10名同志担任政风行风评议员，组织对厅民主评议政风行风活动开展情况进行调查、评议和监督。2009年度，厅纠风工作被自治区纠风办评为三等奖，2010年度被评为优秀奖，2011年度被评为二等奖。

（五）坚决查处违法违纪行为，案件查办治本功能进一步发挥

坚持从严治党，治党务必从严的方针，坚决配合纪检监察部门、检察机关查处发生在国土资源系统的违纪违法案件，坚决惩治腐败，严肃党纪政纪，以反腐败的实际成果取信于民。2008年以来，自治区国土资源系统共发现处理违法违纪案件66起，涉案人员98人，案件数量和受处理人数逐年下降。同时，我厅充分发挥查办案件的治本功能，在坚决严惩腐败分子的同时，深刻剖析典型案件发生的深层次原因，加强督促整改，完善相关制度，有力地推进了惩治和预防腐败体系建设。

（六）依托信息科技支撑，不断提高党风廉政建设科学化水平

1. 全面推进国土资源遥感监测“一张图”工程建设

目前已完成包括二调数据变更数据库、土地规划数据库等28个主要业务空间数据库建设，形成涵盖了广西23.7万平方公里，包含土地、矿产、海洋以及地质灾害等国土资源数据。围绕这一平台，可以开展国土数据集成管理、土地“审批、征地、供应、利用、占补平衡、违法查处”一体化审批管理、矿产资源综合管理、地质灾害预警预报、数据综合统计分析等工作，基本实现了“以图管地”、“以图管矿”、“以图防灾”，减少了人为因素，初步实现源头监管、全覆盖监管、环节监管和精细监管效果。同时，制定了《依法行政手册》和电子政务系统操作的相关规范，严格界定每一步操作的必要条件和经办人员的管理权限，最大限度的限制人为的自由裁量权，有效地避免了人为干扰。

2. 全面推进区、市、县三级国土资源全业务网上运行

2008年以来，不断完善2007年已建成投入使用的厅政务管理信息系统。2011年6月开发了统一的广西国土资源网站群和市县级国土资源政务系统，实现了自治区、市、县三级互联互通，全区所有市、县国土资源管理部门的网络覆盖率已达100%，网站建设率也达到100%。制定出台了一系列建设规划、技术标准、操作规程等规范性文件，重新界定和明确了不同层级、不同部门和不同人员的职责和权限，通过统一技术标准、统一操作规范，保证系统安全、有效。印发了《广西国土资源厅政务管理信息系统实施方案》、《广西壮族自治区国土资源厅网络办文暂行规定》等文件，明确停止纸质文件运行，基本实现全业务、全流程网上一体化管理。

3. 深化政府信息公开工作

加强了厅门户网站建设，建立了覆盖全区14个市、75个县的网站群，基本实现了全区范围内的国土资源信息网上公开。2011年，厅门

户网站发布年度政府信息4157条，图片1291张，文档528个，视频12个，信息量有了显著提升。2011年，我厅门户网站被国土资源部评为“2010年度国土资源政务信息网上公开示范单位”。同时，按照自治区的统一部署和要求，进一步健全国土资源系统项目和信用信息公开综合平台建设。

二、2013—2017年惩治和预防腐败体系建设主要设想

2013—2017年，国土资源系统预防违纪违法案件形势依然严峻，惩治和预防腐败体系建设任务依然繁重，自治区国土资源厅将认真总结贯彻落实《建立健全惩治和预防腐败体系2008—2012年工作规划》取得的成绩和经验，结合广西国土资源部门实际，采取有效措施，不断推进具有国土资源部门特点的惩治和预防腐败体系建设，为国土资源改革事业发展提供坚强有力保障。

（一）进一步强化党员干部的廉政教育管理。坚持把廉洁从政教育纳入党员干部日常教育的重要内容，同领导干部的培养、选拔、管理、使用结合起来，促使党员干部树立正确的世界观、人生观、价值观和权力观、地位观、利益观。重点组织开展各级国土资源部门领导干部和管审批、人事、资金、项目和执法监察等核心业务、重点岗位、关键环节的工作人员，进行依法行政、廉洁自律、预防职务犯罪等教育，提高党员干部依法行政和拒腐防变的能力。继续深入组织开展以“加强党性修养、打造廉洁国土”为主题的系列廉政教育活动，开展“廉政文化进机关、进基层”活动，营造良好的反腐倡廉文化氛围。进一步挖掘和培育廉洁从政先进典型，大力宣传国土资源工作中涌现出来的勤政廉政先进集体和先进个人模范事迹，树立精神示范和行为标杆，充分发挥典型示范和引领作用。

（二）深入推进建立统一规范的土地和矿业权出让交易市场。发挥市场配置资源的基础性作用，健全国有土地使用权、矿业权招标拍卖挂

牌出让制度。健全和完善矿业权交易市场制度建设，重点解决矿业权竞争制度不健全、交易制度不完善、监管不到位等问题。积极推动国有土地使用权、矿业权出让进入有形市场，有条件的地方要纳入公共资源交易中心。推行土地和矿业权网上审批、网上交易和网上监管。整治土地和矿业权市场存在的突出问题，重点解决市场监管漏洞和制度缺陷，完善制度体系，建立统一规范的综合监管平台和市场运行机制。

（三）进一步健全廉政风险防控机制建设。坚持把廉政风险防控机制建设和制度落实情况作为党风廉政建设责任制考核的重要内容。进一步健全完善市场配置、管理创新、行政权力监督制约、廉政风险预警、廉政风险教育和责任追究等六个方面机制建设。进一步总结提炼有效做法和经验，把实践成果转化为制度成果，变单项制度为制度集成，形成教育、监督、预防、纠风、惩处协调配套的制度框架。

（四）全面提高“制度＋科技”防治腐败工作水平。深化国土资源行政审批制度改革，推进行政法规和规范性文件的“立、改、废”，进一步清理、减少和调整行政审批事项。在2008—2012年工作的基础上，进一步加强国土资源综合监管平台建设，充分利用全国国土资源管理数字“一张图”，对各地土地和矿产开发利用全过程、全周期动态监管。运用卫星和航测手段健全完善“天上看、地上查、网上管”的国土资源综合监管体系。将审批程序、报批要件、工作流程电子化，减少人为因素，提高防治腐败工作的效能和水平。

着力构建“五个机制”
惩治和预防腐败体系建设取得新成效

海南省国土环境资源厅

2008年以来，省国土环境资源系统惩防体系建设工作坚持以邓小平理论和“三个代表”重要思想为指导，深入贯彻落实科学发展观，按照中共中央《建立健全惩治和预防腐败体系2008—2012年工作规划》要求，坚持标本兼治、综合治理、惩防并举、注重预防的方针，认真落实党风廉政建设责任制，惩治和预防腐败体系建设取得了新的成效。

一、主要做法及成效

（一）着力构建预防腐败领导体制和工作机制，反腐倡廉工作的整体合力基本形成

预防腐败工作是各级领导班子和领导干部的政治责任。厅党组站在讲政治、讲大局、事关国土环境资源事业健康发展的高度，充分认识加强党风廉政建设，建立健全惩防体系的重要性，专题研究部署落实。一是统一思想认识。厅党组认为，要确保党风廉政建设和预防腐败工作落实到位，必须首先解决好领导干部的思想认识问题。为此，要求厅领导班子成员和各部门、各单位主要负责人要从提高党的执政能力，践行科

学发展观的政治高度出发，切实增强对预防腐败工作重要性和必要性的认识。在年初部署全年国土环境资源工作的同时，安排部署预防腐败工作，做到了与党务、政务、业务工作一起早研究、早部署；在厅党组中心组学习时，把加强思想政治工作与党风廉政建设工作有机结合，把思想教育与制度建设有机结合；平时会议及半年工作总结时，把工作推进情况与党风廉政建设情况一起布置检查，从而切实提高了党员领导干部的党风廉政思想认识。二是加强组织领导。厅党组把健全组织作为预防腐败工作的一项基础工作，及时成立了党风廉政建设暨惩治和预防腐败体系建设工作领导小组，由厅党组书记任组长，党组成员任副组长，领导小组下设办公室，由纪检组长兼任办公室主任，成员由纪检组、办公室、人事处、机关党委等单位的人员组成，具体负责惩防体系建设及党风廉政建设责任制落实的组织、协调、考核、督查等工作，在组织领导上保证反腐倡廉工作有人抓，有人管，有人负责，在全系统形成了领导亲自抓，一级抓一级，层层抓落实的工作局面。三是抓好责任分解。厅党组根据建立健全预防腐败工作的目标和要求，本着“谁主管谁负责”的原则，制定了党风廉政建设责任制目标分解方案和厅机关各处室、直属单位领导干部党风廉政建设责任制目标。规定厅党组书记对党风廉政建设和惩防体系建设工作负总责，认真履行“第一责任人”的职责；领导班子其他成员根据工作分工，对职责范围内的党风廉政建设负“直接领导责任”，并认真履行“直接责任人”的职责。同时，按照“集体领导与个人分工负责相结合的原则”，实施“一岗双责”，规定班子成员既要抓好主管的业务工作，又要抓好分管范围内的预防腐败工作。

（二）着力构建预防腐败教育机制，党员干部廉洁意识明显增强

厅始终坚持把实际效果作为预防腐败工作的根本目的和主要出发点，结合本系统任务特点，在明确教育思路、深化教育内容、创新教育手段等方面下功夫，构建具有国土环境资源系统特色的教育机制，全系统党员干部廉政意识明显增强。一是教育思路清晰化。始终把学习邓小平理论、“三个代表”重要思想，以人为本、科学发展观作为党风廉政教育的“主心骨”，把宣传廉洁自律的先进事迹、先进典型、争先创优以及国土环境资源系统的模范人物作为教育的“主旋律”，把“世界观、人生观、价值观”作为教育的“总开关”。二是教育内容系统化。集中深入开展“七项教育”，即党风廉政理论教育、理想信念教育、党纪党规教育、爱岗敬业教育、廉洁从政教育、作风教育和警示教育，突出“党性、党风、党纪”教育。重点抓好落实四项制度、“三重一大”、“四大纪律八项要求”和国土资源系统工作人员“五项禁令”、以及全省国土环境资源系统工作人员廉洁从政“九项杜绝”、“八项禁令”等内容。三是教育形式多样化。形成具有国土环境资源特色的廉政文化“六进”活动，即廉政文化“进机关、进岗位、进家庭、进网络、进手机、进小车”。建立了“党纪党规题库、自行学习、随机抽题、当场作答、现场亮分”公开公平考核机制。

（三）着力建立预防腐败制度体系，源头治理工作不断深化

一是推进法规制度体系建设。加快相关立法工作，2011 年，厅落实了 47 项立法规划，有效规范和完善了国土环境资源管理体系。同时，积极开展制度清理。审定了 9 个直属单位 163 个制度目录，完善了 43 项制度，对 71 件规范性文件制度廉洁性进行了审查。二是完善决策管理制度。从“管好权”入手，完善了党组议事规则、“三重一大”事项集体决策制度、“一事一议”等制度；从“管好人”入手，制订了行政效能责任追究制度、党员干部廉洁自律规定和具体行为规范；从“管好钱”入手，建立了资金管理和经济责任审计等制度，建立了防治“小金库”长效机制，制定了《海南省国土环境资源厅政府采购实施管理办法》。做到履行职责有规定、检查考核有标准、追究责任有依据。三是深化行政审批制度改革。积极推动行政审批工作标准化、规范化建设，推行行政许可审批和行政处罚决定会审会签制度、网上巡查督察制度。出台一系列文件，对行政审批的报件办理程序、备案管理制度、跟踪督办制度、限时办结制度、网络监督管理等做出明确规定。制定了《海南省国土环境资源行政审批标准化工作手册》，最大限度提高每个环节的行政效率，压缩每个岗位的权力寻租空间，规范行使自由裁量权。四是创新市场交易机制。在省土地储备整理交易中心的现有基础上，增加和完善矿业权交易职能，进一步完善交易市场管理和服务操作规程。确立了以随机抽取确定中介机构为原则、特殊情况下集体决定中介机构为补充的遴选制度，公开选定37家土地评估机构、13家矿业权评估机构和41家土地使用权、矿业权出让招拍挂代理机构，建立了评估机构和招拍挂代理机构备选库制度，进一步规范了中介服务机构的管理。五是加强工程建设领域腐败突出问题治理。针对全系统土地整治、矿山复垦、地质灾害防治以及农村生活垃圾处理、政府采购等工程项目不断增多，巨额资金使用风险加大的问题，抓住工程招投标、项目入库出库、质量验收等关键环节，完善了项目评审、会审、入库、质量监督、招投标现场监督、工程质量验收、通报、施工单位退出、评估奖惩和廉政责任承诺等机制。

（四）着力构建预防腐败监督机制，事中预防工作逐步完善

全系统已建立起内部监督、社会监督、联合监督、网络监督、媒体监督、领导监督等11项监督机制。一是拓展监督渠道。2008年以来，我厅共发放《行政审批廉政监督卡》14230份，收回11743份，回收率82.5%，满意率98.72%。近年来，先后对海口、昌江、定安、五指山、文昌、澄迈、琼海等7个市县进行了巡查，走访567家企业，现场查看工程建设项目21个，发放问卷调查表1790份，谈话312人次，查阅土地、环保档案资料121份。会同有关部门和企业对部分土地、矿业权出让、环境评价审批、征用土地及工程建设项目等多次进行明察暗访。同时，制定义务监督员管理办法，面向全省企业、村委会以及服务对象聘请了75名义务监督员。为提高工作效率，开辟了“绿色通道”和“特事特办”窗口，实现了网上巡查督察制度，深化绩效考核，提高了办事效率。建立了督察督办工作机构，专人负责，对省委省政府的重大工作部署，实现责任到人，建立台账，跟踪督办，实行“半月一提示，一月一通报，一旬一汇报”。加强对行政审批行为的监督，建立了《行政审批廉政监督卡》。制定了《海南省国土环境资源厅政务督查督办和巡查工作工作办法》，办事群众来窗口申报时，每个审批件都附上一张印有举报电话、电子邮箱和通讯地址的《廉政监督卡》，办事群众可以对审批过程进行全程监督，用制度堵住吃拿卡要、以权谋私这个漏洞。为完善监督体系，畅通社会监督渠道，在厅门户网站（外网）公布了举报受理单位，设立了监督举报电话和网站。二是突出监督重点。以各级“一把手”和掌握“钱、物、人”等重要权力的人员为重点监督对象，认真落实《廉政准则》，严格执行“8 个严禁、52 个不准”，将“行政审批、大额资金分配、工程建设项目分配、出让土地使用权、出让矿业权、土地流转、建设用地指标分配、行政执法、环评评审、土地征收、土地办证、工程建设项目管理、干部任免、政府采购、服务质量”等 15 项工作列入监督重点。

（五）着力构建案件查办交流协作机制，违纪违法行为有效遏制

实行纪检监察案件查处工作联系协作制度，进一步加强与公安、检察、法院、审计、财政等执纪执法部门的配合协作，形成了查办案件信息沟通、力量互补、成果共享的工作机制，增强了工作合力。2010 年以来，全系统共处理失职渎职、违规违纪行为 8 起 12 人。纠正了 4 宗土地使用权和 1 宗矿业权出让过程中的不公平行为。针对个别市县存在矿产资源开采监管不到位、执法不力等问题，对 3 名领导干部进行诫勉谈话，1 名领导干部在全系统通报批评，责令对 1 名干部进行岗位调整。

二、经验体会

——必须始终坚持加强领导，切实把预防腐败工作作为国土环境资源事业发展的保障和生命线，摆在更加突出的位置来抓，才能保障党风廉政建设顺利开展。

——必须始终坚持“一把手”负总责，分管领导各负其责的原则，按照“一岗双责”的要求，把党风廉政建设与业务工作有机结合，与业务工作同部署、同检查、同考核，建立行之有效的工作机制，才能真正把党风廉政建设落到实处，抓出成效。

——必须始终坚持把深化制度建设作为预防腐败的第一道防线，充分运用“制度＋科技”手段，提高预防腐败的效能和水平，强化组织监督、制度监督、群众监督，才能进一步完善党风廉政建设的惩防体系建设，防患于未然。

——必须始终坚持“科学统筹、多管齐下、综合推进、注重实效”的理念，把工程建设领域突出问题专项治理、国土资源领域腐败问题治理、“小金库”清理、党务政务公开、以及清理整顿公务用车与“两整治一改革”专项行动有机结合，才能确保预防腐败工作的最优化。

——必须始终坚持具有国土环境资源系统特色的廉政文化教育，不断创新廉政教育模式，不断丰富廉政文化内涵，增强廉政文化感染力、影响力和执行力，才能进一步提升干部队伍的廉政意识。

三、存在问题

一是机构不健全。全系统纪检监察机构设置基本情况是，省厅和各市县局的纪检组长由一名领导兼任，其他市县局设专职纪检组长，但都未建立专门的纪检机构，省厅和市县局只能抽调一些干部负责系统内部纪检监察工作，人员不够稳定，国土资源系统都是权力集中、社会关注、腐败案件易发多发的部门，而且海南国土环境资源系统又实行干部垂直管理模式，由于省厅和各市县局的纪检监察机构不够健全，力量十分薄弱，难以更加深入开展反腐倡廉工作。二是廉政风险防控措施不完善。廉政风险点过多，对查找廉政风险梳理不够，数量过多，难以制定针对性的防控措施。“两个成果”实施没有完全推进，各项制度建设还不完善，电子监管平台建设还没形成。三是腐败问题没有得到有效遏制。这两年腐败案屡有发生。海口、定安、琼海、三亚局都发生了严重的腐败案件，涉案 8 人，其中有 3 人是局长、第“一把手”，都集中在土地领域，重大腐败案件几乎都涉及市县党委、政府领导干部。

四、几点建议

（一）预防腐败工作应当做到“三个落实”。一是落实编制机构。编制机构是开展工作的前提和根本保障，必须健全纪检监察管理机构，适当增加编制、配备专职人员，才能有效的履行管理职能。二是落实“一把手工程”。要让“一把手”切实承担起党风廉政建设的第一责任。如果反腐倡廉出了问题，要严肃追究领导责任。三是落实“一岗双责制”。分管领导不仅要抓好业务工作的落实，同时也要负责分管领域的反腐倡廉工作。廉政工作出了问题，也要承担责任。要抓好责任分解、责任落实，解决单位、部门之间责任界定不清，考核操作难或者追究责任不到位等问题，对党风廉政建设出了问题的单位要根据党纪、政纪、法纪追究其领导责任。

（二）预防腐败工作应当实现“四个渗透”。预防腐败工作应当渗透到“权、钱、物、人”四项管理制度的规范建设之中。坚持关口前移，健全防控体系，在业务制度建设中查找容易产生腐败的环节和漏洞，通过制度进行规范，通过管理进行监督，通过纪律进行约束，通过惩治进行震慑，党风廉政建设责任制才能有效落实。

（三）预防腐败工作应当坚持“两个结合”。一是要与干部制度改革相结合。严格执行《党政领导干部选拔任用工作条例》、《党政领导干部选拔任用工作责任追究办法》，充分落实民主集中制，大胆削弱领导干部的“用人权”，加大干部交流轮岗力度等措施，创造良好的用人环境。二是要与科技手段相结合。运用现代科技手段，加快建设、完善以重大决策、重点岗位、重点项目、行政审批、政府采购、行政执法、土地征收为主要内容的电子监管平台，加快实现土地使用权和矿业权出让网上公开交易和监管，创造公开透明的工作流程和工作环境，实现简单有效的监管。

创新廉洁从政教育培训形式
增强制度建设的约束力

重庆市国土资源和房屋管理局

2008年以来，重庆市局惩防体系建设工作在部党组及纪检组监察局的领导下，全市系统以大张旗鼓的势头，着力谋划新思路、科学运用新方法、持续增添新举措，初步完成了具有国土房管行业特色的教育、制度、监督、改革、纠风、惩处的惩防体系建设，开创了系统内从政环境清明、行业系统清廉、党员干部清正的良好局面。现将五年来的工作情况报告如下：

一、正本清源，持续增强教育工作的说服力

五年来，市局坚持廉洁从政教育培训的规划、组织、实施、考评等全流程管理入手，全面推进党员干部廉洁从政教育培训工作。一是确立廉政教育与业务培训“一盘棋”统筹安排同步实施的教育观念。制定《反腐倡廉教育实施意见》、《法制宣传教育五年规划》和《教育培训管理办法》等规范性文件，将理想信念教育、廉洁从政教育、党性党风党纪教育作为党员干部教育培训的重要内容纳入年度培训计划实施，并明确提出经过五年的努力，初步建立思想健康、工作严谨、廉洁自律、服务高

效的干事创业环境。二是加大全系统党员干部廉政教育培训力度，力求全覆盖多样化有深度。第一，在制定教育培训计划上，将廉政教育与业务培训有机融合统筹安排。五年来，组织全系统100多名党政主要领导分四期分别参加部和市局的廉洁从政集中整训。每年组织一次纪检干部业务轮训班，轮训干部400多人次，持续提升纪检干部的综合素质；分20个批次组织全市系统的400多名班子成员赴延安、井冈山等革命圣地重走长征路，接受理想信念和革命传统教育；组织主城12个分局从事核心业务的关键岗位干部职工1000多人分五期参加部里的廉政从政视频教育，并刻录成145个光盘分发主城外的29个区县局开展教育，全系统教育培训面达80%，其中厅级干部参训10人次、处级干部参训200多人次；邀请重庆市争光贡献奖获得者、优秀纪检干部杨龙全、王瑛先进事迹报告团，全国文化系统先进工作者厉华“信仰的力量”报告团来局作主题报告，机关干部深受教育启迪；坚持每年党风廉政工作会上邀请纪检、检察机关领导开展廉政专题讲座5次，会上观看《蜕变的权力》、《国土惩腐》、《反腐败重庆探索》等五部反腐教育片，领导干部受教育覆盖面达100%；局党组书记、纪检组长、监察室主任坚持每年到部分基层单位开展“廉政讲堂”活动，亲自授课200多课时；做好基层单位干部职工赴重庆廉政教育基地开展警示教育活动的组织协调，累计受教育人数达1万多人次。第二，在确定教育培训对象上，坚持分级负责，全员参与的原则。每年组织区县局班子成员参加市局的集中培训，区县局按照市局的部署，负责组织本单位干部职工的教育培训，做到基层干部职工全员参与，每年轮训不少于一次。第三，在落实教育培训内容上，在突出理想信念、党性党风党纪、价值观等正面教育的基础上，组织编印《重庆市国土房管系统廉政风险防控手册》0.7万册，分发全系统普及防控知识增强防控意识，编印《重庆市国土房管系统职务犯罪案例汇编》四集1.6万册，利用发生在身边的腐败案教育身边的人。第四，在教育培训方式上，采取体验式教育。组织干部职工走出去到革命圣地了解当年革命的艰苦卓绝，感悟当今幸福生活的来之不易；到监狱了解服刑人员生活，感受亲情与自由的重要；到农村困难群众家中走访慰问，体会农村生活的艰辛；到人才市场去体验找工作的不易，更加珍惜现有工作岗位。通过亲身体验，让基层干部在参与中得到启迪，使教育培训更具感染力、震撼力，真正触及人心。三是扎实开展“廉政文化进机关、进基层、进家庭”活动，潜移默化，荡涤拙垢。第一，按照廉政教育贴近基层、贴近工作、贴近生活的要求，结合工作实际，基层单位在办公楼建廉政文化走廊，制作图画编发专刊。目前，建成十个廉政文化建设示范点，全市 42 个区县局都完成了廉政文化阵地建设，制作专栏 1000 多块，内容丰富、形式新颖、言简意赅、寓义深刻；开展了廉政警言佳句征集活动，收到基层单位警言佳句 5500 多条，刊用 1500 多条，坚持节假日向领导干部发廉政短信 7500 多条；坚持每年开展一次“党性党纪教育月”活动，全系统累计举办“廉政书画摄影展览”20 多次，展出作品 3000 多幅，开展“我身边的感人故事——国土资源廉政勤政典型征文活动”收到征文 580 篇，评选优秀征文 180 篇，组织“加强从政道德建设、弘扬清廉从政之风”演讲比赛 25 次，先后有 75 名获奖选手用身边的普通干部的先进事迹教育感染干部职工；组织机关处室、分局主要领导 40 多名家属参加“一人廉全家圆”家庭助廉活动，提倡当好“廉内助”。二是支持基层单位参加市纪委、团市委开展的“青春倡廉示范岗”创建活动，积极推动一批以青年干部为骨干的基层窗口单位争创廉洁干事标杆。三是坚持每年在基层单位开展“十佳为民服务窗口、十佳为民服务明星”评选活动，大张旗鼓树立宣传开县土地房屋权属登记中心等 50 个优质服务单位和吴疆等 50 个为民服务明星，让全系统学有榜样、赶有标兵、追有标杆，形成浓厚的廉政文化氛围，让干部职工在教育中受到熏陶，增强廉政文化的支撑力、影响力。

二、健全机制，持续增强制度建设的约束力

五年来，市局狠抓预防腐败的长效机制建设，提高制度防腐约束

力。先后牵头制定了《重庆市国有建设用地使用权出让管理实施办法》、《重庆市土地使用权公开交易办法》、《关于加强国有经营性建设用地使用权公开交易成本审核评估的通知》等制度，完善了土地审批出让环节制度体系；制定了《关于完善采矿权审批管理制度有关问题的通知》等制度，完善了采矿权出让公示、出让价款评估和集体确认、出让结果公示等制度，新建矿山矿业权实现了100%的招拍挂出让，走在全国前列；制定了《重庆市地质矿产勘查项目管理暂行办法》，进一步规范地质矿产勘查审批程序、资金管理、项目实施；制定了《重庆市地票价款征收使用与监管暂行办法》、《重庆市农村建设用地复垦项目管理规定》、《重庆市公共租赁住房管理办法》，创新制度有序监管。五年来，市局代拟制定地方性法规规章8件，规范性文件200多件，涵盖了本行业的核心业务和关键环节，对有效遏制违纪违法案件发挥了治本作用。

三、加强监管，持续增强监督管理的制衡力

五年来，市局重点围绕健全监管制度机制、制约行政权力运行、加强领导干部监督等三方面持之以恒做好监管工作，较好地遏制了违纪违法案件易发多发势头。

（一）加强内部监督制约机制建设，拓展源头防腐领域。一是充分发挥基层单位纪检监察机构队伍监管作用。目前，42个区县局均建立了纪检监察机构，配备了80多名专职纪检监察干部，充分发挥好这支队伍的作用是加强基层单位党风廉政建设的重要保障。市局下发了《关于各区县国土房管局、国土局、各分局纪检组长及直属单位纪委书记职责分工的通知》，明确要求系统内各单位纪检组长或纪委书记不再分管联系涉及行政审批、资金项目、土地矿业权出让、征地拆迁、地灾治理、房地产市场及权属登记等业务工作，专司其职，履行好监督检查职责，真正落实监管分离。纪检干部们围绕基层单位日常管理工作全面界入，认真履行职责，发挥监管主体作用，有效保障了基层单位管理工作

依法依规推进。二是推进全系统业务工作信息化建设。一方面建立起覆盖全市各区县局的办公自动化信息系统，将网上办公直接延伸到区县局，公文处理全程网上运行，50%的区县局还实现了与乡镇片区所的信息网上传输。另一方面将涉及基层单位的19项行政审批事项全部纳入电子监察系统运行，杜绝因人而异、乱设前置要件、吃拿卡要拖等不正之风发生。五年来全市系统电子监察系统共受理办件6万多件，办结率达99%，差错率保持零纪录，实现了对行政审批权力运行的在线运行过程监管，进一步提高了源头预防腐败的科技化水平。三是改革党风廉政建设监管考核方式。将基层单位党风廉政建设责任制执行情况从年度目标考核中剥离出来，形成独立的考核体系，并将其结果作为领导班子总体评价和领导干部业绩评定、奖励惩处、选拔任用的重要依据，基层单位党风廉政建设考核不合格，目标考核一票否决，有效克服了廉政建设与业务工作“两张皮”现象，促使基层单位领导干部切实履行好“一岗双责”。

（二）加强基层单位行政权力监管，依法规范权力运行。一是加强基层单位核心业务权力运行监管。在局系统推进行政审批“窗口”办文制度，对区县局涉及的19项行政审批业务报批纳入市局行政服务“窗口”统一受理，按内部工作程序封闭传递作业，限时办结后，返回“窗口”发件，实现接办分离。并将业务运行的全流程纳入市纪委监察局的行政审批电子监察系统，实现从受理、初核、复审、会审、审批、发件等多个环节的网上全程跟踪监管。二是加强基层单位领导干部任免权力运行监管。凡涉及区县局领导干部的调整任免，市局监察室都派人全程参与，按照干部考察任用程序，把好民主推荐关、组织考察关、民主测评关、会议决定关。五年来，我局调整充实了黔江等70多个区县局和市公积金管理中心等45个直属事业单位的领导班子成员，新提拔干部250多人，局机关轮岗交流干部80多人，没有发生一起违反干部任用规定的行为。三是加强基层单位财务资金管理权力运行监管。在全系统推行统一的财务管理信息系统建设，将预算指标管理、预算执行、会计核算等财务管理建立在同一信息平台，实现联网操作，提高了财务管理水平和对各单位预算执行、资金运行的时时查询监控水平。目前，已完成主城九区的13个分局和34个直属单位的财务管理与市局联网运行在线监管。

（三）加强基层单位领导干部监管，督促正确履职尽责。一是开展民主评议基层单位领导干部活动，基层单位领导干部每年向单位职工及邀请的人大代表、政协委员和服务对象述职述廉，进行民主评议，评议结果在单位内公开，对连续两年民主评议较差的领导干部，由市局作出相应处理。二是落实领导干部贯彻执行党风廉政建设责任制报告制度，基层单位领导干部每年向市局和本单位职工报告分管工作的党风廉政建设分工责任制执行情况，接受民主测评，测评结果计入领导干部年度考核。三是开展对基层单位领导干部不定期巡视制度，由市局组织巡视组对基层单位领导干部履职守廉情况开展巡视，发现问题，督促整改。四是严格执行《廉洁从政准则》、党员领导干部报告个人重大事项制度和“三谈两述”制度，五年来对下级主要负责人谈话438人次，领导干部任前廉政谈话232人次，诫勉谈话83人次。五是开展基层单位主要领导经济责任审计，实施内部审计检查165次，审计资金250多亿元，提出整改意见200多条，及时纠正违规资金20多亿元，将问题消灭在萌芽状态。

四、推陈出新，持续增强改革创新的推动力

（一）改革土地和矿业权出让分级松散式管理为建立集中统一的土地和矿业权市场体系，解决了国土资源市场配置中存在的突出问题。土地和矿业权出让的腐败案件高发，加速了我市推进建立健全统一规范的土地和矿业权市场的步伐，从而较好地从源头上解决了领导干部违规插手干预土地和矿业权出让、规避土地和矿业权招拍挂出让制度、擅自批准减免或缓交土地出让金、矿产资源补偿费、采矿权价款等突出问题，

成为预防腐败案件发生的治本之策。全系统严格执行《重庆市国有建设用地使用权出让管理实施办法》和《重庆市采矿权交易管理暂行规定》，在全市建立起1个市级土地和矿业权交易中心和29个区县级公共资源交易中心，建成了覆盖全市的土地和矿业权交易市场体系。市中心统一主城九区的土地和全市的矿业权出让，29个区县中心统一当地的土地出让。两级中心全部实现土地出让全程网上交易监管和市中心矿业权网上交易试运行。市局明确规定未经两级中心交易的土地和矿业权，各级国土房管部门不得办理任何权证手续，否则，将追究相关人员责任。同时，加强了对国土资源市场中介服务机构的日常监管，制定《重庆市工程建设领域信息公开和诚信体系建设工作实施意见》，开展了中介服务机构诚信执业信息库建设工作，推行违法违规执业“黑名单”制，净化国土资源市场交易环境。

（二）制定完善从源头上预防国土房管系统腐败发生的制度机制，深化惩防体系建设的改革创新。不断深化国土房管制度改革创新是遏制腐败易发多发的关键，市局在管理制度机制改革创新上做出了积极的探索实践。一是重庆市建立起“三权分离”机制，有效预防管理风险。在全市实施土地审批、储备、交易三权分离，建立“一根管道进水、一个池子蓄水、一把龙头放水”的管理机制。国土资源部门负责土地审批，国企投资集团负责土地收储，公共资源交易平台负责土地交易，改革“一家独揽”为“三家共管”体制机制，三个系统相互制衡，构筑土地市场预防腐败“防火墙”，同时，也堵塞了土地储备机构与下属和挂靠从事土地开发相关业务机构关联交易滋生腐败的漏洞。二是局党组按照部党组《关于建立健全国土资源管理廉政风险防控机制的指导意见》的要求，针对本行业涉及的土地利用、资源配置、行政审批、执法监察等十项核心业务有效防控廉政风险开展调研，制定出台《关于建立健全国土房管系统廉政风险防控机制的指导意见》和防控“土地和矿业权市场、房地产市场、集体土地征收补偿、国有土地上房屋征收、土地整治、地灾防治、保障性住房、权属管理、执法监察”和“三重一大”等十个廉政风险防控暂行办法，即："廉政风险防控一意见十办法"，初步形成了一套具有鲜明行业特点，相对完整实用，监督制约有力的廉政风险防控框架体系，增强了对权力运行廉政风险的主动防控能力。三是实行重大项目资金全程制约监督机制。事前，严格执行项目预算下达程序，经主办处室提方案、相关处室会审、局长办公会审议、市财政部门委托评审的程序下达资金计划；事中，按项目进程划拨资金，确保资金使用安全；事后，由市财政部门委托工程造价和财务审计，审计结果经市财政、国土房管部门及委托机构三方审定确认后，下达决算批复，从而，确保了重大项目的顺利实施和资金安全。

（三）改革管理方式以专项治理实现对群众反映强烈的突出问题的重点突破。一是在深化工程建设领域突出问题专项治理中，组织全系统44个单位清理排查项目6965个，经梳理归类统计存在438个问题，涉及25个区县，针对排查出的问题，开展了国有土地出让合同及遗留问题的清理处置、矿业权审批出让制度执行情况清理和商品房预售信息监控管理情况三个专项整治活动，督促问题的全部整改到位，受到中央检查组的好评。二是在开展"三项治理"活动中，深入开展自查自纠，局系统公务人员88人次主动上交"红包"65万多元，40多人拒收"红包"20多万元；制定《关于局管领导干部超标准配备使用公务用车的处理办法》，整改纠正29辆超标公车；清理领导干部及配偶、子女违规经商办企业行为，按市纪委、市监察局要求及时整改到位。三是在开展"三项行动"中，局系统排查政府投资和使用国有资金项目1009个，整改158个项目中存在的238个问题；在全系统行政执法单位中举办39场"规范执法行为、提高执法水平"主题教育培训，培训执法干部4000余人次，开展25场执法评议活动，发放评议表2147份，群众满意度97%，清理排查执法项目56个，废止4个；将解决侵占惠民资金突出问题列为我局"自选动作"，围绕征地补偿安置资金、廉租房租赁补贴资金、公租房建设补助资金、土地整治资金、地灾防治资金开展全面清理，确保惠民资金真正惠及民生。

五、整纪纠风，持续增强纠风治理的矫正力

市局以构建“纠正、维护、建设”三位一体、协调推进的纠风机制为核心，深入开展纠风治理，着力解决群众反映的突出问题。第一，健全科学合理补偿机制，依法依理征收集体土地，有效保障农民群众土地权益。五年来征收农村集体土地5.86万公顷，安置“农转非”人员60多万人，未发生一起少发拖欠征地补偿金损害农民权益的行为。第二，科学有序推进城镇改造，主动让利于民和谐征收，有效保障城镇居民物业权益。五年来主城区征收国有土地上房屋2万多户，拆迁面积100多万平方米，重点保障了4000多户低收入住房困难家庭在拆迁中增加住房面积达3.6万平方米，市监察局、审计局等部门联合检查，全市房屋征收拆迁态势平稳，没有暴力、野蛮拆迁现象发生。第三，完善配置运营退出机制，确保民生工程取信于民，有效保障困难群众安居权益。已开工建设公租房43万套，建设量达4000万平方米，全年配置公租房30万户，已签约入住15万户，累计惠及中低收入群众80多万人。由于管理制度健全，阳光运作规范，防范措施有效，目前，未发生一起损害群众权益的问题。第四，健全管理制度，确保公积金制度更广泛惠及民生。市中心组织编写公积金《合规化操作手册》，将合规化操作标准编入业务管理系统，运用信息技术规范业务工作，从源头上预防腐败发生。全市建立公积金制度单位已达2.6万多个，缴存职工人数达到221万多人。第五，积极参加“阳光重庆”直播节目为民排忧解难。以社会各界关心的热点问题为重点，分“房屋安全及白蚁防治”、“土地整理与复垦”、“公租房分配政策”和“住房公积金管理政策”等二十个主题分期在“阳光重庆”电台进行直播，宣传重点工作，听取群众意见，接受群众电话及短信提问460件，均落实相关处室单位安排专人承办反馈，回复460件，办结率和满意率均达100%。

六、加大力度，持续增强惩治腐败的威慑力

五年来，市局畅通信访举报渠道，受理群众信访举报785件次，做到“事事有回音、件件有着落”；定期对信访举报进行分析研究，注重从中发现案件线索和群众关注的焦点、热点问题，为领导决策提供参考。全力配合各级纪检监察机关、司法机关，加大对违纪违法案件的查处力度，全市系统共立案查处违纪违法案件138件。充分支持一线干部干事创业，依法保护干部，为50多人次受到错告诬告的干部澄清是非，尽量避免不实信访反映给干部带来不良影响。积极协助纪检监察、检察院、公安局等执纪执法机关，核查房产3000余套。市局通过自办和协助相关部门查办系统内违纪违法案件，切实发挥查办案件治本功能，消除腐败分子的侥幸心理，让他们清醒的认识到一旦腐败，就必将遭到查处，自己将在政治上身败名裂，在经济上倾家荡产，在精神上倍受煎熬，在社会上遭人唾弃，同时，将会付出一人腐败影响三代的沉痛代价，真正从思想深处有了清醒认识，在日常工作中加强自我约束，让自觉推崇健康向上的价值取向、节俭朴实的生活理念，倡导以清廉节俭为荣、以奢华腐败为耻的精神追求成为自觉行动。

七、下一步加强惩防体系建设的打算

从总体上看，重庆市局惩防体系建设工作成效比较明显，但问题仍然存在，主要是全系统各单位对惩防体系建设的认识程度、工作力度、实际效果还不均衡，管理工作中还存在易发腐败的薄弱环节。今后，我们将把惩防体系建设摆在更加突出的位置，坚定不移地贯彻落实好上级的工作部署，统一认识，扎实工作，不断开创国土房管系统党风廉政建设和反腐败斗争的新局面。一是认真落实领导干部“一岗双责”，进一步完善惩防体系建设。强化领导班子和领导干部抓反腐倡廉建设的政治

责任，进一步完善《惩防体系考核办法》，充实内容和改进方式，增强检查考核的操作性，建立和完善检查考核结果运用制度，考核结果作为领导班子总体评价和领导干部业绩评定、奖励惩处、选拔任用的重要依据，坚决克服廉政建设与业务建设“两张皮”现象。二是深入推进廉政风险防控机制建设，提升廉政风险防控科学化水平。以监督制约权力为核心，紧紧围绕权力运行的“关节点”、内部管理的“薄弱点”、问题易发的“风险点”，从决策、执行、监督等重点环节入手，适时调整完善廉政风险防控重点和防控措施，健全廉政风险防控机制，逐步实现全过程管理、全方位防控；坚持“制度＋科技”相结合，建立科技防控机制，加快信息化建设步伐，有序推进行政许可网上报批，完善土地和矿业权出让网上交易，行政审批信息网上公开，充分利用电子信息技术实现对权力运行的动态监管，不断提高源头预防腐败的科学化水平。三是进一步深化国土房管制度改革创新，推进管理工作提档升位。以优化土地资源配置、深化土地市场改革为重点，加快转变行政管理职能，从重微观向重宏观、从重审批向重监管、从重项目安排向重制度设计转变，切实抓好服务和监管；继续完善和优化矿业权一级市场管理，健全采矿权出让及审批管理制度体系；加快完善“一张图”管地管矿管房和土地“批、供、用、补、查”，健全完善“天上看、地上查、网上管”的国土资源综合监管平台，充分发挥国土房管部门保护资源和保障发展的重要作用。

以深化制度改革为动力
推进国土资源惩治和预防腐败体系建设

四川省国土资源厅

2008年，中央纪委下发了《建立健全惩治和预防腐败体系2008—2012年工作规划》（以下简称《工作规划》），《工作规划》实施以来，按照中央、省委和国土资源部党组开展惩防体系建设的要求，四川国土资源厅党委始终把惩防体系建设作为重要政治责任，作为推进国土资源管理改革发展的政治保障来认识，突出工作重点和国土资源管理工作特点，突出与业务工作有机交融、整体推动，着力构建具有国土资源部门特点的惩防体系，取得了明显成效。

一、主要做法

厅党委坚持把国土资源管理权力监管的薄弱环节作为惩防体系建设的重点区位，以管理制度改革为动力，以从源头上惩治和预防腐败为重点，从教育、制度、监督、改革、纠风、惩处六个方面，深入推进国土资源惩防体系建设。在组织领导上，成立了惩防体系建设领导小组，形成了厅党委统一领导、分管领导分工负责、各单位具体抓落实、厅纪委组织协调的领导体制和工作机制。在方式方法上，突出与“两整治一改革”工作等专项活动相结合，着力解决国土资源系统存在的突出问题。在推进落实上，每年厅党委都提出实施意见，明确责任分工，召开全系统工作会议作出全面部署，并坚持把党风廉政建设和惩防体系建设工作纳入目标管理，与国土资源管理的各项任务一起部署推进，一起检查考核。

（一）把推进观念防腐作为惩防体系建设的基础性工程。作为政府管理部门，惩防体系建设的要务是思想观念的转变。因此，省厅把开展党风廉政教育作为国土资源厅惩防体系建设的重要主题，着力加强，持续推进。一是以中心组学习为抓手，加强领导班子思想政治建设。全省各级国土资源部门把开展中心组学习教育作为加强领导班子思想政治建设的重要手段，近年来坚持召开了“廉政勤政，执纪为民”、学习贯彻《廉政准则》等专题学习会，增强了党员领导干部的党性观念和遵纪守法意识。二是坚持开展党风廉政教育和宣传培训，不断增强干部的廉政意识。近年来，全系统组织开展了《廉政准则》和“以人为本、执政为民”专题教育活动，增强了干部职工的廉洁从政意识。2011 年，省厅组织举行了三期廉政教育集中整训活动，全省国土资源系统 420 余名纪检监察干部、各县（市、区）局长，以及从事国土资源管理核心业务、关键岗位、重要环节工作的有关人员接受了廉政集中教育。各市（州）、县（市）国土资源局普遍组织干部职工观看典型腐败案件专题片。2012 年，省厅组织开展了二期廉洁从政教育集中培训活动，全省系统纪检监察室干部，各市（州）、县（市、区）分管耕保、地环、土地整理的相关领导和主要工作人员参加了培训，参训人数 490 余人。培训中采取专家授课、案例分析、警示教育、经验交流等多种方式组织教学活动。成都市局举办了两期廉洁从政集中教育封闭培训班，130 多名领导干部接受了集中教育。南充市局组织职工近 300 人参加了以党风廉政建设为主题的文艺汇演，开展了廉政主题演讲比赛，大力宏扬廉政文化。三是认真开展典型教育，发挥典型引导作用。与省纪委、省检察院一起对近几年国土资源系统发生的典型案件开展联合调研，分析存在问题的原因并提出防范措施，汇编成案例学习资料开展典型案件教育，收到了较好效果。根据工作实际，培育树立了达州市、南充市高坪区、苍溪县国土资源局3个先进单位，以及2名个人先进典型，并在全省组织了多场先进典型报告会，充分发挥了先进典型示范引导教育的作用。.

（二）把集中开展专项治理和监督检查作为惩防体系建设的重要任务。坚持把集中开展专项治理工作作为推动惩防体系建设的重要抓手和平台，围绕“两整治一改革”、工程建设领域突出问题治理等工作，认真履行职责，部署开展了一系列的监督检查和专项行动，着力纠正国土资源管理改革发展中的突出问题，有力地推动了惩防体系建设。

1. 积极主动作为，认真开展“两整治一改革”专项行动。全省各级国土资源部门深入开展“两整治一改革”专项行动，着力整治干部队伍廉洁从政存在的突出问题、土地和矿业权交易市场存在的突出问题，深化和完善国土资源管理制度改革，以整治的成效服务于社会，取信于人民。一是推进整纪纠风专项整治，着力解决干部队伍廉洁从政存在的突出问题。大力开展整纪纠风专项整治自查自纠活动，组织全系统广大党员干部围绕廉洁从政准则和部党组五项禁令，重点查找十二类问题。有17人在规定期限内主动上缴礼金及有价证券。二是推进土地和矿业权市场建设，进一步规范市场交易行为。扎实推进土地使用权交易市场专项整治，着力规范国有建设用地使用权出让的组织实施、出让方案编制确定、出让底价确定、出让公告发布、出让结果公布等重要环节，降低了土地交易过程中的人为干扰，减少了交易过程中可能发生的腐败行为，推动各地土地交易有形市场健康发展。认真组织开展探矿权采矿权出让审批制度执行情况的专项清理，进一步规范了矿业权出让行为。推进矿业权有形市场建设，在省政府行政服务中心设立四川省矿业权交易中心。阿坝、眉山等市（州）局将土地和矿权交易纳入政府统一的公共咨询交易中心，自觉接受管理和监督。三是推进国土资源管理制度改革，深入推进廉政风险防控机制建设。全省各级国土资源部门共查找廉政风险点3100余个，制定廉政风险防控措施600余条。查找制度漏洞和缺陷100余个，提出建立和完善制度的措施建议120余条。针对查找出的突出问题和薄弱环节，研究出台了一批规范性文件，初步形成了以岗位为点、以程序为线、以制度为面的廉政风险防控机制。省厅初步形成了国土资源市场配置机制、管理创新机制、监督制约机制、预警防控机制、廉政风险教育机制和责任追究机制等6个方面共40项防控制度，在实践应用中取得了较好效果。

2. 坚持边清理边规范，扎实推进工程建设领域专项治理。加大国土资源领域腐败问题治理工作力度，以深入开展专项清理为抓手，加强“两权”交易市场监管，着力解决土地矿权审批和出让存在的突出问题。一是开展了土地使用权交易市场整治。认真开展土地使用权出让合同专项清理，纠正了土地出让合同内容不完善、不规范、不履行以及违法违规签订合同行为。加大对土地使用权出让中规避招拍挂、滥设出让条件、擅自改变土地使用条件等行为的清理力度，查处并纠正了一批突出问题。二是开展房地产闲置用地专项整治工作。全省共清理房地产闲置土地194宗，面积9700多亩，采取限期开发、改变用途、置换其他等价建设用地、收回等措施全部整改处置到位。三是开展矿业权交易市场整治工作。认真组织开展探矿权采矿权出让审批制度执行情况的专项清理，进一步规范了矿业权出让行为。组织开展了稀土等矿产资源的专项整治行动，有效建立起稀土等矿产的矿山采矿活动监管长效机制。四是认真开展工程治理重点领域集中检查工作。成立了四个督导检查组加强督促检查，采取各市（州）自查和省厅督导检查组重点抽查相结合的方式，重点检查各单位严格国土资源工程项目管理和执行项目招投标的情况，对发现的问题，提出整改要求并督促整改到位。

3. 加强对重点领域的监督检查，促进重大决策部署落实到位。近年来，全省国土资源部门坚决贯彻中央、省委省政府关于国土资源管理的一系列重大决策部署，坚持积极主动服务，严格规范管理，围绕“两整治一改革”、工程建设领域突出问题治理、加快转变经济发展方式、促进“两化”互动发展等政策落实情况进行了监督检查，着力解决非法批地、低价出让土地、擅自改变土地用途、违规暴力征地拆迁、违法违规审批和出让矿业权的问题，进一步规范市场行为和行政行为。认真开展加强和改善宏观调控、保障性住房建设、规范和节约用地、“双保工程”等决策部署执行情况的监督检查。集中开展土地矿产卫片执法检查，全面完成工作任务。开展保护耕地责任目标情况的监督检查，强化了各级政府保护耕地的责任，为全省经济社会又好又快发展提供国土资源服务保障。

（三）把强化监督、规范权力运行作为惩防体系建设的重点内容。积极探索加强对权力行使监督制约的有效措施和办法，坚持国土资源管理业务部署到哪里，监督就延伸到哪里，收到了良好的效果。一是深入推进行政审批制度改革。省厅成立了行政审批处并进驻省政府政务服务中心，将14个行政审批事项和1个公众服务事项全部进入政务服务中心窗口统一受理。建立了以电子政务为依托，以政务服务中心窗口为主导的行政审批运行机制，实施行政审批流程再造，推进网上并联审批。成都、攀枝花、资阳、内江市局大力加强政务服务窗口建设，提高行政效能，受到服务对象好评。二是加强对领导班子和领导干部的监督。认真贯彻党内监督制度，每年对厅领导、18个处（室、局）、9个直属单位负责人执行党风廉政建设责任制和廉洁自律情况进行测评。2011年，制定了《中共四川省国土资源厅委员会巡视工作暂行办法》，完善巡视工作机构，大力推进巡视工作，并作为主要目标任务来完成。每年都要制定详细的巡视工作方案，对巡视工作作出具体安排，分期分批对市（州）国土资源局和厅直属单位开展巡视工作。三是加强内部监督。全系统继续强化对重大决策、重要干部任免、重大项目安排和大额度资金使用的监督，强化对土地和矿业权审批、出让、执法监管等行政权力运行的监督制约，充分发挥了审计监督的作用。2011年，制定了《四川省国土资源管理系统领导干部经济责任审计暂行办法》，持续开展内部审计工作。两年来，先后组织开展了18个市（州）局和2个直属单位主要领导的离任经济审计，对9个直属单位的财务管理进行审计，对

2000多个地灾勘测设计重大项目开展决算审计。2012年对三家依托企业依据《四川攀枝花钒钛磁铁矿资源综合利用示范基地建设总体规划》2011年度实际投入资金组织进行了审计。四是进一步加大社会群众监督力度。按照厅党委《建立健全惩治和预防腐败体系2008—2012年工作意见》的要求，在国土资源门户网站开设了评议和测评窗口，为社会各界对省厅机关的工作作风、服务质量、办事效率等进行评议、测评、监督和投诉提供了平台。认真开展了依法行政、廉洁自律、服务意识、工作作风等情况的民主测评工作，进一步完善了监督机制。五是运用科技手段提高监管效能。全省国土资源“一张图”数据库及数据管理应用平台基本建成，为审批、监管提供了统一的数据和技术保障。建立了国土资源电子政务网上审批行政效能监察系统，对省厅内网运行的网上审批业务、行政审批的内部工作流程全程监管，提高了行政效率和服务水平。

（四）把创新制度、着力构建惩防体系基本框架作为惩防体系建设的关键环节。坚持用制度管权、管事、管人，始终将反腐败制度建设与业务管理工作紧密结合，防止脱节成为“两张皮”，努力形成一整套有效的预防腐败制度。在用制度管权方面，制定完善了围绕“三重一大”的一系列制度规范，不断完善法定许可事项的内部会审制度和集体决策制度；在用制度管事方面，建立并认真执行《中共四川省国土资源厅委员会巡视工作暂行办法》、《四川省国土资源管理系统领导干部经济责任审计暂行办法》，在加强内部监管方面发挥了重要作用。出台了《四川省国土资源厅政府重点投资项目监督管理规定》，全面运行财务电子监管系统，实施在线监管，进一步加强了对项目资金的管理；在用制度管人方面，制定完善了《四川省国土资源厅选拔任用工作“一报告两评议”制度（试行）》等干部选拔任用制度，切实杜绝干部任用中的不正之风。加大干部轮岗交流工作力度，制定下发了《四川省国土资源系统县处级领导干部交流工作办法（试行）》。各市（州）国土资源局、各直属单位均建立完善了干部轮岗交流管理办法，加大了轮岗交流力度，既促进了干部的成长，又避免了腐败的发生。

大力推进惩防体系基本框架构建。厅党委高度重视，成立了惩防体系基本框架构建领导小组，下发了《四川省国土资源厅惩治和预防腐败体系基本框架构建工作方案》，坚持把国土资源管理权力监管的薄弱环节作为惩防体系基本框架构建的重点，以管理制度改革为动力，以从源头上惩治和预防腐败为核心，从宣传教育、权力监督、市场配置、从严治腐、廉政预警、组织保障、社会评价七个方面，着力构建具有国土资源部门特点的惩防体系基本框架。在总体布局上，突出三个结合，一是把开展惩防体系建设前期工作与基本框架构建工作结合起来，总结这些年来的好经验和好做法，认真梳理已经建立起来的机制制度，作为惩防体系基本框架的重要支撑；二是把廉政风险防控机制建设与基本框架构建工作结合起来，全面排查管理漏洞和廉政风险点，制定防范措施，形成防控机制和制度规范，突出工作的针对性和有效性；三是把“两整治一改革”工作与基本框架构建工作结合起来，深入推进国土资源管理制度改革完善，并与惩防体系基本框架构建工作协调推进，相互补充，相互融合。在框架支撑制度的选取上，按照“管根本、管长远、有实效”的原则，逐项清理近年来出台的反腐倡廉法规制度，确保分类科学、逻辑严密、内容完整。从 2011 年上半年形成基本框架初稿以来，共 4 次征求机关处室和直属单位意见，厅惩防体系建设领导小组多次开会研究讨论，不断对框架进行修改完善，总结提高。从当初的 60 余项制度增加到现在的 108 项制度，基本形成一套有针对性、可操作、便于监督的防控体系。

（五）把解决群众反映强烈的热点问题和纠正行业不正之风作为惩防体系建设的重点工作。全省各级国土资源管理部门严把审批关，认真开展征地拆迁制度落实情况专项检查，切实解决在征地拆迁、安置补偿及农村土地承包、流转、占补平衡等环节损害农民利益的问题，坚决制止违法违规强征强拆行为。进一步完善征地补偿安置和社会保障政策，落实被征地农民社会保障资金，切实维护被征地农民合法权益不受侵害。2011年以来，全面推行国土资源领域重大事项社会稳定风险评估制度，矛盾纠纷排查化解率达75%以上，化解信访积案124件；着力完善“大调解”工作机制，行政调解成功率达92.6%；接待群众来访批次、人次分别下降43%、51%，努力维护社会和谐稳定。

全省国土资源系统深入开展政风行风建设活动，按照省厅《关于进一步加强政风行风建设工作的意见》，积极探索作风建设制度化、常态化的长效机制，增强了领导班子和领导干部的主动谋划意识，工作效率、执行能力明显提高，大力提升了国土资源管理部门形象。省厅聘请了11名政风行风监督员，不少地区也积极开展聘请评议政风行风监督员活动，采取明察暗访、问卷调查、召开座谈会等形式，开展民主评议活动，广泛收集意见建议，查找存在的问题和不足。厅主要领导亲自带队参加《阳光政务》热线，上线接听、解答和受理群众电话诉求，认真解决群众反映的问题，进一步密切了与人民群众的联系。省厅在全省行政执法类行风政风民主评议中，从2009年的第12位，上升到2010年和2011年上半年综合测评的第4位，排名上升幅度全省第一，实现了政风行风评议名次逐年上升。

（六）把惩处违法违纪行为作为惩治和预防腐败的重要手段。近年来，全省各级国土资源部门认真贯彻落实中央和部、省反腐倡廉的各项规定及要求，坚持把查办违纪违法案件放在更加突出位置，以深入开展“国土资源领域腐败问题治理”、“工程建设领域突出问题治理”、“百日行动”、“卫片执法”等专项行动为契机，严肃查处了一批违法违纪案件。2012年，认真开展国土资源“十类违纪违法”行为的排查工作，建立了不廉洁行为和违法违纪行为线索举报电话或信箱，实行工作台账式管理，确保查处到位。2008年以来，全省国土资源系统被查处人员共115人，其中，被移送司法机关或追究刑事责任42人，党政纪处分63人，组织处理10人。在严明党的纪律、严惩腐败分子的同时，教育和挽救了党员干部，有力推动了全省国土资源系统党风廉政建设和反腐败斗争的深入开展。通过各级不懈的努力，实现了违纪违法案件数量降下来的目标。在加大办案力度的同时，加强与纪检、监察、检察部门的沟通联系，健全办案协调机制，完善案件线索移送制度和协查机制，提高了查办案件的成效。加强综合分析，注重从案件中发现苗头性、倾向性问题，切实发挥查办案件的治本功能。运用典型案例大力开展以案说法和警示教育，增强了广大干部职工廉洁自律、遵纪守法的自觉性。

二、基本经验

几年来，省厅在惩防体系建设中不断探索和总结，努力做到“四个坚持”：坚持把惩防体系建设融入国土资源管理各项业务工作之中，同步推进、相得益彰；坚持把解放思想、强化教育、改进作风作为惩防体系建设的重要基础，一以贯之，持续推进；坚持把国土资源管理权力监管的薄弱环节作为惩防体系建设的重点区位，规范管理，创新制度，强化监督；坚持把落实中央、省委、国土资源部的重大决策部署，履行好职责，解决社会关注、群众关心的热点问题作为惩防体系建设的重要内容，超前谋划，主动作为。这“四个坚持”既是工作的体会，也是需要长期坚持的基本经验。

三、存在不足

回顾总结省国土资源系统惩防体系建设工作，还存在一些不足和差距：一是党风廉政建设责任落实工作发展不平衡，对责任追究力度还需进一步加大。二是源头防治腐败的制度还需要不断完善，对现有的制度落实情况监督检查力度还需进一步加大。三是在结合业务工作推进惩防体系建设方面，还需加大工作力度；源头防治腐败的制度还需要不断完善，对权力运行的监督制约力度还需进一步加大。

四、建　议

近年来，全省国土资源部门各级党组织和纪检监察部门高度重视党风廉政建设和反腐败工作，积极探索和采取从源头上预防和治理腐败的有效措施，党风廉政建设和反腐败工作取得了明显成效。但是，国土资源系统仍然是违纪违法案件易发多发的领域，反腐倡廉形势仍然严峻，惩治和预防腐败的任务仍然艰巨。要进一步认清形势，深入推进惩治和预防腐败体系建设，加大从源头上防治腐败的力度，为推进国土资源管理和国土资源事业发展提供有力的政治保障。下一步，我们重点做好以下几项工作：

（一）积极探索，继续抓好惩防体系建设规划的落实。全面落实惩防体系建设中央《工作规划》、省委《实施办法》和厅党委《实施细则》，以制约和监督权力为核心，以加强制度建设为重点，抓好省国土资源系统建立健全惩治和预防腐败体系 2008　2012 年工作规划任务分工的落实。不断完善具有国土资源部门特点的惩防体系基本框架，及时发现和总结推广一些好做法、好经验，不断充实、丰富体系建设新内涵，创造性地开展工作。积极谋划国土资源系统 2013—2017 年惩防体系建设工作。

（二）进一步加大“科技＋制度”防腐的力度，深化廉政风险防控机制建设。坚持强化统筹、建用并举、重在应用的原则，扎实推进国土资源“一张图”工程和综合监管平台建设，实现国土资源管理“批、供、用、补、查”全过程信息化。整合第二次全国土地调查成果、土地利用规划、土地变更调查、土地权属、矿产资源利用现状调查、矿业权设置、地质灾害监测和防治等各类数据库，建设厅统一的数据中心，实现成果信息化管理，提升国土资源监管的质量和效果。健全完善“天上看、地上查、网上管”的国土资源综合监管体系，实行对权力运行的全过程、全方位监督，不断提高预防腐败工作的能力和水平。

（三）强化监管，进一步落实党风廉政建设责任制。进一步提高对党风廉政建设责任制重要性的认识，将其放在更加突出的位置，按照厅惩防体系建设的具体办法和分工方案狠抓制度建设，建立健全监管体系。严格执行《中共四川省国土资源厅委员会巡视工作暂行办法》，把巡视了解到的领导班子建设情况、干部思想动态、党建工作状况作为选用干部、配备班子的重要决策依据，推动党风廉政建设责任制落实。

（四）继续加强源头防治腐败的工作力度。巩固扩大“两整治一改革”成果，始终将反腐败制度建设与业务管理工作紧密结合，努力形成用制度规范从政行为的有效机制，把预防腐败的要求落实到权力运行的各个环节。认真做好国土资源工程建设领域突出问题专项治理工作，进一步健全国土资源工程建设招投标等各项制度，进一步加强招投标实施监管。继续完善廉政风险防控工作，把监督关口前移，把监督贯穿于干部培养选拔和管理使用、政策决策执行的全过程，确保权力规范有效运行。进一步健全和完善监督机制，把党内监督与群众监督、舆论监督等结合起来，切实加强廉政监察、审计监督、执法监察和效能监察，把事前、事中、事后监督结合起来，不断拓宽监督渠道，增强监督的有效性。

（五）进一步加强行风政风建设。大力纠正损害群众利益的不正之风。深入推进作风建设常态化，及时解决和纠正一些领导干部在思想作风、学风、工作作风、领导作风和生活作风方面存在的苗头性问题。严格执行干部交流制度，进一步健全回避制度，防止权力滥用。

坚持“六个强化” 全面推进惩治和预防腐败体系建设工作

贵州省国土资源厅

五年来，贵州省国土资源厅坚持以邓小平理论和“三个代表”重要思想为指导，坚决贯彻科学发展观，紧紧围绕国土资源管理中心工作，坚持标本兼治、综合治理、惩防并举、注重预防的方针，加强以党同人民群众血肉联系为重点的作风建设，加强以完善惩治和预防腐败体系为重点的反腐倡廉建设，逐步健全和完善教育、制度、监督并重的惩治和预防腐败体系，为省国土资源事业健康发展提供有力保证。

一、惩治和预防腐败工作得到全面推进

（一）强化组织领导，形成抓惩防工作的合力。五年来，省厅党组严格落实党风廉政建设责任制，始终坚持把党风廉政建设摆在重要位置。一是党组高度重视，及时部署反腐倡廉任务。根据省纪委一系列廉政专题会议精神，厅每年都召开了全省国土资源系统党风廉政建设专题工作会议，印发厅党组关于党风廉政建设和反腐败工作实施意见，及时贯彻落实省纪委历次全会精神，全面部署当年的惩防体系建设工作和党风廉政建设工作。每年厅主要领导都要在会上作主题讲话，对领导干部

廉洁自律、思想教育、作风建设、从源头上预防和治理腐败，明确具体责任，提出了具体要求。二是签订责任书，确保任务落实到位。厅主要领导每年都要与各市、州、地国土资源局、开发区国土资源分局、厅属事业单位主要负责人签订《责任书》，把党风廉政建设和反腐败工作任务和国土资源管理工作各项任务以立军令状形式明确各自责任，年终考核严格执行党风廉政建设一票否决制，确保党风廉政建设各项任务和国土资源管理各项任务落到实处。由于全系统各地各级的共同努力，五年来，系统内违纪违法案件总体呈逐年下降趋势。三是落实牵头任务，明确“一岗双责”。五年来，针对省委省政府每年下达明确由省厅牵头落实的党风廉政建设和反腐败工作任务，都是省厅及时进行专题研究，根据任务所在领域进一步的分解到各有关处室，并明确由厅主要领导负总责，分管厅领导为直接负责，各有关处室主要负责人具体抓落实。形成了齐抓共管的局面。五年来，省厅共完成了 18 项党风廉政建设和反腐败牵头任务。四是强化督查考核，狠抓任务落实。五年来，省厅始终把党风廉政建设与全厅中心工作、其他各项工作结合起来，将党风廉政建设责任制考核，厅机关干部考核、述职评议等结合起来，做到一起部署、一起落实、一起检查、一起考核。

（二）强化廉政教育，注重提高干部廉洁自律意识。厅党组始终坚持把反腐倡廉教育工作纳入重要议事日程，每年初制定《党员干部学习教育计划》，对廉政教育作出安排。主要开展了以下教育活动：一是举办多种形式的专题辅导。2009 年、2010 年分别邀请省纪委副书记贾朝忠及省纪委研法室主任方晓明作《廉政准则》专题辅导报告，分别邀请省检察院领导王伟、省检察院反贪局、预防处负责人就如何预防职务犯罪进行专题辅导。五年来，厅主要领导坚持每年专门给全体职工上廉政党课。根据国土资源管理项目、资金、权力较集中，社会关注度高，廉政风险较大，腐败案件易发多发这一特点，厅主要领导几乎逢会必讲，逢项目必讲，随时提醒，警钟长鸣。二是强化廉政教育集中培训。2009 年举办全系统新任处级干部廉政专题培训班，2010 年对地（州、市）

级国土资源部门主要负责人进行了廉洁从政教育集中整训，2011年又将集中整训延伸到县局局长、乡镇国土所所长，实现市、县、乡三级国土部门“一把手”全覆盖，共300人次。三是发挥典型案例的警示作用。五年来，厅多次组织党员干部到贵州省警示教育基地听取服刑人员现身说法，组织职工参观贵州省人民检察院承办的“惩治和预防渎职侵权犯罪图片展览”和违法违纪警示教育展；五年来共组织观看《国门反腐》、《一个明星区长的堕落轨迹》、《数典忘祖》、《国土资源系统警示教育录》、《吴振汉受贿案》、《自己酿成的苦酒》、《荒唐的官儿迷》、《苏共亡党的历史教训》等近20部警示教育片。四是强化廉政文化建设。开展廉政教育，既需要大规模的集中教育、整训和辅导，更需要平日里的春风化雨，润物无声。贵州厅连续几年与地矿、煤田、有色联合举办以“保发展、保资源、保民生、保廉政”为主题的体育、书法、绘画、摄影、征文、文艺汇演等活动。在全系统营造了以廉为荣，以贪为耻的积极健康向上的氛围。2009年，组织全系统开展国土资源廉政警句征集活动，并将征集到的廉政警句在厅局域网上滚动警示。五年来，编印了《贵州省国土资源系统案例选编》一、二两集共3000余册下发全系统，注重用发生在身边的案件教育党员干部。坚持在节假日，利用手机短信向领导干部发送廉政短信适时提醒。强化了廉政建设的宣传力度，近几年在《国土资源报》、《贵州日报》、《新华网》、《贵州都市报》、《贵州国土资源》等媒体上报道全系统开展党风廉政建设活动情况。

（三）强化制度建设，健全惩防建设制度体系。省厅始终把制度建设作为惩治和预防腐败体系建设的重要内容。2008年，厅党组结合国土资源管理实际制定印发了《建立健全惩治和预防腐败体系建设2008—2012年工作实施意见》及其《任务分解方案》。《任务分解方案》进一步明确了工作任务、牵头处室和责任人、完成任务的时间，做到了惩治和预防腐败任务、责任、时限的“三落实”，成了厅党组《惩防体系建设2008—2012年工作实施意见》部署的各项任务，基本建立起了与省国土资源管理工作相适应的惩治和预防腐败的制度体系。五年来，制定完善了《厅党组议事规则》、《厅长办公会议议事规则》、《贵州省国土资源系统政务公开规定》、《贵州省国土资源厅行政过错责任追究暂行办法》、《贵州省国土资源行政执法评议制度》、《贵州省国土资源厅违法违规案件公开通报和挂牌督办办法》、《贵州省土地开发整理项目工程建设招标管理暂行规定》、《政务信息公开责任追究制度》、《贵州省国土资源厅关于开展工程建设领域突出问题专项治理工作实施方案》、《贵州省国土资源系统土地市场专项整治实施方案》等一系列制度、办法等规范性文件共60多个，强化了对行政审批权、决策权、执法权运行的监管和制约，基本建立起了惩治和预防腐败体系建设的制度体系。

（四）强化对权力运行的监督力度。加强对权力运行的监督制约，是防治腐败的关键。五年来，省厅结合国土资源管理实际，着重抓了以下六个方面的工作：一是坚持开展领导干部述职述廉活动。坚持每年对三个市（州、地）国土资源局、三个开发区国土资源分局、三个厅直属事业单位的领导班子开展述职述廉活动。五年来，已完成对9市（州、地）国土资源局、12个开发区国土资源分局、9个厅直事业单位领导班子开展了述职述廉。二是强化对干部选拔任用工作的监督。为了防治选人用人上的不正之风，加强对干部选拔任用工作的监督，实行党风廉政一票否决制。对拟提拔干部人选必须先征求纪检组意见，对未征求纪检组意见或纪检组意见不明确的，一律不上会讨论；对群众举报考察对象的问题未查清的，一律不得作为拟任人选，对考察中存在争议、党组讨论时意见分歧较大的干部暂缓提拔，防止干部“带病提拔”。凡厅党组新提拔的处级干部，均由驻厅纪检组专门进行任前廉政谈话。三是强化干部轮岗交流。按照部党组提出的“三年可以交流，五年应该交流，八年必须交流”的要求，制定印发了《贵州省国土资源厅干部轮岗交流制度》，全系统干部轮岗交流已成为常态。自2008年以来，全省国土资源系统共轮岗交流365人。四是强化对“三重一大”的监督。严格执行民主集中制，凡重大决策、重大项目安排、重要干部人事任免、大额度资金的安排，均由集体讨论决定，驻厅纪检组、监察室负责人全程参加。没有任何个人临时动议或个人说了算的现象。五是强化网上审批电子监察力度。严格执行限时办结制度，对连续两次以上超时限办理审批件的人员，由驻厅监察室向有关责任人发书面督办函，并对责任人所在处室或单位的负责人进行问责。据不完全统计，五年来共对厅机关152人次、213件网上超期办件进行了督办，对部分市（州）、县（市、区）国土资源局76人次、88件超期办件进行了督办。六是进一步加强政务公开。实现了网上行政审批和机关国土资源政务信息公开、共享。厅门户网站首页共设置27个导航栏目、23个一级信息栏目、6个相关链接，对土地征用、资源开发、法律法规、政策措施、规划计划、审批事项、审批结果、公开招考信息、通告公示等国土资源政务信息在网站上主动及时公开。

（五）强力推进全省国土资源市场建设。五年来，省厅始终坚持把全省国土资源市场建设作为推进惩防体系建设工作的重要内容来抓，一是严格执行经营性用地、工业用地及探矿权采矿权招标拍卖挂牌出让制度；充分发挥市场配置国土资源的基础性作用。五年来，采取招拍挂方式出让土地1911宗，4466.09公顷，248.87亿元；采取招拍挂方式出让探矿权采矿权1839宗，价款122.25亿元。二是对土地、矿业权招拍挂出让制度执行情况进行全面清理。全省对2008年至2010年供应的、单宗用地面积200平米以上的各类用地逐宗进行清理，共清理各类土地出让8475宗，成交价款365.78亿元。补缴出让金22.23亿。全省对2006年至2010年期间出让的矿业权进行了清理，清理矿业权出让4414宗，进一步规范招拍挂出让行为，促进了从源头防治腐败。三是完善了土地市场规范运行的制度。进一步修改完善了土地使用权招拍挂制度、基准地价定期更新和公布制度、建立了土地市场动态监测与监管系统、建立了土地市场动态监测定期分析报告制度、国有建设用地开发利用监管制度，有效地规范了土地市场。四是积极推进矿业权网上交易平台建设。受国土资源部委托，由省厅主持起草了我国首部《矿业权市场交易规则》，2011年3月下旬国土资源部在贵阳举办了全国矿业权有形市场出让转让信息公示公开工作培训班，总结推广我省建设公平开放矿业权市场的探索和经验。2011 年，矿业权网上在线交易平台已初步建成，2012 年 7 月底经省纪委组织验收。初步建立了矿业权市场监测体系，强化了市场预警能力。营造了统一、有序、公平、开放的矿业权市场环境。

（六）全面排查廉政风险点，建立健全风险防控机制。2010 年 8 月起，全省国土资源系统按照国土资源部的部署，全面开展“两整治一改革”专项行动，全系统重点开展了廉政风险排查和防控工作。一是通过人人查找风险、人人公开风险、人人制定措施、人人参与监督，营造了廉政风险大家谈、大家找、大家防的良好氛围，增强了全系统廉政意识。二是各级国土资源部门都完善了一批制度，结合本级系统管理实际制定了土地市场、矿业权市场、土地整治市场等一整套廉政风险防控暂行办法，进一步推进了权力运行的规范化和公开化，基本建立了国土资源管理廉政风险防控框架体系。三是汇编印制《廉政风险防控管理手册》，使每个国土资源管理人员都能做到“三个知道”，即：知道岗位风险所在，知道防范措施，知道越规后的责任后果。使每个干部职工对本岗位的廉政风险有一个清醒的认识。四是结合工作实际，制作了岗位廉政风险警示牌，把本岗位履行职责、运用权力过程中所存在或潜在的若干廉政风险点，统一制作成岗位警示牌，摆放在本人的办公桌上，让自己能随时看到，以便随时提醒自己、警示自己，也使同事或他人能看到该岗位有些什么廉政风险点，便于同事或他人对该岗位的工作人员进行监督。五是有效促进了三结合：即廉政风险预警防控工作与国土资源重点工作相结合，与各级责任目标管理相结合，与落实党风廉政建设责任制、惩防体系建设相结合。全系统排查出各类风险点累计 5341 个，制定防控措施 4955 条，建立廉政风险数据库 110 个，制作工作业务流程图 1850 多份，绘制重点岗位廉政风险防控图 1452 个，制作警示桌牌 1500 多个，廉政风险防控体系基本形成。

（七）强化审批制度改革，促进源头治理工作。针对建设用地审批、矿业权管理等基层和群众关切的问题，加大改革力度，从源头防治腐败。一是强化“废、改、立”工作。省厅连续三年认真开展有关行政法规和规范性文件的清理，废止了14件规范性文件，对23件行政法规和规范性文件及时进行了修改。二是简化审批事项。经过几年努力，厅行政许可由40项减少为14项；非许可审批事项由55项减少为20项；行政处罚由139项减少为130项；单独选址建设用地申报要件由原来的33项减少为21项，批次用地报件由原来的20项减少为15项。三是简化审批程序。建设用地、矿业权审批时限由法定的30个工作日缩减为15个工作日，优化审批流程，构建了建设用地审批快捷通道。四是严格限时办结制度，对超时办件的主办处室及主办人员进行督办，实行超时责任追究制度。对未按时办结的处室及县局进行通报。

（八）强化作风建设，接受群众监督。厅党组始终把干部作风建设作为惩防体系建设的重要内容来抓。一是落实首问责任，增强服务意识。2010年，结合落实省委规定的“四要十不准”机关干部行为规范，在网上重新公布了《贵州省国土资源厅首问责任制》、《贵州省国土资源厅工作人员文明服务规范》，要求机关全体职工严格执行，切实改进机关作风，坚决杜绝“四难”现象。二是召开服务对象座谈会，主动接受监督。2010年4月，厅召开服务对象座谈会，征求对厅机关作风建设方面的意见，对厅机关存在的态度生硬、办事效率差、不一次性告知等现象提出了意见。三是每年组织对厅机关及系统9个地州市局，部分县局、基层所的行风政风进行了暗访，对暗访中发现的问题向全系统进行通报，并要求问题单位针对问题进行整改。四是向服务对象发放《环境建设问卷调查表》和《环境建设满意度测评表》，对象对厅机关各处室工作作风、服务态度、办事效率情况进行测评。

二、存在问题及建议

总体看，在全系统惩治和预防腐败体系建设工作中存在的问题，一是惩防体系建设和党风廉政建设责任制落实工作开展不平衡，仍存在“一手硬、一手软”的现象；二是党风廉政教育的针对性仍需加强；三是对权力运行的监督制约力度还需加强。

建议：

（一）进一步加强制度建设，健全完善与国土资源管理相适应的惩治和预防腐败的制度体系。加强调研，为制定省国土资源系统惩防体系建设2013—2017年工作规划作准备。

（二）进一步加强对党员干部的监督，严格按照《廉政准则》要求党员干部，规范领导干部从政行为，确保权力正确行使。

（三）严格实行问责制，加强对落实党风廉政建设责任制情况的监督，进一步探索监督的有效途径和方法，增强监督的权威性和有效性。

（四）进一步加强政风行风建设，提高服务意识，坚决纠正损害群众利益的不正之风。继续解决在征地过程中严重损害群众利益的问题，切实维护群众的合法权益，进一步规范行政处罚自由裁量权，防止利用行政执法权谋取私利。

（五）严肃查处在土地和矿产资源管理中以权谋私、滥用权力，失职渎职的案件，针对案件暴露的问题查找原因，提出预防和治理的措施。

紧扣“五个抓手” 全面完成惩治和预防腐败体系建设各项目标任务

云南省国土资源厅

一、主要做法

五年来，在部党组、部纪检组、省委、省政府、省纪委的领导下，云南省国土资源厅认真贯彻落实中央《建立健全惩治和预防腐败体系2008—2012年工作规划》（以下简称《工作规划》）、《中共国土资源部党组关于贯彻落实〈建立健全惩治和预防腐败体系2008—2012年工作规划〉的实施办法》和《中共云南省委关于印发贯彻落实〈建立健全惩治和预防腐败体系2008—2012年工作规划〉的实施办法》，严格按照《云南省国土资源厅党组关于贯彻落实〈建立健全惩治和预防腐败体系2008—2012年工作规划〉实施意见》的要求，以科学发展观统领惩治和预防腐败体系工作，紧紧围绕国土资源管理的中心工作，狠抓惩治和预防腐败体系工作的贯彻落实。通过抓责任制、落实目标任务，抓教育、筑牢道德防线，抓监督、规范行政行为，抓改革、创新体制机制，抓行风、维护群众权益，抓源头、加大预防力度，惩治和预防腐败体系各项工作目标和任务全面完成，全省国土资源系统党风廉政建设和反腐败各项工作取得了新的成绩。2007年和2011年被省纪委、监察厅两次评为本年度“文明单位”，2012年被国土资源部评为全国纪检监察先进集体。

（一）工作开展情况

1. 抓党风廉政建设责任制，进一步落实目标任务。厅党组高度重视党风廉政建设和反腐败工作，采取有力措施，抓住责任分解、责任考核、责任追究三个关键环节，强化领导干部“一岗双责”意识，认真落实党风廉政建设责任制，做到了“组织落实、任务明确、责任到人、强化考核”。一是厅机关和各州市国土资源局调整充实党风廉政建设工作领导小组，从组织上保证把党风廉政建设工作落到实处。二是层层签订党风廉政建设目标责任书。省厅与各州市国土资源局，厅班子成员及分管领导与各处室、事业单位，各级国土资源局主要负责人与各科（股）室都层层签订了党风廉政建设目标责任书，逐级分解、明确责任，构建了横向到边、纵向到底的责任体系，确保了党风廉政建设责任落实到位。三是强化检查考核和责任追究。各州市国土资源局于年中和年底两次对党风廉政建设责任制落实情况进行了自查自评。各级党组班子和成员按照工作分工，在抓好自身廉政建设的同时，认真履行“一岗双责”，注重抓好分管单位、部门的党风廉政建设工作。每年年底，结合国土资源管理目标责任制的考核，由厅领导带队，分8个组对全省16个州市国土资源局全面落实2008—2011年度党风廉政建设责任制情况进行检查考核，对领导班子和领导干部进行了民主测评。四是建立了处级干部廉政档案，强化对厅机关处级干部的廉政监督。

2. 抓廉洁自律教育，进一步筑牢思想道德防线。一是深入开展反腐倡廉教育。五年来，组织开展了“加强作风建设、促进廉洁从政”、《工作规划》、《行政机关公务员处分条例》、《廉政准则》、《四项制度》学习宣传等主题教育活动，开展了警示教育、廉政讲座、上党课、参观廉政展览、廉政文化活动，组织干部职工到警示教育基地接受教育，举办了党内法规知识竞赛。厅党组通报全省国土资源系统所发生的一系列腐败案件，用反面典型教育广大党员干部时刻保持清醒的头脑，时刻用反面教训警示自己。2011 年，省、州、市、县国土资源局共组织 487 批次、28899 人参加了廉洁从政教育集中整训。2012 年组织全省州（市）、县（市、区）国土资源管理部门领导同志 250 多人的廉洁从政教育培训班。二是加强领导干部廉洁自律工作。领导干部严格执行“四大纪律八项要求”和领导干部报告个人有关事项等“两项制度”等廉洁自律各项规定，贯彻落实国土资源系统行政为民《十项措施》、《五条禁令》、《工作人员“十个不准”》。五年来，共有 20 多人次干部职工上缴礼金、有价证券和支付凭证，领导干部廉洁从政意识明显增强。三是举办预防职务犯罪警示教育专题培训。厅机关邀请省纪委、监察厅领导、省检察院相关领导为干部职工进行预防职务犯罪警示教育专题讲座，组织参观了省检察院举办的“预防职务犯罪”成果展览。

3. 抓监督检查，进一步规范依法行政行为。一是充分运用“制度 + 科技”手段，推进政务公开。按照部“两整治一改革”工作的要求，全省各州市将土地和矿业权出让纳入政府公共资源交易平台。已启动州市县国土资源网络和监管平台建设，力争在两年内实现全省土地和矿业权出让网上交易和网上监管。土地和矿业权交易机构主动接受纪检监察机关监督，厅机关及昆明、红河、楚雄等部分州市国土资源局建立了网上电子监察系统。建立了国土资源管理的社会监督机制，向社会公布了举报监督电话、举报信箱和电子邮箱，并要求各级国土资源管理部门相应设置举报电话和信箱，切实加强了对行政管理人员履行责任义务的监督。2009 年以来，通过土地市场动态监测与监管系统公布出让计划、出让公告、出让结果公示等各类土地市场信息 3 万多条，发现制止违规出让行为 45 起。2012 年，省级发证矿业权审批实行省、州（市）、县（市、区）三级国土资源管理部门并联审查、联网审批。通过推行“阳光行政”，进一步规范了行政审批，简化了办事程序，提高了办事效率。二是加强资金监管，规范财务管理。严格执行收支“两条线”和部门预算，建立以专项资金收支管理为重点，以监督检查为保证，管理与监督结合的财务管理体系。严格执行资金拨付规定和程序，加强项目资金的管理，保证资金使用效率和运行安全。严格遵守津补贴发放规定，认真开展“小金库”清理和“四项资金”专项治理工作。完善单位内控机制，加大了内部审计和监管力度，成立了厅内部审计室和财务结算中心，切实加强财务管理和会计核算工作，进一步规范了财务管理，确保了项目资金高效安全运行。三是完善选人用人机制，加强干部监督。省厅党组十分重视干部选拔任用工作，严格遵守干部选拔任用的相关规定和程序要求，充分发挥纪检监察部门的监督作用。厅党组制定下发了《关于完善国土资源管理体制加强干部任用管理暂行办法》、《关于加强国土资源系统后备干部队伍建设的意见》、《云南省国土资源系统重大事项报告制度》、《云南省国土资源厅党组关于加强州市国土资源局党组班子建设的通知》等制度文件，加强干部监督工作，对新提任的干部，在民主推荐、干部考察等各个环节，都严格程序、严格标准、严格监督。厅纪检监察部门全程参与了干部的考察工作，出具了纪检部门意见书，加大了干部交流和选拔任用的监督力度，保证了“条例”的贯彻落实。四是加强对领导班子和领导干部的监督。以落实《党内监督条例》为契机，加强各级领导班子和领导干部的监督。领导干部述职述廉、任前廉政谈话、诫勉谈话、重大事项报告等制度得到落实。

4. 抓改革，进一步深化源头治理工作。深化改革创新，充分发挥市场配置资源的基础性作用，推进了土地和矿业权市场建设，从源头上预防腐败。一是继续规范国有土地招标拍卖挂牌出让。严格按两个《规范》落实经营性土地招标拍卖挂牌出让，全面推进工业用地招拍挂出让，规范工业用地出让行为。配合省监察厅开展工业用地招标拍卖挂牌出让情况执法监察。二是全面推进矿业权有偿制度改革。2006 年 7 月，成立云南省矿业权交易中心，以云南省矿业权交易中心为平台，建立起由政府主导的统一、规范的矿业权有形市场。2009 年 9 月 3 日，挂牌成立了昆明（国际）矿业交易中心。2010 年，积极推进矿业权出让进入省级公共资源交易平台，实现了矿业权新立、转让、变更矿种和扩大矿区范围审批公示公告全覆盖。三是认真执行工程建设项目招投标制度，切实加强土地开发整理、第二次土地大调查和信息化建设等项目招投标的廉政监督。坚持工程建设项目严格按规定实行招投标制，要求与作业单位签订《建设工程施工合同》和《建设工程廉政合同》双合同，强化项目廉政管理，确保了项目招投标的公正性、客观性和廉政制度得到全面落实。四是积极推进审批制度改革。省厅高度重视行政审批制度改革工作，厅领导专门召集会议进行认真研究，成立了厅深入推进自身建设领导小组，明确将深化行政审批制度改革作为加强自身建设的重要工作。经过第5轮行政审批制度改革，厅现有行政审批事项28项，其中行政许可事项17项，非行政许可事项11项。同时，认真按照部关于深化国土资源管理制度改革的有关精神，将土地、矿业权审批有关事项纳入省州市政府政务服务中心，设立便民服务窗口，切实转变管理职能、简化审批程序、减少审批事项、提高审批效率。2012年省厅印发了《关于进一步改进建设用地审批工作切实保障科学发展用地的通知》，进一步强化了县（市、区）国土资源部门用地报批的主体责任，对主动服务，提前介入项目选址及有关前期论证作出要求。同时，强化审查共同责任机制，提高用地审查效率。单独选址建设项目用地报批材料，由2009年的26项减至13项。城市（镇）建设用地报批资料从15项减至9项。2012年7月26日，省人大常委会第32次会议审议通过了《云南省人民政府关于提请审议昭通等15个州（市）人民政府行使具体建设项目用地审批权的决定（草案）的议案》，下放具体建设项目用地审批权。

5. 抓政风行风建设，坚决维护人民群众权益。一是坚决维护被征地农民的合法权益。把解决农民土地权益问题作为纠风工作的一项重要内容，全面落实《国务院关于深化改革严格土地管理的决定》。完善征地补偿和安置制度，起草了《云南省征地补偿安置争议协调裁决办法》，主动配合劳动和社会保障部门研究建立失地失业农民社会保障制度，2008年，省人民政府颁布实施了《云南省被征地农民基本养老保险试行办法》。2009年7月1日，颁布执行了《云南省征地统一年产值标准和征地片区综合地价补偿标准》，切实解决了征地补偿标准偏低、同地不同价等突出问题，有力维护了被征地农民的合法权益。2011年和2012年，推动和促进山地城镇建设重大决策的贯彻落实，围绕省委、省政府关于“调整城乡发展思路，转变建设用地方式”的决策部署，出台了《云南省人民政府关于加强耕地保护促进城镇化科学发展的意见》，落实城镇上山的具体政策措施。二是高度重视“政风行风热线”工作。由厅主要领导带队，连续7年参加了省纠风办组织的“金色热线”现场广播，现场解答听众热线电话、短信投诉和咨询的问题。认真做好反馈工作，使“为百姓解难，替政府分忧”的“上线宗旨”落到实处，以良好的形象取信于民。三是认真开展治理商业贿赂和工程建设领域突出问题专项治理工作。组织开展治理商业贿赂自查自纠“回头看”工作，2008年，加大查办商业贿赂案件工作力度，健全完善防治商业贿赂的制度体系，特别是加快土地和矿业权市场诚信体系建设，加强对土地和矿业权评估机构的监督和管理。2009年，厅机关组织开展工程建设领域突出问题排查工作。2010年，按照《实施方案》中明确的排查重点，认真做好国有建设用地使用权出让合同专项清理和探矿权采矿权出让审批制度执行情况专项清理，共清理探矿权和采矿权2686个。2011年，狠抓工程建设领域项目信息公开，加强市场诚信体系建设。在厅门户网站设立了“工程建设领域项目信息和信用信息公开专栏”，并实现了与省级平台的链接。建立从业单位备案管理制度，严格实行备案时效制、质量终身制、诚信档案制、淘汰管理制等“四制”。目前，土地整治项目中介服务机构共备案5类397家。四是全面贯彻实施“四项制度”。2008年，根据省委、省政府的要求，厅机关认真贯彻落实行政问责等责任政府四项制度。2009年贯彻落实“阳光政府”四项制度。2010年，开展“效能政府”四项制度建设，围绕实施关键岗位和重点环节行政行为的监督、规范重要公共交易行为、推进电子监察系统建设三个重点工作，开展行政行为监督。2011年和2012年，围绕四项制度，继续加强自身建设。通过贯彻落实四项制度，干部职工依法行政意识进一步提高，机关作风明显转变。

6. 强化预防和惩治，整纪纠风专项整治工作任务全面落实。按照部的安排部署，2010 年 8 月，全省全面启动以整纪纠风专项整治为重点的“两整治一改革”专项行动以来，专项治理工作取得新进展。2011 年，以“两整治一改革”专项行动为平台，围绕行政审批、重要公共资源交易以及人、财、物管理使用等关键岗位和重点环节，在 2010 年排查的基础上，认真开展了全覆盖的自查自纠排查活动。2012 年，按照徐绍史部长“组织机构不散、职责任务不变、工作力度不减”的要求，认真组织开展廉政风险防控机制建设和落实情况“回头看”，对廉政风险防控机制建设和制度落实情况进行排查，加强廉政风险预警管理，持续推进廉政风险防控机制建设工作。组织开展了以“四查四分析”为主要内容的保持党员、干部纯洁性分析检查活动。6 月初，由厅领导带队组成 3 个检查组对 7 个州（市）、7 个县（市、区）国土资源局和 7 个国土资源管理所加强基层廉政风险防控机制建设和落实情况进行了重点检查，各项工作任务得到全面落实。一是行风政风评议名次明显上升。开展群众评议机关干部作风和行风活动，2010 年和 2011 年省纠风办对 34 个省直部门进行了行风测评，云南省厅位列第 4 名和第 3 名。二是廉政风险点排查和廉政风险防控机制全面完成。截至 2011 年 6 月底，全省共排查廉政风险点 942 个，表现形式 1239 个，制定风险防范措施 1250 条。厅机关排查关键岗位 54 个，重点环节 108 个，廉政风险点 88 个，监督防范措施 139 条。2012 年上半年，各州（市）、县（市、区）国土资源局紧紧围绕加强基层廉政风险防控机制建设和落实这个工作重点，认真组织开展“回头看”，进一步深入开展岗位廉政风险、失职渎职风险和防控机制建设及落实情况大排查。三是认真开展创先争优活动，树立了一批先进典型。开展了党员“四亮四评”和“三个一”主题实践活动，涌现了一大批先进集体和先进个人。

（二）制度建设情况

我厅始终把制度建设作为促进国土资源工作的重要手段，健全和完善惩治和预防腐败体系，出台了一批针对性、可操作性较强的廉政风险防控机制和制度。一是完善民主集中制制度。制定出台了《厅党组议事规则》、《国土资源厅工作规则》、《中心组学习制度》、《重大事项报告制度》等规章制度，进一步规范党组会议、厅长办公会议和厅专题会议的议事范围、会议组成、议事规则。二是建立和完善了党风廉政建设教育、监督、惩处的各项规章制度。结合国土资源工作实际，我厅先后制定下发了《云南省国土资源厅党组关于贯彻落实〈建立健全惩治和预防腐败体系2008—2012年工作规划〉实施意见》、《云南省国土资源厅党组关于加强领导班子主要负责人监督的暂行办法》、《深化改革创新制度建立全省国土资源系统反腐倡廉工作长效机制实施方案》、《关于进一步加强国土资源系统党风廉政建设的指导意见》等制度规定。三是强化土地矿业权监管的制度创新。厅党组制定完善了《国有建设用地使用权和探矿权、采矿权招标拍卖挂牌出让工作廉政建设规定》、《云南省土地整理复垦开发项目及资金管理工作廉政建设规定》（试行）、《抗旱救灾地下找水工程建设项目及资金管理廉政建设规定》等。制定了《省国土资源财务管理办法》、《云南省国土资源系统服务承诺制、首问责任制、限时办结制、问责办法》、《关于进一步完善干部任用管理的办法》、《关于加强矿业权省级发证行政审批电子监察工作的通知》。规范土地整治项目技术服务和招投标活动，制定了《云南省“兴地睦边”农田整治重大工程招投标管理办法》等配套措施。四是组织开展惩治和预防腐败体系工作专题研究，形成了一批反映反腐倡廉建设特点和规律的理论成果。如《云南省土地和矿业权市场建设和发展理论研究》、《当前国土资源系统违法违纪案件问题研究》、《国土资源系统廉政风险防控机制建设研究》等。

（三）违法违纪案件情况

建立党风廉政责任追究和案件线索移送及案件协查机制。2010年全省国土资源系统发生违纪违法案件比2009年下降44.5%。2011年，全省共发生违纪违法案件6起8人，比2010年下降46.7%。今年1—10月，全省共发生违纪违法案件2起4人。几年来，由于抓教育、强监督、重预防，全省系统违法违纪案件明显下降。

二、基本经验

总结云南省厅开展惩治和预防腐败体系工作情况，主要有以下基本经验：一是切实加强领导，明确落实责任。全省各级国土资源系统领导班子高度重视惩治和预防腐败体系工作，切实加强组织领导，主要负责同志亲自抓、负总责，分管领导各负其责。建立健全了领导机构和工作机构，切实做到任务到位、责任到位、措施到位、工作到位，形成“一把手”负总责、一级抓一级、层层抓落实的工作格局。二是注重统筹谋划，做到整体推进。各级国土资源部门把惩治和预防腐败体系工作与国土资源管理工作有机结合起来，纳入国土资源管理工作整体格局中，统筹谋划，整体推进，上下联动，形成合力。三是加强监督检查，领导带头示范。加强督促检查工作，掌握工作进度，督促惩治和预防腐败体系工作落实。全省各级国土资源管理部门机关和领导干部充分发挥示范表率作用，带头揭摆问题，带头查找廉政风险，带头整改突出问题，带头制定廉政风险防范措施，做预防腐败工作的先行者、推动者和表率者，以身作则推进惩治和预防腐败体系工作。四是注重信息收集，营造良好氛围。建立畅通的信息共享机制，推广先进做法，加强交流沟通。特别注意把握正确的舆论导向，大力宣传惩治和预防腐败体系工作的新进展、新情况和先进典型，做到典型引导，以点带面，营造良好的舆论氛围。

三、存在的主要问题和建议

五年来，云南省厅在建立健全惩治和预防腐败体系，提高有效防治腐败能力方面虽然取得了一定的成绩，但惩治和预防腐败体系的目标任务完成没有完全到位，仍存在一些不足和问题：一是党风廉政教育深度不够，形式单一。二是对权力运行的监督制约手段还不多、效果不明显，国土资源系统违法违纪案件时有发生，从源头上预防腐败，建立反腐倡廉的长效机制有待加强。三是党风廉政建设责任制落实工作发展不平衡，少数单位领导干部落实“一岗双责”的认识还没有到位。四是重审批，轻监管，服务社会、维护权益工作尚存在一定差距。今后，以党的十八大精神为指导，按照2013—2017年惩治和预防腐败体系建设工作的新要求，提高有效防治腐败的能力，像坚守“耕地红线”一样坚守廉政底线，把全省国土资源系统党风廉政建设和反腐败斗争不断引向深入，促进全省国土资源事业又好又快发展。

以“两整治一改革”为平台
深入推进党风廉政建设

西藏自治区国土资源厅

五年来，在区党委、国土资源部的坚强领导和区党风廉政建设和反腐败工作协调领导小组的有力指导下，国土资源厅坚持治理方针，强化组织领导、深化学习宣传、细化任务分解、强化监督检查，开展“两整治一改革”专项行动，查找廉政风险点、建立廉政风险防控措施，深入推进廉洁从政和惩防体系建设工作，取得了党风廉政建设和反腐败工作新成效。

一、健全组织，落实责任，狠抓落实，保证任务的顺利完成

自颁布《中央建立健全惩治和预防腐败体系 2008—2012 年工作规划》和西藏自治区关于《贯彻落实〈建立健全惩治和预防腐败体系实施办法〉》及区纪委的《分工任务》以来，自治区国土资源厅党组高度重视，严格按照区党委党风廉政建设和反腐败工作协调领导小组的统一部署及要求，及时成立了由厅党组书记任组长的贯彻落实《工作规划》领导小组及办公室，制定了《贯彻落实 2008—2012 年〈工作规划＞和〈实施

办法〉的意见》，按照自治区《分工意见》细化了自治区国土资源厅的工作任务。

党风廉政建设和反腐败工作任务分解到厅牵头的任务有两项，配合完成的有七项。我们认真贯彻落实中央《2008—2012 年工作规划》和自治区《实施办法》，从推进反腐倡廉教育、健全反腐倡廉规章制度、强化监督制约、深化制度改革、纠正损害群众利益的不正之风、加大对违纪违法案件的查处力度和深入开展治理商业贿赂等七个方面明确工作任务、落实具体措施、提出进度要求，还逐项确定工作总负责人、具体负责人和承担任务的处室（局）。针对自治区每年下达的任务，领导小组全面负责，落实牵头任务和各项配合任务，通过扎实有效的工作，全面完成了各项任务。

通过实行经营性用地和工业用地招标拍卖挂牌出让，确保国有土地保值增值；充分利用卫片执法检查等方式加大执法监察力度，严肃查处各类违法批地、违法用地行为；认真治理征地拆迁中损害群众利益的问题，严肃处理不履行征地审批手续、征地补偿不到位，甚至采取暴力手段强行侵占农牧民土地等行为，依法制止违法违规强制征地拆迁行为，严肃处理土地管理中的违纪违法行为，加强土地和矿业权交易市场的监督等措施，有力地推动了国土资源系统党风廉政建设和反腐败工作的深入开展。

二、认真贯彻落实党中央、区党委的决策部署，惩治和预防腐败体系建设取得明显成效

2008 年 5 月党中央印发《建立健全惩治和预防腐败体系 2008—2012 年工作规划》，自治区国土资源厅按照区党委的部署，认真贯彻党风廉政建设责任制，以考核评价和责任追究为保障，落实《工作规划》和《实施办法》确定的各项工作任务，严厉惩处土地管理和矿产资源开发领域的腐败问题和干部队伍廉洁从政存在的突出问题，全面推进反腐倡廉建设，着力构建符合西藏国土资源实际的惩治和预防腐败体系。

认真开展“两整治一改革”专项行动，以岗位廉政风险防控为重点，以规范权力运行为关键，紧紧围绕“三重一大”、土地和矿业权审核审批出让、执法监察等关键岗位、重要环节，查找出49个廉政风险点，制定了146条防控措施。强化对土地整治、地质环境治理项目招投标和经营性土地使用权出让、矿业权审批交易等重点项目、重点领域、重点环节和关键岗位的监督制约，深入解决土地使用权和矿业权出让中的突出问题，推进建立统一规范的土地和矿业权交易市场。通过制定有效防控措施、建立联合监督协调机制、完善制度体系建设等工作，积极构建前期思想教育防线、中期预警监控防线和后期制度规范防线。在全系统初步建立起了从源头上有效防控廉政风险和失职渎职风险的新机制。

五年来，先后制定了《西藏自治区矿业权交易管理暂行办法》、《西藏自治区矿产资源评审规定》、《地级市政府耕地保护责任目标考核办法》、《西藏自治区国有土地使用权有偿使用管理办法》、《西藏自治区国土资源厅规范国有土地使用权拍卖行为的暂行办法》、《西藏自治区地质环境管理条例》、《矿山地质环境保护规定》、《国土资源厅执法监察局土地执法工作制度》、《国土资源厅工作规则》、《党组工作规则》、《党组理论中心组学习制度》、《关于加强重点岗位监督工作的意见》、《关于加强处级领导班子主要负责人监督的暂行办法》、《关于进一步规范厅机关财务管理和经费开支的规定》等一大批制度（见附件）。形成了一整套用制度管权、按制度办事、靠制度管人的有效机制。

还与区纪委、区检察院建立了西藏自治区国土资源领域腐败问题治理工作协调机制。

三、强化“两整治一改革”专项行动，深入推进国土资源系统党风廉政建设

五年来，自治区国土资源厅将加快推进惩治和预防腐败体系建设作为工作的重中之重，按照《任务分工》，积极发挥职能作用，初步构建

了惩治和预防腐败体系基本框架。我们体会到：加强惩防体系建设，必须坚持以中国特色社会主义理论体系为指导，深入贯彻落实科学发展观，牢牢把握正确的政治方向；必须坚持围绕中心服务大局，把惩防体系建设放到国土资源事业和党的建设伟大工程中去谋划、部署和推进；必须坚持治标与治本两手抓、惩治与预防两手硬，不断增强惩防体系建设的系统性、协调性、科学性和实效性；必须坚持以人为本、执政为民，把实现好、维护好、发展好人民群众的根本利益作为惩防体系建设的出发点和落脚点；必须坚持与时俱进、改革开放，使惩防体系建设始终体现时代性、把握规律性、富于创造性。在回顾工作，肯定成绩的同时，还存在一些制度落实不到位的现象，廉政风险点建设还需进一步完善等问题。

下一步要结合学习贯彻党的十七届七中全会、十七届中央纪委第八次全会和党的十八大精神，总结经验、查找差距、改进工作，深刻认识当前反腐败斗争的长期性、复杂性、艰巨性，进一步振奋精神、增强信心，以更加坚决的态度、更加有力的措施、更加扎实的工作，坚定不移地把党风廉政建设和反腐败斗争推向前进。在具体工作中应从以下几个方面入手：

（一）认真履行监督职能，确保中央、区党委政府关于国土资源管理重大决策部署落到实处。中央、国土资源部、自治区历次会议召开后，自治区国土资源厅认真研判国际国内重大形势，部署2012年各项工作。厅党组围绕科学发展这个主题和转变经济发展方式这条主线，着力解决发生在群众身边的腐败问题，促进国土资源管理各项工作部署落到实处。随着土地、矿业权、地质环境综合治理等管理权限的下放，作为区国土资源管理部门重点要加强监督检查，严格履行综合监管职能，防止各项权力的滥用，保证基层国土资源管理部门廉洁高效的正确履行职能，重点开展对保障性住房用地、土地和矿业权市场建设、耕地保护、节约集约用地等政策措施落实情况的监督检查。严格落实责任，坚决纠正有令不行、有禁不止行为，确保中央、区党委政府关于国土资源管理重大决策部署落到实处。

（二）强化教育和监督，推进国土资源管理行政权力规范运行，促进干部依法行政，廉洁自律。通过加强基层廉政培训、警示教育、发放《党风廉政建设》、《国土资源系统警示教育案例》等各类廉政教育报刊、书籍，教育党员干部时刻牢记“两个务必”，弘扬以爱国主义为核心的中华民族精神，以改革创新为核心的时代精神和以艰苦奋斗为核心的“老西藏”精神，增强宗旨意识、大局意识、责任意识。使党员干部始终坚持党的基本理论、基本路线、基本方针、基本经验不动摇，牢固树立共产主义远大理想和社会主义共同信念，坚持中央关于西藏工作的指导思想不动摇，坚定走有中国特色、西藏特点发展路子的信心和决心。今后将进一步加大教育培训力度，通过开展廉政谈话，邀请区纪委、区检察院、区高法等单位领导、专家来授课，组织参观自治区廉政教育基地、自治区监狱等各种教育形势，不断筑牢拒腐防变的思想防线，同时加强监督检查，认真落实领导干部廉洁自律各项规定，参与干部任用的考核、土地和矿业权等有关工作的现场监督与评估工作，推进国土资源管理行政权力规范运行，促进干部依法行政，廉洁自律。

（三）着力深化改革和制度创新，不断拓展源头防治腐败的工作领域。按照“两整治一改革”工作要求，按照建立的廉政风险点和防控措施，深化对土地整治、地质环境治理项目招投标和经营性土地出让、矿业权审批交易等重点项目、重点领域、重点环节和关键岗位的监督制约，进一步完善廉政风险点建设，深入解决土地使用权和矿业权出让中的突出问题，推进建立统一规范的土地和矿业权交易市场，实现土地使用权和矿业权出让信息平台综合检索服务。开展土地和矿业权网上交易与监管平台的建设，最大程度地减少交易活动中人为因素的影响，缩小权利寻租的空间，促进权利运行的公开、公平、公正。同时，加强交易过程的程序化、制度化建设，加大制度的落实力度。在防控廉政风险中，辅以先进的科技手段，有效地减少失职渎职等行政风险的发生。不断创新完善各项制度，深入推进反腐倡廉制度建设，不断拓展源头防治腐败的工作领域。

（四）深入开展专项治理，抓好作风建设，切实解决人民群众反映强烈的突出问题。认真落实自治区关于工程建设领域突出问题专项治理工作部署，抓好国土资源领域土地出让，工程建设项目决策、招投标、资金管理等重点环节治理。继续深化国土资源领域的“两整治一改革”专项行动，加强廉政风险防控管理，落实廉政风险防控责任，切实加强干部作风建设，深入开展以“廉洁国土”为主题的廉政文化创建活动，深入治理党员领导干部在廉洁自律方面存在的突出问题。建立责任追究机制，严肃行政纪律，规范权利运行。推动风险防控体系发挥实效，提高工作人员依法行政的思想意识。

我们将探索建立区党委巡视工作与国土资源管理工作协作机制。认真协调配合区党委巡视机构开展巡视国土资源管理工作，加强协调联动，认真负责地将协调配合机制各项工作意见落到实处，进一步推动土地及矿产资源领域管理上新台阶。

（五）强化基层反腐倡廉建设，严肃查办发生在群众身边的涉土涉矿腐败案件。基层国土资源管理部门尤其是县级国土资源管理部门，直接面向基层、服务群众，是国土资源事业发展的基础，在国土资源管理工作中具有十分重要的地位和作用。但是当前基层国土资源管理部门相对薄弱，涉土涉矿违纪违法案件时有发生，进一步规范管理、完善制度、促进干部廉洁从政的任务仍然十分繁重。按照驻国土资源部纪检组的要求，自治区国土资源厅将强化项目管理和经费使用监管；进一步加强国土资源系统党风廉政建设工作联系点工作；加强调查研究，认真分析基层失职渎职案件的特点和成因；加强对基层工作的指导；开展基层落实党风廉政建设工作部署情况的监督检查；坚决查办发生在涉土涉矿和地质环境治理工作领域的腐败案件，配合纪检监察、检察部门查处案件。坚决遏制腐败行为的发生，着力推进地市、县级两级基层国土资源部门干部依法行政、廉洁从政，提高公信力，维护群众权益，保障国土资源事业健康发展。

突出“七个围绕” 推进国土资源反腐倡廉工作

陕西省国土资源厅

近年来，陕西省国土资源厅紧扣“新体制运行时间短，新队伍磨合任务重，新职能履行难度大”的实际，按照反腐倡廉建设要更加注重治本、更加注重预防、更加注重制度建设这个要求，以建设“廉洁国土”、“和谐国土”的目标，突出“七个围绕”，注重改革创新，着力构建起具有国土资源部门特色的反腐倡廉工作体系，从源头上防治腐败取得明显成效。

一、主要做法

（一）围绕责任落实，精心研究部署。每年省纪委全会和国土资源部党风廉政建设工会会议结束后，厅党组都要召开专题扩大会议和全省国土资源党风廉政建设工作会议，学习传达会议精神，专题研究部署系统反腐倡廉建设工作。健全完善了党组组织领导，纪检组协调配合，办公室、人事处、监察室、机关党委等有关职能部门共同参与的领导体制和工作机制。强化了厅党组作为反腐倡廉建设的责任主体，实行了党组书记负总责，领导班子其他成员根据分工履职尽责，着重抓好分管范围内反腐倡廉建设各项工作，班子成员协调配合，同心协力完成承担任务的齐抓共管工作格局。认真落实《工作规划》，研究制定了厅党组《落实省委、国土资源部党组〈实施办法〉具体工作方案》，从教育、制度、监督、改革、纠风、惩处六个方面提出了系统惩治和预防腐败体系建设工作的指导思想、基本原则、工作目标，明确了6大项23小项具体工作任务，并提出了各个年度的具体实施步骤，制定了年度反腐倡廉和《贯彻落实〈具体工作方案〉》责任一览表，将具体工作任务按照职责要求进行分解细化，明确了牵头领导、承办处室、工作内容、工作进度及工作责任，并列入年度党风廉政建设责任制考核范围，推进了工作落实。

（二）围绕教育有效，扎实开展反腐倡廉教育。坚持把加强对党员干部思想道德、党纪国法和廉洁从政教育作为一项基础性、经常性的政治任务，摆在重要位置。一是每年都要下发反腐倡廉宣传教育安排意见，围绕廉政教育活动，突出教育重点，充实教育内容，创新教育形式。二是深入开展党性党风党纪和廉洁从政教育，组织关键岗位处长和150名县区局长参加了廉洁从政培训。围绕树立宗旨意识、责任意识和忧患意识，在全系统开展了领导干部党性修养教育和为期三个月的“转变作风服务发展”大讨论活动，增强自觉践行八个方面的良好风气，提高系统干部服务经济发展的工作水平，树立风清气正的国土资源部门形象。三是通过正反典型开展示范教育和警示教育。组织厅机关干部和县区局长职工到省监狱和崔家沟监狱听服刑人员现身说法。收集整理2003以来法院判决的省国土资源系统9起典型案例，编印了《全省国土资源系统干部违法违纪典型案例选编》，下发到全省系统科以上领导干部，通过身边事和身边人，进行以案说法，警示提醒。四是开展了生动活泼、丰富多彩、有声有色的群众性廉政文化创建活动。创作了《国土卫士之歌》，在全系统开展了国土资源职工从业宣誓活动。举办了法制宣传、文艺汇演、书画展览、歌咏比赛等多种活动，营造了反腐倡廉的社会氛围。

（三）围绕制度管用，推进反腐倡廉制度建设。大力推进国土资源管理制度创新，积极探索加强对权力行使监督制约的有效措施和办法，保证权力依法、公开、透明运行，着力从源头上预防腐败。推进行政法规和规范性文件的“立、改、废”。完成了地方性法规和规范性文件的清理工作。对三部地方性法规进行了清理，对 259 个规范性文件提出废止、修改和保留的具体意见。进一步规范行政执法程序，科学分解执法职权，明确具体执法项目 37 项、执法依据 181 条、责任机构 10 个。严格依法行政，按照政府职能转变的要求，在规范审批、强化服务、加强监管等方面，进一步推进国土资源政策法规体系建设。近年来，省国土资源厅开展了四次法律法规和规范性文件集中清理工作。进一步深化反腐倡廉制度建设创新工作，结合实际，制定了《领导干部任前廉政法规考试实施办法》和《厅巡视工作实施办法》、《采矿权探矿权审批登记会审办法》、《系统党政领导干部选拔任用工作暂行办法》和《廉政风险预警防控暂行办法》。督促机关处室认真执行《陕西省行政许可项目监督管理办法》和《陕西省国土资源厅规范性文件合法性审查办法》。制定和完善了《建设用地审查报批会审办法》等 40 项国土资源管理法规制度。深入开展工程建设领域专项治理工作，在政府网站设立了国土资源信息公开与诚信体系平台，公开土地使用权审批出让、矿业权审批和出让信息 5000 多条。

（四）围绕监督到位，积极探索实施有效监督的方法。认真落实领导干部民主生活会、述职述廉、任职和诫勉谈话等党内民主和党内监督制度。建立健全了情况通报、情况反映、重大决策征求意见制度。严格执行党员领导干部个人重大事项报告等廉洁自律制度，充分发挥制度在惩治和预防腐败中的保证作用。加强对权力运行重点环节和部位的监督。加强对审批权力的监督。先后取消了 70% 的行政审批事项，土地和矿产资源行政审批一律实行内部集体会审制度。认真执行《国土资源部内网行政审批暂行规定》，对网上审批程序、时限、监督、纪律、要求等方面作出严格规定。实现了土地、矿产项目由政务大厅统一受理，接办分离，网上报批、网上公布，保证行政权力依法、公正、透明运行。加强对干部人事权的监督。厅党组坚持公开选拔职位、公开提名程序、公开提名结果、坚持一个环节一公告、公布监督电话，由纪检监察机构实施全程监督。严格领导干部任前廉政鉴定，对拟提拔干部近三年来群众信访举报件逐一进行了核查，并作出结论。建立了干部定期轮岗交流制度，针对重要岗位轮不动、流不出的问题，提出了“三年可以交流，五年应当交流，八年必须交流”的规定。不断探索创新选人用人机制，对干部调整方案、人事安排意见和拟提拔干部厅党组均采用票决办法，第一轮轮岗交流涉及 65 名处级干部，其中机关处级领导干部、事业单位主要负责人和副职领导干部交流面分别达到 80%、78% 和 67% ；市局局长交流面达到 30%，波及面之广、涉及人数之多、工作难度之大前所未有，但调整结果是 80% 以上的干部“得偿所愿”，达到了激发潜能、推动发展、组织防腐的目的，促进了干部队伍建设。陕西省纪委书记在《陕西纪检监察信息》要情专报第 95 期《省国土资源厅积极推进重点岗位干部交流轮岗从源头上防治腐败问题发生》的信息上作了“省国土厅积极推进干部交流轮岗的做法很好，促进了干部队伍建设，有效地遏制了国土资源领域腐败行为的发生，应研究在省直其他部门予以推广”批示。《人民日报》、《当代陕西》、《党风与廉政》杂志和党建网等媒体登载了省国土资源厅做法。

（五）围绕牵头任务，积极探索从源头上预防腐败的有效途径。全面落实经营性用地、工业用地招标拍卖挂牌出让制度，严格实施工业用地最低价标准，发挥地价机制对土地优化配置的基础作用。连续开展国有土地使用权出让专项清理和检查工作，推进土地有偿使用制度不断扩展，经营性用地和工业用地招拍挂出让程序进一步规范。进一步完善土地交易信息公开制度、出让公告审查制度、土地出让方案和底价集体决策制度、土地市场动态监测监管制度、国家重点建设项目划拨用地和协议出让土地公示制度。严格规范经营性和工业用地招拍挂出让程序和具体操作办法，实现了土地市场信息全面发布和公开查询，增强了土地供应和交易的透明度。全省经营性用地和工业用地招拍挂面积占有偿出让面积的比例达到70%，招拍挂出让价款占出让土地总价款的73.5%。加强土地市场执法监察，规范土地交易行为，降低了土地交易中的人为干扰。实行了土地供应数据监测监管系统报备和签订电子文本出让合同制度，土地市场规范运行的管理制度初步确立。

积极推进矿产资源有偿使用制度改革，制定了《陕西省招标拍卖挂牌出让矿业权办法（试行）的通知》、《陕西省矿业权交易规则》和《陕西省矿业权出让转让交易流程》。2011年成立的省矿业权交易中心公开出让探矿权28个，面积460.08平方公里，总成交价6358万元。2012年西洽会期间，公开出让探矿权17个，出让面积218.90平方公里，总成交价达5094万元，高出起始价7.78倍。加大矿业权市场化配置资源的进程，提高了矿业权市场准入门槛，除国家政策规定外，目前全省所有探矿权、采矿权全部进入省矿权交易市场实行公开出让。进一步规范矿业权评估管理，采取抓阄方式对516个矿业权评估项目确定了评估单位。

（六）围绕行风建设，着力解决损害群众利益的突出问题。坚持把纠正征地中损害农民利益问题作为政风行风建设的一项重要工作，严格执行基本农田保护、占用耕地补偿、征地公告、听证制度和征地补偿安置政策，统征的交通、能源基础设施重点项目征迁补偿标准较2007年前提高了三分之一，有效地维护了被征地农民合法权益。高度重视群众信访工作，2009年制定下发了《信访工作实施办法》（试行），开通了“12336”投诉举报电话，受理和回答群众咨询一万余件。认真履行信访联席成员单位、征用土地问题专项小组、维护稳定重点职能部门责任，及时调解和处理了一批因征地引发的群众上访问题。政风行风建设和民主评议工作深入开展，群众对国土资源政风行风的满意度进一步提高。认真解答政风行风热线和《秦风热线》专栏群众反映问题，下发了《关于积极配合纠风部门搞好政风行风测评工作和创建“人民群众满意国土所”活动安排意见》，提出了在全省开展创建100个“人民满意的国土所”

评比表彰活动。各级国土资源管理部门针对上一年度政风行风问卷测评通报的问题，不断完善工作制度，提高服务水平，国土资源系统形象明显提升，政风行风测评跨入全省先进行列，2010 年、2011 年被列为全省行政管理部门行风免评单位。20 个基层国土所被当地政府评为“人民满意国土所”。

（七）围绕惩处有力，保持惩治腐败的高压态势。坚持把查办发生在领导机关和领导干部中违纪违法案件，土地和矿产资源管理中以权谋私、贪污贿赂、滥用职权、失职渎职的案件，通过非法批地批矿，低价出让土地和矿业权或擅自变更规划获取利益的案件，土地、矿业权出让和评估、项目发包中的商业贿赂案件，征收征用土地和矿产资源开发中的违纪违法案件，规避和虚假招标、贪污挪用专项资金，以及严重损害群众利益的案件作为案件查处的重点。高度重视信访举报排查案件线索。严把信访件入口、办理、出口等各个环节，规范了信访件的办理。厅主要领导主动过问信访件处理情况，对每封信件有批阅，有要求。2008 年以来，全系统纪检监察机构受理信访举报 433 件次。按照干部管理权限进行了调查处理和转办，并进行了督办。严格执行“一案双报告”制度，认真研究发案规律，剖析发案原因，发挥了查办案件的治本功能。

认真开展“两整治一改革”专项行动，通过制作表格，进行廉政风险排查培训班等办法，扎实推进廉政风险点排查工作。按照领导班子成员、处（科）级干部和一般干部三个层次，采取自己“找”、处（科）室“议”、群众“提”、相互“查”、领导“点”、组织“审”、社会“督”六种方法，全面排查在思想道德、岗位职责、业务流程和制度机制等方面的风险点，全系统共查找廉政风险点 219 条，制定完善防控措施 376 条。

二、经验和不足

几年来，陕西省国土资源厅在惩防体系建设中不断探索和总结，努力做到“四个坚持”：坚持把惩防体系建设融入国土资源管理各项业务工作之中，同步推进、相得益彰；坚持把解放思想、转变观念、改进作风作为惩防体系建设的重要基础，一以贯之，持续推进；坚持把国土资源管理权力监管的薄弱环节作为惩防体系建设的重点区位，规范管理，创新制度，强化监督；坚持把落实中央的重大决策部署，履行好职责，解决社会关注、群众关心的热点问题作为惩防体系建设的重要内容，设计抓手和平台，超前谋划，主动作为。

同时，全省国土资源系统惩防体系建设工作还存在一些不足和差距：一是思想认识还不够深刻。关注面上的、显化的问题比较多，对深层次的、隐性的问题关注程度还不够。必须要进一步深化认识，既要关注“硬腐败”，又要关注“软腐败”，才能保证行动上更加自觉。二是工作力度还不够大。在结合业务工作推进惩防体系建设方面，还需要进行深入研究，进一步加大工作力度，特别是要把年度目标、阶段目标和长远目标更好地有机结合起来，衔接好，以年度目标促进阶段目标的实现，以阶段目标促进长远目标的实现。三是惩防体系建设内容常抓常新方面做得不够。惩防体系建设应该与时俱进，进一步提高针对性和有效性。

加强部门联系
全面完成牵头任务和协作任务

甘肃省国土资源厅

一、主要做法

（一）牵头任务完成情况

近年来，甘肃省委要求省厅承担两项惩防体系牵头任务。即“规范土地征收和使用权出让制度；整治违法违规征用农民土地及征地补偿安置不到位、‘以租代征’等问题。”省厅具体采取了5条措施，完成了惩防体系牵头任务。

1. 规范土地征收征用。推行文明征地，加强被征地农民的经济扶持、社会保障和人文关怀，切实减少矛盾纠纷，保护被征地农民的合法权益。全面实行征地统一年产值标准和区片综合地价，制定了《甘肃省征地补偿区片综合地价及甘肃省征地补偿统一年产值标准》并由省政府颁发，确保土地补偿费和安置费不低于省政府颁布的征地统一年产值标准和区片综合地价；将被征地农民补偿安置方案的制定和具体实施，作为农地转用和建设用地审批的先决条件，否则不予审批；主动配合省劳动社会保障部门制定并严格落实《征地农民养老保险暂行办法》，确保被征地农民生活水平不因征地而降低，长远生计有保障；推进征地制度改革，征地补偿实行“直通车”方式；积极探索完善征地补偿款预存制度，同时加强对土地补偿资金兑付情况的监督检查，杜绝补偿金挤占、截留、挪用等问题的发生。

2. 推进土地市场配置。坚持“统一规划、统一征用、统一出让、统一管理”的供地机制，发挥市场配置资源的基础性作用，严格落实工业用地、经营性土地使用权招拍挂出让制度和工业用地最低价标准，全面推行土地资产处置“阳光”操作；加强国土资源市场监测、监管，落实存量建设用地动态管理、建设用地跟踪管理和建设用地备案制度。

3. 优化用地审批程序。按照“依法依规、突出重点、节约集约、优质高效”原则，加强用地审批管理。2010 年 6 月，改进批次建设用地审查方式，变按批次审批为按项目用途审批，确保重点工程、民生工程、基础设施、生态环境建设、自主创新、结构调整和灾后重建等中央和地方新增投资计划项目用地需求，遏止囤地炒地等非法行为。优化土地审批程序，将土地预审报件材料由 13 个减少为 7 个，城市（城镇）分批次建设用地由 14 个减少为 6 个，单独选址建设项目由 20 个减少为 8 个，大大提高了土地审批效率。

4. 下放土地审批权限。城市建设用地范围内的项目用地，由省厅预审改为委托市州预审，建设项目占用国有未利用土地的由市县政府批准；土地整理复垦开发项目管理权力、责任向市州国土资源部门倾斜，省级投资项目设计评审和立项审批改由市州国土资源部门负责，项目资金实行切块下达。

5. 不断加强制度建设。先后出台了《关于进一步加强土地整理复垦开发项目管理工作的意见》、《甘肃省土地整理复垦开发项目资金使用管理办法》、《甘肃省国土资源系统内部审计工作规定》、《规范行政处罚自由裁量实施标准》、《重要行政事项审批结果公示暂行办法》、《甘肃省国土资源巡视工作暂行办法》等 10 多项管理制度，着力削减自由裁量权，压缩权力寻租空间，从源头上预防腐败问题的发生。

（二）协办任务完成情况

省委《实施办法》中要求省厅承担6项协办任务，主要是“土地节约集约利用、灾后重建项目监管、行政审批权和执法权监管、土地使用收入监管、民主评议行风政风、非法出让和低价出让”等问题。几年来，省厅加强与有关部门联系，认真做好配合协调工作。主要采取了6条措施。

1. 加大耕地保护力度。省政府制定了《市级政府耕地保护责任目标考核办法》，各级政府逐级制定了具体目标责任考核办法，明确责任，分解指标，量化考核，兑现奖惩。进一步健全耕地保护机制，严格落实建设占用耕地项目与补充耕地项目挂钩制度，确保耕地保有量和基本农田面积不减少，用途不改变、质量不降低。把土地整理复垦开发与支持重大建设项目实现耕地先补后占相结合，与流域水土保持相结合，与移民扶贫和农业产业化发展相结合，与促进城镇化建设和社会主义新农村建设相结合。大力推进未利用地开发，补充大量耕地，全省12年实现了耕地占补平衡。开展节约集约土地模范县创建活动，2011年，华亭、凉州二县区被评为全国土地节约集约模范县，计划到2015年，全省86个县全部达到模范县标准。

2. 加强灾后重建项目监管。“舟曲8.8”重大泥石流灾害发生后，省厅承担了四项任务。一是加快规划编制。按省政府规定时限，提前20天编完了《舟曲灾后恢复重建地质灾害防治专项规划》，为其他行业灾后重建项目建设奠定了基础。二是及时供应土地。执行灾区建设项目先行用地的特殊政策，先后协调供应新增建设用地2901亩，保障了各类项目用地。三是组织实施地质灾害综合治理、重建安置区工程地质勘查、专业监测网络建设等5大工程。项目总投资8.5亿元，全部如期完工。四是加强督促检查。定期对重建项目资金使用、工程进展进行检查，特别是对项目经费支出，开展内部审计，认真核对把关，确保专款专用。与此同时，还组织了东乡、岷县等重大地质灾害项目的规划编制、资金协调、工程实施和监督检查工作，均取得了实际效果。

3. 推进行政审批改革。加大清理、减少和调整行政审批事项力度。先后对依法设立的11项行政审批事项（包括代政府审批的3个事项）、5项核准类事项、6项备案类事项进行了清理，对其中5项资源配置审批类事项提出了下放审批权、改变或取消审批管理方式的意见。今年6月份，向各市州局印发了《甘肃省国土资源厅关于进一步促进全省经济平稳较快发展有关措施的通知》，全面清理、减少行政事业性收费项目。对14项行政事业性收费进行了清理，建议保留10项，省级停止收取3项，降低标准收取1项。减免土地审批规费。对廉租住房、经济适用房、棚户区改造、旧住宅区整治、中小学校舍和农民建房等7项占用耕地的，免收耕地开垦费；对部分未利用地工业项目，按国家规定最低土地出让标准确认底价；划拨土地使用权办理土地出让手续的，出让金按土地评估的40%缴纳。完善审批事项日常监管制度，认真履行监管职能，防止和纠正重审批、轻监管以及监管脱节的现象。

4. 加强土地收益监管。一方面，将各地应缴尽缴土地出让金作为审计重点，督促其按规定缴纳，各地按照收支两条线规定，通过市场配置出让的土地资源收益全部纳入地方财政。另一方面，配合农村土地流转，推动规模经营，省国土资源厅、省财政厅下发《关于加强编制和实施土地整治规划大力推进高标准基本农田建设的通知》，按照“以补代投”.“以补促建”的形式，探索项目由乡村社组织实施模式，减少中间环节，使有限的资金发挥更大的效益。

5. 严肃查处违法案件。建立国土资源执法联动机制，加强土地批供后和征用卫片实施跟踪监管，严肃查处违纪违法案件。2010年至2011年，省厅共立案查处土地违纪违法案件376起，办结率达95%，反映征地农民补偿问题的信访件39件，分别进行了认真答复和处理，化解了矛盾纠纷，避免了群体性事件发生。

近几年，甘肃省厅在落实惩防体系建设中取得了积极成效，但还存在一些问题。一是土地利用计划实行刚性约束，但城镇化、工业化快速发展对土地的需求激增，既要保障发展，又要坚守耕地红线，土地管理面临“两难局面”和“双重压力”，建设用地征用、耕地保护、矿业权管理和项目建设的监管难度逐步增大；二是随着对基层权力下放、项目增加、投入资金逐步集聚的实际，基层国土资源部门党风廉政建设和反腐败工作面临严峻考验；三是管理服务电子化水平不高，科技手段的运用相对滞后，土地出让网上交易和监管有待落实。

二、建　议

为了按时完成省纪委有关惩防体系建设的任务，甘肃省厅将积极配合省纪委推进公共资源交易市场化建设，加快土地和矿业权出让网上交易和监管工作，全面实现国土资源配置的市场化。从长远建设上，集中力量抓好以下五方面工作。

（一）落实严格的耕地保护政策。继续将耕保任务纳入各级政府目标责任考核。进一步完善耕地占补平衡管理共同机制，加强耕地占补挂钩日常管理，启动农村土地整治监测监管系统和占补平衡动态监管系统，切实保证占补平衡。合理划定基本农田保护范围，建立永久性基本农田保护区。鼓励各类建设项目充分利用未利用地，尽量不占或少占耕地。将土地开发整理项目资金向基本农田倾斜，增加优质农田。积极开展河滩地开发和废旧宅基地复垦，推进村庄整治，改善农民生产生活条件。足额征收耕地开垦费，实行耕地开垦费和新增建设用地土地有偿使用费预缴纳制度。

（二）进一步完善管理制度体系。严格执行征地程序，落实和完善征地补偿安置办法。规范土地出让交易市场，落实存量建设用地动态管理、建设用地跟踪管理和建设用地备案制度。严格落实建设占用耕地项目与补充耕地项目挂钩制度，强化对土地整治项目建设和耕地占补平衡的监管，着力解决当前耕地保护中存在的突出问题，确保耕地保有量和基本农田面积不减少，用途不改变、质量不降低。

（三）进一步规范国土资源市场。全面落实省政府发布的加快推进矿产资源市场化的规定，进一步加大市场配置资源的力度；加快经营性用地招拍挂制度和工业用地最低价标准落实，充分开发利用未利用土地，促进土地高效利用；全面调控全省土地供应计划，优先保障保障性住房用地需求；加强土地批后供应监管力度，采取有效措施切实防止土地闲置，推进土地出让市场规范有序运行；加快推进土地矿产资源公共交易平台建设，近期实现全省国土资源网上交易和监管。

（四）确保被征地农民的合法权益。严格执行征地补偿统一年产值标准和区片综合地价；建立和完善征地补偿预存款制度；采取多元途径，进一步落实被征地农民社会保障资金，切实保障被征地农民的生产和生活；严格落实征地程序，认真做好用地报批前告知、确认、认证工作；加强统一征地工作，为重大建设项目提供国土资源保障和支撑。

（五）加大国土资源执法监察力度。进一步落实土地批、供、用、补、查制度，严格开展国土资源执法巡查和卫片执法监察工作，着力查找土地环节的突出问题，按照“既处理事、又处理人”的要求，做到立案查处到位、责任追究到位，依法维护国土资源管理的良好秩序。

坚持“七个强化”
着力构建惩治和预防腐败体系

青海省国土资源厅

近五年来，青海省国土资源厅党委认真贯彻落实《青海省建立健全惩治和预防腐败体系2008—2012年实施办法》，坚持“抓班子、带队伍、保廉洁、促发展”的工作思路，把惩防体系建设融入国土资源管理工作的方方面面、贯穿于各项重点工作的始终；加大源头防腐力度，建立风险防控机制，有力地推动国土资源管理和地勘测绘工作健康发展。

一、强化组织领导，突出“四个结合”

厅党委坚持把惩防体系建设放在更加重要的地位，始终突出“四个结合”。

（一）同党风廉政建设责任制相结合。主动履行牵头任务单位责任，并纳入党风廉政责任制考核，及时建立起牵头任务联席会议制度，每年召开两次联席会议，研究年度工作计划与措施、总结年度任务完成情况与成效，现已连续召开9次。

（二）同“两整治一改革”专项行动相结合。在土地矿业权市场整治、机关干部思想与作风整治和国土资源管理制度改革中，注重与惩防体系牵头任务一起部署安排、一起督促检查、一起考核总结。

（三）同廉政风险防控机制建设相结合。针对国土资源领域腐败易发多发的现实，自上而下、自下而上，层层排查廉政风险点共7大类103个；针对重要部位、关键环节可能发生的廉政风险，制定防控措施232条，从源头上建立和完善各项规章制度近百项并编印成册，为进一步构建惩防体系奠定了坚实的基础。

（四）同纠风整纪主题实践活动相结合。自觉维护群众合法权益，开展“密切联系群众，发扬党的优良传统”等多项主题实践活动，增强服务意识、转变工作作风、提高办事效率。

二、强化廉政教育，立足“三个注重”

（一）注重廉政教育的长效性。厅党委注重将廉洁从政教育和廉政文化建设有机结合，连续七年开展“八个一”或“十个一”廉政文化系列活动，形成了上下联动、常抓常新的工作机制，并总结出台《关于加强廉政文化建设的实施意见》，形成了廉政教育常态化、制度化。厅党委主要负责人以《算好七笔账，走好人生路》等为题，带头向党员干部讲廉政党课；厅纪委负责人利用每年对全系统巡视检查，运用违法违纪典型案例进行巡回警示教育；及时总结惩防体系建设调研成果并汇编成系列丛书八册，印发各级党政组织和党员干部学习借鉴；持续举办四届廉政书画展，将作品作为全省廉政文化教育示范基地的重要内容长期保留，进一步营造了“崇廉反腐”的文化氛围。

（二）注重廉政教育的广泛性。厅党委高度重视全系统在廉政教育上上下联动、形成合力，不断扩大教育的覆盖面和参与的广泛性。近年，连续组织开展的“一季一讲一看”警示教育活动已从厅机关、直属事业单位拓展到厅属事业局和部分市、县国土资源局，接受教育人数达1200余人次；从厅党委委员做起，一级谈一级，层层开展的“讲廉洁，敲警钟”千人警示谈话活动已达2500余人次；利用“清廉履职，保持共产党员纯洁性”主题宣传教育月等活动，层层组织党员干部《国土资源规章制度》、《廉政若干准则》等知识测试，参加人数达2000余人次；制作省纪委领导以案讲纪专题教育片和选购《国土惩腐》等多部电教片，发放各单位定期组织党员干部观看。

（三）注重廉政教育的鲜活性。厅党委十分注重正反典型教育。一是坚持示范教育。通过利用《中国国土资源报》、《青海日报》、青海广播电视等新闻媒体，广泛宣传为地质找矿和国土资源事业献身的先进典型事迹；组织召开厅系统党风廉政建设先进典型经验交流会，并将经验材料编印成册，在全系统迅速掀起了学习先进、争先创优的热潮。二是突出警示教育。通过“利用身边案发的事，教育身边所有的人”。连续七个季度邀请省、市检察机关领导以案说法，进行警示教育；组织领导干部和财务人员赴省女子监狱，通过参观教育基地图片展、听取服刑人员现身说法等形式，从中接受反面典型警示教育。三是强化岗位教育。坚持对项目多、资金量大、廉政风险高的土地整治项目、地质灾害治理项目管理人员进行专项集中培训，讲项目和资金管理，讲廉政风险防控，做到警钟长鸣。举办四期州（地、市）、县（区、行委）国土资源局长廉洁从政集中整训，157名参训人员通过聆听警示教育报告和风险防控措施辅导、观看警示教育片等多种形式，引导领导干部认清权力风险，强化廉政意识。

三、强化制度建设，着力“三个环节”

厅党委狠抓以反腐倡廉制度建设为关键，逐步推进惩防体系建设。相继开展了“制度建设年”、“制度执行年”活动，有力推动制度建设不断深化。尤其结合“两整治一改革”、建立廉政风险防控机制等，近几年，仅省厅密集出台40余项相关制度，注重用制度管人、按制度办事、以制度规范行为。

（一）着力在征求意见中建立制度。召开座谈会、联席会等形式，广泛征求意见，为加强领导干部监督，制定印发了《加强对全省国土资源系统县处级领导干部监督的暂行规定》；通过在走访省、市、区三级检察机关的基础上，研究出台了《关于加强地质资料管理的通知》等文件，进一步规范地质勘查资料汇交、保管等行为。

（二）着力在剖析案件中健全制度。针对征地拆迁补偿、物资采购中发生贪污受贿的问题，与厅机关处室和案发单位共同分析原因、查找漏洞，制定出台了《关于进一步规范征地工作程序加强补偿资金监督管理工作的通知》，从征地补偿程序和监督管理上强调纪律和明确责任；指导建立了《青海省环境地质勘查局物资采购管理办法》，并印发全系统学习借鉴、加强监管。

（三）着力在工作实践中完善制度。注重总结经验教训，不断完善防腐长效机制。针对地级与县级国土资源部门在反腐倡廉工作中存在“两张皮”的现象，研究出台了《关于州地市国土资源局加强下级单位监督指导的实施意见》，明确了领导班子成员联点包县工作责任制等六条措施；针对基层国土资源部门反腐败斗争形势严峻的实际，制定印发了《关于进一步加强基层国土资源部门党风廉政建设的实施意见》，从分级负责廉洁从政专题集中整训、注重强化项目管理和经费使用监管等八个方面作出明确规定，不断完善基层风险防控机制。

经过五年的不懈努力，全省国土资源系统初步形成了具有青海特色的廉洁从政教育、风险预警防控、权力监督制约、资源市场配置、管理机制创新、严格责任追究六大廉政风险防控机制。

四、强化权力监督，坚持“四项检查”

厅党委坚持重要部位、重点环节的监督检查，形成常态化。

（一）坚持开展联合检查，对重大项目强化监管加大力度。会同省纪委、省检察院、省监察厅联合下发《关于加快土地开发整理项目预防腐败机制建设的意见》，与省招投标工作领导小组办公室联合下发了

《关于进一步加强省百万亩土地开发整理项目招投标监督管理工作的意见》；连续两年会同上述部门对黄河谷地百万亩土地开发整理项目招投标、资金使用、项目进度、施工质量等情况进行联合督查，及时发现问题，督促整改落实，确保土地整治项目成为新农村建设的惠民工程和放心工程。

（二）坚持开展专项检查，土地和矿业权市场配置逐步规范。经营性土地使用权和矿业权出让是社会各界关注的焦点，也是开发商和企业老板关注的热点，更是腐败易发多发的节点。会同省检察、监察机关联合开展土地、矿证管理专项检查成为加强协同作战、预防职务犯罪的有力举措。近 3 年，督促全省各地自查土地和矿业权出让 564 宗，促使全省土地和矿产资源配置逐步向规范化迈进。

（三）坚持开展巡视检查，反腐倡廉重点工作不断推进。总结多年巡视检查的经验做法，上升为《反腐倡廉重点工作巡视检查办法》。坚持每年抽调相关人员组成巡视检查组，对全系统 5 个事业局和 8 个州（地、市）国土资源局反腐倡廉 10 项重点工作进行巡视检查。通过听取汇报、座谈交流、民主测评、个别谈话、查阅资料、与当地纪委沟通情况等形式，查找薄弱环节，限期进行整改。近 3 年下达《巡视检查整改建议书》23 份，将整改情况作为次年巡视检查的重点之一，从而使监督检查步入常态化轨道，呈现出层层抓惩防体系建设的良好局面。

（四）坚持开展重点检查，项目实施与资金使用管理得到加强。省厅领导带领相关工作人员多次赴玉树灾区检查灾后重建项目用地和地质灾害治理项目实施情况，督促落实《地灾防治工程廉政责任书》，确保灾后重建项目及时安全落地。多次组织厅机关人员或会同有关部门对兰新铁路和西格二线铁路建设等项目征地拆迁补偿资金管理和制度执行情况开展重点检查，督促征地拆迁补偿资金依法依规、足额发放到位；五年间，建议省政府提高征地补偿标准 2 次，比 2008 年前补偿标准翻了近一番，有效维护了被征地群众的合法权益。

五、强化管理改革，推进“五项工作”

厅党委始终把管理制度改革作为惩防体系建设的重点，坚持多措并举。

（一）适时推进重要资源统一配置。针对青海矿产资源炙手可热的现实，建议省政府成立了以省长为组长的青海省重要能源矿产资源配置领导小组，重要矿产资源配置一律经领导小组研究决定，确保资源配置科学、合理、安全。

（二）积极推进矿业权市场建设。组建了青海省矿业权交易中心，出台了《青海省矿业权交易管理暂行办法》和《交易规则》，全省所有矿业权出让、转让申请全部进场、按程序公示和交易，确保矿业权交易市场化。督导州地市建立土地矿权交易机构 6 个。

（三）坚持推进土地矿业权审批集体决策。不断坚持实行土地、矿业权出让会审会制度和会审结果公示暂行办法，凡是上会议题均需处室、分管领导及厅领导碰头三级初审，最后由会审会讨论，形成了集体决策、公开透明的审核机制。

（四）主动推进土地整治项目下放州县实施。针对土地整治项日多、资金多、风险多的实际，从省厅逐步下放到州、县，目前已全部下放至县级实施，并着力在加强监管上下功夫，相继出台了《土地开发整理项目管理暂行办法》等 18 项制度，并及时成立了黄河谷地百万亩土地开发整理重大项目指挥部，专门负责项目的监管和督查。

（五）率先推进探矿权合同管理。探索实施了全省探矿权合同管理，针对圈而不探、非法转让探矿权等违法行为予以制裁，被省长赞誉为“地勘管理的创举”。

六、强化纠风整纪，狠抓“四项措施”

（一）狠抓主题实践活动。连续三年以不同主题，相继开展了“增强四个能力，加强作风建设”、“发扬党的优良传统，切实加强作风建设”和“以‘治庸、治懒、治散’为重点”的作风建设活动。尤其是结合深化“两整治一改革”工作，开展了以“四查找四分析”和“六查六看”为内容的党员干部纯洁性分析检查活动，通过利用组织生活会、专题民主生活会等形式查找不足，自我剖析，由领导干部带头、机关干部率先，形成了1020份《个人自查整改报告》，为加强作风建设找准了切入点和突破口。

（二）狠抓不良苗头纠防。认真落实《关于建立健全全省国土资源系统党员干部廉洁从政预警机制的实施意见》。近几年，厅纪委坚持与下一级“一把手”廉政谈话156人次，与近180名提拔、交流干部进行任职谈话；与6名下属单位主要领导作核实问题谈话；及时发现和纠正干部在思想作风、学风、工作作风、领导作风等方面存在的突出问题，对12名处级干部实行诫勉谈话；为488名处级干部建立了廉政档案，作为年度目标考核的重要依据。

（三）狠抓暗访明纠工作。坚持每年邀请省委巡视组、省纠风办成员和厅行风监督员等，组成多个暗访组，深入全省各地，先后对150个州（地、市）和县（市、区）国土资源局政风行风进行了明察暗访，针对发现的问题下达《政风行风整改建议书》，要求限期落实整改，并向全系统通报整改结果。有14人因工作纪律松弛、工作不在状态中被实施问责，全部公开作出检讨并受到通报批评。

（四）狠抓责任追究实行。通过每年的巡视检查，对个别州（市）国土资源局领导班子存在的问题提出调整建议。对违规购车、发放劳务费、干部挂职等问题，责成责任人作出了深刻检讨，并实行了诫勉谈话。加大了对处级干部德、能、勤、绩、廉考评力度，对群众认可度低的处级干部及时采取实职转虚职等措施，树立正确的用人导向。

七、强化案件查处，严肃党纪政纪

厅党委把查处违法违纪案件作为惩治腐败的重要手段，不断加大办案力度。切实做到发现一起查处一起，绝不姑息迁就，起到了处理个别人、教育多数人的警示效果。

（一）严肃查处了不正当履行职责，为他人或个人谋取利益的案件。原省地勘局地矿处处长李某，受某公司老板之托，向编制该公司《矿山环境保护与综合治理方案》的局属单位主要领导打招呼予以关照，并要求降低编制收费，给下属单位造成了一定的经济损失，影响十分恶劣。李某受到党内严重警告处分，并由正处级降为副处级处理。原省地矿局六院党委副书记、院长王某擅自在某公司兼职，并长期借用该公司小轿车一辆；擅自为另一公司编写《地质调查报告》两份，并授意使用局属单位公章，为他人有偿服务。王某被取消正处级干部使用期，按副处级安排工作。

（二）严肃查处了设立"小金库"，严重违反财经纪律的案件。原厅后勤服务中心主任徐某私设"小金库"165万元，用于差旅费、招待费等支出128.46万元，两次借给某公司25万元。对徐某违反财经纪律的行为给予党内严重警告处分，行政免去后勤服务中心职务处分，调离原单位。

（三）严肃查处了玩忽职守，给国家造成重大损失的案件。原海东国土资源局副调研员、乐都县国土资源局局长谢某，在未认真审核工作人员起草的代税务部门征收土地契税的文件，致使契税少收103万元，案发后及时追回，对谢某玩忽职守行为给予党纪政纪处分。

突出“六大重点”
构建具有国土资源部门特点的
惩治和预防腐败体系

宁夏回族自治区国土资源厅

2008年以来，国土资源厅党组按照中央和自治区关于建立健全惩治和预防腐败体系《实施纲要》和《工作规划》，以落实党风廉政建设责任制为抓手，全面推进国土资源系统惩治和预防腐败体系建设（以下简称惩防体系建设），形成了以改革创新为动力，以制度和机制建设为主要形式，以协调保障、宣传教育、权力监控、预防和惩治腐败为主体的惩防体系建设基本框架，有力推动了全系统党风廉政建设和反腐败工作，促进了国土资源管理事业健康发展。

一、认真落实党风廉政建设责任制，惩防体系建设取得重大进展

始终以落实党风廉政建设责任制为龙头，推动全系统惩防体系建设。及时成立了党风廉政建设领导小组和惩防体系建设领导小组，每年层层签订党风廉政建设责任书，任务细化到部门、责任量化到人，做到履行职责有规定，检查考核有标准，追究责任有依据，形成一级抓一

级，层层抓落实的责任体系。厅党组高度重视，党组书记认真履行党风廉政建设第一责任人职责，重要工作亲自部署、重大问题亲自过问、重点环节亲自协调、重要案件亲自督办；班子成员认真抓好职责范围内的党风廉政建设，自觉落实“一岗双责”，形成了厅党组统一领导、分管领导分工负责、驻厅纪检组组织协调、部门具体抓落实的领导体制和工作机制。厅党组每年都根据自治区《工作规划》，制定年度实施意见，明确牵头任务和责任分工，召开全系统工作会议作出全面部署，提出具体工作要求。召开厅党组会和全系统纪检监察部门“双例会”，听取党风廉政建设责任制落实情况汇报和驻厅纪检组对厅党组抓廉政建设的效果及下步工作的意见和建议，研究解决工作中存在的问题。驻厅纪检组充分发挥监督检查职能作用，每年结合重点工作，对各单位工作情况进行督促检查，严肃责任追究，及时督促整改。厅党组坚持将党风廉政建设作为重要内容，纳入单位和个人考核当中，做到党风廉政建设与重点业务工作同部署、同检查、同落实、同考核，高度融合，整体推进。

二、突出重点，整体推进惩防体系建设各项工作

宁夏厅始终坚持把抓教育、制度、监督、改革、纠风和惩处六项工作作为重点，全面构建了具有国土资源部门特点的惩防体系。

（一）建立教育长效机制，夯实了思想道德防线

严格执行党组中心组学习制度和党员领导干部带头讲党课制度，强化领导干部社会主义核心价值观教育；把反腐倡廉教育列入干部职工教育培训规划和计划，每年举办两次全系统领导干部封闭培训班，厅党组书记就社会主义核心价值观体系，加强干部队伍建设等内容进行专题授课，厅纪检组长重点讲解党风廉政建设和反腐败相关知识；采取“请进来”与“走出去”相结合的方式，每年聘请有关领导和专家举办专题法制讲座，深入廉政教育基地，接受警示教育；开展了国土资源部视频教育集中整训；2012 年，全系统开展了“国土文化”创建活动，印发了《关

于在全区国土资源系统开展“打造廉洁国土、崇尚廉洁文化”活动的实施意见》，旨在组织系统广大干部职工对国土人的文化品质进行深入的挖掘、总结、概括、提炼，形成系统内普遍认同的思想观念和行为模式。召开了启动仪式，举办了廉政书画展、廉政教育讲座、警示教育、读书演讲比赛等活动。组织开展了“我推荐、我评议身边好人”、“树正气、讲团结、比奉献”和“联创齐争”等创先争优活动，“七一”前，全系统2个纪检监察机构和4名先进纪检监察干部受到了国土资源部表彰，并把今后每年9月份确定为“国土文化月”。

通过不断实践探索，建立了集中整训、专题辅导、视频培训、廉政谈话、示范引导、警示教育、文化活动的干部职工思想教育长效机制，促进了学习教育常态化。通过一系列文化活动，弘扬了优秀传统文化，展现了干部职工昂扬向上的精神风貌，发挥了以先进的文化熏陶人，以典型示范激励人的作用，增强了干部职工党性修养，夯实了廉洁从政思想防线，提高了勤政廉政意识。

（二）健全完善覆盖各项工作的反腐倡廉制度体系，充分发挥制度保障作用

厅党组以完善反腐倡廉制度和完善国土资源管理规章制度为重点，构筑全方位的制度体系。2008—2012年，制定了《国土资源厅党风廉政建设责任制实施办法》、《国土资源厅党风廉政建设责任制考核办法》、《国土资源厅依法、科学、民主决策实施办法》，完善了领导干部民主生活会、述职述廉、任职诫勉谈话等党内民主监督制度和严格执行领导干部个人重大事项报告等廉洁自律制度。以健全权力公开运行机制为重点，提请自治区人民政府出台了《关于进一步简化和改革建设用地审批管理工作的通知》，制定了《土地和矿业权交易市场管理办法》、《宁夏中北部土地开发整理重大工程项目资金管理暂行办法》、《国土资源系统行政处罚自由裁量权参照执行标准》、《宁夏国土资源厅内部审计暂行办法》等法规制度共53项。通过对法规制度文件的清理，国土资源厅共有规范性文件90件，其中继续有效60件，废止13件。

通过健全完善制度，重点领域、关键环节的制度保障体系基本形成，有效地将党风廉政建设和反腐败工作融入重点业务和重大事项中，努力实现用制度管人、管事、管权。国土资源部门反腐倡廉制度框架基本形成，发挥了制度防腐的作用。

（三）构建全方位的监督机制，规范了权力运行

始终坚持把党风廉政建设薄弱环节作为监督的重点区域，将各项监督写进制度，强化常态化管理。通过巡视、审计、巡查、跟踪检查、政务公开、群众评议等方式，构建了党组监督、行政监察、群众监督的综合监督体系，强化了对权力运行的监督。党组巡视组开展了对市县资源局领导班子的巡视工作，对体制、机制、管理中存在的问题，提出了巡视意见，督促整改落实。严格落实民主决策、廉政谈话、述职述廉、重大事项报告等制度，加强对“一把手”监督。为加强纪检监察工作力量，成立了厅内部审计办公室。开展了土地开发整理、矿山环境治理等重点工程项目专项资金审计，领导干部经济责任和直属事业单位财务收支审计，对发现的问题及时进行了督促整改。开展了对重大工程项目招标控制价审核，工程招投标，工程项目验收，干部提拔任用、轮岗交流等重大事项的全过程监督，确保工作重点环节不出问题。通过建设门户网站，设置政务窗口，设立举报电话和征求意见箱，媒体公开承诺等措施，积极推进政务公开，使办理事项和办事程序阳光透明，自觉接受群众监督。

通过行之有效的监督，促进了规范管理和依法科学行政，确保了权力阳光运行，有效的保护了干部，推动了事业发展。

（四）坚持改革创新，提升“制度＋科技”防治腐败工作水平

用制度作支撑，以科技作保障，推动国土资源管理工作改革创新，着力在三个廉政风险易发、高发区，一个群众反映强烈的问题上下功夫，努力破解党风廉政建设难题。

一是建立土地和矿业权出让新机制。2011 年，针对土地和矿业权出让中，规避招拍挂，违反规定设置出让条件，擅自修改土地和矿业权出让条件等突出问题，积极推动土地和矿业权交易制度改革创新，依靠“制度＋科技”的思路和方法，建设自治区级土地和矿业权交易中心，最大限度地实现了信息公开、最大限度地避免了人为干扰、最大限度实现了“制度＋科技”的高度融合、最大限度地降低了廉政风险、最大限度地扩大了社会监督。极大地规范了土地和矿业权交易行为。中央和自治区重要领导先后到交易中心考察指导工作，肯定了运用“制度＋科技”预防腐败这一做法。

二是建立征地补偿工作新机制。针对征地补偿工作中侵害群众利益的突出问题，深入调研，规范全区征地补偿程序，建立健全征地补偿制度。在全区建立起了由政府牵头，国土、监察、财政、审计四部门参与的联合征地机制，形成部门联动、各负其责、公开透明的征地新机制。同时，为切实维护群众的利益，积极与财政协调，建立征地补偿“一卡通”兑付办法，由财政将被征地农民的补偿款直接通过银行卡发到农民手中，有效防止了中间环节损害农民利益问题的发生。

三是加强对重大项目的监督管理。为防范重大项目实施中的腐败问题，改革招投标管理模式与制度设计，把全区重大项目招投标工作由过去市、县（区）两级分别实施的分散管理，改为集中在自治区公共资源交易中心统一监督实施，统一发布公告、统一制作标底、统一评标办法、统一开标评标。同时，在全区全面推广“五位一体”的监督办法，让群众积极参与项目建设与施工质量的监督，确保了项目的质量。

四是积极推进行政审批制度改革。通过再造审批流程，实现审批运行模式、管理模式的标准化和格式化，全面推行“一站式”审批服务，最大限度地实现了审批环节最少、流程最优、效率最高、成本最低；通过系统审核，对基础工作提出了严格的要求，最大限度地规范了管理；通过固定的审批流程，为审批工作科学设置了“硬杠杠”，有效规避了在审批工作中找关系、暗箱操作、不公开透明的弊端，最大限度地实现了权力阳光运行，防范了权力“寻租”；从多个部门分散审核办理、一个部门监督到一个部门集中审核、多个部门全程监督的转变，形成了执行权、政策权、监督权“三权分离”为核心的审批运行新机制，实现了真正意义上的管办分离，最大限度地防范了廉政风险。

以上制度和机制的改革创新，得到了各级领导和社会的好评，成为了国土资源部门的创新性工作和工作亮点。

（五）狠抓整纪纠风，政风行风建设实现持续好转

坚持把整纪纠风，作为促进机关精神面貌大改观、干部作风大转变、工作质量大提高、发展环境大改善的重要举措来抓。通过开展“四个一”、“四推进”、系统政风行风民意抽样调查等工作，针对发现的问题，制定措施，加强整改；厅党组每年对年度政风行风排名后三位的单位进行集体约谈；开展了对全系统干部工作作风、服务态度、执行纪律等情况的明察暗访，整肃了工作纪律；在开展进一步营造风清气正发展环境活动和保持党的纯洁性主题教育活动中，厅领导分别带队深入市、县（区）进行督导检查，针对全系统干部职工在服务能力、作风建设中存在的问题与不足，强化措施，加强整改；厅领导多次参加宁夏广电总台《新时空——行风面对面》和《政风行风热线》节目，与群众面对面访谈，就重点工作向社会做出承诺；全区勤政警示教育大会后，厅党组及时结合工作实际，制定下发了《关于进一步加强全区国土资源系统勤政建设的意见》，狠抓系统勤政建设。通过抓整纪纠风工作，全系统政风行风评议取得了可喜的成绩，效能考核连年跻身一等奖，政风行风建设稳步前进，满意度测评分值达到历史最高。

（六）健全机制、加大惩处，违法违纪案件明显下降

严格维护党纪国法尊严，确保制度执行力，对于发现的突出问题，坚持原则不护短，敢于亮剑维正义。以“两整治一改革”专项行动为契机，认真开展了国土资源“十类违纪违法”行为的排查工作，分析违纪违法案件成因，注重从体制、机制上研究制定遏制案件发生的办法措施。与自治区纪委、检察院等部门建立了“查处预防渎职等职务犯罪的协作配合”机制，为查办国土资源违纪违法案件提供有力支持。协同自治区纪委、吴忠市纪委，严肃查处了青铜峡市国土资源局部分领导干部违法违纪案件。构建了与各级纪检监察机关工作联动机制，互通信息，相互配合，严查国土资源违纪违法案件。全区国土资源部门配齐了纪检组长和工作人员，多数是专职的，延伸了纪检监察工作的触角，从规范管理和权力运行方面着手，及时化解苗头性、倾向性问题，从源头上杜绝了案件的发生。继续抓好工程建设领域突出问题和商业贿赂专项治理工作，对违法用地县进行了约谈，限期进行了整改。通过加大惩处和健全机制，系统违法违纪案件呈明显下降趋势。

（七）落实牵头任务，扎实推进基层惩治和预防腐败工作

一是规范征地和安置补偿工作，切实维护被征地群众利益。重新修订了自治区征地补偿的标准，补偿标准提高了17%，维护了被征地农民的利益。大力开展清欠征地补偿费专项行动，全区共清欠2002年以来的农民征地补偿费11.2亿元。成立了由国土资源、财政、监察、审计部门组成的统一征地拆迁安置补偿工作领导小组和办事机构，通过将廉政监督“关口”前移，规范了征地补偿工作程序，有效防范了征地过程中不廉洁行为的发生，维护了被征地群众的应得利益。补偿费用通过财政“一卡通”，直接发放到农民手中，避免了截留、挪用。

二是严格耕地保护责任和政策落实，夯实现代农业发展基础。建立了“双签”制度，形成自治区、市、县（区）、乡（镇）、村组、农户六级基本农田保护责任体系。制定并下发了《宁夏回族自治区千万亩基本农田建设工程方案》，重点实施宁夏中北部土地开发整理项目、生态移民土地整治和高标准基本农田建设工程。截至目前共实施了54项土地整理工程，实施面积206.9万亩，新增耕地57.8万亩。会同财政厅下发了《关于耕地开垦费管理和使用等有关工作的通知》把占补平衡土地整理开发项目纳入财政预算指标予以安排使用。对占补平衡项目补充的耕地全面实行了等级确定和等级折算，实现耕地和基本农田数量和质量双提升，严守耕地保护红线，夯实现代农业发展基础。

三是落实节约集约用地政策，助推全区经济发展方式转变。开展了对国有建设用地使用权专项清理整顿，对全区批而未用土地进行实地核查工作，共清理出闲置土地25宗251.6329公顷，通过督察督办，闲置土地的宗数和面积大幅减少。在全国率先发布了《风电和太阳能光伏发电项目建设用地管理办法》，规范了全区风电和太阳能光伏发电项目建设用地标准，保障了全区新能源产业的用地需求。同时扩大“三旧改造”试点，盘活建设用地，拓展土地利用空间，取得了明显的社会、经济、生态效益。

四是加大执法监察力度，严肃查处土地和矿产资源开发利用中的违法违纪行为。5年来，全区共查处土地、矿产、测绘违法案件1702宗，拆除构（建）筑物27万平方米，没收构（建）筑物1131万平方米，收缴罚没款20832万元，向纪检监察机关提出处分建议412人次，落实处分360人次。通过执法监察与“打非治违”专项行动，进一步巩固了整顿规范矿产资源开发秩序工作成果，消除了安全事故隐患，积极维护了国家和群众利益。

三、取得的经验

2008年以来，通过认真落实党风廉政建设责任制，狠抓教育、制度、监督、改革、纠风和惩处各项工作，国土资源部门特点的惩防体系框架已基本形成，工作长效机制已初步建立，有力推动了国土资源管理各项工作。

（一）完备的领导体制和工作机制是构建惩防体系的根本保证。工作任务能否落实到位，关键在执行，提高执行力，关键在领导、在工作机制。惩防体系建设是推动国土资源事业健康发展的重要保障，只有党组高度重视，建立强有力的领导体制和工作机制，才能发挥各方面的作用，形成工作合力，促进惩防体系各项任务的落实。宁夏国土资源厅在惩防体系建设过程中，党组高度重视，“一把手”负总责，履行第一责任人职责，班子成员各负其责，认真履行“一岗双责”，纪检监察组织协调，相关单位抓负责落实，完备的领导体制和工作机制，实现了工作中的权责统一，形成了上下协调、齐抓共管的工作格局和责任体系，实现了“五个落实”，即责任落实、任务落实、组织协调落实、督促检查落实、责任追究落实，是成功构建惩防体系的根本保证。

（二）坚持围绕中心、服务大局，把惩防体系建设与国土资源管理中心工作有机结合起来是惩防体系建设的重点。惩防体系建设的目的是惩治与预防腐败，确保行政权力阳光运行，为各项工作健康发展提供政治保障。如果离开党和国家中心工作搞廉政建设，就会失去生命力，只有把二者紧密结合起来，才能相互促进，发挥最大效益。对国土资源部门而言，只有把反腐倡廉工作贯穿于耕地保护、矿产资源开发利用、节约集约利用土地、征地补偿、土地和矿业权出让、执法监察、维护群众利益等重点工作始终，通过围绕重点工作抓惩防体系建设，才能实现干部职工的廉政意识明显增强，反腐倡廉制度和国土资源管理制度不断健全，监督工作不断深入，创新成果日益显现，才能实现政风行风连年攀升，违法违纪案件明显下降的目标，才能有力地推动国土资源管理各项工作。

（三）坚持整体推进、系统治理，全面贯彻反腐倡廉战略方针是惩防体系建设的有效方法。坚持标本兼治、惩防并举、堵疏结合，注重用系统的思维、统筹的观念、科学的方法推进惩治和预防腐败体系建设，把教育的说服力、制度的约束力、监督的制衡力、改革的推动力、纠风的矫正力、惩治的威慑力有机结合起来，增强工作整体效能。在惩防体系建设工作中，明确了“坚持方针、落实责任、构建体系、突出重点”的工作思路，即坚持“标本兼治、综合治理、惩防并举、注重预防”的反腐倡廉战略方针，以党风廉政建设责任制落实为龙头，以教育、制度、监督、改革、纠风、惩处六个方面为抓手，着力构建国土资源部门特点的惩防体系，在惩防体系建设中突出解决国土资源重点业务工作中的问题，取得了良好的效果。

（四）突出重点、抓住关键、综合治理是惩防体系建设的重要手段。把解决反腐倡廉建设中人民群众反映强烈的突出问题作为推进惩治和预防腐败体系建设的重要任务，深入开展专项治理，既做到以重点带全面、逐步完善惩治和预防腐败体系，又不断以反腐倡廉建设实际成效取信于民。国土资源部门拥有行政审批权、行政执法权、大额资金管理和支配权，这些权力运行的环节，容易滋生腐败，是反腐工作的重点，也是社会关注的焦点。只有通过规范土地和矿业权交易，完善征地制度，加强重大工程项目招标控制价审核，修改完善招投标管理办法和现场监督，进行审批制度改革，切实治理在资源交易、征地拆迁等重点工作中损害群众切身利益的违法违纪案件，才能突出国土资源部门重点领域和关键环节的治理，才能达到规范管理，促进工作，更好地为经济社会发展提供服务。

（五）坚持解放思想、改革创新，依靠“制度＋科技”手段防治腐败是惩防体系建设的不竭动力。解放思想、改革创新，是事业不断取得进步的动力。国土资源部门要适应新形式、新任务，就要勇于削手中的权、去部门的利，以改革创新精神推动事业发展。腐败的根源在于权力的过于集中又缺乏有效的监督，腐败行为的表现也趋于隐蔽，只有通过制度防腐和科技防腐的融合，才能有效防治廉政风险点。通过完善制度，再造流程，固定程序，依靠“制度＋科技”，建立土地和矿业权交易中心，进行行政审批制度改革，最大限度地减少了工作中的人为因素，最大限度地防范了廉政风险，最大限度地限制自由裁量权，才能有力推动了系统党风廉政建设。

四、建　议

今后将着重从以下几个方面进一步推进具有国土资源特色的惩防体系建设。

一是继续坚持以改革创新方式巩固深化 2008—2012 年惩防体系建设成果。系统惩防体系基本框架已基本建成，将不断健全教育、制度、监督、改革、纠风和惩处工作长效机制，巩固已取得的工作成果。根据自治区第十一次党代会确定的重点工作任务，为自治区经济社会科学发展、跨越发展做好服务和保障工作，继续完善国土资源监管制度，严格落实耕地保护制度，进一步研究制定节约集约利用土地的措施办法，破解资源“瓶颈”难题。对沿黄经济区、宁南大县城建设等自治区重点建设项目用地要研究制定相关政策，确保土地供应合法、高效。

二是不断深化“制度+科技”方法运用，切实做好预防腐败工作。要进一步健全完善反腐倡廉制度和工作管理制度，将制度与科技高度融合，推进电子审批和监管平台建设，使各项工作制度化、系统化，最大限度地规范权力运行，减少人为干扰，有效预防腐败。

三是加大改革力度，从体制机制上加强党风廉政建设和反腐败工作。继续深入推进行政审批制度改革，通过合并、撤销的方式，精简行政审批事项，优化窗口办理工作流程，缩短审批办理时限，切实达到最大限度地降低成本，提高效率，防范风险。在干部选拔任用上，通过公开招考，“公推直选”、“四差额”选拔、遴选等方法，引入竞争机制，优化用人环境，促进全系统干部队伍建设。

四是加强整纪纠风，维护群众切身利益。将纠风工作重点向基层延伸，切实纠正基层工作人员勤政廉政意识不强、工作不实、精神不振、作风“庸懒散”现象。继续抓好工程建设领域突出问题和商业贿赂专项治理工作。继续以查处土地和矿产审批出让违法案件为重点，严肃查处土地和矿业权审批、出让、违规征地拆迁工作中的违法违纪案件。畅通群众信访渠道，对群众反映的问题认真解答、调查、办理，及时化解矛盾纠纷。

五是建立监督工作新机制，发挥监督合力。着力构建党内监督、人大监督、行政监察、社会监督综合监督体系。继续加大对全系统巡视、审计、巡查、监察工作力度。进一步落实与纪检监察、检察、财政、审计等部门的联系会议制度，定期通报情况，研究对策，强化机制，推进监督工作向更深领域、更广层面发展。用有力的监督机制和监督措施，确保国土资源系统干部职工的政治安全。

整体推进　相促相长
增强惩治和预防腐败体系建设的综合效能

新疆维吾尔自治区国土资源厅

2008年以来，新疆国土资源厅党组把贯彻落实中央《建立健全惩治和预防腐败体系2008—2012年工作规划》（以下简称《工作规划》）和自治区《贯彻落实〈建立健全惩治和预防腐败体系2008—2012年工作规划〉实施办法》（以下简称《实施办法》），当作一项重要的政治任务、作为推进科学发展的重要保证、作为反腐倡廉建设的重点任务，紧密结合国土资源工作实际，以落实自治区确定厅牵头负责工作的任务为重点，坚持近期安排与长远规划相统一、突出重点与整体推进相协调，不断推进惩治和预防腐败体系建设，已建成了符合自治区国土资源系统实际的惩治和预防腐败体系基本框架，基本形成了拒腐防变教育长效机制、反腐倡廉制度体系和权力运行监控机制，党风廉政建设和反腐败工作取得明显成效。

一、落实责任，构建齐抓共管推进惩防体系建设的工作机制

（一）建立健全领导机制，强化组织领导。厅党组为进一步加强惩

治和预防腐败体系建设的组织领导，及时调整了党风廉政建设领导小组，成立了《建立健全惩治和预防腐败体系2008—2012年工作规划》工作领导小组和工作机构，加强日常工作机制建设，形成了党组统一领导、分管领导分工负责、部门具体抓落实、纪检组织协调的领导体制和工作机制。

（二）建立健全分解机制，强化责任目标。厅党组根据自治区《实施办法》，结合国土资源工作实际，研究制定了《自治区国土资源厅党组贯彻落实〈建立健全惩治和预防腐败体系2008—2012年工作规划〉实施意见》和《自治区国土资源厅党组贯彻落实〈工作规划〉牵头任务的实施意见》，把惩防体系建设工作任务细化为8大项38小项，确定了13个牵头处室、28个协办单位。针对不同工作性质，提出了不同的任务和要求，将责任落实到岗位和个人，做到工作有任务、执行有措施、责任有标准、完成有时限。

（三）建立健全检查机制，强化责任意识。厅党组坚持把监督检查作为落实责任和完成任务的关键环节和必要手段，采取党组会、专题会、工作通报、专项检查等形式，查找问题，总结经验，改进工作。严格责任追究，每年都签订党风廉政建设责任目标书，要求按照责任制的规定切实负起工作责任，对不尽职尽责或在重大项目、重大开支、重要工作尤其是稳定工作上失职、渎职引发重大问题的领导干部，严格按照违反党风廉政建设责任制规定的追究办法实施责任追究。

（四）建立健全考核机制，强化任务落实。厅党组每年都制定《党风廉政建设实施意见》和《分工意见》，召开全系统党风廉政建设工作会议做出全面部署，并且把惩防体系建设目标任务完成情况作为党风廉政建设责任制考核以及领导班子和领导干部考核的重要内容，将考核结果作为实绩评定和干部奖惩的重要依据，促进各项任务的及时完成。

二、坚持整体推进，增强惩治和预防腐败体系建设的综合效能

坚持统筹推进教育、制度、监督、改革、纠风、惩治各项工作，注重发挥教育的说服力、监督的制衡力、惩治的威慑力、纠风的矫正力、制度的约束力，做到相促相长，协调发展。

（一）围绕筑牢思想防线，建立健全反腐倡廉教育长效机制。坚持以公民道德教育和干部思想品质教育为基础，以岗位廉政教育为重要载体、以示范教育和警示教育为重要形式，不断建立健全教育的长效机制，把反腐倡廉教育列入党的建设的总体规划，作为党员干部的必修课，纳入党组中心组学习、干部教育培训等活动之中，列入党风廉政建设责任制的考核范围，使反腐倡廉教育日常化、规范化、制度化。2008年以来，厅先后举办了多期地州市、县（市）国土资源局主要领导参加的廉政教育集中整训班，并邀请自治区纪委领导、厅领导和自治区党校专家进行授课，共培训领导干部328人次，提高了领导干部廉洁从政能力。以自治区党风廉政教育月活动为契机，深入开展了反腐倡廉、党纪国法和预防职务犯罪教育等活动，举办了两期党风廉政教育专题学习班。不断拓展反腐倡廉教育的平台、载体和阵地，采取视频教学方式，举办“国土资源大讲堂”活动，要求厅机关、地州市国土资源局、县(市)国土资源局机关、乡（镇）国土资源所全部人员参加，实现了教育方法的科学化、教育途径的多样化、教育范围的全员化，2008年以来，全系统有3.8万人次参加了视频教育学习。通过学习教育，广大党员干部廉洁自律、秉公用权的意识进一步增强，思想道德防线进一步筑牢。不断推进廉政文化建设，组织开展廉政文化进班子、进处室、进家庭活动，使遵纪守法理念渗透到国土资源管理工作的各个环节。充分利用新疆国土资源杂志、新疆国土资源信息和新疆国土资源网站的反腐倡廉教育网页，开展党风廉政宣传教育工作，营造了新疆国土资源廉政文化建

设的良好氛围。

（二）围绕用权行为，建立健全监督管理的长效机制。一是落实党内监督，增强班子“免疫力”。认真贯彻落实民主集中制、领导干部述职述廉、个人有关事项报告等制度。凡属“三重一大”重要决策，都必须经厅党组会议、厅长办公会等重要会议充分酝酿讨论，按照民主集中制原则集体决定。驻厅纪检组（监察室）列席党组会。厅纪检组、政治部领导坚持每年参加下属单位领导班子民主生活会，注重发现问题，狠抓整改落实，有力促进了班子建设。以党员领导干部为重点，认真落实诫勉谈话、廉政承诺、任前廉政谈话等制度，对发现有轻微违纪或存在苗头性问题的领导班子及其成员，进行谈话提醒，及时敲响警钟，遏制违纪苗头滋长蔓延。2010 年以来，组织党员干部对照《廉政准则》开展自查自纠，结合实际作出廉政承诺，并进行公示，接受群众监督。加强对领导干部执行廉洁自律各项规定情况的监督检查，2008 年以来，对 32 名县处级主要领导干部进行了经济责任审计，领导干部任前廉政谈话 352 余人次，增强了党员干部的廉洁自律意识，规范了从政行为。二是强化行政监督，提升法规“执行力”。围绕中央、自治区党委、政府关于国土资源重大决策部署，全面开展监督检查，确保各项重点工作扎实推进。从 2008 年开始，厅党组每年都组成由厅领导带队的调研和督查组分赴全区开展督查调研工作。特别是 2011 年，针对当前土地管理工作中存在的突出矛盾和耕地保护、建设用地保障面临的严峻形势和问题，通过调研督导检查后，厅党组经过深入分析和研究，及时向自治区党委提出了加强土地管理重点工作的对策，研究起草了《关于加强自治区土地管理重点工作的意见》。自治区党政联席会议专门听取汇报并进行了研究。2011 年 12 月，自治区党委办公厅、自治区人民政府办公厅联合印发了《关于加强土地管理重点工作的意见》，有力地促进了全区土地管理工作的进一步规范。根据自治区的要求，紧紧围绕加强宏观调控、扩大内需、严格保护耕地、节约集约用地、治理整顿矿产资源开发秩序等工作，认真履行职责，部署开展了一系列的专项监察；会同有关部门开展行政许可、土地开发整理等工程建设项目专项检查，提升了行政效能，确保了国土资源重点建设工程优质、项目安全、干部廉洁。三是加强民主监督，强化社会“约束力”。在工作中，坚持将党务公开、政务公开、办事公开紧密结合，构成“大公开”网络，使党内监督与社会监督互为补充，互相促进，营造强大的民主监督氛围。

（三）围绕维护群众利益，健全防治不正之风的长效机制。建立和完善齐抓共管的责任机制，及时调整纠风工作领导小组，每年都制订《纠风工作实施意见》和《民主评议政风行风工作实施方案》，层层签订纠风目标责任书，把纠风工作纳入到党风廉政责任制考核的重要内容，做到了目标明确、责任到人。按照《党政机关公务用车配备使用管理办法》要求，扎实开展公务用车治理，对每辆公务用车使用情况建立了台账。继续巩固厉行节约工作成果，严把预算关，对年初预算安排的各项支出，按照规定的控制指标重新做了测算，调减、压缩各项公务费、业务费、会议费等预算安排指标，严把管理关，制定并完善了《大中型会议组织工作规程》、《机关会议审批制度》、《公务接待管理办法》、《公务用车管理使用规定》和《领导干部出国（境）管理办法》，规范了四项经费预算、审批、支出工作程序；严把支出关，明确各项支出的控制线，严控超预算支出，每年的四项经费支出均未超预算支出。认真开展“节日病”治理，加强领导干部廉洁自律。在元旦、春节、五一、中秋等重大节日前下发预防和治理“节日病”的通知，设立举报电话，加强了节日期间不廉洁行为的预防和监督检查，出台了《自治区国土资源厅收受礼品（金）处置管理办法》，对利用职权谋取不正当利益和违规收受礼品、现金、有价证券进行了专项治理。同时，对领导干部违规多占住房进行了专项清查。广泛开展民主评议、政风行风热线和创建政风行风示范窗口单位活动，近三年来先后对具有行政审批权力和行政执法的地质、勘查、矿管、耕保、建设用地、土地利用等八个处室和执法监察机构开展了政风行风民主评议，解决群众关心热点难点问题 36 个。自 2008 年起，全系统积极参加“行风热线节目”，接听并解答群众咨询

300余件（次）。严格征地管理，维护征迁群众的合法权益。厅党组始终坚持把群众第一、民生优先、基层重要作为国土资源管理工作基本标准。在土地征收征用过程中，认真落实征地公告、补偿登记、听证等制度，严格按照国家的法律、法规和有关规定，采取征地补偿费直接支付方式发放到被征地农民手中，确保征地补偿费足额落实到位。启动征地补偿改革与农民权益保护示范区项目，开展新的征地补偿机制研究，重新核定和测算了自治区征地区片价和统一年产值标准，并报经自治区人民政府批准，于2011年1月下发了《关于公布实施自治区征地统一年产值标准的通知》，规定新申报的建设用地，涉及征收集体耕地、园地补偿标准比过去提高了25个百分点，保障了被征地农牧民的合法权益。积极与自治区劳动和社会保障厅联合制定并发布了《自治区被征地农民就业培训和生活保障实施办法》，将失地农民纳入当地社保，拓宽了征地安置途径，确保被征地农民生活水平不降低、长远生计有保障。认真落实领导接访制度，积极解决征地纠纷，对征地补偿类信访案件，进行跟踪调查，妥善处置。2012年，厅信访办受理来信来访562批次，受理476起，办结率95%，及时化解矛盾纠纷，有力地维护了人民群众的合法权益。

（四）围绕发挥查办案件的治本功能，建立健全查办案件工作协作机制。一是严厉查处违法违纪案件，发挥查办案件的治本功能。厅党组高度重视查办案件工作，要求通过查办案件，严肃纪律，清除腐败分子，使腐败分子无藏身之地，2007年以来先后对20多人利用职务便利收受贿赂以权谋私的国土资源管理部门领导干部依法依纪做出严肃处理。二是发挥信访举报主渠道作用，扩大案件线索来源。重视群众信访举报工作，及时梳理反映的各类问题，适时进行调查核实，基本做到了事事有回音，件件有着落。近五年来，驻厅纪检组监察室共收到群众各类举报信件226件，发出规范事项的《监察通知书》18件，将30个有违纪违法行为企业列入“黑名单”，下发函旬通知书15份，对13名县国土资源局主要负责人和2名地州局直属单位负责人的问题进行了初核，做到既保护干部，澄清事实，又严肃党纪，教育干部的目的。三是建立健全查办案件工作协调、协作机制，形成办案合力。加强与检察机关的联系和沟通，建立了联席工作会议制度，每年都共同召开联席会议，形成了案件信息共享的良好机制。在查办案件中采取请进来等方式与自治区纪委有关室共同办案，形成了办案合力。

（五）围绕推进源头防腐，构建预防腐败的制度体系。一是制定完善国土资源管理相关制度。为加强对领导干部、重点领域、重点环节、关键岗位的监督工作，结合国土资源工作实际，制定了《自治区地质环境保护条例》、《自治区国土资源监督检查条例》等4部地方性法规。在深入研究市场经济条件下加强国土资源管理、改革的基础上，按照科学、民主、法制的要求，先后制定《自治区基本农田管理办法》、《自治区矿山地质环境治理恢复保证金管理办法》等地方政府规章8部。自治区人民政府和厅还发布规范性文件105项，制定各类内部管理制度67项。目前，全面清理94件，废止17件、新修订33件，经自治区人民政府批准实施的行政许可事项11项。这些法规、规章和规范性文件的制定实施，为自治区国土资源事业的健康发展提供了有力的法制保障。二是完善干部选拔任用的有关制度。按照《党政领导干部选拔任用工作条例》和干部管理有关要求，认真落实干部考察考核、轮岗交流、竞争上岗、任职回避等制度，有效地杜绝和防止了干部选拔任用上的不正之风。2008年以来，厅党组任免县处级干部352名，批复任免县市局主要领导干部166名。对系统内112名处级干部和99名县市局主要领导干部进行了交流，系统与地方之间交流干部30名。目前，厅机关矿政处室在同一岗位工作3年以上的全部实行了交流轮岗，地政处室同一岗位工作3年以上的80%以上进行了交流轮岗。部分地政、矿政处室干部交流轮岗到综合部门工作任职。推进竞争性选拔干部工作制度化、常态化。加大竞争性选拔任用领导干部工作力度，有32名优秀青年干部担任到县处级岗位，为优秀人才脱颖而出创造公开、公平、公正的竞争平台。在干部选拔任用工作中推行差额推荐、差额考察、差额酝酿。推进竞争性选拔干部工作制度化、常态化，破除工作惰性，激发全系统广大干部的自我提升意识，推进了国土资源工作的改革创新。

（六）围绕惩防体系牵头任务，推进重点领域和关键环节改革。一是注重运用科技手段，积极推进土地和矿业权网上审批。积极推进网上审批系统建设，实现建设用地整个审批过程的网上运行，远程报件系统实现了自治区与各地州市、部分县市三级联网网上报批。矿业权网上审批从去年开始试运行。通过网上审批系统的建设和运行，依靠科技手段提高土地和矿业权交易质量和效率，切实杜绝交易中可能发生的腐败行为。制定了行政窗口运行制、首问责任制、限时办结制、岗位责任制、服务承诺制等“五项制度”，行政审批全面实行窗口受理、网上报批、接办分离，大力推行“一站式服务，一个窗口对外”，不仅在服务对象与审批处（室）之间建起了一道廉政“防火墙”，而且大大提升了行政审批效率。积极推进建立全区国土资源管理“一张图”和“批、供、用、补、查”综合信息监管平台。按照“以图管地、以图管矿”的要求，开发了以土地利用现状、基本农田、土地利用总体规划和建设用地审批数据库为底板的数据中心，以矿业权查询和国土资源成果三维发布为展现的国土资源综合监管平台，推进土地和矿产资源管理全业务、全流程的数字化、信息化，从技术手段上提高了工作效率和监管水平。从2009年以来，按照国土资源部的部署和要求，利用卫星遥感监测技术组织开展土地矿产卫片执法检查工作，实现了土地、矿产资源管理“天上看、地上查、网上管”，加强了对土地利用、矿产资源勘查开采情况的监管，规范了土地、矿产资源管理秩序，促进了依法依规管地用地、管矿用矿。全区2010年度2770宗违法用地立案查处率达99.7%，问责比例由最初的56.8%降到9.2%；2011年度1768宗违法用地中，立案查处1446宗，非立案处理322宗，违法用地行政区域内违法占用耕地面积占新增建设用地占用耕地总面积的比例下降到3.05%，远低于国家15%的问责线，对110名科级以下干部进行了处分，移交司法机关9人，违法用地依法履行职责到位率超过了95%。加大违法案件查处力度。查处了国土资源部挂牌督办的新疆丝绸之路户外体育健身有限公司违规建设高尔夫球场、伊犁庆华集团在伊宁县非法占地等案件。2008年至2012年，全区共立案查处违法案件13891件，涉及面积50810.3公顷，耕地1478.65公顷；结案11456件，面积48912.74公顷；收回土地面积4153.83公顷，罚没款67614万元，违法案件多发的态势得到有效遏制。二是注重制度创新，积极推进土地市场建设。近年来，厅坚持从制度创新入手，不断完善土地公开出让制度，有效防范土地出让过程中可能发生的腐败行为，推动了土地交易市场的健康发展。为了继续全面推行国有土地使用权招标拍卖挂牌出让工作，使土地使用权能在公开、公平的平台进行交易，全区不断建立和完善土地市场交易机构。目前，全区共有42个县（市）、2个口岸建立了土地交易机构，建立各级土地储备机构72家。土地交易机构的建立和完善，使土地使用权通过公开竞争形成地价，从根本上解决了土地出让中的依法行政不规范、暗箱操作等问题。不断完善土地交易信息公开制度、出让公告审查制度、土地市场动态监测监管等制度，推进土地交易流程透明化，规范业务操作流程、切实提高工作透明度，积极构建公开、公平、公正的土地市场环境，着力从源头上预防土地交易领域腐败现象的发生。严格落实土地有偿使用出让制度。严格按照《招标拍卖挂牌出让国有建设用地使用权规定》（国土资源部令第39号）的要求，全面推行经营性用地招标拍卖挂牌出让制度，规范协议供地行为，严格限制划拨用地范围。2008—2012年，全区出让国有建设用地22196宗，出让面积36100.18公顷，合同价款640.03亿元；其中招标拍卖挂牌出让土地8948宗，出让土地面积31326.34公顷，合同价款578.22亿元，占出让总价款的90%以上，土地资源市场化配置程度逐年提高。不断加强土地市场执法监管，采取自查、互检和重点检查等多种方式，积极组织开展国有建设用地使用权“招拍挂”制度执行情况的检查，不断规范国有建设用地使用权公开出让行为。积极开展土地批后监管，对批而未用土地进行清理，制定整改措施，提高土地利用率，促进土地节约集约利用。加强土地市场动态监测与监管系统的巡查检查力度，严肃查处违规违法出让行为，有力的维护了土地管理秩序。三是注重严格规范，稳步推进矿业权市场建设。建立和完善管理制度，不断加强矿产资源管理。以自治区人民政府文件印发了《自治区煤炭有偿配置与勘查开发转化管理规定（暂行）》，明确煤炭资源勘查空白区，由国家或自治区财政出资勘查，编制《矿区总体规划》和《矿业权设置方案》后，一律实行公开“招拍挂”的方式有偿出让。以自治区人民政府文件印发了《关于进一步加强非煤炭矿产资源探矿权出让管理的暂行规定》，明确国家出资地质勘查项目探矿权，通过优选勘查实施方案，以公开招标的方式出让；社会出资的地质勘查项目探矿权，以“招拍挂”方式公开有偿出让。建立健全矿业权有形市场，不断提高市场化配置资源的基础性作用。2011 年 3 月，自治区成立了国土资源交易中心；伊犁州、巴州、吐鲁番、阿克苏和和田地区等 5 个地州市国土资源交易中心相继挂牌运行，并研究制定了加强矿业权“招拍挂”公开出让管理相关规定。

（七）组织开展专项整治行动，着力解决土地和矿业权交易市场存在的突出问题。2010 年以来，在国土资源系统开展了着力整治干部队伍廉洁从政存在的突出问题，着力整治土地和矿业权交易市场存在的突出问题，深入推进国土资源管理制度改革的“两整治一改革”工作。厅党组把“两整治一改革”专项行动作为落实《工作规划》和深化国土资源系统惩防体系建设的重要举措，统筹安排部署、大力协调推进、解决实际问题，专项行动取得了明显成效。全系统共排查廉政风险点 3115 个，制定防控措施 3383 条，廉政风险防范体系初步建立，形成了“两整治一改革”工作的治理成果、制度成果和理论成果。2009 年全系统发生违纪违法案件 16 起，2010 年 12 起，2011 年 8 起，2012 年 6 起。在自治区开展的自治区 9 个重点部门的民主评议政风行风工作中，自治区厅成绩列第三名。自治区的“两整治一改革”专项行动实现了国土资源部提出的“违法违纪案件降下来，行风评议的名次升上去”的目标，被国土资源部检查考核评定为“优秀”等次。乌鲁木齐市国土资源局、奎屯市国土资源局、尉犁县兴平乡国土资源所的“两整治一改革”工作受到国土资源部通报表彰。

三、存在的问题和建议

近几年，国土资源系统的惩防体系建设取得了明显的成效，但仍存在一些问题：一是惩防体系建设发展还不均衡，需要进一步加大力度清除隐患；二是一些领域的改革还不够深入，监督制约机制的广度和深度还不够；三是违纪违法行为还时有发生；四是在推进惩防体系建设工作中，创新精神还不强，在解决重点难点问题上突破不够。

下一步，建议将按照部党组的要求，重点抓好以下工作：

一是建立健全权责明确、协调有力、运转高效的落实机制。对照自治区《实施办法》和厅党组《实施意见》部署的任务，认真梳理盘点任务进展情况，加快工作进度，对已完成的工作要进行评估，不断巩固提高，并纳入长效管理；对持续开展的工作，要持之以恒、开拓创新，不断取得新的成效；对改革创新的工作，要加强调查研究，制定措施，抓紧推进，确保惩防体系各项任务顺利完成。

二是加快建成更加完善的惩防体系制度框架。制定自治区国土资源厅 2013—2017 年惩防体系工作规划，建立健全国土资源反腐倡廉各项制度措施。开展制度廉洁性评估，加强对制度执行情况的监督检查。以构建科学完备的制度体系为目标，以提高单个制度质量为基础，以加强制度之间的衔接配套为重点，以加大制度的执行力为关键，坚持运用“制度＋科技”预防腐败，加快推进教育、制度、监督、纠风、改革、惩治等方面的反腐倡廉制度建设。

三是加强重点领域和关键环节的监督和案件查办工作。坚持以改革创新精神，突出重点领域和关键环节，强化权力的制约和监督，加大专项治理力度，认真纠正损害群众利益的不正之风，重点查办以权谋私、侵害群众利益的案件，着力解决群众反映的突出问题和惩防体系建设中的难点问题，以反腐倡廉建设的新成效取信于民。

四是强化检查考核，严格责任追究。紧紧抓住党风廉政建设责任制这个龙头，充分发挥惩防体系建设牵头单位和协办单位职能作用，加强协调配合。进一步完善检查考核办法，加大责任追究力度，确保惩防体系建设各项任务圆满完成。

强化措施和责任
奠定惩治和预防腐败体系建设的坚实基础

新疆生产建设兵团国土资源局

兵团纪委《关于对〈兵团党委贯彻落实〈建立健全惩治和预防腐败体系2008—2012年工作规划〉实施办法〉的分工方案》印发后，兵团国土局结合兵团国土资源工作特点，认真学习，深入研究，周密部署，明确责任，狠抓各项措施的落实，经过近五年的努力，较好地完成了牵头任务。

一．强化措施，强化责任，认真落实《分工方案》确定的牵头任务

（一）加强组织领导，把各项分工任务落到实处

《兵团党委〈建立健全惩治和预防腐败体系2008—2012年工作规划〉实施办法》（以下简称《实施办法》）和兵团纪委《关于对〈兵团党委〈建立健全惩治和预防腐败体系2008—2012年工作规划〉实施办法〉的分工方案》（以下简称《分工方案》）印发后，局党组即组织全体同志对《实施办法》和《分工方案》进行了认真学习与讨论研究，对如何贯彻落实《实施办法》和《分工方案》理清了思路，明确了目标任务。结合兵团国土

资源工作特点和国土资源系统干部垂直管理的实际，制定了《兵团国土资源系统贯彻落实〈兵团党委〈建立健全惩治和预防腐败体系2008—2012年工作规划〉实施办法〉的实施意见》(兵国土资党组发〔2009〕9号)。《实施意见》根据兵团《分工方案》的部署，明确了总体要求和工作目标，从七个方面，制定了十七条具体措施。并按各处室的职责分工，对各项目标任务进行了分解下达，明确相关处室具体承办，做到有领导分管、有处室负责、有具体人承办，将《分工方案》确定的任务落到实处。

（二）积极采取措施，贯彻落实《分工方案》

1. 多措并举，严格执行土地征用和使用权出让制度，不断规范土地市场秩序

一是锐意改革创新，制度建设得到全面加强。2008年以来，结合兵团实际，会同兵团发改、建设、监察等部门联合印发了《关于进一步落实工业用地招标拍卖挂牌有关问题的通知》、《关于进一步落实工业用地出让制度的通知》。相继制定出台了《关于严格执行经营性用地招拍挂出让制度进一步规范土地出让行为的通知》、《关于进一步提高土地市场动态监测与监管系统运行和管理水平的通知》、《关于印发〈国有建设用地使用权出让合同〉的通知》和《关于印发〈国有建设用地划拨决定书〉的通知》、《国有建设用地供应计划编制规范》等规范性文件，进一步规范了兵团土地交易行为和土地市场建设。在建设用地监管方面，先后出台了《关于批而未用土地利用有关事宜的通知》、《关于加强建设用地动态监督管理的通知》、《关于建设项目用地全程监管和部门联动机制的通知》、《兵团国土资源局建设项目用地批后监管办法》等十几个文件、规定，为规范兵团土地市场秩序提供了有力保障。

二是扎实开展土地市场专项清理整治，有效维护土地市场秩序健康运行。2008年以来，在国土资源部、兵团纪检委的领导和部署下，单独或会同监察局、财务局、审计局等部门，先后开展了“对工程建设领域突出问题重点检查”、“所有建设项目国有建设用地使用权出让合同专项清理”、“审批建设用地和批后实施情况的清查”、“房地产用地专项整

治”等专项清理、整治工作。重点排查了2008年以来经营性用地和工业用地出让制度是否落实，是否存在非法批地用地、擅自改变土地规划、低价出让土地、违规征地、拆迁，违法违规审批和出让等问题。目前兵团年土地中招拍挂出让比例已达到出让总面积的90%以上。

对在各专项清理中发现的问题，严格要求各师制定整改方案，限期进行整改。如对闲置的土地，组织各师依法纳入土地储备或者收回土地使用权，优先调剂给其他急需的建设项目；对检查中发现的一些土地出让后未能及时签订出让合同，有些用地单位未能认真履行合同约定，不能及时开工、竣工，土地出让金收缴力度不够，用地者有欠缴行为的问题，及时督促各师国土资源局采取措施，进行了整改。对整改不到位的给予相应的处罚。

三是充分运用信息技术，提高监管效率。自2009年起运用全国土地市场动态监测与监管系统开展土地开发利用、市场交易、收购储备等多项土地供应业务，规范了土地出让程序，提高了土地出让的公开、公平、公正程度。以供地政策落实和合同履行为重点，突出对违法违规行为的排查，实现了土地供应和开发利用关键环节的全程监测监管。加强政务公开，实行阳光行政。对局长办公会审议通过的用地结果，全部在兵团国土资源门户网上向社会公示，公示期满无异议的，才能下达批文。

四是深入落实征地拆迁工作，依法维护单位和个人合法权益。兵团99.6%是国有土地，征地任务小，《国有土地上房屋征收与补偿条例》出台后，兵团办公厅印发了《关于开展征地拆迁自查自纠工作的通知》，兵团国土局在各师上报的自查自纠情况的基础上，于2011年7月13—14日组织征地拆迁专项检查组，重点对农八师石河子市133团、142团、145团、152团、34小区，农十二师104团的《国有土地上房屋征收与补偿条例》和其他征地拆迁制度规定贯彻落实情况、征地拆迁责任落实情况、征地拆迁违法违规案件查处情况，信访、投诉的处理情况进行督促检查。为切实加强和改进征地管理，认真贯彻落实《关于进一步做好征地管理工作的通知》精神，及时转发了《关于公布实施自治区征地统一年产值标准的通知》，落实征地统一年产值标准。确保被征地农民原有生活水平不降低，长远生计有保障，征地补偿同地同价。另一方面，近年来，我局在国家和自治区重点项目征地时，涉及兵团团场、职工土地征地补偿中，积极协调，采取多种方式维护了兵团和职工合法权益。

2. 以建立长效机制为核心，土地执法监察工作取得新进展

一是建立健全执法监管长效机制。制定并以兵团办公厅文件下发的《关于建立健全兵团土地执法监管长效机制的通知》，在此基础上，我局制定了《兵团土地执法监管长效机制考核评比标准》和《兵团国土资源执法监察日常工作考评标准》，进一步细化和规范了执法监察工作程序，完善了动态巡查、案件承办、重大案件备案、错案责任追究等各项制度建设。近两年，我局又先后印发了《关于进一步加强和规范对违反国土资源管理法律法规行为报告工作的意见》、《兵团土地违法违规案件公开通报和挂牌督办办法》、《关于建立公开通报和挂牌督办土地违法违规案件上报工作制度的通知》和《兵团国土资源局规范行政处罚自由裁量权的暂行规定》，代兵团办公厅起草印发了《兵团重大土地违法违规问题警示约谈办法》，使兵团国土资源执法监察工作从制度和规范上得到进一步加强。

二是关口前移，加强动态巡查，努力做到早发现、早制止。按照“预防为主，事前防范与事后查处相结合”的执法监察工作方针，依据兵团《国土资源执法监察巡查工作实施办法》，建立完善了兵、师、团、连四级执法监察网络，指导各师进一步建立健全“早发现、早报告、早制止、早查处”的执法监察工作机制。这期间特别是不断加强与兵团机关部门和师、团协调沟通，通过不懈努力，终于建立并落实了连队土地协管员制度，保障了连队协管员经费，从而真正构建了“横向到边，纵向到底”的执法监察网络，初步实现了执法关口前移。工作中加大动态巡查力度、分片包干、责任到人，采取不定期对辖区内基本农田保护

区、公路沿线、团场小城镇、城市社区等重点区域实施重点巡查，发现问题及时制止、及时查处，把各类违法违规用地行为遏制在萌芽状态，有效地遏制了土地违法行为。

三是扎实开展土地卫片执法检查，严肃查处土地违法违规行为。2010年以来，按照国土资源部的统一部署，先后开展了2009年、2010年和2011年土地卫片执法检查。在部署各师进行自查后，实地进行督查指导、严格审核把关和检查验收，积极落实查处整改。对卫片核查清理出的违法用地主要采取以下方式进行了处理：违法违规行为主要责任人向所在师写出了深刻书面检查；对违法违规责任单位给予经济处罚，处理结果在全师范围内进行了通报；部分师对违法违规性质较为严重的团场主要领导及有关单位责任人实施了约谈，对于配合任务，积极与牵头部门配合，做好相关工作，并多次与有关部门一起组成检查组，对配合任务进行专项检查，取得了较好效果。

二、全面加强党风廉政建设，为惩防体系建设和分工任务完成奠定坚实基础

（一）认真落实党风廉政建设责任制。局主要领导与各师国土资源局主要领导签订了《党风廉政建设责任书》，层层落实党风廉政建设责任制。在本系统建立了处级干部和设市的师团场分局长廉政档案。加强对领导干部的监督管理，对新提职的副处以上干部进行了集体廉政谈话。两次开展系统干部承包经营土地和经营农机具清查工作。

（二）落实各项党内监督制度建设。认真落实领导干部民主生活会、述职述廉、任职和诫勉谈话等党内民主和党内监督制度。修改完善了局党组议事规则、局工作规则等内部管理制度。规范和完善兵团国土资源管理有关制度，充分发挥制度在惩治和预防腐败中的保证作用。

（三）以“两整治一改革”专项行动为抓手，深入开展“国土资源领域腐败问题专项治理活动”。把廉政风险点排查和防控机制建设作为

重点，深入开展了整纪纠风工作。重点围绕土地使用权审核审批、土地出让、土地整治、征地补偿、地籍测绘、执法监察、财务管理、土地登记发证和中介机构监管、干部选拔任用等重点部位、重点岗位和重点环节开展排查，全面查找在履行国土资源管理职权过程中容易发生违法违纪问题和不廉洁行为的廉政与履职风险点。在排查廉政风险点和制定防控措施的基础上，坚持领导干部廉政“一岗双责”制度，实行廉政风险“责加一等、上追一级”的追究办法。出台了《兵团国土资源管理廉政风险防控机制》。

（四）广泛开展廉洁从政教育。把廉洁从政学习教育列入局全年学习计划，作为中心组学习、全局日常学习的一个主要内容，采取各种学习形式提高学习效果。深入开展《廉政准则》学习和宣传教育活动。在年度局领导班子民主生活会上，班子成员对照《廉政准则》对廉洁自律情况进行深入的自查自纠，并按领导干部个人报告有关事项的内容，在会上进行了通报，受到了兵团督导组的肯定。组织全系统处级以上干部对照《廉政准则》进行了自查，每位领导干部撰写了自查报告并填写了《领导干部个人有关事项报告表》，存入了个人廉政档案。先后组织各师国土资源局主要领导参加了部组织的集中整训。结合党风廉政教育月活动的开展，及时组织全局干部观看国土资源领域腐败案例警示片。对全系统处级以上干部进行了集中整训，到阿拉尔监狱开展了警示教育。

（五）深化干部人事制度改革，加强干部交流。局党组做出决定，今后兵团国土资源系统的处级领导干部的选拔原则上都采取公开选拔或竞争上岗的方式。先后两次在兵团国土系统第一次在本系统内对 4 名处级干部进行竞争性选拔，并异地交流 4 名处级干部，取得了较好的效果。同时，按照“三年可以交流、五年应该交流、八年必须交流”的原则，积极推动分局主要领导进行交流。经过不懈努力，目前任职达到“八年”的分局领导的交流率已达 80% 以上。据统计 2010 年和 2011 年全系统交流处级干部 8 名，主任科员以下干部 148 名。

（六）积极主动开展政风行风评议活动。2011 年 6 月建立了兵团国土资源系统行风评议监督员制度，并在全兵团范围内聘请了15名行风评议监督员。6月25日举行了隆重的聘任仪式。多次征询行风监督员对本系统的意见，在网上公开向全社会征求意见。组织行风评议员对兵、师国土资源局机关进行明查暗访。同时抓住兵团纠风办开展基层站所行风评议活动的契机，下发通知，要求各师国土资源局积极主动地与各师纠风办联系，有计划的在三年内完成对团场分局的评议。

（七）针对突出问题，创新管理机制。针对前几年国土资源管理工作中选取中介机构问题反映较多的现象，兵团国土资源局在借鉴内地一些地方做法的基础上，出台了《兵团国土资源系统日常业务管理选取使用土地中介机构办法（试行）》。经过一段时间的试行，于2010年年底印发了《关于认真执行〈办法〉的通知》，并由局纪检组对各师执行情况进行了督查。从督查情况看各师都能较好的执行《办法》的规定选取中介机构。在中介机构随机选取现场，由局分管领导主持，局纪检监察组成员现场监督，委托方、相关业务工作人员以及中介机构代表人参加，以抓阄的方式确定各宗地的勘测定界及土地估价中介机构，并当场签订了业务委托书，杜绝强行指派或者变相推荐的情况发生，取得了良好的社会效果。近两年有关这些方面的信访、举报和各种议论已基本消失。

三、存在问题

一是土地执法监察工作压力大，违法违规案件“查处难、执行也难”的问题依然存在。“边报边用”问题在各师普遍存在。从各师上报的违法案件查处情况统计报表、2010年度土地卫片执法检查数据来看，各师还普遍存在该立案而不立案的情况，也存在部分立案的土地违法案件执行难，久拖不结。究其根源，主要是地方行政领导主导默许的违法违规用地行为较为普遍，问题的症结又是相关部门管理审批时间与各级行政要求项目早动工快用地的时间差形成的违法违规，再加上违法用地比例较大，国土部门查处工作阻力大。各级领导的依法用地意识还需要强化，共同责任机制不够到位。有少数行政领导依法用地意识不强，还存在“因公违法，出不了大错”的错误观点；行政领导的协调推动作用还没有落到实处，“大家用地，大家管地”的共同责任机制尚未落实到位；涉地部门的共同监管责任不到位，部门协作配合还需要进一步加强。

二是人员编制少，无论是纪检监察人员还是土地执法监察工作人员，兼职情况比较普遍。在很大程度上影响了工作的开展。同时工作人员也存在业务素质不高，发展不平衡，纪检监察和执法监察队伍业务建设有待进一步加强。

三是土地交易有形市场建设进展比较缓慢。目前仅有农六师五家渠市国土资源局建立了土地储备交易中心。主要的原因是机构编制、经费等无法得到解决。

四、建 议

（一）结合兵团国土资源管理工作实际，按照《分工方案》的要求，认真做好所承担的各项工作，切实抓好本系统的反腐倡廉建设。在开展“两整治一改革”专项行动的基础上，继续利用好这一平台抓手，深化国土资源管理体制改革，进一步加强管理，完善制度，深化土地有偿使用制度改革，全面落实经营性用地招标拍卖挂牌出让制度，严格执行国土资源部《招标拍卖挂牌出让国有建设用地使用权规定》，在逐步缩小划拨用地和协议出让土地范围，实行划拨和协议出让土地公示制度不断等方面取得新进展。

（二）进一步落实和完善反腐倡廉规章制度，用制度管权、管事、管人，充分发挥制度在惩治和预防腐败中的保证作用。加强和完善廉政风险防控机制建设，努力实现廉政风险动态检查。

（三）认真贯彻执行监察部、人力资源和社会保障部、国土资源部第15号令《违反土地管理规定行为处分办法》，进一步完善监管体系，加大执法监管力度。推进土地违法行为查处的部门协调配合机制。进一步落实部门共同责任机制，完善查处土地违法案件的横向联动机制，采取联席会议、联合交叉执法等方式，加大对违法案件的查处力度和责任追究力度，营造良好的土地执法监管氛围。认真做好土地卫片执法检查工作，加大对违法违规用地行为的查处力度和对违法责任追究力度，做到查事查人两结合，两到位。按照“敢于碰硬，不怕得罪人”的原则，努力做到违法必究，执法必严，达到查处一案，震慑一方，处理一人，教育一片的效果。

以建立健全惩治和预防腐败体系建设为抓手积极开展反腐倡廉各项工作

中国地质调查局

中国地质调查局党组始终高度重视反腐倡廉建设，紧紧围绕地质调查和队伍建设这个中心工作，以科学发展观为指导，按照打基础，抓重点，逐步深化的基本思路，积极开展反腐倡廉各项工作。2005 年局党组印发了《贯彻落实中央〈建立健全教育、制度、监督并重的惩治和预防腐败体系实施纲要〉的实施意见》，明确局系统分三阶段构建惩防体系的目标。2008 年以来，采取措施，狠抓落实，第二阶段（2008—2010 年）构建惩治和预防腐败体系基本框架的任务顺利完成，形成了具有地调局特色的“教育、制度、监督并重，任务、组织、机制并行的惩防体系基本框架”。2011 年和 2012 年分别以巩固完善和落实推广为主题开展工作，进一步夯实了惩防体系建设的工作基础。

一、反腐倡廉任务得到较好落实

近年来，局系统以惩防体系建设为主线，以廉政风险防控为重点，以巡视、内部审计、专项检查、落实廉政建设责任制为抓手，探索建立起党组统一领导下的部门协调配合、多种方式并进的工作机制，加强教育、完善制度、强化监督、坚决惩处，使反腐倡廉建设不断深入推进，不仅保障了各项工作的顺利开展，也促进了干部的健康成长，局机关干部和局属单位副局级以上领导干部，多年来没有因个人经济问题受到党纪政纪处分。2012 年 7 月，局监察审计室和西安地质调查中心纪委被评为国土资源系统纪检监察先进集体。

（一）廉政教育常抓不懈

各单位都重视反腐倡廉思想教育，开展学习党章、中央领导讲话、学习先进典型、向李向同志学习等进行政治思想教育，学文件、传达会议精神、举办廉政讲座、观看录像、案例警示、参观廉政教育基地等形式的反腐倡廉教育，宣讲财政体制改革要求、讲解财经法规、学习管理制度等形式的遵纪守法教育，以及出队前遵守纪律提醒、提拔干部任前廉政谈话等适时教育，使广大干部职工反腐倡廉的认识明显提高，遵纪守法的观念明显增强，管理部门参与风险防控的作用明显加大。在干部职工中有“雷区”、“红线”的观念，算政治账、经济账，已成为干部职工较为普遍的认识。

2010 年，各单位普遍开展了《廉政准则》学习，通过中心组学习，民主生活会对照检查，进一步提高了党员领导干部廉洁自律意识；2009 年和 2012 年分别开展了全系统的财经法规教育和案例警示教育，针对性强，效果好。为了进一步提高廉洁从政和遵纪守法思想教育的针对性，根据局系统工作特点和当前反腐倡廉建设的主要任务，结合近年来发生在局系统的违法违纪案件和审计与检查中发现的主要问题，2012 年编写《反腐倡廉应知应会读本》，由地质出版社正式出版发行，并分发到局系统每位干部职工手中。随着廉政文化建设的开展，进一步拓展廉政宣传教育的空间。

通过几年来坚持不懈的教育，党员领导干部重视反腐倡廉建设的政治意识明显增强，广大干部职工遵纪守法的思想意识明显增强，重点部门、关键岗位人员的防范意识明显增强，相关部门积极参与风险防控的责任意识不断增强，为推进惩防体系建设奠定了重要基础。

（二）制度体系不断完善

在项目管理方面，局修改完善了《中国地质调查局项目管理办法(试行)》和19个配套的管理要求，包含立项论证与计划编制、任务书下达、设计编写与审查、项目实施与监督检查、野外验收、成果报告评审与验收、资料和成果管理等主要管理环节，实施过程管理涵盖经济、技术质量、资料和成果等多方面内容，为进一步规范管理，提升地质调查工作质量奠定了制度基础。在经费管理方面，各单位对项目外协费、野外租车费、野外用工费、会议费、劳务费等制定了相关制度，进一步完善了预算、审批、报销等经费使用与支出内控制度和财务岗位牵制制度。在干部人事管理方面，制定了"一公开三推荐一陈述"干部选拔任用办法、人员录用管理办法、干部监督管理办法。基本实现了靠制度管权、管事、管钱、管人。

各单位都把严格制度执行作为制度建设的一项重要任务，从三方面提高制度的执行力，一是靠经常性的教育培训打牢思想基础。通过集中培训、审计署专家讲座、新制度宣讲等形式，对职工开展财经法规和规章制度的教育，提高领导干部依法理财观念和干部职工遵章守纪意识。二是靠加强管理保证制度的执行。通过监督检查、制度执行情况通报、重点问题纠正等形式，提高制度执行力。三是依托现代管理手段促进制度的落实。局属单位已普遍应用财务管理信息系统技术；有的单位自行研发了地质调查项目执行与经费使用网上信息监管平台，技术部门与财务部门联手，实行动态跟踪监控；还有的单位引进了生产与销售信息平台，对原材料的采购、使用和产品的销售、回款进行网上监控。信息技术在管理上的应用，对于提高工作效率、及时发现和纠正制度执行中的偏差发挥了积极作用。部分单位在推行质量管理体系中，进一步规范了管理程序和办事行为，促进了科学规范管理，提高了干部职工按章办事的自觉性。2012年局系统全面推开绩效管理试点工作，对班子建设、地调科研、经济财务、人才队伍建设、党风廉政、精神文明及作风建设、安全生产等方面考核指标进行量化分解，确保提高执行力。

（三）风险防控得到强化

紧密结合部廉政专项行动，正确把握局属单位项目数量多，经费数量大的特点，以强化项目经费管理为重点，加强廉政风险防控。近几年，每年都把强化项目经费管理纳入局党组反腐倡廉建设工作安排；明确任务；提出要求扎实推进。把项目人员特别是项目负责人作为反腐倡廉教育的重点，常抓不懈认真开展。

局机关和局属单位，紧紧抓住项目立项、经费管理、装备物品采购、基建项目管理、干部选拔任用等工作中易发腐败问题，共排查确定廉政风险点 712 个，完善防控措施 610 项，将廉政风险的责任分解落实到部门和岗位，将廉政风险防控的措施落实到管理与业务工作中。并在后续的工作中对廉政风险进行动态排查，强化监管。

2011 年 11 月，部检查评估组对我局廉政专项行动开展情况进行了检查，经过部对局机关和 15 个局属单位的检查评估，充分肯定了廉政专项行动取得的成效，局机关、广海局、航遥中心、水环地调中心、发展研究中心、成都综合所等单位得分位居前列，西安地调中心和环境监测院受到部的通报表扬。

（四）监督机制常态化

各单位将党内监督、职工民主监督、行政层级监督、纪检监察审计职能部门监督有机结合，把事前、事中、事后监督结合起来，使监督工作更加深入、扎实。各单位都能够对重要人事任免、重大项目安排、大额度资金运作以及重要事项决定等，实行领导班子集体研究民主决策。普遍实行了职工代表大会制度，认真组织做好提案征集和答复工作，向职代会报告工作和财务预决算，通报重要事项并征求意见，一些单位还向职代会专门报告反腐倡廉建设、业务招待费使用等情况，接受广大职工的监督。积极推进事务公开，对干部选拔、岗位竞聘以及涉及职工利益和单位发展有关事项，利用会议、公示、公告以及内网等形式及时公开，征求干部职工的意见。普遍坚持对新提任干部进行上岗前谈话教育，对有反映或职工满意度不高的领导干部进行提醒谈话教育，对存在一定问题的进行诫勉谈话教育。

强化管理部门职能监督。进一步发挥技术、经济等相关部门对项目经费、设备物品采购、基建等方面的监督管理作用，加强了廉政风险的防控。2012 年局财务部门以内部审计整改为契机，对局属单位经济运行制度、科研项目经费管理制度建设及执行情况进行跟踪检查，督促整改要求的落实。进一步发挥纪检监察部门职能监督作用，通过参与人员招聘、岗位竞聘、干部选拔考察、竞争性优选项目承担单位、项目外协单位选择、基建招投标、设备物资采购等活动的监督，促进管理行为规范。充分发挥巡视的监督作用。2010 年，完成了对 26 个单位的一轮巡视。2011 年启动第二轮巡视工作。对加强领导班子和领导干部的监督、发现问题、改进工作、促进发展起到了重要作用。充分发挥内部审计的监督作用。从 2009 年开始，聘请中审亚太审计事务所对局机关、局属单位 2005—2008 年经济管理与财务运行状况进行了全面审计，2010 年继续对 28 个预算单位 2009 年度预算执行情况进行了重点审计，对系统外 20 个项目承担单位项目经费使用情况进行了延伸审计。局监察审计部门对审计发现的问题进行了全面核实，对存在严重问题的责令单位进行整改，对存在经济问题的人员责令单位予以纠正和处理。局内审部门对离任的主要负责人进行经济责任审计。各单位也开展了对项目、基建、企业经营等方面情况的审计。2011 年 11 月，部检查评估组对我局廉政专项行动开展情况进行了检查，对我局的工作给予充分肯定。

加强层级监督管理，坚持行政业务例会制度，对中层干部实行年度目标任务考核和大会述职述廉测评考核。有的单位制定对中层干部监督制度，强化对中层干部的监督管理。从各单位领导层面，到各职能业务部门的中层干部、专业技术人员，行动上由已往被动应付监督，逐渐转变为主动接受监督。

（五）惩处力度加强

在加强教育，健全制度，强化监督，扎实推进惩防体系建设的基础上，加大了惩处的力度，针对存在的突出问题，认真查处了一批经济案件，维护了党政纪律的严肃性。2008—2012 年，全局发生违法违纪案件 21 件。案件涉及贪污、受贿、挪用公款、非法占有国有资产、私设“小金库”、套取资金私存私放、虚假票据报销套取资金、违规采购、违规承揽项目、违规领取野外津贴、违规发放劳务费等问题。

目前已结案 18 件，3 人受到刑事追究，19 人受到党纪政纪处分。尚未结案的 3 件，检察机关正在办理中。局系统共开展干部任前谈话 647 人次（不含 2012 年数据，下同）；纪委书记同下级负责人工作谈话 846 人次；诫勉谈话 94 人次。

涉案单位坚持依纪依规、本着批评教育从严处分处理从宽的原则，实事求是地作出处理，认真进行案例分析，深刻吸取教训，举一反三，加强教育，完善制度。其他单位也充分利用身边的反面教材进行警示教育，查找漏洞，规范办事程序。

重视和认真受理信访举报。五年来，局和局属单位共受理信访举报 107 件。对信访举报的问题，按照有关程序及时进行核查了解，属于一般管理工作问题，提交有关部门改进工作加强管理，对于反映领导干部工作作风和廉洁自律方面的苗头性问题，谈话提醒进行思想教育。对确实存在问题的，及时纠正。对于不实问题的举报，在一定范围内澄清。

二、纪委、监察审计、党支部纪检员三级组织保障体系基本建立

纪委组织健全。各单位组建或选举产生党委的同时产生纪委，目前正在按照局统一部署进行各单位的党委纪委换届工作。

监察审计机构或岗位明确。根据局 2007 年批复 13 个单位的三定方案及其他单位以往机构设置人员安排情况，目前各单位纪检监察审计机构有三种，一是少数单位单独设置监审室（处），人员编制 2—3 人；二是部分单位内设的党办或综合办公室与纪检监察审计室合署办公，设专职纪检监察审计岗；三是部分单位的党办或综合办公室有负责纪检监察

审计工作的职责，明确一个岗位兼职纪检监察审计工作。

党支部纪检员明确。各单位党支部健全，大部分单位都明确支部设纪检员或指定一人负责纪检工作。

纪委、监察审计机构、党支部纪检员三级组织体系，为各单位开展惩防体系建设提供了有力的组织保障。

三、工作推进机制基本完善

在加强惩防体系建设中注重探索、总结和坚持有效的工作机制。一是在党委统一领导下，将廉政教育纳入党委年度宣传教育计划，与相关部门协调配合，采用多种方式开展工作的“大宣教”机制；二是年初召开局工作会议暨党风廉政建设会议，总结工作、部署任务，年中召开纪委书记座谈会，分析研究工作进展情况、交流经验、针对存在问题提出工作措施，年终总结考评的工作推进机制；三是签订廉政建设责任书，层层落实任务、明确责任的“第一责任人”承诺机制；四是以巡视、日常检查、专项清理、业务监督、内部审计为抓手，上下联动的检查落实机制；五是述廉、评廉、考廉于一体，对群众满意度不高或单位存在严重问题“一票否决”的廉政考核机制，以及对发生严重问题实行责任追究的机制。同时，在管理系统内部也建立起涉及决策、执行、内控、岗位制约等多个环节的权力运行机制。这些机制的建立与运行，为有效开展工作、实现廉政目标提供了重要保证。

四、注重总结提高

为加强对惩防体系建设工作的分类指导，2010 年，采取定性要求和定量指标相结合的方式，综合考虑领导重视程度、任务完成情况、单位特色做法和职工测评满意度 4 个方面，对各单位推进惩防体系建设第二阶段目标开展工作情况进行了检查评估。结果显示：各级领导高度重视，政治意识、风险意识和责任意识明显增强的思想基础基本奠定；夯实基础、阶段推进、解决重点、构建机制的工作思路基本完善；党委统一领导、党政齐抓共管、纪委组织协调、部门各负其责、依靠职工支持和参与的领导机制和工作机制基本形成；教育、制度监督并重的惩防体系基本建成；干部职工对单位反腐倡廉建设成效给予充分肯定。

总结形成了"以清晰的工作思路为指导、以得力的领导体制作保证、以完善的工作机制来推动、以良好的精神状态抓落实"的基本经验。对局属单位探索形成的具有单位特点的经验，在认真组织总结的基础上，编印了《局属单位廉政风险防控经验材料选编》，在局属单位推广学习交流。

五、存在主要问题和今后工作思路

各单位在推进惩防体系建设中工作程度还不平衡，按照构建惩防体系基本框架的要求，在教育、制度、监督以及组织保障上还需要改进和完善。一是局属单位地质调查项目经费大幅度增加，不同程度存在管理不规范、不到位等问题，保障国家资金安全和防范廉政风险仍是一项重要任务。二是一些单位出现违法违纪问题，给全局系统带来负面影响，值得高度重视。三是普遍存在自主性开展监督工作的措施和办法还不多，自身发现和解决问题的能力不够强。

反腐倡廉建设是一项长期而艰巨的任务，不断巩固和完善"教育、制度、监督并重，任务、组织、机制并行"的局系统惩防体系，确保反腐倡廉有明确的任务，任务落实有健全的组织机构，工作的推进有良好的工作运行机制，健全中央要求的惩治和预防腐败体系仍然是今后一个时期的重要工作任务。

今后基本思路是：认真贯彻落实党的十八大精神，按照局党组推进惩防体系建设第三阶段目标任务的总体要求，以完善惩防体系为主线，巩固反腐倡廉教育的长效机制，进一步完善反腐倡廉制度体系，进一步提高监督的质量和效果，坚决维护党政纪律的严肃性。以反腐倡廉建设的新成效促进管理行为的科学规范，为事业的发展、队伍的建设和干部的成长提供有力保障。

（一）坚持抓好思想教育不放松

继续加强领导干部廉洁从政教育。要以党中央、国务院以及部局有关党风廉政建设工作会议精神的深入学习和贯彻落实为重点，大力开展反腐倡廉建设形势与任务教育；以新修改的党章党纪条规及《廉政准则》的学习和贯彻执行为重点，大力开展理想信念、党性党风党纪和从政道德教育，进一步提高领导干部的政治品质和道德品行。坚持对党员及领导干部廉政谈话和诫勉谈话制度，进行预防性的思想教育。

进一步强化项目人员遵纪守法教育。在普遍教育的基础上，特别注重对承担地调科研项目人员的思想教育。开展警示教育活动，认真学习宣传《反腐倡廉应知应会读本》，加强岗位廉政风险教育和财经法规纪律教育，切实提高项目人员遵纪守法意识。

在提高教育效果上下工夫。反腐倡廉思想教育，要与党的政治思想教育、业务知识学习培训、中心组学习、民主生活会等活动紧密结合起来，融入业务工作，进一步提高实效性。要抓好反腐倡廉教育的组织与协调，教育任务的责任要落实到人，不留死角。

（二）进一步完善制度全覆盖

大力推进内部控制制度建设。要深入贯彻落实局印发的健全内部控制制度要求，认真总结管理工作规律，查找薄弱环节和漏洞，健全管理制度，落实监管责任，进一步加强管理，提高廉政风险防控能力。

全面落实各项管理制度。要进一步加强制度建设，贯彻落实地质调查项目管理办法及配套要求。要重点对易发腐败问题的制度建设情况，进行全面清理检查，完善制度体系。在健全完善制度的基础上，严格制度执行，切实提高制度的执行力。

（三）继续强化监督工作不松懈

继续开展巡视工作。在巩固巡视成果的基础上，不断提高巡视工作的深度，强化巡视成果的运用。要把了解情况发现问题作为巡视工作的主要任务，及时发现领导班子以及项目管理、人才、装备管理、维稳等方面潜在的突出问题，充分发挥好巡视的监督作用。

继续大力推进事务公开。要在坚持“三重一大”领导班子集体决策和巩固完善职代会制度的基础上，加大事务公开的力度，进一步强化民主管理和民主监督。局属单位要结合“三公经费”公开的要求，对项目经费中易发问题的主要方面，不断扩大公开范围，自觉接受群众监督，加强廉政风险防范。

继续推行竞争性选拔干部。要按照改进干部人事管理制度的要求，全面推广对中层干部采用竞争性方式进行选拔的做法，通过广大干部职工的广泛参与，推选出德才兼备、以德为先、业绩突出、群众公认的干部走上领导岗位，防止干部选拔任用工作中的不正之风。

继续加强审计整改和重要活动的监督。要把审计发现的问题作为改进和加强管理的契机，以积极的态度抓好审计整改，认真查找管理工作中存在的问题和薄弱环节，及时堵塞漏洞防范重大问题的发生。继续做好领导干部经济责任审计工作，针对突出问题开展审计调查。要继续做好项目资金安排和使用、干部选任、装备物品采购等重要工作和重要活动的监督。

全力推广信息技术加强监管。按照“制度＋科技”防范廉政风险的要求，重点健全完善项目经费信息管理系统，及时掌握项目经费运行情况和出现的问题，提高廉政风险防控的水平。

（四）继续做好信访举报和案件查处

继续做好信访举报的受理工作。对信访举报中发现的苗头性和倾向性问题，要及时采取措施加以防范。对有线索的举报，要及时进行调查核实，对不实的举报，要及时予以澄清。

认真做好案件查处工作。继续加大查办案件工作力度，充分发挥查办案件的威慑作用。认真总结案件调查工作的成功做法，通过交流学习提升做好案件查处的能力。

（五）继续推进廉政文化建设

结合地质调查工作特点推进廉政文化建设。增强广大干部职工反腐倡廉意识，形成勤政廉洁的思想道德基础和文化氛围。通过廉政文化潜移默化的作用，引导广大干部职工积极参与反腐倡廉建设，自觉抵制和反对腐败。

在工作推进中塑造廉政文化的理念。要把廉政文化建设融入到党的组织建设、人才队伍建设以及业务工作中去，努力培育作风正派、秉公用权、廉洁从政的领导班子和干部群体，努力培育遵纪守法和廉洁办事的价值理念。大力开展廉政宣传工作，充分发挥网络、橱窗、板报、刊物等各种载体作用，把廉政宣传渗透到各个方面。通过举办廉政讲堂、征文、参观、文艺演出等各种活动，使干部职工在广泛参与中接受廉政文化的熏陶。大力褒奖反腐倡廉建设工作中的先进人物，营造风清气正的良好氛围。

后 记

2012年，中央纪委召开全国建立健全惩治和预防腐败体系2008—2012年工作规划成果交流会。会后，国土资源部党组成员、中央纪委驻部纪检组组长、部惩治和预防腐败体系工作领导小组副组长王寿祥同志要求对国土资源系统贯彻落实《建立健全惩治和预防腐败体系2008—2012年工作规划》工作进行全面总结，系统回顾过去五年的经验和做法，为进一步推进惩治和预防腐败体系建设提供工作借鉴。

《守护国土资源事业发展的生命线——国土资源系统建立健全惩治和预防腐败体系建设工作回顾（2008—2012）》一书，汇集了国土资源系统过去五年内推进惩治和预防腐败体系建设的有代表性的工作成果，以供国土资源系统各级领导干部和纪检监察干部参阅。

本书由中央纪委监察部驻国土资源部纪检组监察局组织编辑。编辑过程中，全国31个省区市国土资源厅局和新疆建设兵团、派驻地方的国家土地督察局、中国地质调查局及其他直属事业单位、部机关各司局都积极提供有关材料，给予了有力支持；中国国土资源经济研究院以及其他有关单位也给予了大力支持；建立健全惩治和预防腐败建设课题组做了大量工作，在此我们一并表示诚挚的感谢！

本书编辑委员会

2013年11月14日

责任编辑：姜冬红
装帧设计：周涛勇

图书在版编目（CIP）数据

守护国土资源事业发展的生命线：国土资源系统建立健全惩治和预防腐败体系建设工作回顾：2008~2012. 全3册 / 王寿祥 主编.
–北京：人民出版社，2014.1
ISBN 978－7－01－013134－4

I. ①守… II. ①王… III. ①国土资源－资源管理－国家行政机关－反腐倡廉－工作总结－中国－2008~2012 IV. ① D630.9

中国版本图书馆 CIP 数据核字（2014）第 015251 号

守护国土资源事业发展的生命线
SHOUHU GUOTU ZIYUAN SHIYE FAZHAN DE SHENGMINGXIAN
——国土资源系统建立健全惩治和预防腐败体系建设工作回顾（2008—2012）

王寿祥 主编

人民出版社 出版发行
（100706 北京市东城区隆福寺街 99 号）

北京汇林印务有限公司印刷 新华书店经销

2014 年 1 月第 1 版 2014 年 1 月北京第 1 次印刷
开本：710 毫米 ×1000 毫米 1/16 印张：125
字数：1699 千字

ISBN 978－7－01－013134－4 定价：260.00 元（全 3 册）

邮购地址 100706 北京市东城区隆福寺街 99 号
人民东方图书销售中心 电话（010）65250042 65289539

（内部发行）